BONNER JAHRBÜCHER

des
LVR-Landesmuseums Bonn
und des
LVR-Amtes für Bodendenkmalpflege im Rheinland
sowie des
Vereins von Altertumsfreunden im Rheinlande

BAND 216

2016

VERLAG PHILIPP VON ZABERN · DARMSTADT

Gedruckt mit Mitteln des Ministeriums für Heimat, Kommunales, Bau und Gleichstellung des Landes Nordrhein-Westfalen, des Landschaftsverbandes Rheinland (LVR) und des Vereins von Altertumsfreunden im Rheinlande.

VIII und 464 Seiten mit 218 Abbildungen, davon 171 farbig, sowie 14 Tafeln, davon 5 farbig.

Es gelten die Regeln nach www.av-rheinland.de/BonnerJb.htm. Zu beachten sind insbesondere die dort eingestellten Grundsätze nach den ›Berichten der Römisch-Germanischen Kommission‹ Band 71, 1990, und zwar im Sinne der geisteswissenschaftlichen Zitierweise mit Titelschlagwort. Ferner finden Anwendung die ebenfalls eingebundenen Abkürzungen für Periodika nach derselben Zeitschrift Band 73, 1992, sowie die desgleichen erschlossenen Kürzel der antiken Quellen nach ›Der Neue Pauly‹. Weitere Abkürzungen am Schluss dieses Bandes.

Aufsätze für die Bonner Jahrbücher werden in einem Peer-Review-Verfahren begutachtet.

Redaktion: Olaf Dräger

Ministerium für Heimat, Kommunales,
Bau und Gleichstellung
des Landes Nordrhein-Westfalen

Qualität für Menschen

Verein von
Altertumsfreunden
im Rheinlande

ISSN 0938-9334
ISBN 978-3-8053-5113-3

Copyright 2017 LVR-Landesmuseum Bonn, LVR-Amt für Bodendenkmalpflege im Rheinland und Verein von Altertumsfreunden im Rheinlande sowie Verlag Philipp von Zabern.
Satz: publish4you, Michaela Bielawski, Bad Tennstedt.
Druck: Beltz Bad Langensalza GmbH.
Alle Rechte vorbehalten.
Gedruckt auf alterungsbeständigem Papier mit neutralem pH-Wert.
Printed in Germany.

Inhalt

Aufsätze

3 *Hans-Eckart Joachim*
   Der Museumsleiter Franz Oelmann
   Ein Direktor in schwierigen Zeiten

13 *Stefanie Baumgarten und Boris Burandt*
    Die Nordwestecke des Bonner Legionslagers
    Archäologische Ausgrabungen 2013 und 2014

31 *Rahel Otte*
    Fundmünzen aus dem Bonner Legionslager
    Die Ausgrabungen 2013 und 2014

57 *Frank Willer, Roland Schwab und Manuela Mirschenz*
    Römische Bronzestatuen am Limes
    Archäometrische Untersuchungen zur Herstellungstechnik

209 *Mischa Meier*
     Der letzte Römer
     Zur imperialen Politik des Aetius

225 *James Gerrard and Martin Henig*
     Brancaster type signet rings
     A study in the material culture of sealing documents in Late Antique Britain

Berichte

259 *LVR - Archäologischer Park Xanten*
     Untersuchungen in der Colonia Ulpia Traiana 2016

277 *LVR - Landesmuseum Bonn*
     Bericht der Direktorin für das Jahr 2016

287　*LVR - Amt für Bodendenkmalpflege im Rheinland*
　　　Bericht des Amtsleiters für die Jahre 2015 und 2016

295　*Verein von Altertumsfreunden im Rheinlande*
　　　Bericht über die Tätigkeit im Jahre 2016

Besprechungen

Vorgeschichte

303　Hartmann Knorr, Rekonstruktion von Ausbreitungsvorgängen in der Urgeschichte *(Eva Rosenstock)*

304　Stefanie Klooß, Mit Einbaum und Paddel zum Fischfang. Holzartefakte von endmesolithischen und frühneolithischen Küstensiedlungen an der südwestlichen Ostseeküste *(Otto Cichocki)*

305　Erwin Cziesla und Thomas Ibeling (Hrsg.), Autobahn 4. Fundplatz der Extraklasse. Archäologie unter der neuen Bundesautobahn bei Arnoldsweiler *(Carsten Mischka)*

310　Mark Golitko, LBK Realpolitik. An Archaeometric Study of Conflict and Social Structure in the Belgian Early Neolithic *(Joanna Pyzel)*

313　Paul Fontaine und Sophie Helas (Hrsg.), Fortificazioni arcaiche del Latium vetus e dell'Etruria meridionale (IX–VI sec. a. C.). Stratigrafia, cronologia e urbanizzazione. Atti delle Giornate di Studio, Roma, Accademia Belgica, 19–20 settembre 2013 *(Martin Miller)*

316　Marcus Egg, Alessandro Naso und Robert Rollinger (Hrsg.), Waffenweihungen in Archäologie und Geschichte. Akten der internationalen Tagung am Institut für Archäologien der Leopold-Franzens-Universität, Innsbruck, 6.–8. März 2013 *(Bartosz Kontny)*

320　Birte Reepen, Fremdeinflüsse in der Eisenzeit Westfalens *(Hans-Eckart Joachim)*

321　Maciej Karwowski, Vladimír Salač und Susanne Sievers (Hrsg.), Boier zwischen Realität und Fiktion. Akten des internationalen Kolloquiums in Česky Krumlov [Krumau] vom 14. [bis] 16.11.2013 *(Janine Fries Knoblach)*

Klassische Archäologie

327　Gottfried Gruben (†), Der Polykratische Tempel im Heraion von Samos. Samos, Band XXVII *(Arnd Hennemeyer)*

330　Wolf Koenigs, Der Athenatempel von Priene. Priene, Band III *(Adelheid Heide Lauter-Bufe)*

334　Torsten Mattern, Das Herakles-Heiligtum von Kleonai. Architektur und Kult im Kontext. Kleonai, Band I *(Lilli Zabrana)*

336　Cathrin Schmitt, Aphrodite in Unteritalien und Sizilien. Heiligtümer und Kulte *(Jon Albers)*

339　Jan Breder, Attische Grabbezirke klassischer Zeit *(Jutta Stroszeck)*

346　Fokus Fortifikation Studies. – Volume I: Silke Müth, Peter I. Schneider, Mike Schnelle und Peter De Staebler (Hrsg.), Ancient Fortifications. A Compendium of Theory and Practice. – Volume II: Rune Frederiksen, Silke Müth, Peter I. Schneider und Mike Schnelle (Hrsg.), Focus on Fortifications. New Research on Fortifications in the Ancient Mediterranean and Near East *(Luigi Maria Caliò)*

353　Evgenia Vikela, Apollo, Artemis, Leto. Eine Untersuchung zur Typologie, Ikonographie und Hermeneutik der drei Gottheiten auf griechischen Weihreliefs *(Carol Lawton)*

355　Norbert Kunisch, Die attische Importkeramik. Funde aus Milet, Teil 3. Milet. Ergebnisse der Ausgrabungen und Untersuchungen, Band V *(Heide Mommsen)*

360　Helmut Kyrieleis, Hellenistische Herrscherporträts auf Siegelabdrücken aus Paphos. Paphos IV B *(Erika Zwierlein-Diehl)*

364　Francesco de Angelis, Miti greci in tombe etrusche. Le urne cinerarie di Chiusi *(Dirk Steuernagel)*

Rom und die Provinzen

371　Elise A. Friedland, Melanie Grunow Sobocinski und Elaine K. Gazda (Hrsg.), The Oxford Handbook of Roman Sculpture *(Mette Moltesen)*

374　Roberto Meneghini, Die Kaiserforen Roms *(Sven Th. Schipporeit)*

377　Salvatore Ortisi, Militärische Ausrüstung und Pferdegeschirr aus den Vesuvstädten *(Christian Miks)*

380　Jennifer Schamper, Studien zu Paraderüstungsteilen und anderen verzierten Waffen der römischen Kaiserzeit *(Jürgen Oldenstein)*

381　Manuel Flecker, Römische Gladiatorenbilder. Studien zu den Gladiatorenreliefs der späten Republik und der Kaiserzeit aus Italien *(Jutta Ronke)*

385　Philippe Della Casa und Eckhard Deschler-Erb (Hrsg.), Rome's Internal Frontiers. Proceedings of the 2016 RAC Session in Rome *(Christof Flügel)*

387　Holger Schaaff, Antike Tuffbergwerke am Laacher See-Vulkan *(Guido Creemers und Roland Dreesen)*

390　Thomas Hufschmid (Red.), Theaterbauten als Teil monumentaler Heiligtümer in den nordwestlichen Provinzen des Imperium Romanum: Architektur – Organisation – Nutzung. Internationales Kolloquium in Augusta Raurica, 18.–21. September 2013 *(Peter Haupt)*

392　Alfred Schäfer, Götter, Gaben, Heiligtümer. Römische Religion in Köln *(Leif Scheuermann)*

393　Julien Boislève, Alexandra Dardenay und Florence Monier (Hrsg.), Peintures murales et stucs d'époque romaine. Une archéologie du décor. Actes du 27e colloque de l'AFPMA, Toulouse, 21 et 22 novembre 2014 *(Renate Thomas)*

399　Werner Zanier, Der Spätlatène- und frühkaiserzeitliche Opferplatz auf dem Döttenbichl südlich von Oberammergau *(Peter Haupt)*

402 Andreas Hensen (Hrsg.), Das große Forum von Lopodunum. Ladenburger Reihe zur Stadtgeschichte, Band 1 *(Elisabeth Krieger)*

404 Sylvia Fünfschilling, Die römischen Gläser aus Augst und Kaiseraugst. Kommentierter Formenkatalog und ausgewählte Neufunde 1981–2010 aus Augusta Raurica *(Marion Brüggler)*

407 Christoph Hinker, Ein Brandhorizont aus der Zeit der Markomannenkriege im südostnorischen Munizipium Flavia Solva *(Alexander Heising)*

410 Nicole Albrecht, Römerzeitliche Brunnen und Brunnenfunde im rechtsrheinischen Obergermanien und Rätien *(Wolfram Letzner)*

411 Eleni Papagianni, Attische Sarkophage mit Eroten und Girlanden *(Doris Bielefeld)*

Alte Geschichte

417 Patrick Sänger, Minderheiten und Migration in der griechisch-römischen Welt. Politische, rechtliche, religiöse und kulturelle Aspekte *(Holger Sonnabend)*

418 John D. Grainger, The Rise of the Seleukid Empire (323–223 BC). Seleukos I to Seleukos III *(Kay Ehling)*

420 Jonathan Master, Provincial Soldiers and Imperial Instability in the Histories of Tacitus *(Ulrich Lambrecht)*

423 François Bérard, L'armée romaine à Lyon *(Rainer Wiegels)*

425 Christian Bachhiesl und Markus Handy (Hrsg.), Kriminalität, Kriminologie und Altertum *(Romina Schiavone)*

427 Babett Edelmann-Singer, Koina und Concilia. Genese, Organisation und sozioökonomische Funktion der Provinziallandtage im römischen Reich *(Armin Eich)*

Spätantike, frühes Mittelalter und Mittelalter

433 R[oland] R. R. Smith und Brian Ward-Perkins (Hrsg.), The Last Statues of Antiquity *(Markus Löx)*

436 Stephan Westphalen, Nuşin Asgari, Akif M. Işın, Önder Öztürk, Beate Böhlendorf-Arslan, F. Arzu Demirel und Jürgen J. Rasch, Die Basilika am Kalekapı in Herakleia Perinthos. Bericht über die Ausgrabungen von 1992 [bis] 2010 in Marmara Ereğlisi. *(Jean-Michel Spieser)*

438 Dietrich Willers und Bettina Niekamp, Der Dionysosbehang der Abegg-Stiftung *(John Peter Wild)*

442 Kunibert Bering, Transformationen der antiken Ästhetik im frühen Christentum. Spätantike und frühmittelalterliche Positionen zu Bildbegriff und Kunstverständnis *(Beat Brenk)*

443 Averil Cameron, Dialog und Debatte in der Spätantike *(Vera von der Osten-Sacken)*

445 Mischa Meier und Steffen Patzold (Hrsg.), Chlodwigs Welt. Organisation von Herrschaft um 500 *(Sebastian Scholz)*

447 Katharina Papajanni und Judith Ley (Hrsg.), Karolingerzeitliche Mauertechnik in Deutschland und in der Schweiz *(Klaus Endemann)*

Nachleben und Forschungsgeschichte

451 Julien Trapp. L'archéologie à Metz. Des antiquaires à l'archéologie préventive (1750–2008) *(Alexander Reis)*

454 Ioannis Andreas Panteleon, Eine Archäologie der Direktoren. Die Erforschung Milets im Namen der Berliner Museen 1899–1914 *(Peter I. Schneider)*

458 Gunnar Brands und Martin Maischberger (Hrsg.), Lebensbilder. Klassische Archäologen und der Nationalsozialismus, Band II *(Stefan Kraus)*

Anhang

463 Abkürzungen

Aufsätze

Umseitig:

Der Sockel einer Ehrenstatue mit der Inschrift CIL VI 41389 für Flavius Aetius am Ort seiner ursprünglichen Aufstellung im Bereich der Curia am Forum Romanum. Das Stück ist wiederverwendet, wie im fünften Jahrhundert für Statuenbasen üblich. Oben ist der erhaltene Block gesägt, der exakt waagrechte Schnitt geht durch eine Zeile von weitgehend verlorenen Buchstaben hindurch. Es fehlt annähernd die Hälfte des Schriftfeldes vom oberen Teil des üblicherweise schlanken Schaftes mit dem in größeren Lettern geschriebenen Namen des Geehrten und dem Anfang seiner Titulatur. – Bildrechte Deutsches Archäologisches Institut Rom 66.180.

Siehe den Aufsatz von Mischa Meier auf den Seiten 209–224.

Hans-Eckart Joachim

Der Museumsleiter Franz Oelmann

Ein Direktor in schwierigen Zeiten

Am 30. Mai 1958 hielt Kurt Böhner eine Rede anlässlich des fünfundsiebzigsten Geburtstages von Franz Oelmann. Sie zeigt deutlich, welche Verehrung und Hochachtung, welcher Respekt dem Geehrten entgegengebracht wurde, der durch sein »Vorbild in unserem Museum [dem Rheinischen Landesmuseum Bonn] den Geist einer wahrhaft humanistischen Lebensführung gepflegt« und alle Mitarbeiter »in ihr zu erziehen versucht« habe[1]. In diesem Zusammenhang wird Oelmanns Werdegang kurz rekapituliert, werden seine über einhundert Publikationen, insbesondere die einzige Monographie, der 1927 erschienene Band von ›Haus und Hof im Altertum‹ hervorgehoben[2]. Die Neuaufstellung und Modernisierung der Schausammlung von 1934/35 bezeichnet Böhner als eindrucksvoll und wirkungsvoll. »Wer damals das Aufblühen des Museums […] miterleben durfte, wird nicht ohne Wehmut an jene reichen Jahre zurückdenken, in denen freilich auch manch dunkler Schatten auf das Museum fiel, wie etwa die Diskriminierung der Römerforschung, manche persönliche Verunglimpfung ihrer Vertreter oder gar die Ausschaltung hochverdienter Mitarbeiter aus politischen Gründen«.

Diese letzte Bemerkung trifft vor allem auf den Direktorialassistenten Walter Bader zu, der am 15. Februar 1935 unter dem Verdacht, »Beziehungen zu dem Kommunisten Walter Marko unterhalten zu haben« von der Geheimen Staatspolizei (Gestapo) verhaftet und dessen Arbeitsvertrag am 1. Juli desselben Jahres durch den Oberpräsidenten der Rheinprovinz wegen Hochverrat gekündigt wurde. Trotz Freispruch am 18. Oktober kehrte Bader nicht mehr ins Landesmuseum zurück, und seine freigewordene Stelle wurde ganz rasch bereits am 1. April 1936 durch Franz Rademacher neu besetzt. Oelmann spricht zwar in Bezug auf Bader, vielleicht auch als eine Art von Schutzbehauptung, zehn Tage nach dessen Festnahme in einem Schreiben an den Oberpräsidenten der Rheinprovinz von »Salonkommunismus«, hat aber den Prozess auch nicht abgewartet. Insofern war er als Museumsleiter in den Fall Bader in gewisser Hinsicht schuldhaft verstrickt, auch wenn er den Geschassten in den Folgejahren mit Werkverträgen finanziell unterstützt hat[3].

Trotz der kritischen Bemerkungen fährt Böhner fort: Es »erfüllt […] uns mit Dank, daß die damalige Provinzialverwaltung Franz Oelmann die Möglichkeit gab, eine Reihe junger Prähisto-

---

[1] K. Böhner, Bonner Jahrb. 158, 1958, 1–14, bes. 8.
[2] Untersuchungen zur Geschichte des antiken Wohnbaus I. Die Grundformen des Hausbaus (Berlin).
[3] Böhner (vorletzte Anm.) 7; H.-E. Joachim, Bonner Jahrb. 214, 2014, 4; St. Kraus, Walter Bader. Denkmalpflege in schwerer Zeit. Xantener Dombl. 9 (Bielefeld 2001) 48–56; 67. Bader schreibt am 18. Dezember 1935 an Paul Clemen u. a.: »Herr Direktor Oelmann hat für mich weder früher noch während meiner Haft auch nur einen Finger gerührt«, ArchLVR 25607, 28279; Nachlass Bader Sign. 542 (B 22).

riker und Archäologen an das Landesmuseum zu ziehen, die nicht nur eine bedeutende Arbeitskraft, sondern auch neue Methoden und Fragestellungen mit sich brachten«[4]. Nichts beleuchtet im Jahr 1958 die Wertschätzung Oelmanns mehr als die Tatsache, dass nahezu alle wichtigen Vertreter des Fachs Beiträge lieferten, die auch noch die folgenden Bonner Jahrbücher 159 und 160 ausfüllten.

Harald von Petrikovits beschreibt im Nachruf kurz den Lebensweg von Oelmann, nachdem dieser Mitte September 1963 verstorben war[5]. Auch Petrikovits betont, dass Oelmann »das Rheinische Landesmuseum in Bonn weise und sicher in guten wie in recht schweren Zeiten« geleitet habe. Er sei unbestechlich als Mensch und Beamter gewesen. Ferner: »unter seiner Leitung gefährdeten nie unwissenschaftliche Tendenzen politischer Art die objektive Wissenschaftlichkeit der Museumsarbeit«. Das ist gewiss kritisch zu hinterfragen.

Eine weitere Würdigung erfuhr Oelmann 1971 durch Reinhard Fuchs, denn er habe nach der Wiedereröffnung des Museums im März 1935 »diesen Höhepunkt der Museumsgeschichte« ebenso erlebt wie »auch den Tiefpunkt in den Kriegs- und Nachkriegsjahren«. Sein Verdienst sei es auch gewesen, »die Museumssammlungen so gesichert und ausgelagert zu haben, daß sie die Kriegszeit ohne größere Verluste überstehen konnten«[6].

Es sollte weitere fünfundzwanzig Jahre dauern, bis sich Bettina Bouresh von 1996 an ausführlich mit der Neuordnung des Rheinischen Landesmuseums in den Jahren von 1930 bis 1939 befasst hat, und nach weiteren zwölf bis dreizehn Jahren erschienen 2012 und 2013 wichtige Untersuchungen zur Bodendenkmalpflege in der Rheinprovinz durch Heidi Gansohr-Meinel, Stefan Kraus, Jürgen Kunow, Thomas Otten und Marion Widmann[7]. Bevor ein Resümee dieser Arbeiten versucht wird, soll der erstaunlich geradlinige Lebensweg von Oelmann – wenngleich schon andernorts unterschiedlich beschrieben – ausführlicher vorgestellt werden[8].

Vita

Franz Oelmann (Abb. 3) wurde am 30. Mai 1883 in Wolfenbüttel geboren, besuchte dort die Volksschule von 1889 bis 1893, danach Gymnasien in Wolfenbüttel und Braunschweig, wo er am 21. Februar 1902 die Reifeprüfung bestand. Anschließend studierte er bis zum Ende des Sommersemesters 1903 an der Herzoglich Sächsischen Gesammt-Universität Jena Geschichte und Philologie. Es folgte vom 3. November 1903 an das Studium der klassischen Altertumswissenschaft, insbesondere der Archäologie sowie neueren Kunstgeschichte an der Königlich Preußischen Rheinischen Friedrich-Wilhelms-Universität zu Bonn bis zum Sommersemester 1908. Am 29. Februar 1908 bestand Oelmann die Staatsprüfung für das höhere Lehramt im Griechischen, Lateinischen und in der Geschichte und erwarb am 29. Juli 1908 unter seinem Lehrer Georg Loeschcke mit Abfassung der Dissertation ›Prolegomena in Heracliti q. f. allegoriarum Homericarum editionem novam‹ den philosophischen Doktorgrad.

---

[4] Böhner (Anm. 1) 6. Gemeint sind die aus der Marburger Schule Gero von Merharts stammenden Karl-Heinz Wagner, Walter Kersten und Rafael von Uslar sowie Harald von Petrikovits, Walter Rest, Hermann Stoll und Josef Röder.
[5] Bonner Jahrb. 163, 1963, 1–8.
[6] R. Fuchs in: Rhein. Landesmuseum Bonn. 150 Jahre Sammlungen 1820–1970. Kunst u. Altertum am Rhein 38 (Düsseldorf 1971) 143–155.
[7] Bouresh, Neuordnung; Kraus, Bodendenkmalpflege; J. Kunow / Th. Otten / J. Bemmann, Archäologie u. Bodendenkmalpflege in der Rheinprovinz 1920–1945. Mat. Bodendenkmalpflege Rheinland 24 (Bonn 2013) 19–25 (Th. Otten); 49–65 (H. Gansohr-Meinel); 137–150 (St. Kraus); 151–167 (M. Widmann); 257–299 (J. Kunow).
[8] So bei Böhner (Anm. 1) 2 f.; Petrikovits (Anm. 5) 1; Fuchs (Anm. 6) 144; Bouresh, Neuordnung 196; Kraus, Bodendenkmalpflege 191 Anm. 1157; Widmann (vorige Anm.) 155. – Unter den Nrn. 18219 und 18223 liegen zwei von Oelmann verfasste Lebensläufe vom 8. Dezember 1930 und 3. Juli 1946 im ArchLVR vor; Rudolf Kahlfeld danke ich für die Bereitstellung von Kopien.

Es folgten die üblichen Wanderjahre. Zunächst ermöglichte ein von der philosophischen Fakultät der Universität Bonn verliehenes Stipendium der Arnold-Schäfer-Stiftung dem jungen Oelmann, von Oktober 1908 bis Oktober 1909 eine Studienreise nach Frankreich, Italien, Griechenland, Bulgarien und in die Türkei durchzuführen. Danach war er vom 1. November 1909 bis 30. September 1910 Assistent der Reichslimeskommission in Freiburg im Breisgau, dann vom 1. Oktober 1910 bis 30. September 1912 Assistent am Akademischen Kunstmuseum der Universität in Bonn. Vom 1. Oktober 1912 bis 30. September 1913 war er anschließend mit der Bearbeitung der archäologischen Karte der Rheinprovinz im Dienst der Rheinischen Gesellschaft für wissenschaftliche Forschung im Landesmuseum Trier befasst. Es folgte zum 1. Oktober 1913 seine Berufung als Direktorialassistent ans Provinzialmuseum Bonn, und zwar vom 1. April 1915 an auf Lebenszeit. Von November 1916 bis September 1918 war Oelmann als Batterieoffizier im Kriegseinsatz, wurde am 1. Juni 1918 beim Gardefeldartillerieregiment verwundet und erhielt am 3. August 1917 das Eiserne Kreuz Zweiter Klasse[9].

Als Nachfolger von Hans Lehner wurde Oelmann am 1. Oktober 1930 für die Dauer von zwölf Jahren Direktor des Provinzialmuseums Bonn und zugleich der Staatliche Vertrauensmann für die kulturgeschichtlichen Bodenaltertümer in den Regierungsbezirken Aachen, Düsseldorf, Köln und Koblenz. Am 20. März 1941 wurde er Beamter auf Lebenszeit. Zuvor war er am 10. Februar 1931 namens des Preußischen Staatsministeriums zum Honorarprofessor der Philosophischen Fakultät der Universität Bonn ernannt worden. Zu dieser Zeit war er bereits über drei Jahre seit dem 15. November 1927 mit der Tochter des Bonner Indologen Hermann Jacobi verheiratet. Seine Ehe mit der in Kiel geborenen Gattin Elisabeth (16. November 1887 bis 10. Januar 1971) blieb kinderlos.

Oelmann war nicht NSDAP-Mitglied, gehörte aber dem Reichsbund der deutschen Beamten, der NS-Volkswohlfahrt (NSV), dem Reichsluftschutzbund, dem Volksbund für das Deutschtum im Ausland (VDA) und dem Reichsbund für Deutsche Vorgeschichte an. Im Zweiten Weltkrieg war er »unabkömmlich (uk) gestellt bzw. für die sog. Führer-Reserve notiert«[10].

Mit Datum vom 17. September 1947 wurde er im Zuge des üblichen Entnazifizierungsverfahrens mit Kategorie V vollständig entlastet. Am 1. Juli 1949 versetzte man Oelmann nach Vollendung des sechsundsechzigsten Lebensjahres nach fast zwanzig Jahren Direktorat in den Ruhestand. Eine besondere Ehrung erfuhr er noch durch Verleihung des Verdienstkreuzes Erster Klasse anlässlich der Vollendung seines fünfundsiebzigsten Lebensjahres am 29. Mai 1958. Er verstarb achtzigjährig »körperlich und geistig frisch [...] und ohne Krankheit« am 15. September 1963 und wurde auf dem Bonner Südfriedhof beigesetzt[11].

Historische Wertung in der Forschung

Oelmanns Direktorat bestand etwa zweieinhalb Jahre während der Weimarer Republik, dann über zwölf Jahre im Dritten Reich und schließlich noch knapp über vier Jahre in der Nachkriegszeit, war also von mehreren gravierenden Umbrüchen geprägt[12]. Zu Beginn der dreißiger Jahre arbeiteten am Museum neben dem Aufsichts- und Bedienungspersonal nur neun festangestellte Personen vom Direktor bis zu den Grabungsvorarbeitern[13]. Trotz Wirtschaftskrise konnte im Römerlager Vetera I bei Xanten von August 1930 bis Anfang April 1931 gegraben werden,

---

[9] Die Einsätze im Einzelnen: November 1916 bis Februar 1917 in Russland, in Frankreich bis Juni 1917, in Galizien bis September 1917, in Kurland im November 1917, nochmals in Frankreich von Dezember 1917 bis September 1918. – Am 2. Oktober 1934 beantragte Oelmann für sich die Verleihung des Ehrenkreuzes für Frontkämpfer.
[10] ArchLVR 53186; Widmann (Anm. 7) 155.
[11] Petrikovits (Anm. 5) 1. – Das Grab existiert nicht mehr.
[12] Kurze Übersichten bieten die Berichte in den Bonner Jahrb. 135–149: Auflistung bei Petrikovits (Anm. 5) 7 sowie für die Jahre 1933–1936 in den von Oelmann und Uslar verfassten Arbeiten im Nachrbl. Dt. Vorzeit 13, 1937, 89 ff. 94 ff.
[13] Fuchs (Anm. 6) 146.

dieses Unternehmen musste dann aber ebenso wie die Ausgrabung am Bonner Münster im Folgejahr (das Rechnungsjahr zählte stets vom 1. April bis 31. März) infolge des Zusammenbruchs mehrerer Großbanken im Reich eingestellt werden[14]. Auch wenn der Direktor zwangsläufig die Neuordnung der Bibliothek als vorrangig ansah und unter anderem eine Neuordnung der Magazine erfolgte, »war die Situation des Museums zwischen 1930 und 1933 von Stagnation gekennzeichnet«[15].

Unter diesen Umständen ist es nicht erstaunlich, dass sich Oelmann seit der Machtergreifung der Nationalsozialisten am 5. März 1933 als Funktionsträger durchaus positiv dahingehend äußert, dass »das Jahr der nationalsozialistischen Erhebung […] auch für das Landesmuseum den Beginn einer neuen Epoche« bedeutete[16]. Und »in der vor- und frühgeschichtlichen Bodendenkmalpflege der Rheinprovinz [ist] ein grundlegender Wandel zum Besseren eingetreten. Er ergab sich mit der außerordentlichen Förderung, deren sich die Rheinischen Landesmuseen in Bonn und Trier seit dem Siege der nationalsozialistischen Bewegung im Jahre 1933 seitens der Provinzialverwaltung, vertreten durch den Landeshauptmann Haake und seinem Abteilungsdirigenten Landesrat Dr. Apffelstaedt, zu erfreuen haben«[17]. »Überdies wurde der seit Jahren betonten Notwendigkeit einer intensiven Erfassung der kulturgeschichtlichen und insbesondere der prähistorischen Bodenfunde im Arbeitsbereich […] Rechnung getragen«[18].

Was das Bonner Museum betrifft, so können die Wiedereröffnungen am 24. März 1935 und 26. April 1936 trotz begeisterter öffentlicher Reaktionen nicht darüber hinwegtäuschen, dass es Haake sowie dem seit Dezember 1934 tätigen Leiter der Kulturverwaltung Apffelstaedt um gezielte Profilierung auf Kosten der Kulturförderung ging. Das gilt vor allem für den überzeugten Nationalsozialisten, den Kunsthistoriker, Archäologen und Historiker Hans-Joachim Apffelstaedt, dem sich Oelmann unterzuordnen hatte[19] (vgl. Abb. 1 und 2). Die Neugestaltung der Schausammlung galt als besonders innovativ und wirkte lange nach. Trotz moderner Gestaltung und Ästhetik wurde der aktuelle Forschungsstand insofern ignoriert, als das herrschende ideologische »Muster völkisch-nationalistisch zugeschnitten« war. Aus heutiger Sicht heißt das: »Bezogen auf die Aufgaben des Museums bedeutete das Beschränkungen bis zur Selbstaufgabe, Beschneidung bis zur Unkenntlichkeit«[20].

---

[14] Bonner Jahrb. 136/137, 1932, 273; 312. – In Xanten wurde dann 1932 weiter gegraben, s. Bonner Jahrb. 138, 1933, 153 ff. 164 ff.

[15] Bouresh, Neuordnung 52 mit Dokument Nr. 7: 245–247.

[16] Bonner Jahrb. 139, 1934, 173.

[17] Oelmann (Anm. 12) 89. – In ähnlichem Sinne: Oelmann, Das Landesmuseum in Bonn, seine Entwicklung und seine Aufgaben (Bonn 1935) 1.

[18] Bonner Jahrb. 139, 1934, 173. – Immerhin waren 1937 bereits einundzwanzig Personen vom Direktor bis zu wissenschaftlichen Hilfskräften in dem seit 1934 umbenannten Rheinischen Landesmuseum Bonn beschäftigt. An jungen Wissenschaftlern waren dies u. a. Lothar Hahl, Eduard Neuffer und Franz Rademacher sowie Kersten, Petrikovits, Rest, Stoll und Uslar, die vor allem in der Bodendenkmalpflege tätig waren.

[19] Zu Apffelstaedt s. ausführlich Gansohr-Meinel (Anm. 7).

[20] So B. Bouresh, Das modernste Museum seiner Zeit. Die Neuordnung des Provinzialmuseums in Bonn von 1930 bis 1939. In: D. Breuer / G. Cepl-Kaufmann (Hrsg.), Moderne und Nationalsozialismus im Rheinland (Paderborn 1997) 449–465, bes. 460. Mit demselben Text auch B. Bouresh, Die Neuordnung des Rheinischen Landesmuseums in der NS-Zeit. Bensberger Protokolle 89 (Bergisch Gladbach 1997) 135–151.

[21] ArchLVR 20736.

[22] H.-J. Apffelstaedt, Wiedereröffnung des Rheinischen Landesmuseums in Bonn. Die Rheinprovinz 11, 1935, 233–244, bes. 236.

[23] Bonner Jahrb. 142, 1937, 189; 145, 1940, 191.

Nach einer Besprechung am 25. September 1933 wurde »eine beschleunigte [völlig überstürzte] Neuordnung der prähistorischen und merowingischen Abteilung des Museums festgelegt«[21]. Dabei hatte von vorneherein die Gestaltung der Schausammlung Vorrang vor dem Aufbau der Studiensammlung, und die von Oelmann gewünschte Modernisierung der technischen Anlagen sowie die Einrichtung zeitgemäßer Werkstätten wurden hintangestellt. Anstelle eines bürgerlichen Gelehrten- und Bildungsmuseums wurde ein Volks- und Erziehungsmuseum als neues kulturpolitisches Ziel angestrebt[22]. Spätestens mit Beendigung des zweiten Umbauabschnitts 1935 wurde die effektvolle, selektive Inszenierung der Schausammlung offenbar: Die vorgeschichtliche Abteilung umfasste acht, die fränkische drei Räume, und die provinzialrömische Zeit war auf drei Seitenräume beschränkt. Der Museumseingang in Gestalt einer Ehrenhalle zeigte eine Idealbüste des Arminius und die Büste Adolf Hitlers. Eine Sonderschau ›Kampf um den Rhein‹ wurde durch Film und Diaprojektion begleitet, in der Absicht, vor allem die germanische statt der provinzialrömischen Geschichte der Rheinlande darzustellen[23].

Spätestens seit 1936 ging es am Rheinischen Landesmuseum Bonn »nicht mehr um die Erforschung und Darstellung der Provinzialgeschichte anhand der in ihr vorgefundenen Bodenurkunden, sondern um eine passgerechte Darstellung ›rheinischer‹ Geschichte im Sinne der

Abb. 1 und 2 Laut Kurt Böhner (brieflich 1991) entstanden diese Bilder vermutlich bei der »geselligen Feier [...] zum 1. Mai 1934 [...] von der die Teilnehmer später noch oft berichteten. Zunächst nahm das Museum als ›Arbeitszelle‹ an dem allgemeinen Mai-Umzug durch die Stadt teil. [...] Nach dem großen Umzug war dann im Museum eine Feier, bei der Vater Oelmann sogar mit seiner Sekretärin ein Tänzlein wagte oder wagen mußte«. Am Ersten Mai wurde seit Hitlers Machtübernahme die propagierte Volksgemeinschaft im Zeichen der Arbeit beschworen; beide Bilder und die Schilderung zeigen den Wissenschaftler und Direktor dabei wenig souverän. – (gegenüber) Oelmann (mit Brille) »vereinsamt im Kreis seiner ›Arbeitskameraden‹«. – (oben) Im Lichthof des Landesmuseums. Einige Anwesende umstehen das Xantener Hochkreuz, zu dessen Füßen Oelmann mit dem Bier in der Rechten eine Ansprache an die Zuhörer auf den Festbänken im Bildvordergrund hält. Überschattet wird sein Auftreten durch den ihm vorgesetzten NS-Ideologen an seiner Seite, den Landesrat Hans-Joachim Apffelstaedt in Uniform.

führenden Nationalsozialisten an der Spitze der Provinzialverwaltung«[24]. Oelmann hatte erste skeptische Anmerkungen bereits im Mai 1936 kurz nach Beendigung der Eröffnungsfeierlichkeiten geäußert[25]. Erst am 2. Dezember 1940 – das Museum war seit August 1939 aus Kriegsgründen längst geschlossen – bahnt sich zu spät und als die Entwicklung nicht mehr umkehrbar war, der aufgestaute Ärger Bahn, als Oelmann sich in einem siebenseitigen Brief bitter als »nomineller Direktor« bei Apffelstaedt beschwert. Er habe erfahren, dass der enorme Zuwachs an im Ausland erworbenen Gemälden eine räumliche Erweiterung der Gemäldegalerie als »Kriegsgewinnerin« auf Kosten der Landeskunde erfordere. Das sei »nicht mehr mit den traditionellen Aufgaben der rheinischen Landesmuseen […] in Einklang zu bringen«. Der Brief schließt mit dem bezeichnenden Vorwurf: »falls Sie diese langatmige Epistel überhaupt bis zu Ende durchgelesen haben – entsprechende Zweifel sind schon aufgetaucht!«[26].

Im Jahr 1946 bekennt Oelmann seine Ohnmacht bei der Entwicklung des Museums zwischen 1933 und 1945, und zwar in einem Schreiben auf eine Verfügung der Abteilung Kultur des Oberpräsidenten hin: »Die Verantwortung für die Leitung des Museums lag seit 1933 nur in beschränktem Umfange bei dem Direktor, der gerade in wichtigen Fragen – wie etwa der des Sammelprogramms – sich im Gegensatz zu dem Dirigenten der Kulturabteilung [i. e. Apffelstaedt] befand, aber nicht zu entscheiden hatte«[27].

Dies betraf ebenso die Bodendenkmalpflege, die Oelmann nach dem Gesetz als Staatlicher Vertrauensmann leitete[28]. Bezeichnend ist in diesem Zusammenhang, dass er zu einer Besichtigung der vom Kölner Archäologen Werner Buttler durchgeführten SS-eigenen Grabung auf der Erdenburg bei Bensberg in Anwesenheit von Heinrich Himmler nicht hinzugebeten wurde[29]. In gleicher Weise verfuhr Apffelstaedt mit Oelmann in Bezug auf Arbeitsaufgaben und Personalentscheidungen »nur der Form halber«, wie der Fall Walter Kersten zeigt. Der Marburger Merhartschüler wurde zwar am 8. November 1933 gegenüber Oelmann vom Landesverwaltungsrat Josef Busley benannt zur Anstellung vom 5. Dezember 1933 an für die Bodendenkmalpflege, sollte aber von Apffelstaedt eingewiesen werden[30]. Bis Mitte 1938 folgen nach seinen Bestrebungen noch weitere fünf junge Prähistoriker in die Museen von Bonn und Trier, die »alte Parteigenossen, SA- und SS-Männer« waren und »weltanschaulich die Gewähr […] für eine richtige Auswertung der Funde boten«[31]. Apffelstaedt entschied über Stellenbesetzungen, vor allem aus

---

[24] Bouresh in: Bensberger Protokolle (Anm. 20) 148; Bonner Jahrb. 140/141, 1936, 429 f.

[25] Oelmann schreibt als Antwort auf eine Anfrage von Dr. Kornfeld, Düsseldorf, verärgert u. a.: »Bei dem jetzigen Betrieb, wo mein Büro den ganzen Tag über der reine Taubenschlag ist, wo ich jeden Wochentag fast restlos mit Korrespondenz hinbringe, muss ich die Sonntage zu solchen Arbeiten verwenden, und selbst die bleiben nicht von Störungen frei […] So sehe ich ziemlich schwarz in die Zukunft. Heil Hitler Oe.« (ArchLVR 20735); Bouresh, Neuordnung 128 mit Anm. 516.

[26] Bouresh, Neuordnung 110 f., Brief: 265–269 (ArchLVR 20729); dies. in: Breuer/Cepl-Kaufmann (Anm. 20) 460; dies. in: Bensberger Protokolle (Anm. 20) 149.

[27] Bouresh, Neuordnung 111, 128 f. (ArchLVR 20729).

[28] Kraus, Bodendenkmalpflege 262.

[29] Kraus, Bodendenkmalpflege 347; Kunow, Provinzialverband 267.

[30] Kraus, Bodendenkmalpflege 321 f.; Gansohr-Meinel (Anm. 7) 51 f.; Kunow, Provinzialverband 263 f.

[31] H.-J. Apffelstaedt, Vor- und Frühgeschichtsforschung in der Rheinprovinz von 1933–1937. Rhein. Vorzeit in Wort u. Bild 1, 1938, 3.

[32] Kraus, Bodendenkmalpflege 325 ff.; Kunow, Provinzialverband 264; Joachim, Ber. LVR-LandesMuseum 1, 2015, 28.

[33] Kraus, Bodendenkmalpflege 312 f., 327, 334; Kunow, Provinzialverband 261 ff.; H.-E. Joachim, Bonner Jahrb. 212, 2012, 5; Widmann, Ber. LVR-LandesMuseum 2, 2014, 28.

[34] Die Rheinprovinz 14, 1938, 525.

[35] ArchLVR 11426 a; Kunow, Provinzialverband 271.

[36] ArchLVR 11267; Kunow, Provinzialverband 284 Anm. 93.

[37] ArchLVR 11368; Die Rheinprovinz 12, 1936, 436 f.

[38] H.-J. Apffelstaedt, Grundsätzliches zur Kultur- und Denkmalpflege. Rhein. Ver. Denkmalpflege u. Heimatschutz 29, 1936, 7 ff., bes. 15 ff.; Kunow, Provinzialverband 268 ff. mit Anm. 75–83; F. Oelmann, Bonner Jahrb. 142, 1937, 263; Kraus, Bodendenkmalpflege 344 ff.

[39] So beim Ringwall Dommelberg, s. H.-E. Joachim, Beitr. Urgesch. Rheinland II. Rhein. Ausgr. 17 (Köln 1976) 81 ff., ähnlich auch beim Petersberg, s. Bonner Jahrb. 182, 1982, 393 ff.

[40] Dies betraf u. a. Kersten, Neuffer, Rest, Stoll, Petrikovits, Uslar und Wagner, s. Bonner Jahrb. 146, 1941, 207 f.; 148, 1948, 318.

[41] Oelmann, Bonner Jahrb. 148, 1948, 318 f.; Kunow, Provinzialverband 276 f.

der Merhartschule, so außer bei Kersten mit Werkverträgen zum 1. April 1935 bei Karl-Heinz Wagner und zum 1. Mai 1935 bei Rafael von Uslar[32]. Seit 1. Mai 1934 arbeitete per Werkvertrag bereits der Tübinger Hermann Stoll im Landesmuseum Bonn; von dort kam auch Walter Bader, der zum 1. Mai 1937 freier Mitarbeiter wurde. Im Jahr 1935 kamen zudem am 1. April Harald von Petrikovits ebenso nach Bonn wie am 1. August Wilhelmine Hagen. Zum 1. Mai 1938 wurde schließlich der Freiburger Walter Rest Nachfolger von Wagner[33].

Allein der ansehnliche Personalstand seit 1935 erforderte weitere Räumlichkeiten, dem 1938 mit Umbau des Angestelltenhauses an der Bachstraße nachgekommen wurde[34] (heute Hausnummer 11, wo nun unter anderem die Redaktion dieser Zeitschrift arbeitet). Zugleich wurde in diesem Jahr das eigenständige Landesamt für vor- und frühgeschichtliche Denkmalpflege der Rheinprovinz, Abteilung Bonn, eingerichtet. Haake hatte sich in dieser Sache mit Schreiben vom 22. September 1937, das Apffelstaedt ausgearbeitet hatte, sowohl an den Oberpräsidenten der Rheinprovinz in Koblenz als auch an den Reichs- und Preußischen Minister des Innern in Berlin gewandt[35]. Erst am 26. Oktober geht auch Oelmann in einem Schreiben an Haake auf diese Neueinrichtung ein, er war also nicht Initiator bei der Gründung des Landesamtes[36].

In einem Tätigkeitsbericht vom 31. Oktober 1935 weist Oelmann darauf hin, dass der derzeitige Personalstand mit Neuffer, Kersten, Wagner, Petrikovits, Uslar und Stoll nicht ausreiche, erfolgreiche Grabungen der Bronze- und Eisenzeit sowie des Mittelalters durchzuführen. Er stellt einundzwanzig Projekte vor, wovon allein sechzehn in den Zuständigkeitsbereich des Landesmuseums Bonn fielen[37]. Apffelstaedt erläutert die »großen völkischen Zentralprobleme« am 26. April 1936 anlässlich der zweiten Bonner Museumseröffnung dahingehend, dass Ringwall-, Siedlungs- und Grabfeldgrabungen germanischer Zeit vorrangig als großes Zentralproblem rheinischer Vorzeit zu betrachten und vom 11. Mai an zu erforschen seien[38]. Bis zum Kriegsausbruch am 1. September 1939 blieben ungefähr drei Jahre, um dieses ehrgeizige Ausgrabungsprogramm der Rheinprovinz zu verwirklichen, so dass in keinem Fall eine abschließende Publikation bis 1945 erschien[39]. Die Mehrzahl der Mitarbeiter wurde seit 1939 zum Kriegsdienst einberufen oder hatte zuvor das Landesmuseum bereits verlassen, so dass spätestens 1940 nur noch eingeschränkt am Museum und Landesamt gearbeitet wurde[40]. Immerhin fanden bis 1944 noch Grabungen vor allem in dem von Josef Röder betreuten Mittelrheingebiet statt[41].

Abb. 3 Porträtfoto von Franz Oelmann, wohl Anfang der vierziger Jahre.

Das Museum blieb, wie gesagt, nur noch bis Ende August 1939 geöffnet, »weil die Luftschutzmaßnahmen eine möglichst bombensichere Magazinierung fast der gesamten Schausammlung sowie großer Teile der Studiensammlung erforderlich machten«[42]. Es ist auf jeden Fall das besondere Verdienst Oelmanns, dass diese Sicherungsmaßnahmen den Verlust von Sammlungsgegenständen minimiert hat, denn die Museumsgebäude wurden durch Luftminen erstmals am 18. Oktober 1944 getroffen, dann am 21. Dezember schwerer demoliert, schließlich aber am 28. Dezember durch drei Bombeneinschläge im Altbauteil erheblich zerstört[43].

»Die Kriegszerstörungen [am 7./8. Mai 1945] und die folgende Wiederaufbauphase […] stellte […] eine große Herausforderung dar, der man nur bedingt gerecht werden konnte«. »Ein großer Teil gerade der jungen Wissenschaftler, die in den dreißiger Jahren ihre Arbeit […] begonnen hatten, waren im Krieg gefallen oder vermisst bzw. befanden sich in Kriegsgefangenschaft«[44]. Die Instandsetzungsarbeiten konnten bis Ende 1948 nur notdürftig erfolgen, ebenso wie die Rückführung ausgelagerter Sammlungsbestände[45].

Eine ebenso gravierende Veränderung betraf die archäologische Denkmalpflege und Landesforschung. Denn seit dem 30. August 1946 wurden unter anderem die ehemaligen preußischen Regierungsbezirke Koblenz und Trier durch Verordnung der französischen Militärregierung dem neu geschaffenen Land Rheinland-Pfalz zugeschlagen. Bonn verlor damit die Verantwortung über den archäologisch bedeutenderen Teil seines bisherigen Gebiets und war künftig nur noch für die Regierungsbezirke Aachen, Düsseldorf und Köln (ohne das Stadtgebiet Köln) zuständig. Als ehemaliger Direktorialassistent schied Röder am 31. Juli 1948 aus dem Dienst des Bonner Landesmuseums aus, wurde aber erst am 10. Juni 1950 Staatlicher Vertrauensmann für Bodendenkmalpflege für die Regierungsbezirke Koblenz und Montabaur[46].

Prof. Dr. Hans-Eckart Joachim, Rheinische Friedrich-Wilhelms-Universität,
Vor- und Frühgeschichtliche Archäologie, Regina-Pacis-Weg 7, 53113 Bonn,
joachim-bonn@t-online.de

---

[42] Bonner Jahrb. 146, 1941, 207; 148, 1948, 314–316; Kraus, Bodendenkmalpflege 359.
[43] Bonner Jahrb. 148, 1948, 316 f.
[44] Kraus, Bodendenkmalpflege 372 f.; Bonner Jahrb. 148, 1948, 320 f.
[45] Bonner Jahrb. 148, 1948, 317; 149, 1949, 319.
[46] Oelmann gibt dies recht nüchtern bekannt, s. Bonner Jahrb. 149, 1949, 320; Kunow, Provinzialverband 278; H.-H. Wegner in: J. Kunow / H.-H. Wegner, Urgeschichte im Rheinland (Köln 2006) 27.

Abkürzungen

ArchLVR	LVR – Archivberatungs- und Fortbildungszentrum Pulheim
Bouresh, Neuordnung	B. Bouresh, Die Neuordnung des Rheinischen Landesmuseums Bonn 1930–1939. Kunst u. Altertum am Rhein 141 (Köln und Bonn 1996).
Kraus, Bodendenkmalpflege	St. Kraus, Die Entstehung und Entwicklung der staatlichen Bodendenkmalpflege in den preußischen Provinzen Rheinland und Westfalen. Schr. z. Bodendenkmalpflege in Nordrhein-Westfalen 10 (Aichwald 2012).
Kunow, Provinzialverband	J. Kunow, Die Bodendenkmalpflege im Rheinischen Provinzialverband zwischen 1918 und 1945: der Arbeitsbereich Bonn. In: J. Kunow / Th. Otten / J. Bemmann (Hrsg.), Archäologie und Bodendenkmalpflege in der Rheinprovinz 1920–1945. Mat. z. Bodendenkmalpflege im Rheinland 24 (Bonn 2013) 257–299.

Bildrechte. Abb. 1 und 2 Verein von Altertumsfreunden im Rheinlande, beim ArchLVR, Nr. 173. – Abb. 3 Archiv der Rheinischen Friedrich-Wilhelms-Universität Bonn.

Resümee. Das Direktorat von Franz Oelmann am Landesmuseum Bonn zwischen 1930 und 1949 weist unterschiedliche Facetten auf. Während zu Anfang in den Endjahren der Weimarer Republik Mangelwirtschaft herrschte, geriet das Museum zur Zeit der Nazidiktatur in eine nicht vorhersehbare Aufwärtsentwicklung. Museum und Bodendenkmalpflege erlebten einen ausgeprägt ideologischen Aufschwung, dem der parteilose Oelmann als nomineller Direktor aufgrund des Diktats der ihm vorgesetzten Provinzialverwaltung kaum Eigenständiges entgegensetzte. Kritik bis verhaltenen Widerspruch artikulierte er viel zu spät. Es gelang ihm aber, die Sammlungsbestände fast unbeschadet über die Kriegszeit herüberzuretten. Zu Ende seines Direktorats musste er noch erleben, dass dem Landesmuseum Bonn als Folge der Nachkriegsordnung die Zuständigkeit für das südlich gelegene Mittelrheingebiet an Rheinland-Pfalz verloren ging.

Résumé. La période durant laquelle Franz Oelmann a été directeur du Musée régional de Bonn, entre 1930 et 1949, renvoie une image hétérogène. Alors qu'au début, dans les dernières années de la République de Weimar, dominait l'indigence des moyens, sous la dictature nazie le Musée bénéficia, au contraire, d'une augmentation inédite de ses ressources. Le musée et le service du patrimoine connurent un essor significatif sous les auspices de l'idéologie germanique, à laquelle Oelmann, politiquement neutre, ne s'opposa qu'à peine, puisqu'en théorie directeur, il était néanmoins soumis aux décisions de l'administration provinciale, qui lui était hiérarchiquement supérieure. Il ne formula que trop tard ses opinions, n'allant pas au-delà de la timide contestation. Il lui revient toutefois d'avoir su préserver la collection quasiment sans dommage durant la période de la guerre. Il dut encore subir, à la fin de son mandat, une perte de compétence vers le sud sur le patrimoine du Rhin moyen au bénéfice du Land de Rhénanie-Palatinat, conséquence du nouvel ordre d'après-guerre.

Summary. Franz Oelmann's directorate of the Bonn Regional Museum from 1930 to 1949 can be judged from various points of view. In the last days of the Weimar Republic the museum suffered from economic deprivation, but during the years of the Nazi dictatorship it experienced an unforeseen but distinct upswing under the auspices of Germanic ideology. This concerned the collection as well as the cultural heritage preservation. Oelmann – politically neutral – was the nominal director, but he expressed his own opinions very cautiously and much too late, so the main decisions concerning the cultural policy of the museum were taken by hardliners in the provincial administration of the Rhineland. Luckily, Oelmann managed to preserve the collection's objects nearly unscathed during the wartime. At the end of his tenure the museum lost the responsibility for the Middle Rhine area, which, in the post-war order fell to the Rhineland-Palatinate.

*Stefanie Baumgarten-Mischuda und Boris Burandt
unter Mitarbeit von Andrea Beck und Knut Joachimsen*

Die Nordwestecke des Bonner Legionslagers

Archäologische Ausgrabungen 2013 und 2014

Von August 2013 bis Februar 2014 führte das LVR - Amt für Bodendenkmalpflege im Rheinland in der Nordwestecke des römischen Legionslagers von Bonn bauvorgreifend eine umfangreiche Grabungskampagne durch (OV 2013/0030). Die Aktivitäten verteilten sich auf zwei Flächen von insgesamt etwa dreitausend Quadratmetern (Abb. 2). Sie umfassten zum einen die Erschließung eines bislang völlig unerforschten Areals der römischen Garnison, zum anderen Nachgrabungen auf einer Fläche, die Michael Gechter bereits im Winter 1977–78 in Teilabschnitten untersucht hatte. Zu verorten sind die Grabungsflächen auf dem Gelände der Nordschule und der Marie-Kahle- Gesamtschule, in einem von Augustusring und Graurheindorfer Straße gebildeten Zwickel im Bonner Stadtteil Castell. Die antiken Baubefunde werden im Folgenden in der vorläufigen chronologischen Reihenfolge ihrer Errichtung vorgestellt und erläutert.

Die frühesten Befunde liegen unter zwei Kiesstraßen des mittelkaiserzeitlichen Lagers. Es handelt sich um die hölzerne Ausbaustufe des Entwässerungssystems, das zusammen mit dem Straßennetz den Gründungshorizont des Legionsstützpunktes von Bonn markiert (St. 646). Die Kanäle bestanden aus je zwei Reihen innerer und zwei Reihen äußerer Pfosten, alle parallel zueinander und in Nordsüdausrichtung. Zwischen die innen liegenden Pfostensetzungen waren Spundwände aus Bohlen geschlagen, deren Abdrücke im Sediment erhalten sind. Die äußeren Pfosten trugen vermutlich die Planken der Abdeckung, so dass der Kanal für Wartungsarbeiten zu öffnen war (Abb. 1). Durch frühe südgallische Terra sigillata aus einer der Pfostensetzungen (St. 646–24) und eine Gürtelplatte mit Niellodekor[1] (St. 502–292) wird der hölzerne Kanal in tiberisch-claudische Zeit datiert.

Der Holz-Erde-Bauphase des Bonner Legionslagers sind keine weiteren Befunde sicher zuzuweisen. Zwar wurden an verschiedenen Stellen isolierte Pfostensetzungen dokumentiert, doch ergab sich aus diesen weder eine erkennbare bauliche Struktur, noch kam datierendes Material aus den ausgenommenen Pfostengruben. Exemplarisch sei an dieser Stelle ein Erdkeller mit

---

Andrea Beck hat mit großem Engagement und kompetentem Fachwissen als Archäologin und Technikerin auf der Grabung und bei der Aufarbeitung wichtige Grundlagen für diesen Aufsatz gelegt. Knut Joachimsen hat akribisch und sorgfältig die Wandmalereifragmente aufgearbeitet und damit Entscheidendes beigetragen. – Datierungen verweisen in der Regel in die nachchristlichen Jahrhunderte.

[1] Ähnlich S. Hoss, Cingulum Militare. Römische Gürtelausstattung vom 1. bis 3. Jahrhundert (Diss. Leiden 2014) 91 Kat. B. 332 Taf. 31.

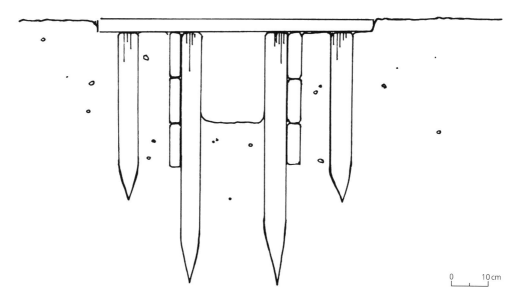

Abb. 1 Schematische Wiedergabe der hölzernen Ausbaustufe des Kanals (rekonstruierter Aufbau). Maßstab 1 : 10.

Spuren einer Holzverschalung genannt (St. 652), der später durch einen steinernen Nachfolger ersetzt wurde. Die im Geviert angelegte Pfostenstellung wurde rund um den jüngeren Steinbau angeschnitten. Es kann sich um einen Teil des Holz-Erde-Lagers handeln oder um einen späteren Einbau aus der Mittleren Kaiserzeit und somit bereits aus der Steinbauphase der Garnison, der erst zu einem wesentlich späteren Zeitpunkt ersetzt wurde.

An verschiedenen Stellen wurde ein flächiger und mit etwa zehn Zentimeter Stärke verhältnismäßig massiver Brandhorizont ergraben (Abb. 4). Leider liegen keine datierenden Funde aus dieser Schicht vor. Die Brandschicht überdeckt den stratigrafisch ältesten Laufhorizont des Lagerareals und wurde im Nachgang planiert, um eine Folgenutzung zu gewährleisten. Der Aufstand der Bataver von 69/70 n. Chr., im Zuge dessen das Legionslager von Bonn angegriffen und angeblich zerstört wurde, wäre ein naheliegender Grund für eine Brandkatastrophe mit solchen archäologischen Spuren. Die älteren hölzernen Architekturen in diesem wallnahen Gebiet des Lagers wären dementsprechend während der Revolte niedergebrannt oder zumindest stark in Mitleidenschaft gezogen und nach der Niederschlagung durch Steinbauten ersetzt worden. Der Mangel an archäologischen Nachweisen für die älteste Ausbaustufe der Bonner Garnison würde sich somit zumindest im Ansatz erklären lassen. Gleiches gilt für den Umstand, dass lediglich der bereits in der Antike unter Laufniveau befindliche Holzkanal überdauert hat.

Neben der Holzbauphase der Kanalisation gehören noch die vier im Zuge der Kampagne in Teilen aufgedeckten Kiesstraßen in den Gründungshorizont des Legionsstandortes. Sie sind aber in den folgenden Jahrzehnten und Jahrhunderten mehrmals in Stand gesetzt worden und zeigten daher nur noch im Profil ihre Ursprungsform. Grundsätzlich handelt es sich um gerade, orthogonal ausgerichtete Straßenachsen aus komprimiertem Kies zwischen siebeneinhalb und elf Metern Breite, begleitet von zwei schmalen Gräben zur Ableitung des Regenwassers an beiden Seiten, die über keine nachvollziehbare Befestigung aus Holz oder Stein verfügten. Im Straßenbett auftretende Schlaglöcher wurden offenbar regelmäßig mit Abfall verfüllt. Reichten diese Maßnahmen nicht mehr aus, zogen die römischen Bautrupps eine neue Kiesdecke über die alte Straßenoberfläche. Die sich somit ergebenden diversen Schichtungen ließen sich an den Befunden klar ablesen.

Der steinerne Ausbau dürfte in diesem Areal des Lagers auf Grund des begleitenden Münzspektrums nicht vor der flavischen Zeit eingesetzt haben. In diese Phase gehören der Nachfolger des Kanalsystems, zwei Doppelkasernen, eine Einzelkaserne sowie zwei Wirtschaftsbauten und ein Gebäude bislang ungeklärter Zweckbestimmung.

Die Mannschaftsunterkünfte stellen hierbei den ältesten Komplex dar und gehören in das letzte Drittel des ersten Jahrhunderts. Obwohl sich ihre Ruinen hauptsächlich in Fläche II und somit auf einem Areal mit hohem Bodenabtrag befanden, wurden noch die Grundmauern und die antiken Laufhorizonte in erstaunlich guter Erhaltung erfasst. Aufgehendes Mauerwerk war jedoch kaum noch vorhanden. Außerdem waren die Befunde an verschiedenen Stellen durch Schnitte der Grabung von 1977/78 unterbrochen, so dass hier in erster Linie Lücken in der älteren Dokumentation geschlossen wurden. Die zutage getretenen Fundamente sind durchgängig aus verdichtetem Grauwackebruch ausgeführt, der in sorgsam ausgehobene Fundamentgräben von etwa siebzig Zentimetern Tiefe und einem halben Meter Breite eingebracht und von oben mit Mörtel übergossen worden war.

Das Aufgehende ruht auf der fünf Zentimeter starken und flächig in Mörtel ausgeführten Fundamentkrone. Es zeigt sich einheitlich als Schalenmauerwerk aus zwei parallelen Setzungen sorgsam zugeschlagener Tuffhandquader im Mörtelverbund, in deren Zwischenraum Opus caementitium eingegossen ist. Eine durchlaufende, einen halben Meter starke Mauer trennt den Kopfbau

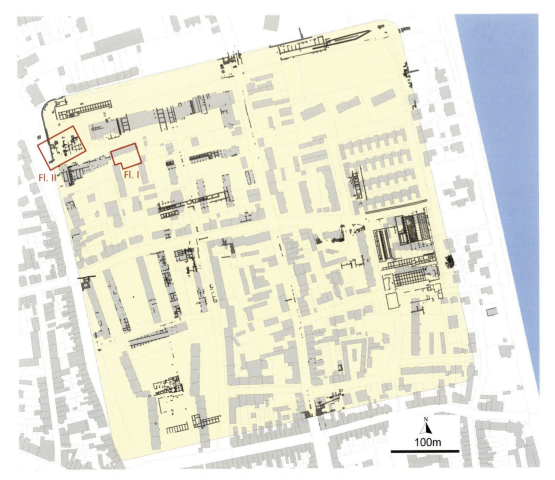

Abb. 2 Die Lage der beiden Grabungsflächen im Bonner Legionslager (rot).

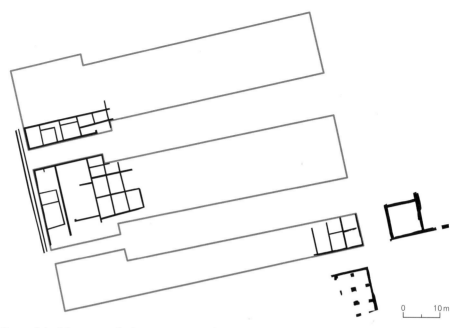

Abb. 3 Bestand der Mauern aus der Zeit um 100 n. Chr., wie sie während der Grabung dokumentiert wurden, in Ergänzung und mit schematischem Umriss der Mannschaftsunterkünfte. Maßstab 1 : 1000.

für die Unterbringung des Zenturio von den Stuben der Gemeinen (Abb. 7). Sie ist baugleich mit den Außenmauern des langrechteckigen Kasernenbaus und wurde in einem Zuge mit diesen ausgeführt. Das Binnenmauerwerk der Unterkünfte hingegen scheint erst in einem zweiten Arbeitsgang errichtet worden zu sein. Es ist von leichterer Konstruktion, was zahlreiche antike Umbauten und Instandsetzungen bedingte. In Kombination mit den Störungen der Altgrabung zeigte sich die Gesamtsituation folglich ausgesprochen heterogen und in Teilen verunklärt.

Dennoch ist für die Stuben der Legionäre eine homogene Ursprungsaufteilung nachweisbar. So schließt sich an den Kopfbau für die Offiziere in östlicher Richtung eine Reihe von Räumen an, die auf ganzer Länge ein Laubengang beziehungsweise eine Portikus begleitet. In dieser Reihe bilden je zwei Räume ein Ensemble. Sie liegen in Nordsüdausrichtung hintereinander gestaffelt und bestehen aus Waffenkammer (Arma) und Wohnstube (Papilio) je eines Kontuberniums. Die Räume verfügten über Stampflehmböden[2] und wiesen einheitliche Maße auf, wobei der Arma weniger Raum gegeben wurde als dem Papilio. Erstere ist auf die Portikus und somit die Lagerstraße orientiert und misst etwa 3,5 mal 2,4 Meter, während der dahinterliegende Raum zwar dieselbe Breite hat, mit 4,8 Metern Tiefe sich jedoch in dieser Richtung doppelt so weit erstreckt. Nach Süden schließt sich die gleiche Raumaufteilung in Spiegelung an, wodurch sich eine Doppelkaserne für zwei Zenturien ergibt. Verlängert man nun die Außenmauern der Kasernenblöcke gemäß ihrer Fluchtung mit einer an anderer Stelle (Fläche I) greifbaren Ecke einer in paralleler Erstreckung erbauten Einzelkaserne, so lässt sich ein Kasernenblock von etwa achtzig Metern Länge rekonstruieren (Abb. 3). Fünfzig Meter entfallen dann auf die Mannschaftsunterkünfte und je fünfzehn Meter auf die an beiden Enden des Blockes zu rekonstruierenden Offizierswohnungen.

[2] Ein Bodenbelag aus Holzdielen als Alternative zum blanken Stampflehm lässt sich nicht ausschließen. Indizien hierfür, wie etwa Fugen oder Absätze im erhaltenen Wandverputz oder eine durchlaufende Holzkohleschicht als Ergebnis eines Schadfeuers liegen allerdings nicht vor. Lediglich auf dem Mörtel einer Zwischenmauer von Arma und Papilio hat sich der Abdruck sowie der verkohlte Rest einer Türschwelle erhalten (St. 527), was für einen Dielenbelag der Böden sprechen könnte.

Abb. 4 Brandhorizont in Fläche I (St. 51). – Abb. 5 Punktfundament aus dem Kopfbau für die Unterbringung der Offiziere, eventuell Pfeiler einer Treppenkonstruktion (St. 228). – Abb. 6 Trittstufe aus Ziegelbruch in den Kontubernia, Wende vom zweiten zum dritten Jahrhundert (St. 544). – Abb. 7 Durchlaufende Mauer zwischen dem Kopfbau für die Unterbringung des Zenturio und den Kontubernia in Fläche II (St. 536). – Abb. 8 Steinerner Abwasserkanal in Fläche I (St. 175).

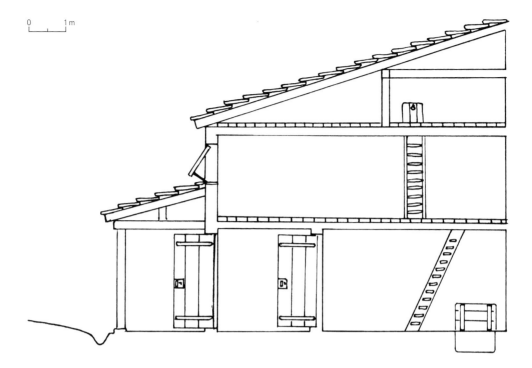

Nimmt man an, dass alle Papiliones die gleiche Breite von dreieinhalb Metern aufwiesen, so muss der Baukörper ursprünglich vierzehn Kontubernien pro Zenturie, also insgesamt achtundzwanzig Stubengemeinschaften gefasst haben. Dies übersteigt zwar die zu rekonstruierende Truppenzahl, ist aber durchaus deckungsgleich mit den Baracken anderer Legionsstützpunkte, wie etwa Inchtuthil oder Neuss[3]. Die Breite der Doppelbaracke liegt bei etwa 32,5 Meter. In Verbindung mit den Grabungsergebnissen Constantin Koenens aus den Jahren 1903 bis 1905 zeigen sich für diese Insula des Legionslagers nun vier homogene Baukörper: zwei Doppelkasernen und zwei Einzelkasernen. Das Areal bietet also Platz für die sechs Zenturien einer regulären Kohorte. Nimmt man einen ebenfalls 1905 von Koenen an der südlichen Einzelkaserne ausgegrabenen Weihestein hinzu, der die Achte Kohorte als Stifter nennt[4], so kann dieser Block des Legionslagers wohl als fester Wohnbereich eben jener Truppe angesprochen werden.

Zwei Befunde aus dem Bereich des Kopfbaus für die Unterbringung der Offiziere in der südlichen Doppelkaserne zeigten sich während der Grabung als auffällig und verdienen gesonderte Erwähnung (St. 556 und 583). Es handelt sich um massiv gesetzte und fundamentierte Pfeiler aus Tuffhandquadern, die mit einem Seitenmaß von etwa einem halben Meter den Wänden kurz

---

[3] E. Shirley, Britannia 27, 1996, 114; G. Müller in: H. Chantraine u. a., Das römische Neuss (Stuttgart 1984) 53–80.

[4] M. Gechter in: M. van Rey (Hrsg.), Geschichte der Stadt Bonn I. Von der Vorgeschichte bis zum Ende der Römerzeit (Bonn 2001) 147.

[5] Letztmalig zusammengefasst findet sich diese Diskussion bei Th. Fischer, Die Armee der Caesaren. Archäologie und Geschichte (Regensburg 2012) 262.

[6] Die Berechnung wurde durchgeführt von Frau Dipl.-Ing. Maria Gräbner, der an dieser Stelle herzlich gedankt sei. Auf den vollständigen Berechnungsweg wird hier jedoch mit Rücksicht auf den Umfang der Publikation verzichtet.

[7] Vgl. die baulichen Veränderungen innerhalb des am Ende des 2. Jhs. neugegründeten Legionslagers von Enns (Lauriacum) in Österreich, s. M. von Groller-Mildensee, Die Grabungen im Lager Lauriacum in den Jahren 1912 und 1913. In: Der Römische Limes in Österreich 13 (Wien 1919) 117–264. Besonders die Unterkünfte der Prima Cohors zeigen hier ein ähnlich heterogenes Bild wie die nachträglichen Einbauten der Befunde in Bonn. Gegen Ende des 2. Jhs. scheinen sich folglich die Bedürfnisse der Garnisonstruppen in Bezug auf ihre Wohnsituation verändert zu haben. Eventuell erklärt dies auch die seitdem feststellbare Zunahme weiblich konnotierter Funde in Militäranlagen.

vorgesetzt waren (Abb. 5). Der Abstand zu den jeweils benachbarten Mauerzügen beträgt unter vierzig Zentimeter und ist somit ausgesprochen gering. Da die beiden Funde isoliert zutage traten und kein Ensemble miteinander oder mit vergleichbaren Strukturen bilden, kann die Funktion als Säulenpostament ausgeschlossen werden. Die Verortung direkt neben einem Keller in dem einen Fall beziehungsweise neben einer Latrine im anderen Fall spricht zudem gegen eine dekorative und für eine rein funktionelle Aufgabe. Bereits während der laufenden Kampagne kam daher die Vermutung auf, es könne sich hierbei um Treppenpfeiler handeln, die ehemals eine hölzerne Stiegenkonstruktion trugen. Dies beflügelt einmal mehr die reizvolle Frage, inwiefern Mannschaftsbaracken römischer Garnisonen ebenerdig oder mehrgeschossig rekonstruiert werden müssen[5]. Im Zuge der Grabungsauswertung entschlossen sich die Bearbeiter daher zu einer statischen Berechnung, basierend auf den Fundamenten der ergrabenen Doppelkaserne[6]. Das Ergebnis belegt, dass mit einer angenommenen Raumhöhe von zweieinhalb Metern eine annähernd dreigeschossige Bauweise ohne statische Probleme möglich ist. Mindestens zwei Geschosse, eventuell ergänzt durch ein Mezzanin, sind also bei der in Bonn festgestellten Fundamentbeschaffenheit zwar nicht zwingend beweisbar, aber wahrscheinlich (Abb. 9).

Im ausgehenden zweiten oder frühen dritten Jahrhundert wurden die Binnenstrukturen der Mannschaftsunterkünfte massiv verändert, wodurch die Raumaufteilung ihre vorherige Homogenität verlor. Die Umbauarbeiten sind schon anhand des veränderten Baumaterials gut zu fassen. So zeigen die neu eingezogenen oder versetzten Mauern eine Fundamentrollierung aus Ziegelbruch. Diese reicht längst nicht mehr so tief wie diejenige des Ursprungsbaus aus dem ausgehenden ersten Jahrhundert. Die Tuffhandquader der älteren Phase wurden allem Anschein nach wiederverwendet. Mehrere Befunde zeigen, dass Reparaturen und Mauerplomben ebenfalls mit Ziegelbruch und aus Grauwacke in dickem Mörtelbett ausgeführt wurden. Diese Ausbesserungsarbeiten weisen nicht mehr die Sorgfalt der älteren Mauerzüge auf und sitzen oftmals versetzt oder schief auf den weiter genutzten alten Fundamenten. Mit diesen baulichen Veränderungen in den Baracken gingen teils massive Veränderungen im Laufniveau einher. Mit Trittstufen aus Ziegelmaterial versuchte man die Höhenunterschiede auszugleichen (Abb. 5). In diesem Zuge fand auch eine Umnutzung der begleitenden Portikus statt. Die Befunde legen nahe, dass die offene Front zugesetzt und der Gang in einzelne Räume aufgeteilt wurde. Generell scheinen alle Umbauten der Mannschaftsbaracken darauf zu zielen, die Anzahl der Räume zu erhöhen, wobei die Raumgröße proportional abnahm[7].

Abb. 9 (gegenüber) Hypothetische Rekonstruktion der Mannschaftsunterkünfte des Bonner Legionslagers für das ausgehende erste und frühe zweite Jahrhundert (Querschnitt). Maßstab 1 : 100.

Abb. 10 (rechts) Südwestecke des sogenannten Vierflügelbaus in Fläche I.

Abb. 11 (links) Ein als Prellstein der Südwestecke des sogenannten Vierflügelbaus vorgesetzter Säulenbasalt (St. 26). – Abb. 12 (rechts) Steinerne Geschosskugel in situ innerhalb des sogenannten Vierflügelbaus.

Gleichzeitig mit der Errichtung der Mannschaftsbaracken in Stein erfolgte der Ausbau der Kanalisation. Die steinerne Kanalphase (St. 175 und 590) liegt auf den hölzernen Kanalwegen und besteht aus Wangen in sorgsam gefügten Tuffhandquadern und einer Bodendeckung aus zwei parallelen Reihen von Tegulae, welche mit den Randstegen nach unten liegen (Abb. 8). Wie die Abdeckung des Kanals aussah, ließ sich im Befund nicht erschließen, anzunehmen ist jedoch eine ephemere, vielleicht hölzerne Lösung, da andernfalls Überreste der Deckelung zu erwarten gewesen wären und auch diese Phase des Kanals ehedem für Wartungsarbeiten zu öffnen gewesen sein muss. In Fläche I konnte außerdem ein Zulauf des Hauptsammlers dokumentiert werden, der aus einer einzelnen Reihung Tegulae besteht, deutlich geringer in den Boden eingreift und in Südost-Nordwest-Ausrichtung auf den Hauptkanal zuläuft.

Vermutlich der Wende vom ersten zum zweiten Jahrhundert zuzurechnen ist die Errichtung eines massiv fundamentierten Wirtschaftsgebäudes im Osten der Mannschaftsunterkünfte. Dieser Komplex wurde in seinen nördlichen Teilbereichen bereits in den späten sechziger Jahren durch Walter Sölter ergraben und anschließend als große Vierflügelanlage rekonstruiert. Dass diese Rekonstruktion stimmt, bestätigen nun die neuen Ausgrabungen. Zutage trat nämlich die Südwestecke der Anlage (Abb. 10), die sich baugleich mit den bereits dokumentierten Abschnitten zeigt. Wie von Sölter angenommen, handelt es sich um eine exakt rechtwinkelige Gebäudeecke, die die regelmäßige Raumflucht der bereits dokumentierten Bauabschnitte aufnimmt. Der Eckraum ist quadratisch mit Seitenlängen von etwa siebeneinhalb Metern.

Auffällig ist ein großer Säulenbasalt, der nachträglich vor die Gebäudeecke gesetzt ist (St. 26, Abb. 11). Ganz offensichtlich handelt es sich hierbei um einen Prellstein, der während der Nut-

---

[8] Auf der Verwendung von Säulenbasalt statt der bei den Mannschaftsunterkünften dokumentierten Grauwacke fußt hauptsächlich die vorsichtige Datierung des Baus an die Wende vom 1. Jh. zum 2. Jh. Gechter nimmt an, dass im Köln-Bonner Raum die Römer erst Grauwacke für ihre Fundamentierungen nutzten, dass seit dem 2. Jh. jedoch Basalt und mit dem 3. Jh. Ziegelbruch dominieren. Dass diese Chronologie nicht ohne Ausnahme ist, belegt ein unlängst vorgelegter Baubefund von der Hohen Straße in Köln. Hier ist die Verwendung von Basalt für die Fundamentierung eines Großbaus dokumentiert, der auf Grund des begleitenden keramischen Fundmaterials und eines militärischen Gürtelbeschlages bereits in augusteischer Zeit entstand, s. H. Bernhardt u. a., Arch. Rheinland 2014, 120 f. Der Drachenfels mit seinen Trachytvorkommen muss also bereits um die Zeitenwende durch die Römer als Ressourcenlager erschlossen worden sein. Dementsprechend ist für den großen Wirtschaftsbau des Bonner Legionslagers auch eine frühere Datierung in den Verlauf des 1. Jh.s möglich. Da keine Keramik oder anderes gut zu datierendes Material, wie etwa Münzen, aus der Baugrube zutage trat, kann die Errichtung dieses Baukörpers folglich nur unter Vorbehalt an die Wende vom 1. Jh. zum 2. Jh. gesetzt werden.

[9] H. von Petrikovits, Die Innenbauten römischer Legionslager während der Prinzipatszeit (Opladen 1975) 94–96 Abb. 20.

zung des Areals durch römische Truppen als notwendig erachtet und entsprechend im Nachgang ergänzt wurde.

Die Fundamentierung des Wirtschaftsbaus zeigt sich hervorragend erhalten und im Aufbau nahezu identisch mit derjenigen der Kasernen, jedoch greift sie mit fast 1,10 Metern wesentlich tiefer in den Boden ein und besteht aus Basalt an Stelle der Grauwacke[8]. Vor dem Hintergrund der statischen Überlegungen zu den Mannschaftsunterkünften müsste nun auch an dieser Stelle gefragt werden, mit welcher Gebäudehöhe man angesichts dieser massiven Fundamentierung zu rechnen hat. Eine Deckenhöhe von über zehn Metern ist bei Räumen von etwa siebeneinhalb Metern Seitenlänge wohl auszuschließen und selbst für einen Lager- oder Magazinbau nicht sinnvoll. Möglich wäre natürlich auch für Wirtschaftsgebäude eine Konstruktionsweise in mehreren Etagen. Letzte verbleibende Option für die Erklärung des Fundamentes wäre aber auch, dass die Bauweise der römischen Armee des ersten Jahrhunderts grundsätzlich zu ausgesprochen massiven bis übertrieben starken Fundamentierungen neigt und diese gar keine verlässlichen Aussagen zu potentiellen Gebäudehöhen zulassen. Die weiter oben vorgelegten Berechnungen zur Bauweise der Mannschaftsunterkünfte sind vor diesem Hintergrund also lediglich als Indiz zu werten und keinesfalls als finales Ergebnis.

Was die vorläufige Identifizierung als Magazin anbelangt, so deuten mehrere in diesem Areal gefundene Geschosse unterschiedlichster Größe aus Stein und Blei (Abb. 12) darauf, dass hier die Waffenkammern der Legion angesiedelt waren und unter anderem die Geschütze nebst Munition in den Hallen gelagert wurden. Typologisch gehört der Komplex nach Harald von Petrikovits zu den vierflügeligen Anlagen im Hoftypus[9] und fügt sich gut in die Reihe weiterer Bauten dieser Art am Rhein.

Im Südwesten der Vierflügelanlage wurde ein weiteres monumentales Gebäude angeschnitten. Es handelt sich um die rechtwinklige Ecke einer Außenmauer und neun starke Punktfundamente, die ein Seitenmaß von etwa achtzig Zentimetern aufweisen und in einem Abstand von gut zweieinhalb Metern zueinander ausgeführt sind. Diese Befunde stimmen in solch hohem Maß mit denjenigen überein, die bereits Anfang des zwanzigsten Jahrhunderts von Koenen fast siebzig Meter weiter westlich dokumentiert sind, dass sie zu dem gleichen Baukörper gehören dürften. Es ergibt sich somit eine Anlage, die die gesamte Insula einnahm. Die massiven Punktfundamente (St. 226–229, 230, 261, 262 und 285) lassen auf den ersten Blick eine Deutung als Ständerbau, vielleicht ein Horreum, logisch erscheinen. Der zweite Blick offenbart, dass hierfür aber die charakteristischen Strebepfeiler an den Außenwänden fehlen, welche den Druck des gelagerten Getreides abfangen. Zudem weichen die potentiellen Ständer in ihrer Dimensionie-

Abb. 13 (links) Bau bislang unbekannter Zweckbestimmung in Fläche I. – Abb. 14 (rechts) Spätantike Darre innerhalb der südlichen Kontubernia von Fläche I (St. 9).

rung von bislang bekannten Befunden deutlich ab[10], dürften also einem anderen Zweck gedient haben, als einen erhöhten Dielenboden zu tragen. Vermutlich handelt es sich bei dieser Anlage viel mehr um einen weiten Hallenbau, der als Materiallager oder überdachte Stellfläche genutzt wurde. Die Pfeiler hätten in diesem Falle die Dachkonstruktion getragen.

Chronologisch nachfolgend wurde ein Bau von vier mal fünf Metern Seitenlänge errichtet (Abb. 13), der die Straße zwischen dem Pfeilerbau und der südlichen Einzelkaserne bis auf eine Lücke von einem Meter sperrte. Als Verkehrsweg war diese Straße zum Errichtungszeitpunkt  jenes Baus also definitiv nicht mehr nutzbar. Anhand verschiedener Begleitfunde (unter anderem ein Schurzstreifenanhänger) dürfte der Bau bereits aus dem ausgehenden dritten oder frühen vierten Jahrhundert stammen. Seine Zweckbestimmung ist bislang noch völlig offen. Die Grundform, der Zugang von Osten, sowie fünf große Tuffblöcke (St. 23) im Innenraum deuten auf ein Heiligtum oder einen kleinen Tempel (Ädikula). So könnten die Tuffquadern als Basen für Statuen oder Weihegaben interpretiert werden, wobei es keinerlei epigraphische Hinweise im Fundgut für diese Annahme gibt. In einer zweiten Ausbauphase wurde eine Feuerstelle im Innenraum direkt neben einem der Tuffblöcke eingerichtet, was weiterhin gegen eine sakrale Nutzung spricht. Eine überzeugende Interpretation des Gebäudes ist somit bislang nicht möglich.

Die spätantike Nutzung des Lagerareals ließ sich unter anderem durch eine Darre belegen (St. 9, Abb. 14), welche in einer der Stuben der südlichen Einzelbaracke errichtet wurde. Die Außenmauer und die parallelen Heißluftkanäle lassen sich klar erkennen und weisen die Anlage als eine des durch Gabriele Dreisbusch für Westdeutschland definierten Typus F aus[11]. Die Mauern bestehen aus großstückigem Ziegelbruch des offenbar bereits ruinösen Legionslagers.

Außerdem fanden sich über beide Grabungsflächen verteilt und mitunter in den älteren Baubestand eingreifend zahlreiche kleine Schmelzöfen (Abb. 18). Diese dürften dazu gedient haben, im verfallenden Lager aufgelesenes Buntmetall zur Weiterverarbeitung einzuschmelzen oder die aus den Mauern gebrochenen Eisenklammern zu verhütten. Dass Letzteres tatsächlich gängiger Praxis entsprach, belegen zahlreiche Ausbruchsspuren an den antiken Mauerzügen.

Mit der Darre und den Schmelzöfen endete die antike Nutzung des Areals.

Neben den diversen Baubefunden kamen im Zuge der Grabungsarbeiten auch zahlreiche Funde zutage. In Auswahl soll hier daher das Fundspektrum vorgestellt und in den Kontext der Befunde eingeordnet werden.

Der mitunter recht hohe Wohnstandard in den Unterkünften ist durch zahlreiche Fragmente von Wandmalerei belegt (Abb. 16). Zwar stammen diese zu einem Großteil aus dem Kopfbau, wo der Zenturio untergebracht war, zu einem nicht zu unterschätzenden Anteil aber auch aus den Mannschaftsquartieren. Während es sich bei Ersteren um Nachweise für Kandelabermalerei[12] und Marmorimitationen handelt, präsentieren sich Letztere als farbige Linien auf weißem Grund. Ein Fund zeigt zudem, dass die Malereien mehrmals dem Zeitgeschmack angepasst und regelmäßig übertüncht wurden. So lassen sich auf einem Putzstück mindestens vier übereinanderliegende Farbschichten nachweisen.

---

[10] Vgl. (1) Kastell Hüfingen, s. ORL Abt. B Nr. 62a, 20 Taf. 3; 4, (2) Kastell Unterböbingen, s. P. Filtzinger / D. Planck / B. Cämmerer, Die Römer in Baden-Württemberg (Stuttgart 1986) 247 Abb. 88, und (3) Legionslager Neuss, s. C. Koenen, Bonner Jahrb. 111/112, 1904, 190 Taf. 15.

[11] G. Dreisbusch, Darre oder Räucherkammer? Ber. Baden-Württemberg, 19, 1994, 181–205.

[12] Vgl. R. Thomas, Kölner Jahrb. 34, 2001, 613–620.

[13] Vgl. G. Eggert, Arch. Rheinland 1990, 82–84.

Abb. 15 (gegenüber) Fragment einer Stuckleiste aus den Mannschaftsunterkünften in Fläche II. Halbe natürliche Größe. – Abb. 16 (oben) Fragmentierter Wandverputz mit Varianten dekorativer Freskomalerei. Ein Drittel natürlicher Größe.

In Fragmenten liegen zudem Stuckaturen vor, die vermutlich entweder die Wanddekorationssysteme nach oben abschlossen oder die Decken verzierten (Abb. 15). Aus gleich zwei Gruben wurden größere Mengen von Farbkügelchen geborgen. Diese lieferten als sogenanntes Ägyptischblau die Pigmente für das blaue Wandkolorit, eine der kostspieligsten Farben für Freskomalerei[13]. Putz mit weißer Grundfarbe und bunten Farbsprenkeln stammt aus den Bereichen der Laubengänge und dürfte zur Fassadengestaltung der Baracken gehört haben.

Zugeschnittene Marmor- und Granitplatten belegen zudem die luxuriöse Ausstattung der Offiziersunterkünfte. Unter Umständen gehörten sie ursprünglich zur Auskleidung eines Badebeckens in der Nordwestecke des einen Kopfbaus (St. 584 und 586; Abb. 19). Zwar stammen die Fragmente nicht aus dem umgebenden Sediment, doch war das Becken ganz offensichtlich seiner antiken Inkrustation beraubt, so dass die Fragmente unter Vorbehalt als verschlepptes Material identifiziert werden können. Unter der privaten Badeanlage wurde eine verfüllte und sorgsam mit Kalk abgelöschte Latrine entdeckt, die einer älteren Bauphase angehört (St. 597, Abb. 17). Das Verfüllungsmaterial enthielt zahlreiche weitere Überreste von gehobenen Ausstattungsgegenständen antiker Wohnkultur, wie unter anderem die Basis einer kleinen Statuette aus Buntmetall, mehrere Beschläge eines Kästchens sowie einen beinernen Löffel. Zahlreiche Austernschalen aus diesem Befund belegen zudem das hohe kulinarische Niveau im Leben eines römischen Zenturio.

Die Nutzung des Bonner Stützpunktes von der ersten Hälfte des ersten bis in das frühe vierte Jahrhundert dokumentieren neben den Baubefunden auch die geborgenen Fibeln. Exemplarisch seien hier eine Aucissafibel[14] (520-26, Abb. 20) und eine Zwiebelkopffibel[15] (2-169) genannt – gewissermaßen als Anfangs- und Endpunkt der Reihe der Gewandschließen von diesem Fundplatz.

Zeugen des täglichen Lebens der Legionäre sind große Mengen an Gebrauchs- und Tafelkeramik, darunter diverse Scherben glatter und reliefierter Terra sigillata und weitere Küchenutensilien, wie einem beinernen Messergriff. Auch eine Knochenflöte wurde gefunden, wobei an eine Verwendung bei Fest und Kult oder bei der Militärmusik gedacht werden kann. Kult und Religion lassen sich in einem kleinen Altar aus Tuff fassen, der noch Schmauchspuren von verbrannten Opfergaben erkennen lässt.

Eher außergewöhnlich, jedoch in römischen Militärgarnisonen längst keine große Überraschung mehr, sind Gegenstände, die von Frauen getragen wurden[16], wie etwa Haarnadeln und ein Armband. Zu unterstreichen ist, dass keiner der weiblich konnotierten Funde aus Bonn vor der Mitte des zweiten Jahrhunderts entstanden ist, also eventuell über eine Veränderung der Lebensverhältnisse innerhalb des Lagers seit diesem Zeitpunkt spekuliert werden kann[17].

Männlichen Besitzern lassen sich die geborgenen Militaria zuweisen, von denen hier exemplarisch einer der chronologisch ältesten Funde erwähnt sei, nämlich eine versilberte Gürtelplatte mit konzentrischem Kreisdekor und erhabenem Mittelbuckel aus der Mitte des ersten Jahrhunderts[18]. Der in das zweite oder dritte Jahrhundert gehörende Knebelverschluss[19] eines

Abb. 17 Profil der Latrinengrube in Fläche II mit deutlich erkennbaren Verfüllschichten und dem abgesackten Boden des Badebeckens in Auflage (St. 595). – Abb. 18 Spätantiker Schmelzofen (St. 531). – Abb. 19 Badebecken in der Nordwestecke des Kopfbaus für die Unterbringung der Offiziere in Fläche II (St. 584). Im Vordergrund der Ablauf, der direkt in den steinernen Kanal entwässert. Der Boden des Badebeckens ist wegen der darunterliegenden verfüllten Latrine mehrmals abgesackt und wieder instandgesetzt worden.

Ketten- oder Schienenpanzers stellt als Verschleißartikel klassisches Verlustgut der römischen Soldaten dar, während zwei beinerne Kastenortbänder von Schwertscheiden des dritten Jahrhunderts außergewöhnlicher, wenn auch durchaus zeittypisch sind[20]. Gemeinsam mit einem bearbeiteten Beinfragment könnten sie zudem für die Herstellung von Ausrüstungsgegenständen aus Knochen und Geweih in diesem Teil des Lagers sprechen.

Zum Abschluss hier noch ein kurzer Überblick über die geborgenen Ziegelstempel (Tafel 1–3). Diese bestätigen das zu erwartende Bild, nämlich verhältnismäßig wenige Stempel der älteren Legio I (Germanica) und der Legio XXI Rapax, aber eine klare Dominanz von Stempeln der Legio I Minervia. Beide erstgenannte Truppenkörper waren während des ersten Jahrhunderts nur wenige Jahre in Bonn stationiert[21] und dürften im Wesentlichen die Holz-Erde-Bauphase genutzt haben, während die Legio I Minervia fast zwei Jahrhunderte am Ort verblieb und gewissermaßen die Hauslegion von Bonn stellte[22]. Unter ihr dürfte auch der Großteil des steinernen Ausbaus des Lagers stattgefunden haben. Es überrascht, dass überhaupt Ziegelstempel dieser Legion nachweisbar sind. Sie wurde nach den Wirren des Bataveraufstandes und des Vierkaiserjahres im Sommer 70 n. Chr. aufgelöst[23]. Von ihr gefertigte und gestempelte Ziegel sprechen also dafür, dass mit einem Ausbau des Bonner Legionslagers bereits vor dem Aufstand der Bataver begonnen wurde beziehungsweise zumindest das Baumaterial herangeschafft worden war, während die Forschung bislang von einem kausalen Zusammenhang zwischen den Zerstörungen im Zuge der Revolte und dem Ausbau zahlreicher römischer Militäranlagen entlang des Rheins in Stein ausgeht. In Zusammenhang mit der oben angesprochenen Brandschicht, die tatsächlich eine Feuerkatastrophe für den Zeitraum des Bataveraufstandes dokumentieren könnte, und mit der oben angesprochenen Problematik der Datierung des vierflügeligen Nutzbaus wirft das Spektrum der Ziegelstempel ein neues Licht auf die Chronologie des Bonner Legionsstützpunktes[24]. Der Beginn des steinernen Ausbaus bereits in der ersten Hälfte des ersten Jahrhunderts ist somit zwar weiterhin nicht final verifizierbar, doch wird er zumindest für die Großbauten wahrscheinlich[25].

Abb. 20 Aucissafibel E 2014/122.

Im Ganzen bestätigen die Grabungen von 2013 und 2014 verschiedene ältere Annahmen und schließen Lücken im Plan des Bonner Legionslagers. Jedoch werden auch weitere Fragen auf-

---

[14] LMB Inv. 2014.73,1-1.
[15] LMB Inv. 2013.667,1-1.
[16] Vertiefend hierzu M. Reuter in: U. Brandl (Hrsg.), Frauen und römisches Militär. Kongr. Xanten 2005 (Oxford 2008) 92–101.
[17] Siehe Anm. 7.
[18] Ähnlich Hoss, Cingulum (Anm. 1) 101 f. Kat. B.491 Taf. 35.
[19] Es handelt sich entweder (1) um die Schließe einer Lorica segmentata des Typus Newstead, s. M. C. Bishop, Lorica Segmentata I. A Handbook of Articulated Roman Plate Armour (Chirnside 1999) oder (2) um den Verschluss von Brustschließblechen, wie sie Mitte des 2. Jh. in Mode kamen und bei Ketten- sowie Schuppenpanzern anzutreffen sind, s. J. Garbsch, Römische Paraderüstungen. Ausst. Nürnberg und München 1979 (München 1978) 8 Abb. 1; M. Junkelmann, Reiter wie Statuen aus Erz. Römische Paraderüstungen (Mainz 1996) 69 f. Da die Formen aller Rumpfpanzervarianten identisch sind, kann anhand des isolierten Fundes keine endgültige Aussage getroffen werden.
[20] Vgl. C. Miks, Studien zur römischen Schwertbewaffnung in der Kaiserzeit (Rahden 2007) 850 Kat. B.200,59; 918 Kat. B.335,46.
[21] RE Band XII 2 (1925) 1376–1380; 1781–1791 s. v. Legio I; Legio XXI (E. Ritterling).
[22] Ebd. 1420–1434.
[23] Ebd. 1376–1380.
[24] Siehe Anm. 8.
[25] Eine fragmentiert zutage getretene Bauinschrift aus dem Bonner Legionslager entstand, wie die Kaisertitulatur zeigt, im Jahr 79 n. Chr., wird jedoch bislang nur auf die Principia und eine Vollendung dieses zentralen Baukörpers in Stein bezogen, s. G. Alföldy, Bonner Jahrb. 165, 1965, 177 ff. Sie bietet auch ein epigraphisches Indiz für die vom bisherigen Forschungsstand abweichende Chronologie der Bauphasen für Bonn.

geworfen, und es kann einmal mehr gezeigt werden, dass Legionsstützpunkte längst nicht in all ihren Bestandteilen nach dem gleichen Schema errichtet wurden, sondern auch zukünftig intensiver Erforschung und Dokumentation bedürfen.

Stefanie Baumgarten-Mischuda M. A., Stadtmuseum Andernach, Hochstraße 99, 56626 Andernach, stefanie.baumgarten@googlemail.com. – Boris Burandt M. A., Graduiertenkolleg Wert und Äquivalent, Goethe-Universität, Norbert-Wollheim-Platz 1, 60629 Frankfurt a. M., borisburandt@t-online.de

Resümee. Die Grabungen in der Nordwestecke des Bonner Legionslagers von 2013 und 2014 schließen Lücken im Plan der Garnison und bestätigen ältere Vermutungen. Es wurden zwei Mannschaftsunterkünfte nebst ihren Kopfbauten für die Unterbringung der Zenturionen angeschnitten, ebenso zwei Großbauten zu Lagerungs- oder Vorratszwecken und ein kleines Gebäude bislang unbekannter Zweckbestimmung. Das Fundgut belegt die Nutzung des Areals von der ersten Hälfte des ersten nachchristlichen Jahrhunderts bis in das vierte Jahrhundert.

Summary. The 2013/2014 excavations in the north-west corner of the legionary fortress in Bonn close gaps in the plan of the garrison and confirm earlier assumptions. Two double barracks were uncovered together with their wing buildings for the centurions, as well as two large buildings for storage and a small building of yet unknown purpose. The finds confirm the use of the area from the first half of the first century to the late fourth century A. D.

Resumé. Les fouilles de 2013 et 2014 dans l'angle nord-ouest du camp de légionnaires à Bonn comblent les lacunes dans le plan de la garnison et confirment des hypothèses précédentes. Deux baraquements avec leurs deux ailes latérales pour les centurions furent dégagés ainsi que deux grands entrepôts et un petit édifice de destination incertaine. Les trouvailles confirment l'utilisation de la zone depuis la première moitié du premier siècle de notre ère jusqu'au quatrième siècle.

Bildrechte. Abb. 15, 16 und 20 LMB, Ausführung Knut Joachimsen (15 und 16) sowie Jürgen Vogel (20). – Alle anderen Abb. ABR, Ausführung Boris Burandt (1, 3, 6, 9 und 18 sowie Tafeln 1–3), Steve Bödecker (2), Andrea Beck (4, 7, 17 und 19), Carsten Maass (5), Christian Schwabroh (8, 11, 12 und 13), Michael Gran (10) sowie Stefanie Baumgarten (14).

Die Nordwestecke des Bonner Legionslagers Tafel 1

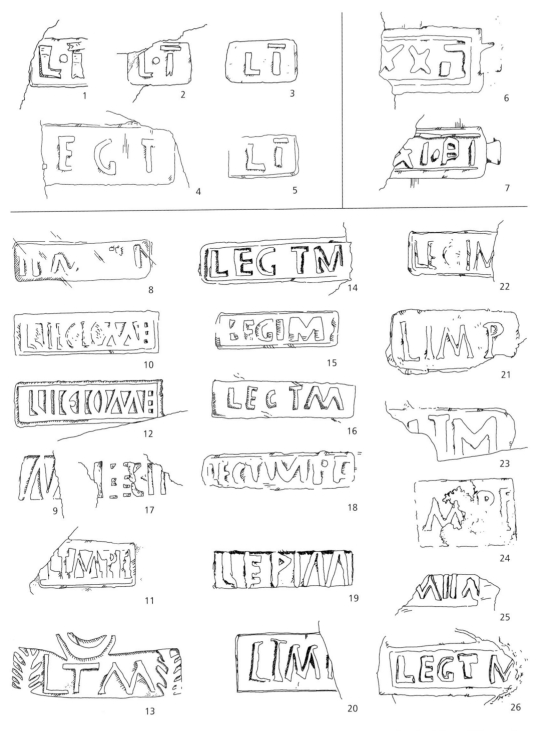

Ziegelstempel aus der Nordwestecke des Bonner Legionslagers, halbe natürliche Größe. (1–5) Legio I Germanica; (6–7) Legio XXI Rapax; (8–26) Legio I Minervia.

Tafel 2 Stefanie Baumgarten-Mischuda und Boris Burandt

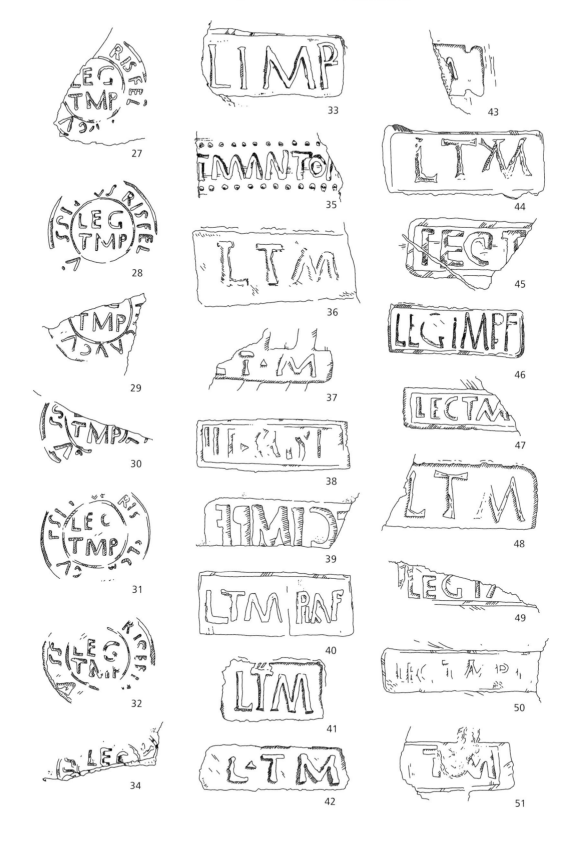

Die Nordwestecke des Bonner Legionslagers　　Tafel 3

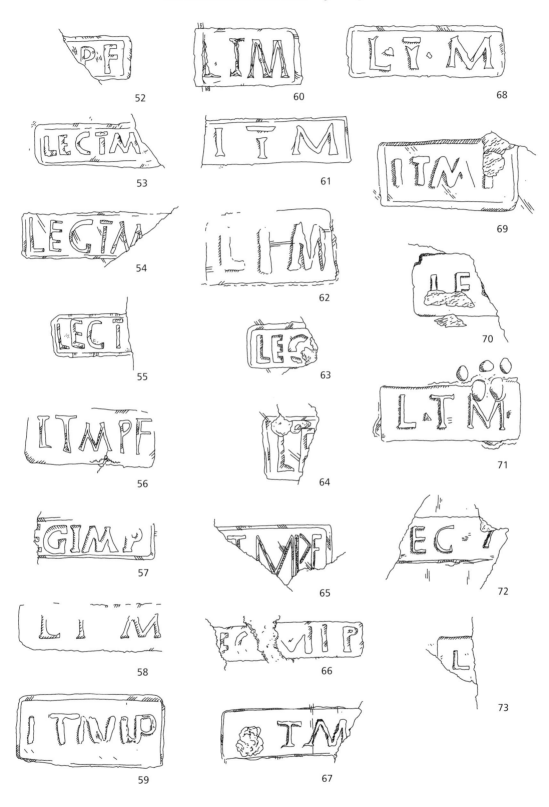

(gegenüber und oben) Ziegelstempel aus der Nordwestecke des Bonner Legionslagers,
halbe natürliche Größe. Legio I Minervia.

Rahel Otte

Fundmünzen aus dem Bonner Legionslager

Die Ausgrabungen 2013 und 2014

Mag das Bonner Legionslager im Hinblick auf seine Geschichte und Innenbebauung zu den am besten erforschten römischen Lagern gehören[1], so gilt dies doch keineswegs in numismatischer Hinsicht. Der Band der Reihe ›Fundmünzen der römischen Kaiserzeit in Deutschland‹, der die betreffenden Bonner Stücke einschließen soll, liegt bislang nicht vor, obwohl die Münzreihe von großer Bedeutung ist. Bonn ist neben Xanten der einzige Ort in der Provinz Germania inferior, an dem vom ersten bis vierten Jahrhundert durchgängig eine Legion stand. Die Bonner Münzreihe stellt demnach einen wichtigen Vergleichspunkt für andere Stationierungsorte an der Rheingrenze dar.

Im Folgenden werden 256 Fundmünzen aus einer 2013 und 2014 durchgeführten Ausgrabung in der Nordwestecke des Bonner Legionslagers vorgelegt und ausgewertet[2]. Diese Stücke vermitteln einen ersten Eindruck von der Struktur der gesamten Bonner Münzreihe (Abb. 9). Für die Interpretation der Funde aus dem Bonner Legionslager wäre der Vergleich mit der Reihe eines weiteren Lagers in der Germania inferior wichtig. Allein das Legionslager in Xanten ist jedoch ähnlich lange belegt. Allerdings ist nur die Münzreihe aus Vetera I vorgelegt (Abb. 7)[3], das im Bataveraufstand zerstört wurde. Da die exakte Lage von Vetera II unsicher ist, kann Xanten nur für die erste Hälfte des ersten Jahrhunderts als Vergleich dienen. Das Legionslager in Neuss (Abb. 8)[4] wurde bereits Anfang des zweiten Jahrhunderts aufgegeben. Das Untersuchungsgebiet muss daher auf Germania superior ausgedehnt werden und das Legionslager in Mainz (Abb. 6)[5] einschließen.

Der vorliegende Text ist die gekürzte Fassung meiner Masterarbeit, die 2016 von der Universität zu Köln angenommen wurde. Mein besonderer Dank gilt Prof. Dr. Peter Franz Mittag, der diese Studie betreut hat, sowie Dr. Jennifer Morscheiser und Dr. Erich Claßen, die mir von Seiten der Bodendenkmalpflege zur Seite standen. Verpflichtet bin ich auch Dr. Claudia Klages für die Vermittlung des Themas sowie Prof. Dr. Wolfram Weiser und Dr. Bernd Liesen für wertvolle Anmerkungen und Korrekturen. Dr. Holger Komnick stellte freundlich die Daten zu den Diagrammen bereit. Ohne die Unterstützung und Ermutigung durch meine Familie wäre die Arbeit nicht möglich gewesen. – Datierungen beziehen sich auf die nachchristlichen Jahrhunderte.

[1] Gechter, Bonn 53.

[2] Aktivitätsnummer OV 2013/0030. Die Ausgrabung auf dem Gelände der Marie-Kahle-Gesamtschule und des Grundschulverbunds Marienschule-Nordschule wurde vom 1. August 2013 bis zum 28. Februar 2014 durch das ABR (Außenstelle Overath) durchgeführt (Leitung: Dr. Jennifer Morscheiser und Stefanie Baumgarten M. A.). Siehe den Aufsatz von Boris Burandt und Stefanie Baumgarten in diesem Band.

[3] Nach Komnick, CUT Taf. 8n, erstellt auf der Basis der Daten in N. Hanel, Vetera I. Die Funde aus den römischen Lagern auf dem Fürstenberg bei Xanten. Rhein. Ausgr. 35 (Köln und Bonn 1995).

[4] Nach Komnick, CUT Taf. 7g, erstellt auf der Basis der Daten in FMRD VI 3/2, 3002,7; N. Mersch, Novaesium – Neusser Jahrb. Kunst, Kultur u. Gesch. 2012, 33–42.

[5] Auf Basis der Daten in FMRD VI 1, 1148; FMRD VI 1/N1, 1253.

Als Vergleich dienen darüber hinaus die Münzreihen der Kastelle in Dormagen (Abb. 4)[6] und Krefeld-Gellep (Abb. 5)[7] sowie der spätantiken Festung in Deutz (Abb. 10)[8]. Größere Zivilsiedlungen wie die Colonia Ulpia Traiana (Abb. 2)[9] und die Colonia Claudia Ara Agrippinensium (Abb. 2)[10] bieten sich ebenfalls zur Gegenüberstellung an. Als überregionaler Vergleich sollen die in Germania superior liegenden Fundorte Augst und Kaiseraugst (Abb. 3)[11] einbezogen werden. In den Diagrammen sind nur die eindeutig bestimmbaren Fundmünzen berücksichtigt, Imitationen sind in Grau abgesetzt. Aufgetragen ist der Münzindex nach Alison Ravetz[12].

Analyse der Fundmünzen

Von Augustus bis Commodus. Keltische Münzen, darunter vor allem die sogenannten Aduatuker-Kleinerze, fehlen in der hier vorgelegten Bonner Münzreihe, treten in den Legionslagern Vetera I und Neuss sowie den zivilen Siedlungen von Köln und Xanten aber in größerer Zahl auf. Republikanische Denare kommen in Bonn ebenfalls nicht vor, sind in allen übrigen Legionslagern sowie in der Colonia Ulpia Traiana und in Augst aber durchaus vertreten. Die Aduatuker-Kleinerze prägten den Kleingeldumlauf des frühen ersten Jahrhunderts[13]. Republikanische Denare erreichten eine sehr lange Umlaufzeit und sind sogar noch in Funden des späteren ersten Jahrhunderts anzutreffen[14]. Das Fehlen dieser Stücke in der hier vorgelegten Münzreihe wird auf die vergleichsweise späte Errichtung des Bonner Legionslagers in spättiberischer bis frühclaudischer Zeit zurückzuführen sein[15].

Die Bonner Münzreihe setzt mit zwei Assen der Lyoner-Altar-Serie ein – diese Stücke sind über die augusteische Zeit hinaus an allen Fundplätzen der Nordwestprovinzen häufig und noch in flavischen Gründungen zu finden[16]. In Vetera I, Neuss, Mainz und Köln ist der Münzindex der augusteischen Zeit der höchste im gesamten ersten Jahrhundert. In Bonn, Dormagen und Krefeld-Gellep wird der Wert nur von dem der flavischen Zeit übertroffen. Typisch sind auch das starke Absinken der Funde in der Zeit von Tiberius und Caligula sowie der leichte Zuwachs unter Claudius. Häufig sind in tiberischer Zeit nur die für Divus Augustus geprägten Provi-

---

[6] Nach Komnick, CUT Taf. 6e, erstellt auf der Basis der Daten in FMRD VI 3/4, 3091.
[7] Nach Komnick, CUT Taf. 7j, erstellt auf der Basis der Daten in FMRD VI 3/1, 3001, 1; M. Siepen, Arch. Rheinland 2012, 167 f.
[8] Auf Basis der Daten in FMRD VI 1/1, 1011, 2. Es sind nur die Münzen aus dem Kastell berücksichtigt.
[9] Nach Komnick, CUT Taf. 6a.
[10] Nach Komnick, CUT Taf. 6d, erstellt auf der Basis der Daten in FMRD VI 1/1, 1001, 1–3 und 6–12; 1002, 1–2; 1003, 1–2; 1004, 1–2; 1005, 1–5 und 10; 1011, 1; A. Geißen / B. Päffgen / G. Quarg, Kölner Jahrb. 20, 1987, 129–199; dies., ebd. 25, 1992, 493–544; D. Wigg, Kölner Jahrb. 29, 1996, 609–631; B. Päffgen / G. Quarg, Kölner Jahrb. 30, 1997, 225–260; dies., Kölner Jahrb. 34, 2001, 749–757; P. F. Mittag, Kölner Jahrb. 30, 1997, 261–315; ders., Kölner Jahrb. 35, 2002, 307–338; J. Heinrichs in: G. A. Lehmann / R. Wiegels (Hrsg.), Römische Präsenz und Herrschaft im Germanien der augusteischen Zeit. Der Fundplatz Kalkriese im Kontext neuerer Forschungen und Ausgrabungsbefunde. Kongr. Osnabrück 2004 (Göttingen 2007) 246–251; J. Heinrichs, Kölner Jahrb. 41, 2008, 253–264. Berücksichtigt wurden nur die Münzen, die innerhalb der Stadtmauer oder im Hafenbereich gefunden wurden.
[11] Auf Basis der Daten in Peter, Augst 289–313.

[12] Num. Chron. 1964, Ser. 7, Bd. 4, 201–231. Der Münzindex wird mit der Formel ›Münzen pro Periode ÷ Länge der Periode × 1.000 ÷ Gesamtzahl der Münzen‹ berechnet und stellt die Zahl der Fundmünzen pro Jahr dar. Auf diese Weise wird der unterschiedlichen Länge der jeweiligen Periode Rechnung getragen (erste Division). Der Münzindex wird auf eine angenommene Gesamtzahl von eintausend Münzen umgerechnet (zweite Division). So können Fundorte und Perioden verglichen werden, auch wenn in einem Falle zum Beispiel nur einhundert, im anderen aber zweitausend Fundmünzen vorliegen.
[13] Peter, Augst 30–34; Komnick, CUT 515.
[14] Dies gilt besonders für die sog. Legionsdenare des Mark Anton, s. Peter, Augst 39; Kemmers, Nijmegen 167; 172; Komnick, CUT 515–516. Vgl. C. Gaiu / C. Găzdac, A soldier money in a barrack of the cavalry fort from Ilișua (Bistrița – Năsăud County, Romania). In: dies. (Hrsg.), Fontes Historiae. Studia in honorem Demetrii Protase (Bistritz und Klausenburg 2006) 381.
[15] Vgl. Tac. hist. 1, 57, 1; 4, 19, 2. Gechter, Bonn 72. Alle zum Vergleich herangezogenen Legionslager wurden schon vor der Zeitenwende errichtet.
[16] Peter, Augst 54–56; Kemmers, Nijmegen 76 f.; Komnick, CUT 520 f.

dentia-Asse, die in Bonn mit einem Stück vertreten sind[17]. Während in Bonn ein leichter, in Vetera I ein stärkerer Zuwachs unter Nero zu beobachten ist, verzeichnen alle übrigen Fundorte einen Rückgang um die Hälfte oder mehr. Die hohe Zahl neronischer Münzen in Vetera I lässt sich mit der gewaltsamen Zerstörung des Lagers im Bataveraufstand in Verbindung bringen[18]. Der Zuwachs in Bonn ist aufgrund der insgesamt kleinen Zahl zu vernachlässigen. Unter den neronischen Typen sind Victoria und Securitas in den Nordwestprovinzen die häufigsten – beide treten auch in Bonn auf[19]. In der Bonner Münzreihe finden sich keine Hinweise auf die Zerstörung des Lagers im Bataveraufstand – sonst wäre eine deutlich höhere Fundzahl neronischer Geldstücke zu erwarten. Die gewaltsame Zerstörung eines Fundplatzes zeigt sich üblicherweise dadurch in der Münzreihe, dass die Münztypen, die unmittelbar vor der Zerstörung im Umlauf waren, besonders häufig auftreten. In Bonn ist damit jedoch nicht zu rechnen. Zwar wurde das Legionslager niedergebrannt, aber die Truppe war zuvor nach Trier abgezogen und hatte sicher ihre Habseligkeiten mitgenommen[20].

Unter den acht Bronzeprägungen aus der Zeit von Augustus bis Nero befinden sich zwei Imitationen. Die eine hat einen As der Lyoner-Altar-Serie zum Vorbild, die andere orientiert sich an einem claudischen As vom Minervatypus. Imitationen nach Vorbildern augusteischer bis claudischer Zeit finden sich in größerer Zahl auch in Vetera I, Neuss, Mainz, in der späteren Colonia Ulpia Traiana, in Köln und Augst. Die früher geäußerte Vermutung, es handele sich bei den Imitationen um Falschgeld, wird heute zu Recht meist abgelehnt. Untergewichtigkeit und starke stilistische Abweichungen sprechen gegen eine Herstellung in betrügerischer Absicht. Einige der Imitationen wurden wohl bereits in der augusteischen Epoche hergestellt.

Die massenhafte Nachprägung begann jedoch erst in claudischer Zeit und wurde unter Nero fortgesetzt[21]. Schon unter Augustus deckten die Lieferungen offenbar nicht den Bedarf an kleinen Nominalen, wie sich an der Nutzung der Aduatuker-Kleinerze und den zahlreich auftretenden Halbierungen zeigt. Die Einstellung der Bronzeprägung unter Claudius 42 n. Chr. für zwanzig Jahre verschärfte den Mangel an Kleingeld. Imitationen wurden wohl im Zuge einer Behelfsmaßnahme hergestellt, durch die man in den betreffenden Regionen trotz des Mangels an geeigneten Nominalen die Geldwirtschaft aufrechterhalten konnte. Mit der Wiederaufnahme der Aes-Prägung in Rom 62 und in Lugdunum 64 endete auch die Nachahmungstätigkeit[22]. Möglicherweise blieben die Imitationen noch mindestens bis Anfang des zweiten Jahrhunderts im Umlauf[23]. Wahrscheinlicher jedoch wurden sie, sobald wieder genug reguläres Kleingeld zur Verfügung stand, nicht mehr akzeptiert und nach Vermutung mancher sogar weggeworfen[24]. Letzteres wird wohl kaum der Fall gewesen sein, da die Stücke immerhin noch ihren Metallwert besaßen.

Umstritten ist, ob die Herstellung der Imitationen in staatlichem Auftrag erfolgte oder zumindest von offizieller Seite geduldet wurde oder ihre Produktion ausschließlich auf private Initiative zurückzuführen ist[25]. Die staatliche Herstellung ist auszuschließen. Wäre der Mangel an Kleingeld dem Staat als Problem erschienen und hätte er dem abhelfen wollen, so hätte man nicht auf die Herstellung von Imitationen zurückgreifen müssen, sondern eine offizielle Prägung

---

[17] Schulzki, Flerzheim 19; Komnick, CUT 523.
[18] Komnick, CUT 585.
[19] Schulzki, Flerzheim 20; Kemmers, Nijmegen 94.
[20] Vgl. Tac. hist. 4, 15, 3; 4, 61, 3; 4, 62, 3.
[21] Peter, Imitation 23; Kemmers, Nijmegen 77; Komnick, CUT 522.
[22] King, copies 242–244; Peter, Augst 74; Peter, Imitation 23; Kemmers, Nijmegen 76; Komnick, CUT 522; 528.
[23] G. C. Boon in: J. Casey / R. Reece (Hrsg.), Coins and the archaeologist (2. Aufl. London 1988) 123; Peter, Augst 61.
[24] King, copies 246; Peter, Imitation 28.
[25] Für eine staatliche Herstellung s. etwa H. Chantraine in: W. Schlüter / R. Wiegels (Hrsg.), Rom, Germanien und die Ausgrabungen von Kalkriese. Kongr. Osnabrück 1996 (Osnabrück 1999) 299. Für staatliche Duldung s. etwa Peter, Imitation 20. Private Initiative vermutet King, copies 246. Für die Herstellung der qualitätvolleren Imitationen durch regionale Autoritäten und der schlechteren Stücke durch Privatleute s. Wigg-Wolf, Barbarisierungen 65.

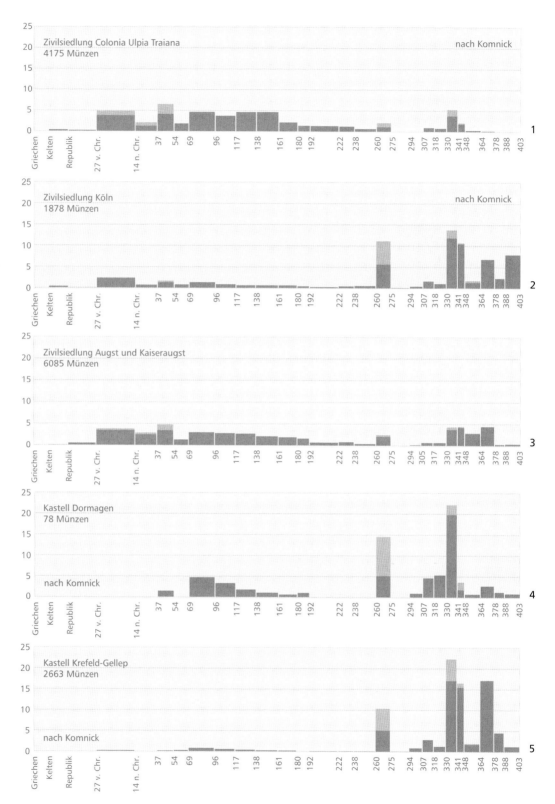

Abb. 1–10 Münzindex bestimmbarer Fundmünzen aus verschiedenen Grabungen in Unter- und Obergermanien. (1–3) Zivilsiedlungen, (4–5 und 9–10) Militärlager mit einem spätrömischen Schwerpunkt, (6–8) Militärlager mit einem frühkaiserzeitlichen Schwerpunkt.

Fundmünzen aus dem Bonner Legionslager 35

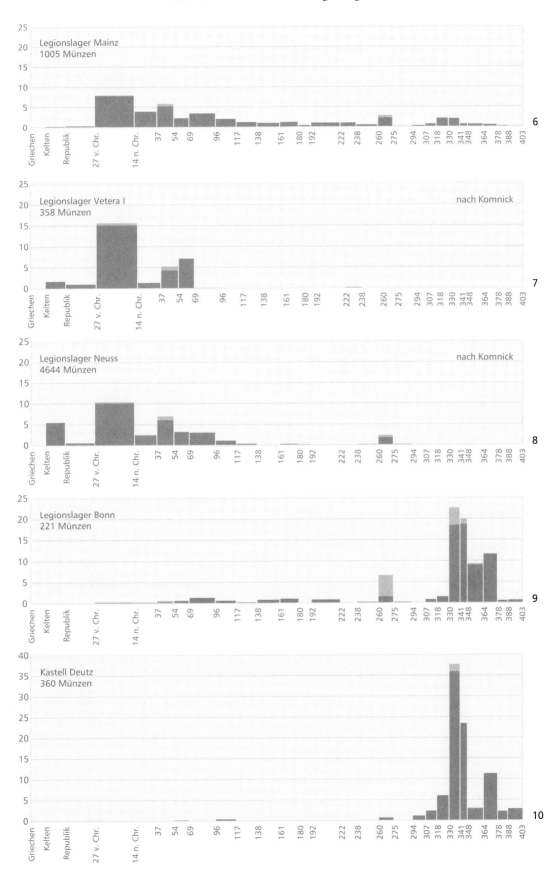

6

7 nach Komnick

8 nach Komnick

9

10

in die Wege leiten können. Die Duldung von offizieller Seite ist aber anzunehmen, da man entsprechende Werkstätten sicher leicht hätte ausfindig machen können, hätte man gegen die Nachahmungstätigkeit vorgehen wollen. Die Produktion zumindest eines Teils der Imitationen durch römische Soldaten ist ebenfalls möglich[26]. In römischen Lagern waren nicht nur Spezialisten, die sich auf die Verarbeitung von Metall verstanden, sondern auch entsprechende Werkstätten vorhanden. Aufgrund der Untergewichtigkeit der Imitationen wird teilweise argumentiert, sie seien im täglichen Umlauf nur als Semis oder Quadrans akzeptiert worden[27]. Die Wahl der Vorbilder spricht aber für einen Umlauf als As. Die Akzeptanz der Stücke beruhte auf Absprache. Da die Imitationen für jeden als solche erkennbar waren, mussten die Stücke nicht vollgewichtig sein, um als Asse Verwendung zu finden.

Münzen der Flavier sind an allen Fundplätzen sehr gut vertreten. In Bonn, Dormagen und Krefeld-Gellep ist der Münzindex der flavischen Zeit der höchste im gesamten ersten Jahrhundert. Die Bronzeprägungen der Jahre 71/72, 77/78 und 90/91 gehören in Bonn – wie den Nordwestprovinzen allgemein – zu den häufigsten flavischen Serien[28]. Typischerweise dominieren Stücke aus Lugdunum bis zur Schließung der Münzstätte im Jahr 78 in neronischer und flavischer Zeit klar[29].

An den meisten Fundplätzen sind trajanische Münzen besser vertreten als hadrianische. Der Münzindex liegt unter Trajan allerdings deutlich niedriger als in flavischer Zeit. Unter Antoninus Pius und Mark Aurel stagnieren die Werte (Neuss, Mainz, Köln). In Bonn steigen sie leicht an, meist aber ist ein stetiger Abfall zu beobachten (Dormagen, Krefeld-Gellep, Colonia Ulpia Traiana, Augst). Unter Commodus schließlich geht die Versorgung der Nordwestprovinzen mit Münzgeld drastisch zurück. Typisch ist die Dominanz der Für-Prägungen unter Antoninus Pius und Mark Aurel[30].

Besondere Beachtung sollten die beiden subaeraten Denare finden. Der eine hat einen Denar des Vespasian, der andere einen von Antoninus Pius für Diva Faustina geprägten zum Vorbild. Im Gegensatz zu den Imitationen, die nicht in betrügerischer Absicht, sondern zur Behebung des Kleingeldmangels hergestellt wurden, handelt es sich bei den subaeraten Denaren tatsächlich um privat hergestelltes Falschgeld[31]. Ihr hoher Anteil in Siedlungsfunden beweist, dass es sich um ein weit verbreitetes Phänomen handelte.

Von besonderem Interesse ist das trajanische Orichalcum-Stück, das in Rom zum Umlauf im syrischen Antiochia geprägt wurde[32]. Die Münze weist einen Lorbeerzweig als Gegenstempel auf, der wohl in den dreißiger Jahren des zweiten Jahrhunderts in Antiochia am Orontes angebracht wurde[33]. Solche Serien waren üblicherweise für den lokalen Umlauf bestimmt und treten sonst höchstens als Einzelstücke im westlichen Reichsteil auf. Die trajanischen Orichalcum-Stücke mit ›SC‹ sind in den Nordwestprovinzen jedoch weit verbreitet[34]. Stücke ohne Gegenstempel sind am häufigsten, solche mit dem wohl in trajanische oder hadrianische Zeit

---

[26] J. A. Davies / R. Kenyon / R. Goodburn in: Ph. Crummy (Hrsg.), Excavations at Culver Street, the Gilberd School, and other sites in Colchester 1971–85. Colchester Arch. Report 6 (Colchester 1992) 307; D. Wigg, Coin supply and the Roman army. In: W. Groenman - van Waateringe u. a. (Hrsg.), Proceedings of the XVIth International congress of Roman frontier studies. Oxbow Monogr. 91 (Oxford 1997) 284; Hobley, Bronze 138; Wigg-Wolf, Barbarisierungen 65.

[27] So etwa Wigg-Wolf, Barbarisierungen 66; Kemmers, Nijmegen 162; Komnick, CUT 522.

[28] Peter, Augst 80, 86; Kemmers, Nijmegen 101; Komnick, CUT 530.

[29] Peter, Augst 74, 78; Kemmers, Nijmegen 94, 101; Komnick, CUT 528–530.

[30] Schulzki, Flerzheim 21; Komnick, CUT 536.

[31] Peter, Imitation 20.

[32] R. McAlee, The coins of Roman Antioch (Lancaster 2007) 193.

[33] GIC 378 f. Dazu s. K. Butcher, Coinage in Roman Syria – Northern Syria, 64 BC – AD 253. Royal Num. Society Special Publ. 34 (London 2004) 358.

[34] Eine aktuelle Liste bei Komnick, CUT 615. Vgl. auch Walker, Bath 289 und Hobley, Bronze 40.

[35] Vgl. Kommentar zu GIC 294 und W. E. Metcalf, Am. Num. Soc. Mus. Notes 22, 1977, 68.

zu datierenden Gegenstempel eines Bukraniums aber ebenfalls sehr verbreitet[35]. Der Lorbeerzweig-Gegenstempel aus dem Bonner Fund hingegen ist seltener belegt. Die Fundzahl für die SC-Stücke in Deutschland erhöht sich durch das vorliegende Exemplar auf neununddreißig. Die Serie scheint nur in Syrien selbst und in den Nordwestprovinzen verbreitet gewesen zu sein[36]. Dafür ist noch keine überzeugende Erklärung gefunden.

Vorgeschlagen wurde, die Münzen seien mit den Truppen, die aus Trajans Partherfeldzug zurückkehrten, in den Westen gelangt[37]. Diese Heereseinheiten hätten anschließend Hadrian auf seinen Besuch in Gallien 121 und in Britannien 122 n. Chr. begleitet und so für eine Verbreitung der SC-Serie gesorgt. Möglicherweise sei von Hadrian selbst ein Transport größerer Mengen dieser Geldstücke in den Westen angeordnet worden[38]. Die Legio I Minervia aus Bonn war am Partherkrieg Trajans nicht beteiligt – die Stellung einer Vexillatio ist aber nicht ausgeschlossen[39]. Die Münzen sind jedoch nicht gleich zu Beginn von Hadrians Herrschaft in den Westen gelangt, wie die Datierung der Gegenstempel zeigt. Auch der Sinn eines staatlichen Transports erschließt sich nicht: Warum hätte man die Münzen erst in Rom prägen lassen sollen, um sie dann nach Antiochia zu verschiffen, wo sie teilweise gegengestempelt wurden, um sie anschließend in den Nordwesten zu transportieren?

Die Stücke sind stets außerordentlich abgegriffen. Dies gilt auch für das vorliegende Exemplar. Da die Münzen im Westen nicht weiter umgelaufen sein können, müssen sie vor ihrem Transport in den Nordwesten bereits lange zirkuliert sein. Wären sie bereits zu Beginn von Hadrians Herrschaft in die Nordwestprovinzen gelangt, ließe sich die starke Abnutzung kaum erklären. Möglicherweise kamen sie erst in den sechziger Jahren des zweiten Jahrhunderts in den Westen, wie Curtis Clay annimmt[40]. Johan van Heesch bringt sie mit Truppenverlegungen in Verbindung, ohne diese näher datieren zu wollen[41]. Am Partherkrieg von Mark Aurel und Lucius Verus hat die Legio I Minervia nachweislich teilgenommen[42]. Wären die Münzen erst mit Truppenverlegungen dieser Zeit in den Westen gelangt, ließe sich jedoch nicht erklären, warum nur die trajanische SC-Serie im Westen vorkommt, Stücke späterer Kaiser aber nicht. Eine einleuchtende Erklärung steht weiterhin aus.

Von der severischen Dynastie bis zum Ende des dritten Jahrhunderts. Charakteristisch für diese Periode ist das Fehlen von Bronzeprägungen. Die Münzreihe wird unter den Severern von Denaren, anschließend von Antoninianen geprägt. Im letzten Viertel des dritten Jahrhunderts schließlich bestimmen Imitationen das Bild. Die Verschiebung der Nominalverhältnisse hat mehrere Ursachen. Durch die deutlichen Solderhöhungen unter Septimius Severus und Caracalla stieg der Bedarf an Münzgeld – man konzentrierte sich auf die Prägung von Denaren und Antoninianen in zunehmend schlechterer Legierung[43]. Als Kleingeld standen die Prägungen des ersten und zweiten Jahrhunderts zur Verfügung, die sich noch immer im Umlauf befanden. Spätestens seit dem letzten Drittel des dritten Jahrhunderts kam die immer weiter anziehende Inflation als Faktor hinzu[44].

---

[36] Vgl. dazu Walker, Bath 289 f.; C. L. Clay, The supply of bronze coins to Britain in the second century AD. Num. Chronicle 149, 1989, 221; Hobley, Bronze 40 f.; J. van Heesch, De muntcirculatie tijdens de Romeinse tijd in het Noordwesten van Gallia Belgica. De civitates van de Nerviërs en de Menapiërs (ca. 50 v.C. – 450 n.C.). Monogr. van Nat. Arch. 11 (Brüssel 1998) 121; Peter, Augst 100 f.; McAlee, Antioch (Anm. 32) 193.

[37] Vgl. Kommentar zu GIC 294; Walker, Bath 289 f.; Hobley, Bronze 41; McAlee, Antioch (Anm. 32) 193.

[38] Walker, Bath 289. Er nimmt an, die Stücke seien im Westen als Semis umgelaufen.

[39] Gechter, Bonn 123.

[40] Clay, supply (Anm. 36) 221.

[41] Heesch, muntcirculatie (Anm. 36) 121.

[42] Gechter, Bonn 81.

[43] D. Wigg-Wolf, Coin supply and the Roman army revisited. Coin finds and military finance in the late first and second centuries AD. In: Reddé, De l'or 176.

[44] Peter, Augst 124.

Der Münzindex für die severische Zeit erreicht meist einen vergleichbar niedrigen Wert wie unter Antoninus Pius und Mark Aurel. In der gesamten severischen Dynastie machen die Für-Prägungen einen großen Anteil aus[45]. Die Periode von 238 bis 260 ist in allen Münzreihen kaum oder gar nicht vertreten – nur in Köln liegt der Wert ein wenig über dem der severischen Zeit. Dieser charakteristische Bruch in den Münzreihen der Nordwestprovinzen wird häufig fälschlicherweise für ein individuelles Merkmal der Münzreihe des jeweiligen Ortes gehalten und dementsprechend mit dem Abzug von Truppen, Barbareneinfällen, dem Abbruch der Besiedlung oder sogar dem allgemeinen Niedergang im dritten Jahrhundert erklärt. Allerdings handelt es sich um ein Phänomen, das in allen Nordwestprovinzen auftritt und mit der sehr unregelmäßigen Münzversorgung zusammenhängt[46].

Der Münzindex aller Fundplätze steigt von 260 bis 275 schlagartig an und erreicht den höchsten Wert des gesamten dritten Jahrhunderts, was vor allem mit zahlreichen Imitationen zusammenhängt. Aus der Zeit von 275 bis zum Ende des dritten Jahrhunderts liegen an allen Fundorten kaum Prägungen vor. Auch diese Entwicklung ist typisch für die Nordwestprovinzen[47]. Aus der vorliegenden Münzreihe können daher keine Anhaltspunkte für oder gegen die vermutete Zerstörung des Bonner Legionslagers in den Germaneneinfällen 275 gewonnen werden[48]. Der hohe Wert in der Zeit zwischen 260 und 275 hängt mit der Zugehörigkeit der Fundplätze zum Gallischen Sonderreich zusammen. Während die Nordwestprovinzen zuvor kaum mit Geld versorgt wurden, prägten die gallischen Kaiser in großen Mengen. Münzen des Zentralreiches gelangten in dieser Zeit kaum in unseren Bereich[49]. Aus Bonn liegt überraschenderweise nur eine Münze des Gallien, aber kein reguläres Stück eines gallischen Kaisers vor. Für dieses untypische Bild ist wohl die geringe Gesamtzahl verantwortlich.

Mit der Wiedereingliederung des Gallischen Sonderreichs in das Imperium wurden die Münzstätten in Köln und Trier geschlossen, die in den letzten zehn Jahren die Versorgung der Nordwestprovinzen übernommen hatten. Prägungen des Aurelian und seiner Nachfolger sind in den Nordwestprovinzen sehr selten[50]. Die Folge war Geldmangel, der durch die Inflation noch verstärkt wurde. In den Nordwestprovinzen setzte daher eine massive Nachahmungstätigkeit ein, die sich in der Bonner Münzreihe widerspiegelt[51]. Kopiert wurden überwiegend Stücke des Gallischen Sonderreichs, vor allem solche von Tetricus I. und Tetricus II. Die Bonner Imitationen sind meist zu stark barbarisiert, als dass man sie einem bestimmten Vorbild zuweisen könnte. Wie bei den Imitationen des ersten Jahrhunderts wird staatliche Herstellung erwogen[52], was aber abzulehnen ist, da kaum im staatlichen Auftrag Münzen der gallischen Usurpatoren nachgeprägt worden wären. Mehrere Funde belegen inzwischen die Herstellung in Villae rusticae[53].

---

[45] Vgl. Komnick, CUT 540.
[46] Vgl. dazu H. Brem u. a., A la recherche des monnaies perdues – Zum Münzumlauf im späteren 3. Jh. n. Chr. Jahrb. SGUF 79, 1996, 210; Schulzki, Flerzheim 21; Davies u. a., Culver Street (Anm. 26) 292 f.; Peter, Augst 124.
[47] Vgl. Komnick, CUT 544–546.
[48] Für eine Zerstörung des Lagers votieren etwa M. Gechter in: H. G. Horn (Hrsg.), Die Römer in Nordrhein-Westfalen (Stuttgart 1987) 370; B. Päffgen in: Th. Fischer (Hrsg.), Die Krise des 3. Jahrhunderts n. Chr. und das Gallische Sonderreich. Kongr. Xanten 2009. Schr. Zakmira 8 (Wiesbaden 2012) 137. Gechter, Bonn 105 vermutete später jedoch, nur die Canabae legionis seien zerstört worden. Bei einer Zerstörung des Legionslagers im Jahr 275 wäre ein überdurchschnittlich hoher Anteil von vor 275 geprägten Münzen zu erwarten. Der Wert für diese Zeit ist in Bonn jedoch nicht hoch, was eher gegen eine Zerstörung spricht. Es bleibt abzuwarten, ob sich dieses Bild bei einer Auswertung aller Bonner Fundmünzen bestätigt.
[49] Schulzki, Flerzheim 46 f.; Peter, Augst 131.
[50] Schulzki, Flerzheim 43; 52; Brem u. a., recherche (Anm. 46) 211 f. 214; Kemmers, Nijmegen 113.
[51] R. Ziegler, Der Schatzfund von Brauweiler. Untersuchungen zur Münzprägung und zum Geldumlauf im gallischen Sonderreich. Beih. Bonner Jahrb. 42 (Köln und Bonn 1983) 75; R. Weiller / J. Krier, Der Schatzfund von Goeblingen-Miécher (1983). Antoniniane und Nachahmungen des späten 3. Jahrhunderts. Stud. zu Fundmünzen d. Antike 6 (Berlin 1988) 10; Schulzki, Flerzheim 34; Peter, Imitation 25.
[52] Vgl. dazu Komnick, CUT 544.
[53] FMRD VI 2/1, 2204 f.; V. Zedelius in: Ausgr. im Rheinland '78. Rhein. Landesmus. Bonn, Sonderh.

Der Wert muss über den Metallwert hinausgegangen sein, da ältere Bronzemünzen zur Herstellung von Nachprägungen geteilt und überprägt wurden. Die Herstellungszeit der Imitationen wird auf etwa 270 bis 285 eingegrenzt[54]. Genutzt wurden die Nachahmungen aber wohl bis Anfang des vierten Jahrhunderts, als wieder genügend reguläre Prägungen zur Verfügung standen.

Vom Ende des dritten Jahrhunderts bis 330. Aus der Zeit bis 330 sind in der vorliegenden Münzreihe nur sechs Folles vorhanden. Während die Prägeperiode von 294 bis 307 in Bonn und Mainz so gut wie gar nicht vertreten ist, steigt der Münzindex 307 bis 318 leicht und 318 bis 330 etwas stärker an. In Dormagen und Deutz ist der Verlauf ähnlich. In Krefeld-Gellep, Köln und in der Zivilstadt Xanten hingegen sinkt der Münzindex nach 318 um etwa die Hälfte, in Kaiseraugst bleibt er etwa gleich. Die großen, schweren Folles aus der ersten Zeit ihrer Prägung sind in den Nordwestprovinzen generell eher selten[55]. Vermutlich verschwanden sie mit der fortschreitenden Reduzierung des Follisgewichts in den Horten.

Aufgrund der insgesamt hohen Zahl spätantiker Münzen in der vorliegenden Münzreihe bietet sich eine nähere Betrachtung der Münzstättenverteilung an[56]. In der Prägeperiode von 307 bis 318 dominiert Trier – in Bonn und Mainz ist es die einzige vertretene Münzstätte. An allen Vergleichsorten spielt außerdem die Münzstätte in London eine große Rolle und erreicht zum Teil einen Anteil von mehr als einem Fünftel. Lyon und Arles sind in wechselnden Anteilen vertreten, erreichen aber zusammen meist nicht mehr als ein Zehntel. Auf östliche Münzstätten entfallen nur sehr geringe Anteile. In Kaiseraugst sind im Gegensatz zu den Vergleichsorten die Münzstätten Siscia und Ticinum gut vertreten. Auch in der Prägeperiode 318 bis 330 ist Trier bei Weitem die häufigste Münzstätte, erreicht aber nicht mehr einen so hohen Anteil wie in der Periode zuvor. An allen Fundorten ist bei den Münzstätten größere Vielfalt festzustellen. Der Anteil von London sinkt im Vergleich zur vorherigen Periode, was mit der Schließung der Münzstätte im Jahr 325 zusammenhängt[57]. Lyon stellt die drittwichtigste Münzstätte dar. Arles tritt im Vergleich zur vorherigen Periode ein wenig hinter Lyon zurück. Östliche und Balkanmünzstätten erreichen zusammen zehn bis zwanzig Prozent. Auf Rom und Aquileja entfallen nur geringe Anteile. Imitationen von Typen aus der Zeit nach 318 kommen in den Nordwestprovinzen vor, sind aber längst nicht so häufig wie solche aus früheren oder späteren Perioden[58]. Unter den zum Vergleich herangezogenen Fundplätzen sind Barbarisierungen dieser Zeit nur in der Colonia Ulpia Traiana, in Köln und Augst zu finden. Da in Bonn nur wenige Stücke aus dieser Periode vorliegen, ist das Fehlen von Imitationen nicht verwunderlich.

Insgesamt ist die Münzstättenverteilung an allen Fundplätzen sehr ähnlich. In Kaiseraugst sind aufgrund der Lage italische und östliche Münzstätten in etwas höheren Anteilen zu finden. Die Bonner Münzreihe ordnet sich gut in das allgemeine Bild ein, ist aber aufgrund der geringen Gesamtzahl in diesem Zeitabschnitt von eher geringer Aussagekraft. Die Regionalität des Münzumlaufs in den ersten beiden Prägeperioden weicht später zunehmender Durchmischung. Dies

---

(Bonn 1979) 113 f.; A. Hartmann / V. Zedelius in: Ausgr. im Rheinland '79. Rhein. Landesmus. Bonn, Sonderh. (Bonn 1980) 200–205; W. Gaitzsch / H. Haarich / B. Päffgen, Arch. Rheinland 1991, 59 f.; W. Gaitzsch / B. Päffgen / W. Thoma in: Ein Land macht Geschichte. Archäologie in Nordrhein-Westfalen. Schr. Bodendenkmalpflege in Nordrhein-Westfalen 3 (Mainz 1995) 254 f.

[54] Schulzki, Flerzheim 61 f.; Wigg-Wolf, Barbarisierungen 67; Komnick, CUT 544. – Nach Kemmers, Nijmegen 113 wurde die Produktion noch bis Ende des 3. Jhs. fortgesetzt.

[55] Schulzki, Flerzheim 81; Komnick, CUT 546.

[56] Zur Analyse der Münzstättenverteilung wurden folgende Daten ausgewertet: für Mainz FMRD VI 1, 1148 und FMRD VI 1/N1, 1253; für Krefeld-Gellep FMRD VI 3/1, 3001,1; für Deutz FMRD VI 1/1, 1011,2; für die CUT: Komnick, CUT 3003,1; für Köln FMRD VI 1/1, 1001, 1–2 und 6–12; 1002, 1–3; 1003, 1–2; 1004, 1–2; 1005, 1–5 und 10; 1011, 1; für Kaiseraugst Peter, Augst 289–313.

[57] Schulzki, Flerzheim 84; Wigg, Münzumlauf 156.

[58] King, copies 243; Komnick, CUT 548.

hat verschiedene Gründe. Zum einen führte die Friedenszeit unter der Herrschaft von Konstantin dem Großen dazu, dass der Handel wieder aufblühte und damit für eine Durchmischung des Geldes sorgte[59]. Zum anderen bewegten sich Beamte, Militär und Mitglieder des Kaiserhauses innerhalb des Reiches mehr, was ebenfalls zu größeren Münzbewegungen führte[60].

Von 330 bis 348. In Bonn, Dormagen, Krefeld-Gellep, Deutz und Köln erreicht der Münzindex für die Zeit von 330 bis 341 den höchsten Wert überhaupt, an den übrigen Orten immerhin den höchsten für das vierte Jahrhundert. Auffallend ist auch der an allen Fundplätzen hohe Anteil von Imitationen. Die Fundzahlen für die Zeit von 341 bis 348 liegen an allen Fundplätzen niedriger. Wie für unseren Raum üblich, dominieren in Bonn die Münzen des Constans vor denen seines Bruders Constantius II. mit etwa achtzig Prozent.

Die Münzstättenverteilung für die Prägeperiode 330 bis 341 ist derjenigen von 318 bis 330 recht ähnlich. Trier erreicht den höchsten Anteil, aber nie mehr als die Hälfte. Lyon und Arles sind nach Trier die bedeutendsten Münzstätten in unserem Gebiet und meist in gleichen Mengen vertreten. Imitationen machen überall einen sehr großen Anteil aus, der in Bonn, Krefeld-Gellep und der Colonia Ulpia Traiana sogar weit über einem Fünftel liegt. Rom und Aquileja sind meist mit niedrigen Werten vertreten. An allen Orten kommen darüber hinaus in geringen Anteilen östliche und balkanische Münzstätten vor.

In der Prägeperiode 341 bis 348 verändert sich das Bild deutlich. Trier ist nun mit weitem Abstand die bedeutendste Münzstätte und erreicht Anteile von mehr als sechzig Prozent. Lyon und Arles folgen mit jeweils etwa zehn Prozent. In Bonn, Krefeld-Gellep und Xanten liegen auch aus dieser Prägeperiode zahlreiche Imitationen vor. Italische, östliche und balkanische Münzstätten sind durchweg in sehr geringen Anteilen vertreten und erreichen zusammen keine zehn Prozent. Insgesamt ist also im Vergleich zur vorherigen Periode eine deutliche Regionalisierung des Geldumlaufs zu beobachten. Kaiseraugst zeigt ein abweichendes Bild, das mit seiner geographischen Lage zu erklären ist. Der regionale Geldumlauf dieser Zeit wird mit dem angespannten Verhältnis zwischen den Söhnen Constantins erklärt. Die Reichsteile von Constans und Constantius II. wurden zunehmend gegeneinander abgeschottet[61]. Die Versetzung von Beamten oder Militärangehörigen zwischen West und Ost fand kaum noch statt.

Imitationen nach Vorbildern der Typen ›Gloria exercitus‹ (mit einem oder zwei Feldzeichen), ›Urbs Roma‹, ›Constantinopolis‹ und ›Victoriae dd Auggq nn‹ treten in den Nordwestprovinzen sehr häufig auf[62]. Wie die Nachprägungen der zweiten Hälfte des dritten Jahrhunderts sind sie geprägt, aber üblicherweise von etwas besserer Machart. Der häufige Wechsel der Serien im vierten Jahrhundert und die gelegentliche Verrufung älterer Stücke zeigen, dass die Imitationen zeitlich ihren Vorbildern anzuschließen sind und bis 348 n. Chr. hergestellt wurden[63]. Eine Nachahmung im Zuge der Germaneneinfälle Mitte des vierten Jahrhunderts ist ausgeschlossen, da man zu dieser Zeit die aktuelleren ›Fel temp reparatio‹- und Magnentius-Typen kopierte. Der Grund für die Nachprägung ist nicht klar, handelt es sich doch um eine Zeit, in der es in unserem Raum kaum eine Bedrohung durch äußere Feinde gab und der Handel noch einmal blühte. Gerade im wirtschaftlichen Aufschwung ist vielleicht die Ursache für die Herstellung der Imitationen zu suchen – für den Handel war vielleicht nicht genug Münzgeld vorhanden[64]. Auch die Inflation kommt als Grund in Frage[65].

---

[59] Th. Pekáry, Die Fundmünzen von Vindonissa von Hadrian bis zum Ausgang der Römerherrschaft. Veröff. d. Ges. Pro Vindonissa 6 (Brugg 1971) 17; Wigg, Münzumlauf 154 f.

[60] Wigg, Münzumlauf 154 f.; Peter, Augst 180.

[61] Wigg, Münzumlauf 155; Peter, Augst 180.

[62] King, copies 243; Peter, Imitation 25; Wigg-Wolf, Barbarisierungen 68; Komnick, CUT 549.

[63] Wigg, Münzumlauf 130–133; Peter, Imitation 25; Komnick, CUT 550.

[64] So Wigg-Wolf, Barbarisierungen 69 f.

[65] So King, copies 243.

Von 348 bis 364. Nach 348 fällt der Münzindex in Dormagen, Krefeld-Gellep, Deutz, Köln und der Colonia Ulpia Traiana dramatisch ab. In Bonn und Kaiseraugst sinkt der Wert zwar ebenfalls, aber nicht in gleichem Maße. Von 350 bis 353 wird die Bonner Münzreihe ganz von Prägungen des Magnentius bestimmt. Nur ein Stück für Constantius II. (›Salus Aug nostri‹) befindet sich darunter[66]. Aus der Zeit von 353 bis 364 liegen nur ein Centenionalis des Iulianus II. und ein Halbcentenionalis des Constantius II. vor.

Die Münzstättenverteilung ist unterschiedlich. In Bonn, Deutz, Köln und Xanten schreitet die schon in der vorherigen Periode beobachtete Regionalisierung des Münzumlaufs weiter fort. Trier erreicht Werte von weit mehr als der Hälfte. Darüber hinaus sind nur die Münzstätten Lyon und Arles von Bedeutung. Auch Imitationen treten wieder in höheren Anteilen auf. Auffälligerweise kommen Prägungen aus Amiens nur in Bonn vor – der Grund dafür ist unklar. Die Vergleichsorte in Mainz, Krefeld-Gellep und Kaiseraugst sind durch etwas größere Vielfalt bei den Münzstätten gekennzeichnet. Der regionale Geldumlauf hängt mit der Usurpation des Magnentius 350 zusammen, denn es fand kein Austausch mit dem Reichsteil von Constantius II. mehr statt[67]. In unserem Raum liegen daher fast ausschließlich Stücke aus den Münzstätten des Magnentius vor, nämlich Amiens, Trier, Lyon, Arles, Rom und Aquileja.

Die Münzreihen dieser Prägeperiode sind von den Auswirkungen der Frankeneinfälle 353/355 geprägt[68]. Bis zur Rückeroberung durch Iulianus II. wurde kaum Münzgeld in die Rheinregion geliefert, so dass die Stücke der Serien ›Fel temp reparatio‹ mit dem Bild vom Reitersturz (im Folgenden nur ›Reitersturz-Prägungen‹) einerseits und ›Spes rei publice‹ andererseits in dieser Gegend selten sind[69]. Die Bronzeprägung in Trier wurde bis zum Beginn der valentinianischen Zeit nahezu eingestellt[70]. Regionen, die die Frankeneinfälle weitestgehend unbeschadet überstanden hatten, reagierten auf den daraus folgenden Kleingeldmangel mit der Produktion zunächst von Imitationen nach den Magnentius-Typen, später von Kopien der Reitersturz-Prägungen[71]. Diese Nachahmungstätigkeit endete wohl erst, als wieder die ausreichende Versorgung sichergestellt war. Die Seltenheit von Prägungen des Julianus II. in unserer Gegend spricht dafür, dass dies erst mit Beginn der valentinianischen Zeit der Fall war.

Da in der vorliegenden Münzreihe Prägungen des Magnentius aus allen sieben von Bastien definierten Prägephasen in größerer Zahl vorhanden sind, erscheint die Zerstörung des Bonner Legionslagers vor 353 unwahrscheinlich. Der hohe Anteil von Stücken aus der siebten Prägephase und die geringe Zahl von Imitationen nach Typen des Magnentius legen jedoch nahe, dass das Lager nicht lange nach dem Sturz des Magnentius von den Franken erobert wurde. Das Gleiche gilt offenbar für die Colonia Ulpia Traiana, während beispielsweise Köln und Krefeld-Gellep erst im Jahr 355 von den Franken eingenommen wurden[72]. Kaiseraugst hingegen fiel wohl schon vor dem Sturz des Magnentius den Alamannen zum Opfer, da hier die sechste und siebte Prägephase des Magnentius fehlen[73]. Da in der Bonner Münzreihe nur zwei Prägungen aus der Zeit zwischen 353 und 364 vorliegen und die sonst häufigeren Imitationen nach den Reitersturz-Prägungen völlig fehlen, wurde zwischen der Zerstörung des Legionslagers kurz nach 353 und dem Wiederaufbau, der zwar schon 359 angeordnet, aber wohl erst gegen Ende von Julians Herrschaft durchgeführt wurde, das Gelände des Lagers wohl kaum genutzt[74]. Ein ähn-

---

[66] Diese Stücke werden mit dem sog. Poemeniusaufstand in Verbindung gebracht (vgl. Amm. 15, 6, 4). Vgl. zur Datierung: K.-J. Gilles, Trierer Zeitschr. 52, 1989, 377–386.

[67] Schulzki, Flerzheim 69; Wigg, Münzumlauf 160; Peter, August 180.

[68] Vgl. zu den Frankeneinfällen Amm. 15, 8, 1 und 16, 3, 1.

[69] Schulzki, Flerzheim 99; Wigg, Münzumlauf 75; Peter, August 169.

[70] Schulzki, Flerzheim 84; Wigg-Wolf, Barbarisierungen 70; Kemmers, Nijmegen 114.

[71] Wigg, Münzumlauf 120, 135–138; King, copies 243; Peter, Imitation 25; Wigg-Wolf, Barbarisierungen 70.

[72] Wigg, Münzumlauf 101; Komnick, CUT 551–554.

[73] Peter, August 164–166.

[74] Vgl. Amm. 18, 2, 4. Gechter, Bonn 111.

liches Bild zeigt sich in Xanten[75]. Es bleibt abzuwarten, ob die Vorlage der übrigen Münzfunde aus dem Bonner Legionslager dieses Bild bestätigt.

Von 364 bis 378. Der Münzindex für die Zeit von 364 bis 378 liegt in Bonn, Dormagen, Krefeld-Gellep, Deutz, Köln und Kaiseraugst deutlich höher als in der vorherigen Prägeperiode. Die Münzstättenverteilung verändert sich stark. Trier büßte seinen Status als führende Münzstätte ein und erreicht an allen Vergleichsorten weniger als ein Fünftel. Arles wurde die bedeutendste Münzstätte und erreicht meist einen Anteil von dreißig bis vierzig Prozent. Lyon bleibt dahinter ein wenig zurück. Rom, Aquileja und Siscia sind fast überall gut vertreten. Die valentinianische Zeit war nach den schweren Germaneneinfällen Mitte des vierten Jahrhunderts von Frieden und Wiederaufbau geprägt. In dieser Zeit wurde die Rheingrenze – und damit wohl auch das Bonner Legionslager – noch einmal befestigt. Daher lässt sich wieder eine größere Durchmischung des umlaufenden Geldes beobachten, wodurch häufiger Geldstücke aus italischen und östlichen Münzstätten in die Nordwestprovinzen gelangten[76]. Der im Vergleich zu vorherigen Prägeperioden sehr kleine Anteil von Münzen aus Trier hängt mit dem geringen Umfang der dortigen Bronzeprägung in valentinianischer Zeit zusammen[77].

Von 378 bis 403. Aus der Zeit von 378 bis 403 liegen in Bonn nur noch eine Maiorina des Magnus Maximus, sowie zwei Halbcentenionales von Theodosius I. und Arcadius vor. Die Fundzahlen sinken auch in der Colonia Ulpia Traiana, in Kaiseraugst sowie in Dormagen und Krefeld-Gellep. Ganz anders sieht es in Deutz und Köln aus – hier steigt der Münzindex nach einem Abfall im Jahr 378 seit 388 noch einmal deutlich an. Aufgrund der insgesamt niedrigen Fundzahlen für diese Periode ist die Münzstättenverteilung in dieser Zeit nur bedingt aussagekräftig. Der Anteil der Münzstätte Trier liegt etwas über dem in der vorherigen Periode, bleibt aber insgesamt niedrig. Lyon und Arles sind die wichtigsten Münzstätten, dahinter folgen Rom, Aquileja und Mailand. Andere Münzstätten spielen keine Rolle. Imitationen lassen sich nur in Krefeld-Gellep, Köln und Kaiseraugst nachweisen. Die Häufigkeit der Münzstätten Trier, Lyon, Arles, Rom und Aquileja in dieser Periode hängt mit der Usurpation des Magnus Maximus zusammen, dessen Prägungen in den Nordwestprovinzen recht häufig sind. Während dieser Zeit drangen kaum Münzen aus dem übrigen Reich in das Gebiet dieses Herrschers ein[78].

Die Bonner Münzreihe, die mit Münzen von Arcadius und Honorius schließt, stellt keinen Beleg für eine Aufgabe des Legionslagers zu Beginn des fünften Jahrhunderts dar[79]. Münzen aus der Prägeperiode von 378 bis 403 sind an Fundplätzen der Nordwestprovinzen generell selten[80]. Anfang des fünften Jahrhunderts bricht die Versorgung mit Münzgeld in unserem Raum schließlich völlig zusammen. Möglicherweise wurde das Legionslager in der ersten Hälfte des

---

[75] Komnick, CUT 587.
[76] Peter, Augst 190.
[77] Schulzki, Flerzheim 108; Kemmers, Nijmegen 114.
[78] Pekáry, Vindonissa (Anm. 59) 23.
[79] So gedeutet von M. Gechter, Das spätantike Bonner Legionslager. In: W. S. Hanson / L. J. F. Keppie (Hrsg.), Roman Frontier Studies 1979. Papers presented to the 12th International Congress of Roman Frontier Studies. Brit. Arch. Rep. Int. Ser. 71 (Oxford 1980) 539.
[80] Peter, Augst 154; Kemmers, Nijmegen 114; Komnick, CUT 556.
[81] Gechter, Bonn 72.
[82] Das System von Rangstufen, Besoldung, Dienstzeiten, etc. wurde von Augustus 13 v. Chr. begründet. R. Gest. div. Aug. 17; Suet., Aug. 49, 2; Cass. Dio 54, 25, 5–6;

55, 23, 1. Vgl. M. A. Speidel, Roman army pay scales revisited. Responses and answers. In: Reddé, De l'or 54.
[83] Suet. Dom. 7, 3; Cass. Dio 67, 3, 5. Speidel (vorige Anm.) 53. Vgl. zu Verzögerungen bei der Auszahlung Tac. ann. 1, 35 und Amm. 17, 10, 6.
[84] Quellen zum römischen Legionärssold für die Zeit seit Augustus s. Tac. ann. 1, 17; Cass. Dio 67, 3, 5. Seit Domitian s. Suet. Dom. 7, 3; Cass. Dio 67, 3. 5; RMR 69. Seit Septimius Severus s. SHA Sev. 12, 2; Herodian 3, 8, 4–5. Seit Caracalla s. Herodian 4, 4, 7. Seit Maximinus Thrax s. Herodian 6, 8, 8. Zum Sold eines Eques cohortis vgl. eine Quittung aus Vindonissa von 38 n. Chr., s. M. A. Speidel, Die römischen Schreibtafeln aus Vindonissa. Lateinische Texte des militärischen Alltags und ihre geschichtliche Bedeutung. Veröff. d. Ges.

fünften Jahrhunderts aufgegeben – allerdings kann dies nicht mit Hilfe der Münzreihe belegt werden, die nur das Bild zeigt, das auch an allen anderen Fundplätzen festzustellen ist, die noch bis mindestens in die zweite Hälfte des vierten Jahrhunderts hinein besiedelt waren.

Die Besoldung römischer Soldaten

Da die vorgelegten Münzen aus der Nordwestecke des Legionslagers stammen, dürfte es sich um Geld handeln, das von den hier stationierten Soldaten verloren wurde. Im Bonner Lager waren im ersten bis dritten Jahrhundert eine Legion, eine Ala und eine Kohorte stationiert[81]. Wir haben also mit bis zu siebentausend Soldempfängern zu rechnen. Die Größe der spätantiken Besatzung ist unklar. Die wirtschaftliche Bedeutung einer so großen Zahl von Menschen, die eine gute und regelmäßige Bezahlung erhielten, ist kaum zu überschätzen.

Die Höhe des kaiserzeitlichen Soldes ist gut erforscht, auch wenn Details noch umstritten sind, etwa was die Besoldung der höheren Dienstgrade angeht[82]. Die Auszahlung erfolgte an drei Zahltagen im Jahr (1. Januar, 1. Mai und 1. September) – unter Domitian an vier, was aber bald wieder abgeschafft wurde[83]. Unter Augustus erhielt ein Legionär einen jährlichen Sold von 225 Denaren[84]. Unter Domitian wurde die Bezahlung auf 300 Denare erhöht. Weitere Steigerungen unter Septimius Severus, Caracalla und Maximinus Thrax sind überliefert. Der Sold der Hilfstruppen lag wohl bei fünf Sechsteln des Legionärssoldes. Ein einfacher Miles cohortis erhielt demnach vor Domitian jährlich etwa 188 Denare. Michael A. Speidel vermutet, dass ein Eques cohortis einen ebenso hohen Sold erhielt wie ein Legionär, ein Eques alae sogar etwas mehr (vor Domitian etwa 263 Denare jährlich). Weitere Solderhöhungen nach Maximinus Thrax sind nicht belegt, aber durchaus möglich.

Für Lebensmittel, Kleidung, Waffen und anderes wurde den Soldaten jeweils ein bestimmter Betrag vom Sold abgezogen. Die Höhe der Abzüge schwankte im Laufe der Zeit und je nach Stationierungsort – sie werden auf vierzig bis achtzig Prozent geschätzt[85]. Zusätzlich zum regulären Sold erhielten die Soldaten Donativa in unregelmäßigen Abständen und in unterschiedlicher Höhe. Schon seit Claudius waren diese jedoch weniger eine freiwillige Gabe des Kaisers, sondern wurden allmählich institutionalisiert[86]. In der Spätantike schließlich werden die Einnahmen der Soldaten aus Donativa höher gewesen sein als aus ihrem regulären Sold[87]. Unklar ist, ob die Donativa abhängig vom Dienstgrad oder für alle gleich hoch waren – Letzteres hätte die hohen Einkommensunterschiede innerhalb des Heeres im Laufe der Zeit nivelliert[88].

Heftig umstritten ist nun die Frage, wie die Bezahlung der Soldaten konkret vonstattenging[89]. In den angeführten Quellen wird nicht erwähnt, in welchen Sorten der Sold ausgezahlt wurde – das genannte Nominal kann ja bloße Rechengröße sein. Die römische Verwaltung ist an

Pro Vindonissa 12 (Brugg 1996) 94–96 Nr. 2. – Zum Sold eines Miles cohortis seit Domitian vgl. RMR 68. Die folgenden Soldangaben nach J. Jahn in: M. R.-Alföldi / H.-M. von Kaenel (Hrsg.), Stud. zu Fundmünzen d. Antike 2 (Berlin 1984) 66 f.; M. A. Speidel, Roman army pay scales. Journal Roman Stud. 82, 1992, 92 f. 88 und Speidel, pay scales revisited (Anm. 82) 56.

[85] Vgl. Tac. ann. 1, 17; RMR 68 f. Dazu s. Davies u. a. (Anm. 26) 307; Speidel, pay scales (Anm. 84) 94; N. Hanel in: H. von Hesberg (Hrsg.), Das Militär als Kulturträger in römischer Zeit (Köln 1999) 118 f.; Wolters, pay 581; Kemmers, Nijmegen 140; 192.

[86] Vgl. Cass. Dio 60, 12, 4. Jahn (Anm. 84) 54.

[87] J.-M. Carrié, Un seul achat peut-il saigner à blanc le soldat? Retour sur l'Edictum de pretiis et le montant de la solde à l'époque tétrarchique. In: Reddé, De l'or 106; Speidel, pay scales revisited (Anm. 82) 54.

[88] So Jahn (Anm. 84) 71; Speidel, pay scales (Anm. 84) 100. Dagegen Carrié, Edictum de pretiis (Anm. 87) 100.

[89] Alle folgenden Aussagen beziehen sich ausschließlich auf die Nordwestprovinzen, da der Osten mit seinen Lokalprägungen eigene Regelungen kannte. Es lassen sich jedoch auch für den östlichen Reichsteil Belege für eine Bezahlung in Aes anführen, so P. Mich. VIII 465 (vgl. H. C. Youtie / J. G. Winter, Papyri and Ostraca from Karanis, 2nd Ser. Michigan Papyri 8 [Ann Arbor und London 1951]), in dem der Soldat Apollinarius 107 n. Chr. an seine Mutter schreibt, er habe Bronzegeld (χαλκόν) erhalten, von dem er ihr ein Geschenk kaufen wolle.

einem unkomplizierten Transport des Solds interessiert, der Soldat hingegen an einer Mischung der Nominale, die ihm problemlos alltägliche Geschäfte ermöglicht[90]. Der überwiegende Teil der Althistoriker spricht sich für eine Besoldung des römischen Heeres ausschließlich in Edelmetall aus[91]. Das Transportgewicht stellt das wesentliche Argument für diese These dar. So berechnet Andrew Hobley das Gesamtgewicht des Jahressoldes einer Legion nach Domitian mit fünf Tonnen bei Zahlung in Denaren gegenüber 265,2 Tonnen in Assen[92]. Der Transport von Bronzegeld sei demnach zu unpraktisch, langwierig und risikoreich gewesen.

Diese Berechnungen, die vorgeblich nur eine Schlussfolgerung zulassen, berücksichtigen jedoch nicht, dass die Sollstärke von sechstausend Mann pro Legion beziehungsweise fünfhundert oder tausend Mann pro Auxiliareinheit am Stationierungsort selten erreicht wurde[93]. Stets waren zahlreiche Soldaten zu Sonderaufgaben abkommandiert. Zudem tragen nicht alle Berechnungen den oben genannten Abzügen Rechnung. Der Jahressold ist eine bloße Rechensumme – da der Verwaltung die Höhe der Abzüge bekannt war, musste nur das Geld zum Lager transportiert werden, das auch tatsächlich ausbezahlt wurde[94]. Außerdem muss die Besoldung nicht zwingend ausschließlich entweder in Edelmetall oder in Bronze erfolgt sein – eine gemischte Auszahlung ist durchaus möglich. Auch sind Asse ja nicht das einzige Bronzenominal. Berücksichtigt man Sesterzen und Dupondien, ergibt sich erneut ein verändertes Transportgewicht. Insgesamt sind solche Berechnungen daher abzulehnen. Es ist nicht nur bei vielen Dienstgraden unklar, um wie viel höher ihr Sold ausfiel, sondern auch, wie viele Mitglieder der Legion mehr als den einfachen Sold erhielten[95]. Es ist somit nicht möglich, eine verlässliche Aussage über die tatsächlich geflossenen Beträge und damit die Höhe des Transportgewichts zu treffen.

Unabhängig von der konkreten Höhe des Transportgewichts sind andere Faktoren zu berücksichtigen: Die römischen Soldaten mussten in ihren Lagern nicht nur mit Bargeld, sondern auch mit Kleidung, Lebensmitteln und Ausrüstungsgegenständen aus teilweise weit entfernten Orten beliefert werden. Allein die tägliche Lebensmittelversorgung mehrerer Tausend Menschen erforderte eine ausgeklügelte Logistik. Der römische Staat war also durchaus in der Lage, den Sold – ob in Bronze oder in Edelmetall – zu den Lagern zu transportieren[96]. Hätte man von staatlicher Seite den Transport von Geld als problematisch empfunden, wäre zudem kaum zu erklären, warum die Münzstätte Lugdunum, die sich in unmittelbarer Nähe zum Hauptabnehmer – der an Rhein und Limes stationierten Armee – befand, 78 n. Chr. geschlossen wurde, sodass das gesamte weströmische Reich seitdem von Rom aus mit Geld versorgt werden musste.

---

[90] J. Heinrichs, Überlegungen zur Versorgung augusteischer Truppen mit Münzgeld. In: L. Mooren (Hrsg.), Politics, administration and society in the Hellenistic and Roman world. Kongr. Bertinoro 1997. Stud. Hellenistica 36 (Leuven 2000) 159.

[91] So Walker, Bath 288; R. P. Duncan-Jones, Mobility and immobility of coin in the Roman empire. Ann. Ist. Italiano di Numismatica 36, 1989, 134; A. Kunísz, Money in the military community in the early empire. Not. Num. 1, 1996, 61; Hobley, Bronze 139; J. Heinrichs, Augusteische Truppen und Bildung eines Geldumlaufs im niedergermanischen Bereich. In: Hesberg, Kulturträger (Anm. 85) 154; 163; Heinrichs, Versorgung (vorherige Anm.) 195; Wolters, pay.

[92] Hobley, Bronze 139. Vgl. auch die Berechnungen bei Duncan-Jones, Mobility (vorherige Anm.) 134; Hanel, Militär (Anm. 85) 120; Wolters, pay 581; Kunísz, Money (vorherige Anm.) 62.

[93] Vgl. dazu den Truppenstärkebericht der Coh. I Tungrorum von 90 n. Chr. aus Vindolanda, s. A. K. Bowman / J. D. Thomas, Journal Roman Stud. 81, 1991, 62–73 = dies. und J. N. Adams, The Vindolanda writing-tablets. Tabulae Vindolandenses II (London 1994) 154. Obwohl es sich um eine Cohors milliaria handelt, beträgt ihre aktuelle Truppenstärke nur 752 Mann (inkl. sechs Centurionen). Davon sind 456 Mann (inkl. fünf Centurionen) zu verschiedenen Aufgaben und anderen Stationierungsorten abkommandiert. Vgl. auch RMR 47 und 50.

[94] Kemmers, Nijmegen 192.

[95] Vgl. dazu ebenfalls Bowman/Thomas (vorletzte Anm.) = Tab. Vindol. II 154 (vorletzte Anm.).

[96] Vgl. Kemmers, Nijmegen 194; J. Andreau, L'économie romaine, l'armée, la monnaie: réflexions de méthode pour une entrée en matière. in: Reddé, De l'or 19; Wigg-Wolf, coin supply revisited (Anm. 43) 163.

[97] M. W. C. Hassall / R. S. O. Tomlin, Britannia 17, 1986, 450–452 (Nr. 84). Auf der Tafel von etwa 75 bis 85 n. Chr. ist vermerkt, dass Soldaten »[ad opin]ionem peten(dam)« geschickt werden sollen. Die Ergänzung nehmen Hassall und Tomlin in Analogie zu ähnlichen Dokumenten der Cohors XX Palmyrenorum aus Dura

Hohe Transportkosten sind ebenfalls kein Argument. Wie aus einer in Caerleon gefundenen Schreibtafel deutlich wird, wurden einzelne Soldaten zur Abholung des Soldes beim Prokurator der jeweiligen Provinz abkommandiert[97]. Erfolgte der Transport mit armeeeigenen Karren oder Schiffen, wovon auszugehen ist, gehen die Transportkosten gegen Null, da der Staat deren Unterhalt sowie den Sold der Soldaten ohnehin zu zahlen hatte. Schon aus Sicherheitsgründen wurden größere Geldsummen wahrscheinlich immer durch das Militär transportiert. Größere staatliche Transporte von Bronzegeld sind mehrfach indirekt belegt. So postuliert Fleur Kemmers eine Lieferung domitianischer Quadranten an die Legio X Gemina in Nimwegen, da diese nur in den dortigen Canabae Legionis und in der unmittelbaren Umgebung häufig auftreten[98]. Auch das plötzliche und massive Auftreten von Assen der vierten Münzmeisterserie in den Nordwestprovinzen in tiberischer Zeit – Jahrzehnte nach ihrer Prägung – ist wohl nur mit einer größeren gezielten Lieferung zu erklären[99]. Besonders deutlich erkennbar sind solche Lieferungen auch in den Münzreihen Britanniens[100].

Die Besoldung in Gold wird aus Gründen der Praktikabilität in Alltagsgeschäften nur selten angenommen. Mehrere Forscher sprechen sich aber dafür aus, dass zumindest große Teile des Soldes auch einfacher Soldaten in Gold ausgezahlt wurden[101]. Sie verweisen darauf, dass Einzelfund-Münzreihen zugunsten kleiner Nominale verzerrt sind. Als Beispiele für repräsentative Münzreihen werden hingegen die Katastrophenhorizonte von Pompeji und Kalkriese angeführt, in denen Aurei in prozentual größeren Mengen vertreten sind[102]. In der Tat wird in römischen Militärlagern mehr Edelmetall in Umlauf gewesen sein, als entsprechende Münzreihen vermuten lassen. Dennoch ist es unzulässig, Pompeji oder Kalkriese in diesem Zusammenhang als Argument anzuführen. Bei Pompeji handelt es sich um eine zivile Siedlung in Italien und damit wohl kaum um einen geeigneten Bezugspunkt, wenn es um den Geldumlauf in einem Militärlager der Nordwestprovinzen geht. Bei den Münzfunden von Kalkriese handelt es sich um das bei einer Schlacht verlorene Geld einer römischen Armee auf dem Marsch durch ein noch nicht oder nicht völlig befriedetes Gebiet. In den Diskussionen über die Besoldung der römischen Armee wird selten thematisiert, wie eine Legion auf dem Marsch oder im Krieg bezahlt wurde, obwohl hier wahrscheinlich Unterschiede gemacht wurden. Kalkriese kann daher nicht in der Diskussion zur Besoldung in Standlagern auf eigenem Territorium herangezogen werden[103]. Insgesamt ist eine überwiegende Bezahlung einfacher Soldaten in Aurei unwahrscheinlich, da alltägliche Geschäfte so unnötig verkompliziert würden. Höhere Dienstgrade hingegen werden durchaus einen Teil ihres Solds in Gold erhalten haben[104].

---

vor (RMR 1, 2, 65, 66 b ii). Auch auf einer Vindolanda-Tafel wird eine Gruppe von Soldaten erwähnt, die abkommandiert ist, um den Sold zu holen, s. Bowman/Thomas (Anm. 93) 72 (Z. 14) = Tab. Vindol. II 154 (Anm. 93). Nach R. W. Davies, Ratio and opinio in Roman military documents. Historia 16,1, 1967, 117 brachten Soldaten regelmäßig eine Soldschätzung (opinio) zum Prokurator und eskortierten anschließend die Münzlieferung zum Stationierungsort zurück.

[98] Kemmers, Nijmegen 215–219.

[99] D. Wigg-Wolf, Dating Kalkriese. The numismatic evidence. In: Lehmann/Wiegels, Römische Präsenz (Anm. 11) 128; F. Kemmers in: H.-M. von Kaenel / F. Kemmers (Hrsg.), Coins in context I. New perspectives for the interpretation of coin finds. Kongr. Frankfurt a. M. 2007. Stud. zu Fundmünzen d. Antike 23 (Mainz 2009) 155.

[100] Walker, Bath 295; Clay, supply (Anm. 36) 209–213; Hobley, Bronze 138.

[101] Als Beleg wird Suet. Dom. 7, 3 angeführt – der Betrag von drei Aurei muss aber nicht zwingend in Gold ausgezahlt worden sein. Heinrichs, Versorgung (Anm. 90) 163; Wolters, pay 586.

[102] So Heinrichs, Augusteische Truppen (Anm. 91) 154 und Wolters, pay 586. Wigg-Wolf, coin supply revisited (Anm. 43) 164 zeigt aber, dass die Anzahl an Edelmetallmünzen in Kalkriese zwar deutlich höher ist als an anderen Fundstellen, aber auch nicht so hoch wie teilweise suggeriert. Die tatsächlichen Zahlen liegen bei zwei Aurei (0,2 Prozent), 380 Silbermünzen (44,4 Prozent), 473 Aes-Münzen (55,3 Prozent).

[103] So auch Wigg-Wolf, coin supply revisited (Anm. 43) 164, der darauf hinweist, dass Soldaten auf dem Marsch vielleicht ihr Geld eher in Edelmetall mit sich führten als üblich, um das Gewicht ihres Gepäcks zu vermindern.

[104] Vgl. CIL XIII 3162,2 (Inschrift von Thorigny), wo um 220 n. Chr. die Bezahlung eines Offiziers in Gold als besonderes Privileg betont wird.

Als Beleg dafür, dass den römischen Staat die Versorgung der Soldaten mit Aes nicht gekümmert habe, werden die Halbierungen und Imitationen der frühen Kaiserzeit herangezogen[105]. Soldaten und Zivilisten empfanden die Versorgung mit Kleingeld demnach als für ihre alltäglichen Geschäfte unzureichend. Aber nur, weil offenbar zu wenig Bronzemünzen vorhanden waren, muss daraus nicht gefolgert werden, dass die Soldaten gar nicht mit Kleingeld versorgt wurden. Offenbar hatte sich der Nachschub zu Beginn des ersten Jahrhunderts im Gegensatz zur späteren Zeit noch nicht recht eingespielt. Als weiteres Argument wird die unregelmäßige Bronzeprägung zu Beginn des ersten Jahrhunderts angeführt, insbesondere die zwanzigjährige Emissionspause unter Claudius und Nero[106]. Bei Besoldung in Bronzegeld wäre vielleicht eine konstantere Ausgabe zu erwarten. Doch auch beim Edelmetall gibt es längere Prägepausen – so zum Beispiel unter Augustus zwischen 4 und 13 n. Chr. Die Soldaten wurden folglich während dieser Zeit in bereits umgelaufenem Geld bezahlt, das der Staat durch Steuern eingenommen hatte, oder frühere Emissionen hatten einen so großen Umfang, dass Rücklagen gebildet werden konnten und eine Zeitlang keine neue Prägung nötig war. Unter Nero jedoch wurde nicht nur kein Aes geprägt, sondern offenbar auch nur wenig an die Soldaten ausgegeben. Dies muss jedoch nicht zwingend auch in Zeiten großer Emissionen der Fall gewesen sein. Im Gegenteil zeigt das Fehlen von Halbierungen und Imitationen nach Wiedereinsetzen der Bronzeprägung, dass die Versorgung mit Kleingeld nun als hinreichend empfunden wurde.

Die Münzreihen selbst beweisen, dass auch in Bronzegeld besoldet wurde. Die hier vorgelegte Reihe setzt sich – wie alle aus Militärlagern – zum überwiegenden Teil aus Bronzestücken zusammen. Unter den 256 Münzen befinden sich nur elf Denare (4,3 Prozent) und keine einzige spätantike Silberprägung[107]. Befürworter der Theorie ausschließlicher Bezahlung in Edelmetall wenden ein, dass die Münzreihen zugunsten der Aes-Prägungen verzerrt seien, was durchaus richtig ist. Doch stellt sich die Frage, wie so viele Bronzestücke in die Militärlager gekommen sind, wenn der Sold ausschließlich in Edelmetall ausgezahlt wurde. Meist wird der Handel dafür verantwortlich gemacht[108]. Der Soldat erhält seinen Sold in Denaren, kauft etwas und bekommt Bronzegeld zurück – doch woher bekommt der Händler sein Wechselgeld, wenn alle Soldaten, die bei ihm einkaufen, nur in Denaren zahlen? Zum Teil wird vermutet, das Bronzegeld habe sich über den Handel langsam von der Münzstätte aus verteilt. Die Absurdität dieser Vorstellung wird besonders am Beispiel Britannien deutlich. Sämtliche dort vorkommenden Bronzeprägungen müssten demnach von Händlern über den Kanal gebracht worden sein. Händler, für die Transportkosten eine große Rolle spielten, werden wohl kaum große Vorräte an Bronzemünzen vom Kontinent auf die Insel verschifft haben, nur um für die in Britannien stationierten Soldaten genug Wechselgeld bereitzuhalten. Ein weiteres Argument gegen diese Theorie stellt die Aktualität der an Militärplätzen gefundenen Bronzemünzen dar, etwa der nur kurz belegten augusteischen Lager (Oberaden, Haltern, Dangstetten)[109]. Auch in Vindonissa macht sich der Abzug der Legio XI Claudia 101 n. Chr. sofort in der Münzreihe bemerkbar[110]. Wenn sich Aes-

---

[105] Vgl. D. Nash, Plus ça change… Currency in central Gaul from Julius Caesar to Nero. in: R. A. G. Carson / C. M. Kraay (Hrsg.), Scripta nummaria Romana. Essays presented to Humphrey Sutherland (London 1978) 25; Boon, Counterfeit coins (Anm. 23) 114; Ch. Howgego, Journal Roman Stud. 82, 1992, 18.

[106] Wolters, pay 584.

[107] Aufgrund ihres geringen Silbergehaltes werden die sieben Antoniniane von Valerianus I., Gallienus, Claudius II. Gothicus, Diocletian und den gallischen Kaisern nicht zu den Edelmetallprägungen gerechnet.

[108] Vgl. z. B. Kunisz, money (Anm. 91) 62; 71.

[109] Wigg-Wolf, Kalkriese (Anm. 99) 121; F. Kemmers, Buying loyalty. Targeted iconography and the distribution of cash to the legions. in: Reddé, De l'or 230.

[110] M. Peter, Bemerkungen zur Kleingeldversorgung der westlichen Provinzen im 2. Jahrhundert. In: C. E. King / D. G. Wigg (Hrsg.), Coin finds and coin use in the Roman world. The 13th Oxford symposium on coinage and monetary history, 25.–27.3.1993. Stud. zu Fundmünzen d. Antike 10 (Berlin 1996) 317.

[111] Zur Verbreitungsgeschwindigkeit von Denaren aus östlichen Prägestätten vgl. Ch. Howgego, The circulation of silver coins, models of the Roman economy, and

Prägungen nur durch Handel bewegt hätten, wäre ihre Verbreitung von der Münzstätte aus deutlich langsamer vonstattengegangen, insbesondere in Zeiten, in denen nur in Rom Münzen gefertigt wurden[111].

Da die Verbreitung von Bronzemünzen durch Handel kein geeignetes Modell darstellt, um die Funde in den Militärlagern zu erklären, werden an dieser Stelle häufig die Nummularii ins Spiel gebracht[112]. Die Soldaten hätten ihren Sold in Edelmetall erhalten und ihn anschließend bei den Geldwechslern in Bronzemünzen umgetauscht, um damit bei den Händlern in den Canabae legionis ihre täglichen Geschäfte zu tätigen. Das Transportproblem wäre damit freilich nur vom Staat auf die Nummularii verlagert. Der Geldwechsler hätte bei der Münzstätte in Rom Aes gekauft, es in die Nordwestprovinzen verschifft und dort gegen eine Gebühr eingetauscht. Er müsste durch die den Soldaten berechnete Gebühr so viel Gewinn erzielen, dass dadurch die Kosten für einen bewachten Transport sowie für den eigenen Lebensunterhalt gedeckt wären. Da ein so hoher Profit kaum erzielbar erscheint, wird vorgeschlagen, der Staat habe den Transport des Bronzegeldes in die Provinz übernommen, die Verteilung aber sei durch die Geldwechsler vorgenommen worden, die das Bronzegeld bei der Provinzkasse gekauft hätten[113]. Weder bietet diese Theorie einen Vorteil gegenüber der Annahme, dass der Staat die Bronze selbst an die Soldaten ausgegeben habe, noch erscheint logisch, warum der Staat die Bronze für den Gewinn der Geldwechsler transportiert haben sollte, wenn ihm andererseits die Belange der Soldaten so gleichgültig waren. Die Soldaten hätten es kaum hingenommen, wenn sie ihren Sold, von dem ihnen immerhin bereits vor der Auszahlung vierzig bis achtzig Prozent abgezogen worden waren, noch gegen eine Gebühr hätten eintauschen müssen, die einen Großteil der verbliebenen Summe verschlungen hätte. Die Bedeutung von Nummularii für die täglichen Geschäfte in Zivilsiedlungen und in Lagervorstädten ist unzweifelhaft, doch für die Versorgung der Nordwestprovinzen mit Bronzeprägungen waren sicher nicht sie allein verantwortlich[114].

Die bisher entwickelten Modelle setzen zu wenig Flexibilität voraus. Der römische Staat muss seine Soldaten nicht zu allen Zeiten und in allen Situationen in der gleichen Weise bezahlt haben – und auch nicht nur in einer Münzsorte. Römische Soldaten konnten einen Teil ihres Soldes, den sie sparen wollten, als Depositum in der Truppenkasse hinterlegen[115]. Die Deposita wurden beim Fahnenheiligtum nach Kohorten getrennt aufbewahrt. Verantwortlich für die Führung der Kontobücher zeichnete der jeweilige Signifer der Kohorte[116]. Die Soldaten ließen sich am Zahltag somit nur einen Teil auszahlen und den Rest zunächst ihrem Guthaben gutschreiben. Je nach Bedarf konnte zwischen den Zahltagen Geld ›abgehoben‹ werden. Daher ist eine gemischte Auszahlung in Edelmetall und Bronze je nach gewünschter Summe anzunehmen. Anders wird die Besoldung hingegen in Kriegszeiten durchgeführt worden sein. Eine Auszahlung von Aes ergibt nur in Standlagern mit nahe gelegener Zivilsiedlung Sinn, in der das Geld ausgegeben werden konnte. Wenn der Sold auf dem Marsch überhaupt ausbezahlt wurde, dann sicher in Edelmetall, da beim Transport durch Feindesland Menge und Gewicht des Geldes sehr wohl eine Rolle spielten[117]. Donativa müssen vom normalen Sold getrennt betrachtet werden, da sie

---

crisis in the third century A.D. Some numismatic evidence. In: King/Wigg, Coin finds (vorige Anm.) 221.
[112] Peter, Kleingeldversorgung (vorletzte Anm.) 317 f.; Hobley, Bronze 139; Heinrichs, Augusteische Truppen (Anm. 91) 155.
[113] Hobley, Bronze 139; Kemmers, Nijmegen 196, 212.
[114] Vgl. für epigraphisch belegte Nummularii etwa IKöln² 429 = CIL XIII 8353 und IKöln² 435.
[115] Vgl. Suet. Dom. 7, 3; Veg. mil. 2, 20.
[116] Vgl. J. F. Gilliam in: J. Straub (Hrsg.), Bonner Historia-Augusta-Colloquium 1964/1965. Antiquitas 4.

Beitr. Historia-Augusta-Forsch. 3 (Bonn 1966) 91–97; K. Stauner, Das offizielle Schriftwesen des römischen Heeres von Augustus bis Gallienus (27 v. Chr. – 268 n. Chr.) (Bonn 2004) 64–69; Wienand, Constantin 67.
[117] Ios. bell. Iud. 5, 9, 1 belegt eine Soldzahlung im Krieg – es bleibt jedoch offen, ob dies der Regelfall war. Nach Frank Berger wurde der Sold den Soldaten nur gutgeschrieben, auf dem Marsch aber nicht ausgezahlt, s. Untersuchungen zu römerzeitlichen Münzfunden in Nordwestdeutschland. Stud. zu Fundmünzen d. Antike 9 (Berlin 1992) 110. Wolters, pay 581.

dazu dienten, das Heer in besonderer Weise auf den Kaiser zu verpflichten. Sowohl die Höhe der Donativa als auch ihr Anlass sprechen für eine Auszahlung in Edelmetall, üblicherweise in Gold.

Die Auszahlung des Soldes erfolgte im ersten und zweiten Jahrhundert vermutlich in gemischten Nominalen[118]. Das Verhältnis zwischen Edelmetall- und Bronzeprägungen veränderte sich im Laufe der Zeit. Spätestens seit den Severern werden die Soldaten überwiegend in Denaren, später in Antoninianen bezahlt worden sein, wie die Fundzahlen belegen und die Solderhöhungen unter Septimius Severus und Caracalla nahelegen.

Die Höhe des spätantiken Stipendium ist unklar. Die Auszahlung erfolgte jedoch weiterhin an drei Zahltagen[119]. Da Silber meist nur in zu vernachlässigenden Quantitäten ausgemünzt wurde, wird der einfache Soldat sein Stipendium überwiegend in Bronzegeld erhalten haben[120]. Dafür spricht auch Diokletians Erwähnung der Soldaten als der Hauptgeschädigten steigender Preise in der Praefatio des Höchstpreisediktes[121]. Aus diesem Grund gewannen die Donativa, die in wertbeständigem Edelmetall ausgezahlt wurden, für die Soldaten als Einkommensquelle an Bedeutung. Auch der Naturalsold, die sogenannte Annona militaris, spielte seit diokletianischer Zeit eine wichtige Rolle[122]. Das Stipendium hingegen lief im Laufe des vierten oder spätestens im fünften Jahrhundert völlig aus[123].

Modell des Geldumlaufs

In Publikationen von Fundmünzen werden ungeachtet der Natur des Fundplatzes stets sowohl Münzreihen aus zivilen als auch aus militärischen Kontexten zum Vergleich herangezogen. Unterschiede in der Zusammensetzung der Münzfunde werden mit der individuellen Nutzungsgeschichte des Platzes, nicht mit dessen ziviler oder militärischer Natur in Verbindung gebracht.

In Ermangelung eines Banksystems waren öffentliche Ausgaben die einzige Möglichkeit des römischen Staates, frisch geprägtes Geld in Umlauf zu bringen. Die Bezahlung von Soldaten und anderen Staatsbediensteten machte dabei den weitaus größten Posten aus. Weitere Positionen – wie kaiserliche Baumaßnahmen oder Geldverteilungen – spielten zwar ebenfalls eine wichtige Rolle, die entsprechenden Summen flossen aber überwiegend in der Stadt Rom. Folglich kam in den Nordwestprovinzen – wie auch im Bonner Raum – frisch geprägtes Geld fast ausschließlich durch die Besoldung der dort stationierten Soldaten in Umlauf[124]. Provinzen, in denen kein Heer stationiert war, erreichten neuere Prägungen nur durch Handel, also deutlich langsamer – ein Beispiel stellt hier Zentralgallien in der vorflavischen Zeit dar[125].

Für die Besoldung der Soldaten war der Finanzverwalter auf Provinzebene zuständig[126]. Die Bezahlung der in Bonn stationierten Legion fiel in die Verantwortung des ritterlichen Prokurator provinciae Belgiae et duarum Germaniarum[127]. Dem Prokurator untergeordnet waren die sogenannten Dispensatores, die mit der konkreten Organisation betraut waren. In Köln ist ein

---

[118] Wigg, coin supply (Anm. 26) 282–284; Andreau, économie romaine (Anm. 96) 17.
[119] Wienand, Constantin 67.
[120] Wienand, Constantin 71. Gelegentlich wurde auch in ungemünztem Edelmetall gezahlt, so T. C. Skeat, Papyri from Panopolis in the Chester Beatty Library Dublin. Chester Beatty Monogr. 10 (Dublin 1964) Nr. 2, 299–304 (um 300 n. Chr.).
[121] Diocl., Edictum de pretiis, Praef. 14. Vgl. Carrié, Edictum de pretiis (Anm. 87) 112.
[122] Vgl. Amm. 20, 4, 18. F. Mitthof, Annona militaris. Die Heeresversorgung im spätantiken Ägypten. Ein Beitrag zur Verwaltungs- und Heeresgeschichte des Römischen Reiches im 3. bis 6. Jh. n. Chr. Papyrologica Florentina 32 (Florenz 2001) 234 f.
[123] Mitthof, Annona (vorige Anm.) 235; Wienand, Constantin 74–76.
[124] D. G. Wigg in: Schlüter/Wiegels, Ausgrabungen von Kalkriese (Anm. 25) 337.
[125] Nash, Central Gaul (Anm. 105) 14.
[126] Vgl. Cass. Dio 53, 15, 3; Strab. geogr. 3, 4, 20.
[127] B. Rossignol, Le personnel administratif de la paye des soldats. In: Reddé, De l'or 30.
[128] IKöln² 270 (2. Hälfte 2. Jh. bis 1. Hälfte 3. Jh.). Vgl. Rossignol, personnel (vorige Anm.) 34.

Dispensator mit Zuständigkeit für die in Bonn stationierte Legio I Minervia epigraphisch belegt[128]. Die Truppen schickten vor jedem Zahltag eine Abordnung mit der Schätzung des für die nächste Auszahlung benötigten Geldes zum Amtssitz des Prokurators, die anschließend die entsprechende Summe zurück zum Stationierungsort eskortierte[129]. Die Verteilung des Solds selbst wird unter der Aufsicht des Befehlshabers der Truppen durchgeführt worden sein[130]. In der Spätantike war für die reichsweite Besoldung der Comes sacrarum largitionum zuständig, dem achtzehn Scrinia unterstellt waren – Sold- und Donativzahlungen fielen in die Zuständigkeit des Scrinium numerorum. In den einzelnen Präfekturen war der jeweilige Praefectus praetorio verantwortlich[131].

Die Soldaten gaben einen großen Teil ihres Soldes in den Zivilsiedlungen nahe ihrem Lager aus. Durch Steuern, die die dort ansässigen Händler zu zahlen hatten, floss ein Teil des Geldes zurück in die Provinzkasse. Das Steuergeld wurde anschließend erneut für die Besoldung der Soldaten verwendet[132]. Demnach wurden römische Soldaten zu einem recht großen Teil in alter, bereits umgelaufener Münze bezahlt[133]. Dies änderte sich in der Spätantike mit dem raschen Wechsel verschiedener Serien und Nominale. Wenn das Steueraufkommen nicht ausreichte oder der permanente Münzverlust ausgeglichen werden musste, wurde von der Münzstätte frisch geprägtes Geld angeliefert. Donativa wurden vermutlich ausschließlich in frischer Münze gezahlt, da es im Interesse des Kaisers lag, die Soldaten besonders auf die eigene Person einzuschwören – und nicht auf die Vorgänger[134].

Edelmetallprägungen zirkulierten durch Handel sehr weit. Bronzemünzen hingegen spielten für den Fernhandel keine Rolle, verließen selten ihre jeweilige Provinz und liefen nur kleinräumig um, wie sich durch die unterschiedliche regionale Verbreitung bestimmter Rückseitentypen aus verschiedenen Bronzegeldlieferungen nachweisen lässt. Unklar ist, ob die Lieferungen neuer Geldstücke je nach Bedarf oder in regelmäßigen Abständen erfolgten. Kemmers beobachtet an der Münzreihe der Canabae legionis in Nimwegen, dass in flavischer Zeit Edelmetallprägungen in unregelmäßigen Abständen eingingen und sich meist überlieferten Donativa zuordnen lassen, wohingegen frisch geprägtes Bronzegeld im Fünfjahresrhythmus eintraf[135]. Ihr zufolge wurden bestimmte Münztypen bewusst für bestimmte Provinzen oder sogar Legionen ausgewählt[136]. Im Regelfall wird die Verteilung von Rückseitentypen an verschiedene Provinzen aber auf Zufall beruht haben. Soldaten wurden meist in bereits umgelaufenem Geld bezahlt und demnach legte man von staatlicher Seite offenbar wenig Wert auf die Versorgung mit aktuellen Münzbildern. Soldaten schenkten diesen nicht sehr viel Beachtung, wie Kemmers selbst einschränkt[137].

Innerhalb derselben Provinz unterscheiden sich demnach Münzreihen von zivilen Orten einerseits und militärischen andererseits nicht wesentlich, da die Soldaten die einzigen waren, die neue Prägungen erhielten und weiterverteilten. Die Bestände an Geld in Militärlagern sind daher geringfügig aktueller als diejenigen von Zivilsiedlungen, wobei die Aktualität der umlaufenden Sorten mit zunehmender Entfernung vom Militärlager abnimmt[138]. Eine Ausnahme

---

129 Davies, Ratio and opinio (Anm. 97) 117; Mitthof, Annona (Anm. 122) 158 f.; Wienand, Constantin 67.
130 Vgl. Ios. bell. Iud. 5, 9, 1; Arr. peripl. p. E. 6, 2; 10, 3.
131 R. M. Reece in: J. Fitz (Hrsg.), Limes. Akten des XI. Internationalen Limeskongresses, Kongr. Stuhlweißenburg 1976 (Budapest 1977) 643; Wienand, Constantin 50–52.
132 Zum Zusammenhang zwischen Steuern und Sold s. Tac. hist. 4, 74, 1–2; Cass. Dio 52, 28, 1–2.
133 Wigg-Wolf, coin supply revisited (Anm. 43) 162; Kemmers, loyalty (Anm. 109) 239; Andreau, économie romaine (Anm. 96) 17.
134 Zur Wichtigkeit für Kaiser und Usurpatoren, möglichst bald Münzen mit dem eigenen Bild vorweisen zu können, vgl. Amm. 26, 7, 11. Kemmers, Nijmegen 209; Wienand, Constantin 65.
135 Kemmers, Nijmegen 214 f.
136 Kemmers, loyalty (Anm. 109) 234 (beispielhaft vorgeführt anhand der Verbreitung bestimmter im Jahre 71 n. Chr. geprägter Rückseitentypen in Britannien, Italien und am Niederrhein).
137 Kemmers, Nijmegen 240 f.
138 Vgl. Wigg, Militär (Anm. 124) 338; Peter, Augst 91 f.

stellen nur sehr große Zivilsiedlungen dar – wie in unserem Bereich die Provinzhauptstadt Köln, da sich hier abkommandierte Soldaten, andere Staatsbedienstete und Händler aufhielten und so ebenfalls für sehr schnellen Geldumlauf gesorgt war. Dies berechtigt also dazu, Münzreihen ziviler und militärischer Orte zu vergleichen und eventuelle Unterschiede im Hinblick auf die spezifische Geschichte eines Platzes auszuwerten.

Ergebnis

Die hier vorgelegten Fundmünzen aus der Nordwestecke des Lagers vermitteln einen ersten Eindruck der Münzreihe des gesamten Bonner Legionslagers. Der Bataveraufstand schlägt sich dort erwartungsgemäß nicht nieder. Das Lager wurde planmäßig geräumt und bei der anschließenden Zerstörung konnten daher nicht überdurchschnittlich viele Münzen in den Boden gelangen. Die vorliegende Münzreihe entspricht dem für die Nordwestprovinzen in der zweiten Hälfte des dritten Jahrhunderts üblichen Bild und kann daher keine Anhaltspunkte für oder gegen eine Zerstörung des Legionslagers in den Barbareneinfällen von 275 bieten. Münzen aus der Zeit unmittelbar vor 275 sind tendenziell unterdurchschnittlich vertreten, und das spricht eher gegen eine Zerstörung.

Spätantike Münzen sind in der vorliegenden Münzreihe sehr gut vertreten. Sowohl in der Verteilung auf die verschiedenen Prägeperioden als auch hinsichtlich der Münzstätten entsprechen die Bonner Fundmünzen ganz dem für die Nordwestprovinzen üblichen Bild. Durch die Auswertung der Münzreihe ist eine nähere Datierung der Zerstörung des Lagers in den Frankeneinfällen der fünfziger Jahre des vierten Jahrhunderts möglich. Die Zerstörung erfolgte nicht vor dem Tod des Magnentius, aufgrund des Fehlens der Reitersturz-Prägungen und deren Imitationen aber wohl auch nicht lange danach. Zur Datierung der Auflassung des Bonner Legionslagers können die Fundmünzen keine Hinweise liefern. Die Münzreihe legt die Besiedlung des Geländes noch in der zweiten Hälfte des vierten Jahrhunderts nahe. Da anschließend die Münzversorgung der Nordwestprovinzen völlig zusammenbrach, beweist das Fehlen späterer Prägungen nicht, dass das Legionslager Ende des vierten Jahrhunderts aufgegeben wurde.

Die Vorlage aller Bonner Fundmünzen kann die hier getroffenen Aussagen sicher weiter präzisieren.

Rahel Otte M. A., Kirchstraße 58f, 41836 Hückelhoven, rahel_otte@yahoo.de

Bildrechte. Abb. 3, 6, 9 und 10 von der Autorin. – Abb. 1, 2, 4, 5, 7 und 8 nach Komnick, CUT Taf. 6a (1), 6d (2), 6e (4), 7g (8), 7j (5) und 8n (7).

Abkürzungen

Bastien	P. Bastien, Le monnayage de Magnence (350–353) (2. Aufl. Wetteren 1983).
FMRD	Die Fundmünzen der römischen Zeit in Deutschland. Abteilung I–XIV (Berlin und Mainz 1960–2011).
Gechter, Bonn	M. Gechter, Das römische Bonn. Ein historischer Überblick. In: M. van Rey (Hrsg.), Bonn von der Vorgeschichte bis zum Ende der Römerzeit. Geschichte der Stadt Bonn I (Bonn 2001) 35–180.
GIC	C. J. Howgego, Greek Imperial Countermarks. Studies in the Provincial Coinage of the Roman Empire. Royal Num. Society Special Publ. 17 (London 1985).
Hobley, Bronze	A. St. Hobley, An examination of Roman Bronze coin distribution in the Western empire A.D. 81–192. Brit. Arch. Rep. Int. Ser. 688 (Oxford 1998).
IKöln²	B. und H. Galsterer, Die römischen Steininschriften aus Köln. Kölner Forsch. 10 (2. Aufl. Mainz 2010).
Kemmers, Nijmegen	F. Kemmers, Coins for a legion. An analysis of the coin finds from Augustan legionary fortress and Flavian canabae legionis at Nijmegen. Stud. zu Fundmünzen d. Antike 21 (Mainz 2006).
King, copies	C. King, Roman copies. In: C. E. King / D. G. Wigg (Hrsg.), Coin finds and coin use in the Roman world. The 13th Oxford symposium on coinage and monetary history 1993. Stud. zu Fundmünzen d. Antike 10 (Berlin 1996) 237–263.
Komnick, CUT	H. Komnick, Die Fundmünzen der römischen Zeit aus dem Bereich der Colonia Ulpia Traiana. Xantener Ber. 29 (Darmstadt 2015).
Peter, Augst	M. Peter, Untersuchungen zu den Fundmünzen aus Augst und Kaiseraugst. Stud. zu Fundmünzen d. Antike 10 (Berlin 2001).
Peter, Imitation	ders., Imitation und Fälschung in römischer Zeit. In: A.-F. Auberson / H. R. Derschka / S. Frey-Kupper (Hrsg.), Faux, contrefaçons, imitations. Actes du quatrième colloque international du groupe suisse pour l'étude des trouvailles monétaires, Martigny 2002. Études de numismatique et d'histoire monétaire (Lausanne 2004) 19–30.
Reddé, De l'or	M. Reddé (Hrsg.), De l'or pour les braves! Soldes, armées et circulation monétaire dans le monde romain. Kongr. Paris 2013. Ausonius Scripta Antiqua 69 (Bordeaux 2014)
RMR	R. O. Fink, Roman Military Records on Papyrus. Philol. Monogr. of the Am. Philol. Assoc. 26 (Cleveland 1971).
Schulzki, Flerzheim	H.-J. Schulzki, Die Fundmünzen der römischen Straßenstation Flerzheim. Untersuchungen zum Münzgeldumlauf in der Germania Inferior. Beih. Bonner Jahrb. 48 (Köln – Bonn 1989).

Walker, Bath	D. R. Walker, The Roman coins. In: B. Cunliffe (Hrsg.), The temple of Sulis Minerva at Bath. Vol. 2: The finds from the sacred spring. Oxford Univ. Com. for Arch., Monogr. 16 (Oxford 1988) 281–358.
Wienand, Constantin	J. Wienand, Der Kaiser als Sieger. Metamorphosen triumphaler Herrschaft unter Constantin I. Klio, Beih. 19 (Berlin 2012).
Wigg, Münzumlauf	D. G. Wigg, Münzumlauf in Nordgallien um die Mitte des 4. Jahrhunderts n. Chr. Numismatische Zeugnisse für die Usurpation des Magnentius und die damit verbundenen Germaneneinfälle. Stud. zu Fundmünzen d. Antike 8 (Berlin 1991).
Wigg-Wolf, Barbarisierungen	D. G. Wigg-Wolf, Zur Interpretation und Bedeutung der Barbarisierungen der römischen Kaiserzeit. In: A.-F. Auberson / H. R. Derschka / S. Frey-Kupper (Hrsg.), Faux, contrefaçons, imitations. Actes du quatrième colloque international du groupe suisse pour l'étude des trouvailles monétaires, Martigny, 2002. Études de numismatique et d'histoire monétaire (Lausanne 2004) 55–75.
Wolters, pay	R. Wolters, Bronze, silver or gold? Coin finds and the pay of the Roman army. Zephyrus 53/54, 2000/2001, 579–588.

Resümee. Die hier vorgelegte Reihe von 256 Münzen aus der Nordwestecke des Bonner Legionslagers entspricht in weiten Teilen dem für die Nordwestprovinzen üblichen Bild. Die Zerstörung des Lagers im Bataveraufstand schlägt sich erwartungsgemäß nicht nieder. Eine Eroberung während der Barbareneinfälle von 275 ist aus numismatischer Sicht nicht zu beweisen, aber auch nicht zu widerlegen. Die Einnahme durch die Franken wird kurz nach 353 erfolgt sein. Vermutlich wurde das Bonner Legionslager nicht vor der zweiten Hälfte des vierten Jahrhunderts aufgegeben. Ob das Gelände auch im fünften Jahrhundert noch genutzt wurde, lässt sich aus den Fundmünzen nicht ablesen.

Resumé. La serie di 256 monete rinvenute nell'angolo nordoccidentale del accampamento romano di Bonn ben s'inserisce nel quadro tipico delle Province nordoccidentali dell'Impero. La distruzione del castro durante l'insurrezione dei Batavi, come c'era da aspettarsi, non ha lasciato traccia. Un'eventuale conquista nel periodo delle incursioni barbariche del 275, dal punto di vista numismatico, non si può né confermare né negare. L'occupazione da parte dei Franchi si sarà realizzata poco dopo l'anno 353. Presumibilmente l'accampamento non fu abbandonato prima della seconda metà del quarto secolo. Le monete ritrovate non permettono di trarre conclusioni sull'uso dell'area nel quinto secolo.

Summary. The series of 256 coins from the northwest corner of the Roman legionary fortress in Bonn corresponds with the pattern that is characteristic for the northwestern provinces. The coin finds do not reflect the destruction of the fortress in the Batavian Revolt. A devastation during the Barbarian invasions of 275 cannot be proved, but nor disproved. The coin finds show that the conquest by the Franks must have taken place soon after 353. The legionary fortress was presumably not abandoned before the second half of the fourth century. It is not possible to infer from the coins finds, whether the area was still inhabited in the fifth century.

Katalog der Fundmünzen OV 2013/0030

Julisch-claudische Dynastie. (1) Augustus / Augustus (für Tiberius), As, 9–14?, Lugdunum, Altar-Serie II?, Vs. unkenntlicher Gegenstempel. – (2) Augustus / Augustus (für Tiberius), As, 9–14?, Lugdunum, Altar-Serie II? – (3) Imitation nach Lugdunum-As, barbarisiert. – (4) Tiberius (für Divus Augustus), As, 22–30, Rom, RIC² 81. – (5) Claudius, As, 50–54, Rom, RIC² 111. – (6) Imitation nach Stück des Claudius, Minervatypus, barbarisiert. – (7) Nero, Dp, 65, Lugdunum, RIC² 405/407. – (8) Nero, Dp, 66–67, Lugdunum, RIC² 524/603.

Flavische Dynastie. (9) Vespasian, Dp, 71, Lugdunum, RIC² 1141. – (10) Vespasian, Dp, 71, Lugdunum, RIC² 1152. – (11) Vespasian, Dp, 71, Lugdunum, RIC² 1155. – (12) Vespasian, Dp, 72, Lugdunum, RIC² 1191. – (13) Subaerater Denar, zu Vespasian, 74, Rom, RIC² 703. – (14) Vespasian (für Domitian), As, 77–78, Lugdunum, RIC² 1290. – (15) Vespasian (für Domitian), D, 79, Rom, RIC² 1081. – (16) Domitian, Dp, 90–91, Rom, RIC² 706.

Adoptivkaiser. (17) Trajan, As, 98, Rom, vgl. RIC 392/393. – (18) Trajan, AE, 98–102/116, Antiochia, RIC 442/644/646–648/659, M. Amandry / A. Burnett, Roman Provincial Coinage III. Nerva, Trajan and Hadrian (Paris und London 2015) Nr. 3661–3666/3670–3674; B. Woytek, Die Reichsprägung des Kaisers Traianus (98–117). Moneta Imperii Romani 14 (Wien 2010) Nr. 931–933/935/937, Vs. Gegenstempel GIC 378, angebracht in Antiochia vor 132–135. – (19) Trajan, S, 98–117, Rom, RIC ? – (20) Hadrian, D, 134–138, Rom, RIC 244. – (21) Antoninus Pius, D, 140–143, Rom, RIC 70. – (22) Antoninus Pius, S, 140–144, Rom, RIC 643a. – (23) Subaerater Denar, zu Antoninus Pius (für Diva Faustina I.), 141–161, Rom, RIC 344. – (24) Antoninus Pius (für Diva Faustina I.), S, 141–161, Rom, RIC 1145a/b. – (25) Mark Aurel, Dp, 161–180, Rom, RIC ? – (26) Mark Aurel, D, 162–163, Rom, RIC 64. – (27) Mark Aurel, As, 171–172, Rom, RIC 1028. – (28) Mark Aurel (für Lucilla), S, 164–180, Rom, RIC 1747 var., H. Mattingly, BMC Coins Roman Empire IV (1940) 1154–60. – (29) Antoninus Pius / Mark Aurel (für Faustina II.), Dp/As, Rom, RIC ?

Severische Dynastie. (30) Septimius Severus, D, 196, Rom, RIC 81a, Ph. V. Hill, The Coinage of Septimius Severus and his Family of the Mint of Rome A.D. 193–217 (London 1964) 254. – (31) Septimius Severus, D, 204, Rom, RIC 266, Hill a. a. O. 676. – (32) Septimius Severus, D, 204, Rom, RIC 295, Hill a. a. O. 720. – (33) Septimius Severus (für Geta), D, 200, Rom, RIC 18, Hill a. a. O. 458. – (34) Septimius Severus (für Julia Domna), D, 200, Rom, RIC 546, Hill a. a. O. 546.

Soldatenkaiser (alle Stücke sind Antoniniane). (35) Valerian I., 256–257, Rom, RIC 117, R. Göbl, Die Münzprägung der Kaiser Valerianus I. / Gallienus / Saloninus (253/268), Regalianus (260) und Macrianus / Quietus (260/262). Veröff. d. Num. Komm. 35; Moneta Imperii Romani 36, 43, 44 (Wien 2000) 111b. – (36) Gallien (Alleinherrschaft), 265–266, Rom, RIC 280, Göbl a. a. O. 591a. – (37) Claudius II. Gothicus, 268–270, Typus RIC 41. – (38) Imitation nach Antoninian des Tetricus I., barbarisiert. – (39) Imitation nach Antoninian des Tetricus I. (für Tetricus II.), Salus-Typus (vgl. RIC 268), barbarisiert. – (40) Gallischer Kaiser, Salus-Typus. – (41) Gallischer Kaiser, Fortuna-Typus? – (42) Gallischer Kaiser, Virtus-Typus. – (43) Diokletian, 284–294, Rom, RIC 161. – (44–58) Imitationen nach Antoninianen, 2. Hälfte 3. Jh., barbarisiert.

Prägeperiode 307–318 (alle Stücke sind Folles). (59) Konstantin I., 316, Trier, RIC 102. – (60) Konstantin I., 316, Trier, RIC 105.

Prägeperiode 318–330 (alle Stücke sind Folles). (61) Konstantin I. (für Konstantin II.), 323–324, Londinium, RIC 292. – (62) Konstantin I., 327–328, Trier, RIC 504. – (63) Konstantin I., 322–325, Ticinum, RIC 167. – (64) Konstantin I., 328–329, Siscia, RIC 214.

Prägeperiode 330–341 (alle Stücke sind Folles). (65) Konstantin I. (Constantinopolis), 330–331, Trier, RIC 530. – (66) Konstantin I. (für Konstantin II.), 332–333, Trier, RIC 539. – (67) Konstantin I. (Constantinopolis), 332–333, Trier, RIC 543. – (68) Konstantin I. (für Konstantin II.), 332–333, Trier, RIC

545. – (69) Konstantin I. (für Constans), 333–334, Trier, RIC 552. – (70) Konstantin I. (Urbs Roma), 333–334, Trier, RIC 553. – (71) Konstantin I. (Constantinopolis), 333–334, Trier, RIC 554. – (72) Konstantin I. (für Constantius II.), 333–334, Trier, RIC 558. – (73–74) Konstantin I. (für Konstantin II.), 335–337, Trier, RIC 591. – (75) Konstantin I. / Konstantinsöhne, 335–341, Trier, Typus GLORIA EXERCITVS (ein Feldzeichen). – (76) Constantius II. / Constans, vor April 340, Trier, RIC 39–41. – (77) Konstantinsöhne (für Theodora), vor April 340, Trier, RIC 43. – (78) Konstantinsöhne (für Helena), vor April 340, Trier, RIC 47/55/63–64/78/90. – (79) Konstantinsöhne (für Theodora), vor April 340, Trier, RIC 48. – (80) Constantius II., vor April 340, Trier, RIC 50/58. – (81) Konstantinsöhne (für Helena), vor April 340, Trier, RIC 55. – (82) Konstantinsöhne (für Theodora), vor April 340, Trier, RIC 79. – (83–84) Constantius II., nach April 340, Trier, RIC 108. – (85) Konstantin I. (Constantinopolis), 330–331, Lugdunum, RIC 246. – (86) Konstantin I. (Urbs Roma), 330–331, Lugdunum, RIC 247. – (87) Konstantin I. (für Konstantin II.), 330–336, Lugdunum, Typus GLORIA EXERCITVS (zwei Feldzeichen). – (88) Konstantin I. / Konstantinsöhne (Constantinopolis), 330–341, Lugdunum, Typus Constantinopolis. – (89) Konstantin I. (für Konstantin II.), 332, Lugdunum, RIC 249. – (90) Konstantin II. / Constans, vor April 340, Lugdunum, RIC 14/16. – (91) Konstantin I. (Urbs Roma), 332–333, Arelate, RIC 368. – (92) Konstantin I. (Urbs Roma), 333, Arelate, RIC 373. – (93) Konstantin I. (für Konstantin II.), 336, Arelate, RIC 396. – (94) Konstantinsöhne (Constantinopolis), vor April 340, Arelate, RIC 39. – (95) Constans, nach April 340, Arelate, RIC 57. – (96) Constans / Constantius II., 337–341, Aquileia, Typus GLORIA EXERCITVS (ein Feldzeichen). – (97) Konstantin II., vor April 340, Aquileia, RIC 25. – (98) Konstantin I. / Konstantinsöhne, 330–335, Trier / Arelate, Typus GLORIA EXERCITVS (zwei Feldzeichen). – (99) Konstantin I. / Konstantinsöhne, 330–335, Typus GLORIA EXERCITVS (zwei Feldzeichen). – (100–101) Konstantin I. / Konstantinsöhne (Constantinopolis), 330–341, Typus Constantinopolis. – (102–103) Konstantin I. / Konstantinsöhne (Urbs Roma), 330–341, Typus Urbs Roma. – (104) Konstantin I. / Konstantinsöhne, 330–341, Typus Constantinopolis oder Urbs Roma. – (105) Konstantin I. / Konstantin II., 335–341, Typus GLORIA EXERCITVS (ein Feldzeichen). – (106) Konstantin I. / Konstantinsöhne, 335–341, Typus GLORIA EXERCITVS (ein Feldzeichen). – (107) Konstantin I. / Konstantin II./ Constantius II., 337–341, Typus GLORIA EXERCITVS (ein Feldzeichen). – (108–109) Konstantinsöhne, 337–341, Typus GLORIA EXERCITVS (ein Feldzeichen). – (110) Imitation nach Follis des Konstantin I. (für Constans), 330–335, Typus GLORIA EXERCITVS (zwei Feldzeichen), barbarisiert. – (111–115) Imitationen nach Folles, 330–341, Typus Constantinopolis, barbarisiert. – (116–118) Imitationen nach Folles, 335–341, Typus GLORIA EXERCITVS (ein Feldzeichen), barbarisiert. – (119) Imitation nach Follis des Konstantin II., 337–341, Typus GLORIA EXERCITVS (ein Feldzeichen), barbarisiert.

Prägeperiode 341–348 (alle Stücke sind Folles, geprägt 347–348). (120–121) Constans, Trier, RIC 185. – (122) Constantius II., Trier, RIC 193. – (123–125) Constans, Trier, RIC 195. – (126) Constans, Trier, RIC 196. – (127) Constantius II., Trier, RIC 204. – (128) Constans, Trier, RIC 205–206. – (129) Constans, Trier, RIC 205–206/209–210. – (130–131) Constans, Trier, RIC 206. – (132–134) Constans / Constantius II., Trier, RIC 207–211. – (135) Constantius II., Lugdunum, RIC 46. – (136) Constans / Constantius II., Lugdunum, RIC 55–58. – (137) Constans, Lugdunum, RIC 63. – (138) Constantius II., Arelate, RIC 78. – (139) Constans, Arelate, RIC 82. – (140) Constans / Constantius II., Arelate, RIC 95–97. – (141–142) Constans, Typus VICTORIAE DD AVGGQ NN. – (143–147) Constans / Constantius II., Typus VICTORIAE DD AVGGQ NN. – (148) Constans, Typus VICTORIAE DD AVGGQ NN. – (149–150) Imitationen nach Folles von Constans / Constantius II., Typus VICTORIAE DD AVGGQ NN, barbarisiert.

Prägeperiode 348–364. (151) Magnentius, Maiorina, 352, Ambianum, RIC 23, Bastien 125. – (152–153) Magnentius, Maiorina, 352, Ambianum, RIC 25, Bastien 127. – (154) Constantius II., Maiorina, 348–350, Trier, RIC 222. – (155) Constans, Centenionalis, 348–350, Trier, RIC 234. – (156) Constans, Maiorina, 348–350, Trier, RIC 243. – (157) Magnentius, Maiorina, 350, Trier, RIC 260, Bastien 11. – (158) Magnentius, Maiorina, 350, Trier, RIC 264–267, Bastien 24–31. – (159) Magnentius, Maiorina, 350, Trier, RIC 266, Bastien 28. – (160) Magnentius, Maiorina, 350, Trier, RIC

271, Bastien 32. – (161–163) Magnentius, Maiorina, 351–352, Trier, RIC 312, Bastien 64. – (164–165) Magnentius, Maiorina, 351–352, Trier, RIC 312, Bastien 67. – (166–167) Magnentius, Doppelmaiorina, 353, Trier, RIC 318, Bastien 86. – (168–169) Magnentius, Doppelmaiorina, 353, Trier, RIC 320, Bastien 88. – (170) Magnentius (für Decentius), Doppelmaiorina, 353, Trier, RIC 324, Bastien 95. – (171) Magnentius / Magnentius (für Decentius), Maiorina, 353, Trier, Typus SALVS DD NN AVG ET CAES. – (172) Constantius II., Maiorina, 353, Trier, RIC 332. – (173) Constans, Maiorina, 348–350, Lugdunum, RIC 85. – (174) Magnentius, Maiorina, 351–352, Lugdunum, RIC 151, Bastien 192. – (175) Constantius II., Halbcentenionalis, 360–361, Lugdunum, RIC 222. – (176) Magnentius, Maiorina, 350, Arelate, RIC 164, Bastien 248. – (177) Constans, Maiorina, 348–350, Rom, RIC 140. – (178) Julianus, Centenionalis, 361–363, Siscia, RIC 414–416. – (179) Constantius II., Maiorina, 348–350, Typus FEL TEMP REPARATIO (Reitersturz). – (180) Constantius II., Maiorina, 348–354, Typus? – (181) Magnentius, Maiorina, 351–352, Typus VICTORIAE DD NN AVG ET CAE(s). – (182) Magnentius, Maiorina, 351–352, Ambianum, Trier oder Aquileia, Typus VICTORIAE DD NN AVG ET CAE(s). – (183) Imitation nach Maiorina des Magnentius, 351–352, Trier, Typus VICTORIAE DD NN AVG ET CAES, barbarisiert.

Prägeperiode 364–378 (alle Stücke sind Centenionales). (184) Valentinian I., 364–367, Trier, RIC 5a. – (185–186) Valens, 364–367, Trier, RIC 7b. – (187) Valens, 364–375, Trier, RIC 7b/32b. – (188) Gratian, 367–378, Trier, RIC 31c/47b. – (189) Valens, 364–367, Lugdunum, RIC 12. – (190) Valens, 364–378, Lugdunum, RIC –, vgl. R. A. G. Carson / J. P. C. Kent, Late Roman Bronze Coinage (London 1960) 324. – (191) Valens, 367–375, Lugdunum, RIC 21a. – (192–193) Gratian, 367–375, Lugdunum, RIC 21b. – (194) Valens, 375–378, Lugdunum, RIC 23a. – (195) Valentinian I., 364–367, Arelate, RIC 9 var. – (196) Valentinian I./ Valens, 364–375, Arelate, RIC 9/17. – (197) Valens, 364–375, Arelate, RIC 9b/17b. – (198–201) Gratian, 367–375, Arelate, RIC 15. – (202) Valens, 367–375, Arelate, RIC 17b. – (203) Valentinian II., 375–378, Arelate, RIC 19c var. – (204) Valentinianische Dynastie, 364–378, Arelate, Typus GLORIA ROMANORVM (8). – (205) Valens, 364–367, Aquileia, RIC 9b. – (206) Valentinian I., 367–375, Aquileia, RIC 12a. – (207) Valens, 364–375, Rom, RIC 17b/24b. – (208) Valentinian I., 367–375, Rom, RIC 24a var. – (209) Valentinian I., 367–375, Rom, RIC 24b. – (210) Valentinian I., 367–375, Rom, RIC 24b var. – (211) Gratian, 367–375, Rom, RIC 24c. – (212) Valentinian I., 367–375, Siscia, RIC 15a. – (213) Valens, 367–375, Siscia, RIC 15b. – (214–215) Valens, 364–378, Typus SECVRITAS REI PVBLICAE. – (216) Valens, 364–378, Arelate oder Constantinopolis, Typus GLORIA ROMANORVM (6–8). – (217) Valentinianische Dynastie, 364–378, Typus GLORIA ROMANORVM (6–8). – (218) Valentinian I./ Valentinian II., 364–378, Victoria-Typus. – (219) Valentinianische Dynastie, 364–378, Victoria-Typus.

Prägeperiode 378–403. (220) Magnus Maximus, Maiorina, 383–388, Lugdunum, RIC 32. – (221) Theodosius I., Halbcentenionalis, 388–392, Lugdunum, RIC 44c. – (222) Arcadius, Halbcentenionalis, 388–392, Lugdunum, RIC 44d.

Nicht näher zuweisbar. (223–224) S, 1.–3. Jh. – (225) Dp, 1.–3. Jh. – (226) Dp/As, 1.–3. Jh. – (227–229) As, 1.–3. Jh. – (230) AE, 1.–4. Jh. – (231) Antoninian, 2. Hälfte 3. Jh., Consecratio-Typus. – (232–236) Imitationen, 3.–4. Jh., barbarisiert. – (237–244) AE, 3.–5. Jh. – (245) AE, 4. Jh. – (246) Imitation, 4. Jh., barbarisiert. – (247–248) AE, 4.–5. Jh. – (249–256) AE, 1.–5. Jh., teilweise fragmentiert.

Frank Willer, Roland Schwab und Manuela Mirschenz

Römische Bronzestatuen am Limes

Archäometrische Untersuchungen zur Herstellungstechnik

mit einem Beitrag von Gerwulf Schneider

Das Forschungsprojekt ›Römische Großbronzen am UNESCO-Welterbe Limes‹ startete im Sommer 2010 mit dem Ziel, die Fragmente römischer Bronzestatuen aus Ober- und Untergermanien, der Gallia Belgica und Rätien zu erfassen und interdisziplinär zu untersuchen. Dieser Untersuchungsgegenstand wird im Folgenden vereinfachend als ›Limesbronzen‹ bezeichnet.

Das Projekt fußt auf der Kooperation zwischen dem Archäologischen Landesmuseum Baden-Württemberg, dem Institut für Archäologische Wissenschaften (Abteilung II) an der Goethe-Universität Frankfurt am Main sowie dem Landesmuseum Bonn und wurde dankenswerterweise finanziert von der Volkswagenstiftung im Rahmen der Förderinitiative ›Forschung in Museen‹. Ein paralleler Forschungsstrang widmete sich von 2010 bis August 2015 dem römischen Statuenguss und der spezifischen Arbeitsweise im Limesgebiet, deren Erforschung auf einer Kombination von naturwissenschaftlichen und restauratorischen Untersuchungen basiert. Darum geht es im folgenden Bericht.

Organisatorisches

Zu Beginn des Forschungsprojektes lagen nur wenige Erkenntnisse zur Statuenproduktion im Untersuchungsgebiet vor. Daher standen Fragen zu Bildnisrepertoire, Anzahl und Größe der Stücke sowie zu den angewandten Produktionstechniken zunächst im Vordergrund. Es war noch unklar, ob die Statuen mehrheitlich aus Italien importiert oder vor Ort entstanden sind. Diese Fragen wurden auf den beiden ersten Arbeitskolloquien intensiv diskutiert (s. u.).

Die Untersuchungen hierzu erfolgten im Bonner Landesmuseum in Zusammenarbeit mit weiteren Forschungseinrichtungen[1]. In Hinblick auf den geographischen Rahmen wie auch in der Breite der Fragestellungen geht der Forschungsansatz des Projektes deutlich über die bisher bekannten Untersuchungen zu Großbronzen am Limes hinaus. Ausgangspunkt des Vorhabens

---

Die Daten zu zahlreichen hier behandelten Stücken sind zugänglich, s. www.großbronzenamlimes.de/datenbank.html. Die beprobten Stücke werden im Folgenden vornehmlich anhand der Probennummern angeführt (›GBL‹ für ›Großbronzen am Limes‹). Die zugehörigen Nummern der Datenbank sowie die Referenzierung der Aufbewahrungsorte sind durch die Konkordanzliste am Schluss dieses Aufsatzes erschlossen; Datierungen beziehen sich auf die nachchristliche Ära, sofern nichts anderes vermerkt ist.

[1] Vgl. die Danksagungen am Schluss dieses Aufsatzes.

bildete die systematische Materialaufnahme der in zahlreichen Sammlungen und Museumsdepots verwahrten Altfunde entlang des Obergermanisch-Rätischen Limes (ORL) und des Niedergermanischen Limes (NGL) sowie in den angrenzenden zivil geprägten Regionen. Die größtenteils bis zur Unkenntlichkeit zerstörten Statuen sind oft nicht oder nur teilweise als solche inventarisiert (Abb. 1). Durch das Projekt erhöhte sich schließlich die Zahl der identifizierten einschlägigen Objekte, vor allem auch im jüngeren Grabungsmaterial. Dafür bilden zahlreiche Statuenteile aus dem Bonner Legionslager von den Ausgrabungen 2010 und 2011 ein gutes Beispiel.

Während der fünfjährigen Laufzeit des Projektes wurden vier interne Arbeitskolloquien in Bonn, Rastatt und Aalen sowie ein öffentliches Symposium in Nimwegen veranstaltet. Die im Zuge des Projekts gewonnenen Ergebnisse wurden der breiten Öffentlichkeit seit 2014 im Rahmen der Ausstellung ›Gebrochener Glanz. Römische Großbronzen am UNESCO-Weltkulturerbe Limes‹ im Landesmuseum Bonn, im Limesmuseum Aalen und im Museum Het Valkhof in Nimwegen vorgestellt und im gleichnamigen Katalog publiziert[2].

Insbesondere das dritte Kolloquium in Bonn widmete sich 2013 den bis dahin gewonnenen archäometrischen und herstellungstechnischen Untersuchungsergebnissen. Schon zu dieser Zeit deuteten viele Beobachtungen, welche die Herstellungstechnik betrafen, auf die regionale Produktion der meisten Statuen hin. Diese Erkenntnisse wurden nun auch anhand der bis dahin zu drei Viertel ausgewerteten Metall- und Tonkernanalysen untermauert. In der Folgezeit ließen sich die bei dem Kolloquium eingebrachten Anregungen zur Klärung noch offener Fragen durch weiterführende Untersuchungen sowie Experimente umsetzen. So wurden die Vorteile der Verwendung von Bleibronzen gegenüber herkömmlichen Zinnbronzen aus klassischer Zeit in den Blick genommen und neue Erkenntnisse zur praktischen Anwendung der vermuteten Diffusionsvergoldung gewonnen. Zahlreiche Versuchsreihen zu Reparaturtechniken, Schweiß- und Lötverfahren sowie Kaltarbeit und Veredelungen durch polychrome Einlegetechniken oder Zinnanreicherung an der Oberfläche vervollständigten das Bild.

Seit 2010 wurden weit über fünftausend Einzelfragmente römischer Großbronzen aus rund einhundert Museen und Sammlungen und von über einhundertdreißig Fundplätzen in einer eigens für das Projekt konfigurierten Datenbank erfasst[3]. Rund fünfhundertfünfzig Röntgenfluoreszenzanalysen, einhundertzwanzig Bleiisotopenuntersuchungen sowie vierzehn Tonkernbestimmungen wurden bis zum März 2015 durchgeführt.

Claudia Sarge und Sascha Heckmann haben im Rahmen ihrer Dissertationsprojekte an der Goethe-Universität Frankfurt über die archäologisch-historische Analyse der Aufstellungs- und Zerstörungskontexte gearbeitet[4]. Beide trugen zudem dankenswerterweise detaillierte Daten in der Forschungsdatenbank zusammen und haben sie inhaltlich recherchierbar gemacht. Die im Rahmen des Projektes am Landesmuseum Bonn betreute Diplomarbeit von Kati Bott widmet sich den unterschiedlichen Vergoldungstechniken der Limesbronzen[5].

---

[2] Gebrochener Glanz; Van hun voetstuk Romeinse beelden opnieuw ontdekt, Ausst. Nimwegen (Mainz 2015); R. Schwab / F. Willer in: Gebrochener Glanz 180–182; F. Willer / M. Mirschenz in: E. Deschler-Erb / Ph. Della Casa (Hrsg.), New Research on Ancient Bronzes. Zurich Stud. Arch. 10 (Zürich 2015) 267–274; F. Willer / R. Schwab / K. Bott in: A. Hauptmann / D. Modarressi-Tehrani (Hrsg.), Archaeometallurgy in Europe III. Der Anschnitt Beih. 26 (Bochum 2015) 239–245.

[3] Konzeption und Programmierung der Datenbank durch Lena Kühne und Werner Lappessen, Redaktion und Administration: Manuela Mirschenz.

[4] C. Sarge, Römische Großbronzen am UNESCO-Welterbe Limes. Nördlicher Teil (Diss. Frankfurt a. M. in Vorb.); S. Heckmann, Römische Großbronzen am UNESCO-Welterbe Limes. Südlicher Teil (Diss. Frankfurt a. M. in Vorb.).

[5] K. Bott, Vergoldungstechniken an römischen Großbronzen des UNESCO-Welterbe Limes. Untersuchungen zur Diffusionsvergoldung an Bronzestatuen (unpubl. Diplomarbeit Stuttgart, Akademie der Bildenden Künste 2011).

[6] H. Becker / F. Willer in: Gebrochener Glanz 192 f.

Abb. 1 Auswahl von Statuenfragmenten aus dem Kastell Aalen. Viele der Stücke zeigen eine homogene schwarze Patina mit geringen Spuren von Korrosion. Archäologisches Landesmuseum Baden-Württemberg.

Methodik

Durch die übergreifende Auswertung der Materialanalysen (Röntgenfluoreszenzanalysen, Bleiisotopenanalysen und Metallographie) sowie die Erkenntnisse zu den Herstellungstechniken, eröffnen sich neue detaillierte Forschungsfragen. So war ein Hauptziel der archäometrischen Auswertungen die Klärung von fundortbezogenen Fragestellungen, zum Beispiel nach der Anzahl der möglichen Statuen, den verwendeten Legierungstypen und wiederverwendeten Altstatuen im kontextuellen und räumlichen Umfeld der Fundorte. Dadurch sollten auch Fragen zu möglichen Werkstattkreisen erörtert werden. Auch galt es zu klären, ob sich Unterschiede zwischen militärischen und zivilen Kontexten ergeben. Dies betraf auch lokale Fundorte, die sowohl zivile als auch militärische Fundareale aufwiesen.

Wesentlich für die Auswahl der zu beprobenden Statuenfragmente waren neben den archäologischen Fragestellungen auch restauratorische Detailbeobachtungen zur Herstellungstechnik.

Röntgenuntersuchung. Röntgenuntersuchungen wurden seit Projektbeginn an über eintausend ausgewählten Statuenfragmenten im Landesmuseum Bonn durchgeführt[6]. Aufgrund der besseren Wiedergabequalität wurden diese nicht digital, sondern mit herkömmlichem Röntgenfilm durchgeführt. Zur Steigerung des Bildkontrastes und zur Minimierung von Streustrahlung diente ein Kupferfilter und ein Zinnfilter. Unterschiede in der Materialstärke der einzelnen Stücke wie auch Variationen in der Legierungszusammensetzung der Fragmente erforderten eine Anpassung der Röntgenspannung zwischen 75 und 190 Kilovolt. Die Belichtungszeit betrug zwischen sieben und zehn Minuten. Nach der Entwicklung und Zuordnung der Röntgen-

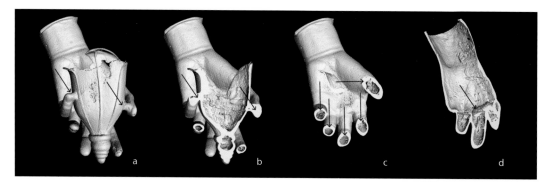

Abb. 2 Computertomographie-Schnittbilder der vergoldeten Hand einer Monumentalstatue aus Bregenz (GBL 392–394). (a) Schweißpunkte zur Befestigung des Blütenkelchs; (b) Massiv angelegte Fingerpartien und Schweißpunkte sind aufeinander abgestimmt; (c) hohl gegossene Finger; (d) Sichtbare Wachsfügenaht und Wachsverlaufspuren der Fingermontage. Vorarlbergmuseum Bregenz.

filme wurden diese für den Import in die Datenbank und zur langfristigen Dokumentation mit Unterstützung des Amtes für Bodendenkmalpflege im Rheinland digitalisiert.

Einzelaufnahmen dienten dazu, größere Statuenteile zu durchleuchten und Merkmale der Herstellung, antike Reparaturen, moderne Restaurierungsmaßnahmen oder Zerstörungen kenntlich zu machen. Besonders gut zu dokumentieren waren Arbeitsspuren wie Montagenähte vom Wachsausschmelzverfahren, Verbindungsnähte separat gegossener Teilstücke oder von Reparaturen durch Löten oder Schweißen, wie am Arm aus Augsburg (GBL 462, Rö Nr. 7659). Gleiches gilt für die Position von Versorgungskanälen etwa am Gewandfragment aus Groß-Gerau (GBL 3, Rö Nr. 7539) oder einem Stück aus dem Bonner Legionslager (GBL 137, Rö Nr. 7554). Am Beispiel der Haarkalotte aus Womrath (GBL 504, Rö Nr. 7573) wurden so erstmals die Positionen zahlreicher kleiner Kernhalterlöcher dokumentiert, die ehemals mit kleinen Bronzeperlen geschlossen wurden. Auch aufwendige Reparaturen von Gussfehlern durch intarsienartige Blecheinlagen, wie an einem vergoldeten Reliefkopf aus Mittelstrimmig (lfd. Nr. 2045, Rö Nr. 7672, Abb. 24 und 58) oder einem vergoldeten Gewandfragment aus Groß-Gerau (GBL 6–13, Rö Nr. 7538, Abb. 46) sind auf den Röntgenbildern gut zu erkennen.

Mit Hilfe von einhundertachtzig Sammelaufnahmen wurden große Stückzahlen kleiner Fragmente innerhalb einzelner Fundkomplexe erfasst. Besonders bei großen Stückzahlen erlauben sie neben der Dokumentation der genannten Merkmale eine bessere Differenzierung bei Teilen unterschiedlicher Statuen. Dies wäre durch rein optische Untersuchung nicht immer zweifelsfrei möglich gewesen. All diese Informationen dienten zudem bei der späteren Auswahl der zu beprobenden Stücke und halfen, Doppelungen zu vermeiden. Zur späteren Identifizierung der einzelnen Stücke erfolgte eine fotografische Dokumentation ihrer Position auf den jeweiligen Röntgenplatten.

Computertomographie. Die Bundesanstalt für Materialforschung und -prüfung in Berlin demonstrierte während des Projektes an zehn Statuenteilen weitere Möglichkeiten der zerstörungsfreien Untersuchung: Ähnlich wie im medizinischen Einsatz lässt sich das im Computertomographen erstellte dreidimensionale Modell aus unzähligen Perspektiven und Schnitten betrachten sowie

---

[7] Software: ›VG Studio MAX‹ und ›my VGL viewer‹, s. F. Willer / D. Meinel in: Gebrochener Glanz 189–191. – Eine ausführliche Publikation ist in Vorbereitung.

[8] Vgl. O. J. M. Straub in: Gebrochener Glanz 187 f.; F. Willer ebd. 194 f.

[9] H.-A. Kuhn / F. Willer in: Gebrochener Glanz 185 f. – Eine ausführliche Publikation ist in Vorbereitung.

durchfahren und ermöglicht Einblicke in den für die Herstellung relevanten inneren Bereich (Abb. 2). Die Daten wurden am Landesmuseum Bonn bearbeitet und ausgewertet[7]. Mit Unterstützung des Medienzentrums des Landschaftsverbandes Rheinland wurden aus den zuvor am Museum erstellten Einzelbildern der Computertomographie-Datensätze von vieren der Untersuchungsobjekte dreidimensionale Visualisierungen zu Bildsequenzen zusammengefügt und die jeweiligen Untersuchungsergebnisse als kommentierte Kurzfilme erstellt, und zwar vom Kopf Gordians III. aus Niederbieber (GBL 366), demjenigen der sogenannten Göttin Rosmerta aus Mainz (GBL 397–399), dem Pferdekopf aus Augsburg (GBL 29–31) und der monumentalen Hand aus Bregenz (GBL 392–394). Weitere optische Untersuchungsmethoden wie etwa das 3D-Scanverfahren oder die HDR-Mikroskopie begleiteten die Materialaufnahme[8]. Ergänzend zu den Materialanalysen wurden in Bonn und den Laboren der Wieland-Werke in Ulm experimentelle Nachgüsse einer durchschnittlichen bleihaltigen Limeslegierung sowie einer klassischen bleifreien Zinnbronze erstellt (GBL 541 und 542). Dies dient der Klärung bis dahin nur vermuteter Unterschiede der Materialeigenschaften. Die Auswertung und Dokumentation dieser Versuche erfolgte in den werkseigenen Laboreinrichtungen in Ulm mittels Materialprüfverfahren.

Diese Forschungen ergeben wichtige Einblicke in die Möglichkeiten der Metallverarbeitung in der Antike und die Eigenschaften der beiden antiken Legierungstypen. Je nach Zeit und Ort kann sich die Zusammensetzung der Bronze für den Statuenguss deutlich unterscheiden. Insbesondere die Zugabe an Blei und Zinn kann deutlich variieren. Im Untersuchungsgebiet wurde hingegen recht häufig Bleibronze ähnlicher Zusammensetzung festgestellt. Dies deutet auf einen Wissens- oder Erfahrungsaustausch zwischen den dort tätigen Gießereien hin. Mit Hilfe der begleitenden und anschließenden Materialprüfung wurden die unterschiedlichen Eigenschaften antiker Gusslegierungen genau dokumentiert. Die Resultate machen deutlich, mit welch hochentwickeltem technischen Knowhow man vor zwei Jahrtausenden in der Lage war, einen auch aus heutiger Sicht extrem dünnwandigen Statuenguss herzustellen. Ein treffendes Beispiel dafür ist der Augsburger Pferdekopf mit einer Wandungsstärke von teilweise nur zwei Millimetern (Abb. 3). Darüber hinaus liefern die modernen Methoden der Materialprüfung wichtige Hinweise auf physikalische und mechanische Eigenschaften der antiken Metallzusammensetzung. Diese wiederum ermöglichen einen Vergleich zu den Eigenschaften moderner Legierungen ähnlicher Zusammensetzung für industrielle Zwecke[9].

 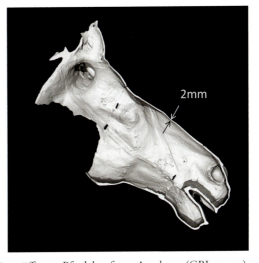

Abb. 3 a–b Originaler und in der Computertomographie geöffneter Pferdekopf aus Augsburg (GBL 29–30). Schnittbilder ermöglichen Messungen der Materialstärke auch in unzugänglichen Bereichen. Augsburg, Römisches Museum.

Viele der beobachteten Techniken für Guss, Montage, Kaltarbeit, Tauschierung, Niellierung, Vergoldung oder Reparatur wurden im Rahmen des Projektes experimentell auf ihre Anwendbarkeit hin überprüft. Ergänzend zur Materialanalyse ermöglichen diese Versuche ein besseres Verständnis antiker Verfahren[10].

Beprobung. Seit 2010 wurde die chemische Zusammensetzung von etwa fünfhundertfünfzig Bohrproben analysiert, dreiunddreißig Anschliffe ausgewertet sowie einhundertzwanzig Bleiisotopenbestimmungen durchgeführt und damit etwa ein Zehntel aller im Projekt erfassten Statuenfragmente archäometrisch untersucht. Bei der Auswahl der Fragmente zur Beprobung wurde das Hauptaugenmerk auf signifikante Statuenteile gelegt, die nach Möglichkeit anhand ikonographischer Merkmale bestimmten Figurentypen zuzuweisen sind, wie etwa Panzerstatuen, Reiterstandbilder oder Gottheiten. Vermutete man an einem Fundort Teile von mehreren Skulpturen, so wurden bei der Probenentnahme die verschiedenen Skulpturen berücksichtigt. Im Idealfall sollten sich diese anhand der unterschiedlichen Zusammensetzung oder des abweichenden Bleiisotopenverhältnisses identifizieren lassen. Gleiches galt für die Verifizierung identischer Gusslegierungen im Fall von einander ähnlichen Fragmenten, die jedoch von unterschiedlichen Fundorten stammen.

Die Bohrproben wurden jeweils mit einem Einmillimeter-HSS-Bohrer entnommen, wobei die Bohrfläche zunächst mit einem anderthalb Millimeter starken, mit Diamant beschichteten Kugelkopffräser punktuell etwa einen Millimeter tief gereinigt wurde, bis metallisch glänzendes Material erkennbar war. Hierdurch sollte die Kontamination der Probe durch Korrosionsprodukte oder oberflächennahe Seigerungen vermieden werden. Die Beprobung selbst wurde jeweils in der Mitte der Wandung an einer gut zugänglichen Bruchstelle durchgeführt. Proben, die sich beim Ausbohren ohne erkennbaren Bohrspan nur schlecht entnehmen ließen[11], wurden für die Auswertung nicht berücksichtigt, da hier möglicherweise Korrosion bereits weit ins Innere des Metallgefüges vorgedrungen ist.

Ferner wurden an dreiunddreißig Fragmenten kleine Abschnittproben entnommen, um Fragen zur Vergoldungstechnik, Patinierung und Seigerungseffekten an der Bronzeoberfläche sowie zur Bildung der Metallgefüge nachzugehen. In diesem Beitrag wird eine Auswahl der Anschliffproben vorgestellt (s. Farbtafeln 3 und 4).

Die Messdaten der beprobten und analysierten Statuenfragmente wurden zunächst in zweijähriger Arbeit nach Fundkontexten zusammengefasst und einer ersten Auswertung unterzogen. Die bei der restauratorischen sowie herstellungstechnischen Autopsie gewonnenen Erkenntnisse wurden für diese erste Vorauswertung der Messdaten berücksichtigt. So ergaben sich einerseits lokale Gruppierungen zu einzelnen Statuen. Andererseits erbrachte der überregionale Vergleich Erkenntnisse zu Legierungstypen, Kontexten sowie nach regionalen und chronologischen Kriterien, welche mittels der Analysenergebnisse überprüft werden konnten.

Metallanalysen wurden zumeist am Curt-Engelhorn-Zentrum Archäologie in Mannheim durchgeführt. Einige der am Museum Het Valkhof in Nimwegen entnommenen Metallproben wurden mit Unterstützung des Collectie Nederland in Amsterdam analysiert (GBL 251–305). Zum Abgleich wurden einige dieser Proben in Mannheim einer zweiten Messung unterzogen (GBL 296–301). Die teils recht komplexen Auswertungen der Metallproben erfolgten dann gemeinsam mit dem Landesmuseum Bonn unter Berücksichtigung herstellungstechnisch relevanter Beobachtungen und archäologischer Kontexte. Teilaspekte dieser Auswertungen wurden bereits auf

---

[10] F. Willer / R. Meijers in: Gebrochener Glanz 174–179.

[11] So ein vergoldeter Greifenaufsatz aus Xanten (Abb. 80a, keine GBL, lfd. Nr. 966).

internationalen Tagungen sowie in einem Schwerpunktbereich in der Ausstellung ›Gebrochener Glanz‹ und im gleichnamigen Ausstellungskatalog einem breiten Publikum vorgestellt.

Ergänzend wurden etwa fünfhundert Fragmente mittels zerstörungsfreier Wirbelstrommessung untersucht, deren Funktionsweise auf der Leitfähigkeit von Metallen basiert[12]. Die hierbei gewonnenen Messdaten (in Mega-Siemens pro Meter = MS/m) dienten einer ersten groben qualitativen Klassifizierung der Stücke, zunächst jeweils im Rahmen der einzelnen Fundstellen, später im Zusammenhang der Gesamtauswertung. Sie lieferten wertvolle Hinweise auf mögliche Unterschiede in der Legierung sowie hinsichtlich Reparaturen, Montage oder Gussfehlern, die bei der Auswahl der zu beprobenden Stücke weitestgehend berücksichtigt wurden. Der Abgleich mit den quantitativen Daten der Röntgenfluoreszenzanalyse ermöglichte für die Großbronzen die Gegenüberstellung mit den qualitativen Ergebnissen der Wirbelstrommessungen[13]. Aus konservatorischen Gründen und wegen des begrenzten Finanzrahmens wurden nicht alle mit Wirbelstrom gemessenen Stücke beprobt. Dennoch werden im Folgenden auch nicht beprobte Objekte (ohne GBL-Nummer) angeführt, sofern sie für die Klärung herstellungstechnischer Fragen relevant sind. Die Messdaten zu den jeweiligen Stücken sind in der Datenbank einzusehen (s. Fußnotenvorspann).

Röntgenfluoreszenzanalyse (RFA). Um die chemische Zusammensetzung von Metallen zu bestimmen, bietet die moderne Analytik eine Reihe von verschiedenen Multielementmethoden. Bei Kunst- und Kulturgut erfreuen sich Festkörperanalysen besonderer Beliebtheit, wobei zerstörungsfreie Untersuchungen der Metalloberflächen erheblich abweichende Ergebnisse von der tatsächlichen Zusammensetzung liefern können, da herstellungsbedingte Inhomogenität, Korrosionsvorgänge oder auch einzelne Restaurierungsmaßnahmen eine wesentliche Veränderung der Metallzusammensetzung an der Oberfläche der Fundstücke bewirkt haben können[14].

Bei binären Zinnbronzen (Kupfer-Zinn-Legierung) oder ternären Bleibronzen (Kupfer-Zinn-Blei-Legierung) führen sogenannte Blockseigerungen zur lokalen Anreicherung von Blei und Zinn sowie einiger Nebenelemente. Durch die Korrosion während der Bodenlagerung kommt es in der Bronze meist zur selektiven Auflösung des kupferreichen α_{Cu}-Mischkristalls. Zwar werden bevorzugt die zinnreichen Phasen zuerst angegriffen, es bilden sich aber schwerlösliches Zinnoxid, SnO_2, oder hydratisierte Zinnoxidverbindungen, $Sn_3O_2(OH)_2$, die in der Korrosionsschicht angereichert werden, weil Kupferverbindungen wie Oxide oder Karbonate in Lösung gehen und abtransportiert werden[15], also etwa Cu_2O oder $Cu_2(CO_3)(OH)_2$. Als Resultat ist der Zinnanteil in der Korrosionsschicht um ein Vielfaches höher als im Metallkern, und in Abhängigkeit des Abbaugrades kommt es zur Verschiebung der Anteile, die bei reinen Oberflächenanalysen an korrodiertem Metall eine andere Legierung vortäuschen.

Wie zu erwarten war, haben die im Rahmen des Projektes im Jahr 2012 durchgeführten Analysen der Oberflächen einiger Fragmente aus dem Bonner Legionslager mittels tragbarer RFA-Messeinheit (p-RFA) im Vergleich zu konventionellen RFA-Messungen von Bohrspänen gravierend unterschiedliche Ergebnisse geliefert. Daher wurden zur Bestimmung der Legierung ausschließlich Bohrproben vom metallischen Kern entnommen, wobei versucht wurde, wegen des zu erwartenden hohen Bleigehalts eine korrosionsfreie Menge von mindestens fünfzig Mil-

---

[12] Gemessen mit Einheit Sigmatest 2.069 des Herstellers Forster.

[13] F. Willer in: Gebrochener Glanz 183 f.; ders. / R. Schwab / M. Mirschenz in: M. Kemkes (Hrsg.), Römische Großbronzen am UNESCO-Welterbe Limes. Abschlusskolloquium des Forschungsprojektes. Beitr. Welterbe Limes 9. Kongr. Aalen 2015 (Stuttgart 2017) 78–105.

[14] E. T. Hall, Archaeometry 4, 1961, H. 1, 62–66; H.-U. Voß / P. Hammer / J. Lutz, Ber. RGK 79, 1998, 107–382, hier 170.

[15] L. Robbiola / J.-M. Blengino / C. Fiaud, Corrosion Scien. 40, 1998, H. 12, 2083–2111.

ligramm zu beproben[16]. Da viele Fragmente jedoch im Inneren stark interkristallin korrodiert sind (s. Farbtafel 4, 6), können dennoch kleinere Mengen Korrosion in die Probe gelangen, was sich meist durch höhere Eisenwerte offenbart. Eisenverbindungen sind sehr mobil und reaktionsfreudig, so dass sie aus dem Erdreich in das korrodierte Metallgefüge der Bronzen einwandern. Der Eisengehalt unkorrodierter Proben resultiert aus dem Volumenanteil der nichtmetallischen Einschlüsse, die in der Regel aus Kupfer-Eisen-Sulfid bestehen (s. Tabelle 1).

Die chemische Zusammensetzung der analysierten Proben wurde durch energiedispersive Röntgenfluoreszenzanalyse (EDRFA) entsprechend der von Joachim Lutz und Ernst Pernicka beschriebenen Korrekturverfahren bestimmt[17]. Obwohl andere Methoden wie Massenspektrometrie (MS) oder optische Atomemissionsspektralanalyse (OES) mit induktiv gekoppelter Plasmaanregung (ICP) in der Regel um mindestens eine Größenordnung bessere Nachweisgrenzen zeigen, bietet die RFA den Vorteil, schnell und kostengünstig die chemischen Zusammensetzungen einer großen Menge an Proben zu bestimmen. Die Proben stehen zudem hinterher für weitere Untersuchungen am Bonner Landesmuseum zur Verfügung, weil die Analyse mit Röntgenstrahlung zerstörungsfrei ist. Die Röntgenfluoreszenzintensität wird aber erheblich durch die Oberflächenbeschaffenheit der Probe beeinflusst, weil Abschattungs- und Streueffekte eintreten. Deshalb sollten möglichst plane und glatte Probenpräparate verwendet werden. Bei rauen Oberflächen wie bei Bohrproben müssen daher die ermittelten Werte korrigiert werden. Es wird unter anderem systematisch ein zu hoher Bleiwert ermittelt, der im Wesentlichen auf das Verschmieren der Bleipartikel zurückzuführen ist[18].

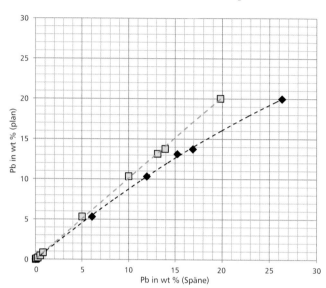

Abb. 4 Diagramm zur Korrektur des Bleigehalts in Bohrproben bleihaltiger Bronzen. Diagramm mit gemessenem Bleigehalt planer und gebohrter Proben von Referenzmaterial (Rauten) sowie die korrigierten und zertifizierten Werte (Quadrate).

Vergleichsmessungen mit anderen Methoden haben gezeigt, dass der mit RFA bestimmte Bleiwert von Bohrproben mit hohem Bleigehalt nahezu doppelt so hoch sein kann und entsprechend korrigiert werden muss[19]. In Abbildung 4 sind die gemessenen Bleiwerte von Bohr-

---

[16] R. Schwab / E. Pernicka / A. R. Furger, Jahresber. Augst u. Kaiseraugst 32, 2011, 223–234, hier 226.
[17] J. Lutz / E. Pernicka, Archaeometry 38, 1996, H. 2, 313–323.
[18] V. J. Manners / J. V. Craig / F. H. Scott, Journal Inst. Metals 95, 1967, H. 6, 173–176; Lutz / Pernicka (vorige Anm.) 318.
[19] Ebd.
[20] E. Pernicka / G. Eggert in: Das Wrack 1041–1061, hier 1043.
[21] Die Versuchsreihen erfolgten unter Berücksichtigung der durchschnittlichen Materialstärke einer Großbronze (ca. 3 mm) und der Dicke des römischen Blattgoldes (4 µm). Der Goldgehalt der eingeschmolzenen Probestücke (GBL 472) wurde anschließend anhand einer Bohrprobe der Bronze vor der Vergoldung (GBL 473) mittels RFA abgeglichen.
[22] Die Messungen wurden mit einem Thermo Scientific Neptune Plus durchgeführt. Zur Anwendung dieser Methode in der Archäologie s. N. H. Gale / Z. A. Stos-Gale in: E. Ciliberto / G. Spoto (Hrsg.), Modern analytical methods in art and archaeology. Chemical Analysis 155 (New York 2000) 503–584.

proben und planen Proben von Referenzmaterialien gegeneinander aufgetragen. Es zeigt sich, dass bei niedrigem Bleigehalt die Abweichung noch nahezu linear verläuft, während sie bei hohem eine Hyperbel beschreibt. Eine Korrektur mit einem konstanten Faktor führt deshalb zu relativen Abweichungen zwischen drei und zehn Prozent. Der Korrekturfaktor ist geräteabhängig und muss individuell ermittelt werden, üblicherweise werden Werte zwischen 0,6 und 0,8 festgestellt[20]. Bei den Analysen der niederländischen Proben, die in Amsterdam gemessen wurden, wurden die Bleiwerte offenbar nicht korrigiert, weshalb die Nimwegener Funde systematisch zu hohe Bleiwerte aufweisen.

Bei Kupferlegierungen verschlechtern sich zudem die Nachweisgrenzen für Arsen mit zunehmendem Bleigehalt durch die Linienkoinzidenz zwischen der As-Kα-Linie und der Pb-Lα-Linie. Da das analysierte Material in der Regel spurenelementarm ist, liegt der Arsenwert meist unterhalb der Nachweisgrenzen. Auch die Messung des Goldgehalts wird durch die Linienkoinzidenz mit Blei gestört. Da zum Abgleich der tatsächlichen Messwerte derzeit keine kommerziellen Referenzmaterialien mit Goldanteil angeboten werden, wurde als Vergleichsstück zu blattvergoldeten antiken Statuen eine vierhundertfünfzig Gramm schwere Bleibronzeplatte mit einem Viertel Gramm Blattgold vergoldet und die vergoldete Bronze danach oxidierend aufgeschmolzen. Der Goldgehalt einer Bohrprobe von dieser zusammengeschmolzenen Probe wurde mit einem knappen Promille (0,08 Prozent ±0,01) bestimmt, so dass die relative Abweichung des gemessenen Wertes vom eingewogenen Wert dreiunddreißig Prozent beträgt[21].

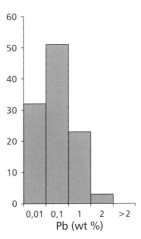

Abb. 5 Bleigehalt römischer Kupferbarren unterschiedlicher Herkunft und Datierung. Zu den Daten s. Anm. 24.

Soweit konservatorisch vertretbar, wurden von vergoldeten oder möglicherweise verzinnten Fragmenten kleine Proben abgetrennt und als Anschliff präpariert (Farbtafel 3 und 4). Die Auswertung der Anschliffe erfolgte im Lichtmikroskop (LM) und im Rasterelektronenmikroskop (REM) mit angeschlossenem energiedispersiven Röntgenspektrometer (EDX). Der Volumenanteil V_v der nichtmetallischen Einschlüsse wurde durch digitale Bildanalyse ermittelt. Der Erhaltungszustand vieler Proben erlaubte keine Quantifizierung, weil der hohe Anteil der nichtmetallischen Phasen der interkristallin korrodierten Gefüge die Bildsegmentierung nahezu unmöglich macht. Mikrohärtemessungen wurden mit dem Prüfverfahren nach Vickers mit einer Last von 100 p (HV 0,1) durchgeführt. Die Härte ist definiert als der Widerstand eines Werkstoffes gegen das Eindringen eines härteren Prüfkörpers. Die Härteprüfung liefert einen Kennwert für die statische Festigkeit. Von vergoldeten Fragmenten, die nicht beprobt werden konnten, wurden zerstörungsfreie Oberflächenanalysen an den Vergoldungen durchgeführt.

Bleiisotopenanalyse. Das Verhältnis der stabilen Isotope wurde zur Herkunftsbestimmung von Blei mit einem hochauflösenden Multikollektor-Massenspektrometer mit induktiv gekoppelter Plasmaionisation (HR-MC-ICP-MS) bestimmt[22] (s. Analysentabelle). Es handelt sich um ein Ausschlussverfahren, in dem die Nichtübereinstimmung zwischen Artefakt und möglicher Lagerstätte des Bleis eine klare negative Aussage erlaubt. Übereinstimmungen bei den Isotopenverhältnissen erlauben hingegen noch keine eindeutige Zuordnung, weil nicht ausgeschlossen werden kann, dass andere Lagerstätten die gleiche isotopische Zusammensetzung aufweisen.

Bei Gusslegierungen für römische Großbronzen muss man mit drei bis vier Komponenten rechnen, die Blei und damit verschiedene Isotopenverhältnisse in die Legierungen einbringen können. Abgesehen von der Zugabe von reinem Blei könnte auch Zinn eine Rolle gespielt haben. Gewöhnliche römische Zinnbarren sind angesichts ihres geringen Bleigehalts als Quelle zu vernachlässigen. Zwar bestehen einige Barren fast zur Hälfte aus Blei[23] (Abb. 6), bei diesen handelt es sich jedoch wahrscheinlich um sekundär verwendetes Material oder um bereits fertige Lotlegierungen, die primär für Weichlötungen gedacht waren. Dennoch ist nicht auszuschließen, dass auch solche Zinnbarren für Großbronzen verwendet wurden. Auch in römischen Kupferbarren finden sich gelegentlich einige Prozent Blei[24] (Abb. 5). Hinzu kommt das bereits vermischte Blei aus eingeschmolzenem Altmetall. Es wurden deshalb vorwiegend die Bleilote und Bleibronzen mit mindestens einem Zehntel Bleigehalt für die Isotopenanalysen ausgewählt, so dass sich alle Aussagen über die mögliche Provenienz ausschließlich auf das beim Legieren zugeschlagene Blei beziehen[25].

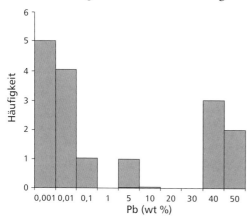

Abb. 6 Bleigehalt römischer Zinnbarren unterschiedlicher Herkunft und Datierung. Zu den Daten s. Anm. 23.

Tonkernanalysen anhand von Dünnschliffen[26]. Reste des antiken Tonkerns können wichtige Hinweise auf Produktionsstätten liefern. Sie ließen sich jedoch nur noch an wenigen Stücken dokumentieren, welche an der Freien Universität Berlin anhand von Dünnschliffen ausgewertet wurden. Demnach zeigen alle entnommenen Tonproben von den verschiedenen Fundorten unterschiedliche Zusammensetzungen, was auf eine dezentrale Produktion durch Werkstätten im räumlichen Umfeld der jeweiligen Aufstellungsorte hinweist[27] (s. u., Farbtafeln 1 und 2).

Zur näheren Bestimmung wurden im Landesmuseum Bonn die Proben T 1 bis T 15 entnommen und einer mikroskopischen Voruntersuchung (HDR-Mikroskopie) unterzogen. Wesentliche Beobachtungen, wie das Vorkommen von Pflanzenfasern oder Holzkohlepartikeln, wurden dabei dreidimensional fotografisch dokumentiert und flossen später in die Auswertung ein. Bei der Beprobung sind die Tonkernreste oftmals in kleine Bröckchen zerbrochen, wodurch die Probenpräparation erschwert wurde. Für die Analyse wurden die Proben zunächst unter dem Mikroskop zur weiteren Präparation vorbereitet. Dazu wurden signifikante Brocken zunächst in Kunstharz eingebettet. Dann wurden davon dünne Schnitte erzeugt, die schließlich im Durchlicht unter dem Polarisationsmikroskop betrachtet und ausgewertet wurden. Von den Dünnschliffbildern kann hier jeweils nur eine charakteristische Illustration vorgestellt werden (s. Farbtafeln 1 und 2). Zur deutlicheren Darstellung der mineralischen Einschlüsse wurden die meisten Dünnschliffe bei leicht gekreuzten Polarisationsfiltern betrachtet und dokumentiert. Dadurch erscheinen leere Stellen (Luft beziehungsweise Hohlräume) nicht schwarz, sondern grau. Kohlepartikel sind im Bild schwarz, wogegen mineralische beziehungsweise kristalline Substanzen weiß, farbig oder dunkelgrau erscheinen. Die hier gezeigten Abbildungen haben untere Bildbreiten von 2,8 Millimetern (bei Zweieinhalbfachobjektiv, T 14) beziehungsweise 1,8 Millimetern (bei Vierfachobjektiv, T 7, T 9, T 11 und T 12) und 0,7 Millimetern (bei Zehnfachobjektiv, T 1 bis T 6, T 8, T 10, T 13 und T 15).

Vier Proben aus Isny im Allgäu stammen von einem oder mehreren Reiterstandbildern (T 1 = GBL 74; T 2 = GBL 76; T 3 = GBL 78; T 13 keine GBL, lfd. Nr. 532). In T 1 und T 3 sind Bröckchen des originalen Gusskerns erhalten. Bei T 2 und T 13 handelt es sich weitestgehend um aus dem Tonkern ausgelöste Pflanzenfaserpartikel, die teilweise mit Kupferkorrosionsprodukten durchzogen sind. Typische Bestandteile in den Tonkernproben T 1 und T 3 sind Einschlüsse von Radiolarit.

Probe T 4 aus Künzing (GBL 204) besteht bedingt durch Probenentnahme aus pulverisiertem Material, welches viele Holzkohlepartikel enthält. Kleine Bröckchen des originalen Gusskerns sind aus Ton mit viel Calcit (nicht zersetzt) bis zu Korngrößen von einem Zehntelmillimeter. Quarze sind meist von derselben Korngröße, es gibt aber auch wenige gröbere Einschlüsse von Quarz oder Chert mit bis zu vier Zehntelmillimetern Größe[28] (kein Radiolarit). Die Probe enthält zudem auch einen Einschluss von Muskovit, einem hellen Glimmer.

Probe T 5 aus Trier (GBL 152) besteht wie T 4 weitgehend nur noch aus Pulver. Typisch im Dünnschliffbild sind große gerundete Quarze in einer Tonmatrix. Ein gerundetes Korn besteht aus einem plutonischen oder metamorphen Gesteinsfragment mit Quarz, Plagioklas und K-Feldspat. Andere bestehen neben Quarz aus Plagioklas und Chert, einem sedimentär verfestigten Kieselgestein. Teilweise sind grüne Korrosionsprodukte enthalten, die beim Kontakt mit der Bronze die Probe kontaminiert haben. In der Probe ließen sich neben Chert und Quarz auch ein (dreieckiges) Korn von Kalkstein und ein auffälliges Tonfragment mit rotem Einschluss erkennen. Letzteres kann optisch nicht näher bestimmt werden. Zudem ist ein organisches Fragment erkennbar.

Proben T 6 (GBL 222) und T 7 (GBL 229) von der Saalburg sind im Dünnschliffbild sehr ähnlich. Sie bestehen mehrheitlich aus kleinen Bröckchen des originalen Gusskerns, in T 6 bis zwei Millimeter, in T 7 bis sieben Millimeter Größe. Sie sind aus Ton mit Quarzschluff und Calcit (ähnlich T 4) sowie großen Quarzeinschlüssen und Holzkohlepartikeln. Weitere charakteristische Einschlüsse sind wegen der größeren Bröckchen in T 7 zu beobachten. Dies ist ein typisch sedimentärer Quarz mit charakteristischen Anwachsstreifen, Bruchstücken von schiefrigem (metamorphem) Quarz mit Glimmer, Tonaggregaten sowie Partikeln von Sandstein.

Proben T 8 und T 10 lieferte der Augsburger Pferdekopf (GBL 29–31). Probe T 8 vom Bereich der Nüstern besteht aus etwa sieben Bröckchen bis maximal vier Millimeter Größe, T 10 vom linken Ohr. Es handelt sich um zu Pulver zerbrochene Proben mit wenigen etwas gröberen Bröckchen von etwa zwei Millimeter Dicke. Der originale Gusskern besteht aus sehr kalkreichem Ton mit wenigen gröberen Quarzeinschlüssen. Kohlepartikel beweisen, dass es sich um in der Gießerwerkstatt aufbereiteten Ton handelt. Ob auch der viele Quarz des Pulvers von einem mit wenig Ton verbundenen Kernmaterial stammt, wie mögliche Reste von Klümpchen zeigen, oder ob der kalkreiche Ton der originale Kern war, ist nicht klar zu definieren. Andere Einschlüsse des Kerns enthalten Plagioklas, Radiolarit oder bestehen aus Kalk verschiedener Körnung (fein und grob).

Probe T 9 stammt aus der Bregenzer Monumentalhand (GBL 392–394). Sie besteht aus neun großen Bröckchen von bis zu sechs Millimetern Größe. Bei näherer Betrachtung handelt es sich bei dreien um Kalkmergel, wogegen die fünf anderen aus mit ungebrannten Tonbröckchen gemagertem quarzreichen Ton bestehen. Beide Materialien sind auch in den Dünnschliffbildern zu finden. Wie diese beiden sehr verschiedenen Substanzen in einem Gusskern zu interpretieren

---

[23] D. Colls u. a., Gallia 33, 1975, H. 1, 61–94 ; M. J. Hughes in: W. A. Oddy (Hrsg.), Aspects of Early Metallurgy. British Mus. Occasional Paper 17 (London 1980) 41–50; R. F. Tylecote, The Prehistory of Metallurgy in the British Isles (London 1986) 50.

[24] H.-P. Kuhnen / W. G. J. Bunk in: Archaeometallurgy in Europe. Proceedings of the International Conference, Kongr. Mailand 2003, Bd. 2 (Mailand 2003) 393–401; C. Rico u. a., Rev. Arch. Narbonnaise 38, 2005, H. 1, 459–472; S. Klein u. a., Journal Roman Arch. 20, 2007, 202–221; ders. u. a., Aquitania 25, 2009, 313–342.

[25] Gale/Stos-Gale (Anm. 22) 538.

[26] Diesen Abschnitt verfasste Gerwulf Schneider (Berlin) zusammen mit Frank Willer.

[27] G. Schneider / F. Willer in: Gebrochener Glanz 204–206.

[28] Zur einfacheren Beschreibung werden alle grobkristallinen Quarze, auch polykristalline Aggregate, als Quarz beschrieben und alle fein- oder kryptokristallinen Quarzvarietäten als Chert (Chalcedon, Hornstein, Flint), Radiolarit ist Chert, der deutlich sichtbare Mikrofossilien (Radiolarien) enthält. Daneben gibt es Sandstein und metamorphe Quarzite.

Farbtafel 1

Farbtafel 2

Dünnschliffuntersuchungen der Tonkerne T 1 bis T 15.

(T 1) GBL 74. Schluffiger Ton mit Anteilen an Quarz und verkohlten Partikeln innerhalb der Tonmatrix. – (T 2) GBL 76 und 77. Nicht verkohlte organische Pflanzenfaser mit Anteilen an hellem Quarz und grünen Korrosionsprodukten der Bronze. – (T 3) GBL 78. Schluffiger Ton mit Anteilen an Quarz und nicht verkohltem, faserigem organischen Material links sowie kleinen schwarzen, verkohlten Partikeln ebenfalls innerhalb der Tonmatrix. – (T 4) GBL 204. Feine Bestandteile im Tonkern, bestehend aus kalkreichem Ton mit Anteilen an metamorphem Quarz und Chert. – (T 5) GBL 150–152 und 500. Probe bei der Entnahme zerbrochen; daher lose Tonpartikel sowie Quarz und Chert (vergleichbar Probe T 10, z. T. mit dem Ton verbacken); ferner typische Bestandteile wie Plagioklas (oben links) sowie metamorphe beziehungsweise plutonische Gesteinsfragmente. – (T 6) GBL 222. Kalkreicher Ton mit Anteilen an grobem Quarz. – (T 7) GBL 229. Schluffiger, kalkhaltiger Ton mit Anteilen an grobem Quarz, hier ein Fragment von Sandstein. – (T 8) GBL 29–31. Schluffiger, kalkreicher Ton mit Quarzanteilen. – (T 9) GBL 392–394. Ton mit typischer Schamotte mit Holzkohlepartikeln (wiederverwendetes Gussformmaterial), welche als Magerungszuschlag für den Tonkern diente.

(T 10) GBL 29–31, vom Ohr des Pferdekopfes. Kalkreicher Ton mit Holzkohlesplittern und (oben im Bild) mit Ton verbackener Quarzsand (oben). – (T 11) Lfd. Nr. 712. Rotbraune Bereiche eines kalkarmen Tones (Schamotte?) (links) sowie helle Bereiche mit kalkreichem Ton: darin eingebettet größere Quarzkörner; in anderen Bereichen der Probe sind wenige Hohlkanäle nachweisbar, die vielleicht durch verbrannte Tierhaare entstanden sind, die dem Ton beigemengt wurden. – (T 12) Lfd. Nr. 966. Mit Ton verbackenes Bröckchen, darin grobe Partikel aus polykristallinem Quarz, Feldspat sowie Gesteinsfragmenten. – (T 13) Lfd. Nr. 532. Nicht verkohltes, faseriges, organisches Material (wie in T 1 bis T 3). – (T 14) GBL 147. Rechts im Bild hellbraunes Bröckchen eines kalkarmen Tones mit hohem Quarzanteil; im übrigen Bereich sekundäre, blaue und grüne Korrosionsprodukte sowie Metallspäne und Holzkohle, zum Teil stark mit dem Ton verbacken. – (T 15) GBL 491. Kalkreicher Ton, darin neben Quarz ein Fragment von Schieferquarz (diagonal verlaufendes, gebändertes Muster).

sind, ist nicht klar. In beiden ist Holzkohle vorhanden, ebenso wie in den aus demselben Material bestehenden, wohl als Magerung zugesetzten Tonbröckchen. Diese sind vor allem auf Grund ihrer gegenüber der Grundmasse anderen Orientierung im Schliff zu erkennen. Das mergelige Material enthält nur sehr vereinzelte Quarze, die zusammen mit Holzkohle dafür sprechen, dass es sich nicht um einen natürlichen Mergel, sondern um eine in der Gießerei aus einem solchen Rohmaterial hergestellte formbare Masse handelt. Wie hoch der Tonanteil ist, lässt sich anhand des Dünnschliffbildes nicht genau bestimmen.

Probe T 11 kommt von einem Handfragment einer Statue aus Leiden (keine GBL, lfd. Nr. 712). Das Entnommene setzt sich aus vielen in Farbe und Größe sehr unterschiedlichen Bröckchen zusammen. Nur in einem davon sind drei Poren von ausgebranntem organischen Material zu beobachten, die für Stroh zu dünn und für Haar zu dick sind. Es bleibt also fraglich, ob diese ein absichtlich zugesetztes Material darstellen. Die Tonkernbröckchen zeigen eine sehr gemischte tonige Substanz. In einem Bröckchen wurden Anteile aus fünf Varietäten beobachtet. In einem Dünnschliffabschnitt ist ein kleiner dreieckiger Knochensplitter, vermutlich von einem Tier. Daneben sind auch grobe Quarze vorhanden, die zum Teil Anwachsstreifen zeigen, wie sie die Probe von der Saalburg (T 7) zeigt. Ferner ist auch eine spätere Porenfüllung durch Calcit zu erkennen. Eines der anderen Bröckchen besteht aus einem solchen Calcit, der jedoch sehr wahrscheinlich kein Bestandteil des originalen Gusskerns war. Die beiden gemischten Tonsorten bestehen aus Mergelton sowie kalkarmem, eisenreichen rötlichen Ton mit Quarz, Chert und einzelnen Glimmerstückchen.

Probe T 12 wurde aus dem Inneren einer Greifenfigur aus Xanten geborgen (keine GBL, Lfd. Nr. 966), die ehemals wohl zum Helmaufsatz einer Statue gehörte. Die Probe ist durch die Entnahme bedingt zu Pulver zerbrochen. Sie enthält ein einzelnes Korn von drei Millimetern Durchmesser, das allerdings eine sekundäre Bildung wie in T 12 darstellt. Bei den gelben isotropen Fragmenten in den Dünnschliffen wird es sich wohl um eine Kontaminierung durch Korrosionsprodukte handeln. Das Pulver besteht ansonsten vorwiegend aus Quarz. Einzelne Körner enthalten zudem Chert. Auch wurde ein größerer Quarzpartikel, ein schiefriges Quarz-Glimmer-Gesteinsfragment oder ein Bruchstück von Mikroklin beobachtet. Das charakteristisch gerundete Gesteinsfragment einer Quarz-Kalifeldspat-Verwachsung ist wohl von weit her transportiert und als Indiz für die Herkunft wenig geeignet. Daneben zeigen die Proben einen großen Partikel eines nicht näher definierbaren organischen Materials, der den organischen Anteilen in den Proben aus Isny ähnelt.

Probe T 14 stammt von einer rechten Hand aus Trier (GBL 147). Hierbei wurde eine größere Materialmenge geborgen, die jedoch ebenfalls bei der Entnahme größtenteils zu Pulver mit Bröckchen von höchstens zwei Millimetern Stärke zerbrach. Neben Korrosionsprodukten gibt es auch Holzkohlestückchen sowie Partikel metallischer Bronze. Neben den wohl sekundären Bestandteilen sind aber Bröckchen des originalen Gusskerns vorhanden. Dabei handelt es sich um einen eisenreichen (kalkarmen) Ton mit hohem Quarzanteil. Neben Quarz ist auch Chert, Feldspat und schiefriger Quarz vertreten. Die Holzkohlestückchen sind zum Teil stark mit sekundärem Calcit verbacken. Grüner Malachit und blauer Azurit bilden die typischen Korrosionsprodukte, die aus dem Kontakt mit der Bronze entstanden sind.

Probe T 15 wurde von einem Fußfragment aus Mainz genommen (GBL 491). Sie enthält wenige maximal sieben Millimeter große Bröckchen des originalen Gusskerns. Dieser besteht aus stark mit runden Quarzsandkörnern versetztem, schluffigem, kalkarmem Ton. Eine lange

---

[29] Vgl. hierzu und zum Folgenden E. Formigli / G. Schneider in: E. Formigli (Hrsg.), Antiche officine del bronzo. Materiali, strumenti, tecniche. Kongr. Murlo 1991 (Siena 1993) 69–102; G. Schneider in: G. Zimmer / N. Hackländer (Hrsg.), Der Betende Knabe. Original und Experiment (Bern und Frankfurt a. M. 1997) 141–144.

Abb. 7 a–c Textilrest im bronzenen Pferdekopf aus Augsburg (GBL 29 und 30). Fotografische Nahaufnahme und Mikroskopaufnahmen. – (a) Der Faden vor der Entnahme im Inneren des Pferdekopfes. – (b) Der Faden nach der Präparierung. – (c) Ansicht einer einzelnen präparierten Faser im polarisierten Durchlicht.

Pore deutet auf den verbrannten Bestandteil einer organischen Faser von etwa zwei Zehntelmillimetern Dicke hin. Neben den Quarzkörnern gibt es auch runde Sandkörner aus Quarz-Feldspat-Verwachsungen, auch Myrmekit. Zudem ist ein Stück schiefrigen Quarzes mit Glimmer vorhanden.

Organische Zuschläge in antiken Gussformen lassen sich mehrfach nachweisen. Während des Brennens der Form können diese verkohlen beziehungsweise verbrennen und bilden Hohlkanäle, welche während des Eingusses der besseren Ableitung heißer Schmelzgase dienen (siehe auch Tonkernanalysen). Intentionelle Zugaben oder unbewusste Verunreinigungen durch organische Bestandteile wie Holzkohle, Pflanzenfasern oder mögliche Tierhaare sind bei allen Dünnschliffabbildungen nur vereinzelt zu beobachten. Teilweise lassen sich diese jedoch nur bei der Probenentnahme während der Präparation unter dem Mikroskop erkennen (s. den Katalogtext zum Pferdekopf aus Augsburg, GBL 29–31, Abb. 7). Diese sind oftmals jedoch, wie oben beschrieben, nur noch in Form von Hohlkanälen zu erkennen, da die meisten Fasern, die sich im Bereich zur Schmelze befanden, rückstandslos verbrannten. Beispiele hierfür sind die Tonkernproben aus Leiden (T 11) mit einem Faserdurchmesser von etwa einem Fünftel Millimeter sowie aus Mainz (T 15) mit einem etwaigen Faserdurchmesser von einem Viertel Millimeter. Weiterhin wurden Partikel von Knochensplittern (T 11) sowie Holzkohlepartikel (T 6, T 14) beobachtet. Nicht verbrannte und nicht verkohlte Pflanzenfasern enthielten die Dünnschliffproben T 12, T 13 und T 15.

Die fünfzehn untersuchten Proben lassen demnach nicht alle zweifelsfrei Gusskernreste erkennen[29]. Ein großer Teil des Materials besteht aus Korrosionsprodukten oder nachträglich auskristallisiertem Kalk. Zum Teil sind die Proben durch die Entnahme bedingt zu feinem Pulver zerfallen. Trotzdem erlauben die makroskopischen Untersuchungen des Probenmaterials in Zusammenhang mit den Dünnschliffanalysen einige wichtige Schlussfolgerungen.

In keiner Probe, wenn man von drei fraglichen Poren in T 11 absieht, lässt sich ein Zusatz von faserigem Material wie Haaren oder Stroh nachweisen. Bei römischen Großbronzen vor allem in Italien ist ein solcher hingegen meist erkennbar. Andererseits trifft dies nicht für alle untersuchten Gusskerne zu. Insbesondere solche aus Statuetten sind einigen der hier untersuchten Proben ähnlich. In allen Fällen wurden schwindungsarme, wenig plastische Massen verwendet mit entweder hohem Calcitanteil (Mergel?) oder mit viel Quarz. Dazu wurden auch verschiedene Materialien grob gemischt.

Sofern verschiedene Proben von demselben Ort zur Verfügung standen (Isny, Saalburg, Augsburg), waren die verwendeten Materialien ähnlich, was ein deutlicher Hinweis darauf ist, dass die Bronzen am Ort gegossen sind. Für die Herkunft typische Gesteinsfragmente fehlen weitgehend, was auch der nicht sehr variablen Geologie in der Untersuchungsregion verdankt ist. Ein Versuch, die Materialien mit der jeweils lokalen Geologie zu vergleichen, wurde nicht unternommen. Hierfür könnte das lokale Vorkommen von Kalkmergel geprüft werden. Mikrofossilien im Kalk wurden nicht beobachtet. Bis zu einem gewissen Grad könnten für die Herkunftsbestimmung die manchmal vorkommenden Radiolarite, plutonische oder metamorphe Gesteinsfragmente (Mikroklin, Quarz-Plagioklas-Alkalifeldspat-Verwachsungen, Myrmekit), metamorpher schiefriger Quarz oder Sandstein dienen, die allerdings in allen Proben in sehr kleinen Mengen und vereinzelt vorkommen sowie auch wenig charakteristisch sind.

Virtuelle und experimentelle Nachgüsse. Wie sich Gussformen mit Bronze verfüllen lassen und welche Probleme dabei entstehen können, lässt sich heute dank moderner Verfahren am Computer simulieren, wenn, wie hier geschehen, das Volumen des zu simulierenden Stückes zuvor mittels Computertomographie räumlich in Form einer STL-Datei erfasst wurde. Im Gießerei-Institut der RWTH Aachen wurden Gusssimulationen des Bronzeporträts von Kaiser Gordian III. aus dem Kastell Niederbieber erstellt (GBL 366, Abb. 9 und 64). Mittels einer speziellen Software (Magmasoft) errechnete man die virtuelle Füllung mit der für das Untersuchungsgebiet typischen Bronzelegierung bei unterschiedlichen Schmelztemperaturen (Abb. 8). Es wurden zwei in der Antike bekannte Eingussverfahren simuliert. Physikalisch vorteilhaft ist für beide Vorgehensweisen, wenn der Kopf beim Verfüllen mit dem Scheitel nach unten zeigt. Die Festlegung der Parameter für die Gießtemperatur erfolgte anhand technischer Daten der originalen Legierung. Die Temperatur wurde zwischen 1080 und 1100 Grad Celsius variiert, um die Auswirkung auf das Gießverhalten zu beurteilen.

Bei der einfachen Variante, bei der die Bronze durch einen Einguss am Halsansatz erfolgt, ergeben die Berechnungen aufgrund ungleichmäßiger Verfüllung oftmals einen fehlerhaften Ausguss oder eine zu frühe Erstarrung. Deutlich bessere Ergebnisse zeigt hingegen die zweite Variante, bei der die Bronze zunächst in einem seitlichen Formkanal nach unten zum Scheitel geleitet wird, von wo aus sie dann gleichmäßig aufsteigend die Form verfüllt[30]. Ergänzend zu diesen Simulationen wurden reale Gussversuche durchgeführt, die im Wesentlichen die vorangegangenen Erkenntnisse bestätigten (Abb. 9). Gezielt wurde hier das ungünstigere Verfahren gewählt, bei dem der Einguss am Halsansatz erfolgte. Um bei der Reproduktion möglichst au-

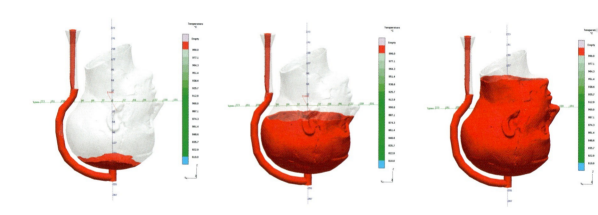

Abb. 8 (gegenüber) Drei ausgewählte Abbildungen aus einem fließenden Prozess der computergesteuerten Guss-simulation. Durch Variation der Schmelztemperatur und Position des Eingusstrichters (fallender oder der hier gezeigte aufsteigende Guss) lassen sich die entsprechenden Auswirkungen auf die Verfüllung der Gussform in Echtzeit simulieren.

Abb. 9 a–b (rechts) Bronzebildnis Gordians III. (GBL 366). Bonn, Landesmuseum. – (a) Das Original. – (b) Der experimentelle Nachguss mit Kaltarbeit und Vergoldungsversuchen.

thentische Bedingungen zu simulieren, wurde bewusst auf die Zugabe moderner Schmelzzusätze wie beispielsweise Phosphorkupfer verzichtet, da dies die Gießbarkeit deutlich beeinflusst und in irreführender Weise verbessert hätte. Im Vergleich zum modernen Bronzeguss war das Metall in der Tat recht zähflüssig. Besonders auffallend war hier nach dem Verfüllen der Gussform ein extremes Nachspeiseverhalten, das sich nach dem Einfüllen der Bronze in die Form durch ein mehrfaches Absinken des Eingusstrichters bemerkbar machte. Der Effekt ist möglicherweise durch die relativ niedrige Erstarrungs- beziehungsweise Durchstarrungstemperatur der im Untersuchungsgebiet verbreiteten stark bleihaltigen Legierung zu erklären. Ferner ließen sich Gussfehler durch Überhitzung im Bereich des Eingusses beobachten[31].

Ergebnisse

Der Erkenntnisstand zum Technologietransfer im Statuenguss, der vor etwa zweitausend Jahren nördlich der Alpen einsetzte, hat sich durch die beschriebenen Untersuchungen im Rahmen des Großbronzenprojektes in den letzten Jahren maßgeblich gewandelt. Inzwischen ist deutlich geworden, dass man die Grundzüge der römischen Technik zwar aus dem italischen Raum übernahm, aber für hiesige Verhältnisse offensichtlich anpasste beziehungsweise optimierte und anschließend weiter tradierte[32].

Für die zukünftige Erforschung provinzialrömischer Bronzetechnik ist es wichtig, den großräumigen Vergleich weiter auszubauen. Im Rahmen des abgeschlossenen Projektes wurden solche über das ohnehin schon große Untersuchungsgebiet hinausreichende Gegenüberstellungen nur im Vergleich zu vorangegangenen Forschungen an italischen Bronzen und an wenigen neuen Objekten aus entfernteren Limesgebieten vorgenommen. Dazu zählen die umfassend analysierten und hier im Katalog näher beschriebenen großformatigen Objekte aus der römischen Provinz Pannonien, der Porträtkopf des Severus Alexander aus Carnuntum und das Kaiserbein aus Lussonium.

---

[30] A. Bühring-Polaczek / M. Wirth in: Gebrochener Glanz 197 f.

[31] R. Ellerbrok in: Gebrochener Glanz 199 f.

[32] Salcuni/Formigli, Grandi bronzi passim.

Legierung. Alle untersuchten Fragmente von Limesbronzen bestehen wie auch andere römische Großbronzen nahezu durchgehend aus Bronze beziehungsweise Bleibronze[33]. Die Entwicklung einer gießbaren Legierung aus Kupfer und Zinn geht bereits auf die frühe Bronzezeit zurück[34]. Die wichtigsten Vorteile der Bronze gegenüber unlegiertem Kupfer sind höhere Festigkeit, hohe Beständigkeit gegenüber chemischen Angriffen und bessere Gießeigenschaften, denn Zinn erniedrigt nicht nur den Schmelzpunkt des Kupfers, es wirkt auch desoxidierend und verringert die Wasserstofflöslichkeit, so dass die Gasbildung in der Schmelze reduziert wird. In Abhängigkeit von der Menge der Zinnzugabe verändert sich die Farbe von rötlich über golden bis hin zu silbrigem Farbton, so dass vermutlich auch ästhetische und inhaltliche Aspekte bei der Wahl der Metallmischung eine Rolle spielten[35] (Abb. 10). Darauf weisen auch die Schriftquellen[36].

Abb. 10 Zinnbronzen und deren variierende Farbtöne. Experimentelle Güsse ohne moderne Zuschlagstoffe aus reinem Kupfer und Zinn mit steigendem Zinnanteil von einem bis zwanzig Prozent.

In den Anfängen der Gusstechnik des vierten und dritten vorchristlichen Jahrtausends in Mesopotamien wurde vielfach hoch kupferhaltige Bronze gegossen[37]. Diese im Vergleich zu Zinnbronzen schwieriger zu verarbeitende Legierung wurde auch in nachfolgenden Epochen noch häufig gewählt, vielleicht wenn wenig Zinn zur Verfügung stand. Dass auch ästhetische Gründe eine Rolle spielten, zeigt das Beispiel einer leicht unterlebensgroßen Statue der Königin Napir-Asu im Louvre aus der späten Bronzezeit, die zu den größten und schwersten (1.750 Kilogramm) gegossenen Figuren ihrer Zeit zählt. Sie besteht aus einer nach dem Wachsausschmelzverfahren hohl gegossenen, hoch kupferhaltigen Bronze (Sn 1 %). Das Innere wurde wohl sekundär mit Zinnbronze (Sn 11 %) ausgegossen[38].

---

[33] Caley, Chemical Composition; A. D. Scott / J. Podany in: True/Podany, Small Sculpture 31–60; W. A. Oddy u. a. in: ebd. 103–124; W.-D. Heilmeyer, Der Jüngling von Salamis. Technische Untersuchungen zu römischen Großbronzen (Mainz 1996); B. Janietz / D. Rouiller, Ein Depot zerschlagener Grossbronzen aus Augusta Raurica. Die Rekonstruktion der beiden Pferdestatuen und Untersuchungen zur Herstellungstechnik. Forsch. Augst 20 (Augst 1996); B. Janietz, Ein Depot zerschlagener Grossbronzen aus Augusta Raurica. Die Rekonstruktion der Gewandfiguren. Forsch. Augst 30 (Augst 2000); Lahusen/Formigli, Bildnisse; A. Giumlia-Mair in: Mattusch/Bramer/Knudsen, From the Parts 93–97; G. Lahusen / E. Formigli, Großbronzen aus Herculaneum und Pompeji (Worms 2007); Salcuni/Formigli, Grandi bronzi; Peltz/Schalles, Xantener Knabe; A. Azéma u. a., Revue d'archéometrie 36, 2012, 153–172.

[34] E. Pernicka in: B. Hänsel (Hrsg.), Mensch und Umwelt in der Bronzezeit Europas (Kiel 1998) 135–147.

[35] Experimentelle Nachgüsse reiner Zinnbronzen mit Anteilen von einem bis zwanzig Prozent Zinn erfolgten ohne farbverändernde moderne Zuschläge, s. R. Schwab / F. Willer in: Gebrochener Glanz 182 Abb. 3.

[36] Plin. nat. 34, 94–99.

[37] M. Müller-Karpe in: Ü. Yalçın (Hrsg.), Anatolian Metal II. Der Anschnitt Beih. 15 (Bochum 2002) 137–148, hier 142–148.

[38] P. Meyers in: Mattusch/Bramer/Knudsen, From the Parts 11–18 Abb. 1–8.

[39] C. Mattusch, Classical Bronzes. The Art and Craft of Greek and Roman Statuary (Ithaca 1996) 10–38.

[40] P. T. Craddock / B. Pichler / J. Riederer, Wiener Ber. Naturwiss. i. d. Kunst 4/5, 1988, 262–295, hier 266–273 Tab. 2–6; D. Haynes, The Technique of Greek Bronze Statuary (Mainz 1992) 87 Tab. 2; R. Schwab u. a., Bonner Jahrb. 208, 2008, 5–28, hier 9.

[41] Caley, Chemical Composition; A. D. Scott / J. Podany in: True/Podany, Small Sculpture 31–60; Oddy, History; Janietz/Rouiller, Pferdestatuen (Anm. 33); Janietz, Gewandfiguren (Anm. 33); Lahusen/Formigli, Bildnisse; Salcuni/Formigli, Grandi bronzi; Azéma (Anm. 33).

[42] Plin. nat. 34, 161–162.

[43] K. Dies, Kupfer und Kupferlegierungen in der Technik (Berlin 1967) 508–510; 610–622.

[44] Lahusen/Formigli, Bildnisse 472; Lahusen/Formigli, Pompeji (Anm. 33) 168.

[45] Salcuni/Formigli, Grandi bronzi 107.

Etwa seit dem sechsten vorchristlichen Jahrhundert entwickelte sich in Griechenland die Herstellung von Statuen im Hohlgussverfahren, das dann bis in römische Zeit tradiert und technisch weiterentwickelt wurde[39]. Die hierfür benötigte Bronze bestand in der frühen Phase oftmals aus einer binären Legierung aus Kupfer und Zinn, wobei zunehmend Blei hinzulegiert wurde[40]. Insbesondere hellenistische und römische Werkstätten entwickelten für die Serienproduktion von Statuen einen hohen Materialbedarf und fügten größere Mengen Blei hinzu[41]. Dies senkte die Kosten, da es das bereits in der Antike teurere Zinn einsparen half. Plinius berichtet, dass ein Pfund Zinn (plumbum album) für siebzig Denare verkauft wurde, während das Pfund Blei (plumbum nigrum) nur sieben Denare kostete[42]. Experimente im Rahmen des Projektes ergaben: Bleizusätze sparen nicht nur Zinn und Kupfer ein, sondern verbessern auch die Gießeigenschaften der Bronze, da das Blei die Viskosität der Schmelze sowie die Temperatur für die vollständige Erstarrung merkbar verringert und zugleich die Abbildungsgenauigkeit erhöht. Dieser Effekt erlaubt es, Bronzen recht dünnwandig zu gießen, wodurch das Gesamtvolumen gegenüber herkömmlicher Zinnbronze deutlich reduziert wird. Die Kaltarbeit mittels spanabhebenden Verfahren wie Drehen, Meißeln oder Ziselieren wird zudem durch Blei vereinfacht[43] (Abb. 11).

Bei den im Rahmen des Projektes erfolgten Materialanalysen war deshalb zu erwarten, nur sehr selten die klassische Gusslegierung von neun Teilen Kupfer und einem Teil Zinn anzutreffen, sondern überwiegend bleihaltige Legierungen ähnlich wie bei römischen Bronzestatuen aus Norditalien[44]. Der Anteil an Zinn und Blei in den Limesbronzen unterscheidet sich jedoch überraschend deutlich von norditalischen Legierungen. Im Gegensatz zu den dortigen Statuen, die meist einen Zinngehalt zwischen einem und drei

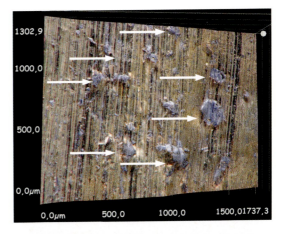

Abb. 11 a–c HDR-Mikroskopie bei zweihundertfacher Vergrößerung. – (a) Abschnittprobe (GBL 526) aus dem Legionslager Bonn mit erkennbaren Bleieinschlüssen (Pfeile) in der Sägeschnittfläche. – (b) Im Experiment mechanisch gut zu bearbeitender Nachguss einer Limesbronze (Cu 75 %, Pb 20 % [Pfeile], Sn 7 %). – (c) Mechanisch schwierig zu bearbeitende, sehr zähe Bronze ohne Bleizusatz (Cu 90 %, Sn 10 %).

Prozent aufweisen, besitzen die Limesbronzen trotz hohen Bleigehalts einen relativ hohen Zinnanteil von durchschnittlich sechs bis neun Prozent[45]. Dies ist möglicherweise ein Hinweis auf eine abgewandelte Rezeptur, die den klimatischen Verhältnissen angepasst war.

Da Statuen aus zivilen Kontexten sehr viel häufiger vergoldet waren als solche in militärischen, ließe sich mutmaßen, dass auch in der Legierung qualitative Unterschiede gemacht wurden. Dies ist jedoch nicht der Fall: Der durchschnittliche Anteil an kostensparendem Blei in Statuenbronze aus zivilen Kontexten liegt geringfügig niedriger (Cu 79,3 %, Sn 6,1 %, Pb 13,2 %) als bei denjenigen aus militärischen Zusammenhängen (Cu 76 %, Sn 6,4 %, Pb 16,7 %), aber entscheidende Unterschiede zeigen sich nicht. Gleiches gilt für die Zugaben von teurem Zinn. Ebenso keine kontextuellen Unterschiede gibt es beim Recycling beziehungsweise bei den Zugaben an Messing, das bei einem Zinkanteil von über 0,2 Prozent nachweisbar ist. So ließ sich Zink in einundzwanzig Prozent der Fragmente in zivilen und in neunzehn Prozent derjenigen aus militärischen Kontexten nachweisen. Vom zweiten zum dritten Jahrhundert ist in beiden Bereichen ein leichter Rückgang der Zinkanteile zu verzeichnen.

Blei wird in Kupfer-Zinn-Legierungen nicht gelöst, sondern liegt in Form fein verteilter Tröpfchen vor (Abb. 11), die mitunter auch im Röntgenbild sichtbar sind. Im binären System aus Kupfer und Blei besteht eine Mischungslücke im flüssigen Zustand, die durch den Zinnanteil noch erweitert wird. Dadurch kann sich eine Bleibronze in eine Kupfer-Blei-(Zinn)-Legierung und eine Blei-(Zinn)-Kupfer-Legierung entmischen. Die Folge sind sogenannte Blockseigerungen, wobei sich Blei entsprechend der Wärmegradienten im Gussstück lokal ansammelt[46]. Das Gefüge der Großbronzen weist entsprechend deren hohem Bleigehalt unregelmäßig geformte Partikel dieses Metalls von unterschiedlicher Größe auf (Farbtafel 3, 1). In Abbildung 12 sind Blei- und Zinngehalt aller untersuchten Fragmente dargestellt. Der Gehalt an Zinn ist normal verteilt, so dass etwa siebzig Prozent der Stücke eine Konzentration zwischen fünf und zehn Prozent haben, während der Gehalt an Blei bei über der Hälfte der analysierten Fragmente zwischen fünfzehn und fünfundzwanzig Prozent liegt. Im Durchschnitt enthalten römische Gussbronzen aus dem Untersuchungsgebiet etwa sechs Prozent Zinn, ein geringerer Teil der Statuen zehn bis höchstens fünfzehn Prozent.

Das Verhältnis von Blei und Zinn in Großbronzen ist so aufeinander abgestimmt, dass es in der Regel außerhalb der Mischungslücke des ternären Systems von Kupfer-Zinn-Blei liegt. ›Mischungslücke‹ bedeutet, dass sich die Komponenten in einem bestimmten Konzentrationsbereich trennen und als Phasengemenge vorliegen. Bei der Erstarrung führt dies zu erheblichen Seigerungen. Das Metallgefüge besteht dann entsprechend dem hohen Anteil an Blei und dem niedrigeren an Zinn aus heterogenen Bleipartikeln in einer inhomogenen Matrix aus α_{Cu}-Mischkristallen, also einer festen Lösung aus Kupfer und Zinn (s. Farbtafel 3, 1). Gelegentlich tritt noch das α+δ-Eutektoid auf, ein fein verteiltes regelmäßiges Gemenge zweier Kupfer-Zinn-Phasen (Farbtafel 3, 2). Die Mikrohärte liegt üblicherweise zwischen 70 und 110 HV 0,1 (s. Analysentabelle), was der Härte moderner weicher und halbharter Mehrstoffbronzen entspricht[47]. Einzig eine vergoldete Statue aus Groß-Gerau (GBL 543) erreicht eine mittlere Härte von 140 HV 0,1, weil das Gefüge durch Erhitzen vollständig rekristallisiert und teilweise verformt ist (Farbtafel 3, 3), was sehr wahrscheinlich auf die Zerstörung der Statue zurückzuführen ist. Dadurch werden lokal Mikrohärten bis 160 HV 0,1 erreicht.

Es gibt auch Statuen aus nahezu unlegiertem Kupfer mit sehr geringem Zinn- und Bleianteil von weniger als einem bis zwei Prozent, so aus Hambach (GBL 115), Kalkar (GBL 106) und Saint-Mard (GBL 358 und 359). Die entsprechende deutlich rote Legierung ist nach antikem Verfahren gerade noch gießbar, da sie wie unlegiertes Kupfer einen höheren Schmelzpunkt besitzt und durch die Aufnahme von Sauerstoff und Wasserstoff zum Spratzen neigt. Legierungen

---

[46] R. Schwab u. a., Bonner Jahrb. 208, 2008, 5–28, hier 10 f.

[47] Dies, Kupfer (Anm. 43) 530.

[48] K. Karmarsch, Handbuch der mechanischen Technologie (2. Aufl., Hannover 1851) 465; K. Bott / F. Willer in: Gebrochener Glanz 207–209.

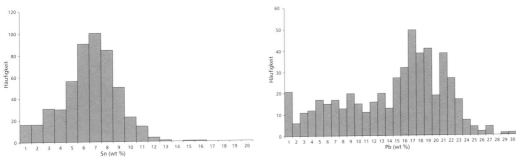

Abb. 12 a–b Zinn-Bleidiagramm der GBL-Proben. – (a) Häufigkeit des gemessenen Zinngehalts in den Limesbronzen. – (b) Häufigkeit des gemessenen Bleigehalts dort.

mit geringen Blei- und Zinnanteilen besitzen ein schlechteres Fließvermögen und damit eine schlechtere Abbildungsgenauigkeit als Bronze. Zudem erstarren sie bei gleicher Materialstärke deutlich früher als eine typische Blei-Zinn-Bronze mit einem sehr kurzen Intervall, weshalb diese Legierungen im Untersuchungsgebiet wohl oftmals recht dickwandig gegossen wurden, nämlich mit einer Wandstärke von maximal etwa acht bis zehn Millimetern. Bemerkenswerterweise waren einige Werkstätten in der Lage, solche Legierungen zu Statuen zu gießen. Es fällt auf, dass Statuen mit geringen Blei- und Zinnanteilen oftmals vergoldet sind, so bei Fragmenten aus dem Bonner Legionslager (GBL 119 und 514), Bregenz (GBL 393–394, 447–449, 455 und 457), Groß-Gerau (GBL 15), Mainz (GBL 490, 493, 495 und 497), Mittelstrimmig (GBL 123) oder Trier (GBL 176). Jeweils wurde mit Zinn gespart, wobei die ebenfalls geringen Bleizugaben den verhältnismäßig hohen Kupfergehalt der Legierung mit einer deutlichen Rotfärbung hervortreten ließen, die aber später unter der Vergoldung nicht sichtbar war. Zudem kann der Farbton des Untergrundes die Farbwirkung des dünnen Blattgoldes positiv beeinflussen. Handbüchern des neunzehnten Jahrhunderts ist zu entnehmen, dass der durch den hohen Kupferanteil der Bronze erzeugte rote Farbton als vorteilhaft für eine wärmere Farbwirkung der leicht transluzenten Vergoldung betrachtet wurde[48]. Es ist daher zu vermuten, dass hier ein technischer Zusammenhang besteht, der bislang noch nicht genau geklärt wurde. Sehr bleiarme Legierungen eignen sich besonders in Verbindung mit Gold-Quecksilber-Amalgam für Feuervergoldung, die unter Hitzeeinwirkung erfolgt. Dennoch ist lediglich bei zwei Fragmenten dieser Art von Legierung – der Oberarm einer männlichen Statue (GBL 234 und 235) und ein Haarfragment (GBL 174) – eine solche Vergoldung anhand einer metallographischen Untersuchung (s. Farbtafeln 3 und 4) nachgewiesen. Wie Versuche im Rahmen des Projektes zeigten, kann das auch an der Oberfläche der Statuen befindliche Blei bei Temperaturerhöhung (zum Beispiel auch bei Lötungen oder Applikationen) mit der Vergoldung reagieren und graue Stellen hervorrufen. Einige untersuchte Fragmente zeigen solche Stellen, wie zum Beispiel das diffusionsvergoldete Rückenfragment aus Groß-Gerau (GBL 1 und 2).

Nietstifte zur Fixierung von Reparaturblechen bestehen aus nahezu unlegiertem Kupfer. Dies hat technische Gründe, da Kupfer gegenüber Bronze sehr viel weicher ist und sich die Niete beim Einhämmern ohne Beschädigung der Bronze verstiften ließen. Diese Arbeitsweise war, anders als in Italien, im gesamten Untersuchungsgebiet nördlich der Alpen offenbar bekannt und verbreitet.

Das Spurenelementmuster der analysierten Legierungen ist bei Limesbronzen allgemein durch geringe Verunreinigung geprägt, so dass man weitgehend spurenelementarmes Erz wie Kupferkies als primäre Rohstoffquelle annehmen kann. Einige Proben weisen auffällig viel Antimon im Prozentbereich auf, begleitet von einem erhöhten Silberanteil im Promillebereich, während die Menge an Arsen wegen des hohen Bleigehalts nicht bestimmt werden kann. Diese höhere Konzentration an Spurenelementen kann zwei unterschiedliche Ursachen haben.

Nördlich der Alpen war die Verwendung von polymetallischen Erzen, den sogenannten Fahlerzen, von der frühen Bronzezeit bis in die jüngere vorrömische Eisenzeit weit verbreitet, und Fahlerzkupfer ist vor allem in zahlreichen keltischen Objekten in der Spätlatènezeit nachzuweisen[49]. Römische Kupferbarren spanischer Provenienz zum Beispiel enthalten hingegen nur geringe Spuren von Antimon, Silber oder Arsen[50]. Die wenigen gesicherten römischen Kupferminen im Untersuchungsgebiet dienten der Pigmentgewinnung[51], während römische Bergbauaktivitäten zum Erzabbau dort bisher nicht nachgewiesen sind[52]. Im Gebiet des Limes taucht der genannte, noch relativ hoch konzentrierte Fahlerzanteil bislang nur in früh datierbaren Skulpturen auf, wie Waldgirmes (GBL 529), Tawern-Metzenberg (GBL 173) und in einem Fragment aus Aalen (GBL 47). In der frühen Phase der Okkupation um die Zeitenwende bis in das erste Jahrhundert hinein wurde vermutlich entweder lokal verfügbares Altmaterial wie die nun zur Zahlung ungültigen Potinmünzen zur Herstellung von Statuen wiederverwendet oder aber noch Kupfer aus den nahegelegenen regionalen Kupferlagerstätten des Alpenraums, der Pfalz oder des Eifel-Mosel-Gebietes eingesetzt. So zeigen einige im Untersuchungsgebiet analysierte Fragmente wie diejenigen von einem Reiterstandbild aus Isny noch leicht erhöhte Konzentrationen typischer Fahlerzindikatoren (GBL 73–80, 92, 93 und 179–182) wie einen erhöhten Antimongehalt.

Eine andere Erklärung für Spuren von Silber kann der hohe Bleigehalt liefern. Plinius gibt Rezepturen für Statuen an, denen zufolge neben Plumbum nigrum auch Plumbum argentarium zugefügt werden soll[53]. Das Blei, das bei der Silbergewinnung anfällt, enthält immer dieses Edelmetall, wobei der Gehalt daran bei früheren griechischen Bleifunden durchweg mehrere hundert Milligramm Silber pro Kilogramm Blei aufweist[54], während bei jüngeren Objekten der Silbergehalt anscheinend immer weniger wird[55]. Barren und andere Objekte aus Blei von britannischen und germanischen Fundorten, die nicht bei der Silbergewinnung angefallen waren, enthalten in der Regel weniger als einhundert Milligramm Silber pro Kilogramm Blei[56]. Das Zulegieren einheimischen oder britischen Bleis sollte also im Allgemeinen nur einen geringen Einfluss auf den Silberanteil in den Bronzen haben. Je nach dem Ausgangsgehalt im Kupfer und der Menge an Bleizusatz kann es jedoch zu einer signifikanten Beeinflussung kommen.

Der Antimongehalt der Barren und Bleiobjekte ist etwas höher, bleibt aber in der Regel unterhalb der Promillegrenze[57]. Ein Tierohr aus Blei mit unklarer Zeitstellung aus der germanischen Siedlung von Castrop-Rauxel weist jedoch einen Antimongehalt von 6,3 Prozent auf[58]. Die Sekundärverwendung solcher Figuren würde eine signifikante Veränderung der Antimonwerte bewirken. Ein Argument gegen die drastische Veränderung des Antimongehalts durch den Bleizuschlag liefert jedoch der Pferdekopf von Waldgirmes mit Antimonkonzentration im Prozentbereich (so GBL 529 sowie Abb. 13). Das Blei weist einerseits die unveränderte Isotopensignatur

---

[49] R. Schwab, Ber. Arch. Mittelrhein und Mosel 17, 2011, 267–285; ders. in: ders. / E. Pernicka (Hrsg.), Under the volcano. Proceedings of the International Symposium on Metallurgy of the European Iron Age. Forsch. Archäometrie u. Altertumswiss. 5 (Rahden 2014) 175–188.

[50] Rico u. a. (Anm. 24) Tab. 2; Klein u. a. 2009 (Anm. 24) Tab. 2.

[51] K.-J. Gilles, Funde u. Ausgr. Bez. Trier 27, 1995, 46–55, hier 51; G. Körlin, Der Anschnitt 62, 2010, H. 4, 174–189.

[52] H. Walling, Mitt. hist. Verein Pfalz 75, 1977, 15–46.

[53] Plin. nat. 34, 98.

[54] H. H. Gale / W. Gentner / G. A. Wagner in: D. M. Metcalf / A. Oddy (Hrsg.), Metallurgy in numismatics I. Royal Num. Soc. Special Publ. 13 (London 1980) 3–49; 33.

[55] I. Kuleff u. a., Journal Radioanalytical and Nuclear Chemistry 196, 1995, H. 1, 65–76 Tab. 2.

[56] A. Wyttenbach / P. A. Schubiger, Archaeometry 15, 1973, H. 2, 199–207, hier 202; Th. Rehren, Metalla 5, 1998, H. 2, 63–69, hier 65; C. Bergen, Technologische und kulturhistorische Studien zu Bleifunden im 1. Jahrtausend (Bonn 2005) 55–66. – Mitteilung Michael Bode (Bochum).

[57] Siehe die vorige Anm.

[58] Bergen (vorletzte Anm.) 57.

[59] Caley, Chemical Composition 47. – Plin. nat. 34, 97.

Abb. 13 Bronzener Pferdekopf aus Waldgirmes (GBL 529).

der Bleierze aus der Eifel auf, andererseits ist nicht anzunehmen, dass es in diesem frühen Stadium der Romanisierung bereits zum massenhaften Bleirecycling gekommen ist, zumal in vorrömischen Siedlungen kaum Blei vorhanden war.

Völlig außergewöhnlich sind jedoch sehr hohe Werte von Nickel, Arsen und Antimon in einer Probe aus Duisburg-Serm (GBL 551, Cu 79 %, Sn 2,5 %, Pb 10 %, Ni 1,6 %, As 4,1 %, Sb 2,4 %). Entsprechend der hohen Anteile an Fahlerzmetallen hat sich neben dem α_{Cu}-Mischkristall noch eine in der modernen metallkundlichen Literatur nicht dokumentierte intermetallische Phase ausgebildet, die als $Cu_{46}Ni_{25}Sb_{16}As_7Sn_5Co$ beschrieben werden kann. Man kann nur vermuten, dass sich diese Phase bei der Erstarrung diskontinuierlich aus dem Mischkristall ausgeschieden hat und vermutlich ausgedehnte Homogenitätsbereiche aufweist. Durch den hohen Bleigehalt wirkt sich der Anteil der intermetallischen Phase jedoch kaum auf die Härte des Werkstoffes aus (Tabelle 1). Solch eine Zusammensetzung wurde bisher noch bei keiner anderen römischen Großbronze gemessen. Vergleichbar hohe Werte an Antimon wurden bislang nur bei Statuenteilen aus Waldgirmes, Tawern und Aalen beobachtet. GBL 551 unterscheidet sich aber in der Zusammensetzung durch den hohen Nickelanteil von klassischem Fahlerzkupfer, da das genannte Element eigentlich nicht in den Mineralen der Fahlerzreihe vorkommt. Das verwendete Erz muss also noch mit Nickelarseniden oder Nickelsulfiden vergesellschaftet gewesen sein. Da Fahlerze in der römischen Metallurgie eigentlich keine Rolle spielen, kann man wiederum in Anlehnung an die frühe Datierung der Funde von Waldgirmes vermuten, dass regional verfügbares Fahlerzkupfer oder vorrömisches Altmetall als Zuschlag zugefügt ist.

Altmetallzuschläge. Plinius beschreibt eine Rezeptur für die Legierungen von Großbronzen mit einem Drittel Altmetall[59]. Ob solche Mischungsverhältnisse auch nach dem ersten Jahrhundert und speziell im Untersuchungsgebiet immer exakt so angewendet wurden, ist fraglich. Das Gegenteil belegen wenige unvergoldete Skulpturen aus Trier (GBL 314 und 315) sowie Teile mehrerer vergoldeter Statuen aus Mainz (GBL 490, 493, 495 und 497) und Trier (GBL 153, 154, 165, 176, 184, 307, 313, 319 und 320). Recycling lässt sich aber eingeschränkt nachweisen und betrifft die Anwesenheit von Elementen, die nicht zu einer üblichen Bronzelegierung (Kupfer, Zinn, Blei) zählen. Ein Indikator für die Wiederverwendung von Altmetall in der Statuenlegierung ist Zink. Es ist normalerweise kein Bestandteil der Statuenbronze, sondern resultiert aus der beabsichtigten Zugabe von Messing in Form von Altmetall. Da dieses die am häufigsten verwendete Kupferlegierung in der römischen Kaiserzeit war[60], sollte man angesichts des großen Metallbedarfs dieser Epoche für Großbronzen regelhaft mit Zinkgehalt rechnen. Fast ein Viertel aller untersuchten Fragmente weist folglich einen messbaren Anteil (über 0,2 Prozent) an diesem Metall auf. Daneben gibt es auch Objekte, vorrangig Appliken, die intentionell aus reinem Messing gefertigt wurden, wie die Medusenhäupter aus Künzing (GBL 201–202) und ein Greif aus Rohr (GBL 129).

Nach chronologischen Kriterien betrachtet wurden Messingobjekte im zweiten Jahrhundert zunehmend als Zugabe für den Statuenguss verwendet. Die Datierung ergibt sich aus der Auswertung der chronologisch bestimmbaren Fundkontexte. Vermutlich landeten in dieser Zeit größter Prosperität zahlreiche Statuen erster Generation zusammen mit verfügbarem Altmetall im Schmelztiegel. Hinsichtlich der Verwendung von zinkhaltigem Material ergibt sich kein signifikanter Unterschied zwischen militärischen und zivilen Kontexten. Recycling von Objekten aus dieser Legierung war danach gleich stark ausgeprägt, was sich letztlich mit den Ergebnissen aus Nordengland deckt, wonach Messing quantitativ in zivilen und militärischen Kontexten nicht grundlegend unterschiedlich verwendet wurde[61].

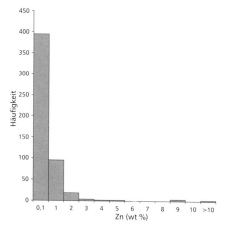

Abb. 14 Häufigkeit der gemessenen Zinkanteile (Zn) in den Limesbronzen.

Im Gegensatz zum modernen Schmelzverfahren erfolgte nach antiker Methode die Herstellung großer Mengen Bronze nur mit Holzkohle unter permanenter Zuführung von Luft in einem offenen System. Fügt man bereits erschmolzener Bronze noch Altmetall aus Messing hinzu, kommt es aufgrund des relativ geringen Siedepunktes von Zink (907 °C) zur Zinkverdampfung, die durch weiße Rauchschwaden erkennbar ist[62]. Weiterhin kommt es bei unzureichender Abdeckung der Schmelze zu einem weiteren Verlust des Zinkanteils durch den selektiven Abbrand. Der Zinkverlust ist willkommen, weil Zinkdampf und Zinkoxid desoxidierend wirken, wodurch wiederum der Abbrand von Zinn und Kupfer sowie dank sinkender Wasserstofflöslichkeit des Kupfers die für den Guss negative Gasblasenbildung verringert werden. Daher verwundert es nicht, dass antike Großbronzen in der Regel nur noch einen geringen Zinkanteil enthalten. Im Gegensatz dazu können kleinere Gusschargen, wie sie etwa für Tierdarstellungen erforderlich waren, im geschlossenen System in abgedeckten Schmelztiegeln erschmolzen werden, die einen allzu großen Verlust des Zinkanteils verhinderten[63]. Kleinformatige Bronzen wurden demnach vermutlich mit dieser Methode gegossen, so der Arm von einer unterlebens-

---

[60] M. Brüggler u. a., Bonner Jahrb. 212, 2012, 121–152, hier 140.
[61] D. Dungworth, Journal Arch. Scien. 24, 1997, 901–910, hier 908.
[62] F. Willer in: Experimental and educational aspects of bronze metallurgy. Proceedings of the 1st International Workshop, Kongr. Wilhelminaoord 1999 (Leiden 2001) 30–38.

[63] M. Schmauder / F. Willer, Kölner Jahrb. 37, 2004, 137–222 Abb. 26; A. Hauptmann / G. Weisgerber in: K. Kortüm / J. Lauber (Hrsg.), Walheim I. Das Kastell II und die nachfolgende Besiedlung. Forsch. zur Vor- und Frühgesch. Baden-Württemberg 95 (Stuttgart 2004) 543–550, hier 548; H. D. Nielen, Metalla 13, 2006, H. 1, 54.

	Objekt	Aufbau der Oberfläche	Metallgefüge	Einschlüsse (Vol. %)	Härte*
GBL 019	Rückenfrg.	Diffusionsvergoldung	α_{Cu}, Pb, $\alpha+\delta$	$Cu_{2-x}Fe_xS$ (0,3 %)	70
GBL 028	Frg.	Blattvergoldung	α_{Cu}, Pb,	Cu_2S	70
GBL 029	Pferdekopf	inverse Blockseigerung von Blei	α_{Cu}, Pb	Cu_2S	80
GBL 031	Pferdekopf	Zinnanreicherung in d. Korrosion	α_{Cu}, Pb	Cu, Cu_2S (0,2 %)	80
GBL 077	Pferdekörper	Zinnanreicherung in d. Korrosion	α_{Cu}, Pb	Cu, Cu_2S (1,2 %)	90
GBL 083	Haarfrg.	Bleilot	α_{Cu}, Pb	Cu_2S (0,3 %)	110
GBL 087	Pteryges	Zinnanreicherung in d. Korrosion	α_{Cu}, Pb, $\alpha+\delta$	Cu_2S (0,5 %)	70
GBL 091	Plinthenleiste	Verzinnung (Lot)	α_{Cu}, Pb, $\alpha+\delta$	Cu_2S	80
GBL 092	Frg.	Blattvergoldung	α_{Cu}, Pb	Cu_2S (0,9 %)	80
GBL 093	Frg.	Blattvergoldung	α_{Cu}, Pb	Cu_2S	90
GBL 101	Reparaturblech	Blattvergoldung	α_{Cu}, Pb	Cu_2S	100
GBL 102	Gewand	Blattvergoldung	α_{Cu}, Pb	Cu_2S (0,8 %)	80
GBL 103	Gewand	Blattvergoldung	α_{Cu}, Pb	Cu, Cu_2S (1,0 %)	100
GBL 104	Gewand	Blattvergoldung	α_{Cu}, Pb	Cu_2S	80
GBL 112	Finger	Blattvergoldung	α_{Cu}, Pb	Cu_2S (0,8 %)	90
GBL 113	Fragment	Blattvergoldung	α_{Cu}, Pb	Cu_2S	70
GBL 114	Gewand	Blattvergoldung	α_{Cu}	Cu_2S (1,3 %)	70
GBL 117	Gewand	Blattvergoldung	α_{Cu}, Pb	$Zn(Cu,Fe)_xS$	110
GBL 120	Reiter	Blattvergoldung**	α_{Cu}, Pb, $\alpha+\delta$	$Cu_{2-x}Fe_xS$, CuZnS; SnO_2	80
GBL 122	Tierohr	Blattvergoldung	α_{Cu}, Pb	$Zn(Cu,Fe)_xS$	110
GBL 173	Frg.	Blattvergoldung	α_{Cu}, Pb	Cu_2S (0,5 %)	70
GBL 174	Haarfrg.	Feuer- und Blattvergoldung	α_{Cu}, Pb	Cu_2S	70
GBL 175	Panzerbeschlag	Blattvergoldung	α_{Cu}, Pb	Cu_2S	90
GBL 176	Pferd	Blattvergoldung	α_{Cu}, Pb	Cu_2S	90
GBL 178	Frg.	Blattvergoldung	α_{Cu}, Pb	Cu_2S	90
GBL 181	Pferdekörperfrg.	Blattvergoldung	α_{Cu}, Pb	Cu_2S, Pb_3O_4	70
GBL 235	Oberarm	Feuer- und Blattvergoldung	α_{Cu}, Pb	$Cu_{2-x}Fe_xSe_xS$ (0,5 %)	70
GBL 438	Faltenfrg.		α_{Cu}, Pb, $\alpha+\delta$	Cu_2S (1,0 %)	90
GBL 439	Körperfrg.		α_{Cu}, Pb	Cu_2S (1,9 %)	70
GBL 440	Pterygesfrg.	Verzinnung (Lot)	α_{Cu}, Pb, $\alpha+\delta$	Cu_2S (0,9 %)	70
GBL 503	Haarlocke	Entzinnung, Kupfer	α_{Cu}, Pb, $\alpha+\delta$	Cu_2S (2,2 %)	100
GBL 543	Statue	Blattvergoldung	α_{Cu}, Pb	$Cu_{2-x}Fe_xSe_xS$ (0,6 %)	140
GBL 554	Statue		α_{Cu}, Pb***	Cu, Cu_2S (1,6 %)	100

Tabelle 1 Gefügeuntersuchung und Härtemessung. Ergebnisse der metallographischen Untersuchungen mittels Rasterelektronenmikroskopie, Lichtmikroskopie und Härtemessung nach Vickers (HV). – (*) HV 0,1. – (**) Rückseite Verzinnung, inverse Blockseigerung. – (***) außerdem $Cu_{45}Ni_{25}Sb_{16}As_7Sb_5Co$. – Zu den Probennummern und laufenden Nummern s. die Konkordanzliste.

großen Statuette aus Naaldwijk (GBL 376) sowie das Tierohr aus Mittelstrimmig (GBL 123) und der vergoldete Adlerfuß aus Mainz (GBL 492). Hierbei handelt es sich um Mehrstofflegierungen mit geringerem Zinkgehalt von etwa zwei bis fünf Prozent.

Die positiven Eigenschaften von Messing als Zuschlag zur Bronzeschmelze wurden offenbar bereits früh erkannt. Geschieht die Beigabe am Ende des Schmelzvorgangs in einer geringen

Abb. 15 Fragmente aus dem Depotfund von Groß-Gerau (GBL 1–28, 524 und 525). Einige Stücke sind blattvergoldet, das Rückenfragment einer männlichen Statue (links in Bild) zeigt Diffusionsvergoldung. Ein bereits in der Antike fehlgeschlagener Versuch, das wertvolle Gold abzukratzen (siehe Pfeil), belegt die hohe Haftkraft gegenüber leicht abzuschabender Blattvergoldung. Darmstadt, Landesamt für Denkmalpflege Hessen.

Menge vor der Abkühlung der Schmelze, kann das im Messing enthaltene Zink aufgrund seiner reduzierenden Wirkung der Bildung von Gasblasen entgegenwirken. Eine zu große Menge an Messing führt dagegen zur Abkühlung und Verfestigung der Schmelze. Befeuern zum erneuten Schmelzen würde in diesem Fall wiederum einen unnötigen Verlust an Zink durch Abbrand zur Folge haben. Daher verwundert es nicht, dass bei der Legierung der meisten Statuenfragmente (abgesehen von Appliken) – also bei fünfundachtzig Prozent der untersuchten Proben – der Zinkgehalt unterhalb der Nachweisgrenze (unter 0,2 %) liegt. Abgesehen von einem vermutlichen Schuhfragment mit siebzehn Prozent Zink aus Trier-Tawern (GBL 324) sowie dem Arm eines Stummen Dieners aus Naaldwijk (GBL 376) mit zwei Prozent Zink liegt der Zinkgehalt bei Limesbronzen meist nur im Promillebereich (Abb. 14). Im Zusammenhang mit der Zugabe von Messing könnte man einen Hinweis von Plinius dem Älteren sehen, der Topfbronze (ollaria) als geeignete Altware bezeichnet[64]. Die Analyse von Ollae des ersten Jahrhunderts zeigt aber, dass die Gefäßkörper in der Regel aus reiner binärer Bronze getrieben wurden, während die

[64] Plin. nat. 34, 97–98.
[65] R. P. J. Jackson / P. T. Craddock in: B. Raftery / V. Megaw / V. Rigby (Hrsg.), Sites and sights of the Iron Age (Oxford 1995) 75–102, hier 90; J. Riederer, Berliner Beitr. Archäometrie 18, 2001, 139–259; ders., dass. 21, 2008, 143–206.
[66] R. Petrovszky, Studien zu römischen Bronzegefäßen mit Meisterstempeln (Buch a. Erlbach 1993) 123–125.
[67] Schwab, Kupferlegierungen 154.
[68] Schmauder/Willer (Anm. 63) 166–169; Petrovszky (vorletzte Anm.) 124.
[69] Vgl. K. Bott / F. Willer in: Gebrochener Glanz 207.

Beschläge meist aus Bleibronze gegossen sind⁶⁵. Erst seit der zweiten Hälfte des zweiten Jahrhunderts wird dann für einige Gefäßformen vermehrt Messing eingesetzt⁶⁶.

Die regelmäßige Verwendung von Messinglegierungen lässt sich seit Beginn des ersten vorchristlichen Jahrhunderts nachweisen. Seit der Mitte und vor allem am Ende dieses Säkulums kommen sie auch nördlich der Alpen in Fibeln, Münzen oder Schwertscheiden vor⁶⁷. Ausgedientes Material landete als Altmetall in der Wertstoffkette und diente offenbar auch nicht selten als Zuschlag für Gussbronze in den Statuenwerkstätten.

Abb. 16 Haarlocke aus Trier, genauer Fundort unbekannt (GBL 174). Rheinisches Landesmuseum Trier.

Mit Ausnahme des rätischen Fundortes Künzing wurde Messing als Zuschlagstoff vorwiegend im nördlichen Untersuchungsgebiet für den Statuenguss verarbeitet, also nördlich der Höhe des Wetteraulimes. Etwa sechzig Prozent aller nachweisbaren Zinkanteile verteilen sich allein auf die Fundorte Nimwegen (24 %), Saalburg (18 %), Bonn (8 %), Xanten (5 %) und Hambach-Niederzier (5 %). Markant sind Funde aus Xanten (GBL 545 und 546), Kalkar (GBL 104, 110, 111 und 480) und Nimwegen-Hessenberg (GBL 268, 269, 279, 280, 281, 294, 302, 303, 329). Eine Erklärung hierfür könnte die bessere Verfügbarkeit des Materials am Ort sein. Messingproduzierende Werkstätten im niedergermanischen Raum scheinen besonders um Aachen und Stollberg aktiv gewesen zu sein, wo es reiche Zinkvorkommen gab⁶⁸.

Vergoldung. Bronzen aus zivilen und militärischen Kontexten unterscheiden sich in der Verzierungstechnik. So war fast die Hälfte aller Statuen von zivilen Fundstellen vergoldet, dagegen nur jede zwanzigste aus militärischen Zusammenhängen. Das heißt, dass nahezu ausschließlich Statuen aus zivilem Ambiente Vergoldung aufwiesen, also aus urbanen und sakralen Bereichen, wo eine private und zahlungskräftige Klientel Großbronzen errichtete.

Für die Blattvergoldung einer lebensgroßen Gewandstatue waren bei einer Stärke der Auflage von etwa drei bis vier Mikrometern etwa neunzig bis einhundertzwanzig Gramm Feingold notwendig. Dies glich im zweiten Jahrhundert dem Gewicht von etwa dreizehn bis siebzehn Aurei, was etwa drei Vierteln vom Jahressold eines Auxiliarsoldaten entsprach⁶⁹.

Die vergoldeten Bronzen stammen zu dreißig Prozent von Götterbildern, zu zehn Prozent von Reiterstandbildern und zu einem Prozent von Panzerstatuen, daneben gibt es neunundfünfzig Prozent Fragmente unbestimmter Typenzuweisung. Entsprechend stellt sich die Frage des Wiederverwendens von ausgedienten Statuen als Recyclingmaterial für den Guss neuer Skulpturen. Dass in erster Linie zerschlagene Großbronzen selbst wieder zu Standbildern vergossen wurden, zeigt vor allem der Goldgehalt in der Legierung einiger Stücke (s. Analysentabelle). Zwar kann man an einer Reihe von Fragmenten erkennen, dass versucht wurde, die Vergoldung abzukratzen (s. Abb. 15), aber angesichts des messbaren Edelmetallgehalts ist dennoch einiges von der Oberflächenbeschichtung in den Schmelztiegeln gelandet.

Da vergoldete Bronzebildnisse häufiger mit zivilen Kontexten zu verbinden sind, stellt sich die Frage, ob dieses Material primär für Statuen im zivilen Bereich wiederverwendet wurde oder ob auch Werkstätten, die für militärische Auftraggeber tätig waren, Zugriff auf das vergoldete Altmetall hatten. Tatsächlich zeigt ein Fünftel aller Gusslegierungen (21 Prozent) und etwa ein Drittel aller Statuen aus militärischen Kontexten (35 Prozent) einen Goldanteil von über einem Zehntel Promille. Auch vergoldete Skulpturen aus zivilen Kontexten wurden also als Altmetall

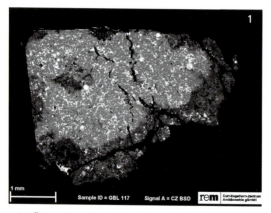 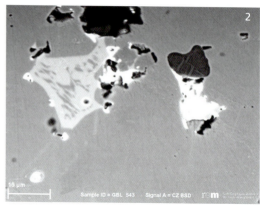

(1) Übersichtsaufnahme (REM/RE) eines vergoldeten Fragmentes aus Hambach-Niederzier (GBL 117). Durch den hohen Rückstreukoeffizienten erscheinen die ungleichmäßig verteilten Bleiglobuli weiß. Der durchschnittliche Bleigehalt liegt bei 14 Prozent, die mittlere Härte bei 110 HV 0,1. – (2) Bleieinschlüsse (weiß), Kupfersulfid (dunkelgrau) und α+δ Eutektoid (hell) im Gefüge einer vergoldeten Bronze aus Groß-Gerau (GBL 543).

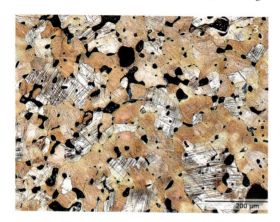 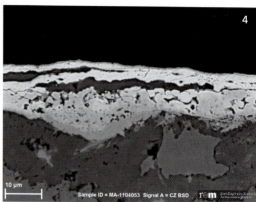

(3) Lichtmikroskopische (LM) Aufnahme des verformten und rekristallisierten Gefüges einer vergoldeten Bronze aus Groß-Gerau (GBL 543). Geätzt mit salzsaurer FeCl$_3$-Lösung (LM). – (4) Feuervergoldung mit darüberliegender Blattvergoldung bei einem Oberarmfragment (GBL 235) unbekannter Herkunft aus dem Akademischen Kunstmuseum der Universität Bonn (REM/RE).

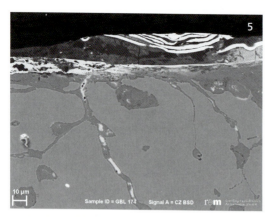 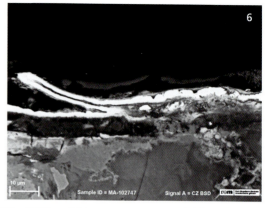

(5) Im Querschliff (REM/RE) eines Haarfragmentes aus Trier (GBL 174) liegen unter einer sechslagigen Blattvergoldung die Reste einer vorrausgegangenen Feuervergoldung. – (6) Abgehobene Blattvergoldung auf korrodierter Oberfläche eines Rückenfragmentes aus Groß-Gerau (GBL 19).

Metallgefüge, Anschliffproben.

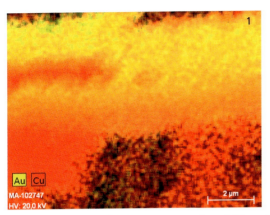 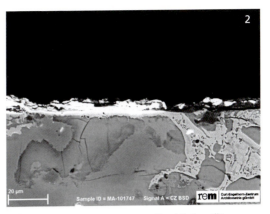

(1) Im quantitativen EDX-Elementverteilungsbild von Kupfer und Gold kann man den allmählichen Übergang zwischen den beiden Metallen erkennen. Im Lichtmikroskop kann man auch den Farbumschlag sehen (Groß-Gerau GBL 19). – (2) Die aufliegende Blattvergoldung hat mit der δ-Phase des α+δ Eutektoids reagiert und eine stoffschlüssige Verbindung ausgebildet (REM/RE) (Groß-Gerau GBL 19).

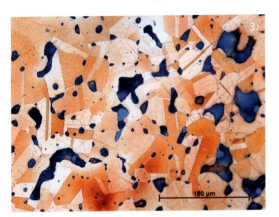 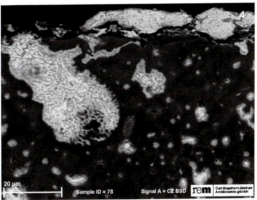

(3) Rekristallisiertes Gefüge eines Pferdekörperfragmentes aus Isny (GBL 77); Farbätzung nach Klemm (LM). – (4) Ein Vergoldungsversuch einer bleihaltigen Bronze, zeigt das Pb-AuPb$_3$-Eutektikum nach dem Erhitzen (REM/RE).

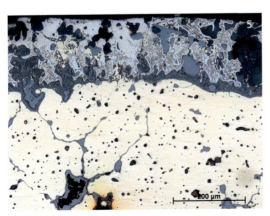 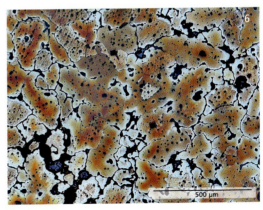

(5) Verzinnung oder Weichlötung mit α+δ Eutektoid an der Oberfläche einer Plinthenleiste (GBL 91) (LM). – (6) Interkristallin korrodiertes Gussgefüge einer Plinthenleiste (GBL 91) aus Aalen. Farbätzung nach Klemm (LM).

Metallgefüge, Anschliffproben.

für die Herstellung neuer Plastiken in militärischen Zusammenhängen verwendet. Von den Bronzen mit Spuren von Gold finden sich mehr als die Hälfte in zivilen Kontexten (58 Prozent). Sieben Prozent der Statuenreste mit Goldanteil in der Legierung können keinem Aufstellungsort zugewiesen werden.

Von den zweiundzwanzig metallographisch untersuchten Fragmenten von vergoldeten Großbronzen zeigen einundzwanzig Stücke Blattgoldauflage und davon wiederum zwei zusätzlich auch Feuervergoldung (Tabelle 1). Da das Edelmetall bei der Blattvergoldung nur mechanisch auf die aufgeraute Oberfläche oder durch ein Bindemittel aufgebracht wird, behält es seinen satten Farbton, weshalb diese Technik sich sichtbar von anderen Vergoldungsarten unterscheidet, die eine stoffschlüssige Verbindung mit dem Trägermetall eingehen. So wurde bei sechs von vierzig analysierten Bronzen mit Goldauflage Feuervergoldung durch zerstörungsfreie Oberflächenanalyse nachgewiesen. Der für Feuervergoldung typische Quecksilbergehalt liegt bei diesen Messungen zwischen zwei und zwölf Prozent. Zu den betreffenden Objekten zählen ein Reparaturstück aus Dorsten-Holsterhausen (GBL 409), Gewandfragmente aus Trier-Hopfengarten (GBL 158 und 159) sowie ein Lockenfragment aus Trier (GBL 313) (s. Analysentabelle), ferner ein Reparaturblech mit Nietstift und ein Tüllenfragemnt aus Dorsten-Holsterhausen, Kreskenhof (ohne GBL, lfd. Nr. 1184 und 1183, nachbeprobt). An zwei Fragmenten konnte diese Technik mittels metallographischem Anschliff eindeutig nachgewiesen werden: Das Oberarmfragment in Bonn (GBL 235) zeigt eine Reparatur, bei der die ursprüngliche Feuervergoldung durch eine zweite Schicht aus zwei Lagen Blattgold ausgebessert ist (Farbtafel 3, 4). Ein gleichartiges Vorgehen zeigt ein feuervergoldetes Haarlockenfragment aus Trier (GBL 174, Abb. 16), bei dem anhand eines Anschliffs sogar sechs Blattgoldauflagen nachzuweisen sind (Farbtafel 3, 5). Hier ist zu vermuten, dass bereits eine erste Reparatur direkt nach der Feuervergoldung ausgeführt wurde. Jedoch scheinen die vielen Blattgoldlagen darauf hinzuweisen, dass die Statue während ihrer Standzeit im Rahmen regelmäßiger Pflege nachvergoldet wurde. Bisher sind nur wenige Beispiele dieser vermutlich weit verbreiteten Technik zur Reparatur defekter Feuervergoldungen belegt[70]. Möglicherweise sind einige Feuervergoldungen bei den rein visuellen Begutachtungen und auch bei den Oberflächenanalysen durch nachträglich aufgebrachte Blattgoldauflage unentdeckt geblieben. Zwölf Prozent der sechsundsechzig untersuchten vergoldeten Bronzestatuenfragmente weisen Feuervergoldung auf.

Bei der Feuervergoldung[71] wird zunächst ein breiiges Gemisch aus Quecksilber mit Gold (Amalgam) bei Raumtemperatur auf die Bronze aufgetragen. Die Bronze wird anschließend erhitzt, wodurch das Goldamalgam in die Bronze diffundiert, bevor dann der größte Teil des Quecksilbers verdampft. Im Ergebnis sind Teile des Kupfers aus der Legierung und Teile des Goldes stoffschlüssig miteinander verbunden. Enthält die Legierung Blei, kann es – wie an dem Oberarmfragment im Akademischen Kunstmuseum Bonn (GBL 234–237) geschehen – zu Reaktionen des Goldes mit dem Blei kommen. Hierbei verbindet sich das oberflächennahe Blei mit dem Gold zu einer unästhetischen grauen Schicht. Je höher der Bleianteil in der Legierung ist, desto stärker ist dieser nachteilige Effekt. In der elektronenmikroskopischen Aufnahme (Abb. 17) der Abschnittprobe vom besagten Oberarmfragment (GBL 235) ist eine solche Stelle

---

[70] M. Leoni in: G. Perocco (Hrsg.), The Horses of San Marco, Venice (Mailand 1979) 192; W. A. Oddy u. a. in: True/Podany, Small Sculpture 103–124, hier 120; Oddy, History 12 f.

[71] Bott / Willer (vorletzte Anm.) Abb. 2c; 3.

[72] K. Anheuser, Im Feuer vergoldet. Geschichte und Technik der Feuervergoldung und der Amalgamversilberung (Stuttgart 1999) 15 f.; Oddy, History 5 f.; B. Schorer / R. Schwab, Restaurierung u. Arch. 6, 2013, 57–69, hier 58.

[73] W. A. Oddy u. a. in: True/Podany, Small Sculpture 103–124, hier 111; Anheuser (vorige Anm.) 16; Oddy, History 6.

[74] Plin. nat. 33, 125.

[75] Anheuser, Im Feuer (Anm. 72) 40–43; Oddy, History 9–14.

zu erkennen, bei der nachträglich Blattgold zur Kaschierung aufgetragen wurde, ähnlich wie bei einem vergoldeten Haarfragment aus Trier (GBL 174).

Einige vergoldete Bronzen weisen einen hohen Kupferanteil auf. Experimente ergaben, dass nach antiker Schmelz- und Gusstechnik Güsse von solchen Großbronzen mit zwei bis drei Prozent Zinnanteil gerade noch durchführbar sind, da mit zunehmendem Kupferanteil die Neigung der Gasblasenbildung deutlich steigt. Der geringe Zinnanteil in der Legierung dürfte ökonomischen Überlegungen geschuldet sein, da Zinn aufgrund der wenigen Lagerstätten im Imperium Romanum im Vergleich zu Kupfer und Blei verhältnismäßig teuer war. Es ist jedoch nicht auszuschließen, dass hier zudem auch ein technischer Zusammenhang zur Vergoldung existiert. Vorstellbar ist, dass es bei zu hohem Zinngehalt zu einer inversen Blockseigerung kommt, bei der das Amalgam aufgelöst wird und sich die Stellen dann an der Oberfläche schwarzgrau verfärben.

Die frühesten bisher bekannten Feuervergoldungen in Mitteleuropa tauchen auf keltischen Artefakten der Spätlatènezeit auf[72]. Für die römische Kaiserzeit setzt diese Technik im zweiten bis dritten Jahrhundert ein[73], obwohl schon Plinius schreibt, dass bereits zu seiner Zeit vorwiegend Silber mit Goldamalgam überzogen wurde[74]. Für Großbronzen ist diese Oberflächenbeschichtung bislang deutlich seltener nachgewiesen als die Blattgoldauflage. Wegen des hohen Bleigehalts von Großbronzen liegt Feuervergoldung auch nicht nahe, da sich das Goldamalgam mit den häufig an der Oberfläche befindlichen Bleitropfen schon während der Vergoldung zu dem unschönen grauen Blei-Gold-Amalgam verbindet[75]. Vergoldete Bronzen aus dem Untersuchungsgebiet weisen daher tendenziell auffallend geringe Bleiwerte auf. Dies gilt besonders für feuervergoldete Bronzen, bei denen sich die beschriebenen grauen Flecken bilden könnten, aber ebenso für zahlreiche im kalten Zustand blattvergoldete Bronzen, etwa aus Mainz und Trier. Ob hier ein technischer Zusammenhang mit der Blattgoldauflage besteht, ist derzeit nicht zu klären.

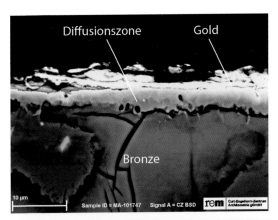

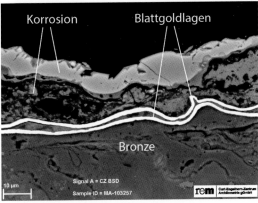

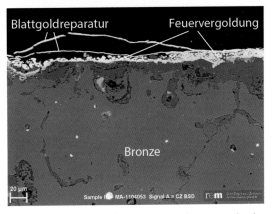

Abb. 17 a–c Anschliffe zur Untersuchung verschiedener Vergoldungstechniken. Darmstadt, Landesamt für Denkmalpflege Hessen, und Bonn, Akademisches Kunstmuseum. – (a) Diffusionsvergoldung an einem Rückenfragment aus Groß-Gerau (GBL 19). – (b) Charakteristische Merkmale einer in einzelnen Lagen aufliegenden Blattvergoldung an einem Gewandfragment aus Groß-Gerau (GBL 2). – (c) Körnig wirkende Feuervergoldung mit Ausbesserung durch Blattgold an einem Armfragment (GBL 235).

88 Frank Willer, Roland Schwab und Manuela Mirschenz

Die Reaktion des Bleis mit dem Gold tritt bei entsprechend hoher Bleikonzentration der Gussbronze (ohne eine vorherige chemisch-mechanische Reduktion des oberflächennahen Bleis) auch bei einer weiteren Vergoldungstechnik, der sogenannten Diffusionsvergoldung auf, bei der ebenfalls eine Temperaturerhöhung zum Ablauf der Reaktion benötigt wird. Diese Art der Oberflächenbehandlung wurde in der Antike nahezu ausschließlich für Silberobjekte verwendet, während Belege für römische Großbronzen bisher fehlten[76]. Es ist deshalb gegebenenfalls frag-

Versuche zur Diffusionsvergoldung, oben ohne, unten mit Alaun.

Abb. 18 (oben) Zwei Lagen 4 μm starkes Blattgold wurden auf eine bleihaltige Bronze (Pb20 Sn7) mechanisch aufgerieben und danach auf etwa 300 °C erhitzt. Deutlich ist die graue Verfärbung der Oberfläche durch die Verbindung des Goldes mit dem Blei zu erkennen (links und Mitte). – Durch Ablöschen einer zuvor erhitzten bleihaltigen Bronze in Essigwasser wird das Blei an der Oberfläche zu Bleiweiß umgewandelt und kann somit entfernt werden (rechts).

Abb. 19 (unten) Mit Alaun. (a) Vor dem Versuch: Bronze gegossen, geschliffen, von Blei gereinigt und mit Blattgold versehen und aufpoliert, vor dem Erhitzen Alaun aufgetragen. (b) Zustand nach dem Erhitzen (etwa 200 °C) und anschließendem Reinigen. (c) Nach dem Erhitzen (etwa 400 °C) und anschließendem Reinigen. (d) Nach dem Erhitzen (etwa 500 °C) und anschließendem Reinigen.

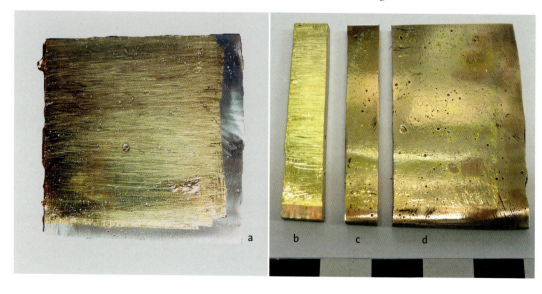

Abb. 20 Versuche zur Zinnseigerung. – (links) Makroskopische Ansicht der Zinnseigerung. – (Mitte) Experimenteller Nachguss mit Zinnseigerung einer bleihaltigen Limesbronze. – (rechts) Bleifreier Nachguss einer klassischen Zinnbronze ohne diesen Effekt.

lich, ob es sich hierbei um intentionelle Diffusion handelt oder ob ein zufälliges Schadensfeuer zur Diffusion geführt hat.

Die Diffusionsvergoldung ist bisher nur an einem Rückenfragment aus Groß-Gerau (GBL 19, s. Abb. 15) zweifelsfrei nachgewiesen. Im Anschliff der Probe kann man in den meisten Bereichen die lose Auflage von Blattgold auf der weitgehend korrodierten Bronzeoberfläche erkennen (Farbtafel 3, 6). Partiell ist es jedoch zu einer stoffschlüssigen Verbindung zwischen der Goldfolie und dem Trägermetall gekommen (Farbtafel 4, 1). Vor allem an Stellen, an welchen das α+δ-Eutektoid an der Oberfläche auftritt, hat sich durch die Interdiffusion eine ternäre Phase ausgebildet (Farbtafel 4, 2)[77]. Diese Statue muss also zu irgendeinem Zeitpunkt höheren Temperaturen ausgesetzt gewesen sein.

An einigen Anschliffen wurden unterschiedliche Auswirkungen nachträglicher Erhitzung beobachtet, wie die Bildung von Zinndioxidkristallen oder häufiger die Rekristallisation des Gussgefüges[78] (Farbtafel 4, 3). Versuche mit bleihaltigen Kupferlegierungen haben gezeigt, dass Goldfolien auf bleihaltigen Bronzeoberflächen nach dem Erhitzen auf etwa zweihundert Grad aufschmelzen und das Edelmetall eine schwarzgraue Farbe annimmt[79] (Abb. 18). Es bildet sich nämlich im binären System Au-Pb bei 212 Grad Celsius ein Eutektikum Pb-$AuPb_3$, so dass Gold und Blei weit unterhalb der Schmelzpunkte beider Komponenten aufschmelzen und sich darin das unschöne schwarzgraue Eutektikum bildet[80] (Farbtafel 4, 4).

Eine typische Großbronze aus Bleibronze müsste deshalb chemisch vorbehandelt werden, um das Blei aus der Oberfläche zu lösen. Hier ergaben Experimente, bei denen Bronze erhitzt und dann in Essigwasser abgelöscht und anschließend mechanisch vom entstandenen Bleiweiß gereinigt wurde, sehr gute Ergebnisse (Abb. 18 rechts). Im Vergleich zur Blattvergoldung stellt dieses Verfahren aber einen deutlich höheren Aufwand dar. Der Vorteil der Diffusionsmethode liegt in einer dauerhaften Haltbarkeit mit geringen Folgekosten für die Pflege. Zudem erscheint die Oberfläche deutlich detailreicher, weil hier im Gegensatz zum Blattgold direkter mechanischer Kontakt zur Bronze besteht.

---

[76] Schorer/Schwab (Anm. 72) 59–66; Oddy, History 5.

[77] O. B. Karlsen u. a., Acta Chemica Scandinavica 46, 1992, 147–156.

[78] G. Rasbach / A. Ulbrich, Restaurierung und Arch. 6, 2013, 1–18, hier 16.

[79] Bott, Vergoldungstechniken (Anm. 5).

[80] H. Okamoto, Journal Phase Equilibria 14, 1993, H. 5 648 f.

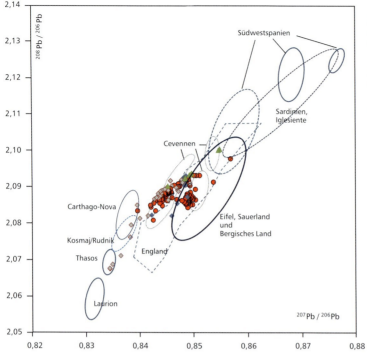

Abb. 21 Bleiisotopenverhältnis 207/206. Radiogene Bleiisotopenverhältnisse römischer Großbronzen im Vergleich mit Bleilagerstätten, die nachweislich in römischer Zeit ausgebeutet wurden. Erzdaten nach Anm. 86. Rot gefüllte Kreise = GBL-Werte, blaue Rauten = Augst, grau gefüllte Rauten mit rotem Umriss = Pompeji, grünes Dreieck = Xantener Knabe.

Im Vergleich dazu ist dennoch die einfache Blattvergoldung angesichts des mit einigen Ausnahmen (s. o. zu Altmetallzuschlägen) meist hohen Bleigehalts der Limesbronzen die praktikablere und deshalb weit verbreitete Technik der Vergoldung.

Darüber hinaus ergab die metallographische Untersuchung vergoldeter Statuenteile, dass das antike Blattgold mit etwa vier Mikrometern Dicke gut drei bis vier Mal so stark wie modernes ist. Versuche mit Material in römischer Stärke zeigen, dass dieses – im Gegensatz zu modernem Blattgold – anscheinend auch ein Anlegen an der Bronze ohne organische Anlegemittel erlaubte[81]. Hierzu musste die Oberfläche lediglich mit einem feinen Bimsstein leicht angeschliffen und dadurch aufgeraut werden. Trägt man hier nun modernes Blattgold auf, welches nur mit einem Polierstein (Achat) angerieben wird, reißt dieses oftmals aufgrund der geringeren Materialstärke ein. Das stärkere römische Blattgold hingegen reißt nicht und verzahnt sich mit der rauen Oberfläche regelrecht, so dass sogar eine Politur erreicht werden kann. Auch eine zweite Lage, wie sie beispielsweise an Überlappungen zwangsweise entsteht, haftet mechanisch noch gut an.

Will man zudem durch Erhitzen eine stoffschlüssige Diffusion des Goldes mit dem Untergrund erreichen, wird dies im Experiment oftmals durch die rasche Oxidation der Bronze verhindert. Schon Plinius (nat. 33, 64) erwähnt den Einsatz von Alaun im Zusammenhang mit der Feuervergoldung. Trägt man gelöstes Alaun (Kaliumaluminiumsulfat) vor dem Erhitzen auf der vergoldeten Oberfläche auf, verhindert dies – ähnlich der Wirkung eines modernen Fluss-

---

[81] Aktuelle Studien an gefassten mittelalterlichen Skulpturen deuten darauf hin, dass hier ebenfalls stärkere Blattgoldauflagen verwendet wurden, die wohl auch direkt ohne Verwendung organischer Bindemittel aufgetragen werden konnten. Vgl. H. Theiss in: St. Roller (Hrsg.), Die große Illusion. Veristische Skulpturen und ihre Techniken (Frankfurt a. M. 2014) 88–119.

[82] Lahusen/Formigli, Bildnisse; Salcuni/Formigli, Grandi bronzi.
[83] R. Schwab / F. Willer in: Gebrochener Glanz 180–182.
[84] Peltz/Schalles, Xantener Knabe.

mittels – die allzu rasche Oxidation der unter der Vergoldung befindlichen Bronze. Versuchsreihen nach dieser Methode gegen Ende des Projektes ergaben sehr gute Resultate und machten deutlich, wie eine mit dem vergoldeten Rückenfragment aus Groß-Gerau vergleichbar kratzfeste Goldauflage erzielt werden kann. Es werden weitere Versuchsreihen nötig sein, um diese Funktionsweise genauer zu klären (Abb. 19).

Schwarz-silbrige Oberfläche. Statt einer korrodierten oder vergoldeten Oberfläche zeigen Fragmente, oftmals aus militärischen Kontexten, etwa aus Aalen (GBL 40, 42, 47, 83, 85–87, 91, 438 und 439, s. Abb. 1 und 29), Künzing (GBL 186–188, 190, 193–198 und 205) und Bonn (GBL 130, 138, 140, 142, 145) sowie von der Saalburg (GBL 222–226, 228 und 232), eine schwarze oder schwarz-silbrige Oberflächenpatina. Besonders gut erhalten ist sie bei einer Panzerapplik in Form eines Greifen (GBL 341) sowie zwei Fingern aus Nimwegen (GBL 342 und 343) und einem Fußfragment (GBL 361) sowie zwei Fingern (GBL 362 und 363) aus Tongern. Dieses Phänomen wird nach den Ergebnissen der metallographischen Untersuchung in einzelnen Fällen durch die Anreicherung des α+δ-Eutektoids hervorgerufen (Farbtafel 4, 5). Dabei handelt es sich bei dem Beispiel einer Plinthenleiste (GBL 91) um Lot oder um eine Verzinnung, andernorts wohl eher um eine inverse Blockseigerung (Zinnanreicherung). Ob es sich um eine intentionelle Farbgestaltung handelt, ist derzeit noch unklar, da solche Veränderungen der ehemals silberfarbenen Oberfläche auch nachträglich durch Feuereinwirkung entstehen können, zum Beispiel bei einem Schadfeuer. Unsere Versuche zeigen, dass sich Zinnanreicherung an der Oberfläche von Blei-Zinn-Bronzen im Gegensatz zu reinen Zinnbronzen in Abhängigkeit der Füllmenge und Formtemperatur bereits in der Gussform bilden kann (Abb. 20).

Das Blei und seine Herkunft. Vergleichbare Isotopendaten von Bleizugaben in den Legierungen römischer Großbronzen zur Bestimmung der Lagerstätten liegen aus Italien[82] und Augst[83] sowie vom sogenannten Xantener Knaben[84] vor. Bei solchen Skulpturen muss man mit Vermischung der Bleiquellen rechnen und kann maximal etwas über die mögliche Herkunft der Hauptkomponente, also des intentionell zulegierten Bleis aussagen.

In den Abbildungen 21 und 22 sind die Isotopenverhältnisse der Großbronzen vom Limes zusammen mit den bekanntesten während der römischen Kaiserzeit genutzten Bleilagerstätten dargestellt. Sie sind gemäß der in der Archäometrie allgemein gebräuchlichen Normierung auf

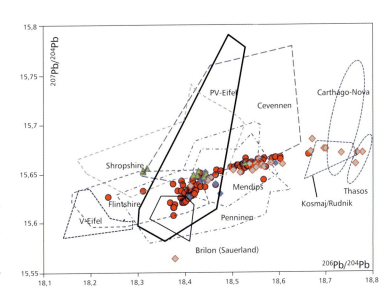

Abb. 22 Bleiisotopenverhältnis 206/204. Auf natürliches Blei genormte Darstellung der Bleiisotopenverhältnisse römischer Großbronzen im Vergleich mit relevanten Bleilagerstätten. Signaturen wie Abb. 21.

^{206}Pb aufgetragen[85]. Bereits in dieser Darstellung kann man erkennen, dass sich die Isotopenverhältnisse der Bronzen vom Limes in mindestens zwei Gruppen gliedern, und dass griechische, spanische und sardische Lagerstätten nicht in Frage kommen. Eine homogene Gruppe ist mit den Bleierzen der englischen Penninen und der Rheinischen Mittelgebirge kompatibel. Da zu dieser Gruppe unter anderem auch die frühkaiserzeitlichen Funde von Waldgirmes gehören und sich zudem datierbares Hackblei des zweiten Jahrhunderts aus Gressenich (GBL 485) am Rand der Eifel befindet, kann man die englischen Lagerstätten für diese Gruppe ausschließen und die Eifel als wahrscheinlichste Herkunft annehmen, was sich auch mit den Ergebnissen von römischen Bleifunden aus Deutschland und der Schweiz deckt[86]. Die Ausbeutung der britischen Lagerstätten beginnt in den Mendips (Südwestengland) seit der Mitte und in den Penninen am Ende des ersten nachchristlichen Jahrhunderts[87]. Das Metall der britischen Lagerstätten wurde bis nach Rom verhandelt und lässt sich auch im südlichen Teil des Untersuchungsgebietes nachweisen. Erst im zweiten und dritten Jahrhundert sind die dortigen Bleiminen die wichtigsten des römischen Reiches[88]. Dies kann Auswirkungen auf die Datierung haben, wie für den Xantener Knaben, der auch englisches Blei enthält und demnach frühestens aus der hohen Kaiserzeit stammt[89].

Nach Aussage der Bleiisotopendaten setzt der römische Bleibergbau in der Eifel, im Sauerland und im Bergischen Land offenbar nach den Gallischen Kriegen in den beiden letzten Jahrzehnten vor der Zeitwende ein, und das dort gewonnene Plumbum Germanicum wurde überregional im römischen Reich verhandelt[90]. Archäologisch gibt es Hinweise darauf, dass in der Nordeifel bei Gressenich, Stollberg, Mechernich, bei Keldenich, bei Kommern und Nideggen sowie zwischen Plombières-Bleiberg, Eupen, Verviers und Theux Blei abgebaut wurde[91]. Überreste der Bleigewinnung wie Schlacken und Ofenanlagen zeigen, dass dort tatsächlich Blei und Silber gewonnen wurde[92]. Gut belegbar ist die Bleigewinnung im Bergischen Land bei Rösrath-Lüderich, Engelskirchen und Königswinter-Oberpleis in augusteischer Zeit[93]. Für das Sauerland gibt es noch keinen archäologischen Nachweis für den Bleibergbau, aber Barrenfunde bei Brilon mit den Inschriften »plum(bum) Germ(anicum)« und »imp. caes.« verweisen auf die dortige

---

[85] Die Daten der Bleierze nach St. Graeser / G. Friedrich, Mineralium Deposita 5, 1970, H. 4, 365–374; I. G. Swainbank u. a., Periodico Mineral. 51, 1982, H. 3, 275-286; D. Large / R. Schaeffer / A. Höhndorf, Mineralium Deposita 18, 1983, H. 2, 235–243; M. Boni / V. Koeppel, Mineralium Deposita 20, 1985, H. 3, 185–193; E. Marcoux / H. Bril, Mineral. Deposita 21, 1986, H. 1, 35–43; K. R. Ludwig u. a., European Journal Mineral. 1, 1989, H. 5, 657–666; M. Le Guen / J.-J. Orgeval / J. Lancelot, Mineralium Deposita 26, 1991, H. 3, 180–188; U. Zwicker / N. H. Gale / Z. A. Stos-Gale in: G. Hatz u. a. (Hrsg.), Otto-Adelheid-Pfennige. Commentationes de Nummis Saeculorum IX–XI. The Royal Swedish Academy of Letters, History and Antiquities (Stockholm 1991) 59–146.; J. Lillo, European Journal Mineral. 4, 1992, H. 2, 337–343; C. J. N. Fletcher / I. G. Swainbank / T. B. Colman, Journal Geol. Soc. 150, 1993, H. 1, 77–82; E. Pernicka u. a., Prähist. Zeitschr. 68, 1993, H. 1, 1–54; A. J. Sinclair / J. C. Macquar / H. Rouvier, Mineralium Deposita 28, 1993, H. 2, 122–128; A. Arribas / R. M. Tosdal, Econ. Geol. 89, 1994, H. 5, 1074–1093; Z. Stos-Gale u. a., Archaeometry 37, 1995, H. 2, 407–415; ders. / N. H. Gale / N. Annetts, Archaeometry 38, 1996, H. 2, 381–390; R. Haggerty u. a., Geol. Magazine 133, 1996, H. 5, 611–617; L. Krahn / A. Baumann, Mineralium Deposita 31, 1996, H. 3, 225–237; B. M. Rohl, Archaeometry 38, 1996, H. 1, 165–180; E. Marcoux, Mineralium Deposita 33, 1998, H. 1–1, 45–58; C. Pomiès u. a., Assessment of the precision and accuracy of lead-isotope ratios measured by TIMS for geochemical applications. Example of massive sulphide deposits (Rio Tinto, Spain). Chemical Geol. 144, 1998, H. 1–2, 137–149; R. Gottschalk / A. Baumann, Europ. Journal Mineral. 13, 2001, H. 1, 197–205; M. A. Hunt Ortiz, Prehistoric mining and metallurgy in South West Iberian Peninsula. BAR Int. Ser. 1188 (Oxford 2003); Th. Wagner / J. Schneider, Mineralium Deposita 37, 2002, H. 2, 185–197; J. F. Santos Zalduegui u. a., Archaeometry 46, 2004, H. 4, 625–634; F. Tornos / C. Chiaradia, Economic Geol. 99, 2004, H. 5, 965–985; R. G. und P. G. Valera / A. Rivoldini in: F. Lo Schiavo u. a. (Hrsg.), Archaeometallurgy in Sardinia from origins to the beginning of the Early Iron Age. Monographies Instrumentum 30 (Montagnac 2005) 49–105; S. Baron u. a., Applied Geochemistry 21, 2006, H. 2, 241–252; S. Durali-Mueller u. a., Journal Arch. Scien. 34, 2007, H. 10, 1555–1567; Bode/Hauptmann/Mezger, Lead Sources; M. Veselinovic-Williams, Characteristics and origin of polymetallic mineralisation in the Kopaonik region of Serbia and Kosovo, with particular reference to the Belo Brdo Pb-Zn (Ag) deposit (Diss. Kingston University 2011); U. Harms u. a., Zeitschr. Dt. Ges. Geowiss. 163,

Bleiproduktion unter Augustus[94]. Das bedeutet, dass die deutschen Lagerstätten den römischen Handwerkern zur Herstellung von Bronzelegierungen für den Statuenguss schon während der römischen Okkupation zur Verfügung standen. Kleinere Vorkommen wie in Wiesloch südlich des Odenwaldes haben, soweit man dies beurteilen kann, vor allem in der späten Kaiserzeit für den lokalen Bedarf gedient[95].

Die Fundorte der Großbronzen mit deutschem Blei liegen ausschließlich im heutigen Rheinland-Pfalz, in Nordrhein-Westfalen und den Niederlanden, also im Umfeld der Bleilagerstätten in den Provinzen Germania inferior, Gallia Belgica und Germania superior. Das Blei der südlichen Fundorte des Untersuchungsgebietes lässt sich zum größten Teil nicht zuordnen. Es handelt sich dabei in erster Linie um eine Gruppe mit großer Streubreite, die wegen Ihrer Heterogenität im Folgenden als Gruppe H bezeichnet wird. Hierzu gehören auch viele italische Bronzen und einige Bronzen aus Augst sowie einige Ausreißer, die in der fundortbezogenen Auswertung genauer beschrieben werden. Diese Gruppe der derzeit noch nicht zuzuordnenden Isotopenverhältnisse kann sowohl eine einzige Lagerstättenprovinz repräsentieren als auch einer Mischung aus verschiedenen Quellen entstammen. Letzteres erscheint aufgrund der großen geographischen Distanzen zwischen den Fundorten jedoch nicht sehr wahrscheinlich.

Es ist bis heute unklar, welche Bedeutung der relativ gut belegte römische Bergbau in Osteuropa in den römischen Provinzen Dalmatia, Moesia Superior, Dacia und auch im südlichen Pannonien für den Export ins gesamte Reich hatte[96], weil es sowohl an Erz- wie an Objektdaten mangelt. Für einen Teil der italischen Bronzen kommen die Blei-Zink-Lagerstätten in der serbisch-makedonischen Metallprovinz mit Sicherheit in Frage.

Für einige Bronzen vor allem aus dem südlichen Teil des Untersuchungsgebietes würden auch französische Lagerstätten in Frage kommen, vor allem in den Cevennen. Plinius schreibt zwar, dass Blei in ganz Gallien abgebaut würde[97], aber für den Blei- und Silberbergbau in Gallien gibt es bisher nur lokale Belege in der Auvergne, in den Cevennen und in Languedoc-Roussillon für die Eisenzeit und für die römische Kaiserzeit[98]. Es ist aber bisher nicht bekannt, ob die Bleigewinnung so ergiebig war, dass für den Export produziert wurde. Auf Sardinien ist die Blei- und Silbergewinnung unter Hadrian belegt, während neuere Untersuchungen zeigen, dass dort bereits seit dem vierten vorchristlichen Jahrhundert und in republikanischer Zeit Blei und Silber verhüttet wurde[99]. Für die untersuchten Bronzen spielen diese Lagerstätten jedoch keine Rolle. Ebenso

2012, H. 1, 69–89; G. Raepsaet / D. Demaiffe / M.-T. Raepsaet-Charlier, Vie arch. 74, 2015, 65–89.
[86] Bode/Hauptmann/Mezger, Lead Sources; Durali-Mueller u. a. (vorige Anm.); B. Guénette-Beck / I. M. Villa, Helvetia Arch. 33, 2002, 151–162; dies. / A. R. Furger, Jahresber. Augst und Kaiseraugst 25, 2004, 245–272.
[87] V. Gardiner, Inst. Archaeo-Metallurgical Stud. News 21, 2001, 11–13; Hirt, Imperial Mines 191; P. Rothenhöfer in: P. Herz / P. Schmid / O. Stoll (Hrsg.), Ökonomie und Politik. Facetten europäischer Geschichte im Imperium Romanum und dem frühen Mittelalter V. Region im Umbruch (Berlin 2011) 51–72, hier 57.
[88] Gardiner (vorherige Anm.) 11; Hirt, Imperial Mines 191; N. Hanel u. a., Chiron 43, 2013, 297–325.
[89] Anders und im Widerspruch dazu die Frühdatierung nach Peltz/Schalles, Xantener Knabe 150–154.
[90] Rothenhöfer (Anm. 87) 66; Schwab, Kupferlegierungen 156.
[91] O. Davies, Roman mines in Europe (Oxford 1935) 171; H. von Petrikovits, Zeitschr. Erzbergbau u. Metallhüttenwesen 11, 1958, 594–600, hier 595; D. Demaiffe / M.-T. Raepsaet-Charlier, Vie arch. 74, 2015, 70–73.
[92] Petrikovits (vorige Anm.) 598; H.-G. Bachmann, Bonner Jahrb. 177, 1977, 617–622.
[93] G. Körlin / M. Gechter in: Th. Stöllner u. a. (Hrsg.), Man and Mining. Mensch und Bergbau. Festschr. Gerd Weisgerber. Der Anschnitt Beih. 16 (Bochum 2003) 237–248.
[94] Hirt, Imperial Mines 104.
[95] F. Ströbele u. a., Arch. and Anthr. Scien. 7, 2015, H. 4, 465–472.
[96] Domergue, mines 86; Hirt, Imperial Mines 56–71.
[97] Plin. nat. 34, 164.
[98] Domergue, mines 84–86; B. Cauuet in: S. Verger / P. Pernet (Hrsg.), Une Odyssée gauloise (Arles 2013) 92; A. Beyrie u. a. in: A. Hauptmann / D. Modarressi-Therani / M. Prange (Hrsg.), Archaeometallurgy in Europe III, Abstracts. Metalla Sonderh. 4 (Bochum 2011) 121 f.
[99] Hirt, Imperial Mines 81; T. De Caro u. a., Applied Physics A 113, 2013, H. 4, 945–957.

wenig waren die spanischen Lagerstätten von Bedeutung für den Statenguss, obwohl spanisches Blei in den vorrömischen Siedlungen nachgewiesen ist[100]. Wahrscheinlich liegen jedoch nur ökonomische Gründe vor. Die Lagerstätten bei Carthago Nova waren bereits Ende des ersten vorchristlichen Jahrhunderts erschöpft, und bei den anderen war der Aufwand sicher viel höher als bei den frisch erschlossenen reichhaltigen Bleilagerstätten in der Germania oder in Britannia.

Gussform und Montage. Einen Schwerpunkt des Projektes bildete die Untersuchung besonderer Herstellungstechniken[101]. Zahlreiche römische Bronzebildwerke aus italischen Werkstätten wurden dahingehend bereits in der Vergangenheit erfolgreich untersucht und dokumentiert[102].

Die meisten Stücke wurden demnach im Untersuchungsgebiet nördlich der Alpen ebenso wie im Mittelmeerraum im indirekten Wachsausschmelzverfahren gegossen. Lediglich das Fragment eines Jupiter Ammon aus Nimwegen (GBL 295) sowie die Kalotte der überlebensgroße Jupiterstatue aus Womrath (GBL 504) wurden wohl gänzlich nach dem direkten Wachsausschmelzverfahren gefertigt.

Die Montage separat gegossener Einzelteile (Stückguss) erfolgte meist durch Überfang- oder Ringguss[103], ein besonderes antikes Schweißverfahren, bei dem durch Übergießen der Verbindungstelle mit flüssiger Bronze eine stoffschlüssige Verbindung erzeugt wurde. Nach Aussage der Analysedaten wurde hierzu meist eine Metallzusammensetzung gewählt, die mit der Gusslegierung der Statuenteile identisch ist, so zu beobachten an Stücken aus dem Bonner Legionslager (GBL 134 und 135), dem Oberarmfragment im Akademischen Kunstmuseum Bonn (GBL 234 und 236), aus Bregenz (GBL 392 und 393), aus dem Amphitheater von Künzing (GBL 188 und 189), aus Neunkirchen-Kasbruch (GBL 389–391) sowie aus Trier (GBL 94–96). Eine Ausnahme bildet ein Arm aus Naaldwijk, der vermutlich von einem Stummen Diener stammt (GBL 339 und 376). Abweichungen liegen im Zufallsbereich und wurden wohl nicht, wie zunächst vermutet, intentionell zur Reduzierung des Schmelzpunktes der Schweißverbindung eingesetzt.

Einige Stücke wie beispielsweise der Torso aus Neunkirchen-Kasbruch (GBL 389–391), die Pferdeköpfe aus Augsburg (GBL 29–31) und Waldgirmes (GBL 592), der Kopf des Severus Alexander aus Carnuntum (GBL 535–539), ein Unterarm (GBL 147) sowie ein Fußfragment (GBL 151) aus Trier, die Finger des Faustkämpferarms aus Blicquy (GBL 486–487), die Montage der Kopfapplikation der Göttin Rosmerta aus Mainz (GBL 399) wie auch eines Gewandes aus

---

[100] R. Schwab, Ber. Arch. Mittelrhein und Mosel 17, 2011, 267–285, hier 283; Schwab, Kupferlegierungen 155 f.
[101] Formigli, Antiche officine (Anm. 29); E. Formigli (Hrsg.), I grandi bronzi antichi. Le fonderie e le techniche di lavorazione dall'età arcaica al Rinascimento. Atti dei seminari di studi ed esperimenti Murlo 24–30 Luglio 1993 e 1–7 Luglio 1995 (Siena 1999).
[102] Lahusen/Formigli, Bildnisse 460–521; Salcuni/Formigli, Grandi bronzi.
[103] Rainer Ellerbrok, Gießerei-Institut RWTH Aachen rekonstruierte eine antike Ringschweißung, die in der Ausst. Gebrochener Glanz gezeigt wurde, s. Newsletter des Gießerei-Institutes der RWTH Aachen 01 / 2010; F. Lehner / S. Rossmann in: Peltz/Schalles, Xantener Knabe 155–165 Abb. 14–25.
[104] F. Willer, Focussing on a special joining technique of separate cast life-size ancient bronze statues, XVIIth International Bronze Congress, Izmir 2011, in Vorb.; A. Dostert / N. Franken / U. Peltz, Jahrb. Berliner Mus. 50, 2008, 9–24.
[105] Salcuni/Formigli, Grandi bronzi Abb. 117; 133–135.
[106] Salcuni/Formigli, Grandi bronzi Abb. 124–125.

Lüttingen (GBL 546) zeigen hingegen eine Lotverbindung, die ähnlich wie heute mit Blei-Zinn-Lot ausgeführt wurde[104]. Solche einfachen, als Weichlotverbindungen bezeichneten Montagen zeigen auch die Schwertscheidenmontage aus Murrhardt (GBL 380) oder verschiedene Sockelleisten aus Weißenthurm (GBL 124 und 125), Aalen (GBL 91) und dem Bonner Legionslager (GBL 141) sowie die Blitzbündel aus Mainz (GBL 400) und Womrath (GBL 501). Das Torsofragment einer vermutlichen Marsstatue aus Neunkirchen-Kasbruch (GBL 398–391) stellt hingegen eine Ausnahme dar. Die heute verloren gegangenen Arme waren eingesteckt, vernietet und mit Blei-Zinn-Lot gesichert, der Kopf wurde zusätzlich punktuell am Ansatz des Panzers verschweißt. Die Montage mit runden Kupfernietstiften diente in der Regel zur Sicherung von größeren Reparaturblechen oder zur einfachen Montage von Applikationen, wie die Stücke aus Weißenburg (GBL 404 und 407), der Saalburg (GBL 60, 221 und 227) und Trier (GBL 146) zeigen. In wenigen Fällen dienten runde Nietstifte zur zusätzlichen Sicherung der Bronzen am Sockel, wie man es an einem Fragment mit Schlangenmaul aus Trier (GBL 146) oder dem Pferdehuf aus Durach (GBL 358) beobachten kann. Zudem waren Kupfernietstifte wohl auch für die einfache und reversible Montage von Köpfen geeignet, wie es das Porträt von Gordian III. aus Niederbieber zeigt (GBL 366, Abb. 9 und 64).

Abb. 23 a–b (gegenüber und oben) Eine mit Niello verziertes Teilstück einer Satteldecke aus dem Rheinland (GBL 377) zeigt die typische Vorrichtung zur Montage am Pferdekörper. Bonn, Landesmuseum.

Eine weitere Montagetechnik wurde an Teilen von Reiterstandbildern (Augsburg GBL 32–33, Waldgirmes GBL 529 sowie in Bonn GBL 377) und an einer Reliefbronze aus Maastricht (Inv. 2962) beobachtet. Hier hatte man separat gegossene Applikationen rein mechanisch befestigt, da sie aufgrund ihrer Größe und Temperaturempfindlichkeit nicht durch Lötung oder Schweißung montiert werden konnten. Die Zusammensetzung erfolgte mittels rechteckiger Einschubstege, welche an den anzubringenden Teilgussstücken beziehungsweise Applikationen bereits mitgegossen waren. Diese Einschubstege konnte man dann an dem Standbild in vorgesehene Einschuböffnungen einsetzen, die am Wachsmodell bereits vor dem Guss angelegt waren (Abb. 23). An der noch zugänglichen Innenseite der Statue fixierte man sie anschließend mittels einer Bohrung durch einen Stift. Diese Technik ermöglichte neben der einfachen Montage die Verwendung andersfarbiger Metalle sowie eine optische Verstärkung der Plastizität. Die Ausführung war bei den untersuchten Stücken trotz unterschiedlicher Datierung gleich und fußt wohl auf einer älteren Tradition, denn sie wurde schon in italischen Werkstätten angewendet[105]. Eine weitere Art der Montage von Applikationen, welche sich ebenfalls an italischen Reiterstandbildern beobachten lässt[106], wurde mit Nietstiften durchgeführt, so bei Stücken von der Saalburg (GBL 218–222 und 226).

Die massiv gegossene Kultkrone aus Vetera bei Xanten (GBL 506) wurde anscheinend lediglich in eine rillenförmige Einlassung im Kopf der heute verlorenen Statue eingesetzt und womöglich mit einem Stift gesichert. Reste der zunächst vermuteten Lotverbindung konnten nicht nachgewiesen werden.

Eine andere Besonderheit waren mitgegossene halbkreisförmige Bronzelaschen an den Innenseiten von Pferdehufen etwa aus Kempten (GBL 383 und 384), Kempten-Durach (GBL 385) und Bregenz (GBL 453). Nach dem Aufstellen und dem Verguss mit Blei verhinderten diese

Abb. 24 Ein vergoldetes Relieffragment aus Mittelstrimmig (GBL 477) zeigt eine anspruchsvolle Reparaturtechnik. Gussfehler sind durch passgenau eingefügte Reparaturbleche kaschiert. Senkkopfnietstifte aus Kupfer halten diese in Position. Privatbesitz.

als Widerlager das Ablösen des Standbildes zum Beispiel bei Sturm[107]. Die Haarkalotte aus Weißenthurm (GBL 382) zeigt formal gleiche Laschen, deren genaue Funktion bei der Montage noch nicht geklärt ist (vgl. Abb. 51).

Die Montage der Bildwerke auf ihrem Sockel erfolgte entweder mit massivem Bleiverguss, wie zahlreiche Fußfragmente aus Mainz (GBL 493 und 491), Paks (GBL 547), Köln (GBL 128), Künzing (GBL 204), Dalkingen (GBL 351 und 351), Tongern (GBL 361), Naaldwijk (GBL 370) und Namur (GBL 387) zeigen. Oftmals wurde das Blei im Zuge der Demontage oder Zerstörung entfernt (GBL 128, 204, 351, 352, 361, 370 und 387), oder es ist durch starke Hitzeeinwirkung eines Schadfeuers ausgeschmolzen (GBL 491). Gemäß der römischen Sockelungstechnik zeigen die Fußunterseiten bis auf zwei Fragmente aus Mainz (GBL 491) und Trier (GBL 500) nur noch eine Rahmenleiste, die häufig an der Basis eine entsprechende rillenförmige Einlassung zur besseren Arretierung erforderte[108]. In eine tiefe Ausnehmung unterhalb der Standfläche wurde dann das Blei durch eine kleine Öffnung im Bein eingegossen. Gleiches Vorgehen gilt für die Reiterstandbilder beziehungsweise Pferdehufe als Reste von solchen Monumenten aus Kempten (GBL 384), Durach (GBL 385) und Bregenz (GBL 453). Das Fußfragment aus Trier (GBL 500) war ehemals lediglich auf einer Metallplinthe verlötet, dasjenige aus Mainz (GBL 491) auf einer Steinbasis vergossen.

Nacharbeit. Besonders auffällig sind einige Reparaturtechniken, die sich nach bisherigem Kenntnisstand von denen italischer Bildwerke unterscheiden. Generell kaschierte man durch Gussfehler entstandene Fehlstellen in der Oberfläche mit passgenau eingefügten Reparaturblechen von quadratischer, rechteckiger oder polygonaler Form. Einige Stücke etwa aus Nimwegen (GBL 396), Mittelstrimmig (GBL 518) oder Groß-Gerau (GBL 6–9 und 11–15) zeigen hierzu eine gegenüber italischen Bronzen leicht abweichende Variante[109]. Zur zusätzlichen Sicherung

---

[107] Salcuni/Formigli, Grandi bronzi Abb. 269; 279. Mitgegossene Bronzelaschen zeigen auch Pferdehufe aus Verona, Mus. Arch. Diese Montagetechnik scheint von italischen Werkstätten übernommen zu sein. Zur Verbesserung der Standsicherheit hatte man hier zusätzlich eine massive Eisenarmierung eingesetzt, s. ebd. Abb. 283–286.

[108] F. Willer / R. Meijers in: Gebrochener Glanz 178 f. Abb. 9.

[109] Salcuni/Formigli, Grandi bronzi Abb. 408–409. Ein Pferdebein in Verona, Mus. Arch., lässt die in Italien übliche Vorgehensweise mit eingesetzten polygonalen Reparaturblechen ohne Sicherung durch Nietstifte erkennen.

[110] Peltz/Schalles, Xantener Knabe 127–129.

der Reparaturbleche wurden bei den Limesbronzen häufig Senkkopfnietstifte mit vier bis fünf Millimetern Durchmesser aus weichem, nahezu reinem Kupfer verwendet, oft von polygonaler Form (GBL 5, 10, 191, 227, 237, 395 und 404). Sie wurden von der Rückseite in die Bohrungen eingeschoben. Viele Fragmente aus dem gesamten Untersuchungsgebiet weisen nur noch Bohrlöcher auf, die auf diese wohl weit verbreitete Methode hindeuten. Eine eckige Verbreiterung an der Rückseite der Nietstifte, die mit einem schweren Hammer fixiert oder einer Zange gehalten wurde, diente beim Vernieten an der noch zugänglichen Innenseite als Gegenlager. An der Oberfläche der Bronze hatte man zuvor die Bohrung für den Nietstift etwas konisch erweitert, um Raum für das Material des zu versenkenden Nietkopfes zu schaffen. Daher waren die Nietköpfe nach dem anschließenden Überfeilen und Glätten in der Oberfläche der Bronze kaum noch zu erkennen. Patina oder Vergoldung halfen zudem, solche Ausbesserungen noch besser zu kaschieren (Abb. 24, vgl. auch Abb. 58).

Entstanden bei der Vorbereitung der Nacharbeiten (ausgemeißelte Gruben) größere Niveauunterschiede, so konnten diese nicht mit einfachen, nur zugeschnittenen Blechen ausgeglichen werden. Ein Beispiel hierfür ist ein herausgefallenes Reparaturstück eines Gewandfaltenfragments aus Duppach in der Eifel (GBL 308). Hier wurde die vorbereitete Reparaturstelle zunächst mit allen Unebenheiten des Untergrundes in Wachs abgeformt, um sie anschließend im Wachsausschmelzverfahren in Bronze nachzugießen. Dieses Verfahren ermöglichte den passgenauen Sitz der Einlage und ist mit der modernen Inlaytechnik beim Zahnersatz vergleichbar.

Eine weitere Besonderheit ist die Kaschierung von viereckigen Kernhalterlöchern (etwa zwei mal zwei Millimeter), die im Vergleich zu italischen Statuen (etwa vier mal vier Millimeter) in der Regel deutlich kleiner ausgefallen sind. Kernhalter sind vierkantig geschmiedete Eisennägel, die während des Wachsausschmelzens und Gießens den inneren Kern der Gussform mit dem äußeren Formmantel verbanden. Nach dem Guss wurden diese herausgezogen, so dass in der Bronze quadratische Öffnungen (Kernhalterlöcher) zurückblieben, die bei der abschließenden Behandlung geschlossen werden mussten. Die Kaschierung erfolgte bei vielen Stücken des gesamten Untersuchungsgebiets nicht wie bei den Vorbildern in Italien mit quadratischen oder rechteckigen Flickplättcheneinlagen, sondern oftmals lediglich durch kleine eingeschmiedete Bronzeperlen[110]. Dies war aufgrund der kleineren Öffnungen gut möglich (vgl. Abb. 77c).

Abb. 25 Bronzebildnis des Severus Alexander aus Carnuntum mit Bleilot am Hals und Spuren gewaltsamer Zerstörung (GBL 535–538). Bochum, Kunstsammlung der Ruhr-Universität.

Zerstörung. Auch Spuren und Ursachen der Zerstörung von Bronzestatuen standen im Fokus der Untersuchungen. An einigen Fragmenten wie den Porträtköpfen Gordians III. aus Niederbieber und des Severus Alexander aus Carnuntum lassen sich deutliche Hinweise auf Bildnisschändung finden, die in Zeiten gewaltsamer Entmachtung nicht unüblich waren (Abb. 25). In den meisten Fällen jedoch war das vorliegende Material schon auf Tiegelgröße zerkleinert und deponiert, um es zu einem späteren Zeitpunkt der Wiederverwendung zuzuführen (s. Abb. 1). Die rein mate-

Abb. 26 Rekonstruktionsversuch der Arbeitsabläufe in einer römischen Bronzegießerei nördlich der Alpen. (1) Modellierung der Vorlage, (2) Abformung der Vorlage mit Gips, (3) Auskleiden der Gipsabformung mit Wachsplatten, (4) Zusammenfügen der erkalteten Wachseinzelteile, (5) Zwischenlagern bereits fertiggestellter Wachsformteile in Wasserbecken zum Schutz vor Deformation, (6) Verfüllen und Ummanteln des Wachsmodells mit Ton zur Herstellung der Gussform, (7) Einbringen der Gussform in die Gießgrube, (8) und (9) Mit Holzkohle und Blasebälgen wird die Bronze in Tiegeln oder schachtförmigen Öfen erschmolzen, (10) Direktes Eingießen der Bronze mittels Schmelztiegel oder durch Anstechen des Schachtofens über einen Gusskanal im Boden, (11) Nach erfolgreichem Guss, Zerschlagen der geborgenen Gussform, (12) Mechanisches Versäubern der rauen Gusshaut, (13) Anpassen von separat gegossenen Statuenteilen, (14) Ausbessern von Gussfehlern durch Anpassen und Einfügen von Reparaturblechen, (15) Verschweißen von Einzelteilen (Ring-Überfangguss).

riell intendierten Zerstörungen von Bronzestatuen setzten nicht erst bei Reichskrisen ein oder gar erst in der Zeit, als der Limes gefallen war. Vielmehr erlitten die Limesbronzen schon seit der Frühzeit der römischen Herrschaft einen stetigen Zyklus »zwischen Ruhm und Recycling«[111]. Das belegen nicht zuletzt auch die hier vorzustellenden archäometrischen Untersuchungen.

Zusammenfassung und Ausblick

Über fünftausend Fragmente römischer Bronzestatuen aus Ober- und Untergermanien, der Gallia Belgica und Rätien wurden im Rahmen des Projektes interdisziplinär untersucht, darunter auch eine statistisch relevante Anzahl von Fragmenten mit naturwissenschaftlichen Analyseverfahren. Im Zentrum dieser Forschungen stand die Bestimmung der Legierungen und der Provenienz des verwendeten Bleis. Virtuelle Gusssimulationen sowie praktische Gießversuche wurden durchgeführt, um die Abläufe der antiken Verfahrensweise beurteilen zu können und um schließlich auch den technisch bedingten Aufbau solcher Großplastiken besser zu verstehen. Chronologische, geographische und kontextuelle Erkenntnisse aus der Archäologie verbinden sich mit den herstellungstechnischen Beobachtungen und archäometrischen Ergebnissen zu wichtigen neuen Aussagen über den provinzialrömischen Statuenguss. Fest datierte Objekte wie der Pferdekopf aus Waldgirmes (augusteisch) oder die Fragmente des Jupiterstandbildes (neronisch) bilden die Grundpfeiler diachroner Untersuchungen zur Entwicklung der römischen Bronzetechnik nördlich der Alpen. Synchrone und geographische Übereinstimmungen in den Legierungen stützen

---

[111] M. Mirschenz in: Gebrochener Glanz 143–154; F. Willer, ebd. 210 f.

[112] M. Bergmann / L. Weigel (Red.), Wieland-Kupferwerkstoffe. Herstellung, Eigenschaften und Verarbeitung (6. Aufl., Ulm 1999) 269–272 Tabelle GA9 Abb. 14.05.

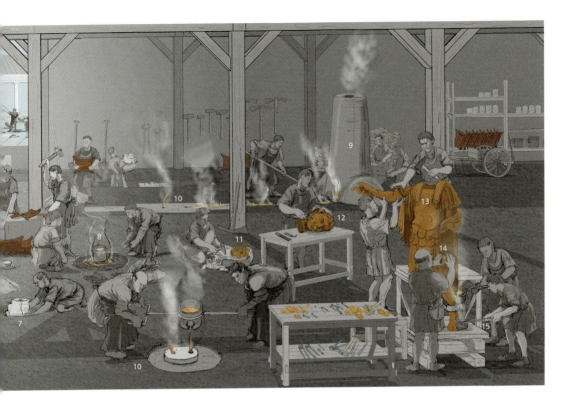

Überlegungen zu Werkstattkreisen und Rezepturen. Die kontextuelle Differenzierung, beispielsweise zwischen militärischen und zivilen Kontexten oder zwischen den geographischen Räumen, kann zur Klärung vom Umgang mit Wertstoffen (Altmetallverwertung) beitragen.

Bei den analysierten Legierungen handelt es sich wie auch bei ihren mediterranen Vorbildern im Wesentlichen um sehr einheitliche Blei-Zinnbronzen mit relativ hohem Bleianteil und mittlerem Zinngehalt von fünf bis zehn Prozent. Anders als etwa gleichzeitig zu datierende Bronzestatuen aus Norditalien enthalten die untersuchten Fragmente aus den Gebieten nördlich der Alpen verhältnismäßig viel Zinn, manchmal über zehn Prozent, so beim Fragment von einem Pferdeschweif in Trier (GBL 155, rechts oben auf Abb. 73). Auch der durchschnittliche Bleigehalt der Limesbronzen ist bemerkenswert hoch, ohne dass dies immer zwingend mit Einsparung des wertvollen Legierungsbestandteils Zinn einherginge. Es handelt sich um Legierungen, die in der heutigen Gießereipraxis wegen moderner Verfahren und Inhaltsstoffe unüblich sind, gar vermieden werden, um die Bronze nicht unnötig zu härten und um Seigerungen zu verhindern. Die durchschnittliche Limeslegierung mit etwa fünf bis zehn Prozent Zinn und fünfzehn bis zwanzig Prozent Blei wird heute dennoch in ähnlicher Zusammensetzung für bestimmte technische Lagerwerkstoffe eingesetzt, für moderne Statuen- beziehungsweise Kunstgüsse aber ist sie nicht mehr gebräuchlich[112]. Experimente mit einer durchschnittlichen Legierung haben aber gezeigt, dass die antike Bronze mangels heute üblicher desoxidierender Zusätze wie Phosphor dickflüssiger ist und später erstarrt. Die hohen Bleizusätze dienten also nicht nur der Kostenreduzierung, sondern waren auch für das Fließvermögen der Schmelze notwendig. Der teilweise hohe Zinngehalt deutet auch darauf hin, dass der Metallverlust durch Abbrand nicht nur durch die Zugabe von Altmetall und Blei kompensiert wurde, sondern auch durch Zinn.

Einige der blattvergoldeten wie auch der feuervergoldeten Statuenfragmente weisen einen auffallend hohen Kupferanteil mit nur sehr geringen Blei- und Zinnzusätzen auf. Neben den technischen Erkenntnissen zur Reduzierung des teuren Zinns scheint auch ein ästhetischer Zusammenhang zwischen dem Grundton der Legierung (rot) und der transluziden Goldauflage zu bestehen. Bei der Feuervergoldung sind verfahrensbegründet unter Einwirkung von Hitze negative Reaktionen von Blei mit Gold bekannt. Ob der Bleigehalt in der Bronze sich nun auch bei einer im kalten Zustand auszuführenden Blattgoldauflage negativ auswirken kann oder es andere technische Erklärungen für den geringen Bleigehalt gibt, wird derzeit noch diskutiert und erforscht. Sicherlich ist die im Untersuchungsgebiet verhältnismäßig selten nachzuweisende Feuervergoldung den gusstechnischen Anforderungen der Bleibronze geschuldet. Entsprechende Funde sind zudem leider auch nicht kontextualisiert. Die rein auf der makroskopischen Beobachtung beruhende statistische Verteilung vergoldeter Statuenfragmente zeigt, dass diese vorzugweise in zivilen Kontexten gefunden wurden und Vergoldung vor allem an den dort aufgestellten Statuen eingesetzt wurde. So wurden an etwa fünfundvierzig Prozent aller Statuenteile, die aus solchen Zusammenhängen stammen, Vergoldungsspuren beobachtet, während dies nur für fünf Prozent aller Fundstücke aus dem militärischen Bereich zutrifft.

Neben dem Verhältnis der Hauptlegierungsbestandteile zueinander wurden auch Nebenelemente untersucht. Etwa ein Drittel der Metallproben enthielt Hinweise auf Zuschlag von Altmetall. Die nicht seltenen Spuren von Zink und Gold in der Legierung bilden Indizien für Altmetallzuschläge von Messing und vergoldeter Bronze, da diese Metalle im Gegensatz zu Kupfer, Zinn und Blei ursprünglich nicht Bestandteil einer antiken Gussbronze sind.

Ein geringer Anteil an Zink lässt auf die Zugabe von Altmessing schließen. Nachweisbarer Goldgehalt ist durch das Wiedereinschmelzen von vergoldetem Statuenmaterial bedingt. Gusslegierungen mit Zinkanteil lassen sich chronologisch und regional differenzieren. Die Auswertung der datierbaren Fundkontexte zeigt für das zweite Jahrhundert eine zunehmende Verwertung von immer besser verfügbarem Messingschrott für den Statuenguss. Geographisch lässt sich Messingrecycling in der Statuenherstellung überwiegend im nördlichen Untersuchungsgebiet feststellen, also nördlich des Wetteraulimes.

Eine weitere geographische Trennlinie lässt sich auch beim verwendeten Blei beobachten: Der größte Teil der Großbronzen in den Provinzen Ober- und Niedergermanien, der Gallia Belgica und Rätien enthält solches aus Lagerstätten der deutschen Mittelgebirgszone und somit aus dem näheren Umfeld. Das Blei der südlicheren Fundorte, vor allem aus Rätien, ist dieser Gruppe mehrheitlich nicht zuzuordnen. Diese Beobachtung beantwortet auch eine wichtige Leitfrage des Projektes, ob die Monumente überhaupt in den Provinzen hergestellt wurden, oder ob man sie aus Italien herantransportieren musste[113]. Eine der Begründungen lag bisher in dem mangelnden Nachweis einschlägiger Werkplätze. Doch selbst im italischen Mutterland sind die Nachweise dafür äußerst spärlich, was wohl in der Natur der Werkstattmaterialien liegt, die entweder wiederverwendet wurden oder unscheinbaren Abfall bildeten. Zu den für die Römerzeit wohl wichtigsten Befunden zählen die provinziellen Gießereiwerkstätten in Bordeaux und Avenches[114]. Letzterer Befund kann dem Untersuchungsraum nördlich der Alpen

---

[113] In der Vergangenheit wurde in der Forschung die Möglichkeit der Produktion römischer Großbronzen in den Nordwestprovinzen angezweifelt, s. Peltz/Schalles, Xantener Knabe 177.

[114] M.-F. Meylan Krause in: Gebrochener Glanz 52–55; F. Adamski / M. Pernot / C. Sireix in: S. Fontaine / M. Pernot / S. Satre / A. Tekki (Hrsg.), La ville au quotidien (Aix-en-Provence 2011) 191–202.

[115] P. Rothenhöfer / M. Bode in: E. Olshausen / V. Sauer (Hrsg.), Die Schätze der Erde. Natürliche Ressourcen in der antiken Welt. Geographica Historica 28 (Stuttgart 2012) 345–360.

[116] U. Peltz in: Peltz/Schalles, Xantener Knabe 128, beobachtet auch an griechischen und einigen römischen Statuen diese Technik. Sie wird dort jedoch primär in Bereichen wie Frisuren angewendet, bei der aufwendige Überarbeitung (Kaltarbeit) schlecht möglich ist. Edilberto Formigli (Murlo) bestätigte 2012 diese Beobachtung mündlich.

[117] Hinweis Edilberto Formigli (Murlo), s. a. ders. in: ders., Fonderie e techniche (Anm. 101) 145–190, bes. 148 Schema 1 b 5; 162–168 Abb. 2; 13–14.

Abb. 27 Rekonstruktion der Aufstellung eines römischen Reiterstandbildes. (1) Absetzen des Reiters mittels eines Flaschenzuges, (2) Schmelzen des Bleis für den Bleiverguss, (3) Eingießen des Bleis zur Versockelung des Bildwerkes mit der Steinbasis.

angegliedert werden. Die Provenienzbestimmung des verwendeten Bleis liefert hier nun weitere wichtige Anhaltspunkte. Denn auch unter Berücksichtigung der Tatsache, dass das Plumbum Germanicum im gesamten römischen Reich verhandelt wurde[115], ist nach Ausweis der Bleiisotopie von einer weitgehend geographischen Korrelation zwischen Produktions- und Lagerstätte auszugehen und ein Re-Import eher unwahrscheinlich. Als weiteres Indiz für lokale Produktion beziehungsweise Verwendung von Kupfer aus regionalen Lagerstätten kann der an einigen Proben zu beobachtende hohe Antimonanteil gesehen werden. Diese hohen Werte kommen in italischen Bronzen nicht vor, sondern resultieren mit hoher Wahrscheinlichkeit aus der primären oder sekundären Verwendung einheimischer Fahlerze, die schon für vorrömische Buntmetallartefakte das Kupfer lieferten.

Für eine Produktion vor Ort sprechen auch Besonderheiten der Herstellungstechnik. So unterschieden sich zahlreiche Kernhalteröffnungen und deren Ausbesserungen von denen, die man bislang an den meisten italischen Bildwerken beobachtet hat. Gegenüber der italischen Machart sind sie deutlich kleiner und wurden häufig nicht mit aufwendigen Reparaturblechen, sondern vielfach nur mit eingeschlagenen Bronzeperlen geschlossen[116]. Ein weiterer Hinweis auf den Einfluss regionaler Handwerker sind zusätzliche Sicherungen von eingesetzten Reparaturblechen, die mittels kupferner Senkkopfnietstifte erfolgten. Diese offenbar in Italien wenig gebräuchliche Technik kam insbesondere bei vergoldeten Statuen zur Anwendung. Eines der wenigen bekannten italischen Bildwerke, bei denen diese Technik Anwendung fand, ist das Reiterstandbild des Mark Aurel auf dem Kapitol in Rom. Reparaturbleche wurden entweder rein mechanisch vernietet oder durch Übergießen mit Bronze am Original fixiert[117].

Vieles deutet inzwischen darauf hin, dass spätestens seit der augusteischen Okkupationsphase qualifizierte Handwerker in der Lage waren, monumentale Bildnisse aus Bronze vor Ort herzustellen. Dies erforderte neben umfänglichem Fachwissen und Erfahrung auch geeignete Werkplätze sowie uneingeschränkten Zugang zu den benötigten Rohstoffen und Materialien (Abb. 26). In Qualität und Größe waren die Bildwerke mit den Großbronzen aus Italien vergleichbar. Insbesondere die zahlreichen Hinweise auf Reiterstandbilder verdeutlichen die bildhauerischen Fähigkeiten, die Kunstfertigkeit und den hohen Leistungsstandard der Bronzehandwerker in der Provinz (Abb. 27). Importstücke wie der Xantener Knabe, der Faustkämpfer aus Blicquy, von dem nur ein Armfragment erhalten geblieben ist, oder eine als Fußbruchstück überlieferte Skulptur aus Trier bildeten von Beginn an Ausnahmen. Wie die nahezu identische Produktionsweise der beiden unterschiedlich datierten Pferdeköpfe aus Waldgirmes und Augsburg zeigt, wurde dieses Wissen auch an spätere Generationen weitergereicht. In der Abwandlung von Rezepturen und Techniken kann eine Anpassung an die andersartigen klimatischen Verhältnisse in Mitteleuropa gesehen werden. Somit handelte es sich nicht nur um einen Techniktransfer, sondern auch um eine technische Optimierung, die sich in den untersuchten Bronzestatuenfragmenten erkennen lässt.

Das Forschungsprojekt ›Römische Großbronzen am UNESCO-Welterbe Limes‹ hat die Grundlagen für die interdisziplinäre Erforschung dieses Fundmaterials verändert. Es zeigte sich, dass nur die Verzahnung vielfältiger Methoden zu schlüssigen Aussagen führt. So kann ein isoliertes Indiz aus der Materialanalyse ohne die Berücksichtigung herstellungstechnischer Beobachtungen und gezielter Nachuntersuchungen nur schwerlich interpretiert werden. Die Interdisziplinarität des Forschungsprojektes wird auch in der Datenbank abgebildet. Sie ist nicht nur ein Katalog der aufgenommenen Objekte, sondern veranschaulicht das breit angelegte Methodenspektrum. Mit der angestrebten Konsistenz und Vergleichbarkeit einschlägiger Daten bleibt der Blick auf die Zukunft der Erforschung weiterer römischer Bronzestatuen gerichtet[118].

Frank Willer sowie Dr. Manuela Mirschenz, LVR-Landesmuseum, Bachstraße 9, 53115 Bonn, frank.willer@lvr.de bzw. mmirsche@uni-bonn.de. – Dr. Roland Schwab, Curt-Engelhorn-Zentrum Archäometrie, D6,3, 68159 Mannheim, roland.schwab@cez-archaeometrie.de.

---

[118] M. Mirschenz in: Kemkes, Großbronzen (Anm. 13) 20–25.

Wir danken dem Projektteam: Sascha Heckmann, Dr. Jörg Heiligmann, Prof. Dr. Hans-Marcus von Kaenel, Dr. Martin Kemkes, Lena Kühne, Katharina Nicolai, Claudia Sarge, Dr. Susanne Willer. Die Koordinierung der archäometrischen Aufgaben erfolgte am LMB.

Arbeiten im Zusammenhang mit der archäometrischen Auswertung: Am LMB Röntgenaufnahmen und p-RFA (Holger Becker); Wirbelstrommessung, HDR-Mikroskopie, Sichtung und Probenentnahme, erste Vorauswertung der Messdaten, Tonkernuntersuchung, Versuchsreihen und Experimente (Frank Willer); Erstellung von Datensätzen und deren Auswertung (Dr. Manuela Mirschenz und Frank Willer), 3D-Scanning (Olivia Straub); fotografische Dokumentation (Jürgen Vogel). – Am Museum het Valkhof, Nimwegen, Beprobung und Untersuchung niederländischer Sammlungsbestände (Ronny Meijers). – An der Collectie Nederland, Amsterdam, Röntgenfluoreszenzanalyse niederländischer Sammlungsbestände (Ineke Joosten). – Am Curt-Engelhorn-Zentrum Archäometrie gGmbH, Mannheim, Röntgenfluoreszenzanalyse, Anschliffuntersuchung, Referenzmessung, Bleiisotopie, Datenauswertung (Dr. Roland Schwab), Faserbestimmung (Sylvia Mitschke), Bleiisotopenmessung (Bernd Höppner), Bleiabtrennung (Sigrid Klaus). – An den Wielandwerken, Ulm, Materialprüfungen an Vergleichslegierungen, Untersuchungen zur Zinnseigerung (Dr. Hans-Achim Kuhn). – Am Gießereiinstitut der Rheinisch-Westfälischen Technischen Hochschule Aachen, experimentelle Nachgüsse und digitale Gusssimulationen (Prof. Dr. Andreas Bühring-Polaczek, Dr. Monika Wirth und Prof. Dr. Rainer Ellerbrock). – An der Bundesanstalt für Materialforschung und -prüfung (Dietmar Meinel und Dr. Yener Onel). – An der Kunstgießerei Sander, Bonn, experimentelle Nachgüsse, Erstellen von Referenzmaterial (Friedemann Sander und Harald Mahlberg). – Arbeitsgruppe Archäometrie am Exzellenzcluster TOPOI der Freien Universität Berlin, Tonkernanalysen (Dr. Gerwulf Schneider).

Wir danken neben diesen und den eingangs Genannten auch Dr. Lothar Bakker, Alexander Bauer, Stefanie Becht, Andreas Bethke, Prof. Dr. Martin Bentz, Dr. Dr. Axel von Berg, Dr. Michael Bode, Steve Bödecker, Kati Bott, Martin Dietrich, Christoph Duntze, Prof. Dr. Gerhard Eggert, Dr. Harry van Enckevort, Dr. Sabine Faust, Ferenc Fazekas, Prof. Dr. Thomas Fischer, Prof. Dr. Edilberto Formigli, Gerd-Martin Forneck, Dr. Norbert Franken, Dr. Alex Furger, Theo Gerhards, Dr. Jürgen Goebbels, Martin Greifenberg, Manfred Hahn, Dr. Norbert Hanel, Prof. Dr. Wolf-Dieter Heilmeyer, Prof. Dr. Alexander Heising, Dr. Claudia Klages, Ute Knipprath, Dr. Annelies Koster, Prof. Dr. Jürgen Kunow, Harald Mahlberg, Prof. Dr. Carol Mattusch, Prof. Dr. Eric M. Moormann, Dr. Jennifer Morscheiser, Dr. Martin Müller, Dr. Friederike Naumann-Steckner, Dr. Titus Panhuysen, Dr. Uwe Pelz, Prof. Dr. Ernst Pernicka, Dr. Váradyné Péterfi, Dr. Richard Petrovszky, Burkard Pfeifroth, Dr. Hans-Hoyer von Prittwitz und Gaffron, Martin Pütz, Dr. Gabriele Rasbach, Marion Riebschläger, Prof. Dr. Frank Rumscheid, Dr. Andrea Salcuni, Antal Szabó, Martin Schaich, Dr. Hans-Joachim Schalles (†), Prof. Dr. Michael Schmauder, Peter Staufer, Dr. Louis Swinkels, Dr. Andreas Thiel, Dr. Hans-Martin Thomas, Dr. Gabriele Uelsberg, Angelika Ulbrich, Dr. Christel Veen, Maya Wartmann, Dr. Carsten Wenzel, Prof. Dr. Willem Willems und Dr. Gerhard Zimmer.

Verbunden sind wir besonders auch folgenden Institutionen und deren Mitarbeitern: Altenthann, Firma ArcTron 3D; Amsterdam, Instituut Collectie Nederland; Berlin, Bundesanstalt für Materialforschung und -prüfung; Berlin, Freie Universität, Exzellenzcluster 264 – Topoi; Bonn, Universität, Klassische Archäologie; Düsseldorf, LVR-Zentrum für Medien und Bildung; Eichstätt, Universität, Klassische Archäologie; Frankfurt a. M., Römisch-Germanische Kommission; ebenda, Institut für archäologische Wissenschaften, Abt. II; Freiburg, Abteilung für Provinzialrömische Archäologie; Köln, Universität, Archäologisches Institut; Konstanz, Archäologisches Landesmuseum Baden-Württemberg; Leiden, Universität, Faculteit der Archeologie; Mainz, Direktion Landesarchäologie an der Generaldirektion Kulturelles Erbe Rheinland-Pfalz; Nimwegen, Universität, Faculteit der Letteren, Klassieke Archeologie; Stuttgart, Akademie der bildenden Künste, Fachgruppe Wissenschaft und Restaurierung.

Römische Bronzestatuen am Limes Konkordanztabelle (1)

lfd.Nr.	MA	FO	Standort	Inv.-Nr. o. ä. Referenz	lfd.Nr.	MA	FO	Standort	Inv.-Nr. o. ä. Referenz
GBL 001	0001	102729	44 LfD Darmstadt	EV 1998:1	GBL 043	0145	111648	52 LM Aalen	1975-35-479-94
GBL 002	0001	102730	44 LfD Darmstadt	EV 1998:1	GBL 044	0144	111649	52 LMW Stuttgart	R 82, A 476
GBL 003	1446	102731	44 LfD Darmstadt	EV 1998:1	GBL 045	0187	111650	52 LM Aalen	1979-35-476-151
GBL 004	1446	102732	44 LfD Darmstadt	EV 1998:1	GBL 046	0140	111651	52 LM Aalen	1979-35-356-3
GBL 005	0002	102733	44 LfD Darmstadt	EV 1998:1	GBL 047	0188	111652	52 LMW Stuttgart	R 82, A 476
GBL 006	0002	102734	44 LfD Darmstadt	EV 1998:1	GBL 048	0040	111653	52 LM Aalen	1979-35-476-39
GBL 007	0002	102735	44 LfD Darmstadt	EV 1998:1	GBL 049	0109	111654	52 LM Aalen	1979-35-446-1
GBL 008	0002	102736	44 LfD Darmstadt	EV 1998:1	GBL 050	0109	111655	52 LM Aalen	1979-35-446-1
GBL 009	0002	102737	44 LfD Darmstadt	EV 1998:1	GBL 051	0123	111656	52 LMW Stuttgart	R 82, A 479
GBL 010	0002	102738	44 LfD Darmstadt	EV 1998:1	GBL 052	0105	111657	52 LMW Stuttgart	R 81.1.1.121
GBL 011	0002	102739	44 LfD Darmstadt	EV 1998:1	GBL 053	0107	111658	52 LMW Stuttgart	R 1, A 433
GBL 012	0002	–	44 LfD Darmstadt	EV 1998:1	GBL 054	0569	111659	? LMW Stuttgart	RFU 69.8
GBL 013	0002	102741	44 LfD Darmstadt	EV 1998:1	GBL 055	0568	111660	? LMW Stuttgart	RFU 69.8
GBL 014	1447	102742	44 LfD Darmstadt	EV 1998:1	GBL 056	0222	111661	62 ALBW Rastatt	2005-22-815
GBL 015	1447	102743	44 LfD Darmstadt	EV 1998:1	GBL 057	0228	111662	50 ALBW Rastatt	1973-123-65-1
GBL 016	0001	–	44 LfD Darmstadt	EV 1998:1	GBL 058	0426	111663	39 RK Saalburg	S.1211
GBL 017	0001	–	44 LfD Darmstadt	EV 1998:1	GBL 059	0303	111664	39 RK Saalburg	S.1235/D.6
GBL 018	0001	–	44 LfD Darmstadt	EV 1998:1	GBL 060	0303	111665	39 RK Saalburg	S.1235/D.6
GBL 019	0001	102747	44 LfD Darmstadt	EV 1998:1	GBL 061	0434	111666	39 RK Saalburg	S.1163/D.25
GBL 020	0002	–	44 LfD Darmstadt	EV 1998:1	GBL 062	0407	111667	39 RK Saalburg	S.1182/D.8
GBL 021	0002	–	44 LfD Darmstadt	EV 1998:1	GBL 063	0407	111668	39 RK Saalburg	S.1182/D.8
GBL 022	0002	–	44 LfD Darmstadt	EV 1998:1	GBL 064	0360	111669	39 RK Saalburg	S.1191/D.17
GBL 023	0002	–	44 LfD Darmstadt	EV 1998:1	GBL 065	0356	111670	39 RK Saalburg	S.1197/D.19
GBL 024	0002	–	44 LfD Darmstadt	EV 1998:1	GBL 066	0225	111671	58 AS München	1992,1109 n
GBL 025	0002	–	44 LfD Darmstadt	EV 1998:1	GBL 067	0143	111672	52 LM Aalen	1979-35-476-176
GBL 026	0002	103255	44 LfD Darmstadt	EV 1998:1	GBL 068	0437	111673	38 RK Saalburg	FM b 2101
GBL 027	0002	103256	44 LfD Darmstadt	EV 1998:1	GBL 069	0438	111674	38 RK Saalburg	FM b 2102
GBL 028	0002	–	44 LfD Darmstadt	EV 1998:1	GBL 070	0436	111675	37 RK Saalburg	Hef 137 a
GBL 029	1346	111634	63 RM Augsburg	VF 164	GBL 071	0226	111676	51 ALBW Rastatt	1997-168-1-1
GBL 030	1346	111635	63 RM Augsburg	VF 164	GBL 072	0227	111677	45 LMW Stuttgart	R 87-88-Ja-83
GBL 031	1346	111636	63 RM Augsburg	VF 164	GBL 073	0507	111678	65 LMW Stuttgart	R 74,455
GBL 032	1341	111637	63 RM Augsburg	VF 696	GBL 074	0555	111679	65 LMW Stuttgart	R 74,677
GBL 033	1341	111638	63 RM Augsburg	VF 696	GBL 075	0487	111680	65 LMW Stuttgart	R 74,548
GBL 034	0217	111639	59 GM Straubing	787	GBL 076	0564	111681	65 LMW Stuttgart	R 74,318
GBL 035	0218	111640	59 GM Straubing	787	GBL 077	0564	111682	65 LMW Stuttgart	R 74,318
GBL 036	0215	111641	59 GM Straubing	Ostenfeld 26.04.1923	GBL 078	0551	111683	65 LMW Stuttgart	R 74,231
GBL 037	0221	111642	59 GM Straubing	1991/139	GBL 079	0563	111684	65 LMW Stuttgart	R 74,470
GBL 038	0108	111643	52 LM Aalen	1979-35-479-126	GBL 080	0488	111685	65 LMW Stuttgart	R 74,575
GBL 039	0189	111644	52 LM Aalen	1979-35-447-1	GBL 081	0185	111686	52 LMW Stuttgart	R 82, A 409
GBL 040	0142	111645	52 LM Aalen	1979-35-407-1	GBL 082	0223	111687	62 DM Rottweil	1847
GBL 041	0058	111646	52 LM Aalen	1979-35-476-57	GBL 083	0185	111704	52 LMW Stuttgart	R 82, A 409
GBL 042	0141	111647	52 LM Aalen	1975-35-476-116	GBL 084	0054	111688	52 LM Aalen	1979-35-476-53

Konkordanztabelle. Fortsetzung nächste Seite.

lfd.Nr.	MA	FO	Standort	Inv.-Nr. o. ä. Referenz	lfd.Nr.	MA	FO	Standort	Inv.-Nr. o. ä. Referenz
GBL 085	0151	111689	52	LM Aalen	1979-35-444-1	GBL 127	1451	112355	24	LM Bonn	382
GBL 086	0155	111690	52	LM Aalen	1979-35-437-1	GBL 128	1456	112356	9	LM Bonn	15331,0-1
GBL 087	0156	111691	52	LM Aalen	1979-35-358-1	GBL 129	1116	112357	20	LM Bonn	1956.553,0-1
GBL 088	0157	111692	52	LM Aalen	1979-35-479-11	GBL 130	1299	112358	10	ABR Bonn	OV 10/002, St. 1-28
GBL 089	0157	111693	52	LM Aalen	1979-35-479-11	GBL 131	1288	112359	10	ABR Bonn	OV 10/002, St. 8-7
GBL 090	0207	111694	52	LM Aalen	1979-35-476-158	GBL 132	1282	112360	10	ABR Bonn	OV 10/002, St. 8-7
GBL 091	0124	111695	52	LMW Stuttgart	R 82, A 479	GBL 133	1367	112361	10	ABR Bonn	OV 10/002, St. 274-8
GBL 092	0507	112170	65	LMW Stuttgart	R 74, 455	GBL 134	1377	112362	10	ABR Bonn	OV 10/002, St. 34-5
GBL 093	0546	112169	65	LMW Stuttgart	R 74, 441 etc. (a)	GBL 135	1377	112363	10	ABR Bonn	OV 10/002, St. 34-5
GBL 094	1533	112928	32	RLM Trier	EV 1999,101	GBL 136	1324	112364	10	ABR Bonn	OV 10/002, St. 34-5
GBL 095	1533	112929	32	RLM Trier	EV 1999,101	GBL 137	1423	112365	10	ABR Bonn	OV 10/002, St. 240-5
GBL 096	1533	112930	32	RLM Trier	EV 1999,101	GBL 138	1382	112366	10	ABR Bonn	OV 10/002, St. 34-5
GBL 097	1793	112931	34	RLM Trier	1986, 9 Fnr. 322e	GBL 139	1356	112367	10	ABR Bonn	OV 10/002, St. 4-14
GBL 098	1792	112932	34	RLM Trier	1986, 9 Fnr. 252	GBL 140	1415	112368	10	ABR Bonn	OV 10/002, St. 34-5
GBL 099	1786	112933	34	RLM Trier	1986, 9 Fnr. 128c4	GBL 141	1348	112369	10	ABR Bonn	OV 10/002, St. 35-7
GBL 100	1791	112934	34	RLM Trier	1986, 9 Fnr. 580	GBL 142	1310	112370	10	ABR Bonn	OV 10/002, St. 35-7
GBL 101	0816	112329	5	RM Xanten	2001,35.1511	GBL 143	1347	112371	10	ABR Bonn	OV 10/002, St. 4-12
GBL 102	0955	112330	5	RM Xanten	2001,35.150 etc. (b)	GBL 144	1358	112372	10	ABR Bonn	OV 10/002, St. 4-12
GBL 103	0935	112331	5	RM Xanten	2001,35.5060	GBL 145	1369	112373	10	ABR Bonn	OV 10/002, St. 4-12
GBL 104	0935	112332	5	RM Xanten	2001,35.5060	GBL 146	1530	114015	32	RLM Trier	EV 1979, 69
GBL 105	0955	112333	5	RM Xanten	2001,35.150 etc. (b)	GBL 147	1518	114016	32	RLM Trier	PM 18131
GBL 106	0955	112334	5	RM Xanten	2001,35.150 etc. (b)	GBL 148	1528	114017	32	RLM Trier	1928, 599
GBL 107	0941	112335	5	RM Xanten	2001,35.1508	GBL 149	1519	114018	32	RLM Trier	PM 16120
GBL 108	0940	112336	5	RM Xanten	2001,35.1509	GBL 150	1523	114019	32	RLM Trier	G IO 84
GBL 109	0945	112337	5	RM Xanten	2001,35.0510	GBL 151	1523	114020	32	RLM Trier	G IO 84
GBL 110	0937	112338	5	RM Xanten	2001,35.502	GBL 152	1523	114021	32	RLM Trier	G IO 84
GBL 111	0823	112339	5	RM Xanten	2001,35.0528 etc. (c)	GBL 153	1666	114022	32	RLM Trier	EV 1961,11e
GBL 112	0945	112340	5	RM Xanten	2001,35.0510	GBL 154	1651	114023	32	RLM Trier	EV 1961,11e
GBL 113	1424	112341	10	ABR Bonn	OV 10/002, St. 107-8	GBL 155	1512	114024	32	RLM Trier	G IO 80
GBL 114	–	112342	12	LM Bonn	HA 95/262, 1-1 etc. (d)	GBL 156	1514	114025	32	RLM Trier	G IO 81
GBL 115	–	112343	12	LM Bonn	HA 95/262, 1-1 etc. (d)	GBL 157	1514	114026	32	RLM Trier	G IO 81
GBL 116	–	112344	12	LM Bonn	HA 95/262, 1-1 etc. (d)	GBL 158	1632	114027	32	RLM Trier	EV 2011,56
GBL 117	1475	112345	12	LM Bonn	1978.1727,0-1	GBL 159	1637	114028	31	RLM Trier	EV 2011,56
GBL 118	1475	112346	12	LM Bonn	1978.1727,0-1	GBL 160	1644	114029	32	RLM Trier	EV 2011,56
GBL 119	1424	112347	10	ABR Bonn	OV 10/002, St. 107-8	GBL 161	1643	114030	32	RLM Trier	EV 2011,56
GBL 120	1173	112348	26	GDKE Koblenz	–	GBL 162	1760	114031	32	RLM Trier	2000,2 Nr. 722
GBL 121	1173	112349	26	GDKE Koblenz	–	GBL 163	1734	114032	35	RLM Trier	EV 2004,220
GBL 122	1178	112350	26	GDKE Koblenz	–	GBL 164	1755	114033	35	RLM Trier	EV 2006,98a
GBL 123	1178	112351	26	GDKE Koblenz	–	GBL 165	1768	114034	32	RLM Trier	EV 1985,111
GBL 124	–	112352	24	LM Bonn	A 374 C 13	GBL 166	1766	114035	32	RLM Trier	1965,16
GBL 125	–	112353	24	LM Bonn	A 374	GBL 167	0560	114036	29	RLM Trier	EV 1924,241
GBL 126	–	112354	24	LM Bonn	A 374	GBL 168	1771	114037	31	RLM Trier	EV 2000,138

Römische Bronzestatuen am Limes Konkordanztabelle (3)

lfd.Nr.	MA	FO	Standort	Inv.-Nr. o. ä. Referenz	lfd.Nr.	MA	FO	Standort	Inv.-Nr. o. ä. Referenz
GBL 169	0515	114038	32	RLM Trier	EV 2007,179	GBL 211	0416	114081	39	RK Saalburg	S
GBL 170	1531	114039	32	RLM Trier	EV 2010,47	GBL 212	0334	114082	39	RK Saalburg	S.1181/D.26
GBL 171	1532	114040	32	RLM Trier	EV 2010,32	GBL 213	0427	114083	39	RK Saalburg	SB 673
GBL 172	1765	114041	32	RLM Trier	1898,123	GBL 214	0428	114084	39	RK Saalburg	S
GBL 173	1796	114042	34	RLM Trier	1986,9 Fnr. 128h3	GBL 215	0271	114085	39	RK Saalburg	S.1238/D.4
GBL 174	1768	114043	32	RLM Trier	EV 1985,111	GBL 216	0420	114086	39	RK Saalburg	S.1212/P.4
GBL 175	1762	114044	32	RLM Trier	EV 2004,52b	GBL 217	0369	114087	39	RK Saalburg	S.1167/D. 29
GBL 176	1651	114045	32	RLM Trier	EV 1961,11e	GBL 218	0307	114088	39	RK Saalburg	S.1234/D. 2
GBL 177	0560	114046	29	RLM Trier	EV 1924,241	GBL 219	0307	114089	39	RK Saalburg	S.1234/D. 2
GBL 178	1713	114047	21	RLM Trier	EV 2002,108 etc. (e)	GBL 220	0307	114090	39	RK Saalburg	S.1234/D. 2
GBL 179	0486	123707	65	LMW Stuttgart	R 74,546	GBL 221	0307	114091	39	RK Saalburg	S.1234/D. 2
GBL 180	0531	123708	65	LMW Stuttgart	R 74,538	GBL 222	0309	114092	39	RK Saalburg	S.1232/D. 3
GBL 181	0486	123709	65	LMW Stuttgart	R 74,546	GBL 223	0327	114093	39	RK Saalburg	D.1
GBL 182	0530	123710	65	LMW Stuttgart	R 74,225 (1963)	GBL 224	0310	114094	39	RK Saalburg	S.1206
GBL 183	1796	112935	34	RLM Trier	1986,9 Fnr. 128h3	GBL 225	0314	114095	39	RK Saalburg	S.1217/D.32
GBL 184	1762	112936	32	RLM Trier	EV 2004,52b	GBL 226	0296	114096	39	RK Saalburg	S.1243/D.44
GBL 185	1713	112937	21	RLM Trier	EV 2002,108 etc. (e)	GBL 227	0296	114097	39	RK Saalburg	S.1243/D.44
GBL 186	0245	114056	60	MQ Künzing	R 2003,3	GBL 228	0328	114098	39	RK Saalburg	S.1142/H.284
GBL 187	0248	114057	60	MQ Künzing	375 E	GBL 229	0294	114099	39	RK Saalburg	S.1210/D.48; S.1223
GBL 188	0261	114058	60	MQ Künzing	375 E	GBL 230	0421	114100	39	RK Saalburg	S.1159/D.31
GBL 189	0261	114059	60	MQ Künzing	375 E	GBL 231	0433	114101	39	RK Saalburg	S.1228/D.24
GBL 190	0292	114060	60	MQ Künzing	375 E	GBL 232	0343	114102	39	RK Saalburg	S
GBL 191	0292	114061	60	MQ Künzing	375 E	GBL 233	0425	114103	39	RK Saalburg	S.1160/D.22
GBL 192	0239	114062	60	MQ Künzing	R 2003,1	GBL 234	–	123711	?	AKM Bonn	C 735
GBL 193	0240	114063	60	MQ Künzing	R 2003,2	GBL 235	–	114053	?	AKM Bonn	C 735
GBL 194	0321	114064	60	AS München	394 E	GBL 236	–	123712	?	AKM Bonn	C 735
GBL 195	0319	114065	60	AS München	394 E	GBL 237	–	123713	?	AKM Bonn	C 735
GBL 196	0340	114066	60	AS München	374 E	GBL 238	1358	114104	10	ABR Bonn	OV 10/002, St. 4-12
GBL 197	0306	114067	60	AS München	397 E	GBL 239	1351	114105	10	ABR Bonn	OV 10/002, St. 4-12
GBL 198	0264	114068	60	MQ Künzing	375 E	GBL 240	1307	114106	10	ABR Bonn	OV 10/002, St. 35-7
GBL 199	0354	114069	60	MQ Künzing	1966,1052 a	GBL 241	1407	114107	10	ABR Bonn	OV 10/002, St. 4-14
GBL 200	0355	114070	60	MQ Künzing	1966,1052 a	GBL 242	1412	114108	10	ABR Bonn	OV 10/002, St. 35-7
GBL 201	0440	114071	60	AS München	1966,1073 a	GBL 243	1368	114109	10	ABR Bonn	OV 10/002, St. 4-12
GBL 202	0405	114072	60	AS München	1966,1052 a	GBL 244	1350	114110	10	ABR Bonn	OV 10/002, St. 4-14
GBL 203	0449	114073	60	AS München	1966,1055 a	GBL 245	1365	114111	10	ABR Bonn	OV 10/002, St. 4-14
GBL 204	0476	114074	60	AS München	1966,803 a	GBL 246	1293	114112	10	ABR Bonn	OV 10/002, St. 4-14
GBL 205	0352	114075	60	MQ Künzing	1966,1052 a	GBL 247	1309	114113	10	ABR Bonn	OV 10/002, St. 4-14
GBL 206	0351	114076	60	MQ Künzing	1966,1052 a	GBL 248	1359	114114	10	ABR Bonn	OV 10/002, St. 35-7
GBL 207	0483	114077	60	AS München	1966,982 a	GBL 249	1354	114115	10	ABR Bonn	OV 10/002, St. 35-7
GBL 208	0480	114078	60	AS München	1966,982 a	GBL 250	1352	114116	10	ABR Bonn	OV 10/002, St. 35-7
GBL 209	0480	114079	60	AS München	1966,982 a	GBL 251	0733	–	4	BAM Nimwegen	Hb-01
GBL 210	0406	114080	39	RK Saalburg	S.1177/P.3	GBL 252	0736	–	4	BAM Nimwegen	Hb-04

Konkordanztabelle. Fortsetzung nächste Seite.

lfd.Nr.	MA	FO	Standort	Inv.-Nr. o. ä. Referenz	lfd.Nr.	MA	FO	Standort	Inv.-Nr. o. ä. Referenz
GBL 253	0736	–	4	BAM Nimwegen	Hb-06	GBL 295	–	–	4	BAM Nimwegen	Hb-13
GBL 254	0739	–	4	BAM Nimwegen	Hb-07	GBL 296	0733	123260	4	BAM Nimwegen	Hb-01
GBL 255	0739	–	4	BAM Nimwegen	Hb-07	GBL 297	0749	123262	4	BAM Nimwegen	Hb-51
GBL 256	0756	–	4	BAM Nimwegen	Hb-08	GBL 298	0749	123263	4	BAM Nimwegen	Hb-51
GBL 257	0762	–	4	BAM Nimwegen	Hb-09	GBL 299	0757	123264	4	BAM Nimwegen	Hb-30
GBL 258	0759	–	4	BAM Nimwegen	Hb-10	GBL 300	0772	123265	4	BAM Nimwegen	Hb-14
GBL 259	0741	–	4	BAM Nimwegen	Hb-11	GBL 301	0762	123266	4	BAM Nimwegen	Hb-09
GBL 260	0758	–	4	BAM Nimwegen	Hb-12	GBL 302	–	123267	4	BAM Nimwegen	Hb-39
GBL 261	–	–	4	BAM Nimwegen	Hb-13	GBL 303	–	123268	4	BAM Nimwegen	Hb-36
GBL 262	–	–	4	BAM Nimwegen	Hb-13	GBL 304	0761	123269	4	BAM Nimwegen	Hb-78
GBL 263	0772	–	4	BAM Nimwegen	Hb-14	GBL 305	0760	123270	4	BAM Nimwegen	Hb-31
GBL 264	–	–	4	BAM Nimwegen	Hb-15	GBL 306	1758	123271	32	RLM Trier	EV 2003,142a
GBL 265	–	–	4	BAM Nimwegen	Hb-16	GBL 307	1762	123272	32	RLM Trier	EV 2004,52b
GBL 266	–	–	4	BAM Nimwegen	Hb-17	GBL 308	1717	123273	21	RLM Trier	EV 2002,108 etc. (f)
GBL 267	0766	–	4	BAM Nimwegen	Hb-18	GBL 309	1710	123274	21	RLM Trier	EV 2002,108 Fnr. 3/033
GBL 268	0765	–	4	BAM Nimwegen	Hb-19	GBL 310	1709	123275	21	RLM Trier	EV 2002,108 Fnr. 3/034
GBL 269	0764	–	4	BAM Nimwegen	Hb-20	GBL 311	1700	123276	32	RLM Trier	ST 12343c
GBL 270	–	–	4	BAM Nimwegen	Hb-21	GBL 312	1701	123277	32	RLM Trier	ST 12343a
GBL 271	–	–	4	BAM Nimwegen	Hb-22	GBL 313	1705	123278	32	RLM Trier	ST 6722a
GBL 272	–	–	4	BAM Nimwegen	Hb-23	GBL 314	0561	123279	32	RLM Trier	EV 2011,81
GBL 273	–	–	4	BAM Nimwegen	Hb-24	GBL 315	0562	123280	32	RLM Trier	EV 2011,81
GBL 274	–	–	4	BAM Nimwegen	Hb-25	GBL 316	0554	123281	28	RLM Trier	EV 2007,299a
GBL 275	–	–	4	BAM Nimwegen	Hb-28	GBL 317	0552	123282	30	RLM Trier	EV 2002,134
GBL 276	0763	–	4	BAM Nimwegen	Hb-29	GBL 318	0548	123283	33	RLM Trier	EV 2011,54a
GBL 277	0760	–	4	BAM Nimwegen	Hb-31	GBL 319	1704	123284	32	RLM Trier	ST 11901 F 9326b
GBL 278	–	–	4	BAM Nimwegen	Hb-32	GBL 320	1772	123285	32	RLM Trier	EV 1980,41a etc. (g)
GBL 279	–	–	4	BAM Nimwegen	Hb-36	GBL 321	1756	123286	35	RLM Trier	EV 2006,98c
GBL 280	–	–	4	BAM Nimwegen	Hb-37	GBL 322	1794	123287	34	RLM Trier	1986,9 Fnr. 508
GBL 281	–	–	4	BAM Nimwegen	Hb-38	GBL 323	1807	123288	34	RLM Trier	1986,9 Fnr. 319d
GBL 282	–	–	4	BAM Nimwegen	Hb-40	GBL 324	2047	123289	34	RLM Trier	EV 1994,126 Fnr. 240
GBL 283	0755	–	4	BAM Nimwegen	Hb-44	GBL 325	1767	123290	32	RLM Trier	1965,17
GBL 284	0752	–	4	BAM Nimwegen	Hb-46	GBL 326	0652	123291	4	BAM Nimwegen	Jo 1.04.050
GBL 285	0743	–	4	BAM Nimwegen	Hb-47	GBL 327	0654	123292	4	BAM Nimwegen	Jo 1.06.112
GBL 286	0742	–	4	BAM Nimwegen	Hb-50	GBL 328	0666	123293	4	BAM Nimwegen	La 1.01.071
GBL 287	0749	–	4	BAM Nimwegen	Hb-51	GBL 329	0660	123294	4	BAM Nimwegen	Ke 1.02.309
GBL 288	0754	–	4	BAM Nimwegen	Hb-52	GBL 330	0673	123295	3	BAM Nimwegen	Ti 1.14.008
GBL 289	0746	–	4	BAM Nimwegen	Hb-55	GBL 331	0685	123296	3	BAM Nimwegen	Ti 1.35.033
GBL 290	–	–	4	BAM Nimwegen	Hb-57	GBL 332	0689	123297	3	BAM Nimwegen	Ti 2.04.101
GBL 291	–	–	4	BAM Nimwegen	Hb-74	GBL 333	0640	123298	4	BAM Nimwegen	Mp 1.18.025
GBL 292	0747	–	4	BAM Nimwegen	Hb-75	GBL 334	0639	123299	4	BAM Nimwegen	Mp 1.18.010
GBL 293	0750	–	4	BAM Nimwegen	Hb-76	GBL 335	0647	123300	4	BAM Nimwegen	Mp 1.18.156
GBL 294	–	–	4	BAM Nimwegen	Hb-39	GBL 336	0651	123301	4	BAM Nimwegen	Rb 1.01.005

Römische Bronzestatuen am Limes

lfd.Nr.	MA	FO	Standort	Inv.-Nr. o. ä. Referenz	lfd.Nr.	MA	FO	Standort	Inv.-Nr. o. ä. Referenz
GBL 337	0628	123302	4	BAM Nimwegen	Ww 1.15.650	GBL 379	1021	123344	53	ALBW Rastatt	1973-92-107-1
GBL 338	0627	123303	4	BAM Nimwegen	Ww 1.15.163	GBL 380	1022	123345	47	CSM Murrhardt	–
GBL 339	0692	123304	2	Privatbesitz		GBL 381	–	123346	47	CSM Murrhardt	–
GBL 340	0768	123305	4	BAM Nimwegen	Rl 1.02.00044	GBL 382	–	123347	47	CSM Murrhardt	–
GBL 341	0617	123306	4	MHV Nimwegen	Ulp. 1986.812	GBL 383	1176	123348	66	RMZ Kempten	0.316.2
GBL 342	0602	123307	4	MHV Nimwegen	BE.I.24 (GN E I 24)	GBL 384	1171	123349	66	RMZ Kempten	0.316.1
GBL 343	0607	123308	4	MHV Nimwegen	BE.I.25 (GN E I 25)	GBL 385	1167	123350	66	RMZ Kempten	0.316.3
GBL 344	0610	123309	4	MHV Nimwegen	BE.I.87 (GN E I 87)	GBL 386	1186	123351	66	AS München	1981,1483 y
GBL 345	0613	123310	4	MHV Nimwegen	Ulp. 1982.441m	GBL 387	0995	123352	16	MSA Namur	2761
GBL 346	0614	123311	?	MHV Nimwegen	2011.32	GBL 388	1007	123353	41	HGV Echzell	89/8
GBL 347	0634	123312	48	ALBW Rastatt	2005-25-346-6	GBL 389	1079	123354	36	MVFG Saarbrn.	–
GBL 348	0595	123313	48	ALBW Rastatt	2005-25-353-1	GBL 390	1079	123355	36	MVFG Saarbrn.	–
GBL 349	1003	123314	53	ALBW Rastatt	1973-92-32-1	GBL 391	1079	123356	36	MVFG Saarbrn.	–
GBL 350	1004	123315	53	ALBW Rastatt	1973-92-32-2	GBL 392	1279	123357	64	VM Bregenz	–
GBL 351	0990	123316	53	ALBW Rastatt	1973-92-34-1	GBL 393	1279	123358	64	VM Bregenz	–
GBL 352	0989	123317	53	ALBW Rastatt	1973-92-9004-1	GBL 394	1279	123359	64	VM Bregenz	–
GBL 353	0580	123318	61	MGR Biesheim	Fnr. 1830	GBL 395	0756	123360	4	BAM Nimwegen	Hb-08
GBL 354	0672	123319	49	LMW Stuttgart	R 74.813.115	GBL 396	0756	123361	4	BAM Nimwegen	Hb-08
GBL 355	0670	123320	49	LMW Stuttgart	SF I/64 u. R Nu 71	GBL 397	1026	123362	43	LM Mainz	R 631
GBL 356	0682	123321	53	LMW Stuttgart	R 80,279	GBL 398	1026	123363	43	LM Mainz	R 631
GBL 357	0677	123322	53	LM Aalen	R 80,71	GBL 399	1026	123364	43	LM Mainz	R 631
GBL 358	0986	123323	19	MA Arlon	JAR GR/BR 006	GBL 400	1428	123365	43	LM Mainz	0,3019
GBL 359	0985	123324	19	MR Brüssel	B 12-1	GBL 401	1428	123862	43	LM Mainz	0,3019
GBL 360	0984	123325	18	MR Brüssel	B 270	GBL 402	1428	123863	43	LM Mainz	0,3019
GBL 361	0586	123326	15	PGRM Tongern	GRM 2547	GBL 403	1023	123864	56	RM Weißenburg	WUG 61 a
GBL 362	0582	123327	15	PGRM Tongern	73.L.14	GBL 404	1023	123865	56	RM Weißenburg	WUG 61 a
GBL 363	0570	123328	15	PGRM Tongern	73.L.13	GBL 405	1023	123866	56	RM Weißenburg	WUG 61 a
GBL 364	0588	123329	15	PGRM Tongern	GRM 5868	GBL 406	1024	123867	56	RM Weißenburg	WUG 61 b
GBL 365	0589	123330	15	PGRM Tongern	GRM 4461 / C. 130	GBL 407	1022	123868	47	CSM Murrhardt	–
GBL 366	1490	123331	22	LM Bonn	9132	GBL 408	1185	123869	7	MfA Herne	Fz. 13
GBL 367	0678	123332	53	LMW Stuttgart	R 80, 58	GBL 409	1183	123870	7	AfW Münster	Fz. 3699
GBL 368	–	123333	–	LM Bonn	WW 04/0061, St. 70-6	GBL 410	1183	123871	7	AfW Münster	Fz. 3699
GBL 369	0709	123334	2	PAD Alphen	8000	GBL 411	1183	123872	7	AfW Münster	Fz. 3699
GBL 370	0718	123335	2	PAD Alphen	8000	GBL 412	1165	123873	11	Privatbesitz	–
GBL 371	0702	123336	2	PAD Alphen	829001	GBL 413	1166	123847	9	LM Bonn	5071
GBL 372	0729	123337	2	PAD Alphen	8000	GBL 414	1239	123875	55	SM Gunzenhs.	1721
GBL 373	0719	123338	2	PAD Alphen	5144	GBL 415	1240	123876	55	SM Gunzenhs.	1721
GBL 374	0720	123339	2	PAD Alphen	2509	GBL 416	1477	123877	23	LM Bonn	E 2549
GBL 375	0696	123340	2	PAD Alphen	NAAK-04-0801.09	GBL 417	1244	123878	55	SM Gunzenhs.	1721
GBL 376	0692	123341	2	Privatbesitz		GBL 418	1252	123879	55	SM Gunzenhs.	1721
GBL 377	0930	123342	?	LM Bonn	1762	GBL 419	1243	123880	55	SM Gunzenhs.	1721
GBL 378	0991	123343	53	ALBW Rastatt	1973-92-37-1	GBL 420	1219	123881	55	SM Gunzenhs.	1721

Konkordanztabelle. Fortsetzung nächste Seite.

Konkordanztabelle (6)   Frank Willer, Roland Schwab und Manuela Mirschenz

lfd.Nr.	MA	FO	Standort	Inv.-Nr. o. ä. Referenz	lfd.Nr.	MA	FO	Standort	Inv.-Nr. o. ä. Referenz
GBL 421	1221	123882	55	SM Gunzenhs.	1721	GBL 463	1277	123924	49	Privatbesitz	–
GBL 422	1220	123883	55	verschieden	(h)	GBL 464	1426	123925	43	UFG Erlangen	R 309
GBL 423	1223	123884	55	SM Gunzenhs.	1721 u. 1987,2246	GBL 465	1089	123926	54	SM Gunzenhs.	698 a.b
GBL 424	1253	123885	55	AS München	1987,2245	GBL 466	1094	123927	54	AS München	1983,2569
GBL 425	1237	123886	55	AS München	1987,2246 etc. (i)	GBL 467	1084	123928	54	SM Gunzenhs.	698 a.b
GBL 426	1234	123887	55	SM Gunzenhs.	1721	GBL 468	1086	123929	54	SM Gunzenhs.	698 a.b
GBL 427	1209	123888	55	AS München	1987,2327	GBL 469	1247	123930	55	SM Gunzenhs.	1721
GBL 428	1238	123889	55	verschieden	(j)	GBL 470	1149	123931	66	AS München	1981,1483 z
GBL 429	1212	123890	55	AS München	1987,2299	GBL 471	1621	123932	7	AfW Münster	4044
GBL 430	1194	123891	42	Privatbesitz	–	GBL 472	–	123933	–	LM Bonn	–
GBL 431	1195	123892	42	Privatbesitz	–	GBL 473	–	123934	–	LM Bonn	–
GBL 432	1006	123893	42	WM Friedberg	2011/19	GBL 474	1381	123935	66	AS München	NM 11/273
GBL 433	1005	123894	42	Privatbesitz	–	GBL 475	1182	123936	26	GDKE Koblenz	–
GBL 434	1190	123895	51	ALBW Rastatt	–	GBL 476	1182	123937	26	GDKE Koblenz	–
GBL 435	1193	123896	51	ALBW Rastatt	–	GBL 477	1177	123938	26	GDKE Koblenz	–
GBL 436	1191	123897	51	ALBW Rastatt	–	GBL 478	1181	123939	26	GDKE Koblenz	–
GBL 437	1189	123898	51	ALBW Rastatt	–	GBL 479	1118	123940	5	RM Xanten	97-940-33-3242 (l)
GBL 438	1504	123714	52	LM Aalen	1979-35-358-1	GBL 480	1125	123941	5	RM Xanten	97-940-10-1844 (l)
GBL 439	1511	123715	52	verschieden	(k)	GBL 481	1135	123942	5	RM Xanten	97-1-600-2821 (l)
GBL 440	1607	123716	52	LM Aalen	1979-35-476-13	GBL 482	1134	123943	5	RM Xanten	97-1-209-1382 (l)
GBL 441	1323	123902	57	AS München	1993,5413	GBL 483	1137	123944	5	RM Xanten	97-2112-9-3261 (l)
GBL 442	1311	123903	57	AS München	NM 2523	GBL 484	1128	123945	5	RM Xanten	97-1-209-1384 (l)
GBL 443	1332	123904	57	AS München	Pförring 2523	GBL 485	–	131090	13	LM Bonn	1968834
GBL 444	1336	123905	57	AS München	1993,5414	GBL 486	1001	131091	17	Privatbesitz	–
GBL 445	1325	123906	57	AS München	1993,5407	GBL 487	1001	131092	17	Privatbesitz	–
GBL 446	1331	123907	57	AS München	1993,5358	GBL 488	1437	131093	43	LM Mainz	R 5968
GBL 447	1306	123908	64	VM Bregenz	623 u. 626	GBL 489	1438	131094	43	LM Mainz	R 5968
GBL 448	1306	123909	64	VM Bregenz	625 u. 626	GBL 490	1432	131095	43	LM Mainz	O,3020
GBL 449	1306	123910	64	VM Bregenz	623 u. 626	GBL 491	1439	131096	43	LM Mainz	R 5969
GBL 450	1281	123911	64	VM Bregenz	626	GBL 492	1430	131097	43	LM Mainz	O,3018
GBL 451	1283	123912	64	VM Bregenz	635	GBL 493	1429	131098	43	LM Mainz	O,3071
GBL 452	1284	123913	64	VM Bregenz	11.17	GBL 494	1429	131099	43	LM Mainz	O,3071
GBL 453	1291	123914	64	VM Bregenz	633	GBL 495	1428	131100	43	LM Mainz	O,3019
GBL 454	1287	123915	64	VM Bregenz	621	GBL 496	1428	131101	43	LM Mainz	O,3019
GBL 455	1300	123916	64	VM Bregenz	623	GBL 497	1435	131102	43	LM Mainz	R 2119
GBL 456	1301	123917	64	VM Bregenz	625	GBL 498	1429	131103	43	LM Mainz	O,3071
GBL 457	1298	123918	64	VM Bregenz	623,625 u. 626	GBL 499	1432	131104	43	LM Mainz	O,3020
GBL 458	1342	123919	63	RM Augsburg	VF 1382	GBL 500	1523	131105	32	RLM Trier	G IO 84
GBL 459	1296	123920	64	VM Bregenz	626	GBL 501	–	131106	34	RLM Trier	1987,129 FN. 41
GBL 460	1295	123921	64	VM Bregenz	626	GBL 502	0079	131107	32	RLM Trier	1920,61
GBL 461	1343	123922	63	RM Augsburg	VF 665	GBL 503	1299	131108	10	ABR Bonn	OV 10/002, St. 1-28
GBL 462	1344	123923	63	RM Augsburg	VF 428	GBL 504	2043	131109	27	LM Bonn	U.1695,0-1

lfd.Nr.	MA	FO	Standort	Inv.-Nr. o. ä. Referenz	lfd.Nr.	MA	FO	Standort	Inv.-Nr. o. ä. Referenz
GBL 505	2044	131110	27	LM Bonn	U.1697,0-2	GBL 535	1821	131137	67	RU Bochum	S 1071
GBL 506	–	131111	6	LM Bonn	32100,0-1	GBL 536	1821	131138	67	RU Bochum	S 1071
GBL 507	1678	131112	46	ALBW Rastatt	2003-61-431-1	GBL 537	1821	131139	67	RU Bochum	S 1071
GBL 508	1679	131113	46	ALBW Rastatt	2003-61-431-1	GBL 538	1821	131140	67	RU Bochum	S 1071
GBL 509	1680	131114	46	ALBW Rastatt	2003-61-431-1	GBL 539	1821	131141	67	RU Bochum	S 1071
GBL 510	1667	131115	46	ALBW Rastatt	2003-61-431-1	GBL 540	–	–	10	ABR Bonn	–
GBL 511	1657	131116	46	LM Aalen	2003-61-431-1	GBL 541	–	–	–	LM Bonn	modern
GBL 512	1649	131117	46	ALBW Rastatt	2003-61-431-1	GBL 542	–	–	–	LM Bonn	modern
GBL 513	1500	131118	22	LM Bonn	32177,0-1	GBL 543	–	132641	44	LfD Darmstadt	EV 2012:19, Fn. 1b
GBL 514	1425	131119	10	LM Bonn	E.1098	GBL 544	–	132642	44	LfD Darmstadt	EV 2011:212
GBL 515	1492	131120	22	LM Bonn	32185,0-1	GBL 545	–	141322	6	LM Bonn	1956.858,0-1
GBL 516	1168	131121	22	LM Bonn	E.1679,3	GBL 546	–	141323	6	LM Bonn	1956.858,0-1
GBL 517	1466	131122	22	LM Bonn	E.2608	GBL 547	–	146254	68	VM Paksch	2011.18.1
GBL 518	2045	131123	26	LM Bonn	–	GBL 548	–	147358	6	RM Xanten	Fnr. C 53291
GBL 519	2045	131124	26	LM Bonn	–	GBL 549	–	–	–	LM Bonn	–
GBL 520	2045	131125	26	LM Bonn	–	GBL 550	–	–	–	LM Bonn	–
GBL 521	1164	131126	12	LM Bonn	1978.1899,0-1	GBL 551	–	161780	8	ABR Bonn	PR 2015/79-2-260-1
GBL 522	1164	131127	12	LM Bonn	1978.1899,0-1	GBL 552	–	161781	8	ABR Bonn	PR 2015/79-2-170-1
GBL 523	–	131128	44	LfD Darmstadt	Paz 197 Fundz. 24452	GBL 553	–	161782	8	ABR Bonn	PR 2015/0079-2-2-96-1
GBL 524	1808	131142	44	LfD Darmstadt	Fundzettel 24472	GBL 554	–	161780	8	ABR Bonn	PR 2015/79-2-260-1
GBL 525	–	131129	44	LfD Darmstadt	Paz 197 Fundz. 24452	–	0276	–	60	MQ Künzing	375 E
GBL 526	1350	131130	10	ABR Bonn	Ov 10/002, St. 4-14	–	0291	–	60	MQ Künzing	375 E
GBL 527	1460	–	25	LM Bonn	E.2607	–	0532	–	65	LMW Stuttgart	R 74, 559
GBL 528	1460	131130	25	LM Bonn	E.2607	–	0712	–	1	RvO Leiden	LEIN-00 1-2-22
GBL 529	–	131131	40	LfD/RGK	2009/40, 61490	–	0966	–	6	RM Xanten	34.0273 etc. (m)
GBL 530	–	131132	40	LfD/RGK	2009/40, 61580	–	0967	–	6	RM Xanten	42,3
GBL 531	–	131133	40	LfD/RGK	2009/40, 61488	–	1184	–	7	AfW Münster	Fz. 1684
GBL 532	–	131134	40	LfD/RGK	2009/40, 61487	–	1711	–	21	RLM Trier	EV 2002,108 etc. (n)
GBL 533	–	131135	40	LfD/RGK	2009/40, 61486	–	1712	–	21	RLM Trier	–
GBL 534	–	131136	40	LfD/RGK	2009/40, 61321	–	1716	–	21	RLM Trier	–

Konkordanz der Probennummern im Projekt ›Großbronzen am Limes‹ (GBL), der laufenden Nummern in der Datenbank zu diesem Projekt (lfd. Nr.; vgl. den Fußnotenvorspann) sowie der Probennummerierung des Curt-Engelhorn-Zentrums Mannheim (MA), Probenuntersuchungen des Museum Het Valkhof (Hb-Nummern des Projektes ›Hessenberg‹, GBL 251–305) sind in der rechten Spalte vermerkt, weitere fanden in den Wielandwerken Ulm statt (GBL 527 und 540–542). Vermerkt ist jeweils auch der Fundort gemäß Katalog und Abb. 28 (FO) sowie der Standort mit Inventarnummer und ähnlicher Referenz. – (a) R 74, 441 und R 74, 578. – (b) 2002, 35.150 und 2002, 35.1511. – (c) 2002, 35.0528, 0529 und 0531. – (d) HA 95/262, 1-1, 2006,332. – (e) EV 2002, 108 Fnr. 14/008. – (f) EV 2002, 108 Fnr. 14/007. – (g) EV 1980,41a (= EV 1978,57d). – (h) SM Gunzenhs. Inv. 1721; AS München Inv. 1987,2269 und Privatbesitz Kastell Theilenhofen (Klaus Wasmuth); (i) 1987,2246 und 1987,2314. – (j) AS München Inv. 1987,2295, 1968,244 a und 1987,2269 sowie Privatbesitz Kastell Theilenhofen (Klaus Wasmuth); (k) LMW Stuttgart 1979-35-479-21, -23, -35, -49, -55, -116 und -122 sowie LM Aalen R 82, A 479 s. – (l) vorangestelltes ›Ni 2000/‹ (= NI 2000/?). – (m) 34.0273 (ehem. E B Nr. 54/34). – (n) EV 2002,108 St. 14 FNr. 14/006.

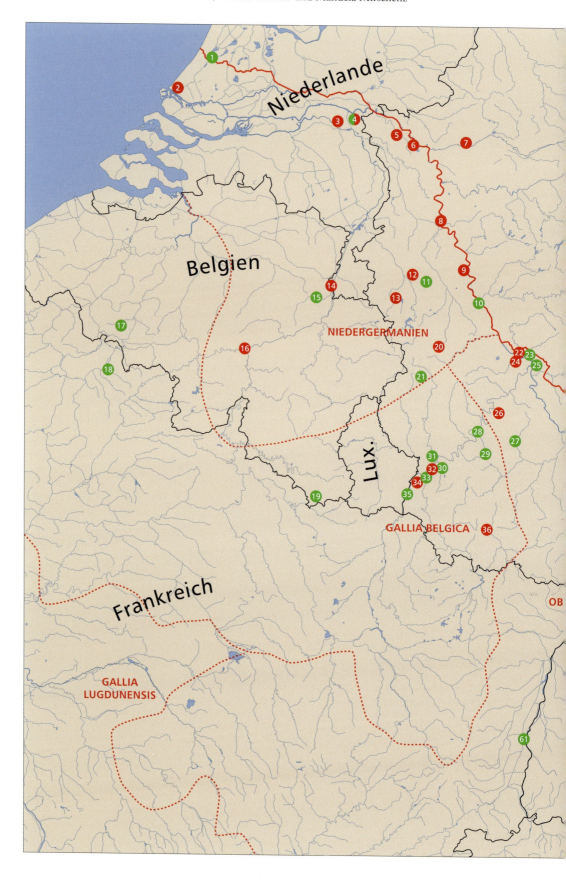

Römische Bronzestatuen am Limes

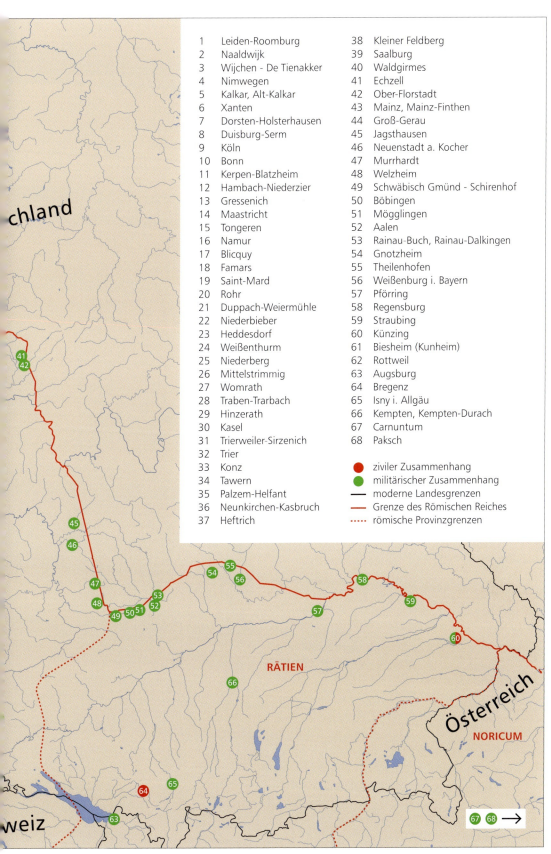

Abb. 28 Die im Katalog angeführten Fundorte von Großbronzen.

Abkürzungen, Aufbewahrungsorte

(Nur bei nichtdeutschen Orten wird auch das Land genannt.)

ABR Bonn	LVR - Amt für Bodendenkmalpflege im Rheinland, Bonn
AfW Münster	LWL - Archäologie für Westfalen, Außenstelle Münster
AKM Bonn	Akademisches Kunstmuseum Bonn
ALBW Rastatt	Archäologisches Landesmuseum Baden-Württemberg, Außenstelle Rastatt
AS München	Archäologische Staatssammlung, München
BAM Nimwegen	Bureau Archeologie en Monumenten van de Gemeente Nijmegen, Nimwegen, Niederlande
CSM Murrhardt	Carl-Schweizer-Museum, Murrhardt
DM Rottweil	Dominikanermuseum Rottweil
GDKE Koblenz	Generaldirektion Kulturelles Erbe Rheinland-Pfalz, Koblenz
GM Straubing	Gäubodenmuseum Straubing
HGV Echzell	Heimat- und Geschichtsverein Echzell e. V.
LfD Darmstadt	Landesamt für Denkmalpflege Hessen, Außenstelle Darmstadt
LfD/RGK	Landesamt für Denkmalpflege Hessen und RGK
LM Aalen	Limesmuseum Aalen
LM Bonn	LVR - Landesmuseum Bonn
LM Mainz	Landesmuseum Mainz
LMW Stuttgart	Landesmuseum Württemberg, Stuttgart
MA Arlon	Musée Archéologique, Arlon, Belgien
MfA Herne	LWL - Museum für Archäologie, Herne
MGR Biesheim	Musée Gallo-Romain de Biesheim, Frankreich
MHV Nimwegen	Museum Het Valkhof, Nimwegen, Niederlande
MQ Künzing	Museum Quintana Künzing
MR Brüssel	Musées royaux d'Art et d'Histoire, Brüssel, Belgien
MSA Namur	Musée de la Société archéologique, Namur, Belgien
MVFG Saarbrn.	Stiftung Saarländischer Kulturbesitz. Museum für Vor- und Frühgeschichte Saarbrücken
PAD Alphen	Alphen am Rhein, Prov. Arch. Depot-Provincie Zuid-Holland, Niederlande
PDB Maastricht	Provinciaal Depot voor Bodenvondsten, Maastricht, Niederlande
PGRM Tongern	Provinciaal Gallo-Romeins Museum, Tongern, Belgien
RK Saalburg	Römerkastell Saalburg, Bad Homburg v. d. Höhe
RLM Trier	Rheinisches Landesmuseum Trier
RM Augsburg	Römisches Museum Augsburg
RM Weißenburg	Römermuseum Weißenburg
RM Xanten	LVR - Römermuseum Xanten
RMZ Kempten	Römisches Museum im Zumsteinhaus, Kempten i. Allgäu
RU Bochum	Kunstsammlungen der Ruhr-Universität Bochum
RvO Leiden	Museum van de Oudheiden, Leiden, Niederlande
SM Gunzenhs.	Stadtmuseum Gunzenhausen
UFG Erlangen	Universität Erlangen-Nürnberg, Institut für Ur- und Frühgeschichte
VM Bregenz	Vorarlbergmuseum Bregenz, Österreich
VM Paksch	Paksi Városi Múzeum, Paksch, Ungarn
WM Friedberg	Wetteraumuseum Friedberg (Hessen)

Abkürzungen, allgemein

CEZ	Curt-Engelhorn-Zentrum Archäometrie gGmbH, Mannheim
FO	Fundorte der Karte Abb. 28
GBL	Probennummern im Projekt ›Großbronzen am Limes‹
Gruppe H	eine heterogene Bleiart nicht genau lokalisierbarer Herkunft, vor allem im südlichen Bereich des Untersuchungsgebietes verbreitet
lfd. Nr.	Nummerierung der Datenbank des Projektes ›Großbronzen am Limes‹, s. den Fußnotenvorspann
ORL	Nummerierung der Militärstandorte am Obergermanisch-Raetischen Limes gemäß Deutsche Limeskommission

Abkürzungen, Literatur

Bode/Hauptmann/Mezger, Lead Sources	M. Bode / A. Hauptmann / K. Mezger, Tracing Roman lead sources using lead isotope analyses in conjunction with archaeological and epigraphic evidence. A case study from Augustan/Tiberian Germania. Arch. and Anthropol. Scien. 1, 2009, H. 3, 177–194.
Caley, Chemical Composition	E. R. Caley, Chemical Composition of Greek and Roman Statuary Bronzes. In: S. Doeringer / D. G. Mitten / A. Steinberg (Hrsg.), Art and Technology. A symposium on classical bronze (Cambridge 1970) 37–49.
Das Wrack	Das Wrack. Der antike Schiffsfund von Mahdia, Ausst. Bonn (Köln 1994).
Domergue, mines	C. Domergue, Les mines antiques. La production des métaux aux époques grecque et romaine (Paris 2008).
Gebrochener Glanz	Gebrochener Glanz. Römische Großbronzen am UNESCO-Welterbe Limes. Ausst. Bonn, Aalen, und Nimwegen 2014–2015 (Mainz 2014).
Hirt, Imperial Mines	A. M. Hirt, Imperial Mines and Quarries in the Roman World. Organizational Aspects 27 BC–AD 235 (Oxford 2010).
Lahusen/Formigli, Bildnisse	G. Lahusen / E. Formigli, Römische Bildnisse aus Bronze. Kunst und Technik (München 2001).
Mattusch/Bramer/Knudsen, From the Parts	C. Mattusch / A. Bramer / S. E. Knudsen (Hrsg.), From the Parts to the Whole. Acta of the 13th International Bronze Congress, Cambridge, Mass. 1996, Bd. II. Journal Roman Arch. Suppl. Ser. 39 (Portsmouth und Rhode Island 2002).
Menzel, Bronzen Bonn	H. Menzel, Die römischen Bronzen aus Deutschland III. Bonn (Mainz 1986).
Oddy, History	W. A. Oddy, A history of gilding with particular reference to statuary. In: T. Drayman-Weisser (Hrsg.), Gilded Metals. History, Technology and Conservation (London 2000) 1–19.
Peltz/Schalles, Xantener Knabe	U. Peltz / H.-J. Schalles, Der Xantener Knabe. Technologie, Ikonographie, Funktion und Datierung. Xantener Ber. 22 (Darmstadt und Mainz 2011).

Raub, Metallkunde	C. Raub, Was kann der Archäologe von der Metallkunde erwarten? Beispiele aus Baden-Württemberg. Fundber. Baden-Württemberg 10, 1985, 343–365.
Salcuni/Formigli, Grandi bronzi	A. Salcuni / E. Formigli, Grandi bronzi romani dall'Italia settentrionale. Brescia, Cividate Camuno e Verona. Frankfurter Arch. Schr. 17 (Bonn 2011).
Schwab, Kupferlegierungen	R. Schwab, Eisenzeitliche Kupferlegierungen und Kupferverarbeitung zwischen Alpen und Eifel. In: S. Hornung (Hrsg.), Produktion – Distribution – Ökonomie. Siedlungs- und Wirtschaftsmuster der Latènezeit, Kongr. Otzenhausen 2011. Universitätsforsch. Prähist. Arch. 248 (Bonn 2014) 149–162.
Stoll, Skulpturenausstattung	O. Stoll, Die Skulpturenausstattung römischer Militäranlagen an Rhein und Donau. Der Obergermanisch-Rätische Limes. Pharos 1 (Sankt Katharinen 1992).
True/Podany, Small Sculpture	M. True / J. Podany (Hrsg.), Small Bronze Sculpture from the Ancient World (Malibu 1990).
Willer, Sockelung	F. Willer, Beobachtungen zur Sockelung von bronzenen Statuen und Statuetten. Neue Forschungen zum Schiffsfund von Mahdia. Bonner Jahrb. 196, 1996, 337–370.

Bildrechte. Abb. 1 Archäologisches Landesmuseum Baden-Württemberg (Manuela Schreiner); Abb. 68 dass. (Sascha Heckmann). – Abb. 2, 3, 31, 57 b, 60, 63 b, 64 und 74 Bundesanstalt für Materialforschung und -prüfung (Dietmar Meinel und Yener Onel) sowie LMB (Frank Willer, bei [3] auch Theo Gerhards). – Abb. 4–6, 12, 14, 17, 21, 22und 37 b CEZ (Roland Schwab); Abb. 29 dass. (ders.) sowie LMB (Frank Willer); Abb. 7 b und c CEZ (Silvia Mitschke). – Abb. 7 a, 11, 16, 18–20, 25, 32, 33, 36, 37 a, 38, 42–44, 50 b, 51 b, 52, 67 und 69 LMB (Frank Willer); Abb. 41 und 55 dass. (ders. und Christoph Duntze); Abb. 46 dass. (dies. und Holger Becker); Abb. 9, 10, 15, 23, 24, 35, 39, 40, 47, 49, 53, 54, 56, 57 a, 66, 70, 72, 73, 76, 79, 81 und 82 dass. (Jürgen Vogel); Abb. 58 und 77 dass. (ders. und Holger Becker); Abb. 30 dass. (Jürgen Vogel und Theo Gerhards); Abb. 62 dass. (Jürgen Vogel) sowie Sascha Heckmann; Abb. 50 a, 59 und 63 a LMB (Theo Gerhards); Abb. 78b dass. (ders., Frank Willer, Martin Pütz und Christoph Duntze); Abb. 28 dass. (Olaf Dräger, Martin Pütz und Christoph Duntze); Abb. 80 dass. (Manuela Mirschenz). – Abb. 8 Gießerei-Institut RWTH-Aachen (Monika Wirth). – Abb. 13 RGK (Jürgen Bahlo). –Abb. 26 und 27 Kommunikationsdesign Burkard Pfeifroth, Reutlingen, sowie LMB (Frank Willer). –Abb. 34, 71, 75, 51 a Sascha Heckmann. – Abb. 45 Landesamt für Denkmalpflege Hessen (Angelika Ulbrich). – Abb. 48 LMW Stuttgart (Sascha Heckmann). – Abb. 61 und 65 Museum Het Valkhof, Nimwegen (Ronny Meijers).

Resümee. Über fünftausend Fragmente römischer Bronzestatuen aus den Provinzen Germania inferior, Germania superior, Gallia Belgica und Raetia wurden in den Jahren 2010 bis 2015 im Rahmen des von der Volkswagenstiftung geförderten Forschungsprojektes ›Römische Großbronzen am UNESCO-Welterbe Limes‹ untersucht. Eine statistisch relevante Anzahl von Fragmenten wurde mit archäometrischen Methoden wie Röntgenfluoreszenzanalyse, Metallographie und Bleiisotopenanalyse näher erforscht. Technische Aspekte wie Legierungszusammensetzung, Bleiprovenienz, Modellage, Gießverfahren und Vergoldung sowie Nachweise von Wiederverwendung standen im Zentrum dieser Untersuchungen, die von zahlreichen experimentellen Forschungen begleitet wurden. Chronologische, geographische und kontextuelle Informationen aus der Funddokumentation wurden mit technischen Beobachtungen und archäometrischen Werten abgeglichen.

Summary. More than five thousand fragments of Roman bronze statues from the provinces Germania inferior, Germania superior, Gallia Belgica and Raetia have been examined within the course of the research project ›Roman bronze statues from the UNESCO World Heritage Limes‹ funded by the Volkswagen-Foundation from 2010 to 2015. A statistically relevant number of fragments was selected for a closer analysis using archaeometric methods like X-ray fluorescence analysis (XRF), metallography and lead isotope analysis. Technological features like alloy compositions, provenances of lead, modelling, casting and gilding as well as recycling formed the focus of those investigations which were completed by experimental research. Chronological, geographical and contextual data from the finds documentation were compared with technical observations and archaeometric values.

Resumé. Oltre cinquemila frammenti di statuaria romana in bronzo dalle province Germania inferior, Germania superior, Gallia Belgica e Raetia sono stati oggetto dell'ampio progetto di ricerca ›Statue romane in bronzo dal limes, Patrimonio mondiale dell'umanità (UNESCO)‹ cofinanziato dalla Fondazione Volkswagen dal 2010 al 2015. Un numero di frammenti statisticamente rilevante è stato scelto per approfondite indagini archeometriche quali la spettroscopia XRF, la metallografia e l'analisi isotopica del piombo. Caratteristiche tecniche quali la composizione della lega metallica, la provenienza del piombo (indagine delle ›minime tracce‹), la formazione del modello, i processi di fusione e doratura nonché le testimonianze di riuso sono al centro delle ricerche, comprensive anche di indagini sperimentali. Aspetti cronologici, geografici e sociali dei contesti locali sono stati combinati con osservazioni tecniche e valori archeometrici.

Katalog. Fundortbezogene Auswertung

Analysedaten zu den jeweiligen Probennummern (GBL-Nr.) sind der Analysentabelle zu entnehmen. Weitere Einzelheiten wie zum Beispiel Wirbelstromdaten, Röntgenbilder und Computertomographie-Filme sind anhand der GBL-Nummern und der laufenden Datenbank-Nummern (Lfd. Nr.) unter www.grossbronzen-amlimes.de zu recherchieren. Die Nummerierung der Fundorte (FO) ist in der Karte Abbildung 28 aufgelöst. Die Datierung der Kastelle folgt, wenn nicht anders angegeben, den Angaben unter http://www.deutsche-limeskommission.de. Ein Fundort kann mehrere Fundstellen beinhalten. Wegen begrenzter Ressourcen und aus organisatorischen Gründen wurden nicht alle Fundorte archäometrisch analysiert, sie sind jedoch alle in der Datenbank erfasst. Bei Angabe zur Legierungszusammensetzung wird der Kupferanteil nicht immer genannt.

Aalen (ORL 66, FO 52, GBL 38–53, 67, 81, 83, 91 und 438–440)

Aus dem Kastell Aalen (etwa 150 bis 259/60 n. Chr.), dem größten Alenstandort am Obergermanisch-Rätischen Limes, stammen über 2035 ausschließlich kleinteilige Statuenfragmente mit einem Gesamtgewicht von 18,71 Kilogramm, von denen die genannten dreißig repräsentativen Stücke zur Beprobung und Analyse ausgewählt wurden (Abb. 1). Sie lagen in einer Fundkonzentration im Bereich des Fahnenheiligtums, dessen Keller offenbar als Wertdepot der von der Mitte des zweiten bis zur Mitte des dritten Jahrhunderts hier stationierten Ala II Flavia Milliaria genutzt wurde (M. Kemkes in: Gebrochener Glanz 131–133 Abb. 2; 3 mit Lit.). Schmelzspuren an einigen Fragmenten stammen höchstwahrscheinlich vom Feuer bei der Verwüstung des Lagers um 259/260 n. Chr. (D. Planck, Aalener Jahrb. 1984, 13–40), nicht von der intentionellen Einschmelzung der Bronzen.

Die geringe und verhältnismäßig einheitliche Größe der Fragmente legt jedoch nahe, dass diese bereits zum Wiedereinschmelzen vorbereitet und auf Tiegelgröße zerschlagen worden sind. Unterschiede in der Ausführung der Kaltarbeit können auf verschiedene Handwerker und somit auf mehrere Statuen hinweisen. Reparaturbleche wurden zum Teil mit Weichlot eingesetzt. Es gibt Hinweise auf polychrome eingelegte Verzierungen in Niello und Tauschierungen. Zahlreiche Stücke weisen eine Zinnseigerung an der Oberfläche auf (Abb. 29, GLB 83, s. a. Abb. 1). Es ist nicht auszuschließen, dass die dadurch ehemals vermutlich silbrig wirkende Bronzeoberfläche vieler Aalener Stücke bereits durch den Guss bedingt war und dann zur farbigen Gestaltung genutzt wurde (H.-A. Kuhn / F. Willer in: Gebrochener Glanz 185 f. Abb. 1–2. – Zur Zinnseigerung s. o., vgl. den Haupttext, Abschnitt ›Schwarz-silbrige Oberfläche‹, s. Abb. 20). Dieses auch in der modernen Buntmetallfabrikation wohlbekannte Phänomen silbriger Zinnausscheidungen an der Oberfläche konnte schon während des Gießens, aber auch durch nachträgliches Tempern der Bronze experimentell erzeugt werden. Eines der drei aus Aalen geborgenen

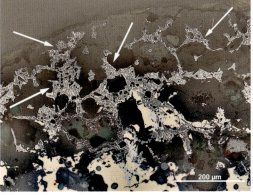

Abb. 29 a–b Haarfragment aus Aalen (GBL 83) mit schwarzer Oberfläche. Rechts im Bild Anschliffprobe mit hellen Bereichen der Zinnseigerung.

Abb. 30 Fragmente aus Augsburg. Augsburg, Römisches Museum

Fragmente einer Plinthenleiste (GBL 91) zeigt neben einer zinnreichen Oberfläche zudem im metallographischen Anschliffbild Reste von Weichlot, welches zur Montage am Sockel diente (s. a. Farbtafel 3, 2).

Die Bronzelegierungen aus Aalen lassen sich in drei Gruppen unterteilen: Die erste (GBL 38, 40, 41, 42, 43, 46, 47, 49, 50, 52, 53, 67, 85 und 86) kennzeichnet ein mittlerer Gehalt an Zinn und ein hoher an Blei (Sn 2–7 %, Pb 17–23 %). Die zweite Gruppe (GBL 45, 88, 89, 90 und 91) zeigt einen hohen Anteil an Zinn und einen geringen an Blei (Sn 9–15 %, Pb 3–5 %). Die dritte Gruppe (GBL 39, 44, 51, 83, 87, 438, 439 und 440) hat ausgewogene Werte (Sn 8–12 %, Pb 8–16 %). Die Spurenelemente lassen keine weitere Differenzierung zu, da sie eine homogene Gruppe bilden, von der lediglich ein geschmolzenes Bruchstück (GBL 88 und 89) und ein Plinthenleistenfragment (GBL 47) abweichen. Unter den zahlreichen kleinteiligen Bruchstücken wurden drei Plinthenleistenfragmente geborgen, es könnte sich also bei den zahlreichen Fragmenten um Reste von mindestens drei unterschiedlichen, zerschlagenen Statuen handeln. Das Plinthenleistenfragment weicht jedoch in seiner Zusammensetzung vollständig von allen anderen ab und enthält zudem den höchsten gemessenen Wert für Antimon in der gesamten Analysenserie aller Fundorte (Sb 2,6 %). Demnach könnte es aus einer früheren Produktionsphase stammen und wäre sekundär im Aalener Kastell verwendet worden. Auch isotopisch weicht das Blei dieses Fragments von allen anderen Werten ab und findet Entsprechungen in Bleierzen des spanischen Baskenlandes, wo römische Minen nachgewiesen sind (Domergue, mines 86). Weniger eindeutig ist die isotopische Übereinstimmung mit französischen Lagerstätten im Montagne Noir, wo es auch Belege für römischen Bergbau gibt (Cauuet [Anm. 98] 92 f.). Das Pteryxfragment einer Panzerstatue aus Aalen (GBL 40) zeigt Isotopenverhältnisse ähnlich denen einer Statue aus Trier (GBL 149), aber auch italische Bronzen haben nahezu identische Isotopenverhältnisse (Salcuni/Formigli, Grandi bronzi). Die Bergwerke von Shropshire in England könnten dafür das Blei geliefert haben. Erhöhte Zinkwerte und damit Hinweise auf Zugabe von Messing in der Legierung finden sich nur bei einem Aalener Fragment (GBL 51). Das Blei von GBL 47 könnte aus dem spanischen Baskenland stammen.

Die Aalener Stücke zeigen aus konservatorischer Sicht ein recht einheitliches Erscheinungsbild. Es könnte sich demnach um Teile nur weniger Statuen handeln. Dies bestätigen die archäometrischen Auswertungen. Darüber hinaus ließen sich im Limesgebiet der Schwäbischen Alb Statuenteile mit ähnlichen Legierungen feststellen, die einen Werkstattzusammenhang nahelegen.

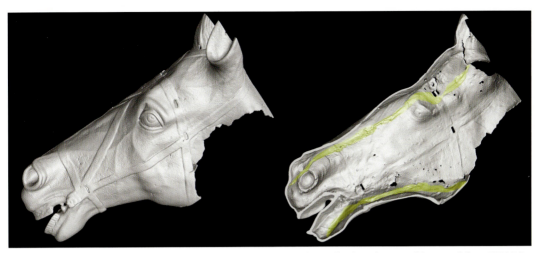

Abb. 31 a–b Bronzene Pferdeköpfe aus Augsburg (a, GBL 29 und 30, oben) und aus Waldgirmes (ohne GBL-Nr., unten) im Vergleich der mittels Computertomographie erzeugten Schnittbilder. Das Innere beider Köpfe belegt eine trotz unterschiedlicher Entstehungszeit identische Vorgehensweise bei der Montage der Wachsmodelle aus mehreren Teilen nach dem indirekten Wachsausschmelzverfahren (Montagenähte gelb markiert).

Augsburg (FO 63, GBL 29–33, 458, 461 und 462)

Aus Augusta Vindelicum, dem aniken Augsburg, stammen vier beprobte Statuenteile, darunter der im Jahre 1769 in einem Ufereinschnitt der Wertach gefundene blattvergoldete Pferdekopf (GBL 29–31) und eine 1911 aus dem Lech geborgene, ebenfalls vergoldete figürliche Wagenkastenapplik in Gestalt eines Genius Populi Romani (GBL 32–33). Schon vor den archäometrischen Untersuchungen wurde vermutet, dass diese beiden Objekte zu einem Monument gehörten (M. Hahn in: Gebrochener Glanz 49–51; L. Bakker in: D. Richter / L. Wamser [Hrsg.], Vorbild Herculaneum. Römisches Bayern und Antikenrezeption im Norden [München 2006] 16–18).

Analysiert wurden ferner ein lebensgroßer rechter Arm eines Reiters (GBL 462), ein unterlebensgroßer Merkurarm mit Geldbeutel (GBL 461) sowie ein Tüllenfragment mit Akanthusblättern (GBL 458) (Abb. 30).

Die Computertomographie des Pferdekopfes belegt die Anwendung des indirekten Wachsausschmelzverfahrens. Wie auch schon an den Tomographien des deutlich älteren Pferdekopfs aus Waldgirmes zu erkennen ist, hatte man das Augsburger Stück nach demselben Schema im Modell aus acht Wachssegmenten zusammengefügt (Abb. 31 und 32; A. Ulbrich / F. Willer in: Gebrochener Glanz 42).

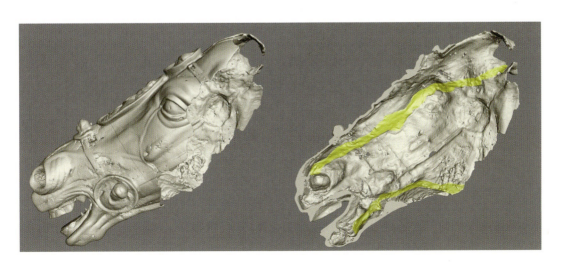

Diese Beobachtung lässt vermuten, dass das Produktionsschema wohl bereits in der Zeit der augusteischen Okkupationsphase in der Provinz angewendet und über Generationen tradiert wurde. Die Montage von Applikationen, die womöglich aus einem andersfarbigen Metall bestanden, ist bei beiden Köpfen identisch. Durch eine rechteckige Einschuböffnung am Kopf wurden die Appliken mittels eines entspre-

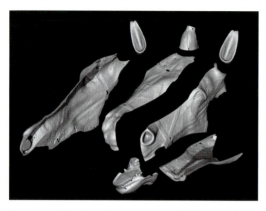

Bronzener Pferdekopf aus Augsburg (GBL 29 und 30).

Abb. 32 (oben) Rekonstruktion aller zusammengefügten Wachseinzelteile mittels Computertomographie.

Abb. 33 (unten) Rekonstruktionsvorschlag mittels Computertomographie. Grün markiert sind die Ergänzungen der heute fehlenden Applikationen, wie Pferdemähne und Halfter.

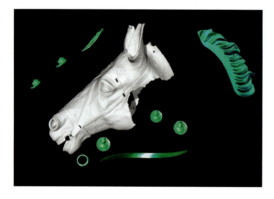

chenden Stegs eingesetzt und an der Rückseite mit einem Metallstift gesichert. Am Augsburger Stück gab es diese Montage offenbar an allen neun Appliken, die jedoch heute nicht mehr vorhanden sind. Am Pferdekopf aus Waldgirmes wurde diese Technik lediglich auf zwei ebenfalls verlorene Appliken im Stirnbereich angewendet, wogegen die restlichen sieben bereits in Bronze mitgegossen waren. Die Montage von separat gegossenen Appliken aus vermutlich anderem Material erfolgte entsprechend mit rechteckigen Steckver-

bindungen, die an der Innenseite der Bronzestatue mit Sicherungsstiften fixiert wurden (Abb. 33). Eine andere in römischer Zeit beliebte Montagemethode von Köpfen, die lediglich mit Blei-Zinn-Lot erfolgte, lässt sich anhand entsprechender Lötflächen ebenfalls an dem Augsburger Pferdekopf beobachten. Eine sichere Schweißung wäre bei der extrem dünnen Wandstärke der Bronze kaum möglich gewesen.

Bei dem zu den Augsburger Fundstücken gehörigen rechten Arm eines Reiters wurde eine nicht korrekt geschlossene Wachsmontagenaht festgestellt. Diese hatte sich während des Gießens der Bronze geöffnet. Zur Reparatur diente eine Verschweißtechnik, die üblicherweise zur Montage von einzelnen Gliedmaßen diente und als Überfanggusstechnik bezeichnet wird (so bereits bei einer Statue des späten 1. Jh. v. Chr., s. C. Mattusch in: dies. [Hrsg.], The Fire of Hephaistos. Large Classical Bronzes from North American Collections [Cambridge 1996] 234 Abb. 24 j), die vermutlich schon bei klassischen griechischen Statuen angewendet wurde (Haynes, Technique [Anm. 40] 92–98). Dabei wurde die Naht mit neun einzelnen Schweißpunkten geschlossen. Die Montage des Armes am Körper hingegen erfolgte ohne Schweißung und wurde wohl lediglich mechanisch durch eine Einschubverbindung erreicht, wie sie bei Gewandstatuen üblicherweise Anwendung fand.

Der Pferdekopf wurde im Vorfeld des Projektes bereits mehrmals naturwissenschaftlich analysiert. Die Bestimmung der chemischen Zusammensetzung erfolgte damals mit AAS am Forschungsinstitut für Edelmetall in Schwäbisch-Gmünd (W. A. Oddy u. a. in: True/Podany, Small Sculpture 103–124, hier 114 Tab. 3; Raub, Metallkunde 353). Diese Analysen stimmen bis auf den dort etwas höher bestimmten Bleigehalt gut mit den hier vorgelegten Werten überein. Eine weitere mit ICP-OES durchgeführte Analyse weicht dagegen vor allem im Spurenelementbereich ganz erheblich ab (A. Giumlia-Mair in: Mattusch/Bramer/Knudsen, From the Parts 92 Tab. 1).

Bei den Statuenfragmenten aus Augsburg handelt es sich um relativ einheitliche Bronzelegierungen mit erhöhtem Bleigehalt und mittlerem Zinnanteil (Sn 6,2–7 %, Pb 17–25 %). Die Objekte entstammen daher möglicherweise einer einzigen Werkstatt. Der Reiterarm (GBL 462) weicht in seiner Zusammensetzung minimal ab und zeigt einen nur etwas geringeren Anteil an Blei und Zinn (Sn 3,9 %, Pb 14 %) als die anderen Augsburger Stücke. Die Zusammensetzung der Spurenelemente der beiden blattvergoldeten Bronzen des Pferdekopfes (GBL 30) und der Wagenkastenapplik in Gestalt eines Genius (GBL 32–33) sind nahezu identisch. Dies trifft auch auf die Bleiisotopensignaturen zu, die in die Gruppe H gehören und welche vielfach im südlichen Untersuchungsgebiet beobachtet wurden. Das Blei könnte demnach aus den Cevennen stammen.

Die archäometrischen Untersuchungen untermauern, dass es sich beim Pferdekopf und der Wagenkastenapplik um Teile des zusammengehörigen Bildwerks einer Biga oder Quadriga handelt. Die besonderen technischen Eigenschaften der im Untersuchungsgebiet vielfach zu beobachtenden Bleibronze werden besonders am Augsburger Pferdekopf deutlich. Experimente und Materialprüfungen belegen, dass die hohe Viskosität und die niedrige Erstarrungstemperatur der Legierung es den römischen Bronzegießern ermöglichte, extrem dünnwandige Güsse von zum Teil zwei Millimetern Wandstärke herzustellen, die materialsparend und leichtgewichtig waren. Selbst unter der Zuhilfenahme moderner Verfahren und Legierungen sind solche dünnwandigen Güsse heute nur schwer durchführbar, was die hochentwickelte Gießkunst der römischen Handwerker nochmals hervorhebt.

Im Inneren des Pferdekopfes befand sich in der Bronze anhaftend ein verzwirnter Faden aus organischen Fasern. Er ist z/s-gedreht und hat einen für die Zeitstellung und Region typischen Aufbau. Die unter dem Mikroskop festgestellten Merkmale deuten auf eine bis zur Einzelfaser aufgeschlossene Bastfaser hin, wohl Leinen aus Flachs (Abb. 7; Materialanalyse CEZ). Der Faden ragte aus der Bronzeoberfläche heraus und war fest mit dieser verbunden. Bei der Probenentnahme musste er von der Bronze abgetrennt werden. Wahrscheinlich handelt es sich um den nicht verkohlten Rest eines Magerungszuschlages vom Tonkern, der sich aufgrund der geringen Wandstärke und somit schnellen Erstarrung der Bronze erhalten hat.

Von dem Pferdekopf (GBL 29–31) wurden zwei Tonkernproben entnommen (T 8 und T 10).

Biesheim (Kunheim) (FO 61, GBL 353)

Die meisten der siebzehn Bronzestatuenfunde aus Argentovaria in der Flur Ödenburg bei Biesheim (Elsass) wurden in einer Planierschicht der in das zweite bis dritte Jahrhundert zu datierenden zivilen Vorgängersiedlung des spätantiken Kastells gefunden (H. U. Nuber / M. Reddé, Germania 80, 2002, H. 1, 169–242). Die zumeist unbestimmbaren Statuen-

Abb. 34 Eines der Statuenfragmente aus Biesheim (Kunheim) mit polygonal geformten Reparaturblechen (GBL 353). Biesheim, Musée Gallo-Romain.

fragmente, von denen eines für eine Bohrprobe ausgewählt wurde, ähneln einander makroskopisch. Sie sind zum Teil angeschmolzen. Die Stücke erscheinen teils recht massiv gegossen und zeigen vielfach außergewöhnlich akkurat ausgeführte rechteckige sowie polygonale Reparatureinlagen (Abb. 34). Diese haben sich vermutlich aufgrund von Gewalteinwirkung herausgelöst. Einige Stücke zeigen Einschlagspuren der Zerstörung. Das beprobte Körperfragment (GBL 353) zeigt im Vergleich zu den meisten anderen Legierungen aus dem Untersuchungsgebiet auffallend wenig Blei (Cu 90 %, Sn 7,7 %, Pb 1,9 %). Daher ist die Zuweisung zu einer bestimmten Bleilagerstätte nicht möglich. Mit großer Wahrscheinlichkeit handelt es sich um eine Mischung aus dem Bleianteil des Kupfers und mehrerer anderer Komponenten. Die Isotopie lässt erkennen, dass Blei aus den britischen Penninen beteiligt ist. Es gibt keine Hinweise auf Zugabe von Messing oder vergoldeter Bronze in der Legierung.

Blicquy (FO 19, GBL 486–487)

Aus der Umgebung der antiken Siedlungskammer von Blicquy stammt das etwa dreiundzwanzig Zentimeter lange und im Untersuchungsraum motivisch singuläre Bronzestatuenfragment eines angewinkelten Faustkämpferarmes (C. Sarge in: Gebrochener Glanz 72 f. [mit Lit.]). Die detailreiche Oberfläche der Hand sowie die naturalistische Gestaltung des Lederhandschuhs deuten auf eine aufwendige Produktionsweise hin, wie man sie von frühen Bronzebildwerken aus klassischer und hellenistischer Zeit kennt. Detailgetreu sind auch die vorderen Fingerpartien wiedergegeben, welche separat gegossen und dann mit einem Weichlot angefügt wurden. Die Finger des recht massiv gegossenen unterlebensgroßen Arms wurden separat gegossen und dann mit Bleilot angefügt. Der Grund hierfür ist technisch bedingt. Gießt man Bronzen in relativ dicker Wandstärke, können sich Endpartien der Gussform, wie sie bei Statuen die Finger oder Zehen darstellen, beim Erkalten des Metalls zusammenziehen. Um dies zu vermeiden und um darüber hinaus eine naturalistische Gestaltung der einzelnen Fingerglieder zu ermöglichen, wählte man den separaten Guss der feinen Gliedmaßen. Diese Technik wurde auch häufig bei Darstellungen von Zehen ohne Schuhwerk angewendet (A. M. Carruba / E. Formigli / M. Micheli in: K. Gschwantler / A. Bernhard-Walcher [Hrsg.], Griechische und römische Statuetten und Großbronzen. Akten der 9. Tagung über antike Bronzen [Wien 1986] 167–171, hier 167–169 Abb. 1; 23).

Die Legierung des Arms ist mit dem relativ hohen Gehalt an Zinn und sehr geringem Anteil an Blei für römische Bronzebildwerke eher ungewöhnlich (Sn 11 %, Pb 0,83 %).

Die Isotopenverhältnisse dürften sich aufgrund des geringen Bleianteils ausschließlich auf das Kupfer beziehen oder aus einer Mischung unterschiedlicher Komponenten resultieren. Im Abgleich sind sie jedoch nicht mit den Bleiisotopenverhältnissen von Lagerstätten in der Ägäis kompatibel (R. Schwab u. a., Bonner Jahrb. 208, 2008, 5–28, hier 14–20). Das Blei ist keiner der isotopisch klar definierten Lagerstätten zuzuordnen (Gruppe H).

Böbingen (ORL 65, FO 50, GBL 57), *Mögglingen* (FO 51, GBL 71 und 434–437), *Schwäbisch Gmünd - Schirenhof* (ORL 64, FO 49, GBL 354, 355 und 463)

Bei Grabungen im Kohortenkastell Unterböbingen (D. Planck, Denkmalpflege Baden-Württemberg 3, 1974, H. 3, 32–37), das etwa von der Mitte des zweiten bis zur Mitte des dritten Jahrhunderts belegt war, kam im Bereich der Retentura ein bronzenes Daumenfragment zutage (GBL 57).

Im nahe gelegenen Mögglingen wurde im Jahre 1997 durch Zufall eine Bronzenase gefunden (GBL 148) (M. Kemkes / S. Heckmann / C. Sarge, Arch. Deutschland 2, 2013, 6–11). In dieser Gegend verortete man später ein Kleinkastell derselben Belegungsphase, in dessen Areal über sechsundneunzig Bronzestatuenfragmente geborgen wurden. Von diesen wurden zur Beprobung ein profiliertes Fragment mit Figurinentorso (GBL 435), Haarfragmente (GBL 437), Pteryxfragmente mit Scharnieren (GBL 434) sowie weitere Pteryxfragmente (GBL 436) ausgewählt.

Aus dem Kastell Schirenhof, welches ebenfalls von der Mitte des zweiten bis zur Mitte des dritten Jahrhunderts belegt war und die Cohors I Flavia Raetorum beherbergte (H. U. Nuber in: D. Haupt / H. G. Horn [Hrsg.], Studien zu den Militärgrenzen Roms II. Vorträge des 10. Internationalen Limeskongresses in der Germania Inferior. Beih. Bonner Jahrb. 38 [Köln und Bonn 1977] 225–229), stammen bislang zehn Bronzestatuenreste. Aus diesem Konvolut wurden ein unbestimmtes Körperfragment (GBL 354), ein Haarlockenbruchstück (GBL 355) und ein Haar- beziehungsweise Fellstück (GBL 463) beprobt.

Von den Fragmenten der drei Fundorte wurden ausschließlich Bohrproben von Gusslegierungen entnommen. Ihre Zusammensetzung ist eng verwandt. Die Hauptbestandteile entsprechen etwa dem Durchschnitt einer typischen Gusslegierung des Untersuchungsgebietes, so beim Daumen aus Böbingen (Sn 5 %, Pb 22 %). Eine nahezu identische Legierungssorte zeigen die Haar- und Körperfragmente aus Kastell Schirenhof (GBL 354, 355 und 463) sowie die Statuenteile aus Mögglingen (GBL 71 und 434–437). Der Spurenelementgehalt in den Funden aus Mögglingen und Böbingen ist ebenfalls sehr ähnlich, während die Zusammensetzung der Funde aus Schirenhof untereinander stärker streut. Auch das Blei aus Mögglingen und Böbingen ist nahezu identisch. Es kann derzeit nicht mit einer bestimmten Lagerstätte in Verbindung gebracht werden. Alles deutet jedoch auf eine gemeinsame Produktion der Statuen in einer einzigen Gießerei hin, bei der eine Werkstattrezeptur vermutlich gleichzeitig zur Anwendung kam. Dieser Verdacht drängt sich schon angesichts der geographischen und chronologischen Nähe der drei Fundorte auf.

Abb. 35 Restaurierte Statuenfragmente aus dem Bonner Legionslager. Landesmuseum Bonn.

Hinweise auf das Wiedereinschmelzen vergoldeter Statuenteile finden sich nur in Mögglingen, dort allerdings in mehreren Proben.

Alle beprobten Fragmente aus Mögglingen scheinen nach der Art der Oberflächengestaltung und der Patina einer einzigen Statue zugehörig, was sich nun auch durch die Legierungsanalysen bestätigen lässt. Bei den beprobten Fragmenten aus Schirenhof könnte es sich nach der Legierung um Teile mehrerer Statuen oder um mehrere Gusschargen einer einzigen Skulptur handeln, da hier der Anteil an Antimon und Silber leicht differiert. Lediglich das Haarfragment (GBL 437) enthält Spuren von Gold (Au 0,03 %), was auf die Wiederverwendung vergoldeter Bronze hinweist. Die sehr enge Verwandtschaft der hier untersuchten Legierungen dürfte kein Zufall sein und deutet darauf hin, dass bewährte Rezepturen recht genau reproduziert wurden.

Bonn, Legionslager (FO 10, GBL 113, 119, 130–145, 238–250, 503, 514 und 540)

Aus dem Legionslager Bonn (erstes bis viertes Jahrhundert), dem Standort der Legio I Minervia, sind bisher mindestens einhundertelf Fragmente römischer Bronzestatuen bekannt. Davon stammt der Großteil aus dem Prätorium, das 2010 vom Amt für Bodendenkmalpflege im Rheinland systematisch untersucht wurde (Abb. 35; J. Morscheiser-Niebergall, Arch. Rheinland 2010, 108–110; dies. / C. Sarge in: Gebrochener Glanz 125–127). Wie häufig in militärischen Kontexten des Untersuchungsgebietes zu beobachten, sind auch diese Fundstücke bis auf wenige Ausnahmen unvergoldet. Bei der Restaurierung der Stücke wurden 2011 an einigen Stücken eindeutige Hinweise auf Brandschäden beobachtet. Zwei sehr massiv gegossene überlebensgroße Statuenfragmente eines Daumens (GBL 132) und eines Zehs (GBL 131) belegen eine ausgereifte Schmelz-, Guss- und Montagetechnik, die es auch in der Provinz erlaubte, monumentale Statuen mit einem Gewicht von etwa drei- bis fünfhundert Kilogramm herzustellen. Die Unterschiede in der Legierung beider Stücke weisen darauf hin, dass es sich um Überreste zweier Statuen handelt. Zahlreiche Fragmente mit Haar- oder Fellstrukturen sind sehr detailliert durch Punzierungen und Ziselierungen nachbearbeitet.

An einem Pferdeschweiffragment (GBL 130) zeigt sich ein sehr feines hexagonales Muster, das nicht – wie zunächst vermutet – intentionell eingearbeitet wurde, sondern durch Korrosion während der langen Bodenlagerung als sichtbare Oberflächenstruktur hervorgetreten ist (A. D. Scott / J. Podany in: True/ Podany, Small Sculpture 31–60, hier 37 f.). Solche Zell- oder Zellulargefüge entstehen bei der unterkühlten Erstarrung von Metallen, indem es mangels Konzentrationsausgleich zur Keimbildung und damit zur Anreicherung eines Legierungselementes an den Zellgrenzen der Gefügekörner kommt (L. A. Tarshis / J. L. Walker / J. W. Rutter in: T. Lyman [Hrsg.], Metals Handbook VIII. Metallography, Structures and Phase Diagrams [Metals Park 1973] 152 f.). Auch auf der computertomographischen Aufnahme eines Adlerkopfschwertes aus Weißenburg wurde ein entsprechendes Muster im Inneren des Metallgefüges beobachtet. Ebenfalls treten solche Strukturen am Ohrläppchen der Rosmerta aus Mainz (GBL 398) sowie an einem bronzenen Gemächt aus Köln (Abb. 36) auf.

Diese Muster begegnen ausschließlich in den Bereichen, die nicht durch mechanische Nachbehandlung überarbeitet wurden, zum Beispiel durch Ziselierung. Es handelt sich um Teile der Oberfläche, die bei der Überarbeitung nach dem Guss ausgespart wurden.

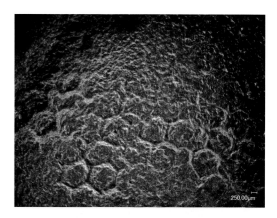

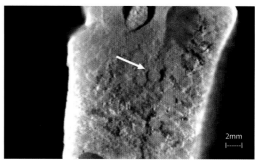

Abb. 36 a–b Ungewöhnliche Struktur in der Bronzeoberfläche (hexagonales Muster). – (a) Bei zwanzigfacher Vergrößerung im Streiflicht sichtbar gemachte hexagonale Struktur in der Oberfläche an einem Fragment in Köln, Römisch-Germanisches Museum (keine GBL). – (b) Computertomographie am Griff eines Adlerkopfschwertes aus Weißenburg (GBL 403–405) mit deutlich erkennbarer hexagonaler Gefügestruktur. Weißenburg, Römermuseum.

Einige der Bonner Stücke sind in einer für das Untersuchungsgebiet typischen Technik repariert, nämlich mittels eingesetzter polygonaler Bleche, welche mit Senkkopfnietstiften zusätzlich gesichert sind. Ebenfalls für das Untersuchungsgebiet typisch sind kleine Kernhalteröffnungen, die mit eingeschmiedeten Bronzekugeln verschlossen wurden. Auch diese Technik lässt sich vereinzelt an Bonner Stücken beobachten. Einige Fragmente weisen eine dichte schwarze Patinaschicht auf (so GBL 130, 136, 138, 140, 142, 145, vgl. den Haupttext, Abschnitt ›Schwarz-silbrige Oberfläche‹). Eine von den Wieland-Werken vorgenommene Anschliffuntersuchung von einem dieser

Stücke (GBL 540) deutet auf eine Zinnseigerung an der Oberfläche hin. Dies lässt darauf schließen, dass der Farbton der Bronze möglicherweise ursprünglich nicht rötlich, sondern silbrig war.

Die vierunddreißig Materialanalysen ergaben sehr uneinheitliche Legierungen (GBL 113, 119, 130–145, 238–250, 503, 514 und 540, Letzteres gemessen in den Wielandwerken Ulm, die übrigen im Curt-Engelhorn-Zentrum Mannheim, Sn 3,6 bis 8,9 %, Pb 5,4 bis 24 %). Der durchschnittliche Bleiwert der unvergoldeten Proben aus Bonn liegt bei knapp einem Fünftel (Pb 19 %).

Vergoldete Bronzen aus dem Untersuchungsgebiet weisen tendenziell geringe Bleiwerte auf. So enthalten auch die blattvergoldeten Statuenfragmente aus dem Bonner Legionslager (etwa GBL 119 und GBL 514) einen geringen Bleianteil (Pb 6,7–6,8 %), wie bei einem überlebensgroßen Statuenrest in Gestalt eines Zehs (GBL 131, Pb 5,4 %). Wegen des starken Brandeinflusses lässt sich dies jedoch nicht mehr zweifelsfrei nachweisen.

Etwa ein Drittel der beprobten Stücke aus dem Bonner Legionslager enthält Zink aus der Zugabe von Altmetall aus Messing (Zn max. 3 %, s. o.). Das Umschmelzen vergoldeter Statuen lässt sich nicht nachweisen. Die höheren Goldwerte eines vergoldeten Gewandfragments (GBL 113) sind durch die Probenart (Anschliffprobe) bedingt (Abb. 37). Bei kleineren Fragmenten können auch die Randbereiche der Probe vom Röntgenstrahl erfasst werden, so dass im Falle von Vergoldung auch diese angeregt wird. Als Referenzprobe für dieses Stück dient daher die Bohrprobe GBL 119, bei der kein Gold nachgewiesen wurde und somit ein Wiederverwenden vergoldeter Altstatuen zur Herstellung ausgeschlossen werden kann. Das Blei der Legierungen stammt bei zwei der Proben (GBL 132; GBL 246) sehr wahrscheinlich aus der Eifel, beim Haarfragment (GBL 246) kann es sich auch um sauerländisches Blei aus den Lagerstätten bei Brilon handeln. Das Blei eines Oberkörperfragmentes (GBL 238) ist keiner der isotopisch klar definierten Lagerstätten zuzuordnen (Gruppe H).

Bonn, Akademisches Kunstmuseum (GBL 234–237)

Der Fundort eines Oberarmfragmentes ist unbekannt. Es stammt von einer vergoldeten, etwa lebensgroßen, wohl männlichen Idealstatue. Anhand der gut erhaltenen Fügestelle im Bereich der Achsel ist zu erkennen, dass der Arm leicht nach außen abgewinkelt war. Mit Feilen hatte man hier den Anpass zum Torso millimetergenau eingestellt.

Der Anschliff (GBL 235) belegt, dass das Stück feuervergoldet ist und stellenweise zusätzlich eine Fehlstelle mit unansehnlich grauer Verbindung von Gold und Blei mit Blattgold kaschiert wurde (s. o.

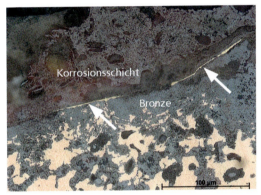

Abb. 37 a–b Vergoldetes Gewandfragment aus dem Bonner Legionslager (GBL 113). Landesmuseum Bonn. – (a) Ansicht. – (b) Anschliffbild mit erkennbarer Blattvergoldung (Pfeile).

zur Feuervergoldung). Hier ist es zu einer Reaktion des Goldamalgam mit dem Blei aus der Legierung gekommen. Die Reparatur eines Gussfehlers wurde mit einem polygonal zugeschnittenen Reparaturblech ausgeführt, das heute verloren ist. Zusätzlich hatte man dieses Blech mit Nietstiften aus Kupfer gesichert. Weitere polygonale sowie rechteckige Reparaturstücke sind durch die bei der Zerstörung der Statuen entstandene Verformung sichtbar geworden. Pinselstriche im Inneren des Armfragments stammen vom Wachsmodellbau. Die Materialstärke der relativ dickwandigen Bronze liegt zwischen vier und sieben Millimetern.

Es wurden drei Bohrproben (GBL 234, 236 und 237) entnommen. GBL 234 weist auf eine hoch kupferhaltige Gusslegierung hin, bei der man in Hinblick auf die Feuervergoldung nur geringe Zuschläge an Zinn (2,8 %) und Blei (2,2 %) zugefügt hat. Geringe Bleizuschläge dienten zur Verbesserung der Fließeigenschaften der Schmelze sowie zur Erleichterung der mechanischen Überarbeitung der gegossenen Metalloberfläche (siehe Mainz). Die Bohrprobe an einer Überfangguss-Schweißverbindung besteht aus einem sehr ähnlichen Material (Sn 1,4 %, Pb 3,1 %). Eine Zufügung von Blei zur Schmelzpunktreduzierung liegt nicht vor. Hinweise auf die Verwendung von wiederverwendetem Material findet sich nur am Kupfernietstift (GBL 237, Zn 0,4 %) und könnte auf die Fertigung in der Gießerei hindeuten. Das Blei ist keiner der isotopisch klar definierten Lagerstätten zuzuordnen (Gruppe H).

Bonn, Landesmuseum (GBL 377)

Ein im Bonner Landesmuseum verwahrtes bronzenes Teilstück einer Satteldecke stammt nach Aktenangaben »aus dem Rheinland«, die genaue Herkunft ist jedoch nicht mehr zu ermitteln (s. Abb. 23; E. R. Knauer, Bonner Jahrb. 192, 1992, 241–260).

Das Statuenelement wurde nach dem indirekten Wachsausschmelzverfahren hergestellt (Höhe 48 Zentimeter, Breite 17 Zentimeter). Die florale Dekoration erfolgte mit Einlagen aus tiefschwarzem Niello, das teilweise noch in den Dekorgruben erhalten ist. Diese Technik ist besonders für römische Silberarbeiten bekannt. Niello bestand in römischer Zeit aus einer Verbindung von Silber, Kupfer und Schwefel. Die pastöse Masse wurde (ähnlich wie in der Emailtechnik) in die zuvor exakt ausgearbeiteten Dekorgruben eingebracht und daraufhin eingeschmolzen. Anschließend erfolgte das Abschleifen und Polieren der Oberfläche. Diese Methode eignete sich besonders für ebene Dekorationen. Ein nochmals höheres Maß an Kunstfertigkeit dürfte die Verzierung einer plastisch bewegten Oberfläche – wie der wellige Faltenwurf dieser Satteldecke – erfordert haben (Abb. 38, vgl. Abb. 44).

Zur Montage der Statue wurden üblicherweise die separat gegossenen Einzelteile durch Löt- oder Schweißverbindungen zusammengefügt. Die Satteldecke repräsentiert eine weitere Montagetechnik, die auch aufgrund der Hitzempfindlichkeit des Niello nur kalt erfolgte. Die Verbindung wurde hier durch kleine rechteckige Einschuböffnungen am Hauptwerk (Pferd) mit gegossenen Rechteckstegen am Teilstück der Satteldecke erreicht. Die Stege an der Satteldecke wurden so vorgebohrt, dass sie nach dem Einstecken an der Innenseite des Pferdekörpers jeweils mit einem Metallstift gesichert werden konnten. Dies erforderte den Zugang zum Innenraum des Standbildes und war nur möglich, bevor die Reiterstatue aufgesetzt wurde. Belege für diese Montagetechnik mit Steckverbindung und Innensicherung wurden auch am Pferdekopf aus Waldgirmes sowie am Pferdekopf und am Wagenkastenbeschlag aus Augsburg beobachtet. Auch das Fragment eines Bronzereliefs aus Maastricht (s. u.), das vielleicht eine eilende Diana darstellt, zeigt diese Methode, welche sich offenbar besonders für eine kalte Anstückung von Appliken beziehungsweise aufgesetzten Einzelelementen eignete, die möglicherweise aus andersfarbigen Metallen gearbeitet waren. An der Satteldecke im Bonner Landesmuseum (GBL 377) war im halbrunden Feld des Sattelhorns ursprünglich ein Medaillon montiert. Seine Anbringung ist noch heute an der Montagevorrichtung einer rechteckigen Einschuböffnung gut erkennbar. Hierzu gibt es einige Vergleichsstücke, die die Montage solcher Medaillons belegen (Vgl. Bonner Jahrb. 192, 1992, 255 Abb. 14–15 [Baltimore]; 256 Abb. 16 [Hamburg]; 257 Abb. 17–18 [aus Aguntum in Lienz].)

Die Zusammensetzung der Bronze entspricht einer durchschnittlichen Legierung des Untersuchungsgebietes (Cu 76 %, Sn 5,7 %, Pb 18 %). Die Spurenelementwerte sind unauffällig. Das Blei ist keiner der isotopisch klar definierten Lagerstätten zuzuordnen (Gruppe H), wobei tendenziell auch die Cevennen in Frage kämen. Es gibt keine Hinweise auf Zugabe von Messing oder vergoldeter Bronze in der Legierung.

Bregenz (FO 64, GBL 392–394, 447–457 und 459–460)

Unter den fünfundfünfzig Statuenfragmenten, die bei Aushubarbeiten in der Nähe des Forums im antiken Brigantium gefunden wurden, ragen einige gut identifizierbare Stücke hervor, von denen sechzehn untersucht wurden. Das größte Objekt ist die 53,5 Zentimeter lange und 1,7 Kilogramm schwere blattvergoldete linke Hand einer Monumentalstatue mit dem Blütenkelchansatz eines Füllhorns (GBL 392–394) (Abb. 39, vgl. Abb. 2; G. Grabherr in: Gebrochener Glanz 98–100 [mit Lit.]). Die Hand kam 1963 bei Bauarbeiten im Forumsbereich in einer Tiefe

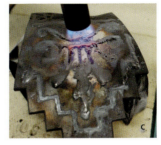

Abb. 38 a–d Nielloeinlagen an einer Satteldecke aus dem Rheinland im Original und im Experiment. Landesmuseum Bonn. – (a) Detail des Originals. – (b) In zuvor eingearbeitete Vertiefungen wird mit Wasser gemischtes Niellopulver (verschmolzene Mischung aus Silber, Kupfer, Blei und Schwefel) eingebracht. – (c) Erhitzen und Schmelzen des Niello bei etwa 500 °C. – (d) Abgeschliffene und polierte Oberfläche nach dem Niellieren.

von dreieinhalb Metern unterhalb der Schichten der mittleren Kaiserzeit zutage und gehört damit vielleicht in das erste Jahrhundert. Die Größe der Hand lässt eine ungefähre Statuenhöhe von vier Metern errechnen. Neben der Monumentalhand wurden Fragmente aus dem Bereich des Bregenzer Forums archäometrisch untersucht, um in etwa die Anzahl der Statuen zu ermitteln, die hier fragmentarisch überliefert sind, Pferdehuf (GBL 453), Hand einer etwa lebensgroßen Statue (GBL 450), Falten (GBL 456), Rand eines Statuenpanzers und Körperstücke (GBL 459 und 460), vergoldete Statuenteile (GBL 455 und 457), Reste einer vergoldeten Herkuleskeule (GBL 447 und 448), von Haarkalotten (GBL 451 und 452) und von Gewandfalten (GBL 454).

Computertomographien der monumentalen Hand ergaben, dass der separat gegossene Blütenkelch durch mehrere punktuelle Verschweißungen an der Hand montiert wurde (s. Abb. 2). Aus technischen Gründen hatte man den Teilbereich der Finger, die später zur Montage mit dem Blütenkelch punktuell verschweißt werden sollten, massiv gegossen, wogegen die übrigen Bereiche der Finger und der Hand hohl angelegt waren. Aufgrund der enormen Dimension des Bildwerkes war ein passgenaues Probeanfügen der später einzeln in Bronze zu gießenden Wachsteile (Hand mit Kelch und Füllhorn) nicht möglich. Daher kam es später zu einem ungenauen Sitz der beiden erhaltenen Teilstücke, was dann beim nachträglichen Richten des Zeigefingers zu dessen Bruch führte. Aus diesem Grund musste er anschließend nach antiker Methode angeschweißt werden.

Bei der etwa einen Quadratzentimeter großen quadratischen Öffnung an der Schauseite des Kelchs kann es sich um einen Durchlass für die Montagesicherung des vermuteten Füllhorns handeln, an der ein Bronze- oder Kupferstift eingesetzt war. Das Fragment eines Pferdehufes (GBL 453) zeigt eine ähnliche Montagevorrichtung wie die Hufe aus Kempten, bei denen eine innen hervorstehende Lasche den Bleiverguss fest mit der Bronze verbinden sollte (Abb. 51).

Ein Haarfragment (GBL 451) weist ein auffälliges Wellenmuster auf. Die langen Haarsträhnen waren bereits im Wachsmodell angelegt, mussten aber nach dem Guss mit Ziseliereisen aufwendig nachgearbeitet werden. Fingernagelabdrücke an der Rückseite weisen darauf hin, dass Wachsplatten zur Formherstellung von Hand in eine Negativform eingedrückt wurden. Bohrungen an einem von drei unvergoldeten Haarfragmenten (GBL 452), die zu einer weiteren Statue gehörten, zeigen eine Reparaturtechnik, bei der Gussfehler durch eingesetzte Reparaturstücke ausgebessert wurden. Mittels Nietstiften aus Kupfer wurde das eingefügte Stück dann in Position gehalten. Ein Fragment (GBL 455) zeigt eine nur teilweise ausgeführte Vergoldung bis zu einem Bereich, der wohl durch ein angefügtes Randstück überlagert und daher nicht sichtbar war. Zudem waren hier größere Reparaturbleche eingesetzt, die heute fehlen. – Hinzu kommen profilierte Stücke, die wohl von Sockelverkleidungen stammen.

Makroskopisch beurteilt handelt es sich bei den Fundstücken aus Bregenz um Teile von unterschiedlichen, teils durch Blattvergoldung verzierten Statuen.

Die Legierungen der besprochenen monumentalen vergoldeten Hand mit dem separat gegossenen Blütenkelch sowie die Schweißverbindung (GBL 392–394) sind in ihrer Zusammensetzung erwartungsgemäß identisch (Cu 74–78 %, Sn 4,3–6,6 %, Pb 17–19 %). Lediglich im Silbergehalt weichen sie voneinander ab, was vermutlich mit dem jeweils verwendeten Bleizusatz der einzelnen Gusschargen zusammenhängt. Bei den Haarfragmenten (GBL 451 und 452) stimmen die Legierungen auch in den Spurenelementen überein (Ag 0,04 %, Sb 0,08–0,09 %), obwohl sich hier herstellungstechnisch und ikonographisch deutlich zwei Statuen unterscheiden lassen. Diese Werte passen auch zur Art der Legierung der monumentalen Hand (GBL 392–394), so dass hier vermutlich eine gemeinsame Werkstattrezeptur greifbar ist. Ebenfalls sehr ähnlich ist die Legierung eines vergoldeten Körperfragments (GBL 457), obwohl hier der Bleigehalt geringer ausfällt (Cu 87 %, Sn 6,9 %, Pb 5,2 %). Aus herstellungstechnischer Sicht dürfte es jedoch zur selben Gruppe gehören wie die Fragmente einer lebensgroßen Hand (GBL 450), eine Körperpartie (GBL 456) und ein unbestimmtes Randfragment (GBL 459). Hinzu kommt der besagte Pferdehuf (GBL 453), der jedoch einen hohen Anteil an Zinn und einen geringen an Blei zeigt (Sn 11 %, Pb 5,3 %). Ob es sich um zusammengehörige Teile eines einzigen Reiterstandbildes oder mehrerer Statuen handelt, lässt sich nicht klären. Die enge Verwandtschaft der oben genannten Legierungsrezepturen macht jedoch zumindest eine Produktion in einer einzigen Werkstatt sehr wahrscheinlich. Die beiden vergoldeten Statuenfragmente (GBL 455 u. 457) unterscheiden sich in ihrem Zinnanteil sehr deutlich, so dass hier eher von zwei Statuen ausgegangen werden muss (Sn 1,5 % und 6,9 %). Die Fragmente der vergoldeten Herkuleskeulen (GBL 447–449) bestehen aus einer Legierung mit geringen Zinn- und Bleianteilen (Sn 2,9–3,8 %, Pb 4,4–7,5 %). Sie könnten daher zum vergoldeten Statuenfragment (GBL 455) gehören. Die Probe GBL 454 stammt von einem singulären, reliefartig gestalteten Gewandfragment, dessen Legierung sehr eng mit derjenigen der monumentalen Hand verwandt ist. Daher ist auch hier der Guss nach einer gemeinsamen Werkstattrezeptur anzunehmen. Hinweise auf wiederverwendetes Altmetall fand sich nur bei wenigen Proben (GBL 394, 452 und 454, Au 0,02 %). Das Blei ist keiner der isotopisch klar definierten Lagerstätten zuzuordnen

Abb. 39 Hand einer vergoldeten Monumentalstatue aus Bregenz (GBL 392–394). Bregenz, Vorarlbergmuseum.

(Gruppe H).

Das Gesamtgewicht der monumentalen Statue dürfte etwa dreihundert Kilogramm betragen haben. Die Montage eines solch monumentalen Bildwerks, welches aus mehreren Teilgüssen zusammengefügt werden muss, stellt eine besondere Herausforderung dar, weil die Einzelteile zunächst fixiert und dann mittels eines antiken Schweißverfahrens verzugsfrei verbunden werden mussten. Gleiches gilt für die Aufstellung und Montage, die sicher mit massivem Bleierguss erfolgte. Aus dem Inneren der Monumentalhand (GBL 392–394) wurde eine Tonkernprobe entnommen (T 9).

Carnuntum (FO 67, GBL 535–539)

Der auf einem Acker bei Carnuntum (Bad Deutsch-Altenburg) gefundene Bronzekopf des Severus Alexander in der Kunstsammlung der Ruhr-Universität Bochum stellt ein repräsentatives pannonisches Vergleichsstück zu den Statuen im germanisch-rätischen Untersuchungsgebiet dar (s. Abb. 25). Der Kopf ist gut erhalten und zeigt den Kaiser mit Kurzhaarfrisur und Oberlippenbart in seinem letzten Bildnistypus (226–235 n. Chr.) (C. Weber-Lehmann in: Gebrochener Glanz 152–154 [mit Lit.]).

Zahlreiche Einschlagspuren im linken Gesichtsfeld, an der Kopfpartie und an der Kinnunterseite dokumentieren die Zerstörung der Statue. Bei der gewaltsamen Demontage wurde möglicherweise unbeabsichtigt auch ein Teil des Rückenpanzers vom noch verwendbaren Statuenkörper abgebrochen. Ein zerstörungsfreies Entfernen des Kopfes hätte durch leichtes Erhitzen der aus technischer Sicht sehr einfach ausgeführten Bleilötung erfolgen können.

Auf der Innenseite des Kopfes sind die Montagenähte der Wachsplatten zu erkennen, die auf eine Herstellung im sogenannten indirekten Wachsausschmelzverfahren weisen. So zeigt die linke Innenseite im Halsbereich eine etwa drei mal fünf Zentimeter große Ausbesserung. Möglicherweise diente diese Öffnung ehemals zur zusätzlichen Belüftung des feuchten Tonkerns und wurde nach der Trocknung wieder mit Wachs geschlossen. Die Ohren wurden separat in Wachs abgeformt und dann am Wachskopf montiert. Hiervon zeugen sichtbare Montagenähte im Inneren sowie grobe Spatelspuren an der äußeren Rückseite der Ohren. Zahlreiche kleine Gasblasen durchziehen als Gussfehler den Hinterkopf. Dazu kommen Risse und Fehlstellen, vor allem im Bereich des Halses. Sie wurden mit rechteckigen Flickblechen kaschiert, während man die Kernhalterlöcher, wie an anderen Bronzen in den Grenzprovinzen, mit kleinen eingeschlagenen Bronzekugeln verschloss und – nur hier – zusätzlich mit Blei verlötet hat. Die Überarbeitung des Gusses erfolgte mit feinen Meißeln und Punzen. Dabei wurden nur die vom Betrachter gut sichtbaren Bereiche der vorderen Haarpartie, des Bartes und der Augenbrauen detailliert ausgearbeitet. Auffällig ist, dass hier nicht nur die tiefen Bereiche der Haarsträhnen, sondern auch die gesamte Oberfläche mit Meißeln teils recht grob überarbeitet wurde. Vermutlich war die frisch gegossene Bronze mit einer sehr rauen Gusshaut überzogen, die eine Überarbeitung der gesamten Oberfläche erforderte. Die Augen waren bereits im Wachsmodell angelegt. Der überlängte Hals ist durch die Art der Montage zu erklären: Der Kopf wurde von oben tief in die Halsaussparung an der Statue eingeführt und dann mit massivem Bleilot fixiert (Abb. 25). Bemerkenswert ist, dass die Lötung nicht am Körper, sondern am Panzer durchgeführt wurde, wodurch ein recht breiter Spalt mit Blei ausgefüllt werden musste. Diese Art der Montage hätte etwa bei einem Herrscherwechsel ein einfaches Austauschen des Porträtkopfes und somit eine materialsparende Umgestaltung der Statue erlaubt (Lahusen/Formigli, Bildnisse 459).

Die Legierung des Kopfes (GBL 535) stimmt mit derjenigen der Statue überein, deren Material noch anhand des Panzerfragments (GBL 536) an der Rückseite greifbar ist (Sn 6,0 und 6,4 %, Pb 24 und 17 %). Lediglich der Bleiwert differiert leicht, was jedoch bei bleihaltigen Bronzen zu erwarten ist. Selbst eine eingefügte kleine Reparaturperle aus Bronze, die zur Kaschierung eines Kernhalterloches diente (GBL 539), ist in der Zusammensetzung identisch und somit eindeutig nicht aus alten Werkstattabfällen, sondern aus demselben Material wie die Statue gefertigt worden (Sn 6,5 %, Pb 21 %). Kopf und Körper sind somit gleichzeitig entstanden, eine Zweitverwendung des Körpers auszuschließen. Hinweise auf wiederverwertetes Altmetall liegen nicht vor.

Die Bleiisotopenverhältnisse in den Legierungen des Kopfes (GBL 535), des Panzers (GBL 536) sowie in der zur Montage dienenden Lötung (GBL 537) weichen leicht voneinander ab, was darauf zurückzuführen ist, dass Kopf und Körper separat gegossen wurden und wohl Blei verschiedener Sorten zugefügt wurde. Römische Bleietiketten des zweiten Jahrhunderts aus Carnuntum weisen fallweise ähnliche Werte auf wie ein Bleibarren mit der Aufschrift »MET DARD«, was als »Met[alla] Dard[anica]« interpretiert wird und folglich mit der serbisch-makedonischen Metallprovinz im Umland des Municipium Dardanorum in Verbindung gebracht wird (R. Schwab / E. Pernicka in: B. Petznek u. a., Handel, Wirtschaft, Kultur und Naturraum in der mittleren Kaiserzeit im Raum Carnuntum. Interdisziplinäre Analysen der römischen Latrine mit Preisschildern in Carnuntum, Schloss Petronell [in Vorb.], auch zum Folgenden).

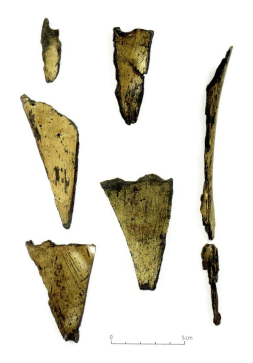

Die besagten Bleietiketten liegen auf einer Korrelationsgeraden mit dem Blei der Statue Severus Alexanders, was für eine gemeinsame Herkunft spricht. Eine exakte Eingrenzung ist derzeit noch nicht möglich, weil kaum Bleiisotopendaten dieser Lagerstätten vorliegen, aber eine Herkunft des vorliegenden Materials aus Dalmatien, Dakien, dem südlichen Pannonien oder der Moesia Superior ist aber naheliegend.

Dorsten-Holsterhausen (FO 7, GBL 408–411 und 471)

Das 1953 entdeckte Marschlager Dorsten-Holsterhausen gehört zu den römischen Stellungen, die im Zuge der augusteischen Okkupation der rechtsrheinischen Gebiete entlang der Lippe errichtet und nach der Clades Variana aufgelassen wurden. Der Standort wurde nach einem kurzen Hiatus schon in der Mitte des ersten Jahrhunderts von der einheimischen Zivilbevölkerung wiederbesiedelt und kontinuierlich bis in das neunte Jahrhundert bewohnt (W. Ebel-Zepezauer u. a., Augusteische Marschlager und Siedlungen des 1.–9. Jahrhunderts in Dorsten-Holsterhausen. Die Ausgrabungen 1999–2002. Bodenaltert. Westfalens 47 [Mainz 2009]).

Von den vorhandenen vier Bronzestatuenresten wurden fünf Materialproben aus drei Fragmenten entnommen. (Ein vergoldetes Flickblechfragment wurde nicht berücksichtigt, lfd. Nr. 1184.) Drei davon stammen von einem einzigen vergoldeten Bruchstück, und zwar von der Gusslegierung selbst (GBL 409), von einem Reparaturblech (GBL 410) und von einem Kupferniet (GBL 411). Ferner wurde ein Schuppenpanzerfragment (GBL 408) und ein profiliertes Fragment (GBL 471) beprobt. Alle drei Gusslegierungen (GBL 409, 408 und 471) zeigen eine sehr ähnliche Verteilung der Haupt- und Spurenelemente. Allerdings enthalten die beiden von einem einzigen Fragment stammenden Proben GBL 409 und 410 Hinweise auf die Zugabe von wiederverwendetem Messing in der Legierung (Zn 0,3 %). Die von dem profilierten Stück stammende Probe GBL 471 weist vergleichsweise hohe Zinnwerte und einen im Rahmen des Untersuchungsgebietes relativ geringen Bleigehalt auf (Sn 10 %, Pb 14 %). Ein hoher Zinnanteil, das Vorhandensein von Antimon und fehlende Spuren von Recycling sind bei diesem Stück als Indiz für eine frühe Datierung zu werten (Sn 10 %, Sb 0,43 %). Die Isotopensignatur des Bleis bei der Probe aus dem Schuppenpanzer (GBL 408) weist auf Plumbum Germanicum aus der Eifel hin.

Duisburg-Serm (FO 8, GBL 551–554)

Der Fundplatz liegt am rechten Rheinufer zwischen den Duisburger Stadtteilen Serm und Mündelheim; in der Nähe lag linksrheinisch das Limeskastell Krefeld-Gellep. Keramikfunde weisen auf kontinuierliche Nutzung von der älteren römischen Kaiserzeit bis ins zehnte Jahrhundert. Eine Konzentration

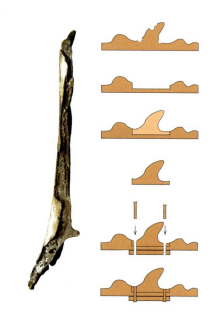

von römischen Kleinfunden und Schmelzresten aus Kupferlegierungen könnte auf die Verarbeitung von Buntmetall vor Ort hindeuten. Eventuell handelt es sich um einen Warenumschlagplatz (K. Drewniak in: J. Bemmann / M. Mirschenz, Der Rhein als europäische Verkehrsachse II [Bonn 2016] 285–334).

Systematische Geländebegehungen, Untersuchungen mit Metalldetektoren und eine Sondage ergaben Fragmente von römischen Bronzebecken und weitere Kleinfunde sowie drei Reste von römischen Großbronzen. Das größte Stück weist Blattvergoldung auf der Schauseite auf. Im Frühjahr 2016 wurden Buntmetallfunde von dort, die im Zusammenhang mit der Zerstörung von römischen Bronzestatuen sowie des Metallrecyclings zu sehen sind, im Landesmuseum Bonn restauriert und eine Auswahl davon beprobt.

Hierzu zählen zunächst drei Fragmente von Statuen (Bohrproben GBL 551–553, Anschliffprobe 554 von demselben Stück wie GBL 551), die anhand von eindeutigen Arbeitsspuren des Wachsmodellbaus als solche identifiziert werden konnten. Probe GBL 552 stammt vom Gewand, welches auf der Vorderseite blattvergoldet war. Zudem ist hier ein sehr kleines Kernhalterloch (etwa ein Quadratmillimeter) erkennbar. Die Legierungen der drei Proben unterscheiden sich deutlich, so dass es sich wohl um Teile unterschiedlicher Statuen handelt. Die Legierungen der beiden Proben GBL 552 und 553 entsprechen den im Untersuchungsgebiet üblichen Zusammensetzungen. Insbesondere GBL 552 entspricht einer durchschnittlichen Limesbronze (Cu 76 %, Sn 7,3 %, Pb 16 %). GBL 553 enthält lediglich etwas geringere Bleizuschläge (Cu 85 %, Sn 6 %, Pb 8,3 %). Völlig außergewöhnlich ist jedoch GBL 551 mit hohen Nickel-, Arsen- und Antimonwerten (Cu 79 %, Sn 2,4 %, Pb 10 %, Ni 1,6 %, As 4,1 %, Sb 2,4%). Der hohe Anteil an Fahlerzelementen weist auf eine frühe Datierung, s. o. im Abschnitt über Legierungen. Es gibt keine Hinweise auf Zugabe von Messing oder vergoldeter Bronze in der Legierung.

Im Nachgang zum Forschungsprojekt wurden sechs Schmelzreste aus dem genannten Areal restauriert und analysiert (Probennummern RLMB 61–65, nicht in Datenbank oder Tabelle). Dazu zählt auch die erkaltete Restschmelze von 260 Gramm am Boden eines nur teilweise erhaltenen Schmelztiegels mit einem geschätzten damaligen Fassungsvermögen von etwa einem bis anderthalb Kilogramm Bronze

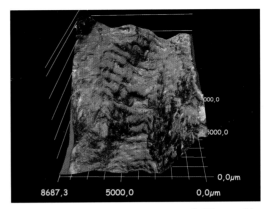

Reste von Bronzestatuen aus Duppach-Weiermühle. Rheinisches Landesmuseum Trier.
Abb. 40 (gegenüber, oben) Vergoldete Reparaturbleche.
Abb. 41 (gegenüber, unten) Das Prinzip der Inlaytechnik, nachgewiesen am Reparaturstück eines Gewandfragments (GBL 308).
Abb. 42 (oben) Mikroskopaufnahme eines Gewandfragments (GBL 308) bei zwanzigfacher Vergrößerung mit einer Detailansicht der Gewebestruktur, welche sich in Bronze übertragen hat.

(RLMB 60). Zahlreiche Fragmente von römischen Tierglocken, die teils verschmolzen waren, dienten wohl wegen ihres hohen Zinngehalts (RLMB 63) als wertvolle Zugabe beim Legieren (Sn 20 %). Die Schmelztiegelfüllung (RLMB 60) besteht aus Bleibronze mit niedrigem Zinngehalt (Sn 2,2 %, Pb 22 %), wie sie in einigen Fällen auch für Großbronzen verwendet wurde (so Trier-Helfant GBL 164 oder Tawern GBL 324). Die gemessenen Wirbelstromwerte lagen hier wegen des hohen Kupfergehaltes bei neun MS/m. Ein weiterer Schmelzrest (RLMB 64) besteht aus bleihaltiger Bronze, die auch für Großbronzen geeignet wäre, jedoch nicht einer typischen Limesbronze entspricht (Sn 10,6 %, Pb 9,3 %). Zwei Schmelzreste (RLMB 62 und 65) bestehen aus klassischen Rotgusslegierungen, wie sie etwa für Hemmorer Eimer verwendet wurden (Cu 76 %, Sn 3,6–5,7 %, Pb 2,4–5,1 %, Zn 13,8–14,9 %).

Duppach-Weiermühle (FO 21, GBL 178, 185 und 308–310)

Die römische Nekropole von Duppach-Weiermühle befindet sich in der Umgebung einer römischen Ansiedlung mit Villa rustica, nahe der Agrippastraße und nur knapp acht Kilometer südlich vom Vicus und spätantiken Kastell Icorigium (Jünkerath) entfernt. Bei Ausgrabungen wurden zwei zeitlich aufeinander folgende Grabdenkmäler dokumentiert

(P. Henrich in: D. Boschung [Hrsg.], Grabbauten des 2. und 3. Jahrhunderts nach Christus in den gallischen und germanischen Provinzen. Kongr. Köln 2007 [Wiesbaden 2009] 13–37; P. Henrich, Die römische Nekropole und die Villenanlage von Duppach-Weiermühle, Vulkaneifel. Trierer Zeitschr. Beih. 33 [Trier 2010] 161 f.). Die dabei entdeckten Statuenteile ließen sich nicht genau referenzieren. Der Fundplatz brachte zehn vergoldete Bronzestatuenreste zutage, bei denen es sich größtenteils um gegossene und herausgefallene Reparaturstücke handelt (Abb. 40).

Ein Reparaturstück (GBL 308) zeigt eine Art der Reparaturtechnik, die mehrfach im Untersuchungsgebiet beobachtet und als Besonderheit erkannt wurde (Abb. 41). Die Ausführung der Reparatur ist vergleichbar mit der modernen Zahn-Inlaytechnik. Man hat damit eine wohl durch Gussfehler verursachte Fehlstelle an einer Gewandfalte ausgebessert. Mit einem scharfen Ziseliermeißel wurde hierzu die fehlerhafte Stelle grubenartig vertieft oder ausgeschnitten und an den Kanten begradigt. Sodann wurde ein mit Wachs getränktes Gewebe in die Fehlstelle eingedrückt und somit diese als Positiv abgeformt. Das Textil diente hier als innere Verstärkung. Der Abdruck des Gewebes ist noch heute auf der Rückseite des Fragments gut zu erkennen (Abb. 42). Es handelt sich wohl um Reststücke zweier unterschiedlicher Leinengewebearten (grob und fein). Die gleiche Technik der Gewebeverstärkung zeigt die Rückseite eines weiteren vergoldeten Reparaturbleches, welches ebenso wie das Fragment mit der Probennummer GBL 308 an einer Faltenkante eingefügt war. Die Wachsabformung wurde in Bronze nachgegossen und dann passgenau in die Fehlstelle eingefügt sowie durch wenige Schläge mit Hammer und Treibeisen in der Bronze befestigt. An drei vergoldeten Reparaturblechen sind Ansätze runder Bohrungen erkennbar, die zur Befestigung der Reparaturstücke mittels Nietstiften dienten.

Zwei der flächigen Reparaturbleche (GBL 309 und 310) wurden analysiert. Sie stimmen trotz ihres separaten Gusses in ihrer Zusammensetzung überein. Sie ähneln sich in der Materialdicke sowie in der Vergoldung und gehören auch nach Ausweis der Legierung zu einer einzigen Statue. Zink- und Goldgehalt weisen auf die Zugabe von Messing oder vergoldeter Bronze in der Legierung hin. Zudem liegt der Bleianteil gegenüber den anderen Proben aus Duppach deutlich höher (Pb 15–17 %) und somit im Bereich einer durchschnittlichen Limesbronze. Ferner ist der Silbergehalt leicht erhöht, womöglich bedingt durch Silberanteile im Blei. Bei den drei anderen Proben (GBL 178, 185 und 308) handelt es sich um zwei vergoldete Statuenteile und das oben beschriebene Reparaturstück mit Inlaytechnik. Sie geben jeweils keine Hinweise auf Metallrecycling. Ihr gemessener Bleianteil (Pb 8,4 %, 7,9 % und 8,1 %) liegt bemerkenswerterweise jeweils deutlich unter dem durchschnittlichen Wert der Limesbronzen.

Das Blei von GBL 308 ist keiner der isotopisch klar definierten Lagerstätten zuzuordnen (Gruppe H). Der Anschliff (GBL 178) zeigt Blattvergoldung. Anhand der Proben aus Duppach lassen sich zwei Gruppen isolieren, die von zwei vergoldeten Statuen stammen. Die dreieckigen Reparaturbleche (GBL 309 und 310) wurden vielleicht in der mittleren bis späten Kaiserzeit gearbeitet, wofür die nachweislichen Altmetallbeimengungen und der vergleichsweise hohe Bleigehalt sprechen. Die zweite Legierung ist gekennzeichnet durch den niedrigen Gehalt an Blei, das nach Ausweis der Bleiisotopenanalyse nicht aus regionalen Lagerstätten stammt.

Echzell (FO 41) s. Obergermanischer Limes

Famars (FO 18, GBL 360)

Die Bohrprobe (GBL 360) stammt von einem Finger, der im Vollguss gearbeitet ist und dessen Legierung einer typischen Limesbronze entspricht (Cu 76 %, Sn 5,3 %, Pb 18 %). Die Bleiisotopenverhältnisse der Legierung liegen wie diejenigen eines Fragmentes von der Saalburg (GBL 212) und eines weiteren aus Trier (GBL 155) außerhalb der Gruppe H und den Werten des Plumbum Germanicum. Das Blei in der Legierung kann entweder aus der Eifel oder aus den Penninen in England stammen. Es gibt keine Hinweise auf Zugabe von Messing oder vergoldeter Bronze in der Legierung.

Gnotzheim (ORL 70, FO 54, GBL 465–468) und *Theilenhofen* (ORL 71a, FO 55, GBL 414, 415, 417–429 und 469)

Auf dem Areal des am rätischen Limes gelegenen Kohortenkastells Gnotzheim (81/96 n. Chr. bis spätestens um 260 n. Chr.) wurden vierzig Bronzestatuenfragmente aufgelesen, vermutlich zusammengehörige Teile eines einzigen Kaiserbildnisses (Abb. 43). Die Zusammensetzung entspricht in etwa einer durchschnittlichen Limesbronze, wobei der Zinngehalt geringer ausfällt (Sn 3,5–4,9 %).

Im nur wenige Kilometer entfernten Kohortenkastell Iciniacum (Theilenhofen, um 100 n. Chr. bzw. nach 100/101 n. Chr. bis spätestens um 260 n. Chr.) wurden bei Grabungen in den Principia 165 Bronzestatuenfragmente gefunden (Abb. 44).

Reste von Statuenbasen ließen erkennen, dass im Bereich der Querhalle einst mindestens zwei Bildnisse standen (ORL B 71a, 5.7.12 Bronze Nr. 2.3; Gamer, Bronzestatuen 102–104 Nr. 55–59; 61; 63–65; Stoll, Skulpturenausstattung 540–543). Von diesem Fundkomplex wurden für die Beprobung folgende Objekte ausgewählt: ein Gewandfragment mit schwarzer Oberfläche (GBL 420), Pteryxfragmente, davon eines mit heller Korrosion (GBL 422, eine von insgesamt zwölf zusammengehörigen Pteryges mit unterschiedlichen Verwahrorten), eines mit Akanthus und schwarzer Oberfläche (GBL 421) sowie ein drittes (GBL 423), ferner ein Fransensaum (GBL 426), der Daumen einer leicht überlebensgroßen rechten Hand (GBL 414), ein Schuhriemenbruchstück (GBL 415), ein Körperfragment (GBL 419), ein Gewandabschnitt (GBL 417), ein Stück mit breitem Profilsteg und aufwendigen floralen sowie ornamentalen Einlassungen für Niello (GBL 469), welches zum Teil erhalten ist (vgl. in Bonn GBL 377), sowie ein weiteres mit Spuren von Nielloeinlagen (GBL 418).

Aus dem Vicus des Kastells stammen zusätzlich 142 Lesefunde, aus denen exemplarisch ein Körperfragment (GBL 427), ein unbestimmtes Stück mit schwarzer Oberfläche (GBL 429), eines mit Tauschierungsgruben (GBL 425) und ein weiteres mit Schuppendekor (punziert) (GBL 428) sowie ein verziertes, punziertes Stück, ebenfalls mit schwarzer Oberfläche (GBL 424), untersucht wurden. Das Fragment, dem Probe GBL 428 entnommen wurde, passt makroskopisch zu drei weiteren, von denen zwei auch Tauschierungsgruben aufweisen. Dieses Merkmal legt wiederum einen Vergleich der Legierung mit

Fragmente. München, Archäologische Staatssammlung.
Abb. 43 (gegenüber) Aus Gnotzheim.
Abb. 44 (oben) Aus Theilenhofen, zum Teil mit Resten polychromer Einlegearbeiten, Niello oder Gravuren.

dem tauschierten Fragment GBL 425 nahe. Der eng beieinanderliegende Zinngehalt sowie die ähnliche Zusammensetzung der Spurenelemente bestätigt schließlich die Zusammengehörigkeit (GBL 425: Sn 6,3 %, GBL 428: Sn 5,9 %).

Die Proben aus Theilenhofen (GBL 414– 415, 417– 429 und 469) sind in ihrer Zusammensetzung mit denen aus Gnotzheim identisch. Lediglich GBL 424, das von einem punzierten Fragment stammt, enthält Spuren von Gold, die auf eine Wiederverwendung ehemals vergoldeter Statuen hinweisen (Au 0,16 %). Die Werte entsprechen der durchschnittlichen Legierung des Untersuchungsgebietes (Sn 5,5 %, Pb 19,5 %).

Da die Fundorte der Fragmente nicht sehr weit auseinanderliegen und die Legierungen nahezu identisch sind, kann mit einiger Bestimmtheit behauptet werden, dass es sich um zusammengehörige Teile einer einzigen Statue handelt, die nach ihrer Zerstörung aufgeteilt und in beiden Kastellen zur späteren Wiederverwendung aufbewahrt wurden. Die leichten Unterschiede im Erhaltungszustand können jeweils durch verschiedenes Bodenmilieu bedingt sein. Da beide Kastelle beim Fall des Obergermanisch-Rätischen Limes 259/260 n. Chr. zerstört wurden, war die Statue schon vor diesem Zeitpunkt zerschlagen worden (ORL B 71a, 12 Bronze Nr. 1 Taf. 4, 1; Gamer, Bronzestatuen 102 Nr. D 55; Stoll, Skulpturenausstattung 541). Lediglich das Stück der Probe (GBL 424) kann aufgrund des Goldanteils (Au 0,16 %) von einer anderen Gusscharge mit wiederverwendetem Material vergoldeter Statuen stammen und den Nachweis einer zweiten Statue oder einer anderen Gusscharge liefern (vgl. GBL 437 aus Mögglingen). Die erhaltenen Fragmente mit Tauschierung, Punzierung sowie Nielloeinlagen deuten auf eine sehr reiche polychrome Ausgestaltung der Plastik hin.

Das Blei ist keiner der isotopisch klar definierten Lagerstätten zuzuordnen (Gruppe H).

Groß-Gerau (FO 44, GBL 1–28, 523–525, 543 und 544)

Im hessischen Groß-Gerau befand sich zwischen 75 und 115 n. Chr. ein römisches Kastell, dessen Vicus auch nach dem Abzug der dort stationierten Militäreinheit bis in die Mitte des dritten Jahrhunderts besiedelt blieb (C. Wenzel, Groß-Gerau I. Der römische Vicus von Groß-Gerau, ›Auf Esch‹. Die Baubefunde des Kastellvicus und der Siedlung des 2.–3. Jahrhunderts. Frankfurter Arch. Schr. 9 [Bonn 2009]). Nach dem Limesfall ließen sich auf dem Areal der Vorgängersiedlung zu Beginn des vierten Jahrhunderts alamannische Einwanderer nieder. Zerschlagene Teile mehrerer zum Teil vergoldeter römischer Bronzestatuen fanden sich in einem vergrabenen Metalldepot (C. Wenzel in: Gebrochener Glanz 163–165 [mit Lit]). Die grabungsfrischen Fragmente wurden im Rahmen des Forschungsprojektes in Bonn restauriert und konserviert. Das lebensgroße Rückenfragment einer vergoldeten männlichen Idealstatue ist das mit Abstand größte Objekt des Fundplatzes (GBL 1, 2 sowie 16–19), gefolgt von einem am Gewandsaum ehemals polychrom verzierten unvergoldeten Gewandfaltenendstück (GBL 3 und 4). Von dort stammen weitere lebensgroße vergoldete Körperfragmente, ein Beinfragment mit polygonaler Reparaturstelle (GBL 14 und 15), ein vergoldetes Gewandfragment mit aufwendiger Reparatur (GBL 5–13 und 20–28) sowie ein weiteres, unvergoldetes, recht dickwandig gegossenes Gewand- oder Körperfragment (GBL 524). Weitere kleine Statuenstücke mit Schmelzspuren wurden in der näheren Umgebung des Fundplatzes geborgen (so GBL 523 und 525, s. Abb. 15).

Aus dem in Bonn zur Restaurierung vorgelegten Fundmaterial wurden dreiunddreißig Materialproben von neun Objekten entnommen. Elf davon waren durch interkristalline Korrosion verändert und konnten daher für die Auswertung nicht herangezogen werden (GBL 12, 16–18, 20–25 und 28). Es wurden sowohl die Gusslegierungen als auch die Zusammensetzung von Reparaturnietstiften aus Kupfer sowie die eingesetzten Reparaturstellen und eine Überfangguss-Stelle analysiert. Neben achtzehn aussagekräftigen Bohrproben dienten auch kleine Abschnittproben für Anschliffe zur Bestimmung der Vergoldungstechnik (GBL 19 und 28). Dazu kamen kleine Schabproben (GBL 12, 20–25), die unter dem Mikroskop untersucht wurden.

Abgesehen von den Proben der beiden Reparaturnietstifte aus Kupfer (GBL 5 und 10) und den Schabproben zur Vergoldungstechnik handelt es sich bei den Statuenlegierungen wie auch bei den eingesetzten Gusslegierungen um hoch bleihaltige Blei-Zinn-Bronzen, die für das Untersuchungsgebiet typisch sind.

In Kombination mit den Beobachtungen zur Herstellung können folgende Fragmente jeweils einer separaten Statue zugewiesen werden: Ein diffusionsvergoldetes Rückenfragment (GBL 1 und 2), ein unvergoldetes Gewandfragment mit ehemals durch Bleilot angefügtem Saum aus andersfarbigem Metall (GBL 3) sowie ein hier zugehöriges Reparaturblech (GBL 4), ein blattvergoldetes Beinfragment (?) (GBL 14 und 15), ein blattvergoldetes Gewandfragment (GBL 7 und 8), ein unvergoldetes Statuenfragment (GBL 523), ein unvergoldetes Gewandfragment (GBL 524), ein vergoldetes Statuenfragment

Abb. 45 a–b Statuenteile. Darmstadt, Landesamt für Denkmalpflege Hessen. – (a) GBL 543 aus Rüsselsheim-Bauschheim. – (b) GBL 544 Büttelborn.

(GBL 543) sowie ein unvergoldetes Statuenfragment (GBL 544). GBL 543 und 544 stammen von Material einer späteren Grabungskampagne in den benachbarten Ortsteilen Bauschheim und Büttelborn und wurden zur Beprobung nachgereicht (Abb. 45). Somit lassen sich anhand der technischen Beobachtungen und Metallanalysen Teile von insgesamt acht Statuen feststellen. Es wurden anhand der Anschliffe sowie der mikroskopischen Untersuchungen sowohl Diffusionsvergoldung (Rückenfragment GBL 19) als auch Blattgoldauflage (Gewandfragment GBL 21, 22 und 24) nachgewiesen.

Beim Rückenfragment hatte man nach der Zerstörung versucht, die Vergoldung zwecks Wiederverwendung abzukratzen. Dies scheiterte jedoch an der festen Verbindung, die bei der Diffusionsvergoldung mit der Bronze entstanden war (Abb. 15; K. Bott / F. Willer in: Gebrochener Glanz 207–209).

Ein Fragment aus der Gruppe eingeschmolzener Statuenteile (GBL 525, Abb. 15) weist, ähnlich wie einige Fragmente aus Mainz, eine hoch kupferhaltige Legierung auf (Cu 97 %, Sn 0,25 %, Pb 2,1 %), so dass die Zugehörigkeit zu einer Statue dieser Gruppe ausgeschlossen ist.

Die Probe des unvergoldeten dickwandigen Gewandfragments (GBL 524) stimmt in der Legierung mit einem als vergoldetes Beinfragment gedeuteten Objekt überein (GBL 14 und 15). Besonders gut zu erkennen ist dies am niedrigen Zinnanteil (Sn 1,5–1,7 %) sowie an den Werten der Spurenelemente Silber und Antimon, die sich vom Probenspektrum der restlichen Funde aus Groß-Gerau unterscheiden. Insbesondere ist aufgrund der erhöhten Antimonwerte ein Anteil von Fahlerzkupfer aus in vorrömischer Zeit genutzten Lagerstätten nicht auszuschließen (vgl. auch die Stücke in Aalen = GBL 47; Duisburg-Mindelheim = GBL 551, Waldgirmes = GBL 529; Tawern = GBL 173). Mit hoher Wahrscheinlichkeit handelt es sich jedoch um zwei verschiedene Statuen (vergoldet und unvergoldet), die nach gleicher Rezeptur und vermutlich zeitnah in einer gemeinsamen Werkstatt gegossen wurden. Zudem weisen die Analysedaten am Beinfragment auf eine abweichende Zusammensetzung des Überfanggusses hin, da die Gusslegierung viel Blei enthält, die Schweißnaht hingegen sehr wenig (Pb 4,7 % statt 22 %).

Die Analysen zu dem vergoldeten und aufwendig reparierten Gewandfragment belegen, dass die Legierung des Gussstückes selbst (Proben GBL 7 und 8) mit der Legierung zahlreicher eingesetzter Reparaturbleche (GBL 9 und 13) übereinstimmt (GBL 3–13 und 20–28). Sogar die aus zerschlagenen alten Statuenteilen stammenden Fragmente (GBL 6 und 11), welche zur Stabilisierung mit Nieten an der Rückseite des Stückes befestigt worden sind, stimmen in ihrer Zusammensetzung mit der Gusslegierung überein. Dies deutet auf die Verwendung einer Werkstattrezeptur hin, bei der werkstatteigenes Altmetall zur Reparatur oder Instandsetzung vorrätig gehalten wurde (F. Willer in: Gebrochener Glanz 210 f. Abb. 1). Die beiden hier zugehörigen analysierten Nietstifte (GBL 5 und 10) bestehen wie die übrigen beprobten Niete aus höchst kupferhaltigen Legierungen (Sn 0,85–1,0 %, Pb 1,1–3,1 %). Die Spurenelemente der Nietstifte weisen auf eine andere Herkunft hin als die Spurenelemente des Kupfers aus der Legierung der Statuen. Der geringe Anteil von etwa einem Prozent an Blei und Zinn in den Kupfernieten ist auf die Vermischung mit Altmetallzusätzen zurückzuführen. Sie

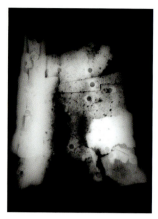

Abb. 46 a–c Gewandfragment aus Groß-Gerau (GBL 7–13 und 20–25). Darmstadt, Landesamt für Denkmalpflege Hessen. (a–b) Passgenau eingelegte Reparaturbleche (grün markiert) werden mit Senkkopfnietstiften aus Kupfer (rot markiert) in Position gehalten. (c) Röntgenbild mit sichtbaren Arbeitsspuren.

enthielten höchstwahrscheinlich sardisches oder spanisches Blei, dessen Signaturen sich hier auf die Probe des Kupfernietstiftes (GBL 5) übertragen haben. Dies weist darauf hin, dass die Nietstifte nicht in der Gießerei gefertigt wurden. Die Zusammensetzung der Gusslegierung und des eingesetzten Reparaturbleches am unvergoldeten Gewandfragment ist identisch (GBL 3 und 4).

Das Fragment einer unvergoldeten Statue aus Groß-Gerau - Büttelborn (GBL 544) weicht in seiner Zusammensetzung deutlich von den typischen Limesbronzen ab. Der Zinnanteil ist relativ hoch, der Bleiwert relativ gering (Sn 11 %, Pb 4,8 %). Das vergoldete Fragment aus Rüsselsheim-Bauschheim (GBL 543) entspricht hingegen eher einer typischen Limesbronze (Sn 8,3, Pb 11 %). Diese Probe enthält zudem eindeutige Hinweise auf wiederverwendetes Messing sowie vergoldete Bronze in der Legierung (Zn 0,34 %, Au 0,05 %).

Ähnlich wie ein Reparaturfragment aus Duppach zeigt auch das vergoldete Gewandfragment (Proben GBL 7 und 8) eine Reparatur nach der Inlaytechnik (Abb. 46). Die in Bronze nachgegossenen und passgenau eingefügten Reparaturstücke (GBL 9) entsprechen in ihrer Zusammensetzung sehr genau der Gusslegierung der Statue. Eine zufällige Materialauswahl ist somit auszuschließen. Hinweise auf Zugabe von Messing finden sich in den Funden aus Bauschheim und Büttelborn, im Reparaturblech sowie beim unvergoldeten Gewandfragment (GBL 3 und 4) und beim Rückenfragment (GBL 2 und 19). Hinweise auf Wiederverwendung vergoldeter Statuen liegen nur bei zwei Proben vor (GBL 525 und 543).

Die Isotopenverhältnisse deuten auf die Verwendung von drei unterschiedlichen Bleisorten zum Statuenguss hin. Drei Proben von zwei Fragmenten (GBL 6, 7 und 543) sind mit Plumbum Germanicum aus der Eifel versetzt, wohingegen das unvergoldete Gewandfragment (GBL 3) vermutlich britisches Blei enthält. Das Blei des Rückenfragments (GBL 2) ist keiner der isotopisch klar definierten Lagerstätten zuzuordnen (Gruppe H).

Hambach-Niederzier (FO 12, GBL 114–118, 521 und 522)

Im Keller einer Villa rustica im Hambacher Forst wurden 1979 bei Ausgrabungen zaleiche Metallstücke, Bronzebarren, Bronzezylinder, flach gehämmerte Scheiben, Schrötlinge und Münzen sowie zwei große Klumpen geschmolzenen Metalls entdeckt (C. Klages in: Gebrochener Glanz 158 f. Abb. 1 [mit. Lit.]). Die rund einhundertsechzig Objekte mit einem Gesamtgewicht von über zweieinhalb Kilogramm werden als Überreste einer Münzfälscherwerkstatt gedeutet (Abb. 47). Die Datierung in die Zeit des Gallischen Sonderreiches basiert auf achtundneunzig fertig geprägten Falschmünzen, Antoniniane mit dem Porträt des gallischen Sonderkaisers Tetricus (270–274 n. Chr.). Die dort gefundenen vergoldeten Statuenreste dienten vielleicht als Ausgangsmaterial für die Münzherstellung, darunter ein noch nicht eingeschmolzenes Stirnfragment mit gescheiteltem Haar (GBL 117 und 118), ein Daumen mit Daumenballen von einer Hand, welche vermutlich ein Attribut hielt (GBL 521), sowie ein Gewandfragment (GBL 114 und 115). Die Verwendung von Gussbronze für die Münzherstellung ist – wie die Tatsache der Falschmünzerei an sich – auf die wirtschaftliche Not in der zweiten Hälfte des dritten Jahrhunderts zurückzuführen. Durch eine Gegenprobe im Münzmaterial sollte die Verwendung der Statuenreste als Münzmaterial verifiziert werden. Ferner galt es zu klären, ob die Statuenteile von einer oder möglicherweise mehreren Statuen stammten. An allen Fragmenten fanden sich Reste von Vergoldung, die auf eine Herkunft von einer Statue deuteten.

Es wurden sieben Proben von vier Objekten entnommen. GBL 114–118 und 521 stammen von zerschlagenen vergoldeten Bronzestatuen. GBL 114–116 wurden einem Fragment entnommen, um neben der Zusammensetzung der Gusslegierung (GBL 116) auch ein vermutetes Kupferlot zu bestimmen (GBL 115), welches auch metallographisch untersucht wurde (GBL 114). Die Probe GBL 522 wurde von einem aus dem Konvolut stammenden Münzschrötling entnommen, um zu prüfen, ob hier dasselbe Metall vorliegt. Die Analysen der drei vergoldeten Statuenteile (GBL 116, 117 und 521) eines Gewand-, Haar- und Handfragments sind in ihrer Zusammensetzung sehr ähnlich und können von einer einzigen zerschlagenen Statue stammen. Zudem ist auffällig, dass die Legierung aller drei Fragmente wiederverwendetes Messing enthält. Möglicherweise stammen sie von unterschiedlichen Körperpartien, wodurch die leichten Abweichungen im Bleigehalt (14–20 %) zu erklären wären. Der Zinnanteil ist recht einheitlich (Sn 5,8–7 %). Wie bereits Axel Hartmann feststellt (A. Hartmann / V. Zedelius in: Ausgrabungen im Rheinland '79 [Bonn 1980] 204), findet sich auch Gold in dem analysierten Münzschrötling (GBL 522) wieder. Neben vergoldeten Statuenteilen wurden offenbar auch andere Altwaren mit eingeschmolzen, wie der hohe Zinkgehalt zeigt (Zn 1,5 %).

Der hohe Kupferanteil in den Proben GBL 114 und 115 (Cu 98–99 %) bestätigt die Vermutung, dass es sich an dieser Stelle um Reste einer hoch kupferhaltigen Lotverbindung handelt (U. Sobottka-Braun / F. Willer in: Das Wrack 1017–1021, hier 1018 f.). Dieses auch als Hartlot bezeichnete Verbindungsmaterial wurde bislang an antiken Bronzen nur selten beobachtet, denn im Vergleich zur Weichlotverbindung aus Zinn und Blei besitzt Hartlot einen höheren Schmelzpunkt und kann höhere Kräfte binden.

Die metallographischen Daten der Anschliffprobe GBL 117 weist auf Blattvergoldung hin (s. Farbtafel 3, 1; Tabelle 1).

Die Analysen legen nahe, dass alle Gusslegierungen nach einer einzigen Werkstattrezeptur hergestellt

Abb. 47 Zerschlagene Statuenteile, Schmelzreste sowie Münzschrötlinge einer römischen Münzfälscherwerkstatt aus Hambach-Niederzier. Landesmuseum Bonn.

wurden und dann mit anderem Altmetall zu Münzschrötlingen umgeschmolzen wurden. Die Bleiisotopenanalyse der Probe GBL 118 deutet auf die Zugabe von Blei aus deutschen Lagerstätten in der Eifel hin.

Heddesdorf (FO 23) s. Obergermanischer Limes

Heftrich (FO 37) s. Obergermanischer Limes

Hinzerath (FO 29) s. Moselraum

Isny i. Allgäu (FO 65, GBL 73–80, 92, 93 und 179–182)

Im Alenkastell Vemania bei Isny (260 n. Chr. bis

Abb. 48 Im spätantiken Kastell Isny gefundenes vergoldetes Mantelfragment eines zerschlagenen und verschleppten Reiterstandbildes (GBL 180). Stuttgart, Landesmuseum Württemberg.

frühes 5. Jh.) wurden sechsundsiebzig Fragmente vergoldeter Reiterstatuen gefunden. Das 45 mal 80 Meter kleine und dicht bebaute Kastellplateau dürfte kaum Platz für die Aufstellung derartiger Skulpturengruppen geboten haben. Zudem sprechen die spätantike Datierung und Positionierung des Alenkastells am Donau-Iller-Rhein-Limes gegen eine Gleichsetzung von Fund- und Aufstellungskontext (Gamer, Bronzestatuen 40; J. Garbsch, Fundber. Schwaben 19, 1971, 207–229; ders., Allgäuer Geschichtsfreund 73, 1973, 43–57). Dieser dürfte eher im Umfeld eines urbanen Statuenprogramms, beispielsweise auf dem Forum des nahegelegenen Cambodunum (Kempten) zu verorten sein. Die vermutete Herkunft sollte durch den Vergleich mit den RFA-Daten der Reiterstandbilder aus Kempten überprüft werden. In das Kastell Vemania wurden die Reste der Reiterstandbilder mit großer Wahrscheinlichkeit erst in der Spätantike verschleppt. Für diese Zeit gibt es im Untersuchungsgebiet so gut wie keine Hinweise auf Statuenherstellung. Eine Chronologie des Statuengusses von der römischen Okkupation bis zur Mitte des dritten Jahrhunderts lässt sich nur mit Einschränkung entwickeln. Jedoch weist der höhere Anteil von Antimon in der Legierung auf einen möglicherweise frühen Herstellungszeitpunkt des Reiterstandbildes hin.

Zwölf Bohrproben (GBL 73–80 und 179–182) sowie zwei Anschliffproben (GBL 92–93) wurden den vergoldeten Fragmenten entnommen, die nach konservatorischer Beurteilung allesamt Teile eines einzigen Reiterstandbildes darstellen (Abb. 48). Die Analysen bestätigen dies. Es handelt sich demnach um eine einheitliche Legierungsrezeptur mit nur geringfügigen Abweichungen, die durch das Teilgussverfahren und große Gusschargen bei einem monumentalen Bildwerk zu erklären sind. Neben den durchschnittlichen Hauptbestandteilen der Legierung (Cu 78 %, Sn 5,6 %, Pb 15 %) finden sich in allen Proben erhöhte und nahezu identische Anteile an Nickel, Silber und Antimon. Ähnlich wie in Kempten weisen die Bleiisotopenmessungen auf Zugabe unterschiedlicher Bleisorten hin. Berechnungen ergaben, dass große Bildwerke wie Reiterstandbilder je nach Wandstärke der Bronze etwa fünfhundert bis siebenhundert Kilogramm wiegen. Aufgrund des gemessenen durchschnittlichen Bleianteils und der recht ausgeprägten Dickwandigkeit der hier vorliegenden Fragmente lässt sich der Bedarf an Blei auf etwa einhundert Kilogramm schätzen. Da solche Bildnisse nur im Stückguss in mehreren aufeinander folgenden Gusschargen gefertigt werden konnten, ist die Zugabe unterschiedlicher Bleisorten durch die benötigten hohen Mengen zu erklären. Es scheint sich um eine Mischung aus den beiden Hauptgruppen zu handeln, also aus Blei aus der Eifel und demjenigen von isotopisch nicht klar zuweisbarer Herkunft (Gruppe H), wogegen das Blei in den Kemptener Bronzen eher aus dem französischen Alpenraum und britischen Lagerstätten stammt. Eindeutig lässt sich die Isotopensignatur der Eifel an dem Fragment mit dem höchsten Bleigehalt beobachten (GBL 74, Pb 23 %). Die Legierungen der analysierten Stücke sind in ihrer Zusammensetzung recht einheitlich. Sie enthalten für römisches Material einen hohen Anteil an Spurenelementen (Antimon und Silber) im Promillebereich, weshalb sie sich deutlich von den Befunden aus Kempten abheben (Sb 0,52–0,72 %, Ag 0,11–0,19 %). Vergleichbar hohe Werte finden sich nur in wenigen frühen römischen Statuen, wie etwa aus Waldgirmes.

Die Vermutung, es handle sich um verschleppte Teile der ebenfalls im Rahmen des Projekts analysierten Pferdebildnisse aus Kempten, lässt sich nicht bestätigen, da die dortigen Haupt- und Nebenbestandteile der Legierungen deutlich anders zusammengesetzt sind (siehe Kempten).

Metallographische Untersuchungen an den Statuenteilen aus Isny zeigen, dass Blattvergoldung vorliegt. Trotz der Oberflächenveredelung weist die Legierung einen relativ hohen Anteil an kostspieligem Zinn auf. Wie schon mehrfach erwähnt, zeigen später zu datierende Statuen aus dem Untersuchungsgebiet oftmals aus Ersparnisgründen weniger Zinn und deshalb eine deutlich rötliche Legierung, die wegen der Vergoldung unsichtbar blieb, sich aber besonders bei großformatigen und dickwandigen Bildnissen wie Reiterstandbildern rechnete. Beim Reiterstandbild aus Isny musste in der vermuteten frühen Herstellungsphase wohl noch nicht am Material gespart werden. Die frühe Entstehung würde in Verbindung mit einer spätantiken Verschleppung für eine lange Verweildauer des Reiterstandbildes am intendierten Aufstellungsort sprechen.

An einigen Statuenteilen wurden Reste des Tonkernes zur Analyse beprobt (T 1 = GBL 74, T 2 = GBL 76, T 3 = GBL 78, T 13 = lfd. Nr. 532), zu diesen Tonkernanalysen s. den Haupttext.

Kalkar, Alt-Kalkar (FO 5, GBL 101–112 und 479–484)

Abb. 49 Statuenteile aus Kalkar, Alt-Kalkar. Römermuseum und Außenstelle des ABR, Xanten.

Auf dem sogenannten Kalkarberg, einer Strauchmoräne über der Rheinaue im niederrheinischen Kalkar, wurden seit der Jahrtausendwende durch Prospektionen und Ausgrabungen des Bodendenkmalpflegeamtes große Teile eines Kultbezirkes ausfindig gemacht. Aus dem Umfeld der zentralen Kultbauten – einem galloromischen Umgangstempel und einem weiteren Gebäude – stammen über einhundertzehn Fragmente vergoldeter Statuen (Abb. 49). Überdies wurden zahlreiche Militaria gefunden. Sowohl die Statuen als auch die metallenen Weihegaben wurden in der Spätantike zusammen mit dem Tempelinventar an Ort und Stelle zerteilt und kleingehackt. Die Münz- und Fibelreihen des Heiligtums erstrecken sich von der mittelaugusteischen Zeit an bis an das Ende des vierten Jahrhunderts (St. Bödecker / C. Sarge in: Gebrochener Glanz 92–94 [mit Lit.]).

Eine von dieser Fundstelle seit 1830 bekannte Weihetafel der Ala Noricorum für die Göttin Vagdavercustis sowie der 2003 getätigte Fund einer weiteren Vagdavercustis-Inschrift im nahegelegenen Kastell Burginatium machen eine Zuweisung des Heiligtums an diese Göttin sehr wahrscheinlich (CIL XIII, 8662; AE 2003, 01227). Auch das beprobte Sockelfragment (GBL 110) mit den noch sichtbaren jeweils oberen Hälften der Majuskeln ›S‹ und ›T‹ könnte diesen Götternamen getragen haben. Eine von einem Gewand bedeckte weibliche Brust (GBL 102, 105 und 106) und Finger unterschiedlicher Größe (GBL 107, 108, 109, 112, 481 und 482) können nach Auswertung der Analysen von drei unterschiedlichen Standbildern stammen.

Herstellungstechnisch zeigen die Objekte Gemeinsamkeiten. Größere Reparaturstellen wurden teils mit polygonalen Reparaturblechen geschlossen, die zusätzlich mit Kupfernietstiften in Position gehalten wurden. Diese Technik zeigt beispielsweise das dünnwandige, vergoldete Fragment einer weiblichen Brust. Zur zusätzlichen Stabilisierung ist an der Innenseite ein altes Bronzeblech hinterlegt. Der Nietstift (GBL 106) besteht – wie im Untersuchungsgebiet häufig zu beobachten – aus nahezu reinem Kupfer mit sehr geringem Anteil an Zinn und Blei (Sn 1 %, Pb 0,93 %). In allen Anschliffproben (GBL 101–104 und 112) ist Blattgoldauflage nachgewiesen.

Zur Bestimmung der Legierungen und zur Gefügeuntersuchung wurden von ausgewählten Funden aus Kalkar achtzehn Proben entnommen (GBL 101–112 und 480–484). Bei den Objekten, von denen die Proben GBL 101–103 stammen, handelt es sich um korrodierte Fragmente, an denen lediglich die Zusammensetzung der Hauptkomponenten mit Elektronenstrahlmikroanalyse (EDX) gemessen wurde.

Alle analysierten Gusslegierungen, die zu Statuen gehören, haben eine sehr ähnliche Zusammensetzung mit mittlerem Zinngehalt und erhöhten Bleiwerten (Sn 6,7 %, Pb 17 %). Sie entsprechen somit dem durchschnittlichen Legierungstypus im Untersuchungsgebiet. Lediglich die Proben GBL 101, 103, 104 und 112 (Anschliffproben) sowie GBL 482 (Bohrprobe) enthalten einen etwas geringeren Bleianteil (Pb 8,2–12 %). Auffällig sind die Proben GBL 104 (Anschliffprobe) und 480, die einen erhöhten Zinkwert aufweisen, welcher auf Zugabe von Messing deutet (Zn 0,7 %). Bei GBL 110 und 111 sowie GBL 545 fallen die Zinkwerte geringer aus (Nachweisgrenze Zn 0,2 %). Hinweise auf Wiederverwendung von vergoldeter Bronze enthält lediglich Probe GBL 480 (Au 0,04 %). Das Fragment einer Locke (GBL 479) und ein Körperbruchstück (GBL 484) können nach der Zusammensetzung durchaus von einer einzigen Statue stammen. Eine klare Aussage über die Anzahl der Skulpturen ist allein anhand der Legierungen nicht möglich. Alle Bleiisotopen-

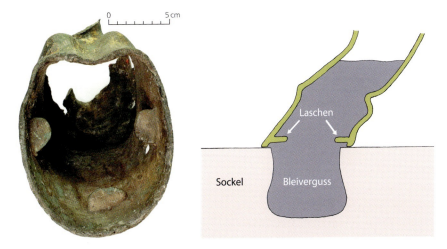

Funde aus Kempten und Kempten-Durach. Kempten i. Allgäu, Römisches Museum im Zumsteinhaus.
Abb. 50 a–b (gegenüber) Fragmente von bronzenen Pferdehufen und ein Armfragment.
Abb. 51 a–b (oben) Verankerung von Reiterstandbildern. – (a) Unterseite des Pferdehufs aus Kempten-Durach. Erkennbar sind die in Bronze mitgegossenen Laschen zur Sicherung des Bildwerkes nach dem Bleiverguss. – (b) Schema der Verankerung der Bronze mittels Laschen und Bleiverguss.

verhältnisse der Funde aus Kalkar passen zu denen deutscher Lagerstätten (GBL 545 und 546). Speziell das Blei aus GBL 546 scheint aus dem Sauerland zu stammen.

Auffällig ist die Gestaltung einiger Fragmente, die die Struktur geschnittenen Leders oder eines groben Textils darstellen. Eine sehr ähnliche Gestaltung zeigt ein Fragment aus dem Theater in Künzig (GBL 186). Auch dort könnte es sich um die Darstellung von geschnittenem oder geprägtem Leder handeln. Bohrkanalreste lassen an einigen Stücken vermuten, dass es sich um herausgelöste Reparaturbleche handelt (St. Bödecker / C. Sarge in: Gebrochener Glanz Abb. 3). Einige der Statuenfragmente (GBL 102) sind recht dünnwandig gegossen und weisen auf eine ausgereifte Gusstechnik hin.

Kasel (FO 30) siehe Moselraum

Kempten i. Allgäu (FO 66, GBL 383, 384, 386, 470 und 474) und *Kempten-Durach* (GBL 385)

Zur Ausstattung der Forumsanlage von Cambodunum (Kempten) zählten nach Ausweis zahlreicher, teils vergoldeter Statuenfragmente auch ein oder mehrere Reiterstandbilder (s. Abb. 27; S. Heckmann in: Gebrochener Glanz 44 f. [mit Lit.]). Einschlägige Objekte sind zwei Pferdehufe (GBL 383 und 384) und die Hand eines Reiters (GBL 474), worunter Letztere jedoch nicht auf dem Forum, sondern etwa achthundert Meter westlich der Iller gefunden wurde. Belegt ist, dass das Forum in den Wirren um die Nachfolge Neros um das Jahr 69 zerstört und die erste Generation der urbanen Statuenausstattung niedergerissen wurde. Aus den Schuttschichten der Zerstörung des claudischen Forums stammen die beiden Pferdehufe. Mit dem Wiederaufbau wurden neue Statuen aufgestellt, darunter auch im neu errichteten Forumstempel, aus dessen Bereich einige vergoldete Fragmente stammen. Die Metallanalysen sollten klären, ob erstens die Fragmente von Reiterstandbildern zu einem oder mehreren Bildnissen gehörten, ob zweitens ein weiterer vergoldeter Pferdehuf aus Kempten-Durach ebenso den Statuengruppen zuzuordnen ist und ob sich drittens im Material Analogien zu den Funden eines weiteren Reiterstandbildes aus dem spätantiken Kastell Isny finden lassen (Abb. 50).

An den vergoldeten Fragmenten war eine Entnahme einer Abschnittsprobe zur Bestimmung der Vergoldungstechnik aus konservatorischen Gründen nicht möglich. Dennoch scheint es sich, nach Untersuchungen mit dem Mikroskop zu urteilen, sowohl an einem Pferdehuf als auch an der Hand um Blattvergoldung zu handeln. Die Versockelung der Pferde auf ihrer Steinbasis erfolgte mittels eines massiven Bleivergusses durch kleine Aussparungen in den Beinen der Pferde (Willer, Sockelung Abb. 11). Das Blei floss dann durch die Öffnung in der Unterseite des Hufes in eine sich nach unten weitende Aushöhlung im Stein, so dass beim Erkalten des Metalls eine feste Verzapfung entstand. Die Aussparungen in den Beinen wurden anschließend mit Reparaturblechen verschlossen (Willer, Sockelung Abb. 5–6). Das Blei ist vermutlich bei der Demontage der Bronzen verloren gegangen. Zusätzlich hatte man bei beiden Standbildern die Hufe innen mit halbrunden, in Bronze mitgegossenen Laschen versehen. Diese dienten beim späteren Bleiverguss als Anker (Salcuni/Formigli, Grandi bronzi Abb. 269; 279). Hierdurch sollte eine Bewegung des Standbilds oder gar sein Anheben vermieden werden, etwa bei einem Sturm (Abb. 51).

Von den Kemptener Funden wurden sechs Materialproben von fünf Objekten entnommen. GBL 383 stammt von dem unvergoldeten hinteren Pferdehuf. Hier sind in der Legierung Spuren von Gold enthalten, was auf das Wiedereinschmelzen vergoldeter Bronze zurückzuführen ist (Sn 7,1 %, PB 17 %, Au 0,02 %). Beim vorderen Huf (GBL 384), der vom Werkprozess her einer anderen Gusscharge angehört, liegt der Goldgehalt unterhalb der Nachweisgrenze (Sn 6,8 %, Pb 20 %). In beiden Fällen finden sich Hinweise auf Zugabe von Messing in der Legierung (Zn 0,2 und 0,4 %).

Der vergoldete Vorderhuf eines zweiten Reiterstandbildes stammt aus Kempten-Durach (GBL 385). Er enthält ebenfalls Zink, was auf Zugabe von Messingaltmetall hindeutet (Sn 5,6 %, PB 16 %, Zn 0,2 %). Die Legierungen der beiden Reiterstandbilder sind in ihrer Zusammensetzung nahezu identisch, was auf ein standardisiertes Mischungsverhältnis und einen engen Produktionszeitraum innerhalb einer einzigen Werkstatt schließen lässt. Die Legierung der vergoldeten Hand (GBL 474) stimmt ebenfalls mit den vorgenannten Proben weitestgehend überein. Hier fällt lediglich der Bleianteil etwas geringer aus (Pb 12 %). Ferner sind keine Zuschläge an Messing zu beobachten. Aufgrund dieser Übereinstimmungen ist es durchaus möglich, dass die Hand zum Reiterstandbild mit dem vergoldeten Huf (GBL 385) gehört. Auch das unvergoldete Mantelfragment (GBL 470) sowie das Stück mit Haarstruktur im Überfangguss (GBL 386) wurden mit einiger Wahrscheinlichkeit in dieser Werkstatt hergestellt. Die Metallrezeptur der zum Verbindungsgießen verwendeten Bronze scheint mit der Gusslegierung nahezu identisch zu sein.

Erhöhte Bleizugaben zur Reduzierung des Schmelzpunktes fehlen. Dies deckt sich mit anderen Befunden des Untersuchungsgebietes.

Die Bleiisotopenverhältnisse der Proben des unvergoldeten Pferdehufes (GBL 384) und des unvergoldeten Mantelfragments (GBL 470) unterscheiden sich deutlich voneinander, so dass man hier die Zugabe unterschiedlicher Bleisorten annehmen kann. Für die Herkunft des Bleies kommen jedoch in beiden Fällen Lagerstätten in den Cevennen oder in den

britischen Penninen in Betracht.

Die Messungen an der Fundauswahl aus Kempten und Kempten-Durach zeigen relativ einheitliche Legierungen. Die Metallrezeptur der Reiterstandbilder aus Kempten und Isny unterscheiden sich hingegen in den Spurenelementen so deutlich, dass eine Verschleppung von Teilen des vergoldeten Reiterstandbildes, welches in Kempten-Durach gefunden wurde, ausgeschlossen werden kann (siehe hierzu Isny). Trotz des Nachweises unterschiedlicher Bildnisse und mehrerer durch den Teilguss bedingter Gusschargen lässt sich bei allen analysierten Proben aus dem Kemptener Raum ein relativ einheitlicher Standard bei den Legierungen beobachten. Die bis ins Detail naturalistisch ausgearbeiteten Hufe (Hinweis Ute Knipprath [Bonn]) weisen auf ein exzeptionell gestaltetes Bildwerk hin, welches bereits im Wachsmodell so angelegt war. Feinste Ziselierungen der gegossenen Bronze haben diese Details nochmals betont.

Kleiner Feldberg (FO 38) s. Obergermanischer Limes

Köln (FO 9, GBL 128 und 413)

Vereinzelt überlieferte Reste bronzener Statuen, von denen jedoch meist eine exakte Fundortangabe fehlt, bezeugen die Statuenausstattung der niedergermanischen Provinzhauptstadt Colonia Claudia Ara Agrippinensium (N. Franken, Kölner Jahrb. 29, 1996, 7–203). Appliken von Reiterstandbildern oder

Gespannmonumenten, die man in Köln gefunden hat, gehörten zum Repertoire urbaner Kaiserehrungen (Abb. 53). Die Schuhspitze einer überlebensgroßen Frauenstatue (GBL 128), deren errechnetes Gewicht etwa fünf Zentner betragen haben dürfte, war eventuell Bestandteil eines Bildnisses einer Kaisergemahlin (Abb. 52; H. Menzel, Römische Bronzen aus Bayern [Augsburg 1969] 74 Nr. 54). Eine bronzene Applike der Victoria aus dem Rhein (GBL 413) dürfte aufgrund ihrer Vergoldung ebenfalls Teil einer großen Statue gewesen sein (H. Lehner, Führer durch das Provinzialmuseum in Bonn I. Die antike Abteilung [2. Aufl., Bonn 1924] 58; Menzel, Bronzen Bonn 40 f. Taf. 48–49). Aus konservatorischen Gründen wurden nur von den letztgenannten beiden Kölner Fragmenten Proben entnommen. Die Legierung der Viktoriastatuette (GBL 413) wurde nicht bestimmt, da die Bohrprobe aufgrund interkristalliner Korrosion keine aussagekräftigen Messergebnisse erlaubte. Die Legierung des Schuhfragments (GBL 128) weist relativ geringe Zinnanteile und einen im Vergleich zum übrigen Untersuchungsgebiet überdurchschnittlich hohen Bleianteil auf (Sn 2,6 %, Pb 25 %). Eine ähnliche Legierung zeigt der Daumen einer monumentalen Bronzestatue aus dem Bonner Legionslager (GBL 132). Da die Herstellung von überlebensgroßen Bildwerken nach antiker Methode recht anspruchsvoll war, ist zu überlegen, ob hier möglicherweise eine spezialisierte Werkstatt für den Köln-Bonner Raum tätig war. Die Bleiisotopenverhältnisse weisen auf Zugaben von Blei aus der Eifel hin. Es gibt keine Hinweise auf Zugabe von Messing oder vergoldeter Bronze in der Legierung.

Konz (FO 33) siehe Moselraum

Künzing (FO 60, GBL 186–209)

Aus dem Kastell Quintana und seiner Umgebung wurden 222 Teile römischer Bronzestatuen mit einem Gesamtgewicht von über dreizehn Kilogramm geborgen (Gamer, Bronzestatuen 39 f.; Stoll, Skulpturenausstattung 365 ff.; Th. Fischer in: Spurensuche. Festschr. Hans-Jörg Kellner [Kallmünz 1991] 125–175). Die meisten Fragmente stammen aus den ergrabenen Bereichen der Principia und des dortigen Zerstörungshorizontes aus der Mitte des dritten Jahrhunderts (H. Schönberger, Kastell Künzing-Quintana. Die Grabungen von 1958 bis 1966. Limesforsch. 13 [Berlin 1975]; K. Schmotz in: A. Thiel [Hrsg.], Forschungen zur Funktion des Limes 3. Fachkolloquium der Deutschen Limeskommission, Weißenburg 2005. Beitr. Welterbe Limes 2 [Stuttgart 2007] 132–149). Im östlichen Teil des lagerumschließenden Vicus befand sich auch ein Amphitheater (K. Schmotz in: Vorträge des 24. Niederbayerischen Archäologentages [Rha-

Abb. 52 (gegenüber) Schuhspitze einer überlebensgroßen weiblichen Bronzestatue aus Köln. Landesmuseum Bonn (GBL 128).

Abb. 53 (rechts) Fragmente von Bronzestatuen und -appliken. Köln, Römisch-Germanisches Museum.

den 2006] 95–118), auf dessen Terrain allein siebenundsiebzig Statuenfragmente gefunden wurden. Die Fragen an die Materialproben bezogen sich auf die ungefähre Anzahl der im Amphitheater aufgestellten Statuen sowie auf Vergleichswerte mit dem Kastellmaterial. Daraus sollten Hinweise auf die lokalen Werkstätten und Recycling gewonnen werden.

Einige Künzinger Fragmente aus dem Areal des Theaters weisen auffällig eine homogene schwarze Patina auf, bei der es sich um eine zinnreiche Oberflächenseigerungsschicht handeln kann (so GBL 188, 193 und 199). Ähnliche Befunde erbrachten auch Proben an Fragmenten aus Aalen und dem Bonner Legionslager oder der Saalburg (vgl. den Haupttext, Abschnitt ›Schwarz-silbrige Oberfläche‹). Ob hier ein Zusammenhang mit einer möglichen Behandlung der Oberfläche für intentionelle Farbgestaltung (Silbereffekt) besteht, lässt sich derzeit nicht genau feststellen. Jedoch weisen zwei stark zinkhaltige Medusenappliken auf eine intentionelle Farbkontrastierung hin, die sicher erst durch eine entsprechende farbliche Gestaltung der Statuen selbst zur Geltung kam (GBL 201 und 202). Gleiches gilt für einzelne Einlassungen in der Oberfläche, in denen zum Teil noch Einlegearbeiten aus rötlichem, heute korrodiertem Kupfer enthalten sind. Diese waren jedoch nicht Gegenstand der Analysen (Lfd. Nr. 276 und 291). Einige Stücke einer Panzerstatue werden durch qualitätvolle Oberflächenausarbeitung mit Ziselierung und Punzierung gekennzeichnet (GBL 190, 192 und 193). Ein Statuenfragment zeigt die im Untersuchungsgebiet oft beobachtete Reparaturtechnik, bei der eingesetzte Bleche zusätzlich mit Senkkopfnietstiften aus Kupfer fixiert wurden (GBL 190 und Senkkopfnietstift GBL 191).

Von den Fundobjekten aus dem Kastell sowie aus dem Amphitheater von Künzing wurden vierundzwanzig Bohrproben (GBL 186–209) entnommen. Neben zweiundzwanzig Gusslegierungen wurden eine Montageverbindung (Überfangguss, aus dem Amphitheater, GBL 189), eine Reparatur (Kupfernietstift, aus dem Amphitheater, GBL 191) sowie zwei separat gegossene und an der Statue montierte Panzerappliken (Kastell, GBL 201 und 202) analysiert.

Nach der Zinn-Blei-Verteilung lassen sich für Künzing vier Gruppen bilden.

Für den Fundkomplex Amphitheater lassen sich zwei Gusslegierungen unterscheiden. Die erste Gruppe wird von zwei Fragmenten repräsentiert, deren Legierungen (GBL 188/Guss, GBL 189/Überfangguss sowie GBL 198/Guss) aus einer nahezu bleifreien Bronze bestehen (Pb 0,18 %). Ihre Zinnwerte fallen für das Untersuchungsgebiet relativ hoch aus (Sn 9–11 %). Hierbei handelt es sich um eine verhältnismäßig teure Legierung, die aufgrund ihrer vom Durchschnitt des Untersuchungsgebietes stark abweichenden Zusammensetzung eher einer klassischen Sorte entspricht. Auch die Zusammensetzung der Verschweißung entspricht der Metallrezeptur der Bronzestatue. Lediglich Spuren von Zink deuten darauf hin, dass hier beim Überfangguss dem Tiegel etwas Messing hinzugegeben wurde. Möglicherweise gehörten die beiden Fragmente ehemals zu einer Statue, welche durch Import in die Provinz gelangte.

Die zweite Gruppe aus dem Amphitheater (GBL 186, 187, 190, 192–197) entspricht der typischen Art der Legierungen des Untersuchungsgebietes und weist im Durchschnitt einen hohen Gehalt an Blei (17 %) und einen mittleren an Zinn (7,5 %) auf.

Für den Fundkomplex aus dem Kastell lassen sich ebenfalls zwei Gruppen ähnlicher Zusammensetzung bilden. Die erste davon kennzeichnet eine Legierung mit hohem Zinkanteil, die für Applikationen verwendet wurde (GBL 201 und 202). Zu ihnen gehören die beiden Panzerappliken in Gestalt einer Medusa (GBL 201 und 202) mit einem hohen Zinkanteil von etwa neun Prozent (Cu 86 und 88 %, Zn 8,8 und 9 %, Sn 2 und 3,9 %, Pb 0,6 und 1,2 %). Diese heute als ›Sondermessing‹ zu bezeichnende Mehrstofflegierung sollte vermutlich den Farbkontrast zwischen Applikation und Panzer steigern. Dies deckt sich mit den vorangegangenen Beobachtungen zur polychromen Oberflächengestaltung mittels Tauschierung (GBL 276 und 291). Wahrscheinlich wurde hierfür gezielt Sondermessing hergestellt. Geringere Zinkanteile sind zwar auch in den besagten Proben aus dem Fundareal des Amphitheaters [GBL 189–193] enthalten, sie deuten jedoch, anders als bei den Appliken aus Sondermessing, lediglich auf das Zufügen von Messing zur Verbesserung der Schmelz- und Gusseigenschaft hin und dienten nicht der farbigen Gestaltung. Da Blei in dieser Legierung nahezu fehlt, kann die Verwendung von Altbronze aus der Werkstatt ausgeschlossen werden. Stattdessen wurde hier mit den Rohstoffen legiert. Als Hauptbestand-

Abb. 54 Fragmente der vergoldeten Jupiterstatue von der Großen Mainzer Jupitersäule. Am Fuß der massive Bleiverguss und Reste der Eisenarmierung. Mainz, Landesmuseum.

teil wurde zunächst Kupfer aufgeschmolzen, erst danach kam das Zinn hinzu. Wohl zuletzt wurde zur Verbesserung der Schmelz- und Gusseigenschaften etwas Messing hinzugefügt. Hohe Sauerstoffaffinität und der hohe Dampfdruck des Zinks führt hier zur Verringerung des Zinkanteils.

Die zweite Gruppe (GBL 199–200; 203–209) aus dem Fundareal des Kastells entspricht in ihrer Zusammensetzung etwa der zweiten Gruppe der Funde aus dem Amphitheater. Sie weist denselben durchschnittlichen Bleigehalt auf, wogegen der durchschnittliche Zinnanteil etwas geringer ausfällt (Sn 5,9 %, Pb 17 %). Wiederverwendung von Messing lässt sich in den Funden aus dem Kastellareal nicht feststellen. GBL 208 und 209 stammen von mehreren zu einem Fragment verschmolzenen Statuenteilen. Die Bohrproben wurden daher von unterschiedlichen Stellen entnommen. Es scheint sich aufgrund der sehr ähnlichen Legierungen um Teile einer einzigen Statue zu handeln (Sn 4,5 % und 5,8 %, Pb 17 % und 18 %).

Die Analysen aus Künzinger Funden zeigen drei verschiedene Isotopenverhältnisse, wobei zwei Befunde auf die Gruppe H aus keiner der isotopisch klar definierten Lagerstätten verweisen, während ein Schuhfragment aus dem Kastell (GBL 476) nach bisherigem Kenntnisstand entweder aus den Cevennen oder aus den britischen Penninen stammen kann. Bei den anderen Proben ist derzeit eine genaue Zuweisung nicht möglich, jedoch scheinen das Blei der Legierung des Statuenfragments (GBL 190) sowie das Kupfer bei dem daran befindlichen Kupfernietstift (GBL 191) aus demselben geographischen Raum zu stammen. Einige teils sehr detailreich ausgearbeitete

Stücke sowie die Reste von polychromen Metalleinlagen lassen auf aufwendig gestaltete Bronzen für das Amphitheater schließen. Von einem Schuhfragment aus dem Kastell (GBL 204) wurde eine Tonkernprobe entnommen (T 4).

Maastricht (FO 14)

Drei Fragmente von figürlichen Bronzereliefs wurden 1969 und 1970 bei Ausgrabungen im Vorfeld einer Baumaßnahme auf dem Vrijthof in Maastricht gefunden (Inv. 2962; T. A. S. M. Panhuysen in: Gebrochener Glanz 58–61 mit Lit.), zwei Gewandteile sowie ein Beinfragment. Vermutlich befanden sich die Stücke nicht am Ort ihrer ursprünglichen Verwendung, sondern waren zu einem Verwahrfund zusammengetragen. Der Befund könnte nach der Fundkeramik aus der zweiten Hälfte des zweiten Jahrhunderts stammen.

Bei den quasi vollplastisch gearbeiteten Skulpturen handelt es sich um besonders hochwertige Arbeiten. Die hervorragende Gestaltung der Wachsmodelle und der sehr qualitätvolle Guss mit wenigen Fehlern erforderte nur eine geringfügige Überarbeitung der gegossenen Oberflächen.

Diese ist besonders gut anhand der detailreichen Schuhverzierung des Beinfragments zu erkennen, bei denen die ornamentalen Lederarbeiten ähnlich der Schuhgestaltung des Beins aus Paksch (GBL 547) bis ins Detail wiedergegeben sind. An der Rückseite dieses Stückes befinden sich zwei Anschnittkanäle, die darauf hinweisen, dass hier, wie bei Großbronzen oft beobachtet, die Bronze nach dem aufsteigenden Guss über ein Kanalsystem in die Form eingegossen wurde. Die Bronze dürfte eine Höhe von etwa sechzig bis siebzig Zentimetern besessen haben.

Zur Montage an einer vermutlich ebenfalls aus Bronze bestehenden, etwa vier Millimeter starken Metallplatte diente ein mittels Blei verlöteter bronzener Rechtecksteg. Dieser wurde an einer in der Platte ausgesparten Rechtecköffnung eingeschoben und dann von der Rückseite her mittels Nietstift gesichert. Diese Art der kalten Montage mittels rechteckiger Einschubstifte lässt sich beispielsweise auch an lebensgroßen Reiterstandbildern aus Waldgirmes (GBL 529), Augsburg (GBL 29–33) oder der Satteldecke in Bonn (GBL 377) beobachten. Die Anwendung dieser sonst für Großbronzen typischen, nach der Montage nicht mehr sichtbaren Technik spricht für eine Werkstatt, die nicht nur Reliefbronzen, sondern eben auch freiplastische Bildwerke herstellte. Sie hat ihren Ursprung bei italischen Bronzegießern.

Interessanterweise verwendete man zur Montage an der Rückseite des Fußes vom Maastrichter Stück ein rechteckig zugeschnittenes wiederverwendetes Bronzefragment, welches noch heute Reste einer recht aufwendigen floralen Einlegearbeit (Tauschierung) aus Silber und Kupfer zeigt, wie man sie beispielsweise von italischen Klinenbeschlägen her kennt (T. A. S. U. Panhuysen in: Gebrochener Glanz 60 Abb. 2 a–b). Die Bronze wirkt äußerlich sehr hell und lässt vermuten, dass die Oberfläche möglicherweise durch Anreicherung von Zinn einen eher silbrigen Farbton aufwies. Materialproben konnten nicht entnommen werden. Wirbelstrommessungen aller Fragmente sind recht einheitlich (4,5–5,6 M/sm). Nach J. A. Mosk (Centraal Laboratorium voor Onderzoek van Voorwerpen van Kunst en Wetenschapen Amsterdam, Bericht ›De analyse vam romeinse bronzen‹) handelt es sich um Fragmente mindestens zweier Reliefstatuen (brieflich an Titus Panhuysen, Maastricht, mitgeteilt von diesem). Referenzmessungen zufolge könnte es sich um Bronze mit Zinngehalt um sechs bis acht Prozent handeln.

Mainz (FO 43, GBL 400–402, 464 und 488–499)

Unter den Zeugnissen römischer Statuenrepräsentation in der obergermanischen Provinzhauptstadt Mogontiacum (Mainz) nehmen die Reste einer überlebensgroßen vergoldeten Jupiterstatue einen besonderen Stellenwert ein. Sie stammen von derselben Fundstelle wie die rund zweitausend Trümmer der Großen Mainzer Jupitersäule im Bereich der Canabae legionis (E. Riemer in: Gebrochener Glanz 87–89 [mit Lit.]). Nach Ausweis der Inschrift gehören die Säule und somit auch das darauf installierte Jupiterstandbild in die Zeit Neros (CIL XIII, 11806; 20). Von den überlieferten Resten der vergoldeten Jupiterstatue stammt sicher der Fuß (GBL 493, 494 und 498), der auf eine ponderiert stehende Figur von etwa 2,40 Metern Größe schließen lässt, ferner Attribute wie das Blitzbündel (GBL 495–496 und 400–402) einschließlich der ursprünglich daran befestigten Blitze sowie die Kralle eines Adlers (GBL 492), der in der Ikonographie als ständiger Begleiter dieses Gottes anzutreffen ist, ferner ein weiteres Körperfragment mit Vergoldung (GBL 490 und 499).

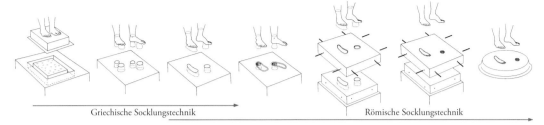

Abb. 55 Antike Techniken zur Sockelung von Bronzestatuen.

Herstellungstechnische Untersuchungen und Metallanalysen bestätigen, dass es sich bei allen vergoldeten Fragmenten um zusammengehörige Teile einer Jupiterstatue gehandelt hat, die nach dem indirekten Wachsausschmelzverfahren gegossen wurde. Neben dem Fuß (GBL 493) und dem Blitzbündel (GBL 401 und 495) sind auch das Gewandfragment (GBL 490) sowie die Adlerkralle (GBL 492) analytisch dieser Legierungsgruppe zuzuweisen. Aufgrund ähnlicher Werte gehörte eventuell auch ein Fingerfragment (GBL 497) aus dem etwas entfernteren Legionslager zu diesem Monument (Abb. 54)

Die Bronze ist stark kupferhaltig und verfügt über relativ wenig Zinn und Blei (Cu 93–94 %, Sn 1,4–2,3 %, Pb 4,3–4,95 %). Diese besondere Rezeptur tritt, wie bereits beobachtet und erwähnt, fast ausschließlich bei vergoldeten Statuen auf, wo die zinnarme und anscheinend kostengünstige Bronze mit ihrem rötlichen Farbton weniger ins Auge fiel (s. GBL 15, 119, 123, 198, 514 und 623). Schwer zu deuten ist der sehr geringe Anteil an Blei, da dies durch höhere Zuschläge an Kupfer ausgeglichen werden musste. Möglicherweise befürchtete man Reaktionen des Bleis mit der Goldauflage, etwa während des Versockelns mit massivem Bleiverguss, wobei Bereiche der Füße und Beine größerer Hitze ausgesetzt waren. Dass man dennoch nicht ganz auf das Blei verzichtete, weist auf seine Zweckdienlichkeit zur Verbesserung der Gießbarkeit und zur mechanischen Überarbeitung der gegossenen Bronze in der Kaltarbeit hin.

Die Probe eines am Blitzbündel befestigten Stückes, welches eine einzelne Flamme darstellt (GBL 401), weist einen erhöhten Bleianteil auf (Pb 8,3 %). Die Probenentnahmestelle liegt neben einem massiven Bleiverguss, welcher zur Montage der Einzelteile des Blitzbündels diente. Daher ist nicht auszuschließen, dass hier eine Kontamination der Bronze erfolgte. Bei dem Niet des Blitzbündels (GBL 402) handelt es sich um eine moderne Ergänzung aus Messing, die vermutlich bei der Restaurierung zur Montage eingesetzt worden war. Spuren von Gold könnten darauf hindeuten, dass dieses Stück bei einer Restaurierung übervergoldet wurde. Die Probe GBL 400 stammt aus dem inneren Bereich des Blitzbündels (Lötung). Hierbei handelt es sich um ein Zinn-Blei-Gemisch (Sn 61 %, Pb 38 %) nahe dem euektischen Punkt (T = 183 °C).

GBL 496, 498 und 499 sind Schabproben, welche zur Kontrolle der Vergoldungstechnik dienten. Da bei der Analyse dieser Proben keine Spuren von Quecksilber nachgewiesen wurden, ist eine zunächst wegen des geringen Bleianteils vermutete Feuervergoldung auszuschließen. Vielmehr belegen hochauflösende mikroskopische Aufnahmen eine Blattgoldauflage, bei der die Oberfläche der Bronze zuvor leicht mechanisch aufgeraut wurde, um eine bessere mechanische Haftung beim Anpolieren des im Vergleich zu modernen Blattgoldauflagen etwa drei- bis viermal stärkeren römischen Blattgoldes zu erreichen. Versuche im Rahmen des Projektes ergaben, dass an solchen vorbehandelten Flächen eine Blattvergoldung ohne organische Anlegemittel durchgeführt wurde (K. Bott / F. Willer in: Gebrochener Glanz 207–209). Die Versockelung des entlasteten Spielbeinfußes mit einem über die gesamte Fläche reichenden und somit dem Betrachter sichtbaren Bleiverguss erscheint zunächst für römische Statuen ungewöhnlich, da in der Regel hierfür nur die Fläche des Fußballens genutzt wurde (Abb. 55). Zudem weisen im Inneren an Bruchstellen sichtbare eiserne Vierkantstangen auf eine zusätzliche Armierung hin. Diese aufwendigere Technik war offenbar der Notwendigkeit einer besonders sicheren Montage geschuldet, da die Statue auf einer neun Meter hohen Säule mit relativ kleiner Standfläche aufgestellt war.

Starke physikalische Kräfte, wie sie beispielsweise bei Sturmböen entstehen können, erfordern besonders bei erhöht im Freien positionierten Standbildern einen sicheren Stand (Willer, Sockelung 366–369 Abb. 31). Die Isotopenanalysen des Sockelbeils weisen auf deutsche Lagerstätten (Eifel) hin, wobei das Blei aus der Legierung des Fußes (GBL 494) auch aus Brilon im Sauerland stammen kann.

Neben den Fragmenten des Jupiterstandbildes der großen Mainzer Jupitersäule sind noch weitere, jedoch unvergoldete Statuenfragmente aus Mainz bekannt, die mit anderen bronzenen Bildwerken in Verbindung zu bringen sind. Die teils stark erodierte Oberfläche einiger Stücke ist durch eine Flusslagerung zu erklären (Abb. 56).

Eine bronzene linke Statuenhand mit Fingerring (GBL 488) und ein sehr massiv gegossenes bronzenes Gewandfragment (GBL 489) können nach Ausweis der Spurenelemente sowie der ähnlich verteilten Legierungshauptbestandteile Kupfer, Zinn und Blei von einer einzigen Statue stammen (Cu 71–72 %, Sn 6,6–7 %, Pb 21 %). Dagegen weicht das Fußfragment eines linken Spielbeins (GBL 491) in seiner Zusammensetzung deutlich ab und muss somit einer weiteren Figur zugewiesen werden (Cu 84 %, Sn 4,8 %, Pb 10 %). Ebenso verhält es sich bei einem einzelnen Finger (GBL 464). Neben einem hohen Bleianteil (Cu 68 %, Sn 4,7 %, Pb 26 %) fallen hier die erhöhten Antimonwerte auf, die auf eine frühe Datierung hindeuten. Vermutlich durch Brandeinwirkung, die an der Oberfläche zu erkennen ist, ging das Sockelblei des Fußes verloren. Nach der korrigierten Messung scheint es sich bei der Adlerkralle (GBL 492) um eine Mehrstofflegierung zu handeln, welcher Messing hinzugefügt wurde (Cu 88 %, Sn 1,6 %, Pb 4,8 %, Zn 4,7 %). Eine ähnliche Zusammensetzung zeigt das vergoldete Tierohr aus Mittelstrimmig (GBL 123).

Sämtliche Bleiproben aus Mainz gehören in die homogene Hauptgruppe mit Provenienz aus der Eifel. Lediglich das Blei des Gewandfragments (GBL 489) zählt nicht zu dieser Gruppe und wurde vielleicht in den britischen Penninen gewonnen.

Dem Fußfragment (GBL 491) wurde die Tonkernprobe T 15 entnommen.

Mainz-Finthen (FO 43, GBL 397–399)

Aus dem Umfeld eines nördlich von Mainz an der Straße nach Bingen gelegenen Merkurheiligtums stammt der Kopf einer etwa lebensgroßen weiblichen Idealstatue, vielleicht der einheimischen Göttin Rosmerta, welche in dieser Region oft zusammen mit Merkur verehrt wurde (Abb. 57; E. Riemer in: Gebrochener Glanz 84–86 [mit Lit.]). Auf der Kalotte sind die Reste zweier recht grob anmutender Bleilötungen und ein anhaftendes Bronzeblechstück erhalten. Dort war mit Sicherheit ein Kopfschmuck befestigt. Sollte es sich um die Darstellung der Rosmerta handeln, könnten hier die für ihren Begleiter Merkur charakteristischen Flügelattribute angebracht gewesen sein.

Die computertomographischen Untersuchungen belegen, dass im Inneren der Bronze zahlreiche Gasblasen eingeschlossen sind, die sich besonders in der linken Gesichtspartie stark ausgebildet haben (s. Abb. 57). Diese sind auf Feuchtigkeitsprobleme beim Schmelz- und Gießvorgang zurückzuführen. Auch Gussfehler in Form von Rissen, sogenannte Kaltschweißnähte, sind zu beobachten. Sie wurden zum Teil mit kleinen Reparaturblechen kaschiert.

Weitere Computertomographie-Aufnahmen zeigen im Inneren der Statue Wachsmontagenähte im Bereich der seitlichen Haarpartien. Vermutlich wurden diese separat in Wachs ausgeformt und dann montiert. Nach dem Guss erfolgte eine aufwendige Überarbeitung der vorderen und seitlichen Strähnen und Locken. Hiervon zeugen auch recht scharfkanti-

Abb. 56 Bronzestatuenfragmente aus Mainz, einige aus dem Main geborgen (GBL 488, 489 und 491). Mainz, Landesmuseum.

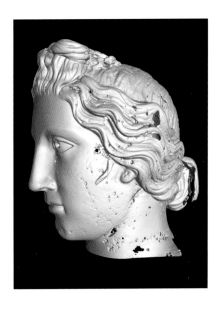

Abb. 57 a–b Bronzekopf einer weiblichen Gottheit aus Mainz, sogenannte Rosmerta (GBL 397–399). Mainz, Landesmuseum. (a) Ansicht. – (b) Mit Hilfe der Computertomographie lassen sich zahlreiche Gussfehler im Bereich der linken Kopfseite darstellen.

ge Werkzeugspuren kleiner Meißel und Ziseliereisen, die nur in den vorderen Partien zu finden sind, wogegen die Rückseite vernachlässigt wirkt. Alle Details der Frisur – auch der rückseitigen und weniger plastisch ausgearbeiteten Bereiche – waren bereits im Wachsmodell angelegt. Dies indiziert, dass die weniger ausgeformten Partien der Rückseite schon zu einem frühen Zeitpunkt konzeptionell festgelegt waren. Es ist somit anzunehmen, dass der rückwärtige Bereich für den Betrachter nicht sichtbar war. Beim Anlegen der Iris des linken Auges verrutschte der Bohrer zweimal und beschädigte dabei das Augenlid. Dieser Fehler wurde offensichtlich nicht ausgebessert und war daher wohl aus der Warte des Betrachters nicht zu erkennen.

Der nicht mehr vorhandene Kopfschmuck war mit massiven Bleilötungen angebracht. Ähnlich massive Montagelötungen, die in jenem Falle zur Befestigung des Kopfes am Halsansatz des Panzers dienten, zeigt der Kopf des Severus Alexander aus Carnuntum (Abb. 25). Reste dieser Lötungen befinden sich am Bildnis der Göttin hinter den beiden vorderen volutenartigen Haarlocken auf der Kalotte.

Der Schmuck bestand offenbar aus zwei Teilen. Als Basis diente eine Unterlage aus einem anderthalb Millimeter starken und fünf Zentimeter breiten Bronzeblech, welches quer zur Blickrichtung verlief. Das Blech ist unmittelbar hinter der Bleilötung abgebrochen. Es ist zu vermuten, dass es sich um die Darstellung eines längeren Bandes gehandelt hat.

Darauf war der eigentliche Kopfschmuck montiert und mittels zweier massiver Bleilötungen verbunden. Muldenförmige Vertiefungen (Abdrücke) an der noch vorhandenen linken Lötfläche und an den beiden vorgelagerten Haarlocken weisen auf eine entsprechende Lagerung des Kopfschmuckes hin. Diese Vertiefungen zeigen auch, dass die Verzierung bereits am Wachsmodell des Kopfes angepasst wurde. Die zwei Millimeter im Quadrat messenden kleinen Kernhalterlöcher ohne Flickblechkaschierung sind im Limesgebiet recht häufig zu beobachten und deuten auf eine provinzielle Arbeit hin. Es ist anzunehmen, dass die Öffnungen ehemals mit eingeschmiedeten Bronzeperlen verschlossen waren, die sich im Zuge der Zerstörung herausgelöst haben.

An beiden Ohrläppchen ist ein sehr feines Wabenmuster zu erkennen, welches auch an einem Haarfragment aus Bonn (keine GBL, lfd. Nr. 1299) und Köln (keine GBL, lfd. Nr. 997, Abb. 36 a) beobachtet wurde. Nach bisherigen Beobachtungen sind derartige Muster nur an solchen Oberflächen erhalten, die nicht durch Kaltarbeit mechanisch verändert wurden. Mit hoher Wahrscheinlichkeit handelt es sich um eine regelhaft ausgebildete Oberflächenstruktur, die durch Korrosion sichtbar wurde (vgl. oben zu Bonn, Legionslager, GBL 130).

Die einheimische Provenienz des Werkes wird auch durch die Bleiisotopenanalyse von GBL 399 bestätigt, eine Probe aus den Lötungen auf der Kalotte.

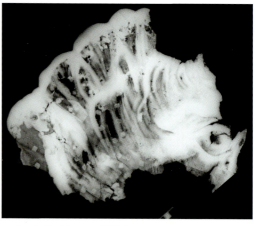

Abb. 58 Vergoldetes Bronzerelief aus Mittelstrimmig (GBL 518–520). Im Röntgenbild (Rö. Nr. 7672) werden zahlreiche Gussfehler und Reparaturstellen sichtbar. Landesmuseum Bonn.

Demnach stammt das Blei – wie bei den meisten anderen Proben aus der Region Mainz – aus den regionalen Lagerstätten der Eifel.

Die Metallzusammensetzung der Statue (GBL 398) entspricht einer durchschnittlichen Bronzelegierung des Untersuchungsgebietes (Cu 75 %, Sn 6,8 %, Pb 18 %). Das dem Kopf zugehörige ausgeschmiedete Bronzeblech von GBL 397 weicht nur geringfügig ab (Cu 81 %, Sn 9,1 %, Pb 10 %). Es gibt keine Hinweise auf Zugabe von Messing oder vergoldeter Bronze in der Legierung.

Mittelstrimmig (FO 26, GBL 120–123, 475–478 und 518–520)

An einer wichtigen römischen Verkehrsachse, die südlich der Mosel über die Höhenzüge des Hunsrück führte, wurden nahe der heutigen Ortschaft Mittelstrimmig Teile eines Vicus, mehrere galloromische Tempelanlagen sowie ein spätantiker Burgus verortet. Aus dem Umfeld stammen verschiedene Fragmente von Bronzestatuen (A. von Berg / M. Mirschenz in: Gebrochener Glanz 101–104 [mit Lit.]). Zu den auffälligsten Stücken gehört das Fragment eines vergoldeten Monumentalreliefs mit dem Gesichtsausschnitt eines zoomorphen Mischwesens (GBL 518–520, s. Abb. 24 und 58).

Der Guss dieses Bronzereliefs erfolgte nach dem indirekten Wachsausschmelzverfahren. Pinselspuren an der Rückseite deuten auf das Ausformen der Hilfsnegativform mit flüssigem Wachs hin. Starke Unterschneidungen in der Gestaltung der Mähne wurden vermieden, was auf die Verwendung einer einteiligen Hilfsnegativform zur Herstellung des Wachsmodels hindeutet. Beim Auspinseln der Form mit flüssigem Wachs ist unbeabsichtigt eine uneinheitliche Materialdicke von drei bis sieben Millimetern entstanden. Die Bereiche der Augenpartie (Augenbraue, Augenlid, Augapfel mit Pupille ohne Iris) wurden wohl bereits am Wachsmodell nach dem Ausformen plastisch überarbeitet. Reste von abgebrochenen und korrodierten eisernen Kernhaltern beziehungsweise Nägeln lassen vermuten, dass diese zur Montage an einer hölzernen Unterlage dienten. Röntgenbilder sowie zahlreiche ausgebesserte Gussfehler, die durch Gasblasen entstanden sind, deuten auf Feuchtigkeitsprobleme beim Gießen hin (Abb. 24 und 58). Diese recht aufwendigen Reparaturen wurden zum Teil in der Inlaytechnik ausgeführt. Nach dem Einsetzen der einzelnen Reparaturstücke wurden diese mit Senkkopfnietstiften aus Kupfer sowie rückseitigen Stabilisierungsblechen und Bleilot befestigt. An dem etwa 29 mal 35 Zentimeter großen Fragment wurden dreiundsiebzig solcher Nietstiftsicherungen gezählt, was auf die sehr aufwendige Überarbeitung des Werkstückes hinweist. Sämtliche Reparaturarbeiten kaschierte eine flächig ausgeführte Blattvergoldung der Vorderseite.

Aus dem Fundmaterial von Mittelstrimmig wurden neun Bohrproben (GBL 121, 123, 475–478 und 518–520) sowie zwei Anschliffproben des vergoldeten Monumentalreliefs (GBL 120) und des vergoldeten Tierohrs (GBL 122) entnommen. GBL 477 und 519 sind Bohrproben von Kupfernietstiften an Reparaturblechen.

Die Legierung des Monumentalreliefs (GBL 518) entspricht in etwa einer durchschnittlichen Limesbronze, wobei der Bleianteil leicht unter dem Durchschnitt liegt (Cu 78 %, Sn 6,6 %, Pb 15 %). Bei einem weiteren Fragment dieses Bildwerkes handelt es sich wohl um ein auf der Vorderseite eingefügtes Reparaturstück (GBL 121). Hier ist die Legierung nahezu identisch (Cu 80 %, Sn 6,4 %, Pb 13 %). Gleiches gilt für die Spurenelemente. Das belegt das Nachgießen von einzufügenden Reparaturstücken mit Metall der gleichen Rezeptur. Dasselbe zeigt die Zusammensetzung eines an der Rückseite des Reliefs montierten Reparaturblechs (GBL 520), welche nahezu der Gusslegierung des Reliefs entspricht, jedoch gibt es Hinweise auf Zugabe von Messing und vergoldeter Bronze in der Legierung. Der Vergleich zwischen dem Kupfer des Nietes (GBL 519) und den übrigen Fragmenten des Reliefs zeigt, dass im Verhältnis zum steigenden Bleigehalt auch der Silbergehalt zunimmt, während sich die übrige Zusammensetzung kaum verändert. Dies könnte bedeuten, dass die Werkstatt für die Bronze Silberhüttenblei (Plumbum argentarium) verwendete, welches bei der Silbergewinnung abfällt.

Die Legierung des vergoldeten Reliefs (GBL 121 und 518) ähnelt derjenigen eines unvergoldeten Haarfragments aus Mittelstrimmig (GBL 478), welches zu einem weiteren Bildnis gehörte. Dies ist auch an dem leicht erhöhten Anteil an Antimon zu erkennen, der möglicherweise auf Zugabe von Fahlerzkupfer hinweist (Sb 0,24 % und 0,21 %).

Zwei unvergoldete Fragmente – eine Augenbraue (GBL 475) und ein als Medusaapplik von einem Panzer gedeutetes Fragment (GBL 476) – schienen makroskopisch beurteilt aufgrund ihrer Oberfläche und schwarzen Patina zu einer Statue zu gehören. Dies bestätigen die einheitlichen Legierungen (jeweils Cu 77 %, Sn 8,5 %, Pb 13 %). Beide Fragmente enthalten zudem Spuren von Gold, was auf die Zugabe wiederverwendeter vergoldeter Bronze beim Gießen hinweist, sowie erhöhte Silberwerte (Au 0,03–0,04 %, Ag 0,21–0,23). Ein beidseitig vergoldetes Stück von dreieinhalb Zentimetern Länge und anderthalb Zentimetern Breite (GBL 123) könnte ein Tierohr darstellen. Dass es sich wohl nicht um das Fragment einer Großbronze, sondern um das Teilstück einer größeren Statuette handelt, belegt auch die für großformatige Statuen uncharakteristische Mehrstofflegierung. Sie ähnelt in ihrer Zusammensetzung (Cu 87 %, Zn 2,6 %, Sn 4,6 %, Pb 5 %) der Klaue des Adlers von der Jupiterstatue in Mainz (vgl. GBL 492). Mehrstofflegierungen sind beim antiken Schmelzverfahren eher für den Guss kleiner Bildwerke geeignet. Die Analyseergebnisse sowie die restauratorischen Untersuchungen deuten somit auf Fragmente von mindestens vier Bronzebildwerken in Mittelstrimmig hin, wobei angesichts ähnlicher Zusammensetzung die Produktion in einer einzigen Werkstatt möglich ist.

Bei den beiden Legierungen der Reparaturniete eines unbestimmten Fragments (GBL 477) und des beschriebenen Monumentalreliefs (GBL 519) handelt es sich um hoch kupferhaltiges Material, das in seiner Zusammensetzung und Form dem Material des übrigen Limesgebietes entspricht.

Die Bleiisotopenverhältnisse zweier Proben aus den Mittelstrimmiger Funden (GBL 475 und 518) gehören zur Hauptgruppe des Bleis aus der Eifel.

Mögglingen (FO 51) siehe Böbingen

Moselraum: Hinzerath (FO 29, GBL 167 und 177), Kasel (FO 30, GBL 317) und Konz (FO 33, GBL 318)

Von einem blattvergoldeten Finger aus Hinzerath wurden eine Bohrprobe (GBL 167) sowie eine Anschliffprobe (GBL 177) zur Bestimmung der Vergoldungstechnik entnommen. Der Bleianteil liegt deutlich unter dem Durchschnittswert typischer Limesbronzen (Cu 86 %, Sn 6,2 %, Pb 6,9 %). Es gibt keine Hinweise auf Zugabe von Messing oder vergoldeter Bronze in der Legierung.

Die Legierung eines Körperfragments aus Kasel (GBL 317) entspricht den Durchschnittswerten im Untersuchungsgebiet weitgehend (Cu 76 %, Sn 8,1 %, Pb 15 %). Der Anteil an Zink weist auf Zugabe von Messing in der Legierung hin. Die Einlagen rechteckiger Reparaturbleche wurden wohl aus einer weniger korrosionsbeständigen Legierung gefertigt, denn diese sind gegenüber der Bronze stärker von Korrosion betroffen. Unter einem herausgefallenen Reparaturblech ist ein Kernhalterloch zu erkennen, das eher auf die Verwendung eines mehreckigen statt eines in der Regel quadratisch geschmiedeten Kernhalternagels hindeutet. Das Maß entspricht mit etwa zwei Millimetern im Quadrat jedoch der Größe, die im gesamten Untersuchungsgebiet häufig zu beobachten ist.

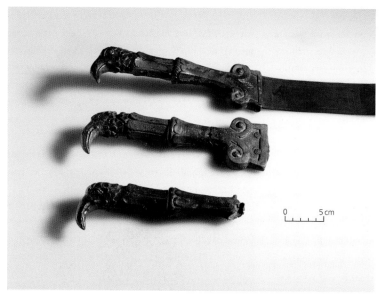

Abb. 59 Fragmente dreier nahezu formgleicher Adlerkopfschwerter von bronzenen Kaiserbildnissen aus Murrhardt (oben) und Weißenburg (Bildmitte und unten). Murrhardt, Carl-Schweizer-Museum, und Weißenburg, Römermuseum.

Bei einem kleineren rundplastischen Fragment aus Konz handelt es sich um ein längliches, freiplastisch gestaltetes Haarsträhnenfragment, vielleicht von einer Pferdemähne. Die Ausarbeitung der Strähnen ist verhältnismäßig grob ausgeführt. An einem kleinen Bereich schienen Reste einer Vergoldung vorzuliegen, die jedoch nicht genauer untersucht beziehungsweise bestätigt wurden. Von dem Haarfragment wurde eine Bohrprobe (GBL 318) entnommen. Auch hierbei handelt es sich um eine typische Limesbronze (Cu 77 %, Sn 4,3 %, Pb 18 %). Es gibt keine Hinweise auf Zugabe von Messing oder vergoldeter Bronze in der Legierung. Nahezu identische Zusammensetzung zeigen zwei Fundstücke aus der Mosel, ein Stück einer Haarlocke (GBL 171) sowie ein Körperfragment mit dem Halsansatz (GBL 95). Ob es sich hierbei um Reste eines einzigen Standbildes gehandelt hat, lässt sich angesichts der sehr unterschiedlichen Erhaltung anhand der Objekte selbst nicht mehr klären.

Murrhardt (ORL 44, FO 47, GBL 380)

Bei Bauarbeiten im Jahr 1954 stieß man im Bereich des Vicus unweit der Porta decumana des antiken Kohorten- und Numeruskastells Murrhardt (etwa 150 bis 259/260 n. Chr.) auf die gut erhaltene bronzene Darstellung eines Adlerkopfschwertes (GBL 380, O. Paret, Fundber. Schwaben 13, 1955, 64–66). Sehr ähnliche Fragmente sind auch aus Weißenburg (GBL 403 und 406) und Rainau-Dalkingen (GBL 379) bekannt (Abb. 59). Die Gleichartigkeit der Stücke, besonders des Schwertgriffs aus Murrhardt zu dem aus Weißenburg legt die Vermutung nahe, dass sie in einer gemeinsamen Werkstatt und in einer chronologisch eng begrenzten Herstellungsphase als Teile von Kaiserbildnissen gefertigt wurden (Vgl. S. Heckmann in: Gebrochener Glanz 135; 138). Anhand der Legierungsdaten erwartete man nähere Aufschlüsse dazu.

Die Scheide des Schwertes aus Murrhardt ist wie bei den anderen Adlerkopfschwertern lediglich durch ein separates dünnes Bronzeblech dargestellt. Wie die computertomographischen Auswertungen ergaben, hatte man es durch einen Einschub in eine entsprechende Öffnung im Griff eingelassen und diese dann mit Bleilot sowie mit zwei zusätzlichen Punzschlägen gesichert (Abb. 60). Die Montage bei den genannten Vergleichsstücken geschah hier durch Sicherungen mittels zweier Nietstifte. Auf eine rundplastische Ausarbeitung der Schwertscheide wurde verzichtet, ähnlich wie bei dem Stück aus Dalkingen. Der Grund könnte in der Art der Darstellung und Montage liegen, bei der die Schwertscheide an einem engen Spalt unter dem Mantel der Statue verdeckt eingeschoben werden musste.

Die Metallanalyse des Schwertes zeigt eine Bronzelegierung mit nahezu identischen Zuschlägen (GBL 380, Sn 2,9 %, Pb 14 %) wie die beiden Gegenstücke aus Weißenburg und dasjenige aus Dalkingen. Die Werte des zugehörigen Scheidenbleches

(GBL 407, Sn 11 %, Pb 4,6 %) weichen allerdings deutlich ab. Die Anteile der Spurenelemente passen jedoch gut zur Gusslegierung, so dass die Herstellung des Bleches aus demselben Ausgangsmaterial wahrscheinlich ist. Die Abweichungen im Verhältnis der Hauptlegierungsbestandteile Kupfer, Zinn und Blei sind damit zu erklären, dass für das Schwertscheidenblech eine schmiedbare Legierung hergestellt werden musste. Die augenfällige Formgleichheit des Schwertes aus Murrhardt und der beiden Parallelen aus Weißenburg setzt sich in der Metallanalyse fort. Hier ist lediglich der Zinnanteil geringfügig höher (vgl. GBL 403 und 406. – Raub, Metallkunde 358). Die Bleiisotopenmessungen zeigen, dass die Herkunft des Bleis in dem Schwert aus Murrhardt mit demjenigen aus Weißenburg identisch ist und auch sehr nahe bei den Werten der Funde aus Rainau-Dalkingen liegen. Vermutlich handelt es sich bei dem Blei aus dem Dalkinger Fundmaterial um Rohstoff identischer Provenienz mit einigen Zuschlägen aus anderen Herkunftsgebieten.

Naaldwijk (FO 2, GBL 339 und 369–376)

Mindestens vierzig Fragmente bronzener Statuen sowie Bruchstücke von Bronzetafeln mit Inschriften, Möbelbeschlägen, Münzen und Fibeln wurden auf dem Areal einer kleinen römerzeitlichen Siedlungsstelle im niederländischen Naaldwijk gefunden. Die späte Siedlungsphase von 260 bis 300 n. Chr. weist Brunnen, Gräben und eine Schmelzgrube mit vielen Metallschlacken sowie keramisches Material von regionaler Prägung auf. In der Schmelzgrube kann daher Recycling römischer Altmetallgegenstände stattgefunden haben, welche vielleicht aus dem verlassenen Forum Hadriani oder einem ehemaligen Flottenstützpunkt der Classis Germanica herangeschafft worden waren (J. de Bruin in: Gebrochener Glanz 120–122 [mit Lit.]).

Von den Naaldwijker Fundstücken wurden acht Bohrproben entnommen (GBL 339 und 369–376). GBL 376 und 339 stammen von einem Arm einer etwa einen Meter hohen Bronzestatue, deren Gusslegierung einer typischen Limesbronze entspricht (Abb. 61). Der relativ hohe Zinkanteil bei GBL 376 lässt auf deutliche Zugabe von Messing schließen (Cu 74 %, Sn 7,5 %, Pb 16 %, Zn 2 %). Die Schweißnaht der Armmontage (GBL 339) wurde mit einer leicht abweichenden Legierung ausgeführt (Cu 73 %, Sn 4,7 %, Pb 21 %, Zn 0,2 %, Sb 0,64 %). Der höhere Bleigehalt diente in diesem Fall vielleicht zur Verbesserung der Fließeigenschaften der Bronze während der Verschweißung. Der Wert für das Spurenelement Antimon ist erhöht, der Zinnanteil fällt deutlich geringer aus. Das Blei stammt aus der Eifel. Beide Legierungen enthalten Spuren von Gold (Au 0,01– 0,04 %).

Zwei Fragmente (GBL 370 und 372) von der Fersenpartie einer lebensgroßen Statue passen anhand der Legierungsdaten (Cu 73 %, Sn 4,7 %, Pb 21 %, Zn 0,2 %, Sb 0,64 %) zu zwei Körperfragmenten

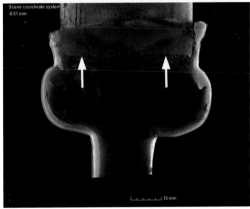

Abb. 60 a–b Computertomographische Schnittbilder durch das Adlerkopfschwert aus Murrhardt. Erkennbar ist die am Griff mit Lot eingesetzte Schwertscheide. – (a) Querschnitt. – (b) Längsschnitt.

(GBL 369 und 375). Jedoch enthalten diese (anders als bei GBL 370 und 372) keine Hinweise auf Zugabe vergoldeter Bronze (Au 0,02 %). Sie könnten daher von anderen Gusschargen stammen. Das Blei von GBL 369 wurde hinsichtlich der Isotopie untersucht und könnte demnach aus den englischen Minen von Shropshire stammen. Die Fersenpartien (GBL 370 und 372) stammen vom unbekleideten Standbein einer Figur. Gut sichtbar sind der Fußknöchel und die Adern. An der Innenseite ist der Ansatz einer Öffnung im Sohlenbereich mit einer schmalen Auflagefläche für den Sockel vorhanden. Mittels dieses Durchlasses erfolgte der massive Bleiverguss, mit dem Statue und Sockel verbunden wurden. Wohl aufgrund von Hitzeeinwirkung, etwa ein Schadfeuer, haben sich keine Reste des Bleis erhalten. Zur besseren Auflage der bronzenen Fußsohle auf der Steinbasis wurde bereits im Wachsmodell der untere Rand des Fußstückes etwa fünf bis zehn Millimeter nach innen eingeschlagen. Bei römischen Statuen wurde auf diese Auflagefläche häufig verzichtet und die

Abb. 61 Fragment eines linken Armes mit angefügten, aber noch nicht restaurierten Fingern von einer unterlebensgroßen Statue aus Naaldwijk (GBL 339 und 376). Privatbesitz.

Sohle hatte unten eine Öffnung, die von einem Rand in der Wandstärke der Bronze gerahmt wurde. Dieser Rand wurde dann in eine entsprechend rillenförmige Vertiefung in die Steinbasis eingelassen (vgl. ähnlichen Befund in Namur. – Vgl. F. Willer, Kölner Jahrb. 33, 2000, 565–573.)

GBL 371 wurde dem Arm einer größeren Statuette entnommen. Auch diese Legierung ist den anderen aus Naaldwijk sehr ähnlich (Cu 80 %, Sn 7,2 %, Pb 12 %).

GBL 373 stammt von einem Statuenfragment mit einer facettierten Kante und könnte trotz der Ähnlichkeit zu den Legierungen der Proben GBL 369, 370, 372 und 375 zu einer weiteren Statue gehören. Der Zinngehalt ist hier jedoch leicht erhöht (Cu 71 %, Sn 9,9 %, Pb 19 %).

GBL 374 ist einer vermuteten Sockelplattenverzierung entnommen, der Zinngehalt ist recht hoch, der Bleianteil etwas unter dem Durchschnittswert der Limesbronzen (Sn 12 %, Pb 13 %).

Die facettierte Kante an dem Stück der Probe GBL 373 deutet auf eine mechanische Montage ohne Lötung oder Schweißung hin.

Es gibt keine Hinweise auf Zugabe von Messing oder vergoldeter Bronze in der Legierung.

Namur (FO 16, GBL 387)

Aus dem Fluss Sambre bei Namur wurde im Jahr 1875 das 24,5 Zentimeter lange und 650 Gramm schwere Fragment vom rechten Schuh einer etwa lebensgroßen Bronzestatue geborgen. Eine Kontextualisierung des Fundes ist nicht möglich. Die gesamte Sohle ist geöffnet, eingefasst von einem schmalen Rahmen in der Wandstärke der Bronze. Eine Umbörtelung oder Verstärkung im Bereich der Zehen, die zur Auflage auf dem Sockel diente und noch an vielen hellenistischen Statuen zu beobachten ist, fehlt an diesem Stück (vgl. Fußfragment aus Naaldwijk, GBL 369 und 371). Das vollständige Aussparen der Fuß- oder Schuhsohle wurde erst seit römischer Zeit zunehmend praktiziert. Erhaltene Steinbasen solcher Bildwerke zeigen neben dem Vergussloch für das Blei auch eine schmale, rillenförmige Einlassung im Stein, die der Sohlenöffnung des Statuenfußes entsprach (s. Abb. 55). Der Vorteil dieser Methode bestand darin, dass die Füße beim Aufstellen in ihrer Standfläche regelrecht einrasten und nach dem Verguss mit Blei gegen ein Verdrehen gesichert sind. Der Anteil an Zink weist auf Zugabe von Messing in der Legierung, die Werte für Zinn und Blei sind im Verhältnis zum Durchschnitt der Limesbronzen leicht erhöht (GBL 387: Cu 68 %, Sn 8 %, Pb 23 %). Das Blei stammt aus der Eifel.

Neuenstadt a. Kocher (FO 46, GBL 507–512)

Hier entdeckte man 2003 eine römische Siedlung in der Gemarkung Bürg, die offenbar unter Mark Aurel im Zuge einer Grenzverschiebung um 160 n. Chr. gegründet worden war (C.-M. Hüssen, Die römische Besiedlung im Umland von Heilbronn [Stuttgart 2000] 263–265; K. Kortüm, Arch. Ausgr. Baden-Württemberg 2003, 118–122; S. Willer in: Gebrochener Glanz 38). Im Umfeld eines großen Peristylbaus, der sogenannten Villa A am höchsten Punkt der Siedlung, wurden schon in den Jahren zuvor immer wieder Bronzeobjekte aufgelesen, von denen über vierhundert zu römischen Bronzestatuen gehört haben. Es fanden sich auch Fragmente figürlicher Appliken vom Brustschmuck einer Panzerstatue (Abb. 62).

Herstellungstechnische Unterschiede etwa in der Bearbeitungstechnik der Haarlocken legen nahe, dass es sich um die Überreste mehrerer Statuen handelt. Neben Fragmenten mit Inkarnatpartien finden sich auch zahlreiche Stücke mit fein ausgearbeiteten Haarlocken. Einige hatte man nicht – wie sonst üblich – mit feinem Meißel und Ziseliereisen nach dem Guss plastisch ausgearbeitet, sondern man gestaltete die Oberfläche bereits am Wachsmodell. Dabei setzte man sogenannte Rändelrädchen ein, mit denen eine naturalistisch wirkende Binnenstruktur der Haare erzeugt wurde. Es ließen sich zwei leicht variierende Muster dokumentieren. Durch diese Vorarbeit am Wachsmodell war eine spätere Kaltarbeit mit Punzen und Ziseliereisen nicht mehr erforderlich. Die Vorbereitung derartiger Details im Wachsmodell setzte aber voraus, dass man den Guss ohne Entstehung einer rauen Gusshaut beherrschte. Flach gegossene Fragmente von Schnäbeln und Federn lassen Applikationen vermuten, wie sie etwa an Panzerstatuen üblich waren. Geschwungene, aber auch teils eckig angelegte Rillenverzierungen deuten auf ornamentale Dekorationen hin, die ebenso bereits im Wachs-

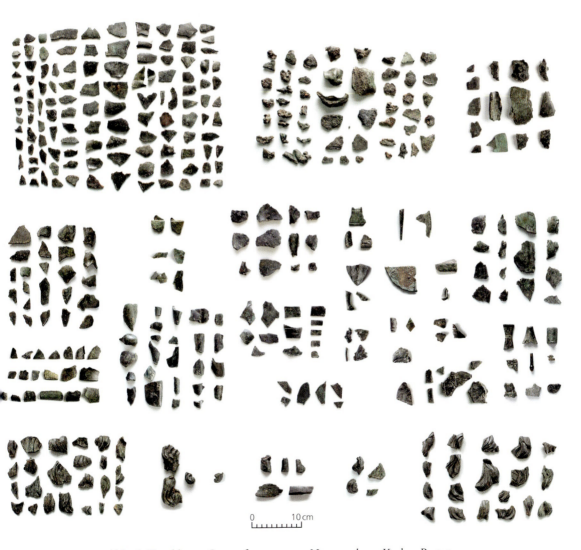

Abb. 62 Zerschlagene Statuenfragmente aus Neuenstadt am Kocher. Rastatt, Archäologisches Landesmuseum Baden-Württemberg.

modell angelegt waren. An den Rückseiten einiger Stücke sind Montagenähte von Wachsplatten sowie Wachsspritzer zu erkennen, die zweifelsfrei den Guss nach dem indirekten Wachsausschmelzverfahren belegen. Einige Fragmente zeigen die im Untersuchungsgebiet häufig zu beobachtende Reparaturtechnik, bei der Gussfehler durch eingesetzte Reparaturbleche zusätzlich mit Nietstiften aus Kupfer fixiert wurden. Gleiches gilt für kleine Kernhalteröffnungen von zwei Millimetern im Quadrat, die ehemals mit kleinen Bronzeperlen verschlossen wurden. Zahlreiche Stücke weisen eine schwarzglänzende Patina auf. Möglicherweise handelt es sich um eine Zinnseigerung an der Bronzeoberfläche, wie sie auch bei anderen Fundkomplexen beobachtet wurde, zum Beispiel aus Aalen, Bonn, Künzig und von der Saalburg (vgl. den Haupttext, Abschnitt ›Schwarz-silbrige Oberfläche‹). Die Statuenteile wurden ähnlich wie die Aalener Stücke kleinteilig zerschlagen, was darauf hindeuten kann, dass sie tiegelgerecht zum Wiedereinschmelzen vorbereitet wurden.

Von den etwa vierhundert recht kleinteilig zerschlagenen Fragmenten wurden sechs Stücke zur Beprobung ausgewählt. Darunter drei Haarlockenfragmente (GBL 507–509) und zwei Körperbruchstücke (GBL 510–511), GBL 512 stammt von einem eingesetzten Reparaturblech. Die Metallanalysen deuten auch aufgrund der Spurenelementverteilung auf eine einheitliche Zusammensetzung hin, während die Legierungselemente noch im Bereich der üblichen Abweichungen liegen (Pb 17–23 %, Sn 4–7,7 %). Zwei Proben (GBL 508 und 512) enthalten Spuren von Zink und Gold. Diese Indizien deuten darauf hin, dass es sich um Teile mehrerer Statuen handelt oder durch Zugaben von Altmetall einzelne Gusschargen geringe Abweichungen bei den Anteilen der Spurenelemente aufweisen. In Anbetracht der Zusammensetzung der Hauptelemente wurden sie jedoch nach einer einheitlichen Rezeptur hergestellt. Die Herkunft des Bleis könnte, wie an mehreren Funden aus dem südlichen Teil des Untersuchungsgebietes festgestellt und damit auf die Anbindung an andere Wirtschaftskreise weisend, in den Penninen oder in den Cevennen zu verorten sein.

Neunkirchen-Kasbruch (FO 36, GBL 389–391)

Aus Kasbruch stammt ein unterlebensgroßer Torso mit Muskelpanzer, möglicherweise von einer Darstellung des in der Region verehrten Mars Cnabetius, eines keltischen Kriegsgottes, welchem man hier die Gestalt des gepanzerten Mars Ultor verlieh und den man mit einem gallorömischen Quellheiligtum in der Nähe der Fundstelle verbinden kann (C. Sarge in: Gebrochener Glanz 95–97 [mit Lit.]).

Computertomographien belegen, dass das Wachsmodell des Torsos aus mindestens vier Einzelformteilen bestand, welche nach dem indirekten Wachsausschmelzverfahren zusammengefügt und dann in Bronze gegossen wurden (Abb. 63). Der Kopf wurde lediglich mittels einer punktuellen Verschweißung im Nackenbereich montiert. Der Hals wurde hier nicht, wie an Panzerstatuen oftmals festzustellen, in den Panzer eingeschoben, sondern auf andere Weise montiert. Etwa im unteren Drittel des Halses befindet sich die Naht. Diese zeigt eine stumpfe Montagefuge, die vermutlich mit Weichlot geschlossen war. Die Montage der nicht mehr erhaltenen Arme erfolgte ohne Schweißung. Sie wurden in den Panzer eingeschoben und mit runden Nietstiften sowie Weichlot gesichert. Teile des Weichlotes sind dabei nach innen eingeflossen. Diese für das Untersuchungsgebiet außergewöhnliche Montageart erlaubt eine naturalistische und plastischere Darstellung der Schulterlaschen am Übergang zum Armansatz, da dieser nicht, wie beim Verschweißen üblich, mechanisch überarbeitet werden musste, wobei oftmals Details der Oberflächenstruktur verloren gehen.

Auf der Brust war ehemals ein separat gegossenes, wahrscheinlich aus einer anderen Legierung bestehendes Medaillon ebenfalls durch Weichlot (wohl Blei oder Blei-Zinn-Lot) befestigt, das heute nicht mehr erhalten ist. Seine Montage hatte man bereits am Wachsmodell mit einer entsprechenden Lotfläche angelegt. Teile der Panzerdekoration, wie etwa die Lederriemen, wurden wohl nachträglich von Hand am Wachsmodell angebracht beziehungsweise nachgearbeitet. Dies erklärt sich auch durch die antike Abformtechnik, welche ein Ausformen von Unterschneidungen nicht gestattet. Die hohe Qualität der Ausarbeitung des Wachsmodells steht im Gegensatz zur fehlerhaften Gusstechnik. Vermutlich haben Restfeuchte der Form oder feuchte Witterung zur Gasblasenbildung geführt, die sich in der Computertomographie erkennen lassen. Die Gussfehler wurden wiederum äußerst sorgfältig durch kleine Einlagen von rechteckigen Reparaturen ausgebessert,

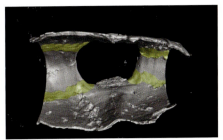

Abb. 63 a–b Torso einer unterlebensgroßen Panzerstatue aus Neunkirchen-Kasbruch mit Schweißstelle im Nackenbereich. Mittels Computertomographie werden in der Unteransicht die Montagefugen der einzelnen Wachsformteile sichtbar (gelbe Markierung), welche nach dem Zusammenfügen nochmals mit Wachs verstärkt wurden. Saarbrücken, Stiftung Saarländischer Kulturbesitz.

von denen allein am erhaltenen Fragment rund einhundert Stück nachweisbar sind.

Ungewöhnlich ist die nur auf der Außenseite erhaltene bräunliche Patina, die etwa zwei Millimeter in die originale Oberfläche hineinreicht. Teile dieser Außenhaut sind durch Korrosion und Erosion heute verloren. Aus konservatorischer Sicht ist nicht auszuschließen, dass die besondere Färbung durch intentionelle Oberflächenbehandlung erzeugt wurde. Die Darstellung zeigt einen Panzer aus Leder, insofern wäre eine entsprechende Färbung der Bronze gut vorstellbar. Eine Analyse der Patinaschicht war aus konservatorischen Gründen nicht möglich (F. Willer in: Das Wrack 1023–1031; A. R. Giumlia-Mair / P. T. Craddock in: S. La Niece / P. Craddock, Metal Plating [and] Patination [Oxford 1993] 101–127; H. Born in: ebd. 19–29). Die Metallanalyse zeigt, dass alle drei Gusschargen inklusive der Schweißnaht nach einer einheitlichen Rezeptur erfolgten. Auch der Anteil an Altmetall wurde wohl im gleichen Verhältnis zugegeben.

Für die Materialanalyse wurden drei Bohrproben entnommen (Kopfansatz/Hals GBL 389, Schweißverbindung des Kopfes zum Torso, GBL 390, Torso/Panzer GBL 391). Alle drei Legierungen sind nahezu identisch (Cu 76–77 %, Sn 7,7–9,1 %, Pb 13–15 %, Zn 0,4–0,6 %, Au 0,03–0,04 %). Eine kleine, aber bedeutsame Ausnahme bildet der verhältnismäßig hohe Silbergehalt in Probe GBL 391 (Ag 0,1 %). Er dürfte auf die Zugabe von silberhaltigem Blei zurückzuführen sein (s. a. Mittelstrimmig, GBL 475 und 476). Dieses Blei stammt nach Ausweis der Bleiisotopie aus der Eifel. Der Anteil an Zink und Gold in allen Proben deutet auf Zugabe von Messing und vergoldeten Statuenteilen in der Legierung hin.

Niederberg (FO 25) s. Obergermanischer Limes

Niederbieber (ORL 1a, FO 22, GBL 366, 513, 515 und 516)

Aus dem Numeruskastell Niederbieber (185/190 bis 259/260 n. Chr.) und dessen Umgebung werden mehrere bronzene Statuenteile im Landesmuseum Bonn aufbewahrt. Neben dem Porträtkopf des Kaisers Gordian III. handelt es sich um mehrere Finger unterschiedlicher Größe, ein Handfragment, einen Zeh und ein Flügelfragment, welches – für militärische Fundkontexte ungewöhnlich – vergoldet war (außer den genannten beprobten Stücken s. vermutl. rechter Flügel einer Victoria, vergoldet, Inv. 32108; Zehe, Inv. E 32179; Finger, Inv. E 32192). Bei Ausgrabungen im Bereich des Lagerdorfes im Jahre 1893 fand man den Bronzekopf des Kaisers Gordian III. (GBL 366, s. Abb. 9 und 64). Die zugehörige Statue war wahrscheinlich ursprünglich im zentralen Stabsgebäude des Kastells aufgestellt (S. Willer in: Gebrochener Glanz 128–130 [mit Lit.]). Das Porträt entspricht schon in seiner stilistischen und technischen Ausgestaltung nicht den stadtrömischen Vorbildern, sondern ist das Werk einer lokalen Bronzewerkstatt, die sich an der zweidimensionalen Münzdarstellung des Kaisers orientierte.

Computertomographische Untersuchungen am Porträtkopf belegen, dass dieser nach dem indirekten Wachsausschmelzverfahren gegossen wurde (Abb. 64). Montagenähte sowie Wachstropfen an der Innenseite belegen dies. Die verwendete Kupferlegierung erlaubte, ähnlich wie am Pferdekopf in Augsburg, einen materialsparenden und sehr dünnwandigen Guss. Vermutlich durch unzureichende Schmelz- und Formtemperatur hervorgerufene

Trennlinien im Metall (Kaltschweißstellen) hat man nachträglich zum Teil durch kleine Reparaturbleche zu kaschieren versucht. Diese befanden sich im linken Bereich des Kopfes sowie an der Stirn-Nasen-Partie. Haare sowie andere Details der Oberflächenausarbeitung wurden recht einfach mit feinen Meißeln und Punzen überarbeitet (Vgl. Salcuni/Formigli, Grandi bronzi Abb. 202; 206; 208; 210). Im Gesicht und vor allem im Bereich der Stirn fallen rechteckige Aussparungen auf, die von herausgelösten Reparaturen ehemaliger Gussfehler stammen. Zur Kaschierung der quadratischen Kernhalteröffnungen verwendete man – wie im Untersuchungsgebiet häufig belegt – kleine eingeschmiedete Bronzeperlen.

Wahrscheinlich sind durch die gewaltsame Zerstörung der Statue einige eingesetzte Reparaturbleche sowie Bronzekugeln herausgefallen. Große Fehlstellen am Kopf, die in Röntgen- und Computertomographie-Aufnahmen sichtbar werden, resultieren vermutlich ebenfalls aus der antiken Zerstörung. Diese Partien wurden in den siebziger Jahren mit Gips und Kunstharz ergänzt. Zu den Spuren gewaltsamer Zerstörung zählen auch eine Deformation an der linken oberen Kopfpartie sowie eine quadratische Öffnung unterhalb des linken Ohrläppchens. Bei dieser Öffnung handelt es sich nicht um ein herausgelöstes Reparaturblech, da die hierfür typischen Einlassungen fehlen. Wahrscheinlicher ist die Deutung als Einschlagstelle, die dem Statuenkopf durch einen Bolzen oder ein spitzes Gerät (etwa einen Pickel) zugefügt wurde.

Vorne und hinten am unteren Halsansatz befinden sich jeweils etwa vier Millimeter große Bohrungen zur Montage des Kopfes mit Nietstiften. Diese mechanische Montagetechnik kam ohne Schweißung oder Lötung aus und war im Vergleich zu den bekannten römischen Verbindungstechniken, Überfangguss oder Ringguss, eine sehr einfache Anbringung, die bei Bedarf leicht demontiert werden konnte (vgl. Porträtkopf des Severus Alexander aus Carnuntum. – Salcuni/Formigli, Grandi bronzi Abb. 170).

Am Gießerei-Institut der RWTH Aachen wurden anhand der Legierungsauswertung Nachgüsse des Gordianporträts sowie computergesteuerte Gusssimulationen durchgeführt. Hierbei war festzustellen, dass die Gießeigenschaften von denen heutiger Bronzelegierungen deutlich abweichen, da moderne Zusatzstoffe fehlen. So ist etwa der Gussstrahl deutlich breiiger als bei einer vergleichbaren modernen Bronzelegierung. Auch das Nachspeiseverhalten der Bronze war ungewöhnlich stark, was am deutlichen Nachsacken der eingegossenen Bronze im Eingusstrichter (Reservat) erkennbar war. Dieser musste mehrfach mit flüssiger Bronze aufgefüllt werden, bevor das Metall in der Gussform völlig erstarrt war (R. Ellerbrok in: Gebrochener Glanz 199 f.; A. Bühring-Polaczek / M. Wirth, ebd. 197 f.). Hier ist ein Zusammenhang mit der im Vergleich zu modernen

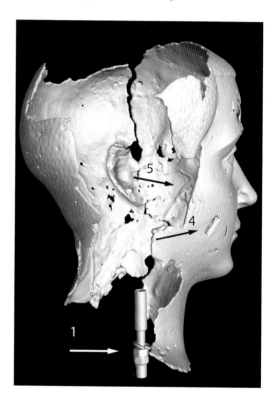

Bronzelegierungen längeren Phase des völligen Durchstarrens beim Abkühlen der Schmelze zu vermuten.

Die Materialproben an den Funden aus Niederbieber sollten Aufschluss über die lokalen Werkstattrezepturen und die ungefähre Anzahl der im Kastell aufgestellten Statuen geben. An vier Fragmenten wurden Bohrproben entnommen (GBL 366, 513, 515 und 516).

GBL 366 stammt vom Gordianporträt (Abb. 9 und 64). Der Bleianteil entspricht etwa dem Durchschnittswert des Untersuchungsgebietes, und das Blei entstammt der Eifel. Der Zinngehalt von fast zehn Prozent steht demjenigen einer klassischen Bronze nahe. Die Metallzusammensetzung ähnelt den meisten anderen Legierungen aus Niederbieber (Cu 74 %, Sn 9,2, Pb 16 %), und es gibt keine Hinweise auf Zugabe von Messing oder vergoldeter Bronze in der Legierung.

Anders verhält es sich bei einem Daumenfragment (GBL 515) mit nachweislichem Zink- und Goldgehalt. Zudem ist der Silbergehalt erhöht, was auf die Zugabe von Silberhüttenblei (Plumbum argentarium) hindeutet (vgl. Mittelstrimmig (FO 26, GBL 475).

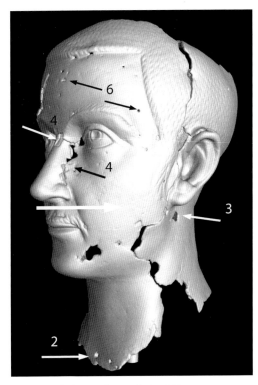

Abb. 64 a–b (gegenüber und oben) Bronzeporträt Gordians III. (GBL 366). Die Computertomographie zeigt das ursprüngliche Schadensbild nach der Auffindung und vor der umfassenden Restaurierung und Ergänzung. (1) Modernes Gewinde mit Befestigungsschraube. (2) Originale Bohrung zur Montage des Kopfes am Körper. (3) Mögliches Einschlagloch eines römischen Bolzengeschosses. (4) Durch die Zerstörung verloren gegangene Reparaturbleche. (5) Innen sichtbare Wachstropfen und Verlaufsspur. (6) Kleine Kernhalteröffnungen. Landesmuseum Bonn.

Die Probe von einem Finger einer unterlebensgroßen Statue (GBL 513) weicht in der Zusammensetzung durch einen recht hohen Bleigehalt sowie einen geringeren Zinnwert von dem Porträt Gordians III. ab (Sn 5,8 %, Pb 24 %). Der Legierung jenes Fingers nahezu gleich ist die Zusammensetzung eines Körperfragments (GBL 516). Wie der niedrige Silberanteil zeigt, wurde wohl lediglich eine andere Sorte Blei verwendet. Es ist daher nicht auszuschließen, dass beide Stücke von einer einzigen Statue, jedoch von unterschiedlichen Gusschargen stammen.

Nimwegen-Hessenberg (FO 4, GBL 251–305)

Zwischen Gräbern der römischen Nekropole von Nimwegen-Hessenberg wurde ein Hort von rund achtzig Bronzestatuenfragmenten mit einem Gesamtgewicht von rund achtzehn Kilogramm gefunden (Abb. 65). Viele Stücke waren stark angeschmolzen deponiert worden. Der Niederlegungszustand des Materials ist nach Ansicht von Christel Veen auf einen Brand zurückzuführen, der große Teile von Ulpia Noviomagus in der zweiten Hälfte des zweiten Jahrhunderts verwüstet hatte (Ch. Veen in: Gebrochener Glanz 155–157 [mit Lit.]).

Beobachtungen zur Herstellungstechnik weisen auf Material mehrerer Bronzestatuen hin, die generell nach dem indirekten Wachsausschmelzverfahren gegossen waren. Außergewöhnlich ist daher das Kopffragment eines bronzenen Jupiter-Ammon (GBL 295, Abb. 65 oben links), welcher nach dem direkten Wachsausschmelzverfahren hergestellt wurde (vgl. Haarkalotte aus Womrath). Bemerkenswert sind auch einige Objekte mit eingelegten Reparaturblechen, die zusätzlich mit Kupfernietstiften gesichert wurden. Diese Ausbesserungsmethode, die sich mit großer Wahrscheinlichkeit speziell in den Nordwestprovinzen entwickelt hat, lässt sich auch an zahlreichen weiteren Reparaturblechen im gesamten Limesgebiet feststellen.

An fünfundfünfzig von achtzig Fragmenten des Depotfundes wurden Bohrproben entnommen (GBL 251–305). Diese wurden mittels Röntgenfluoreszenzspektrometrie am Collectie Nederland in Amsterdam sowie am Curt-Engelhorn-Zentrum Mannheim analysiert. Vierunddreißig davon wurden in den Niederlanden gemessen (GBL 262–295). Dabei wurden einige Spurenelemente nicht bestimmt. (Die Nimweger Daten entsprechen anderen Standards. Aus Gründen der Vergleichbarkeit wurde der Bleigehalt mit dem im Curt-Engelhorn-Zentrum Mannheim bestimmten Faktor korrigiert.) Dennoch bestätigen alle analysierten Proben aus Nimwegen-Hessenberg den typologischen und konservatorischen Eindruck, dass es sich um Fragmente von mehreren Statuen handelt, die unter Einwirkung eines Brandes zerstört, anschließend eingesammelt und vergraben wurden. Mindestens fünf verschiedene Skulpturen lassen sich isolieren.

Die Legierungsverhältnisse, insbesondere der jeweilige Anteil an Zinn und Blei ist bei den Objekten aus dem Depotfund sehr heterogen verteilt, was auf unterschiedliche Rezepturen hinweist. Zudem wurde bei einem Drittel aller Proben ein erhöhter Zinkanteil nachgewiesen, der auf Zugabe von Messing in der Legierung schließen lässt (Sn 0,1–7,5 %, Pb 1,5–26 %, Zn 0,2 % [Nachweisgrenze] – 1,5 %). Bei neun Proben (GBL 268, 269, 279, 280, 281, 294, 302, 303 und 329) liegt der Zinkwert überdurchschnittlich hoch (Zn 1 %). Fünf Proben (GBL 296, 298, 302, 303 und 305) weisen Goldspuren auf, was auf Zugabe von vergoldeten Statuenteilen in der Legierung hindeutet. GBL 302 und 303 sind nahezu identisch und können daher von einer einzigen Statue stammen. (Der höhere Bleigehalt korreliert hier wiederum mit einem höheren Silbergehalt.)

Da nur wenige Spurenelemente bei den in Amsterdam analysierten Proben gemessen wurden, kann man aufgrund der vorliegenden Legierungen nur vorbehaltlich konstatieren, dass die Proben GBL 260, 268, 269, 279, 280 und 281 zusammengehören. Sie können aufgrund der sehr ähnlichen Verteilung der Hauptbestandteile mit mittlerem Zinnanteil sowie erhöhten Zink- und Bleiwerten einem einzigen Legierungsstandard zugewiesen werden. Ebenfalls höheren Zinkgehalt zeigen GBL 305 und 329, jedoch sind sie anhand des geringeren Bleianteils als separate Statuenlegierung erkennbar. Eine weitere Gruppe bilden vermutlich GBL 254, 255, 283, 286, 292, 293, 297 und 395. Sie weisen geringe bis mittlere Anteile an Zinn und Blei auf (Sn 2,7–5,3 %, Pb 3,2–5,5 %). Auffallend ist der recht hohe Kupferanteil sowie der geringe Zinn- und Bleigehalt eines polygonalen Reparaturbleches (GBL 256, Cu 98 %, Sn 0,1 %, Pb 1,6 %), das mit Kupfernietstiften eingesetzt wurde. Um welche Anzahl an Statuen es sich bei den Funden aus Hessenberg tatsächlich gehandelt hat, lässt sich aufgrund der uneinheitlichen Legierungen nicht mehr feststellen.

Der nachweisliche Anteil von Statuen mit Messingzusätzen in der Legierung ist in Nimwegen-Hessenberg im Vergleich zum Untersuchungsgebiet überdurchschnittlich hoch und lässt auf entsprechend verfügbares Altmetall in den Nimwegener Werkstätten schließen.

Die Bleiisotopenverhältnisse dreier Objekte (GBL 253, 295 und 296) gehören in die homogene Hauptgruppe mit Blei aus deutschen Lagerstätten. Das Blei eines Reparaturbleches (GBL 304) dürfte hingegen aus britischen Lagerstätten stammen. Das Blei anderer Funde aus Nimwegen, wie das eines vergoldeten Fingers (GBL 344) und einer Greifenapplik (GBL 341) sind hingegen klar der Eifel zuzuordnen.

Nimwegen-Lent (FO 4, GBL 328)

Auf einem Gelände an der Laauwikstraat wurden bei Grabungen Spuren eines siebenundzwanzig auf sieben Meter großen Holzgebäudes freigelegt, das wahrscheinlich zu einer größeren Siedlung gehörte (P. van den Broeke, Vindplaatsen in vogelvlucht. Beknopt overzicht van het archeologisch onderzoek in de Waalsprong 1996–2001 [Nimwegen 2002] 22). Im Oberboden – und damit nicht zweifelsfrei zu diesem Kontext gehörend – wurde das bronzene Körperfragment einer Statue gefunden. Die Rückseite zeigt eindeutige Arbeitsspuren wie eine Fügestelle und Wachsverlaufspuren, die durch den Einsatz des indirekten Wachsausschmelzverfahrens entstanden sind.

Die Auswertung von GBL 328 ergab, dass es sich um eine Bronzelegierung mit relativ hohen Zinnwerten handelt (Cu 72 %, Sn 9,4 %, Pb 18 %). Der Bleianteil entspricht den durchschnittlichen Werten im Untersuchungsgebiet. Es gibt keine Hinweise auf Zugabe von Messing oder vergoldeter Bronze in der Legierung.

Ober-Florstadt (ORL 19, FO 42, GBL 430–433)

Auf dem Areal des Kohortenkastells Ober-Florstadt (etwa 90 bis vermutlich 259/260 n. Chr.) wurden bei privaten Begehungen bisher mindestens neun Bronzestatuenfragmente aufgelesen (Vgl. D. Baatz / F.-R. Herrmann [Hrsg.], Die Römer in Hessen [2. Aufl. Hamburg 2002] 274 f.), und zwar neben den unten beschriebenen und beprobten vier Teilen noch Bruchstücke mit Haar, ein zweites Pteryxfragment und ein unbestimmtes profiliertes Stück.

Herstellungstechnisch bemerkenswert sind die Tauschierungsgruben an einem Gewandfragment (GBL 432), die ehemals aufwendig durch Einlagen andersfarbiger Metalle aufgefüllt waren. Diese Technik wie auch die Verzierung durch Nielloeinlagen

Abb. 65 Fragmente mit Brandspuren aus dem Depotfund von Nimwegen-Hessenberg. Nimwegen, Bureau Archeologie en Monumenten van de Gemeente Nijmegen.

ist für das Limesgebiet recht selten und scheint fast ausschließlich im südlichen Teil des Untersuchungsgebietes vorzukommen. Diese Methode diente vorwiegend zur Erhöhung des Farbkontrastes ornamentaler Flächenverzierungen, etwa an Gewändern (so GBL 42 aus Aalen, GBL 37 aus Straubing, GBL 377 im Landesmuseum Bonn, GBL 418 und 425 aus Theilenhofen) oder bei Applikationen (GBL 201 und 202 von der Saalburg).

Es wurden vier Bohrproben entnommen: GBL 430 stammt von dem Pteryxfragment einer Panzerstatue, GBL 431 von einem Sockelleistenfragment, GBL 432 von dem besagten Gewandfragment mit

Abb. 66 Fragmente aus dem Kastell Neuwied-Heddesdorf. Beprobt wurde das profilierte Randfragment (GBL 416) oben links im Bild. Landesmuseum Bonn.

Tauschierungsgruben und GBL 433 von einem Haarfragment. Die Statuenfragmente weisen geringfügige Unterschiede in der Legierung auf, welche jedoch im statistischen Toleranzbereich liegen (GBL 431: Sn 7 %, die übrigen Sn 4,3–4,8 %, Pb 18–21 %). Das Haarfragment (GBL 433) zeigt im Verhältnis einen etwas höheren Kupferanteil und niedrigere Bleiwerte (Cu 82 %, Pb 13 %). Geringe Goldspuren sind in zwei Proben nachgewiesen (GBL 430 und 431, Au 0,03 %). Sie geben Hinweise auf das Wiedereinschmelzen vergoldeter Statuenteile.

Trotz geringer Unterschiede in der Zusammensetzung der Proben kann es sich bei den Funden aus Ober-Florstadt um Teile einer einzigen Statue handeln, was sich auch mit den konservatorischen Beobachtungen decken würde.

Obergermanischer Limes, Auswahl: Kastelle Heddesdorf (ORL 1, FO 23, GBL 416), Niederberg (ORL 2a, FO 25, GBL 517 und 528), Heftrich (ORL 9, FO 37,

GBL 70), Kleiner Feldberg (ORL 10, FO 38, GBL 68–69) und Echzell (ORL 18, FO 41, GBL 388)

Aus dem Kohortenkastell Heddesdorf (Ende erstes bis Ende zweites Jahrhundert) stammen mehrere Fragmente einer Panzerstatue, darunter ein Panzerfragment mit Victoriadarstellung und ein Laschenstück (Subarmalis; Abb. 66. – Außer dem genannten und beprobten Stück: Applik mit einer geflügelten Victoria Inv. E 2548 [verschollen]; dreieckiges Randstück mit erhöhter Leiste, Inv. E 2550; schwach gewölbtes Fragment, Inv. E 2552). Für die Beprobung wurde ein profiliertes Randfragment (GBL 416) ausgewählt. Seine Legierung entspricht in etwa der durchschnittlichen Limesbronze (Cu 79 %, Sn 5,1 %, Pb 15 %). Die Spurenelemente sind unauffällig und geben keine Hinweise auf die Wiederverwendung von Altmetall.

Zwei Objekte aus Kastell Niederberg (Ende erstes Jahrhundert bis 259/260 n. Chr.) wurden beprobt: GBL 517 stammt von einem 28 Zentimeter langen, reich floral verzierten Panzerlaschenstück (Subarmalis), GBL 528 von einem Pferdebeinfragment. Beide sind in ihrer Zusammensetzung nahezu identisch (Cu 71 und 71 %, Sn 6,1 und 6,3 %, Pb 23 und 22 %). Technisch ist davon auszugehen, dass beide Bruchstücke von unterschiedlichen Teilgussstücken stammen. Umso bemerkenswerter ist die nahezu identische Zusammensetzung der Legierung, die prozentgenau nach einheitlichen Standards legiert, geschmolzen und gegossen wurde. Die Bleiisotopenverhältnisse der beiden Proben sind dagegen unterschiedlich, wobei das Blei der Lasche eventuell aus den Penninen in England stammt und das Armfragment in die keiner isotopisch klar definierten Lagerstätte zuzuordnende Gruppe H fällt. Das Panzerlaschenfragment wurde im Laufe seiner Forschungsgeschichte bereits in Verbindung mit einem Laschenstück von der Saalburg (vgl. GBL 224) gebracht (Raub, Metallkunde 358). Dies erscheint nun nach den Legierungsdaten durchaus möglich.

Im Numeruskastell Heftrich (etwa 150 bis 260 n. Chr.) wurde neben einem unbestimmten Bronzestatuenfragment auch eine Gewand- oder Flügelapplikation gefunden, welcher die Probe GBL 70 entnommen wurde. Die Legierung enthält einen verhältnismäßig geringen Bleianteil (Cu 84 %, Sn 7,9 %, Pb 7,9 %). Hinweise auf wiederverwendetes Altmetall liegen nicht vor.

Das Areal des Numeruskastells Kleiner Feldberg aus derselben Belegungsphase (bis 260 n. Chr.) barg ein Haarfragment (GBL 68), ein unbestimmtes Körperbruchstück (GBL 69) sowie ein nicht beprobtes unbestimmbares Bronzestück. Die Zusammensetzung der Proben ist nicht nur in den Hauptlegierungsbestandteilen, sondern auch in den Spurenelementen recht ähnlich (Cu 71 und 76 %, Sn 7,6 und 6,7 %, Pb 21 und 17 %). Hinweise auf wiederverwendetes Altmetall liegen nicht vor. Ob es sich um Fragmente von verschiedenen Teilgüssen einer einzigen Statue handelt, lässt sich nicht zweifelsfrei beantworten.

Zahlreiche Bronzestatuenfragmente traten im Alen- und Kohortenkastell Echzell (um 90 bis um 260 n. Chr.) zutage, darunter Körperfragmente und verschiedene Flick- und Reparaturbleche. Beprobt wurde das Fragment einer Subarmalis (GBL 388). Das Objekt ist in seiner Zusammensetzung und seinen Isotopenverhältnissen den Werten der Subarmalis aus Niederberg sehr ähnlich (Cu 67 %, Sn 6,0 %, Pb 26 %, Zn 0,4 %, Au 0,03 %). In dem Stück aus Echzell lassen sich allerdings Spuren von Altmetallzuschlägen aus Messing und vergoldeter Bronze finden, die in dem Stück aus Niederberg fehlen. Das Blei stammt vermutlich aus den Penninen.

Palzem-Helfant (FO 35, GBL 163, 164 und 321)

Mindestens fünfzehn Bronzefragmente wurden in Palzem-Helfant nahe der luxemburgischen Grenze geborgen, darunter eines mit Fellstruktur (GBL 163) und ein Körperfragment (GBL 164), beide vergoldet, sowie ein unbestimmtes Fragment (GBL 321). Jedoch ist bislang zu wenig über die aus Privatbesitz in das Landesmuseum Trier gelangten Funde und den genauen Kontext bekannt. GBL 163 und 164 stammen makroskopisch beurteilt von einer einzigen Statue.

Dies bestätigt die Legierungsanalyse. Die Bronze enthält verhältnismäßig wenig Zinn und Blei und hat einen leicht erhöhten Spurenelementanteil an Antimon (Sn 3,4 % und 2,3 %, Pb 9,0 % und 5,8 %, Sb 0,16 % und 0,20 %). Insbesondere der niedrige Zinngehalt ermöglichte eine wirtschaftliche Produktion, bedingte aber auch eine deutliche Rotfärbung der Bronze, die durch die Goldauflage kaschiert wurde. Es ist wohl kein Zufall, dass im Trierer Raum vermehrt vergoldete Statuen mit dieser rötlichen Legierung gefertigt wurden (vgl. GBL 153, 154, 164, 175,

176, 184, 306, 307 und 320). Die Zusammensetzung von GBL 163 und 164 weist große Ähnlichkeiten mit GBL 321 auf. Aufgrund des starken Korrosionseinflusses lässt sich jedoch nicht erkennen, ob das Stück ehemals auch vergoldet war. Aufgrund der einheitlichen Legierung ist davon auszugehen, dass die beprobten Fragmente aus Palzem nach einheitlicher Rezeptur in einer gemeinsamen Werkstatt gefertigt wurden. Die Bleiisotopenanalyse einer Probe (GBL 164) weist auf regionale Herkunft entweder aus der Eifel oder aus den britischen Penninen hin.

Paksch (Paks) (FO 68, GBL 547)

Bei Ausgrabungen im Auxiliarkastell Lussonium in der kleinen Ortschaft Dunakömlőd bei Paksch in Ungarn fand man 2009 ein sehr gut erhaltenes Beinfragment von 70,1 Zentimetern Länge (GBL 547) (A. Szabó [Hrsg.], A császárláb nyomában. The emperor's legacy. Ausst. Paksch 2011 [Paksch 2011]

Abb. 67 Unterseite des Beines einer Panzerstatue aus Paksch (Lussonium) mit Resten von Bleiverguss (1) und Eisenarmierung (2). Paksch, Paksi Városi Múzeum.

26–30; 70; F. Fazekas u. a. in: Zs. Visy [Hrsg.], The Danube Limes Project Archaeological Research between 2008–2011 [Fünfkirchen 2011] 170 f.; dies. in: Gebrochener Glanz 140 f.; dies., Bronz császárszobor-töredék a lussoniumi táborból. Fragment einer bronzenen Panzerstatue aus dem Kastell Lussonium [in Vorb.]). Es stammt von einer überlebensgroßen Kaiserdarstellung im Panzer (vgl. H.-R. Goette, Jahrb. DAI 103, 1988, 401–464). Im Rahmen einer Kooperation mit dem Museum Paksch bot sich die Möglichkeit, das Stück genauer zu untersuchen und die daraus gewonnenen Erkenntnisse zu den Herstellungsverfahren mit den Ergebnissen aus dem zentralen Untersuchungsgebiet zu vergleichen.

Das Bein wurde nach dem indirekten Wachsausschmelzverfahren hergestellt und gegossen. Bemerkenswert ist die Ausgestaltung der Schuhverzierung, die einen sehr aufwendigen Lederschnitt mit starken

Unterschneidungen (Kerbschnitt) darstellt. Der Schuh ist sehr naturalistisch gestaltet und zeigt umlaufend zahlreiche florale Ornamente. Nach antikem Verfahren ist ein Kopieren beziehungsweise Übertragen solch komplexer dreidimensionaler Formvorlagen von einer Modellvorlage auf ein Wachsmodell ohne Verlust der Qualität nicht möglich. Daher ist davon auszugehen, dass hier (ähnlich wie beim Torso aus Neunkirchen-Kasbruch, GBL 389, oder einem Schuh in Maastricht, Inv. 2965, ohne GBL) das Wachsmodell der Schuhverzierung von Hand nachträglich überarbeitet beziehungsweise nachmodelliert werden musste. Regelmäßige, etwa drei Millimeter große Bohrungen im Obermaterial des Schuhs deuten darauf hin, dass dieser ehemals eine Schnürung besaß, welche vermutlich aus einem andersfarbigen Metall angefügt wurde.

Das Bein enthält im Fußbereich Reste des ehemaligen Bleigusses sowie Teile einer drei Zentimeter starken Eisenarmierung, durch welche das Standbild mit dem Steinsockel verbunden war. Auf die Ausarbeitung der Schuhsohle wurde daher verzichtet. Es ist lediglich eine umlaufende, etwa sieben Millimeter breite Rahmung angelegt, mit der das Bein auf der Basis stand (Abb. 67, s. a. Abb. 55 sowie Stücke aus Köln GBL 128, Künzing GBL 204, Jupiter aus Mainz GBL 493, Naaldwijk GBL 370 und 371, Namur GBL 387, Pförring GBL 444, Rainau-Dalkingen GBL 352 sowie Tongern GBL 361).

Die Zusammensetzung der Legierung (Cu 85 %, Sn 8,1 %, Pb 6,6 %) weicht von Bronzelegierungen aus dem Untersuchungsgebiet deutlich ab. Der erhöhte Zinkanteil weist auf Zugabe von Messing. Gold wurde nicht nachgewiesen. Besonders auffällig ist der vergleichsweise sehr geringe Bleianteil, welcher für eine Bleiisotopenanalyse mit Herkunftsbestimmung nicht ausreichend gewesen wäre. Die Beprobung des Bleigusses war nicht möglich, weil das Blei zu stark korrodiert war.

Pförring (ORL 75, FO 57, GBL 441–446)

Bei Grabungen und Begehungen auf dem Areal des Alenkastells Celeusum (frühestens etwa 100 n. Chr.) wurden bisher mindestens dreiundfünfzig Bruchstücke von Bronzestatuen gefunden (Hinweis Sascha Heckmann). Fragmente mit Haar und Fell (GBL 442) sowie Gewandfalten (GBL 443) kamen bei Grabungen im westlichen Teil der Principia zutage. Bei den restlichen Objekten handelt es sich um Lesefunde aus dem Bereich des Lagers. Von diesen wurden ein weiteres Stück mit Gewandfalten (GBL 446), eines von einer Pteryx mit Kalathos (GBL 441), eines mit einem Schuh (GBL 444) und eine Griffattasche (GBL 445) zur Beprobung ausgewählt.

GBL 441 und 442 sind durch sorgfältige Nachbearbeitung (Kaltarbeit) der gegossenen Bronze gekennzeichnet.

Trotz leichter Unterschiede bei den Hauptlegierungsbestandteilen aller sechs Bohrproben handelt es sich um eine einheitliche Metallrezeptur, deren Zusammensetzung einer durchschnittlichen Limesbronze entspricht (Cu 70–80 %, Sn 3,8–6 %, Pb 16–24 %). Die Abweichungen bei den Hauptbestandteilen betreffen in erster Linie die Bleiwerte. Es kann sich daher bei den Pförringer Funden auch um die Standardlegierung einer einzigen Werkstatt handeln. Dafür sprechen unter anderem die Anteile der Spurenelemente, welche auf die Verwendung einer relativ einheitlichen Kupfersorte hinweisen. Die Anzahl der Statuen lässt sich nicht ermitteln. Lediglich GBL 442 sticht durch einen geringen Goldanteil hervor, was wiederum auf Zugaben von Altmetall in Form von Teilen vergoldeter Bronzen hindeutet.

Die verhältnismäßig ähnlichen Isotopenwerte von GBL 441 und 446 sind keiner der isotopisch klar definierten Lagerstätten zuzuordnen (Gruppe H).

Rainau-Buch (ORL 67, FO 53, GBL 356, 357 und 367)

Von den acht Statuenresten aus Bereichen des mittelkaiserzeitlichen Kohortenkastells (seit etwa 160 n. Chr.) und des Vicus von Rainau-Buch wurden drei Stücke zur Beprobung ausgewählt (B. A. Greiner in: D. Planck [Hrsg.], Die Römer in Baden-Württemberg [Stuttgart 2005] 258–265; ders., Rainau-Buch II. Der römische Kastellvicus von Rainau-Buch [Ostalbkreis]. Die archäologischen Ausgrabungen von 1976 bis 1979. Forsch. u. Ber. Vor- und Frühgesch. in Baden-Württemberg 106 [Stuttgart 2010]), ein unbestimmtes Körperfragment (GBL 356), ein Stück von einer Hand (GBL 357) und ein Schmelzrest (GBL 367). Das Körperfragment zeigt ein Kernhalterloch, welches auf der Vorderseite offenbar nicht durch ein Reparaturblech verschlossen war, da hierfür die entsprechende Einlassung fehlt. Insofern dürfte es sich um die vielfach im Untersuchungsgebiet nachgewiesene Reparaturtechnik handeln, bei der die Kernhalterlöcher lediglich mit eingeschlagenen Bronzeperlen verschlossen wurden.

Bei GBL 356 handelt es sich um eine typische Gusslegierung für Statuen (Cu 73 %, Sn 6,1, Pb 21 %). GBL 357 weicht davon kaum ab, weist allerdings zusätzlich Zink- und Goldanteile auf, was auf Zugabe von Messing und vergoldeter Bronze hindeutet. Beide Fragmente können zu einer einzigen Figur gehören oder zumindest in einer gemeinsamen Werkstatt produziert worden sein. Das Blei ist keiner der isotopisch klar definierten Lagerstätten zuzuordnen (Gruppe H), mit einer leichten Tendenz zur Gruppe aus den Cevennen.

Bei GBL 367 scheint es sich nicht um ein Statuenfragment zu handeln. Allerdings geben Materialanalysen von Schmelzresten in der Regel nicht mehr die ursprüngliche Legierung wieder, da sich ihre Zusammensetzung entsprechend der Sauerstoffaffinitäten zugunsten der stabileren Elemente hin verschoben hat (R. Schwab in: S. Sievers / M. Leicht / B. Ziegaus, Ergebnisse der Ausgrabungen 1996–1999 in Manching-Altenfeld. Ausgr. Manching 18 [Wiesbaden 2013] 247–249). Nach den Analysedaten zu urteilen handelt es sich um eine nahezu bleifreie Zinnbronze, also eine charakteristische Schmiedebronze, wie man sie für Treibarbeiten benötigte, etwa für Gefäße (Cu 96 %, Sn 3,4 %, Pb 0,14 %).

Rainau-Dalkingen, Limestor (FO 53, GBL 349–352, 378 und 379)

Im Bereich des Limestores bei Dalkingen wurden über einhundertvierzig Bronzestatuenfragmente in der Südostecke des Torbaus und in der Gebäudemitte gefunden (S. Heckmann in: Gebrochener Glanz 135–137 mit Lit.). Der räumliche Bezug und stilistische Details an den Fragmenten, zu denen vorrangig Panzerteile und der vollständig erhaltene hohlgegossene Griff mit Ansatz der Schwertscheide eines Adlerkopfschwertes gehören, lassen auch aus konservatorischer Sicht nur wenig Zweifel an der Deutung aufkommen, dass es sich um die zusammengehörigen Teile einer vor Ort zerschlagenen Kaiserstatue handelt (Ebd. 135: Caracalla). Beobachtungen zur Herstellungstechnik weisen auf einen sehr sorgfältig ausgeführten Guss hin, bei dem eine Nachbearbeitung der Oberflächen nur im geringen Umfang erforderlich war. Teile des Wachsmodells wurden im Bereich der plastisch ausgearbeiteten Panzerlaschen von Hand zusammengefügt (Abb. 68). Die feingliedrige Gestaltung lässt sich auch an den Rückseiten der Stücke erkennen. Sie ist nur durch eine sehr fein gemagerte erste Tonschicht zu erklären, mit der das Wachsmodell zur Herstellung der Gussform überzogen wurde und die mit Bronze verfüllt einen sehr präzisen Abdruck der Wachsvorlage erlaubte. Wie bei dem Adlerkopfschwert aus Weißenburg (GBL 403–405) wurde die in Form eines Blechs stilisierte Schwertscheide – auch in Dalkingen ist ein Stück davon erhalten – mit zwei Nietstiften am Griff befestigt.

Es wurden Fragmente zur Beprobung ausgewählt, die an einer Statue sicher verortet werden können: der Schwertgriff (GBL 379), ein Pteryxfragment mit Doppelpalmettenmotiv und Randverzierung im Fischgrätmuster (GBL 349), ferner ein weiteres solches mit Kalathos-Akanthus-Motiv ohne Randverzierung (GBL 350) sowie Schuhbruchstücke (GBL 351, 352 und 378). Die Zinnwerte aller beprobten Stücke liegen im niedrigen bis mittleren Bereich, der Bleianteil ist im Vergleich zum Durchschnitt der Limesbronzen minimal erhöht (Sn 2,9–6,3 %, Pb 19–21 %; vgl. Raub, Metallkunde 353 Tab. 1). Auch der Gehalt an Spurenelementen weist auf eine einheitliche Legierung hin. Zudem sind die Isotopenverhältnisse des Bleis identisch. Folglich handelt es sich mit sehr großer Wahrscheinlichkeit um Teile einer einzigen Statue.

Die drei Adlerkopfschwerter aus Weißenburg und Murrhardt enthalten nach Ausweis der Isotopenanalyse identisches Blei und weichen auch in der Legierung nur geringfügig voneinander ab. Die Metallzusammensetzung des Dalkinger Schwertes ist mit diesen Stücken verwandt. Die Bleiisotopenverhältnisse sind hingegen ähnlich, aber nicht identisch. Trotz stilistischer Unterschiede in der Griffgestaltung können diese Merkmale die Herstellung aller vier Skulpturen in einer einzigen Werkstatt indizieren (siehe hierzu GBL 380, 403 und 406). Einige italische Statuen weisen ähnliche Bleisignaturen auf. Aufgrund fehlender Referenzdaten ist derzeit jedoch keine konkrete Übereinstimmung mit potentiellen Lagerstätten zu erkennen. Es gibt für keines dieser vier Standbilder Hinweise auf Zugabe von Messing oder vergoldeter Bronze in der Legierung.

Regensburg (FO 58, GBL 66)

Der untere Abschluss eines Pteryx mit floralem Dekor in Gestalt eines Kalathos mit Akanthus und Randverzierung stammt von einer Panzerstatue, die vermutlich im ehemaligen Legionslager Castra Regina oder in dem älteren Kohortenlager Kumpfmühl aufgestellt war (M. Konrad, Die Ausgrabungen unter dem Niedermünster zu Regensburg II. Bauten und Funde der römischen Zeit. Münchner Beitr. Vor- u. Frühgesch. 57 [München 2005] 151.). Für eine stilistische Einordnung reicht das Erhaltene nicht aus. Für das Untersuchungsgebiet ungewöhnlich ist der relativ geringe Bleianteil. Die vorliegende verhältnismäßig hochwertige und kostenintensivere Legierung könnte auf frühere Produktion hinweisen (Cu 84 %, Sn 7 %, Pb 8,5 %). Spuren von Gold weisen auf Wiederverwendung von vergoldeten Statuen in der Legierung hin. Das Blei ist keiner der isotopisch klar definierten Lagerstätten zuzuordnen (Gruppe H).

Rohr (FO 20, GBL 129)

In Rohr wurde 1956 eine Statuenapplik in Form eines Greifen gefunden (22,8 mal 15 Zentimeter) (A. Bruckner, Bonner Jahrb. 159, 1959, 167–176 Taf. 31–32; Menzel, Bronzen Bonn 86 Nr. 208 Taf. 99). Die Applik war ursprünglich mit Blei-Zinn-Lot auf einer gewölbten Bronzeoberfläche angebracht, zum Beispiel als Brustzier eines Panzers. Dies belegen die Lötflächen an der Rückseite des Stückes. Zusätzlich verstärkten wohl Nietstifte die Verbindung, wie an einer Bohrung des Greifenflügels erkennbar ist. Kleine Kernhalteröffnungen (2 × 2 mm) wurden mit Bronzeperlen geschlossen. Teilweise sind noch korrodierte Reste der eisernen Kernhalter an der Rückseite vorhanden. Die Art der Gestaltung der Oberfläche, Wachspinselspuren auf der Rückseite und der Übergang zur seitlichen Verbreiterung der Lotfläche deuten darauf hin, dass das Wachsmodell in einem Stück aus einer Negativform ausgeformt und ohne eine weitere Überarbeitung gegossen wurde. Eindeutige Spuren einer mechanischen Nachbearbeitung fehlen, was für die Qualität des Gusses spricht.

Die materialanalytische Auswertung von GBL 129 identifizierte eine Messinglegierung (Cu 69 %, Zn 26 %, Pb 3,8 %). Es ist zu vermuten, dass Messing für den Farbkontrast zwischen Applik und Statue gewählt wurde, wie es ja auch die Appliken aus Künzing zeigen (vgl. GBL 201 und 202).

Rottweil (FO 62, GBL 56 und 82)

Bei Grabungen Ende des neunzehnten Jahrhunderts kam auf dem vermuteten Forumsgelände der Stadt Arae Flaviae ein bronzenes Fingerfragment zutage (GBL 82, F. von Alberti, Die Alterthümer in der Umgegend von Rottweil am Neckar. Dritter Jahresbericht des Rottweiler archäolog. Vereins. Württembergische Jahrb. 1, 1836, 211–232, hier 215 Nr. 5; F. Haug / G. Sixt, Die römischen Inschriften und

Bildwerke Württembergs [Stuttgart 1914] 172 Nr. 95).

Bei 2008 erfolgten Grabungen im Bereich des Rottweiler Kastells wurde zwischen zwei Baracken ein unbestimmtes Bronzestatuenfragment gefunden (GBL 56), welches sicher in den Kontext der begrenzten militärischen Präsenz vor 101 n. Chr. gehört. Die Legierungsdaten dieses Objektes versprachen demnach Vergleichsmöglichkeiten mit anderen Rezepturen aus dem ersten Jahrhundert.

GBL 56 zeigt verhältnismäßig viel Zinn und sehr wenig Blei. Ähnliche Legierungsverhältnisse sind zwar in der Antike belegt, sie stellen jedoch für den Statenguss eher eine Ausnahme dar und sprechen für eine frühe Datierung der Legierung, was auch die erhöhten Antimonwerte untermauern (Cu 80 %, Sn 16 %, Pb 2,9 %; Sb 0,25 %). Sehr ungewöhnlich ist die silbrige Farbe des Fingers, die durch den hohen Zinnanteil bedingt ist. Nach antikem Verfahren lassen sich

Abb. 68a und b Panzerlaschenfragment vom Limestor in Rainau-Dalkingen (GBL 349 und 350). Vorder- und Rückseite mit gut sichtbaren Herstellungsspuren des Wachsmodellbaus an der Rückseite.

großformatige Güsse mit solch hohem Zinnanteil und so geringem Bleigehalt schlecht herstellen.

Das Blei ist in seiner Isotopie singulär unter den analysierten Bronzen. Auch einige Bleiobjekte aus dem Legionslager von Haltern plotten in diesen Bereich (Bode/Hauptmann/Mezger, Lead Sources), für den es aber keine Daten von Erzen gibt, so dass man angesichts des geringen Bleigehaltes von einer Mischung verschiedener Lagerstätten ausgehen muss.

GBL 82 unterscheidet sich von GBL 56 in der Zusammensetzung deutlich und entspricht einer typischen Limeslegierung (Cu 72 %, Sn 8,9, Pb 18 %). Beide Legierungen geben keine Hinweise auf Zugabe von Messing oder vergoldeter Bronze.

Saalburg (ORL II, FO 39, GBL 58–65 und 210–233)

Aus dem Kohortenkastell Saalburg (Ende erstes Jahrhundert bis 259/260 n. Chr.; Gamer, Bronzestatuen 24 f.; Stoll, Skulpturenausstattung 487; L. Jacobi, Das Römerkastell Saalburg bei Homburg v. d. H. [Bad Homburg 1897] 64; 95) liegen rund einhundertfünfzig Fragmente von Bronzestatuen vor, von denen zahlreiche eindeutig zu Panzerstatuen gehören. Neben den Bruchstücken von Pteryges und Panzerlaschen gilt dies auch für kleinteilige Statuenappliken, zum Beispiel in Gestalt einer antithetischen Greifendarstellung (GBL 226), eines Reiters mit Pferd (GBL 223), von Akanthusblüten (GBL 60), Flügeln (GBL 228) oder Acheloosköpfen (GBL 219 und 222).

Allein 103 Fragmente stammen aus einer Fundstelle vor dem Fahnenheiligtum der Principia in der Nähe zweier Postamentspuren und können daher am Ort der ursprünglichen Aufstellung erhaltene Teile der betreffenden Statuen sein.

Von den Bronzestatuenfragmenten wurden zweiunddreißig Proben entnommen (GBL 58–65, 210–233) (Abb. 69). Es handelt sich ausschließlich um Bohrproben zur Legierungsbestimmung, von denen eine (GBL 63) zur Analyse einer Schweißverbindung diente. GBL 210, 211 und 216 stammen von Reparaturblechen, GBL 221 und 227 von Kupfernietstiften, die zur Montage von Panzerappliken dienten. Vergoldete Statuenfragmente fehlen hier wie an vielen anderen militärischen Fundorten.

Bei den Gussstücken zahlreicher Körperpartien (GBL 58–65, 210, 212–215, 217, 218, 225, 231 und 232) ist die vorherrschende Legierung relativ einheitlich (Cu 71–78 %, Sn 6,2–8,6 %, Pb 16–21 %). In zwölf von diesen achtzehn Proben wurde jedoch bis zu ein Prozent Zink nachgewiesen, was auf Zugabe von Messing in der Legierung deutet (GBL 58–62, 64, 210, 213, 215, 217, 231 und 232).

Auffällig ist der hohe Anteil an wiederverwendetem Material. Über zwei Drittel der analysierten

Bronzefunde von der Saalburg enthalten Goldspuren und mehr als die Hälfte davon Zink. Vergleicht man die Legierungen der Appliken mit den Körperpartien, so ergibt sich ein ähnliches Bild (Cu 69–77 %, Sn 5,3–8,8 %, Pb 13–25 %). Vier von sechs Proben enthalten ebenfalls Hinweise auf wiederverwendetes Messing (GBL 60, 219, 222 und 228). Aufgrund der identischen Legierungen bei Statue und Applik wurde mit den Appliken im Gegensatz zu Stücken aus Künzing (GBL 201 und 201) oder Rohr (GBL 129) kein Farbkontrast erzielt.

Die nachträgliche Applikation an der Statue diente hier lediglich dem stärkeren plastischen Kontrast. Die Montage erfolgte unter Verwendung von Kupferstiften (GBL 221 und 227), indem sie vor dem Ausschmelzen des Wachses in die Wachsform eingesteckt wurden. Die Kupferstifte enthalten Spuren von Zinn und Blei (Sn 0,77–0,88 %, Pb 5,4–6,1 %). Auffallend ist der relativ hohe Antimongehalt der Flügelapplikation (GBL 228). Eine Applik (GBL 222) zeigt eine Reparatur, bei der ein Nietstift durch die Mundöffnung nachträglich eingesetzt wurde. Die Probe der Überfanggussstelle eines Körperfragments (GBL 63), die zur Montage von separat gegossenen Einzelteilen diente, weicht ebenfalls nur leicht von der Grundlegierung ab. Gegenüber der Schweißnaht enthält die Gusslegierung (GBL 62) der Statue jedoch Zink, was auf Zugabe von Messing deutet (Zn 0,3 %). Die Legierung der beprobten Reparaturbleche (GBL 210, 211 und 216) ist nahezu identisch (Cu 72–73 %, Sn 6,9–10 %, Pb 17–19 %). Bohrungen in den Reparaturblechen und Einlassungen für ein solches (GBL 217) weisen auf eine im Untersuchungsgebiet oft zu beobachtende zusätzliche Sicherung mit Nietstiften hin.

Wie der Spurenelementgehalt zeigt, handelt es sich wohl um Fragmente von mindestens zwei Statuen. Die Bleiisotopenverhältnisse sind uneinheitlich. Das Blei einer Panzerlasche (GBL 58) kommt aus der Eifel. Die Bleiisotopenwerte eines Schulterfragmentes (GBL 212) liegen außerhalb der Hauptgruppen der Großbronzen. Das Blei kann entweder aus der Eifel oder aus den Penninen in England stammen. Eine Applik (GBL 223) enthält ebenfalls vermutlich britisches Blei. An einer anderen Applik (GBL 222) sowie an einem Fragment mit einem Zopf (GBL 229) wurde jeweils eine Tonkernprobe entnommen (T 6 und T 7).

Saint-Mard (FO 19, GBL 358 und 359)

Zwei Bronzestatuenfragmente wurden laut Fundakten in der Umgebung von Saint-Mard aus verschiedenen Zusammenhängen geborgen. Das Fingerfragment (GBL 359) fand man auf dem Plateau de Majerou im Bereich eines Vicus, der im fünften Jahrhundert zerstört wurde, das Gesichtsfragment mit Bart in unterlebensgroßem Format (GBL 358) 1896 im Ort Le Verine (Abb. 70).

Die Ausarbeitung des Bartes wirkt wenig plastisch und wurde reliefartig durch Gravur beziehungsweise Ziselierung erzeugt (GBL 358). Vermutlich war die Struktur schon am Wachsmodell angelegt und wurde nach dem Guss nur leicht überarbeitet. Die Unterseite des Bartes ist nur grob ausgearbeitet und lässt daher eine niedrige Aufstellungshöhe ohne Unteransicht vermuten, wie zum Beispiel bei einer Herme. Die starke Abwinkelung des Halsansatzes sowie eine mögliche runde, vier Millimeter große Montagebohrung im Bart deuten darauf hin, dass der Kopf an einer Bronzeplatte montiert war. Auffällig ist die schwarze Patina des Stücks. Sie ist vergleichbar mit der Korrosionsschicht, die auch an Fragmenten aus Aalen, Bonn oder Künzing festgestellt wurde (vgl. den Haupttext, Abschnitt ›Schwarz-silbrige Oberfläche‹). Möglicherweise handelt es sich (wie an dem Bonner Stück nachgewiesen) um eine korrodierte Zinn- beziehungsweise Zinn-Blei-Seigerungsschicht, die hier womöglich durch Hitzeeinwirkung entstanden ist. Wachstropfen an der Rückseite deuten auf die Herstellung nach dem indirekten Wachsausschmelzverfahren hin. Reparatureinlassungen in der linken Gesichtshälfte sind durch Ausbesserung von Gussfehlern entstanden.

Die Legierung des Gesichtsfragments GBL 358 besteht aus Bleibronze (Cu 68 %, Sn 4,7 %, Pb 27 %, Zn 0,2 %). Der Bleianteil ist im Vergleich zu den Werten des Untersuchungsgebietes überdurchschnittlich hoch. Die Gussbronze enthält zudem Zink, was auf die Zugabe von Messing in der Legierung hindeutet. Aufgrund des relativ geringen Kupfergehalts ist von einem Strecken der Legierung mit kostengünstigerem Blei auszugehen.

Die Probe vom Finger (GBL 359) hingegen enthält deutlich mehr Zinn (Cu 73 %, Sn 11 %, Pb 16 %). Dies weist auf die bewusste Zugabe von Zinn hin, wodurch eine hochwertige Gusslegierung erzeugt werden sollte. Der Bleigehalt des Fingerfragments

Abb. 69 Eine Auswahl von Statuenfragmenten und Statuenappliken aus dem Kastell Saalburg. Bad Homburg, Museum Saalburg.

entspricht dem Durchschnittswert einer Limesbronze. Zugaben an Altmetall sind nicht nachweisbar. Die Bleiwerte der Isotopenmessung liegen in der zuweisbaren Hauptgruppe und passen zu den Lagerstätten der Eifel.

Sirzenich siehe Trierweiler-Sirzenich

Straubing (FO 59, GBL 34–37)

In Straubing wurden von vespasianischer Zeit bis in die Spätantike mehrere aufeinanderfolgende Kastelle errichtet. Von den Lesefunden aus dem Bereich des früh- bis mittelkaiserzeitlichen Kastell- und Vicusareals wurden elf Bronzestatuenreste beprobt, darunter ein Fragment mit Gewandfalten (GBL 35), eines von einem Panzer (GBL 36), eines mit Tauschierungen in floralem Dekor (GBL 37) und ein unbestimmbares Körperstück (GBL 34).

Florale Silbertauschierungen (GBL 37) kennzeichnen eine hohe Qualität der betreffenden Statue. Reste einer schwarzen Patina sind an einigen Fragmenten noch erhalten. Möglicherweise handelt es sich um eine intentionelle Schwarzfärbung, die einen Farbkontrast zu den mit Silber tauschierten Einlegearbeiten in der Oberfläche erzeugt hätte (Abb. 71; F. Willer in: Das Wrack 1023–1031 Abb. 2–4).

Bei den beprobten Fragmenten handelt es sich wohl um Teile eines zusammengehörigen Bildwerkes. Die Legierungen, die Spurenelemente und auch die Bleiisotopenverhältnisse sind im Rahmen der Standardabweichung identisch (Cu 72–76 %, Sn 4,5–6,2 %, Pb 19–22 %). Leichte prozentuale Unterschiede bei den Hauptlegierungsanteilen können durch die inhomogene Verteilung der Zinn- und Bleiwerte einzelner Teilgussstücke entstanden sein.

Abb. 70 Fragment eines bärtigen Bronzebildnisses aus Saint Mard (GBL 358). Arlon, Musée Archéologique.

Im Vergleich zum durchschnittlichen Bleigehalt des Untersuchungsgebietes ist der Bleiwert recht hoch. Das Blei ist keiner der isotopisch klar definierten Lagerstätten zuzuordnen (Gruppe H).

Tawern (FO 34, GBL 97–100, 173, 183 und 322–324)

Das Heiligtum von Tawern liegt etwa sechzehn Kilometer südwestlich von Trier an einem wichtigen Fernweg, der von Süden über Lugdunum (Lyon) nach Augusta Treverorum (Trier) führte. Zahlreiche im Tempelbezirk gefundene Bronzefragmente sind Überbleibsel von im Heiligtum aufgestellten, teils mit Blattgold verzierten Kultbildern oder Weihegaben (S. Faust in: Gebrochener Glanz 105–107 [mit Lit.]). In der Spätantike, nach der Aufgabe des Heiligtums, wurden die Bronzen zerkleinert und die Reste wahrscheinlich zumeist verschleppt. Die Materialproben sollten klären, mit welcher Mindestzahl an großformatigen Bronzebildnissen in Tawern zu rechnen ist.

Sehr ungewöhnlich für das Untersuchungsgebiet sind die an einigen Stücken erkennbaren sehr feinen, flächendeckend ausgeführten Punzierungen, die auch an Reparaturblechen vorhanden sind. Sie können Gewebestrukturen oder kurzes Tierfell charakterisieren. Weitere (nicht beprobte) Fragmente aus Tawern mit dieser auffälligen Punzverzierung lassen sich mit großer Wahrscheinlichkeit derselben Statue beziehungsweise demselben Monument zuweisen.

Für ein vermutliches Schuhfragment (GBL 324) wurde eine Messinglegierung gewählt (s. u.). Großformatige Statuenteile aus diesem Werkstoff lassen sich nach antiker Methode nur sehr schlecht gießen. Den Aufwand scheinen Bronzegießer dennoch auf sich genommen zu haben, um einen besonderen Farbkontrast zwischen Schuhwerk und Rest zu bewirken (siehe auch Rohr GBL 129). Das separate Gussstück dürfte dann entweder mechanisch oder durch eine Blei-Zinn-Lötung angefügt worden sein, da eine Verschweißung von Messing mit Bronze nach antiker Methode kaum möglich war.

Die Zusammensetzung der neun Materialproben weist darauf hin, dass es sich bei den betreffenden Stücken möglicherweise um Fragmente von drei unterschiedlichen Statuen handelt (GBL 97, 98, 100, 173, 183, 322 und 323).

Das als Schuhfragment gedeutete, vermutlich verschleppte Stück aus dem Vicus im Tal (GBL 324) besteht aus einer für Statuen sehr ungewöhnlichen Rotgusslegierung, zudem ist der Goldgehalt auffällig hoch (Cu 75 %, Sn 2,5 %, Pb 4,4 %, Zn 17 %, Au 0,11 %). Zwei Proben von flächig punzierten Statuenfragmenten aus dem Tempelbezirk (GBL 97 und 322), weitere von einem entsprechend punzierten Reparaturblech (GBL 98) sowie eine Probe von einem Haarlockenfragment (GBL 323) sind in ihrer chemischen Zusammensetzung identisch und können daher wohl einer einzigen Statue oder Statuengruppe zugewiesen werden. Ein Merkurstab mit Inschrift (GBL 501) würde – dem Verhältnis der Hauptlegierungsbestandteile nach zu urteilen – zu einem Körperfragment (GBL 99) passen. Allerdings weichen die Spurenelemente signifikant ab.

Ein vergoldetes Bruchstück aus dem Tempelbezirk (GBL 183), von dem auch die Anschliffprobe der Blattvergoldung genommen wurde (GBL 173), besitzt einen relativ hohen Anteil an Antimon und Silber (Sb 1,0 % und 0,78 %, Ag 0,69 % und 0,34). Aufgrund dieser Fahlerzanteile dürfte es sich um Teile eines zerstörten Götterbildes der frühen Kaiserzeit handeln. Hinsichtlich des Silber- und Antimonanteils könnte ein ebenfalls vergoldetes Blech (GBL 100) zugehörig sein (Ag 0,3 %, Sb 0,60 %). Das Blei der einzigen bezüglich Bleiisotopie analysierten vergoldeten Statue (GBL 100) kommt aus der Eifel.

Theilenhofen (FO 55) siehe Gnotzheim

Tongern (FO 15, GBL 361–365)

Im römischen Aduatuca Tungrorum kamen an Bronzestatuenresten ein Fingerfragment (GBL 363), ein rechter Daumen (GBL 362) und ein vergoldetes Gewandstück (GBL 365) sowie ein Teil eines Fußes (GBL 361) zutage. Die jeweiligen Fundumstände sind unbekannt oder tragen nicht zur Datierung des Materials bei (G. Faider-Feytmans, Les bronzes Romains de Belgique [Mainz 1979] Kat. 128 Taf. 62 [Fußfragment] und Kat. 129 Taf. 62 [Gewandfragment]).

Wie schon bei der vorbereitenden Autopsie der Fragmente vermutet, gehören zwei einzelne Finger zu einer einzigen leicht unterlebensgroßen Statue (GBL 362 und 363). Dies bestätigen die Analysedaten, nach denen die Zusammensetzung identisch ist (Cu 75 %, Sn 5,8 %, Pb 19 %, Zn 0,2 %). Der Anteil an Zink weist auf die Zugabe von Messing in der Legierung hin. Die Bleiisotopendaten in GBL 363 liegen außerhalb des für die übrigen Großbronzen bekannten Bereichs und sind mit keiner bekannten Bleilagerstätte kompatibel. Die Bleifüllung im Daumenfragment (GBL 362) stellt offenbar eine Reparaturtechnik dar, mit der brüchig oder sehr dünnwandig gegossene Fingerglieder nicht durch Schweißung (vgl. Bregenz), sondern lediglich durch Ausgießen mit Blei fixiert werden konnten. Aus technischen Gründen muss diese Methode vor der Montage des Arms erfolgen. Bleivergüsse in Händen von Bronzestatuen konnten jedoch auch der Stabilisierung dienen (F. Willer in: Das Wrack 971–984, hier Abb. 7).

Ein vergoldetes Gewandfragment kann einer weiteren Statue zugewiesen werden (GBL 365) Cu 72 %, Sn 8,5 %, Pb 19 %). Auch hier sind keine Altmetallzuschläge nachweisbar. Die Bleiisotopenverhältnisse liegen ebenfalls außerhalb der im Limesgebiet üblichen Bereiche und finden (wie das Plinthenleistenfragment aus Aalen, GBL 47) Entsprechungen in Bleierzen des spanischen Baskenlandes. Nach optischer Untersuchung des Gewandfragments besteht die Vergoldung aus einer Blattgoldauflage. Da in einem Teilbereich die Edelmetallvergütung ausgespart ist, lässt sich vermuten, dass hier mechanisch ein

Abb. 71 Auswahl bronzener Statuenfragmente aus Straubing, zum Teil mit polychromen Einlagen und schwarzer Patina. Straubing, Gäubodenmuseum.

Abb. 72 a–b Blattvergoldetes Gewandfragment (GBL 365) mit Aussparung des verlorengegangenen Reparaturblechs, innen und außen. Auf der Innenseite sind Arbeitsspuren des indirekten Wachsmodellbaus sichtbar. Tongern, Provinciaal Gallo-Romeins Museum.

weiteres Teilgussstück mit Überlappung mechanisch angebracht beziehungsweise verbunden war. Da die entsprechende Bearbeitung erst nach Zusammenfügung aller Teile der Statue erfolgte, blieb der überdeckte Bereich unvergoldet. Die Rückseite zeigt Pinselstriche sowie Wachsbearbeitungsspuren, die das indirekte Wachsausschmelzverfahren belegen. Auffällig sind recht scharfkantig ausgemeißelte Reparaturgruben, aus denen sich die Flickbleche herausgelöst haben (Abb. 72).

Das Fußfragment einer unterlebensgroßen Statue (GBL 361) ist an der Sohle gänzlich geöffnet und wurde in eine entsprechende rillenförmige Einlassung in der Steinbasis eingesetzt und zudem mittels eines massiven Bleivergusses mit dieser verbunden (s. Abb. 55; Willer, Sockelung 362–364 Abb. 27–28). Die Oberfläche des Fußes zeigt eine recht homogene schwarze Oberflächenpatina, bei der es sich möglicherweise (wie bei den Fragmenten aus Aalen, dem Bonner Legionslager oder Künzing) um eine oxidierte Seigerungsschicht aus Zinn beziehungsweise Zinn und Blei handelt. Die Legierung des Fußfragments entspricht der Limesbronze (Cu 74 %, Sn 7,3 %, Pb 16 %, Zn 1,4 %, Au 0,08 %). Auffällig sind die relativ hohen Anteile an Zink und Gold, die durch Zugabe von Messing und vergoldeter Bronze in der Legierung bedingt sind.

GBL 364 stammt vom Reparaturstück einer Gewandstatue (Cu 82 %, Sn 4,3 %, Pb 13 %). Hier sind keine Altmetallzuschläge nachweisbar.

Nach Auswertung der Analysedaten handelt es sich um Teile von drei Statuen.

Traben-Trarbach (FO 28, GBL 316)

Ein bronzenes Haarfragment aus der Umgebung um Traben-Trarbach gelangte als Schenkung in das Rheinische Landesmuseum Trier. Der Ortsangabe zufolge kann es sich nur um ein Objekt aus einem zivilen Kontext handeln.

Die Bohrprobe GBL 316 kann von einer Haarlocke aus dem Stirnbereich eines menschlichen Kopfes oder vom Haaransatz oberhalb eines Pferdehufes stammen, wohl von einem Reiterstandbild (Cu 84 %, Sn 7,1 %, Pb 8,4 %, Au 0,34 %). Die Bleiwerte fallen im Rahmen des Untersuchungsgebiets gering aus. Der relativ hohe Goldanteil weist auf Zugabe von vergoldeter Bronze in der Legierung hin. Zink wurde hingegen nicht festgestellt, es gibt also keinen Hinweis auf Wiederverwendung von Messing.

Trier (FO 32, GBL 94–96, 146–166, 169–172, 174–176, 184, 306, 307, 311–315, 319, 320, 325 und 500–502)

Aus dem antiken Trier stammen zahlreiche Überreste bronzener Standbilder unterschiedlicher Zeitstellungen von der augusteischen Zeit bis in die Spätantike. Eine große Reihe materialanalytischer Untersuchungen sollte klären, ob sich innerhalb der einzelnen Fundplätze die Legierungen ähneln und wieweit sich Datierungsansätze finden lassen (Abb. 73; S. Willer in: Gebrochener Glanz 36–38 Abb. 12).

Aus den Funden der im späten zweiten Jahrhundert errichteten Barbarathermen wählte man zur Beprobung unter anderem den Arm einer unterlebensgroßen Statue (GBL 149). Er hat einen für das Untersuchungsgebiet überdurchschnittlich hohen Gehalt an Zinn und einen mäßig hohen an Blei (Cu 74 %, Sn 9,8 %, Pb 16 %). Bei der Abschnittprobe von einem überlebensgroßen, massiv gegossenen vergoldeten Daumenfragment (GBL 172) desselben Fundorts ist von Blattvergoldung auszugehen, da Quecksilber fehlt. Ebenfalls aus den Barbarathermen stammt ein blattvergoldetes Handfragment (GBL 502), dessen Legierung geringe Bleiwerte zeigt und damit von den im Untersuchungsgebiet üblichen Legierungsverhältnissen abweicht (Cu 87 %, Sn 5,2 %, Pb 7,6 %). Die beiden erhaltenen Finger sind hohl gegossen und etwas überlängt dargestellt. Zur

Abb. 73 Statuenfragmente. Rheinisches Landesmuseum Trier.

Handwurzel hin zeigt sich eine auffällige Struktur, möglicherweise ist hier Bekleidung gemeint. Die vermutete Zugehörigkeit eines mitgefundenen Merkurstabs (GBL 501) ist aufgrund seiner Zusammensetzung unwahrscheinlich (Cu 75 %, Sn 7,8 %, Pb 17 %).

Im Areal der Kaiserthermen wurde eine unterlebensgroße rechte Hand mit Unterarm (GBL 147) sowie ein Finger (GBL 169) gefunden. Der Unterarm zeigt ein für seine Größe verhältnismäßig hohes Gewicht und wurde daher mittels Computertomographie untersucht (Abb. 74). Im Zuge dieser Untersuchungen stellte sich heraus, dass die Herstellung des Wachsmodells wohl im Schwenkverfahren erfolgt war. Dabei wird die Negativform mit flüssigem Wachs ausgeschwenkt, damit sich das Wachs gleichmäßig in der Form verteilen kann. Offensichtlich verpasste man bei diesem Stück den richtigen Zeitpunkt zum Ausgießen des überschüssigen Wachses. Dadurch entstand eine sehr dickwandige Wachsform, bei der auch die Finger massiv ausgegossen wurden. Bemerkenswert ist auch die Art der Montage des Armes am Ärmelansatz der Kleidung. Ein Fragment des Gewandes haftet noch an. Ob hier eine punktuelle Lötung oder Schweißung vorliegt, ist nicht zu bestimmen. Aufgrund des hohen Gewichtes ist zu vermuten, dass man den Arm zusätzlich mit einer inneren Metallarmierung an der Statue sichern musste. Die Fragmente der Statuen aus den Kaiserthermen (GBL 147 und 169) gehören aufgrund ihrer Zusammensetzung wie auch aus konservatorischer Sicht zweifelsfrei zu zwei unterschiedlichen Bildwerken. Spekulierte man aufgrund des Fundkontextes auf eine Produktion in der Spätantike, so wäre die gemessene Zusammensetzung mit hohem Zinnanteil und geringem Bleigehalt bemerkenswert (Sn 8,9 % und 11 %, Pb 3,4 % und 7,7 %. – Diese eher als ›klassisch-hellenistisch‹ zu bezeichnende Legierung wurde in Trier auch an einem Fußfragment aus der Mosel [GBL 150], einem Pferdeschweif aus Trier oder Umgebung [GBL 155] sowie an einer Haarlocke aus Trier-Sirzenich [GBL 168] festgestellt.). In diesem Zusammenhang sind auch die leicht erhöhten Antimonwerte in der Legierung des Armes auffällig (GBL 147, Sb 0,32 %).

Ausgrabungen im Jahre 1961 in der Jesuitenstraße brachten neun nicht stratifizierte Fragmente römischer Bronzestatuen zutage, von denen zwei Stücke (GBL 153 und 154) materialanalytisch untersucht wurden. Beide sind vergoldet und recht massiv gegossen. Ihre Legierung weicht deutlich von der im Untersuchungsgebiet durchschnittlichen Zusammensetzung ab. Die kostengünstige Bronze enthält nur wenig Zinn und Blei (Sn 3 und 1,8 %, Pb 3,4 und 4 %). Diese nach antiker Methode zwar preiswertere, aber nicht unproblematisch zu gießende Legierung besaß einen roten Farbton, der unter der Vergoldung nicht sichtbar war (vgl. Jupiterstatue aus Mainz, GBL 492). Bei GBL 176 handelt es sich um eine Abschnittprobe (zur Bohrprobe GBL 153), bei der Blattgoldauflage nachgewiesen ist. Dies konnte auch durch Oberflächenanalyse mit RFA bestätigt werden, die keine Hinweise auf Feuervergoldung (Quecksilber) ergab. Es gibt zudem keine Anhaltspunkte für Zugabe von Messing oder vergoldeter Bronze in der Legierung.

Die Fundstelle Trier-Feldstraße-Mutterhaus lieferte einzelne Bronzestatuenfragmente, aus denen zwei zusammengehörige vergoldete Schuhfragmente (GBL 175, 184 und 307) und ein vergoldetes Körperfragment (GBL 306) zur Beprobung ausgewählt wurden. (Wie sich erst zu einem späteren Zeitpunkt nach der Probenentnahme herausstellte, lassen sich zwei Fragmente [GBL 184 und 307] eines Schuhs mit Riemenverzierung zusammenfügen. Anhand einer Abschnittprobe [GBL 175] wurde metallographisch eine Blattgoldauflage identifiziert.) GBL 175 ist eine Abschnittprobe von einem Schuh (GBL 184). Alle drei Stücke stammen nach Ausweis der Legierungen von einer einzigen Statue, deren hoch kupferhaltige Rezeptur ohne Anteile an Zink und Gold der Metallrezeptur der Statuenteile aus der Jesuitenstraße ähnelt (CU 90–94 %, Sn 2,7–2,9 %, Pb 2,2–6,9 %). Vermutlich handelt es sich bei den Statuen beider Fundorte um Bronzen, die innerhalb eines kurzen Zeitraums in einer gemeinsamen Werkstatt gefertigt wurden. Dass diese Art von Legierung die nachteilige Bildung von Gasblasen begünstigt, zeigen die originalen Stücke, welche entsprechende Reparaturen aufweisen.

Die Fragmente vom Fundort Trier-Hopfengarten (GBL 158–162) stammen nach makroskopischer Beurteilung sowie nach Ausweis der Materialanalysedaten von mehreren Statuen. Zwei der Fragmente (GBL 158 und 159) sind anscheinend mit Quecksilber-Gold-Amalgam feuervergoldet. Hierauf deuten RFA-Messungen an der Oberfläche der Stücke hin, die einen Quecksilbergehalt von 3,6 beziehungsweise 4,7 Prozent aufweist. Auffällig ist in diesem Zu-

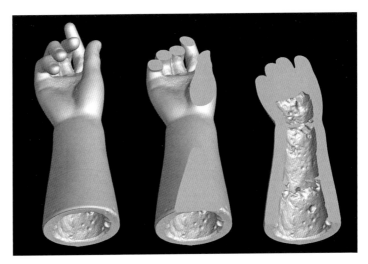

Abb. 74 Unterlebensgroßes Unterarmfragment aus Trier (GBL 147), in der Computertomographie virtuell geöffnet. Die Wandstärke in den hohl gegossenen Bereichen beträgt bis zu elf Millimeter. Der vordere Bereich der Hand ist massiv gegossen. Trier, Rheinisches Landesmuseum.

sammenhang der Bleianteil, der bei Feuervergoldung bekanntermaßen zur Bildung von grauen Stellen führen kann (Pb 8,7 und 16 %). Die deutlichen Abweichungen im Bleigehalt beider Stücke deuten auf zwei unterschiedliche Gusschargen oder Bildwerke hin.

Bei drei unvergoldeten Bruchstücken handelt es sich um ein Haarfragment (GBL 160), eine einzelne freiplastisch gearbeitete Haarlocke (GBL 161) sowie möglicherweise um ein Stück einer Panzerverzierung mit Akanthus (GBL 162). Bei diesen drei Proben ist der Zinnanteil recht ähnlich, hingegen weichen die Bleiwerte deutlich voneinander ab (Sn 6,7–7,1 %, Pb 8,7–23 %). Zwar sind Abweichungen im Bleigehalt bei unterschiedlichen Gusschargen (Teilguss) möglich, dennoch erlauben die Analyseergebnisse in Kombination mit den konservatorischen Untersuchungen keine klare Aussage darüber, ob es sich hier um Teile eines einzigen Bildwerkes handelt. Es gibt keine Hinweise auf Zugabe von Messing oder vergoldeter Bronze in der Legierung.

Die analysierten Funde aus der Mosel umfassen das Ohr eines Maultiers (GBL 148), den Unterkiefer einer überlebensgroßen Schlange (GBL 146), ein Halsfragment (GBL 94 und 95) mit Schweißnaht (GBL 96) und ein Fußfragment (GBL 150–152) sowie Bleilot von der Fußmontage (GBL 500, Abb. 73 oben). Bei einigen dieser Funde gibt es zufällig ähnliche Zusammensetzungen (vgl. GBL 94, 95, 146, 148 und 171). Hierbei handelt es sich um typische Limesbronzen mit hohem Blei- und mittlerem Zinngehalt (Sn 5,5–7,2 %, Pb 16–22 %), wobei GBL 96 lediglich von der Schweißnaht der Kopfmontage mittels Ringguss herrührt. Der höhere Bleianteil (Pb 22 %) diente hierbei vermutlich zur Reduzierung des Schmelzpunktes und führte zudem zu einem besseren Schmelzfluss (F. Willer / R. Meijers in: Gebrochener Glanz 175 Abb. 6; 7) Der Kopfbereich der Statue (GBL 94) enthält deutlich weniger Blei als der Statuenkörper (GBL 95; Pb 7,9 % und 16 %). Im Übrigen ist die Zusammensetzung der beiden Gussstücke (Kopf und Körper) sowie der Schweißlegierung nahezu identisch.

Dies zeigen auch die Proben von einem in der Mosel gefundenen unterlebensgroßen Statuettenfuß, genauer dem Rest eines Spielbeins (GBL 150–152, Abb. 73 links oben), dessen Vorderpartie sehr aufwendig separat gegossen und dann mittels Überfanggusspunkten angefügt wurde. Die gleichsam antiquierte Herstellungstechnik und Legierung mit geringem Anteil an Blei und hohem an Zinn (GBL 15, Pb 2,4 %, Sn 9,3 %) findet auch Parallelen im relativ geringen Bleigehalt der Schweißnaht (GBL 152, Pb 0,46 %) sowie der Reparatur eines Kernhalterloches (Pb 0,81 %), was auf eine Gießtechnik griechischer Tradition hinweist. Hierauf deutet auch die sehr plastische Gestaltung der Zehen und der geschlossenen Fußsohle hin (F. Willer, Kölner Jahrb. 33, 2000, 565–573). Die Statue war ehemals auf einer Metallbasis mittels Weichlötung (Blei-Zinn-Lot) befestigt, wie man es von antiken Statuen her kennt, die für die Ausstattung von Innenräumen dienten (s. Abb. 55; F. Willer / R. Meijers in: Gebrochener Glanz 178 f. Abb. 9). Reste der Lotmasse (GBL 500) befinden sich in einer Vertiefung zwischen Zehen und Fußballen. Dies deutet darauf hin, dass ein kurzer Metallzapfen, der an der Metallbasis befestigt war, zur besseren Fixierung des Fußes eingefügt war. Die Analyse der Lotmasse war wegen starker Korrosion nicht möglich. Hinweise auf Wiederverwendung von Metall liegen bei Funden aus der Mosel nicht vor.

Aus dem Stadtgebiet stammt das Bruchstück eines Pferdeschweifs (GBL 155), von einem unterlebensgroßen Reiterstandbild (rechts oben auf Abb. 73). Ebenfalls auffällig sind hier die hohen Anteile an Zinn und die sehr geringen an Blei (Sn 11 %, Pb 0,51 %), was einer klassischen Legierung entspricht.

Aus einem Heiligtum im Altbachtal (augusteisch bis viertes Jahrhundert) sind einige Fragmente römischer Bronzestatuen bekannt: Die beiden Bruchstücke von Haarlocken (GBL 311 und 312) können aufgrund ihrer Zusammensetzung (Cu 83–87 %, Sn 8,1–8,3 %, Pb 5–8,3 %) und der einheitlich außergewöhnlich plastischen Gestaltung von einer einzigen Statue stammen. Bei einem unbestimmten Körperfragment (GBL 319) liegt nachweislich Feuervergoldung vor. Auffällig ist jedoch, dass die Legierung trotz der Problematik beim Vergolden relativ viel Blei enthält (Sn 1,1 %, Pb 9,5 %).

An Funden aus dem Trierer Raum wurden vierundvierzig Bohrproben sowie fünf Proben für Anschliffe entnommen. Sie lassen sich grob in drei Hauptgruppen unterteilen: Eine Gruppe (etwa GBL 96, 146, 148, 160, 162, 166, 171, 318 und 325) weist die für die Limesbronzen typische Zusammensetzung mit hohen Blei- und mittleren Zinnwerten auf. Bei einer zweiten (etwa GBL 147, 150, 152 und 155), die sich durch geringe Blei- und hohe Zinnwerte auszeichnet, kann es sich um Importe aus frühen italischen Werkstätten handeln. Die dritte Gruppe (etwa GBL 153, 154, 165, 174, 176, 184, 307, 313–315 und 320), vielfach vergoldete Statuenfragmente mit ungewöhnlich hohem Kupfergehalt (Cu 93 % bis 97 %), wurde möglicherweise im gallischen Raum produziert.

Auffällig ist trotz der relativ hohen Zahl an Proben der geringe Anteil an wiederverwendetem Altmetall. Gold wurde lediglich bei einer Probe gemessen (GB 314, Au 0,03 %), Zink in drei Proben (GB 146, 314 und 317).

An elf Proben wurden Bleiisotopenanalysen durchgeführt. Mit der Einschränkung, dass sich bei vielen Analysen die Signaturen verschiedener Lagerstätten überlagern, gehören ein Kinderarm (GBL 147) und ein Panzerstatuenfragment (GBL 162) sowie ein vergoldetes Bruchstück (GBL 153) in die homogene Hauptgruppe mit Blei aus der Eifel. Das Blei im Fragment von einem Pferdeschweif (GBL 155) kann aus der Eifel oder aus den britischen Penninen stammen. Das Blei zweier Statuenarme (GBL 149 und 156) und des Maultierohres (GBL 148) kann aus den Cevennen kommen, wobei für GBL 156 auch die Minen von Shropshire ein mögliches Herkunftsgebiet sind. Für ein Fußfragment aus der Mosel (GBL 150) gibt es bislang keine Entsprechung bekannter Erzdaten, wobei es sich auch hier möglicherweise um Blei aus dem Balkangebiet handelt (s. Carnuntum). Interessanterweise zeigen auch einzelne italische Bronzen ähnliche Isotopenverhältnisse (Salcuni/Formigli, Grandi bronzi). Alle übrigen Isotopenverhältnisse gehören zur Gruppe H aus keiner der isotopisch klar definierten Lagerstätten.

Die Anschliffproben der vergoldeten Trierer Funde bestätigen die Anwendung von Blattgoldauflage (GBL 172, 175, 176 und 177), auch bei einem bereits zuvor feuervergoldeten Stück (GBL 174). Bemerkenswert ist der Nachweis mehrerer feuervergoldeter Statuen anhand der Proben GBL 158, 159, 174 und 313, wobei ein Stück (GBL 174) noch nachträglich mit Blattgold überarbeitet beziehungsweise ausgebessert wurde. Die betreffende Anschliffprobe zeigt sechs Blattgoldlagen in einem Bereich, der eine unvollständige Feuervergoldung aufweist. Bedeutsam ist auch der geringe Anteil an wiederverwertetem Altmetall in den Trierer Bronzen. An einem Armfragment (GBL 147, T 14) und einem Fußfragment (GBL 150–152 und 500, T 5) wurden Tonkernproben entnommen.

Trierweiler-Sirzenich (FO 31, GBL 168)

Aus Sirzenich im Trierer Umland stammt ein kleines bronzenes Haarfragment (GBL 168). Die sehr feine und präzise Ausarbeitung der Haarstrukturen deutet auf eine sehr qualitätvoll gearbeitete Skulptur hin. Im Einklang damit besteht die Legierung nahezu ausschließlich aus Kupfer und Zinn, der verschwindend geringe Bleianteil ist als Verunreinigung zu werten (Cu 89 %, Sn 11 %, Pb 0,23 %). Dieses Mischungsverhältnis entspricht der in römischer Zeit nördlich der Alpen kaum anzutreffenden klassischen

Abb. 75 Fragmente aus Weißenburg. Teilweise gibt es polychrome Tauschierungen sowie Tauschierungsgruben in den Fragmenten. Weißenburg, Römermuseum.

antiken Bronze mit hohem Anteil an Zinn und sehr geringem an Blei. Es dürfte sich daher wohl eher um ein Importstück handeln. Es gibt keine Hinweise auf Zugabe von Messing oder vergoldeter Bronze in der Legierung.

Waldgirmes (FO 40, GBL 529–534)

In den von 1993 bis 2003 erfolgten Grabungskampagnen auf dem Areal der augusteischen Siedlung in Lahnau-Waldgirmes kamen über einhundertsechzig Fragmente zutage, die auf eine entsprechend frühe Statuenrepräsentation nördlich der Alpen schließen lassen. Ein Großteil der Funde konzentrierte sich im Forumsbereich um fünf Befunde, die als Reste von Steinpostamenten für Statuen gedeutet werden (G. Rasbach in: Gebrochener Glanz 40–43 [mit Lit.]). Neben einigen bronzenen Statuenfragmenten wurde aus einem Brunnen auch ein sehr gut erhaltener vergoldeter Pferdekopf (GBL 529) geborgen (s.

Abb. 13). Die Funde liefern mit dem Zerstörungsbeziehungsweise Auflassungshorizont von 16 n. Chr. einen wertvollen Terminus ante quem, der auch für die Chronologie technischer Aspekte, insbesondere der frühen Statuenproduktion, wichtige Hinweise liefert.

Es wurden sechs Bohrproben entnommen, vom Pferdekopf (GBL 529), von einer Pferdemähne (GBL 530), einer Satteldecke (GBL 531), einem Pferdehals (GBL 532), einem Gewand (GBL 533) und vom Schuh eines Reiters (GBL 534). Mit Ausnahme von GBL 534 handelt es sich wohl um Fragmente von Pferdekörpern. Die Legierung des Pferdekopfes entspricht trotz der frühen Datierung der typischen Limesbronze (Cu 75 %, Sn 8,5 %, Pb 14 %). Die Zusammensetzungen der anderen Stücke weisen einen etwas geringeren Zinnanteil auf, wogegen die Bleiwerte in etwa vergleichbar sind (Sn 1,8–5,7 %, Pb 12–19 %).

Anhand der in Waldgirmes dokumentieren Postamente von fünf Standbildern stellte sich die Frage, ob die beprobten Fragmente zu einem einzigen Bildwerk gehören. Auffällig ist für alle Proben der erhöhte Antimonanteil. Die Werte liegen vorwiegend im Promillebereich, wohingegen der Pferdekopf überdurchschnittlich viel Antimon enthält (Sb 0,8 und 2,3 %; vgl. G. Rasbach / A. Ulbrich, Restaurierung und Arch. 6, 2013, 1–18, hier 14 Tab. 1). Die Kombination aus hohem Gehalt an Zinn, Antimon und Blei im Pferdekopf hätte eigentlich zu Seigerungen der sich bildenden intermetallischen Phasen führen müssen (Schwab 2014 [Anm. 49] 177–179). In den veröffentlichten Schliffbildern ist dieses jedoch nicht erkennbar (vgl. Rasbach/Ulbrich a. a. O. Abb. 18–20). Insbesondere das Fragment mit Halsfalten des Pferdes (GBL 532) weicht in der Zusammensetzung von der Legierung des Pferdekopfes (GBL 529) ab (Cu 75 % und 77 %, Sn 8,5 % und 4,4 %, Pb 14 % und 17 %, Sb 1,9 % und 0,68 %). Da der Pferdekopf am Hals angelötet wurde, was am erhaltenen Rest der Lötfuge sichtbar ist, könnte es sich bei dem Halsfaltenfragment um ein Stück vom Teilgussbereich des Pferdekörpers handeln. Insofern wären insbesondere aufgrund der Größe der Gussform leichte Abweichungen in der Metallzusammensetzung denkbar. Gleiches gilt für die Fragmente GBL 531 (Satteldecke), LBL 533 (Körperfalten) und das Schuhfragment eines Reiters (GBL 534), die einander in der Zusammensetzung sehr ähnlich sind. Neben dem Pferdekopf weicht nur das Fragment mit Mähne (GBL 530) von den übrigen Stücken deutlich ab, da hier der Zinngehalt auffallend niedrig ist, zudem sind die Nickelanteile in dieser Probe leicht erhöht (Sn 1,8 %, Ni 0,11 %). Insofern könnte es sich bei den beprobten Stücken um Teile von zwei oder drei Bildwerken handeln. Hierbei sind auch die hohen Antimonwerte des Kopfes zu berücksichtigen (Sb 1,9 %), die in den anderen Fragmenten in deutlich geringerer Prozentzahl enthalten sind (Sb 0,41–0,68 %). Es gibt keine Hinweise auf Zugabe von Messing oder vergoldeter Bronze in der Legierung.

Die Bleiisotopenverhältnisse bei den Proben des Pferdekopfes (GBL 529) und des Reiterfußes (GBL 534) sind mit den Bleilagerstätten in der Eifel kompatibel, was sich mit Befunden aus römischen Militärlagern deckt (Bode/Hauptmann/Mezger, Lead Sources; S. Durali-Mueller u. a., Journal Arch. Scien. 34, 2007, H. 10, 1555–1567). Angesichts der frühen Datierung kann man Blei aus britischen Lagerstätten ausschließen.

Der Pferdekopf sowie die anderen Fragmente wurden nach dem indirekten Wachsausschmelzverfahren hergestellt. Durch das Auskleiden der Negativformen mit Wachs entstanden in den Innenflächen der gegossenen Bronze Werkspuren wie Wachstropfen, Wachskrümel, Schaberspuren, Fingerabdrücke oder Pinselstriche (s. Abb. 31). Die Fußsohle des Reiters (GBL 534) wurde separat ausgeformt und dann am Wachsmodell eingesetzt. Dies ist deutlich an der innenliegenden Fügenahtstelle und an Wachstropfen zu erkennen. Wachsverlaufspuren weisen zudem darauf hin, dass das Bein dabei auf die Seite abgelegt wurde.

Die in Bonn ausgewerteten Computertomographien des Pferdekopfes aus Waldgirmes zeigen trotz der Unterschiede in der Datierung eine nahezu identische Wachsplattenmontage aus etwa acht einzelnen Segmenten wie der Pferdekopf aus Augsburg (vgl. Abb. 32). Die seitlichen, Medaillons am Kopf wurden erst nach dessen Ausrichtung unter Berücksichtigung des Blickwinkels des Betrachters in Wachs angefügt. Lediglich das ovale Stirnmedaillon war bereits im Urmodell angelegt und beim Abformen in Wachs automatisch mit übertragen worden. Die beiden runden Medaillons auf der Stirn und oberhalb der Nüstern sind im CT-Schnittbild erkennbar, ebenso wie die vier seitlichen, massiv gegossenen, die ebenfalls nachträglich am Wachsmodell montiert wurden. Wie auch am Augsburger Pferdekopf zu beobachten, hatte man den Unterkiefer separat in Wachs ausgeformt und anschließend mit dem wächsernen Kopf verbunden. Kernhalterlöcher wurden (wie vielfach im Limesgebiet zu beobachten) nicht mit Flickblechen, sondern mit eingeschlagenen Bronzeperlen geschlossen.

Zwei rechteckige Einschuböffnungen dienten zur Montage von weiteren Riemenbeschlägen des Zaumzeuges. Diese Technik ist auch am Augsburger Pferdekopf zu beobachten. Vermutlich waren diese nach dem Guss angebrachten Beschläge zum Zweck des Farbkontrastes aus andersfarbigem Metall gearbeitet. Die bewusste Demontage der Medaillons, wie sie auch am Augsburger Stück zu erkennen ist, lässt vermuten, dass es sich um wertvolles Metall handelte, zum Beispiel Silber. Die Vergoldung

Abb. 76 a–b Haarkalotte aus Weißenthurm (GBL 127). Landesmuseum Bonn.

des Pferdekopfes aus Waldgirmes erfolgte mittels Blattgoldauflage in mehreren Lagen (Rasbach/Ulbrich a. a. O. 13; G. Rasbach in: Gebrochener Glanz 42).

Im Jahr 2010 wurden etwa siebenundfünfzig Kilometer von Waldgirmes entfernt in Frankfurt – Nieder-Eschbach unter anderem Fragmente eines weiteren Reiterstandbildes geborgen. Sie zeichnen sich durch eine sehr massive Gusstechnik und detailreiche Ausarbeitung der Fellstruktur am Pferdekörper aus. Zerschlagene Gussstücke bezeugen die Zerstörung der Statuen. Ebenso fanden sich Hinweise auf Reparaturen in Form von Nietlöchern. Im Rahmen des Projektes zwischenzeitlich gewonnene Untersuchungsdaten (Materialproben) sollen nach Abschluss der Arbeiten der hessischen Landesarchäologie veröffentlicht werden. Hier wird es vor allem um einen Abgleich mit den Daten von Waldgirmes gehen.

Weißenburg i. Bayern (ORL 72, FO 56, GBL 403–406)

Aus Grabungsmaßnahmen und Begehungen in Weißenburg stammen achtunddreißig Bronzestatuenfragmente, von denen nicht genau dokumentiert ist, ob sie im Vicusareal oder im Bereich des Alenkastells (spätes erstes bis Mitte drittes Jahrhundert) gefunden wurden (Abb. 75; S. Heckmann in: Gebrochener Glanz, 138 f. [mit Lit.]). Zu den herausragenden Stücken zählen zwei annähernd formgleiche Adlerkopfschwerter (GBL 403–406), mehrere Gewand- und Laschenfragmente mit Tauschierungsgruben sowie zahlreiche andere Objekte von Panzerstatuen. Besonders wegen der beiden fast identisch gearbeiteten Schwerter dürfte es sich hier um die Reste von mindestens zwei Statuen aus einem eng bemessenen Herstellungszeitraum beziehungsweise aus einer einzigen Werkstatt und möglicherweise sogar von einem einzigen Monument handeln. Die Legierungen sollten hier, wenn möglich, nähere Aufschlüsse geben. Laut Martin Kemkes ist es denkbar, dass es sich in Weißenburg um ein Gruppenmonument handelt, das zwei gleichzeitig regierende Kaiser darstellt, vielleicht aus severischer Zeit (s. Abb. 59; M. Kemkes in: Gebrochener Glanz 108–119).

Die Griffstücke der beiden Weißenburger Adlerkopfschwerter (GBL 403 und 406) scheinen jeweils in ihrer Herstellung mit demjenigen aus Murrhardt (GBL 380) formgleich zu sein. Es diente wohl ein identisches Modell als Vorlage des Griffes, welches nach dem indirekten Wachsausschmelzverfahren hergestellt wurde. Leichte Abweichungen entstehen oftmals bei der nachträglichen Überarbeitung eines Wachsmodells oder der individuellen Anpassung an das Gesamtwerk. Die fast vollständige Übereinstimmung der Schwertgriffe lässt die sehr zeitnahe Herstellung zweier beziehungsweise mit dem Stück aus Murrhardt dreier Statuen vermuten.

Für die Materialanalyse wurden vier Proben entnommen, nämlich von der jeweiligen Gusslegierung der Griffe (GBL 403 und 406), von einem Befestigungsnietstift aus Kupfer, mit dem die Schwertscheide montiert war (GBL 404) sowie von dem erhaltenen Schwertscheidenblech (GBL 405). Die beiden Gusslegierungen der Griffe liegen nicht nur hinsichtlich ihrer Spurenelemente recht dicht zusammen (Sn 5,5 % und 5,8 %, Pb 18 und 22 %). Das Schwertscheidenblech zeigt eine Legierung (GBL 405, Sn 7,3 %, Pb 6,6 %) ähnlich wie bei dem Parallelstück aus Murrhardt, bei dem der Zinngehalt jedoch schon deutlich erhöht ist (GBL 407, Sn 11 %, Pb 4,6 %). Der Kupfernietstift (GBL 404) enthält geringe Zuschläge an Zinn und Blei (Sn 0,2 %, Pb 0,65 %). Die Zusammensetzung des Niets deutet auf Anteile von Altmetall hin. Vorteilhaft dürfte sich die geringe Zinnzugabe beim Guss des Kupferrohlings ausgewirkt haben, da reines Kupfer nach antiker Schmelz- und Gießmethode zur starken Bildung von Gasblasen neigt. Spuren von Gold lassen zudem vermuten, dass hier zur Herstellung des Ausgangsmaterials des Niets Teile stark kupferhaltiger vergoldeter Statuen dienten (Au 0,02 %). Dies kann auf eine werkstatteigene Produktion der Nietstifte hindeuten.

Die genaue Zuordnung zu einer bestimmten Bleilagerstätte ist derzeit nicht möglich (siehe Bleiisotopenergebnisse Rainau-Dalkingen). Die identischen Isotopenverhältnisse der Schwerter aus Murrhardt und Weißenburg lassen jedoch vermuten, dass hier dieselbe Werkstatt tätig war, in der auch das Schwert von Dalkingen gefertigt wurde.

Weißenthurm (FO 24, GBL 124–127)

Zwei verzierte Bronzeleisten einer Statuenbasis sowie die bronzene Haarkalotte einer etwa lebensgroßen Götterstatue (Menzel, Bronzen Bonn 73 Nr. 170 Taf. 84) ohne bekannten Fundkontext wurden wahrscheinlich bereits in der Antike aus ihrem eigentlichen Aufstellungszusammenhang herausgelöst und sekundär verlagert. Ikonographisch und nach dem Fundort zu urteilen stammen sie wahrscheinlich aus einem zivilen Umfeld, zum Beispiel einem Heiligtum oder einem Vicus.

Alle Objekte aus Weißenturm wurden nach dem indirekten Wachsausschmelzverfahren gegossen. Die einzelne kleine Sockelleiste (GBL 124) von einer etwa vierzig Zentimeter hohen Basisverkleidung zeigt gegenüber den beiden großen, recht massiv gegossenen Sockelleisten (GBL 125 und 126) eine deutlich einfachere ornamentale Ausgestaltung. Sie erfolgte primär nach dem Guss durch Punzierungen beziehungsweise Ziselierungen und entspricht eher einer Blechschmiedearbeit. Durch die händische Werkzeugführung kam es zu einer leichten Verzerrung der Motive in Arbeitsrichtung.

Deutlich anders gestaltet und ausgearbeitet sind die Verzierungen der beiden großen Sockelleisten (GBL 125 und 126). Hier waren die Ornamente bereits in der Modellvorlage vollständig angelegt und wurden bei der Abformung auf die Hilfsnegative

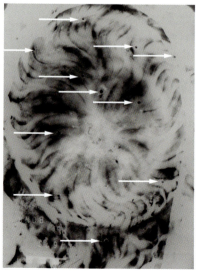

Abb. 77 a–b Haarkalotte (GBL 504) und Blitzbündel (GBL 505) einer Jupiterstatue aus Womrath. Im Röntgenbild sind die Kernhalteröffnungen (2 x 2 mm) mit Pfeilen markiert. Diese waren ursprünglich mit kleinen Bronzeperlen verschlossen. Landesmuseum Bonn.

übertragen. Beim anschließenden Einbringen des Wachses in die Hilfsnegative wurden die Ornamente somit direkt übernommen, so dass nur minimale Überarbeitungen des Wachsmodells erforderlich waren. Nach dem erfolgreichen Guss wurden lediglich einige Details mit feinen Punzen beziehungsweise Ziseliereisen zur Hervorhebung überarbeitet. Die deutlich sichtbaren Qualitätsunterschiede in der Herstellung und Gestaltung der Sockelleisten spiegeln sich nun auch in den verwendeten Legierungen wider.

Die Haarkalotte (GBL 127, Abb. 76) zeigt eine recht detailreiche Ausgestaltung mit kleinen Locken, die nach dem Guss zusätzlich mit feinem Ziseliereisen überarbeitet wurden. Eine seitlich und hinten verlaufende Vertiefung kann von der ehemaligen Montage einer kranzähnlichen Verzierung stammen, die bereits im Wachsmodell angelegt war. Kernhalteröffnungen in diesem Bereich dürften zur Befestigung dieses Kopfschmucks gedient haben. Auffällig ist eine an der Innenseite hervorstehende Lasche von halbrunder Form, die in Bronze mitgegossen wurde. Solche Laschen wurden bislang bei Reiterstatuen, und zwar anhand der Montage der Pferdehufe an der Basis beobachtet (siehe Kempten GBL 348 sowie Durach GBL 385). Sie sollten dort nach der Versockelung mit Blei ein Abheben des Bildwerkes zum Beispiel bei Sturm verhindern. Bei der Kalotte handelt es sich um einen Teil des aus zwei Teilen gegossenen Kopfes. Dabei wurde sie als Montageauflage über das haarlose Kopfteil gestülpt und anschließend mit diesem passgenau und vermutlich nur mechanisch verbunden. Hinweise auf eine Löt- oder Schweißverbindung fehlen. Ein großes Vierkantloch im vorderen linken Bereich kann zur zusätzlichen Sicherung der Montage mit einem Stift gedient haben.

Aus dem Fundkomplex von Weißenthurm wurden vier Bohrproben zur Bestimmung der Gusslegierungen entnommen (GBL 124–127). Die relativ einfach gearbeitete Sockelleiste hat einen für antike Bronzegüsse überdurchschnittlich hohen Bleigehalt (GBL 124, Cu 61 %, Sn 4,6 %, Pb 34 %). Die Legierung unterscheidet sich deutlich von den Legierungen der anderen Sockelleistenfragmente (GBL 124).

Die von einem anderen, deutlich größeren Monument stammenden Fragmente zweier Sockelleisten (GBL 125 und 126) weisen erwartungsgemäß eine untereinander identische Legierung auf. Die makroskopisch beobachtete hochwertige Ausführung der großen Stücke spiegelt sich in der Legierung wider, welche für das Untersuchungsgebiet einen recht hohen Zinngehalt und einen geringen Bleianteil aufweist (Cu 83 und 84 %, Sn 11 und 9,8 %, Pb 6,1 und 6,4 %). Es gibt keine Hinweise auf Zugabe von Messing oder vergoldeter Bronze in der Legierung.

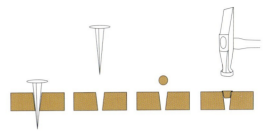

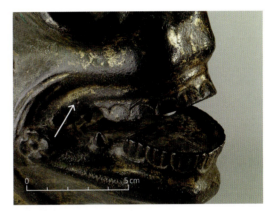

Abb. 78 a–c Kernhalteröffnungen. (a) Schema der Ausbesserungstechnik von Kernhalteröffnungen mit Bronzeperlen; (b) Öffnung an der Kernhalteröffnung am Maul des Pferdekopfes aus Augsburg (GBL 29–31), Verschlussperle verloren; (c) Detailansicht der Innenseite des Schuhfragments aus Namur mit sichtbarer Kernhalteröffnung und vorhandener Bronzeperle (GBL 387).

Die von der Haarkalotte aus Weißenthurm stammende Probe GBL 127 (Cu 65 %, Sn 4,7 %, Pb 29 %) passt bemerkenswerterweise sehr gut zur Legierung der kleineren Sockelleiste (GBL 124). Aufgrund der

Abb. 79 a–c Bronzene sogenannte Kultkrone aus dem Xantener Raum. Landesmuseum Bonn.

Größenunterschiede ist jedoch eine Zusammengehörigkeit beider Stücke auszuschließen. Es bleibt jedoch die Wahrscheinlichkeit bestehen, dass beide Stücke in einer gemeinsamen Gießerei nach derselben Rezeptur gefertigt wurden. Entsprechend dürften die beiden großen, qualitätvoll gearbeiteten Sockelleisten aus einer anderen Werkstatt stammen, die – fast nach klassischer Manier – kostspielige zinnreiche Bronzen hergestellt hat.

Die Bleiisotopenverhältnisse bei der Haarkalotte (GBL 127) liegen zentral in der Hauptgruppe der Bronze mit Blei aus der Eifel.

Wijchen - De Tienakker (FO 3, GBL 330–332)

Auf dem Gelände einer etwa zwölf Kilometer südöstlich von Nimwegen gelegenen römischen Villa fand man Siedlungs- und Handwerkerspuren des ausgehenden vierten und frühen fünften Jahrhunderts. Darunter befanden sich auch mehrere Statuenfragmente, die als Altmetall zur Münzprägung dienten (E. N. A. Heirbaut / H. van Enckevort [Hrsg.], De verdwenen villa van de Tienakker. Archeologisch onderzoek naar het Romeinse verleden van Wijchen. Arch. Berichten Wijchen. Rapport 4 [Nimwegen 2011]). Die Herstellungskette lässt sich ähnlich wie in Hambach-Niederzier klar nachvollziehen.

Aus dem Fundkontext Wijchen wurden drei Bohrproben GBL 330–332 zur Analyse der Gusslegierung entnommen. GBL 331 stammt von einem großen polygonalen Reparaturblech, welches auf die Ausbesserung eines Gussfehlers ohne zusätzliche Sicherung mit Nietstiften an einer relativ großen Statue hindeutet. Die Ausführung eines solchen exakt zugerichteten Stückes entspricht einer an römischen Bronzestatuen vielfach beobachteten Reparaturmethode (Hrvatski Apoksiomen – The Croatian Apoxyomenos. Ausst. Osijek, Rijeka und Split 2008 [Zagreb 2008] 64 f.; vgl. auch Biesheim-Kuhnheim, lfd. Nr. 575–578 und 584–585). Polygonale Reparaturbleche eignen sich im Vergleich zu rechteckigen Reparaturblechen besonders zur unauffälligen Kaschierung größerer Gussfehler an plastischvital gestalteten Körperpartien, da diese aufgrund der organisch wirkenden Kontur gegenüber rechteckigen Blechen weniger stark in der Fläche kontrastieren beziehungsweise sich optisch von dieser abheben.

Zinnreste an der Rückseite des Körperfragments (GBL 332) können von der Montageverbindung stammen, wie sie auch der Torso einer Panzerstatue aus Neunkirchen-Kasbruch (GBL 391) zeigt. Ein Körperfragment (GBL 330) zeigt schwarze Patina, wie sie beispielsweise an Fragmenten aus Aalen (etwa GBL 83), der Saalburg (etwa GBL 223), Nimwegen (etwa GBL 341), Tongern (GBL 361), Neuenstadt a. Kocher (etwa GBL 512) oder dem Bonner Legionslager (etwa GBL 136) auftritt und durch Zinnseigerung entstanden sein könnte. Zudem finden sich an diesem Körperfragment mit schwarzer Patina aus Wijchen Reste einer Einlassung für ein Reparaturblech, welches mit Nietstiften gesichert wurde.

Trotz unterschiedlicher Bleianteile kann es sich bei den Körperfragmenten GBL 330 und 332 aufgrund der ähnlichen Spurenelementverteilung um Reste einer einzigen Statue handeln, die in zwei Gusschargen gefertigt wurde (Pb 8,3 und 18 %). Aufgrund der äußerlichen Unterschiede könnte es sich aber auch um zwei Statuen handeln, die nach gleicher Rezeptur gegossen wurden. Zudem ist der Gehalt an kostspieligem Zinn bei allen Proben im Vergleich zum Untersuchungsgebiet überdurchschnittlich hoch (Sn 9,9–12 %). Hinweise auf wiederverwendetes Material in der Legierung fehlen. Das Blei der Legierung eines der Fragmente (GBL 330) stammt aus der Eifel.

Womrath (FO 27, GBL 504 und 505)

Aus Womrath im Hunsrück stammen eine bronzene Haarkalotte und ein bronzenes Blitzbündel von einer zweifach überlebensgroßen Jupiterdarstellung (Abb. 77; Menzel, Bronzen Bonn Nr. 171 Taf. 85; Nr. 172 Taf. 86 [jew. m. älterer Lit.]). Im Gegensatz zu der etwa gleich großen Jupiterstatue aus Mainz (GBL 493–498) ist die Figur aus Womrath nicht vergoldet.

Blitzbündel und Kalotte wurden vor 1841 »beim Dorfe Womrath beim Umpflügen eines Ackers« gefunden, an einer Fundstelle, die etwa einen Kilometer östlich des heutigen Ortes auf einer Hochfläche nahe dem Simmerbachtal und in naher Verbindung zu einer römischen Fernstraße liegt (Hinweise Axel von Berg [Koblenz] und Susanne Willer [Bonn]). Kalotte (GBL 504) und Blitzbündel (GBL 505) gehören nach Proportionen und Oberflächenbearbeitung zu einem einzigen Monument. Sie wurden separat gegossen und waren ursprünglich appliziert. Bei der Haarkalotte handelt es sich um eines der wenigen Stücke im Untersuchungsgebiet, die nach dem direkten Wachsausschmelzverfahren hergestellt wurden (vgl. Jupiter Ammon aus Nimwegen, GBL 295). Der auffallend gerundete untere Abschluss ohne Spuren einer Montage lässt vermuten, dass die Kalotte möglicherweise nicht zur Befestigung an einer Bronze, sondern denkbarer an einer Skulptur aus Stein aufgesetzt war. Kaum vorhandene Gussfehler deuten auf einen Guss von hoher Sorgfalt und Qualität hin. Zahlreiche, nur zwei Millimeter im Quadrat große Kernhalteröffnungen wurden mit kleinen Bronzeperlen verschlossen (s. Abb. 78), wie im Untersuchungsgebiet häufig zu beobachten.

Das Blitzbündel wurde nach der Auffindung restauriert und mit Zinn-Blei-Lot ergänzt. Da für die Montage an der Statuenhand eine Teilung notwendig ist, muss es ursprünglich mindestens aus zwei separat gegossenen Teilen bestanden haben (s. a. das Blitzbündel aus Mainz, GBL 495–496 und 400–402). Leider ist auch mit Hilfe von Röntgenaufnahmen nicht mehr genau festzustellen, ob hier drei oder zwei Teile zusammengefügt sind.

Die Legierungszusammensetzung beider Teile ist erwartungsgemäß identisch. Der Bleianteil ist etwas höher als üblich im Untersuchungsgebiet, wogegen der Zinnwert etwa dem Durchschnitt entspricht (Sn 6,6 und 6,7 %, Pb 20 und 23 %). Die Haarkalotte enthält geringe Mengen an Zink, was auf wiederverwendetes Messing hinweist. Das Blei ist keiner der isotopisch klar definierten Lagerstätten zuzuordnen (Gruppe H).

Abb. 80 a–b Bronzenes Gewandfragment aus Xanten-Lüttingen, zum Vergleich der Xantener Knabe (Kopie). Landesmuseum Bonn.

Xanten (FO 6, GBL 506, 545, 546 und 548)

Von Objekten aus dem Xantener Raum wurden vier Bohrproben entnommen.

Zu den ältesten und herausragenden Funden aus dem Doppellegionslager Vetera I gehört eine mit einem Figurenfries verzierte Krone (GBL 506, Abb. 79). Thema des Frieses ist die Fürsorge für den kindlichen Bacchus. Es handelt sich wohl um die Kopfbedeckung einer leicht unterlebensgroßen Statue, vielleicht ein Standbild der Liebesgöttin Venus; aber auch die Porträtfigur einer Angehörigen des Kaiserhauses wäre denkbar. Aufgrund des Fundkontextes ist das Objekt in die Zeit vor der Bataverschlacht, also spätestens 69/70 n. Chr. zu datieren (H. Lehner, Bonner Jahrb. 134, 1928, 176 Taf. 16–17; N. Hanel, Vetera I. Rhein. Ausgr. 35 [Köln und Bonn 1995] 82 f. Kat. B 421 Taf. 13, 1; Menzel, Bronzen Bonn 50–41 Nr. 108 Taf. 61–64; H.-H. von Prittwitz und Gaffron, Bonner Jahrb. 189, 1989, 121–137; U. Schädler, Bemerkungen zur Kultkrone aus Vetera. Xantener Ber. 12 [Mainz 2002] 203–213). Die Kultkrone zeigt einen besonders massiven, dickwandigen Guss, der nach dem indirekten Wachsausschmelzverfahren erfolgt ist. Die außergewöhnlich detailreiche Ausarbeitung des Bildfeldes mit Figuren und Säulen erforderte eine mehrteilige Abformung der Vorlage. Kleine Ungenauigkeiten wurden von Hand am Wachsmodell überarbeitet. Der an der Unterseite befindliche, nach hinten springende rahmenähnliche Versatz deutet darauf hin, dass das Objekt zur Sicherung in eine Vorrichtung aus Stein oder Bronze eingelassen war. In diesem Zusammenhang ist das recht hohe Gewicht des Stückes zu sehen, da durch die Schwere eine stabile Montage – insbesondere bei einer reinen Steckverbindung – gewährleistet ist. Zwei runde Einschläge auf der Vorderseite weisen auf eine gewaltsame Zerstörung hin.

Die Legierung der Kultkrone (GBL 506) zeigt einen im Vergleich zu den anderen Funden sehr hohen Zinkanteil, was auf Zugabe von Messing in der Legierung deutet. Die Bleiwerte sind dagegen im Vergleich zum Durchschnittswert im Untersuchungsgebiet sehr gering (Cu 87%, Zn 1,4 %, Sn 4,1 %, Pb 6 %). Dieses Verhältnis könnte durch eine relativ geringe Menge an Schmelzgut begründet sein, bei der im Gegensatz zu großen Gusschargen dank Tiegelabdeckung ein geringerer Abbrand des Zinks möglich ist. Die Bleiisotopie spiegelt eine Mischung unterschiedlicher Komponenten wider. Es kann Blei von den britischen Penninen beteiligt sein.

In Lüttingen, in der Nähe der Fundstelle des berühmten Xantener Knaben, wurde ein Gewandfragment geborgen (GBL 545 und 546), das sich – von der Größe her und Anfügeproben nach zu urteilen – zufällig an die etwa lebensgroße Figur des stummen Dieners anpassen würde (Abb. 80; vgl. Peltz/Schalles, Xantener Knabe). Jedoch unterscheidet sich die Zusammensetzung der Bronzen deutlich. So besteht der Knabe aus einer zinnreichen (Sn 12 %) und nahezu bleifreien klassischen Legierung (St. Simon / S. Schwerdtfeger in: Peltz/Schalles, Xantener Knabe 150 Tab. 3), wohingegen das Material des Gewandfragments der durchschnittlichen Limesbronze entspricht (GBL 545, Cu 72 %, Sn 5,9 %, Pb 21 %). Zudem weist die Legierung wiederverwendetes Messing auf. Das etwa einen halben Meter lange Objekt zeigt im unteren Bereich eine Montagebohrung, die zur Fixierung an der Statue mit einem runden Nietstift diente. Anschließend wurde diese Stelle mit einem Reparaturblech und einer Bleilötung kaschiert. Das Blei in der Legierung (GBL 545) und das Bleilot (GBL 546) desselben Stücks sind nicht identisch, obgleich die Bleiisotopendaten deutschen Lagerstätten (Plumbum Germanicum) entsprechen. Das Legierungsblei stammt sicher aus der Eifel, das Bleilot (GBL 546) dürfte hingegen aus Brilon im Sauerland stammen. Auch dies spricht gegen eine Verbindung des Lüttinger Gewandfragmentes mit der Statue des Xantener Knaben. Die Isotopenverhältnisse des Xantener Knaben (Peltz/Schalles, Xantener Knabe 150–154) stimmen in keinem Punkt mit den Daten des Untersuchungsgebietes überein. Es liegt nahe, ihn als Import einzuordnen.

Von dem Gelände der Colonia Ulpia Traiana stammt ein massiv gegossenes Daumenfragment (GBL 548), welches nach seinem Fundkontext vermutlich in das zweite Jahrhundert gehört. Die Legierung entspricht einer üblichen Großbronze im Limesgebiet. Auffallend und überdurchschnittlich hoch sind die Anteile an Zink und Gold, die auf Zugabe von Messing und vergoldeter Bronze in der Legierung hinweisen (Cu 73 %, Sn 7,4 %, Pb 18 %, Zn 0,8 %, Au 0,06 %). Das Blei stammt aus der Eifel. Bemerkenswert ist, dass trotz der Linienkoinzidenz durch den hohen Bleigehalt der Arsenanteil noch gemessen werden konnte, was sonst selten der Fall ist.

Ein blattvergoldeter Greif aus dem Xantener Amphitheater (Abb. 81; keine GBL, lfd. Nr. 966) diente ursprünglich wohl als Helmzier eines Götterbildes (L. Swinkels in: Gebrochener Glanz 79 Abb. 3). Zur Herstellung des Wachsmodells diente vermutlich eine mehrteilige Formvorlage. Die Unterseite weist eindeutige Spatelspuren auf, die eine Überarbeitung des hohlen Wachsmodells belegen. Durch eine rechteckige Öffnung an der Unterseite wurde der Gusskern eingebracht und nach dem Gießen wieder entfernt. Eine scharfkantige dreieckige Beschädigung an der rechten Hinterpartie weist auf den Einschlag einer Pfeilspitze hin.

Auffälligerweise war die Figur durch eine an ihrer Unterseite mitgegossene Vorrichtung am Helm befestigt. Diese besteht aus einem langrechteckigen Steg, der in eine entsprechende rechteckige Aussparung eingesetzt wurde. Diese Art der Montage mittels rechteckiger Einschubstifte gibt es auch an Reiterstandbildern und Reliefarbeiten (Pferdeköpfe Augsburg GBL 29 und 30 sowie Waldgirmes GBL 529, Satteldecke in Bonn GBL 377, Beinfragmente Maastricht ohne GBL und lfd. Nr., s. o. im Katalog). Die Unterseite des Greifenaufsatzes blieb unvergoldet, die Vergoldung wurde also nach der Montage vorgenommen. Entnommen wurde die Tonkernprobe T 12.

Aufgrund starker interkristalliner Korrosion sowie aus konservatorischen Gründen war beim genannten Greifen ebenso wie bei einem Medusenhaupt, möglicherweise eine Panzerapplik (Abb. 82; keine GBL, lfd. Nr. 967), keine Entnahme von Metallproben möglich.

Ein fragmentarischer männlicher Porträtkopf trajanischer Zeit wurde 1954 bei Auskiesungsarbeiten auf der Bislicher Insel nahe Xanten gefunden (Nimwegen, Museum het Valkhof Inv. 7.1955.9, keine GBL; H.-J. Schalles in: Gebrochener Glanz 123 f.). Bei früheren Materialanalysen ergaben die Durchschnittswerte mehrerer Messungen, die in den Niederlanden durchgeführt wurden, eine recht einheitliche Legierung (Cu 76 %, Sn 8,0 %, Pb 16 %, Zn 0,18–0,29 %), die denen einiger Statuen aus dem Raum von Nimwegen, Xanten und Kalkar ähnelt. Dies gilt besonders für die Zinkanteile, die auf die Wiederverwendung von Messinggegenständen hinweisen (A. N. Zadoks-Josephus Jitta / A. M. Gerhartl-Wittveen, Description of the Collections in the Rijksmuseum G. M. Kam at Nijmegen VII. The Figural Bronzes, Suppl. 1983 [Nimwegen 1983] 5–8). Der Guss des Kopfes erfolgte nach dem indirekten Wachsausschmelzverfahren. Die weit vorstehenden Ohren wurden separat in Wachs geformt. Auffällig ist die etwa acht Millimeter im Quadrat messende Kernhalteröffnung im Bereich der Haarkalotte, die anscheinend unverschlossen blieb und möglicherweise im Zusammenhang mit der Montage des Kopfes steht. Ungewöhnlich ist auch der untere büstenartige Abschluss. Ob der Kopf als Büste aufgestellt wurde oder in einen Statuenkörper eingesetzt war oder

Abb. 81 (gegenüber) und 82 (oben) Bronzene Greifenapplik und Medusenapplik aus Xanten. Römermuseum Xanten.

sogar als Teil einer Bauplastik diente, etwa in einem Tondo, ließ sich leider anhand der Untersuchung zur Montage nicht klären. Spuren von Weichlot, wie es für die Anbringung an einer Panzer- oder Gewandstatue erforderlich gewesen wäre, sind nicht mehr nachweisbar.

	Probenart	Stelle	Mn	Fe	Co	Ni	Cu	Zn	As	Se	Ag	Sn	Sb	Te	Au	Pb	Bi	$^{208}Pb/^{206}Pb$	$^{207}Pb/^{206}Pb$	$^{206}Pb/^{204}Pb$
GBL 001	B	1	<0,005	0,11	0,01	0,04	71	<0,2	<0,1	<0,01	0,05	6,6	0,07	<0,005	<0,01	22	0,02			
GBL 002	B	1	<0,005	0,11	<0,005	0,04	71	0,2	<0,1	<0,01	0,06	7,1	0,08	<0,005	<0,01	22	0,01	2,0880	0,84497	18,531
GBL 003	B	1	<0,005	0,08	<0,005	0,04	73	0,2	<0,1	<0,01	0,05	6,5	0,09	<0,005	<0,01	20	0,01	2,0922	0,84910	18,432
GBL 004	B	9	<0,005	0,08	<0,005	0,04	70	0,4	<0,1	0,01	0,06	5,7	0,09	<0,005	<0,01	24	0,01			
GBL 005	B	8	<0,005	<0,05	0,02	0,05	97	<0,2	0,14	0,01	0,05	1,0	0,29	<0,005	<0,01	1,1	<0,01	2,0978	0,85686	18,237
GBL 006	B	9	<0,005	<0,05	<0,005	0,04	73	<0,2	<0,1	<0,01	0,07	5,3	0,14	<0,005	<0,01	21	0,01	2,0867	0,84987	18,375
GBL 007	B	1	<0,005	0,17	<0,005	0,04	72	<0,2	<0,1	<0,01	0,06	6,2	0,15	<0,005	<0,01	21	0,01	2,0867	0,84983	18,376
GBL 008	B	1	<0,005	0,13	<0,005	0,04	71	<0,2	<0,1	<0,01	0,06	5,7	0,13	<0,005	<0,01	23	0,02			
GBL 009	B	9	<0,005	0,11	<0,005	0,04	72	<0,2	<0,1	<0,01	0,07	5,6	0,14	<0,005	<0,01	22	0,01			
GBL 010	B	8	<0,005	0,14	0,02	0,06	95	<0,2	0,08	<0,01	0,05	0,85	0,26	<0,005	<0,01	3,1	<0,01			
GBL 011	B	9	<0,005	0,16	<0,005	0,04	77	<0,2	<0,1	<0,01	0,06	6,0	0,15	<0,005	<0,01	16	0,01			
GBL 012	S	5																		
GBL 013	B	9	<0,005	0,17	<0,005	0,04	71	<0,2	<0,1	<0,01	0,08	5,9	0,15	<0,005	<0,01	23	0,02			
GBL 014	B	1	<0,005	0,05	<0,005	0,08	75	<0,2	<0,1	<0,01	0,22	1,6	0,63	<0,005	<0,01	22	0,02			
GBL 015	B	1,5	<0,005	<0,05	<0,005	0,08	93	<0,2	0,01	<0,01	0,25	1,7	0,63	<0,005	<0,01	4,7	<0,01			
GBL 016	S	5																		
GBL 017	S	5																		
GBL 018	S	5																		
GBL 019	A	1	<0,005	0,31	<0,005	0,03	81	0,20	<0,1	<0,01	0,05	6,9	0,07	<0,005	<0,01	11	0,03			
GBL 020	S	5																		
GBL 021	S	4																		
GBL 022	S	4																		
GBL 023	S	5																		
GBL 024	S	4																		
GBL 025	S	5																		
GBL 026	B	1	<0,005	0,13	<0,005	0,04	73	<0,2	<0,1	<0,01	0,06	5,5	0,13	<0,005	<0,01	21	0,01			
GBL 027	B	9	<0,005	0,11	<0,005	0,03	68	<0,2	<0,1	<0,01	0,06	4,5	0,12	<0,005	<0,01	27	<0,01			
GBL 028	A	1																		

ID																					
GBL 029	A	1	<0,005	0,32	<0,005	0,05	73	<0,2	<0,1	0,01	0,07	4,6	0,11	<0,005	<0,01	22	<0,01				
GBL 030	B	1	<0,005	0,41	<0,005	0,05	72	0,20	<0,1	<0,01	0,05	6,9	0,10	<0,005	<0,01	20	0,01	2,0889	0,84547	18,523	
GBL 031	A	1	<0,005	0,32	<0,005	0,05	74	0,20	<0,1	<0,01	0,05	6,9	0,10	<0,005	<0,01	18	0,02				
GBL 032	B	1	<0,005	0,27	<0,005	0,05	75	<0,2	<0,1	<0,01	0,06	7,0	0,10	<0,005	<0,01	17	<0,01	2,0882	0,84469	18,541	
GBL 033	B	1	<0,005	0,27	<0,005	0,04	76	<0,2	<0,1	0,01	0,06	6,5	0,10	<0,005	<0,01	17	0,01				
GBL 034	B	1	<0,005	<0,05	<0,005	0,04	76	<0,2	<0,1	0,01	0,05	4,5	0,09	<0,005	<0,01	19	<0,01				
GBL 035	B	1	<0,005	<0,05	<0,005	0,05	73	<0,2	<0,1	0,01	0,06	5,7	0,01	<0,005	<0,01	21	0,01				
GBL 036	B	1	<0,005	<0,05	<0,005	0,03	72	<0,2	<0,1	0,01	0,05	6,2	0,07	<0,005	<0,01	22	<0,01	2,0884	0,84519	18,527	
GBL 037	B	1	<0,005	<0,05	<0,005	0,04	73	<0,2	<0,1	0,01	0,06	4,6	0,09	<0,005	<0,01	22	0,01	2,0891	0,84522	18,528	
GBL 038	B	1	<0,005	<0,05	<0,005	0,04	75	<0,2	<0,1	0,01	0,05	6,4	0,09	<0,005	<0,01	18	<0,01				
GBL 039	B	1	<0,005	<0,05	0,01	0,04	79	<0,2	<0,1	0,01	0,05	7,8	0,08	<0,005	<0,01	13	<0,01				
GBL 040	B	1	<0,005	<0,05	<0,005	0,04	78	<0,2	<0,1	<0,01	0,04	4,9	0,10	<0,005	<0,01	17	<0,01	2,0913	0,84786	18,454	
GBL 041	B	1	<0,005	<0,05	<0,005	0,03	77	<0,2	<0,1	<0,01	0,03	6,2	0,09	<0,005	<0,01	17	<0,01				
GBL 042	B	1	<0,005	<0,05	<0,005	0,05	74	<0,2	<0,1	<0,01	0,05	4,4	0,08	<0,005	<0,01	21	0,01				
GBL 043	B	1	<0,005	<0,05	<0,005	0,05	77	<0,2	<0,1	<0,01	0,07	5,1	0,10	<0,005	<0,01	18	<0,01				
GBL 044	B	9	<0,005	<0,05	<0,005	0,04	75	<0,2	<0,05	<0,01	0,05	8,2	0,09	<0,005	<0,01	16	0,01				
GBL 045	B	1	<0,005	<0,05	<0,005	0,04	85	<0,2	<0,1	<0,01	0,05	8,9	0,10	<0,005	<0,01	5,6	<0,01				
GBL 046	B	1	<0,005	<0,05	<0,005	0,03	72	<0,2	<0,1	0,01	0,04	4,6	0,08	<0,005	<0,01	23	<0,01				
GBL 047	B	3	<0,005	<0,05	<0,005	0,03	77	<0,2	<0,1	<0,01	0,34	0,94	2,6	<0,005	<0,01	19	0,12	2,0809	0,84263	18,566	
GBL 048	B	1	<0,005	<0,05	<0,005	0,04	79	<0,2	<0,1	<0,01	0,05	8,8	0,10	<0,005	<0,01	12	0,01				
GBL 049	B	1,5	0,06	0,06	0,03	0,04	73	<0,2	<0,1	0,03	0,09	5,5	0,11	<0,005	<0,01	21	<0,01				
GBL 050	B	1	<0,005	0,13	<0,005	0,04	74	<0,2	<0,1	<0,01	0,06	7,6	0,01	<0,005	<0,01	18	<0,01				
GBL 051	B	3	<0,005	0,05	<0,005	0,05	84	0,2	<0,1	<0,01	0,05	7,6	0,10	<0,005	<0,01	8,4	0,01				
GBL 052	B	1	<0,005	<0,05	<0,005	0,05	73	<0,2	<0,1	<0,01	0,05	4,6	0,11	<0,005	<0,01	22	0,01				
GBL 053	B	1	<0,005	<0,05	<0,005	0,05	76	<0,2	<0,1	<0,01	0,06	5,2	0,10	<0,005	<0,01	18	0,01				
GBL 054	B	1	<0,005	<0,05	<0,005	0,05	75	<0,2	<0,1	<0,01	0,05	3,3	0,08	<0,005	0,01	21	0,01				
GBL 055	B	3	<0,005	<0,05	<0,005	0,04	80	<0,2	<0,1	0,01	0,04	4,4	0,09	<0,005	0,01	15	<0,01				
GBL 056	B	1	<0,005	0,09	<0,005	0,07	80	<0,2	<0,05	<0,01	0,07	16	0,25	<0,005	<0,01	2,9	<0,01	2,0914	0,85372	18,311	

Analysentabelle. Fortsetzung nächste Doppelseite

	Probenart	Stelle	Mn	Fe	Co	Ni	Cu	Zn	As	Se	Ag	Sn	Sb	Te	Au	Pb	Bi	208Pb/206Pb	207Pb/206Pb	206Pb/204Pb
GBL 057	B	1	<0,005	<0,05	<0,005	0,05	72	<0,2	<0,1	0,01	0,06	5,0	0,10	<0,005	<0,01	22	<0,01	2,0896	0,84585	18,512
GBL 058	B	1	<0,005	<0,05	<0,005	0,05	74	0,20	<0,1	<0,01	0,08	8,6	0,16	<0,005	<0,01	17	<0,01	2,0866	0,84907	18,406
GBL 059	B	1	<0,005	<0,05	<0,005	0,04	72	0,30	<0,1	0,01	0,05	6,7	0,09	<0,005	<0,01	21	<0,01			
GBL 060	B	2	<0,005	0,22	<0,005	0,04	75	0,30	<0,1	<0,01	0,06	7,5	0,11	<0,005	<0,01	17	<0,01			
GBL 061	B	1	<0,005	0,74	<0,005	0,05	74	1,1	<0,1	<0,01	0,07	6,5	0,10	<0,005	<0,01	17	<0,01			
GBL 062	B	1	<0,005	<0,05	<0,005	0,04	73	0,30	<0,1	0,01	0,05	6,7	0,09	<0,005	<0,01	20	<0,01			
GBL 063	B	1,5	<0,005	<0,05	<0,005	0,05	75	<0,2	<0,1	<0,01	0,05	8,3	0,11	<0,005	<0,01	16	0,01			
GBL 064	B	1	<0,005	0,09	<0,005	0,04	76	0,60	<0,1	0,01	0,07	8,2	0,13	<0,005	<0,01	15	<0,01			
GBL 065	B	1	<0,005	0,15	<0,005	0,05	71	<0,2	<0,1	0,01	0,07	7,4	0,14	<0,005	<0,01	21	<0,01			
GBL 066	B	1	<0,005	<0,05	<0,005	0,05	84	<0,2	<0,1	<0,01	0,07	7,0	0,10	<0,005	<0,01	8,5	<0,01	2,0869	0,84430	18,549
GBL 067	B	1	<0,005	<0,05	<0,005	0,04	74	<0,2	<0,1	<0,01	0,04	3,8	0,10	<0,005	<0,01	22	<0,01			
GBL 068	B	1	<0,005	<0,05	<0,005	0,04	71	<0,2	<0,1	<0,01	0,06	7,6	0,11	<0,005	<0,01	21	<0,01			
GBL 069	B	1	<0,005	0,07	<0,005	0,04	76	<0,2	<0,1	<0,01	0,05	6,7	0,08	<0,005	<0,01	17	0,01			
GBL 070	B	1	<0,005	0,08	<0,005	0,05	84	<0,2	<0,1	<0,01	0,07	7,9	0,12	<0,005	<0,01	7,9	<0,01			
GBL 071	B	1	<0,005	<0,05	<0,005	0,04	75	<0,2	<0,1	<0,01	0,06	4,4	0,08	<0,005	<0,01	20	<0,01	2,0892	0,84550	18,522
GBL 072	B	9	<0,005	0,11	<0,005	0,04	80	1,3	<0,1	<0,01	0,05	9,0	0,09	<0,005	0,09	10	<0,01			
GBL 073	B	1	<0,005	<0,05	<0,005	0,10	79	<0,2	<0,1	<0,01	0,14	5,4	0,56	<0,005	<0,01	15	<0,01			
GBL 074	B	1	<0,005	0,09	<0,005	0,03	72	<0,2	<0,1	<0,01	0,19	4,1	0,68	<0,005	<0,01	23	<0,01	2,0871	0,84957	18,399
GBL 075	B	1	<0,005	<0,05	<0,005	0,10	83	<0,2	<0,1	<0,01	0,12	5,9	0,60	<0,005	<0,01	10	<0,01			
GBL 076	B	1	<0,005	<0,05	<0,005	0,10	81	<0,2	<0,1	<0,01	0,12	5,9	0,58	<0,005	<0,01	12	<0,01	2,0863	0,84522	18,519
GBL 077	B	1	<0,005	0,05	0,01	0,09	81	<0,2	<0,1	<0,01	0,14	6,2	0,58	<0,005	<0,01	12	0,01			
GBL 078	B	1	<0,005	0,09	<0,005	0,10	75	<0,2	<0,1	<0,01	0,14	5,3	0,55	<0,005	<0,01	19	<0,01			
GBL 079	B	1	<0,005	<0,05	<0,005	0,10	78	<0,2	<0,1	<0,01	0,12	5,3	0,53	<0,005	<0,01	16	<0,01			
GBL 080	B	1	<0,005	<0,05	<0,005	0,10	77	<0,2	<0,1	<0,01	0,13	5,4	0,53	<0,005	<0,01	17	<0,01			
GBL 081	B	1	<0,005	<0,05	<0,005	0,04	81	<0,2	<0,1	<0,01	0,05	7,7	0,08	<0,005	<0,01	11	<0,01			
GBL 082	B	1	<0,005	0,45	<0,005	0,04	72	<0,2	<0,1	<0,01	0,07	8,9	0,12	<0,005	<0,01	18	<0,01			
GBL 083	A	1	<0,005	0,15	0,01	0,04	77	<0,2	<0,1	0,01	0,07	12	0,13	<0,005	<0,01	10	<0,01			
GBL 084	B	1	<0,005	<0,05	<0,005	0,05	74	<0,2	<0,1	0,01	0,06	4,7	0,09	<0,005	<0,01	21	<0,01			

Sample	Type	C1	C2	C3	C4	C5	C6	C7	C8	C9	C10	C11	C12	C13	C14	C15	C16	C17	C18
GBL 085	B	1	<0,005	0,09	<0,005	0,05	75	<0,2	<0,1	<0,01	0,05	7,2	0,10	<0,005	<0,01	17	<0,01		
GBL 086	B	1	<0,005	<0,05	<0,005	0,05	74	<0,2	<0,1	<0,01	0,05	3,2	0,07	<0,005	<0,01	22	<0,01		
GBL 087	A	1	<0,005	<0,05	0,02	0,04	75	<0,2	<0,1	0,01	0,05	9,0	0,10	<0,005	<0,01	15	<0,01		
GBL 088	B	1	<0,005	<0,05	<0,005	0,02	87	<0,2	<0,05	0,01	0,03	10	0,03	<0,005	<0,01	3,0	<0,01		
GBL 089	B	1	<0,005	<0,05	<0,005	0,02	86	<0,2	<0,05	0,01	0,03	11	0,03	<0,005	<0,01	2,6	<0,01		
GBL 090	B	1	<0,005	0,07	0,01	0,04	86	<0,2	<0,05	0,01	0,08	9,8	0,13	<0,005	<0,01	3,5	<0,01		
GBL 091	A	3	<0,005	0,06	<0,01	0,05	79	<0,2	<0,05	0,01	0,08	15	0,17	0,007	<0,01	4,8	<0,01		
GBL 092	A	1	<0,005	<0,05	<0,005	0,11	84	<0,2	<0,1	<0,01	0,14	5,8	0,57	<0,005	<0,01	9,3	0,03		
GBL 093	A	1	<0,005	0,06	<0,005	0,08	75	<0,2	<0,1	<0,01	0,17	7,7	0,57	<0,005	<0,01	16	0,03		
GBL 094	B	1,1	<0,005	<0,05	<0,005	0,06	86	<0,2	<0,01	<0,01	0,07	5,7	0,10	<0,005	<0,01	7,9	0,01	2,0889	0,8453	18,521
GBL 095	B	1,2	<0,005	<0,05	<0,005	0,07	78	<0,2	<0,1	<0,01	0,05	5,5	0,11	<0,005	<0,01	16	0,03		
GBL 096	B	1,5	<0,005	<0,05	<0,005	0,05	72	<0,2	<0,1	0,01	0,08	6,0	0,10	<0,005	<0,01	22	0,03	2,0880	0,8447	18,538
GBL 097	B	1	<0,005	<0,05	<0,005	0,04	72	<0,2	<0,1	0,01	0,04	6,3	0,11	<0,005	<0,01	21	0,03		
GBL 098	B	9	<0,005	<0,05	<0,005	0,05	79	<0,2	<0,1	<0,01	0,04	6,0	0,11	<0,005	<0,01	15	0,04		
GBL 099	B	1	<0,005	0,07	0,02	0,10	75	<0,2	<0,1	0,01	0,07	7,1	0,15	<0,005	<0,01	17	0,03		
GBL 100	B	1	<0,005	<0,05	<0,005	0,07	79	<0,2	<0,1	<0,01	0,30	2,9	0,60	<0,005	<0,01	17	0,03	2,0886	0,8494	18,405
GBL 101	A	1					80					8,5				11			
GBL 102	A	1					72					6,9				21			
GBL 103	A	1					75					7,5				12			
GBL 104	A	1	<0,005	0,06	<0,005	0,04	80	0,67	<0,1	<0,01	0,08	8,6	0,12	<0,005	<0,01	10	0,03		
GBL 105	B	1	<0,005	<0,05	0,01	0,04	71	<0,2	<0,1	<0,01	0,06	6,8	0,12	<0,005	<0,01	22	0,03	2,0867	0,8493	18,394
GBL 106	B	8	<0,005	<0,05	<0,005	0,04	98	<0,2	<0,1	0,01	0,05	1,0	0,09	<0,005	<0,01	0,93	<0,01	2,0876	0,8497	18,390
GBL 107	B	1	<0,005	0,08	<0,005	0,05	75	<0,2	<0,1	<0,01	0,19	6,9	0,13	<0,005	<0,01	18	<0,01	2,0868	0,8491	18,410
GBL 108	B	1	<0,005	<0,05	<0,005	0,05	75	<0,2	<0,1	<0,01	0,13	8,2	0,13	<0,005	<0,01	18	0,04		
GBL 109	B	1	<0,005	<0,05	<0,005	0,04	78	<0,2	<0,1	<0,01	0,07	5,0	0,12	<0,005	<0,01	17	0,03		
GBL 110	B	3	<0,005	0,11	<0,005	0,05	71	0,18	<0,1	<0,01	0,07	7,0	0,08	<0,005	<0,01	21	0,01		
GBL 111	B	1	<0,005	0,17	<0,005	0,05	73	0,19	<0,1	<0,01	0,12	8,3	0,12	<0,005	<0,01	18	0,03		
GBL 112	A	1	<0,005	<0,05	<0,005	0,04	85	<0,2	<0,1	<0,01	0,05	3,9	0,13	<0,005	<0,01	11	0,04		

Analysentabelle. Fortsetzung nächste Doppelseite

	Probenart	Stelle	Mn	Fe	Co	Ni	Cu	Zn	As	Se	Ag	Sn	Sb	Te	Au	Pb	Bi	$^{208}Pb/^{206}Pb$	$^{207}Pb/^{206}Pb$	$^{206}Pb/^{204}Pb$
GBL 113	A	1	<0,005	0,06	<0,005	0,04	89	<0,2	<0,05	<0,01	0,12	3,6	0,24	<0,005	0,1	6,2	0,11			
GBL 114	A	6	<0,005	0,47	<0,005	0,03	99	<0,2	0,1	<0,01	0,04	0,09	0,09	<0,005	<0,01	0,44	<0,01			
GBL 115	B	6	<0,005	0,33	<0,005	0,03	98	<0,2	<0,01	0,01	0,03	0,09	0,05	<0,005	<0,01	1,7	<0,01			
GBL 116	B	1	<0,005	0,10	<0,005	0,04	73	0,3	<0,01	<0,01	0,06	5,8	0,11	<0,005	<0,01	20	0,04			
GBL 117	A	1	<0,005	0,37	0,01	0,03	77	0,48	<0,1	<0,01	0,06	7,8	0,08	<0,005	<0,01	14	0,02			
GBL 118	B	1	<0,005	0,34	<0,005	0,04	75	0,47	<0,1	0,01	0,06	7,0	0,09	<0,005	<0,01	17	0,02	2,0861	0,84907	18,404
GBL 119	B	1	<0,005	0,09	<0,005	0,05	88	0,08	<0,01	<0,01	0,10	4,2	0,28	<0,005	<0,01	6,7	0,08			
GBL 120	A	1	<0,005	0,06	0,01	0,05	75	<0,2	0,03	<0,01	0,15	13	0,33	<0,005	0,60	11	0,02			
GBL 121	B	1	<0,005	0,05	<0,005	0,06	80	<0,2	<0,1	<0,01	0,09	6,4	0,17	<0,005	<0,01	13	<0,01			
GBL 122	A	1		0,5			84	3,6				5,6				5,6				
GBL 123	B	1	<0,005	0,47	<0,005	0,04	87	2,6	0	<0,01	0,05	4,6	0,08	<0,005	<0,01	5,0	0,01			
GBL 124	B	3	<0,005	0,05	<0,005	0,03	61	<0,2	<0,1	0,02	0,05	4,6	0,11	<0,005	0,02	34	<0,01			
GBL 125	B	3	<0,005	<0,05	<0,005	0,03	83	<0,2	<0,01	0,01	0,03	11	0,07	<0,005	<0,01	6,1	<0,01			
GBL 126	B	3	<0,005	<0,05	<0,005	0,03	84	<0,2	<0,01	0,01	0,03	9,8	0,07	<0,005	0,01	6,4	<0,01			
GBL 127	B	1	<0,005	0,34	<0,005	0,04	65	<0,2	<0,1	0,01	0,06	4,7	0,11	<0,005	<0,01	29	<0,01			
GBL 128	B	1	<0,005	0,21	0,01	0,07	71	<0,2	<0,1	0,01	0,09	2,6	0,24	<0,005	<0,01	25	0,02	2,0853	0,84864	18,415
GBL 129	B	2	<0,005	0,53	<0,005	0,11	69	26	<0,01	<0,01	0,04	0,19	0,04	<0,005	<0,01	3,8	0,01			
GBL 130	B	1	<0,005	0,15	<0,005	0,05	72	<0,2	<0,1	<0,01	0,17	8,3	0,13	<0,005	<0,01	19	0,02			
GBL 131	B	3	<0,005	<0,05	<0,005	0,05	87	0,16	<0,01	<0,01	0,09	7,5	0,22	<0,005	<0,01	5,4	0,01			
GBL 132	B	1	<0,005	0,08	<0,005	0,04	70	<0,2	<0,1	<0,01	0,05	5,5	0,10	<0,005	<0,01	24	0,03	2,0867	0,84852	18,420
GBL 133	B	1	<0,005	<0,05	<0,005	0,05	73	<0,2	<0,1	0,01	0,06	6,1	0,11	<0,005	<0,01	21	0,03			
GBL 134	B	1	<0,005	0,10	<0,005	0,06	76	<0,2	<0,1	<0,01	0,06	7,6	0,11	<0,005	<0,01	16	0,03			
GBL 135	B	1,5	<0,005	0,05	<0,005	0,06	74	<0,2	<0,1	0,01	0,05	6,9	0,10	<0,005	<0,01	19	0,03			
GBL 136	B	1	<0,005	0,18	0,01	0,05	73	1,0	<0,1	<0,01	0,21	3,9	0,07	<0,005	<0,01	21	0,03			
GBL 137	B	1	<0,005	0,10	<0,005	0,04	72	<0,2	<0,1	<0,01	0,05	7,6	0,08	<0,005	<0,01	20	0,01			
GBL 138	B	1	<0,005	<0,05	<0,005	0,05	73	<0,2	<0,1	<0,01	0,13	7,9	0,15	<0,005	<0,01	19	0,03			
GBL 139	B	1	<0,005	0,57	<0,005	0,05	65	3,0	<0,1	<0,01	0,09	8,9	0,12	<0,005	<0,01	22	0,03			
GBL 140	B	1	<0,005	0,09	0,01	0,06	70	<0,2	<0,1	0,01	0,13	7,8	0,15	<0,005	<0,01	22	0,02			

GBL	B																		
GBL 141	B	3					76	0,63	<0,1	0,01	0,06	6,7	0,10	<0,005	<0,01	16	0,02			
GBL 142	B	1	<0,005	0,20	<0,005	0,05	76	1,2	<0,1	<0,01	0,07	8,8	0,13	<0,005	<0,01	13	0,03			
GBL 143	B	1	<0,005	0,13	<0,005	0,05	68	<0,2	<0,1	0,01	0,18	8,1	0,13	<0,005	<0,01	23	0,02			
GBL 144	B	1	<0,005	0,13	0,01	0,05	75	<0,2	<0,1	<0,01	0,06	7,6	0,12	<0,005	<0,01	17	0,03			
GBL 145	B	1	<0,005	0,18	<0,01	0,05	73	<0,2	<0,1	0,01	0,07	8,1	0,12	<0,005	<0,01	18	0,02			
GBL 146	B	1	<0,005	0,81	<0,01	0,05	74	0,35	<0,1	0,01	0,05	7,2	0,14	<0,005	<0,01	17	0,01			
GBL 147	B	1	<0,005	<0,05	<0,01	0,08	87	<0,2	<0,01	<0,01	0,05	8,9	0,32	<0,005	<0,01	3,4	<0,01	2,0865	0,85043	18,368
GBL 148	B	1	<0,005	<0,05	<0,01	0,05	72	<0,2	<0,1	<0,01	0,07	5,3	0,09	<0,005	<0,01	22	0,05	2,0883	0,84552	18,528
GBL 149	B	1	<0,005	0,12	<0,005	0,05	74	<0,2	<0,1	<0,01	0,04	9,8	0,05	<0,005	<0,01	16	0,02	2,0909	0,84725	18,475
GBL 150	B	1	<0,005	0,19	<0,005	0,03	88	<0,2	<0,01	<0,01	0,02	9,3	0,03	<0,005	<0,01	2,4	<0,01	2,0835	0,83968	18,662
GBL 151	B	9	<0,005	<0,05	<0,005	0,04	92	<0,2	<0,01	<0,01	0,02	6,6	0,04	<0,005	<0,01	0,81	<0,01			
GBL 152	B	1,5	<0,005	<0,05	<0,005	0,03	90	<0,2	<0,01	0,01	0,02	9,1	0,04	<0,005	<0,01	0,46	<0,01			
GBL 153	B	1	<0,005	0,08	<0,005	0,03	93	<0,2	<0,01	0,01	0,04	3,0	0,13	<0,005	<0,01	3,4	<0,01	2,0894	0,85039	18,384
GBL 154	B	1	<0,005	<0,05	<0,005	0,04	94	<0,2	<0,01	0,01	0,04	1,8	0,16	<0,005	<0,01	4,0	<0,01			
GBL 155	B	1	<0,005	<0,05	<0,005	0,03	88	<0,2	<0,01	<0,01	0,02	11	0,09	<0,005	<0,01	0,51	<0,01	2,0932	0,8117	18,374
GBL 156	B	1	<0,005	0,30	<0,005	0,04	75	<0,2	<0,1	<0,01	0,07	10	0,08	<0,005	<0,01	14	0,02	2,0902	0,84751	18,464
GBL 157	B	9	<0,005	<0,05	<0,005	0,05	80	<0,2	<0,1	0,01	0,05	7,6	0,09	<0,005	<0,01	12	0,02			
GBL 158	B	1	<0,005	0,12	0,01	0,06	80	<0,2	<0,1	0,01	0,04	4,0	0,14	<0,005	<0,01	16	0,03			
GBL 159	B	1	<0,005	0,13	<0,005	0,05	88	<0,2	<0,1	<0,01	0,03	3,0	0,08	<0,005	<0,01	8,7	0,01			
GBL 160	B	1	<0,005	0,07	<0,005	0,05	70	<0,2	<0,1	<0,01	0,04	6,7	0,10	<0,005	<0,01	23	0,04			
GBL 161	B	1	<0,005	0,07	<0,005	0,04	84	<0,2	<0,1	<0,01	0,04	7,3	0,09	<0,005	<0,01	8,7	0,02			
GBL 162	B	1	<0,005	<0,05	<0,005	0,04	75	<0,2	<0,1	<0,01	0,07	7,1	0,13	<0,005	<0,01	18	0,04			
GBL 163	B	1	<0,005	0,10	<0,005	0,06	87	<0,2	<0,01	<0,01	0,07	3,4	0,20	<0,005	<0,01	9,0	0,01			
GBL 164	B	1	<0,005	0,13	<0,005	0,06	91	<0,2	<0,01	<0,01	0,06	2,3	0,16	<0,005	<0,01	5,8	0,01	2,0876	0,84879	18,425
GBL 165	B	1	<0,005	<0,05	<0,005	0,04	94	<0,2	0,01	0,01	0,04	0,77	0,12	<0,005	<0,01	4,8	0,01			
GBL 166	B	1	<0,005	<0,05	<0,005	0,05	73	<0,2	<0,1	<0,01	0,06	6,9	0,11	<0,005	<0,01	20	0,04			
GBL 167	B	1	<0,005	0,71	0,01	0,06	86	<0,2	<0,01	<0,01	0,06	6,2	0,18	<0,005	<0,01	6,9	0,01			
GBL 168	B	1	<0,005	0,05	<0,005	0,02	89	<0,2	<0,01	<0,01	0,06	11	0,01	<0,005	<0,01	0,23	<0,01			

Analysentabelle. Fortsetzung nächste Doppelseite

	Probenart	Stelle	Mn	Fe	Co	Ni	Cu	Zn	As	Se	Ag	Sn	Sb	Te	Au	Pb	Bi	$^{208}Pb/^{206}Pb$	$^{207}Pb/^{206}Pb$	$^{206}Pb/^{204}Pb$
GBL 169	B	1	<0,005	0,55	<0,005	0,05	81	<0,2	<0,01	<0,01	0,06	11	0,09	<0,005	<0,01	7,7	<0,01			
GBL 170	B	1	<0,005	<0,05	<0,005	0,06	88	<0,2	<0,01	<0,01	0,04	6,5	0,08	<0,005	<0,01	5,8	<0,01			
GBL 171	B	1	<0,005	0,28	<0,005	0,05	77	<0,2	<0,01	<0,01	0,05	5,5	0,09	<0,005	<0,01	17	0,02			
GBL 172	A	4																		
GBL 173	A	1	<0,005	<0,05	<0,005	0,05	80	<0,2	<0,1	<0,01	0,69	5,4	1,0	<0,005	<0,01	13	0,03			
GBL 174	A	1	<0,005	<0,05	<0,005	0,03	97	<0,2	0,02	<0,01	0,04	0,75	0,12	<0,005	<0,01	2,2	0,01			
GBL 175	A	1	<0,005	<0,05	<0,005	0,05	92	<0,2	<0,01	<0,01	0,08	2,9	0,19	<0,005	<0,01	4,7	0,02			
GBL 176	A	1	<0,005	0,08	<0,005	0,02	93		<0,01	<0,01	0,04	2,8	0,12	<0,005	<0,01	3,8	0,01			
GBL 177	A	1.4																		
GBL 178	A	1	<0,005	<0,05	<0,005	0,04	84	<0,2	<0,01	<0,01	0,06	7,5	0,11	<0,005	<0,01	8,4	0,04			
GBL 179	B	1	<0,005	<0,05	<0,005	0,11	82	<0,2	<0,1	<0,01	0,11	5,2	0,52	<0,005	<0,01	12	0,01			
GBL 180	B	1	<0,005	0,07	<0,005	0,09	80	<0,2	<0,1	<0,01	0,11	4,6	0,43	<0,005	<0,01	15	0,01	2,0866	0,84701	18,464
GBL 181	B	1	<0,005	0,36	<0,005	0,10	74	<0,2	<0,1	<0,01	0,17	7,5	0,72	<0,005	<0,01	17	0,01			
GBL 182	B	1	<0,005	<0,05	<0,005	0,11	75	<0,2	<0,1	0,01	0,19	5,2	0,57	<0,005	<0,01	19	0,02			
GBL 183	B	1	<0,005	<0,05	<0,005	0,07	84	<0,2	<0,1	<0,01	0,34	2,7	0,78	<0,005	<0,01	12	0,01			
GBL 184	B	1	<0,005	<0,05	<0,005	0,07	94	<0,2	<0,01	0,01	0,07	2,8	0,18	<0,005	<0,01	2,9	<0,01			
GBL 185	B	1	<0,005	<0,05	<0,005	0,06	85	<0,2	<0,01	<0,01	0,05	6,9	0,12	<0,005	<0,01	7,9	0,01			
GBL 186	B	1	<0,005	<0,05	<0,005	0,04	77	<0,2	<0,1	<0,01	0,18	7,6	0,08	<0,005	<0,01	15	0,01	2,0866	0,84375	18,561
GBL 187	B	1	<0,005	<0,05	<0,005	0,04	75	<0,2	<0,1	<0,01	0,20	8,0	0,09	<0,005	<0,01	16	0,03			
GBL 188	B	1	<0,005	0,09	<0,005	0,04	88	<0,2	0,01	<0,01	0,04	11	0,02	<0,005	<0,01	0,36	<0,01			
GBL 189	B	1,5	<0,005	<0,05	<0,005	0,04	88	0,20	0,02	<0,01	0,04	11	0,02	<0,005	<0,01	0,18	<0,01			
GBL 190	B	1	<0,005	0,10	<0,005	0,05	73	0,30	<0,1	<0,01	0,06	7,7	0,11	<0,005	<0,01	19	0,03	2,0868	0,84376	18,567
GBL 191	B	8	<0,005	0,10	<0,005	0,04	97	0,20	0,02	0,01	0,03	1,8	0,07	<0,005	<0,01	0,82	<0,01	2,0887	0,84594	18,511
GBL 192	B	1	<0,005	<0,05	<0,005	0,04	75	0,20	<0,1	<0,01	0,19	7,9	0,09	<0,005	<0,01	17	0,03			
GBL 193	B	1	<0,005	<0,05	<0,005	0,05	75	0,20	<0,1	<0,01	0,19	8,0	0,09	<0,005	<0,01	16	0,03	2,0867	0,84376	18,565
GBL 194	B	1	<0,005	0,06	<0,005	0,04	71	<0,2	<0,1	<0,01	0,16	7,2	0,07	<0,005	n.b	22	0,07			
GBL 195	B	1	<0,005	0,07	<0,005	0,04	76	<0,2	<0,1	<0,01	0,19	8,1	0,09	<0,005	n.b	15	0,05			
GBL 196	B	1	<0,005	0,05	0,04	0,04	77	<0,2	<0,1	<0,01	0,05	5,4	0,06	<0,005	n.b	17	0,06			

ID																				
GBL 197	B	1	<0,005	0,11	<0,005	0,04	75	<0,2	<0,1	<0,01	0,14	7,8	0,09	<0,005	n.b	17	0,04			
GBL 198	B	1	<0,005	0,13	<0,005	0,03	90	<0,2	0,02	<0,01	0,02	9,5	0,02	<0,005	n.b	0,31	<0,01			
GBL 199	B	1	<0,005	0,07	<0,005	0,03	79	<0,2	<0,1	<0,01	0,05	6,5	0,07	<0,005	n.b	15	0,05			
GBL 200	B	1	<0,005	0,07	<0,005	0,04	75	<0,2	<0,1	<0,01	0,05	5,4	0,09	<0,005	n.b	20	0,04			
GBL 201	B	2	<0,005	0,23	<0,005	0,02	88	9,0	0,03	<0,01	0,11	2,0	0,06	<0,005	n.b	0,66	<0,01			
GBL 202	B	2	<0,005	0,16	0,01	0,02	86	8,8	0,04	<0,01	0,05	3,9	0,06	<0,005	n.b	1,2	0,01			
GBL 203	B	1	<0,005	0,11	<0,005	0,04	79	<0,2	<0,1	<0,01	0,05	7,3	0,08	<0,005	n.b	14	0,05			
GBL 204	B	1	<0,005	0,06	<0,005	0,04	72	<0,2	<0,1	<0,01	0,06	5,3	0,11	<0,005	n.b	22	0,06	18,466	0,84772	2,0913
GBL 205	B	1	<0,005	0,20	<0,005	0,04	74	<0,2	<0,1	<0,01	0,05	7,6	0,09	<0,005	n.b	18	0,05			
GBL 206	B	1	<0,005	0,06	<0,005	0,05	78	<0,2	<0,1	<0,01	0,06	6,4	0,08	<0,005	n.b	15	0,04			
GBL 207	B	1	<0,005	<0,05	<0,005	0,04	80	<0,2	<0,1	<0,01	0,08	4,8	0,11	<0,005	n.b	15	0,05			
GBL 208	B	1	<0,005	0,12	<0,005	0,05	76	<0,2	<0,1	<0,01	0,04	5,8	0,09	<0,005	n.b	18	0,05			
GBL 209	B	1	<0,005	<0,05	<0,005	0,03	78	<0,2	<0,1	<0,01	0,08	4,5	0,08	<0,005	n.b	17	0,05			
GBL 210	B	9	<0,005	0,07	<0,005	0,04	73	0,24	<0,1	<0,01	0,05	6,9	0,09	<0,005	n.b	19	0,07			
GBL 211	B	9	<0,005	0,43	<0,005	0,05	73	<0,2	<0,1	<0,01	0,08	7,2	0,13	<0,005	n.b	19	0,06			
GBL 212	B	1	<0,005	0,06	<0,005	0,04	78	<0,2	<0,1	<0,01	0,03	7,5	0,10	<0,005	n.b	14	0,05	18,392	0,85055	2,0932
GBL 213	B	1	<0,005	0,17	<0,005	0,04	75	0,22	<0,1	<0,01	0,06	6,2	0,10	<0,005	n.b	18	0,06			
GBL 214	B	1	<0,005	0,09	<0,005	0,04	77	0,20	<0,1	<0,01	0,05	6,4	0,13	<0,005	n.b	16	0,05			
GBL 215	B	1	<0,005	0,21	<0,005	0,05	75	0,31	<0,1	<0,01	0,07	7,4	0,15	<0,005	n.b	17	0,06			
GBL 216	B	9	<0,005	0,15	<0,005	0,04	72	<0,2	<0,1	<0,01	0,07	10	0,14	<0,005	n.b	17	0,06			
GBL 217	B	1	<0,005	0,29	<0,005	0,04	71	1,1	<0,1	<0,01	0,05	6,7	0,09	<0,005	n.b	20	0,07			
GBL 218	B	1	<0,005	0,08	<0,005	0,04	74	<0,2	<0,1	<0,01	0,06	7,2	0,14	<0,005	n.b	18	0,05			
GBL 219	B	2	<0,005	0,56	<0,005	0,04	77	0,21	<0,1	<0,01	0,05	8,8	0,10	<0,005	n.b	13	0,05			
GBL 220	B	2	<0,005	0,75	<0,005	0,04	71	0,21	<0,1	<0,01	0,05	8,4	0,09	<0,005	n.b	19	0,06			
GBL 221	B	8	<0,005	<0,05	<0,005	0,04	94	<0,2	<0,01	<0,01	0,07	0,77	0,10	<0,005	n.b	5,4	0,02			
GBL 222	B	2	<0,005	0,17	<0,005	0,04	76	0,2	<0,1	<0,01	0,05	7,6	0,10	<0,005	n.b	15	0,05			
GBL 223	B	2	<0,005	0,07	<0,005	0,03	69	<0,2	<0,1	<0,01	0,05	5,3	0,08	<0,005	n.b	25	0,08	18,431	0,84887	2,0910
GBL 224	B	1	<0,005	0,06	<0,005	0,03	72	<0,2	<0,1	<0,01	0,05	5,5	0,10	<0,005	n.b	22	0,06			

Analysentabelle. Fortsetzung nächste Doppelseite

	Probenart	Stelle	Mn	Fe	Co	Ni	Cu	Zn	As	Se	Ag	Sn	Sb	Te	Au	Pb	Bi	$^{208}Pb/^{206}Pb$	$^{207}Pb/^{206}Pb$	$^{206}Pb/^{204}Pb$
GBL 225	B	1	<0,005	0,08	<0,005	0,04	76	<0,2	<0,1	<0,01	0,06	6,5	0,12	<0,005	n.b	17	0,05			
GBL 226	B	2	<0,005	0,27	<0,005	0,03	72	<0,2	<0,1	<0,01	0,08	8,2	0,09	<0,005	n.b	19	0,05			
GBL 227	B	8	<0,005	<0,05	<0,005	0,04	93	<0,2	<0,01	<0,01	0,07	0,88	0,11	<0,005	n.b	6,1	0,03			
GBL 228	B	1	<0,005	0,15	<0,005	0,06	76	0,20	<0,1	<0,01	0,09	6,5	0,42	<0,005	n.b	17	0,05			
GBL 229	B	1	<0,005	0,16	<0,005	0,03	74	0,20	<0,1	<0,01	0,09	8,0	0,10	<0,005	n.b	18	0,05			
GBL 230	B	1	<0,005	0,12	<0,005	0,04	72	0,24	<0,1	<0,01	0,06	6,4	0,12	<0,005	n.b	20	0,06			
GBL 231	B	1	<0,005	0,73	<0,005	0,05	75	1,1	<0,1	<0,01	0,08	6,6	0,10	<0,005	n.b	16	0,06			
GBL 232	B	1	<0,005	0,06	<0,005	0,05	75	0,35	<0,1	<0,01	0,08	8,6	0,14	<0,005	n.b	16	0,06			
GBL 233	B	1	<0,005	0,03	<0,005	0,04	74	<0,2	<0,1	<0,01	0,04	12	0,09	0,007	n.b	14	0,05			
GBL 234	B	1	<0,005	0,17	<0,005	0,04	94	<0,2	0,02	<0,01	0,04	2,8	0,08	<0,005	n.b	2,2	0,01	2,0891	0,84590	18,508
GBL 235	A	1	<0,005	0,14	<0,005	0,03	94	<0,2	<0,01	<0,01	0,06	3,4	0,1	<0,005	n.b	<0,01	0,01			
GBL 236	B	1,5	<0,005	0,08	<0,005	0,04	95	<0,2	<0,01	<0,01	0,04	1,4	0,07	<0,005	<0,01	3,1	0,02			
GBL 237	B	8	<0,005	0,48	<0,005	0,02	98	0,40	0,01	0,01	0,03	0,07	0,01	<0,005	<0,01	0,36	<0,01			
GBL 238	B	1	<0,005	0,17	<0,005	0,04	74	0,23	<0,1	<0,01	0,05	6,7	0,10	<0,005	<0,01	19	0,05	2,0869	0,84433	18,545
GBL 239	B	1	<0,005	0,24	<0,005	0,03	69	2,2	<0,1	<0,01	0,08	7,9	0,10	<0,005	<0,01	20	0,06			
GBL 240	B	1	<0,005	<0,05	<0,005	0,05	80	<0,2	<0,1	<0,01	0,04	3,6	0,21	<0,005	<0,01	16	0,04			
GBL 241	B	1	<0,005	0,06	<0,005	0,05	75	<0,2	<0,1	<0,01	0,05	6,7	0,08	<0,005	<0,01	18	0,06			
GBL 242	B	1	<0,005	<0,05	<0,005	0,05	83	<0,2	<0,01	<0,01	0,06	7,0	0,11	<0,005	<0,01	9,4	0,04			
GBL 243	B	1	<0,005	0,19	<0,005	0,04	75	<0,2	<0,1	<0,01	0,05	7,4	0,11	<0,005	<0,01	17	0,05			
GBL 244	B	1	<0,005	0,30	<0,005	0,03	71	1,6	<0,1	<0,01	0,09	8,6	0,15	<0,005	<0,01	18	0,08			
GBL 245	B	1	<0,005	0,07	<0,005	0,04	73	<0,2	<0,1	<0,01	0,12	7,8	0,13	<0,005	<0,01	19	0,05			
GBL 246	B	1	<0,005	1,9	<0,005	0,03	70	<0,2	<0,1	<0,01	0,07	4,6	0,06	<0,005	<0,01	23	0,06	2,0854	0,84908	18,398
GBL 247	B	1	<0,005	0,28	<0,005	0,04	72	1,2	<0,1	<0,01	0,07	8,1	0,11	<0,005	<0,01	18	0,04			
GBL 248	B	1	<0,005	0,05	<0,005	0,04	81	<0,2	<0,1	<0,01	0,05	6,6	0,11	<0,005	<0,01	12	0,03			
GBL 249	B	1	<0,005	2,2	<0,005	0,03	73	<0,2	<0,1	<0,01	0,23	4,8	0,07	<0,005	<0,01	19	0,06			
GBL 250	B	1	<0,005	0,06	<0,005	0,04	73	<0,2	<0,1	<0,01	0,11	7,5	0,13	<0,005	<0,01	19	0,06			
GBL 251	B	1		0,15		<0,01	66	0,15				7,2	<0,01			26	<0,01			
GBL 252	B	1		0,13		0,04	80	0,13				6,9	<0,01			12	<0,01			

GBL 253	B	1	0,50		0,03	71	0,50		6,5	<0,01	21	<0,01
GBL 254	B	1	<0,05		0,03	90	<0,2		3,3	0,03	5,8	<0,01
GBL 255	B	1	0,50		0,02	88	0,50		4,6	<0,01	5,8	<0,01
GBL 256	B	1	<0,05		0,03	98	<0,2		0,10	<0,01	1,6	<0,01
GBL 257	B	1	<0,05		0,02	85	<0,2		2,8	0,03	12	<0,01
GBL 258	B	1	<0,05		0,01	75	<0,2		2,4	<0,01	22	<0,01
GBL 259	B	1	0,39		<0,01	85	0,39		5,6	<0,01	7,8	<0,01
GBL 260	B	1	0,61		0,02	86	0,61		4,4	<0,01	7,3	0,02
GBL 261	B	1	0,03		<0,01	77	0,03		8,0	<0,01	15	<0,01
GBL 262	B	1	0,03		0,01	78	0,03		8,7	<0,01	12	<0,01
GBL 263	B	1	0,28		0,02	76	0,28		7,8	<0,01	15	<0,01
GBL 264	B	1	0,19		0,02	84	0,19		5,2	<0,01	10	<0,01
GBL 265	B	1	0,30		0,02	70	0,30		7,1	<0,01	21	<0,01
GBL 266	B	1	<0,05		0,02	79	<0,2		2,5	<0,01	18	<0,01
GBL 267	B	1	0,31		<0,01	77	0,31		7,0	<0,01	15	0,03
GBL 268	B	1	0,95		<0,01	68	0,95		4,8	<0,01	25	<0,01
GBL 269	B	1	0,93		<0,01	73	0,93		4,8	<0,01	20	<0,01
GBL 270	B	1	<0,05		<0,01	77	<0,2		7,9	<0,01	15	<0,01
GBL 271	B	1	<0,05		<0,01	78	<0,2		5,7	<0,01	16	<0,01
GBL 272	B	1	<0,05		0,02	78	<0,2		5,4	<0,01	16	<0,01
GBL 273	B	1	<0,05		0,02	78	<0,2		4,8	<0,01	17	<0,01
GBL 274	B	1	<0,05		0,02	77	<0,2		5,1	<0,01	17	<0,01
GBL 275	B	1	<0,05		<0,01	85	<0,2		5,5	<0,01	8,9	<0,01
GBL 276	B	1	<0,05		0,02	88	<0,2		2,8	0,06	8,5	<0,01
GBL 277	B	1	0,05		0,02	87	<0,2		4,5	0,05	8,1	<0,01
GBL 278	B	1	0,09		0,02	80	<0,2		6,8	<0,01	13	<0,01
GBL 279	B	1	1,2		<0,01	73	1,22		5,8	<0,01	18	<0,01
GBL 280	B	1	1,1		0,02	81	1,09		6,2	<0,01	10	<0,01

Analysentabelle. Fortsetzung nächste Doppelseite

	Probenart	Stelle	Mn	Fe	Co	Ni	Cu	Zn	As	Se	Ag	Sn	Sb	Te	Au	Pb	Bi	208Pb/206Pb	207Pb/206Pb	206Pb/204Pb
GBL 281	B	1		1,2		<0,01	80	1,20				5,8	<0,01			11	<0,01			
GBL 282	B	1		0,07		0,04	91	0,07				6,3	<0,01			13	0,03			
GBL 283	B	1		<0,05		0,02	83	<0,2				4,1	<0,01			4,1	<0,01			
GBL 284	B	1		<0,05		0,02	84	<0,2				5,0	<0,01			11	<0,01			
GBL 285	B	1		0,14		<0,01	94	0,14				6,2	<0,01			8,7	<0,01			
GBL 286	B	1		<0,05		0,02	93	<0,2				2,7	<0,01			3,2	<0,01			
GBL 287	B	1		<0,05		0,02	81	<0,2				7,6	<0,01			11	<0,01			
GBL 288	B	1		<0,05		0,02	89	<0,2				3,5	<0,01			7,5	<0,01			
GBL 289	B	1		0,14		0,02	84	0,14				5,1	<0,01			10	<0,01			
GBL 290	B	1		0,09		0,03	87	0,09				4,5	<0,01			7,4	<0,01			
GBL 291	B	1		0,23		<0,01	73	0,23				7,8	<0,01			18	<0,01			
GBL 292	B	1		0,32		0,02	88	0,32				5,3	<0,01			5,5	<0,01			
GBL 293	B	1		<0,05		0,02	93	<0,2				3,1	<0,01			3,8	<0,01			
GBL 294	B	1		0,95		<0,01	84	0,95				6,8	<0,01			6,9	<0,01			
GBL 295	B	1	<0,005	0,10	<0,005	0,03	82	<0,2	<0,01	<0,01	0,05	8,3	0,09	<0,005	<0,01	10	0,04	2,0861	0,84926	18,394
GBL 296	B	1	<0,005	0,25	<0,005	0,04	73	0,18	<0,1	<0,01	0,06	8,7	0,11	<0,005	0,04	17	0,06	2,0859	0,84863	18,417
GBL 297	B	1	<0,005	0,18	<0,005	0,04	91	<0,2	<0,01	<0,01	0,05	4,4	0,11	<0,005	<0,01	4,3	0,02			
GBL 298	B	1	<0,005	0,23	<0,005	0,04	86	0,22	<0,01	<0,01	0,04	5,6	0,11	<0,005	0,06	7,6	0,03			
GBL 299	B	1	<0,005	0,10	<0,005	0,04	89	<0,2	<0,01	<0,01	0,04	2,7	0,14	<0,005	<0,01	7,9	0,03			
GBL 300	B	1	<0,005	0,42	<0,005	0,04	78	0,33	<0,1	<0,01	0,05	7,9	0,10	<0,005	0,01	13	0,05			
GBL 301	B	1	<0,005	0,15	<0,005	0,03	87	<0,2	<0,1	<0,01	0,04	3,3	0,15	<0,005	<0,01	10	0,03			
GBL 302	B	3	<0,005	0,10	<0,005	0,03	84	1,2	<0,01	<0,01	0,03	7,1	0,07	<0,005	0,05	7,3	0,03			
GBL 303	B	3	<0,005	0,14	<0,005	0,03	76	1,3	<0,1	<0,01	0,08	6,1	0,06	<0,005	0,07	16	0,06			
GBL 304	B	9	<0,005	<0,05	<0,005	0,04	86	<0,2	<0,1	<0,01	0,06	7,0	0,10	<0,005	<0,01	6,4	0,03	2,0863	0,84791	18,442
GBL 305	B	1	<0,005	0,19	<0,005	0,04	86	<0,2	<0,1	<0,01	0,04	4,7	0,11	<0,005	0,05	8,3	0,03			
GBL 306	B	1	<0,005	0,12	0,005	0,05	90	<0,2	0,03	<0,01	0,05	2,7	0,22	<0,005	<0,01	6,9	0,02			
GBL 307	B	1	<0,005	0,05	<0,005	0,05	94	<0,2	0,05	0,01	0,07	2,9	0,18	<0,005	<0,01	2,2	0,01			
GBL 308	B	9	<0,005	0,12	<0,005	0,05	84	<0,2	<0,1	<0,01	0,04	7,6	0,07	<0,005	<0,01	8,1	0,04	2,0861	0,84296	18,584

Probe																	
GBL 309	B	9	<0,005	0,07	<0,005	0,04	76	0,57	<0,1	<0,01	0,22	7,9	0,10	<0,005	0,04	15	0,05
GBL 310	B	9	<0,005	0,09	<0,005	0,04	74	0,66	<0,1	<0,01	0,18	7,5	0,11	<0,005	0,04	17	0,06
GBL 311	B	1	<0,005	<0,05	<0,005	0,02	87	<0,2	<0,01	<0,01	0,04	8,1	0,05	<0,005	<0,01	5,0	0,01
GBL 312	B	1	<0,005	0,17	<0,005	0,02	83	<0,2	<0,01	<0,01	0,03	8,3	0,05	<0,005	<0,01	8,3	0,02
GBL 313	B	1	<0,005	0,15	<0,005	0,02	94	<0,2	0,04	<0,01	0,04	2,5	0,14	<0,005	<0,01	3,5	0,01
GBL 314	B	1	<0,005	0,05	<0,005	0,07	95	0,4	0,29	<0,01	0,12	2,7	0,22	<0,005	0,03	0,92	0,02
GBL 315	B	1	<0,005	0,32	<0,005	0,03	96	<0,2	0,03	<0,01	0,04	2,9	0,06	<0,005	<0,01	0,74	<0,01
GBL 316	B	1	<0,005	0,16	0,14	0,04	84	<0,2	<0,01	0,03	0,06	7,1	0,08	<0,005	0,34	8,4	0,03
GBL 317	B	1	<0,005	0,09	<0,005	0,03	76	0,19	<0,1	<0,01	0,06	8,1	0,11	<0,005	<0,01	15	0,04
GBL 318	B	1	<0,005	0,05	<0,005	0,06	77	<0,2	<0,1	<0,01	0,07	4,3	0,04	<0,005	<0,01	18	0,03
GBL 319	B	1	<0,005	0,11	<0,005	0,02	89	<0,2	<0,1	<0,01	0,04	1,1	0,11	<0,005	<0,01	9,4	0,03
GBL 320	B	1	<0,005	0,05	<0,005	0,03	94	<0,2	0,01	0,01	0,04	2,2	0,17	<0,005	<0,01	3,2	0,01
GBL 321	B	1	<0,005	0,07	0,04	0,05	87	<0,2	<0,1	<0,01	0,06	2,8	0,17	<0,005	<0,01	10	0,03
GBL 322	B	1	<0,005	0,05	<0,005	0,02	71	<0,2	<0,1	<0,01	0,04	6,7	0,10	0,005	<0,01	22	0,05
GBL 323	B	1	<0,005	0,07	<0,005	0,03	76	<0,2	<0,1	<0,01	0,04	6,2	0,10	<0,005	<0,01	17	0,05
GBL 324	B	1	<0,005	0,90	0,01	0,04	75	17	0,11	<0,01	0,05	2,5	0,10	<0,005	0,11	4,4	0,01
GBL 325	B	1	0,0095	2,2	0,02	0,03	74	<0,2	<0,1	<0,01	0,04	5,5	0,09	<0,005	0,10	17	0,04
GBL 326	B	1	<0,005	0,21	<0,005	0,13	83	<0,2	<0,1	<0,01	0,07	7,1	0,09	<0,005	<0,01	18	0,05
GBL 327	B	1	<0,005	0,12	<0,005	0,03	75	0,20	0,19	<0,01	0,05	11	0,21	0,007	<0,01	5,1	0,03
GBL 328	B	1	<0,005	0,23	<0,005	0,03	72	<0,2	<0,1	<0,01	0,05	9,4	0,09	<0,005	<0,01	18	0,04
GBL 329	B	1	<0,005	0,59	<0,005	0,04	81	1,1	0,05	<0,01	0,08	5,8	0,21	<0,005	0,09	11	0,02
GBL 330	B	1	<0,005	0,14	<0,005	0,04	79	<0,2	<0,1	<0,01	0,07	12	0,10	<0,005	<0,01	8,3	0,03	2,0857
GBL 331	B	9	<0,005	0,09	<0,005	0,02	75	<0,2	<0,1	<0,01	0,04	10	0,07	<0,005	<0,01	15	0,03	0,84913	18,398
GBL 332	B	1	<0,005	0,14	<0,005	0,03	71	<0,2	<0,1	<0,01	0,07	9,9	0,09	<0,005	<0,01	18	0,05
GBL 333	B	1	<0,005	0,08	<0,005	0,04	75	<0,2	<0,1	<0,01	0,04	6,4	0,09	<0,005	<0,01	18	0,04
GBL 334	B	1	<0,005	0,11	<0,005	0,06	85	<0,2	<0,1	<0,01	0,07	7,8	0,11	<0,005	<0,01	6,6	0,02
GBL 335	B	1	<0,005	0,45	<0,005	0,04	89	<0,2	<0,01	<0,01	0,06	7,4	0,12	<0,005	<0,01	2,9	0,01
GBL 336	B	1	<0,005	0,11	<0,005	0,03	72	<0,2	<0,1	<0,01	0,06	8,5	0,12	<0,005	<0,01	19	0,03

Analysentabelle. Fortsetzung nächste Doppelseite

Probenart	Stelle	Mn	Fe	Co	Ni	Cu	Zn	As	Se	Ag	Sn	Sb	Te	Au	Pb	Bi	$^{208}Pb/^{206}Pb$	$^{207}Pb/^{206}Pb$	$^{206}Pb/^{204}Pb$
GBL 337	B	1	<0,005	0,11	<0,005	0,02	72	<0,2	<0,1	<0,01	0,06	7,1	0,08	<0,005	<0,01	21	0,04			
GBL 338	B	1	<0,005	0,09	<0,005	0,03	74	<0,2	<0,1	<0,01	0,05	7,1	0,10	<0,005	<0,01	18	0,04			
GBL 339	B	1,5	<0,005	0,14	<0,005	0,09	73	0,20	<0,1	<0,01	0,13	4,7	0,64	<0,005	0,04	21	0,05	2,0866	0,84911	18,408
GBL 340	B	1	<0,005	0,02	<0,005	0,015	86	<0,2	<0,1	<0,01	0,03	6,9	0,02	<0,005	<0,01	7,0	0,01			
GBL 341	B	2	<0,005	0,07	<0,005	0,03	69	<0,2	<0,1	<0,01	0,05	9,1	0,08	<0,005	<0,01	21	0,04	2,0857	0,84913	18,401
GBL 342	B	1	<0,005	0,06	<0,005	0,03	72	0,20	<0,1	<0,01	0,06	8,1	0,10	<0,005	0,01	20	0,03			
GBL 343	B	1	<0,005	0,05	<0,005	0,04	75	0,20	<0,1	<0,01	0,05	8,3	0,11	<0,005	<0,01	16	0,03			
GBL 344	B	1	<0,005	0,05	<0,005	0,03	71	<0,2	<0,1	<0,01	0,05	6,7	0,08	<0,005	0,01	22	0,05	2,0872	0,84887	18,407
GBL 345	B	1	<0,005	0,15	<0,005	0,03	85	0,34	<0,01	<0,01	0,04	9,2	0,07	<0,005	0,02	5,6	0,02			
GBL 346	B	1	<0,005	0,03	<0,005	0,02	90	<0,2	0,01	<0,01	0,03	9,7	0,04	<0,005	<0,01	0,45	<0,01			
GBL 347	B	1	<0,005	0,23	<0,005	0,05	72	<0,2	<0,1	<0,01	0,12	11	0,17	<0,005	<0,01	17	0,04			
GBL 348	B	1	<0,005	0,17	<0,005	0,04	75	<0,2	<0,1	<0,01	0,11	9,6	0,14	<0,005	<0,01	15	0,03			
GBL 349	B	1	<0,005	0,06	<0,005	0,04	75	<0,2	<0,1	<0,01	0,07	3,7	0,10	<0,005	<0,01	21	0,06	2,0879	0,84486	18,533
GBL 350	B	1	<0,005	0,04	<0,005	0,04	75	<0,2	<0,1	<0,01	0,06	3,7	0,10	<0,005	<0,01	21	0,05			
GBL 351	B	1	<0,005	0,32	<0,005	0,02	72	<0,2	<0,1	<0,01	0,04	6,4	0,07	<0,005	<0,01	21	0,03			
GBL 352	B	1	<0,005	0,03	<0,005	0,03	78	<0,2	<0,1	<0,01	0,05	2,9	0,10	<0,005	0,0075	19	0,04			
GBL 353	B	1	<0,005	0,62	<0,005	0,01	90	<0,2	<0,01	<0,01	0,04	7,7	0,04	<0,005	<0,01	1,9	<0,01	2,0908	0,8491	18,428
GBL 354	B	1	<0,005	0,04	<0,005	0,03	78	<0,2	<0,1	<0,01	0,03	4,8	0,13	<0,005	<0,01	17	0,03			
GBL 355	B	1	<0,005	0,06	<0,005	0,09	74	<0,2	<0,1	<0,01	0,10	4,5	0,40	<0,005	<0,01	21	0,03			
GBL 356	B	1	<0,005	0,06	<0,005	0,04	73	<0,2	<0,1	<0,01	0,05	6,1	0,08	<0,005	<0,01	21	0,03	2,0875	0,84501	18,527
GBL 357	B	1	<0,005	0,13	<0,005	0,04	70	0,36	<0,1	<0,01	0,04	4,9	0,08	<0,005	0,01	24	0,04			
GBL 358	B	1	<0,005	0,13	<0,005	0,04	68	0,20	<0,1	<0,01	0,06	4,7	0,19	<0,005	<0,01	27	0,03			
GBL 359	B	1	<0,005	0,04	<0,005	0,02	73	<0,2	<0,1	<0,01	0,05	11	0,07	<0,005	<0,01	16	0,03	2,0862	0,84918	18,398
GBL 360	B	1	<0,005	0,10	0,01	0,03	76	<0,2	<0,1	<0,01	0,03	5,3	0,09	<0,005	<0,01	18	0,03	2,0932	0,85015	18,395
GBL 361	B	1	<0,005	1,2	<0,005	0,04	74	1,4	<0,1	<0,01	0,06	7,3	0,12	<0,005	0,08	16	0,03			
GBL 362	B	1	<0,005	0,08	0,01	0,04	75	0,20	<0,1	<0,01	0,08	5,9	0,09	<0,005	<0,01	19	0,04	2,0849	0,84434	18,541
GBL 363	B	1	<0,005	0,08	0,01	0,04	75	0,20	<0,1	<0,01	0,08	5,7	0,09	<0,005	<0,01	19	0,04			
GBL 364	B	1	<0,005	0,25	<0,005	0,03	82	<0,2	<0,1	<0,01	0,05	4,3	0,17	<0,005	<0,01	13	0,03			

Sample	Type	C1	C2	C3	C4	C5	C6	C7	C8	C9	C10	C11	C12	C13	C14	C15	C16	C17	C18	C19
GBL 365	B	1	<0,005	0,18	<0,005	0,03	72	<0,2	<0,1	<0,01	0,05	8,5	0,15	<0,005	<0,01	19	0,03	2,0835	0,84307	18,571
GBL 366	B	1	<0,005	0,13	<0,005	0,04	74	<0,2	<0,1	<0,01	0,07	9,2	0,12	<0,005	<0,01	16	0,02	2,0865	0,84873	18,414
GBL 367	B	1	<0,005	0,21	<0,005	0,03	96	<0,2	0,05	0,01	0,04	3,4	0,12	<0,005	<0,01	0,14	<0,01			
GBL 368	A	10,5																		
GBL 369	B	1	<0,005	0,20	<0,005	0,04	78	<0,2	<0,1	<0,01	0,04	7,5	0,09	<0,005	<0,01	14	0,03	2,0901	0,84726	18,475
GBL 370	B	1	<0,005	0,24	0,01	0,03	74	<0,2	<0,1	<0,01	0,04	7,0	0,09	<0,005	0,023	19	0,03			
GBL 371	B	1	<0,005	0,06	<0,005	0,04	80	<0,2	<0,1	<0,01	0,08	7,2	0,19	<0,005	<0,01	12	0,02			
GBL 372	B	1	<0,005	0,12	<0,005	0,02	72	0,30	<0,1	<0,01	0,05	7,8	0,10	<0,005	0,02	20	0,01			
GBL 373	B	1	<0,005	0,09	<0,005	0,03	71	<0,2	<0,1	<0,01	0,11	9,9	0,13	<0,005	<0,01	19	0,03			
GBL 374	B	3	<0,005	0,19	<0,005	0,02	75	<0,2	<0,1	<0,01	0,07	12	0,11	<0,005	<0,01	13	0,02			
GBL 375	B	1	<0,005	0,18	<0,005	0,03	71	<0,2	<0,1	<0,01	0,05	8,4	0,12	<0,005	<0,01	20	0,04			
GBL 376	B	1	<0,005	0,28	<0,005	0,04	74	2,0	<0,1	<0,01	0,05	7,5	0,10	<0,005	0,11	16	0,03			
GBL 377	B	1	<0,005	0,09	<0,005	0,03	76	<0,2	<0,1	<0,01	0,05	5,7	0,09	<0,005	<0,01	18	0,03	2,0879	0,84478	18,540
GBL 378	B	1	<0,005	0,35	<0,005	0,03	74	<0,2	<0,1	<0,01	0,04	6,3	0,07	<0,005	<0,01	19	0,04			
GBL 379	B	1	<0,005	0,05	<0,005	0,03	75	<0,2	<0,1	<0,01	0,05	3,4	0,09	<0,005	<0,01	21	0,03	2,0879	0,84492	18,534
GBL 380	B	1	<0,005	<0,05	<0,005	0,03	83	<0,2	<0,1	<0,01	0,04	2,9	0,05	0,009	<0,01	14	0,03	2,0887	0,84541	18,522
GBL 381	B	10.2	<0,005	0,25	<0,005	0,03	73	4,3	<0,1	0,01	0,06	7,1	0,08	<0,005	0,17	15	0,02			
GBL 382	B	10.2	<0,005	0,19	<0,005	0,04	77	1,1	<0,1	<0,01	0,06	8,8	0,11	<0,005	0,07	13	0,03			
GBL 383	B	1	<0,005	0,33	<0,005	0,03	75	0,40	<0,1	<0,01	0,05	7,1	0,10	<0,005	0,02	17	0,03			
GBL 384	B	1	<0,005	0,22	<0,005	0,03	73	0,20	<0,1	<0,01	0,05	6,8	0,10	<0,005	<0,01	20	0,03	2,0895	0,84653	18,492
GBL 385	B	1	<0,005	0,16	<0,005	0,03	78	0,20	<0,1	<0,01	0,04	5,6	0,09	<0,005	0,01	16	0,03			
GBL 386	B	1,5	<0,005	0,11	<0,005	0,03	77	<0,2	<0,1	<0,01	0,05	7,6	0,08	<0,005	<0,01	15	0,03			
GBL 387	B	1	<0,005	0,37	<0,005	0,03	68	0,20	<0,1	<0,01	0,06	8,0	0,10	<0,005	0,01	23	0,03	2,0856	0,84860	18,417
GBL 388	B	1	<0,005	0,31	<0,005	0,03	67	0,40	<0,1	<0,01	0,05	6,0	0,10	0,005	0,03	26	0,04	2,0908	0,84869	18,436
GBL 389	B	1,1	<0,005	0,13	<0,005	0,03	76	0,40	<0,1	<0,01	0,05	7,7	0,09	<0,005	0,03	15	0,03			
GBL 390	B	1,5	<0,005	0,08	<0,005	0,03	76	0,60	<0,1	<0,01	0,05	8,2	0,09	<0,005	0,04	15	0,03	2,0860	0,84864	18,420
GBL 391	B	1,2	<0,005	0,24	<0,005	0,03	77	0,60	<0,1	<0,01	0,10	9,1	0,08	0,008	0,04	13	0,03			
GBL 392	B	1	<0,005	0,10	0,01	0,03	74	<0,2	<0,1	<0,01	0,04	6,6	0,08	<0,005	<0,01	19	0,03	2,0876	0,84430	18,554

Analysentabelle. Fortsetzung nächste Doppelseite

	Probenart	Stelle	Mn	Fe	Co	Ni	Cu	Zn	As	Se	Ag	Sn	Sb	Te	Au	Pb	Bi	$^{208}Pb/^{206}Pb$	$^{207}Pb/^{206}Pb$	$^{206}Pb/^{204}Pb$
GBL 393	B	1,5	<0,005	0,06	<0,005	0,03	77	<0,2	<0,1	<0,01	0,13	5,6	0,07	0,005	0,01	17	0,04			
GBL 394	B	1	<0,005	0,08	<0,005	0,03	78	<0,2	<0,1	<0,01	0,11	4,3	0,06	0,005	0,02	17	0,04			
GBL 395	B	9	<0,005	0,30	<0,005	0,03	90	<0,2	<0,01	<0,01	0,05	3,7	0,12	0,008	<0,01	6,0	0,01			
GBL 396	B	8	<0,005	<0,05	<0,005	0,04	99	<0,2	0,1	0,01	0,01	0,03	0,05	0,005	<0,01	0,06	<0,01			
GBL 397	B	1,3	<0,005	0,10	<0,005	0,04	81	<0,2	<0,1	<0,01	0,05	9,1	0,08	<0,005	<0,01	10	0,03			
GBL 398	B	1	<0,005	0,08	<0,005	0,04	75	<0,2	<0,1	<0,01	0,04	6,8	0,10	<0,005	<0,01	18	0,04	2,0855	0,84892	18,414
GBL 399	B	5	<0,005	<0,05	<0,005	<0,01	0,78	<0,2	<0,1	<0,01	0,02	22	0,03	<0,005	<0,01	77	0,14	2,0881	0,84887	18,423
GBL 400	B	5	<0,005	0,19	<0,005	0,02	0,13	0,20	<0,1	<0,01	0,004	61	<0,01	0,04	<0,01	38	0,12			
GBL 401	B	1	<0,005	<0,05	<0,005	0,03	89	<0,2	<0,1	<0,01	0,05	2,6	0,06	0,006	<0,01	8,3	0,02			
GBL 402	B	8	<0,005	<0,05	0,01	0,01	61	38	<0,01	<0,01	<0,003	0,4	<0,003	0,005	0,05	0,81	0,01			
GBL 403	B	1	<0,005	<0,05	<0,005	0,04	72	<0,2	<0,1	<0,01	0,05	5,8	0,08	<0,005	<0,01	22	0,05	2,0882	0,84541	18,523
GBL 404	B	8	<0,005	<0,05	<0,005	0,03	99	<0,2	0,01	0,005	0,03	0,2	0,07	<0,005	0,02	0,65	<0,01			
GBL 405	B	1,3	<0,005	<0,05	<0,005	0,03	86	<0,2	<0,01	<0,01	0,03	7,3	0,05	<0,005	<0,01	6,6	0,02			
GBL 406	B	1	<0,005	0,06	<0,005	0,04	76	<0,2	<0,1	<0,01	0,04	5,5	0,19	<0,005	<0,01	18	0,04			
GBL 407	B	1,3	<0,005	0,72	<0,005	0,02	83	<0,2	<0,01	<0,01	0,03	11	0,05	<0,005	<0,01	4,6	0,02			
GBL 408	B	1	<0,005	0,25	<0,005	0,03	74	<0,2	<0,1	<0,01	0,07	8,3	0,10	<0,005	<0,01	17	0,04	2,0864	0,84858	18,423
GBL 409	B	1	<0,005	0,12	<0,005	0,04	74	0,30	<0,1	<0,01	0,06	6,6	0,14	<0,005	<0,01	19	0,06			
GBL 410	B	9	<0,005	0,10	<0,005	0,04	74	0,30	<0,1	<0,01	0,06	7,6	0,13	0,007	<0,01	18	0,06			
GBL 411	B	8	<0,005	0,07	<0,005	0,04	95	<0,2	0,19	<0,01	0,08	1,5	0,20	0,006	0,01	3,2	0,01			
GBL 412	B	1	<0,005	0,07	<0,005	0,04	81	0,20	<0,1	<0,01	0,08	5,8	0,12	<0,005	0,01	13	0,01			
GBL 413	S	1																		
GBL 414	B	1	<0,005	0,08	<0,005	0,03	73	<0,2	<0,1	<0,01	0,04	6,1	0,08	<0,005	<0,01	21	0,02	2,0884	0,84534	18,527
GBL 415	B	1	<0,005	0,05	<0,005	0,04	76	<0,2	<0,1	<0,01	0,06	5,5	0,08	<0,005	<0,01	18	0,02			
GBL 416	B	1	<0,005	0,05	<0,005	0,02	79	<0,2	<0,1	<0,01	0,03	5,1	0,09	<0,005	<0,01	15	0,02			
GBL 417	B	1	<0,005	<0,05	<0,005	0,04	76	<0,2	<0,1	<0,01	0,04	3,5	0,09	<0,005	<0,01	21	0,03			
GBL 418	B	1	0,012	0,32	<0,005	0,05	75	<0,2	<0,1	<0,01	0,06	5,2	0,08	<0,005	<0,01	19	0,04			
GBL 419	B	1	<0,005	0,05	<0,005	0,03	73	<0,2	<0,1	<0,01	0,05	4,6	0,05	<0,005	<0,01	22	0,04			
GBL 420	B	1	<0,005	0,07	<0,005	0,03	72	<0,2	<0,1	<0,01	0,04	6,9	0,09	<0,005	<0,01	21	0,04			

Sample																					
GBL 421	B	1	<0,005	0,07	<0,005	0,03	74	<0,2	<0,1	<0,01	0,04	5,7	0,09	<0,005	<0,01	20	0,04		2,0883	0,8452	18,530
GBL 422	B	1	<0,005	0,05	0,01	0,04	74	<0,2	<0,1	<0,01	0,04	6,5	0,10	<0,005	0,01	19	0,03				
GBL 423	B	1	<0,005	0,06	<0,005	0,03	75	<0,2	<0,1	<0,01	0,04	5,8	0,08	0,012	<0,01	19	0,04				
GBL 424	B	1	<0,005	0,37	<0,005	0,04	75	<0,2	<0,1	<0,01	0,05	6,9	0,11	<0,005	0,16	12	0,03				
GBL 425	B	1	<0,005	0,15	<0,005	0,06	77	<0,2	<0,1	<0,01	0,06	6,3	0,12	<0,005	<0,01	16	0,04				
GBL 426	B	1	<0,005	0,10	0,005	0,03	68	<0,2	<0,1	<0,01	0,05	4,6	0,05	0,005	<0,01	27	0,04				
GBL 427	B	1	<0,005	0,05	<0,005	0,04	75	<0,2	<0,1	<0,01	0,04	5,3	0,08	0,007	<0,01	19	0,04				
GBL 428	B	1	<0,005	0,05	<0,005	0,03	72	<0,2	<0,1	<0,01	0,04	5,9	0,08	0,007	<0,01	22	0,05				
GBL 429	B	1	<0,005	<0,05	<0,005	0,04	81	<0,2	<0,1	<0,01	0,04	4,6	0,10	0,006	<0,01	14	0,03				
GBL 430	B	1	<0,005	0,10	<0,005	0,04	73	<0,2	<0,1	<0,01	0,04	4,7	0,12	<0,005	0,03	21	0,04				
GBL 431	B	3	<0,005	0,24	0,01	0,03	71	<0,2	<0,1	<0,01	0,06	7,0	0,11	<0,005	0,03	21	0,03				
GBL 432	B	1	<0,005	0,07	<0,005	0,04	77	<0,2	<0,1	<0,01	0,07	4,8	0,10	0,005	<0,01	18	0,02				
GBL 433	B	1	<0,005	0,05	<0,005	0,03	82	<0,2	<0,1	<0,01	0,06	4,3	0,09	0,005	<0,01	13	0,02				
GBL 434	B	1	<0,005	0,08	<0,005	0,04	75	<0,2	<0,1	<0,01	0,04	5,2	0,09	0,01	<0,01	19	0,02				
GBL 435	B	1	<0,005	0,08	<0,005	0,04	75	<0,2	<0,1	<0,01	0,05	5,8	0,11	0,005	<0,01	19	0,03		2,0886	0,84598	18,510
GBL 436	B	1	<0,005	0,09	<0,005	0,04	76	<0,2	<0,1	<0,01	0,05	5,2	0,09	<0,005	<0,01	18	0,03				
GBL 437	B	1	<0,005	<0,05	0,01	0,03	75	<0,2	<0,1	<0,01	0,05	4,3	0,08	<0,005	0,03	20	0,05				
GBL 438	A	1	<0,005	0,13	<0,005	0,03	80	<0,2	<0,1	<0,01	0,05	10	0,10	<0,005	<0,01	10	0,03				
GBL 439	A	1	<0,005	0,14	<0,005	0,04	76	<0,2	<0,1	<0,01	0,07	8,5	0,13	0,005	<0,01	15	0,04				
GBL 440	A	1	<0,005	0,06	<0,005	0,03	81	<0,2	<0,1	<0,01	0,05	7,8	0,10	0,007	<0,01	11	0,03				
GBL 441	B	1	<0,005	0,08	<0,005	0,03	71	<0,2	<0,1	<0,01	0,05	5,8	0,08	<0,005	<0,01	23	0,05		2,0862	0,84434	18,543
GBL 442	B	1	<0,005	0,05	<0,005	0,05	79	<0,2	<0,1	<0,01	0,05	4,9	0,06	<0,005	0,04	16	0,05				
GBL 443	B	1	<0,005	<0,05	<0,005	0,03	80	<0,2	<0,1	<0,01	0,05	3,8	0,08	0,005	<0,01	16	0,05				
GBL 444	B	1	<0,005	<0,05	<0,005	0,03	70	<0,2	<0,1	<0,01	0,05	6,0	0,09	<0,005	<0,01	24	0,03				
GBL 445	B	1	<0,005	0,05	<0,005	0,03	71	<0,2	<0,1	<0,01	0,04	6,0	0,11	<0,005	<0,01	23	0,04				
GBL 446	B	1	<0,005	0,11	0,01	0,04	71	<0,2	<0,1	<0,01	0,06	5,4	0,08	0,01	<0,01	23	0,04		2,0856	0,84386	18,562
GBL 447	B	1	<0,005	0,18	<0,005	0,02	90	<0,2	<0,1	<0,01	0,03	3,5	0,05	<0,005	<0,01	6,2	0,02				
GBL 448	B	1	<0,005	0,16	<0,005	0,02	88	<0,2	<0,1	<0,01	0,04	3,8	0,05	<0,005	<0,01	7,5	0,02				

Analysentabelle. Fortsetzung nächste Doppelseite

	Probenart	Stelle	Mn	Fe	Co	Ni	Cu	Zn	As	Se	Ag	Sn	Sb	Te	Au	Pb	Bi	$^{208}Pb/^{206}Pb$	$^{207}Pb/^{206}Pb$	$^{206}Pb/^{204}Pb$
GBL 449	B	1	<0,005	0,09	<0,005	0,03	93	<0,2	<0,01	<0,01	0,03	2,9	0,05	<0,005	<0,01	4,4	0,01			
GBL 450	B	1	<0,005	0,28	0,01	0,04	84	<0,2	<0,1	<0,01	0,05	6,4	0,12	<0,005	<0,01	9,0	0,02			
GBL 451	B	1	<0,005	0,07	<0,005	0,04	73	<0,2	<0,1	<0,01	0,04	5,8	0,09	<0,005	<0,01	21	0,05			
GBL 452	B	1	<0,005	0,04	<0,005	0,09	79	<0,2	<0,1	<0,01	0,04	5,3	0,08	<0,005	0,02	15	0,03			
GBL 453	B	1	<0,005	0,27	<0,005	0,01	83	<0,2	<0,1	<0,01	0,03	11	0,04	<0,005	<0,01	5,3	0,01			
GBL 454	B	1	<0,005	0,12	0,01	0,04	75	<0,2	<0,1	<0,01	0,08	6,3	0,10	<0,005	0,02	19	0,03			
GBL 455	B	1	<0,005	0,07	<0,005	0,01	92	<0,2	<0,01	<0,01	0,03	1,5	0,06	<0,005	<0,01	6,7	0,01			
GBL 456	B	1	<0,005	0,21	<0,005	0,03	82	<0,2	<0,1	<0,01	0,04	6,8	0,08	<0,005	<0,01	11	0,03			
GBL 457	B	1	<0,005	0,17	<0,005	0,02	87	<0,2	<0,01	<0,01	0,05	6,9	0,09	<0,005	<0,01	5,2	0,02			
GBL 458	B	1	<0,005	<0,05	<0,005	0,04	81	<0,2	<0,1	<0,01	0,05	2,9	0,09	<0,005	<0,01	16	0,03			
GBL 459	B	1	<0,005	0,11	<0,005	0,02	88	<0,2	<0,01	<0,01	0,03	5,2	0,05	<0,005	<0,01	6,8	0,03			
GBL 460	B	1	<0,005	0,17	0,01	0,04	80	<0,2	<0,1	<0,01	0,05	3,3	0,09	0,007	<0,01	17	0,04			
GBL 461	B	1	<0,005	0,11	<0,005	0,03	76	<0,2	<0,1	<0,01	0,04	6,5	0,08	0,006	<0,01	17	0,06			
GBL 462	B	1	<0,005	<0,05	<0,005	0,02	82	<0,2	<0,1	<0,01	0,03	3,9	0,13	0,006	<0,01	14	0,04	2,0878	0,84415	18,553
GBL 463	B	1	<0,005	0,07	<0,005	0,04	72	<0,2	<0,1	<0,01	0,05	5,4	0,21	0,007	<0,01	22	0,05			
GBL 464	B	1	<0,005	0,10	<0,005	0,03	68	<0,2	<0,1	<0,01	0,07	4,7	0,54	<0,005	<0,01	26	0,11			
GBL 465	B	1	<0,005	0,19	<0,005	0,04	74	<0,2	<0,1	<0,01	0,07	4,9	0,15	<0,005	<0,01	20	0,05			
GBL 466	B	1	<0,005	0,05	<0,005	0,03	78	<0,2	<0,1	<0,01	0,08	4,0	0,08	<0,005	<0,01	18	0,04			
GBL 467	B	1	<0,005	0,06	<0,005	0,03	76	<0,2	<0,1	<0,01	0,05	4,8	0,10	0,005	<0,01	19	0,04			
GBL 468	B	1	<0,005	<0,05	<0,005	0,03	83	<0,2	<0,1	<0,01	0,04	3,5	0,10	0,013	<0,01	13	0,02			
GBL 469	B	1	<0,005	0,09	<0,005	0,04	73	<0,2	<0,1	<0,01	0,04	5,5	0,10	<0,005	<0,01	21	0,04			
GBL 470	B	1	<0,005	<0,05	0,01	0,04	74	<0,2	<0,1	<0,01	0,05	8,1	0,05	<0,005	<0,01	17	0,04	2,0826	0,84383	18,552
GBL 471	B	1	<0,005	0,11	0,01	0,03	75	<0,2	<0,1	<0,01	0,13	10	0,43	<0,005	<0,01	14	0,17			
GBL 472	B	10.3	<0,005	<0,05	<0,005	<0,01	78	<0,2	<0,1	<0,01	0,01	6,4	0,03	0,001	0,08	16	0,05			
GBL 473	B	10.4	<0,005	<0,05	<0,005	<0,01	74	<0,2	<0,1	<0,01	0,01	7,7	0,03	0,01	<0,01	18	0,05			
GBL 474	B	1	<0,005	0,13	<0,005	0,06	82	<0,2	<0,1	<0,01	0,05	5,8	0,11	<0,005	<0,01	12	0,02			
GBL 475	B	1	<0,005	0,78	<0,005	0,03	77	<0,2	<0,1	<0,01	0,23	8,8	0,09	<0,005	0,04	12	0,03	2,0861	0,84909	18,407
GBL 476	B	1	<0,005	0,77	<0,005	0,03	77	<0,2	<0,1	<0,01	0,21	8,5	0,11	<0,005	0,03	13	0,03			

Probe																			
GBL 477	B	8	<0,005	0,03	0,04	99	<0,2	0,12	<0,01	0,05	0,04	0,22	<0,005	<0,01	0,57	0,04			
GBL 478	B	1	<0,005	0,09	0,04	76	<0,2	<0,1	<0,01	0,09	6,1	0,21	0,006	<0,01	17	0,03			
GBL 479	B	1	<0,005	0,20	0,03	75	<0,2	<0,1	<0,01	0,05	7,8	0,09	<0,005	0,01	17	0,03			
GBL 480	B	1	<0,005	0,13	0,03	75	0,7	<0,1	<0,01	0,05	6,4	0,11	0,006	0,04	17	0,04			
GBL 481	B	1	<0,005	0,15	0,04	71	<0,2	<0,1	<0,01	0,09	5,8	0,18	<0,005	<0,01	23	0,07	2,0878	0,84919	18,410
GBL 482	B	1	<0,005	0,10	0,05	84	<0,2	0,01	<0,01	0,10	7,3	0,22	0,01	<0,01	8,2	0,06			
GBL 483	B	1	<0,005	0,11	0,04	74	<0,2	<0,1	<0,01	0,09	6,3	0,20	0,01	<0,01	19	0,08			
GBL 484	B	1	<0,005	0,05	0,04	75	<0,2	<0,1	<0,01	0,06	5,9	0,11	0,007	<0,01	19	0,04			
GBL 485	B	10,6																	
GBL 486	B	1	<0,005	<0,05	0,05	88	<0,2	<0,01	0,01	0,03	11	0,04	<0,005	<0,01	0,8	<0,01	2,0905	0,84652	18,496
GBL 487	S	5																	
GBL 488	B	1	<0,005	0,08	0,03	71	<0,2	<0,1	<0,01	0,05	7,0	0,10	<0,005	<0,01	21	0,03			
GBL 489	B	1	<0,005	0,05	0,04	72	<0,2	<0,1	<0,01	0,04	6,6	0,09	<0,005	<0,01	21	0,03	2,0916	0,84918	18,430
GBL 490	B	1	<0,005	<0,05	0,02	94	<0,2	<0,01	<0,01	0,06	1,8	0,07	<0,005	<0,01	4,4	0,01			
GBL 491	B	1	<0,005	<0,05	0,03	84	<0,2	<0,01	<0,01	0,07	4,8	0,12	<0,005	<0,01	10	0,02			
GBL 492	B	1	<0,005	<0,05	0,03	88	4,7	0,08	0,01	0,05	1,6	0,05	<0,005	0,1	4,8	0,01			
GBL 493	B	1	<0,005	0,07	0,02	93	<0,2	<0,01	0,01	0,05	1,5	0,06	<0,005	<0,01	4,9	0,01	2,0871	0,84859	18,431
GBL 494	B	7															2,0852	0,84988	18,378
GBL 495	B	1	<0,005	<0,05	0,02	93	<0,2	<0,01	<0,01	0,06	2,3	0,05	<0,005	<0,01	4,9	0,01			
GBL 496	S	1																	
GBL 497	B	1	<0,005	<0,05	0,02	94	<0,2	<0,01	<0,01	0,05	1,4	0,06	<0,005	<0,01	4,3	0,01			
GBL 498	S	1																	
GBL 499	S	1																	
GBL 500	S	5																	
GBL 501	B	1	<0,005	<0,05	0,05	75	<0,2	<0,1	<0,01	0,06	7,8	0,21	<0,005	<0,01	17	0,03			
GBL 502	B	1	<0,005	0,07	0,03	87	<0,2	<0,01	<0,01	0,04	5,2	0,11	<0,005	<0,01	7,6	0,01			
GBL 503	A	1	<0,005	0,28	0,04	67	<0,2	<0,1	<0,01	0,15	7,5	0,11	0,003	<0,01	24	0,07			
GBL 504	B	1	<0,005	0,23	0,04	72	0,20	<0,1	<0,01	0,04	6,7	0,10	<0,005	0,01	20	0,04	2,0867	0,8442	18,552

Analysentabelle. Fortsetzung nächste Doppelseite

Probenart	Stelle	Mn	Fe	Co	Ni	Cu	Zn	As	Se	Ag	Sn	Sb	Te	Au	Pb	Bi	$^{208}Pb/^{206}Pb$	$^{207}Pb/^{206}Pb$	$^{206}Pb/^{204}Pb$
GBL 505	B	1	<0,005	<0,05	<0,005	0,03	70	<0,2	<0,1	<0,01	0,04	6,6	0,18	<0,005	<0,01	23	0,04			
GBL 506	B	1	<0,005	0,15	<0,005	0,04	87	1,4	0,06	0,01	0,07	4,1	0,17	<0,005	0,08	6,0	0,01	2,0904	0,84940	18,416
GBL 507	B	1	<0,005	<0,05	<0,005	0,03	76	<0,2	<0,1	<0,01	0,04	6,1	0,07	<0,005	<0,01	17	0,04			
GBL 508	B	1	<0,005	0,05	<0,005	0,04	73	0,20	<0,1	<0,01	0,05	3,9	0,10	<0,005	0,01	23	0,04			
GBL 509	B	1	<0,005	0,22	<0,005	0,03	73	<0,2	<0,1	<0,01	0,05	7,7	0,10	<0,005	<0,01	19	0,05			
GBL 510	B	1	<0,005	<0,05	<0,005	0,03	72	<0,2	<0,1	<0,01	0,04	6,4	0,08	<0,005	<0,01	21	0,04			
GBL 511	B	1	<0,005	<0,05	<0,005	0,03	73	<0,2	<0,1	<0,01	0,06	5,3	0,09	<0,005	<0,01	22	0,04	2,0871	0,84612	18,504
GBL 512	B	9	<0,005	0,10	<0,005	0,02	72	0,20	<0,1	<0,01	0,07	4,7	0,09	<0,005	0,02	23	0,03			
GBL 513	B	1	<0,005	0,06	<0,005	0,04	70	<0,2	<0,1	<0,01	0,06	5,8	0,07	<0,005	<0,01	24	0,02			
GBL 514	B	1	<0,005	<0,05	<0,005	0,03	87	<0,2	<0,1	<0,01	0,07	5,8	0,12	<0,005	0,01	6,8	0,02			
GBL 515	B	1	<0,005	0,10	<0,005	0,03	74	0,48	<0,1	<0,01	0,12	7,0	0,11	<0,005	0,04	18	0,02			
GBL 516	B	1	<0,005	0,46	<0,005	0,04	76	0,21	<0,1	<0,01	0,05	6,9	0,09	<0,005	0,02	17	0,02			
GBL 517	B	1	<0,005	0,08	0,010	0,03	71	<0,2	<0,1	<0,01	0,05	6,1	0,09	<0,005	<0,01	23	0,02	2,0913	0,84890	18,436
GBL 518	B	1	<0,005	0,12	<0,005	0,04	78	<0,2	<0,1	<0,01	0,10	6,6	0,24	<0,005	<0,01	15	0,02	2,0858	0,84903	18,406
GBL 519	B	8	<0,005	0,06	<0,005	0,03	97	<0,2	0,04	0,01	0,07	1,3	0,13	<0,005	0,01	1,4	<0,01			
GBL 520	B	9	<0,005	0,31	<0,005	0,04	73	0,27	<0,1	0,01	0,12	7,7	0,20	<0,005	0,06	18	0,02			
GBL 521	B	1	<0,005	0,23	<0,005	0,03	79	0,44	<0,1	<0,01	0,07	6,7	0,09	<0,005	0,04	14	0,02			
GBL 522	B	10	<0,005	0,26	0,01	0,04	81	1,5	<0,01	<0,01	0,06	8,5	0,09	<0,005	0,07	8,3	0,02			
GBL 523	B	1	<0,005	0,12	<0,005	0,01	87	<0,2	<0,01	<0,01	0,03	9,9	0,07	<0,005	<0,01	2,9	0,01			
GBL 524	B	1	<0,005	<0,05	<0,005	0,06	84	<0,2	0,07	<0,01	0,21	1,5	0,56	<0,005	<0,01	13	0,02			
GBL 525	B	1	<0,005	0,16	<0,005	0,02	97	<0,2	<0,01	<0,01	0,05	0,25	0,03	<0,005	0,07	2,1	<0,01			
GBL 526	A	1																		
GBL 527	A	1																		
GBL 528	B	1	<0,005	0,09	<0,005	0,03	71	<0,2	<0,1	<0,005	0,07	6,3	0,08	<0,005	<0,01	22	0,01	2,0884	0,84555	18,517
GBL 529	B	1	<0,005	0,07	<0,005	0,1	75	<0,2	0,01	<0,005	0,18	8,5	1,9	<0,005	<0,01	14	0,03	2,0871	0,85001	18,392
GBL 530	B	1	<0,005	0,05	<0,005	0,11	84	<0,2	<0,1	<0,005	0,13	1,8	0,41	<0,005	<0,01	13	0,04			
GBL 531	B	1	<0,005	0,19	<0,005	0,08	81	<0,2	<0,1	<0,005	0,17	5,7	0,66	<0,005	<0,01	12	0,03			
GBL 532	B	1	<0,005	0,19	<0,005	0,06	77	<0,2	<0,1	<0,005	0,18	4,4	0,68	<0,005	<0,01	17	0,04			

Analysentabelle. Ergebnisse der Bestimmung der chemischen Zusammensetzung mittels Röntgenfluoreszenzanalyse und der Verhältnisse der stabilen Bleiisotope mit HR-MC-ICP-MS. Probenart: (A) Anschliffprobe, (B) Bohrprobe, (S) Schabprobe.

	Probenart	Stelle																	
GBL 533	B	1	<0,005	0,12	0,08	78	<0,2	<0,1	<0,01	0,15	3,8	0,55	<0,005	<0,01	17	0,04			
GBL 534	B	1	<0,005	0,14	0,06	75	<0,2	0,03	<0,01	0,16	4,4	0,58	<0,005	<0,01	19	0,04	2,0865	0,84906	18,413
GBL 535	B	1.1	<0,005	0,24	0,04	70	<0,2	<0,1	<0,01	0,06	6,0	0,14	<0,005	<0,01	24	0,05	2,0845	0,84221	18,602
GBL 536	B	1.2	<0,005	0,23	0,04	76	<0,2	<0,1	<0,01	0,07	6,4	0,09	<0,005	<0,01	17	0,04	2,0856	0,84274	18,591
GBL 537	B	5															2,0850	0,84212	18,602
GBL 538	B	5																	
GBL 539	B	9	<0,005	0,20	0,04	72	<0,2	<0,1	<0,01	0,06	6,5	0,11	<0,005	<0,01	21	0,06			
GBL 540	A	1																	
GBL 541	B	10.2																	
GBL 542	B	10.1																	
GBL 543	B	1	<0,005	0,25	0,03	80	0,34	<0,1	<0,01	0,06	8,3	0,11	<0,005	0,05	11	0,05	2,0859	0,84831	18,433
GBL 544	B	1	<0,005	<0,05	0,02	84	<0,2	<0,1	<0,01	0,03	11	0,11	<0,005	<0,01	4,8	0,0265	2,0859	0,84831	18,433
GBL 545	B	1	<0,005	0,05	0,03	72	0,20	<0,1	<0,01	0,08	5,9	0,11	<0,005	0,01	21	0,03	2,0866	0,84904	15,623
GBL 546	B	5	0,007	<0,05	<0,01	1,7	<0,01	<1	<0,01	0,02	24	<0,01	<0,005	<0,01	74	0,04	2,0851	0,84945	15,608
GBL 547	B	1	<0,005	0,08	0,03	85	<0,2	0,21	<0,01	0,03	8,1	0,10	<0,005	<0,01	6,6	<0,01			
GBL 548	B	1	<0,005	0,22	0,05	73	0,81	0,1	0,01	0,06	7,4	0,12	<0,005	0,06	18	0,01	2,0860	0,84916	15,621
GBL 549	B	1																	
GBL 550	B	1																	
GBL 551	B	1	<0,005	0,40	0,12	1,6	79	<0,2	4,1	<0,01	0,11	2,5	2,4	<0,005	0,01	10	0,02		
GBL 552	B	1	<0,005	<0,05	0,06	76	<0,2	0,13	0,01	0,04	7,3	0,14	<0,005	<0,01	16	<0,01			
GBL 553	B	1	<0,005	<0,05	0,06	76	<0,2	0,13	0,01	0,04	7,3	0,14	<0,005	<0,01	16	<0,01			
GBL 554	A	1	<0,005	0,06	0,05	85	<0,2	0,04	0,01	0,04	6,0	0,05	<0,005	0,01	8,3	0,01			

Stelle: (1) Statuen- bzw. Gussbronze, gegebenenfalls differenziert nach (1.1) Kopf, (1.2) Körper, (1.3) Blech, (1.4) Korrosion und (1.5) Überfangguss. – (2) Applik. – (3) Sockel. – (4) Blattgold. – (5) Blei- bzw. Zinnlot. – (7) Bleiverguss. – (8) Nietstift. – (9) Reparaturblech. – (10) Referenz, unterteilt in Referenz (10.1) klassische Bronze, (10.2) Limesbronze, (10.3) mit Goldgehalt, (10.4) ohne Goldgehalt, (10.5) mittelalterliche Vergoldung und (10.6) Bleiprovenienz.

Mischa Meier

Der letzte Römer?

Zur imperialen Politik des Aetius

Im Jahr 1937 wurde auf dem Forum Romanum nahe der Kurie eine Statuenbasis mit einer fast vollständigen Ehreninschrift entdeckt, die – wie sich rasch herausstellte – dem weströmischen Heermeister Aetius gewidmet war und zwischen dessen zweites und drittes Konsulat zu datieren ist, also in die Jahre 437 bis 446. Der Text lautet[1]:

> - - - - - - ?
> [-8?-]+R+O++++++[- - -]
> [n]ec non et magistro militum per Gallias, quas dudum
> [o]b iuratas bello pace victorias Romano imperio
> reddidit, magistro utriusq(ue) militiae et secundo
> consuli ordinario atq(ue) patricio, semper rei publicae
> [i]npenso omnibusq(ue) donis militarib(us) ornato. Huic
> [s]enatus populusq(ue) Romanus ob Italiae securitatem,
> quam procul domitis gentib(us) peremptisque
> [B]urgundionib(us) et Gotis oppressis vincendo praestit[it],
> iussu principum dd. nn. Theodosi et Placidi [Valenti]-
> [n]iani pp. Augg. in atrio
> libertatis, quam [ingenuo suo (?)]
> [pa]rens erigit, dilatat et tuetur, aeque st[atuam aure?]-
> am conlocavit morum probo, opum refugo, delato-
> rum ut hostium inimicissimo, vindici libertatis,
> pudoris ultor<i>.

Dies ist folgendermaßen zu übersetzen: »[…] und zudem auch Magister militum für Gallien, das er vor Kurzem aufgrund der in Krieg und Frieden gelobten Siege dem Römischen Reich zurückgegeben hat, dem Magister utriusque militiae, zweifachen Consul ordinarius und Patricius, stets dem Gemeinwesen verpflichtet und mit sämtlichen militärischen Auszeichnungen geschmückt.

---

[1] CIL VI 41389 (Lesarten nach Geza Alföldy). – Zur Interpretation der Inschrift vgl. G. Zecchini, Aezio. L'ultima difesa dell'occidente romano (Rom 1983) 250; T. Stickler, Aëtius. Gestaltungsspielräume eines Heermeisters im ausgehenden Weströmischen Reich (München 2002) 255–273, zuletzt R. Delmaire, Zeitschr. Papyr. u. Epigr. 166, 2008, 291–294. Wichtig sind darüber hinaus der Kommentar und das Literaturverzeichnis der Edition von Alföldy.

Diesem Mann haben Senat und Volk von Rom aufgrund der Sicherheit Italiens, die er, da er in der Ferne Gentes bezwungen, die Burgunder vernichtet und die Goten in ihre Schranken verwiesen hat, durch sein Siegen gewährleistet hat, auf Befehl der Herrscher, unserer Herren Theodosius und Placidus Valentinianus, der immerwährenden Augusti, in der Halle der Freiheit (Atrium Libertatis), die er aufgrund seiner Sinnesart (?) als Vater sich erheben lässt, erweitert und schützt, nach Billigkeit eine goldene Statue (?) errichtet: anständigen Charakters, reichen Machtmitteln abhold, Denunzianten gleichsam wie Feinden zutiefst abgeneigt, Beschützer der Freiheit, Rächer der Ehre.«

Bemerkenswert an dieser Inschrift ist die Intensität, mit der Aetius – um 440 immerhin der mächtigste Akteur im Westen des Römischen Reiches – sich in den Dienst des Gemeinwesens stellen lässt: Gallien hat er nach langen Kämpfen dem Imperium Romanum zurückgegeben, das heißt, er kontrolliert es nicht als autonom agierender Warlord, ja, stets sei er der Res publica verpflichtet gewesen. Diese demonstrative Unterordnung unter die weströmische Regierung unterscheidet Aetius von zeitgenössischen beziehungsweise zeitnahen Heerführern wie etwa Aegidius, Syagrius, Marcellinus, Theoderich II. oder auch Chlodwig I., die ihr militärisches Potential dazu benutzten, sich weitgehend unabhängig von Ravenna zu bewegen. Demgegenüber hebt die Aetius-Inschrift zwar ihrerseits die kriegerische Stärke des Geehrten hervor, verbindet diese jedoch mit jahrhundertealten Signalwörtern und Assoziationen, die insbesondere in traditionalistisch gesinnten senatorischen Kreisen Italiens eine Restitution der alten Größe des Imperium Romanum evozieren mussten: die Dona militaria als überkommenes (und seit Längerem schon nicht mehr angewendetes) Instrument zur Auszeichnung von Soldaten und Feldherrn, die sich um das Gemeinwesen verdient gemacht haben, die Italiae securitas, militärische Erfolge über Barbaren (vincendo) und selbstverständlich die doppelte Beschwörung der Libertas, die mit der Formulierung »vindici libertatis« geradewegs auf Augustus, den Begründer des römischen Kaiserreichs, Bezug nimmt[2]. Dass Aetius darüber hinaus in besonderem Maße für seine Sittenstrenge gepriesen wird, vervollständigt den Eindruck eines in jeder Hinsicht integren, tugendhaften, sich permanent im Einsatz für die Res publica aufopfernden, zugleich militärisch erfolgreichen Feldherrn und fügt sich in ein Bild, das sich auch andernorts ergibt, etwa in den gleichzeitigen Panegyriken des Merobaudes oder in der Historiographie (Renatus Profuturus Frigeridus, Iordanes, Johannes von Antiocheia). Hier zeigt sich, wie Aetius offenbar gesehen werden wollte[3]. Es gipfelt in Prokops berühmtem Diktum, das Aetius und seinen Rivalen Bonifatius als »letzte Römer« (ἄνδρα Ῥωμαίων ὕστατον) apostrophiert[4], und es vermag auch heutzutage noch erstaunliche Wirkung zu entfalten. So bezeichnete etwa Peter Heather noch vor wenigen Jahren Aetius als den »letzte[n] große[n] römische[n] Held, den es im 5. Jahrhundert im Westen gab«, und auch differenzierter urteilende Historiker zollen zumindest den militärischen Erfolgen des Heermeisters Anerkennung[5].

---

[2] Zu diesem Diskussionskomplex vgl. K. Raaflaub in: E. Baltrusch (Hrsg.), Caesar (Darmstadt 2007) 229–261.

[3] Bezüglich der Parallelen zu Merobaudes s. F. M. Clover, Flavius Merobaudes. A Translation and Historical Commentary. Transact. Am. Philol. Assoc. 61, 1 (Philadelphia 1971) 38 f. – Das einschlägige Fragment aus dem Geschichtswerk des Renatus Profuturus Frigeridus ist Greg. Tur. Franc. 2, 8 überliefert. Darüber hinaus vgl. Iord. Get. 176 (»rei publicae Romanae singulariter natus«); Joh. Ant. Fr. 293, 1 Z. 23–33 Roberto = Fr. 224,2 Mariev.

[4] Prok. BV 1, 3, 15.

[5] P. Heather, Der Untergang des römischen Weltreichs (Stuttgart 2007) 327. – Die militärischen Leistungen des Aetius hebt Stickler, Aëtius (Anm. 1) 152 f., hervor. – Es existieren allerdings auch kritischere Stimmen, vgl. etwa B. Bleckmann, in: M. Meier (Hrsg.), Sie schufen Europa. Historische Portraits von Konstantin bis Karl dem Großen (München 2007) 93–110; 346; M. Meier, Der Völkerwanderung ins Auge blicken. Individuelle Handlungsspielräume im 5. Jahrhundert n. Chr. (Heidelberg 2016) 58–61.

Bei der Interpretation der Aetius-Inschrift im Atrium Libertatis gilt es jedoch den historischen Kontext zu berücksichtigen. Kaiser Valentinian III., der im Jahr 425 als Sechsjähriger auf den weströmischen Kaiserthron gelangt war, bemühte sich seit den vierziger Jahren – nunmehr bereits ein junger Mann – um ein eigenes Profil und suchte sich von seinen Beratern und insbesondere dem mächtigen Reichsfeldherrn allmählich zu emanzipieren[6]. Dieser hatte sich in den dreißiger Jahren in Gallien eine stabile Machtbasis aufbauen können, sah sich jetzt aber gezwungen, häufiger in Italien Präsenz zu zeigen, um seine Position gegenüber dem Kaiser und hofnahen Kreisen aufrechtzuerhalten[7]. Damit waren verstärkte Interaktionen mit den italischen Senatoren vorprogrammiert, die ein ebenso komplexes wie sensibles personelles Geflecht bildeten und weiterhin durchaus einflussreiche Figuren in ihren Reihen aufwiesen[8]. Aetius musste also zumindest symbolisch auf die Senatorenschaft und ihre spezifischen Bedürfnisse und Attitüden zugehen, und in diesem Zusammenhang formuliert die Ehreninschrift, wie es vor einigen Jahren treffend formuliert wurde, eine »Geschäftsgrundlage«[9].

Dass diese »Geschäftsgrundlage« ausgerechnet Reichstreue, Abwehrerfolge gegen Barbaren und den Einsatz für traditionelle Wertkonzepte akzentuierte, sollte aus der Perspektive ex post nicht erstaunen: Selbstverständlich hatte Aetius seit 425 in Kämpfen gegen Franken, Westgoten, Burgunder und aufständische Bagauden die gallischen Provinzen, in denen vielfach desolate Zustände geherrscht haben müssen, weithin stabilisiert; er hatte die Rheingrenze neu gefestigt und in seinen Feldzügen sogar bis Rätien und Noricum ausgegriffen, wo er die dort eingefallenen Juthungen vertrieb. Es gelang ihm, Gallien neu zu organisieren, unter anderem durch die Ansiedlung von Barbarenverbänden (Alanen in den Jahren 440 [um Valence] und 442 [um Orléans], Burgunder 443 [Sapaudia]), den Abschluss eines neuen Foedus mit den Westgoten (439), insbesondere aber auch durch das Knüpfen intensiver Kontakte zu galloromanischen Aristokraten[10]. All diese Erfolge schufen ihm ein breites materielles, ideelles und militärisches Fundament, auf dem seine überragende Stellung innerhalb des Hesperium Imperium bald beruhen sollte. Valentinian III. musste ihn angesichts seiner Leistungen in Gallien geradezu vom Comes rei militaris zum Magister equitum per Gallias befördern[11]. Im Jahr 433 – unmittelbar nach seinem ersten Konsulat 432 – sicherte sich Aetius den Rang eines Magister utriusque militiae, 435 erhielt er schließlich die Patriciuswürde, womit sein Aufstieg zum faktischen Regenten des Westreiches abgerundet war[12]. In dieser Funktion gelangen ihm die großen Abwehrerfolge gegen Attilas Hunnen, die sich bis heute mit seinem Namen verbinden: Im Jahr 451 in der sogenannten Schlacht auf den Katalaunischen Feldern (in der Nähe von Troyes) sowie – weniger spektakulär – im Jahr 452 an der Spitze oströmischer Truppen in Oberitalien[13].

---

[6] Vgl. dazu M. McEvoy, Child Emperor Rule in the Late Roman West, AD 367–455 (Oxford 2013) 273–281.
[7] Ebd. 281–292.
[8] Vgl. dazu etwa D. Henning, Periclitans res publica. Kaisertum und Eliten in der Krise des Weströmischen Reiches 454/5–493 n.Chr. (Stuttgart 1999); B. Croke in: M. Maas (Hrsg.), The Cambridge Companion to the Age of Attila (Cambridge 2015) 98–124.
[9] Stickler, Aëtius (Anm. 1) 271.
[10] Zu Aetius' Wirken in Gallien s. die Analyse von Stickler, Aëtius (Anm. 1) 168–224, mit den jeweiligen Belegen. Vgl. auch Zecchini, Aezio (Anm. 1) 211–239, sowie PLRE II 21–29 (Fl. Aetius 7).
[11] Comes rei militaris: Stickler, Aëtius (Anm. 1) 40 mit Anm. 191. – Magister equitum per Gallias: Prosp. Tiro Chron. 1300 p. 472 Mommsen = Prosper Tiro. Chronik.

Laterculus Regum Vandalorum et Alanorum. Ediert, übersetzt und kommentiert von M. Becker / J.-M. Kötter (Paderborn 2016) 102; vgl. CIL VI 41389. Siehe a. Zecchini, Aezio (wie Anm. 1), 151f.
[12] PLRE II 21–29 (Fl. Aetius 7). – Aetius' Konsulate: 432, 437 und 446. – Patriciustitel: Ann. Rav. ad ann. 435 (= B. Bischoff / W. Koehler in: W. R. W. Koehler [Hrsg.], Medieval Studies in Memory of A. Kingsley Porter I [Cambridge, Mass. 1939] 125–138, hier 128).
[13] Einführend zur Schlacht auf den Katalaunischen Feldern s. U. Täckholm, Opuscula Romana 7, 1969, 259–276; Zecchini, Aezio (Anm. 1) 269–272; G. Wirth, Attila. Das Hunnenreich und Europa (Stuttgart 1999) 102–105; RGA XVI (2000) 328–331 s. v. Katalaunische Felder (H. Castritius); Chr. Kelly, Attila the Hun. Barbarian Terror and the Fall of the Roman Empire (Lon-

Aber dieser märchenhafte Aufstieg war teuer erkauft, denn Gallien stellte keineswegs die natürliche Operationsbasis des ehrgeizigen Feldherrn dar. Vielmehr wurde Aetius als Sohn des Gaudentius um 390 in Durostorum (heute Silistra, Bulgarien) an der Donau geboren. Sein Vater stammte aus der Scythia im Donaudelta, seine Mutter gehörte einer wohlhabenden italischen Familie an[14]. Die ansehnliche Laufbahn des Gaudentius, der es über das Amt des Comes Africae (399, in der heiklen Situation nach dem Gildo-Aufstand) bis zu einem hochrangigen Kommando in Gallien (Magister equitum per Gallias?) gebracht hatte, zeichnete die militärische Karriere des Sohnes bereits vor. Verheiratet mit der Tochter des Comes domesticorum Carpilio[15], trat Aetius erstmals im Jahr 425 deutlicher in Erscheinung, als er – damals mit der Würde der Cura palatii betraut – dem bedrängten Usurpator Johannes ein Entsatzheer aus hunnischen Söldnern zuführte, für dessen Anwerbung er seine engen Kontakte zu den Hunnen nutzen konnte, die er sich während einer mehrjährigen Zeit als Geisel erworben hatte. Er kehrte indes zu spät nach Italien zurück: Johannes war unmittelbar zuvor von oströmischen Truppen unter Aspar gestürzt worden. Nach einem unentschiedenen Gefecht mit Aspars Heer verpflichtete sich Aetius, seine Söldner zu entlassen, wurde mit dem Amt des Comes rei militaris abgefunden und von der neuen, von Konstantinopel eingesetzten Regierung unter Valentinian III. nach Gallien abgeschoben[16] – eine Demütigung, die sich allerdings später für Aetius als Glücksfall erweisen sollte, weil der ambitionierte Militär in seinem neuen Wirkungsbereich jene Ressourcen vorfand, die er für seinen weiteren Aufstieg benötigte. Dieser vollzog sich in mehreren Schritten: Im Jahr 430 ermordete Aetius den weströmischen Heermeister Felix, der – wahrscheinlich als Mann Konstantinopels die Geschehnisse im Westen lenkend – durch die Vandaleninvasion in Afrika 429 zunehmend unter Druck geraten war[17]. Als die Kaisermutter Galla Placidia bald darauf in ihrem Günstling Bonifatius ein Gegengewicht zu Aetius aufzubauen versuchte und diesen zum höchsten Reichsfeldherrn (Magister utriusque militiae) beförderte, kam es im Winter 432/33 zum militärischen Konflikt zwischen den beiden Rivalen, aus dem Bonifatius zwar siegreich hervorging, aber auch eine Verletzung davontrug, der er bald darauf erlag. Dem zunächst geflohenen Aetius hingegen gelang im Jahr 433 – wiederum mit Hilfe hunnischer Söldner – die Rückkehr nach Italien. Er zwang den Kaiser, ihm den lang umkämpften Titel des Magister utriusque militiae zu verleihen, und dominierte fortan faktisch unangefochten die Politik des Weströmischen Reiches[18].

Zweimal also, in den Jahren 425 und 433, hat der ›letzte Römer‹ zur Durchsetzung seiner persönlichen Interessen hunnische Söldner gegen die legitime weströmische Regierung und ihre Vertreter ins Feld geführt und damit erst jene Stellung erzwungen, die ihm die spektakulären Abwehrerfolge gegen die Hunnen ermöglichte. Die ebenso skrupellose wie blutige Ausschaltung seiner Konkurrenten Felix, Bonifatius und Sebastianus vernichtete kostbare Ressourcen, die das an allen Fronten bedrängte Reich weitaus gewinnbringender hätte einsetzen können. Vor diesem Hintergrund mag es nunmehr verständlicher erscheinen, dass Aetius sich gegenüber den traditionsbewussten, beunruhigten italischen Senatoren, auf deren Kooperation er seit den frühen

don 2008) 193 ff.; H. J. Kim, The Huns, Rome and the Birth of Europe (Cambridge 2013) 73–83; K. Rosen, Attila. Der Schrecken der Welt (München 2016) 211–217. – Oströmische Truppen zum Entsatz Oberitaliens im Jahr 452 s. Hydat. Chron. 154 p. 27 Mommsen, mit Stickler, Aëtius (Anm. 1) 147 f.

[14] PLRE II 493 f. (Gaudentius 5); II 1238 (Anonyma 6).
[15] PLRE II 262 (Carpilio 1).
[16] Stickler, Aëtius (Anm. 1) 25–40.
[17] PLRE II 461 f. (Fl. Constantius Felix 14); Stickler, Aëtius (Anm. 1) 48–51.

[18] PLRE II 237–240 (Bonifatius 3); Stickler, Aëtius (Anm. 1) 52–58. Zur herausragenden Stellung des Aetius s. etwa Const. VGerman. 28; Cassiod. var. 1, 4, 11 (»quem tunc rerum dominus propter sapientiam sui et gloriosos in re publica labores in omni consilii parte sequebatur«); Ioh. Mal. 14, 10 p. 279, 51–52 Thurn = Chron. Pasch. p. I 587, 14–15 Dindorf; Iord. Get. 191 (»tanta patricii Aetii providentia fuit, cui tunc innitebatur res publica Hesperiae plagae«).

vierziger Jahren in verstärktem Maße angewiesen war, zum mustergültigen Repräsentanten altrömischer Tugenden aufwarf.

Doch auch sein wagemutiger Einsatz auf den Katalaunischen Feldern im Jahr 451 diente nicht in erster Linie der Verteidigung des Imperium Romanum und schon gar nicht der Rettung des Abendlandes vor asiatischen Horden, wie ihm gerne unterstellt wird. Stattdessen lassen sich wieder einmal recht handfeste persönliche Interessen des Heermeisters freilegen. Diese dürften zumindest partiell auch mit den Gründen für Attilas Angriff auf Gallien zusammenhängen, über die viel spekuliert worden ist. Selbstverständlich wird man innerhalb einer komplexen Gemengelage verschiedene Aspekte zu berücksichtigen haben. Evident scheint mir allerdings zu sein, dass Attila seit etwa 450 einen radikalen politischen Kurswechsel vollzogen hat, indem er die bis dahin mit äußerster Rigorosität durchgesetzte strikte Trennung der hunnischen und der römischen Sphäre aufgab zugunsten des Bemühens um die Integration in das Imperium Romanum, die er mit Beutezügen in dessen Territorium – die selbstverständlich auch der Festigung und Erweiterung der hunnischen Kriegergemeinschaft dienten – zu erzwingen versuchte, ähnlich wie etwa Alarich ein halbes Jahrhundert zuvor[19]. Dieses Ansinnen dürfte ohne Zweifel auch die Einbindung des Hunnenführers in die römische Militärhierarchie umfasst haben. Damit aber musste unweigerlich Aetius zu Attilas schärfstem Rivalen avancieren – und exakt dies spricht der zeitgenössische Historiograph Priskos in einem vielfach vernachlässigten Fragment auch explizit aus, wenn er festhält, dass Attila mit seinem Zug gen Westen zunächst einmal gegen Aetius habe vorgehen wollen, »da er sonst seine erhofften Ziele nicht erreichen könne, wenn er jenen nicht aus dem Weg geräumt habe«[20]. Es ist also nicht auszuschließen, vielmehr geradezu wahrscheinlich, dass ein zentrales Ziel des hunnischen Feldzugs 451 darin bestand, Aetius auszuschalten beziehungsweise ihm durch die Verwüstung Galliens das Fundament seiner Machtstellung zu entziehen. Der römische Magister militum kämpfte also auf den Katalaunischen Feldern nicht nur um seine Position als Sachwalter des Weströmischen Reiches, sondern zugleich auch um seine physische Existenz. Dieser Umstand dürfte erklären, warum er mit bemerkenswerter Verbissenheit buchstäblich bis zum allerletzten Moment um das Bündnis mit den Westgoten rang, ohne deren schlagkräftige Armee jeder Widerstand gegen Attila von vornherein zum Scheitern verurteilt gewesen wäre.

Aetius kämpfte jedoch noch für ein weiteres Ziel: Am Verbleib Galliens, das von ihm soeben erst reorganisiert worden war, im Reichsverband hing letztlich die Fortexistenz des Weströmischen Reiches insgesamt – und damit nicht zuletzt der Referenzrahmen von Aetius' eigenem Wirken. Den Beispielen Stilichos[21] und Constantius' III.[22] folgend, hatte er seine Position als faktischer Regent dergestalt konstruiert, dass er trotz seiner weitgehenden militärischen Unabhängigkeit und der daraus bezogenen Handlungsfreiräume seine Legitimation – und damit auch seine Akzeptanz bei Soldaten und Zivilisten – weiterhin aus der Existenz eines Kaisers bezog, der ihn formal einsetzte und dessen Interessen er offiziell vertrat. Andere Warlords wie Marcellinus oder Aegidius beschritten alternative Wege, indem sie die Zusammenarbeit mit Ravenna demonstrativ

---

[19] Die Indizien für diesen grundlegenden Strategiewechsel habe ich an anderer Stelle aufgearbeitet und eingeordnet, vgl. M. Meier, Der späte Attila und das Ende des ›Hunnenreiches‹. Spuren eines verhängnisvollen Strategiewechsels, erscheint in: R. Payne / Ph. von Rummel (Hrsg.), The Huns between Central Asia, the Near East and Europe (2018).

[20] Prisc. Fr. 17 Z. 12–15 Blockley: »μὴ γὰρ ἄλλως τεύξεσθαι τῆς ἐλπίδος, εἰ μή γε ἐκεῖνον ποιήσοιτο ἐκποδῶν«. Vgl. auch Marcell. chron. ad ann. 454, 2 p. 86 Mommsen (»Aetius […] regi Attilae terror«).

[21] T. Janßen, Stilicho. Das weströmische Reich vom Tode des Theodosius bis zur Ermordung Stilichos (395–408) (Marburg 2004).

[22] W. Lütkenhaus, Constantius III. Studien zu seiner Tätigkeit und Stellung im Westreich 411–421 (Bonn 1998); B. Bleckmann, Jahrb. Ant. u. Christentum 51, 2008, 227–231.

verweigerten – und hätten dementsprechend 451/52 wohl auch flexibler reagieren können. Aetius hingegen musste, um die von ihm erstrebte Machtposition halten und damit auch selbst überleben zu können, mit aller Entschiedenheit die Interessen des Imperium Romanum verteidigen[23]. Aus diesem Grunde stellte er sich 452 an die Spitze eines von Konstantinopel entsandten Truppenkontingents (s. o.) und versuchte, obwohl seine Basis Gallien nun nicht mehr unmittelbar bedroht war, auch den hunnischen Vormarsch in Oberitalien aufzuhalten.

Mit derselben Nüchternheit gilt es auch, das Geschehen unmittelbar nach der Schlacht auf den Katalaunischen Feldern zu bewerten: Bereits am Morgen nach dem letztlich unentschiedenen Treffen fiel die von Aetius mühsam zusammengefügte Abwehrkoalition auseinander, und schon bald erhoben sich Stimmen, die dies dem intriganten Wirken des Feldherrn zuschrieben, der dadurch seinen Ruhm und Einfluss habe mehren wollen[24]. Allein: Derartiger Unterstellungen bedarf es nicht, um die Vorgänge zu erklären. Ziel der Kampfgemeinschaft, die Attila 451 entgegengetreten ist, war stets allein die Abwehr der Hunnen gewesen; dass diese aber am Morgen nach der Schlacht nicht mehr dazu in der Lage sein würden, noch tiefer in Gallien einzudringen, war offensichtlich – und damit war das Kriegsziel erreicht. Sämtliche Beteiligten wandten sich nun unmittelbar, teilweise unter erheblichem zeitlichen Druck, wieder ihren eigenen Partikularinteressen zu: Da der Westgotenkönig Theoderich II. im Kampf gefallen war, musste sein Sohn Thorismund seine Soldaten auf schnellstem Wege zurück nach Toulouse führen, um gegenüber seinen jüngeren Brüdern seinen Thronanspruch durchzusetzen; die Franken wiederum konnten absehen, dass die Hunnen auf dem Rückzug ihre Gebiete durchqueren würden, und mussten daher ebenso rasch zurückeilen, um entsprechende Vorkehrungen zu treffen. Aetius schließlich dürfte sich kaum darum bemüht haben, dem Abzug seiner Partner tatkräftig entgegenzuwirken, denn die Verluste seiner eigenen Kontingente müssen horrend gewesen sein. Im Folgejahr konnte er jedenfalls selbständig nicht mehr hinreichend Soldaten aufbieten, um Attila in Italien die Stirn zu bieten. Die endgültige Vernichtung der hunnischen Streitmacht noch auf den Katalaunischen Feldern hätte also vor allem durch westgotische Kräfte erfolgen müssen; dies jedoch hätte die Position der Westgoten in Gallien – der Machtbasis des Aetius – in einer Weise gestärkt, die wiederum nicht im Interesse des Heermeisters liegen konnte. Unter den Bedingungen, die der Ausgang der Schlacht geschaffen hatte, dürfte daher die Aufrechterhaltung des Status quo schlichtweg den kleinsten gemeinsamen Nenner definiert haben.

Wollte man vor dem Hintergrund dieser Überlegungen zu einer Gesamtbewertung der vermeintlich imperialen Politik des Aetius gelangen, so bleibt zunächst einmal festzuhalten, dass der Heermeister keine Trendwende einzuleiten vermochte in dem Sinne, dass er den Prozess, der zum Ende des Kaisertums im Westen und damit zum Untergang des Weströmischen Reiches geführt hat, hätte aufhalten können. Seine Konsolidierungsleistungen dürften allenfalls retardierende Effekte ausgelöst haben, und auch diese konnten wahrscheinlich nur deshalb erreicht werden, weil Aetius bis zum Jahr 451 nicht mit auswärtigen Einfällen existenziellen Ausmaßes konfrontiert war, da die Hunnen sich bis etwa 450 auf den römischen Osten konzentrierten[25]. Erst 451 und 452 war er gezwungen, mit äußerstem Einsatz zu intervenieren, doch die Motive, die sein Handeln in dieser Phase anleiteten, haben sich in unserer Analyse als eher profan und weit weniger idealistisch denn häufig gemutmaßt erwiesen: Es ging zum einen um Gallien als Basis seiner Herrschaft und damit um seine eigene Existenz, zum anderen um den Erhalt von Kaiser, Kaisertum und Reich als Legitimationsinstanzen und Referenzrahmen seiner eigenen

---

[23] Vgl. Meier, Völkerwanderung (Anm. 5) 60 f.
[24] Cons. Ital. 567 p. 302 Mommsen; Iord. Get. 216; Greg. Tur. Franc. 2, 7; Fredeg. 2, 53; Paul. Diac. Hist. Rom. 14, 8.
[25] Diesen Aspekt betont Bleckmann, Attila (Anm. 5) 98 f.

Stellung. Aetius' rein instrumenteller Umgang mit den Institutionen des Imperium Romanum und ihren Repräsentanten manifestiert sich am deutlichsten in seinen Rückgriffen auf hunnische Söldner in Konflikten mit legitimen Amtsträgern – ein Vorgehen, das darüber hinaus unmittelbar verdeutlicht, dass der Magister militum zu keinem Zeitpunkt als ›Römer‹ gegen ›Barbaren‹ kämpfte, sondern stets als Angehöriger einer übergreifenden römisch-barbarischen Führungsschicht, unter wachsendem Konkurrenzdruck seitens rivalisierender Warlords und vor dem Hintergrund zusammenschmelzender Ressourcen angesichts der territorialen Verluste Westroms. Aetius war, so wurde vor einigen Jahren festgehalten, »um seiner persönlichen Ziele willen zum Einsatz aller, auch ungewöhnlicher Mittel bereit«[26]. Das freilich unterschied ihn nicht allzu sehr von seinen unmittelbaren Konkurrenten, die mit vergleichbarer Skrupellosigkeit, wenngleich (aufgrund fehlender personaler Verbindungen) nicht mit derselben Effizienz in der Anwerbung hunnischer Krieger agierten.

Wenn aber offenkundig ist – und es so auch für Mitlebende war –, dass Aetius in erster Linie seine eigenen Interessen verfolgt hat, dass er sogar mit Barbarenheeren die römische Regierung bekämpfte – wie konnte Prokop dann ausgerechnet ihn zum ›letzten Römer‹ stilisieren, und aus welchem Grund setzte der Chronist Marcellinus Comes mit dem Untergang des Feldherrn im Jahr 454 gar den Fall des Weströmischen Reiches an?[27]

Die geradezu metaphysische Überhöhung des Aetius zum letzten Heilsbringer der Römer steht außerhalb des Rahmens zeitüblicher Panegyrik, wie sie in Merobaudes, Renatus Profuturus Frigeridus, Iordanes oder auch in einem Fragment des Johannes von Antiocheia repräsentiert wird (s. o.). Sie findet sich indes – und dieser Umstand scheint mir bezeichnend zu sein – ausschließlich in Dokumenten aus dem Osten, zu denen auch die lateinische Chronik des Marcellinus Comes zu zählen ist, die in der ersten Hälfte des sechsten Jahrhunderts in Konstantinopel entstand[28]. In der westlichen Historiographie wird hingegen durchaus auch Kritik am Wirken des Heerführers artikuliert, so etwa mit Blick auf seine vermeintliche Tatenlosigkeit im Jahr 452 während Attilas Italienfeldzug[29] oder – in späteren Texten – die angeblich von ihm aktiv betriebene Auflösung der antihunnischen Abwehrkoalition 451 nach der Schlacht auf den Katalaunischen Feldern[30]. Doch auch die berühmte Stilisierung des Aetius zum ›letzten Römer‹, die Prokop bietet, mutet bei genauerer Betrachtung des Kontextes reichlich fragwürdig, ja geradezu vergiftet an. Denn zum einen wird sie durch gravierende chronologische und sachliche Verzerrungen erkauft, zum anderen passt diese übergeordnete, durchweg positive Gesamtbewertung überhaupt nicht zur sonstigen Beschreibung des Heermeisters als rücksichtsloser Intrigant.

Betrachten wir zunächst die chronologischen und sachlichen Ungereimtheiten[31]: Um Aetius' herausragende Rolle im Todeskampf des Weströmischen Reiches zu illustrieren, präsentiert der Historiograph dessen Ermordung durch Valentinian III. im Jahr 454 in derselben Weise wie

---

[26] Stickler, Aëtius (Anm. 1) 309.

[27] Marcell. chron. ad ann. 454, 2 p. 86 Mommsen: »Aetius magna Occidentalis rei publicae salus et regi Attilae terror a Valentiniano imperatore cum Boethio amico in palatio trucidatur, atque cum ipso Hesperium cecidit regnum nec hactenus valuit relevari«. Dazu s. A. Goltz in: D. Brodka / M. Stachura (Hrsg.), Continuity and Change. Studies in Late Antique Historiography. Electrum 13 (Krakau 2007) 39–59, bes. 49 f.

[28] B. Croke, Count Marcellinus and His Chronicle (Oxford 2001); G. Dunphy u. a. (Hrsg.), The Encyclopedia of the Medieval Chronicle II (Leiden und Boston 2010) 1076 f. s. v. Marcellinus Comes (R. W. Burgess).

[29] Prosp. Tiro Chron. 1367 p. 482 Mommsen = p. 130–132 Becker/Kötter. Vgl. den Komm. von Becker/Kötter, Prosper Tiro (Anm. 11) 312 f.

[30] Siehe Anm. 24.

[31] Dazu s. auch D. Brodka, Classica Cracoviensia 11, 2007, 149–158, der die Unstimmigkeiten mit der Kontamination zweier unterschiedlicher Quellen durch Prokop erklärt. Eine solche Verwendung verschiedener Quellen möchte ich mit Brodka nicht ausschließen. Die gezielte Ausformung der Prokop zur Verfügung stehenden widersprüchlichen Materials zu einem eigenen Narrativ halte ich indes für einen willentlichen Akt des Historiographen, und einzig auf dieser Ebene betrachte ich im Folgenden den Text.

Marcellinus Comes als epochale Zäsur, da auf dem Feldherrn jegliche Hoffnung der Römer geruht habe[32]: Der Herrscher habe dementsprechend durch die Bluttat, so ein von Prokop zitierter anonymer Zeitgenosse, letztlich mit der linken seine rechte Hand abgehackt[33]. Und mehr noch: Danach habe Attila, nunmehr keinen Widerstand mehr gewärtigend, ohne Mühe ganz Europa geplündert und sich beide Kaiserreiche tributpflichtig gemacht[34]. Die Beschreibung des berühmten Storchenwunders bei der hunnischen Belagerung und anschließenden Einnahme Aquilejas soll sodann das tragische Schicksal Europas nach Aetius' Untergang exemplarisch vergegenwärtigen[35]. Die aufgeführten, auch in anderen Quellen bezeugten Ereignisse um den Fall Aquilejas datieren indes in das Jahr 452, also vor den Tod des Aetius 454; und auch Attila selbst war bereits im Jahr 453, ebenfalls noch vor seinem Rivalen, verstorben, konnte dementsprechend nach dessen Ermordung keine Plünderungszüge mehr durchführen; eine Tributpflichtigkeit des Weströmischen Reiches gegenüber den Hunnen Attilas ist zudem (anders als im Fall Ostroms) nirgendwo belegt[36].

Ähnlich widersprüchlich erweist sich die charakterliche Zeichnung des Aetius durch Prokop: Profil gewinnt der Heermeister in dessen Geschichtswerk lediglich in der Rolle des verschlagenen Intriganten, dem einzig aufgrund seiner militärischen Macht (δύναμις) nicht beizukommen ist: Als Folge einer durch »unterschiedliche politische Ziele«[37] entstandenen Rivalität[38] mit Bonifatius habe er diesen mutwillig in eine ausweglose Lage gegenüber der ravennatischen Regierung manövriert und so regelrecht dazu gezwungen, die Vandalen als Bündnispartner zu gewinnen und nach Afrika zu rufen. Erst durch die Intervention einiger Vertrauter des Bonifatius sei das gegen ihn eingefädelte Komplott ruchbar geworden, woraufhin dieser umgehend den Kampf gegen die Barbaren aufgenommen habe – dies freilich trotz späterer Unterstützung durch ein oströmisches Interventionsheer unter Aspar ohne Erfolg[39]. Aetius hingegen sei wegen der Intrige und auch wegen seiner Vergehen gegen das Kaiserhaus (gemeint ist wohl seine Unterstützung des Usurpators Johannes) nicht zur Rechenschaft gezogen worden, »da er selbst über eine große Streitmacht verfügte und die Situation des Kaisers bereits prekär war«[40].

Die eigentliche Leistung des Aetius – die Abwehr des Hunneneinfalls in Gallien – findet sich bei Prokop hingegen nur en passant erwähnt, im Kontext seiner geplanten Ermordung und wiederum unter Hinweis auf seine große (Streit-)Macht[41]. Stattdessen zeichnet der Historiograph des sechsten Jahrhunderts die Intrige, mit der Aetius den Fall des Bonifatius betrieben haben soll, in größter Ausführlichkeit nach, und dasselbe gilt für das vermeintliche Komplott hinter der Ermordung des machtvollen Feldherrn durch Valentinian III. Auch dieser soll nämlich lediglich durch ein geschicktes Täuschungsmanöver, ersonnen von dem Senator und späteren Kaiser Petronius Maximus, zu der verhängnisvollen Tat veranlasst worden sein[42]. Beide Beschreibungen fügen sich damit in ein Gesamtbild, das sich unweigerlich ergibt, wenn man die oströmische Dokumentation zu den innenpolitischen Geschehnissen im Westen um die Mitte des fünften Jahrhunderts insgesamt mustert. Während das Material aus dem Westen sich

---

[32] Prok. BV 1, 4, 25: »ὅτι ἐς αὐτὸν περιέστηκε πᾶσα ἡ Ῥωμαίων ἐλπίς«.

[33] Prok. BV 1, 4, 28: »ὅτι αὐτοῦ τὴν δεξιὰν τῇ ἑτέρᾳ χειρὶ ἀποτεμὼν εἴη«. Vgl. [Joh. Ant.] Fr. 293, 2 Z. 10–13 Roberto.

[34] Prok. BV 1, 4, 29: »οὐδενός οἱ ἀντιπάλου ὄντος […] Εὐρώπην τε ξύμπασαν πόνῳ οὐδενὶ ἐληίζετο […] καὶ βασιλείαν ἑκατέραν ἐπακούουσαν ἐς φόρου ἀπαγωγὴν ἔσχε«.

[35] Prok. BV 1, 4, 30–35. Zum Storchenwunder vgl. auch Iord. Get. 220–221 (= Prisc. Fr. 22, 1 Z. 8–21); Paul. Diac. Hist. Rom. 14, 9. Die Beschreibung geht wohl letztlich auf Priskos zurück.

[36] Vgl. die tabellarische Aufstellung bei A. D. Lee, War in Late Antiquity. A Social History (Malden und Oxford 2007) 121.

[37] Prok. BV 1, 3, 15: »τούτω τὼ ἄνδρε διαφόρω μὲν τὰ πολιτικὰ ἐγενέσθην«.

[38] Prok. BV 1, 3, 16: »ἔχθρα«.

[39] Prok. BV 1, 3, 16–36.

[40] Prok. BV 1, 3, 29: »ἐπεὶ αὐτός τε δυνάμει μεγάλῃ ἐχρῆτο καὶ τὰ τῆς βασιλείας πράγματα πονηρὰ ἤδη ἦν«.

[41] Prok. BV 1, 4, 24: »τὸν Ἀέτιον ἑώρα μέγα δυνάμενον«.

in dürren Chronikeinträgen erschöpft, gewinnt man den Eindruck, dass Zeitgenossen im Osten wesentlich besser über die Vorgänge rund um den ravennatischen Kaiserhof informiert waren beziehungsweise dass sie zumindest ein größeres Interesse an ihnen besaßen und mit ausgesprochener Erzählfreude darüber fabulierten. Dies mag sicherlich auch mit der Überlieferungslage zusammenhängen, doch scheint mir das Phänomen damit noch nicht hinreichend erklärt. Für insgesamt vier historisch eng miteinander verwobene Themenkomplexe gilt jedenfalls derselbe bemerkenswerte Befund: Einer extrem spärlichen Nachrichtenlage im Westen stehen auffällig ausführliche Berichte aus dem Osten gegenüber. Dies beginnt mit der angeblichen Intrige des Aetius gegen Bonifatius (um 429) und setzt sich mit der sogenannten Honoria-Affäre (um 448/450) fort. Es folgen das Komplott des Petronius Maximus, das zur Beseitigung des Aetius führt (454), sowie die Ermordung Valentinians III. und die glücklose episodische Herrschaft des Petronius, gipfelnd in dessen Untergang und der Plünderung Roms durch die angeblich von Valentinians Witwe Licinia Eudoxia herbeigerufenen Vandalen (455).

Betrachten wir diese Ereigniskomplexe kurz näher:

Aetius und Bonifatius. Aetius bezichtigt den Comes Africae Bonifatius bei der Kaisermutter Galla Placidia, eine Usurpation zu planen. Sie solle Bonifatius nach Italien zurückbeordern und werde dann sehen, dass dieser nicht Folge leisten werde. Gleichzeitig jedoch warnt Aetius auch seinen Rivalen, die Kaiserin wolle ihn beseitigen, er werde zu diesem Zweck demnächst ohne Grund abberufen werden. Als die Weisung der Kaiserin dann tatsächlich eintrifft, verweigert Bonifatius erwartungsgemäß den Gehorsam und verbündet sich notgedrungen mit den Vandalen, die nun nach Afrika ziehen, was den Westgoten die spätere Besetzung der Iberischen Halbinsel ermöglicht. Vertraute des Bonifatius decken das Komplott auf, doch Galla Placidia kann gegen den machtvollen Aetius nichts unternehmen. Auf Aufforderung der Augusta, er möge nicht zulassen, dass das Römische Reich unter die Herrschaft von Barbaren gelange (οὐ περιιδόντα ὑπὸ βαρβάροις κειμένην τὴν Ῥωμαίων ἀρχήν), nimmt Bonifatius nun den Kampf gegen die Vandalen in Afrika auf, bleibt dabei aber trotz oströmischer Unterstützung erfolglos[43].

Die Honoria-Affäre. Die ältere Schwester Valentinians III., Iusta Grata Honoria, aus dynastischen Gründen auf ein enthaltsames Dasein verpflichtet, geht eine heimliche Beziehung mit ihrem Vermögensverwalter Eugenius ein und erwartet möglicherweise sogar ein Kind von ihm. Die Affäre wird aufgedeckt, der Kaiser lässt Eugenius exekutieren und entkleidet Honoria all ihrer herrscherlichen Ehren (gemeint ist wohl der Augusta-Titel). Sie wird mit dem politisch bedeutungslosen Senator Herculanus zwangsverlobt, wendet sich daraufhin aber über den Eunuchen Hyacinthus an Attila um Hilfe; als Zeichen seiner Vertrauenswürdigkeit präsentiert Hyacinthus Attila einen Ring Honorias, den dieser als Verlobungssymbol interpretiert. Er fordert daraufhin von Valentinian III. die umgehende Herausgabe seiner vermeintlichen Verlobten, später sogar die Hälfte des Weströmischen Reiches als Mitgift. Obwohl der Senior Augustus Theodosius II. seinen Cousin Valentinian anweist, Honoria an Attila auszuliefern, bleibt dieser hart und riskiert die militärische Konfrontation mit den Hunnen. Hyacinthus wird unter Foltern hingerichtet, Honoria überlebt nur auf Fürsprache ihrer Mutter Galla Placidia. Tatsächlich dient die Honoria-Affäre Attila im Jahr 451 als einer der Vorwände für seinen Angriff auf Gallien[44].

---

[42] Prok. BV 1, 4, 16–27.

[43] Quellen: Prok. BV 1, 3, 16–36; Joh. Ant. Fr. 290 Roberto; Theophanes a. m. 5931 p. I 93, 34–95, 25 de Boor; Nikephoros Kallistos, Kirchengeschichte 14, 56 PG 146, 1265B–C; 1268D–1269A.

[44] Quellen: Prisc. Fr. 16–17 Blockley (= Joh. Ant. Fr. 292 Roberto); Fr. 20, 1; 20, 3; 21, 2 Blockley (die Hauptquelle); ferner Marcell. chron. ad ann. 434 p. 79 Mommsen; Iord. Rom. 328; Get. 223–224 (missverständlich); Theophanes a. m. 5943 p. I 105, 4–9 de Boor. Nur eine kurze Andeutung in einer Chronik aus dem Westen (Chron. Gall. a. CCCCLII, 139 p. 662 Mommsen = p. 81 Burgess), die aber möglicherweise einen oströmischen Hintergrund besitzt.

Petronius Maximus, Aetius und Valentinian. Valentinian III. begehrt die Ehefrau des Senators Petronius Maximus und lockt diese mit einer List (bei der wie in der Honoria-Affäre ein Ring eine wichtige Rolle spielt) in den Palast, wo er sie vergewaltigt. Der ergrimmte Petronius Maximus plant daraufhin die Ermordung des Kaisers, muss dafür aber zunächst Aetius beseitigen. Es gelingt ihm im Verbund mit den Kammerdienern Valentinians, diesen davon zu überzeugen, dass Aetius Anschlagspläne hege, woraufhin der Kaiser den Heermeister eigenhändig tötet. Danach ist es für Petronius Maximus ein Leichtes, auch Valentinian zu beseitigen und den Kaiserthron zu usurpieren[45].

Ermordung Valentinians III., Herrschaft und Untergang des Petronius Maximus. Die griechische Überlieferung kennt noch eine weitere Version zur Ermordung Valentinians, in der Petronius' politische Ambitionen das ausschlaggebende Moment darstellen: Petronius und der Primicerius sacri cubiculi Heraclius sehen in Aetius einen machtpolitischen Konkurrenten und überzeugen den Kaiser, den Feldherrn im eigenen Interesse zu beseitigen, woraufhin Valentinian und Heraclius ihn während einer Unterredung erschlagen. Nach diesem Attentat fordert Petronius für sich Konsulat und Patriciustitel ein, doch Heraclius hintertreibt beide Ansinnen beim Kaiser. Daraufhin beauftragt Petronius Optila und Thraustila, zwei ehemalige Soldaten des Aetius, dessen Ermordung am Kaiser selbst zu rächen. Während einer Reiterübung auf dem Marsfeld werden Valentinian III. und Heraclius niedergestreckt, und Petronius gelangt durch Bestechung auf den Kaiserthron. Indem er Valentinians Witwe Eudoxia in die Ehe zwingt, verleiht er seiner Herrschaft ein dynastisches Fundament. Die Kaiserin jedoch wendet sich hilfesuchend an den Vandalenherrscher Geiserich, und dieser nutzt die Gelegenheit, um mit einer großen Flotte die italische Küste anzusteuern. Petronius gerät in Panik, ergreift die Flucht und wird unterwegs erschlagen, während Geiserichs Heer plündernd in Rom Einzug hält[46].

All diese Geschehniskomplexe betreffen Schlüsselmomente in der Niedergangsgeschichte des Weströmischen Reiches: die Vandaleninvasion in Nordafrika (Aetius und Bonifatius), den Hunneneinfall in Gallien (Honoria-Affäre) sowie das Ende der theodosianischen Dynastie und damit einer annähernd stabilen Kaiserherrschaft im Westen. Für einen dieser Schlüsselmomente – die Honoria-Affäre – lässt sich ein möglicher Hintergrund erschließen, der das signifikante Interesse oströmischer Historiographen an diesen Vorgängen erklären könnte[47]: Die Politik der oströmischen Regierung gegenüber ihrem gefährlichsten außenpolitischen Gegner, der von Attila geführten hunnischen Kriegerkoalition, war in der zweiten Hälfte der vierziger Jahre von mehreren radikalen Strategiewechseln geprägt, die leicht die Anmutung von Inkonsistenz, ja Planlosigkeit evozieren konnten: Mit dem Abschluss mehrerer, zunehmend kostspieliger Verträge – gipfelnd im sogenannten Anatolios-Vertrag 447 – ging zunächst der Versuch einher, die Hunnen nach dem Vorbild anderer Barbarenverbände in das Imperium Romanum einzubinden, insbesondere durch die Ernennung Attilas zum oströmischen

---

[45] Quellen: Prok. BV 1, 4, 15–27; 36; Euagrios, Kirchengeschichte 2, 7; [Joh. Ant.] fr. 293.2 [= Exc. Salm. II 82] Z. 1–15 Roberto; Nikephoros Kallistos, Kirchengeschichte 15,11 PG 147,36B-C.

[46] Quellen: Marcell. chron. ad ann. 455, 1–3 p. 86 Mommsen (»dolo Maximi patricii, cuius etiam fraude Aetius perierat«); Prok. BV 1, 4, 36 – 1, 5, 5; Victor von Tunnuna ad ann. 455 p. 186 Mommsen; Ioh. Mal. 14, 14 p. 281, 95–97; 14, 26 p. 287, 4–288, 19 Thurn; Iord. Rom. 334; Get. 235; Euagrios, Kirchengeschichte 2, 7; Ioh. Ant. Fr. 293, 1 Roberto; Theophanes a. m. 5946 p. I 108, 3–5; a. m. 5947 p. I 108, 22–109, 9 de Boor; Georgios Kedrenos p. 605, 16-606, 14 Bekker; Zonar. 13, 25, 22–26. – Dass der Eunuch Heraclius bei der Ermordung des Aetius in der Tat eine Schlüsselrolle gespielt haben muss, geht auch aus Prosp. Tiro Chron. 1373; 1375 p. 483–484 Mommsen = p. 134; 136–138 Becker/Kötter (Anm. 11) hervor.

[47] Zum Folgenden vgl. M. Meier, A Contest of Interpretation. Roman Policy toward the Huns as Reflected in the Honoria Affair (A.D. 448/50), Journal of Late Antiquity 10, 2017, 42–61.

Magister militum[48]. Das Vorhaben scheiterte jedoch, weil Attila, der bis etwa 450 weiterhin die traditionelle Politik einer strikten Trennung der hunnischen und der römischen Sphäre verfolgte, es geschickt unterlief und seine Beförderung schlicht nicht akzeptierte. In Konstantinopel zog man daraus 449 die mutige Konsequenz, ihn im Rahmen einer diplomatischen Mission hinterrücks zu ermorden, doch auch dieser Plan ließ sich nicht umsetzen, da er Attila rechtzeitig hinterbracht wurde. Auf die nunmehr allzu berechtigten Zornesaufwallungen und Drohungen des Hunnenherrschers reagierte Konstantinopel mit einem neuerlichen Strategiewechsel – einer konsequenten Appeasementpolitik, in deren Kontext auch die von Theodosius II. an Valentinian III. gerichtete Forderung gehört, umgehend Honoria an Attila auszuliefern. Die Phase oströmischer Konzilianz währte jedoch nur kurz: Markian (450–457), der Nachfolger des am 28. Juli 450 unerwartet verunglückten Theodosius, stellte umgehend sämtliche Tributzahlungen an die Hunnen ein und drohte nunmehr unverhohlen mit Krieg. Wenige Monate später, im Frühsommer 451, wandten sich die Hunnen nach Westen und fielen in Gallien ein, eine Tatsache, die erhebliche Diskussionen über die Schuldfrage ausgelöst haben dürfte, in deren Kontext wiederum die mehrfachen Politikwechsel Konstantinopels während der vergangenen Jahre unweigerlich thematisiert worden sein dürften. Umso mehr musste den oströmischen Entscheidungsträgern daran gelegen sein, von den eigenen Unzulänglichkeiten abzulenken und die Verantwortung für das Unheil allein im Westen zu verorten. Dabei fiel ihnen die Honoria-Affäre geradezu in den Schoß. Die einschlägigen Priskos-Fragmente lassen vermuten, dass die Geschehnisse um die gefallene Prinzessin in seinem Geschichtswerk eine recht umfangreiche Behandlung erfuhren[49]. Offenbar deckten sich in dieser Angelegenheit die Interessen der oströmischen Führung mit denen des Historiographen, der als Mitglied jener Gesandtschaft, die 449 den Anschlag auf Attila hatte organisieren sollen, nicht nur deren Scheitern zu rechtfertigen, sondern auch seine eigene Rolle zu erklären hatte[50]. Die publizistische Mobilisierung der Honoria-Affäre bei der offenbar erregt geführten Schulddebatte spiegelt sich jedenfalls noch nachdrücklich in der oströmischen Überlieferung. So hält Marcellinus Comes vielsagend fest, dass allein Honoria die Verantwortung für den hunnischen Gallienfeldzug trage[51], und Iordanes versteigt sich sogar zu der Aussage, dass die Kaiserschwester sich »die Freiheit ihrer Begierde mit dem Unheil für die Allgemeinheit erkaufte«[52].

In ihrer Verknüpfung zu einer übergreifenden Erzähleinheit, wie sie uns im Geschichtswerk Prokops entgegentritt, konstituieren auch die skizzierten Komplexe um die Person des Aetius in ähnlicher Weise ein Rechtfertigungsnarrativ wie Priskos' Präsentation der Honoria-Affäre. Allerdings geht es nunmehr offenbar um andere Vorhaltungen: Nicht mehr die ruckartigen Kurswechsel Konstantinopels der Jahre um 450, sondern vielmehr die weitgehende Passivität Ostroms angesichts der Desintegration des Weströmischen Reiches in der ersten Hälfte des fünften Jahrhunderts stehen jetzt im Fokus. Aus der durch Prokop repräsentierten Perspektive vollzog sich der komplexe Transformationsprozess der antiken Welt im Westen in Gestalt einer barbarischen Landnahme, die bereits gegen Mitte des sechsten Jahrhunderts, zum Zeit-

---

[48] Der Versuch der oströmischen Regierung, Attila (gegen seinen Willen) zum Magister militum zu ernennen, lässt sich nur indirekt aus Prisc. Fr. 11, 2 Z. 627–631 Blockley erschließen, vgl. M. Meier in: J. Bemmann / M. Schmauder (Hrsg.), Complexity of Interaction along the Eurasian Steppe Zone in the First Millennium CE (Aalen 2015) 635–658, hier 647–651.

[49] Vgl. D. Brodka in: A. Goltz / H. Leppin / H. Schlange-Schöningen (Hrsg.), Jenseits der Grenzen. Beiträge zur spätantiken und frühmittelalterlichen Geschichtsschrei-

bung (Berlin und New York 2009) 11–23, hier 19; ders., Hermes 136, 2008, 227–245, bes. 235 ff.

[50] Als Delegationsmitglied war Priskos allerdings zunächst nicht in das Komplott eingeweiht, vgl. Prisc. Fr. 11, 1; Fr. 11, 2 Z. 1–24; Fr. 11, 2 Z. 205–221 Blockley.

[51] Marcell. chron. ad ann. 434 p. 79 Mommsen: »Honoria […] Attilanem contra Occidentalem rem publicam concitabat«.

[52] Iord. Get. 224: »ut licentiam libidinis malo publico conpararet«.

punkt der Publikation der ›Bella‹, als weitgehend vollzogen erschien. In diesem Sinne hält der Historiograph gleich zu Beginn seiner ›Vandalenkriege‹, direkt im Anschluss an den einleitenden geographischen Überblick, der die ost- und weströmischen Territorien umschreibt und beide Reichsteile als eigenständige politische Einheiten definiert, prägnant fest: »Während Honorius die Herrschaft im Westen innehatte, bemächtigten sich Barbaren seines Landes«[53]. Die nachfolgenden Ausführungen beschreiben – mit besonderem Fokus auf Nordafrika –, wie die weströmische Regierung im fünften Jahrhundert allmählich die Kontrolle über ihre Provinzen, über Italien und nicht zuletzt auch über Rom verlor[54]. Damit stellt der historische Überblick, den Prokop der Darstellung der in Nordafrika unter Justinian geführten Kriege voranstellt, im Kern eine politische Niedergangsgeschichte des Weströmischen Reiches dar. Innerhalb dieser Niedergangsgeschichte kommt den Passagen rund um das Wirken des Aetius eine besondere Rolle zu. Sie lassen nämlich den Grundtenor der Gesamterzählung gleichsam in wirkungsvolle Exempla gerinnen: Das Ende des Weströmischen Reiches vollzieht sich in Prokops Darstellung in Form eines kollektiven Versagens der weströmischen Führungsschicht, die den Barbaren das verhängnisvolle Eindringen in römisches Territorium überhaupt erst ermöglicht habe. Bereits Kaiser Honorius (395–423) vermag aufgrund seiner unkriegerischen Sinnesart dem drohenden Angriff der Goten unter Alarich keinen Widerstand entgegenzusetzen, sondern flieht nach Ravenna und überlässt Italien – das bis zur Menschenarmut (ὀλιγάνθρωπον) grausam geplündert wird – und Gallien seinem Schicksal[55]. Dass ihm die Hühnerzucht wichtiger erscheint als das Schicksal Roms, verdichtet in der berühmten Anekdote vom Huhn ›Roma‹, verweist mit besonderem Nachdruck auf sein herrscherliches Versagen[56]. Lediglich sein besonderes Glück, so Prokop, habe den Kaiser vor der endgültigen Katastrophe bewahrt, denn Alarich setzte seinen Marionettenusurpator Priscus Attalus wegen Erfolglosigkeit kurzerhand wieder ab und verstarb wenig später selbst[57]. Auch mit dem Heermeister Constantius III., der im Jahr 421 für wenige Monate als Augustus amtierte, bevor er einer Krankheit erlag, und der aufgrund seiner erfolgreichen Restaurationsbemühungen in westlichen Zeugnissen (z. B. Orosius, Rutilius Namatianus) geradezu als Heilsbringer gefeiert wird, geht der oströmische Historiograph hart ins Gericht: Er habe aufgrund der Kürze seiner Herrschaft keine erwähnenswerten Leistungen vollbracht[58]. Auf das Intermezzo des Usurpators Johannes[59], der aufgrund seiner prekären Position und der fehlenden Anerkennung durch Konstantinopel den andringenden Barbaren nichts entgegensetzen konnte, folgte das Regime Valentinians III., das von Vornherein zum Scheitern verurteilt war, da der junge Herrscher erziehungsbedingt effeminiert und von Kindheit an verdorben gewesen sei. Er habe sich mit Giftmischern und Astrologen umgeben, auf unheilvolle Affären mit fremden Frauen eingelassen und auch sonst ein ganz zügelloses Leben in »παρανομία« geführt[60]. Folgerichtig habe er nicht nur nicht vermocht, bereits fremdbesetzte Gebiete zurückzugewinnen, sondern zusätzlich sogar noch Afrika verloren[61]. Die verheerenden Zustände unter Valentinian bieten Prokop nun die Gelegenheit, um mit Bonifatius und Aetius die vermeintlich ›letzten Römer‹ einzuführen – kampferprobte, ihren Zeitgenossen überlegene Männer von besonderer See-

---

[53] Prok. BV I, 2, 1: »Ὀνωρίου δὲ τὴν πρὸς ἡλίου δυσμαῖς ἔχοντος βασιλείαν βάρβαροι τὴν ἐκείνου κατέλαβον χώραν«.
[54] Prok. BV I, 2, 1 – I, 5, 25.
[55] Prok. BV I, 2, 8–30.
[56] Prok. BV I, 2, 25–26.
[57] Prok. BV I, 2, 34–40.
[58] Prok. BV I, 3, 4.
[59] Prok. BV I, 3, 7 veranschlagt seine Herrschaft irrtümlich auf fünf Jahre. Tatsächlich hielt sich Johannes lediglich vom 20. November 423 bis zum Jahr 425 auf dem Thron, vgl. PLRE II 594 f. (Ioannes 6).
[60] Prok. BV I, 3, 9–11.
[61] Prok. BV I, 3, 12–13.

lengröße (ἐς τοσοῦτον δὲ μεγαλοψυχίας), die »die gesamte Tugend der Römer« (τὴν Ῥωμαίων ἀρετὴν ξύμπασαν) in sich vereinigten[62]. Die Dekonstruktion dieses außergewöhnlichen Elogiums erfolgt indes direkt im Anschluss durch die Beschreibung der von Aetius inszenierten Intrige gegen Bonifatius, die zum Verlust Afrikas führte und mit der ebenso pointierten wie deutlichen Feststellung schließt: »Auf diese Weise nahmen die Vandalen den Römern Afrika weg«[63]. Nach einem Exkurs über die wundersame Errettung des späteren oströmischen Kaisers Markian aus vandalischer Gefangenschaft[64] folgen die Ereignisse um die Ermordung des Aetius und Valentinians III., die Plünderung Roms und die Darlegung, wie Geiserich sich dauerhaft in Nordafrika einrichtete[65].

Wie bereits angedeutet, interpretiere ich auch diesen Erzählzusammenhang als Rechtfertigungsnarrativ. Während die Regierung in Ravenna allmählich die Kontrolle über große Teile der nominell von ihr beherrschten Territorien verlor (deren Ausdehnung Prokop in seinem einleitenden geographischen Exkurs nicht ohne Grund noch einmal vergegenwärtigt), wird sich so mancher Zeitgenosse gefragt haben, warum Konstantinopel sich nicht stärker engagierte, denn militärische Hilfeleistungen wie die Entsendung der von Aspar geführten Interventionsarmee nach Nordafrika im Jahr 431 sowie einer Hilfsflotte nach Sizilien (die aber angesichts der Perser- und Hunnengefahr im Osten unvermittelt wieder abziehen musste) 440/441 durch Theodosius II. oder der Hilfstruppen für das von den Hunnen bedrohte Italien 452 unter Markian stellten mittlerweile seltene Ausnahmen dar. Ein letztes gemeinsames Aufbäumen beider Regierungen gegen die Vandalen scheiterte im Jahr 468 kläglich. Danach überließ Konstantinopel den Westen endgültig seinem Schicksal. Prokop deutet entsprechende Vorhaltungen, mit denen Ostrom offenbar konfrontiert wurde, in seiner Niedergangsgeschichte Westroms sogar an, wenn er etwa Kaiser Markian zwar grundsätzlich lobt, aber darauf hinweist, dass dieser sich um die Vandalenfrage in Afrika nicht gekümmert habe[66], oder wenn er Eudoxias Entschluss, sich ausgerechnet an Geiserich um Hilfe gegen Petronius Maximus zu wenden, damit begründet, dass sie geglaubt habe, aus Byzanz sei ohnehin keine Hilfe mehr zu erwarten[67].

Die oströmische Historiographie begegnete entsprechenden Vorwürfen offenbar durch den Versuch, eigene Deutungen der Geschehnisse vorzulegen, die durch eine rigorose Reduktion und partielle Verformung komplexer Zusammenhänge gekennzeichnet waren. Das übergreifende Transformationsgeschehen wurde einseitig als barbarische Landnahme interpretiert und auf das kollektive Versagen der weströmischen Eliten zurückgeführt. Prokop (und vor ihm möglicherweise bereits Priskos)[68] nimmt die oströmische Regierung hingegen lediglich dafür in die Verantwortung, sich nach den barbarischen Eroberungen nicht entschieden genug für die Rückgewinnung der verlorenen Gebiete eingesetzt zu haben. (Ähnliches findet sich bei Marcellinus Comes[69]). Dies erlaubt ihm einerseits, auch Protagonisten der oströmischen Politik zu kritisieren (z. B. in der Beschreibung der Rolle des Basiliskos im Zusammenhang der

---

[62] Prok. BV 1, 3, 14–15: »Στρατηγὼ δύο Ῥωμαίων ἤστην, Ἀέτιός τε καὶ Βονιφάτιος, καρτερώ τε ὡς μάλιστα καὶ πολλῶν πολέμων ἐμπείρω τῶν γε κατ᾽ ἐκεῖνον τὸν χρόνον οὐδενὸς ἥσσον. τούτω τὼ ἄνδρε διαφόρω μὲν τὰ πολιτικὰ ἐγενέσθην, ἐς τοσοῦτον δὲ μεγαλοψυχίας τε καὶ τῆς ἄλλης ἀρετῆς ἡκέτην ὥστε, εἴ τις αὐτοῖν ἑκάτερον ἄνδρα Ῥωμαίων ὕστατον εἴποι, οὐκ ἂν ἁμάρτοι· οὕτω τὴν Ῥωμαίων ἀρετὴν ξύμπασαν ἐς τούτω τὼ ἄνδρε ἀποκεκρίσθαι τετύχηκε«. – Die seltsam verschrobene Formulierung »ὥστε, εἴ τις αὐτοῖν ἑκάτερον ἄνδρα Ῥωμαίων ὕστατον εἴποι, οὐκ ἂν ἁμάρτοι« könnte bereits eine indirekte Distanzierung des Autors von dieser Aussage implizieren.

[63] Prok. BV 1, 4, 1: »τὴν μὲν δὴ Λιβύην οὕτω Βανδίλοι Ῥωμαίους ἀφελόμενοι ἔσχον«.

[64] Prok. BV 1, 4, 1–11.

[65] Prok. BV 1, 4, 15–1, 5, 25.

[66] Prok. BV 1, 4, 11. Ähnlich etwa auch Prisc. Fr. 39, 1 Z. 24–30 Blockley.

[67] Prok. BV 1, 4, 39: »ἐκ Βυζαντίου γὰρ τιμωρίαν οὐδεμίαν ᾤετο ἔσεσθαι«.

[68] Vgl. Prisc. Fr. 53, 1–5 Blockley.

[69] Vgl. Prok. BV 1, 6, 1–27; Marcell. chron. ad ann. 454, 2 p. 86 Mommsen: »Hesperium cecidit regnum nec hactenus valuit relevari«.

gescheiterten Expedition gegen die Vandalen 468), bereitet zum anderen aber auch den Boden für die Darstellung der von Justinian initiierten und zu großen Teilen von Belisar umgesetzten Restaurationskriege im sechsten Jahrhundert. Für das fünfte Jahrhundert erscheint der Westen hingegen als ein von inneren Machtkämpfen und Zerwürfnissen in der Führungsschicht zerrissenes Zerfallsgebilde, dessen politische Akteure nicht nur den Barbaren das Eindringen ganz wesentlich erleichtern, sondern diese als Konsequenz der kontinuierlichen Konflikte sogar gezielt einladen: Schon Honorius wurde unterstellt, er habe die Goten selbst nach Rom gerufen; Prokop formuliert dies nur als Gerücht, bei seinem Zeitgenossen Johannes Malalas allerdings wird es bereits zur Gewissheit[70]. In ähnlicher Weise soll Bonifatius im Konflikt mit Aetius die Vandalen nach Afrika beordert haben, ebenso wie Eudoxia sie 455 nach Rom rief. Honoria schließlich wandte sich um Hilfe an Attila. Das Muster wiederholt sich. Der Westen, so die Botschaft der oströmischen Historiographie, hat sich aufgrund kollektiven Versagens seiner Eliten selbst den Barbaren überlassen.

Man mag nun darüber diskutieren, wie verbreitet diese Haltung im Osten tatsächlich war und ob sie in gleichsam offiziöser Weise die Position der Regierung spiegelt. Letzteres wird durch Bemerkungen in Justinians Gesetzgebung, in denen die Nachlässigkeit früherer Kaiser explizit gegeißelt wird, durchaus nahegelegt, wenngleich zu berücksichtigen ist, dass die Distanzierung von vermeintlich unzulänglichen Vorgängern einen geläufigen Topos darstellte[71]. Was die Frage der Repräsentativität angeht, so scheint mir die Annahme weitgehend gesichert zu sein, dass der Diplomat und Historiograph Priskos eine zentrale Vermittlerrolle im Prozess der Konstituierung eines spezifisch oströmischen historiographischen Urteils über den Westen gespielt haben muss[72]. In der Honoria-Affäre scheint er – wie angedeutet – klar Position bezogen zu haben. Die bei Iordanes noch fassbare mutwillige Verunglimpfung der Kaiserschwester scheint auf Priskos zurückzugehen[73]. Den Fragmenten des Priskos ist überdies zu entnehmen, dass er den Untergang des weströmischen Gemeinwesens als bereits abgeschlossenen Prozess betrachtete[74] und scharf zwischen Römern und Barbaren unterschied[75] – eine Differenzierung,

---

[70] Prok. BV I, 2, 10; Ioh. Mal. 13, 48 p. 271, 82-6 Thurn.

[71] Justinian scheint die Absetzung gegenüber seinen vermeintlich nachlässigen und leichtfertigen Vorgängern sehr gezielt betrieben zu haben, um die Errungenschaften seiner eigenen Herrschaft in besonderer Weise herauszustellen und als Erweis für den Anbruch eines neuen Zeitalters zu deuten. Diskussion des einschlägigen Materials bei M. Meier, Das andere Zeitalter Justinians. Kontingenzerfahrung und Kontingenzbewältigung im 6. Jahrhundert n.Chr. (Göttingen, 2. Aufl. 2004) 137–150.

[72] Dies wird u.a. von D. Brodka, Rhein. Mus. Philol. 155, 2012, 185–209, an anderen Beispielen dargelegt; vgl. auch Brodka (Anm. 31), mit direktem Blick auf Prokops Darstellung der von Petronius Maximus angeblich initiierten Intrigen.

[73] Vgl. Iord. Get. 224 = Prisc. Fr. 22, 1 Z. 44 Blockley.

[74] Dies geht v. a. aus Prisc. Fr. 39, 1 Blockley hervor, wo die »westlichen Römer« (»οἱ ἑσπέριοι Ῥωμαῖοι«) bereits in unterschiedlichen Gruppen wie »Italiker« oder »Goten in Gallien« differenziert werden. Vgl. auch Prisc. Fr. 20, 1 Z. 15-21; Fr. 31 Z. 3-4; Fr. 41, 1 Z. 24; Fr. 41, 2 Z. 2 Blockley. Herrschaftsgebiet der letzten weströmischen Kaiser ist nur noch die Stadt Rom selbst, vgl. [Prisc.] Fr. 32 Z. 1 Blockley. – Vgl. auch D. Brodka, Jahrb. Österr. Byzantinist. 56, 2006, 59–78, bes. 68–71.

[75] Vgl. etwa Prisc. Fr. 9, 3 Z. 79–80 Blockley.

[76] Prisc. Fr. 14 Z. 86–91 Blockley. – Die Deutung der Passage ist in der Forschung allerdings umstritten, vgl. etwa C. Zuckerman, Travaux et Mémoires 12, 1994, 159–182, bes. 169 f., der bestreitet, dass es hier um innerbarbarische Solidarität bzw. Identität geht.

[77] Vgl. Prisc. Fr. 30, 1–3 Blockley. – P. Carolla (Hrsg.), Priscus Panita. Excerpta (Berlin und New York 2008), zählt dieses Material zu den Dubia (Fr. 69*; Fr. 71*) – eine Konsequenz grundsätzlich differierender Editionsprinzipien: Die Herausgeberin hat sich dafür entschieden, nur die in den Excerpta Constantiniana überlieferten Fragmente (sowie einige Iordanes-Auszüge) als authentisch anzuerkennen und jene Texte, die im Rahmen der Priskos-Tradition anzusiedeln sind, bestenfalls unter die Dubia zu subsumieren.

[78] Prok. BV I, 3, 29.

[79] Prok. BV I, 4, 24.

[80] Joh. Ant. Fr. 293, 1 Z. 1 Roberto = Fr. 224, 1 Mariev = [Prisc.] Fr. 30, 1 Z. 1 Blockley: »ὅτι τὰ τῶν ἑσπερίων Ῥωμαίων ἐν ταραχῇ ἦν«.

[81] Theoph. a. m. 5946 p. I 108, 12–15 de Boor: »οἱ μέντοι γε κατὰ τὴν ἑῴαν Ῥωμαῖοι, Μαρκιανοῦ βασιλεύοντος, πάσης ἀπήλαυον εἰρήνης καὶ δικαιοσύνης καὶ εὐφροσύνης. καὶ ἦν ἐκεῖνα τὰ ἔτη κυρίως χρυσᾶ τῇ τοῦ βασιλέως χρηστότητι, γαλήνης πάντα ἐπικεχυμένης τὰ πράγματα«.

die Zeitgenossen des fünften Jahrhunderts im Westen immer schwerer fiel. Jedenfalls findet sich in den Priskos-Fragmenten das einzige mir bekannte Zeugnis, das sich mit großer Vorsicht im Sinne der Annahme einer gemeinsamen barbarischen Identität in Abgrenzung von ›den‹ Römern deuten ließe[76]. Auch die angeblichen Intrigen des Petronius Maximus, die Aetius und Valentinian III. das Leben gekostet haben sollen, werden als Gegenstand der Geschichtsschreibung allgemein auf Priskos zurückgeführt; Roger Blockley hat einschlägige Zeugnisse daher in seine Sammlung der Priskos-Fragmente aufgenommen[77]. Dennoch würde es zu kurz greifen, das Bemühen, die Geschichte des Westens im fünften Jahrhundert als kollektives Versagen der Eliten zu beschreiben, allein auf Priskos und von ihm abhängige Autoren zu reduzieren. Prokop etwa, der die von Priskos offenbar ausführlich thematisierte Honoria-Affäre nicht aufgegriffen hat, scheint Material, das er direkt oder indirekt aus Priskos bezogen haben dürfte, in ganz eigenständiger Weise zu einem neuen Erzählzusammenhang umgeformt zu haben, der seinen eigenen historiographischen Anliegen gerecht wurde; doch auch dieser bietet – wie im Übrigen auch der Chronist Johannes Malalas – das Narrativ der versagenden Führungsschicht, und dieses hat sich über unterschiedliche Überlieferungsfäden bis in die spätbyzantinische Zeit erhalten; selbst in der Kirchengeschichte des Nikephoros Kallistos aus dem vierzehnten Jahrhundert blitzt es noch auf und unterstreicht damit seine Wirkmächtigkeit.

Versucht man daher eine abschließende Antwort auf die Frage zu geben, warum Prokop Akteure wie Bonifatius und insbesondere Aetius zu ›letzten Römern‹ stilisieren konnte, so deutet sich nunmehr eine Antwort an: Es handelt sich um eine Qualifizierung, die nicht im absoluten Sinne zu verstehen ist, sondern auf die übrigen Eliten des Westens bezogen werden muss. Diese dient dem oströmischen Historiographen gleichsam als negative Vergleichsfolie – angefangen mit einem unkriegerischen, stumpfsinnig-desinteressierten Honorius über den lasterhaften, abgrundtief verdorbenen Valentinian III. bis hin zu Figuren wie dem persönlich verletzten politischen Ehrgeizling Petronius Maximus. Innerhalb eines solchen Ensembles erwiesen sich Figuren wie Bonifatius und Aetius tatsächlich als ›letzte Römer‹, weil sie überhaupt noch – zumindest punktuell – den Barbaren entgegengetreten sind: Bonifatius wandte sich schließlich doch noch gegen die Vandalen, nachdem Galla Placidia erkannt hatte, dass er kein Verräter war, sondern lediglich Opfer eines politischen Komplotts, und folgte nunmehr ihrer Weisung, »nicht zuzusehen, dass das Römische Reich unter die Herrschaft von Barbaren gerate«[78]. Und Aetius, den wir in der Senatsinschrift als beherzten, nimmermüden Vorkämpfer für das römische Gemeinwesen kennengelernt hatten, hat seine mehrfach apostrophierte militärische Macht immerhin ein einziges Mal erfolgreich im Sinne des Imperium Romanum eingesetzt, als er 451 in Gallien Attila entgegentrat, »der mit einem großen Heer aus Massageten und anderen Skythen in das Römische Reich eingefallen war«[79]. Damit jedoch erschöpft sich beider Leistungsnachweis auch schon – dies eine besondere Manifestation der trostlosen Zustände im Hesperium Imperium während des fünften Jahrhunderts, dem Johannes von Antiocheia, vermutlich Priskos ausschreibend, kurzerhand chaotische Zustände bescheinigt: »Die Verhältnisse der Weströmer befanden sich im Chaos«[80]. Um wie viel glücklicher gestaltete sich im Vergleich dazu doch die Situation im Osten! Theophanes jedenfalls kann im Anschluss an seinen Hinweis auf die verräterische Ermordung des Aetius durch Valentinian vollmundig unterstreichen: »Die Römer im Osten hingegen genossen unter der Herrschaft Markians gänzlich Frieden, Gerechtigkeit und Wohlbefinden. Und es waren dies wirklich goldene Jahre aufgrund der Milde des Kaisers, und eine stille Ruhe umfasste alle Angelegenheiten«[81].

Professor Dr. Mischa Meier, Eberhard-Karls-Universität, Alte Geschichte, Wilhelmstraße 36, 72074 Tübingen, mischa.meier@uni-tuebingen.de

Resümee. Die vermeintlich imperiale Politik des Aetius zielte bei näherer Betrachtung eher auf die Durchsetzung eigener Interessen und die Sicherung der eigenen Existenz des Feldherrn. Davon ausgehend wird das berühmte Urteil Prokops untersucht, der Aetius (und Bonifatius) als »letzten Römer« bezeichnet. Es zeigt sich, dass auch Prokop Aetius durchaus kritisch zeichnet, sein Wirken aber in eine übergreifende Niedergangsgeschichte des Weströmischen Reiches im fünften Jahrhundert einordnet, die insbesondere vom Versagen der westlichen Eliten gekennzeichnet gewesen sei. Nur innerhalb dieses Rahmens gewinnt Aetius aus östlicher Perspektive (für die Prokop nur einen unter mehreren Repräsentanten darstellt) an Profil.

Summary. The policy of Aetius, the leading politician in the middle of the fifth century A.D., was not orientated towards the aims of the Western Roman Empire, as has been supposed, but defeated the personal interests and the integrity of the leader himself. Even the historian Procopius, who characterised Aetius, together with his concurrent Bonifatius, as »the last Roman«, sees problematic features in Aetius' policy, but characterises it as embedded in the general decadence story of the Western Roman Empire of that century, overshadowed by failure of the whole western elite. Only within this framework did the historians from the eastern Roman Empire recognise Aetius as a personality of relevance, and this had a decisive impact on Procopius' judgement.

Resumé. La critica moderna suole interpretare Ezio come statista ispirato dagli obiettivi politici dell'Impero Romano. Una più attenta osservazione dei fatti chiarisce invece che il magister militum perseguiva per lo più il proprio interesse e la sua incolumità personale. La storiografia dell'oriente Romano lo colloca nella generale fase di decadenza dell'Impero d'Occidente, gestita dall'intera élite dirigente dell'Ovest. In quest'ambiente il vincitore dei Campi Catalaunici, dalla prospettiva orientale, meritava una certa valutazione del suo profilo individuale. Questa scuola di pensiero spinse lo storico principale dell'epoca, Procopio di Cesarea, nonostante la distanza critica nel confronto delle gesta del generale, a caratterizzarlo quale »ultimo Romano«.

James Gerrard and Martin Henig

Brancaster type signet rings

A study in the material culture of sealing documents in Late Antique Britain

The fifth and sixth centuries in Britain have often been characterised as a ›Dark Age‹ because the period is, supposedly, bereft of written sources. Yet, while we may lack texts equivalent to the histories of Ammianus or Bede, this was a period which produced literary works comparable to others written in the Late Antique West, amongst them in Britain Patrick's ›Letter to the soldiers of Coroticus‹ and his ›Confessio‹[1] as well as the ›De Excidio of Gildas‹[2]. Frustratingly for the majority of modern readers these are basically theological tracts, only aligned obliquely with our more material and historical interests in the period, although they are undeniable evidence for the existence of an elite stratum in society which continued to be educated to Late Antique norms during the fifth and sixth centuries[3]. This is also attested and confirmed by the inscribed stone monuments of Western Britain[4].

One of the often under-appreciated elements of all such writings is that they shed light on how the Romano-British elites communicated during the twilight of the Western Roman Empire. Patrick[5] chose to write a letter to the soldiers of Coroticus, while in his ›Confessio‹ he recounts a vision in which he receives letters from a man called Victoricus[6]. The work of Gildas[7] also sits neatly within this context. The ›De Excidio‹ is an ›epistola‹, a document designed to be disseminated and read. It also contains the appeal to Aetius, the context of which suggests that Gildas was claiming at least to be quoting from some kind of diplomatic correspondence[8].

The composition of letters (epistolography) was a form of communication and literary genre that had deep Classical roots. Pliny the Younger's ›Epistulae‹ and the letters among the documents from ›Vindolanda‹[9] provide examples from the early Empire, and from the fourth and fifth centuries letters written in Gaul by Ausonius, Sidonius Apollinaris, Ruricius of Limoges,

---

Dates refer to centuries A. D. – All examples of the described type from Britain are displayed on the plates. In the text these objects are quoted as »cat.«, following the catalogue Appendix 1; the comparanda from continental Europe are quoted as »comp.«, following Appendix 2. Both appendices contain bibliographical indications abbreviated in the notes. The photographs show the rings in scale approximately 1:1,5. For exact measures see the plates.

[1] Patricius, Confessio and Epistola.
[2] Gildas, De Excidio; D. Howlett, The Celtic Latin Tradition of Biblical Style (Dublin 1995).
[3] N. Wright, Gildas' reading. A survey, Sacris Erudiri 32 (2), 1991, 121–162.
[4] T. M. Charles-Edwards, Wales and the Britons 350–1064 (Oxford 2013) 75–173.
[5] Patricius, Confessio and Epistola.
[6] Patricius, Confessio 23; J. Stevenson, Literacy in Ireland. The evidence of the Patrick dossier in the Book of Armagh. In: R. McKitterick (ed.), The Uses of Literacy in Early Medieval Europe (Cambridge 1990) 17.
[7] Gildas, De Excidio; Patricius, Confessio and Epistola.
[8] Gildas, De Excidio 20, 1; N. Higham, The English Conquest. Gildas and Britain in the Fifth Century (Manchester 1994) 124 s.
[9] A. Bowman, Life and Letters on the Roman Frontier (London 2003).

and Avitus represent survivals of this form of literary endeavour[10]. Indeed, Sidonius even sent a letter to a British – or Breton – warlord called Riothamus in the late fifth century and he clearly expected to be understood[11].

The literate elements in fifth- and sixth-century British societies assuredly did not confine themselves to letters and religious tracts. The evidence of the post-Roman inscribed stones – whatever their origin – shows that recording names and titles was an important element of secular elite society and it may also be supposed that records of land, rents, and tribute existed, while the early elements in the Llandaff charters, perhaps as early as the late sixth century but more likely to be of seventh century or later date[12], hint at the variety of record keeping in operation.

In the absence of an archive of fifth- or sixth-century letters and other documents found waterlogged at the bottom of a well, this post-Roman literate elite remains elusive. The refortified hillforts and hilltop ›citadels‹ of western Britain look to our modern prejudices unlikely settings for literacy, although Cadbury Congresbury has yielded objects that might have served as styli[13]. Similarly, the shells of Roman towns and villas do not retain the character of places we might anticipate to be centres of learning, even if some continued to function in this way[14]. A little light may, however, be shed on this Late Antique literate elite by a particular type of finger-ring that arguably provides a glimpse of Britain in the years after A. D. 400.

These finger-rings bear designs on their bezels that would have made them functional as seal- or signet-rings. This implies that the wearers, whether they were male or female, were interested in applying wax seals as a form of security device or identifying mark. Correspondence and other documents, whether written by the ring's wearer or by a scribe at their behest[15], required such seals. Wax seals could also be applied to bags of valuables in transit[16] and even to household cabinets[17] as a means of preventing thefts by servants and slaves.

The Brancaster ring

In 1829 a gold finger-ring was ›hoed up‹ at the Shore Fort of Brancaster (Norfolk). This object is a famous item of jewellery, engraved on the bezel with confronted male and female busts and inscribed VIVAV / IN DEO (cat. 1). It has been published many times. Catherine Johns identifies this ring as an exemplar of a specific form of late Roman finger-ring:

»The characteristics of the form are that the hoop is of constant width and comparatively broad, and that the bezel is noticeably raised, usually square or rectangular in shape, and decorated in intaglio by direct engraving into the metal. The form is found in gold, silver and bronze. Some rings with circular or polygonal bezels may be variants of the form.«[18]

Johns considered the fourteen then known examples and suggested that they dated to the end of the fourth and perhaps the first decades of the fifth century. Considering the related Amesbury rings, their iconography can be linked with the so-called Quoit Brooch Style and

---

[10] For letter writing in late antiquity see P. Brown, Through the Eye of a Needle. Wealth, the fall of Rome and the making of Christianity in the West AD 350–550 (Princeton 2012) passim.

[11] Sidon. epist. 3, 9.

[12] W. Davies, Land and power in early medieval Wales, Past and Present 81, 1978, 3–23; A. Seaman, The Roman to early medieval transition in south-east Wales (PhD Thesis Cardiff 2010) 15–28 and Appendix 1; C. Wickham, Framing the Early Middle Ages (Oxford 2005) 328–330.

[13] P. Rahtz, Cadbury Congresbury 1968–1973. A late/post-Roman hilltop settlement in Somerset. BAR 223 (1993) 119 s.

[14] A. Breeze, A Gildas and the Schools of Cirencester. Ant. Journal 90, 2010, 131–138.

[15] It is worth recalling that some centuries later a man as exalted in secular power as Charlemagne was almost illiterate and would have required scribes to produce his correspondence. Notker, Vita Karoli Magni 25.

[16] C. Andrews, Roman Seal Boxes in Britain. BAR British Ser. (Oxford 2012).

[17] Clem. Al. Paid. 3, 11.

[18] Johns, Jewellery 53 s.

might be of fifth-century date[19]. This ›late‹ dating is extremely unusual for any category of Romano-British objects and ought to have elevated the Brancaster ring type to wider knowledge and discussion. Unfortunately, the very small number of examples recorded had the effect of reducing these rings to relative obscurity.

Over recent years, finds specialists have become more open to the idea that some forms of Romano-British material culture may have continued to be used and even produced into the fifth century. Objects as diverse as coins[20], spindle whorls[21], combs[22], pottery[23] and even fourth-century bracelets cut down to form finger-rings[24], have all been advanced as potentially dating to the fifth century. Meanwhile the Portable Antiquities Scheme has recorded ever increasing numbers of objects[25]. Together these changes in both approach and available data suggest that the time is right to re-evaluate object types that have traditionally been thought to straddle the divide between Classical antiquity and the early medieval period. Of these objects the Brancaster-type rings offer an obvious opportunity: not only has the number known grown exponentially, but their ›lateness‹ already renders them a suitable candidate for an artefact-type that could have continued into the fifth century. Finally, it may also be noted that the term ›Brancaster ring‹ has been adopted in France, where the term is now being used to describe a wider variety of rings than Johns' definition would allow[26]. A restatement of the type and its characteristics would appear helpful.

For the purposes of this paper the authors have, for the first time, collated a near comprehensive corpus of all the known Brancaster-type rings from Britain (completed in 2017). There are now fifty-four rings and bezels known and these have been identified in publications, the Portable Antiquities Scheme database and other online sources, such as the websites of antiquities dealers and metal-detecting fora. All of these rings, including previously unpublished ones, are illustrated together in the plates for the first time. The rings are depicted in the order that they are discussed below. Other arrangements are possible (for instance: by typology, material, findspot) but all have their drawbacks and we have adopted this approach as the easiest for the reader to follow.

The rest of this study is dedicated to a discussion of the Brancaster ring and its typology, chronology, iconography, and spatial distribution. A number of kindred rings from Continental Europe are included in order to emphasise the place of the insular examples in a broader Late Antique context. Indeed, the rings of the Brancaster type offer an insight into not only the dress, but also the beliefs, ideologies, and education of the people who wore them during the twilight years of the Western Roman Empire. As such they deserve to be recognised as the important objects that they are.

Typology

The form of a finger-ring is generally defined by either the shape of its bezel or by its hoop. As Johns[27] observes, one of the defining characteristics of the Brancaster ring is its square or rec-

---

[19] M. Henig, The Art of Roman Britain (London 1995) 172.
[20] P. Walton / S. Moorhead, Coinage and collapse? The contribution of numismatic data to understanding the end of Roman Britain. Internet Archaeology 41, 2015, http://intarch.ac.uk/journal/issue41/8/3-2.html.
[21] H. Cool, The parts left over. Material culture in the fifth century. In: T. Wilmott / P. Wilson (eds.), The Late Roman Transition in the North. BAR British Ser. (Oxford 2000) 47–65.
[22] C. Hills / S. Lucy, Spong Hill Part IX. Chronology and synthesis (Cambridge 2013) 134 s.
[23] J. Gerrard, Finding the fifth century. A late fourth- and early fifth-century pottery fabric from south-east Dorset. Britannia 41, 2010, 293–312; id., Roman Pottery in the Fifth Century. Internet Archaeology 41, 2016, http://intarch.ac.uk/journal/issue41/intro.html.
[24] E. Swift, Object biography, re-use and recycling in the late Roman to post-Roman transition period and beyond. Rings made from Romano-British bracelets. Britannia 43, 2012, 167–214.
[25] See https://finds.org.uk.
[26] For instance Blaizot et al., Malbosc (comp. 28).
[27] Johns, Jewellery 53 s.

Fig. 1 A typology of bezel shapes. The majority of Brancaster rings are of Type I. Types II (Amersham), III (Ickham) and IV (Unknown, Suffolk) are best considered variant types.

tangular bezel. For the purposes of this study the bezel shape is seen as crucial. Rings with other bezel shapes, such as those from Amersham[28], Ickham[29] and Moor Park[30], which are generally circular or angled in shape, are clearly related to the Brancaster type but with the single exception of the very fine and well-known gold ring from Suffolk with an octagonal bezel (cat. 2), these rings are only briefly noted here.

The square or rectangular bezel falls into four broad types. The first is a raised box upon which a bezel bearing a device in intaglio is attached. The second is clearly a derivative of the first bezel type. These rings have two transverse projections from the hoop to which the bezel is soldered. Thirdly, there are rings which have a bezel which is only incrementally raised from the hoop, which we term an ›incipient box bezel‹ (although no implications of evolutionary and chronological development are implied). Finally, there is the rare stepped box-bezel.

The hoop is almost always circular. The exceptions are the extraordinary Senecianus ring (cat. 3), a ring from Richborough (cat. 4) and one from a small hoard of late Roman silver found between Great Horwood and Winslow (cat. 51), all with octagonal hoops but clearly falling within our remit on other grounds. Generally, the hoop is the same width as the bezel, but there are a number of examples where the hoop narrows or the bezel is wider than the band. Decoration of the hoop is present on some – but by no means all – of the rings and can vary from being very elaborate (as on the Amesbury rings, cat. 5–7) to the simple (as on a ring from St Albans, cat. 8).

Typologically these attributes can be used to define individual sub-types using an alphanumeric scheme. Thus the bezel shape is the first attribute (Fig. 1), the type of bezel is the second (Fig. 2) and the width of the hoop is the third (Fig. 3), with decoration on the hoop forming the fourth attribute. Thus the ring from Amesbury depicting a griffin has a square bezel (Type I, cat. 7), which forms one side of a box (Type A) attached to a hoop as broad as the bezel's width (Type 1). The shoulders of the hoop are decorated so the ring can be classed a ›Type IA1d‹. Methodologically such an approach is derived from the classificatory schemes used in pottery studies. The advantages of its inelegant nomenclature are that it allows different combinations of attributes to be recorded and the scheme to be extended if needed.

Rings of Types II (Ickham), III (Moor Park), and IV (Suffolk) are uncommon and we have not systematically recorded them. Nevertheless, in seeking out rings of Type I it has become clear that rings of these variant bezel shapes are uncommon. Of the more than fifty British rings re-

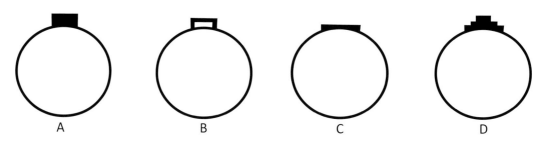

Fig. 2 A typology of bezel forms. (A) raised box bevel, (B) transverse projection, (C) incipient box bezel, (D) stepped bezel.

corded in our corpus forty-eight have rectangular or square bezels (Type I). In nine cases only the bezel survives and the ring form cannot be determined. The rings are classified according to the typological scheme in the following way.

type IA1: fourteen rings;
type IA2: seven rings;
type IB1: one ring;
type IB2: three rings;
type IC1: two rings;
type IC2: ten rings;
total: thirty-nine rings.

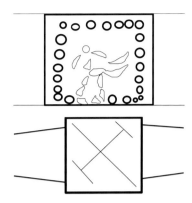

Fig. 3 Hoop types. (1) the broad hoop, (2) the narrow hoop. Decorative devices on the bezel are indicative only and based on the Whorlton (cat. 14) and St Albans (cat. 8) rings respectively.

This emphasises the comparative rarity of Type IB and it is perhaps worth noting one example of this form, the ring from Roundway Down, that has to be considered an import on the basis of its Greek inscription (cat. 9). Alternatively, the relatively large number of disassociated bezels may be derived from the IB type. The form of attachment between ring and bezel might encourage easy separation.

Shoulder decoration is restricted to eighteen rings in the corpus. Decorative designs vary considerably from quite complex (cat. 7) to very simple (cat. 8). Decoration is largely restricted to rings of Type IA (ten examples) and Type IC (six examples).

One striking aspect of these rings is the fact that the vast majority of them were manufactured in precious metal. Silver rings dominate the corpus and this is not just a reflection of the propensity of Late Romano-Britons to hoard silver, as most of the silver rings are stray finds. The small number of gold rings emphasises this pattern further and, once again, the odd ring comes from a hoard context, but most are stray finds.

Copper-alloy rings form a minor component in the corpus and allied types in jet, which are known[31], need not concern us here. These bronze rings follow the precious metal examples very clearly in terms of form and decoration. Given the number of Roman period finger-rings routinely discovered in Britain from both excavations and metal-detecting, it is surprising that there are not more of these base-metal rings known. We may tentatively suggest that the preferred media for these rings was gold and silver and consequently implies elite ownership.

Chronology

The chronology of the rings is something of a puzzle, although all commentators are united in seeing them as ›late‹. In this section we review the associations (both stratigraphic and artefactual) that the Brancaster rings have, alongside a consideration of the stylistic attributes.

On stylistic grounds, a potential origin for the Brancaster rings could be sought in the well-known Constantinian FIDES rings[32]. These have a narrow band, usually inscribed CONSTANTINO or similar, and a rectangular bezel inscribed FIDES or FIDEM. Such rings were almost certainly

---

[28] M. Henig, A cache of bronze finger-rings from Amersham. Records Buckinghamshire 26, 1984, 129–131.

[29] M. Henig, Finger rings. In: P. Bennett et al. (eds.), The Roman Watermills at Ickham (Canterbury 2010) 203 s.

[30] M. Henig, An early Christian signet-ring from the Roman villa at Moor Park. Hertfordshire Arch. 9, 1983, 184 s.

[31] For instance T. Graham, A rho-cross engraved on a jet finger ring from Bagshot, Surrey. Oxford Journal Arch. 21 (2), 2002, 211–216.

[32] I. Popović, Fidelity Rings. To the Emperors of the Constantinian House. Starinar 50, 2001, 187–198.

imperial gifts to faithful army officers. However, it is difficult to see these rings as the origin of the Brancaster form. The rectangular (rather than square) and often barely raised bezel, the lack of a decorative border and the exclusively epigraphic decoration cannot be easily paralleled in the Brancaster type. Thus, we do not see the Fides rings as being an early fourth-century progenitor of the Brancaster ring.

Finds from archaeological excavations ought to help in determining the date of rings of the Brancaster form but unfortunately only a small number have been found in these circumstances. Of those that have been found in excavations, only three have been recovered from stratified contexts. The two rings from Fifehead Neville were found together alongside a small hoard of copper-alloy bracelets and a silver chain in the fill of a pit cut through the floor of a late Roman villa (cat. 10 and 11). The excavations pre-date the Second World War but the coin list from the site runs to a ›denarius‹ (sic, for ›siliqua‹?) of Gratian and a very late fourth or fifth century date would seem appropriate for the stratigraphic position of these finds. This date is strengthened by the use of a rho-cross on one of the rings. The rho-cross was used rarely from the middle of the fourth century on coins[33] but it probably would not have entered common usage in Britain until after A. D. 388, when Theodosian nummi bearing the symbol entered circulation[34]. The other ›ring‹ is in fact a silver bezel from the ›dark earth‹ deposits that accumulated in the late fourth or fifth century in London's amphitheatre (cat. 47). This bezel is of an unusual form (Type ID) and the design is atypical too. Another atypical ring (not included in the corpus: Type III) is the example from the villa or sanctuary site at Moor Park, depicting two doves flanking a palm branch. This ring was found along with Theodosian coins (A. D. 388–402) in an ash layer filling a hypocaust and sealed by a thin mortar spread[35].

The Great Horwood hoard consists of the ring, two spoons, a pin, a penannular brooch and a beaker, all except the beaker complete though the last would have been complete when buried[36]. The remaining rings are all found among hoards of late Roman coins and Hacksilber. It is worth reiterating one of the fundamental tenets of relative dating: the coins in these hoards merely provide a terminus post quem. They do not identify a date of manufacture for a ring or provide a date for its loss. They simply demonstrate that the ring must have been deposited after the year of the coin's minting.

Five hoards contain Brancaster rings. Of these, the ring with the earliest coin-based terminus post quem is the example from Wantage (cat. 12). Unfortunately, it is unclear as to whether this antiquarian discovery was really part of a hoard. A small group of silver coins that may have been associated with the ring were described as »from Julianus II downwards«[37]. »Julianus II« must refer to the Emperor Julian (r. 361–363), but what is meant by ›downwards‹ is uncertain. It might mean coins earlier than Julian or later than his reign. The record is, however, so scanty and the association so weak that too much weight cannot be placed on this association. A situation might, for instance, be envisaged whereby the coin of Julian was singled out for attention because it was readily identifiable (the busts of Julian the Apostate have a so-called philosopher's beard, identifying him as a pagan). The remaining coins may have been so severely clipped as to be unidentifiable. Such hypotheses are speculations and it is best to move on to firmer ground.

The three Amesbury rings were discovered in 1843 in a pottery vessel associated with an unknown number of silver and bronze coins (cat. 5–7). There are stylistic reasons for considering

---

[33] See, for instance, a solidus of A. D. 336–337: RIC VII (Antioch) 100.
[34] C. Thomas, Christianity in Britain to AD 500 (Berkeley 1981) fig. 3; Graham, rho-cross (note 31) 213.
[35] Henig, signet-ring (note 30).
[36] Waugh, Great Horwood (cat. 51).
[37] Akerman, Wantage (cat. 12) 38.

these rings to be of fifth-century manufacture[38]. The coins provide some support to this dating but, as with the Wantage ring, the age of the discovery has confused the issue. The original report describes the rings as being found with coins from »Postumus to Theodosius II« (r. A. D. 408–450)[39]. A coin of Theodosius II would provide a very ›late‹ date for the deposition of the rings but Roman coins as late as this are extremely rare in Britain[40] and most commentators have taken »Theodosius II« to be an error for Theodosius I (r. A. D. 379–395)[41].

The rings from South Ferriby (cat. 13) and Whorlton (cat. 14) were both from silver hoards containing issues of Honorius and Arcadius. Most of the South Ferriby coins were clipped, with approximately a third described as severely clipped[42]. Only parts of the Whorlton hoard, which originally weighed two stone (12, 7 kg), have survived but it too includes clipped siliquae[43].

The final ring is the gold example from Great Stanmore (cat. 15). Found with an uncertain number of silver coins, gold solidi and other precious objects, this ring has the latest provable terminus post quem. Of the forty recorded solidi, one proved to be an issue of Constantine III, so only after A. D. 407 can the hoard have been deposited[44].

Fifth-century dates of deposition are also plausible for the South Ferriby and Whorlton rings. The peculiarly British phenomenon of clipping siliquae has been commented upon by a number of scholars[45]. The most recent discussions by Abdy[46] suggest that the clipping must have taken place after the deposition of the Stanchester hoard about A. D. 406 but before the deposition of the Patching and hoard around A. D. 470. He goes on to suggest that clipping began as a policy of Constantine III and continued for some unknown length of time with coins decreasing in size. If this reconstruction of the process is correct, then both South Ferriby and Whorlton might have been deposited in the middle of the fifth century or thereafter. Some supporting evidence for this does, in fact, come from the Whorlton hoard, which contained a silver tongue from a belt buckle. This object is best paralleled by examples from the Traprain hoard and a mid-fifth century grave at Krefeld Gellep[47]. Of course, even if the clipping of siliquae took place in the middle of the fifth century, we have no way of knowing for how long the silver continued to circulate. It is possible, as evidence from Pictish silver hoards in Scotland may be showing, that Roman silver objects were being hoarded and deposited into the sixth century and perhaps even beyond[48].

It is unfortunate that so few of the rings in the British corpus have any associated dating evidence. Of those that do, the rings cannot have been deposited any earlier than the very last decades of the fourth century and the majority must have been deposited during the fifth century. Of course, there is a world of difference between a date of deposition and a date of manufacture but the ›lateness‹ of these rings is remarkable. It should also be noted that the absence of this ring type in contexts dateable to the early or mid-fourth century is further confirmatory evidence of their lateness, as is the dating evidence for many of the Continental rings (below).

---

[38] Henig, Roman Wiltshire (cat. 9) 122 s. fig. 6, 15; Henig, Corpus 23 and fn. 60.

[39] Ouvry, Amesbury rings (cat. 5).

[40] Walton/Moorhead, Coinage and collapse (note 20).

[41] Robertson, Inventory no. 1463.

[42] St John O'Neil, South Ferriby (cat. 13) 269 s.

[43] Burnett, Whorlton (cat. 14) 112.

[44] Robertson, Inventory no. 1619.

[45] A. Burnett, Clipped siliquae and the end of Roman Britain. Britannia 15, 1984, 163–168; P. Guest, The Late Roman Gold and Silver Coins from the Hoxne Hoard (London 2005); R. Abdy, The Patching Hoard. In F. Hunter / K. Painter (eds.), Late Roman silver and the end of the Empire. The Traprain Treasure in context (Edinburgh 2013) 107–115.

[46] Abdy (previous note); R. Abdy Oxborough, Norfolk/Patching and Oxborough. The latest coin hoards from Roman Britain of the first early medieval hoards from England. Coin Hoards from Roman Britain 12, 2009, 393–395.

[47] Burnett, Whorlton (cat. 14) 113.

[48] P. Guest, The hoarding of Roman metal objects in fifth century Britain. In: F. Harrer (ed.), AD 410. The history and archaeology of late and post-Roman Britain (London 2014) 117–129; G. Noble et al., (Re)discovering the Gaulcross Hoard. Antiquity 90 (351), 2016, 726–741.

Rings with a bust or busts

Ten rings from the British corpus have bezels decorated with one or more busts. The obvious starting point for an analysis of this group is the gold ring from Great Stanmore, which is unfortunately only known from an antiquarian drawing (cat. 15). The ring has a rectangular bezel and two facing busts in intaglio: one male and the other female. The quality of the engraving is high and executed in a Classical style. Similar rings are well known[49] and they are usually seen as the beginning of the later sequence of Byzantine marriage and betrothal rings[50]. Jeffrey Spier favours a start date in the fourth century for this type of design on art-historical grounds[51], while Marvin Ross favours a late fourth- to early fifth-century date[52]. Such a late date would certainly be appropriate for female Grave 26 from Cortrat (comp. 2, F), which included a gold ring with a rectangular bezel figuring facing male and female busts and a ring from Certosa di Pavia (comp. 21, I) associated with Honorian solidi. The Great Stanmore ring, as we have seen, was deposited in the fifth century.

Within the group of Brancaster rings the best stylistic parallel for the Great Stanmore ring is an unpublished example, purportedly found in the nineteen-eighties in Langport, which has recently been offered for sale by a London dealer (cat. 16). This silver ring displays facing male and female portraits on a square bezel surrounded by a border of dots. The style is typically late Roman[53]. Rather different is the eponymous ring from Brancaster, which displays two confronted busts and the text VIVAV / IN DEO (cat. 1). Attention has been drawn to the style of engraving on this ring, which makes considerable use of the vertical drill[54] and led Jocelyn Toynbee to comment on its crudity[55].

Fig. 4 (above) Ring from Chedworth (cat. 20). – Fig. 5 (below) Ring from North Dorset (cat. 17).

Both of these rings are broadly paralleled in terms of design by a silver ring from North Dorset (cat. 17, Fig. 5) and a silver bezel from South Cambridgeshire (cat. 18, Fig. 7). The North Dorset ring depicts two facing busts with an uncertain device between them. Both busts have what are either elaborate hair arrangements (as shown on the Brancaster ring) or more likely

---

[49] For instance M. Deloche, Étude historique et archéologique sur les anneaux sigillaires et autres des premiers siècles du Moyen Age (Paris 1900) 76 no. 57; Henkel, Römische Fingerringe no. 401; M. Ross, Catalogue of the Byzantine and Early Medieval Antiquities in the Dumbarton Oaks Collection II (Dumbarton Oaks 1963) no. 50; A. Chadour, Ringe. Die Alice und Louis Koch Sammlung. Vierzig Jahrhunderte durch vier Generationen gesehen I (Leeds 1994) nos. 449–450.

[50] Ross, Dumbarton Oaks (previous note) 48–50; G. Vikan, Early Christian and Byzantine rings in the Zucker family collection. Journal Walters Art Gallery 45, 1987, 32–43; id., Art and marriage in early Byzantium. Dumbarton Oaks Papers 44, 1990, 145–163; Spier, Gems nos. 35–36.

[51] Spier, Gems 24.

[52] Ross, Dumbarton Oaks (note 49) 49.

[53] For instance Spier, Gems no. 40.

Figs. 6–11 Rings (6) from South Holland (cat. 30); (7) from South Cambridgeshire (cat. 18); (8) from Haddenham (cat. 32); (9) from Sleaford (cat. 36); (10) from East Riding of Yorkshire (cat. 44); (11) from Tupholme (cat. 48).

Corinthian helmets. This arrangement immediately recalls the four helmeted busts on one of the silver rings from Amesbury. A single helmeted bust is also depicted on a gold ring from Richborough (cat. 19). The ring from South Cambridgeshire has two helmeted figures confronting one another and divided by a line in a manner very reminiscent of the North Dorset ring. The use of helmets on these rings surely precludes their function as marriage or betrothal rings and perhaps indicates their use by individuals interested in martial qualities.

The Richborough ring takes this discussion towards an important group of Brancaster rings decorated with individual busts. A number of these rings are exceptional objects but one starting point might be the ring decorated with an imperial bust from Roundway Down (cat. 9). Unusually for Britain, this silver ring has the inscription NIKH in Greek along the right hand side of the bezel. This device on this ring must surely have been a statement of the wearer's commitment to the victory of the emperor and the army. It is difficult to see it as anything other than the possession of a soldier in the late fourth- or early fifth-century army in Britain.

Similar in style are silver rings from Chedworth and Caistor-St-Edmunds (cat. 20 and 21, Fig. 4). The Chedworth ring shows a male bust in intaglio on a square bezel surrounded by a dotted border. This bust is not, however, obviously intended as an imperial personage. The Caistor ring bezel is described as having »a male head and the blundered legend V[IV]AS IN DEOI«, while Roger Tomlin rendered the text RSN / DEDI and describes the bust as »of a negro (?) cut in intaglio«. The illustration in Frances Mawer's work suggests that the former was the intended reading. What must be understood as an imperial representation is a boldly executed bust in intaglio on a bezel from Horncastle (cat. 22). Most obvious are the spiky hair and the exaggerated diadem with long tassels even if the bust itself is rather crudely rendered. Stylistically this bezel immediately recalls the design of the Senicianus ring (cat. 3), where a rodent-like figure is depicted with spiky hair and a diadem of punched dots. The bust on the Silchester ring is labelled VE / NVS, although »we cannot imagine, at least not by iconographic standards that are attested in Greco-Roman tradition […] that this image represents Venus«[56]. There is a secondary inscription around the exterior of the facetted ten-sided hoop that reads /SE/NI/CI/A/NE/VI/VA/SII/ND E/ (Senicianus vivas in Deo) and much discussion about this ring has focussed on whether it is the same ring noted by one Silvanus in a Lydney curse tablet as being stolen from him by the

---

[54] Henig, Roman Britain (note 19) 195.

[55] J. Toynbee, Christianity in Roman Britain. Journal British Arch. Assoc. 16, 1953, 1–24; 19.

[56] P. Corby Finney, Senicianus' ring. Bonner Jahrb. 194, 1994, 175–196, 190.

Seniciani[57]. This discussion is, sadly, futile. It cannot be proven that the ring in the curse is the same as the Silchester object nor can it be proven that it is not.

The Horncastle and Silchester rings are important in that they indicate the use of what must be intended as imperial or quasi-imperial busts on the Brancaster rings. Paul Corby Finney[58] favours a local Romano-British context for the production of the Senicianus ring and suggests that the individual who cut the bezel may have also produced dies for the striking of local imitations of Roman coins. This seems a plausible explanation and the busts on both the Senicianus ring and the Horncastle bezel will look immediately familiar to anyone used to handling the irregular fourth-century coinage of Britain. This does not need to imply that either were necessarily manufactured in the fourth century. High quality imitations of late fourth-century siliquae are known and there seems no reason to suppose that the die-cutters for those coins could not have turned their hands to engraving ring bezels in the early fifth century.

Rings with Christograms

Six rings of the Brancaster type are engraved with Christograms of one form or another. A bronze ring from Richborough, with hoop of nine facets, fits neatly into the sub-type exemplified by the Senicianus ring from Silchester discussed above (cat. 3). Each of the facets has a border of dots and the hoop carries the inscription IV/ST/IN/E V/IVA/S I/N D/EO. The rectangular bezel contains a Chi-Rho in intaglio flanked by an inverted Lambda and Omega (cat. 4). This is the form of Chi-Rho seen both on the Hinton-St-Mary mosaic and upon the coinage of Magnentius[59].

Fig. 12 Ring from West Dorset (cat. 39).

The bronze ring from Richborough is important evidence for Christianity at the site, where a church and baptistry have been identified[60], but when compared to the remaining rings decorated with Christograms it is, nevertheless, in itself a relatively humble object. The gold rings from Brentwood (cat. 23) and an unknown location in Suffolk (cat. 2) are both atypical Brancaster types. The former has a circular bezel containing a retrograde Chi-Rho in intaglio, surrounded by a border of dots. The latter has an octagonal bezel with a retrograde Chi-Rho beneath vines sheltering a bird[61]. More typical are the two silver rings (now lost) from Fifehead Neville (cat. 10 and 11). One of these has a Chi-Rho on its rectangular bezel and the other a Chi-Rho with a horizontal cross bar (Rho-Cross)[62]. Finally, there is a silver bezel, said to be from Yorkshire and now in Munich (cat. 24), with a retrograde Christogram surrounded by a border of punched dots.

---

[57] RIB II 3 no. 2422.14; Corby Finney, Senecianus (previous note) 192–194; Henig, Corpus 186 and references therein.
[58] Corby Finney, Senecianus.
[59] S. Pearce, The Hinton St Mary mosaic pavement. Christ or Emperor? Britannia 39, 2008, 193–218; 196.
[60] P. Brown, The church at Richborough. Britannia 2, 1971, 225–231.
[61] RIB II 3 nos. 2422.16 and 2422.17; Johns, Jewellery 67.
[62] RIB II 3 nos. 2422.44 and 2422.45.

Fig. 13–15 Rings (left) from Wiltshire (cat. 31); (middle) from Canterbury (cat. 34); (right) from Deopham (cat. 42).

Rings with geometric or abstract designs

Four rings have bezels that can be loosely grouped together as abstract or geometric designs and of these two were, perhaps, intended to be Christograms or influenced by rings decorated with Chi-Rhos. The first is a copper-alloy ring from St Albans with saltires on its shoulders and a saltire on its bezel, one diagonal of which is barred at either end. The second is a fragmentary silver ring from Hambleton (cat. 25), with shoulders decorated with incised lines. The bezel of this ring has a lightly engraved saltire divided by a vertical line. The ring and its design are paralleled by an example from Trier (comp. 10, D) and another from Tongeren (comp. 5, B).

The third ring, from King's Lynn (cat. 26), is made from copper-alloy and has a narrow hoop with a square, stepped bezel. The bezel is decorated with four dots, one in each quarter, which are surrounded by concentric rings. This ring may either reflect the taste for dot-and-ring that is so common in late Roman and early medieval decoration, or alternatively it might be an attempt to emulate a bezel design like the one with four busts from Amesbury. Finally, a thin copper-alloy bezel from a rural site at Salford Priors has a border of punched dots enclosing an L-shaped motif surrounded by more punched dots (cat. 53).

Rings decorated with text or inscriptions

A number of rings that include texts have already been discussed in previous sections. This category of rings is reserved for those that exhibit only texts upon their bezels. The finest example is a silver ring with decorated shoulders from Southern Norfolk (cat. 27). Its rectangular bezel, complete with dotted border dots, bears the inscription VTI / FELIX (use this happily). This is a common motto upon late Roman finger rings[63]. A ring of slightly different form, with a narrow hoop and soldered bezel, in copper-alloy, from King's Lynn bears (in retrograde) the inscription DOM/NICA/VIVA (long life to you Domnica) (cat. 28, Fig. 16). All that has survived of the third ring from south Northamptonshire is a bezel with three lines of text: LEGO/NIIV/SVIV (with the

---

[63] For parallels see RIB II 3 no. 2423.28 (from Southwark) and R. Tomlin, Inscriptions. Britannia 47, 2016, 389– 415; 395 no. 10, a gold ring from Lydney both of which are probably earlier, perhaps third century.

S retrograde) (cat. 29). This inscription appears unintelligible but the final line might be a blundered VIVAS. Finally there is a silver ring from Richborough with a monogram engraved on its bezel and a hoop embellished with a curvilinear design which was exhibited at a Society of Antiquaries ballot in 1975 (cat. 52). The monogram has been read as Latin, reading BASIA, suggesting a fifth or even a sixth century date. As Spier notes[64], Roman monogram gems are often as early as the third century in date but this all-metal ring from Richborough is clearly of Late Roman form and may be broadly compared with a bronze ring, said to be from Italy, with a monogram in a rectangular bezel dated to the late fifth century[65].

To the British examples we may add a ring from Caux (comp. 27, F). This ring, with a narrow hoop and a rectangular bezel has the inscription VIVAS / IN DEO in retrograde. The lines of text are divided by a horizontal bar and the bezel has a dotted border. The cemetery was in use from the third to the fifth century.

Fig. 16 Ring from King's Lynn and West Norfolk (cat. 28).

These rings, to which may be added the rings from Silchester, Richborough, Roundway Down, and Caistor discussed above, are all part of a broader group of inscribed rings with deep antecedents in the Roman period. Parallels for the use of ›vivas‹ are numerous[66]. ›Vivas in Deo‹ is surely Christian and other uses of ›vivas‹, as in the South Norfolk ring, may also have had a Christian significance or simply been intended to convey felicitations. Perhaps more importantly these rings demonstrate the importance of the written word as an indicator of identity to both the wearer, viewer and recipient of any documents sealed with such signets.

Rings decorated with birds and beasts

The largest group of rings have bezels depicting birds – often doves and peacocks – and these depictions clearly fall within a Late Antique and Christian cultural milieu. There is also a small number of rings that are decorated with other kinds of animals and fantastic beasts.

The rings decorated with birds can be divided into a number of groups based upon their iconography. The gold ring from Brentwood (cat. 23) has already been discussed but here the juxtaposition of a bird amongst the fruiting vine and the Chi-Rho below should be noted. A similar arrangement of dove above a Christogram flanked by foliage is represented on the ring (cat. 11) from Fifehead Neville. To these examples may be added: the fragment of a gold ring from South Holland (Lincolnshire) depicting a dove, with olive branch in its beak and a line representing the ground (cat. 30, Fig. 6); and a silver ring from Wiltshire with two opposed birds divided by foliage (cat. 31, Fig. 13). All four of these rings have undoubted Christian significance[67] and refer to the dove released by Noah (Genesis 8, 11).

A copper-alloy bezel from Haddenham depicts a bird with a prominent tail standing on a horizontal line and surrounded by incomplete border of dots (cat. 32, Fig. 8). The tail seems likely to indicate that this bird may be intended as a peacock, a well-known motif in late antique art with Christian connotations, and well attested on a group of Romano-British buckle plates

---

[64] Spier, Gems 193–195 nos. M1–M39.
[65] Spier, Gems 188 no. R100.
[66] For instance Henkel, Römische Fingerringe no. 98.
[67] Johns, Jewellery 67.

and strap-ends dated to the late fourth and especially the early fifth century[68]. Another possible peacock is figured on a copper-alloy bezel from Richborough (cat. 33), which shows a creature looking over its shoulder at a rosette formed of a circle of dots with a central point. Elements of further rosettes are beneath the creature's feet. The creature on this lost bezel can be compared with a seventh-century ring in the British Museum[69] but it also shares a number of similarities with a silver-ring from Canterbury, which depicts a standing bird with a crested head and a boldly rendered tail formed of three lines (cat. 34, Fig. 14). This bird is set within a border of punched dots and the remaining space is filled, as on the Richborough bezel, with rosettes.

The association of birds with circular motifs is continued by a ring from Cirencester, which shows a bird with a wheel or solar disc at its feet (cat. 35). The Cirencester bird is not, however, a peacock and the avian in question has a similar posture to a bird surrounded by a border of punched dots on a silver bezel from Creissels (comp. 23, F). A silver bezel from Sleaford continues the theme with a bird standing between two punched dots (cat. 36, Fig. 9). Interestingly the border of dots on this example contains two cells filled with what appears to be cream enamel. Another silver ring, found unstratified at the Bancroft Villa, shows a standing bird between four stars and within a border of punched dots (cat. 37). Astronomical or astrological phenomena may be similarly referred to by a silver ring from Compton showing a bird accompanied by a crescent (moon?) above and another crescent below (cat. 38).

Fig. 17 Ring from Nether Wallop (cat. 54).

Other lone birds are depicted on silver bezels from West Dorset (cat. 39, Fig. 12), Winchester (cat. 40) and on a metal detector find discussed online but otherwise unreported (cat. 41). The latter bird, set within a border of punched dots, is surely intended to depict a dove. Rather different in style is the silver ring from Deopham, with a narrow hoop, and a bezel showing a deeply carved, almost chip-carved, bird interpreted as a cockerel (cat. 42, Fig. 15). This example is paralleled by a ring from Buerggruef (comp. 12, L). Of more typical form are the silver rings from Whorlton (cat. 14) and Bays Meadow, Droitwich (cat. 43). The former depicts a curiously rendered long-legged bird and the latter seemingly shows a duck, also the subject on the bezel of a gold ring from Mayence[70]. Both the Whorlton and Droitwich birds are bounded by a border of punched dots.

Sea creatures are a well-known element within late Roman art. A silver bezel from East Riding of Yorkshire depicts two opposed curving lines, plausibly interpreted as dolphins, separated by a triangular area of dots and within a dotted border (cat. 44, Fig. 10). The silver bezel from Gastard depicting two beasts separated by a branch is deserving of mention (cat. 45). These animals can be interpreted as marine creatures although they may equally and perhaps more likely be intended to represent birds. More certain is the fine silver-ring decorated with confronted sea creatures from Wantage (cat. 12). These beasts appear to be winged, with clearly marine tails at the end of long sinuous bodies. They bear comparison with the sea-griffin depicted on a mosaic from Cirencester[71]. Their heads are turned away from each other, but their forelimbs clutch a ring, in the manner of stylised victories holding wreaths on fourth-century coins. Stylistically this ring

---

[68] C. Hawkes, A Late Roman buckle from Tripontium. Transact. Birmingham and Warwickshire 85, 1972, 145–159; Mawer, Christianity (cat. 21) 61–65 nos. D1, Br.1 – D1, Br.4 and D2, Br.2 – D2, Br.8 and D2, Br.10; C. Brown / M. Henig, A Romano-British buckle plate from East Challow, near Wantage. Oxoniensia 67, 2002, 363–365.

[69] Dalton, Catalogue (comp. 1) no. 166; Hadjadj, Bagues Mérovingiennes no. 562.

[70] Henkel, Römische Fingerringe no. 97; Chadour, Ringe (note 49) no. 448.

[71] S. Cosh / D. Neal, Roman Mosaics of Britain IV. Western Britain (London 2010) figs. 91 and 93 d.

is very close to three rings from Amesbury. Of these, two depict animals: a stag looking over its shoulder at a bird (cat. 5) and a griffin (cat. 7). A fragmentary copper-alloy ring from South Cambridgeshire is also claimed to show a »decorative motif depicting a horse's head forward facing turned left. The horse's mane is clearly formed by a series of closely set parallel diagonal lines toward the right hand side of the bezel« (cat. 46), although this design is unclear from the original photograph.

A highly unusual ring from Nether Wallop is decorated with a fascinating design (cat. 54, Fig. 17). The square bezel of this silver ring is engraved with a wyrm-like creature curled twice around its tail and widening towards a broad flat head which appears to be devouring a quadruped (?) which vainly tries to escape towards one corner. The body of the creature is composed of V-shaped cuts, presumably to present a scaly appearance, though the same technique is employed for the long tail of a beaked monster on a frieze engraved around the hoop of a copper alloy ring from Barton Court Farm (Oxfordshire)[72]. The other three corners are cut with an X-shaped mark (possibly intended for a star) shown on some other rings of Brancaster type.

The inspiration for the design may have come from the finding of fossil ammonites, sometimes in folklore thought to be petrified snakes. It seems appropriate to use the Old English word ›wyrm‹ for this creature, for it looks forward to the monsters of Anglo-Saxon art and Grendel and his mother in the epic poem Beowulf.

The final ring depicting an animal is the stepped bezel (Type ID) from London's amphitheatre. This ring, like the previous example, is exceptional for depicting in intaglio an unusual animal: in this case a very classical lion looking over his shoulder (cat. 47). Lions are perhaps best interpreted as symbols of strength and manly virtue, although an astrological significance cannot be ruled out.

A ring with a plain bezel

The bezel of the Great Horwood ring (cat. 51) is completely plain apart from »very small crescentic tool-marks« which were just visible, and is in very fresh condition, suggesting it was unfinished and thus strongly implying local manufacture.

Distribution

The distribution of the rings presents an interesting, if not easily explicable, pattern (Fig. 18). They are predominantly distributed in the south and east of Roman Britain and the Fosse Way forms something of a boundary (Fig. 19). This pattern contrasts somewhat with the distribution of all Roman finger-rings recorded on the Portable Antiquities Scheme database (Fig. 20). However, the distribution does share much with the spread of late fourth-century coinage (Fig. 21). Whether this is a casual or causal relationship is difficult to determine. It may for instance be that these rings were most likely to be used in regions that were also well integrated into the late Roman economy. The absence of rings from the northern frontier zone is also worthy of note.

It is, perhaps, more useful to think of the distribution in terms of clusters. This would emphasise a south-western group of sites in and around Wiltshire. Additionally, a focus in East Anglia may be noted, but this could simply be a consequence of the well-known over-representation of East Anglia in metal detector finds. Two less prominent clusters are the scattering of rings throughout Lincolnshire and Yorkshire as well as a small group in eastern Kent.

---

[72] M. Henig / P. Booth, Roman Oxfordshire (Stroud 2000) 196 s. fig. 7, 8.

There is also value in plotting the distribution of the rings against known villa sites. Here the correlation of the south-western cluster with the well-known dense grouping of late Roman villas in this region can be noted. In East Anglia and the Midlands no such correlation is apparent, although villas are less common in these regions. This underlines another aspect of the distribution: the majority of rings are found in rural locations. This might be simply a consequence of patterns of metal-detecting but the small number of rings from towns that have seen extensive excavation is striking. Where associations between the ring find spots and known sites can be made the correlation often seems, as the distribution map suggests, to be with villas. A small number of rings has also been found at Shore Forts. The eponymous Brancaster ring is the classic example, but the group from Richborough is noteworthy and perhaps best explained as a consequence of that fort's long history of excavation.

Some European comparanda

Hélène Guiraud's[73] study of Gallo-Roman finger-rings contains only one example, which she assigns to her Type 4e, of a silver ring that could possibly be interpreted as akin to the Brancaster type. It has a rectangular bezel decorated with a possible christogram and was found in Lazer (comp. 22, F). The absence of further examples is surprising, particularly as Friedrich Henkel's catalogue contains a number of late Roman rings from Germany that are comparable to some of the Brancaster forms[74]. Nevertheless, of late French archaeologists have begun to identify rings as being of the Brancaster type[75].

In this section we do not attempt to offer an exhaustive or comprehensive discussion of the Continental parallels for the British corpus. Instead, we offer a small number of rings that provide useful points of comparison with the British rings and some of these have already been alluded to above. These emphasise that the Brancaster ring is both a product of Roman Britain and part of a broader late antique repertoire of personal adornment. The European rings also shed some interesting light on the chronology of the British rings (Fig. 22).

Henkel's detailed catalogue contains a number of rings that can be considered akin to the Brancaster type[76]. There is a gold ring from Velp (comp. 6, NL), which parallels the Roundway Down ring, decorated with a single bust on a square bezel surrounded by a border of punched dots. It was part of a hoard of objects including another ring and necklaces. In the same region another hoard of gold objects, including coins to A. D. 425, was discovered and the two hoards are usually considered as contemporary with one another. Henkel also describes a similar ring, with a female bust and inscribed MARINA VIVAS, from the River Ruwer (comp. 9, D). A gold ring from Certosa di Pavia, depicting a crudely styled bust and clearly akin to the Brancaster series (comp. 21, I), also deserves comment, as it was associated in a hoard with solidi of Honorius. Another gold ring from a hoard from Trivolzio, near Pavia (comp. 20, I), depicts two facing busts surrounded by a border of punched dots in a style very reminiscent of the Brancaster and Great Stanmore rings. The other objects from this hoard, two other rings and four necklaces suggest, on stylistic grounds, a fifth century date.

Henkel discusses four further silver rings that can be broadly classed as Brancaster forms (Type IA1 and IC1). The first one, from Trier, of unknown provenance, has a bezel inscribed with a saltire (comp. 10, D). The bezel on the second ring, from Zilling (comp. 13, F), is defaced, but the third and fourth rings, both from the River Ill in Alsace, have bezels decorated with two confronted busts and a Chi-Rho respectively (comp. 14 and 15, F). Another ring with a Chi-Rho

---

[73] H. Guiraud, Gallia 46, 1989, 173–211.
[74] Henkel, Römische Fingerringe.
[75] For instance Feugère, Béziers (comp. 24) 148.
[76] Henkel, Römische Fingerringe.

Fig. 18 (above) Brancaster rings from Britain. (diamonds) gold, (circles) silver, (triangles) copper-alloy.
Fig. 19 (below) The distribution of Brancaster rings in Britain and the Roman road network.

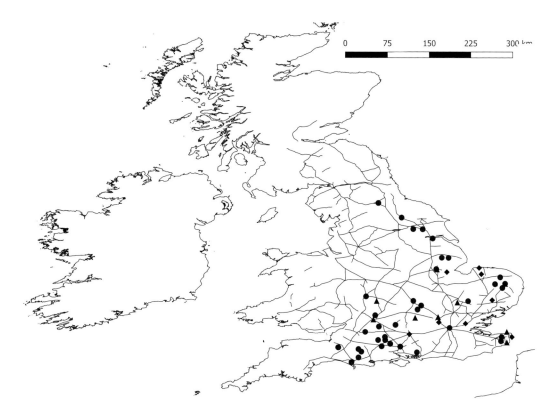

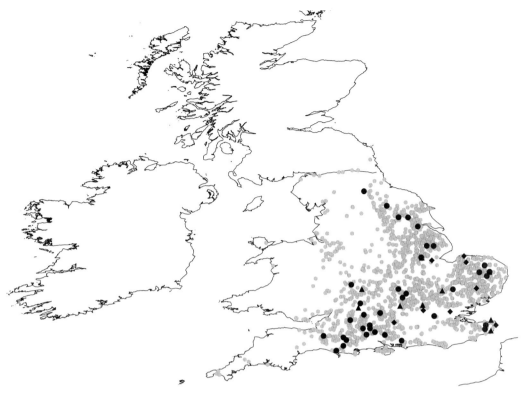

Fig. 20 (above)   Brancaster rings in Britain (see Fig. 18) and all finger-rings recorded by the Portable Antiquities Scheme (grey circles).

Fig. 21 (below)   Brancaster rings in Britain (see Fig. 18) and all coins of the House of Theodosius (AD 388–402) recorded by the Portable Antiquities Scheme (grey circles).

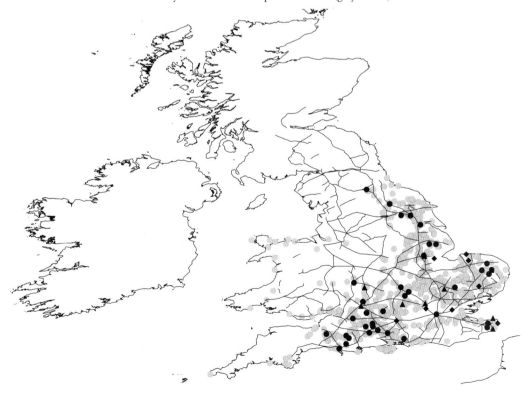

on a rectangular bezel (Type IC1) comes from a fourth-century grave at Tongeren (comp. 5, B). This ring is similar to the example from Hambleton (cat. 25). To these we may add the probably Gallo-Roman gold ring now in Munich (cat. 24). This finger-ring has a square bezel with a Chi-Rho surrounded by a border of punched dots (akin to a Type IA1d). The shoulders of the ring are decorated with engraved lines in a manner reminiscent of the Amesbury rings (cat. 5–7).

Roman period cemeteries in Germany and Austria have also yielded a number of rings that appear to be similar in form to the Brancaster type. A bronze ring from female grave 5470 at Krefeld-Gellep has an undecorated raised square bezel and is close to what we could classify as a Type IA1; the grave is dated to the first half of the fifth century (comp. 7, D). A fourteen-to-sixteen-year-old was buried in Grave 5 at Eschweiler-Lohn with a corroded bronze ring broadly comparable to our Type IC2 (comp. 8, D). The grave is dated to the end of the fourth century. There is also a bronze ring with a bezel decorated by three crossed lines from Grave 1002 at Bregenz (comp. 19, A). This finger-ring is broadly comparable to our type IC2 and is dated to the last decades of the fourth century.

In France the silver bezel decorated with a bird from Creissels (comp. 23, F) has already been mentioned and it is joined by another bezel, also depicting a bird but in copper alloy, from a pit dated to the final third of the fourth or first quarter of the fifth century at Marolles-sur-Seine (comp. 3, F). The form, style and date of these bezels are certainly in keeping with the British examples. There is also a gold ring from Montaut-les-Crénaux (IA1) (comp. 26, F) with a dove and foliage engraved on its bezel. This, unfortunately unstratified, ring can be compared with the South Holland ring (cat. 30, Fig. 6).

At Castelnau-de-Guers a single pit, dated to the beginning of the early medieval period, contained two rings that conform to the Brancaster types defined above (comp. 24 and 25, F). One of these is a ring with an incipient bezel (Type IC1) and the other with a bezel wider than its hoop (Type IC2). Both depict geometric designs possibly intended as monograms with the first also capable of being plausibly interpreted as a stylised bird. The bezel designs of both rings share little with the British corpus but the ring forms are well paralleled.

The ring from Buerggruef (comp. 12, L) has been noted above in connection with the Deopham ring. The style of the Grevenmacher example is strikingly different from the majority of British examples. The deeply engraved, almost chip-carved, rendering of a bird recalls another bird on a ring from Augst, although the illustration is not clear enough to make one certain of the similarity (comp. 18, CH). There is also a chip-carved, square bezeled ring depicting Daniel and the lion from Trier (comp. 11, D). Two other late Roman rings from Augst can be classed as Type IC rings with incipient box bezels (comp. 16 and 17, CH).

A ring from a late fourth- and fifth-century cemetery in Malbosc (comp. 28, F) is identified in the report as a Brancaster type ring typical of British examples dating from the end of the fourth or early fifth century. The ring in question has a green soapstone gem with an eagle and star engraved upon it in intaglio. The stone is set on a wire hoop. This description should demonstrate that this particular ring cannot be classified as a Brancaster type. It illustrates that the term has been adopted by Continental colleagues but is not always being used to describe the correct ring form.

The Malbosc ring emphasises that very few of the continental rings discussed here truly conform to the classic Brancaster type (Type IA), which represents forty percent of the British corpus. A ring, allegedly from Poitiers and now in the British Museum (comp. 1, F), is the closest continental parallel for the classic Brancaster form. It is in silver, with a raised box bezel and a broad hoop (Type IA1). The rectangular bezel has a border of punched dots, divided centrally by another line of dots. To either side of this line is the monogram IANE/OVT. Monograms were a feature of fourth-century communication and visual media and continued to be used in the Byzantine East until the seventh century[77]. They were also popular in the early medieval west[78]

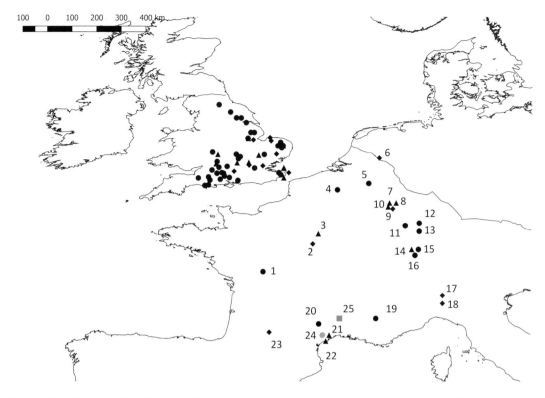

Fig. 22 Distribution of British rings and continental comparanda listed in Appendix B. (diamonds) gold, (circles) silver, (triangles) copper-alloy, (grey circles) unknown material, (grey square) erroneously classified. The numbers correspond to the comparanda in Appendix 2.

and it is to the Merovingian period that the Poitiers ring has been assigned[79]. Without doubt the monogram is unparalleled in Romano-British rings but there are clear affinities with the silver ring from South Norfolk.

Another Merovingian ring of relevance comes from Tombe 154 in the cemetery at Nimy (comp. 4, B). This silver ring has a barely raised rectangular bezel (Type IC) with a border of punched dots. Within this border are two dot-and-ring motifs with long tails of punched dots. Usually this design is interpreted as an extremely stylised moustachioed face and parallels have been drawn with the rendering of the faces on the gold bees found in Childeric's grave[80]. The Nimy ring is perhaps further from Brancaster rings than the Poitiers piece but the bezel design, conceivably recalling the abstract dot and ring arrangements or the opposed figures seen on some British rings, suggests it deserves consideration here.

Space and time have not permitted a comprehensive or exhaustive analysis of Brancaster type rings in Gaul, the Germanic provinces and Spain. There are clear parallels to be drawn between some Romano-British and continental rings and further research in this area is desirable. What is interesting from the limited study so far is the lateness of some stratified European Brancaster type rings. If nothing else, the continental rings reinforce the suggestion that the Brancaster type is of the late fourth and fifth century. The Poitiers and Nimy rings, along with stylistic parallels

[77] I. Grapizanov, The rise of graphicacy in Late antiquity. Viator 46 (2), 2015, 1–22.
[78] Hadjadj, Bagues Mérovingiennes 2007.
[79] Dalton, Catalogue (comp. 1) 24 cat. 147.
[80] Hadjadj, Bagues Mérovingiennes 318.

among other Merovingian examples, strengthen the likelihood that some of the Brancaster rings in Britain date to the fifth, rather than the fourth century.

Concluding remarks

The number of Brancaster type rings recorded from Britain remains small but is still considerably larger than the corpus discussed by Johns in the nineteen-nineties[81]. Where these rings are associated with dating evidence they are all assignable to the very late fourth century or to the fifth century. The evidence of similar continental rings supports this late dating, as does the absence of these rings stratified in third or early to mid-fourth-century contexts. The stylistic attributes of some of the rings must also place them firmly within an early medieval cultural context too. As such the Brancaster type ring must join the growing number of Roman object types that can be assigned to the fifth century and are eroding the boundary between late Roman and early medieval. Such developments are not entirely unexpected[82] and should shed new light on fifth-century developments.

Finger-rings formed one component of the package of dress accessories that was popularized during Britain's incorporation within the Roman Empire. Many thousands of rings are known but they, like many other object types, fell from favour during the fifth century. There are few finger-rings from Early Anglo-Saxon sites and they tend to be either simple bands or spiral rings or Roman objects reused or repurposed[83]. The Brancaster rings are thus the last flowering of the Romano-British ring-wearing tradition and should be seen in the context of late Roman and indigenous post-Roman social development, rather than as an element of early Anglo-Saxon material culture.

The materials from which most of the Brancaster rings were manufactured, demonstrate that these were items of elite material culture. The notion of value can perhaps be approached, if only crudely, by comparing the known weights of complete gold and silver rings. Using Hobbs's ratio of one gram of gold to fifteen grams of silver allows the rings to be ranked (Table 1)[84]. This emphasises the relative values of these rings to one another and demonstrates the exceedingly high value of the gold examples. The Ring from Suffolk (cat. 2), for instance, is equivalent to just over six and one seventh solidi, the equivalent of more than a pound of silver. All of the gold and silver rings may be viewed as ›high status‹ objects but clearly some were of a substantially higher value and probably implying higher status than others.

The wearers of Brancaster rings all shared a desire to possess and wear an individualised object. In some cases, the iconography of the ring bears a clear ideological message. The group with explicitly Christian designs must be a testament to the beliefs of their owners, and in some cases these designs conform quite closely to those mentioned as appropriate by the third-century ecclesiastic Clement of Alexandria[85]. The rings bearing overtly Christian devices (such as the Chi-Rho) and those with subtler Christian iconography, such as the rings intended as tokens of marriage or engagement and ›VIVAS‹ texts, also fall within this cultural context. It may not be going too far to suggest that the octagonal gold ring from Suffolk (cat. 2) might have been the pos-

[81] Johns, Jewellery.
[82] For instance G. Lucas, The Archaeology of Time (London 2005) 100.
[83] G. Owen-Crocker, Dress in Anglo-Saxon England (Woodbridge 2004) 80; Swift, re-use and recycling (note 24).
[84] R. Hobbs, Late Roman Precious Metal Deposits c. AD 200–700 (Oxford 2006).
[85] Clem. Al. Paid. 3, 11. – P. Corby Finney, Images on finger rings and early Christian art. Dumbarton Oaks Papers 41, 1987, 181–186.
[86] Clem. Al. Paid 3, 12.
[87] J. Gerrard, The Ruin of Roman Britain (Cambridge 2013).

session of bishop or other high churchman. Many of the Brancaster type rings, if the dating advanced above is broadly correct, may therefore have been some of the accoutrements of very late fourth- and fifth-century Christians in Britain.

This returns us to the starting point of this paper. The function of the Brancaster rings and their designs were not simply about advertising the beliefs of their owners. In most, if not all, cases these rings were primarily intended to function as seal or signet rings. In this guise, the ring functioned to secure letters and parcels of valuables through the addition of a wax sealing made unique to the sender by the ring's impression left upon it. The role of the ring in ›sealing things which must be kept safe‹ around the home should not be ignored either[86]. The letters, documents and gifts sent by and to individuals like Patrick, Victoricus, Riothamus, Gildas, Ruricius, Faustus of Riez, and nameless others lost to the oblivion of time, were probably all adorned with a wax seal. In Britain some at least of these seals may have been impressed by a ring in the Brancaster style. As such these rings are important evidence of the existence of elite social groups engaging in written discourse during the late fourth and fifth centuries.

The status of these social groups, as demonstrated above, probably varied. The gold and silver rings probably belonged to powerful individuals, members and descendants of the villa-dwelling provincial elites. The copper-alloy rings must have been possessed by individuals of lower status. Whatever the status the rings offered a symbol of individual identity. The choices made arguably demonstrate some of the tensions inherent in the fifth-century world. Some chose to display their Christianity, others chose mythical beasts or animals to define themselves and, of course, there is the important group of rings with single busts. In some cases, these aspire to adopt imperial iconography and in others, helmeted heads perhaps allude to not only some imperial portraits but also martial qualities. The Brancaster rings may thus embody one of the fundamental ideological struggles of the Late Antique West: the choice between the Christian civilian life of individuals like Sidonius and the warlordism of Riothamus and others[87].

	Au (*)	Ag (*)	
			Solidi
cat. 2	27,5	412,5	6,14
cat. 19	9	135	2,01
cat. 23	8,4	126	1,88
cat. 28	3,7	55,5	0,83
			Siliqua
cat. 5	0,54	8,1	4,05
cat. 6	0,59	8,85	4,425
cat. 7	0,62	9,33	4,665
cat. 13	0,33	4,9	2,45
cat. 16	0,13	1,9	0,95
cat. 17	0,38	5,64	2,82
cat. 20	0,32	4,8	2,4
cat. 27	0,59	8,9	4,45
cat. 31	0,25	3,8	1,9
cat. 34	0,55	8,3	4,15
cat. 38	0,24	3,64	1,82
cat. 39	0,31	4,68	2,34
cat. 42	0,14	2,05	1,025
cat. 43	0,68	10,17	5,085
cat. 54	0,55	8,2	5,125

Table 1 Gold and silver Brancaster rings from Britain for which weights are available. Actual weights are shown in dark red, and equivalences are provided in either gold or silver by weight or coin. (*) Weight in Grams.

Dr. James Gerrard, School of History, Classics and Archaeology, Armstrong Building, Newcastle University, Newcastle Upon Tyne NE1 7RU, Great Britain, james.gerrard@newcastle.ac.uk. – Revd. Professor Martin Henig, Institute of Archaelogy, 36 Beaumont St., Oxford, OX1 28G, Great Britain.

Appendix A. Catalogue of rings from Britain

(cat. 1) Brancaster, Norfolk. – Norwich Castle Museum. – Gold. – Type IA1. – Busts. Inscription: vivav / in deo. Hoop plain. – S. Woodward, A descriptive outline of the Roman remains in Norfolk. Archaeologia 23, 1831, 361; Henig, Corpus no. 790; M. Henig, The gold objects. In: J. Hinchcliffe / C. Sparey-Green (eds.), Excavations at Brancaster 1974 and 1977. East Anglian Archaeology 23 (Dereham 1985) 195 s. fig. 85, 2; RIB II 3 no. 2422.15; Johns, Jewellery 53 and fig. 3, 12. See also Henig, Corpus 14.

(cat. 2) Site name unknown, Suffolk. – British Museum Acc. no. 1983,1003.1. – Gold. – Type IVA1. – Chi-Rho, bird on branch. Inscription: px. Hoop plain. – C. Johns, Roman Christian ring from Brentwood, Essex. Ant. Journal 65, 1985, 461–463.

(cat. 3) Silchester, Hampshire. – The Vyne, National Trust. – Gold. – Type IA1d. – Bust and text. Inscription: ve/nus and seniciane vivas iin de[o]. Hoop decorated. – Henig, Corpus 789; Corby Finney, Senicianus.

(cat. 4) Richborough, Kent. – Lost. – Copper. – Type IA1d. – Chi-Rho A O; text. Inscription: ivstine vivas in deo. Hoop facetted and decorated. – B. Cunliffe, Fifth Report on the Excavations of the Roman Fort at Richborough, Kent. Reports of the Research Committee of the Society of Antiquaries of London (London 1968) pl. 42, 160; RIB II 3 no. 2422.70.

(cat. 5) Amesbury, Wiltshire. – British Museum Acc. no. 1857,0630.3. – Silver. – Type IA1d. – Stag with fishtail and bird. No inscription. Hoop decorated. – F. Ouvry, The Amesbury rings. Proc. Soc. Ant. London (1st Ser.) 4, 1859, 27 s.; Henig, Corpus 802.

(cat. 6) Amesbury, Wiltshire. – British Museum Acc. no. 1857,0630.2. – Silver. – Type IA1d. – Bust. No inscription. Hoop plain. – Ouvry (cat. 5); Henig, Corpus 803.

(cat. 7) Amesbury, Wiltshire. – British Museum Acc. no. 1857,0630.1. – Silver. – Type IA1d. – Griffin. No inscription. Hoop decorated. – Ouvry (cat. 5); Henig, Corpus 801.

(cat. 8) St. Albans, Hertfordshire. – Private Collection. – Copper. – Type IC2d. – Saltire. No inscription. Hoop decorated. – PAS: BH-29CA26.

(cat. 9) Roundway Down, Wiltshire. – Location unknown. – Silver. – Type IB1d. – Bust. Inscription: nikh. Hoop decorated. – M. Henig, Art in Roman Wiltshire. In: P. Ellis (ed.), Roman Wiltshire and After. Papers in honour of Ken Annable (Devizes 2001) 122 s. fig. 6, 14.

(cat. 10) Fifehead Neville, Dorset. – Lost. – Silver. – Type IA1. – Chi-Rho. No inscription. Hoop plain. – J. Middleton, Roman villa at Fifehead Neville. Proc. Soc. Ant. London 9, 1883, 66–70; Henig, Corpus 794.

(cat. 11) Fifehead Neville, Dorset. – Lost. – Silver. – Type IA2. – Rho-Cross, bird and foliage. No inscription. Hoop plain. – Middleton (cat. 10); Henig, Corpus 795.

(cat. 12) Wantage, Oxfordshire. – Lost. – Silver. – Type IA1d. – Confronted sea beasts. No inscription. Hoop decorated. – J. Akerman, Silver ring from Wantage. Proc. Soc. Ant. London (2nd Ser.) 4, 1870, 38 s.

(cat. 13) South Ferriby, Yorkshire. – Hull Museum. – Silver. – Type IA2. – Bird and foliage. No inscription. Hoop plain. – B. St John O'Neil, The South Ferriby Theodosian hoard. Num. Chronicle 5th Series 15 (1935) 254–274; Robertson, Inventory no. 1557 fig. 2; Henig, Corpus 799.

(cat. 14) Whorlton, Yorkshire. – British Museum. – Silver. – Type IA1. – Bird. No inscription. Hoop plain. – British Museum Acc. no. 1857,1109.2. A. Burnett, The Whorlton (Yorkshire) Hoard (1810). In: R. Carson / A. Burnett (eds.), Roman Coin Hoards from Britain, British Mus. Occasional Paper 5 (London 1979) 110–118; Robertson, Inventory no. 1608; Henig, Corpus 800.

(cat. 15) Gt. Stanmore, Middlesex. – Lost. – Gold. – Type IC2. – Busts. No inscription. Hoop plain. – R. Gough, Camden's Britannia (London 1806) 108 s. pl. 120; Henig, Corpus 791.

(cat. 16) Langport, Somerset. – Private Collection. – Silver. – Type IC2. – Busts. No inscription. Hoop plain. – PAS: BUC-79ACD3.

(cat. 17) North Dorset, Dorset (Fig. 5). – British Museum. – Silver. – Type IA1d. – Busts. No inscription. Hoop decorated. – PAS: BUC-79ACD3.

(cat. 18) South Cambridgeshire, Cambridgeshire (Fig. 7). – Private Collection. – Silver. – Type I. – Opposed figures. No inscription. Hoop NA. – PAS: CAM-8F33A3.

(cat. 19) Richborough, Kent. – British Museum Acc. no. 1988.0402.1. – Gold. – Type IA1. – Bust. No inscription. Hoop plain. – M. Henig, Exhibits at Ballots. A late Roman gold ring and other objects from Richborough. Ant. Journal 68 (1988) 315–317.

(cat. 20) Chedworth, Gloucestershire (Fig. 4). – Cirencester Museum. – Silver. – Type IC2d. – Bust. No inscription. Hoop decorated. – PAS: GLO-30DC46; S. Worrell / J. Pearce, Finds reported under the Portable Antiquities Scheme. Britannia 45, 2014, 397–425.

(cat. 21) Caistor-St-Edmund, Norfolk. – Private Collection. – Silver. – Type I. – Bust. Inscription: RSN DEDI. Hoop decorated. – Henig, gold objects (cat. 1) 197; M. Hassall / R. Tomlin, Inscriptions. Britannia 15, 1984, 333–356, 344; F. Mawer, Evidence for Christianity in Roman Britain. The small-finds (Oxford 1995) 71 s. no. D3.Si.2.

(cat. 22) Horncastle, Lincolnshire. – Private Collection. – Silver. – Type I. – Bust. No inscription. Hoop NA. – UKDFD 35649 (http://www.ukdfd.co.uk/).

(cat. 23) Brentwood, Essex. – British Museum. – Gold. – Type IIA1. – Chi-Rho reversed. Inscription: PX. Hoop plain. – British Museum Acc. no. 1984,1001.1; Henig, Corpus 793.

(cat. 24) Site name unknown, Yorkshire. – Munich, Christian Schmidt Collection. – Silver. – Type I. – Chi-Rho. No inscription. No Hoop. –. Spier, Gems 184 no. R8; C. Schmidt, Siegelring mit XP-Christogramm. In: J. Engemann / A. Demandt (eds.) Constantin der Große. Exhibit. Trier (2007) Begleit-CD no. II.1.125.

(cat. 25) Hambleton, North Yorkshire. – Private Collection. – Silver. – Type IB2d. – Star. No inscription. Hoop decorated. – PAS: LANCUM-133991.

(cat. 26) King's Lynn and West Norfolk, Norfolk. – Private Collection. – Copper. – Type ID2. – Ring and dot. No inscription. Hoop plain. – PAS: NMS-D7DBF2.

(cat. 27) South Norfolk, Norfolk. – British Museum. – Silver. – Type IA1d. – Text. Inscription: VTI FELIX. Hoop decorated. – PAS: NMS180.

(cat. 28) King's Lynn and West Norfolk, Norfolk (Fig. 16). – Norwich Castle Museum. – Gold. – Type IB2. – Text. Inscription: DOM/NICA/VIVAS. Hoop plain. – PAS: NMS-065376.

(cat. 29) South Northamptonshire. – British Museum. – Silver. – Type I. – Text. Inscription: LEGO NIIV SVIV. Hoop NA. – PAS: NARC-41DB75.

(cat. 30) South Holland, Lincolnshire (Fig. 6). – British Museum. – Gold. – Type IC2. – Bird. No inscription. Hoop plain. – PAS: NMS-AF4E73.

(cat. 31) Wiltshire (Fig. 13). – Wiltshire Heritage Museum. – Silver. – Type IC2d. – Birds. No inscription. Hoop decorated. – PAS: WILT-D4FD13.

(cat. 32) Haddenham, Buckinghamshire (Fig. 8). – Private Collection. – Copper. – Type I. – Bird. No inscription. Hoop NA. – PAS: BH-976273.

(cat. 33) Richborough, Kent. – Lost. – Copper. – Type I. – Bird / beast. No inscription. Hoop NA. – C. Roach Smith, The Antiquities of Richborough, Dover and Lymne in Kent (London 1850) 89.

(cat. 34) Canterbury, Kent (Fig. 14). – Canterbury Museum. – Silver. – Type IC2. – Bird. No inscription. Hoop plain. – PAS: KENT-E3CFD7.

(cat. 35) Cirencester, Gloucestershire. – Cirencester Museum. – Copper. – Type IA2. – Bird and wheel. No inscription. Hoop plain. – M. Henig, A late Roman signet ring from Cirencester. Transact. Bristol and Gloucester 97, 1979, 121–123.

(cat. 36) Sleaford, Lincolnshire (Fig. 9). – Private Collection. – Silver. – Type I. – Bird and two pellets. No inscription. Hoop NA. – PAS: LIN-337C26.

(cat. 37) Bancroft, Buckinghamshire. – Buckinghamshire Museum. – Silver. – Type IA2d. – Bird and four stars. No inscription. Hoop decorated. – R. Williams / R. Zeepvat, Bancroft. A Late Bronze Age / Iron Age settlement, Roman villa and temple mausoleum II. The finds and environmental evidence (Aylesbury 1994) fig. 142 no. 86.

(cat. 38) Compton, West Sussex. – Lost. – Silver. – Type IC2d. – Bird and discs. No inscription. Hoop decorated. – PAS: SUSS-112A4D.

(cat. 39) West Dorset, Dorset (Fig. 12). – Private Collection. – Silver. – Type IC2d. – Bird. No inscription. Hoop decorated. – PAS: BH-715823.

(cat. 40) Winchester, Hampshire. – Winchester Museum. – Silver. – Type IA2. – Bird. No inscription. Hoop plain. – Martin Henig personal observation.

(cat. 41) Site name unknown, county unknown. – Private Collection. – Silver. – Type IC1. – Bird. No inscription. Hoop NA. – Seen in an online Metal Detecting Forum in 2016.

(cat. 42) Deopham, Norfolk (Fig. 15). – Norwich Castle Museum. – Silver. – Type IA2d. – Bird. No inscription. Hoop decorated. – PAS: NMS-79BD95.

(cat. 43) Bays Meadow, Droitwich, Worcestershire. – British Museum Acc. no. 1928,0714.1. – Silver. – Type IA1. – Bird. No inscription. Hoop plain. – Henig, Corpus 798.

(cat. 44) East Riding of Yorkshire (Fig. 10). – Norwich Castle Museum. – Silver. – Type I. – Dolphins. No inscription. Hoop NA. – PAS: YORYM-CFDB11.

(cat. 45) Gastard, Corsham, Wiltshire. – Wiltshire Heritage Museum. – Silver. – Type I. – Bird and a fish with foliage between. No inscription. Hoop NA. – M. Henig, A silver ring-bezel from Gastard, Corsham. Wiltshire Arch. and Natural Hist. Magazine 92, 125 s. fig. 1; id., Art in Roman Wiltshire. In: P. Ellis (ed.) Roman Wiltshire and After. Papers in honour of Ken Annable (Devizes 2001) 122 s. fig. 6, 16.

(cat. 46) South Cambridgeshire, Cambridgeshire. – Private Collection. – Copper. – Type IC2. – Horse's head. No inscription. Hoop plain. – PAS: CAM-D69FA5.

(cat. 47) Guildhall Yard, London. – London Archaeological Archive Resource Centre. – Silver. – Type ID. – Lion. No inscription. No hoop. – N. Bateman / C. Cowan / R. Wroe-Brown, London's Roman Amphitheatre: Guildhall Yard, City of London (London 2008) 93–95; 194 fig. 99.

(cat. 48) Tupholme, East Lindsey (Fig. 11). – Private Collection. – Silver. – Type IC2d. – Busts? No inscription. Hoop decorated. – PAS: LIN-4D6297.

(cat. 49) North Kesteven, Lincolnshire. – Private Collection. – Copper. – Type IA2. – Worn. No inscription. Hoop plain. – PAS: LIN-70CD03.

(cat. 50) Site name restricted, Norfolk. – Norwich Castle Museum. – Silver. – Type IC1. – Worn. No inscription. Hoop plain. – PAS: PAS-ACA706.

(cat. 51) Great Horwood, Buckinghamshire. – Buckinghamshire County Museum. – Silver. – Type IA2. – Undecorated. No inscription. Hoop plain. – H. Waugh, A hoard of Roman silver from Great Horwood, Buckinghamshire. Ant. Journal 46, 1966, 63 and fig. 2, 3.

(cat. 52) Richborough, Kent. – English Heritage. – Silver. – Type IA. – Monogram. Inscription: BASIA. Hoop decorated. – M. Henig, A monogram ring from Richborough, Ant. Journal 56, 1976, 242 s. pl. 39.

(cat. 53) Salford Priors, Warwickshire. – Warwickshire Museum. – Copper. – Type I. – Stylized. No inscription. No hoop. – S. Palmer, Archaeological excavations in the Arrow Valley, Warwickshire. Transact. Birmingham and Warwickshire 103, 1999, 1–231 fig. 57 and 35.

(cat. 54) Nether Wallop, Hampshire (Fig. 17). – To be acquired by the Hampshire Cultural Trust. – Silver. – Type IA1. – Wyrm eating quadruped. No inscription. Hoop plain. – PAS: WILT-17E7E6.

Appendix B. Catalogue of rings from continental Europe

(comp. 1) Poitiers, France. – Silver. – Type IA1. – O. Dalton, Catalogue of the Finger Rings in the British Museum. Early Christian, Byzantine, Teutonic, Medieval and later bequeathed by Sir Augustus Woolaston Franks KCB (London 1912) no. 147.

(comp. 2) Cortrat, Loiret, France. – Gold. – Type IC1. – H. Böhme, Germanische Grabfunde des 4. bis 5. Jahrhunderts zwischen unterer Elbe und Loire (Munich 1974) 313 pl. 118.7.

(comp. 3) Marolles-sur-Seine, Seine et Marne, France. – Copper. – Type I. – J.-M. Séguier, La céramique du Bas-Empire du secteur Seine-Yonne: productions, typologie et proposition de classement chronologique des ensembles. Diocesis Galliarum: Documents de Travail 9, 2011, 13–44, 38.

(comp. 4) Nimy, Hainaut, Belgium. – Silver. – Type IC1. – Hadjadj, Bagues Mérovingiennes no. 413.

(comp. 5) Tongeren, Belgium. – Silver. – Type IC1. – K. Sas / H. Thoen, Schone Schijn. Brilliance et Prestige, Exhibit. Tongeren (Leuven 2002) no. 233.

(comp. 6) Velp, Gelderland, The Netherlands. – Gold. – Type IA2. – Henkel, Römische Fingerringe no. 99.

(comp. 7) Krefeld-Gellep, Germany. – Copper. – Type IA1. – R. Pirling / M. Siepen, Die Funde aus den römischen Gräbern von Krefeld-Gellep (Stuttgart 2006) 354 pl. 60, 6.

(comp. 8) Eschweiler-Lohn, Germany. – Copper. – Type IC2. – R. Gottschalk, Spätrömische

Gräber im Umland von Köln (Darmstadt 2015) 304 pl. 37, 19.

(comp. 9) Ruwer, Germany. – Gold. – Type IA1. – Henkel, Römische Fingerringe no. 98.

(comp. 10) Trier, Germany. – Copper. – Type IA2. – Henkel, Römische Fingerringe no. 399.

(comp. 11) Trier, Germany. – Copper. – Type IA1. – Sas/Thoen, Schone Schijn (comp. 5) no. 246.

(comp. 12) Buerggruef, Grevenmacher, Luxembourg. – Copper. – Type IC2. – J. Krier, Ein römisches Bergheiligtum auf dem Buergruef bei Grevenmacher. In: 175 Joar Harmonie municipale Grevenmacher 1834–2009 (Luxembourg 2010) 128 fig. 9.

(comp. 13) Zilling, near Phalsbourg, Alsace, France. – Silver. – Type IA1. – Henkel, Römische Fingerringe no. 400.

(comp. 14) Ill, near Ehl, Alsace, France. – Silver. – Type IA1. – Henkel, Römische Fingerringe no. 401.

(comp. 15) Ill, near Ehl, Alsace, France. – Silver. – Type IA1. – Henkel, Römische Fingerringe no. 402.

(comp. 16) Augst, Switzerland. – Silver. – Type IC. – E. Riha, Der römische Schmuck aus Augst und Kaiseraugst (Augst 1990) pl. 7 no. 121.

(comp. 17) Augst, Switzerland. – Silver. – Type IC. – Riha (comp. 16) pl. 7 no. 122.

(comp. 18) Augst, Switzerland. – Copper. – Type IB2. – Riha (comp. 16) pl. 8 no. 132.

(comp. 19) Bregenz, Austria. – Copper. – Type IC2. – M. Konrad, Das römische Gräberfeld von Bregenz. Brigantium I (Munich 1997) 86 pl. 12, 10.

(comp. 20) Trivolzio, Italy. – Gold. – Type IA1. – N. Degrassi, Trivolzio (Pavia). Rinvenimento di un tesoretto. Not. Scavi Ant. 7 (2), 1941, 303–310.

(comp. 21) Certosa di Pavia, Italy. – Gold. – Type IA1. – G. Patroni, Carpignago, tesoretto di monete e di oggetti d'oro dell'età di Onorio, scoperto presso la stazione ferroviaria della Certosa di Pavia. Not. Scavi Ant. 1911, 4 s.

(comp. 22) Lazer, Haut Alpes, France. – Silver. – Type IC1. – H. Guiraud, Bagues et anneaux à l'époque romaine en Gaule. Gallia 46, 1989, 173–211, here 189.

(comp. 23) Creissels, Aveyron, south of France. – Silver. – Type I. – M. Labrousse, Circonscription de Toulouse. Gallia 22 (2), 1964, 427–472 fig. 9.

(comp. 24) Castelnau-de-Gers, Hérault, France. – Copper. – Type IC2. – M. Feugere / N. Houlet, Un four domestique de l'Antiquité tardive à Castelnau-de-Guers (Hérault). Arch. Languedoc 16, 1992, 152–154, here 152 fig. 7 no. 2.

(comp. 25) Castelnau-de-Guers, Hérault, France. – Copper. – Type IC1. – Feugere/Houlet (comp. 24) 152 fig. 7 no. 3.

(comp. 26) Montaut-les-Crenaux, Gers, France. – Gold. – Type IA1. – Sas/Thoen, Schone Schijn (comp. 5) no. 243.

(comp. 27) Caux, cemetery at Saint Geniès-Est 2, France. Material uncertain. – Type IC2. – M. Feugère, Plaidoyer pour la petite épigraphie. L'exemple de la cité de Béziers. In: R. Häussler (ed.) Romanisation et épigraphie. Études interdisciplinaires sur l'acculturation et l'identité dans l'Empire romain (Monique Mergoil 2008) 119–134, here 148 fig. 6, 2 a.

(comp. 28) Malbosc, Montpellier, Hérault, France. – Material NA. – Type NA. – F. Blaizot et al., L'ensemble funéraire rural de Malbosc (Montpellier, Hérault). Pratiques funéraires de l'Antiquité tardive. Rev. Arch. Narbonnaise 41 (1), 2008, 53–99, here 65; 103 fig. 3, 15.

Image rights. Plates 1–6 Pre-Construct Archaeology Ltd, London (Cate Davies). – Figs. 1–3, 18–22 James Gerrard. – Figs. 4–17 PAS.

Resümee. Die spätantiken Ringe des Brancaster-Typus bestehen vollständig aus Gold oder Silber. Ihre erhabene rechteckige Lünette trägt meist Dekoration in Intaglio-Technik, nämlich Christogramme, Schrift, Tiere und Fabelwesen sowie behelmte Köpfe und männliche oder weibliche Büsten. Die Stücke stammen aus dem spätantiken Kulturkreis des späten vierten und frühen fünften Jahrhunderts und sind in Britannien, aber auch in Gallien und den germanischen Provinzen bis hin nach Italien verbreitet. Sie bilden ein seltenes Zeugnis für die finale Phase der Römerzeit im Nordwesten des Reiches und wurden vermutlich von der gebildeten Elite verwendet. Die Ikonographie deutet darauf hin, dass die Träger sowohl christliche Symbole als auch individuelle, fast wappenähnliche Darstellungen und Bezüge auf die römische imperiale und militärische Macht verwendeten, um Identität und Status darzustellen.

Résumé. Gli anelli tardoantichi del tipo Brancaster consistono interamente di oro o argento. La loro lunetta rialzata di solito porta una decorazione intagliata, che può includere cristogrammi, scritte, animali reali e fantastici nonché teste con elmo e busti femminili o maschili. Questi oggetti famo parte dell'ambito culturale tardoantico del quarto secolo avanzato e del primo quinto. Si ritrovano in Britannia, ma anche in Gallia e nelle provincie germaniche e perfino nell'Italia Settentrionale. I gioielli di questo tipo costituiscono una rara testimonianza per la fase finale dell'età romana nella parte nordoccidentale dell'Impero, dove forse vengono usati dall'élite culturale. L'iconografia dimostra come i portatori di questi manufatti, per rappresentare la propria identità o lo specifico status politico-sociale, scelsero sia simboli cristiani, sia raffigurazioni con allusioni alla forza romana imperiale e militare.

Résumé. Les bagues de type Brancaster sont entièrement faites d'or ou d'argent. Leurs lunettes surélevées présentent dans la plupart des cas des décors intaglio comme des Christogrammes, des lettres, des animaux et des créatures mythiques, ainsi que des têtes casquées et des bustes masculins ou féminins. Les pièces proviennent de la culture antique tardive de la fin du quatrième et du début du cinquième siècle et sont disséminées en Grande-Bretagne, mais aussi en Gaule et dans les provinces germaniques jusqu'en Italie. Elles sont un témoignage rare de la phase finale de la période romaine dans l'Empire du nord-ouest et ont été vraisemblablement utilisés par les élites. Les éléments iconographiques indiquent que les porteurs d'anneaux utilisaient à la fois des symboles chrétiens et des figures de style individuel et héraldique, ainsi que des références à la puissance impériale et militaire romaine pour présenter leur identité et leur statut.

Abbreviations

Hadjadj, Bagues Mérovingiennes	R. Hadjadj, Bagues Mérovingiennes. Gaule du Nord (Paris 2007).
Henig, Corpus	M. Henig, A Corpus of Roman Engraved Gemstones from British Sites. BAR British Ser. 8 (Oxford 2007).
Henkel, Römische Fingerringe	F. Henkel, Die Römischen Fingerringe der Rheinlande und der benachbarten Gebiete (Berlin 1913).
Johns, Jewellery	C. Johns, The Jewellery of Roman Britain. Celtic and Classical traditions (London 1996).
PAS	Portable Antiquities Scheme, see https://finds.org.uk/.
Robertson, Inventory	A. Robertson, An Inventory of Romano-British Coin Hoards (London 2000).
Spier, Gems	J. Spier, Late Antique and Early Christian Gems (Wiesbaden 2013).

Brancaster type signet rings   Plate 1

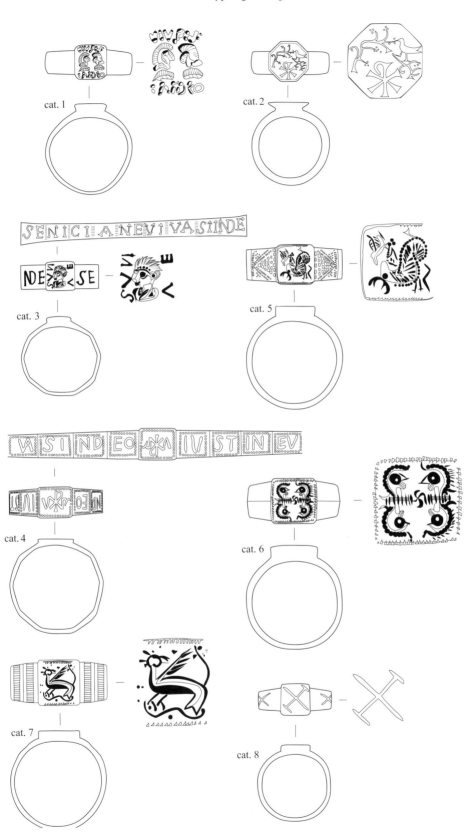

The corpus of Brancaster rings in order of discussion, redrawn from photographs and illustrations. Original size.

Plate 2

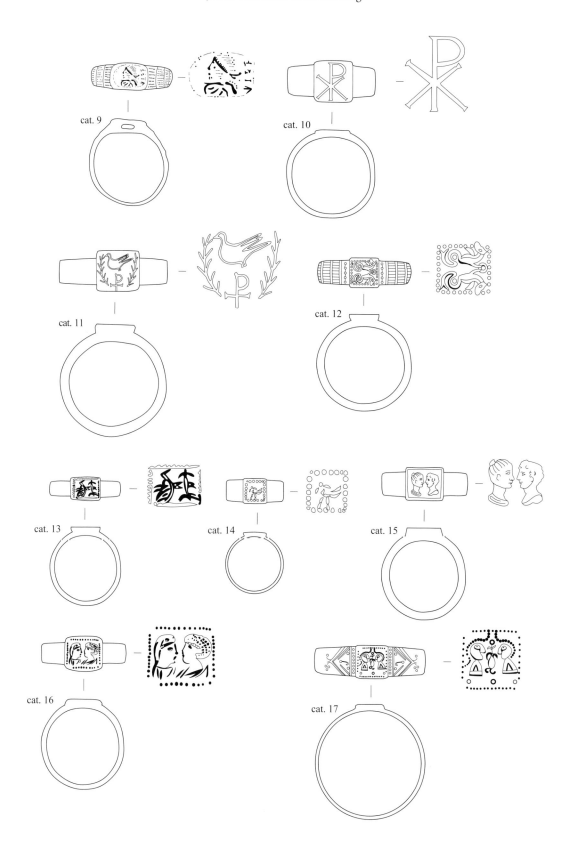

Brancaster type signet rings

Plate 3

(Opposite page and above) The corpus of Brancaster rings in order of discussion, redrawn from photographs and illustrations. Original size.

Plate 4

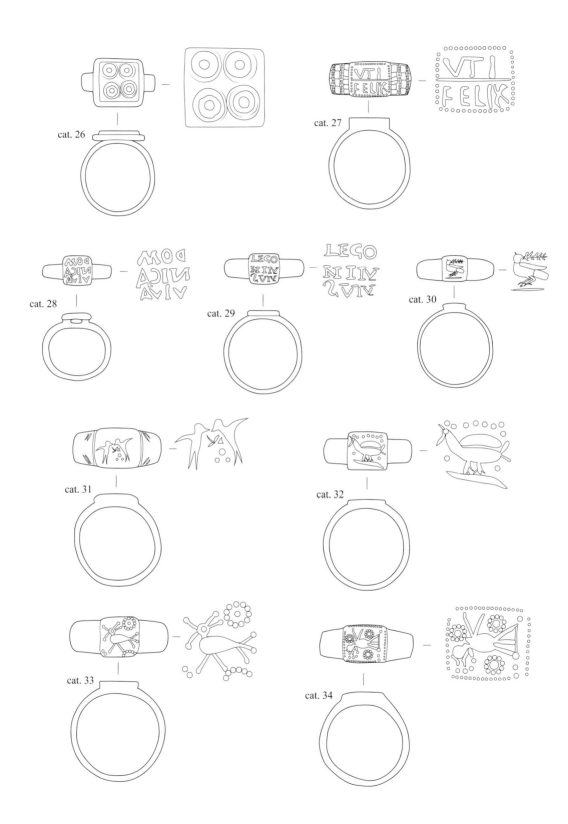

Brancaster type signet rings   Plate 5

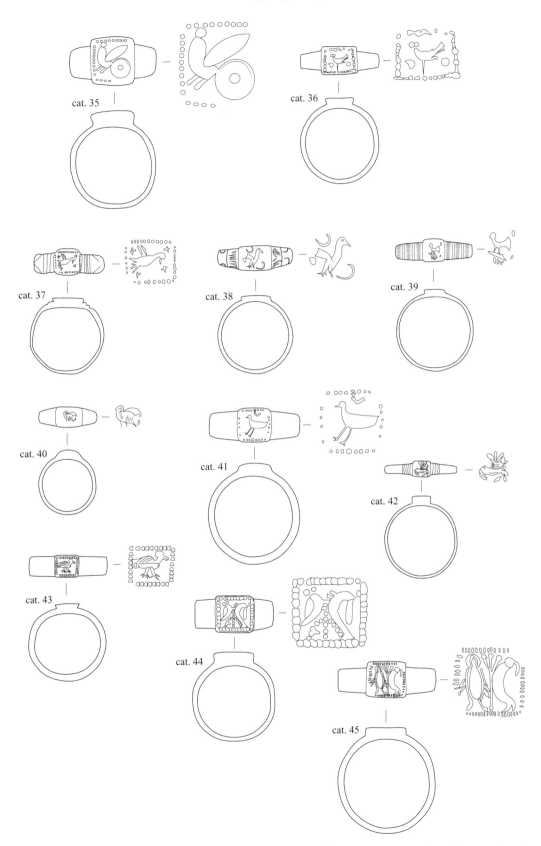

(Opposite page and above) The corpus of Brancaster rings in order of discussion, redrawn from photographs and illustrations. Original size.

Plate 6

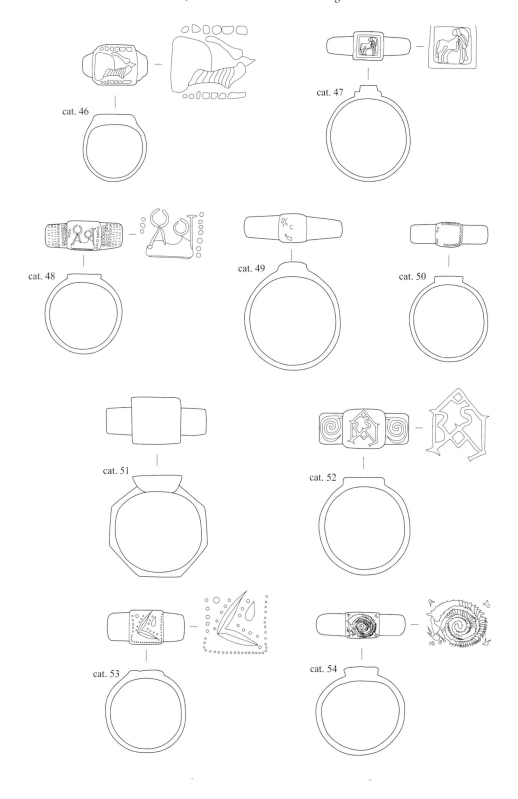

The corpus of Brancaster rings in order of discussion, redrawn from photographs and illustrations. Original size.

Berichte

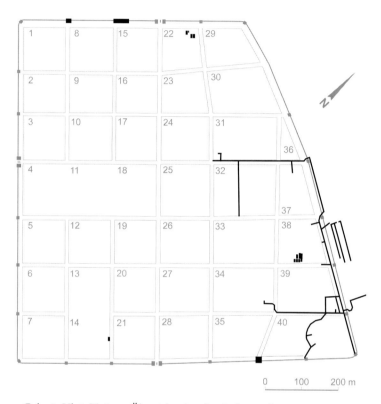

Xanten, Colonia Ulpia Traiana. Übersicht über die Grabungsaktivitäten im Jahre 2016.

Umseitig:

Porträt des Kaisers Constatius II. auf einer Goldmünze des Nepotianus, 350 in Rom geprägt. Aus dem Münzschatz im Prätorium des Bonner Legionslagers. Neuerwerbung des Landesmuseums Bonn Inv. 2016.160. – Bildrechte LMB (Lothar Kornblum).

Siehe den Bericht des Museums Seite 283 f.

LVR - Archäologischer Park Xanten

Untersuchungen in der Colonia Ulpia Traiana 2016

von Norbert Zieling, Armin Becker, Bernd Liesen,
Stefan Pircher und Johannes Schießl

Ein im November des Vorjahres gestartetes und mit Landesmitteln gefördertes großes Grabungsprojekt wurde zunächst mit den Untersuchungen an der nordwestlichen Stadtbefestigung der Colonia Ulpia Traiana fortgesetzt. Parallel dazu wurde an der südöstlichen Stadtbefestigung der Versuch unternommen, die exakte Lage von Turm 11 im Vorfeld einer Teilrekonstruktion der Stadtmauer zu bestimmen (Übersichtsplan, gegenüber). Neue Untersuchungen waren auch an der nordöstlichen Stadtbefestigung durch die Anlage eines Versorgungsleitungsgrabens für den Archäologischen Park erforderlich. Fortgesetzt wurde die Lehrgrabung der Internationalen Archäologischen Sommerakademie im Handwerkerviertel der Insula 38. Eine weitere Lehrgrabung kam im Sommer des Berichtsjahres noch hinzu: Das Archäologische Institut der Universität zu Köln begann mit ersten Untersuchungen an der Nordwestseite der Insula 22. Schließlich konnte das Stammgrabungsteam eine bereits 2014 begonnene Grabung an der nordöstlichen Toranlage des sogenannten Südquartiers auf Insula 14 wiederaufnehmen, nachdem die langjährigen Inventur- und Umpackaktivitäten in den Magazinen des Archäologischen Parks zur Vorbereitung des Umzugs endlich abgeschlossen worden waren.

Insula 14

Im Sommer 2016 wurden die Untersuchungen an einer Toranlage an der Südspitze der Colonia fortgesetzt. Bereits 2012 war bei einer Georadarprospektion der Firma Eastern Atlas, Berlin, eine insgesamt rund 370 Meter lange lineare Struktur beobachtet worden, die sich als 1,40 Meter breites Mauerfundament aus vorwiegend Basaltbruchsteinen identifizieren ließ. Der Mauerverlauf grenzt einen Bezirk an der Südspitze der Stadt ab, der vorläufig als »Südquartier« bezeichnet wird und der – unter der Prämisse, dass die Stadtmauer seine südliche Begrenzung bildete – eine Innenfläche von ungefähr 3,7 Hektar besaß (Farbtafel 1). Im Gesamtverlauf der Mauer weist das Radargramm an zwei Stellen einfache, aus zwei Türmen bestehende Toranlagen aus (Abb. 1). Die im Grundriss rechteckigen Fundamente der Türme haben eine Breite von rund drei Metern und springen etwa dreieinhalb Meter nach innen zurück, die Toröffnungen besitzen laut Radargramm nur eine lichte Weite von etwa zweieinhalb Metern. Das Nordosttor lässt eine klare Tordurchfahrt und eine Straßentrasse in den Innenraum des Südquartiers hinein erkennen, die mutmaßlich am Straßenraster der Colonia orientiert ist. Diese Orientierung gilt auch für die Nordostgrenze des Quartiers, während die Nordwestseite um etwa fünf Grad vom Raster abweicht.

Farbtafel 1 Colonia Ulpia Traiana, Stand der Forschungen von 2016.

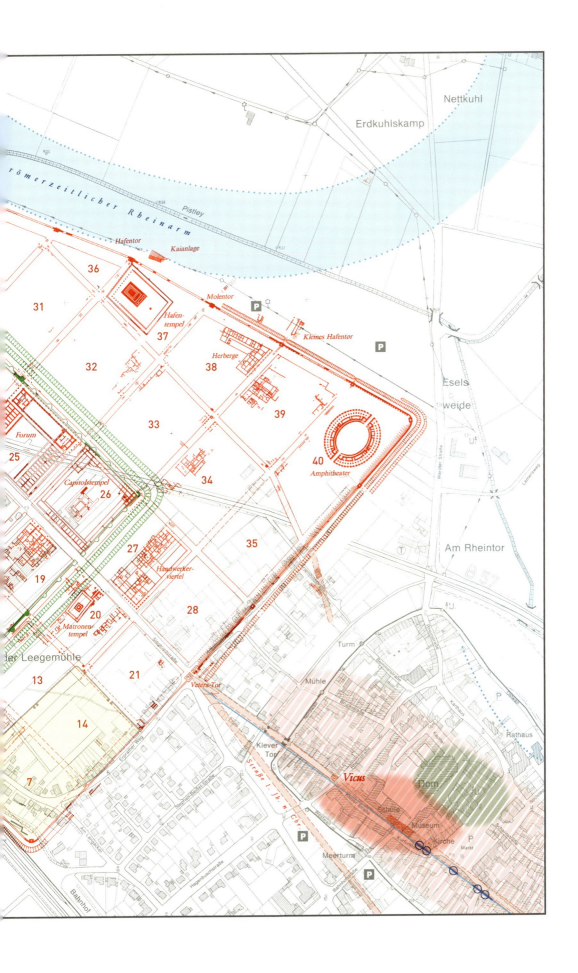

Schon 2014 stand das Nordosttor des Südquartiers im Fokus der Untersuchungen. Ziel der Ausgrabung ist es, die gesamte Toranlage im Zusammenhang mit der hindurchführenden Straße zu analysieren und sie in einen Kontext mit der Bebauung zu stellen. Dabei steht vor allem die Frage der Zeitstellung der Anlage im Vordergrund, die anhand stratigraphischer Beobachtungen auf der Insula 6 mit hinreichender Sicherheit in das dritte nachchristliche Jahrhundert datiert werden kann. Daran anknüpfend soll der Versuch unternommen werden, die Funktion des Quartiers zu ermitteln, sofern dies durch die Untersuchung allein der Toranlage gelingt.

Im Berichtsjahr wurden Teile der beiden Tortürme und der angrenzenden Mauerfundamente ausgegraben und dokumentiert (Abb. 2). Beide Turmfundamente sind aus Basalt- und Tuffbruch unter Verwendung großer Mengen Mörtel errichtet, nur die untere Lage ist eine aus in den anstehenden Lehm gesetzte Rollschicht mit schräg gestelltem Basalt. Das an den südöstlichen Turm anschließende, etwa 1,40 m breite Mauerfundament ist mit diesem im Verbund gemauert, demnach also zeitgleich entstanden. Eine sehr deutliche Einschnürung des Mauerwerks, etwa 1,10 m südöstlich des Turmansatzes, zeigt dagegen eine klare Baufuge, so dass hier die Stelle identifiziert werden kann, an der zwei Bautrupps – offenbar mit geringer Sorgfalt – aufeinander zugearbeitet haben. Die tatsächliche Tiefe der Tortürme

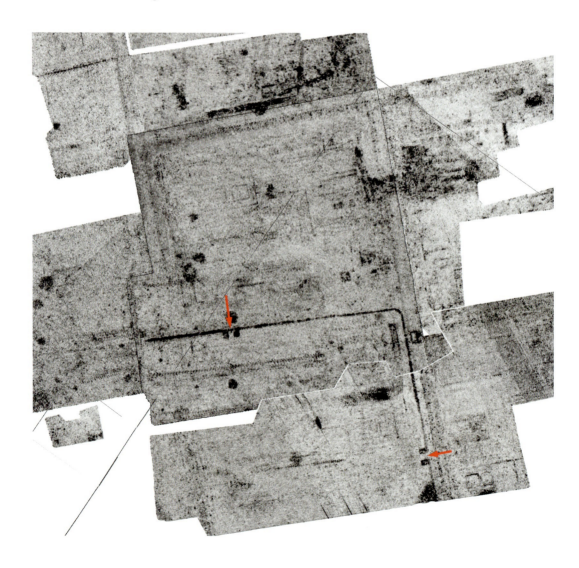

Abb. 1 (gegenüber) Radargramm mit der Begrenzungsmauer und Toren (rote Pfeile) des sogenannten Südquartiers.

Abb. 2 (rechts) Insula 14. Teilfundament des südöstlichen Torturms.

zum Innenraum des Quartiers wird erst im weiteren Grabungsfortschritt zu ermitteln sein, ihre Breite beträgt jeweils etwa dreieinviertel Meter. Vor den beiden Torfronten lagen jeweils Basaltstickungen von dreißig bis vierzig Zentimetern Breite, die aber nicht mit dem Fundament verbunden waren. Hierbei könnte es sich um die Unterbauten einer mutmaßlichen Portaleinfassung oder eines Fassadenschmucks handeln.

Vom nordwestlichen Torturm sind bis jetzt nur Teile der Ausbruchsgrube ergraben, so dass sich die Durchfahrtbreite zwischen den Türmen noch nicht sicher ermitteln lässt. Zwischen der Ausbruchsgrenze und dem gegenüberliegenden Turm liegt nur ein Abstand von rund 2,60 Metern, weshalb die Gesamtbreite der Durchfahrt im Aufgehenden kaum drei Meter überschritten haben dürfte.

Ein Holzkanal von rund vierzig bis fünfzig Zentimetern Breite durchstreift das Tor innerhalb der Einfahrt mit von der Mittelachse schräg abweichendem Verlauf, ein Stichkanal offenbar gleicher Größe und Konstruktion setzt von Süden her an ihn an. Beide Kanäle entwässern in nordöstlicher Richtung, also außerhalb des Südquartiers. Ob diese Kanäle gleichzeitig mit dem Tor entstanden sind und somit konstruktiv dazugehören, ist vorläufig noch unklar.

Insula 22

Im Sommer 2016 wurde erstmals eine Lehrgrabung des Archäologischen Instituts der Universität zu Köln auf dem Gelände der Colonia Ulpia Traiana durchgeführt. Ziel der ersten Grabungskampagne war es, die östlich des sogenannten Burginatium-Tores gelegene Insula 22 im Norden der Stadt in Teilen zu untersuchen (s. Übersichtsplan). Ein Radargramm der geophysikalischen Prospektion durch die Firma Eastern Atlas weist für die Nordwestseite der Insula einen untypischen Gebäudegrundriss mit doppelten Säulen- oder Pfeilerstellungen aus, was Anlass für die Durchführung der Grabung an dieser Stelle war. Im Vorfeld wurden weitere geophysikalische Untersuchungen durch das Archäologische Institut vorgenommen, anhand derer vier Grabungsschnitte (2016/28 bis 31) mit einer Gesamtfläche von 130 Quadratmetern angelegt wurden.

Der südwestliche Schnitt 2016/28 befindet sich genau im Übergangsbereich zwischen

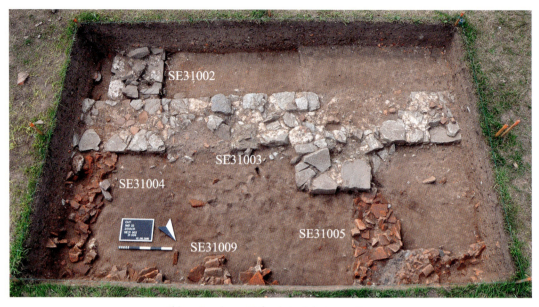

Abb. 3 Insula 22. Befunde in Schnitt 2016/31.

zwei Gebäudekomplexen. Interessant waren einerseits eine von Nordost nach Südwest verlaufende Mauer (SE28002) und ein annähernd 1,65 Meter breites Wasserbecken (SE28005) in gleicher Orientierung, dessen Längsseite noch nicht vollständig erschlossen wurde, da sich der Befund im nordöstlichen Hauptprofil fortsetzt. Die 0,62 Meter breite Mauer wurde zweischalig mit in kalkhaltigem Mörtel versetzten Grauwackebruchsteinen und einem Caementitium-Kern ausgeführt. Auffällig gestaltete sich das Mauerfundament, das nicht auf der vollen ergrabenen Mauerlänge von 2,72 Metern aufgemauert ist. Zudem wurde ein schmaler Übergangsbereich zwischen aufgehendem Mauerwerk und Fundament festgestellt.

Bemerkenswert war das südöstlich von SE28002 gelegene Wasserbecken (SE28005): Das zentrale Element dieses Beckens bildet eine 1,16 Meter breite Trachytplatte, die vierzehn Zentimeter stark ist. Der Trachyt weist in der Mitte eine rund zwei Zentimeter breite, schmale Leiste auf, die sich durchgehend quer über die Platte zieht. An den drei ergrabenen Seiten konnte eine Verjüngung der Plattenstärke von drei Zentimetern festgestellt werden, was auf eine primäre Verbauung des Trachyts in einem Nut-und-Feder-System hinweist.

Um den zentralen Bereich des Beckens waren Fragmente von Leisten- und Rundziegeln als Beckenbegrenzung angeordnet. Die Funktion eines Wasserbeckens wird vor allem durch das unter der Randbegrenzung befindliche etwa vier Zentimeter starke Mörtelbett ersichtlich, das sich zu einem großen Anteil aus kalkhaltigen Elementen und Keramikfragmenten zusammensetzt.

Die Fortsetzung nach Nordosten beziehungsweise die Einbindung in das in etwa sechzehn mal sechzehn Meter große Gebäude von SE28002 sollte in dem einen Meter nordöstlich von 2016/28 angelegten Schnitt 2016/31 überprüft werden. Außer der Fortsetzung des Fundaments SE28002 (= SE31002) wurden neben einer vor dessen Kopf verlaufenden, nordwest-südöstlich orientierten Mauer mehrere Fundamente aus Keramik-/Ziegelbruch festgestellt (Abb. 3). Besonders auffällig waren die Fundamentierungen der beiden Grauwackemauern: Überraschenderweise bestanden die Fundamente nicht aus mehreren Bruchsteinlagen, sondern lediglich aus einer 0,66 Meter breiten Bettung aus Keramik- und Ziegelbruch.

Im südöstlichen Bereich des Gebäudes wurde die Sondage 2016/29 angelegt, um den südöstlichen Abschluss des Komplexes zu untersuchen. Die südöstliche Außenmauer (SE29007) wurde nur mehr als 0,72 Meter breite Fundamentierung aus Keramikfragmenten und Ziegelbruch vorgefunden, welche sich sowohl im südwestlichen als auch im nordöstlichen Hauptprofil fortsetzt. Zudem war es möglich, zwei der im Radargramm ersichtlichen quadratischen Strukturen (SE29009, SE29017) zu ergraben, welche als Pfeilerkonstruktionen interpretiert werden.

Der Schnitt 2016/30 (Abb. 4) war mit dem Ziel angelegt worden, die südöstliche Außenmauer sowie die im Radargramm ersichtlichen annähernd quadratischen und Nordwest-Südost linear verlaufenden Strukturen zu erfassen. Die in Sondage 2016/29 festgestellte Südwest-Nordost verlaufende Mauerfundamentierung, die sich im nordöstlichen Hauptprofil fortsetzt, wurde weiterverfolgt. Unmittelbar vor dem nordöstlichen Hauptprofil befand sich eine Nordwest-Südost verlaufende Fundamentierung (SE30006) aus Ziegelbruch- und Keramikfragmenten, die im südöstlichen Hauptprofil ihre Fortsetzung findet. Auf der Fundamentierung wurde, mittig gesetzt, noch eine rund vierzig Zentimeter breite Ziegellage (SE30007) als Teil des Aufgehenden (Fundamentabschluss?) dokumentiert.

Neben den bereits angesprochenen, in etwa quadratischen Befunden im nordwestlichen Bereich der Fläche war am südwestlichen Hauptprofil eine Nord-Süd verlaufende Grube feststellbar, die sich im südwestlichen Hauptprofil fortsetzt und in die erste Hälfte des ersten nachchristlichen Jahrhunderts datiert wird.

Die Leitung der Lehrgrabung, die 2017 fortgesetzt wird, hatten Michael Heinzelmann und Eckhard Deschler-Erb, die örtliche Leitung lag bei Stefan Pircher.

Insula 38

Die Internationale Archäologische Sommerakademie Xanten fand dieses Jahr zum neunten Mal auf der Insula 38 der Colonia Ulpia Traia-

Abb. 4 Insula 22. Befunde in Schnitt 2016/30.

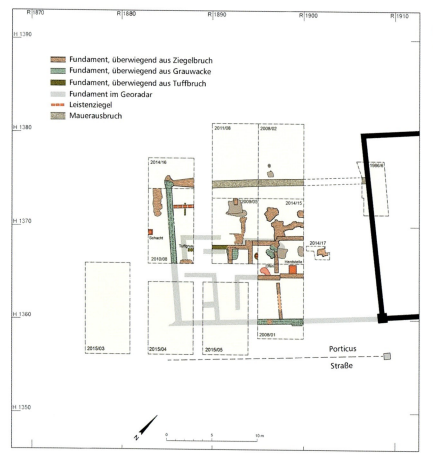

Abb. 5 Insula 38.
Befundplan.
Maßstab 1:400

na statt. Die Arbeit wurde in den bereits bestehenden Schnitten 2008/01, 2010/08, 2014/15, 2015/04 und 2015/05 fortgesetzt (Abb. 5).

In Schnitt 2008/01 wurden Spuren eines vorkoloniezeitlichen Gebäudes ergraben. Die Abdrücke zweier Holzbalken und die darin gefundenen zahlreichen Eisennägel belegen, dass dieses Gebäude sehr wahrscheinlich als Schwellbalkenbau errichtet wurde. Bei den angetroffenen Befunden handelt es sich mit großer Wahrscheinlichkeit um die nordöstliche Außenwand des Hauses. In der westlichen Schnittecke fanden sich die Reste einer Herd- beziehungsweise Feuerstelle aus flachen Ziegeln. Der südliche Abschluss dieser Feuerstelle nimmt direkten Bezug auf die oben erwähnten Holzbalken. Da sich nördlich der Herdstelle im elften bis dreizehnten Stratum stark asche- und holzkohlehaltige Schichten befanden, erfolgte die Reinigung in diese Richtung und legt nahe, dass man sich hier außerhalb eines Hauses aufhielt. Das Fundmaterial aus diesen Schnitten ist in tiberische bis neronische Zeit zu datieren.

In Schnitt 2014/15 wurde im Berichtsjahr besonderes Augenmerk auf die Dokumentation und den Abbau der bereits 2014 freigelegten Mauer- und Pfeilerfundamente gelegt. Der in der Fläche gelegene Pfeiler weist eine starke Unterkonstruktion aus Ziegelbruch auf und ist gleichzeitig mit dem nordwestlich anschließenden Mauerfundament errichtet worden (Abb. 6). Für die Mauerfundamente selbst scheint es, dass jegliches zur Verfügung stehende Material genutzt wurde. Neben den für das dritte Jahrhundert zu erwartenden Bruchsteinen fanden auch sehr kleinteiliger Ziegelbruch und Keramikscherben (vor allem Amphorenwandscherben von baetischen Ölamphoren des Typus Dressel 20) Verwendung. Anstelle eines Kalkmörtels ist nur eine stark mit Kieselsteinen durchsetzte Erdmasse verwendet worden. Die aus den Mauerfundamenten geborgene Keramik lässt eine Errichtung der Gebäude nicht vor Ende des zweiten Jahrhunderts beziehungsweise zu Beginn des dritten zu.

Schnitt 2010/08 wurde bis auf das zweite Stratum weiter abgegraben und die Substruktion der aus Grauwacken bestehenden Parzellenmauer geklärt: Sie besteht aus Ziegelbruch. Im Gegensatz zu der nach Westen geneigten Parzellenmauer ist die Stickung nicht nach außen gedrückt worden. Die Mauer hat etwa in der Mitte des Schnittes ihre stärkste Neigung nach Westen. Sowohl das nordwestliche Ende als auch der Beginn in Schnitt 2015/04 (siehe unten) sind deutlich weniger stark nach Osten geneigt. Im Bereich nordöstlich der Parzellenmauer wurden mehrere Planierschichten dokumentiert. Von besonderem Interesse sind die hellbraunen, lehmig-sandigen Schichten, die bereits in den benachbarten Schnitten beobachtet wurden. Das Fundmaterial aus Schnitt 2010/08 bestätigt eine großflächige Umbaumaßnahme in diesem Gebäude gegen Ende des zweiten Jahrhunderts beziehungsweise am Anfang des dritten. Im Zuge dieser Maßnahme ist auch die nordwestliche Abschlussmauer des Hauses neu errichtet worden. An die Stelle der sauber aus Grauwackehandquadern gesetzten Mauer trat ein Fundament aus Bruchsteinen, Ziegelbruch und Keramik. Es ist zu überlegen, ob diese Aufplanierung und Neuaufteilung des Areals zur Schieflage der Parzellenmauer geführt hat.

Südwestlich der Parzellenmauer wurde der nordwestliche Abschluss des zweiten Hauses dokumentiert. Der weitere Bereich in Richtung Schnittgrenze ist durch fundreiche Schichten geprägt. In der Westecke wurde wohl eine bis zu 1,80 Meter tief reichende moderne Störung angeschnitten.

In Schnitt 2015/04 wurde mit der Anlage des ersten Stratums ein Niveau erreicht, auf dem keine gestörten humosen Schichten mehr anzutreffen sind (Abb. 7). Es zeigt sich anhand der in der Nord- und Westecke erhaltenen Reste zweier Herdstellen, dass die römischen Bodenniveaus dieser Phasen nicht mehr erhalten sind. Durch diesen Schnitt verläuft, wie auch durch Schnitt 2010/08 (siehe oben), eine der Parzellenmauern von Insula 38.

Im benachbarten Schnitt 2015/05 wurde das zweite Stratum angelegt. Es sind keinerlei Einbauten oder römische Böden in den angeschnittenen Räumen nachzuweisen. Die

Abb. 6 Insula 38. Pfeilerfundament in Schnitt 2014/15.

Mauerfundamente entsprechen in ihrer Konstruktion jenen in den Schnitten 2014/15 und der nordöstlichen Hälfte des Schnittes 2015/04.

Aus den Funden der diesjährigen Kampagne sind neben einem Fragment einer unterlebensgroßen Statue aus Kalkstein noch ein Lot aus Kupferlegierung, ein fast vollständiger

Becher der sogenannten Legionsware sowie eine kleine, weiß-opake Perle mit Blattgoldauflage erwähnenswert.

Nordwestliche Stadtbefestigung

Die bereits im November des Vorjahres angelegten insgesamt drei Grabungsschnitte sollten die Lage und den Erhaltungszustand der Türme 24 (2015/06) und 25 (2015/07) klären sowie eines nordöstlich anschließenden Mauerabschnittes (2015/08). Gleichzeitig wurde auch im Osten der Colonia Ulpia Traiana in Vorbereitung der Rekonstruktion eines weiteren Mauerabschnittes der südöstlichen Stadtbefestigung eine archäologische Untersuchung notwendig, die die exakte Lage von Turm 11 klären sollte (2016/02 und 03). Zunächst wurden die drei Schnitte im Nordwesten angelegt. Die beiden zwölf mal zehn und zehn mal zehn Meter großen Schnitte 2015/06 und 2015/07 liegen über den beiden Türmen 24 und 25. Der gleichfalls zehn mal zehn Meter große Schnitt 2015/08 wurde nordöstlich von Schnitt 2015/07 hinter einem zwei Meter breiten Steg über dem Stadtmauerfundament angelegt. Die Fundamente der Türme 24 und 25 sowie des Stadtmauerabschnitts in Schnitt 2015/08 waren unterschiedlich stark gestört. Insbesondere die zentralen Bereiche der Türme 24 und 25 waren zum Teil bis auf den anstehenden Boden ausgebrochen. Ursprünglich verliefen dort Kanäle, mit denen Abwässer der Stadt nach außen geleitet wurden. Die römischen Befunde in den Schnitten 2015/07 und 08 überlagerten Teile einer spätbronzezeitlichen bis früheisenzeitlichen Siedlung, die sich durch vereinzelte Abfallgruben zu erkennen gab. Südwestlich von Turm 25 überlagerte das Stadtmauerfundament eine ältere Geländerinne oder -senke, deren Verfüllung jedoch bereits römisches Fundmaterial enthielt.

Bei dem Fundament der Stadtmauer und der Türme handelt es sich um ein Gussmauerwerk aus Grauwacke- und Tuffsteinen in Mörtel, das einschließlich der darunterliegenden, meist zweilagigen Bruchsteinstickung noch etwa sechzig Zentimeter hoch erhalten war. Im Falle von Turm 24 war auch das Fundament ausgebrochen und nur noch Reste der Stickung erhalten. Die Stickung bestand aus meist hochkant nebeneinandergesetzten Bruchsteinen aus Grauwacke mit überwiegenden Kantenlängen bis zu zwanzig Zentimetern. An den beiden Außenseiten waren die fast ausschließlich aus Grauwacke bestehenden Steine der Stickung direkt gegen die Wand des Fundamentgrabens gesetzt. Im Bereich der Geländerinne besaß das Stadtmauerfundament bis zu drei zusätzliche Steinlagen in der Stickung, wobei insbesondere in der untersten Lage Steine mit deutlich größeren Kantenlängen (bis zu 35 Zentimeter) verbaut waren. Das Fundament, das dort eine Mächtigkeit von bis zu 0,9 Metern besaß, wurde als Gussmauerwerk in Schichten auf die Sti-

Abb. 7 (gegenüber) Insula 38. Befunde in Schnitt 2015/04.

Abb. 8 (rechts) Nordwestliche Stadtbefestigung. Turm 24.

ckung aufgetragen, wobei die Außenseiten fast ausschließlich aus Grauwackesteinen bestanden. Diese waren allerdings nicht mehr so sorgfältig nebeneinander geschichtet wie im Bereich der Stickung. Das Gussmauerwerk weist insgesamt vier größere Risse auf, jedoch keine eindeutig identifizierbaren, absichtlich angelegten Baufugen. Die Risse können während des Setzungsprozesses des Fundamentes entstanden sein, oder sie gehören in einen Zusammenhang mit dem Abbruch der Mauer oder dem Ausbruch des Mauerfundamentes. In die Oberfläche des erhaltenen Fundamentes waren längliche Spuren eingetieft (Bericht 2015). Die einzelnen Prozesse beim Abbruch der Mauer und dem teilweise oder ganz erfolgten Ausbruch des Fundamentes sind in ihrem detaillierten chronologischen Ablauf noch nicht geklärt. Die oben erwähnten Spuren auf dem Fundament benötigten sicherlich einige Zeit zu ihrer Entstehung, so dass die Oberkante des Fundamentes wahrscheinlich längere Zeit offen lag. Zwischen dem Abbruch der Mauer und dem Ausbruch des Fundamentes sind somit größere Zeiträume denkbar. Die unterschiedliche Erhaltung einzelner Fundamentbereiche deutet darauf hin, dass die Ausbruchsprozesse weder gleichmäßig noch gleichzeitig verliefen.

Das Fundament von Turm 24 war bis auf die Steinstickung ausgebrochen, an den Bereichen, die an die Stadtmauer anschlossen, sogar bis auf den anstehenden Boden (Abb. 8).

Die Größe des Fundamentes bzw. des darauf errichteten Turms lag bei etwa 6 mal 6,42 Meter. Nur im Zentrum waren im Bereich des ursprünglichen Abwasserkanals noch Reste der Konstruktion erhalten (Abb. 9). Es handelte sich neben der Fundamentstickung um Teile der Wandkonstruktion unterhalb des Turms. Diese bestanden aus einer in schluffigen Sand mit Kiesanteilen gesetzten Reihe aus achtzehn erhaltenen Tuffquadern mit Kantenlängen zwischen zehn und zwanzig Zentimeter. Die Quader waren mit der in der Regel sauber bearbeiteten, quadratischen oder rechteckigen, leicht konvexen Front zum Kanal ausgerichtet, die sich leicht pyramidal verengende Seite steckte im schluffigen Sand der dahinterliegenden Wandkonstruktion. Von dieser wurde südwestlich der Tuffquader noch ein um 0,3 Meter breiter Streifen erfasst, der auch Grauwacke- und Tuffsteine enthielt und wohl der Stabilisierung der zum Kanal hin gesetzten Tuffquader diente. Von der im Nordosten verlegten Reihe konnten in einem Abstand von 0,6 Metern noch drei Quader nachgewiesen werden, dahinter lag ebenfalls ein um 0,2 Meter breiter Streifen mit Tuff- und Grauwackesteinen. Die Quader waren auch auf ihrer zum Teil sehr unregelmäßigen Oberseite von dem Material der Wandkonstruktion bedeckt, das heißt ursprünglich war nur eine einzige Steinlage verlegt. Daraus lässt sich schließen, dass der abwasserführende Teil des Kanals zwischen den beiden Quaderreihen verlaufen ist. Die Breite zwischen diesen betrug 0,6 Meter oder etwa zwei römische Fuß. Der Rest des Kanals war ausgebrochen und wieder verfüllt.

Das Fundament von Turm 25 war weitgehend ausgebrochen. Erhalten waren lediglich Teile der Abwasserführung unter dem Turm sowie Abschnitte des Fundamentes beiderseits des nordöstlichen Maueranschlusses einschließlich der östlichen Ecke (Abb. 10). Der Turm hätte damit die Maße von etwa 6,25 mal 6,15 Metern besessen und wäre im Nordwesten 1,2 Meter aus der Stadtmauer vorgesprungen. Die Mächtigkeit des erhaltenen Fundamentes schwankte zwischen 0,2 und 0,4 Meter, am nordöstlichen Rand war die obere Lage ausgebrochen. Unter der Westecke lag eine Pfostengrube mit Standspur. Da in diesem Bereich die Geländemulde begann, in der auch das Fundament der Stadtmauer verstärkt worden war, ist die Pfostenstandspur wohl als Punktfundament unter der Turmecke zu interpretieren.

Im fünften Planum zeigten sich unterhalb des Fundamentausbruchs im Turm feste Mörtelreste (Abb. 11). Aufgrund ihres Zuschlags an Ziegelsplitt unterschieden sie sich farblich von dem im Turmfundament verwendeten Mörtel. Wahrscheinlich handelt es sich bei den Mörtelresten um die Bettung der ausgebrochenen Kanalkonstruktion, die ursprünglich wohl aus liegenden Steinquadern beziehungsweise -platten für die Kanalsohle und stehenden für die Kanalwände bestanden hatte. Zur Art der Kanalabdeckung liefert der Befund keine Aussage. Wichtig erscheint jedoch, dass die Reste dieser Konstruktion teilweise von einer Ausgleichsschicht aus Kies überdeckt waren, die Konstruktion somit mindestens partiell zweiphasig war. Möglicherweise befand sich in der südwestlichen Hälfte des Turms ein Zugang zum darunter verlaufenden Kanal. Aufgrund der massiven Steinausbrüche lassen sich dafür jedoch nur noch Indizien in den wenigen verbliebenen Elementen der Kanalkonstruktion anführen, darunter deren Breite im Norden und die partielle Zweiphasigkeit überhaupt.

Im Bereich der Flächen 2015/07 und 2015/08 ist die Stadtmauer, wie eingangs erwähnt, über älteren Befunden errichtet worden. Es handelt sich um Gruben und Verfärbungen, die in der ausgehenden Bronzezeit oder frühen Eisenzeit angelegt wurden. Die Gruben sind meist rundlich mit Durchmessern zwischen 0,8 und 1,2 Meter und in Reihen angeordnet. Dabei lassen sich zwei voneinander abweichende Ausrichtungen unterscheiden. Häufig besitzen die Gruben steile Wände und ebene bis flach gerundete Sohlen. Sie sind bis 0,7 Meter tief erhalten und waren meist homogen verfüllt.

Südöstliche Stadtbefestigung

Der zur Feststellung der Lage von Turm 11 zunächst angelegte Schnitt 2016/02 erbrachte nur den wieder verfüllten Ausbruchsgraben der Stadtmauer ohne Indizien für einen Turm. Daraufhin wurde 3,8 Meter weiter südwestlich der Schnitt 2016/03 angelegt, auf dessen Sohle zwischen 20,35 und 20,29 Meter ü. NN ein unregelmäßiger Fundamentblock aus Gussmauerwerk angetroffen wurde. Die Interpretation des Fundamentrestes war zunächst nicht gesichert, so dass eine Erweiterung der Fläche 2016/03 nötig wurde. Im Südwesten der Grabungsfläche lag ein aufgelassener moderner Abwasserkanal, in der nordwestlichen Hälfte ein weiterer in Benutzung befindlicher Abwasserkanal mit darüber verlegter Gasleitung. In diesem Bereich war die Grabungsfläche auch durch neuzeitliche unterkellerte Bebauung gestört. Die inzwischen abgebrochene Wohnbebauung grenzte an die innere, nordwestliche Seite des Ausbruchsgrabens der Stadtmauer und hat diesen wahrscheinlich sogar teilweise beseitigt. Im Zentrum des ersten Planums lag der für die Errichtung des Verbaues verfüllte ursprüngliche Schnitt 2016/03. Der erhaltene Fundamentrest war etwa 2,9 Meter lang und zwischen 1,0 und 1,6 Meter breit (Abb. 12). Nur das südwestliche Ende war ungestört, an allen übrigen Seiten war es bereits zu Steinausbrüchen ge-

Abb. 9 Nordwestliche Stadtbefestigung. Turm 24. Kanalbefunde in Schnitt 2015/06.

Abb. 10 Nordwestliche Stadtbefestigung. Turm 25.

Abb. 11 Nordwestliche Stadtbefestigung. Turm 25. Mörtellagen unterhalb des Fundamentausbruchs im Turm in Schnitt 2015/07.

Abb. 12 Südöstliche Stadtbefestigung. Turm 11.

kommen. Das Fundament saß nicht auf anstehendem Boden, sondern im Randbereich eines von Norden nach Süden verlaufenden Grabens. Es bestand aus zwei bis drei Lagen Grauwacke als Stickung, darüber waren noch 0,3–0,4 Meter Gussmauerwerk erhalten. Die in den wenigen ungestörten Bereichen glatten Kanten beziehungsweise Flächen deuten auf eine ursprünglich hölzerne Verschalung. Das Gussmauerwerk war direkt auf die Stickung aufgebracht.

An der Außenseite im Südwesten sprang der Mauerausbruch des Turms unregelmäßig aus dem Ausbruch der Stadtmauer vor, im Südwesten um etwa 0,1 Meter, im Südosten um fast einen Meter. Die Länge des vorspringenden Bereichs betrug 6,30 Meter. Die im Bezug zur Stadtmauer schräge Position der Turmvorderseite legt die Ausrichtung auf eine von Norden nach Süden verlaufende Straße nahe und damit auch die Existenz eines Durchgangs. Der sich aus den erhaltenen Fundamentresten und -ausbrüchen ergebende Turmgrundriss besaß Seitenlängen von etwa 6,30 mal 5,90 beziehungsweise 5,70 Meter. Im Randbereich des Verbaues wurden im zweiten Planum auf einer Länge von etwa drei Metern die Reste einer verfestigten Kiesschicht erfasst. Das Erscheinungsbild des Befundes spricht für eine Deutung als ehemalige Oberfläche bzw. Laufniveau. Der angelegte Profilschnitt zeigte, dass die fünf bis acht Zentimeter mächtige Kiesschicht direkt auf dem anstehenden Sand auflag. Bereits im zweiten Planum wurde deutlich, dass der Turm teilweise über einem von Norden nach Süden verlaufenden Graben errichtet worden war. Insbesondere im Nordprofil A 2 und im Westprofil D 3 wurde ein deutlicher Schichtaufbau erfasst. Der Ausbruchsgraben der Stadtmauer war in den schräg unter dem Turm verlaufenden älteren Graben eingetieft. Der nordwestlich davon gelegene Abschnitt des Profils war von verfüllten Gräben oder Gruben durchzogen und wies eine vereinzelte, von einer Grube überlagerte Pfostengrube mit Standspur auf. Während die Funde aus den Profilen A 2 und D 3 für die Datierung des Grabens kaum aussagekräftig sind, stammt aus den Verfüllschichten des Grabens selbst vorflavisches Fundmaterial. Das Nordprofil wird dagegen durch die bereits in Fläche 2016/03 angeschnittene Grube dominiert. Sie war in mehreren Schichten verfüllt und enthielt reichlich Fundmaterial, darunter Arbeitsabfälle eines Knochenschnitzers. Sie entstand um 150 n. Chr. beziehungsweise im dritten Viertel des zweiten Jahrhunderts.

Nordöstliche Stadtbefestigung (Versorgungsleitungsgraben)

Im Frühjahr 2016 wurden im Osten des Archäologischen Parks Teile der Infrastruktur erneuert. Dies betraf die Neuverlegung von Strom-, Gas-, Wasser- und Abwasserleitungen sowie die Verlegung von Leerrohren zwischen der Römischen Herberge und dem neuen Haupteingang. Die Gräben für die neuen beziehungsweise erneuerten Leitungen wurden möglichst in Bereichen mit geringer Befundwahrscheinlichkeit oder in archäologisch bereits untersuchten beziehungsweise gestörten Arealen angelegt. Insgesamt wurden fünfundzwanzig Schnitte auf unterschiedlichen Insulae betreut, die Grabungen dauerten mit Unterbrechungen fast elf Monate.

Die Konzeption war weitgehend erfolgreich, in der Mehrzahl der Versorgungsgräben wurden nur vereinzelte Funde geborgen. Befunde wurden nur in insgesamt acht Schnitten angetroffen. Eine Ausnahme bildeten die drei aufeinander folgenden Schnitte 2016/11, 2016/14 und 2016/16, die durchgehend Befunde enthielten. Die Schnitte verliefen vom Amphitheater bis zum sogenannten Hafentor und waren in der Straße angelegt, die parallel zur nordöstlichen Stadtmauer verlief (Cardo VII). Sie waren bis zu 1,8 Meter tief und überwiegend anderthalb Meter breit, lediglich in Schnitt 2016/11 betrug die Breite zwischen zwei und drei Metern. Zusammen waren sie etwa 260 Meter lang. Im Rahmen der Baubegleitung wurde ein Planum in diesen drei Schnitten digital aufgenommen. Das Westprofil D wurde auf gesamter Länge in einer Kombination aus Photogrammetrie und zeichnerischer Aufnahme dokumentiert, während das Ostprofil B nur ausschnittweise dokumentiert wurde.

Hervorzuheben ist eine über weite Strecken des Westprofils D nachweisbare Schicht, die in flavische Zeit gehört und vorkoloniezeitliche Befunde überlagert. Koloniezeitliche Bebauungsspuren waren oberhalb dieser Schicht nicht erhalten. Fläche 2016/11 war durch vereinzelte Gruben charakterisiert, im Westprofil D lagen mehrere große Störungen, die teilweise mit in den Cardo einmündeten Straßen übereinstimmten. Mit Befund 21 wurde ein 3,3 Meter breiter und anderthalb Meter tiefer Spitzgraben mit gerundeter Sohle nachgewiesen, der in flavische Zeit gehört (Abb. 13). In Schnitt 2016/14 lag im Südosten im Bereich des kleinen Hafentores eine größere Störung.

Abb. 13 Nordöstliche Stadtbefestigung. Vorkoloniezeitlicher Spitzgraben im Westprofil von Schnitt 2016/11.

Nach Nordwesten schlossen sich dann Pfostengräbchen, Pfostengruben und Gruben an, die zum Teil direkte Anschlüsse an die Holzbebauung aufwiesen, die unter der römischen Herberge erfasst wurde. Die Bebauungsreste setzten sich in Schnitt 2016/16 zunächst weiter nach Nordwesten fort. Der nordwestliche Teil des Schnittes war dagegen durch die lockere Verteilung größerer Gruben geprägt. Eine Interpretation als Hofareal hinter einer Bebauung liegt nahe.

Die örtliche Leitung der Grabungen an der Stadtbefestigung hatte Armin Becker, die Gesamtleitung Sabine Leih.

Geophysikalische Prospektion

Die auch im Berichtsjahr wieder mit Landesmitteln geförderte Geoprospektion hatte sich für 2016 vor allem den Lückenschluss der innerhalb der Colonia Ulpia Traiana bisher noch nicht prospektierten Teilflächen zum Ziel gesetzt, was im September mit Georadaruntersuchungen durch die Firma Eastern Atlas, Berlin, gelang. Im Mittelpunkt standen dabei kleinere Flächen auf den Insulae 4, 5, 21 und 38, deren Gesamtfläche sich immerhin noch auf etwa 5 600 Quadratmeter summierte. Erwartungsgemäß konnten die bereits aus den früheren Untersuchungen bekannten Mauerstrukturen dadurch vervollständigt werden.

Tatsächlich Neuland wurde aber mit der erstmaligen flächigen geophysikalischen Prospektion des römischen Hafens ante portas betreten. Zuletzt hatte Joachim Homilius 1958 geoelektrische Testmessungen in sechs Profilen über den Hafen und die angrenzende Stadtbefestigung durchgeführt, flächendeckende Untersuchungen wurden hier überraschenderweise bis dato nie vorgenommen (Bonner Jahrb. 163, 1963, 167–187). Die beauftragten Prospektionen sollen die aktuell im Rahmen des Schwerpunktprogramms 1630 der Deutschen Forschungsgemeinschaft ›Häfen von der römischen Kaiserzeit bis zum Mittelalter‹ durchgeführte Aufarbeitung der Grabungsbefunde aus dem Hafenareal flankieren und vervollständigen. Zur Vorerkundung wurden zunächst große Flächen nordöstlich und nordwestlich der Stadtmauer magnetisch prospektiert, um das archäologische Potential des Geländes einschätzen und gezielt Flächen für die Radar- und Elektrikmessungen auswählen zu können. Insbesondere nordwestlich der Colonia konnten im Magnetometerbild Teile des verlandeten Rheinstroms, aber auch unzählige kleinere, archäologisch relevante Anomalien ausgemacht werden (Abb. 14). Hervorzuheben sind vor allem zwei rund sechzig beziehungsweise achtzig Meter lange lineare, im Abstand von vierzehn Metern zueinander parallel verlaufende Strukturen eines mutmaßlichen großen Gebäudes auf der Höhe der Insula 22, die sich nicht am Verlauf der Stadtmauer, sondern am vom Coloniastraßenraster abweichenden Decumanus II orientieren. Darüber hinaus lässt sich der vor dem sogenannten Burginatiumtor nachgewiesene gemauerte Abwasserkanal im beziehungsweise unter dem Stadtgraben über weite Strecken bis zur Nordspitze der Stadt verfolgen. Auch nordöstlich von ihr, zwischen Stadtbefestigung und Rheinstrom, ist eine Vielzahl unterschiedlichster Anomalien zu erkennen, von denen einige als Hafenanlagen interpretiert werden könnten, andere – insbesondere jene, die quer zum Flussbett verlaufen – als mögliche Zuwegungen oder auch Abwasserrinnen. Vieles spricht aber auch dafür, dass gerade diese Bodenveränderungen erst nach der Rheinverlandung entstanden sind.

Nordöstlich des sogenannten Hafentores vor den Insulae 36 und 37 wurde eine knapp 1.700 Quadratmeter große Fläche zusätzlich mit dem Georadar prospektiert. Randlich überlappte sie einen 1977 angelegten Grabungsschnitt, in dem seinerzeit ein Abschnitt der hölzernen Kaianlage angetroffen wurde. Hier galt es unter anderem zu prüfen, ob der für die Erkundung von Mauerfundamenten innerhalb der Colonia Ulpia Traiana so erfolgreiche Einsatz des Georadars verwertbare Ergebnisse auch für Holzbefunde liefert. Letztlich waren die gemessenen Anomalien aber nicht eindeutig, auch wenn eine lineare Struktur im Südosten der Untersuchungsfläche gegebenenfalls als nordwestliche Fortsetzung der Kaianlage – dann allerdings mit einem nach Westen abknickenden Verlauf – interpretiert werden kann.

Die außerdem im Hafen durchgeführten geoelektrischen Messungen verfolgten zwei Ziele: Zum einen sollte der durch eine umfangreiche Bohraktion im Jahr 1990 rekonstruierte Rheinverlauf evaluiert werden, zum anderen sollte ein aus sich kreuzenden Längs- und Querprofilen berechnetes 3D-Modell helfen, Lage und Mächtigkeit der verschiedenen Bodenarten in größeren Erkundungstiefen zu beurteilen. Im Ergebnis zeigen die erstellten Widerstandsmodelle der zweidimensionalen Profile entlang ausgewählter Bohrachsen eine gute Übereinstimmung der Widerstandsverteilung mit der aus den Bohrergebnissen abgeleiteten Unterkante des antiken Rheinstroms beziehungsweise der Hafenrinne. Mit den Messungen können Widerstandskontraste bis in Tiefen von etwa drei bis fünf Meter unter der Geländeoberkante erreicht werden, deren räumliche Auflösung im Vergleich zur Radar- und Magnetprospektion aber wesentlich geringer ist. Insofern eignet sich der Einsatz von Geoelektrik nur für Detailuntersuchungen in größeren Tiefen bei einem zu erwartenden deutlichen Widerstandskontrast. Für die Untersuchungen im römischen Hafen der Colonia bedeutet das, dass die Geoelektrik bei der Rekonstruktion des antiken Rheinverlaufs erfolgreich eingesetzt werden kann, während die für die Auffindung archäologischer Strukturen in größerer Tiefe (Hafenanlagen, Schiffswracks etc.) erforderliche großflächige Vorerkundung unter Einsatz der Geoelektrik einen unverhältnismäßig hohen Messaufwand nötig machen würde. Demgegenüber führt die Anwendung der Geomagnetik- und der Georadartechnik auch im Hafenareal zu guten Ergebnissen.

Fundbearbeitung

Durch die Analyse des Fundmaterials aus den Grabungen im Gelände der Colonia Ulpia Traiana wurden Ergebnisse zu verschiedenen Fragen der Stadtgeschichte erzielt:

Im Bereich der römischen Stadt kommen insbesondere in Ausbruchsbereichen häufig lokal hergestellte Gefäße des dreizehnten und vierzehnten Jahrhunderts zutage. Diesen auch im Umland nachweisbaren sogenannten Xantener Schüsseln galten Forschungen von Bernd Liesen und Tanja Potthoff (Köln).

Mehrere durch Drittmittel geförderte Projekte widmeten sich Material aus älteren Ausgrabungen: Joachim Harnecker erfasste Funde aus verschiedenen archäologischen Untersuchungen im Gelände der Thermen und bereitete die Eingabe in das Datenbanksystem VESPA (Verteilen – Speichern – Aufbewahren) des Landschaftsverbandes vor.

Werner Oenbrink widmete sich den Architekturelementen des Hafentempels und

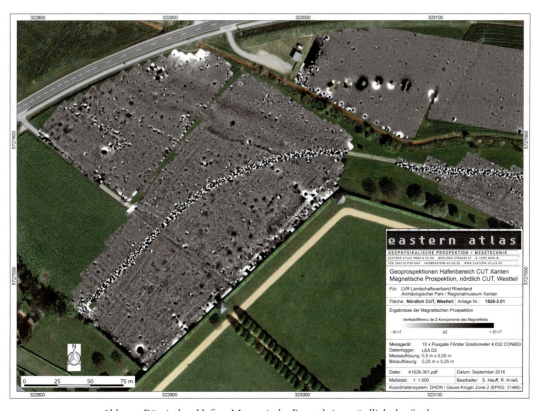

Abb. 14 Römischer Hafen. Magnetische Prospektion nördlich der Stadt.

erstellte einen Befundkatalog zum Tempelbau und seinem Temenos. Angebunden in das Projekt ›Der Rhein als europäische Verkehrsachse‹ im Schwerpunktprogramm 1630 der Deutschen Forschungsgemeinschaft (s. o.) ist eine Kooperation mit Jutta Meurers-Balke (Universität Köln) zur Analyse der archäobotanischen Reste aus den Grabungen auf dem Gelände des Hafens.

Alice Willmitzer setzte die Bearbeitung der Funde aus den Untersuchungen im Bereich der nordwestlichen Stadtmauertürme 24 und 25 sowie des im südlichen Stadtmauerbereich gelegenen Turms 11 fort. Ferner widmete sie sich den Objekten aus verschiedenen Befunden, die im Bereich neu angelegter Versorgungstrassen zutage kamen.

Die Analyse der Grabungen der neunundzwanzigsten Internationalen Sommerakademie unter der Leitung von Johannes Schießl bestätigte die bislang gültigen Resultate zur Chronologie und Sozialstruktur im untersuchten Geländeausschnitt in der Insula 38. Die Nutzung als Wohn- und Gewerbebereich dauerte von der ersten Hälfte des ersten Jahrhunderts bis ins mittlere Drittel des dritten an.

Johannes Schießl brachte seine Promotion mit einer Arbeit über die Stadtmauer der Colonia Ulpia Traiana zum Abschluss (Universität München, Betreuer Michael Mackensen).

Bei einer Reihe von Objekten fanden darüber hinaus naturwissenschaftliche Verfahren Anwendung: Gerwulf Schneider und Małgorzata Daszkiewicz (Berlin) ermittelten mit Röntgenfluoreszenzanalyse die chemische Zusammensetzung verschiedener Keramikgruppen: Neben Amphoren, Grauware und Goldglimmerware wurden weitere Referenzdaten von Legionsware des späten ersten und frühen zweiten Jahrhunderts gewonnen. Die Nutzung einiger Grabungsbereiche von Insula 6 als Latrinen legt die Auswertung einiger Bodenproben durch Axel Böhmer (Krefeld) nahe. Den Tierknochen von Insula 6 sowie aus einigen anderen kleinflächigen Grabungen (Insula 13, Südosttor) widmete sich Anja Prust (Berlin). Bei dem von Insula 6 geborgenen, vergleichsweise stark fragmentierten Material handelt es sich um Siedlungsabfall.

Neben der Fortführung der allgemeinen Objektdokumentation laufender und älterer Grabungen (Datenbankerfassung, Zeichnungen, Fotoarbeiten) wurden umfangreiche Vorbereitungen für die Überführung des gesamten Objektbestandes in neue Magazinbauten geleistet.

Bildrechte. Abb. 1 und 14 Eastern Atlas, Berlin. – Abb. 3 und 4 Univ. zu Köln, Arch. Inst., Ausführung Stefan Pircher (3) und A. Schröder (4). – Alle übrigen Bilder APX, Ausführung Alexandra Geerling (2), Horst Stelter (5), ders. und Norbert Zieling (Übersichtsplan gegenüber dem Titel und Farbtafel 1), Johannes Schießl (6 und 7), Nils Heithecker (8 und 11) und Armin Becker (9, 10, 13).

LVR - Landesmuseum Bonn

Bericht der Direktorin für das Jahr 2016

Auch 2016 gelang es, das inhaltliche Spektrum des LVR - Landesmuseums Bonn in seiner ganzen Breite zu thematisieren.

Die Tradition der erfolgreichen archäologisch-kulturhistorischen Ausstellungen wurde mit »Eva's Beauty Case. Schmuck und Styling im Spiegel der Zeiten« fortgesetzt. Diese Ausstellung führte mit mehr als tausend Objekten von der Steinzeit bis in die aktuelle Welt hinein das vor Augen, was dem Menschen immer schon am nächsten war und seinen ganz persönlichen Bereich berührt. Diese Ausstellung war auch eine Leistungsschau des Landesmuseums selbst, da mehr als vier Fünftel der Exponate aus dem eigenen Bestand stammten. Vor allen Dingen der keltische, römische und frühmittelalterliche Schmuck wurde in dieser Ausstellung in seiner Fülle und hohen Qualität ausgebreitet und zog Besucher aller Altersklassen in die Präsentation. Das Thema Schmuck und Schmücken konnte – ergänzt durch Leihgaben von Museen der unmittelbaren Umgebung in Bonn wie dem Akademischen Kunstmuseum, dem Ägyptischen Museum und dem Kunsthistorischen Museum der Universität Bonn, dem Haus der Geschichte der Bundesrepublik Deutschland und dem Forschungsmuseum König – so vermittelt werden, dass das Thema alle Epochen und Kulturbereiche einbezog. Weitere bedeutende Leihgaben von Museen in Darmstadt, Mannheim und Dresden sowie privaten Leihgebern rundeten das Bild ab. Der exzellent fotografierte Katalog, der von den hervorragenden Bildern unseres Fotografen Jürgen Vogel lebte, fand eine interessierte Leserschaft.

Zu den archäologischen Ausstellungen dieses Jahres zählte auch die Erinnerungsausstellung zum zweihundertsten Geburtstag von Hermann Schaaffhausen, dem Mitbegründer der modernen physischen Anthropologie und wissenschaftlichen Erstbeschreiber des Neandertalers, der dafür gesorgt hat, dass die Originalfunde aus dem Neandertal in den Bestand des damaligen Provinzialmuseums Bonn gelangten. Das Landesmuseum widmete ihm eine vielbeachtete Kabinettausstellung in Zusammenarbeit mit dem ZB MED Informationszentrum Lebenswissenschaften in Köln. Sie ist im Themenportal Schaaffhausen dokumentiert (www.schaaffhausen.com/mediawiki/index.php/Startseite).

Auch die Fotografie hatte wieder ihren Schwerpunkt im Ausstellungsprogramm. Beginnend mit aktueller Zeitgeschichte zeigte der Kölner Fotograf Boris Becker eine beeindruckende Präsentation seiner Werke. Auch die Kooperation mit der Stiftung F[ranz] C[hristian] Gundlach und der Deutschen Fotothek Dresden fand eine Fortsetzung mit der Ausstellung »Aus den Archiven II«, die die Arbeit des Künstlers Wolfgang G. Schröter und seine beeindruckenden Anfänge in der Colorfotografie der damaligen DDR zum Inhalt hatte.

Darüber hinaus gelang die Zusammenarbeit mit der Kunst- und Ausstellungshalle der Bundesrepublik Deutschland anlässlich deren Großausstellung »Der Rhein. Eine europäische Flussbiografie«. Wir gestalteten dazu eine vielbeachtete Fotoausstellung mit dem Titel »bilderstrom. Der Rhein und die Fotografie 2016–1853«, ein faszinierendes Kaleidoskop der Rheinfotografie der letzten einhundertfünfzig Jahre.

Es war ein Jahr der Kooperationen. Eine Zusammenarbeit der besonderen Art war die Ausstellung mit Cony Theis und dem Titel »Gefangene Geheimnisse«, die das Ergebnis eines längeren Prozesses mit den LVR-Kliniken Bedburg-Hau und Langenfeld präsentierte. Die Kölner Künstlerin erarbeitete mit Patienten der forensischen Abteilungen in verschiedenen Prozessen ein Ausstellungskonzept, das mit unterschiedlichen Aspekten künstlerischer Arbeit umging.

Die Szene Rheinland begann mit der israelischen Künstlerin Zipora Rafaelov, der Preisträgerin des Rheinischen Kunstpreises des Rhein-Sieg-Kreises im Jahr 2016. Ihre Präsentation mit dem Titel »Gezeichnetes Licht« zeigte anschaulich eine Verknüpfung von Skulptur, Malerei und Relief, die in ihrer reduzierten Monochromie von Weiß und Schwarz dennoch das gesamte Spektrum der Farbigkeit von Licht einfing.

Höhepunkt im Ausstellungsprogramm zur modernen Kunst war dann die Ausstellung »Zero ist gut für Dich«. Die Ausstellung basierte auf einem Forschungsprojekt der Zero-Foundation und wurde gemeinsam mit den Wissenschaftlerinnen dort realisiert. Diese Schau vereinte erstmals seit fünfzig Jahren die drei Raum- und Multimediainstallationen der Zero-Künstler Heinz Mack, Otto Piene und Günther Uecker und brachte die legendäre letzte Präsentation der Gruppe aus dem Jahre 1966 in Erinnerung. Es handelte sich durchaus nicht um eine reine Rekonstruktion dieser Ausstellung, sondern fußte auf den Dokumentationen und Werken der damaligen Präsentation. In Zusammenarbeit mit den noch lebenden Künstlern Heinz Mack und Günther Uecker gelang es aber, der Präsentation eine Frische und Lebendigkeit zu verleihen, die sie als eine aktuelle und durchaus nicht rückgewandte Ausstellung auswies.

Gabriele Uelsberg

Ausstellungen

Boris Becker: Staged Confusion. – 27. Januar bis 20. März.

Zipora Rafaelov: Gezeichnetes Licht. Preisträgerin des Rheinischen Kunstpreises des Rhein-Sieg-Kreises. – 14. April bis 12. Juni.

Aus den Archiven II. Wolfgang G. Schröter: Das große Color-Praktikum. In Kooperation mit der Deutschen Fotothek in der SLUB Dresden und der Stiftung F. C. Gundlach, Hamburg. – 28. April bis 26. Juni.

Cony Theis: Gefangene Geheimnisse. – 19. Mai bis 3. Juli.

Eva's Beauty Case. Schmuck und Styling im Spiegel der Zeiten. – 9. Juni 2016 bis 23. April 2017.

Ole Fischer: Expressionen. – 30. Juni 2016 bis 8. Januar 2017.

Sparks: Mehr als nur Labor! Gesellschaft und Wissenschaft auf neuen Wegen. Ein Projekt des Wissenschaftsladen Bonn e. V. in Kooperation mit dem LVR-Landesmuseum Bonn. – 7. Juli bis 28. August.

Hermann Schaaffhausen zum 200. Geburtstag. In Zusammenarbeit mit ZB MED Informationszentrum Lebenswissenschaften Köln. – 20. Juli bis 16. Oktober.

Bilderstrom. Der Rhein und die Fotografie 2016–1853. – 9. September 2016 bis 22. Januar 2017.

Zero ist gut für Dich. In Kooperation mit der Zero-Foundation, Düsseldorf. – 26. November 2016 bis 26. März 2017.

(O. Dr.)

Bibliothek

Für die Bibliothek war das Berichtsjahr 2016 besonders ereignisreich.

Laura Sahler von der TH Köln absolvierte ihr Praxissemester in der Bibliothek. Im »Bericht aus der Arbeit des LVR-Landesmuseums Bonn« (1.2017) stellt sie ihr Digitalisierungsprojekt »JULE im Museum« vor.

Im Jahr 2016 verzeichnete die Bibliothek besonders zahlreiche Zugänge: 4.678 Titel wurden in der Bibliotheksdatenbank neu erfasst. 3.499 neue Titel wurden für den Bestand des Landesmuseums erworben, 74 für den Verein von Altertumsfreunden im Rheinlande inventarisiert.

Es wurden der Bibliothek 2.245 Bände geschenkt. Der Grafiksammler Klaus Mülstroh überreichte der Bibliothek Monographien zum Thema Grafik. Frau Dagmar Zimmer stiftete zahlreiche Kunst- und Bildbände zu verschiedenen kunstgeschichtlichen Themen. Die Bestände des Rara-Magazins sind komplett retrokatalogisiert und im Online-Katalog recherchierbar.

Der Schriftentausch mit Tauschpartnern im In- und Ausland wurde auch 2016 intensiv gepflegt. Wir erhielten 1.026 neue Monographien und Zeitschriften und verschickten im Gegenzug 1.451 Bände, darunter 427 Bonner Jahrbücher und zahlreiche Ausstellungskataloge.

In dem dezernatsübergreifenden Projekt »Bib:vernetzt« erarbeiteten Bibliothekare gemeinsam mit IT-Spezialisten von LVR-Infokom zunächst eine Standortbestimmung der achtzehn verschiedenen Bibliotheken in den Kultureinrichtungen, der Verwaltung und den Kliniken des Landschaftsverbandes Rheinland. Ziel des Projektes war dann die Ablösung der Bibliothekssoftware, vor allem aber das Ausloten der Teilnahme an einem Bibliotheksverbund. Die Entscheidung fiel zugunsten des Gemeinsamen Bibliotheksverbunds (GBV) mit Sitz in Göttingen, einen Zusammenschluss aus sieben Bundesländern und der Stiftung Preußischer Kulturbesitz. Damit ist der Wechsel zu den GBV-internen Softwareprodukten CBS und LBS4 verbunden. Für die Bibliotheken des Landschaftsverbandes Rheinland bedeutet dies die stark verbesserte Präsenz ihrer Bestände in der Fachwelt, die höhere Qualität ihrer Daten und die bessere Vernetzung mit den Verbundbibliotheken. Ende 2016 wurde das Projekt erfolgreich abgeschlossen. Das Folgeprojekt »Bib:verbund« startet direkt im Anschluss im Januar 2017 und wird die Datenkonvertierung sowie die Umsetzung der Verbundteilnahme umfassen.

Anlässlich des Internationalen Museumstages im Mai veranstaltete die Bibliothek einen Büchermarkt im Skulpturenhof des Museums, der regen Zuspruch fand.

Am Projekt der Ausstellung zum zweihundertsten Geburtstag Hermann Schaaffhausens war die Bibliothek beteiligt. Sie hat bis heute zahlreiche Bände seiner wissenschaftlichen Privatbibliothek im Bestand, viele davon mit Widmungen der Autoren. Die Digitalisierung dieser Bände war Teil des Projektes, sie stehen nun im Rahmen der Digitalen Sammlung Hermann Schaaffhausen (www.digital.zbmed.de/schaaffhausen) allen Interessierten zur Verfügung.

(S. Hae.)

Publikationen

Herausgegeben vom LVR - Landesmuseum Bonn, dem LVR - Amt für Bodendenkmalpflege im Rheinland und dem Verein von Altertumsfreunden im Rheinlande e. V.:
Bonner Jahrbücher Band 216.

Herausgegeben vom LVR - Landesmuseum Bonn:
Berichte aus dem LVR - Landesmuseum Bonn, Jahrgang 2016, Heft 1.
Berichte aus dem LVR - Landesmuseum Bonn, Jahrgang 2016, Heft 2.

Mitherausgegeben vom LVR - Landesmuseum Bonn:
Bestimmungsbuch Archäologie. erkennen bestimmen beschreiben, hrsg. von Landesstelle für die nichtstaatlichen Museen in Bayern, Archäologisches Landesmuseum Baden-Württemberg, Archäologisches Museum Hamburg, Landesamt für Archäologie Sachsen, LVR - Landesmuseum Bonn und Niedersächsisches Landesmuseum Hannover,

Band 4. Ronald Heynowski, Hartmut Kaiser und Ulrike Weller, Kosmetisches und medizinisches Gerät (Berlin und München 2016).

Herausgegeben vom LVR - Amt für Bodendenkmalpflege im Rheinland:
Andreas Prescher und Paul Wagner, Aachen, Melaten. Der Friedhof des mittelalterlichen Leprosoriums an der Via Regia. Rheinische Ausgrabungen, Band 73 (Darmstadt 2016).

Zu den Ausstellungen im Berichtszeitraum erschienen die folgenden Veröffentlichungen unter Beteiligung des Hauses:
Boris Becker. Staged Confusion. Mit einem Text von Gérard A. Goodrow, hrsg. vom LVR-Landesmuseum Bonn, Gabriele Uelsberg (Verlag Sieveking, München und Berlin 2016).
Gabriele Uelsberg, Oliver Zybok und Antje Buchwald, Zipora Rafaelov: Gezeichnetes Licht. Preisträgerin des Rheinischen Kunstpreises des Rhein-Sieg-Kreises, hrsg. vom LVR-Landesmuseum Bonn (Verlag Kettler, Dortmund 2016).
Aus den Archiven II. Das große Color-Praktikum – Wolfgang G. Schröter. Ein Kooperationsprojekt des LVR-Landesmuseums Bonn, der Deutschen Fotothek in der SLUB Dresden und der Stiftung F. C. Gundlach im Rahmen des Archivs der Fotografen. Texte von Katharina Arlt (o. V. u. O. 2016).
Cony Theis: Gefangene Geheimnisse, hrsg. vom Landschaftsverband Rheinland, Texte u. a. von Gabriele Uelsberg (Verlag Kerber, Berlin und Bielefeld 2016).
Eva's Beauty Case. Schmuck und Styling im Spiegel der Zeiten, hrsg. von Gabriele Uelsberg (Verlag Hirmer, München 2016).
Gabriele Uelsberg und Manfred Schneckenburger, Ole Fischer: Expressionen, hrsg. von Gabriele Uelsberg und Peter Sörries (Peter Sörries Kunst Kontor GmbH, Köln 2016).
Bilderstrom. Der Rhein und die Fotografie 2016–1853 (sic!), hrsg. vom LVR-Landesmuseum Bonn und Christoph Schaden (Verlag Hatje Cantz, Berlin 2016).

(O. Dr.)

Forschung

Neben den Ausstellungen nahm die Forschung einen hohen Stellenwert in der Tätigkeit des Hauses ein.

Im Rahmen der Forschungen an den Neufunden der Nachgrabungen im Neandertal war es möglich, sechzehn neue Neandertaler-Knochenfragmente zu identifizieren. In Kooperation mit dem Max-Planck-Institut für evolutionäre Anthropologie in Leipzig kam hierbei eine neue Verfahrensanalyse von Proteinen zum Einsatz, die es ermöglicht, menschliche und tierische Knochenreste einer Säugetierart anhand sehr kleiner Proben zuzuweisen. Im Rahmen des Projektes zum jungpaläolithischen Doppelgrab von Oberkassel wurden mit demselben Projektpartner und demselben Verfahren fünf neue menschliche Skelettreste und zwanzig neue Fragmente des Oberkasseler Hundes bestimmt.

Das Landesmuseum beteiligte sich an dem Verbundprojekt »Der Rhein als europäische Verkehrsachse« zusammen mit der Universität Bonn, dem LVR - Amt für Bodendenkmalpflege und dem LVR - Archäologischen Park Xanten. Unser Haus arbeitet an dem von der Deutschen Forschungsgemeinschaft geförderten Schwerpunktprogramm »Häfen von der römischen Kaiserzeit bis zum Mittelalter« mit.

Ein weiteres Forschungsprojekt, das indirekt Einfluss auf die Ausstellung »Eva's Beauty Case« hatte, war das vom Bundesministerium für Bildung und Forschung geförderte europaweite Projekt »Weltweites Zellwerk – Umbrüche in der kulturellen Bedeutung vor dem Hintergrund von Wirtschaftsgeschichte sowie Ideen- und Technologietransfer«. In diesem weit vernetzten Forschungsprojekt werden frühmittelalterliche Schmuckstücke aus dem eigenen Bestand sowie Leihgaben aus dem Römisch-Germanischen Museum Köln untersucht. Eine weitere aufwendige Maßnahme wurde vom Landesmuseum gemeinsam mit weiteren Partnern unter der Federführung des Allard-Pierson-Museums in Amsterdam durchgeführt. Es handelt sich hier um das

Abb. 1 Rauwandiger römischer Gesichtstopf aus Wesseling, Inv. 2016.550,0-1.

Forschungsprojekt Connecting Early Medieval European Collections (CEMEC). Dieses wird durch die Europäische Union gefördert und zeigt im Anschluss eine Ausstellung mit den Ergebnissen über die Verbindungen der frühmittelalterlichen Eliten und ihren Leitsystemen in Europa. Stationen der Präsentation werden beim Partner in Amsterdam, im ungarischen Nationalmuseum Budapest, im byzantinischen und frühchristlichen Museum in Athen sowie bei uns in Bonn sein.

Ein sehr wichtiger Prozess wurde 2016 gestartet, und zwar die Digitalisierung der fotografischen Bestände. Hier begannen die Arbeiten mit einer Auswahl aus zahlreichen Fotografien von Hermann Claasen. Das Projekt wird in Kooperation mit der Abteilung Digitalisierung des Landschaftsverbandes Rheinland und dem LVR - Zentrum für Medien und Bildung durchgeführt und soll mittelfristig die Onlineverfügbarkeit unserer fotografischen Sammlungen ermöglichen.

Konservierung und Restaurierung

Neben der Konservierung von Hölzern einer frührömischen Mühle aus dem Tagebau Weißweiler und der Restaurierung eisenzeitlicher Urnen aus dem Tagebau Hambach wurden 114 archäologische Objekte aus Inden-Pier restauriert und konserviert. Aufwendig wurden Metallobjekte des frühmittelalterlichen Gräberfeldes Inden-Geuenich restauriert und konserviert. Zwanzig lang deponierte Tafelbilder wurden untersucht sowie restauriert und nun in der Dauerausstellung präsentiert. Es handelt sich dabei um Werke des sogenannten Rheinischen Meisters, den Tempelgang Mariae beziehungsweise die Verkündigung und die Darstellung im Tempel sowie die Verklärung Christi. Es wurde auch mit dem langfristigen Projekt zur Restaurierung der fünf Gemälde zur Ursulalegende begonnen, die mit Mitteln des NRW-Förderprojektes Bildende Kunst realisiert werden.

Eine besondere Herausforderung und ein erfolgreicher Abschluss ist in Bezug auf die fünf großformatigen Tapeten von Manskirsch zu vermelden, die nach Abschluss des Restaurierungsprojektes nun als Dauerleihgabe aus Privatbesitz in der Dauerausstellung verbleiben können. Auch andere wurden durch die Restaurierungswerkstatt des Hauses unterstützt. Bei einer Grabung in St. Martinus in Linnich wurden 2006 mehrere Paletten mit Bruchstücken einer Mönchsfigur aus Tuffstein ausgegraben. Nach der nun erfolgten Restaurierung wurde die Skulptur 2016 in das Heimatmuseum in Linnich überführt, wo sie nun einen besonderen Schwerpunkt bildet.

Veranstaltungen

Es gab ein vielfältiges Veranstaltungsprogramm für Klein und Groß. Über fünfhundert Veranstaltungen, Seminare, Tagungen, Kongresse und Rahmenprogramme zu Ausstellungen fanden im Hause statt. Zum Abschluss der »Revolution Jungsteinzeit« trafen sich im Frühjahr die Generationen, um gemeinsam den jungsteinzeitlichen Backofen zu nutzen und im Kump zu kochen. Ein Höhepunkt des Sommerferienprogramms war die Präsentation der interaktiven Wanderausstellung »Mehr als nur Labor. Gesellschaft und Wissenschaft auf neuen Wegen« in Kooperation mit dem Wissenschaftsladen Bonn e. V., gefördert von der Europäischen Union mit Workshops und sechs kurzweiligen Science Espressos. Ebenso war das Landesmuseum vom 19. bis 23. September 2016 Veranstalter des 49. Internationalen Keramiksymposiums des Arbeitskreises zur Keramikforschung. Neunzig Teilnehmer aus sieben Ländern diskutierten über Keramik als Handelsgut, Produkt, Distribution und Absatzmarkt.

Neugestaltung

2016 war auch das Jahr, in dem das Haus über neue museale Ansätze nachzudenken begann und seine Feierlichkeiten zum zweihundertsten Jahr seines Bestehens 2020 vorbereitete. So fand am 14. und 15. November 2016 ein erster Kongress unter dem Titel »Museen neu denken« statt. Mit einhundertachtzig teilnehmenden Kollegen aus vielen bundesdeutschen, österreichischen und niederländischen Museen wurde über die Zukunft von Dauerausstellungen in kulturgeschichtlichen Museen heftig debattiert. Die Ergebnisse dieses Gedankenaustauschs wurden dann in hauseigenen Workshops und Meetings weiter vertieft und systematisch für eine Neuorientierung des Landesmuseums umgesetzt. Inklusion ist dabei ein zentrales Thema der Neugestaltung, die sich auf alle Menschen und jegliches Vermittlungsprofil ausrichtet.

(G. Ue.)

Neuerwerbungen der Sammlung

Die provinzialrömische Sammlung des Museums erhielt zwei Schenkungen aus Privatbesitz.

Abb. 2 und 3 Solidus des Constantius II., 352 in Trier geprägt. Auf der Rückseite halten zwei Victorien einen Schild mit der Aufschrift »VOT XXX« Inv. 2016.161. Doppelte natürliche Größe.

Abb. 4 und 5 Solidus des Nepotianus im Namen des Constantius II., 350 in Rom geprägt. Auf der Rückseite Roma mit Helm, Zepter und einem Globus mit Christogramm auf einem Thron sitzend, darunter ein Schild. Inv. 2016.160. Doppelte natürliche Größe.

Zu einer Kollektion römischer Funde aus dem Rheinland (E 2016/34) gehören unter anderem einige gut erhaltenen Keramikgefäße des ersten und zweiten Jahrhunderts: vier glattwandige Einhenkelkrüge der Typen Hofheim 51, Haltern 46 und Gellep 422, ein rauwandiger Topf Typus Hofheim 87, drei Gefäße belgischer Warenart (Terra nigra) der Typen Deru A41 (Teller) und Deru P24 (Topf) sowie ein spindelförmiges Unguentarium (Haltern 30). Zu dem Konvolut gehören ferner mehrere Öllämpchen, darunter das Fragment einer Bildlampe mit der Gruppe von Satyr und Dionysos sowie das Terrakottabruchstück einer weiblichen Gottheit mit Mauerkrone, wohl Kybele.

In Wesseling wurde in den frühen sechziger Jahren bei Bauarbeiten ein fünfundzwanzig Zentimeter hoher, rauwandiger Gesichtstopf des ersten nachchristlichen Jahrhunderts (Inv. 2016.550,0-1, Abb. 1) zusammen mit zwei weiteren römischen Gefäßen geborgen. Im Jahr 1974 gelangten die Fundstücke zur Dokumentation und Restaurierung ins Landesmuseum. Während Schale und Krug im Museum verblieben (Inv. 1974.3987,0-1), ging der Gesichtstopf an den damaligen Eigentümer zurück.

Das bauchige Gefäß hat keine Henkel. Teile der Wandung und des Gesichtes sind modern ergänzt. Die Gesichtszüge – Brauen, Nase, Augen, Ohren, Mund und Kinn – sind plastisch aus Ton modelliert. Der Bart wurde vor dem Brand mit einem Spatel eingekerbt. Da nähere Fundumstände nicht bekannt sind, ist die Funktion des Stückes unbekannt. (H. P. Förster, Bonner Jahrb. 176, 1976, 416 Abb. 20; G. Braithwaite, Faces from the Past. A study of Roman Face Pots from Italy and the Western Provinces of the Roman Empire. BAR Internat. Ser. 1751 [Oxford 2007] 76 RL Type 1)

(S. Wil.)

In den Jahren 2015 und 2016 erfolgten mehrere Schenkungen an die Münzsammlung. Dr. Manfred van Rey übereignete einen sehr schön erhaltenen Taler der Abtei Stablo Malmedy von 1570 (Inv. 2016.162) und Mike Psassing drei frühkaiserzeitliche Fundmünzen, eine davon mit drei deutlich sichtbaren Gegenstempeln (Inv. 2016.163–165).

Auch wichtige und umfangreiche Ankäufe für die numismatische Sammlung wurden getätigt.

In die Mitte des ersten vorchristlichen Jahrhunderts gehören die ältesten erworbenen Münzen, ein großes Konvolut keltischer Lesefunde aus der Gemeinde Pommern an der Mosel (Inv. 2016.166-531). Sie stammen von dem gallo-römischen Heiligtum im Einzugsgebiet der Treverer, das relativ gut erschlossen ist und zahlreiche Fundstücke lieferte. Durch diesen Ankauf, der in Absprache mit der Direktion Kulturelles Erbe der Archäologie, Bodendenkmalpflege Rheinland-Pfalz erfolgte, konnte diese wichtige Fundgruppe nun annähernd komplett für die öffentliche Hand gesichert und somit für weitere Grundlagenforschungen zur treverischen Münzprägung zur Verfügung gestellt werden.

Ein Desiderat war die Erwerbung von zwei Solidi aus dem wohl kostbarsten antiken Bonner Goldmünzenfund überhaupt. Dieser kam 1930 bei Kabelverlegungen an der Bonner

Römerstraße in gut einem Meter Tiefe unterhalb des Bürgersteigs zutage. Die Fundstelle lag im Bereich des ehemaligen Legionslagers von Bonn, gegenüber der Einmündung der Via Praetoria in die Via Principalis, wahrscheinlich innerhalb der Principia. Laut den Unterlagen bestand der Schatz aus »70–80 Goldmünzen« und »größeren Mengen an Goldschmucksachen«, die alle aus dem vierten Jahrhundert stammen. Zahlreiche Fundstücke gelangten damals in Privatbesitz, da das Provinzialmuseum, das Vorgängermuseum des heutigen Landesmuseums, finanziell nicht in der Lage war, auch nur einzelne Stücke aus dem Fund anzukaufen. Zwei prächtige goldene Armreifen, möglicherweise Armillae, die zu den Highlights der römischen Goldobjekte im Hause zählen, wurden damals durch die Stadt Bonn erworben und dem Provinzialmuseum geschenkt (Inv. 2016.160–161). Endlich gelangten auch zwei Münzen aus diesem Schatz in unsere Sammlung!

(Cl. Kl.)

Nachtrag zu Bonner Jahrb. 215, 2016, 369: Das Bleigewicht Inv. 2016.2-1 wurde bereits gelistet bei den Fundmeldungen in Bonner Jahrb. 208, 2008, 274 f. Abb. 9 und 10 (M. Dodt).

(M. Mir.)

Den Sammlungsbestand der Düsseldorfer Malerschule und des neunzehnten Jahrhunderts bereichert das folgende Werk aus lückenlos nachweisbarem Privatbesitz:

Umkreis Louis-Ammy Blanc, Unbekannte Reiterin. Um 1830. Öl auf Leinwand.

Einen besonderen Zuwachs im Sammlungsbestand stellen drei Gemälde von Oscar Zügel dar, der als Zeitgenosse von Leo Breuer sein Werk von der neuen Sachlichkeit ausgehend zur gegenstandslosen Malerei entwickelte und der unter den Nationalsozialisten verfolgt wurde. Dieser Ankauf belegt die Kooperation mit dem Zentrum für verfolgte Künste in Solingen, das seit 2014 durch die Leitung des Museums als Vorstand der Bürgerstiftung unterstützt wird:

Porträt Margarita Zügel. 1923. Öl auf Leinwand. 92,5 × 59 cm.

Ikarus. 1935/36. Öl auf Leinwand. 130 × 96 cm. Signiert und datiert unten rechts.

Via Crucis – Ruinenlandschaft. 1952. Öl auf Leinwand. 46 × 64 cm.

Eine Position zeitgenössischer Malerei und eine Schülerin von Markus Lüpertz ist Andrea Küster:

Tulpe-Krieger. 2008. Öl auf Nessel. 200 × 165 cm.

Tulpe, verwelkt. 2005. Öl auf Nessel. 155 × 200 cm.

Deutliche Akzente wurden in der Fotografie-Sammlung gesetzt:

Wolfgang Zurborn, Achtteilige Serie »Rhein«. 2005/2006. Acht Farbfotografien. Je 80 × 60 cm.

Claudio Hils, Neunteilige Serie »Rhein«. Achtziger Jahre des zwanzigsten Jahrhunderts. Acht Farbfotografien auf Alu-Dibond je 40 × 50 cm und eine Farbfotografie 100 × 120 cm.

Isabela Pacini. Vierteilige Rheinserie. 2003.

Valeska Achenbach. Vierteilige Rheinserie. 2003.

Damian Zimmermann und Nadine Preiß, Paare – Tableau III. 2012/2013. Fünfzehn Fotografien, Auflage 5.

Beate Rose, Paare – Tableau I. 1971. Fünfzehn Fotografien, Auflage 5.

Vom Leo-Breuer-Preisträger Sakir Gökcebag wurde eine Fotoarbeit angekauft:

Şakir Gökçebağ. Pop Art # 26. 2016. Dreiteilige Fotoarbeit, je 70 × 70 cm.

Der Grafikbestand des Landesmuseums wurde ausgebaut:

Georg Klusemann, Kupferne Erzählungen. 1979. Mappe mit neun Farbradierungen mit Aquatinta. Auflage 63, Nummer 21.

Markus Lüpertz, Arkadien. 2014. Geschlossene Mappe mit elf Farblithografien. Eine Gouache. 61 × 81 cm.

(G. Ue.)

Personalia

Eingetreten in den Dienst des Landesmuseums sind im Berichtszeitraum Yumi Karle (Fachangestellte für Medien und Information), Dr. Adelheid Komenda (Wissensch. Referentin), Stella Oppl (Restauratorin). Ausgeschieden aus dem Dienst des Landesmuseums sind Simone Hartnack (Restauratorin), Simon Matzerath (Wissensch. Referent), Lisa Meffire (Restauratorin), Anne Segbers (Wissensch. Volontärin), Dr. Marion Widmann (Wissensch. Referentin), Oliver Hans Zahn (Restaurator). Marlene Schleicher (Wissensch. Volontärin) war vorübergehend im Dienst des Landesmuseums tätig.

Bildrechte. Alle Abbildungen LMB, Abb. 1 Ausführung Jürgen Vogel, Abb. 2–5 Ausführung Lothar Kornblum.

LVR-Amt für Bodendenkmalpflege im Rheinland

Bericht des Amtsleiters für die Jahre 2015 und 2016

Zum Jahresende 2015 gab es für die Rheinische Landesarchäologie eine bemerkenswerte Nachricht, die nicht – wie sonst üblich – im Feuilleton, sondern im Wirtschaftsteil der Zeitungen untergebracht war. Die RWE AG (Rheinisch-Westfälisches Elektrizitätswerks AG) verkündete die Aufspaltung des Energiekonzerns in zukünftig zwei unabhängige Geschäftsbereiche. In einer neuen Gesellschaft sollten die Sparten für erneuerbare Energie und Netze gebündelt werden, während die als Muttergesellschaft namentlich belassene RWE AG die konventionelle Stromerzeugung in Atom- und Braunkohlekraftwerken als Geschäftsbereich beibehält. Ein Vorstandsmitglied der RWE soll in vertraulicher Runde hierzu geäußert haben: »Nach dem Ende der Kernenergie kommt nun auch der schleichende Ausstieg aus der Braunkohle!«

Schon seit einiger Zeit wird die drastische Reduktion der Braunkohleförderung im Rheinischen Revier, dem größten in Europa, immer intensiver gefordert. Im Mittelpunkt der Diskussion steht der Tagebau Garzweiler II, dessen Laufzeit 2045 enden sollte, der aber nach den Vorstellungen der Landesregierung voraussichtlich bereits um das Jahr 2030 geschlossen wird. Auch ein weiterer Abbaubereich, der Tagebau Inden, scheint nur noch für einige Jahre ausgekohlt zu werden. Nicht einschätzbar ist momentan die Entwicklung des Tagebaues Hambach, für dessen Erweiterung und Betriebsbereitschaft bis etwa 2045 eigens die Autobahn zwischen Köln und Aachen verlegt werden musste. Bei aller momentanen Unklarheit scheint sich doch abzuzeichnen, dass die Braunkohlenförderung und damit auch unsere dortige Tätigkeit, also die Braunkohlenarchäologie, ihren Höhepunkt möglicherweise bereits überschritten hat. Zwar werden nach jetzigem Kenntnisstand die Mitarbeiter unserer Außenstelle Titz noch rund ein Jahrzehnt lang auch Rettungsgrabungen im Vorfeld der Braunkohlenförderung durchführen müssen, doch geht es nun verstärkt darum, die systematische Auswertung und die Zusammenführung aller in den Jahrzehnten zuvor gewonnenen Arbeitsergebnisse voranzutreiben. Insbesondere für das Neolithikum und die Römerzeit liegt hier eine Dichte von Forschungsdaten vor, die über Mitteleuropa hinaus einzigartig ist. Auch wurden die Möglichkeiten der Landschaftsarchäologie etwa beispielhaft bei kompletten Verbundforschungen in den Tallandschaften des Elsbaches und der Inde deutlich. Vergleichbar waren die Untersuchungen entlang der römischen Fernstraße (Via Belgica), die von Köln ausgehend an die Atlantikküste führte und im Bereich des Tagebaues Hambach über eine Gesamtstrecke von fast zehn Kilometern facharchäologisch begleitet wurde, bevor auch sie und ihr Umfeld in den Abbau gerieten.

Auch wenn sich Nordrhein-Westfalen mit dem Ende der Steinkohlenförderung im Jahr 2018 und der erkennbaren Abkehr von der Braunkohlenverstromung langfristig von der Gewinnung fossiler Energiequellen verabschiedet, bleibt doch sein wirtschaftliches Profil als Rohstofflieferant von Bodenschätzen bestehen. Im großen Maßstab werden weiterhin nicht-energetische

Rohstoffe wie Sand, Kies und Ton abgebaut. Auch wenn in der öffentlichen Wahrnehmung der immense Flächenverbrauch weniger deutlich wird, da er sich über das gesamte Rheinland verteilt, sehen doch Planungen der Raumordnung vor, dass dieser Rohstoffgewinnung in den nächsten rund zwanzig bis fünfundzwanzig Jahren insgesamt mehr als einhundertdreißig Quadratkilometer an Fläche zum Opfer fallen. Es gibt zwei wichtige Parameter, die es der Landesarchäologie erleichtern, sich auf diese Aufgabe auch strategisch besser vorzubereiten. So wird jetzt im Rahmen der Regionalplanung abschließend geregelt, in welchen Arealen zukünftig insbesondere die Kiesgewinnung erfolgen kann. Dieses ist ein wesentlicher Vorteil gegenüber der früheren Situation, wo eine scharfe Flächenausweisung nicht vorgesehen war. Darüber hinaus gibt es in Nordrhein-Westfalen mit der Änderung des Denkmalschutzgesetzes seit dem Jahr 2013 ein explizites Verursacherprinzip, das Abgrabungsfirmen auch finanziell in die Pflicht nimmt – dieses allerdings nur im Rahmen der Zumutbarkeit, die vor allem bei Abgrabungsarealen von mehr als zwanzig Hektar schnell erreicht sein kann.

Schwieriger als die Braunkohlenarchäologie, die seit 1990 durch eine zweckgebundene Stiftung gefördert wird und aufgrund ihres geographisch relativ geschlossenen Auftretens durch eine einzige unserer Außenstellen bedient werden kann, ist es, angesichts der diversifizierten Organisationsstruktur der Abbaubetriebe eine vergleichbare, aber rheinlandweit tätige ›Kiesarchäologie‹ zu etablieren. An früheren Versuchen hat es hierbei nicht gefehlt. Spektakuläre Funde aus dem Kies wurden insbesondere am Niederrhein im Umfeld von Xanten immer wieder geborgen. So sind etwa aus dem Rheinkies bisweilen römerzeitliche Schiffe gefunden worden. Für die Landschaftsarchäologie von fast noch größerer Bedeutung ist aber der Umstand, dass die Ausweisung der neuen Kiesareale insbesondere auf der Mittelterrasse vollzogen wird, also nicht nur im Einzugsgebiet des Rheins. Dort kennen wir etwa durch Ausgrabungen in der einheimischen römerzeitlichen Siedlung von Weeze-Vorselaer das herausragende Forschungspotential einer Region, die für die Archäologie noch weitgehend Terra incognita ist. Die ›Kiesarchäologie im Rheinland‹ kann daher in den nächsten beiden Jahrzehnten unseren archäologischen Kenntnisstand erheblich erweitern, da sie schwerpunktmäßig in Regionen zum Einsatz kommt, wo die hiesige Bodendenkmalpflege in der Vergangenheit vergleichsweise wenig präsent war. Wird diese Gelegenheit allerdings nicht genutzt, droht nicht nur die großflächige, sondern auch die undokumentierte Devastierung von erheblichen Teilen unserer archäologischen Kulturlandschaft in den nächsten Dezennien.

Das Jahr 2015 war jedoch nicht nur geprägt durch großflächige Rettungsgrabungen und strategische Planungen begleitend oder im Vorfeld der Rohstoffgewinnung von Braunkohle oder Kies. Man wird es auch als wichtigen Etappenschritt einschätzen, den Niedergermanischen Limes zur Aufnahme in die UNESCO-Welterbeliste zu beantragen. Am 16. April 2015 kam es im LVR-Landesmuseum Bonn zur offiziellen Vertragsunterzeichnung der Niederlande unter Einschluss der drei betroffenen Provinzen Gelderland, Utrecht und Südholland und der beiden Bundesländer Rheinland-Pfalz und Nordrhein-Westfalen, einen gemeinsamen binationalen Antrag zu stellen. Die Niederlande fungieren als sogenannter Leadpartner; als Zeitpunkt für das Einreichen der Unterlagen bei der UNESCO wurde Ende Januar 2020 festgelegt. Im Folgejahr, also 2021, könnte dann in der Jahressitzung des Welterbekomitees der Antrag zur Abstimmung kommen und der Welterbestatus verliehen werden. Bis dahin sind jedoch noch erhebliche Arbeiten an dem insgesamt rund vierhundert Kilometer langen Limes zu leisten. Neben weiteren Forschungen und Inventarisationsarbeiten muss auch ein Managementplan eingereicht werden, der die weitere Entwicklung am Niedergermanischen Limes beschreibt. Durch außerplanmäßige Mittel der Obersten Denkmalbehörde, des Ministeriums für Bauen, Stadtentwicklung und Verkehr, konnte für den rund zweihundertzwanzig Kilometer langen nordrhein-westfälischen Abschnitt das Sonderforschungsprojekt ›Denkmälerqualifizierung am Niedergermanischen Limes‹

aufgelegt und zum Jahresende 2015 erfolgreich abgeschlossen werden. Die Arbeiten fokussierten geographisch auf den Niederrhein zwischen Duisburg und der niederländischen Staatsgrenze. Aktuelle Forschungen führten etwa nach Alpen-Drüpt, wo bereits in Luftbildern deutlich sichtbare Grabenstrukturen Hinweise auf römische Militärpräsenz geliefert haben. Erste geophysikalische Messungen haben den Verdacht konkretisiert, doch sind hier noch weitere Sondagen erforderlich. Der Schwerpunkt der Feldarbeiten galt aber Bedburg-Hau-Till-Moyland. Hier konnten zeitlich differenzierte Standlager von Legionen nachgewiesen werden, die – zunächst mit aller Vorsicht – in die zweite Hälfte des ersten nachchristlichen Jahrhunderts, gegebenenfalls noch einige Jahrzehnte darüber hinaus, datiert werden müssen. Inwieweit hier eine Kongruenz zur schriftlichen Überlieferung möglich ist, werden weitere Untersuchungen zeigen.

Als Großprojekt hatte in den Vorjahren das LVR - Amt für Bodendenkmalpflege als Konsortialpartner gemeinsam mit achtzehn Anliegerkommunen den ›Erlebnisraum Römerstraße‹ von 2010 bis 2014 realisiert. Die von Köln nach Trier führende Agrippastraße sowie die von Köln zur Atlantikküste verlaufende Via Belgica wurden in ihrem nordrhein-westfälischen Teil der Öffentlichkeit als durchgehende Rad- und Wanderwege erschlossen. In diesem Zusammenhang entstanden unter anderem ein Beschilderungs- und Informationssystem sowie sogenannte Mansiones als Informationsstationen und zugleich durch eigens angelegte Parkplätze geeignete Einstiegspunkte in die beiden Routen. Darüber hinaus wurden in Blankenheim und Nettersheim umfangreiche Denkmal- und Baumaßnahmen an der Römervilla beziehungsweise für einen neuen archäologischen Landschaftspark durchgeführt. Weitere museale Informationszentren entstanden in Köln, Nettersheim, Blankenheim, Jülich und Herzogenrath. Schon seit einiger Zeit beauflagen Fördermittelgeber die Empfänger zur langfristigen Pflege der getätigten Maßnahmen. So war klar, dass nach offiziellem Abschluss der Maßnahmen am 31. Dezember 2014 eine Nachfolgerstruktur geschaffen werden musste, die den vorgeschriebenen Erhalt und die Pflege der Einrichtungen sowie den weiteren Ausbau zukünftig absichert. Vor diesem Hintergrund kam es am 24. August 2015 in der Burg Rode, in Herzogenrath, zur Gründung des Vereins ›Erlebnisraum Römerstraße e. V.‹, der die Anliegerkommunen und natürlich der Landschaftsverband Rheinland beiwohnten. Mit der Gründung des Vereins und der Einbindung der bisherigen Akteure sind die Weichen für eine gesicherte Zukunft dieses einzigartigen Projektes gestellt.

Im Berichtsjahr 2016 ist ein bemerkenswertes Urteil des Oberverwaltungsgerichts in Münster (OVG NRW) zu verzeichnen, wobei es in denkmalrechtlichen Verfahren nicht häufig vorkommt, dass eine frühere Entscheidung der Ebene der Verwaltungsgerichte (VG) tatsächlich in allen Punkten widerrufen wird. So geschehen mit einer Entscheidung des OVG vom 14. Dezember 2016 (10 A 1445/15) gegen ein Urteil des VG Düsseldorf vom 23. April 2015 (9 K 1339/14). Dieses höchstinstanzliche Urteil hat die Bedeutung der ›Archäologie der Moderne‹ ganz wesentlich gestärkt. Eine Bestätigung des Düsseldorfer Urteils hingegen hätte einen neuen wichtigen Arbeitsbereich der rheinischen Landesarchäologie hingegen erheblich diskreditiert.

Drei Jahre zuvor, am 28. September 2013, hatten ehrenamtliche Mitarbeiter der Außenstelle Overath die Freilegung von Mauerstrukturen im Böschungsbereich der neu angelegten BAB 44 zwischen Ratingen und Velbert gemeldet, an der Baustelle Heiligenhaus-Werkerwald. Ein anschließender Ortstermin zeigte, dass Grundmauern zweier Gebäude im Böschungsbereich angeschnitten waren. Erste Recherchen historischer Quellen und Karten lieferten den Nachweis des Kottens eines Tagelöhners mit der Bezeichnung ›Auf der Heiden‹. Anhand der kartographischen Überlieferung ließen sich zudem Nutzung dieses Kottens seit 1824 und seine Aufgabe zwischen 1859 und 1862 ermitteln. Auch wenn der Landesstraßenbaubetrieb an dieser Stelle zunächst nicht weiter tätig werden wollte, veranlasste das Bodendenkmalpflegeamt die vorläufige Unterschutzstellung gemäß § 4 Denkmalschutzgesetz des Landes NRW. Die zuständige

Denkmalbehörde, die dieses umsetzte, war die für Bundes- und Landesliegenschaften zuständige Bezirksregierung Düsseldorf. Vom 11. bis 13. Februar 2014 fanden Ausgrabungen statt, da klar war, dass man den freigelegten archäologischen Befund im Böschungsabschnitt der neu konzipierten Bundesautobahn nicht würde halten können. Die Kosten der Untersuchungen trug zunächst der Landesstraßenbaubetrieb, er ging jedoch im Anschluss vor das Verwaltungsgericht Düsseldorf. Am 23. April 2015 kam es vor dieser Instanz zur mündlichen Verhandlung, wobei – zur Überraschung aller – weniger die Kostenregelung (Verursacherprinzip) in Rede stand, sondern der Denkmalwert der angeschnittenen archäologischen Befunde. Zusammenfassend findet sich hierzu im Urteil folgende Einschätzung des Verwaltungsgerichtes: »Ein besonderer Aussagewert ergibt sich auch nicht aus der Vermutung, dass es sich um Reste des aufgegebenen Tagelöhnerkottens ›Auf der Heiden‹ handelt. […] Was darüber hinaus aus den Funden, Fundamentresten, Bauschutt und Ähnlichem ablesbar sein soll, bleibt offen.« Erkennbar wollte das Verwaltungsgericht Düsseldorf hierzu aber auch keine weiteren fachlichen Erläuterungen anhören, denn unser Haus als zuständige Denkmalfachbehörde wurde vom Verwaltungsgericht noch nicht einmal zur Verhandlung beigeladen. Ebenfalls attackiert wurde die Bezirksregierung Düsseldorf, die die vorläufige Unterschutzstellung umgesetzt hatte; ihr wurde »unterlassene Aufklärung« unterstellt. Damit war der Verursacher auch nicht mehr in der Kostentragungspflicht.

Gegen das Urteil ging die Bezirksregierung Düsseldorf erfolgreich in Revision und das Oberverwaltungsgericht Nordrhein-Westfalen in Münster griff das Verfahren wieder auf. Ausgeführt hatte die Bezirksregierung insbesondere, dass zum einen im Verwaltungsgerichtsurteil die Hürde für eine vorläufige Unterschutzstellung begründungsmäßig viel zu hoch angesetzt worden wäre. Darüber hinaus sei eine akute Bedrohung durch den Straßenbau vorhanden gewesen, und schließlich sei gerade für derartige Fälle das gesetzliche Instrument der vorläufigen Unterschutzstellung geschaffen worden, um weitere Erkenntnisse beziehungsweise Indizien hinsichtlich des Denkmalwertes zu sammeln. Unser Haus hat dann in einem erweiterten Gutachten vom 18. November 2016 ausgeführt, dass man in der Neuzeit aufgrund der schriftlichen, bildlichen aber auch materiellen Überlieferung überwiegend höhere gesellschaftliche Schichten in ihrer Alltagssituation erfasst, nicht jedoch soziale Randgruppen wie Tagelöhner. Die für Außenstehende dürftig erscheinenden Gebäudereste und das unscheinbare geborgene Inventar seien keiner bewussten Selektion unterworfen und spiegelten daher unverfälscht die soziale und unterprivilegierte Lage der Nutzer wider. Eine derartige Befund- und Fundsituation sei für das Rheinland, aber auch darüber hinaus äußerst selten. Das Oberverwaltungsgericht Münster folgte der Bezirksregierung Düsseldorf in der denkmalrechtlichen und unserem Haus in der denkmalfachlichen Wertung. Kurzum: Die ›Archäologie der Moderne‹ wurde durch dieses höchstrichterliche Urteil entscheidend gestärkt.

Im Jahr 2016 konnte eine alte Bringschuld beglichen werden. Bereits vor fast dreißig Jahren war unser Haus mit zwei Ausgrabungskampagnen in den Jahren 1988 und 1989 auf einem Friedhof bei Gut Melaten in der Nähe des Universitätsklinikums der Rheinisch-Westfälischen Technischen Hochschule Aachen gewesen. Bereits das Toponym ›Melaten‹, das sprachlich verderbt auf die Geschichte von Krankheit und Auferweckung des Lazarus im Johannesevangelium und damit auf den späteren Patron der Leprosenhäuser verweist, charakterisierte den ehemaligen Friedhof des Aachener Leprosoriums Gut Melaten als einen historisch bedeutenden Ort. Auch wenn urkundlich belegte Leprosorien vorwiegend aus dem Mittelalter im Rheinland eigentlich gar nicht selten anzutreffen sind, gibt es doch nur wenige archäologische Untersuchungen. Den Untersuchungen unseres Hauses im Jahr 1988 und 1989 waren bereits Ende der sechziger und Anfang der siebziger Jahre kleinere Sondagen vorausgegangen, wo man einschlägiges Knochenfundgut von Leprakranken identifizieren konnte. Das neu geborgene Skelettmaterial wurde von einem hochspezialisierten Forscher- und Auswertungsteam unter Leitung der einschlägigen Fachabteilungen der medizinischen Fakultät der RWTH Aachen untersucht. Alle Ergebnisse sind nun im Band 73 der Rheinischen Ausgrabungen monographisch vorgelegt und werden sicherlich in der weiteren archäologischen und medizinhistorischen Diskussion Beachtung finden. Damit sind die Untersuchungen an einem Ort abgeschlossen, der gleichermaßen exzeptionell für die mittelalterliche Bevölkerung sein musste wie auch für unsere gegenwärtige kollektive Erinnerung. Der französische Philosoph und Kulturanthropologe Michel Foucault bezeichnete derartige Orte als ›Heterotopien‹, die man etwa in »biologischen Krisensituationen« aufsuchte. Zweifellos leitete die Erkrankung an Lepra eine solche Krisensituation ein und zwang die Betroffenen in eine raumbezogene und damit auch gesellschaftliche Isolation – zumeist ohne Perspektive auf Rückkehr in das frühere Leben.

Im Berichtsjahr 2016 konnte auch ein Projekt begonnen werden, für das im Jahr zuvor die Deutsche Forschungsgemeinschaft finanzielle Mittel bewilligt hatte: »Die Antikensammlung der Grafen von Manderscheid-Blankenheim. Eine der größten Sammlungen römischer Antiken im Rheinland am Ende der Renaissance«. Gemeinsam mit unserem Haus traten das Archäologische Institut der Universität Köln sowie das Institut für Geschichtswissenschaften, Abteilung für Rheinische Landesgeschichte, der Universität Bonn als Antragsteller auf. Das Sammeln von Antiken erlebte seit dem 16. Jahrhundert im zentraleuropäischen Raum einen ersten Höhepunkt. Eine der wichtigsten Sammlungen im Rheinland legte seinerzeit Graf Hermann von Manderscheid-Blankenheim (1535–1604) an. Die Objekte stammten nur teilweise von den Ländereien des Grafen, zusätzlich erwarb er Stücke. Nicht wenige davon kamen aus Köln, darunter auch solche, die auf den beiden Randleisten des berühmten Mercatorplans der Stadt Köln von 1571 abgebildet sind. Insgesamt bestand die Sammlung aus fast einhundert römischen Steindenkmälern, die ihren Wert begründeten. Erhebliche Verluste fanden durch die Flucht der Familie von Manderscheid-Blankenheim im Zusammenhang mit der Eroberung der Eifel durch französische Revolutionstruppen im Jahr 1794 statt. Über diverse Stationen gelangten allerdings wichtige Monumente in das Römisch-Germanische Museum der Stadt Köln und das Bonner Landesmuseum, darunter der berühmte Viktoriaaltar.

Auch wenn nur rund ein Fünftel der Steindenkmäler heute noch vorhanden und nachweisbar ist, ermöglichen doch Abschriften zweier Kleriker aus der Mitte des 17. Jahrhunderts, den ehemaligen Sammlungsbestand recht verlässlich zu rekonstruieren. Festgehalten ist in diesen Aufzeichnungen auch die Positionierung einzelner Monumente, die in der Burghofmauer von Blankenheim eingelassen waren. Es besteht daher die Hoffnung, nicht nur die wissenschaftliche Edition der Sammlung mit allen Einzelstücken zu erstellen, sondern auch eine Rekonstruktion der damaligen Präsentation auf dem Burggelände in digitaler Form vorzunehmen. Die Sammlung der Grafen von Manderscheid-Blankenheim schlägt kulturell eine Brücke zwischen der römerzeitlichen Besiedlung in der Eifel einerseits und der mittelalterlichen und frühneuzeitlichen Territorialgeschichte andererseits, die ihr bauliches Wahrzeichen in der imposanten Burganlage von Blankenheim findet.

Am Schluss wieder einige statistische Angaben: Unser Haus führte im Berichtszeitraum 2015 bis 2016 alles in allem 479 Ausgrabungen und Untersuchungen durch sowie 992 Betreuungen von 505 Drittmaßnahmen. Insgesamt 171 Veranstaltungen mit zusammen mehreren tausend Teilnehmenden wandten sich an eine breite Öffentlichkeit. Besondere Erwähnungen gebühren dem großen Abendvortrag ›Roms Adler am Rhein‹ als Teil des Rahmenprogramms anlässlich der Jahrestagung des Welterbekomitees der UNESCO, die Anfang Juli 2015 in Bonn stattfand, sowie der Tagung ›Roman Networks in the West‹, zu der einhundertfünfzig Teilnehmende aus Deutschland, Belgien, Frankreich und den Niederlanden zusammenkamen. Die Veranstaltung richtete sich insbesondere an die jüngere Forschergeneration im Bereich der provinzialrömischen Archäologie, um zukünftige gemeinsame Projekte und Formen der Zusammenarbeit zu diskutieren. Zudem konnten im Berichtszeitraum wieder zwölf Publikationen erscheinen, eigenständig oder in Verbindung mit anderen Institutionen.

Jürgen Kunow

Ehrenamtliche Mitarbeiter

Stand Dezember 2016. – H. Adam, Ruppichteroth; W. Adolph, Erkelenz; C. Agricola, Velbert; D. und P. Arras, Köln; R. Baade, Wermelskirchen; D. Bahlke, Goch; O. Bauer, Bonn; G. Baumgarten, Bonn; W. Bender, Köln; J. Bergheim, Swisttal; M. Bernatzki, Lohmar; T. Bilstein, Overath; Dr. A. Bode, Düsseldorf; S. Bode, Bad Neuenahr-Ahrweiler; R. van den Bogard, Kalkar; T. Boller, Düsseldorf; G. und H. Brühl, Bergisch Gladbach; P. Bruns, Wesel; J. Bucco, Frechen; M. Büenfeld, Borgentreich; M. Bundschuh, Bergisch Gladbach; K. und R. Bürger, Wegberg; C. Buscher, Bad Münstereifel; A. Caspari, Rheinbach; R. Clemens, Grefrath; J. Constien, Hürth; N. Dinraths, Jüchen; Dr. M. Dodt, Weilerswist; Dr. G. Dohmen, Heinsberg; O. Eckardt, Kürten; H. Eggerath, Erkrath; P. Empt, Kerpen; Dr. R. Engelmann, Niederzier; U. Englaender, Bonn; W. Erley, Velbert; R. Färber, Wuppertal; L. Fichtner, Erkrath; Dr. K. Flath, Bonn; W. Franzen, Düren; Dr. H. und Dr. U. Fricke, Erkelenz; D. Gansauer, Kleve; Dr. E. Garnjost, Jüchen; R. P. Gawel, Niederzier; T. Geier, Düsseldorf; P. Geiger, Wuppertal; H. W. Gerresheim, Kaarst; F. Gockel, Bonn; H. Goertz, Kleve; Dr. H. Grau, Heiligenhaus; T. Greth, Wuppertal; O. Grodde, Aachen; S. Grosset, Duisburg; V. Grünewald, Bonn; A. Gutjahr, Buchholz; C. Haase, Essen; M. Harms, Velbert; J. Hattendorf, Nideggen; A. Heilmann, Bonn; O. Heinrich, Leichlingen; Dr. J. Heinrichs, Oberhausen; G. Heinze, Lohmar; C. Hennen, Geilenkirchen; M. Hesse, Viersen; A. Heyd, Hennef; F. Hildebrand, Solingen; S. Hogenacker, Overath; S. Hoguth, Velbert; M. Hundt, Rommerskirchen; G. Hüttner, Kleve; R. Janssen, Baesweiler; R. Jochims, Geilenkirchen; G. Kaiser, Bonn; Dipl.-Ing. A. Karschti, Oberhausen; Y. Kaya, Köln; R. Keidel, Eschweiler; F. Kellner, Grevenbroich; B. Kibilka, Kevelaer; M. Klaus, Baesweiler; B. Knop, Velbert; R. Knop, Velbert; H. J. Koepp, Goch; T. König, Bonn; P. und U. zum Kolk, Erkrath; D. Kottmann, Aachen; M. Krajewski, Kaarst; A. Krause, Hückelhoven; A. Krömer, Langenfeld; Dr. T. Krüger, Bonn; Dr.-Ing. Th. Kuck, Krefeld; Dr. V. Kuhlmann, Dormagen; M. Kuhn, Aachen; H. Langerbeins, Wegberg; M. Leehr, Windeck; M. Lesaar, Mettmann; N. Liebing, Bad Münstereifel; J. Lohbeck, Velbert; K. Ludwig, Hückelhoven; T. Maas, Moers; N. Maaßen, Erkelenz; K.-F. und R. Marcus, Kierspe; M. Masser, Bonn; G. van Meegen, Bedburg-Hau; A. Meißner, Eschweiler; C. Mertens, Bad Münstereifel; S. Mros, Nörvenich; G. Müller, Eschweiler; H. Murmann, Kerpen; K. und M. Neu, Rösrath; Chr. Neumann, Hilden; J. Niedworok, Velbert; F. Nolden, Düsseldorf; A. Nöthen, Bergisch-Gladbach; K. Oerschkes, Geldern; T. Ohrndorf, Jülich; E. Otten, Mönchengladbach; K.-H. Pastoors, Geldern; A. Peffeköver, Lindlar; G. Peters, Geilenkirchen; Dipl.-Ing. U. Peters, Oberhausen; K. Plewnia, Essen; A. M. Plum, Baesweiler; S. Polkläser, Heiligenhaus; I. Prox, Lohmar; H.-P. Pütz, Nörvenich; K. Reger, Hellenthal; F. Reinisch, Wegberg; G. Reiß, Leverkusen; H. W. Rhiem, Weilerswist; A. Ricken, Alpen; S. Röhrig, Erkrath; U. Röske, Neunkirchen; D. Roth, Haan; S. Roth, Bergisch-Gladbach; F. Sackel, Mettmann; P. Schallenberg, Bad Münstereifel; N. Schmal, Bergisch-Gladbach; J. Schmidtke, Mechernich; R. Schneider, Swisttal; M. Schuck, Uedem; G. und P. Schulenberg, Düsseldorf; T. Schwarz, Bonn; K.-A. Seeliger, Mechernich; W. Siever, Titz; D. Sliwa, Mönchengladbach; H. Smits, Goch; W. Spielmanns, Viersen; F. Spohr, Bad Münstereifel; Dr. P. Staatz, Merzenich; B. Z. Stachiw, Mechernich; A. Staus, Wülfrath; Dr. H. Stenzel, Rheinbach; I. Stitz, Köln; T. Terveer, Viersen; R. Tews, Leichlingen; G. Thielemann, Eschweiler; O. Thornton, Bonn; D. Tomalak, Swisttal; R. Tyrolf, Wesel; A. Uhle, Düsseldorf; R. Verheyen, Kleve; A. Wagner, Bad Honnef; M. Walendzik, Hamminkeln; M. Wehlings, Brüggen; H. Weitkowitz, Hilden; H. Werner, Kürten; H. Werner, Meckenheim; G. White, Erftstadt; C. Windhausen, Erftstadt; M.-L. Winterhagen, Solingen; H. Wolter, Königswinter; S. Zimmerer, Hilden; A. Zimmermann, Bonn; L. Zimmermann, Düsseldorf.

Publikationen

Bonner Jahrbücher 214, 2014
496 Seiten mit 143 Abbildungen und 16 Tafeln

Bonner Jahrbücher 215, 2015
610 Seiten mit 118 Abbildungen und 70 Tafeln

Archäologie im Rheinland 2014
272 Seiten mit 250 Abbildungen

Archäologie im Rheinland 2015
272 Seiten mit 290 Abbildungen

Frank Pohle, Die Erforschung der karolingischen Pfalz Aachen. Rheinische Ausgrabungen, Band 70
578 Seiten mit 130 schwarzweißen Abbildungen und 6 teils farbigen Tafeln

Raymund Gottschalk, Spätrömische Gräber im Umfeld von Köln. Rheinische Ausgrabungen, Band 71
500 Seiten mit 174 teils farbigen Abbildungen und 157 teils farbigen Tafeln

Liane Giemsch und Ralf W. Schmitz (Hrsg.), The Late Glacial Burial from Oberkassel Revisited. Rheinische Ausgrabungen, Band 72
300 Seiten mit zahlreichen, meist farbigen Abbildungen

Andreas Prescher und Paul Wagner, Aachen, Melaten. Der Friedhof des mittelalterlichen Leprosoriums an der Via Regia. Mit Beiträgen von Wilhelm Emmerich, Wolfram Giertz, Erwin Hahn, Dietmar Kottmann, Nils Kottmann, Lutz Henning Meyer, Axel Hinrich Murken, Brigitte Quadflieg und Werner Weber. Rheinische Ausgrabungen, Band 73
446 Seiten mit zahlreichen, meist schwarzweißen Abbildungen und einer farbigen Faltbeilage

Jens Berthold, Das Elsbachtal im Mittelalter und in der frühen Neuzeit. Archäologie einer Kulturlandschaft. Rheinische Ausgrabungen, Band 74
568 Seiten mit 159 teils farbigen Abbildungen und zahlreichen Tabellen sowie 170 Tafeln, eine CD-Rom als Beilage

Revolution Jungsteinzeit. Archäologische Landesausstellung Nordrhein-Westfalen. Herausgegeben von Thomas Otten, Jürgen Kunow, Michael M. Rind und Marcus Trier. Schriften zur Bodendenkmalpflege in Nordrhein-Westfalen, Band 11, 1.
452 Seiten mit zahlreichen, zumeist farbigen Abbildungen

Archäologie in NRW 2010–2015. Forschungen – Funde – Methoden. Archäologische Landesausstellung, wie zuvor. Schriften zur Bodendenkmalpflege in Nordrhein-Westfalen, Band 11, 2
272 Seiten mit zahlreichen, zumeist farbigen Abbildungen

Ehrungen

Rheinlandtaler 2015:
Gerlinde Semrau-Lensing. Seit 2003 setzt sich die Kleverin mit tatkräftigem und hartnäckigem Engagement erfolgreich für die Wiederherstellung des historischen Landschaftsparks „Klevische Gartenanlagen" ein.

Rheinlandtaler 2016:

Rolf Goßmann. Der zweiundachtzigjährige Amateur-Paläobotaniker beschäftigt sich seit mehr als fünfzig Jahren mit der Erforschung der frühen Landpflanzen im Rheinland und der Flora der Braunkohlewälder in der Niederrheinischen Bucht.

Hans-Joachim Koepp. Der achtundfünfzigjährige einstige Gocher Stadtarchivar und Verfasser zahlreicher heimatgeschichtlicher Publikationen setzt sich seit vielen Jahren auf vielfältige Art für die Heimatforschung und die Archäologie ein.

Ulrich Lieven. Der Mitarbeiter der RWE Power AG engagiert sich seit vier Jahrzehnten ehrenamtlich bei der Bergung und wissenschaftlichen Bearbeitung von Fossilien und geologischen Phänomenen im Braunkohletagebau.

Franz Wings. Der Siebenundsiebzigjährige setzt sich für das Andenken an die im Zuge des Braunkohletagebaus abgebaggerten Dörfer des ehemaligen Kirchspiels Lohn im Jülicher Land ein.

Verein von Altertumsfreunden im Rheinlande

Bericht über die Tätigkeit im Jahre 2016

Die Mitgliederversammlung fand am 2. April statt. Die Tagesordnung umfasste (1.) den Geschäftsbericht, (2.) den Kassenbericht, (3.) die Wahl von Kassenprüfern, (4.) die Erhöhung des Mitgliedsbeitrags und (5.) Verschiedenes.

Bericht des Vorsitzenden

Publikationen

Bonner Jahrbücher 215, 2015.

Vorträge

Dr. Cristina Murer (Berlin)
Ex sordentibus locis. Spätantike Wiederverwendung von Sepulkralplastik am Beispiel von Ostia Antica (21. Januar)

Die Präsenz von Sarkophagdeckeln, Grabaltären und Grabstatuen in antiken Stadtbereichen ist in der bisherigen Forschung stets mit dem Wandel der Stadt im frühen Mittelalter erklärt worden. Befunde aus spätantiken Domus und Thermen in Ostia Antica belegen jedoch, dass die Translozierung des Grabmaterials in den Stadtbereich mit einem umfassenden Wandel der Stadt und Gesellschaft in der Spätantike in Verbindung zu bringen ist. Bereits seit dem dritten und vor allem im vierten nachchristlichen Jahrhundert fielen die in Vergessenheit geratenen kaiserzeitlichen Grabbauten Plünderungen zum Opfer, um die Sepulkralplastik für die Ausstattung spätantiker Repräsentationsbauten in gewandelter Funktion, als ›Ornamenta‹, wiederzuverwenden. Dies belegen auch literarische sowie epigraphische Quellen: Im vierten Jahrhundert wurden kaiserliche Edikte erlassen, die den zu häufig gewordenen Grabplünderungen Einhalt gebieten sollten. Auf Statuenbasen ist sogar zu lesen, dass Standbilder »ex sordentibus locis« für die Ausstattung spätantiker Anlagen wiederverwendet wurden.

Dr. Claudia Klages (Bonn)
Der spätantike Münzschatz aus Spay
(18. Februar)

Bereits in der Antike übten Münzen große Faszination aus. Sie wurden betrachtet, gesammelt und vor den Blicken anderer versteckt. Der Münzschatz aus Spay (Kreis Mayen-Koblenz) hat die jahrhundertelange Lagerung im Erdreich ungewöhnlich gut überstanden. Er ist ein einzigartiges Ensemble aus der Zeit der ersten Vierkaiserherrschaft (293–305 n. Chr.) und gehört zu den wichtigsten Neuerwerbungen der letzten Jahre für die numismatische Sammlung des Bonner Landesmuseums.

Dr. Ulrich Himmelmann (Speyer)
Seiner Geschichte beraubt. Der spätantike Schatzfund von Rülzheim (3. März)

Im Mai 2013 fand ein illegaler Metallsucher bei Rülzheim in der Südpfalz in unmittelbarer Nähe mehrerer Bodendenkmäler zufällig einen bedeutenden Schatz aus der Spätantike. Im Zuge der unfachmännischen und illegalen Ausgrabung wurden alle archäologisch relevanten Spuren an der Fundstelle unwiederbringlich zerstört, was umso bedauerlicher ist, als Vergleiche zeigen, dass einige der Gegenstände aus dem ostgermanisch-hunnischen Umfeld stammen, für die Pfalz also außergewöhnlich sind. Der Fall wirft damit ein Schlaglicht auf jenen Teil der Sondengängerszene, der rücksichtslos historische Spuren im Boden zerstört, um an Einzelfunde zu kommen und damit die Zerstörung unseres kulturellen Erbes billigend in Kauf nimmt.

Dr. Gerhard Bauchhenß (Bonn)
Neues zur Matronenverehrung im Rheinland (17. März)

Neue Grabungen und eine Reihe von Publikationen aus den letzten Jahren zeigen manche Erscheinungen des Matronenkultes in einem anderen Licht. Daneben stehen die Bemühungen, die Inschriften und Darstellungen der Göttinnen in einem Corpus zu sammeln und die rheinischen Matronen im Kontext der anderen dreizahligen Göttinnen im Westen des Römischen Reichs zu untersuchen.

Prof. Dr. Sabine R. Huebner (Basel)
Die Hirten auf dem Feld. Sozialgeschichte einer Randgruppe (28. April)

Wohl kaum ein anderer Beruf der antikmediterranen Kulturwelt ist mit stärkerer Symbolik belegt als der des Hirten. Hirten finden sich überall in der antiken Literatur, und zweifellos gehörte der Hirtenberuf zu den ältesten, am weitesten verbreiteten und wichtigsten Formen des Broterwerbs in vorindustriellen Gesellschaften. Der Hirte galt in vielen nomadischen Gesellschaften des antiken Vorderen Orients als Sinnbild für den idealen Herrscher. In den agropastoralen Gesellschaften des römischen Mittelmeerraums gehörten Hirten jedoch zu einer marginalisierten Randgruppe der Gesellschaft. Waren es im römischen Italien überwiegend Sklaven, die als Hirten tätig waren, übernahmen in den übrigen Provinzen junge, oftmals unverheiratete Männer, die Söhne landloser Tagelöhner oder armer Bauernfamilien, den Hirtenberuf. Gegen ein geringes Entgelt und den Ertrag der Milch hüteten sie die Tiere eines oder mehrerer Besitzer. Hirten lebten am Rande der Gesellschaft im wörtlichen und übertragenen Sinne, auf stetiger Wanderschaft. Sie waren aufgrund ihrer unsteten Lebensweise und ihrer notwendigen Bewaffnung sowohl den staatlichen Amtsträgern als auch der sesshaften Dorfbevölkerung suspekt.

Dr. Stefan Hagel (Wien)
Der Klang der Antike (12. Mai)

Die Erforschung der antiken Musik hat große Fortschritte gemacht: Dank der Verbindung von Textzeugnissen, Instrumentenfunden, der Auswertung von Darstellungen und nicht zuletzt der erhaltenen Originalmelodien können antike Instrumente nachgebaut und zum Klingen gebracht werden. Die Feinstimmungen ergeben sich bei den gedoppelten Rohrblattinstrumenten dabei aus der Konfiguration der Grifflöcher, während sie für die Konzertkithara explizit überliefert sind. So können wir uns der auditiven Komponente antiker Dichtung heute weit besser annähern als noch vor wenigen Jahren.

Dr. András Patay-Horváth (Budapest)
Zum Ursprung der Olympischen Spiele (16. Juni)

Die Analyse der zahlreichen frühen Tierstatuetten aus Bronze, die in Olympia gefunden wurden, führt zur Hypothese, dass die besondere Anziehungskraft des Heiligtums für die Eliten des früheisenzeitlichen Griechenlands ursprünglich wohl in der Jagd auf Wildrinder bestand. Die sportlichen Wettkämpfe entwickelten sich aus einem Ritual, das eng mit der Jagd zusammenhang und traten in den Vordergrund, als die Wildrinder durch die intensive Jagd allmählich ausgerottet wurden. Diese Hypothese erklärt nicht nur den archäologischen Befund, sondern auch eine Reihe von Eigentümlichkeiten wie zum Beispiel den Zeitpunkt beziehungsweise die Zeitwahl der Spiele, ihren vierjährigen Rhythmus und den Ausschluss der verheirateten Frauen.

Dr. Constanze Höpken (Köln)
Luxus oder Dekadenz? Händler, Handwerker und Handelsgüter im Römischen Rheinland (14. Juli)

Seit dem ersten vorchristlichen Jahrhundert zogen viele Menschen aus dem Römischen Reich in die neue Provinz: Manche wurden mit dem Militär hierher versetzt, manche kamen mit der Verwaltung und manche, um hier ihr Glück zu suchen. Viele stammten aus Gallien und Italien und einige auch aus dem Vorderen Orient. Sie brachten ihre Lebensgewohnheiten mit und hatten gern gewohnte Speisen auf dem Tisch. Hierzu gehörten Olivenöl und Wein, Würzsaucen und Oliven – diese Waren gab es im Rheinland nicht, sondern sie mussten importiert werden. Aber auch Austern, die man von zuhause kannte, ließ man sich schmecken. Welche Lebensmittel zählen zum täglichen Bedarf, was bedeutete Luxus in Niedergermanien und wo beginnt die Dekadenz? Dazu ist unter anderem dem Speisezettel der Provinzbewohner und den importierten Waren, ihrer Herkunft und den Handelswegen nachzugehen.

Dr. Martin Müller (Xanten)
Schräge Typen und andere Merkwürdigkeiten in der Colonia Ulpia Traiana, Xanten. Ergebnisse neuester Untersuchungen in der römischen Großstadt am Niederrhein (15. September)

In den letzten Jahren wurde das Gebiet der römischen Großstadt Colonia Ulpia Traiana im heutigen Xanten fast flächendeckend mit geophysikalischen Methoden untersucht. Einige der so neu entdeckten Strukturen wurden inzwischen auch durch archäologische Ausgrabungen erforscht. Das Bild der antiken Colonia ist somit in kurzer Zeit nicht nur wesentlich umfassender geworden, sondern die Forschungen haben auch völlig überraschende neue Erkenntnisse erbracht.

Dr. Burkhard Emme (Berlin)
Die Untere Agora von Pergamon. Neue Forschungen an einem alten Grabungsplatz (3. November)

Die Untere Agora von Pergamon wurde in den Jahren 1900 bis 1902 freigelegt, jedoch kaum untersucht. Seit 2013 findet daher ein deutsch-türkisches Kooperationsprojekt zur Dokumentation des Baus statt. Aufgrund dieser Arbeiten lässt sich nun erstmals die Bau- und Nutzungsgeschichte der Anlage präzise nachvollziehen. Zudem ergeben sich neue Erkenntnisse zur Entwicklung der antiken Metropole Pergamon insgesamt.

Klaus Frank M. A. (Bonn)
Gelebte Nachbarschaft. Römer und Germanen am Rhein (24. November)

Das Rheinland mit seinen archäologischen Funden bietet die seltene Gelegenheit, die Migration der als Barbaren angesehenen Germanen in die antike römische Hochkultur im Detail zu erforschen. Über rund vierhundert Jahre bildete der Rhein die Grenze zwischen dem Römischen Reich und dem germanischen Siedlungsraum. Von Anfang an bestanden jedoch vielfältige und enge Beziehungen zwischen den Bewohnern beiderseits des Stromes. Der Dienst im römischen Militär scheint für die Männer von rechts des Flusses ein Türöffner in die römische Welt gewesen zu sein. Generationen von Germanen lebten so gleichsam in zwei Welten.

Prof. Dr. Andreas Schmidt-Colinet (Wien)
Palmyra geht uns alle an. Die Zerstörung unseres kulturellen Gedächtnisses (8. Dezember)

Die syrische Archäologie erschließt eines der weltweit bedeutendsten Kulturarchive, den Schatz der Monumente und Bodendenkmäler, denen historische Spannweite von den frühen Hochkulturen Mesopotamiens über die blühenden Städte der Römerzeit bis zu den Kreuzfahrern und den islamischen Dynastien reicht. Die Zerstörung antiker Denkmäler in Palmyra und die brutale Ermordung des Antikendirektors dieser Stadt haben weltweit Entsetzen ausgelöst. Der Vortrag stellt Denkmäler Syriens, insbesondere Palmyras, exemplarisch vor und zeigt anhand von aktuellen Bildern und Zahlen die katastrophalen Folgen des Krieges sowohl für die Menschen als auch, was die systematische Plünderung und unwiederbringliche Zerstörung unseres kulturellen Gedächtnisses betrifft.

Besichtigungen

Am 17. August 2016 führte im Bonner Landesmuseum die Direktorin des Hauses, Dr. Gabriele Uelsberg, den Altertumsverein exklusiv durch die von ihr betreute Ausstellung ›Eva's Beauty Case‹.

Zum 10. September bot der Altertumsverein eine Fahrt nach Trier zur Ausstellung ›Nero – Kaiser, Künstler und Tyrann‹ an, die regen Zuspruch fand. Im dortigen Rheinischen Landesmuseum wurde die Besichtigung durch die Mitkuratorin Katharina Ackenheil M. A. geleitet, im Museum am Dom erläuterte der Museumsdirektor Dr. Markus Groß-Morgen den Teil der Ausstellung seines Hauses. Der Verein dankt Herrn Dr. Olaf Dräger und Dr. Susanne Willer für die Organisation und Begleitung der Exkursion.

Am 22. September zeigte Dr. Ralf W. Schmitz im Landesmuseum Bonn die von ihm eingerichtete und betreute Ausstellung ›Herrmann Schaaffhausen zum zweihundertsten Geburtstag‹, die dem Anthropologen und Mitbegründer des Museums gewidmet war, der die Bedeutung des Neandertalerskeletts als Erster erkannte.

Dr. Friederike Naumann-Steckner vom Römisch-Germanischen Museum Köln führte am 12. Oktober 2016 durch die in ihrem Hause von ihr selbst kuratierte Ausstellung ›Zerbrechlicher Luxus. Köln – ein Zentrum antiker Glaskunst‹.

Mitglieder

Der Verein hatte im Berichtsjahr den Tod folgender Mitglieder zu beklagen: Prof. Dr. Franz Fischer, verstorben 1. Oktober 2016; Dr. Hans-Günther Jacobi, Mitglied seit dem 1. Januar 1960, verstorben am 7. Juni; Karl Loh, Mitglied seit dem 1. Januar 1965, verstorben am 16. Februar; Stefan Schiffer, Mitglied seit dem 1. Januar 1989, verstorben am 14. Dezember; Heinz Schoer, Mitglied seit dem 1. Januar 1995, verstorben am 3. Februar; Hans Statmans, Mitglied seit dem 1. Januar 1985, verstorben am 29. Januar.

Dem Verein sind im Berichtsjahr folgende Mitglieder beigetreten: Silva Bruder, Bonn; Volker Grimm, Bonn; Jonas Klein, Bonn; Dr. Martin Ochs, Bonn; Dr. Norbert Schmal, Bergisch Gladbach; Anne Segbers, Bonn; Gerd Wachs, Siegburg.

Fünfundzwanzig Jahre lang Mitglied des Vereins sind Eckhard Bremer M. A., Klaus Dettmann, Susanne Jenter M. A., Christoph Keller M. A., Prof. Dr. Hartwig Lüdtke, Prof. Dr. Michael Rathmann, Prof. Dr. Dr. Klaus Rosen, Manfred Scherhag, Michael Schmitz, Peter Matthias Schmitz-Spaether, Jürgen Scholer, Dr. Holger Trimpert und Prof. Dr. Theo Vennemann.

Fünfzig Jahre lang Mitglied des Vereins sind Dr. Werner Hilgers, das Historische Seminar Münster, Gabriele Mückenhausen, die Museumslandschaft Hessen-Kassel, Prof. Dr. Christoph B. Rüger und Prof. Dr. Hatto H. Schmitt.

Fünfundsiebzig Jahre lang Mitglied ist der Geschichts- u. Altertumsverein Siegburg.

Der Verein hatte im Berichtsjahr 726 Mitglieder.

Winfried Schmitz

Kassenbericht

Vermögen am 1. Januar 2016 .... 9.478,56 €

Einnahmen

    Mitgliedsbeiträge .... 26.058,36 €
    Spenden .... 1.725,00 €
    Replikate .... 467,00 €
    Postkarten .... 397,65 €
    Reisen .... 1.215,00 €
    Wissenschaftliche Publikationen und Bücher ... 2.700,00 €
    Zinserträge .... 2,22 €

Ausgaben

    Vorträge und Veranstaltungen .... 4.777,33 €
    Publikationen .... 4.580,28 €
    Replikate .... 143,38 €
    Bibliothek .... 4.891,65 €
    Reisen .... 998,00 €
    Vereinsbeiträge .... 506,62 €
    Versandkosten .... 5.357,33 €
    Verwaltungskosten .... 1.373,43 €
    Kosten Geschäftsführung .... 1.419,60 €
    Rechts- und Beratungskosten .... 1.436,57 €
    Nebenkosten des Geldverkehrs .... 190,23 €

Reinvermögen am 31. Dezember 2016 .... 16.369,37 €

Besprechungen

Umseitig:

Dionysos. Ausschnitt aus dem spätantiken Dionysosbehang in der Abegg-Stiftung, dem mit acht Metern Breite und zwei Metern Höhe größten erhaltenen Wandbehang der Antike, vermutlich aus der Zeit der konstantinischen Dynastie. – Aufbewahrungsort und Bildrechte Abegg-Stiftung, Riggisberg, Schweiz.

Die Neuedition des Behangs wird auf Seiten 438–441 besprochen.

Vorgeschichte

Hartmann Knorr, **Rekonstruktion von Ausbreitungsvorgängen in der Urgeschichte.** Norderstedt, Books on Demand 2014. 527 Seiten mit 5 Abbildungen.

Spatio-temporal analyses of prehistoric phenomena, such as typified artefacts and features or archaeobiological traits, often reveal changes of their distribution with time. Although shrinking processes are known, they usually happen for the benefit of another expanding phenomenon. Hence, moving or expansive spatio-temporal patterning receives much more attention in archaeology. Usually termed ›spread‹, such a patterning is interpreted along a continuum of explanations ranging from migration and demic diffusion to cultural diffusion and revolution. The epistemological study published by Hartmann Knorr discusses patterns of reasoning underlying these interpretations, focussing on discourses of the first decade of the twenty-first century and prominent spreads within, towards and from Europe dating from about 40 000 to 2000 B.C.

The book, available as a print-on-demand, leaves a lot to be desired in terms of craftsmanship. A layout is entirely missing, and formal copy-editing appears fragmentary. Also copy-editing in terms of content would have been beneficial to the more than four hundred solid pages of text (plus more text in appendices) in which the author often loses the line of thought in associated topics, and which is structured in a way that either requires linear reading in absolute concentration or frequent cyclical re-reading. While more figures and diagrams would have certainly been helpful to make the issues dealt with, as well as the conclusions drawn, more comprehensible, the few existing graphs are not listed separately and have no captions (e.g. p. 93; 135). Moreover, some of them lack essential elements such as axis labels and scales (e.g. p. 135; 137). Unverifiable university lectures, unpublished conference talks and other forms of grey literature are frequently quoted (e.g. »Doppler et al. 2006« on p. 266). Citation format is frequently non-standard, as the author uses unusual abbrevations (e.g. »SGUF 1999«, p. 123. Also, there are several instances where co-authors in multi-authored papers are omitted (e.g. »Abi-Rached et al. 2011«, p. 478). All in all, the book gives the impression of a collection of bits and pieces of notes loosely compiled into a manuscript rather than a reader-oriented account. This review tries to concentrate on what can be seen as Knorr's line of thought.

In any attempt to analyse existing archaeological debates on the interpretation of an expansion process, it is crucial to distinguish between arguments about the inventory of relevant phenomena on the one hand and arguments concerning their interpretation on the other. Concluding from his application of the term »Basisaussagen« (basic statements, p. 63–80) for the former and from his discussion of different philosophies of science (p. 38–57), the author subscribes to logical positivism or critical rationalism. Archaeological basic statements pertaining to the topic would be, for example, »a feature of type Y is located at X and dates to Z«. If such basic statements are phase-mapped, spreads, shifts or shrinkages in distribution become apparent, leading to what he calls »Bewegungsaussagen« (motion statements, p. 11).

By concentrating on the most recent debates prior to about 2007, the year which the latest of the titles he quotes date, the author aims to rule out that major new findings completely change the framework of basic statements. While the circumstance that even the simplest basic statements are in themselves results of interpretation – as attributing objects to types is not at all a matter of course – should not go unmentioned, taking them for granted is certainly necessary in order for Knorr to answer his question »how historical processes can be inferred from basic statements« (my translation, p. 12). Given the background debate in German archaeology on whether narratives in archaeology are at all possible, methodologically sound or even desirable (e.g. U. Veit in: H.-P. Wotzka [Hrsg.], Grundlegungen. Beiträge zur europäischen und afrikanischen Archäologie für Manfred K. H. Eggert [Tübingen 2006] 201–213), it is noteworthy that, according to the author, historical processes are more than motion statements, that is to say the particular stories lined up along the migration-diffusion-continuum of possible explanations (p. 132–153). He uses the term »Story« purposefully, leaving »Narrativ« (narrative) to the grand narratives. Somewhat reminiscent of Peirce's semiotics, the author isolates the relevant key sentences connecting these two levels – such as »the archaeological circumstances X indicate that story Y took place« – as »Indexalische Aussagen« (indexal statements, p. 80–106).

Knorr goes to great lengths to define what he calls the »Ausbreitungsidentität« (literally ›expansion identity‹, although ›expansion entity‹ might appear more plausible both in German and English), i.e. the »something« that spread, which is neither the archaeological record nor the cultural behaviour that led to the archaeological record, but the link between the two (p. 22; 106–132). Human genotypes – and their possible reflection in phenotypically justified »races« as attempted in metrics-based anthropology (p. 153–190) – and languages (p. 190–210) as other spreadable traits are also scrutinized for their internal validity, necessarily largely drawing on standard textbooks on human evolutionary genetics and historical linguistics. Discussion on whether evidence from these disciplines should be used in integrative argumentations or rather kept strictly apart until final syntheses are compiled, touches upon basic questions of interdisciplinary research already found in the work of Hans Jürgen Eggers (Einführung in die Vorgeschichte [3rd ed., Stuttgart 1986] 251).

The chapter that isolates current patterns of argumentation (p. 228–284) and the two chapters that present recent examples in both general approaches across space and time (p. 284–299) and specific spread processes spanning from the Early Upper Paleolithic and the first anatomically modern humans to Neolithization, to wheel and wagon and to the Bell Beaker phenomenon (p. 299–406) uncover pitfalls in the current argumentation. By casting the often obfuscated phrasings of the original texts into pointed sentences like in section K22 »the faster a spread, the more likely migration was the cause« (p. 271) or by identifying argument K16 (»the greater the discontinuity in the archaeological records, the more likely foreign immigrants are the cause«, p. 261) and its exact contrary K16* (p. 263), Knorr's study can be used as a reference for further studies into the topic. But archaeological interpretation is – as he rightly points out – always based on analogical reasoning, that is, a tool that can at best achieve some degree of plausibility by using statistical arguments, but never a falsification of a hypothesis in Popper's sense. With that in mind, it is no surprise that this study reveals that there are »no justifiable cultural-historical indications for the selection of a specific story for the reconstruction of an archaeological spread process« (p. 406).

In this light, it is regrettable that the book falls short of the potential it could have deployed by rigorously treating archaeological texts on spread processes as data. A sound sampling strategy on the one hand would have prevented Knorr from overlooking titles like the article by Geoffrey A. Clark, Migration as an explanatory concept in paleolithic archaeology (Journal Arch. Method and Theory 1/4, 1994, 305–343), a key publication pertaining not only to his two Palaeolithic case studies (p. 301–324) but also to the topic in general. On the other hand, applying a concise methodology in dealing with the selected texts, such as content analysis – already successfully employed in archaeology (e.g. R. Rosenswig, Canadian Journal Arch. / Journal Canadien d'Arch. 21/2, 1997, 99–114) – would not only have enabled him to reach more verifiable and significant results than the present more anecdotal outcome, but could, moreover, have helped to contextualise the identified lines of argumentation in their respective intellectual milieu, thus helping to provide the – in the author's words – »orientation the current argumentations are missing« (p. 407).

Being difficult to follow even for native speakers, this book will probably not become widely received among German, let alone international readers; but despite these gnarls (I apologize for this unavoidable pun with the literal translation of the author's surname), it is a mixed bonanza of truisms and insights – sometimes in aphoristic phrasing – that mirrors a general trend of increasing reflexivity in German archaeological reasoning. Ultimately, the author's intention of finding ways to »formalise« (pp. 10 s.) the interpretation of observed expansions of archaeological phenomena represents a laudable approach to an important issue in archaeological theory and contains some valid statements, while, regrettably, being too convoluted, incoherent and in places questionable to be much more than an – albeit interesting – side note.

Berlin   Eva Rosenstock

Stefanie Klooß, **Mit Einbaum und Paddel zum Fischfang. Holzartefakte von endmesolithischen und frühneolithischen Küstensiedlungen an der südwestlichen Ostseeküste.** Untersuchungen und Materialien zur Steinzeit in Schleswig-Holstein und im Ostseeraum, Band 6. Verlag Karl Wachholtz, Neumünster 2015. 432 Seiten mit 313 Abbildungen, 104 Tabellen und 57 Tafeln.

Die umfangreiche Arbeit in der vom Archäologischen Landesmuseum und dem Zentrum für Baltische und Skandinavische Archäologie (Schloss Gottorf) herausgegebenen Reihe weist mehrere Vorzüge auf, die vergleichbare Publikationen selten bieten: Da die Autorin nicht nur promovierte Archäobiologin ist, sondern auch Urgeschichte und Geologie studiert hat, kann sie durch ihr umfangreiches Fachwissen in diesen Disziplinen das vielfältige Material auch selbst interdisziplinär auswerten. Ein weiterer Vorzug der Publikation besteht darin, dass Stefanie Klooß viele der vorgelegten Untersuchungen selbst durchgeführt hat, was nicht nur eine bemerkenswerte Arbeitsleistung darstellt, sondern auch die Ergebnisse besser vergleichbar macht, als würden sie von verschiedenen Bearbeitern oder aus einem Literaturstudium stammen. Es werden Holzfunde von dreizehn norddeutschen Küstenfundplätzen untersucht, und zwar im Oldenburger Graben (drei), in Ostholstein (einer), auf der Insel Poel (fünf) und in der Region Rügen (vier). Einer dieser Fundplätze wurde in der spätmesolithischen Kongemose-Kultur (6600–6000 v. Chr.), die anderen in der endmesolithischen Ertebølle-Kultur (5500–4100 v. Chr.) benutzt. Wegen der immensen Fundfülle wurden von Holzresten ohne Bearbeitungsspuren nur Stichproben, von einzelnen Fundorten nur Teile des geborgenen Holzinventars bearbeitet.

Im zweiten Abschnitt werden die Fundplätze mit Lage, Forschungsgeschichte und funktioneller Einordnung detailliert vorgestellt. Danach folgen Ausführungen zu Datierung, Archäozoologie und Paläobotanik (um Missverständnisse auszuschließen, hätte ich hier folgerichtig den Ausdruck ›Archäobotanik‹ vorgezogen, weil die Paläobotanik im engeren Sinn als Teilgebiet der Paläontologie die Untersuchung pflanzlicher Reste aus vormenschlicher Zeit betreibt).

Zur Datierung wäre zu bemerken, dass in der Einleitung (S. 22 und 28) der Zeitrahmen der Ertebølle-Kultur mit 5500/5450 bis 4100 v. Chr. abgesteckt wird. Die Daten der Radiokarbonanalysen stammen, aus den Probennummern geschlossen, überwiegend aus dem Leibnitz-Labor der Universität Kiel. Bei der Besprechung der Absolutdatierungen der einzelnen Fundplätze wird deutlich, was diese Zeitbestimmungsmethode leisten kann, aber auch, welche Probleme die Anwender mit ihr haben. Es werden die Gruppenkalibrationen der Datierungen der südlichen Mecklenburger Bucht (Abb. 2) und des Bereiches der Insel Rügen (Abb. 3) vorgestellt (S. 23 f.). Die betreffenden Grafiken zeigen anschaulich die zeitliche Positionierung der einzelnen angeführten Fundplätze, aber auch die teilweise große zeitliche Erstreckung mancher dieser kalibrierten Datensätze. Dies sei am Beispiel Timmendorf-Nordmole III (Poel 12b, S. 139) diskutiert. Nach Tabelle 31 werden vier Radiokarbondaten vorgelegt. Diese stellen allerdings eine Auswahl dar – leider fehlt eine Beschreibung der Auswahlkriterien, da diese das Datierungsergebnis durchaus beeinflusst haben können. Die vorgelegten Daten der Phase 1 streuen im 2σ-Intervall (dieses ist zwar noch größer als das 1σ-Intervall, umfasst aber doch mit 95 Prozent Wahrscheinlichkeit ausnahmslos alle Datierungsmöglichkeiten) zwischen 4936 und 4374 v. Chr. Dieser Zeitraum ist natürlich archäologisch unbefriedigend und bedürfte einer Diskussion. Die beiden Extremproben, beides angekohlte Hölzer, haben keine zeitliche Überlappung. Doch die Lösung, das Intervall auf »4700 bis 4500 v. Chr.« zu runden, ist mindestens ebenso unbefriedigend. Ähnliches gilt auch für manche anderen Datierungsaufzählungen. Leider wurde die Methode der Dendrochronologie nur erwähnt, aber nicht eingesetzt. Auch wenn einzelne Hölzer bloß synchronisiert, aber nicht absolut datiert werden können, könnten die kalibrierten, durch Radiokarbondatierung erschlossenen Zeiträume mit Hilfe des ›C14-wiggle-matching‹ mehrerer zeitlich zueinander definierter Proben meist deutlich verkleinert werden. Auch der ›Old-Wood-Effekt‹ kann an den Probenbeschreibungen nicht abgeschätzt werden, weil Angaben zum Jahrringverlauf beziehungsweise der Waldkante fehlen. Eine Diskussion all dieser Aspekte, die ja eng mit dem Material Holz zusammenhängen, hätte den großen Überblick der Arbeit noch einmal erweitert.

Im dritten Teil, dem umfangreichsten, werden die einzelnen Objekte im Detail nach Verwendung, funktioneller Interpretation und Bearbeitungsspuren sortiert, mit ihren technologischen Aspekten und archäologisch vergleichend vorgestellt. Dieser Vergleich umfasst zum Teil auch Objekte von anderen Fundstellen. Auch Reusen-, Geflecht-, Gewebe- und Schnurreste, deren dünne Ruten beziehungsweise Bastfasern schwieriger zu bestimmen sind, sind hier einbezogen. Es werden Aspekte der Holzartenauswahl, Technologie der Herstellung und Verwendung diskutiert. Dieser umfangreiche Teil wird mit zahlreichen Diagrammen, Plänen, Tabellen und (Makro-)Fotos ergänzt.

Zum Aspekt der experimentellen Archäologie und der damit verbundenen Rekonstruktion von Herstellungstechniken von Einbäumen (Kapitel 3.1.6) möchte ich bemerken, dass der ehemalige Leiter des Mondseer Heimatmuseums (in Oberösterreich), Walter Kunze, in seiner sehr interessanten Filmdokumentation über die Herstellung eines Einbaumes nach traditionell überlieferten Methoden (1966) aufzeigt, dass ein geeigneter Stamm nicht leicht zu finden war und daher bereits am Fällungsplatz, der oft weit weg vom Wasser lag, zum »Prügl« verarbeitet wurde. Der Stamm wurde abgelängt und der obere und innere Teil grob abgearbeitet. Das rohe Boot wurde ausgekeilt, um beim Transport zum Wasser nicht zu zerbrechen. Am Ufer erfolgte erst nach einer längeren Wasserlagerung die Fertigstellung (www.zobodat.at/pdf/JOM_113a_0173-0202.pdf). Diese traditionell überlieferten grundsätzlichen Überlegungen, Techniken und Bräuche (Auswahl des Baumes, Schlägerungszeitpunkt, Schlägerung, Transport, Bearbeitungsort, Herstellungstechniken) wären eine interessante Ergänzung der zum Bootsbau angestellten archäologischen Vergleiche und Schlussfolgerungen.

Eine Diskussion der Möglichkeit intentioneller Holzartenauswahl für bestimmte Verwendungszwecke, waldwirtschaftliche Aspekte, eine Rekonstruktion der lokalen Gehölzvegetation, eine Auflistung der nachgewiesenen Gehölze, das reichhaltige Literaturverzeichnis und siebenundfünfzig Tafeln mit Zeichnungen der besprochenen Funde schließen das Buch ab. Stefanie Klooß' Arbeit wird allen biologisch interessierten Archäologen, die mit Funden aus Feuchtboden- oder Unterwasserfundstellen arbeiten, eine reichhaltige Informations- und Vergleichsquelle sein.

Wien   Otto Cichocki

Erwin Cziesla und Thomas Ibeling (Herausgeber), **Autobahn 4. Fundplatz der Extraklasse. Archäologie unter der neuen Bundesautobahn bei Arnoldsweiler.** Verlag Beier und Beran, Langenweißbach 2014. 308 Seiten, 445 meist vollfarbige Abbildungen und 8 Tabellen.

Die Verlegung eines Teils der Autobahn A4 zwischen Köln und Aachen aufgrund des fortschreitenden Abbaus im Braunkohletagebau Hambach führte in den Jahren 2009 und 2010 zur Ausgrabung einer linearbandkeramischen Fundstelle nordöstlich von Düren-Arnoldsweiler. Dies geschah im Rahmen einer Verursachermaßnahme durch die von den beiden Herausgebern vertretenen Grabungsfirmen. Die angeschnittene linearbandkeramische Siedlung hat mehr als vierzig Häuser, mehrere Brunnen, ein Erdwerk sowie ein vollständig erfasstes Gräberfeld mit über zweihundertzwanzig Gräbern. Dieses weist als bislang einziges im Rheinland Knochenerhaltung auf. Es wurden auch Befunde der jüngeren neolithischen Phasen, der Bronze- und Eisenzeit sowie der römischen Periode dokumentiert.

Der Fokus des Buches liegt erwartungsgemäß auf der Linearbandkeramik, es werden aber auch die Funde und Befunde der älteren und jüngeren Perioden vorgelegt. Kapitel zu naturwissenschaftlichen Untersuchungen, zum Autobahnbau und zur Braunkohle als Auslöser der Maßnahme tragen zum Überblickscharakter des Werkes bei.

Um Wiederholungen zu vermeiden, sollen der Zusammenfassung und Bewertung der einzelnen Artikel zunächst einige grundlegende Kritikpunkte vorweg gestellt werden, die dem Konzept des Buches geschuldet sind und dementsprechend die Les- und Nachvollziehbarkeit aller Beiträge gleichermaßen mal geringfügig, häufiger jedoch stark beeinträchtigen.

Vergleichsweise kurz nach Ende einer Großgrabung werden deren Funde und Befunde hier publiziert, und das ist sehr positiv. In dem Anspruch, eine zeitnahe Publikation vorzulegen, fußt aber auch eines der beiden großen Probleme des Buches: Grundlegende Ergebnisse weiterführender Analysen lagen vor allem bei der Keramik noch nicht vor, so dass die Auswertung der bandkeramischen Befunde relativ allgemein geblieben ist.

Das Hauptproblem ist aber, dass das Buch einen missglückten Spagat zwischen einer Fachpublikation auf der einen und einem auch für interessierte Laien lesbaren Werk auf der anderen Seite darstellt. Auf der einen Seite wird versucht, mit bunten, computergenerierten Rekonstruktionszeichnungen, Hunderten von Fotos und sogenannten Infokästen das Thema auch für archäologisch interessierte Laien eingängig zu gestalten. Auf der anderen Seite werden trotz teils noch unzureichendem Stand der Fundauswertung wissenschaftliche Modelle entwickelt. Für den Laien liefern die Infokästen aber zu wenig Information; eine Einführung in das Thema der Bandkeramik oder gar eine vernünftige, hinreichend detaillierte Chronologietabelle fehlt (bis auf eine Ausnahme, siehe unten), wichtige Grundlagen werden mal erklärt (Dendrochronologie), mal einfach vorausgesetzt (Radiokarbondatierung). Besonders schwer wiegt aber das völlige Fehlen einer topographischen Karte, aus der die Lage des Fundplatzes im Detail sowie das archäologische Umfeld in der näheren Umgebung abzulesen wäre.

Für den wissenschaftlich interessierten Leser ist es hingegen oft schwer, manchmal sogar unmöglich, aus dem Text die wesentlichen Informationen herauszuziehen. Anstelle von übersichtlichen Tabellen, großformatigen, gut beschrifteten Plänen und Umzeichnungen sowie von detaillierten Fotos prägnanter Befunde stellen die meisten Autoren ausführliche, zuweilen aber auch langatmige Beschreibungen der einzelnen Funde und Befunde in den Fließtext. Die Abbildungen sind zwar zahlreich, aber zumeist viel zu klein. Nur ein Beispiel: Die Profilumzeichnungen aller zwölf Brunnen und Wasserlöcher werden auf acht mal elf Zentimeter zusammengefasst, kein einziger Befund erhält mehr als drei Zentimeter Breite. Ein Großteil der restlichen Abbildungen besteht aus Schrägaufnahmen, Fotos von Plana und Profilen in der Breite einer Spalte (sechs Zentimeter), auf denen Details kaum erkennbar sind. Vereinzelt finden sich Abbildungen der auf der Grabung angefertigten Zeichnungen, die aufgrund der mangelnden Größe allerdings keinen Erkenntnisgewinn bringen können. Umzeichnungen der Befunde fehlen fast vollständig und somit ist die Befundinterpretation häufig nicht objektiv nachprüfbar oder nachvollziehbar.

Die aus dem Grabungsbefund abgeleiteten wissenschaftlichen Überlegungen zur Linearbandkeramik überstrapazieren zum einen teilweise den Stand der Materialauswertung, zum anderen wird aber noch nicht einmal ein formatfüllender Plan vorgelegt, in dem alle aufgefundenen Hausgrundrisse mit ihren Hausnummern abgebildet wären.

Diese grundlegende Kritik fällt zunächst hart aus, betrifft aber doch zumeist formale Kriterien. Vom Inhalt her stellt das hier vorgelegte Buch hingegen ein absolutes Muss für jeden dar, der sich mit dem Thema Linearbandkeramik befasst. Bisher hat man noch nie so konzentriert eine derartige Menge spektakulärer Funde und vor allem Befunde vorgestellt bekommen.

Dass die RWE und ›Straßen.NRW‹ am Beginn des Buches die Gelegenheit bekommen, sich in an Werbebroschüren erinnernder Manier darzustellen, ist vermutlich den Mechanismen zur Finanzierung des Bandes geschuldet. Eingangs bieten Werner Engels, Bernd Aulmann, Gisela Braunleder, Frank Gerhard Buchhold und Timo Frenz-Kupke einen informativen historischen Abriss über die Planung und den Bau der BAB 4.

›Tagebau Hambach – leistungsfähiger Braunkohletagebau in der Mitte des Rheinischen Reviers‹ von Henrik Stemann stellt die Geologie, Geschichte der Erschließung und die Technik des Abbaus vor, ebenso die Bedeutung des Tagebaus als Wirtschaftsfaktor. Beide Artikel legen großen Wert auf Anwohner- und Naturschutz, dass die Archäologie aber – selbst in einem archäologischen Buch – in beiden keine Erwähnung findet, illustriert – vermutlich ungewollt – den Stellenwert des Kulturgüterschutzes für die Verursacher der Grabung in Arnoldsweiler.

Mit ›Vorbemerkung und Archivlage‹ von Lothar Giels, Thomas Ibeling und Oliver Ungerath beginnt der eigentliche archäologische Teil. Vor Beginn der Grabung waren auf dem Areal der späteren Ausgrabung nur von einem Privatsammler gemeldete Steinartefakte bekannt. Erst eine Evaluation der topographischen Lage durch Claus Weber aus dem damaligen Rheinischen Amt für Bodendenkmalpflege (RAB) führte letztlich zur Beauflagung der Grabung. Die Einsicht in derartige Entscheidungsprozesse wirft ein Schlaglicht auf die in allen Denkmälämtern vorhandene Problematik, allein vom bestehenden Datenbestand auf zu erwartende archäologische Strukturen schließen zu müssen. Die Situation in Arnoldsweiler aber als Beispiel für methodische Schwächen der Archäoprognose heranzuziehen, wie es in der Zusammenfassung am Ende des Buchs in einer Fußnote (S. 303) geschieht, ist jedoch unrichtig. So umfasst Archäoprognose gerade nicht nur die Auswertung von Altfunden, sondern eben auch die der topographischen und naturräumlichen Gegebenheiten, wie sie im Fall Arnoldsweiler, wenngleich auch eher ›analog‹ durchgeführt, zum Erfolg führte.

›Arbeitsabläufe, Dokumentationsmethode und Vermessung‹ thematisieren Thomas Ibeling, Kai Sommerfeld und Oliver Ungerath im nächsten Artikel. Hier werden die Technik der Ausgrabung sowie die eingesetzten Dokumentationstechniken beschrieben. Dabei wäre es besser gewesen, hätten die Autoren den Detaillierungsgrad dieser Beschreibungen mehr der Bedeutung der einzelnen Arbeitsschritte angepasst. Die Information darüber, über wie viele Punkte ein Tachymeter stationiert wird, oder wie viele Passpunkte ein Orthophoto braucht, fällt beispielsweise in den Bereich handwerklicher Grundkenntnisse und bedarf eigentlich keiner Erwähnung. Nicht thematisiert wird dahingegen, warum die bandkeramischen Gräber nicht vollständig per 3D-Scan aufgenommen wurden, obwohl ein solches Gerät zur Verfügung stand. Hier wäre es interessant zu erfahren, weshalb auf einer öffentlichkeitswirksam als ›Fundplatz der Extraklasse‹ beworbenen Grabung nicht auch mit dem maximal Möglichen der damals zur Verfügung stehenden Technik gearbeitet wurde.

Oliver Ungerath widmet sich dann in einem kurzen Artikel dem Thema der Öffentlichkeitsarbeit. Aus diesem spricht – verständlicherweise – der Stolz auf eine Grabung mit hoher Sichtbarkeit in den Massenmedien. Es wird aber auch deutlich, welche Problematik es mit sich bringt, tritt man erst einmal mit einem Fundplatz an die Öffentlichkeit. Dabei ist die Erfahrung, dass sich Pressevertreter nicht immer an Absprachen in Bezug auf Veröffentlichungstermine (oder gar den Inhalt des Berichteten) halten und dass die Bekanntgabe spektakulärer archäologischer Funde kriminelle Elemente anlocken kann, ja schon an anderer Stelle gemacht worden.

Die dreizehn ›Alt- und mittelsteinzeitlichen Funde‹ aus dem Grabungsareal stellen Erwin Cziesla und Lothar Giels vor. Die Zuweisung der Artefakte erfolgt typologisch und anhand der Patinierung der Stücke, wobei die Problematik der Nutzung von Patina als Datierungshilfe diskutiert wird. Ohne erkennbare Siedlungsstrukturen bleibt nur die Betrachtung der Einzelstücke. Der Fund eines eigentlich als mesolithisch anzusprechenden Trapezmikrolithen in einer als Wasserloch oder Brunnen gedeuteten Struktur zeigt die Problematik einer rein typologischen Datierung: Eine ähnliche Spitze liegt auch aus dem bandkeramischen Gräberfeld vor und weist auf das immer noch unzureichend erforschte Problemfeld des Kontaktes mesolithischer und neolithischer Gruppen hin.

Zwar in einzelne Artikel aufgespalten, allerdings stark miteinander verflochten und voneinander abhängig sind die Beiträge, die den ersten Kern der Publikation ausmachen: ›Bandkeramische Häuser, Brunnen und ein Erdwerk‹ von Horst Husmann und Erwin Cziesla, ›Das bandkeramische Fundmaterial‹ von Cziesla und Lothar Giels und ›Das Gräberfeld zur bandkeramischen Siedlung‹ von Oliver Ungerath. Diese liefern die Befund- und Fundvorlage sowie erste interpretative Ansätze für die linearbandkeramischen Befunde und werden hier im Block behandelt.

Zunächst wird der Plan der bandkeramischen Befunde präsentiert: Im Westteil der Grabungsfläche eine Siedlung mit mindestens zweiundvierzig Hausgrundrissen, nahezu direkt nordwestlich anschließend das Gräberfeld. Durch einen etwa zweihundert Meter breiten, nahezu befundfreien Bereich getrennt wurde im Osten der Fläche ein Erdwerk angeschnitten, in dem ein weiterer Hausbefund angetroffen wurde. Weder Siedlung noch Erdwerk liegen vollständig in der Grabungsfläche, lediglich das Gräberfeld dürfte in seiner Ausdehnung komplett erfasst worden sein.

Grundgerüst für die Rekonstruktion des Besiedlungsablaufs sowie der Belegung des Gräberfeldes ist die Analyse der Keramik. Dabei werden wenig übersichtlich einzelne Gefäßeinheiten anhand prägnanter Bandmuster in die vier Phasen ältere, mittlere, jüngere und jüngste Bandkeramik eingeordnet. Es fehlen allerdings klare Informationen darüber, wie die Bandmuster der einzelnen Gefäßeinheiten bestimmt werden konnten, obwohl nach Aussage der Autoren aus Zeit- und Kostengründen auf eine merkmalsanalytische Aufnahme der Keramik verzichtet werden musste. Der Leser bekommt so den Eindruck, dass zwar alle Bandmuster zur Verfügung standen, eine dann aber mit geringem Aufwand mögliche, heutzutage üblicherweise angewandte multivariate Analyse unterlassen wurde. Stattdessen wird auf ein Zitat von Ullrich Fischer verwiesen, Archäologie wäre »keine mathematisch begründbare Wissenschaft« (S. 175). Dies ist hier völlig fehl am Platz, steht doch die Anwendung einer Keramikseriation in keinerlei Verbindung mit einem solchen Anspruch, sondern stellt lediglich ein weiteres, wertvolles Mittel zum Zweck der Auswertung dar. Andere Arbeitsweisen werden dadurch nicht ausgeschlossen, auch wenn der weitere Inhalt der Fußnote dies zu suggerieren scheint. Die von Cziesla und Giels erarbeitete Chronologie stellt somit nur eine grobe, erste Ordnung des Materials dar. Hier kann nur abgewartet werden, bis die vollständige wissenschaftliche Auswertung der Keramik vorliegt.

Die Vorlage des lithischen Materials leidet methodisch unter der fehlenden Trennung der in Genese und Funktion völlig unterschiedlichen Einheiten ›Siedlung‹ und ›Gräberfeld‹, die Verwendung des Terminus ›Grundformen‹ für ›unmodifizierte Grundformen‹ sorgt für Verwirrung und ohne entsprechendes Tabellenmaterial sind viele der Aussagen der Autoren nicht durch den Leser zu überprüfen. Es gibt allerdings auch interessante Aspekte: Es ist in einem aus der rheinischen Bandkeramik bisher nicht gekannten Maß Rullenfeuerstein verwendet. Sein Anteil entspricht fast exakt dem des Rijckholtfeuersteins. Zudem finden sich kaum Hinweise auf die Herstellung von Grundformen in der Siedlung; die Autoren schließen auf eine schlechte Rohmaterialversorgung des Platzes. Zusätzlich diskutieren sie anhand von Mikrolithen als Grabbeigaben die Anwesenheit von noch in mesolithischer Tradition stehenden Personen (»Jäger/Krieger«) in der bandkeramischen Ökumene (S. 161).

Basierend auf der Keramikchronologie sowie auf Befundüberschneidungen und den zur Verfügung stehenden Radiokarbonaten entwickeln Cziesla und Husmann das Modell einer Reihensiedlung, wie es Oliver Rück vorgestellt hat, allerdings ohne dies explizit zu erwähnen – lediglich eine Fußnote weist auf dieses Modell hin (S. 94) – oder gar die vorhandenen Alternativen zu besprechen. Insgesamt ordnen sie sechzehn der zweiundvierzig Grundrisse den vier chronologischen Phasen zu und stellen einen Ablauf vor, bei dem sich die Siedlung in vier Reihen langsam von Nordosten nach Südwesten wandernd entwickelt. Die Autoren rechnen zudem mit über zwanzig weiteren Häusern im nicht ausgegrabenen Teil der Siedlung (S. 95). Den Startpunkt bildet das aufgrund von Bauform, Radiokarbondaten und Keramik als ältestes, sogenanntes Pionierhaus gedeutete Haus 1. Dabei beinhaltet jede der vier Hausreihen jeweils ein Gebäude mit herausgehobener Bautechnik (langgezogener oder umlaufender Wandgraben) und die Autoren besprechen dies als einen möglichen Hinweis auf soziale Hierarchien innerhalb der Siedlung.

Über das gesamte Siedlungsareal verteilt liegen die Brunnen und Wasserlöcher, neben dem Gräberfeld die zweite Befundgattung, die Arnoldsweiler aus der Masse bandkeramischer Fundplätze heraushebt. Alleine vier Brunnen mit teilweise erhaltenen Holzeinbauten sind in der gesamten Bandkeramik ein einmaliger Wert. Hinzu kommen noch acht in den Kies abgetiefte Befunde, welche von den Autoren als Wasserlöcher oder »Wasserlöcher/Brunnen« interpretiert werden, wenngleich hier noch eine einheitliche Terminologie fehlt – die Autoren mahnen dies auch an. Bei drei Brunnen wurde der Schacht mit teilweise ineinander geschachtelten Baumstammröhren ausgekleidet, den vierten, Brunnen 1368, bilden zwei aus Bohlen errichtete Brunnenkästen, von denen die unteren etwa 1,1 Meter in Holz erhalten sind. Brunnen 1368 konnte dendrochronologisch auf 5098 ±5 v. Chr. datiert werden und fällt somit in denselben Zeithorizont wie derjenige von Erkelenz-Kückhoven (vor 5090 v. Chr.), die Brunnen 2013 (5230–4999 cal. BC) und 5606 (5316–5208 cal. BC) fallen ungefähr in denselben Horizont. Leider ist das Fundaufkommen in den Brunnen sehr gering.

Das zweihundert Meter von der eigentlichen Siedlung entfernt angeschnittene Erdwerk besteht aus zwei miteinander verbundenen bis zu 2,46 Meter tiefen Spitzgräben. Beide haben einen Durchlass im Nordosten, zudem finden sich Spuren einer palisadenähnlichen Struktur im Durchlass des äußeren Grabens. Eine eindeutige Deutung des Befundes ist aufgrund des Grabungsbefundes oder der Keramik aus benachbarten Gruben nicht möglich. Folgerichtig diskutieren die Autoren zwei Möglichkeiten: Bei der ersten stellt der äußere Graben einen Annex des ursprünglichen, inneren dar, bei der zweiten liegen zwei unabhängig voneinander errichtete, einander überschneidende Grabenringe vor.

Das Gräberfeld mit den 229 Gräbern (davon drei Brandbestattungen) ist laut Ungerath eines der größten der Bandkeramik in Deutschland, wobei er allerdings einen Beleg in Form einer Auflistung der deutschen Gräberfelder dieser Periode schuldig bleibt. Seine Aussage »Grundsätzlich muss es selbstverständlich bei jeder Siedlung ein zugehöriges Gräberfeld geben« (S. 125) ist mutig, aber unrichtig, zeigt doch beispielsweise der Befund von Inden-Altdorf, dass ein Gräberfeld durchaus auch von zwei Siedlungen benutzt werden kann. Eine Untersuchung des näheren Umfeldes der Fundstelle findet nicht statt, so dass eine ähnliche Situation in Arnoldsweiler nicht ausgeschlossen werden kann.

Ohne Zweifel nimmt es als einziges Gräberfeld im Rheinland mit Knochenerhaltung (ganz zu schweigen von den in manchen Gräbern angetroffenen Holzresten) eine herausragende Stellung ein. Trotzdem wurde nur eine Bestattung konserviert. Ungerath verweist nur knapp darauf, dass weitere Konservierungen von Seiten des Landschaftsverbandes aufgrund der schlechten Knochenerhaltung als zu aufwendig erachtet worden wäre (S. 127). Ob das einzelne Grab, das medien- und werbewirksam im Block geborgen wurde, deutlich besser erhalten war als alle anderen, wäre sehr von Interesse. Ebenso wäre wichtig zu erfahren, warum nach der Entscheidung, die Gräber unwiederbringlich einer Erforschung mit den verbesserten Methoden, wie sie in den kommenden Jahren sicherlich zu erwarten sind, zu entziehen, nicht wenigstens eine umfassende Dokumentation mit allen zur Verfügung stehenden technischen Methoden vorgenommen wurde. Eine fotogrammetrische Aufnahme (deren Ergebnisse in Ungeraths Artikel leider kaum gezeigt werden) stellte auch schon 2009 längst grabungstechnischen Alltag und letztlich nur eine Effektivierung des üblichen Zeichen- und Fotoprozesses dar. Ein 3D-Scanner war zwar verfügbar und wird im Artikel über die Grabungstechnik auch mit Stolz präsentiert. Warum allerdings nur »einige beispielhafte Gräber« (S. 126) damit aufgenommen wurden, nach welchen Kriterien die Gräber noch im Prozess der Ausgrabung, noch vor Beginn jeglicher Auswertung als »beispielhaft« ausgewählt wurden und wer diese Entscheidung zu verantworten hatte, bleibt im Dunkeln. Hier wünscht sich der Leser eine deutlich transparentere Erklärung.

Die Befund- und Fundvorstellung von Ungerath konzentriert sich zumeist auf besondere Einzelstücke und Spezialbefunde; Bestattungsregeln wie »die meist verbreitete Haltung dürfte aber die der ›Rückenhocker‹ sein« (S. 130) werden nicht mit entsprechenden Zahlen belegt. Auch die Ergebnisse der noch vor Ort durchgeführten Anthropologie werden nicht brauchbar vorgelegt. Man erfährt zwar, dass sechzehn männliche und achtzehn weibliche Tote bestimmt werden konnten, eine Verknüpfung dieser Information mit den im Text immer wieder eingestreuten Altersbestimmungen ist jedoch nicht möglich.

Dabei muss zur Verteidigung des Autors allerdings angeführt werden, dass die exzeptionelle Funderhaltung hier Rückschlüsse in bisher nicht gekannter Detaillierung erlaubt. So stellen zum Beispiel die Holzeinbauten in den Gräbern, Rötel- und Pfeilspitzendepots und insbesondere auch die Beigabe von abgetrennten Menschenköpfen tatsächlich Befunde dar, die eine ausführliche Beschreibung verdient haben. Der Versuch, einen Belegungsablauf des Gräberfeldes zu präsentieren, scheint aber ohne die noch ausstehende Analyse der im Block geborgenen Gefäße sowie ohne eine Keramikseriation deutlich verfrüht, und auch die Überlegungen zur Bevölkerungsdichte in den einzelnen Generationen erscheinen auf der vorliegenden Datenbasis eher vage.

Zwischen den längeren, im obigen Block zusammen behandelten Artikeln sind jeweils kürzere, naturwissenschaftlichen Themen gewidmete Texte angeordnet, die sich mit einzelnen Spezialaspekten der Grabung befassen. Einen sehr wertvollen Überblick über ›Die Geschichte der neolithischen Siedlungsböden und des Ellebachtales‹ liefern Renate Gerlach, Peter Fischer, Alexandra Hilgers, Jens Protze und Jutta Meurers-Balke. Die geoarchäologische Betreuung der Ausgrabung zeigt, dass es im Ellebachtal in prähistorischer Zeit kein oberflächlich fließendes Wasser gab, was die zahlreichen Brunnenbefunde miterklärt. Zudem gelang es, drei verschiedene Kolluvien herauszuarbeiten, die den bandkeramischen Fundplatz überlagerten und so zu dessen außergewöhnlich guter Erhaltung beitrugen.

›Die dendrochronologische Untersuchung des hölzernen Brunnenkastens‹ von Thomas Frank beschreibt nach einer Einleitung in die Dendrochonologie die Analyse der Bauhölzer aus Arnoldsweiler. Bei Brunnen 1368 ließen sich beispielsweise von siebenunddreißig Holzfragmenten fünfundzwanzig datieren, der jüngste Jahrring ließ sich dem Jahr 5114 v. Chr. zuweisen und stammt von einer Probe mit Splintholz, woraus sich die endgültige Altersbestimmung von 5098 ±5 v. Chr. ergibt. Noch spannender als die Datierung könnten die Ergebnisse der von Frank als in Arbeit befindlich beschriebenen Analysen werden, in denen beispielsweise über Isotopenanalysen Standortparameter der Bäume erarbeitet und Einzelbäume identifizierbar gemacht werden sollen.

Eileen Eckmeier, Tanja Altmeier und Renate Gerlach beschäftigen sich mit den ›Auswirkungen geochemischer Eigenschaften von Böden auf die Knochenerhaltung in Arnoldsweiler‹. Sie versuchen, die unerwartet gute, kleinräumig aber stark schwankende Erhaltung der Knochen auf dem Gräberfeld zu erklären. Dabei kommen die Autorinnen zum Schluss, dass in Arnoldsweiler der wechselnde Grundwasserstand dazu führte, dass durch diese verursachte Eisen- und Mangananlagerungen sowie Knochenporen versiegelnde Tonpartikel die Erhaltung der Knochen derartig begünstigten.

Zunächst nicht so richtig in die Publikation passen möchte der nächste Artikel: ›Nur eine Stunde Fußweg. Die benachbarte bandkeramische Siedlung »Merzenich-Valdersweg«‹, von Erwin Cziesla, Thomas Ibeling, Holger Schmitt und Oliver Ungerath. Auf wenigen Seiten werden hier die Ergebnisse der 2008/2009 durchgeführten Grabung vorgestellt. Dabei handelt es sich um eine mit Arnoldsweiler mindestens vergleichbare Siedlung. Die Grabung erbrachte mehr als fünfzig Hausgrundrisse und deutlich mehr Fundmaterial als Arnoldsweiler, allerdings fehlt ein Gräberfeld oder ein Brunnen, was dazu führte, dass Valdersweg – nach der Entdeckung Arnoldsweilers – aus dem Fokus der Öffentlichkeit verschwand. Daher muss den Herausgebern hoch angerechnet werden, dass sie diesen Fundplatz, der sicherlich eine eigene Publikation verdient hätte, in dieses Buch aufgenommen haben und so zum Nachdenken über den Wert anregen, der archäologischen Fundplätzen zugewiesen wird. Allerdings bleibt für eine ausreichende Vorstellung kein Platz, die Entwicklung der Siedlung wird auf Abbildungen von nahezu unlesbarer Kleinheit reduziert, dagegen wird der einzelne Befund eines sogenannten Doppelpfostenhauses oder das Fragment einer Bärenplastik eingehend besprochen. Der Wert des Fundplatzes für die Einordnung von Arnoldsweiler kann jedoch nicht abgeschätzt werden. Die Überschrift suggeriert zwar eine große Nähe, diese fünf Kilometer entsprechen aber dem Abstand zwischen zwei getrennten Siedlungsgruppen mit vollständig unterschiedlichen sozialen Netzwerken (vgl. Merzbachtal – Schlangengraben – Altdorfer Tälchen).

Eine nicht unerhebliche Bedeutung kommt dem Fundplatz Valdersweg allerdings im nächsten Kapitel zu, ›Die Bandkeramik. Einige abschließende Bemerkungen‹. Erwin Cziesla versucht hier eine Zusammenfassung und Bewertung des bisher Vorgestellten. Der erste Teil des Artikels ist eine allgemein gehaltene Einleitung in das Thema Bandkeramik und wäre am Beginn des Buches deutlich besser aufgehoben gewesen. Dann entwickelt Cziesla ein Modell von mit vier Kilometern Regelabstand aufgereihten bandkeramischen Siedlungen, die sich um spezielle Großbauten gruppieren. Problematisch ist dabei jedoch, dass sein Modell chronologisch auf einem sehr groben, zumindest an dieser Stelle nicht nachvollziehbar vorgelegten Gerüst zu fußen scheint. Ob zudem die komplette Demographie der rheinischen Bandkeramik überdacht werden muss, wie Cziesla fordert (S. 210), ist ebenfalls fraglich. Die spektakuläre Menge an neu gefundenen Bestattungen in Arnoldsweiler oder Morschenich unterstützen das bisherige Modell von einem Bestattungsplatz pro Siedlungsgruppe eher, als sie es widerlegen; und wenn Oliver Ungerath pro Generation etwa dreißig gleichzeitig lebende Personen rekonstruiert (S. 150), so ist dies ungefähr das, was mit der vorsichtigsten Schätzung unter Zuhilfenahme der Kernfamilie nach Jens Lüning und Andreas Zimmermann für eine Siedlung wie Arnoldsweiler eingerechnet werden würde, achtundzwanzig Personen in vier gleichzeitigen Häusern. Die Demographie der Bandkeramik geht von Siedlungen aus, nicht von den Gräberfeldern.

Das letzte Drittel des Buches beschäftigt sich mit den nachbandkeramischen Funden aus Arnoldsweiler. Den Anfang machen Sabine Jürgens, Horst Husmann und Lothar Giels mit der Beschreibung der ›Funde aus dem Jung- und Endneolithikum‹. Dabei beschränkt sich das Jungneolithikum auf zwei Gruben der Michelsberger Kultur. Das Endneolithikum ist durch zwei Gräber aus den Rheinischen Becherkulturen verstreten, datiert durch einen AOC- und einen PF-Becher. Hinzu kommen einige nicht näher zuweisbare Streufunde, beispielsweise Beile aus Lousbergfeuerstein.

Sabine Jürgens übernimmt auch die Vorstellung der metallzeitlichen Funde und Befunde. Dies ist der einzige Artikel, der eine detaillierte Chronologietabelle enthält und sich ausführlich der Problematik der Zuordnung der nachneolithischen Keramik sowie der Befunde zu einzelnen Zeithorizonten widmet. Diese führt zur teilweise auf der »subjektiven Einschätzung einer Einzelscherbe« (S. 247) beruhenden Einordnung der Funde in nicht weniger als neun verschiedene, sich teilweise um Jahrhunderte überlappende Phasen. Dabei weist Jürgens aber auch darauf hin, dass ein Teil der älterbronzezeitlichen Keramik genauso gut aus dem im Rheinland nur spärlich bekannten Spätneolithikum stammen könnte.

Die Gebäudebefunde beschränken sich auf kleine Pfostenbauten, lediglich für die Latènezeit lässt sich ein von einem Gräbchen umgrenztes Gehöft vermuten. Heraus ragen dagegen die nicht weniger als zehn Brunnen beziehungsweise Wasserlöcher; dabei ein mittels Radiokarbondaten in die mittlere Bronzezeit datierbarer Röhrenbrunnen. Die Autorin fasst schließlich fünf Zeithorizonte zusammen (zuzüglich ›Metallzeit allgemein‹) und kann so eine sich von Osten nach Westen über die Grabungsfläche wandernde Besiedlung in vier räumlich voneinander getrennten Arealen rekonstruieren.

›Die römerzeitlichen Siedlungsreste‹, vorgestellt von Thomas Ibeling und Antonia Glauben, bilden das letzte größere Kapitel im vorliegenden Buch. Bei den ›Siedlungsresten‹ handelt es sich um ein von zwei bis zu vier Hektar großen Grabensystemen eingefasstes mutmaßliches Wirtschaftsareal einer Villa rustica samt zugehörigem Brandgräberfeld. Es fanden sich sechs bis sieben Pfostenbauten, drei Grubenhäuser und die Überreste eines allerdings nur noch rudimentär erhaltenen Baus mit Steinfundament. Hinzu kommen nicht weniger als fünf Brunnen, teilweise in Holz- und Steinkonstruktion, und achtundzwanzig Gräber. Die Beschreibung des Fundmaterials wurde teilweise in Fußnoten ausgelagert. Anhand unterschiedlicher Gebäude- und Grabenorientierungen lassen sich zwei Phasen trennen, die allerdings nur allgemein in das erste bis dritte Jahrhundert eingeordnet werden können. Das Brandgräberfeld ist räumlich in zwei Gruppen geteilt, die sich zeitlich aber nicht trennen lassen. Auffällig sind fünf galerieartig linear angeordnete Gräber.

Oliver Ungerath beschreibt am Ende der Befundvorstellung ›Nachrömische Befunde‹, die sich auf eine nur fragmentarisch erhaltene Grabenanlage sowie ein mittelalterliches oder neuzeitliches Altwegesystem beschränken. Es wäre für den Leser interessant zu erfahren, inwieweit diese Strukturen die archäologischen Befunde stören. Leider fehlen Angaben hierzu, und da im Abschnitt über die Bandkeramik jegliche modernen Störungen aus den Planumsabbildungen entfernt wurden, besteht für den Leser so keine Möglichkeit, sich selbst ein Bild vom Ausmaß der modernen Störung – und somit auch von der Aussagekraft der archäologischen Befunde – zu machen.

Mit der ›Schlussbetrachtung‹ von Erwin Cziesla, Horst Husmann, Thomas Ibeling und Oliver Ungerath endet das Buch, abgesehen von einer Tabelle der Radiokarbondaten, den Autorendaten und einer Übersicht über die Infokästen. Hier fassen die Autoren auf wenigen Seiten noch einmal die wichtigsten Fakten zusammen. Das nach meiner Ansicht an diesem Punkt Wichtigste wird allerdings in eine Fußnote ausgelagert: Das vorliegende Buch ist nicht das Ergebnis jahrelanger universitärer Forschung und Materialauswertung, sondern wurde von den Autoren zuzüglich zu ihrer Tätigkeit in den verschiedenen Grabungsfirmen erarbeitet. Jeder, der auch nur einmal erlebt hat, welcher Belastung in einer solchen Tätigkeit Archäologen täglich unterliegen, weiß, was es bedeutet, zusätzlich dazu noch wissenschaftliche Auswertungsarbeit zu leisten. Den wenigsten dieser Fachkollegen ist es vergönnt, die Ergebnisse ihrer täglichen Arbeit einmal über das Niveau eines populären Kurzbeitrages hinaus publiziert zu sehen, ganz unabhängig von der ›Klasse‹ des jeweiligen Fundplatzes. Dem hier vorliegenden Werk ist dann auch die Begeisterung der Autoren anzumerken, die diese Gelegenheit erhalten haben, ›ihren‹ unbestreitbar spektakulären Fundplatz vorstellen zu können. Die Publikation ist nicht ohne Kritik zu sehen, auf die hier hinreichend eingegangen wurde. Die Umstände der Entstehung bedenkend kann über diese zwar nicht, wie im letzten Satz der Schlussbetrachtung erbeten, wohlwollend hinweggesehen werden, sie werden aber verständlich und sollten nicht darüber hinwegtäuschen, dass ein Buch voller Information entstanden ist, das in keiner prähistorisch orientierten Bibliothek fehlen darf.

Erlangen   Carsten Mischka

Mark Golitko, **LBK Realpolitik. An Archaeometric Study of Conflict and Social Structure in the Belgian Early Neolithic.** Archaeopress, Oxford 2015. 188 Seiten mit 98 Abbildungen.

Mark Golitko ist wissenschaftlicher Mitarbeiter des Field Museum of Natural History in Chicago und Gastprofessor an der University of Notre Dame. Er studierte zunächst Physik, Mathematik, Astronomie und Geschichte, um schließlich seinen Platz in der Anthropologie zu finden. Sein Arbeitsbereich ist die urgeschichtliche Archäologie mit dem Schwerpunkt auf der Anwendung naturwissenschaftlicher Untersuchungsmethoden. Das rezensierte Buch ist eine überarbeitete Version seiner Dissertation, die an der University of Illinois in Chicago 2010 vorgelegt wurde. Die Arbeit thematisiert Wechselbeziehungen zwischen der sozialen und wirtschaftlichen Organisation in staatenlosen Gesellschaften und den daraus entstehenden Konflikten. Sie wurden erforscht anhand einer Fallstudie zur linienbandkeramischen Siedlungskammer im Hespengau in Belgien. Golitko untersuchte dabei die Keramik aus dieser Region unter Anwendung chemischer und petrographischer Analysemethoden.

Die Arbeit gliedert sich in acht Kapitel: Das erste (Introduction) stellt eine klassische, kurze Einführung in das Thema dar. Wichtige Grundlagen und seine Ausgangsthesen sowie seine Vorgehensweise werden weiterführend im zweiten bis fünften Kapitel entfaltet.

Das zweite Kapitel (Warfare and Economy in Stateless Society) beschäftigt sich näher mit dem Thema ›Krieg und Austausch in egalitären Gesellschaften‹. Zum großen Teil geschieht dies anhand von ethnographischen Quellen sowie Modellen für die Urgeschichte, die in der anthropologischen und archäologischen Literatur zu finden sind. Als Krieg definiert Golitko dabei eine organisierte, gezielte Gruppenaktion, die sich gegen eine andere Gruppe richtet und potentielle oder sogar reale tödliche Gewalt beinhaltet. Der Verfasser behauptet, dass Krieg und Tausch untrennbar zusammengehören, und stellt sich damit gegen die weit verbreitete Auffassung, dass in nichthierarchischen Gesellschaften Kriege – wenn überhaupt – nicht aus wirtschaftlichen Gründen geführt wurden.

Das dritte Kapitel (The Linienbandkeramik) ist der Bandkeramik im Allgemeinen gewidmet und bietet einen breiten Überblick zu den wichtigsten Bereichen dieser Kultur in ihrer gesamten zeitlichen und räumlichen Ausdehnung. Besondere Aufmerksamkeit finden unter anderem das Spätmesolithikum in Europa, das Besiedlungs- und Wirtschaftssystem, gesellschaftliche Strukturen und Landnahmemechanismen sowie das Konfliktpotential in der Bandkeramik und seine Abhängigkeit von der Wirtschaft.

Das vierte Kapitel (Linenbandkeramik Settlement in the Hesbaye Region of Belgium) widmet sich genauer der Linienbandkeramik im Hespengau. Besprochen werden hier die natürlichen Bedingungen, vor allem die Geologie der Region, außerdem das Spätmesolithikum und die Besiedlung der Bandkeramik. Ein wichtiger Bestandteil des Kapitels ist die bayessche Analyse der Radiokarbondaten, die eine Grundlage der internen Periodisierung der Hespengauer Bandkeramik bilden. Golitko teilt die Besiedlung in zwei Etappen: einerseits die Phase der kleinen Weiler, der andererseits eine Phase der großen, teilweise auch von Erdwerken abgeschlossenen Dörfer folgt. Die Erdwerke sind ihm ein Beweis für zunehmende Konflikte: Er diskutiert sie im Verhältnis zur Wirtschaft, vor allem zu Produktion und Austausch der Keramik, Silices und Felsgesteingeräte (in erster Linie Dechsel). Unter dieser Prämisse führt der Verfasser die naturwissenschaftliche Untersuchung der Keramik durch.

Im fünften Kapitel (Method and Sample) stellt Golitko die Methode der Analyse vor: Laser-Ablation kombiniert mit einem induktiv gekoppelten Plasma-Massenspektrometer (LA-ICP-MS) und die Vorgehensweise bei der Probeentnahme. Insgesamt untersucht er die Keramik aus fünf Fundstellen des Hespengaus: Darion-Colia, Waremme-Longchamps, Oleye al Zêpe, Remicourt en bia flo II und Fexhe le haut Clocher-Podrî l'Cortri. Bis auf die letztgenannte Siedlung waren alle mit Erdwerken umschlossen, und es handelt sich in allen Fällen um relativ große Habitate und damit wahrscheinlich um Zentralorte der Bandkeramik, die in der gesamten Zeit der Hespengauer Bandkeramik besiedelt waren. Die entnommenen Proben (insgesamt 396) berücksichtigen jeweils die Teilung in zwei Phasen und die Unterscheidung zwischen Fein- und Grobkeramik. Einige Beispiele der Limburg-Keramik sowie 116 Löss-, Hüttenlehm- und Tonrohstoffproben aus der Region werden mit einbezogen. Zusätzlich wurden einundfünfzig Keramik- und drei Rohmaterialproben petrographisch mit Hilfe von Dünnschliffen analysiert.

Die Ergebnisse aller Untersuchungen werden im sechsten Kapitel (Results of Compositional Analysis) besprochen. Mit Hilfe der statistischen Auswertung, unter anderem der Hauptkomponentenanalyse, werden acht unterscheidungskräftige Gruppen (1–8) herausgebildet, wobei in der Bandkeramik am häufigsten Keramik der Gruppen 1 und 2 auftritt. Obwohl die Analyse der Rohstoffproben keine eindeutige Korrelation mit einer bestimmten Gruppe aufgewiesen hat, können beide und auch die kleine Gruppe 8 als lokale Hespengauer Herstellung interpretiert werden. Alle anderen Gruppen entsprechen höchstwahrscheinlich Importen von außerhalb der Region.

Das siebte Kapitel unter dem vielversprechenden Titel ›Conflict and Social Structure in the Hesbayan Bandkeramik‹ beschäftigt sich mit der Produktion und dem Austausch. Dies behandelt Golitko für die Keramik mit seinen im sechsten Kapitel vorgestellten Ergebnissen und ergänzend für die Silices und Felsgesteine auf der Basis bereits publizierter Untersuchungen anderer Wissenschaftler. Der Fokus des keramischen Teils liegt in der Chronologie: Der Autor bemerkt eine statistisch signifikante Änderung im Verhältnis der beiden lokalen Gruppen 1 und 2 zwischen früher und später Phase. Anschließend untersucht er die Intensität der Keramikherstellung an einzelnen Fundstellen, wobei für ihn als Indikator das Verhältnis zwischen Fein- und Grobkeramik in den Inventaren gilt. Seine Schlussfolgerung: Produzentensiedlungen sowie die Intensivierung des Exports in der späten Phase seien erkennbar. Dieses Ergebnis bildet zusammen mit den Daten aus den Silices- und Dechselanalysen die Grundlage einer Netzwerkanalyse, die die Stärke der Verbindungen zwischen einzelnen Siedlungen im Hespengau zeigen soll.

Die Resultate fasst Golitko in einem sehr kurzen letzten, achten Kapitel ›Conclusion. Conflict and Economy in the Hesbayan Linienbandkeramik and Beyond‹ zusammen.

Die Ergebnisse der LA-ICP-MS Analyse sind sehr interessant: Golitkos Studie ist originell durch die erstmalige Anwendung dieser Untersuchungsmethode in der Bandkeramikforschung.

Ihre Rezeption wird aber erschwert durch die aufgezwungene und fragwürdige Interpretation seiner Ergebnisse. Deduktiv werden sie dazu genutzt, die Ausgangshypothese zu untermauern, dass die Bandkeramik im Allgemeinen und auch im Hespengau durch Konflikte und Kriege geprägt sei, die vor allem in der jüngeren Phase auch noch stark zunähmen. Dieses Buch folgt damit in seiner Interpretation den bisherigen Publikationen Golitkos und seines Doktorvaters Lawrence H. Keeley, der seit Langem die These vertritt, dass die Zeit der Bandkeramik von Gewalt und Konflikten gekennzeichnet war (M. Golitko / L. H. Keeley, Antiquity 81, 2007, 332–342 mit Lit.). Diese These zieht sich wie ein roter Faden durch die vorliegende Monographie, was alleine schon die Titel der Kapitel (die aus diesem Grund hier im Original zitiert werden) verdeutlichen. Das im Laufe der Bandkeramik zunehmende Konfliktpotential wird im Kreis der Bandkeramikforschung durchaus kontrovers diskutiert und gilt, im Gegensatz zu Golitkos Darstellung, keinesfalls als bewiesen und allgemein akzeptiert (s. zuletzt Th. Link in: ders. / H. Peter-Röcher [Hrsg.], Gewalt und Gesellschaft. Dimensionen der Gewalt in ur- und frühgeschichtlicher Zeit. Kongr. Würzburg 2013 [Bonn 2014] 271–286 mit Lit.). Als überzeugende Argumente für Krieg und Konflikte in der Hespengauer Bandkeramik reichen ihm einzelne Massengräber und reguläre Bestattungen aus anderen Regionen der Bandkeramik, bei denen Traumaspuren an den Knochen gefunden wurden. Erdwerke in seinem Untersuchungsgebiet interpretiert er alle als Befestigungen (fortifications), die vor den neolithischen Nachbarn und den durch ein unbesiedeltes Grenzgebiet getrennten spätmesolithischen Jägern und Sammlern schützen sollten. Der Begriff »fortifications« setzt eine Interpretation voraus, die genauso umstritten ist: Bandkeramische Erdwerke sind sehr heterogen und werden zunehmend als multifunktionale Anlagen mit dem Fokus auf rituellen und sozialen und weniger auf fortifikatorischen Aspekten gedeutet (F. Haack, Die frühneolithische Grabenanlage von Herxheim bei Landau. Architektur, Verfüllungsprozesse und Nutzungsdauer [Diss. Freie Universität Berlin 2015] mit Lit.). Das rezensierte Buch nimmt also nicht ernsthaft an der momentan in der Bandkeramikforschung geführten Diskussion teil, sondern ignoriert sie. Das provoziert die Frage, an welche Adressaten Golitko gedacht hat: Die sehr lange Einführung in die ganze Bandkeramik deutet darauf hin, dass der Leser kein Spezialist sein muss; die nachfolgende naturwissenschaftliche Analyse ist allerdings so speziell, dass sie dies ihrerseits zwingend voraussetzt.

Der eigentlich mutige Versuch, eine Übersicht über die gesamte Bandkeramik vorzulegen, ist in diesem Zusammenhang überflüssig und misslungen, da er die fehlenden Kenntnisse des Autors dokumentiert. Es sind nicht nur kleine, aber viel zu häufige, irritierende Buchstabenverdrehungen in Ortsnamen (so ›Lepinski Vir‹ statt ›Lepenski Vir‹ S. 27, ›Želiecovce‹ statt ›Želiezovce‹ mehrmals, u. a. S. 34, ›Gneichowice‹ statt ›Gniechowice‹ S. 32, ›Michelsburg‹ statt ›Michelsberg‹ S. 55), die einen sehr schlechten Eindruck machen: Sie mögen vielleicht einfache Tippfehler sein sowie dem Zeitdruck und der fehlenden Korrektur durch einen Spezialisten des europäischen Neolithikums geschuldet sein.

Es finden sich aber auch schwerer wiegende Fehler, unter anderem in den Geographiekenntnissen (so das Unwissen, dass das Aisne-Tal ein Teil des Pariser Beckens bildet, S. 26), was zwar eigentlich unerheblich ist (genauso wie etwa die falsche Lage von Skoroszowice Nr. 5 auf der Karte Abb. 4, S. 33), bei einem Bandkeramikspezialisten aber sehr verwundert. Andere Verdrehungen und Zitate aus zweiter Hand, wie etwa das ungewöhnliche »Krumlov-style pottery« (S. 33) als Bezeichnung der ältesten Bandkeramik, die man sonst nur bei Peter Bogucki findet (Forest farmers and stockherders. Early Agriculture and its consequences in North-Central Europe [Cambridge 1988] 62), zeigen ein zwar durchaus breites, aber nicht immer im richtigen Kontext verankertes Wissen. Viele dieser Fehler irritieren, sind zunächst aber für die Hauptthese des Buches irrelevant, allerdings genauso wie diese Einführung selbst es als Ganzes ist.

Für das gesamte Werk wäre es besser gewesen, wenn der Autor vom gesamtbandkeramischen Narrativ Abstand genommen und stattdessen zum Beispiel mehr Aufmerksamkeit den Fundstellen gewidmet hätte, die als Quelle der Proben dienten.

Mit dem dargestellten lückenhaften Wissen sind aber weitere Mängel der Arbeit verbunden, die durchaus einen Einfluss auf das Meritum haben. Es geht unter anderem um die Behauptung, dass die bandkeramische Besiedlung mancherorts so intensiv war, dass sie damit drohte, die Grenze der natürlichen Tragfähigkeit zu erreichen, was ein Auslöser der Konflikte – Hauptthese der Arbeit – sein sollte. Golitko bezieht sich dabei auf die Hochrechnungen Jens Lünings zur Bevölkerungsdichte für die Aldenhovener Platte (siehe S. 50 f.), die aber in der letzten Zeit wesentlich nach unten modifiziert wurden (A. Zimmermann / K. P. Wendt, Arch. Inf. 26, 2003, 491–497), was zwangsläufig der darauf aufgebauten Hypothese steigender Gewalt widerspricht.

Des Weiteren unbegründet bleibt die implizite Annahme, dass eine bandkeramische Siedlung die Hauptproduktionseinheit bei der Keramikherstellung sei. Die wahrscheinlich tatsächlich so organisierte Tonrohstoffnutzung muss doch keineswegs mit der eigentlichen Produktion der Gefäße einhergehen. Die Analysen der Verzierung (Ch. Krahn in: J. Eckert / U. Eisenhauer /

A. Zimmermann [Hrsg.], Archäologische Perspektiven. Analysen und Interpretationen im Wandel. Festschrift für Jens Lüning zum 65. Geburtstag [Rahden 2003] 515–544.) sowie der Produktionstechniken für Tongefäße der Bandkeramik (L. Gomart, Traditions techniques et production céramique au Néolithique ancien. Étude de huit sites rubanés du nord est de la France et de Belgique. [Leiden 2014], hier u. a. für Fexhe le haut Clocher-Podrî l'Cortri) deuten eher auf die Haushaltsproduktion der Töpferwaren hin, die von Frauen im Rahmen der virilokalen Residenz hergestellt wurden. In diesem Kontext lassen sich nichtlokale Gefäße, die der Verfasser fälschlicherweise oft sogar als einen Beweis für Handel (trade) heranzieht, eher als Zeichen unterschiedlicher Heiratsbeziehungen interpretieren. Es ist deswegen bedauernswert, dass Golitko außer der chronologischen nicht auch die räumliche Differenzierung innerhalb der von ihm untersuchten Fundstellen genauer analysiert hat.

Bei der Lektüre entsteht somit der Eindruck, dass aus den vom Verfasser durchgeführten Analysen viel mehr Informationen zu unterschiedlichen Aspekten der Bandkeramik gewonnen werden könnten. Insofern kann das Buch durchaus eine gute Grundlage und Inspiration für weitere Studien werden. Man muss aber sorgfältig die wertvolle empirische Studie von der aufgezwungenen und nicht wirklich überzeugenden Interpretation trennen. Die Diskussion zum Thema ›Konflikte und Gewalt in der Bandkeramik‹ ist interessant und wichtig und sollte selbstverständlich auf möglichst breiter Grundlage weitergeführt werden.

Danzig   Joanna Pyzel

Paul Fontaine und Sophie Helas (Herausgeber), **Fortificazioni arcaiche del Latium vetus e dell'Etruria meridionale (IX–VI sec. a. C.). Stratigrafia, cronologia e urbanizzazione.** Atti delle Giornate di Studio, Roma, Accademia Belgica, 19–20 settembre 2013, Belgisch Historisch Instituut te Rome – Institut Historique Belge de Rome. Selbstverlag des Belgischen Instituts, Brüssel und Rom 2016. 294 Seiten mit 224 Abbildungen, teils farbig, teils schwarzweiß.

Als der Rezensent vor nunmehr zwanzig Jahren seine Dissertation über die Befestigungsanlagen in Italien vom achten bis zum dritten vorchristlichen Jahrhundert in Druck gab, war man bei den Datierungen der meisten Befestigungsanlagen weniger auf gesicherte Grabungsergebnisse denn auf historische Überlegungen oder technische Beobachtungen etwa am Mauerwerk oder an der Gesamtanlage der Fortifikationen angewiesen. Auch bei den großen Zentren im südlichen Latium und Südetrurien war die Situation nicht anders. Nun wurden im Rahmen einer Tagung in Rom im Jahre 2013 für einige Befestigungsanlagen in diesem Gebiet neuere Grabungsergebnisse vorgelegt und mit den Forschungen im Bereich nördlich der Alpen sowie in Griechenland verglichen. Die von den Gastgebern – den Direktoren des Belgisch-Historischen Instituts und des Deutschen Archäologischen Instituts, Wouter Bracke und Henner von Hesberg – genannte Fragestellung der Tagung geht jedoch weit über die reine Vorlage von Ausgrabungsergebnissen hinaus. Erstmalig sei die Bedeutung von Stadtbefestigungen für die urbane Genese der Siedlungen ins Blickfeld gerückt (S. 7).

Befestigungsanlagen von Siedlungen in Latium und Etrurien wurden in der Vergangenheit schon verschiedentlich im Rahmen von Tagungen thematisiert, so die Studien zu den ›Mura poligonali‹ in Alatri in den Jahren 1988, 1989, 2009, 2010 und 2015 oder der fünfundzwanzigste Convegno di Studi Etruschi in Chianciano Terme, Sarteano und Chiusi, der im Jahre 2005 unter dem Thema ›La città murata in Etruria‹ stattfand. Die Tagung ›Mura di legno, mura di terra, mura di pietra. Fortificazioni nel Mediterraneo antico‹, die 2012 in Rom veranstaltet wurde, hatte zwar den Anspruch, den gesamten Mittelmeerraum zu behandeln, jedoch beschäftigten sich auch dort die meisten Referate mit Befestigungsanlagen im antiken Italien. Eine Dokumentation neuerer oder älterer Grabungen findet sich in älteren Kongressakten kaum. Dies ist bei dem nun anzuzeigenden Band anders. Elf der fünfzehn Beiträge behandeln neuere oder ältere, bisher jedoch weitgehend unpublizierte Ausgrabungen an den Befestigungsanlagen selbst, jedoch wurde ein Teil der Vorträge so oder ähnlich auch bei der Tagung von 2012 gehalten. Zumeist wird dem Leser in einem Appendix das für die Datierung relevante Material in Wort und Bild dargeboten. Nur die Beiträge von Sandra Gatti und Domenico Palombi über ›Le città del Lazio con mura poligonali. Questioni di cronologia e urbanistica‹ (S. 233–249), von Rune Frederiksen über ›Fortifications and the Archaic City in the Greek World‹ (S. 251–266) sowie von Manuel Fernández-Götz und Dirk Krausse über den ›Early Centralisation Process North of Alps [sic!]. Fortifications as Symbols of Power and Community Identity‹ (S. 267–286) besitzen den Charakter eines Überblicks, auch wenn hier zumeist neuere Forschungsergebnisse eingeflossen sind.

Nach einer Einführung der beiden Herausgeber (S. 13–18), in welcher der Forschungsstand erläutert sowie ein Ausblick auf die nachfolgenden Artikel und einen Teil der Ergebnisse gegeben wird, folgen zunächst drei Beiträge zu Sondagen an den Befestigungsanlagen im küstennahen Südetrurien, nämlich in Castellina del Marangone (S. 51–70) und Veji (S. 19–35 und 37–50).

Die auf älteren Grabungen und Surveys der British School of Rome beruhende Datierung des Verteidigungssystems der etruskischen Großstadt Veji ging von einer archaischen Befestigung der vom übrigen Siedlungsplateau getrennten Piazza d'Armi sowie einer umlaufenden, dem Rand des Plateaus folgenden Mauer aus Tuffquadern des fünften Jahrhunderts aus. Die

Forschungen von Francesca Boitani, Folco Biagi und Sara Neri seit 2003 erbrachten jedoch den Nachweis, dass die Siedlung schon im achten Jahrhundert durch einen von einer hölzernen Palisade gehaltenen Erdwall befestigt war, der im sechsten Jahrhundert durch eine Mauer aus Tuffquadern ersetzt wurde. Die ursprünglich früh datierte Befestigung der als Akropolis bezeichneten Piazza d'Armi ist jedoch nach den Forschungen von Gilda Bartoloni und Luca Pulcinelli eindeutig mittelalterlich. Bei den hier verbauten Tuffquadern handelt es sich um Spolien aus der archaischen Ummauerung. Die mittelalterliche Befestigung ist in Zusammenhang mit einer Kirche und einem Friedhof zu sehen.

Paul Fontaine stellt die 2001 von einem belgischen Team durchgeführten Sondagen im Rahmen des deutsch-französischen Projektes von Castellina del Marangone vor. Diese von der mittleren Bronzezeit bis in die Spätantike durchgehend frequentierte Siedlung zwischen Tarquinia und Cerveteri liegt auf einem Hügel oberhalb der Marangonemündung. Eine Mauer aus unregelmäßigen Sandsteinquadern um den gesamten Hügel ist schon lange bekannt und war zum Teil immer sichtbar. Die Grabungen bestätigten die Datierung dieser umlaufenden Mauer ins ausgehende vierte Jahrhundert, das heißt in die Zeit kurz vor der Gründung der römischen Kolonie Castrum Novum an der Küste. Ähnlich wie in Musarna umrundete im Innern der Siedlung eine gepflasterte Straße den Mauerring. Neu ist jedoch, dass sich unter dieser Mauer zumindest an der Westseite eine ältere, mit etwa zweieinhalb Metern Breite wesentlich stärkere Mauer aus unregelmäßigen Steinen befand, welche die Ausgräber eindeutig ins ausgehende siebte beziehungsweise beginnende sechste Jahrhundert datieren können.

Die folgenden neun Beiträge befassen sich mit Befestigungsanlagen des südlich von Rom gelegenen Latium vetus. Zwei Vorträge stellen die Untersuchungen der Befestigungsanlagen von Gabii vor. Die Sondagen von Marco Fabbri und Stefano Musco im Nordosten und Norden der Stadt (S. 71–90) sowie von Sophie Helas an der Ostseite der Akropolis und im Süden (S. 91–109) ergaben ein relativ einheitliches Bild. Schon im neunten Jahrhundert hat man im Bereich der Akropolis eine Lehmziegelmauer errichtet, die sukzessive durch Konstruktionen aus Stein ersetzt wurde. Die letzte Phase aus Kalksteinquadern mit Randschlag gehört dabei noch ins sechste Jahrhundert. Die große, um das gesamte Siedlungsplateau laufende Aggermauer gehört in ihrer ersten Phase ins siebte Jahrhundert und verläuft über älteren Hütten. Damit ist das Verteidigungssystem Gabiis wesentlich älter als bisher angenommen.

Gabriele Cifani und Alessandro Guidi behandeln ihre Grabungen an den nur acht Kilometer voneinander entfernt liegenden Befestigungsanlagen des Colle Rotondo und von Anzio (S. 111–124). Der westliche Agger des Colle Rotondo, in dem eine eingefügte Konstruktion aus vertikalen und horizontalen Holzpfählen zusätzlichen Halt gab, konnte durch Radiokarbondaten ins elfte bis zehnte Jahrhundert datiert werden und wäre damit die früheste bekannte Befestigungsanlage der Region. Die bisherige Datierung des östlichen Aggers ins sechste Jahrhundert konnte bestätigt werden. Auch in Anzio wurde der früheste Erdwall, der im sechsten und dann nochmals im vierten Jahrhundert mit einer Mauer an der Außenseite verstärkt wurde, schon in der frühen Eisenzeit aufgeschüttet. Frühere Datierungsansätze wurden durch die neuen Grabungen damit bestätigt. Ob das kleinere Colle Rotondo jedoch zu einem Kranz von befestigten Siedlungen entlang der Territoriumsgrenzen des antiken Antium gehörte, ist meines Erachtens nicht so sicher, da insbesondere in der frühen Zeit oftmals auch unabhängige befestigte Siedlungen nahe beieinanderliegen konnten.

Die im neuneinhalb Kilometer östlich vom Zentrum Roms gelegene kleine Siedlung bei La Rustica wird von den Ausgräbern Anna De Santis und Stefano Musco mit dem antiken Collatia gleichgesetzt (S. 125–138). Sie gehört damit zu den kleineren früheisenzeitlichen Zentren in der Umgebung Roms, die seit dem neunten Jahrhundert entstanden. Fünf kleine Sondagen am schon lange bekannten Verteidigungssystem in Form eines Aggers bestätigten seine Datierung ins siebte Jahrhundert. Im fünften Jahrhundert wurde dieser durch eine Mauer aus Cappelaccioquadern ersetzt.

Alessandro Bedini analysiert die Ergebnisse der 1976 bis 1980 durchgeführten Ausgrabungen in Laurentina Acqua Acetosa und datiert die ersten Befestigungsanlagen nun ins zwölfte bis elfte Jahrhundert (S. 139–176). In einer späteren Phase wurde der Erdwall Ende des neunten Jahrhunderts durch eine Konstruktion aus Stein ersetzt. Dieser Befund hat jedoch offenbar keine Entsprechung in den Nekropolen. Die ältesten Gräber unmittelbar außerhalb des großen Aggers stammen bisher aus dem späten neunten und frühen achten Jahrhundert, obwohl die Grabungen insbesondere von 1976 und 1979 einiges Material der späten Bronzezeit zutage gebracht haben. Die stark zerscherbten Fragmente können jedoch heute keinen Schichtzusammenhängen mehr zugewiesen werden, stammen aber zum Teil aus Schichten unter dem Agger.

Auch die von Tobias Fischer-Hansen vorgestellten Befestigungsanlagen in Form von Erdwällen mit vorgelagertem Graben auf dem mit dem antiken Ficana gleichzusetzenden Monte Cugno gehören schon in die frühe Phase Laziale III und IV A, also ins achte bis siebte Jahrhundert (S. 177–198). Diese schon bei Ausgrabungen der siebziger Jahre entdeckte Wall-Graben-Anlage schützte an einem Einschnitt den einzigen natürlichen Zugang zur Siedlung. Ob auch die steileren Abhänge des Siedlungshügels befestigt waren, ist nicht bekannt. Die Mauern aus Quadermauerwerk gehören zu einem System von Castra (wie etwa La Giostra und La Rustica) im Suburbium Roms des vierten Jahrhunderts.

Schon in der Spätbronzezeit (Phase Laziale I) wurde die sogenannte Akropolis von Lavinium durch einen Graben vom Rest des Siedlungshügels abgetrennt (S. 199–212). Die erste Phase der um die gesamte Stadt laufenden Befestigung von Lavinium, ein Agger aus unbearbeiteten Steinen, datiert Alessandro Maria Jaia nun schon in die erste Hälfte des siebten Jahrhunderts, die spätere Mauer aus sorgfältig bearbeiteten Quadern in die Zeit nach 338 v. Chr. Die Datierung der frühesten Aggermauer wird jedoch vor allem mit zwei Fürstengräbern begründet. Tatsächlich datierendes Material, das eine Hochdatierung beweisen könnte, kann er nicht anführen.

Eine neuerliche Untersuchung der Aggerbefestigung von Satricum ist deshalb schwierig, da diese mittlerweile durch landwirtschaftliche Nutzung weitgehend zerstört ist (S. 213–231). Ausgrabungen der Universität Amsterdam unter der Leitung von Marejke Gnade haben immerhin noch den vor dem Wall befindlichen Graben nachgewiesen. Da der Agger über frühere Gräber hinweggeführt war, kann er offenbar auch auf Grundlage einer Analyse aller früheren Ausgrabungsberichte nach wie vor nur ins sechste Jahrhundert datiert werden.

Sandra Gatti und Domenico Palombo nehmen neuere Untersuchungen an den Stadtmauern von Cori (Cora) und Palestrina (Praeneste) zum Anlass für eine vergleichende Studie zu den Stadtbefestigungen mit Polygonalmauerwerk im südlichen Latium (S. 233–249). In Cori wird der Bau der Mauer nun in die erste Hälfte des fünften Jahrhunderts gesetzt. Auch in Palestrina scheint eine Datierung der Befestigungsmauern ins ausgehende sechste oder beginnende fünfte Jahrhundert gesichert. Nach einem Hiatus wurden offenbar in einem Zug die Akropolis und das am Hang gelegene Stadtgebiet mit einer Mauer aus Polygonalmauerwerk umgeben. Im zweiten Teil des Beitrags wird ein Überblick über fast alle Befestigungsanlagen im südlichen Latium geboten, welcher starke regionale Unterschiede aufzeigt. So finden wir die ältesten Befestigungen mit Wällen (Agger) und Gräben vor allem in der Nähe Roms und an der Küste (Castel di Decima, Gabii, Laurentina Acqua Acetosa, La Rustica, Ardea, Lavinium). Im Landesinneren und in den Colli Albani setzten die Stadtbefestigungen dagegen erst später ein (Velletri, Lanuvium, Ariccia, Palestrina, Segni, Cori, Norba, Sezze). Hier wurden schon lange vorher existente Zentren erst sehr viel später durch Stadtmauern befestigt. Es ist also auch bei der Chronologie der Befestigungsanlagen zwischen einem ›Lazio del tufo‹ und einem ›Lazio del calcare‹ zu unterscheiden.

Der Aufsatz von Rune Frederiksen über die griechischen Befestigungsanlagen der archaischen Zeit ist eine Zusammenfassung seiner 2011 publizierten Doktorarbeit zum gleichen Thema (S. 251–266). Auch in Griechenland gibt es immer mehr durch Ausgrabungen gesicherte Befestigungsanlagen aus relativ früher Zeit, die zeigen, dass viele Stadtmauern bisher wohl zu spät angesetzt wurden. Jedoch wird bis heute eine große Anzahl der insgesamt 119 zwischen 900 und 480 v. Chr. errichteten Stadtmauern nur aufgrund des Stiles des Mauerwerks, durch schriftliche Quellen oder durch äußere Faktoren datiert. Trotz einiger früher Beispiele wie den Stadtmauern von Zagora, Alt-Paphos und Alt-Smyrna fand der Ausbau der griechischen Poleis mit Befestigungsmauern erst im siebten und sechsten Jahrhundert statt.

Der abschließende Beitrag von Manuel Fernández-Götz und Dirk Krausse behandelt neuere Untersuchungen an den Verteidigungsanlagen der hallstattzeitlichen Fürstensitze Heuneburg, Mont Lassois und Glauberg (S. 267–286). An der Heuneburg wurde eine traditionelle Holz-Erde-Mauer des siebten Jahrhunderts um 600 durch eine Lehmziegelmauer über einem Steinsockel mit einer Reihe vorspringender Türme ersetzt. Der Mont Lassois wurde erst im späten sechsten Jahrhundert durch eine Pfostenschlitzmauer befestigt. Auch die Befestigung des Gipfelplateaus des Glaubergs, vermutlich ein überregional wichtiges Kultzentrum, gehört erst in die Zeit um 500 v. Chr.

Die beiden Aufsätze über die Verteidigungssysteme in Griechenland und nördlich der Alpen zeigen meines Erachtens deutlich, dass man die Entwicklung des Befestigungswesens eher regional betrachten sollte. Der Vergleich der Anlagen dort mit den Befestigungsanlagen in Südetrurien und Latium macht lediglich sichtbar, dass es auch anderswo relativ früh eine Entwicklung hin zu befestigten Siedlungen gab. Während bei der singulären Lehmziegelmauer mit vorspringenden Türmen der Heuneburg Beziehungen nach Griechenland – jedoch sind dort alle vergleichbaren griechischen Beispiele jünger – oder vielmehr dem Vorderen Orient evident sind, scheinen die sonst im Raum nördlich der Alpen üblichen Holz-Erde- oder Pfostenschlitzmauern eher einer lokalen Tradition zu folgen. Die eingefügten Holzbalken, die im frühesten Agger in Colle Rotondo nachgewiesen werden konnten, scheinen mir zeitlich und räumlich doch etwas zu weit von den keltischen Beispielen entfernt zu sein.

Natürlich wurden viele der Grabungen, insbesondere die Untersuchung der Befestigung von Laurentina Acqua Acetosa, aber auch die Sondagen an der Akropolis von Gabii, schon in Vorberichten in ähnlicher Weise vorgestellt. Jedoch ergibt die gemeinsame Publikation der Verteidigungssysteme dieser doch recht überschaubaren Region eine gute Gesamtschau. Die Präsentation der einzelnen Befestigungsanlagen sowie der an diesen durchgeführten Sondagen sind durchaus vorbildlich zu nennen. Das bei den meisten Beiträgen durch Appendizes in Wort und Bild dargestellte, für die chronologische Einordnung relevante Material untermauert überzeugend die vorgeschlagenen Datierungen der verschiedenen Bauphasen der einzelnen Befestigungsanlagen.

Darüber hinausgehende Fragestellungen, wie etwa die im Untertitel sowie im Vorwort genannte Frage nach der Rolle der frühesten Fortifikationen für die Siedlungsgenese kommen jedoch meines Erachtens zu kurz. Nur die Ausgräber von Veji stellen sich auch in ihrem Beitrag diesen Fragen. Die fast durchweg postulierte Frühdatierung der ersten Befestigungsanlagen – also um zwei bis drei Jahrhunderte früher als die ältere Forschung – rückt deren Bau zum Teil in Zeiten, in denen die auf dem späteren Siedlungsgebiet anzutreffenden Hüttengruppen verschiedener Clans sich noch nicht in einer Art Synoikismos zu einer Großsiedlung zusammengeschlossen haben. Während die bisherige Forschung etwa in Veji, Rom oder Gabii davon ausging, dass sich verschiedene Siedlungskerne zu einer Großsiedlung zusammenschlossen, um sich dann gemeinschaftliche Strukturen, wie etwa die Befestigungsanlage, Bauten für den Kult oder den Handel zu schaffen, befinden wir uns nun in Epochen, in denen sogar die für eine urbane Struktur als unumgänglich erachtete Differenzierung der Gesellschaft erst an ihrem Anfang stand. Die Befestigungsanlage würde damit den Übergang von einer protourbanen zu einer urbanen Phase markieren. Jedoch müssten wir zur Beantwortung dieser Fragen ganz sicher auch die Funde aus den frühen Nekropolen neu bewerten, wo bei genauerer Betrachtung ganz sicher eine größere gesellschaftliche Differenzierung ablesbar sein wird. Gerade der von Marco Fabbri und Stefano Musco vorgestellte Befund, dass der Agger der Befestigungsanlage von Gabii des frühen siebten Jahrhunderts über frühere Hüttengrundrisse hinweggeführt ist, zeigt, dass die Konzentration der Siedlung unter Aufgabe randnaher Gebäude für den Bau der gemeinschaftlichen Fortifikation vorgenommen wurde. Bei der Frühdatierung des Aggers von Laurentina Acqua Acetosa bleiben aufgrund des Fehlens entsprechender Nekropolen und Siedlungsreste meines Erachtens gewisse Zweifel. Vielleicht muss man doch davon ausgehen, dass ähnlich wie in Satricum einige Siedlungen erst später befestigt wurden.

Der Leser dieser sonst durchweg positiv zu bewertenden Kongressakten vermisst vielleicht eine Zusammenfassung durch die Herausgeber, in welcher die einzelnen Forschungsergebnisse in ihrer Bedeutung für die Entwicklung des Befestigungswesens bewertet werden. Es ist offensichtlich, dass in der Region südlich der Tibermündung sehr früh – in Colle Rotondo, Lavinium und Laurentina Acqua Acetosa schon im zwölften bis zehnten Jahrhundert, also in der der Phase Laziale I angehörenden Spätbronzezeit – das Bedürfnis bestand, die Siedlungen zu befestigen. Die bisher als einzige Fortifikation so früh datierte Wall-Graben-Anlage von Castel di Decima steht somit nicht mehr als Einzelfall da. Für das Landesinnere und auch das südliche Etrurien muss man sich hingegen fragen, warum dort die Siedlungen erst später ummauert wurden, beziehungsweise ob diese vor dem achten und siebten Jahrhundert, in Latium vor dem sechsten Jahrhundert mit einer anderen, bisher noch nicht nachweisbaren Art von Verteidigungssystem versehen waren – eine Frage, die Sandra Gatti und Domenico Palombo in ihrem Beitrag durchaus aufwerfen. Auch viele der Wall-Graben-Anlagen der latinischen Siedlungen näher zur Küste hin erfuhren im sechsten und frühen fünften Jahrhundert eine Monumentalisierung durch vorgesetzte Konstruktionen aus Steinblöcken.

Die Ergebnisse der Tagung von 2013 bieten damit eine Grundlage, auf der weitergehende Forschungen zur Siedlungsgenese in Zentralitalien aufbauen können. Ein Anfang wurde zum Beispiel bei einem Treffen der Arbeitsgemeinschaft ›Etrusker und Italiker‹ des Deutschen Archäologenverbands in Berlin im Januar 2017 gemacht, das unter dem Thema ›Siedlungs- und Stadtgenesen im vorkaiserzeitlichen Italien‹ abgehalten wurde.

Stuttgart   Martin Miller

Marcus Egg, Alessandro Naso, and Robert Rollinger (editors), **Waffenweihungen in Archäologie und Geschichte.** Akten der internationalen Tagung am Institut für Archäologien der Leopold-Franzens-Universität, Innsbruck, 6.–8. März 2013, RGZM-Tagungen, volume 28. Publisher of the Römisch-Germanisches Zentralmuseum, Mayence 2016. VIII and 200 pages with 114 black and white illustrations.

In late 2012 the exhibition ›Waffen für die Götter. Krieger, Trophäen, Heiligtümer‹ opened in the Tiroler Landesmuseum Ferdinandeum in Innsbruck. It was complemented by a conference, ›Waffen für die Götter. Waffenweihungen in Archäologie und Geschichte‹, which resulted in the volume reviewed here. The organisers aimed at presenting various methods of offering weapons in sanctuaries from the Middle East to Central Europe. The location of the exhibition and conference was not accidental, for it is in the Alps that various examples of weapons deposited in sanctuaries during the Bronze and Iron Ages were discovered.

The initial articles in the volume are devoted to the Middle East. Martin Lang in his source study presents a translation and a commentary on a Sumerian text from the cuneiform tablet no. 4184 from the Yale Babylonian Collection. The text is about the lustration of the weapons of a king and his army. Although some data concerning the chronology and details of the ceremony are missing, the author compares these inscriptions to the royal inscriptions from the third millennium B.C. and on that basis assumes that this was a ritual purification of weapons after a military campaign.

The article by Stefano de Martino and Elena Devecchi is of a more general character. It discusses the importance of weapons in the sanctuaries of the Hittite world. However, the presentation of the written, iconographic, and archaeological sources is not followed by an attempt at a synthesis, and the few interpretations are rather shallow; e.g., the authors assume that the sacrificial destruction of the weapons was performed to prevent their being used against the Hittites, but do not offer any arguments for that claim. Another serious drawback is the lack of illustrations presenting the iconographic and archaeological sources.

Much better illustrations, albeit only photographs which do not represent the subject matter in full (there are no cross-sections of the artefacts) can be found in the next article written by Altan Çilingiroğlu, which discusses the weapon deposits in the Urartian fortress in Ayanis. They were deposited in a temple and dedicated to the deity of Haldi. Even though the weapons are functionally and morphologically diverse, no satisfactory typological analysis is presented, and as a result there is no discussion of whether the weapons were produced locally or were trophies. Some aspects of this cult have been reproduced (libations, cult of fertility, and fire and weapon offerings) based upon, for example, the inscriptions dedicated to the deity; however it seems possible to discuss the dynamics of the cult in the relatively short period when the temple was used (from its construction in 673/672 B.C. until its destruction in an earthquake in 650 B.C.).

The main part of the book deals with the Bronze Age, and one of the most interesting contributions is that by Christoph Huth. It presents a synthesis of knowledge about the weapon deposits, distinguishing their contexts, i.e. water (in rivers, lakes, marshes, and wells) and land deposits, their compositions, condition (intact, mechanical or fire destruction), their dating, and reflections on the meaning of these differences. Huth rightly considers outdated retrogressive interpretations, which arbitrarily project assumptions from later to earlier periods. The most important part of the essay is an attempt at distinguishing sacrificial offerings (Opfergaben) from gifts to the deities (Weihegaben). The former are the intentionally damaged artefacts, which could not be re-used, and the latter, fully functional weapons. War trophies were considered a special phenomenon, as they consist of weapons won in a battle and often destroyed later (this group of weapons, also known from the Iron Age, comprises the deposits in Great Britain dated to the Late Bronze Age). The depictions of warriors impressed on metal sheets or representations in small figurines deposited in the Paleo-Venetian temples in the Late Bronze Age and in the Iron Age are likewise discussed. As embodiments of the donors, they were probably meant to intend a relationship with the deity. The terrain plays an important part in the analysis; e.g., the Alpine passes on which weapons were discovered are considered as liminal zones. For that reason it is justified to regard the usually undamaged weapons found there as analogous to those deposited in water; rock chasms may be regarded in the same way. And the so-called hoards, which are often composed of non-functional (e.g. oversized pieces such as very large parts of attire and vessels) or simulacra (e.g., swords of the Plougrescant-Ommerschans type with blunt edges and without hilt) are presented in a very interesting way. They were symbols of affluence comparable to gold weapons in hoards and burials from the Early Bronze Age. Also the multiple depictions of weapons and ornaments on the statue-menhirs (connected with an ancestor cult?) from the Copper Age are of crucial importance to understanding the hoards from the Early Bronze Age. Although it is often difficult to provide an archaeological interpretation of the deposits, the reflections presented in the article are certainly likely to inspire debate and increase the chances of understanding the phenomenon. The author is fully aware of the limitations of the archaeological method and draws his conclusions in a balanced way. He concludes convincingly that in the Early Bronze Age the deposits expressing gratitude were predominant, which was manifested by the sizes and number of the deposited artefacts, whereas in the Late Bronze Age the gifts deposited in the liminal places were the most numerous. The author also notes a continuation of many religious rites and takes into account a wide range of analogies in various parts of Europe.

Philippe Della Casa and Ariane Ballmer focus on a similar subject, however limiting their interest to the Alpine region in the Bronze Age and the Early Iron Age. Besides water and land deposits, they also analyse the weapons from sepulchral sites and those which include burnt offerings (Brandopferplätze). In this article the contexts are investigated in detail, including attempts at establishing whether the weapons were deposited intentionally or were simply lost. The ›hoards‹ of weapons from the La Tène Period are considered, following Marcus Egg, as secondary deposits, and the weapons had initially been exhibited in temples, as in ancient Greece, or on posts, and only afterwards were placed in the soil. The weapons found in burials are considered representative of social status, and the Brandopferplätze (best described for the site of Wartau Ochsenberg) with weapons of considerable value (helmets, e.g.), often very badly damaged, are interpreted as offerings made by the elites in the Late Bronze and Iron Age. Another interesting point is the idea of the grave understood as a window to the other world, open for a short time to give the deceased a message to carry. Such windows to the beyond were assumed in the terrain, too, as liminal zones, that is, as entrances to ravines, passes, chasms, water, and marshes. Such areas were considered natural places of contact with the numinosum, and this is where the deposits were laid, carriers to convey information. The situation of burnt offering sites is more complicated since non-military artefacts were deposited together with weapons; the authors allow for the possibility that divination was practiced in these places. The article is summed up with a clear, but slightly oversimplified block diagram which takes into account the supposed character of contacts with beings in the beyond, the authors of the information (the elites), the addressees of the message (deities, ghosts, heroes, ancestors), ways and places of contacting them, and a clear response to the elite. The ideas presented in the article are complementary to those formulated by Christoph Huth.

An important chapter of the volume is the study on the Middle Bronze Age weapon deposit from Piller (northern Tyrol). Its author, Gerhard Tomedi, analyses a group of artefacts tightly packed in a ceramic vessel deposited in a rock crevice. The careful analysis permits many detailed conclusions. The deposit comprised weapons and parts of attire dated to a period of time spanning slightly more than two centuries. Some of them belonged to the elites (women and men), but there were also axes and spearheads used by warriors of second rank, as well as farming implements (axes, sickles), unprocessed pieces of bronze (Gusskuchen), and and sickles of premonetary use. The weapons were destroyed in a systematic way, after having been heated in order to remove the dendritic structure of the metal. The destruction was performed in a single act, after which the artefacts were deposited in the crevice. A considerable part of the article is devoted to the presentation of various ideas of cultural anthropology which may be used in the analysis of the social structures in the Bronze Age. Out of many possible ideas, the author chose the concept of the so-called conical clan to interpret the finds from Piller. Such structures are characterised by endogamy, constant leadership, and hierarchical structures based on the ancestors; the founding fathers of the family were at the top of the social pyramid. According to Tomedi, the most valuable artefacts were housed in temples or structures resembling family museums before deposition. Most probably they were treated as insignia of female and male elites, pledges used in the cult of the ancestors. The interpretation presented by the author, although slightly surprising, is justified by the thorough analysis of the material.

Two articles discuss Greek sanctuaries. In the first, Holger Baitinger carefully analyses the examples of foreign weapons. They were given to deities in Greek temples from the second half of the eighth century until the mid-fifth century B.C., and usually they were acquired from other Greeks in wars between the poleis. The author was able to identify several non-Greek military artefacts which, after a careful chronological-typological analysis, permitted them to be tentatively connected with concrete historical events. The author also managed to determine the chronological and territorial differences. The artefacts which dominate in the deposits are weapons from Italy and Sicily dated to the eighth or seventh century B.C., i.e., the period when the first Greek colonies were established in the western Mediterranean. Weapons were generally deposited in large supra-local sanctuaries. The analysis of the damage made to these weapons, taking into account the cultural background, permits the distinction of intentionally damaged weapons from the pieces of bronze scrap metal deposits (weapon fragments).

The second article, written by Isabelle Warin, describes the custom of offering weapons in Greek temples dedicated to female deities, especially Athena, Artemis, and Hera. The author looks for Middle Eastern sources of this custom in the cults of female deities. The presence of military equipment (including miniature weapons) explains the high status of the above-mentioned deities in the Greek pantheon, owing to which they were very suitable as patrons-protectors of the poleis.

Andrea Camilli summed up the results of the rescue excavations conducted on the beach near the Etruscan town of Populonia (today Baratti, Livorno province). The author interprets the features discovered there as an assemblage of altars concentrated around the tropaion and surrounded by sacrificial pits. The tropaion is believed to have had the form of a stone tumulus on which a post with armour and a helmet was placed, surrounded by spears driven in the ground (more than two hundred spear butts were found). In the time when the sanctuary was used, between the turn of the seventh to the sixth century B.C. and the third century B.C., the cult changed. In the sixth century B.C. different rituals were practised there, which may suggest that the site was used by a non-Etruscan community, which buried their dead in the nearby necropolis. As a whole, the site is considered one of the earliest examples of a tropaion located on a tumulus, as described in the ›Aeneid‹. This model was later to be developed into monumental victory memorials built in the Roman times.

Marcus Egg and Paul Gleirscher analysed a sacrificial site of Förk in Carinthia. Their task was difficult because the majority of the artefacts come from amateur explorations. Later excavations and geomagnetic methods helped in the analysis. At the site, the weapons were deposited in sacrificial pits, comprising Celtic iron helmets, swords of the La Tène type, spearheads, parts of shields, and chain belts, most from Phase La Tène B2 (the third century B.C.). Their state of preservation (fire patina, no organic elements) indicates that the weapons were burnt before deposition. Careful observation of the artefacts and the vestiges preserved on them permitted the identification of at least two deposits from Phase La Tène B2. Single items from La Tène C and D suggest that the sanctuary was used also in later phases. The model typological analysis of the helmets revealed that they were not produced locally but were acquired from people of the Eastern Alpine areas. For their comparison the authors used the interpretation adopted for non-Greek weapons in Helladic temples (cf. the paper by Baitinger) and also the weapons from Scandinavian bog sites dated to the proto-historical period. It was not possible to determine the details of the sacrificial ritual except for the burning of the weapons and their deposition in pits.

Starting from the Late Bronze Age, an important group of sacrificial deposits consisted of helmets, which were particularly important in the Celtic world. They may have symbolised the head, which is connected with decapitation practised in the Celtic, and to some extent also Germanic, milieu. The helmets found in water contexts in the Iberian Peninsula are discussed in the article by Raimon Graells i Fabregat and Alberto J. Lorrio Alvarado. The authors noted the rarity of helmets and hence the importance of water deposits for the local community. They also made an attempt at interpreting the ritual (although not in such a penetrating way as the authors of the articles discussed above) and noted the attempts at an effective elimination of the helmet from the world of the living by sinking it deep in water, and if this was not possible, by damaging the piece. Finally, they analysed the chronology and distribution of the helmet finds and found that initially (in the seventh and sixth centuries B.C.) only Greek helmets were deposited in estuaries in the south-western part of the investigated area. It is not, however, clear whether the supposed sacrifices to the river deities were made by newcomers or were a result of local beliefs (in the Greek world such offerings are almost unknown, except for the finds of Corinthian helmets in harbour waters). The later group of finds comes from the Celtic tradition and was found in Celto-Iberian land; due to the lack of river mouths, the helmets were usually deposited near springs. In that case they were destroyed so as to, as is assumed, avoid sacrilege, in case they were picked from shallow water and re-used. This interpretation, however, is not convincing in the light of the popularity of ritual weapon destruction in the Celtic world, which was practised both in land and water deposits. Finally, it should be stressed that these conclusions cannot be binding due to the scarcity of the finds.

Two articles are devoted to written sources. Wolfgang Kofler discusses epigrammatic references to weapons. The key observation is that epigrams may have imitated the inscriptions made on the sacrificed artefacts, including weapons. This literary genre became popular soon after abandoning the custom of depositing weapons in Greek temples.

The article by Gianluca Tagliamonte concerns the Roman world. The author collected ancient records about the Roman customs of burning trophy weapons. The issue is presented in many aspects, and the conclusions are convincing. As the author says, it may be assumed that the custom was practised in the middle and late Republic, until the early first century B.C. Its Etruscan roots are not certain. The weapons were collected at the battlefield or in the enemy camp and then burned, which seems to be a ritual of victory, although other symbolic aspects are also indicated, such as getting rid of the evil powers connected with the enemy weapons or their complete desacralisation so as to prevent their re-use (risky because of violation of taboos). It is also possible that sympathetic magic was involved: the destruction of weapons was to result in the destruction of the enemy. It should be stressed that putting the enemy weapons under taboo could not have been complete, since from about 300 B.C. the trophy weapons were often displayed in public buildings as well as in private homes, and some of them were often used in triumphs. In the time of the early Empire this custom was not completely abandoned but changed its character, reflecting rather the achieved peace rather than the ritual of war.

The only article presenting deposits from the Roman period is that by Andreas Rau. Due to the comprehensive character of the studies on southern Scandinavian bog sites, it was not possible to present the issue in its whole complexity in a short article. The author restricted his study to the analysis of the ritual destruction of military artefacts (not only weapons, as he rightly states) deposited in former lakes. He manages to describe the differences in the degrees (using graphs) but also ways of destroying weapons, dealing with the whole spectrum of custom: from the weapons deposited intact, through the ›decapitation‹ of spears (cutting the head off immediately below the socket) to intense destruction, often repeated, which required holding down the ›maltreated‹ artefact, and sometimes random aggression resembling furor teutonicus related not to the enemy himself but the property representing him. Valuable artefacts were subjected to particularly intense destruction. Anger was also vented on horse trappings and even on the trophy horses. The author interprets the offerings of selected valuable elements of horse trappings of the defeated leader, typical of the later deposits, by analogy to the Roman spolia optima. It was the highly valued booty, namely the equipment of the defeated leader, which was placed on a post and then carried in a procession to the Capitol and deposited as an offering in the temple of Jupiter Feretrius. This interpretation seems to be more convincing than earlier explanations, which referred to the imprecise term of pars pro toto. The cases in which two deposits of the same date were found at one site are considered to be an argument for the existence of sacral zones marked out for different deities. The article concludes with the psychological, religious, and social background for the destruction and deposition of military artefacts, with references to selected anthropological conceptions. The author disagrees with the idea that the destruction was performed in a state of ecstatic, emotional fury, which is indeed not suggested by systematic damage. However, aggression may be manifested in many ways, and the reviewer cannot exclude the image of a German mad with fury persistently and rhythmically hitting the same part of the destroyed weapon. Certainly in the near future it will be possible to study this issue once again on the basis of the materials from the Danish bog site of Alken Enge, where damaged skeletal remains of warriors with very few weapons were deposited.

To conclude: the volume contains many interesting articles, among which the reviewer would like to distinguish especially those by Christoph Huth, Gerhard Tomedi, Gianluca Tagliamonte, and Andreas Rau. It certainly makes obligatory reading for the specialists studying weapons and sanctuaries in the Bronze and Iron Ages. The drawback of the volume is the overwhelming emphasis upon issues connected with the Bronze and Early Iron Age. The later deposits are analysed only by Andreas Rau, although there are numerous sacrificial sites from the pre-Roman, Roman, and Migration periods, and even the Early Middle Ages. One should mention here first of all the Scandinavian bog sites: only selected elements of the rituals were discussed in the above-mentioned article, but the issues connected with pre-Roman sacrificial sites, especially Hjortspring on the island of Als (F. Kaul in: O. Crumlin-Pedersen / A. Trakadas [eds.], Hjortspring. A Pre-Roman Iron-Age Warship in Context. Ships and Boats of the North 5 [Roskilde 2003], 141–185), are not mentioned, nor are the roots of this phenomenon in Scandinavia going back to the Bronze Age or even the Middle Stone Age (see: F. Kaul in: L. Jørgensen / B. Storgaard / L. Gebauer Thomsen [eds.], The Spoils of Victory. The North in the shadow of the Roman Empire [Copenhagen 2003] 18–43).

It should also be stressed that similar sites, i.e. lakes (generally dried out today) with weapon deposits have recently been discovered in the southern Baltic littoral: in Czaszkowo, south-eastern Poland (T. Nowakiewicz / A. Rzeszotarska-Nowakiewicz, Lake Nidajno near Czaszkowo in Masuria. A unique sacrificial site from Late Antiquity [Warsaw 2012]), and Lubanowo in north-western Poland (T. Nowakiewicz [ed.], Ancient Sacrificial Place in the Lake in Lubanowo [former Herrn-See] in West Pomerania [Warsaw 2016]), the latter still a body of water. What is more, some of the newly analysed archival materials indicate that there were more such sites (cf. B. Kontny in: W. Nowakowski (ed.), Goci i ich sąsiedzi na Pomorzu [Koszalin 2006] 101–118; B. Kontny in: B. Kontny (ed.), Ubi tribus faucibus fluenta Vistulae fluminis ebibuntur. Jerzy Okulicz-Kozaryn in memoriam. Światowit Supplement Series B. Barbaricum 11 [Warsaw 2015] 307–331).

Numerous weapon deposits, especially water deposits dated from the Roman period until the Middle Ages, were also found in Lithuania, Latvia, and Estonia (A. Bliujienė, Arch. Baltica 14, 2010, 136–165). One should add here the river finds recorded in various parts of Europe, e.g., the Ljubljanica river in Slovenia (P. Turk et al. [eds.], The Ljubljanica. A river and its past [Ljubljana 2009], specifically the papers by J. Istenič, P. Turk and A. Gaspari), or the Noteć in Poland (T. Makiewicz, Offa 52, 1995, 133–148).

It may be also interesting to compare the Alpine mountain sanctuaries from the Iron Age with the slightly later (sixth to first century B.C.) deposits of Hellenistic and Roman weapons from the passes in the Crimea, e.g., Gursuf (e.g., M. Novichenkova / B. Kontny in: A. Tomas [ed.], Ad Fines Imperii Romani. Studia Thaddaeo Sarnowski septuagenario ab amicis, collegis discipulisque dedicata [Warsaw 2015] 303–324). However, while the last-mentioned discoveries are quite recent, it is nevertheless rather surprising that the older Celtic finds are only briefly mentioned. Omitting such spectacular sacrificial sites as Ribemont-sur-Ancre, Gournay-sur-Aronde, or La Tène may be justified by the scope of the investigated territory, but the lack of reference to them should be considered as a serious lapse.

Warsaw   Bartosz Kontny

Birte Reepen, **Fremdeinflüsse in der Eisenzeit Westfalens.** Universitätsforschungen zur Prähistorischen Archäologie, Band 284. Verlag Dr. Rudolf Habelt, Bonn 2016. 196 Seiten, 2 Abbildungen, 1 Tabelle, 40 Tafeln, 52 Karten.

Zutreffend fasst Birte Reepen ihre Ergebnisse der im November 2014 an der Westfälischen Wilhelms-Universität Münster eingereichten Masterarbeit dahingehend zusammen, dass es offen bleiben muss, »[o]b die regionale Abgrenzung der westfälischen [eisenzeitlichen] Gruppen und ihre recht ausgeprägte Beständigkeit auf mangelnde wirtschaftliche Ressourcen, Eigensinn oder andere Gründe zurückgehen.« Um dies noch genauer erklären zu können, müssten über diese Arbeit hinaus jedoch auch »Keramikformen, Grabsitten und Siedlungswesen […] großräumig untersucht werden« (S. 71). Denn vorliegend werden hauptsächlich 1166 Fundstücke aus Glas, Metall und Drehscheibenkeramik beschrieben. Zudem erfolgte parallel dazu eine generelle Übersicht zur Eisenzeit Westfalens, die weitere Aussagen ermöglicht (J. Gaffrey / E. Cichy / M. Zeiler, Westfalen in der Eisenzeit [Münster 2015] 65 ff. 70 f. 147 ff. 152 ff. 160 ff. 166 f. 170 f.). Die im Titel genannte Einengung auf Fremdeinflüsse im eisenzeitlichen Westfalen ist in der Masterarbeit weitgehend gelungen, da zahlreiche Quellengruppen genau erfasst, katalogisiert und abgebildet werden, wobei genauer zwischen Importen, Imitationen und Modifikationen unterschieden wird.

Das Literaturverzeichnis (S. 73 ff.) listet entgegen üblicher Zitierweise die Arbeiten pro Verfasser zeitlich rückläufig auf. Der Katalogteil nummeriert alphabetisch fortlaufend die fast allesamt schon zuvor publizierten Funde (S. 92 ff.) und ist gut anhand der Tafelabbildungen überprüfbar. Neu sind die grafische Darstellung der Verteilung der Glasarmringfragmente (Abb. 2) mit Auflistung der Fundtypen und -gattungen nach Befunden und Provenienz (Tabelle 1) und vor allem die Karten mit den Fundorten der behandelten Fundstücke.

Für die Bearbeitung standen somit 704 Münzen, 141 Fibeln, 123 Glasarmringe, sechsundsechzig Ringschmuckteile, je dreiunddreißig Nadeln und Gürtelteile, nur neunundzwanzig Waffen, zwölf Teile von Wagen und Pferdegeschirren, vier Bronzegefäße und drei Tierplastiken zu Verfügung.

Mit Konzentration im Bereich der Hellwegbörden und dem Mittelgebirge kann zur Funktion der verstreut geborgenen keltischen Münzen, wovon die Mehrzahl aus zwei Hortfunden (Bochum, Iserlohn) stammt, nichts Eindeutiges gesagt werden. Sie könnten von römischen Truppen verwendet worden sein (S. 57).

Bei den Fibeln ist eine erkennbare Zunahme erst seit der Stufe La Tène B feststellbar, wobei importierte Stücke vom Mittel- und Niederrhein im Bereich zwischen dem Rhein-Main-Gebiet bis zur Elbe existieren und diese generell gegenüber westfälischen Eigenschöpfungen wie Kalotten- und Bügelscheibenfibeln überwiegen. Richtig erkannt ist, dass die westfälischen Fibeltrachten allein wegen der selektiven Brandbestattungssitte schwerer beurteilt werden können. Die ebenfalls zur Tracht gehörenden Nadeln sind überwiegend norddeutscher Prägung; Hartmut Polenz wies bereits 1986 auf zwei bei Hemer geborgene Doppelnadeln hin, die eine exotische, bosnische Variante der zweiten Hälfte des achten Jahrhunderts darstellen (in: Festschr. Gero von Merhardt [Rahden] 213–247).

Bei den in Resten überlieferten Glasarmringen handelt es sich durchweg um Importe »im Einzugsbereich von Flüssen, die Verbindungen in das Rheindelta bieten«. Besonders konzentriert seien »Funde zwischen Lippe und Ruhr sowie an der Issel« (S. 42). In diesem Zusammenhang ist kaum verständlich, wieso die einschlägige zusammenfassende Arbeit für den deutschen Niederrhein gar nicht berücksichtigt wird (H.-E. Joachim, Bonner Jahrb. 205, 2005, 65–82). Positiv ist auf jeden Fall, dass Reepen zur Klassifizierung der Glasarmringe nicht nur die teilweise überholte Arbeit von Thea Elisabeth Haevernick (Die Glasarmringe und Ringperlen der Mittel- und Spätlatènezeit auf dem europäischen Festland [Bonn 1960]), sondern die zuletzt erschienenen Arbeiten von Mathias Seidel (Germania 83, 2005, 1–43) und Heiko Wagner (Glasschmuck der Mittel- und Spätlatènezeit am Oberrhein [Remshalden 2006]) für Abbildung 2 verwendet hat. Dabei entspricht die westfälische Verbreitung der Glasarmringsitte seit La Tène C1 derjenigen am Niederrhein.

Gut herausgearbeitet werden die in Westfalen besonders beliebten tordierten Ringe, Hohlbuckel- und Scheibenhalsringe, die mittel- bis oberrheinischer Produktion entstammen und ostkeltische Produkte widerspiegeln (S. 29 ff.).

Weitere Trachtbestandteile wie Gürtel gehörten offenbar nicht zur regelhaften Tracht (S. 42 ff.), und ebenso wenig waren Waffenteile und erst recht die wenigen »über einen langen Zeitraum« verwendeten Bronzegefäße (S. 51 f.) verbreitet. Gleichfalls exotisch wirkt die im Sauer- und Siegerland aufgefundene, vermutlich aus dem Mittel- und Niederrhein importierte Drehscheibenkeramik (S. 53 f.), was auch für Mühlsteine aus Basaltlava gilt.

Summiert man die Fundgebiete der einzelnen Typen, so sind sie mehrheitlich wohl »durch Tausch, Geschenke oder auch Verlust« nach Westfalen gelangt (S. 62). Eine Lokalelite als Träger von Typenvergesellschaftungen existierte offenbar nicht. Allein das Siegerland war durch Erzabbau und Metallgewinnung spätestens seit La Tène B/C ein attraktives Austauschgebiet. Westfalen ist demnach generell als Übergangs- und Kontaktzone nach allen Seiten zu betrachten (S. 64), und es findet keine »weitgehende Latènisierung des westfälischen Raumes« statt (S. 66).

In der vorliegenden Masterarbeit gelingt es Birte Reepen, das bislang publizierte Fundmaterial zu eisenzeitlichen Importen für Westfalen erstmals umfassend zusammenzutragen. Für das Niederrheingebiet als bedeutendste Kontaktregion ist dies von besonderem Wert. Weitere Vergleichsstudien dieser Art wären sicher wünschenswert.

Bonn   Hans-Eckart Joachim

Maciej Karwowski, Vladimír Salač und Susanne Sievers (Herausgeber), **Boier zwischen Realität und Fiktion.** Akten des internationalen Kolloquiums in Český Krumlov [Krumau] vom 14. [bis] 16.11.2013. Kolloquien zur Vor- und Frühgeschichte, Band 21. Verlag Dr. Rudolf Habelt, Bonn 2015. VII und 435 Seiten, 154 Abbildungen, 6 Tabellen.

Die Idee zur eingehenden Beschäftigung mit den Boiern entstand während der Tagung der Arbeitsgemeinschaft Eisenzeit des West- und Süddeutschen Verbandes für Altertumsforschung e. V. im polnischen Rzeszów, wo sich nach Ansicht der Herausgeber gezeigt habe, dass die »Vorstellungen über […] die Lokalisation des boischen Gebietes sowie die Belege, auf die sie sich stützten, höchst unterschiedlich waren […] und die Diskutierenden teilweise einander nicht mehr verstanden«. Daher sei man übereingekommen, dass »das Thema der Boier eine aktuelle Zusammenfassung der Erkenntnisse und Ansichten sowie ihre gründliche Überprüfung« verlange (S. VII). Das erfreulich zeitnah vorgelegte Resultat dieser Bemühungen enthält ein Vorwort der Herausgeber (S. VII), ein Kapitel mit fünf allgemeineren Beiträgen (S. 3–113) und ein zweites mit achtzehn Regionalstudien (S. 115–435). Sechs davon sind in Englisch, zwei in Französisch, die übrigen in Deutsch verfasst.

Das Überblickskapitel beginnt mit einem Beitrag des Wiener Mittelalterhistorikers Roland Steinacher über ›Ethnische Identität und die Meistererzählung von der Wanderung. Probleme der Frühgeschichte in Geschichtswissenschaft und Archäologie‹ (S. 3–13). Dabei geht es explizit nicht um neue Erkenntnisse zu den Boiern, sondern um instruktive Parallelen aus anderen Epochen zum Beispiel für die Glaubwürdigkeit von Quellen, die Relevanz mehrfach belegter Ethnonyme für eine gemeinsame Geschichte und den Eingang von Stammesnamen in die römische Provinzorganisation, unter anderem am Beispiel der Veneter.

Jan Bouzek, einer der Altmeister der tschechischen Eisenzeitforschung, schöpft für seinen Aufsatz ›The story of the Boii‹ (S. 15–34) aus dem Quellenschatz von Legende (!), antiker Historiographie und Archäologie. Sein Ziel ist es ausdrücklich, die traditionelle Lehrmeinung eines Stammesbundes mit der Eigen- und Fremdbezeichnung Boii zu verteidigen (von Kysela S. 155 als »romantic narrative« tituliert), einschließlich ihrer Einwanderung aus Oberitalien (dagegen z. B. Salač S. 132) und der Deutung von Viereckschanzen als Wirkungsstätte von Druiden (anders im Beitrag Wendling S. 396. Allgemein dazu z. B. G. Wieland [Hrsg.], Keltische Viereckschanzen. Einem Rätsel auf der Spur [Stuttgart 1999]). Hinsichtlich der Münzen vermisst man Erläuterungen, worauf die Zuschreibungen an die Boier tatsächlich beruhen.

Der Klagenfurter Althistoriker und Archäologe Karl Strobel klärt in ›Die Boii – ein Volk oder nur ein Name? Zur Problematik von antiker Geographie und Ethnographie‹ (S. 35–67) über Methoden und Absichten antiker Historiographen auf, die aus Namensgleichheit auf ethnische Gleichheit oder Verwandtschaft geschlossen und für Propaganda selbst loyale Stämme zu Feinden stilisiert hätten. Somit seien »alle Versuche, die Angaben bei Strabon, Caesar oder Klaudios Ptolemaios auf moderne Karten zu übertragen [...] von vorne herein [sic!] verfehlt«. Es folgt eine eindrucksvolle Schilderung der aus widersprüchlichen Vorlagen und unterbliebener Aktualisierung resultierenden Irrtümer Strabons. Der Boier-Name sei eine »prunkende Selbstbezeichnung« im Sinne von »(schreckliche) Kämpfer/Krieger« (ebenso Beitrag Trebsche S. 190, anders Beitrag Hainzmann S. 103) mindestens zweier keltischer Verbände, nämlich im nördlichen Alpenvorland und an der Mur. Zusammenfassend ergebe sich, dass »das regional verschiedene Auftreten des Boier-Namens« nicht zum »pseudohistorischen Konstrukt [...] einer volksmäßigen Einheit ›der Boier‹ verbunden werden« dürfe.

Als Nächstes beschäftigt sich der Prager Münzexperte Jiří Militký mit dem Thema ›Die Boier und die Numismatik – Gegenwärtiger Stand der Forschung und die Möglichkeiten der Interpretation des Fundbestandes‹ (S. 69–101), der sich jüngst durch Sondengängerfunde von Kleinmünzen, vor allem aus obersten Bodenschichten, beträchtlich erhöht habe. Es erfolgt eine getrennte und regional differenzierte Untersuchung der Zeitabschnitte La Tène C1 bis C2 und C2–D1 bis D2. Für die Frühzeit wird anhand von Großsiedlungen mit manchmal Tausenden von Münzen gezeigt, dass die Boier seit der Mitte des dritten vorchristlichen Jahrhunderts mehrere lokale Systeme von Gold- und Silbermünzen hatten. Hort- und Grabfunde seien hingegen selten. Im Oppidahorizont La Tène C2–D1 bis D2 dominierten größere Nominale in Horten, kleine in Siedlungen, wobei Münzbilder eine östliche oder südöstliche Herkunft böhmischer Oppidabewohner andeuten könnten (vgl. Beitrag Kolníková S. 259 f.). Den Schluss bildet eine kritische Beurteilung des boischen Münzwesens und des daraus abgeleiteten boischen Gebiets, wobei Militký einräumt, dass es »wenige objektive Ansatzpunkte« dafür gebe. Ebenso fehle eine »eindeutige Antwort auf die Frage, inwieweit auf dem anscheinend mehrheitlich boischen Gebiet [...] auch andere Stämme siedelten«.

Den Abschluss der allgemeinen Überblicke liefert der in Graz tätige Epigraphiker Manfred Hainzmann mit seinem Beitrag ›Zur epigraphischen Hinterlassenschaft der Boier‹ (S. 103–113). Darin werden im Vorgriff auf eine geplante Monographie dreiundfünfzig epigraphische Groß- und Kleindenkmäler des sechsten vorchristlichen bis zweiten nachchristlichen Jahrhunderts vorgelegt, die zu achtundneunzig Prozent keltischen Ursprungs seien, darunter Kollektiv-, Herkunfts-, Individual- und Fürstennamen sowie Toponyme. Den Volksnamen betrachtet Hainzmann als Fremdbezeichnung mit der (von Strobel S. 51 abgelehnten) Bedeutung ›Rinderzüchter‹. Beachtung verdiene der germanische Kimbernkönig Boiorix, »dessen Name voll und ganz keltisch« sei und der zeige, dass die ethnische Zuordnung allein nach einem Idionym spekulativ bleibt. Fast alle Zeugnisse seien zwischen Wienerwald und Raab angesiedelt, weitere in Oberitalien, Burgund und Aquitanien. Die Epigraphik sei somit geeignet, »das engere Siedlungsgebiet dieser Volksgruppe nach[zu]zeichnen« und »mehr als ein deutlicher Hinweis auf eine natio« (zu Aquitanien auch Beitrag Pierrevelcin S. 419–424).

Das zweite Kapitel ›Regionale Studien‹ beginnt mit Vladimír Salačs Untersuchung zu ›Urboiohaemum, Boiohaemum und Böhmen‹ (S. 117–148), deren Verbindung mit den Boiern auf Renaissancegelehrte zurückgehe und über den Keltologen und Germanisten Johann Kaspar Zeuß (so die übliche Schreibweise) im neunzehnten Jahrhundert zur modernen Forschung führe, in der sie »zum Faktum wurde, das nicht mehr überprüft oder diskutiert« werde. Daher kehrt Salač zur Herkunft des Wortes ›Boiohaemum‹ zurück: Es sei eine Mischbildung aus keltischem (Ethnonym) und germanischem Bestandteil (haima- = Wohnsitz) und wohl »eine germanische Fremdbezeichnung« der Latènezeit in den Mittelgebirgen Thüringens bis Schlesiens, bevor er um die Zeitenwende der neuen Realität des nun von Marbod beherrschten Böhmen angepasst worden sei. Salač distanziert sich unter anderem wegen der einheimischen Wurzeln der Oppidakeramik ausdrücklich von der alten These der aus Norditalien eingewanderten Boier (so Beitrag Bouzek S. 25). Den Wert der Numismatik für die Boierfrage sieht Salač sehr kritisch, nicht zuletzt wegen vieler Zirkelschlüsse. Die Ablehnung der Identifizierung (Ur-)Boiohaemums mit dem Böhmischen Becken führe dazu, dass dortige Münzen, Fibeln oder Oppida nicht mehr als boisch gelten könnten (ähnlich Beitrag Trebsche S. 192 f.). Auch wissenschaftshistorisch sei eine Ethnosdefinition mit sprachlich und räumlich festen Identitätsgruppen überholt und für die Deutung prähistorischer Funde ungeeignet.

Danach diskutiert Jan Kysela ›The third life of the Boii‹ (S. 149–158), womit er die modern rekonstruierten ›dritten‹ Boier nach den latènezeitlichen und den von antiken Autoren so genannten meint. Obwohl behauptet worden sei, der Ursprung des tschechischen Boierproblems liege im Frühmittelalter, als die Tschechen altehrwürdige Vorfahren gesucht und in den Boiern gefunden hätten, überlieferten in Wirklichkeit die mittelalterlichen Chroniken einstimmig ihre Einwanderung in unbesiedeltes Gebiet. Die Boier träten erstmals um 1550 bei bayerischen Autoren als mythische Vorfahren auf. Von dort fanden sie Eingang ins tschechische Nationalbewusstsein, so dass Závist schon im siebzehnten Jahrhundert im Volk als ›Werk der alten Boier‹ gegolten habe. Jan Filip (1900–1981) sei die Hinwendung zu archäologischer Feldforschung zu verdanken, seit den neunziger Jahren des zwanzigsten Jahrhunderts habe erneut eine Hinwendung zu ethnischen Themen stattgefunden. Zuletzt wurde per Fragebogen bei etwa dreißig tschechischen Eisenzeitforschern ihre Einstellung zu ethnischen Deutungen erhoben.

Natalie Venclová untersucht ›Bohemia and markers of La Tène communities in the Middle Danube region‹ (S. 159–167), um konkrete Gemeinschaften der Stufen La Tène C1 und C2 herauszuarbeiten. Ausgehend vom Gebiet zwischen Bayern, Ungarn, der Slowakei und Schlesien umreißt sie zunächst das Siedlungswesen. (Bei den unbefestigten bayerischen Großsiedlungen wären

Egglfing [La Tène B2 bis D1] und Stöffling [La Tène C1 bis D2] hinzuzufügen, s. Bayer. Vorgeschbl. 65, 2000, 1–84; 70, 2005, 57–94; Arch. Jahr Bayern 1990, 76–79). Für die Definition von Regionalgruppen stehen bei ihr um 250 v. Chr. einsetzende ›boische‹ Münzen und ›keltisches‹ Glas im Mittelpunkt. Der Vergleich zwischen Glas und Münzen zeige, dass die ersten größere, die zweiten kleinere Territorien widerspiegeln. Obwohl Münzen und Glas eine spezielle Identität oder Gemeinschaft in der Mitteldonauregion anzeigen, sei deren politische oder ethnische Deutung reine Spekulation.

Darauf folgt Alžběta Danielisovás Aufsatz zu ›The »Boii« and Moravia – The same but different‹ (S. 169–182), die einen zweifachen Wechsel von einer westlichen Einbindung Mährens in La Tène A bis B1, hin zu einer südlichen oder südöstlichen im Mittellatène und erneut zu einer westlichen im Spätlatène konstatiert. Die seit dem dritten Jahrhundert festzustellenden offenen Großsiedlungen mit Handel und Handwerk reihten sich entlang der Verkehrsachse der Bernsteinstraße beziehungsweise der Mährischen Pforte. Am Übergang zum Spätlatène wichen die Flachgräberfelder unbekannten Bestattungsformen und die Großsiedlungen den bis etwa 50 v. Chr. genutzten Oppida, während der Bau von Viereckschanzen nicht bis Mähren vordringe. Die Oppida hätten spezialisierte Produktion und Münzprägung von den Großsiedlungen übernommen, unterschieden sich jedoch von ihnen durch komplexe Verteidigungsanlagen, zuletzt Multivallationen vom Typus Fécamp, deren östliche Verbreitungsgrenze der Autorin wie das Vorkommen eiserner Werkzeughorte als Demarkationslinie einer ›boischen Zone‹ gilt. Zusammenfassend werden die eisenzeitlichen Bewohner Mährens als »bounded [sic!] by kinship, united by [...] political and commercial interests« beschrieben, aber »differentiated by their local cultural traditions«. »Whether they were or were not the Boii«, lässt sie ausdrücklich offen.

Peter Trebsches Beitrag beschäftigt sich mit ›Das Wandern ist der Boier Lust? Quellenkritische Überlegungen zur Ethnizität latènezeitlicher Gruppen im mittleren Donauraum‹ (S. 183–209). Den Anfang macht eine kritische Würdigung der Boierstudien Gerhard Dobeschs (Althistorie), Robert Göbls (Numismatik) und Otto Helmut Urbans (Archäologie), die zeigten, wie sehr solide archäologische und numismatische Erkenntnisse lückenhaften antiken Quellen untergeordnet würden, was zu einem Geflecht von Zirkelschlüssen führe. Ausgehend von Ethnienforschungen Reinhard Wenskus', Herwig Wolframs und Walter Pohls arbeitet Trebsche heraus, dass eine Gleichsetzung von Boiergebiet, Boihaemum und Bohemia (Böhmen) nicht akzeptabel sei. Für die Identifizierung von Boiern böten sich in Ermangelung von Gräbern nach innerer und äußerer Quellenkritik vor allem Siedlungen und Münzen an. Bei den Siedlungen zeige das Beispiel der Treverer, wie viel bei guter Forschungslage an ethnischen Aussagen möglich sei. Für das Erkennen von Territorien komme abrupten Verbreitungsgrenzen ohne naturräumliche Ursache große Bedeutung zu. Münzen böten durch Prägestätten, Vorbilder, Münzfuß und Symbolik viel Aussagepotential, das beim heutigen Forschungs- und Publikationsstand noch kaum ausgeschöpft werden könne. Wie Salač (S. 139) betont auch Trebsche, dass die »Bezeichnung bestimmter Münzprägungen als ›boisch‹ durch nichts zu rechtfertigen« sei.

›Die befestigten Höhensiedlungen in der »boischen« Donauzone‹ (S. 211–223) sind das Thema Maciej Karwowskis, der eine »präzise ethnische Bestimmung« der dahinterstehenden Gesellschaft a priori ausschließt. Nordostösterreich sei von besonderer Bedeutung, weil sich hier mitteleuropäische Goldwährung und südöstliche Silberwährung der Latènezeit überschnitten hätten. Die derzeit gesicherten je sechs Höhen- und Talsiedlungen werden eingehend beschrieben. Während die Höhensiedlungen (nach 150 bis nach 50 v. Chr., La Tène C2 bis D1/2) bis auf Oberleiserberg und Pressburg (Bratislava) an geringer Größe, spärlicher Bebauung und Fundarmut als nur zeitweilig genutzte Refugien erkennbar seien, seien die großen Talsiedlungen reich an Importen, Münzen und dichter, differenzierter Bebauung. Die Datierung der Höhensiedlungen mache ihre Gründung beim Durchzug der Kimbern und Teutonen, ihre Aufgabe nach der Niederlage gegen die Daker wahrscheinlich. Frührömische Aktivität fehle. Die Verbreitung eiserner Fibeln lasse sich als möglicher Hinweis auf eine Abwanderung nach Norden deuten.

Radoslav Čambal, Igor Bazovský, Marek Budaj und Branislav Kovár analysieren die ›Boische Besiedlung im Oppidum von Bratislava und in seinem Hinterland‹ (S. 225–242). Dabei folgen sie dem traditionellen Szenario der Boierwanderungen. Auf einen Abriss des historischen Geschehens folgt eine Diskussion der Chronologie mit dem Vorschlag einer Zweiteilung von La Tène D2. Keramik entstand Töpferöfen zufolge im Oppidum von Pressburg und nordöstlich davon. Sonderformen seien römische Importe und ihre lokalen Imitationen, die wegen römischer Architektur auf dem Burghügel wohl mit einem römischen Emporium (abgelehnt von Kolníková S. 264) zusammenhingen. Dakische Funde wie Keramik, Gürtel und Münzen werden als Zeugnisse militärischer Episoden gedeutet. Sehr reich seien in Pressburg und seinem Umland die Fibelbestände, deren Typen ausführlich vorgestellt werden. Den dritten Materialkomplex bildeten vor Ort in mehreren Werkstätten geprägte Münzen. Das gesamte Material wirft nach Meinung der Autoren mehr Fragen auf, als es beantwortet, zum Beispiel die nach Herkunft und Stammeszugehörigkeit der Bewohner, die ausdrücklich, aber ohne Begründung zugunsten von Boiern entschieden wird.

Danach kommt Miklos Szabós Beitrag zu ›Boïens de Bohême – Boïens de Pannonie‹ (S. 243–251). Auch er beginnt mit einer Diskussion der historischen Quellen, die zu einer Lokalisierung der Boier und Boiohaemums im nordwestlichen Karpatenbecken beziehungsweise der Südwestslowakei und ihren Nachbargebieten führt. Für die Kontakte dieser Boier nach Oberitalien präsentiert Szabó archäologische Belege: eine römische Münze des dritten Jahrhunderts aus Nitra sowie Keramik der Zeit La Tène B2/C1 mit anthropomorphen Henkeln und Maskenappliken, die auf griechische und etruskoitalische Keramik- und Metallvorbilder zurückgingen und auch in keltoitalischen Kontexten vorkämen, während Parallelen im ostkeltischen Raum fehlten. Auch später lägen im Oppidum von Pressburg enge Bezüge nach Italien vor, zum Beispiel in Form von Steinarchitektur, Münzen nach römischem Vorbild und Raubtierdarstellungen nach etruskoitalischem Muster, so dass man von einem zisalpinen Bevölkerungsanteil ausgehen könne. Die Existenz böhmischer Boier wird hingegen abgelehnt.

Eva Kolníková schreibt über ›Münzprägung und Geldwirtschaft an der Ostgrenze der boischen Besiedlung – Forschungsergebnisse und Fragestellungen‹ (S. 253–271). Sie betont, dass Neufunde von Münzen »das bisherige Bild des boischen Münzwesens« korrigierten, dessen Ostgrenze die March bilde und dessen Ursprung nicht in Oberitalien liege, sondern in makedonisch-thrakischen Einflüssen unter Vermittlung keltischer Söldner. Tetradrachmen mit Leier seien von balkanischen, nicht boischen Prägungen abhängig (vgl. Beitrag Militký S. 80; 82 zu südöstlich inspirierten Münzbildern), und Münzen der Stufe La Tène B2/C2 östlich der March seien Anzeiger von Wirtschaftskontakten (etwa wegen Erzlagern), nicht von boischer Besiedlung. Ebenso hätten Muschelstatere ohne Inschrift um Bratislava kommerziellen Hintergrund. Das Oppidum sei nicht das Zentrum eines Reiches der Großboier, vielmehr gehe die im Mittellatène einsetzende Besiedlung auf einen unbekannten Keltenstamm zurück. Die Blüte der ersten Hälfte des ersten vorchristlichen Jahrhunderts zeige römischen Einfluss (Handel, Lebensstil, Architektur), der Verfall gehe mit der Expansion Noricums einher. Die Restbevölkerung sei nach Tiberius' Feldzug von 6 n. Chr. in Richtung Pannonien abgewandert.

Andrzej Maciałowicz fragt auf der Grundlage einer eigenen Materialsammlung von mehreren Hundert Fibeln nach ›Handwerk, Handel und Heirat? Neues über Kontakte der Boier mit den Germanen anhand von Fibelfunden‹ (S. 273–293). Fibeln vom Mittellatène- und Spätlatèneschema bildeten eine Hauptfundkategorie der jüngeren Vorrömischen Eisenzeit in Polen und zugleich das einzige Element keltischer Tracht, das von Germanen generell angenommen worden sei, für die Rekonstruktion von Fernhandelsrouten komme es jedoch auf ihr Rohmaterial an. Seit der jüngeren Vorrömischen Eisenzeit dominierten in Polen Eisenfibeln mit siebenundneunzig Prozent über bronzene. Getrennt nach La Tène C1, C2 und D1 bis D2a werden Typen und Verbreitung untersucht. Problematisch sei die Unterscheidung zwischen Importen und lokalen Produkten, da weder technische noch ästhetische Qualität über das Ethnos des Herstellers Auskunft gäben, zumal Germanen und Kelten teils gemeinsame Siedlungen bewohnt hätten. Mit der Spätlatènezeit verstärkten sich die keltischen Beziehungen zu Ostpommern und Masowien, und die Bronzefibeln gehörten nun fast alle zu oberitalischen Typen wie Almgren 65, Schüsselfibeln, Carceri und Cenisola. Es zeige sich, dass anfangs die keltischen Enklaven Schlesiens die Hauptrolle bei der Vermittlung der Latènemode gespielt hätten. Im Oppidahorizont deuteten die oberitalischen Typen den Anfang der Bernsteinstraße an, auf der Buntmetallfibeln ins Küstengebiet gelangt seien, allerdings über das großpolnische Prosnatal und nicht entlang der Weichsel, wie früher angenommen.

Marko Dizdar behandelt ›The Boii and their connections with the Scordisci – Contacts between Central Europe and South-Eastern Pannonia during the La Tène Culture‹ (S. 295–308). Getrennt nach La Tène A bis B1, B2 bis C1 und C2 bis D werden Fundkategorien mit Bezügen nach Nordwesten und umgekehrt diskutiert. Die engsten Kontakte hätten in La Tène B2 bis C1 bestanden und seien vor allem in Gräbern greifbar, während Siedlungen fehlten. Auch für die Spätphase sei dank der Kontinuität skordiskischer Gräberfelder ständiger Austausch nachzuweisen, und skordiskische Fibeltypen seien weit nach Nordwesten gelangt (Oberleiserberg, Ehrenbürg). Befestigte Siedlungen entwickelten sich zu Handelsplätzen, und reiche Waffengräber bezeugten die Entstehung einer (in Mitteleuropa wegen fehlender Gräber schwerer greifbaren, Anm. Rez.) berittenen Kriegerelite. Als Kontaktwege kämen die Bernsteinstraße oder eine Route entlang dem Plattensee in Frage.

Die im vorigen Beitrag bereits erwähnten Achterschleifenfibeln (S. 301) beschäftigen Ana Marić eingehend in ihrer Studie ›Fibulae with the figure-of-eight decoration in the area of the Boii: testimony to their southeastern connections‹ (S. 309–321), die auf ihrer Doktorarbeit fußt. Die genannte Fibelart war ungewöhnlich weit verbreitet (Österreich bis Ukraine, Griechenland bis Polen) und langlebig (La Tène B1 bis D), so dass es nicht verwundert, dass die Autorin anhand der Anzahl und Position der Achterschleifen, des Verhältnisses von Fuß- zu Bügellänge sowie zusätzlicher Zierelemente vier Haupttypen (A bis D) mit bis zu fünf Varianten und teilweise Subvarianten bilden kann. Hinsichtlich der Definition des Boiergebietes folgt sie der »most common definition« und findet dort nur die Varianten A1, B1a, B1b, B5 und C2 bis C4, deren Vertreter einzeln vorgestellt werden. Die Kontakte zwischen Boiern und Skordiskern werden anhand von Verbreitungskarte und Fundvergesellschaftungen untersucht mit dem Ergebnis enger kultureller Verbindungen und eines regen Ideenaustauschs, bei dem die Boier als Erfinder und Vorbild eine wesentliche Rolle gespielt hätten.

Wolfgang David untersucht einmal mehr Schriftquellen, hier zum Thema ›Boier zwischen Norditalien und dem Donauraum‹ (S. 323–354) mit dem Fokus auf Oberitalien. Ausgehend von der Problematik keltischer Stammes- und Kollektivnamen und des teils großen zeitlichen Abstandes zwischen Ereignissen und Niederschrift werden zunächst die Berichte über die Boier von 283 v. Chr. bis zur endgültigen Niederlage in Italien 190 v. Chr. kenntnisreich entfaltet, wobei vor allem die Rigorosität der römischen Kriegführung erschüttert.

Erst danach könne im Donauraum und seit 58 v. Chr. in Gallien von Boiern die Rede sein, obwohl kein größeres Gebiet im Donauraum komplett und ausschließlich durch Boier aus Italien aufgesiedelt worden sei. Überraschend ist, dass der Prähistoriker David die archäologischen Zeugnisse für die Anwesenheit der Boier in Oberitalien bis auf vierzig unaufgelöste Fundpunkte auf Abbildung 4 und eine kursorische Erwähnung (S. 352 unten mit Anm. 192) ausblendet (s. etwa M. Schönfelder [Hrsg.], Kelten! Kelten? Keltische Spuren in Italien. Ausst. Mainz 2010. Mosaiksteine 7 [2010]). Es mag praktische Gründe dafür gegeben haben, aber dadurch bleiben die Boier in Oberitalien merkwürdig einbeinig im Vergleich zu ihren vielseitig beleuchteten mitteleuropäischen und gallischen Namensvettern, eine Lücke, die auch Szabós Beitrag (S. 245–251) nur bedingt schließt.

Bernward Ziegaus diskutiert, ob ›Boische Münzen in Süddeutschland – Fremde Prägungen mit überregionaler Gültigkeit?‹ seien (S. 355–373). Seit dem zweiten vorchristlichen Jahrhundert sei an Zentralorten die Vermischung einheimischen und fremden Geldes zu beobachten, dessen Funktion sich von Thesaurierung und Sold auf Handel und Zahlungsverkehr erweitert hätten. Aus wenigen imitativen Münzen hätten sich viele numismatische Landschaften mit verschiedenen keltischen Motiven, Legierungen und Nominalen entwickelt. In Süddeutschland hätten sich nicht – wie zu erwarten – westliche Philippeimitationen und östliche Alexanderimitate vermischt, sondern es seien seit etwa 200 v. Chr. Kleingoldmünzen mit keltischen Bildern hergestellt worden. Im frühen zweiten Jahrhundert habe mit den Regenbogenschüsselchen eine reiche Goldprägung eingesetzt. Ihr Edelmetall mit nur fünfundsiebzig Prozent Feingehalt sei von böhmischen Münzen aus Berg- oder Flussgold mit fünfundneunzig bis achtundneunzig Prozent weit übertroffen worden, was deren Beliebtheit und weite Verbreitung zum Beispiel in Horten erkläre. Siedlungsfunde boischer Münzen in Bayern seien eher selten. Der Geldstrom von Böhmen nach Bayern sei deutlich intensiver gewesen als umgekehrt und als der aus Mähren nach Bayern. Die Initialfrage nach der überregionalen Gültigkeit wird angesichts der hohen Qualität boischer Prägungen nicht im ethnischen, sondern im geographischen Sinn eindeutig bejaht.

›Boier in Bayern?‹ (S. 375–383) lautet die Frage von Susanne Sievers. Manching und der Süden Bayerns hätten lange als vindelikisch gegolten, bis Werner Ernst Stöckli die Boier ins Spiel gebracht habe, weil die von ihm bearbeitete Manchinger Grob- und Importkeramik enger mit dem Osten als dem Westen verbunden sei und Passau Boiodurum geheißen habe. Mit der 1982 von Werner Krämer publizierten Manchinger BOIOS-Scherbe, den jüngst von Christiana Later vorgelegten böhmischen Sapropelitfunden aus Manching sowie dem in Manching benutzten Graphit aus Lagerstätten des Passauer Raums seien weitere Argumente hinzugekommen. Ausgehend vom Gräberfeld von Dornach seien die Ostkontakte durch Metallfunde und Strontiumisotopenanalysen erhärtet worden, wobei Diskrepanzen zwischen archäologischen und anthropologischen Befunden einmal mehr die mangelnde Eignung von Funden für ethnische Interpretationen bewiesen. In den Manchinger Gräberfeldern bezeugten Funde ebenfalls enge Beziehungen nach Böhmen und Mähren, auch in Manching-Altenfeld häuften sich Objekte, vor allem der Spätlatènezeit, mit einem Hauptverbreitungsgebiet im ostkeltischen Raum. Zudem stamme ein Viertel der untersuchten Knochen von Individuen, die aus Granitgebieten nordöstlich der Donau zugezogen seien. In Summe wird klar: »Es gab also sicherlich auch in Bayern ›Boier‹, aber Bayern war deshalb noch lange nicht boisch«.

Matthias Hardt spannt mit seinem Kurzbeitrag ›Boier und Baiern?‹ (S. 385–390) den Bogen zum Frühmittelalter. Entgegen der älteren Forschung, die zum Beispiel eine Landnahme der Baiern als geschlossenem Stamm favorisiert habe, seien damals Zugewanderte aus Böhmen mit weiteren ost- und westgermanischen, insbesondere alamannischen Gruppen, der provinzialrömischen Bevölkerung und breonischen Bevölkerungsresten zu jenen Baiern zusammengewachsen, die Jordanes 551 n. Chr. erstmals als »Baibari« erwähnt. Die Keramik vom Typus Friedenhain-Přešťovice (so die geläufige Schreibweise für Prestowitz, nicht wie S. 386 unten) könne allerdings jüngster Kritik zufolge »nicht sicher als Indikator für die Einwanderungsrichtung […] angesehen werden«. Wenn dem so ist, fragt man sich, wieso hier der naheliegende Verweis auf Strontiumisotopenanalysen von Grabfunden unterbleibt, die wie im Spätlatène (vgl. Beitrag Sievers S. 377 f.) Zuwanderung aus Böhmen beziehungsweise Nordostbayern belegen. (Zu solchen Analysen s. G. Moosbauer, Kastell und Friedhöfe der Spätantike in Straubing. Römer und Germanen auf dem Weg zu den ersten Bajuwaren [Rahden 2005] 230–233; 249–293, bes. 260; 286; 288; H. Losert, Altenerding in Oberbayern. Struktur des frühmittelalterlichen Gräberfeldes und ›Ethnogenese‹ der Bajuwaren I [Berlin, Bamberg und Laibach 2003] 30 f.)

Als Nächstes untersucht Holger Wendling ›Die Helvetier als Nachbarn der Boier – Kommunikation und Vernetzung gallischer und ostkeltischer Räume‹ (S. 391–409). Angesichts vieler ungelöster Forschungsfragen löst sich Wendling von der »angeblichen historischen Realität« antiker Quellen und gliedert sein Forschungsgebiet »im Sinne abstrakter geographisch definierter Räume«. Unterschiede und Gemeinsamkeiten sollen »als Zeichen interregionaler Kontakte und Kommunikation gedeutet werden«. Für die Frühlatènezeit bezeugten Funde enge Kontakte zwischen der Schweiz und Böhmen, wobei anthropologische Untersuchungen Migration zum Teil ausschlössen. Für die Mittel- bis Spätlatènezeit zieht der Autor wegen des Gräbermangels Siedlungen heran, die mit Palisadengehöften in Gallien und Viereckschanzen in Süddeutschland relativ klare Grenzen vorgäben. Aussagekräftig seien auch Siedlungskeramik mit westlichen Funden bis Hrazany im Osten und böhmischem Material im Westen sowie zeitlich und räumlich fluktuierende Glasarmringe.

Waffen und Reitzubehör seien an ihrer weiten Streuung als soziale Insignien erkennbar, was zur antiken »Überlieferung einer über Stammesgrenzen versippten Herrschaftsschicht« passe. Das Münzwesen deute groß- und kleinräumige Tauschsysteme an. Somit ergäben sich für Helvetier und Boier »identische Identitäten« im Sinne einer »durch Klientel- und Wirtschaftsbeziehungen vernetzte[n] Herrschaftsschicht, die sich nicht durch Stammeszugehörigkeit« definiert habe.

Den Abschluss des Bandes bildet Gilles Pierrevelcins Aufsatz zu ›Les Boïens de Gaule: entre réalité historique et mythe archéologique?‹ (S. 411–435), der sich in einen historischen und einen archäologischen Teil gliedert. Ersterer beginnt mit den Zeugnissen für die Boii in Gallien von 58 v. Chr. bis 77 n. Chr. Für ihren Hauptort Gorgobina (Gortona) existierten etwa dreißig Lokalisierungsvorschläge, von denen Saint-Satur an der Loire der Favorit sei. Anthroponyme mit ›Boi(i)-‹ müssten nicht von Boiern abgeleitet sein, sondern könnten auch mit ›bogio-‹ (Kämpfer, Gegner), ›bo-/bou-‹ (Rind) und anderem zusammenhängen. Zu den aquitanischen Boiaten fänden sich Textzeugnisse vom ersten vorchristlichen bis in das fünfte nachchristliche Jahrhundert, die in Summe Kelten mit einer Namenswurzel ›Bo(i)-‹ und einem Hauptort ›Boios‹ an der Bucht von Arcachon bezeugten (vgl. Beitrag Hainzmann S. 106; 109). Mit archäologischen Funden sei es hingegen wegen der materiellen Einförmigkeit der Latènekultur schlecht bestellt: Für die Boier erwiesen einige Funde Kontakte nach Mitteleuropa, aber keine boische Wanderung, bei den Boiaten sehe es nicht besser aus. Aus rein archäologischer Sicht – ohne die Textquellen – sei ein sicherer Nachweis von Boiern in Gallien somit unmöglich.

Die redaktionelle Qualität der Texte und der großenteils farbigen Abbildungen ist insgesamt erfreulich, wenn man auch in wenigen Fällen für genaueres Studium nicht um die Originalvorlage herumkommen wird (S. 17 Abb. 3; S. 171 Abb. 2; S. 335 Abb. 5; S. 343 Abb. 6). Formale Unterschiede zwischen den Beiträgen (eingeräumt S. VII), zum Beispiel in der Zitierweise (vollständige Zitate in Fußnoten, Kurzzitate in Fußnoten bzw. Kurzzitate in Klammern im Text; ›et al.‹ sowie ›u. a.‹ nebeneinander), hätten durch verbindliche Autorenrichtlinien vermieden werden können. Ebenso wäre ein homogenerer Zustand der Beiträge ohne unaufgelöste Kurzzitate, nicht zitierte Literatur in Literaturlisten, Diskrepanzen zwischen Kürzeln in Zitaten und Literaturliste, Abweichungen von der alphabetischen Ordnung bei der Literatur oder vereinzelte sachliche Fehler (z. B. S. 340 Mitte mit Anm. 113: ›iuventutas« statt »iuventus«) wünschenswert.

Zusammenfassend kann man sich der Ansicht der Herausgeber (S. VII) nur anschließen, dass der Band vor allem die derzeitige Vielfalt an Meinungen zu den Boiern spiegle, seien sie traditionell oder kritisch, alten Methoden oder neuen Ideen verhaftet oder Ausdruck verschiedener Generationen, Schulen und Fächer – oder auch des Blickwinkels unterschiedlicher Länder, möchte man hinzufügen. Exemplarisch zeigt dies ein Blick auf die Lokalisierung der Boiereinöde, die verschiedene Autoren zwischen Neusiedler See und Raab (S. 43–47), in Südmähren (S. 177–179), Pannonien (S. 229 f.), im nordwestlichen Transdanubien (S. 248) oder zwischen Lech und Pannonien (S. 345) vermuten, eine Unsicherheit, die wie vieles andere wohl im Sinne eines »agree to disagree« bestehen bleiben wird, sofern nicht der Zufall in Zukunft neue Quellen liefert. Die von den Editoren dem Leser anheimgestellte Entscheidung, »ob es uns gelungen ist, das 2012 in Rzeszów gesetzte Ziel zu erreichen«, nämlich eine aktuelle Zusammenfassung der Erkenntnisse und Ansichten zum Thema der Boier sowie ihre gründliche Überprüfung zu bieten (S. VII), kann nur zugunsten des voluminösen Werkes ausfallen. Die Beteiligten haben ein kompliziertes Thema interdisziplinär an die Grenzen des derzeit Möglichen getragen und in ein kurzweiliges und informatives Buch verwandelt, das vollständige Lektüre lohnt.

München   Janine Fries Knoblach

Klassische Archäologie

Gottfried Gruben (†), **Der Polykratische Tempel im Heraion von Samos.** Herausgegeben und für den Druck vorbereitet von Hermann J. Kienast. Samos, Band XXVII. Reichert Verlag, Wiesbaden 2014. 210 Seiten mit 60 Abbildungen, 123 Tafeln und 5 Beilagen.

Der hier zu besprechende Band legt postum die Studien Gottfried Grubens, des bis zu seinem Tod 2003 international anerkannten Doyens der Archäologischen Bauforschung, zum größten Tempel Griechenlands vor, dem polykratischen Heraion auf Samos.

Die Annäherung an das Werk bedarf der Kenntnis seiner Entstehungsgeschichte. Hierzu sei dem Leser empfohlen, die Lektüre mit dem Vorwort des Herausgebers zu beginnen. Im Kern handelt es sich um die im Jahr 1959 eingereichte Dissertation des Verfassers, die nun fünfundfünfzig Jahre später und elf Jahre nach seinem Tod erschienen ist. Einer Drucklegung im Anschluss an die Promotion hatte neben anderen Verpflichtungen der hohe Anspruch entgegengestanden, für die gedruckte Fassung weit über die damals vorgelegten Kapitellfragmente hinaus die aufgehende Architektur des Tempels vollständig zu behandeln. Nach seiner Emeritierung nahm Gruben die Erweiterung und Überarbeitung schließlich in Angriff. Durch seinen Tod ist die Arbeit dennoch Fragment geblieben. Über die Dissertation hinausgehende Kapitel lagen teils in Rohform vor und waren teils noch nicht einmal begonnen, die in einem halben Jahrhundert erschienene Literatur ist nur zu einem Teil eingearbeitet.

Der Herausgeber des Bandes, Hermann J. Kienast, übernahm als langjähriger Leiter der Samosgrabung des Deutschen Archäologischen Instituts und als einer der Schüler Grubens die ehrenvolle, doch auch schwierige und heikle Aufgabe, die Unterlagen zum Druck vorzubereiten. Dabei hat er es sich der Werktreue zuliebe und aus Respekt vor der Persönlichkeit des Verfassers untersagt, in die nachgelassenen Manuskripte einzugreifen, und Anmerkungen nur in äußerster Zurückhaltung und deutlich gekennzeichnet hinzugefügt. Die Entstehungsgeschichte erklärt auch den Aufbau des Bandes, der den Leser recht unvermittelt in die minutiöse Materialvorlage wirft. Angesichts des sehr unterschiedlichen Ausarbeitungsstandes des Manuskriptes ist die vom Herausgeber gewählte Reihenfolge der Kapitel gut nachvollziehbar. Im ersten, weit umfassenderen Hauptteil werden die zugewiesenen Fragmente vorgelegt und die Formen der Bauglieder rekonstruiert (S. 1–166, Taf. 1–119) – auf ihn konzentriert sich die hier vorliegende Besprechung –, während der zweite Hauptteil Überlegungen zu verschiedenen Themen vereint (S. 167–199 Taf. 120–123 Beil. 3–5), nämlich zur Geschichte des Tempels und des Heiligtums, zum Grundriss und den Fundamenten des Tempels sowie in zwei Exkursen zu den ionischen Tempeln von Lokri und Syrakus, also Vergleichsobjekten, vor allem um durch Analogien Aussagen zum Gebälk des Dipteros zu gewinnen.

»Die Vielzahl der Abbildungen bildet«, so die Worte des Herausgebers, »den wertvollsten Teil der Arbeit« (S. VII). Auch Gruben selbst sah im »Begreifen und Zusammenfügen der Fragmente und endlich in den Rekonstruktionen« die eigentliche Aussage seiner Dissertation (S. X). Alle Zeichnungen der Dissertation fertigte er eigenhändig an, insbesondere die Rekonstruktionen der Kapitelle und Säulenhalsanthemien. Sie sind, wie ergänzend angemerkt sei, nicht mit den damals bereits zusehends verbreiteten Tuschestiften gezeichnet, sondern mit der Ziehfeder, um keine Einschränkung in den Strichstärken zu erfahren. Sie stellen an Klarheit und Ausdruck ein Ideal dar. Spätere Zeichnungen fertigte Irene Ring in intensivem Austausch mit dem Autor an. Sie war zuletzt seine engste Mitarbeiterin. Inhaltlich reichen die Grafiken in vielen Aspekten weit über den Text hinaus, nicht nur wegen dessen teils fragmentarischen Charakters. Umso mehr ist die ausgezeichnete Druckqualität der Fotos und Zeichnungen hervorzuheben, sogar bei der Herausforderung einer mit Graustufengrafik kombinierten Strichzeichnung (Taf. 123). Auch sind auf den Grundrissen der Antenfundamente (Taf. 99) die rot gedruckten Ritzlinien so passgenau, dass das bloße Auge keine Abweichung erkennt. Einzig irritierend ist, dass bisweilen die Fotografien auf den Tafeln nicht genauer nach ihren Lagerflächen oder Ornamentachsen ausgerichtet sind (etwa fast fünfzehn Grad Abweichung bei Fragment 23 Taf. 18, oder drei Grad bei Fragment 106 a Taf. 54).

Zuletzt stellte Gruben offenbar die Fertigstellung des eigentlichen Kerns des Bandes, die Vorlage der aufgehenden Architektur des Tempels, zurück und wandte sich der Darstellung übergeordneter Aspekte der Heiligtumsentwicklung zu, wobei er teilweise erheblich von derzeitigen Forschungsansichten abweicht. Man fragt, sich, was ihn hierzu wohl bewogen haben mag. Wer den Autor näher kennenlernen durfte, dem wird gut bekannt sein, wie beharrlich er an bestehenden Wissensgebäuden festhielt, solange er sie nicht durch von ihm als absolut hieb- und stichfest anerkannte Beweise widerlegt sah. Begründete Zweifel an älteren Standpunkten oder Indizien, die eine andere Deutung wahrscheinlich machten, genügten ihm dabei nicht. Und in besonderem Maße muss dies gegolten haben, wenn es Überlegungen vom Ausgräber des Heraions betraf, Ernst Buschor, seinem hochverehrten Lehrer. Offenbar betrachtete Gruben jüngere Diskussionen zum Heraion keineswegs als entschieden. Es muss ihm darum gegangen sein, neben den in den letzten Jahrzehnten entwickelten Interpretationen die Argumentation Buschors und seine hierdurch geprägte eigene Sicht in Erinnerung zu halten. Insbesondere betrifft das die Beziehung zwischen dem ersten und dem zweiten Dipteros sowie die Bedeutung des Lygos genannten heiligen Baumes. Diesen Problemen nachzugehen, ist hier freilich nicht der Ort.

Einzelne Rekonstruktionszeichnungen, in denen die Quintessenz der Arbeit veranschaulicht ist, haben bereits vor Jahrzehnten Einzug in Handbücher gefunden: erstens das Volutenkapitell mit Säulenhalsanthemion von der äußeren Ringhalle in Front- und Seitenansicht, zweitens die Gesamtansicht einer solchen Säule und drittens die Gesamtansicht einer Cellasäule, bekrönt von einem Rundkapitell in der Form eines mit einem ionischen Kyma ornamentierten Echinos. Dank der herausragenden Autorität des Verfassers wurden die Rekonstruktionen nie angezweifelt.

Erst die vorliegende Publikation liefert indes den Beleg. Erst sie macht deutlich, welches Geniestück die Arbeit erforderte, ist es doch schwierig genug, ein Fragment einer bekannten Bauform zuzuweisen, um wieviel schwieriger aber, eine ganze Reihe noch unbekannter Typen aus Fragmenten zu erschließen. Erst das neue Buch ermöglicht es, nach der Grundlage bestimmter Rekonstruktionsdetails zu fragen. Und erst durch die Publikation der gesamten Arbeit bietet sich der Tempel nun in seiner ganzen Formenvielfalt dar. Um die Arbeit in vollem Umfang zu würdigen, muss man sich bewusst machen, dass mit ihr erstmals der Versuch unternommen wurde, für immer verloren geglaubte Bauformen durch die minutiöse Aufnahme aller erhaltenen, kleinst zerschlagenen Fragmentreste wiederzugewinnen. Der Band ist daher nicht zuletzt als forschungsgeschichtliches Dokument aus der Entstehungszeit der Arbeit in den fünfziger Jahren bedeutend. Dass daher auch längst beantwortete Fragen diskutiert werden oder Interpretationen und Datierungsansätze nach jüngeren Publikationen vielleicht noch einmal zu korrigieren sind, tut der herausragenden Bedeutung keinen Abbruch.

Gerade angesichts dieses forschungsgeschichtlichen Aspekts hätte man sich ein Methodenkapitel zu den Aufnahmen der Fragmente wie zur Rekonstruktion der Bauformen gewünscht. Einzelne Hinweise finden sich im Text, insbesondere legt Gruben ausführlich sein Vorgehen bei der Rekonstruktion des Volutenkapitells dar (S. 2; 5; 33 f. Anm. 64).

Für die Arbeit untersuchte der Autor sämtliche Fragmente des Polykratischen Dipteros mit erhaltenen Architektur- oder Reliefoberflächen – insgesamt über sechshundert Stücke –, mit Ausnahme der von Nils Hellner bereits im vorangegangenen Band der Reihe vorgelegten Säulenbasen. Wie der Herausgeber hervorhebt, hat Gruben dabei offenbar nicht einen einzigen Überrest übersehen (S. 203).

Die Materialvorlage und Rekonstruktion der Bauformen im ersten Hauptteil gliedert sich in vier Kapitel: Das erste, ›Säulenhals und Kapitell‹, stellt die überarbeitete Fassung der Dissertation dar und nimmt etwa die Hälfte des Textes sowie den größten Teil der Tafeln ein (S. 2–93). Durch Aufsätze und insbesondere Grubens erstmals 1966 gedrucktes Standardwerk ›Tempel der Griechen‹ sind grundlegende Ergebnisse längst bekannt, zum einen die Rekonstruktion des Volutenkapitells der äußeren Ringhalle, zum anderen der Nachweis, dass die Säulen der Cella, des Pronaos und der inneren Ringhalle mit einem ionischen Kyma verzierte Rundkapitelle trugen. Den Auftakt bilden fünfundfünfzig Fragmente der mit Anthemien verzierten Säulenhälse (S. 2–28), die nach Material, Abmessungen und Stilmerkmalen des Ornaments von mindestens neunundzwanzig verschiedenen Säulen stammen und neun verschiedene Typen repräsentieren. Es folgen die Volutenkapitelle der äußeren Ringhalle: fünfundsiebzig Fragmente (siebenundfünfzig werden vorgestellt) von mindestens zehn Kapitellen (S. 31–55; 85–93). Von den mit einem ionischen Kymation verzierten Rundkapitellen sämtlicher anderer Säulen schließlich haben sich sechs ganze Kapitelle und über achtzig Fragmente von mindestens zweiunddreißig Kapitellen erhalten, die sich in Durchmesser, der Anzahl von zweiundzwanzig, vierundzwanzig, sechsundzwanzig, achtundzwanzig oder an einem Kapitell sogar nur zwanzig Blattachsen am Echinoskyma, den Ornamentabmessungen und stilistischen Merkmalen unterscheiden. Dies zeugt von der hohen Variationsfreude an diesem Bau und ermöglicht die Zuweisung zu verschiedenen Bereichen dort (S. 55–85).

Das zweite Kapitel ›Säulentrommeln‹ umfasst den Katalog aller erhaltenen Trommelfragmente, siebenundachtzig marmorne und beinahe zweihundertfünfzig aus Poros (S. 94–135). Wichtigere Stücke und aussagekräftige Befunde werden in Zeichnungen vorgestellt (Abb. 1–54, Taf. 94–96). Tabellarische Zusammenstellungen einschließlich der Säulenhalsanthemien und der Rundkapitelle – geordnet nach Material (Marmor oder Poros), Position (Säulenfuß, -schafttrommel, -hals, Echinos), sowie Ausarbeitungsgrad oder Verwendung (verworfen, unkanneliert, kanneliert) – schaffen einen Überblick. Eine Synthese zu den Säulentrommeln hat Gruben nicht hinterlassen. Von einzelnen wichtigen, doch versteckten Überlegungen zur Verteilung auf den Bau abgesehen (S. 11 und 84–85 mit Anm. 118–119), bleibt der Leser auf sich allein gestellt.

Für die Säulen lässt sich folgendes Gesamtbild zusammenfassen:

Erstens. Die Säulen im Innern der Cella trugen marmorne Rundkapitelle, doch Basis und Schaft bestanden aus Poros. Sie besaßen sechsunddreißig flache Kanneluren, die vielleicht hier das erste Mal von Stegen getrennt sind, und waren – entgegen ihrer seit Langem bekannten Rekonstruktionszeichnung – am Hals mit einem Anthemion und Ranken ornamentiert, die an den einzelnen Säulen unterschiedlich gestaltet waren. Anhand der stilistischen Entwicklung des Kymas datiert Gruben das zugewiesene Kapitell um 530 v. Chr., es »gehört also noch in die Lebenszeit des Polykrates« (S. 84).

Zweitens. Die Säulen des Pronaos hatten Basen und Kapitelle aus Marmor, während die Schäfte anscheinend noch aus Poros gefertigt waren. Zumindest zum Teil blieben sie nach Ausweis des zugewiesenen Kapitells, das noch seine Kantenschutzbosse trägt, unkanneliert. Angesichts der Bauformen hält Gruben an einer Entstehung unmittelbar im Anschluss an die Cellasäulen fest, »auch wenn sich bei einer« von Kienast und Andreas Furtwängler durchgeführten »partiellen Nachgrabung […] ein anderes Bild ergeben hat« (S. 177). Lässt sich dieser in die Jahrhundertwende weisende Befund tatsächlich, wie Gruben als Ausweg vorschlägt, mit Erdarbeiten im Zuge der Fußbodenlegung erklären?

Drittens. Auch die Säulen der beiden inneren Reihen der Frontseite, die einen deutlich größeren Durchmesser erhielten, seien noch bis zur Jahrhundertwende errichtet worden. Zur Verzierung ihres Halsbereichs erhielten sie einheitlich einen neu entworfenen Anthemienfries. Da im Fundament der äußeren Ringhalle, aber auch der mittleren Frontsäulenreihe, eine große Anzahl vorbereiteter, erst nun verworfener Porostrommeln verbaut ist, muss man zu diesem Zeitpunkt beschlossen haben, die Säulen ganz aus marmornen Trommeln zu errichten. Sie blieben offenbar glatt, denn nicht eines der erhaltenen Fragmente weist eine Kannelierung auf.

Viertens. Die von Volutenkapitellen bekrönten Säulen der äußeren Ringhalle sieht Gruben angesichts eines deutlichen Formwandels erst nach einer zeitlichen Unterbrechung in den achtziger und siebziger Jahren des fünften Jahrhunderts entstanden. Sie waren von einheitlicher Form und Größe, während das Rankenornament auf den Kapitellpolstern in Details variiert, etwa der Blattform der Palmetten. Angesichts der Nähe zu diesem Ornament weist Gruben den Frontsäulen die jüngste Gruppe von Säulenhalsanthemien zu. Dieser Schmuck muss daher allen späteren Säulen gefehlt haben.

Fünftens. Nach einer zweiten Unterbrechung seien etwa seit der Mitte des fünften Jahrhunderts die inneren Ringhallensäulen der Langseiten errichtet worden. Sie erhielten seltsamerweise einen deutlich geringeren Durchmesser. Die Kantenschutzbosse am angearbeiteten Schaftansatz (Frg. 127) erhielt eine Zierform, was nur nachvollziehbar ist, wenn sie später nicht abgearbeitet und somit der Schaft unkanneliert belassen werden sollte.

Sechstens. Nach einer abermaligen Unterbrechung von etwa einem halben Jahrhundert sieht Gruben die Kapitelle der beiden Innenreihen der rückwärtigen, westlichen Halle in der zweiten Hälfte des vierten vorchristlichen Jahrhunderts entstanden. Es sind, abgesehen von einem kaiserzeitlichen Reparaturstück, die jüngsten des Tempels. Der an einem Kapitell (137) dreißig Zentimeter hoch angearbeitete und bereits geschliffene Säulenhals belegt, dass auch diese Säulen kein Halsanthemion erhielten und offenbar auch nicht kanneliert werden sollten (S. 74 f.).

Ob die Datierungsüberlegungen auch historische Ereignisse berücksichtigten, legt Gruben nicht dar. Während die erste Unterbrechung überzeugend in die Zeit der Perserherrschaft fiele, wäre ein Weiterbau nach der Niederwerfung durch Perikles und im Peloponnesischen Krieg bemerkenswert, eine Baufortsetzung nach der timotheischen Eroberung der Insel schließlich wenig glaubwürdig. Die absolute Datierung der Bauphasen wie der Unterbrechungen stellt der Herausgeber in seinem Nachwort entsprechend in Frage (S. 203 f.). Auch wenn das ionische Kyma angesichts seiner gut zu verfolgenden Formentwicklung eine Leitform bei der Datierung insbesondere spätarchaischer und frühklassischer Architektur ist, besteht heute kaum mehr der Optimismus, zu einer beinahe auf das Jahrzehnt genauen Datierung zu gelangen.

Das dritte Kapitel ›Anten‹ untersucht zuerst die dort aufeinandertreffenden unterschiedlichen Bodenniveaus und danach die Fundamente der Anten und die dort früher dokumentierten, doch heute verlorenen Ritzlinien, um den Antenfuß zu gewinnen und zu zeigen, dass die Anten nicht pfeilerförmig, sondern als einfache Wandzungen endeten. Anschließend rekonstruiert Gruben Hals- und Kapitellbereich der Anten und schließlich anhand der zuvor gewonnenen Ergebnisse die Antenwände mit einer Verjüngung und leichten Einwärtsneigung.

Die Zuweisung zweier Fragmente zum Antenkapitell des Tempels überzeugt. Das Kapitell muss nämlich bei ähnlichem Aufbau, aber etwas anderer Ornamentabfolge ebenso wie die dahinter anschließenden Reliefsphingen um etwa ein Drittel höher als am Rhoikosaltar gewesen sein (von dem allerdings nur die kaiserzeitliche Ersatzkopie, nicht das archaische Original erhalten ist). Die Rekonstruktion des oberen Wandabschlusses ist stimmig, doch angesichts der Zuweisung von jeweils einem einzigen Kymafragment an die Außen- und Innenseite hypothetisch.

Das vierte Kapitel untersucht noch einmal die im Heraion ausgegrabenen Fragmente von Relieffriesen. Gruben weicht mit einer überzeugenden Argumentation von der bisherigen Zuweisung und Anordnung nach Buschor deutlich ab und ordnet alle Friese im Pronaos des Tempels an, den sogenannten großen Fries aus konstruktiven Gründen und vor allem in Analogie zum Bauschmuck der Dipteroi in Ephesos und Didyma im Sockelbereich. Den sogenannten Südbaufries und den sogenannten kleinen Fries, in denen er mit guten Gründen nur ein einziges Reliefband sieht, weist er angesichts der Fügung aus fünf Schichten kleinerformatiger Quader einem höheren Wandbereich und zwar dem oberen Wandabschluss zu.

Alle wesentlichen Charakteristika der Säulenrekonstruktionen sind durch Bauteile und Fragmente belegt. Es stellt sich allerdings die Frage, ob einzelne Ornamentrekonstruktionen nicht zu weit gehen. So gründet etwa die Rekonstruktion eines Typus der Säulenhalsanthemien (Taf. 7) auf einem einzigen kleineren Fragment. Auch wenn dessen Ornamentrest einem anderen Typus ähnelt und einen vergleichbaren Aufbau vermuten lässt, würde man eine auf so lückenhaftem Befund basierende Rekonstruktion heute wohl kaum mehr mit durchgezogenem Strich darstellen. Denn dies konstatiert gewissermaßen, es bestehe keinerlei Unsicherheit. Es kämen durchaus auch deutlich abweichende Ergänzungen in Frage. So scheint insgesamt in den Rekonstruktionszeichnungen noch ein letzter Nachhall einer auf künstlerischer Einfühlung beruhenden Rekonstruktionspraxis des neunzehnten Jahrhunderts spürbar zu sein, die auf eine visuelle Vergegenwärtigung der Antike abzielte.

Die Rekonstruktion des Volutenkapitells ist in Abmessungen, Proportionen und Grundform durch eine hinreichende Anzahl von Fragmenten von verschiedenen Stellen des Bauteilkörpers belegt und im Großen und Ganzen über Zweifel erhaben. In der berühmten Front- und Seitenansicht bestehen lediglich minimale Ungewissheiten, was die exakten Maße anbelangt. Hingegen legen die Schnittzeichnungen der drei wichtigen Fragmente des Kapitellpolsters (63a–c, B70 sowie 80) nahe, dass das Volutenpolster im Grundriss stärker eingezogen war.

In Einzelpunkten weniger gut belegt ist das Rankenornament, mit dem das Kapitellpolster überzogen ist. Im Befund (vgl. Taf. 89) klafft zwischen dem oben angeordneten Anthemion und der unteren Zone des Rankengeschlinges zum Echinos hin eine weite Lücke. Auf den ersten Blick scheint ein später aufgefundenes Fragment (Frg. 94, S. 51 f.), an dem gleichfalls jeweils vier Spiralen den Ornamentgrund rautenförmig umschließen, die Rekonstruktion zu bestätigen. Doch es handelt sich dabei erstens um das Fragment eines Eckkapitells mit einem um ein zweites Anthemion bereicherten Ornamentschema. Zweitens rollen sich an jenem Stück alle drei Reihen der Rankenspiralen aufwachsend ein, während in der Rekonstruktion des normalen Volutenkapitells (Taf. 90–93) die unteren beiden Reihen das Kapitellpolster herabwachsen. Freilich handelt es sich um ein Detail, das den Ausdruck des Bauteils und seines Ornaments kaum betrifft und höchstens bei Vergleichsstudien zu Kapitellpolstern und Rankenornamenten relevant sein dürfte. Dabei müsste in jedem Fall neben der Rekonstruktion auch der Befund sorgfältig berücksichtigt werden.

Gruben gelingt die Identifizierung von vier Fragmenten diagonaler Eckvoluten und er belegt so, dass die Eckkapitelle des polykratischen Dipteros bereits der endgültigen Form gemäß ausgebildet waren (S. 93). Von der Eckvolute abgesehen rekonstruiert der Verfasser die Eckkapitelle genau nach den Abmessungen des normalen Volutenkapitells, so dass sich an der Innenecke »halbierte, verkrüppelte Voluten recht unglücklich verschneiden« (G. Gruben, Griechische Tempel und Heiligtümer [5. Aufl., München 2001] 362). Nach meiner Ansicht ist eine geringfügige Abänderung der Rekonstruktion zu erwägen, für die wieder das bereits angeführte Polsterfragment heranzuziehen wäre (Frg. 94). Gruben ordnet es an der zur Front hin weisenden Polsterhälfte an. Nach der Krümmung der Ornamentachsen müsste das Polster aber weit stärker als an den normalen Volutenkapitellen eingezogen sein. Positioniert man das Fragment hingegen auf einer zur Innenecke weisenden Polsterhälfte, eröffnet sich eine andere Perspektive: Könnten die Voluten der Innenecke auswärts verzogen worden sein, um Raum für zwei geringfügig verkleinerte, doch vollständige, übereck liegende Innenvoluten zu gewinnen, wie später etwa am Athenatempel in Priene (vgl. W. Koenigs, Der Athenatempel von Priene, Arch. Forsch. 33 [Wiesbaden 2015] 101–103, s. a. die Rezension in diesem Band)?

Dass die Publikation solche kritisch weiterführenden Überlegungen erlaubt, ist ein hohes Qualitätsmerkmal und erfüllt einen methodischen Anspruch, den Gruben zeitlebens erhob.

Der Band bietet eine herausragende Materialvorlage, die für unser Bild vom größten Tempel der griechischen Antike und der Entwicklung der ionischen Architektur von hoher Bedeutung und bleibendem Wert ist. Vielleicht noch bedeutender aber ist die Arbeit als forschungsgeschichtliches Dokument und Paradebeispiel der hier entwickelten Methode. Erstmals waren für immer verloren geglaubte Bauformen anhand exakter Aufnahmen von zahllosen Fragmenten wiedergewonnen worden. Obwohl erst nun gedruckt, prägte die Arbeit jahrzehntelang die archäologische Bauforschung. So darf der Band in keiner Bibliothek zur antiken Architektur fehlen.

Zürich   Arnd Hennemeyer

Wolf Koenigs, **Der Athenatempel von Priene.** Priene, Band III. Archäologische Forschungen, Band 33. Verlag Dr. Ludwig Reichert, Wiesbaden 2015. XXXII und 430 Seiten mit 132 Textabbildungen, 40 Tafeln und 7 Beilagen.

Der Athenatempel von Priene steht am Beginn einer neuen Epoche sakraler Baukunst, die kein Kontinuum von archaischer zu klassischer Zeit kennt. Er ist ein mittelgroßer Peripteros von sechs auf elf Säulen. Der Architekt ist Pytheos (Vitr. 1, 1, 12), der auch für das Maussolleion in Halikarnass den Entwurf geliefert hat (Vitr. 7 praef. 12). Er arbeitete in gewissem Sinn eklektizistisch, indem er aus der Tempelarchitektur einerseits altionische Formen auswählte, andererseits allgemeinhin dorische, und diese geliehenen Elemente dann mit eigenen Ideen zu etwas Neuem geformt hat. Altionisch ist die Basis aus Plinthe, Spira und Torus sowie das Gebälk mit Zahnschnitt über dem Architrav. Wie der dorische Tempel ist der Kultbau der Athena Polias durch eine kräftige dreistufige Krepis herausgehoben, besitzt Autarkie und ist gleichsam rundplastisch konzipiert, indem ein Opisthodom in die ionische Architektur eingeführt ist, durch das die Rückseite ebenfalls Säulen in antis erhält. Pytheos erfand die gebaute Kassette über den Jochquadraten und gab den Unterseiten der Architravbalken mit Kymatien verzierte Soffitten. Den Stylobat versah er mit einer Kurvatur, den Säulenschaft mit einer Entasis. Von nachhaltiger Wirkung ist seine Proportionierung des ionischen Kapitells.

Der Athenatempel hatte eine sehr lange Bauzeit. Ziemlich bald mit der Stadtgründung begonnen (um 350 v. Chr.), wurde er erst in augusteischer Zeit vollendet. Das ist eine Zeitspanne von dreieinhalb Jahrhunderten. Da liegt es auf der Hand, danach zu fragen, wie man sich das langsame Fortschreiten am Bau vorzustellen hat. Der Bauablauf war ein historischer Prozess des Wandels, nicht im großen Gesamten, denn dazu ist die peripterale Tempelform per se nicht imstande, sondern im kleinen Einzelnen, wie in technischen Zurichtungen und vor allem in der Ornamentbildung (S. 144–151).

Den chronologischen Ablauf veranschaulicht Koenigs in einer Zeittafel (145 Abb. 119). Im Gegensatz zu den ionischen Riesen-Naoi der Archaik ist der Athenatempel in Priene vollendet worden. Den Beweis liefern etwa die Reste zweier Giebel. Die Giebelteile befinden sich vor der östlichen und westlichen Seite des Tempels. Ihre Ornamentik unterliegt einem formalen wie stilistischen Wandel, indem die Gruppe im Osten »früh«, die im Westen »spät« ist. Welche Bauteile »früh« und welche »spät« sind, manifestiert sich wie gesagt im Stil der sie schmückenden Ornamente, deren Entwicklungsstufen prinzipiell mit Bauphasen gleichgesetzt werden. Hier ist die Stilforschung gefragt, und das ist ein archäologisches Problem. Grundlegend auf diesem Gebiet ist die Arbeit von Frank Rumscheid (Untersuchungen zur kleinasiatischen Bauornamentik des Hellenismus [Mainz 1994]), dessen Ergebnisse sich Koenigs zu eigen macht. Ein guter Wegweiser für die Stilentwicklung ist das lesbische Kyma. Dieses kommt an fast jedem Bauteil des Athenatempels vor. Frühform und Spätform sind leicht zu unterscheiden.

Rumscheid stellt für den Tempel zwölf Formgruppen auf, von denen jede eine eigene Zeitstufe darstellen soll. Seine Datierungen erhält er durch Vergleiche mit datierten Bauten von außerhalb. Mehrere dieser Gruppen lassen sich phasenweise zusammenfassen, so dass Formunterschiede der Kymatia nicht von vornherein diachron zu werten sind, sondern synchron sein können, da sie von verschiedenen ausführenden Händen stammen. Man kann also die zwölf Formgruppen nicht eins zu eins auf den Bauablauf übertragen und sie schon gar nicht so gegeneinander abgrenzen, dass sich Arbeitspausen daraus rekonstruieren lassen. Die Stilentwicklung erfolgt nicht parataktisch, sondern in Überschneidungen, die, wie Rumscheid betont (a.a.O. 192), zwanzig bis dreißig Jahre umfassen können. Mit entsprechender Skepsis ist die Zeittafel des Verfassers zu lesen, der den Bauablauf nicht nur in vier Arbeitspausen zergliedert, sondern darüber hinaus eine jede auch noch mit einem zeitlich fest umgrenzten Rahmen versieht (von fünfundzwanzig, zwölf und zwanzig Jahren).

Für den Bauablauf gibt es zwei außerstilistische Datierungen, die sozusagen Anfang und Ende bezeichnen. Hierfür stehen zwei Herrscherpersönlichkeiten, diejenige des Königs Alexander des Großen von Makedonien und diejenige des Kaisers Augustus. Die Inschrift Alexanders befindet sich hoch oben auf der Nordost-Ante, eingraviert zu dessen Lebzeiten, weshalb der Naos bereits 324/323 v. Chr. gestanden haben muss. Die Weihinschrift des Augustus steht auf einem Außenarchitrav (Kat. 211), der vor der östlichen Tempelfront gefunden worden ist (S. 147 Abb. 120–121). In ihr ist zu erfahren, dass der Demos den Herrscher Augustus zum Synnaos der Athena Polias erhebt, was seiner Vergöttlichung gleichkommt. Der überschwängliche Dank wird auf einer kaiserlichen Stiftung beruhen, mit der die Priener ihren Tempel haben vollenden können.

Von den von Koenigs angeführten vier Bauphasengrenzen ist nur eine greifbar. Es ist die »Baufuge« auf der Höhe der vierten Säule von Osten auf der nördlichen und südlichen Traufseite, an einer Stelle, an der die Form der Plinthen wechselt (s. u.). Er führt sie auf eine mehrjährige Bauunterbrechung zurück, die den ersten Bauabschnitt beschließt, für dessen Datierung die von Rumscheid zusammengestellten Kymagruppen eins bis vier (350–275 v. Chr.) herangezogen werden. Es sind in der Tat die ältesten des Tempels, die sich mit dem lesbischen Kyma des Maussolleions in Halikarnass gut vergleichen lassen.

Beilage 1 gibt den vom Autor rekonstruierten Grundriss wieder, der auf Neuvermessung beruht. Für die Umrechnung der real gemessenen Werte in antike Fußmaße gilt als Äquivalent ein Fuß von 0,2944 Metern. Wand- und Säulenachsen liegen auf einer Linie und bilden mit ihren Achsen ein Jochquadrat von 3,532 Metern Seitenlänge, das sind zwölf mal zwölf Fuß. Da der Athenatempel eine einheitliche Jochweite hat, bezieht sich das Quadratraster auf den gesamten Grundriss, es war also nicht nach Längs- und Querrichtung unterschieden. Das Quadratraster zwölf mal zwölf Fuß ist Grundlage für weitere Proportionen: die halbe Einheit kommt der Plinthe zu, einer quadratischen Platte von sechs mal sechs Fuß (= ein Modul), das Zehnfache der Achslänge der Traufseite (also einhundertzwanzig Fuß), das Fünffache der Giebelseite (also sechzig Fuß). Damit hat der Tempel die glatte Proportion von eins zu zwei und entspricht zugleich mit der längsseitigen Jochlänge von einhundertzwanzig Fuß der Breite einer Insula. Der Tempel war also in den Stadtplan integriert und damit Bestandteil der primären Planung, das heißt, dass der Baubeginn gleichzeitig mit der Gründung Prienes einhergegangen sein kann (um 350 v. Chr.).

Wie sich Koenigs den frühen, unvollendet dastehenden Tempel vorstellt, hat er von Arndt Hennemeyer in einem Modell veranschaulichen lassen (Tafel 3a): Hoch über Priene erhebt sich ein Naos in der Form eines Kubus mit Dach und kurzer Peristase. Nicht aus ästhetischen Erwägungen, sondern aus rein praktischen dürften aber die Priener ihren Tempel in dieser Gestalt niemals zu Gesicht bekommen haben. Die Griechen nämlich machten Gebrauch von Baugerüsten, für die sie die Bezeichnung ›ikriomata‹ verwendeten. Ein solches Ikrioma wird sich als Daueneinrichtung zum Aufstellen der Säulen im Pteronbereich befunden und damit den Blick auf den Naos verstellt haben. Es dürfte ein freistehendes Gerüst gewesen sein, dessen Balken nicht in der Naoswand verankert sein konnten, da diese aus Quadern bestanden und nicht etwa aus Lehmziegeln. Für die Vollendung des Daches, das über das Pteron herübergezogen und dessen Sparren deswegen angestückt werden mussten, werden Leitern gereicht haben.

Die Säulenplinthen sind hinsichtlich Form und Funktion bemerkenswert. Sie befinden sich auf einem Stylobat, dessen Oberfläche nicht eine horizontale Ebene bildet, sondern eine, die sich leicht nach außen neigt. Wie ein Blick auf Koenigs Steinplan lehrt (Beilage 2), gibt es im Pteron je nach Vorder- oder Hinterkante zwei verschiedene Nivellements, einen höheren Wert innen, einen niedrigeren außen. Ihr Unterschied beträgt im Durchschnitt anderthalb Zentimeter. Ohne Gegenmaßnahme würde die Plinthe eine Schieflage einnehmen mit der Gefahr, ein unschönes Verkippen der Säule nach außen zu bewirken. Die Differenz der Nivellements wird durch die Plinthen soweit ausgeglichen, dass diese eine waagerechte Standfläche bieten. Dafür gibt es generell zwei mögliche Formen, die beide am Athenatempel auftreten, bezeichnenderweise in Gruppen und nicht in ständigem Wechsel. In der einen Gruppe ist die Plinthe eine quadratische Platte (Seitenlänge sechs Fuß à 0,2944 Meter) von durchwegs gleicher Höhe (ein Fuß), also parallel verlaufender Ober- und Unterseite. Diese Zurichtung machte eine partielle Einsenkung in den Stylobat notwendig. In der Holzverbindung würde man von Verzapfung sprechen. Den keilförmigen Absatz der Plinthe nennt der Verfasser Scamillus. In der anderen Gruppe verfährt man steingerechter, indem man die gesamte Plinthe keilförmig gestaltet. Da sich dadurch die Einsenkung in den Stylobat erübrigte, war diese Vorgehensweise sehr viel ökonomischer, wenn auch weniger solide.

Schon Theodor Wiegand und Hans Schrader beobachten dieses Phänomen (Priene. Ergebnisse der Ausgrabungen und Untersuchungen in den Jahren 1895–1898 [Berlin 1904] 89). Sie finden noch sehr viel mehr Plinthen vor als der Autor zu Beginn seiner Arbeiten 1977. Die beiden Forscher berichten von in situ befindlichen Plinthen mit Koenigs Scamillus an der Ostseite, an den Stellflächen der vier östlichen Säulen der Nord- und Südseite sowie an den beiden Säulen des Opisthodom. Alle übrigen Säulenplinthen seien keilförmig. Demnach waren zu Ende des neunzehnten Jahrhunderts noch insgesamt zweiunddreißig Plinthen vorhanden, heute sind es nur noch fünfzehn.

Die eingesenkten Plinthen, also diejenigen, die einen Scamillus haben, sind durch drei Stücke vertreten (Kat. 2 bis 4). Nummer 5 im Opisthodom gehört entgegen der Feststellung Wiegands und Schraders nicht zu dieser Gruppe, vielmehr zu der der flach aufliegenden (Kat. 5 bis 16). Obwohl die beiden Autoren die Existenz zweier Gruppen erkannt haben, sind sie nicht soweit gegangen, den Standort ihres Wechsels an der jeweils vierten Säule der Traufseiten als Bauphasengrenze zu betrachten. Eine solche aber nimmt Koenigs an, nicht ohne weitere Argumente anzuführen, nämlich fünf Bauteile (Kat. 215, 306, 307, 333 und 556). Davon scheiden einige aus (Kat. 306 und 307), weil sie sehr klein und leicht beweglich sind. Die für die Argumentation wichtige Bosse an der rechten Kante der Vorderseite eines Architravfragmentes (Kat. 215) besagt lediglich, dass sie nicht abgearbeitet worden ist, weil der Block nie am Bau versetzt war. Es handelt sich am ehesten um ein verworfenes Stück. Ein Geisonkyma mit Zahnschnitt (Kat. 333) und ein Fragment von einem Kassettenbalken A (Kat. 556), beide bautechnisch auffällig, sind des Autors ernster zu nehmende Beweisstücke. Nach dem Ornament gehören sie zeitlich zum Ostgiebel (s. o.). Damit würde der Befund zwar für einen Bruch im Bauablauf sprechen, nicht aber die Interpretation offenlegen. Ob die Zäsur auf eine längere, ein Vierteljahrhundert währende Unterbrechung weist, wie Koenigs will, (S. 144–150), oder auf eine kurzzeitige, weil bloß der Bautrupp gewechselt hat, lässt sich nicht entscheiden.

Nicht ganz unproblematisch ist die Rekonstruktion der Säulenhöhe. Infolge des spätantiken Erdbebens befanden sich die Säulen jahrhundertelang in Sturzlage, die durch die neuzeitliche Anastylose zutiefst gestört wurde, bevor die systematische Aufarbeitung hat beginnen können. Erschwerend kommt hinzu, dass die Säulen eine Entasis besitzen. Zwar gelingt es Koenigs, diese statistisch und grafisch zu ermitteln (S. 73 Abb. 65), jedoch ist die Emphase mit 0,025 Metern zu gering und der Grad der Zerstörung allgemein zu groß, als dass es möglich wäre, die genauere Position einer gefundenen Trommel innerhalb des Schaftes zu bestimmen. Aus diesen Gegebenheiten heraus resultieren Unsicherheiten bei der Rekonstruktion der Säulenhöhe. Der Autor schlägt dafür 11,62 Meter oder alternativ 12,93 Meter vor. Er gibt dem kleineren Wert den Vorzug, da dieser mit der Höhe der Nordost-Ante des Pronaos besser in Übereinstimmung zu bringen wäre. Die Säulenhöhe von 11,62 Metern würde dann das Neunfache des unteren Durchmessers (1,294 Meter) betragen. Mit dem zehnfachen Wert wurde bisher in der Wissenschaft gearbeitet.

Die ionische Säule des Athenatempels unterscheidet sich erheblich von der des Mutterlandes. Ihre Basis ist nicht modern attisch, sondern altephesisch (s. o.). Auch beträgt die Zahl der Kanneluren statt zwanzig nunmehr vierundzwanzig. Da der obere Durchmesser, am Schaft abgenommen und nicht auf dem Ablauf, 1,094 Meter misst, beläuft sich die Verjüngung auf 1,7 Prozent (S. 73). Die Anzahl von vierundzwanzig Kanneluren brachte den großen Vorteil, dass man deren Lage durch ein einfaches Hilfsmittel festlegen konnte. Bei einem Achsenkreuz im Fünfundvierzig-Grad-Takt bezeichnet der Achsstrahl jede dritte Kannelur, wobei er immer gleichmäßig das Kannelurental durchteilt. Auf einem der Achsstrahlen befinden sich die beiden Dübeleinlassungen, die zentrale und die seitliche. Koenigs bezeichnet diesen als Hauptachse. Wenn das Achsenkreuz vollständig ist – was nicht immer zutrifft – verfügt es über acht Strahlen. Auf vielen Trommelflächen ist eine solche Anzahl durch Ritzlinien angegeben, die der Verfasser in einigen Fällen zeichnerisch dokumentiert (Kat. 65, 74, 145 und 147). Sie ergeben aber nur Sinn, wenn ihre Lage auf den rohen Schaftmantel übertragen wird, was etwa mit Hilfe eines Richtscheits zu bewerkstelligen ist. Diese Markierungen waren dann auf die Ritzlinien der Plinthen auszurichten, die ebenfalls ein Fünfundvierzig-Grad-Achsenkreuz hatten, wenn man die imaginären, durch die Ecken führenden Strahlen hinzurechnet (S. 234). Das Wichtigste wäre, den Hauptstrahl mit den Dübeln in die richtige Position zu bringen. Hier müsste ein System existieren, dessen Lösung trotz Überlegungen Koenigs undurchschaubar bleibt. Nicht genug betont werden kann, dass die Plinthe in der Funktion eines Navigators mit dem Säulenschaft zuinnerst verbunden ist.

Das ionische Kapitell ist fragmentiert überkommen. An keinem einzigen davon ist die Volute vollständig erhalten. Sie, die ausschlaggebend ist für die Bestimmung der Proportionen, muss deswegen stets ergänzt gezeichnet werden. So sind wir auf Rekonstruktionen angewiesen, denen mit einem gewissen Vorbehalt zu begegnen ist, trotz der wunderschönen Handzeichnungen, die durch ihre Qualität bestechen.

Das Kapitell des Athenatempels ist vom Aufbau her konventionell: Es hat zwei Volutenseiten und zwei Polsterseiten. Sie stehen einander beim Normalkapitell gegenüber, beim Eckkapitell jeweils übereck nebeneinander. Der Abakus hat stets ein skulptiertes lesbisches Kyma, das dem Autor zur Grobdatierung dient. Nach Koenigs besitzt der Athenatempel kein einheitliches Kapitell. Unter dem Aspekt der Proportionen trifft der Autor eine Differenzierung in drei Gruppen, für die er jeweils den Begriff Variante verwendet und folglich von Variante I bis Variante III durchzählt. Die Kapitelle der drei Gruppen stellen zwar verschiedene Zeitstufen dar, aber keine Entwicklungsstufen. Denn sie alle gehen auf den gleichen Archetypus zurück, mit dem Unterschied, dass die einen ihn originalgetreu wiedergeben (Variante III), die anderen ihn variieren (Variante I und II). Ausschlaggebend in diesem Zusammenhang sind wie gesagt die Proportionen, womit die Maßverhältnisse des Volutenkörpers gemeint sind, die Höhe der Volute als Grundwert im Verhältnis zur Länge der Volutenfront und zur Breite des Polsters. Das Schema ›Länge zu Breite zu Höhe‹ und dessen glatte Lösung drei zu zwei zu eins verkörpert die von Vitruv (3, 5, 5–6) favorisierte und der Welt der Architekten empfohlene Kapitellform. Sie kommt am Athenatempel und am Maussolleion von Halikarnass zur Ausführung. Das Kapitell des Vitruv ist also das des Pytheos, der seine erdachte Schöpfung als veritables Modell seinen beiden Bauprojekten beigegeben haben wird. Dennoch wurde es am Athenatempel, der ja eine sehr lange Bauzeit hat, erst in der Spätzeit, im zweiten und ersten Jahrhundert genau kopiert, während es zu Anfang, also im vierten und dritten Jahrhundert, nach Koenigs als Variante auftritt: Bei Variante I (Kat. 174 und 175) lautet das Verhältnis 3,3 : 2 : 1, bei Variante II (Kat. 176–180) 3 : 1,94 : 1. Die Abänderungen gegenüber dem Original des Pytheos (vertreten durch Kat. 186–193) mit 3 : 2 : 1 sind so geringfügig, dass die dahinterstehende Absicht nicht erkennbar ist. Koenigs' Ergebnis bleibt soweit fragwürdig, keinesfalls aber gibt es seine Variante III. Das unter diesem Lemma laufende Kapitell (Kat. 186–193) ist der Archetypus, der per se keine Variante ist.

Hermogenes übernahm im zweiten Jahrhundert für seinen Artemistempel dieses Kapitell des Pytheos, später wurde es von der römischen Baukunst rezipiert. Die Nachwirkung dieser wunderbaren Kapitellform reicht bis in die Neuzeit, nicht aber die Tempelform, für die es geschaffen worden ist. Schon im späteren Hellenismus wurde die dem Athenatempel innewohnende, aus dem Dorischen übertragene Enge abgelehnt und durch die pseudodipterale Form ersetzt. Das nur zwei Meter breite Pteron des Priener Tempels und die über zehn Meter hohen Säulen waren keine geglückte Konstruktion, erschwerte sie doch den Blick auf die kunstvoll gebauten Kassetten, die erst jetzt im ruinösen Zustand und durch die vortrefflichen Zeichnungen von Koenigs zur Geltung kommen.

Der Bau ging vermutlich durch seismische Vorgänge zugrunde, wie die sich lokal konzentrierende Fundlage zeigt. Eine von Menschenhand herbeigeführte Zerstörung, mit der ein »Fällen« der Säulen einhergehen würde, hat es nach Koenigs nicht gegeben. Der zum Schutthaufen gewordene Tempel blieb bis ins achtzehnte Jahrhundert unberührt. Es waren die englischen Expeditionen der Society of Dilettanti, die den Ruinenplatz für die Wissenschaft entdeckten. Die erste fand 1765 statt, die zweite 1868 bis 1869. Letztere leitete Richard Popplewell Pullan, der den Bau vollständig ausgrub. Nach dieser Freilegung setzte sogleich die Ausplünderung durch die Bauern der Umgebung ein, die die verbliebenen Quader der damals noch mannshohen Naoswände und die schönen Bodenplatten als besonders geeignet für den Hausbau ansahen und herausrissen. Eine derart gestörte Ruine trafen Wiegand und Schrader im Jahre 1895 an. Ein großes Unglück widerfuhr ihr im Jahre 1965. Es ist weniger die Tatsache, dass damals fünf Säulen wiederaufgerichtet worden sind, als vielmehr die Vorgehensweise der beauftragten Baufirma, die nicht nur die Versturzlage der einzelnen Trommeln nicht dokumentierte, sondern auch das Ruinenfeld auf der Suche nach Basen und Kapitellen auseinanderzog. Dieses Schicksal des Trümmerfeldes sollte man sich vor Augen halten, wenn es um das Problem der Fundlage geht. In der hier besprochenen Publikation wird diese stets als Sturzlage angesprochen. Es ist aber nicht ganz unbedenklich, die Position eines jeden Bauteils am Boden, insbesondere wenn es sich um ein leicht bewegliches handelt, auf den Ort seiner Anbringung am Tempel zu beziehen.

Das Buch ist hervorragend ausgestattet. Neben den eingangs genannten Abbildungen gibt es zahlreiche weitere im Katalogteil, dort mit der ihnen vergebenen Katalognummer versehen. Von etwa 1240 überkommenen Baugliedern, Säulentrommeln und Kapitelle mitgerechnet, werden 793 Stück, die dem Autor hinsichtlich Rekonstruktion oder Bautechnik wichtig erscheinen, in den Katalog aufgenommen. Dort werden sie in Fotografie und zeichnerischer Bestandsaufnahme vorgestellt, so dass weitere offiziell nicht mitgezählte Abbildungen hinzukommen, etwa 330 an der Zahl. Der Katalogtext wird von etwa fünfzig Tabellen begleitet, die auf bestimmte Gruppen bezogene Zahlenangaben enthalten und meistens eine Beschreibung ersetzen. Gelegentlich sind zeichnerische Rekonstruktionen eingestreut, die man allerdings im Katalogteil nicht suchen würde, da sie in das zusammenfassende Kapitel ›Rekonstruktion‹ (S. 65–160) gehören. Jedes relevante Bauteil ist so gut dokumentiert, dass es allzeit originalgetreu in Stein reproduzierbar und für einen eventuellen Wiederaufbau verfügbar wäre. Zur Bewältigung der zeichnerischen Materialaufbereitung stand dem Verfasser eine Schar von Mitarbeitern zur Seite. Vierzehn Zeichner werden namentlich aufgelistet (S. 430). Mit Hilfe eines präzisen Steinplans (Beilage 2), eines rekonstruierten Grundrisses (Beilage 1) und eines Aufrisses (Tafel 1) wird dem Leser der Tempel ganzheitlich vor Augen geführt, wobei sich durch den Vergleich mit den älteren bildlichen Darstellungen, wie denen von Wiegand und Schrader von 1904 oder Schleif von 1931, die Innovation ermessen lässt.

Amöneburg   Adelheid Heide Lauter-Bufe

Torsten Mattern, **Das Herakles-Heiligtum von Kleonai. Architektur und Kult im Kontext.** Kleonai, Band I. Verlag Dr. Ludwig Reichert, Wiesbaden 2015. 186 Seiten mit 27 Abbildungen und 23 Tabellen, 62 Tafeln und 1 Beilage.

Der vorliegende Band zum Heraklesheiligtum in Kleonai ist der erste Teil der Forschungsergebnisse zur Stadt Kleonai südwestlich von Korinth, welchem weitere Publikationen zu Forschungen im Stadtgebiet und im Umland folgen sollen. Die bauforscherischen Feldarbeiten am außerstädtischen Heraklestempel, die auf die Initiative von Hans Lauter zurückgehen, wurden in den Jahren 2000 und 2001 aufgenommen und 2004 abgeschlossen.

Der Band wird mit einer Beschreibung der Lage und allgemeinen Topographie sowie der wirtschaftlichen Grundlagen der Stadt eingeleitet, gefolgt von einer Stadtgeschichte, die von der Bronzezeit bis in die römische Zeit reicht, sowie schließlich der Beschreibung der urbanistischen Situation des Heraklestempels. Den Hauptteil des Bandes bildet ein sechsundsechzig Seiten langes Kapitel mit detaillierter Baubeschreibung und Rekonstruktion sowie nachfolgender Analyse hinsichtlich des Kultinhabers und des historischen und architekturgeschichtlichen Zusammenhangs.

Die Stadt Kleonai liegt am Übergang von der Korinthia in die Argolis und ist als Gründerin und lange Zeit auch als Ausrichterin der panhellenischen Spiele von Nemea bekannt, blieb jedoch immer eine Kleinstadt, die von den regionalen Großmächten Korinth und Argos abhängig war. Keine moderne Überbauung beeinträchtigt heute die Forschung.

Die mykenische Besiedlung in der Bronzezeit wird anhand des keramischen Fundmaterials von der Akropolis sowie im Bereich des ›Athenatempels‹ in mittel- bis späthelladische Zeit datiert. Proto- und frühgeometrische Keramik südöstlich des Stadthügels belegen die Besiedlung in dieser Zeit. Mit dem monumentalen Ausbau eines Heiligtums auf der unteren Akropolis in der ersten Hälfte des sechsten Jahrhunderts lässt sich erstmals der bauliche Nachweis einer Ansiedlung in archaischer Zeit fassen.

Das Jahr 573 v. Chr. wird in der Antike als Gründungsdatum der Nemeischen Spiele genannt, für die es in klassischer Zeit zahlreiche historische Quellen gibt. Im dritten Viertel des vierten Jahrhunderts lassen sich in Nemea zahlreiche Neubaumaßnahmen fassen, worauf sich bereits wieder im Laufe des dritten Jahrhunderts ein baulicher Verfall dokumentieren lässt. Als in diesem Säkulum der Austragungsort der Spiele von Nemea nach Argos verlegt wurde, verlor auch Kleonai an Bedeutung. Schließlich wurde die Stadt Teil der römischen Provinz Achaia und findet später auch auf der Tabula Peutingeriana Erwähnung.

Das zweite Kapitel, das die Baubeschreibung des Heraklestempels sowie seine Rekonstruktion behandelt, widmet sich zunächst der Forschungsgeschichte. Der kleine dorische Tempel, der außerhalb der Stadtmauern Kleonais liegt, wird bereits im frühen neunzehnten Jahrhundert in einigen Reisebeschreibungen genannt. Der englische Architekt und Bauforscher Charles Robert Cockerell brachte ihn zuerst in Verbindung mit dem bei Diodor erwähnten Heraklestempel.

In den Jahren 1909 und 1910 unternahm das Deutsche Archäologische Institut Athen mit August Frickenhaus und Walter Müller erstmals Forschungen, im Zuge derer auf der Unteren Akropolis der Athenatempel sowie eine Exedra auf der Agora untersucht wurden. Auch der Heraklestempel wurde schon von Frickenhaus freigelegt, allerdings nur in einem kurzen Vorbericht mit Blauskizzen publiziert. Erst neunzig Jahre später wurden die Arbeiten am Tempel vom Verfasser wieder aufgenommen, nachdem der Bau sowie der ihn umgebende Bezirk zwischenzeitlich erheblichen Substanzverlust durch Spoliierung und moderne Landwirtschaft erleiden mussten.

Vom Tempel mit den Maßen 15,85 auf 9,83 Meter sind im Wesentlichen die Krepis, das Plattenpflaster des Bodens sowie Teile der Orthostatenlage in situ erhalten. Auch die Kultbildbasis ist in der unteren Steinlage zum Teil noch sichtbar. Der Fundamentaufbau wurde durch einen drei Meter breiten Schnitt an der Tempelfront geklärt: Die Blöcke des Fundamentes sitzen auf einer nur etwa sechs bis acht Zentimeter dicken Schicht aus Mörtelbrocken und Ziegeln, welche auf den gewachsenen Boden nach Ausheben der Baugrube aufgebracht wurde und sich an der untersuchten Stelle nur vierzig bis fünfundvierzig Zentimeter unter dem heutigem Laufniveau befindet. Leider wurde im Fundamentbereich kein aussagekräftiges keramisches Fundmaterial als möglicher Datierungshinweis geborgen.

Reste eines feinen Estrichs zeigen, dass die Oberflächen der Krepisstufen, aber auch das Plattenpflaster in der Cella damit bedeckt waren und er als Ausgleichsschicht Verwendung fand. Die detaillierte Untersuchung des Plattenpflasters in der Cella führt zum Nachweis einer Kurvatur.

Das Betreten des Mittelinterkolumniums war über die Frontkrepis nicht möglich, da in diesem Bereich keine Stufe eingearbeitet ist. An dieser Stelle ist ein von Mattern so bezeichneter Basisstein eingelassen, den der Autor als Unterbau für einen Brandopferaltar interpretiert. Auch die seitlichen Interkolumnien, die nur neunzig Zentimeter Breite aufweisen, erschweren das Betreten der Vorhalle, weshalb als Zugang vermutlich nur die Traufseiten der Vorhalle genutzt wurden.

Der Prostylos auf zweistufiger Krepis besitzt ein erweitertes Mittelinterkolumnium, wobei sich die Lokalisierung der beiden Ecksäulen durch die Anten der Türwand ergeben. Die Gesamthöhe lässt sich durch die einzelnen Bauglieder mit 10,47 Metern relativ genau bestimmen.

Die Rekonstruktion des Gebälks ist aufgrund zahlreicher zuweisbarer Bauglieder relativ sicher. Anhand eines Antenkapitells in Sturzlage rekonstruiert Mattern die Außenecke der Türwand als Eckkante. Von den Säulen sind neun dorische Säulentrommeln in Versturzlage dokumentiert, die allesamt zwanzig Kanneluren ohne Dübellöcher besitzen. Von den vier dorischen Kapitellen sind nur zwei in schlechtem Zustand erhalten. In Sturzlage wurden ebenfalls neun Architravfragmente gefunden, jedoch kein kompletter Architravblock. Vom dorischen Fries konnten insgesamt acht Blöcke dokumentiert werden. Klammerlöcher sind am Bau in Schwalbenschwanzform ausgeführt und mit Holzklammern zu rekonstruieren.

Unsicherheiten finden sich in der Rekonstruktion des Achsmaßes im Gebälk aufgrund von Maßungenauigkeiten der Triglyphenbreite (plus 1,5–2,5 cm). Eine Besonderheit des Heraklestempels stellen die zweifelsfrei am Bau nachgewiesenen unterschiedlichen Metopenbreiten dar (56 bzw. 73 Zentimeter), die von Mattern als lokale architektonische Eigenheit interpretiert werden. Vom Tympanon wurden zwei fünfeckige Blöcke mit je einer abgeschrägten Seiten gefunden, weshalb der Neigungswinkel eindeutig mit einundzwanzig Grad bestimmt werden kann. Von den architektonischen Terrakotten wurden Stirnziegelfragmente, zwei Antefixtypen sowie eine Giebel- und eine Traufsimaterrakotte gefunden.

Auf die Zugehörigkeit der architektonischen Terrakotten zum Bau schließt der Verfasser unter anderem aufgrund der großen Anzahl von Fragmenten an mehreren Seiten des Tempels, worunter einige im Versturz der Bauglieder geborgen wurden. Deshalb rechnet Mattern diese der letzten Erneuerung der Dachdeckung des Tempels zu – welche auch die Mindestlebensdauer des Tempels angibt –, die er anhand stilistischer Vergleiche der Blattgestaltung der Antefixpalmetten in die mittlere Kaiserzeit datiert.

Der Verfasser rekonstruiert anhand von Einlassungen an verschiedenen Geisonblöcken ein Pfettendach. Durch die Rekonstruktion des Dachwerkes kann auch die Deckenhöhe bestimmt werden, die im Innenraum acht Meter misst und in der Vorhalle mit knapp sieben Metern deutlich niedriger ist. Im Inneren lassen Einlassungen an den Orthostaten auf eine Kultbildschranke schließen. Im rückwärtigen Teil befindet sich eine Kultbildbasis, von der die unterste Steinlage erhalten ist. Innerhalb der Cella liegt das Fragment einer überlebensgroßen männlichen sitzenden Marmorstatue, das weithin als Rest des Kultbildes angesprochen wird.

Mit Ausnahme der Schwelle der Tempeltür besteht das gesamte Baumaterial aus lokalem grauen Muschelkalkstein, der aus einem nahegelegenen Steinbruch zwischen Nemea und Kleonai stammt, wie Referenzproben zeigen konnten. Mattern vermutet allerdings anhand von geringen Resten, dass der Tempel ursprünglich zur Gänze flächig verputzt war.

Am Bau kommen vor allem Schwalbenschwanzklammern vor, vereinzelt auch U-Klammern aus Eisen mit Bleierguss. Die Blöcke wurden mit Hilfe von Hebebossen versetzt. Maßungenauigkeiten treten an Stellen auf, die statisch nicht heikel sind und für den Betrachter nicht wahrnehmbar waren. Diese effiziente Bauausführung lässt den Verfasser auch auf die Datierung in hellenistische Zeit schließen, einer Zeit, in der Präzisionsansprüche von Rationalität verdrängt wurden. Mattern weist auch auf die Möglichkeit des begrenzten Erfahrungsschatzes lokaler Handwerker hin, der zur ungenauen Ausführung beigetragen haben könnte.

Zur genauen Datierung des Tempels kann die dorische Ordnung der dokumentierten Bauteile nicht herangezogen werden, da diese mangels Ornamentik nicht zuverlässig zu datieren ist, weshalb der Verfasser in seiner Analyse auch kleinasiatische Architektur berücksichtigt. Den einzigen Datierungshinweis liefert das Geison ohne Mutuli mit Guttae direkt auf der Hängeplatte, das Mattern in das ausgehende dritte oder das zweite Jahrhundert datiert. Auch aus dem einzigen Fundamentschnitt konnte kein aussagekräftiges Fundmaterial aus den archäologischen Kontexten geborgen werden. Die ausführlichen Erläuterungen zur zeitlichen Einordnung erbringen jedoch auch keine nähere Eingrenzung der

Datierung, die Mattern schließlich mit der Errichtung des Tempels in das zweite Jahrhundert setzt. Die letzte Dachdeckung erfolgte im zweiten Jahrhundert der Kaiserzeit und wurde durch Brand zerstört.

Zum Kultinhaber verweist der Verfasser auf zwei Heraklesmythen, wobei eine Verbindung zum Heiligtum weniger in der bekannten Tötung des nemeischen Löwen als vielmehr im lokalen Mythos der Tötung der Aktorionen durch Herakles zu vermuten ist. Mattern vermutet als Vorgängerbebauung, die nur durch eine Versturzschicht aus gelbtonigem Ziegelbruch in einem Fundamentschnitt im Inneren des nahegelegenen ›Altarhofes‹ belegt ist, ein Heroon für die Aktorionen, welches erst später mit dem Heraklestempel ergänzt wurde.

Der sogenannte Altarhof befindet sich gegenüber der Tempelfront in einer Entfernung von 8,85 Metern und wird durch einen ummauerten Bezirk gebildet, der auf den Tempeleingang durch seine Ausrichtung sowie die gespiegelte Lage seines Zuganges Bezug nimmt. Die Datierung des Hofes ist unklar, der Autor schließt jedoch wegen unterschiedlicher Fundamentierung und Bautechnik auf keine gleichzeitige Errichtung mit dem älteren Tempel. Die Versturzschicht unter dem ›Altarhof‹ belegt eine Vorgängerbebauung, für welche Mattern, wie bereits erwähnt, eine Interpretation als Heroon für die Aktorionen vorschlägt, die in einem lokalen Mythos von Herakles ermordet werden. Die Ausmaße des genannten Fundamentschnittes im Inneren des ›Altarhofes‹ sind jedoch mit etwa 1,00 auf 1,20 Meter relativ gering. Eine weitere Befundöffnung an relevanter Stelle zur Dokumentation der vermuteten Vorgängerbebauung in seinen Flächenausmaßen wie auch zur Bergung von datierbarem keramischen Fundmaterial wäre wünschenswert gewesen.

Der Heraklestempel in Kleonai kann also als dorischer Prostylos rekonstruiert werden, der als Besonderheiten ein stark erweitertes Mittelinterkolumnium besitzt, einen in die Krepis integrierten Altar sowie eine Axialität des Baus auf den sogenannten Altarhof, einen ummauerten Peribolos späterer Zeit. Eine Versturzschicht unter dem ›Altarhof‹ lässt auf einen Vorgängerbau schließen, auf den der später errichtete Tempel ausgerichtet wurde, wie der Verfasser vermutet.

Die Überlieferung eines Grabmals der Aktorionen in Kleonai bei Pausanias sowie eines bei Diodor beschriebenen Heraklesheiligtums an jener Stelle, wo die Aktorionen getötet wurden, verbindet Mattern mit dem untersuchten Gebäudeensemble. Der Kultinhaber des vorliegenden Tempels wurde daher schon früher mit Herakles in Verbindung gebracht; für den Vorgängerbau des ›Altarhofes‹ schlägt der Verfasser als Interpretation ein Heroon für die Aktorionen vor.

Der Band wird mit dem Katalog der Bauglieder abgeschlossen, gefolgt von Tafeln, von denen die Hälfte Fotos des Gebäudekomplexes sowie ausgewählter Bauteile darstellen. Der Rest dokumentiert Bauteile und Fundmaterial in maßstäblichen Zeichnungen. Die Beilage schließlich bietet einen maßstabsgerechten Grundriss der Bauaufnahme.

Der vorliegende, sorgfältig strukturierte Band ist eine treffliche und umfassende Arbeit mit detailgetreuer Vorlage des Heraklesheiligtums in Kleonai. Die Erläuterungen zum architekturgeschichtlichen Kontext gehen weit über einen Einordnungsversuch des vorliegenden Baus hinaus und bieten damit eine fundierte systematische Gegenüberstellung relevanter Vergleichsbauten anhand der Untersuchung ihrer Metrologie sowie Gestaltung. Durch die genaue Analyse gelingt es Torsten Mattern trotz des relativ schlechten Erhaltungszustandes der wenig aufgehenden Blöcke, eine schlüssige Rekonstruktion zu präsentieren. Diese Publikation stellt daher einen qualitätvollen und wichtigen Beginn der Forschungen zu Kleonai dar.

Wien   Lilli Zabrana

Cathrin Schmitt, **Aphrodite in Unteritalien und Sizilien. Heiligtümer und Kulte.** Studien zu antiken Heiligtümern, Band 5. Verlag Archäologie und Geschichte, Heidelberg 2016. 474 Seiten mit 54 Abbildungen, 16 Tafeln und einer CD.

Die Untersuchung konkreter Kulte oder spezifischer Weihgeschenkgattungen in Unteritalien und Sizilien hat in den letzten Jahren zu einer ganzen Reihe von bedeutsamen Werken geführt. Exemplarisch zu nennen sind die Arbeiten von Valentina Hinz (Der Kult von Demeter und Kore auf Sizilien und in der Magna Graecia, Palilia 4 [Wiesbaden 1998]), Mirko Vonderstein (Der Zeuskult bei den Westgriechen, Palilia 17 [Wiesbaden 2006]) oder auch spezifische Untersuchungen zu Weihgeschenken von Daphni Doepner (Steine und Pfeiler für die Götter. Weihgeschenkgattungen in westgriechischen Stadtheiligtümern, Palilia 10 [Wiesbaden 2002]). Der erste Versuch einer solchen Untersuchung zum Kult der Aphrodite wurde bereits 1998 von Rebecca Karina Schindler (The Archaeology of Aphrodite in the Greek West [ca. 650–480 BC] [Ann Arbor 1998]) vorgelegt, beschränkt sich jedoch auf die archaische Zeit. An diese Arbeiten knüpft nun Cathrin Schmitt mit der Publikation ihrer von Tonio Hölscher und Antoine Hermary betreuten Dissertation zum Kult der Aphrodite in Unteritalien und Sizilien an. Im Zentrum ihres Werkes steht die Analyse des Aphroditekultes zwischen seinem ersten nachweisbaren Aufkommen und seinem Weiterleben bis in römische Zeit. Ziel ist der Versuch, ein vollständiges Bild der Göttin, ihrer Heiligtümer und der mit ihr verbundenen sakralen Aktivitäten in den westgriechischen Gebieten zu gewinnen, hierzu auf das reiche archäologische, epigraphische, numismatische und literarische Quellenmaterial zurückzugreifen und dieses einer kritischen Bewertung zu unterziehen. Diesen Anspruch formuliert Schmitt in der Einleitung (S. 15–24), in der sie ihre Arbeit zuerst innerhalb der bisherigen Forschungen verortet, die Voraussetzungen der Bearbeitung zusammenfasst und ihre Fragen an das Thema formuliert. Auch erläutert sie in diesem Abschnitt ihr methodisches Vorgehen und definiert ihre eigenen Kriterien, nach denen der Kult von Aphrodite bestimmt werden kann.

Den umfangreichsten Teil der Arbeit bildet das erste Kapitel zur Kulttopographie der einzelnen Heiligtümer (S. 25–326), die in ihrem jeweiligen städtischen Kontext besprochen werden. Es handelt sich bei diesem Abschnitt um einen ausführlich ausformulierten, katalogartigen Text, der die Arbeitsgrundlage für die spätere Zusammenführung der Ergebnisse bildet und somit auch dem Leser eine Überprüfung von diesen erlaubt. Diesem Zweck entsprechend ist diese Materialaufnahme gegliedert. Schmitt unterteilt sie in die beiden topographisch separierten Bereiche Unteritalien und Sizilien und arbeitet innerhalb dieser beiden Regionen jeweils die für ihre Fragestellung relevanten Städte und Siedlungen ab. Meist sind diese Abschnitte zu einzelnen Orten beziehungsweise Regionen wie folgt untergliedert: Auf die grundsätzlichen historischen, topographischen und urbanistischen Informationen folgt eine Zusammenstellung von Zeugnissen zum Aphroditekult, die in mehreren Fällen als Einleitung zu den nachfolgenden Texten zu verstehen ist. Danach werden jeweils jene Heiligtümer intensiver besprochen, in denen sich konkrete Hinweise zur möglichen Existenz des Aphroditekultes finden, und diese bezüglich ihrer Aussagekraft für eine Verbindung mit der Göttin diskutiert. Auch werden sowohl die allgemeinen als auch die lokalen Besonderheiten des Materials jeweils besonders betont. In diesem Kontext geht Schmitt nach einheitlichem Muster vor und bespricht die jeweiligen Gattungen, Funde, Inschriften und architektonischen Befunde geschlossen einer chronologischen Ordnung folgend.

Insgesamt handelt es sich bei diesem Kapitel um eine weitestgehend gute und sauber recherchierte Grundlage für die darauf aufbauende Synthese. Vor allem die Kombination der unterschiedlichen Gattungen und ihre Ausdeutungen überzeugen. Zahlreiche der diskutierten Interpretationen und Anliegen der Verfasserin erscheinen nachvollziehbar, und auch der Gesamtansatz des Kapitels ist äußerst wichtig. Es gibt jedoch auch eine große Zahl an – vornehmlich kleinen – Kritikpunkten. Problematisch ist vor allem die genutzte Systematik der Städte und Regionen, die sich dem Leser nur begrenzt erschließt, was vor allem im Rahmen der Synthese einen Rückgriff auf die dort benannten Orte äußerst schwierig gestaltet. Es ist weder eine alphabetische noch eine regional klare Ordnung zu erkennen. Auch innerhalb des grundsätzlichen Aufbaus der Texte zu den einzelnen Städten zeigen sich strukturelle Schwächen, da dieser nicht konsequent eingehalten wird und teilweise auch Punkte je nach Bedarf weggelassen werden. So fehlt Schmitts häufiger Punkt »Zeugnisse zum Aphroditekult« mehrfach, so etwa in den Untersuchungen zu Medma (S. 127 f.), Syrakus (S. 257 f.) oder Himera (S. 297). Andernorts ist er vorhanden, liefert dann jedoch oftmals keine Informationen, die über die nachfolgenden Beschreibungen der Kultstätten hinausgehen, sondern bildet meist nur eine Einleitung dafür und hätte insofern als Gliederungskriterium auch entfallen können. Dies ist einer der Punkte, wo man insofern dem Kapitel eine gewisse Langatmigkeit vorwerfen kann. Eine solche spiegelt sich auch an anderen Stellen wider: Manche Informationen zu den einzelnen Städten sind etwas ausführlich und bestehen zu stark aus altbekannten Informationen, und auch einige der Detaildiskussionen (etwa zum Ludovisi-Thron S. 71–79 und 86–92) sind etwas übertrieben in die Länge gezogen – im Kontext der gesamten Zielrichtung der Arbeit hätte man solche Abschnitte auch knapper gestalten können. Ergänzen lässt sich daneben zu dieser Kritik an derartigen ausführlichen Beschreibungen die häufig vorhandene Diskussion anderer städtischer Tempel, die im Kontext der Untersuchung eigentlich überflüssig sind (so etwa zu den Tempeln Metaponts S. 147 f.). Partiell hat man bei der Lektüre des Kapitels den Eindruck, eher ein Werk zur Kulturtopographie aller Tempel und Heiligtümer vor sich zu haben, bis Schmitt dann erst wieder auf die konkreten Bezüge zu Aphrodite zu sprechen kommt. Ein solcher Ansatz kann zwar durchaus sinnvoll sein, wenn die übrigen besprochenen Tempel dann auch in ihrer Relation und ihrem Verhältnis zu den Aphroditeheiligtümern diskutiert werden. Dies ist dann jedoch nicht der Fall. Ungeachtet dieser Kritikpunkte muss man anerkennen, dass der Abschnitt zahlreiche wichtige Informationen zusammenträgt, insgesamt sehr gut recherchiert und gelungen ist und ein wertvolles Werkzeug für jede Arbeit darstellt, die sich in Zukunft mit den Kultstätten dieses geographisch-historischen Raumes auseinandersetzen wird. Vor allem in der Kombination der hier behandelten Heiligtümer, Gattungen und Inschriften liegt eine besondere Stärke, insbesondere da diese auch klar chronologisch und somit übersichtlich unterschieden werden.

Auf der Grundlage dieser Arbeit führt Schmitt dann im zweiten großen Kapitel der Arbeit, ihrer Synthese (S. 327–352), das zuvor ausgearbeitete Spektrum zusammen und untersucht ihre lokal gewonnenen Erkenntnisse übergreifend. Im Wesentlichen lassen sich diese Ergebnisse in Beobachtungen übergeordneter Art, Aussagen zu den Fundgattungen, zum Charakter des Kultes und zum Verhältnis der Städte zu ihren Mutterstädten unterscheiden. Dabei kommt die Autorin zu einer Vielzahl von eindeutigen Schlussfolgerungen und wichtigen Beobachtungen, die hier nur in Ausschnitten besprochen werden können. Im ersten Teil zählt dazu etwa die ungleiche Verteilung des Kultes im Untersuchungsgebiet (S. 327), wobei ein Schwerpunkt in den dorischen und achäischen Gründungen, aber auch in einheimischen Kontexten zu beobachten ist. Die chronologische Analyse zeigt daneben, dass es zwar einige archaische Befunde gibt, die Verehrung der Göttin jedoch mit wenigen Ausnahmen nicht zu den frühesten Kulten in diesem Raum gehört, sich vielmehr ein Schwerpunkt in klassisch-hellenistischer Zeit beobachten lässt (S. 329 f.). Kontinuierliche Nutzung bis in römische Zeit konnte hingegen nicht zwingend bei allen untersuchten Beispielen nachgewiesen werden. Hinsichtlich der konkreten Lage im Zusammenhang mit den Städten und Siedlungen kann die Verfasserin ein relativ breites Bild gewinnen, bei dem Aphrodite in urbanen und peripheren, aber auch in suburbanen Bereichen vorkommt (S. 331). Dies spiegelt gleichzeitig die Vielfältigkeit der kultischen Funktionen wider, die mit dieser Göttin in der Antike verbunden waren. Zu nennen sind hier exemplarisch sowohl Initiationsriten als auch eine lokale Schutzfunktion der Stadt im urbanen Bereich oder die Verehrung durch Seefahrer und Fischer in der Nähe zum Meer. Gerade dieser Aspekt der Nähe von Aphroditeheiligtümern zu Häfen dürfte in naher Zukunft noch einige neue Erkenntnisse bringen (vgl. den gleichzeitig erschienenen Band von M. Eckert, Die Aphrodite der Seefahrer und ihre Heiligtümer am Mittelmeer [Berlin 2016]). Schwieriger stellt sich die übergeordnete Analyse der Architektur dar. Die oftmals unsichere Zuweisung von konkreten Kultgebäuden an Aphrodite behindert nach Schmitt deren Betrachtung. Dennoch lässt sich deutlich feststellen, dass im Fall von Aphrodite die volle Spannbreite griechischer Tempeltypologie zum Einsatz kam, ebenso wie auch für andere Götter. In diesem Kontext ist jedoch die Beobachtung aufschlussreich, dass zumindest in Lokri und Akrai Grubenkonstruktionen innerhalb der Tempel nachweisbar sind – auch wenn beide Bauten nicht zwingend Aphrodite geweiht gewesen sein müssen (S. 332).

Bezüglich der eigentlichen Kultpraxis folgt als nächster größerer Teil eine Auswertung der Votive und deren Interpretation. Aufgrund des vorhandenen Materialreichtums diskutiert Schmitt das ganze Spektrum der Gattungen, worauf hier nur exemplarisch einzugehen ist. So finden sich unter den figürlichen Terrakotten vor allem unbekleidete Frauen und Mädchen, die mit dem Aphroditekult verbunden werden können und wiederum auf den Aspekt der Initiation deuten (S. 334–336). Die lokale Tradition der Gliederweihungen hingegen ist in zahlreichen unterschiedlichen Kulten in ganz Italien nachweisbar und sollte insofern als Identifikationskriterium ausscheiden. Ähnliches gilt auch für die Niederlegung von Waffen: Ob diese im Rahmen von Initiationsriten der jungen männlichen Bevölkerung ein Charakteristikum des Kultes sind, ist nach Schmitt unsicher (S. 337). Dafür arbeitet sie jedoch alle möglichen tierischen Opfer heraus, die mit dem Kult der Göttin zu verbinden sind, und geht auch auf die jeweils lokalen Eigenarten ein. Zumindest das Taubenopfer lässt sich an einzelnen Orten nachweisen, doch auch die eigentlich verbotenen Schweineopfer sind zumindest partiell zu beobachten (S. 337 f.). Unter den weiteren Votiven sei hier noch knapp auf den im keramischen Material häufigen Nachweis von Trankspenden verwiesen (S. 336 f.) sowie auf die zahlreichen Lampen, die nach Schmitt auf Rituale in der Dunkelheit hindeuten.

Die Analyse zum Charakter und zur Bedeutung des Kultes geht dann zuerst den Epitheta der Göttin nach (S. 341–343). Hier zeigt die Verfasserin auf, dass es nur wenige Informationen gibt, die aus den antiken Schriftquellen zu ziehen sind, was die Bedeutung des archäologischen Materials, der Lage und der Architektur für die Initiationsriten unterstreicht. Diese greift Schmitt dann auch in ihrer Untersuchung über das Verhältnis zu anderen Gottheiten wieder auf (S. 344 f.). Daneben lässt sich anhand der Weihegaben unter anderem auch ein Bezug zu den Aufgabenbereichen Aphrodites ablesen (S. 344), etwa durch maritime Opfergaben. In dem folgenden Untersuchungsbereich zum Verhältnis von Mutterstadt, Kolonie und Subkolonie kann die Autorin einerseits Beispiele aufzeigen, wo sich eine gewisse Kontinuität und Übernahme der Kulte identifizieren lässt: So ist hier exemplarisch etwa Aphrodite Basilis in Tarent und Sparta zu nennen. Andererseits finden sich aber auch Orte, in denen Aphrodite ohne Bezug zu einer bekannten älteren Verehrung in den Mutterstädten auftaucht. Exemplarisch wäre hier das Vorkommen des Aphroditekultes in Metapont anzuführen, während sich bislang weder in Kroton noch in Sybaris ein solcher Kult nachweisen lässt.

Innerhalb dieses sehr aussagekräftigen und gelungenen Abschnittes sind nur zwei Punkte zu bemängeln, von denen der erste technischer Natur ist: So stört besonders der – von der Verfasserin auch selbst ausdrücklich formulierte (S. 327) – Verzicht auf Rückbezüge zum kulttopographischen Katalog. Aufgrund der unklaren Gliederung (s. o.) ist es für den Leser deshalb schwierig, konkrete Aussagen noch einmal genauer nachzulesen, und dies ist deshalb jedes Mal mit einer längeren Suche unter Benutzung des Inhaltsverzeichnisses verbunden. Daneben hätte man sich die Längen, die hier für das erste Kapitel kritisiert wurden, in der Synthese dann doch wiederum gewünscht. Insbesondere hätte dem Text eine bessere Visualisierung (Verteilungskarten, Diagramme) gut getan, um die doch eigentlich sehr klaren und nachvollziehbaren Aussagen auch grafisch zu verdeutlichen.

Den Abschluss der Arbeit bilden eine Zusammenfassung – die bedauerlicherweise etwas zu kurz geraten ist –, das extrem umfangreiche, rund einhundert Seiten lange Literaturverzeichnis und eine Reihe von Tafeln zum beschriebenen Material. Angehängt ist eine hilfreiche elektronische Beigabe auf CD. Es handelt sich um einen ausführlichen (zweiten) Katalog, der die besprochenen Funde und Inschriften zum Aphroditekult übersichtlich zusammenstellt. Leider vermisst man hier eine etwas längere englische und vor allem italienische Zusammenfassung, was für die Wahrnehmung des Buches im Ausland und insbesondere gerade im Untersuchungsgebiet sicher gut getan hätte.

Übergreifend sind einige Punkte zu nennen, die im gesamten Buch verbesserungswürdig wären. So finden sich auf formaler Ebene exakte Wiederholungen von Aussagen beziehungsweise ganzen Sätzen (so S. 15 f. oder S. 145), die bei einer genaueren Redaktion zweifellos vermeidbar gewesen wären. Die Abbildungen sind zweckmäßig ausgewählt und im Druckbild in Ordnung, insbesondere ist die von der Verfasserin beigelegte Tafel 1 mit einem Verzeichnis der Funde der untersuchten Heiligtümer äußerst nützlich. Wünschenswert wäre jedoch noch eine ganze Reihe von weiteren Plänen zu einzelnen Beobachtungen gewesen, um beispielsweise die Verteilung der Heiligtümer und des Materials auch unter chronologischen Aspekten besser visualisiert nachzuvollziehen (s. o.). Die hier angeführten Kritikpunkte schmälern jedoch nicht die gesamten Ergebnisse der Arbeit. Dass es sich dabei um die Aufarbeitung eines wesentlichen Desiderates der archäologischen Forschung zu einem Thema handelt, das auch in den nächsten Jahren noch weiter untersucht werden wird, zeigt die Bedeutung der Aphrodite, die auch in anderen italischen Kontexten in den letzten Jahren intensiv diskutiert wurde (z. B. in Gravisca in Etrurien, s. L. Fiori / M. Torelli, Topografia generale e storia del santuario. Analisi dei contesti e delle stratigrafie, Gravisca I 1 [Bari 2005]).

Zwei wesentliche Elemente des Buches sollen zum Abschluss noch einmal hervorgehoben werden. Einerseits sind die vollständige Vorlage des Materials für diesen geographischen und zeitlichen Raum und die damit verbundenen reflektierten Detaildiskussionen zu nennen. In der Kombination ergeben sie eine ausgesprochen gute und nützliche Basis für weitere Forschungen zum Thema, vor allem auch für zukünftige übergeordnete Fragestellungen zu den Kulten in dieser Region. Die besondere Stärke des Buches stellt jedoch vor allem die Synthese mit der vielfältigen Auswertung des Materials aus allen möglichen Perspektiven dar. Die Beleuchtung der Heiligtümer und des Aphroditekultes in den westgriechischen Gebieten vor allem auf Grundlage der archäologischen Zeugnisse und vor dem Hintergrund einer ganzen Vielzahl unterschiedlicher Fragestellungen erlaubt es, einer solchen Zusammenschau deutlich näher zu kommen als bisher. Das Buch bildet insofern eine wertvolle Erweiterung der Reihe ›Studien zu antiken Heiligtümern‹, aber auch der eingangs zitierten, bereits vorgelegten Untersuchungen zu den Kulten der Magna Graecia und Siziliens und sollte daher in keiner archäologischen Fachbibliothek fehlen.

Bonn   Jon Albers

Jan Breder, **Attische Grabbezirke klassischer Zeit.** Philippika. Marburger altertumskundliche Abhandlungen, Band 60. Verlag Harrassowitz, Wiesbaden 2013. XII und 390 Seiten, darunter 107 Tafelseiten mit 275 Abbildungen, 2 Tabellen.

Die Thematik der Grabbezirke in Athen und Attika ist erneut stark ins Zentrum des archäologischen Interesses gerückt, da im Zuge der umfangreichen öffentlichen Bautätigkeit der letzten fünfzehn bis zwanzig Jahre in Athen und Attika (Metro Athen, Flughafen, Olympische Spiele 2004, Gasleitungen) eine große Anzahl von Notgrabungen stattgefunden hat, bei denen neue Grabkontexte, neue Grabdenkmäler und auch einige neue Grabbezirke freigelegt wurden. Damit steht eine deutlich erweiterte Materialbasis mit gut dokumentierten Befunden und Kontexten für eine differenzierte Entwicklungsgeschichte der attischen Grabbezirke zur Verfügung. Ein Großteil dieser Funde ist von den Ausgräbern in griechischer Sprache publiziert worden, was den Zugang für die internationale Forschung erschwert (so M. Pologiorgi, Arch. Deltion 58–64, 2003–2009 Teil A, 143–210; O. Kakavojanni in: Πρακτικά ΙΓ´ Επιστημονικής Συνάντησης ΝΑ Αττικής [Kalyvia 2010] 171–192; ders. / N. Petrochilos in: Πρακτικά ΙΔ´ Επιστημονικής Συνάντησης ΝΑ Αττικής [Kalyvia 2013] 69–80). Dazu zählen die Veröffentlichungen von Olga Kakavojanni und Melpo Pologiorgi zu Neufunden der letzten Jahrzehnte vor allem aus dem östlichen Attika. So ein Peribolos in Pousi Ledi (Paiania), der an einer Wegkreuzung aufgestellt war und das einzige Vergleichsbeispiel für die Positionierung eines Grabmonuments auf einem viertelkreisförmigen Unterbau zum Grabdenkmal des Dexileos im Kerameikos ist (S. 215 ***Q19). Unter Leitung von Stella Chrysoulaki wurde durch Jannis Syropoulos eine klassische Nekropole in Moschato (Phaleron) freigelegt, in der sich ein neuer klassischer Peribolos befindet (https://efadyat.wordpress.com). Auch im Kerameikos von Athen wurden noch jüngst zwei bislang unbekannte Grabbezirke identifiziert: Der eine ist südlich der Heiligen Straße durch Horos-Inschriften nachgewiesen (J. Stroszeck in: K. Sporn [Hrsg.], Griechische Grabbezirke klassischer Zeit. Normen und Regionalismen. Kongr. Athen 2009 [München 2013] 7–27; 14–16; 24 Kat. 17; 18 Abb. 4; 8 a–c). Ein anderer wurde südlich der Gräberstraße bei Nachgrabungen 2013 festgestellt.

Durch solche Funde ist der Bestand gegenüber den bisher publizierten Katalogen von Grabbezirken in den vergangenen Jahren beträchtlich erweitert worden (vgl. R. S. J. Garland, A First Catalogue of Attic Peribolos Tombs. Papers Brit. School Athens 77, 1982, 125–176; J. Bergemann, Demos und Thanatos [München 1997]; W. E. Closterman, The Self-representation of the Family [1999]).

Aktualität erhält das Thema auch dadurch, dass sich seit Ian Morris' Studien von 1987 und 1992 eine intensive Diskussion um die Relevanz von Nekropolenfunden für die Rekonstruktion von Gesellschaftsformen und deren Wertesystem entwickelt hat (Burial and Ancient Society [Cambridge 1987]; Death-Ritual and Social Structure in Classical Antiquity [Cambridge 1992]). Dadurch rücken die Grabbezirke vom Gegenstand kunsthistorischer Betrachtungen geradezu in den Rang von Zeitzeugen auf. Im Besonderen die klassischen Grabdenkmäler und Grabbezirke Athens werden heute nicht selten als direkte Zeugnisse für die durch die athenische Demokratie bestimmte Gesellschaft bemüht (S. 133).

Spiegel dieser Entwicklung sind zwei fast gleichzeitig erschienene Dissertationen, die sich mit attischen

Grabbezirken befassen: Die hier rezensierte ist die gedruckte Version einer 2008 in Bonn abgeschlossenen Arbeit. Kurz zuvor erschien die Doktorarbeit von Daniela Marchiandi (I periboli funerari nell'Attica classica. Lo specchio di una ›borghesia‹. Stud. Arch. e Topogr. Atene e Attica 3 [Athen und Paestum 2012]). Sie fand in der hier vorliegenden Arbeit keine Berücksichtigung. In beiden Dissertationen wird schon im Titel der Anspruch auf eine umfassende Neubehandlung des Themas formuliert, jedoch sind die Schwerpunkte der beiden Arbeiten ganz verschieden: Bei Marchiandi liegt der Hauptakzent auf der Analyse der antiken Gesellschaft, die solche Grabbezirke errichten ließ. Dies wird unter anderem an dem überaus sorgfältig zusammengestellten Katalog der Grabbezirke deutlich, in dem – von wenigen Ausnahmen abgesehen – alle derzeit erreichbaren prosopographischen Informationen zu den Grabinhabern und ihrer gesellschaftlichen Stellung erschlossen sind (vgl. ergänzend J. Stroszeck, Der Kerameikos in Athen [Möhnesee 2014] 216 Nr. 49 [Familie der Samakion im Kerameikos]).

Bei Breder liegt der Schwerpunkt dagegen auf der Architektur der Grabbezirke und »der charakteristischen Gestalt der spätklassischen Grabbezirke«, dem Herausarbeiten »zeitspezifischer Merkmale« und der Erschließung der »spezifischen Form der Bestattungs- und Gedächtnisriten« (S. 2). Der Autor strebt damit den Nachweis an, dass Architektur und Skulpturenausstattung der Grabbezirke Heiligtümern und ihrer Ausstattung angeglichen sind (S. 33; 131; 134) und dass auch der Grabkult Elemente der religiösen Praxis des Heroen- und Götterkultes aufweist.

In der Einleitung (S. 1–5) definiert der Verfasser den Gegenstand seiner Untersuchung: Als chronologischen Rahmen nennt er die etwa einhundert bis einhundertzwanzig Jahre von 430/20 bis 317/307 v. Chr., also die Zeit vom ersten Auftreten klassischer Grabskulpturen in Athen bis zum Verbot dieser Denkmäler durch das Grabluxusgesetz des Demetrios von Phaleron. Als kennzeichnende Elemente für einen Grabbezirk werden genannt: »private Grabstätten [...], die sich durch besonderen Aufwand und bestimmte konstitutive Merkmale von anderen Formen der Grabgestaltung unterscheiden. Zu diesen Merkmalen zählen: (1) Eine architektonische Fassung in Form einer Werksteinmauer auf mindestens einer Seite, (2) Gräber, die durch aufwendige Leichenbehälter wie Sarkophage oder reiche Beigaben als überdurchschnittlich anzusehen sind, sowie (3) die Ausstattung mit steinernen Einzelmonumenten wie Grabstelen oder Marmorgefäßen« (S. 1). Als weiteres »konstitutives Grundrisselement« wird »vor allem die zu einer Front gestaltete Hauptseite« genannt (S. 43).

Einführend behandelt Breder die Entwicklung repräsentativer Grabanlagen in Attika vor der klassischen Zeit (S. 6–22), um »Konstanten« herauszufiltern, die auch in klassischen Grabbezirken zu finden sind. Diese Konstanten sind erstens die bevorzugte Lage von Gräbern entlang der Verkehrswege (S. 19), die eine Hinwendung der Gräber zum Diesseits (S. 22) bezeugen (das heißt, die Gräber wenden sich schon von ihrer Lage her an Passanten), zweitens das Vorherrschen von Einzelgräbern mit Grabhügeln, teilweise aufwendig gebaut und oberirdisch zusätzlich gekennzeichnet, drittens die Entwicklung von Lehmziegelgrabbauten mit Dach, viertens die Gruppierung von Einzelgräbern zu ›Clustern‹, nach Breder ein Hinweis auf familiäre Bezüge zwischen den Toten, fünftens die vereinzelt nachweisbare oberirdische Kennzeichnung mehrerer Einzelgräber durch eine gemeinsame Einfassung und sechstens die Entwicklung von Grabdenkmälern vom Tongefäß zur Kennzeichnung mit einfachen Stelen bis hin zur Aufstellung repräsentativer marmorner Stücke.

In diesem Rahmen wird das abwechselnde Vorherrschen von Brand- beziehungsweise Körperbestattung zu verschiedenen Zeiten konstatiert (S. 21), jedoch als Phänomen nicht näher analysiert, obwohl die Wahl der einen oder der anderen Bestattungsart in der klassischen Nekropole unter Umständen als bewusster Rückgriff auf die älteren Vorbilder von Bedeutung sein kann.

In der Auswahl der Grabbeigaben stellt der Verfasser eine Konstante in der überwiegenden Niederlegung von Ölgefäßen und Objekten zur Körperpflege (S. 21 f.) fest. Die Entwicklung der Opferbräuche am Grab, die seit der spätgeometrischen Zeit bei einzelnen Bestattungen in sehr aufwendigen »Opferrinnen« kulminiert, breche um 430/420 v. Chr. ab, das heißt mit der ersten Herausbildung von klassischen Grabbezirken. Neu eingeführt wird dabei die oberirdische Abgrenzung der Anlagen durch einfassende Mauern. Sie sind dadurch als geschlossene Einheit wahrnehmbar. Die Kennzeichnung des einzelnen Grabes ist dadurch »überflüssig« geworden, die Grabdenkmäler werden folglich an die Frontmauer des Bezirks versetzt. Gleichzeitig avanciert die Körperbestattung in Steinsarkophagen zur »hochwertigen Leitform« in der attischen Bestattungskultur. Die Funktion und der Umfang der Grabbeigaben aber bleiben »im Wesentlichen unverändert«. (Zum Grabtumulus an der Piräusstraße, S. 25 Abb. 17 ergänze G. Kavvadias / A. Lagia in: J. H. Oakley / O. Palagia (Hrsg.), Athenian Potters and Painters II [Oxford 2009] 73–89).

Es folgt ein Kapitel zu Darstellungen von Grabanlagen, von Handlungen während der Bestattungszeremonie und von der Pflege des Grabes in der attischen Vasenmalerei (S. 23–31), das Aufschlüsse über den »für bildwürdig befundenen Teil des klassischen Grabritus« geben soll. Behandelt werden vor allem die fehlenden Grabdenkmäler in der frühklassischen Zeit und das Aufkommen weißgrundiger Lekythen im Grabkontext. Die Szenen mit Grabdenkmälern auf weißgrundigen Lekythen liest der Verfasser als »im Sinne der Darstellungskonvention verdichtete« Bildinhalte, weshalb sie auch nicht tatsächlich vorhandene Grabdenkmäler realistisch abbilden. Allerdings ist damit noch keine Erklärung für die Diskrepanzen zwischen der archäologisch nachgewiesenen Realität und der abweichenden Darstellung auf den Lekythen gegeben. Zum Beispiel sind Lehmziegelbauten aus dem fünften vorchristlichen Jahrhundert im Kerameikos mehrfach nachgewiesen, auf weißgrundigen Lekythen sind sie jedoch nicht abgebildet. Auch die Beobachtung, dass auf den Lekythen Grabstelen nie mit Rosettenschmuck dargestellt sind, welcher sich auf vielen erhaltenen Namensstelen der folgenden Zeit jedoch findet, bleibt ohne Erklärungsansatz im Raum stehen. Kann dies in Zusammenhang damit stehen, dass diese Rosetten auch beim festlichen Schmuck sakraler Bauten eine Rolle spielen, wie der Autor weiter unten (S. 131) wahrscheinlich macht? Im Abschnitt zu den sogenannten Grabpflegeszenen auf attischen Lekythen werden Darstellungen von Hinterbliebenen besprochen, die mit verschiedenen Gegenständen an Grabdenkmälern gezeigt sind: mit Opferkörben, Tänien (d. h. Opferbinden, dem wichtigsten Schmuck und Zeichen anhaltender Fürsorge), Kränzen, Zweigen, Obst, Kuchen, Lekythen, Alabastra, gelegentlich mit einer Kylix oder auch mit einer Lyra. In der Literatur überlieferte Riten am Grab sind die Salbung und die Spende von Honig (S. 82), die jedoch nicht dargestellt werden. Seltener sind Personen am Grab in Aktion gezeigt, so bei der Klage (durch Trauergesten) oder beim Schmücken der Grabdenkmäler mit Tänien oder beim Verrichten von Trankspenden, etwa aus einer Phiale. Breder verweist zu Recht darauf, dass mit solchen Bildern immer eine positive Aussage verbunden ist, also die Erfüllung von Konventionen gezeigt wird (anders S. Schmidt, Rhetorische Bilder auf attischen Vasen [Berlin 2005] 45 f.).

Eine vom Autor nicht thematisierte Analyse der in diesem Zusammenhang dargestellten Personen könnte ebenfalls Ergebnisse bringen, denn es sind meist Frauen dargestellt, zu deren Aufgaben nach den Schriftquellen die Grabpflege gehörte. Diese Ergänzung wäre auch vor dem Hintergrund von Bedeutung, dass der Autor die Bilder weißgrundiger Lekythen als »Darstellungen vorbildlicher Durchführung der Nomizomena« (S. 31) versteht.

Das nächste Kapitel ist der Architektur der Grabbezirke gewidmet (S. 32–66). Breder analysiert hier die Grundrisse und die Konstruktionsweise der Mauern. Wie auch sonst in der Arbeit, legt er dabei den Schwerpunkt auf die gut erforschten Nekropolen im Kerameikos und in Rhamnous. Er unterscheidet zunächst Grabbezirke mit rechteckigem von den viel seltener bezeugten mit kreisförmigem Grundriss. Die Begrenzung rechteckiger Grabbezirke erfolgte zumeist durch gebaute Mauern, sie konnte aber auch allein durch Bepflanzung oder durch Horos-Inschriften stattfinden oder eine Kombination der verschiedenen Möglichkeiten beinhalten. Die zum Weg hin ausgerichtete Front ist meist durch eine massive Quadermauer hervorgehoben, während die Seiten und die Rückseite oft mit Bruchsteinen oder Lehmziegeln befestigt waren, nur durch Horoi gekennzeichnet und oft nur angedeutet sind. Zugänge befinden sich stets auf den Nebenseiten oder an der Rückseite. Bei der Behandlung der Beispiele mit kreisförmigem Grundriss (S. 35–37) wird die hier zugrunde liegende Tumulusform zu wenig diskutiert (s. jetzt O. Henry / U. Kelp [Hrsg.], Tumulus as Sema. Topoi 27 [Berlin 2016]). Sowohl beim Beispiel im Kerameikos (A 25) als auch bei dem monumentalen Grabbau an der Südküste von Salamis (Z 8) erfolgte trotz der runden Form eine Fassadengestaltung dadurch, dass die Grabmalsbasis sich an der zum Weg hin ausgerichteten Seite befindet, während der Zugang gegenüber an der ›Rückseite‹ liegt. Die Mauern der Grabbezirke beider Formen waren entweder als freistehende Mauern ein- oder zweischalig gebaut, das heißt, sie schlossen einen Innenraum ein. Bei einer zweiten Gruppe hat die Fassadenmauer eine Innenschale aus Bruchsteinen (S. 41 M 3 und M 6), während bei einer dritten die Frontmauer mit einer Stein- oder Erdpackung hinterfüllt ist (S. 42 Y 1), das heißt, diese Mauern waren nicht freistehend konzipiert, sie hatten vielmehr die Funktion von Stützmauern. Meist bestehen die Mauern aus rechteckigen Quadern, nur insgesamt zehn attische Grabbezirke sind aus polygonal geschnittenen Blöcken gebaut (S. 48, z. B. A 4, A 21, T 5 und U 1).

In der Regel lässt sich eine dreiteilige Gliederung der Mauern in Ausgleichsschicht (Euthnyterie), aufgehende Wandfläche in Quadertechnik mit vorspringender Sockelzone und wiederum vorspringender Mauerkrone (Geison) beobachten (S. 47), die Parallelen in der privaten und öffentlichen Architektur hat.

Andere mögliche Vorbilder für die Bauweise erwähnt der Verfasser nicht, nämlich die in Athen häufig anzutreffenden Stützmauern und Randbefestigungen von Straßen und Wegen. Nach meiner Meinung wären dies naheliegende Vorbilder für Mauern mit Erdhinterfüllung, da die Frontmauern der Grabbezirke oft unmittelbar an der Straße liegen, und zum Teil genau diese Funktion übernehmen.

Als Ergebnis hält der Autor fest, dass die ersten Grabbezirke in Attika einen neuen Typus darstellen, welcher sich formal nicht auf ältere Beispiele zurückführen lässt (S. 55). Vorbilder haben stattdessen die gut vergleichbaren Analemmata und Temenosmauern attischer Heiligtümer abgegeben, deren Analyse die folgenden Seiten gewidmet sind (S. 56–66). Der Nachweis dieser »Anleihe im Sakralkult (S. 66)« ist das hauptsächliche Anliegen der Arbeit.

Das fünfte Kapitel behandelt den Innenraum attischer Grabbezirke (S. 67–118), dessen Struktur »weitreichende Auswirkungen auf die Rekonstruktion der praktischen Nutzung dieser Grabstätten« hat (S. 67). Breder untersucht hier die Frage, ob überhaupt die Grabbezirke im Inneren verfüllt waren und wie hoch. Er will so klären, wie sichtbar für andere die Handlungen dort vorgenommen wurden. Dazu muss man zunächst den Unterschied zwischen freistehenden, gemauerten Anlagen (so in Helleniko R 1 und in Salamis Z 8) und solchen betonen, die in einer Reihe an einem Hang errichtet wurden, wie die Grabbezirke auf der Südseite der Gräberstraße im Kerameikos und jene beiderseits der Straße in Rhamnous, denn es ist eindeutig, dass letztere unabhängig von der Bautechnik der Frontmauer keine freistehenden Bauten, sondern mit Erde hinterfüllte Terrassen waren, deren Füllung das Gefälle des Hanges ausgleicht, der vom Straßenrand an steil ansteigt.

Der Verfasser unterscheidet hier zwischen »Prozessen, die zum gleichen Ergebnis führen können«, weil er meint, dass wenn »eine hohe Erdfüllung bereits durch die Geländeform oder eine vorherige Nutzung vorgegeben war«, dies »bei der Interpretation den Grabbezirken nicht als beabsichtigte Eigenschaft zugerechnet werden darf (S. 68)«. Kommt es also nicht auf die Tatsache und ihre Auswirkung an, sondern auf eine uns heute nicht mehr bekannte Absicht? Hier drängt sich mir der Eindruck auf, dass die Frage eines tieferliegenden Innenraums der Grabbezirke nicht objektiv, sondern aufgrund der im vorherigen Kapitel erschlossenen Parallelen zu Heiligtumstemenoi untersucht wird.

Für die Höhe der Innenverfüllung der Grabbezirke führt der Autor vor allem drei Indizien an:

Erstens die Größe der Stelenfundamente im Inneren (S. 84–92). Die Stelenfundamente der ersten Nutzungsphase der Grabbezirke können in manchen Fällen bis auf den Mauerfuß der Frontmauer hinabreichen, in anderen Fällen sind die Grabdenkmäler flacher fundamentiert. Daraus lässt sich aber keine chronologische Abfolge herleiten. Breder stellt die Regel auf, nach der sich die Grabdenkmäler attischer Grabbezirke mit einer Ausnahme (Bezirk Q 19 in Pousi Ledi, S. 90) immer unmittelbar hinter der Frontmauer befinden. Die Stelle der Gräber selbst sei also nicht mit einem Denkmal gekennzeichnet worden. Dabei unterschlägt er, dass gerade die Denkmäler der frühen Grabbezirke im Kerameikos, wie des Koroibos-Bezirks, nicht an der Front, sondern abgerückt von der Frontmauer mitten im Grabbezirk und über den Gräbern stehen. Die Verlegung der Denkmäler an die Front der Grabbezirke scheint daher eher eine Phase der Entwicklung zu kennzeichnen, nicht eine von Anfang an eingehaltene Norm. Die Fundamente der Grabdenkmäler, die sich direkt hinter der Frontmauer befinden, sind nach der Vorstellung des Verfassers nicht von Erde bedeckt, sondern in manchen Fällen mehrere Quaderlagen hoch von der Rückseite her offen zu sehen gewesen. Das habe auch den Effekt, dass man die Grabdenkmäler, an denen nach der Aussage der Darstellungen Kulthandlungen vorgenommen wurden, gar nicht hätte erreichen können. Bei tiefliegenden Innenräumen (die Breder für die meisten annimmt) habe man außerdem Stufen oder Treppen zu erwarten, die in das Innere der Grabbezirke führten. Solche sind jedoch in keinem einzigen Fall nachgewiesen. Auch gibt es keine Darstellungen des Grabkultes, in denen Leitern eine Rolle spielen. Bei der folgenden Analyse einzelner Periboloi ist vor allem auffällig, dass der Verfasser nicht systematisch absolute Höhenangaben für die – in diesen Fragen maßgebliche – Oberkante der Sarkophage im Verhältnis zu den umgebenden Laufhorizonten ermittelt hat, was in einer Tabelle leicht möglich wäre. Bei dem runden Grabbau auf Salamis, wo das Gehniveau durch die Schwelle des Tordurchganges feststeht, liegt nach meiner eigenen Anschauung die Oberkante der Sarkophage erheblich tiefer als die Türschwelle. Außerdem ist die Aussage der Ausgräberin ernst zu nehmen, dass im Inneren des Rundbaues ein flacher Hügel angeschüttet war (S. 72). Im Falle des Koroibos-Bezirkes meint der Autor ohne Angabe von Belegen, dass »auch nach Fertigstellung der Fassade der Innenraum nicht intentionell verfüllt oder auch nur teilweise angeschüttet wurde« (S. 83), was sich nach meiner Meinung nicht mit der Position der Grabdenkmäler in einigem Abstand nördlich der Fassade in Einklang bringen lässt.

Weiterführen würde in dieser Frage eine Untersuchung nicht zur Gesamttiefe der Grabgruben (S. 68), sondern zur normalerweise vorhandenen Höhe der Erdauffüllung über der Oberkante der Sarkophage, weil der Gehhorizont jeweils erst über dieser Erdfüllung liegen kann. Die Höhe der Füllung ist abhängig von der Bodenbeschaffenheit, sie kann nach Zeit und Ort variieren. Innerhalb einer kleinräumigen Nekropole und eines bestimmten Zeitraums gehört die Höhe der Erdfüllung über einem Grab zu einem Regelwerk, von dem man nur selten abweicht. Es sei angefügt, dass diese Höhe im Kerameikos in der Regel einen bis knapp anderthalb Meter beträgt. Als Fallbeispiel wählt der Verfasser den von ihm nicht abgebildeten Herakleotenbezirk im Kerameikos (A 2) aus, der 1909 von Alfred Brueckner ausgegraben wurde; die anthropologische Auswertung erfolgte durch Marinos Gerulanos, s. A. Struck, Arch. Ephem. 1910, 95–148; vgl. Stroszeck, Kerameikos a. a. O. 191 Abb. 39.2). Die Auswertung des Befundes stößt auf eine Reihe von Schwierigkeiten: Schon die Zuweisung der Gräber an die in den Inschriften genannten Personen ist hypothetisch bis auf Korallion, da sie die einzige nachweisbare Frau ist. Auch ob die beiden Brandbestattungen 7 und 8 Sklavengräber darstellen, ist nicht nur fraglich, sondern sogar angesichts der beigegebenen Alabastra ganz unwahrscheinlich.

Der Beobachtung, dass sich die Gräber aus der Gründungszeit der Bezirke meist auf der Höhe des Mauerfußes der betreffenden Grabterrasse befinden (S. 82), könnte eine Überlegung angeschlossen werden, wie sich der zeitliche Ablauf zwischen dem Begräbnis und dem Bau der Grabbezirksmauern gestaltete. In welchem Abstand zur ersten Bestattung wird der Grabbezirk gebaut? Zu Lebzeiten des Gründers, das heißt vor einer ersten Bestattung oder erst beim Tode eines Familienangehörigen, also nach einer ersten Beisetzung? Und wie lange nach dem Begräbnis werden die Grabdenkmäler aufgestellt? In jedem Fall erfolgte die tiefe oder weniger tiefe Fundamentierung der Grabdenkmäler unter Berücksichtigung vieler Faktoren. Direkte Hinweise auf Gehniveaus im Inneren eines Grabbaues ergeben sich daraus jedoch nicht.

Zweitens wertet Breder die Existenz von Opfergruben als Hinweis auf ein antikes Gehniveau innerhalb eines Grabbezirks (S. 92–95). Diese Opferstellen messen meist ungefähr 50 auf 120 Zentimeter in der Fläche, sie sind von einem Gehniveau aus etwa zehn bis dreißig Zentimeter tief in die Erde eingesenkt (S. 96). Solche Opferstellen sind in verhältnismäßig wenigen Grabbezirken bezeugt. Angelegt wurden sie jeweils bei einem gemeinsamen Speise- und Trankopfer, das wahrscheinlich einige Zeit nach der Bestattung stattgefunden hat. Die beim Opfer verwendeten Gefäße sind meist zusammen mit den Speiseresten in der Grube verbrannt worden. Auch hier vermisst man eine Tabelle, in der Gehniveaus der betreffenden Grabbezirke im Verhältnis zu den Höhenquoten der Opfergruben übersichtlich dargestellt wären.

Das dritte Indiz, die Frage nach der Zugänglichkeit der Grabbezirke hätte man am Anfang dieses Abschnitts erwartet, da die Wege, von denen aus die Gräber zugänglich waren, eindeutig ein Gehniveau angeben, das irgendwie in Verbindung zum Niveau innerhalb der Bauten gestanden haben muss. Der Verfasser behandelt diese zentrale Frage nicht in einem eigenen Kapitel, in dem alle Anlagen systematisch daraufhin befragt werden, sondern beiläufig (S. 97).

Abschießend wird festgehalten, dass die Mehrzahl der Grabbezirke innen nicht oder nur geringfügig verfüllt gewesen seien (S. 136), somit Innenräume oder Hofanlagen gebildet hätten, die gar nicht einzusehen waren. Daneben habe es auch terrassenartig angelegte und verfüllte Anlagen (S. 137) gegeben. Die Umfassungsmauern entsprächen den Periboloi oder Analemmata bei Heiligtümern, sie schafften somit eine sakrale Atmosphäre für den Totenkult (S. 137). Der Vollzug der Grabriten sei also »nur noch begrenzt geeignet« gewesen, »als repräsentativer, religiöser Akt das Ansehen der Oikoi zu steigern« (S. 99).

Das sechste Kapitel (S. 100–118) behandelt als »materielle Zeugnisse von Bestattungen und Grabsitten in attischen Grabbezirken« Gräber, Grabbeigaben und Opferstellen. Der Autor wertet sie als »unmittelbare Zeugnisse des antiken Totenrituals an der Grabstätte« (S. 100). In der Analyse beschränkt er sich auf eine Auswahl von Kontexten der Kerameikosgrabung, die er in zwei Anhängen zusammengestellt hat: Anhang II (S. 149–162) enthält Grabinventare aus Grabbezirken und Anhang III (S. 163–170) Funde aus Opferstellen in Grabbezirken. Der Verfasser bezieht sich im Text (S. 101 Anm. 609; S. 102 Anm. 614; S. 103 usw.) immer wieder auf einen Anhang I, der in der gedruckten Arbeit jedoch (S. 141–147) den Baumaterialien und nicht Gräbern gewidmet ist. Der mehrfach erwähnte Anhang ist dem Leser also nicht verfügbar. Die Gesamtzahl der untersuchten Gräber wird auf Seite 101 in Anm. 609 angegeben: 144, davon sind 121 Körperbestattungen und 23 (S. 101 »27«) Brandbeisetzungen. Das Fehlen von Anhang I, der dieses Kapitel begleiten müsste, gehört zu den größeren redaktionellen Schwächen der Arbeit. So kann der Leser weder die allgemein gehaltenen Beobachtungen zu Brand- und Körperbestattungen und den Grabformen noch die interessanten Beobachtungen zum häufigeren Vorkommen von Steinsarkophagen in der ersten Hälfte des vierten Jahrhunderts und deren Verschwinden nach dem Grabluxusgesetz des Demetrios von Phaleron 307 v. Chr. (S. 102) am Beispiel nachvollziehen. Man vermisst in diesem Abschnitt eine einführende Aussage zum Stand der anthropologischen Bestimmung der Skelette, die als Grundlage für jede Interpretation der Gräber von Bedeutung ist.

Im Abschnitt zu Grabbeigaben (S. 103) wird zunächst eingeschränkt, dass sich organische Beigaben (Leder, Textilien, Holz) in der Regel nicht erhalten hätten (zu den bedeutenden Stoffresten aus dem Bronzekessel aus Grab Kerameikos 7 [1999] Nr. 264 vgl. jetzt Chr. Margariti / V. Orphanou / St. Protopappas, Journal Arch. Scien. 38 [3], 2011, 522–527). Die Existenz eines Leichentuches kann auch aus den häufig mitgefundenen Nadeln geschlossen werden, die beim Einnähen des Leichnams verwendet wurden und in der Regel im Grab verblieben (anders irrig S. 103). Die Ledersandalen aus Grab Nr. 44 an der Eckterrasse werden nur erwähnt (S. 107 Anm. 648). Es folgt (S. 106–108) ein Einschub zu Gräbern »attischer Art« im ägyptischen Abusir, die aufgrund der besseren Bedingungen für die Erhaltung von organischen Materialien zum Vergleich herangezogen werden. Als in Athen in Gräbern nicht bezeugte Beigaben sind hier neben Schwämmen und Lederbeuteln vor allem Stöcke aus Holz zu nennen. Der Autor interpretiert sie als βάκροι, also Stecken, auf die sich alte oder kranke Männer gestützt haben und die mehrfach in Darstellungen aus dem klassischen Athen überliefert sind.

Breder kommt zum Schluss, dass die Position der Beigaben keine Schlüsse über die Art des Beigabenrituals zulässt und dass es für die Position der Beigaben im Grab »kein festes Muster gegeben« hat (S. 104). Für eine differenziertere Sichtweise wäre eine gründliche und umfassendere Untersuchung der verschiedenen Möglichkeiten der Beigabendeponierung im Grab notwendig gewesen, die den Rahmen der Arbeit wohl gesprengt hätte. Bestimmte Muster kann man nämlich erkennen, zum Beispiel in der parallelen Positionierung von Lekythen beiderseits des Körpers beim Grab des Eupheros (Stroszeck, Kerameikos a.a.O. 202 Abb. 1). Das Beispiel zeigt die repräsentative Rolle der Lekythen während der Aufbahrung des Leichnams. Zur Auswahl der Beigaben kommt der Verfasser über die bloße Aufzählung und eine Charakterisierung als männlich oder weiblich (S. 106) – mit Ausnahme von ansatzweise vorgebrachten Überlegungen zur Funktion von Ölgefäßen (S. 105) – nicht hinaus. Salbgefäßen räumt er einen Platz in den »schriftlich überlieferten Riten der Waschung und Salbung des Verstorbenen« ein. Er fasst zusammen (S. 110), dass die meisten regelmäßig vorkommenden Beigaben »aus dem Bereich der Körperpflege im Kontext von Sport- und Badekultur« stammen. Grabbeigaben seien nicht individuell für den einzelnen Toten ausgewählt worden, sondern sie folgten einer »allgemeinen Konvention« (S. 110), auch wenn es sich um persönliche Gegenstände aus dem Besitz der Toten handle (S. 111). Der Autor betont, dass die meisten Beigaben auch auf Grabreliefs im Bild dargestellt sind. Er folgert daraus, dass Beigabensitten sowie die Auswahl der in der Grabkunst dargestellten Gegenstände von ähnlichen Kriterien bestimmt würden.

Insgesamt dreiunddreißig Opferstellen werden analysiert, sie sind ein »exklusives Phänomen« (S. 114). Die einfache Keramik aus diesen Opferstellen ist meist aus weich gebranntem Terrakottenton hergestellt. Abgesehen von Kochgeschirr (Lopas und Chytra) und größeren Opfertellern mit Schlaufenhenkeln finden sich darunter vor allem kleine Schälchen, einige wenige Trinkgefäße (Schalen, Skyphoi, Kantharoi, dazu gehören aber nicht Oinochen, irrig S. 115 mit Verweis auf Abb. 159), Deckelgefäße, aber auch Salbgefäße sowie größere bemalte Gefäße mit Symbolcharakter (Lebes gamikos, Hydria). Die zusammen mit dieser Keramik gefundenen Tierknochen belegen eindeutig, dass hier jeweils ein Ritual vollzogen wurde, in dem von einer größeren oder kleineren Anzahl von Teilnehmern Speise- und Trankspenden dargebracht wurden; vielleicht nahmen die Teilnehmer auch in »symbolischen Portionen« am Opfermahl teil. Abschließend hat man die verwendete Keramik zusammen mit den Resten der Mahlzeit am Ort verbrannt. Die vereinzelt auftretenden Trinkgefäße wertet Breder als Hinweis darauf, dass das Trankopfer allein den Toten vorbehalten gewesen sei (S. 116). An verschiedenen Stellen vermutet er, dass Opferrinnen im Kerameikos nur bis 420 v. Chr. bezeugt seien (z. B. S. 116; 118). Die Sitte ist jedoch bis in die zweite Hälfte des vierten vorchristlichen Jahrhunderts fortgeführt worden, ebenso wie die Opfer in Opfergruben. Opferhandlungen am Grab stehen in Zusammenhang mit den schriftlich überlieferten Gedenkfeiern am dritten, neunten und dreißigsten Tag nach der Bestattung oder auch mit jährlichen Zeremonien.

Ein abschließendes siebtes Kapitel ist der Ausstattung attischer Grabbezirke mit Monumenten gewidmet (S. 119–135). In diesem Abschnitt stehen Analysen allgemeineren Charakters, zur Verwendung spezifischer Monumente für Verstorbene in unterschiedlichen Lebenslagen (S. 119–121), zur Traditionsgebundenheit der Grabdenkmäler (S. 122), zu sakralisierenden Elementen an Grabstelen (S. 130–132) und zu Entwicklungen (S. 132 f.) neben der Analyse einzelner Gattungen von Monumenten (Marmorlekythen S. 122–124; Marmorloutrophoren S. 125–126; Greifenkessel S. 126–130). Grabdenkmäler sind in ihrer Erstverwendung spezifisch auf eine konkrete Person oder Situation bezogen. Anthemienstelen mit Rosetten (›Namenstelen‹) sind mit den Namen der Oikos-Vorstände versehen. Grablekythen und Bildfeldstelen zeigen oft Erwachsene in fortgeschrittenem Alter, während Loutrophoren auf ehelose Verstorbene hinweisen. Rundplastische Grabdenkmäler (Löwen, Sphingen, Sirenen, Hunde und Stiere) greifen auf archaische Tradition zurück. Grabreliefs mit Giebelbekrönung, die am häufigsten dokumentierte klassische Grabdenkmalsform, finden Erwähnung (S. 130 f.), denn durch diese Gattung wird erstmals der architektonische Rahmen als repräsentatives Element in den Grabdenkmalsbestand eingeführt, die mehrheitliche Aufstellung für »jüngere Menschen beiderlei Geschlechts« wird betont (S. 133).

Marmorne Grabgefäße (neben den genannten auch Panathenäische Preisamphoren und Kratere, S. 122) greifen auf die Tradition der geometrischen Tongefäße als Grabdenkmal zurück. Lekythen, im Besonderen weißgrundige, nehmen im Verlauf des fünften Jahrhunderts zunehmend Symbolcharakter an. Die Tongefäße erreichen gegen 430 v. Chr. monumentale Größe (S. 123), gleichzeitig setzen marmorne Lekythen als Grabdenkmäler ein, die dauerhaft vorbildliche Totenfürsorge symbolisieren (S. 124). Loutrophoren wiederum sind von Anfang an reine Zeremonialgefäße, die wegen ihrer Bedeutung als Hochzeitsattribute auf ehelos Verstorbene hinweisen. Im Lauf der Zeit allerdings erweitert und spezifiziert sich diese Bedeutung dadurch, dass Loutrophoren auch im staatlichen Totenkult für Gefallene aufgestellt werden, hin zum »Symbol für die Arete der Toten« und für die »Klage über den als vorzeitig empfundenen Tod« (S. 126). Marmorne Greifenkessel schließlich sind ein Rückgriff auf die bronzenen Vorbilder, die in ehrwürdigen Heiligtümern wie Olympia aufgestellt waren, sowie auf die als Grabdenkmal aufgestellten tönernen Greifenkessel, die man in archaischer Zeit auch auf Gräbern im Kerameikos errichtet hatte (S. 129). Sie betonen den sakralen Charakter einer Grabanlage ebenso wie die im Grab- und im Heiligtumskult verbreitete Schmückung mit Tänien. Zu festlichem Schmuck mit sakralem Charakter zählt der Autor schließlich auch die Rosetten der Anthemienstelen (S. 131 f.).

Das Einsetzen der monumentalen Grabbezirke um 430 v. Chr. wird abschließend überraschend und zusammenhanglos als Praxis der »Entsühnung für die Missachtung der Grabsitten im Angesicht der Seuche« von 430/429 erklärt (S. 140). Die Architektur der Periboloi, die Grabdenkmäler und die Riten selbst rufen Elemente des Kultes in Heiligtümern auf. Im Laufe der Zeit werden mehr und mehr dauerhafte Symbole für den Vollzug der Grabriten in die Ausstattung der Grabbezirke aufgenommen (S. 139).

Dem Text folgen drei Anhänge, von denen II und III oben bereits behandelt wurden. Anhang I (S. 141–147) gilt Baumaterialien und ihrer Verwendung im klassischen Attika: der sogenannte Burgkalk, ein Kalkstein, der an den Hängen der Akropolis, des Areopag und der Pnyx gebrochen wurde, fand in den Grabfassaden des Potamierbezirks und des Lysimachides Anwendung (S. 140 A 4 und A 21). Der witterungsbeständige sogenannte Piräuskalk (ab S. 141 f. durchgängig mit dem luftdurchlässigen und nicht witterungsbeständigen, vor allem in archaischer Zeit für Denkmäler verwendeten Poros verwechselt) wurde vor allem in der Festungsarchitektur und für die Basen von Grabdenkmälern verwendet. Der rote Konglomeratstein oder Nagelfluh (S. 142; 146) steht an den Hügeln im Westen von Athen an. Dieses Material wurde – immer als rechteckige Quader – in der Festungsarchitektur beim Bau des Proteichisma sowie als unterirdisches Fundament von Grabstelen und – unter Verputz – auch für die Mauern von Grabfassaden verwendet (A 1). In der Hierarchie der Materialien rangiert ganz oben der Marmor (S. 143): der gelbliche pentelische, aus dem fast alle klassischen Grabdenkmäler bestehen, und der bläuliche vom Hymettos, der für die meisten hellenistischen Grabdenkmäler verwendet wurde. Nachfolgend werden lokale Baumaterialien in Rhamnous (S. 144) und in Sounion (S. 144 f.) besprochen.

Drei Kataloge beschließen den Band.

Die Nummerierung von attischen Grabbezirken wurde von verschiedenen Autoren (Garland, Peribolos Tombs a. a. O.; Bergemann, Demos a. a. O.; Closterman, Self-representation a. a. O.; Marchiandi, Periboli a. a. O.) und nun erneut durch den Verfasser vorgenommen. Für die Grabbezirke im Kerameikos gibt es außerdem bereits die Nummerierung durch Brueckner (Der Friedhof am Eridanos bei der Hagia Triada zu Athen [Berlin 1909], mit römischen Zahlen) und Ursula Knigge (Der Kerameikos von Athen. Führung durch Ausgrabungen und Geschichte [Athen 1988], noch eine neue Zählung nach topographischen Kriterien findet sich bei Stroszeck, Kerameikos a. a. O.). Breder übernimmt im Grunde die Nummerierung von Garland, schließt jedoch einen Teil der Grabbezirke früherer Kataloge aus und nimmt dagegen (S. 171) fünfzehn neue Bezirke auf. Mit einem Stern versehene Nummern sind dem Garlandschen Katalog durch Bergemann hinzugefügt worden, mit zwei Sternen bei Closterman neu aufgeführte und mit drei Sternen die vom Autor neu aufgenommenen Einträge. Das verwendete Nummerierungssystem ist wenig benutzerfreundlich: Der Verfasser führt beispielsweise im Kerameikos erst – nach Straßen geordnet – einige Beispiele an, dann aber wird das Zahlen-Nummern-System durchbrochen: Auf die Katalognummer *A 23 folgt nicht *A 24, sondern B 1 (S. 186), die Nummer A 25 findet man erst später (S. 190 f.).

In Katalog I (S. 171–226) sind so 134 attische Grabbezirke klassischer Zeit zusammengestellt (auf S. 171 werden nur 128 gezählt). Die Katalogeinträge sind in sich gut aufgebaut. Abgesehen von Grabbezirken sind auch Tumuli aufgenommen, was man nach dem Titel nicht sofort vermutet (der Tumulus der Eukoline S. 186 A 23 Abb. 5). In der Beschreibung der Befunde findet man anstelle einer nachvollziehbaren Argumentation mit der Diskussion des Bestandes und der Deutung früherer Bearbeiter immer wieder inhaltslose Formulierungen (S. 193 bei C 31 »ist sicher nicht zutreffend [...] deren eigene Argumentation indes nicht überzeugt«). Der Leser wüsste gerne, welche Argumente hier abgelehnt werden oder aus welchen Gründen zugestimmt wird.

Beim Eintrag zu den Lakedaimoniergräbern im Kerameikos (S. 194 f. D 1) fragt man sich, warum diese Gräber überhaupt in den Katalog aufgenommen wurden, da sie von vornherein nicht zu der eingangs (S. 1) definierten Gruppe der privaten Grabbezirke gehören. Im Katalogeintrag wird der 2010 bei Nachgrabungen neu entdeckte Tumulus unter dem steinernen Grabbau erwähnt, aber nicht der für die Gefallenen Nr. 1–6 gleichzeitig errichtete benachbarte Lehmziegelbau, der ebenfalls 2010 nachgewiesen wurde.

Katalog II »Zusammengehörige Grabstelen mit unbekanntem Kontext« (S. 227–238) wäre besser »Zusammengehörige Grabdenkmäler mit unbekanntem Kontext« betitelt, da auch Kioniskoi und Marmorgefäße aufgenommen sind.

Katalog III (148 Nummern, S. 238–257) führt jene Grabbezirke auf, die im Laufe der Forschungsgeschichte als solche bezeichnet wurden, die jedoch nach Ansicht des Verfassers nicht die eingangs definierten Kriterien erfüllen und deshalb ausscheiden. Die Gründe dafür sind ganz verschieden: Das Fehlen von Architektur, die Entstehung in hellenistischer Zeit oder der unzulängliche Publikationsstand (S. 257 Z 3) und kryptisch bei Y 11 »erfüllt nicht die Kriterien für eine Interpretation als Grabbezirk« (S. 256). Andere Monumente waren überhaupt keine Grabbezirke (z. B. S. 239 *A 19a). Hellenistische Grabbezirke (S. 240 C 1), die von vornherein ausgeschlossen waren, hätten nicht extra aufgelistet werden müssen (Definition S. 1). Bei vielen Einträgen in Katalog III hätte man sich eine Diskussion des Befundes beziehungsweise eine Angabe von Gründen für ein Ausscheiden aus dem Katalog anstelle einer Charakterisierung als »unklarer Befund« gewünscht (B 2, B 3, C 25 – C 28 usw.).

Am Ende des Textteils folgen ein umfangreiches Literaturverzeichnis (S. 259–275) und der Abbildungsnachweis (S. 277–279). Bedauerlicherweise fehlt, wie sehr häufig bei deutschen Publikationen, insbesondere bei gedruckten Dissertationen, ein Stichwortverzeichnis, das die Benutzung entschieden erleichtern könnte. Ausgesprochen hilfreich wären außerdem ein Namensindex und vor allem Konkordanzen zu den bereits erwähnten älteren Katalogen von Brueckner, Garland, Knigge, Bergemann und Marchiandi sowie wenigen weiteren gewesen (s. a. Chr. Clairmont, Classical Attic Tombstones I–VIII [Kilchberg 1993], Suppl. [1995]; F. Hildebrandt, Die attischen Namenstelen (Berlin 2006), ebenso die Inscriptiones Graecae, vgl. die entsprechenden Indices bei Marchiandi, Periboli a. a. O. 641–683).

Der Tafelteil (S. 283–389) ist reich bebildert. Angestrebt war offenbar eine möglichst vollständige Zusammenstellung der Bilddokumentation zu den im Katalog behandelten Grabbezirken und ihrer Denkmäler und zwar in der Reihenfolge des Kataloges, mit Fotos, Plänen und Schnitten. Eine Karte fehlt leider. Das Nebeneinander von hoch- und querformatigen Tafeln ist für den Benutzer unhandlich (z. B. die Tafeln 50 und 51 sowie 82 und 83). Während die Grabbezirke des Kerameikos meist mit mehreren Abbildungen vertreten sind, werden andere überhaupt nicht abgebildet, darunter sieben der fünfzehn neu gefundenen Bezirke: Acharnai, Grabbezirke 1 O7 S. 210, 2 O8 S. 211, 3 O9 S. 211 und 4 O10 S. 211, ferner Markopoulo, Gelände des Olympia-Reitzentrums, Grabbezirk Q 21 S. 213 und Q 23 S. 213 sowie Grabbezirk des Ischyrias von Myrrhinous Q 22 S. 213.

Nach heutigem Standard und den modernen Möglichkeiten wäre es nützlich gewesen, hätte man Pläne und Architekturzeichnungen, besonders diejenigen der Geisonblöcke der Grabfassaden, auf einen einheitlichen Maßstab gebracht und die hier erneut abgedruckten alten Pläne, beispielsweise der Kerameikosgrabung, überarbeitet. Stattdessen sind manchmal Detailzeichnungen sogar ohne jeden Maßstab abgebildet (Abb. 70). Als

Abbildung 27 wird Dieter Ohlys Gesamtplan der Kerameikosgrabung von 1965 abgedruckt, wo noch die – vom Verfasser gar nicht verwendeten – Brucknerschen Nummern der Grabbezirke in lateinischen Ordnungszahlen verwendet sind. Ein weiterer Plan der Kerameikosnekropole wird als Abbildung 85 auf dem Stand von 1988 abgedruckt, einschließlich der Nummerierung der Denkmäler und Grabbezirke durch Ursula Knigge. Hier wäre dem Benutzer schon geholfen gewesen, wenn systematisch wenigstens die von Breder selbst verwendeten Katalognummern anstelle der alten eingetragen worden wären.

Auf dem als Abbildung 27 (S. 292) abgebildeten Plan der Nekropole im Kerameikos ist – offenbar vom Verfasser selbst – der erste Nebenweg an der Heiligen Straße versehentlich falsch eingezeichnet. In Wahrheit zweigt er von der Heiligen Straße neben dem Antidosisbezirk und nicht wie in der Skizze westlich des Hügels G ab (vgl. dazu S. 314 Abb. 85 oder Stroszeck, Kerameikos a. a. O. 54 Nr. 10 a und 235 Abb. 61.1). Der weiter westlich abzweigende Nebenweg 2 fehlt hier dagegen ganz. Die Beschriftung im Tafelteil folgt keinem konsequenten Schema (Ort, Bezirk und Nummer) und ist oft unvollständig. So müsste es lauten ›Abb. 1 Athen, Kerameikos, Schnitt durch den Lehmziegelbau unter Hügel G westlich des Tritopatreion‹ usw. Fehlende Ortsangaben muss man zum Teil mühsam erblättern, so bei Abbildung 128 »Marmorlekythos aus Q 19«; den Ort Pousi Ledi (Merenda) findet man auf Seite 215. Abbildungen des gleichen Grabbezirks werden wiederholt nicht als einheitlicher Block präsentiert, sondern zum Teil über mehrere Seiten hinweg verteilt. Zum Beispiel gehören zum Rundbau am Eridanos im Kerameikos (A 25) die Abbildungen 31, 71 und 195, zum Potamierbezirk ebendort (A 21) die Abbildungen 26 und 38–41, zum Grabbau K im Kerameikos Abb. 1, 4, 6 und 170 und zum Rundbau auf Salamis (Z 8) S. 294 Abb. 30, S. 299 Abb. 44, S. 389 Abb. 275, Schnitt 313 Abb. 83 und Plan 313 Abb. 84. Drei unterschiedliche Zeichnungen der Fassade des Herakleotenbezirks (Abb. 67, 77 und 176), von denen Abbildung 67 definitiv überholt ist, werden unkritisch und kommentarlos abgebildet, jedoch nicht nacheinander und auch nicht zusammen mit der Gesamtaufnahme des Bezirks (Abb. 62), so dass der tatsächliche Bestand leicht nachvollziehbar wäre. Man vermisst Kommentare zu den Rekonstruktionszeichnungen besonders, da der Band schwerpunktmäßig die Architektur und die Ausstattung der attischen Grabbezirke behandelt.

Redaktionelle Schwächen sind in diesem Band abundant. Dazu gehören neben Tippfehlern auch sprachliche Besonderheiten. Grundsätzlich wäre eine Erklärung zur Transkription griechischer Ortsnamen notwendig gewesen, man kann Transkriptionseigenwilligkeiten oft nicht von den häufigen Druckfehlern in diesem Band unterscheiden. Zum Beispiel liest man auf Seite 212 »Myrrinous« in der Überschrift, jedoch Seite 213 bei Q 22 (S. 213) korrekt »Myrrhinous«, Seite 223 »Laoriotiki« statt »Laureotike« oder Seite 367 Abbildung 218 »Neo Phaliro« statt »Neo Faliro«. Außerdem muss es heißen »Syntagma«, oder »Syntagma-Platz«, aber nicht wie der Verfasser schreibt »Platia Syntagma« (z. B. S. 366 bei Abb. 216 und 217). Der Verfasser benutzt (z. B. S. 6, 21 und passim), wie neuerdings eine Reihe von deutschen Forschern, häufig den aus dem Englischen entlehnten Begriff »Grabmarker« im Sinne von »Grabdenkmal« oder »Kennzeichnung des Grabes«. Nach Ansicht der Rezensentin ist das eine überflüssige Neuschöpfung, die den deutschen Begriffen nichts voraushat.

Abschließend ist zu sagen, dass die Arbeit von Jan Breder bei allen genannten Schwächen eine neue Diskussionsbasis schafft. Sie lenkt die Aufmerksamkeit auf die Notwendigkeit einer umfassenderen Analyse der Grabbezirke, welche die architektonische Struktur, die Grabdenkmäler und auch die Bestattungen selbst sowie Riten und Opferhandlungen im Grabbezirk berücksichtigt.

Athen   Jutta Stroszeck

Fokus Fortifikation Studies. – Volume I: Silke Müth, Peter I. Schneider, Mike Schnelle e Peter De Staebler (editori), **Ancient Fortifications. A Compendium of Theory and Practice.** 352 pagine con numerose illustrazioni. – Volume II: Rune Frederiksen, Silke Müth, Peter I. Schneider e Mike Schnelle (editori), **Focus on Fortifications. New Research on Fortifications in the Ancient Mediterranean and Near East.** Monographs of the Danish Institute at Athens, volume 18. 624 pagine con 495 illustrazioni. – Oxbow Books, Oxford e Philadelphia 2016.

Il progetto ›Fokus Fortification. Ancient Fortifications in the Eastern Mediterranean‹ attivo dal 2008 al 2011 si è proposto di pubblicare le ricerche di questi anni in due importanti volumi miscellanei che si pongono come inizio di una serie dedicata allo studio delle architetture di difesa: ›Fokus Fortifications Studies‹.

Il primo volume è un compendio della metodologia e degli scopi della ricerca, che affronta in modo organico sia il problema della documentazione che quello della interpretazione delle strutture di difesa. Alcuni articoli si presentano in Inglese, altri in Tedesco.

Un'analisi di un volume miscellaneo pone in genere sempre problemi di sintesi e rende più difficile trovare una chiave di lettura. Comunque sono affrontati diversi temi di ricerca riguardo le fortificazioni antiche che aiutano il lettore a districarsi nei diversi rivoli di senso e significato che un'opera monumentale come un sistema fortificato porta inevitabilmente con sé.

Silke Müth, Alexander Sokolicek, Brita Jansen e Eric Laufer si interrogano su modi e metodi di interpretazione delle strutture di difesa che partono da un'analisi più generale. Essa comprende lo studio della geologia e dei materiali da costruzione, l'osservazione del territorio, lo studio dei comportamenti sociali e culturali, i modelli economici di riferimento eccetera, con lo scopo di pervenire a una comprensione più generale del problema e di individuarne le cronologie. Le annotazioni degli autori riprendono metodi di analisi che già si stanno attuando ad esempio per gli studi delle strutture di incastellamento in Italia e che iniziano ad essere mutuate anche per il mondo antico. In questo tentativo di schematizzazione della materia il carattere più problematico è la divisione in categorie delle diverse tipologie di fortificazioni che, come avvertono gli stessi autori, deve essere calibrata a livello regionale. L'articolo si propone di essere un punto di partenza per analisi successive, tuttavia prescinde da una bibliografia generale sui metodi di analisi e di studio delle strutture architettoniche in generale. In particolare sui processi di cantiere e le simulazioni di lavoro proposte dagli autori esiste una vasta bibliografia cui attingere. Di fatto l'articolo preliminare del volume pone questioni di metodo che però rimangono solo a uno stadio teorico, senza approfondire le singole problematiche e senza calarle in una più approfondita ricerca all'interno della complessità sociale, storica, politica e rituale del paesaggio.

Judith Ley, Elke Richter e Brita Jansen esprimono la necessità di ottenere una documentazione omogenea nell'analisi delle fortificazioni. Si tratta di un buon riassunto di quanto generalmente si fa durante una campagna di analisi di un impianto urbano sia dal punto di vista topografico che da architettonico. Più interessante è invece la proposta di arrivare a un sistema condiviso di presentazione e descrizione delle strutture di difesa. Si pensa alla costruzione di un apparato di lemmi specifici e di segni grafici, che rendano da subito conto della tipologia delle strutture e della composizione delle cinte murarie, un tentativo di approccio analogo a quello del dizionario dell'architettura antica realizzato da René Ginouvès e Roland Martin e che, specificatamente per le strutture di difesa, può essere un ottimo mezzo di conoscenza.

Peter De Staebler propone una lettura delle fortificazioni di Afrodisia in Caria; anche in questo caso si sente tuttavia la necessità di inserire la specificità del cantiere sulle fortificazioni nel discorso più generale dello sviluppo del cantiere architettonico, in connessione anche con il sistema di estrazione del materiale dalla cava, del trasporto e delle capacità ingegneristiche.

Christiane Brasse e Silke Müth analizzano nel quinto capitolo gli apparecchi e le tecniche murarie. I diversi tipi di apparecchi sono scelti per motivi legati alla funzionalità difensiva delle mura, alle necessità di visibilità dell'architettura, alla consuetudine di cantiere, alle possibilità di spesa eccetera.

Gli aspetti di difesa e le funzioni poliorcetiche sono stati osservati da Brita Jansen, che mette in rapporto le strutture difensive con le fonti e la pratica archeologica. Giustamente l'autrice mette in guardia contro la grande variante di situazioni poliorcetiche, economiche e culturali che sono all'origine della decisione di costruire una fortificazione e alla base delle numerose differenze tra strutture urbane di difesa. Naturalmente gran parte della discussione sui sistemi di difesa urbani parte dalla costatazione che lo sviluppo poliorcetico è una conseguenza dello sviluppo dell'ingegneria applicata alla guerra. Il problema che pone l'autrice è quello di una organizzazione temporale dei sistemi di fortificazione. La lunga durata delle costruzioni da difesa impone una lettura più organica dei cambiamenti anche minimi per adattarle alle nuove esigenze poliorcetiche, ma direi anche sociali e simboliche. Nella lettura delle fortificazioni va naturalmente analizzata anche la funzione delle difese urbiche all'interno del territorio e i rapporti con una rete difensiva a livello regionale. Inoltre bisogna considerare le questioni economiche e demografiche, necessarie a sostenere la costruzione di strutture ampie e articolate.

Rimangono tuttavia insoluti alcuni problemi fondamentali. Le iscrizioni ci danno in alcuni pochi casi informazioni sulla costruzione di mura urbiche e nella chora, ma il loro valore non è sempre così dirimente. Spesso anche queste hanno un valore pubblico e di propaganda e le mura urbiche diventano il luogo della promozione politica dei ceti maggiorenti. Difficile è inoltre stabilire un trend di sviluppo demografico su cui appoggiare il senso e la funzione di strutture fortificate o l'analisi dei flussi migratori. Nel testo è ancora accennata, come già in altri contributi precedenti, la necessità di analisi delle strutture murarie e di scavi archeologici con la menzione dei modi di datare le strutture murarie attraverso lo scavo, di utilizzare l'archeologia sperimentale per verificare la fattibilità delle opere in analisi.

Si propone infine uno studio legato agli aspetti topografici e alla relazione con l'insediamento e sono analizzati i singoli elementi della fortificazione, le cortine e i loro metodi costruttivi, lo spessore, anche in rapporto con l'accessibilità del luogo, la costruzione di casematte, le fondazioni, i metodi costruttivi. Tuttavia questi problemi sono solamente accennati e rischiano di essere troppo superficiali, se non addirittura fuorvianti in alcuni casi; non è possibile, ad esempio, essere d'accordo con l'analisi dell'apparecchio poligonale, su cui sarebbe possibile scrivere molto e molto è stato già scritto. Particolare è il discorso sulle porte. Che siano un elemento difensivo debole o forte queste presentano una sempre maggiore monumentalizzazione. La porta può essere non solo un'interruzione alla struttura muraria ma anche il luogo dove la guerra è più feroce. Per questo in alcuni casi, soprattutto in occidente, tra l'Epiro e la Magna Grecia, crescono notevolmente nelle strutture e nelle funzioni al contrario delle cortine, fino a diventare dei propri e veri maschi fortificati. La grandezza delle porte e il loro numero sono necessari per motivi di difesa e a garantire quell'osmosi tra città e chora che garantisce la libertà della città, il suo funzionamento igienico, la capacità di essere aperta su più lati e di dover dividere l'esercito nemico su più fronti etc.

Poco spazio è dato agli aspetti di sviluppo della poliorcetica come scienza applicata alle fortificazioni, che non consiste solo nell'organizzazione architettonica delle mura, quanto piuttosto nell'adeguamento a funzioni e usi. Selinunte e Siracusa sono menzionate come esempio importante di una difesa attiva in un determinato periodo della loro storia, ma a una lettura più attenta mostrano importanti segni di cambiamento e si propongono come modelli innovativi che hanno permesso di sviluppare nuove tipologie di fortificazioni. Manca nel complesso un'analisi del dialogo che le fortificazioni conducono continuamente con le tattiche di attacco e con le innovazioni poliorcetiche. Si dimentica troppo spesso che la poliorcetica non è solo l'arte della difesa, ma anche quella dell'attacco di una struttura fortificata e che questa guida le strutture di difesa e la composizione dell'esercito assediante, dei suoi reparti, degli ingegneri e delle macchine da guerra. Si tratta di un rapporto sempre in movimento che non si ferma ad analisi schematiche del fenomeno della guerra e dell'assedio, ma che deriva dalla funzione che di volta in volta le mura hanno dal punto di vista della guerra, ma anche della gestione della pace, del governo, del controllo del territorio e delle vie di comunicazione etc.

Silke Müth, Eric Laufer e Christiane Brasse affrontano il problema della funzione simbolica delle fortificazioni. In generale rimane un problema dividere in modo così netto le funzioni di edifici comunque rappresentativi, se non altro per la loro mole, come le mura. Difesa, sicurezza, propaganda, definizione politica e identitaria sono tutti elementi che concorrono a gestire le strutture architettoniche di difesa. Ciascuna delle singole funzioni può essere svolta in modo autonomo e in forma diversa, ma tutte concorrono a fare delle strutture murarie un oggetto complesso che va analizzato nella sua totalità. Non è possibile pensare solo alla difesa come funzione primaria, perché questa dipende dai modi di gestione della guerra e non dalle mura stesse. Popolazioni e società senza mura conoscono comunque la guerra e le sue atrocità, ma applicano schemi diversi di difesa, come gli sciti di Erodoto.

Nell'articolo tuttavia non sono messi a fuoco e storicizzati i diversi elementi del processo simbolico, che rimane una funzione retorica ben precisa, per cui si corre il rischio non solo di rimanere in una genericità inutilizzabile, ma anche di sovrainterpretare il senso del simbolo alla luce delle nostre esperienze culturali, che parlano un linguaggio del tutto diverso. Così porre sullo stesso piano la Porta dei leoni di Micene con il rilievo di un elefante sulle fortificazioni di Monte Karas in Cilicia è un'operazione non solo pericolosa, ma anche inopportuna. La grandiosità delle strutture, la scelta dei materiali, il sistema generale delle fortificazioni partecipa di un significato simbolico, che comunque può essere esteso a tutte le architetture. Il simbolismo dell'architettura, fin dal pionieristico lavoro di Umberto Eco degli anni sessanta e dal coevo impegno di Cesare Brandi, è stato sviscerato da più autori e va letto all'interno di un più vasto sistema urbano e civico. Così le mura acquistano un senso se rapportate alle altre architetture della città e il loro significato simbolico diviene più chiaro nel momento in cui si attribuisce un posto alle diverse funzioni degli spazi urbani.

Il modello di analisi portato avanti dagli autori riprende un recente lavoro di Christoph Baumberger che propone uno schema bipartito, da una parte la denotazione in riferimento a un sistema simbolico più ampio, dall'altro l'esemplificazione in riferimento a un complesso di simboli più specificatamente propri al monumento in questione. Tuttavia applicare schemi generali non significa trovare chiavi di lettura assolute, ma modelli di analisi dettati dal nostro sistema di riferimento. Ambiguità, allusione, simbolismo, allegoria sono tutte strutture categoriche con cui i moderni non condividono con gli antichi neppure il lessico di riferimento. Ciò non toglie che non sia necessario sviluppare una metodologia d'indagine, senza tuttavia dimenticare la complessità culturale, i fenomeni linguistici, le teorie sociali ed estetiche e infine architettoniche.

Questo sistema teorico è invece applicato a una serie di esempi cronologicamente e geograficamente distanti, mentre diversi esiti simbolici sono applicati all'interno di un'unica struttura, in modo che questi emergano non come il risultato di un'entelecheia culturale, ma come categorie imposte. Perciò non si può essere d'accordo su alcune affermazioni perché troppo tagliate su una visione moderna del problema: »Besonders in der Epoche der freien griechischen Polis war die Stadtmauer spätestens seit klassischer Zeit zweifellos eine wichtige, wenn nicht (bis auf wenige Ausnahmen) quasi unabdingbare Voraussetzung und ein Garant für die Existenzfähigkeit eines Stadtstaates, was einen erheblichen Stellenwert der Befestigung für das städtische Selbstverständnis impliziert« (p. 134). Mogen Hansen aveva già sostenuto chiaramente che »In the Classical period the defence circuit was an essential, though not indispensable, element of the polis«.

Tuttavia il suo discorso è parziale e non tiene conto dello sviluppo della città nella sua interezza e dei rapporti tra ›polis‹ ed ›asty‹. Non è qui il caso di addentrarsi in una discussione più ampia, ma il solo dibattito che si promuove ad Atene durante il quinto secolo sull'opportunità della città murata (da Sofocle a Aristotele) fornisce un'idea della complessità della questione. Allo stesso modo anche la decorazione delle mura stesse può essere simbolica, ma anche allusiva o metaforica a secondo del rapporto che il senso della decorazione ha con la propria immagine. Inoltre: che le fortificazioni con un sistema decorativo particolare possano essere intese come »Symbole städtischer Unabhängigkeit und moderner urbaner Lebensqualität« è congettura del tutto moderna.

Nella difficoltà di comprendere esattamente cosa s'intenda per simbolo e in che modo questo debba essere correttamente decifrato, l'articolo si correda di una scheda che dovrebbe aiutare il lettore a cogliere le modalità di funzionamento della simbologia muraria riducendola, come una grammatica strutturalista, a termini minimi e tassonomicamente ordinati. Sembra di leggere uno dei cataloghi di oggetti che Michael Focault discute in un suo noto testo e che, pur pretendono di avere un carattere universalistico, non fanno altro, come tutti gli elenchi, che riflettere un'esperienza personale.

Silke Müth affronta il rapporto tra fortificazioni urbane e città e spazio urbano ed extraurbano. Anche in questo caso non è possibile ragionare per categorie preorganizzate. La contrapposizione di cosa sia civilizzato e cosa no all'interno della geografia culturale di una polis varia nelle diverse epoche e soprattutto nelle diverse regioni. Se la corona sacra e anche fortificata che circonda le città coloniali come Locri, Agrigento o Thasos può conservare un senso analogo a quello degli autori, più complesso è vederlo nel caso delle poleis in madrepatria. Da un punto di vista concettuale la polis non sembra identificarsi con la città o l'asty. Chora e Asty sono due facce dello stesso fenomeno, la polis, anche in città coloniali come Metaponto, e a volte le mura sono una dolorosa necessità che portano la città a un peggioramento delle condizioni igieniche e di vita; la loro barriera impedisce la naturale osmosi tra dentro e fuori e pone importanti problemi di ecologia urbana.

Le fortificazioni hanno una certa difficoltà a imporsi come allegoria ed immagine della città. In età classica le città sono descritte secondo la loro funzione sociale e il loro aspetto politico o, solo per la colonia panellenica di Thurioi, nel loro aspetto urbano e planimetrico. La Tyche di Antiochia nel processo di formazione di una nova immagine della polis è una manifestazione relativamente tarda e giunge in un momento in cui l'aspetto delle città è cambiato rispetto al mondo delle poleis. È necessario notare, per inciso, che la personificazione turrita tiene in mano un fascio di spighe, per segnalare un rapporto, quello tra asty e chora, che si fa più problematico, ma che non sparisce completamente né nel caso della scultura di Eutychides né nel racconto di fondazione di Alessandria d'Egitto, nel quale lo stesso basileus macedone ribadisce la necessità di un tale rapporto.

Rune Friederiksen, Eric Laufer e Silke Müth analizzano il complesso delle fonti scritte e visuali sulle mura. Ne emerge una distinzione netta tra il mondo greco e quello ellenistico romano nella gestione delle immagini, che arrivano fino alla determinazione di strutture geometriche e labirintiche in un'idea complessa e strutturata delle fortificazioni. In questa seconda fase, le mura rappresentano la città e l'identità urbana in un immaginario sempre più globalizzato. Tale differenza di trattazione di immagine è sintomatica di un differente approccio culturale al sistema stesso delle architetture difensive.

Il valore delle fortificazioni come documento storico è mostrato da Laufer. Egli pone alcune direttive di ricerca in questo senso: l'analisi di un framework sociale, economico e politico che pone le basi per la realizzazione del monumento; le intenzioni della committenza che possono non limitarsi al solo aspetto militare; le condizioni locali che applicano nel caso specifico criteri più generali. Si riprendono qui problemi già analizzati in precedenza sul rapporto tra fondazione dell'insediamento e costruzione delle fortificazioni, procedure di lavorazione delle maestranze, significati delle decorazioni architettoniche, il processo evolutivo della poliorcetica. Sono poi analizzati i modi con cui le successive modifiche del piano originario possono cambiare nel tempo e i sensi che tali modifiche possono avere. Giustamente l'autore vede nelle intenzioni e nel contesto culturale le spinte alla ricerca di significati storici in relazione alle strutture murarie.

Silvian Fachard riprende in modo critico il problema delle fortificazioni extraurbane e in particolare il rapporto tra territorio e sistema di difesa. L'autore propone di non vedere le fortificazioni rurali esclusivamente come un apparato utilizzato per il tempo di guerra, ma come un'installazione utile per il funzionamento dello stato anche in periodo di pace. Tutta una serie d'indizi è a favore di un uso delle fortificazioni in relazione ai centri di produzione della ricchezza e in particolare ai distretti agricoli. In questo caso definizione di un paesaggio economico e organizzazione delle risorse militari sono estremamente integrati secondo logiche che non sempre sono contemplate da un approccio militarista. L'Eubea, la Beozia e l'Attica sono regioni privilegiate che permettono all'autore di proporre modelli alternativi alla visione generale. Si tratta di un importante contributo, basato su dati concreti che per la prima volta sono portati a sistema e che offrono un'immagine nuova delle regioni considerate. Il testo di Fachard pone le basi per un approccio critico alla lettura di sistemi fortificati nella ricerca di logiche interne agli stessi sulla base di un sistema documentario accertato.

Il fenomeno delle fortificazioni a livello regionale è analizzato da Silke Müth e Ulrich Ruppe, tuttavia gli esempi proposti sono così lontani da non poter costituire modelli oggettivi: le torri sulle isole greche, i rifugi fortificati nella Macedonia settentrionale, i Nuraghi in Sardegna, il tracciato delle cortine a cremagliera in Asia Minore. In quest'ultimo caso riportare una tipologia simile a un fenomeno regionale sembra mostrare i limiti di una ricerca, che deve essere comunque riportata a un livello più ampio, soprattutto se si tratta dell'Ellenismo. La costruzione di una cortina o di una torre non serve solo alle popolazioni di una determinata regione, ma deve essere adeguata a standard internazionali che necessariamente devono gestire la guerra secondo tecniche moderne.

Nel complesso si tratta di un volume innovativo che pone in essere una visione nuova delle fortificazioni in un tentativo, a volte riuscito, a volte meno, di un'analisi olistica del fenomeno che comprenda le architetture, gli elementi di cantiere, le maestranze, le necessità della difesa, le istanze sociali, politiche e propagandistiche, gli aspetti culturali e identitari, il valore della committenza, le necessità economiche etc.

La seconda parte del volume è composta da un interessante catalogo che rispecchia in parte quello che è stato analizzato nel testo. Questo è strutturato su più livelli: regioni, siti, elementi architettonici. Le schede presentate sono un notevole esempio di organizzazione delle informazioni che dovrebbe servire da base a esperienze di lavoro su circuiti murari complessi nei vari insediamenti del Mediterraneo con lo scopo di produrre materiale per metodologia e per tipologia di informazioni confrontabile.

Il secondo volume, ugualmente di carattere decisamente miscellaneo, è il risultato del convegno svolto ad Atene nel dicembre del 2012 e organizzato dal gruppo di ricerca in questione.

Si tratta di un libro, che offre diversi nuovi spunti per lo studio delle fortificazioni e ribadisce l'importanza delle mura come fenomeno polisemico nelle società antiche, come sostiene Pierre Leriche nell'articolo introduttivo del volume. Diviso in più sezioni, di cui la prima sulle origini delle fortificazioni, si interessa in particolare dello sviluppo del sistema difensivo in Mesopotamia e nella città di Mari (Pascal Butterlin e Sébastien Rey). Le prime fasi della storia delle fortificazioni, che vedono già un sistema poliorcetico avanzato, si pongono in concomitanza con lo sviluppo di società protourbane e urbane, in un rapporto stretto tra poliorcetica e sviluppo degli ambienti cittadini, concentrandosi soprattutto sul caso di Mari, attraverso una ridefinizione delle cronologie e delle fasi costruttive dovute ai recenti scavi della missione archeologica francese.

Lo stesso Rey propone, nell'articolo successivo, una veduta generale del livello di sviluppo poliorcetico cui era giunta la Mesopotamia prima dell'impero Neo-Assiro, tra la fine del terzo millennio e la conquista di Sargon. Ne emerge un quadro complesso in cui cortine, torri, bastioni, porte, contribuiscono a creare strutture di grande impatto militare e urbano. Costruzioni di fortificazioni e sviluppo delle tecniche di assedio sono elementi che si sviluppano in reciproco rapporto, come testimoniano le fonti iconografiche ed epigrafiche. Si tratta della creazione di veri e propri network di fortificazioni per la gestione della regione da parte di un potere centralizzato. La funzione delle strutture di difesa, attestate su più livelli, dalla capitale cinta di mura alla fattoria fortificata, si copre così di significati legati alla regalità a partire dal periodo medio-assiro che cresce durante l'età nea-assira. L'interesse del re è specificato soprattutto dalle lettere della corrispondenza reale che gestiscono direttamente l'uso delle strutture di difesa. Queste sono utilizzate a fini militari ma anche come sede di centri amministrativi e forse il dato più interessante per comprendere il senso della fortificazione nel mondo assiro consiste nella costruzione contestuale di palazzi o santuari insieme alle fortificazioni, che creano un sistema integrato in relazione alle nozioni di cultura e di ordine.

In aggiunta Tomas Alusik e Stefanie Hubert gettano nuova luce sui sistemi di difesa a Creta e in Grecia in età preistorica e il testo di Gabriele Cifani sulle fortificazioni arcaiche di Roma ricostruisce la storia di uno dei più importanti complessi arcaici in Occidente, aprendo una finestra sulle esperienze poliorcetiche a ovest dell'egeo che tuttavia non si fermano a Roma, ma interessano anche l'Etruria meridionale in un momento di forte crescita urbana. Quest'ultimo contributo tuttavia rimane isolato all'interno di un panorama archeologico estremamente stimolante che interessa i rapporti tra comunità etrusche, indigene e greche e che ha come esito la realizzazione di fortificazioni di tipologie diverse come i grandi aggeri della Puglia settentrionale o le esperienze dei Greci colonizzatori, da leggere necessariamente all'interno di un pattern sociale e politico a livello macroregionale.

L'architettura difensiva dell'età del ferro vede coinvolte soprattutto le regioni orientali del bacino mediterraneo. L'Anatolia centrale subisce una sperimentazione nelle organizzazioni di nuove cinte fortificate realizzate sulle ceneri del vecchio regno ittita (Baptiste Vergnaud). Nell'ambito di una più generale storia delle fortificazioni nel Mediterraneo le strutture di difesa in Anatolia appartengono a un modello urbano già strutturato dall'esperienza militare ittita e vicino orientale, che tuttavia si affaccia durante l'età del ferro anche verso occidente. In una fase analoga, tra la fine del secondo millennio e l'inizio del primo, in Arabia le necessità della guerra spingono verso la costruzione di fortificazioni a Sirwāh e a Mārib (Mike Schnelle). Questi sistemi fortificati, costruiti in mattoni crudi o in pietra locale hanno una funzione di difesa che tuttavia già nel settimo secolo avanti Cristo viene in parte meno con la crescita della potenza militare del regno di Saba. In questa fase l'uso di materiali più pregiati e una architettura raffinata rendono le mura sempre più un oggetto di prestigio e di rappresentanza, secondo uno schema che è possibile riscontrare anche in altre regioni del mondo antico.

La seconda parte del volume, introdotta da Peter D. De Staebler, si interessa principalmente del paesaggio fisico in cui queste sono realizzate e delle tecniche di costruzione. I rapporti fra la scelta del luogo e le cave di materiale e delle tecniche con la tipologia del materiale a disposizione e anche l'analisi delle diverse esperienze di cantiere, dei costi e della manodopera impiegata. Jean-Claude Bessac presenta un quadro generale di quelle che sono le fasi di lavorazione nei cantieri, dalle condizioni geologiche e fisiche del luogo scelto per la costruzione, delle sue prerogative difensive, della tipologia dell'opera da costruire. In un secondo momento vengono stabilite le scelte economiche, tecniche ed estetiche, la scelta delle cave, in genere in corrispondenza delle mura, dentro o fuori il circuito. Anche in questo caso è la guerra e le sue necessità a stabilire il valore poliorcetico o piuttosto rappresentativo delle mura. In questo secondo caso i materiali si fanno più ricchi e l'opera ha un carattere ostentativo più forte. Si tratta tuttavia di un tema più generale che qui è solo accennato e non analizzato nelle sue linee di sviluppo cronologico che maggiormente darebbero conto degli sviluppi delle conoscenze e delle tecniche di quartiere, una sorta di check list che tuttavia ha necessità di essere maggiormente calata nella realtà storica per trovare una sua validità. Il testo di Tobias B. H. Helms e di Jan-Waalke Meyer affronta come caso studio le fortificazioni del bronzo antico di Chuera, nella Siria settentrionale nelle diverse fasi di sviluppo cercando di analizzare i cambiamenti strutturale e gli interventi di cantiere. Un'analisi simile è stata condotta (Turgut Saner, Kaan Sağ und Ertunç Denktaş) sulle mura di Larisa sull'Hermos, dall'estrazione dei blocchi alla costruzione del forte di Larisa East e da Ayşe Dalyanci-Berns e Agnes Henning che ricostruiscono il paesaggio di una fortificazione lucana di età tardo classica (Monte Croccia).

La terza parte riprende il problema della funzione semantica e simbolica delle fortificazioni. Nell'introduzione di Silke Müth si evidenziano tuttavia alcune indeterminatezze nel cercare modelli funzionali e semantici validi sulla lunga durata che tuttavia rimangono generici nella loro forma. Gli articoli che seguono illustrano alcune strutture difensive la cui visibilità semantica è particolarmente alta, il Castello di Eurialo a Siracusa (Heinz-Jürgen Beste), Kyrrhos in Syria (Jeanine Abdul Massih, Mathilde Gelin), Perge in Pamphylia (Wolfram Martini), Side (Ute Lohner-Urban, Peter Scherrer). L'analisi di K. Stefan Freyberger sui santuari fortificati nel Mediterraneo orientale e quella sui palazzi fortificati condotta da Timm Radt danno un'immagine esaustiva della complessità funzionale delle strutture di difesa. Entrambe le tipologie, infatti, hanno valori stratificati, sociali, politici, economici, di espressione di potere, calati in una realtà complessa quale quella della regalità orientale in età ellenistica e romana.

Un discorso a parte rimane per le porte urbiche, punti sensibili di qualsiasi struttura di difesa urbana e catalizzatrici di significati e sensi complessi, portato avanti da Jessica Böttcher-Ebers. Proprio in età ellenistica e repubblicana si struttura intorno alle porte urbiche l'immagine della città murata secondo cliché che rimarranno nell'immaginario collettivo fino alla nuova visione della città moderna di stampo positivistico. Il portato complesso che le mura assumono in età romana, che implica non solo il senso di difesa o il simbolismo di cui diversi contributi hanno discusso fino ad ora, ma anche un più profondo significato strutturato nelle esperienze religiose e legislative di un popolo, è sviscerato da Saskia Stevens in un interessante contributo che analizza i diversi significati che le mura assumono in una società stratificata come quella romana. È proprio questa profonda riorganizzazione delle mura, condotta ideologicamente dai romani, a cambiare il paesaggio di alcune regioni. Le mura costituiscono ora un segno tangibile della presenza dello Stato e forniscono le basi per un controllo territoriale sia in guerra che in pace. In età tardo romana le trasformazioni del sistema di difesa di intere regioni si adegua alle nuove necessità sociali e militari, come in Gallia (Melanie Jonasch) o nella Dacia Ripensis (Gerda Sommer von Bülow).

La quarta parte s'interessa del contesto storico in cui le strutture di difesa devono essere inserite per compiere un'analisi più approfondita dei sensi e delle motivazione delle loro costruzioni. All'introduzione generale di Eric Laufer segue il contributo di Pierre Ducrey, dedicato al ruolo degli sconfitti in seguito ad un assedio. Questa forma di guerra, infatti, sembra più prossima alla scorreria che alla guerra campale nobilitata dallo scontro diretto e mutua il rapporto di diritti e di doveri cui erano costretti i combattenti prima della pratica dell'assedio. Questo coinvolge l'intera popolazione di una città e porta la lotta su piani di violenza nuovi. Il destino dei vinti è terribile e completo ma spesso anche poco noto.

Michael Kerschner propone una lettura diacronica delle fortificazioni di Efeso dall'età arcaica a quella classica confrontando fonti archeologiche e scritte; ne emerge una lettura incrociata che racconta la storia delle difese della città all'interno del suo contesto storico e politico. L'analisi della regione Pontina in età proto-repubblicana (Tymon de Haas, Peter Attema) offre una visione comprensiva dello sviluppo della regione e dei suoi sistemi di difesa che sembra presentare una realtà più complessa di quella che genericamente è raccontata dalle fonti antiche e in particolare da Livio. La dialettica tra le due tipologie d'informazioni, una archeologica e l'altra storica e retorica, concorre a colorare la realtà storica e la sua lettura di una serie di variabili che gestiscono la complessità del discorso storiografico.

Dell'aspetto retorico del discorso sulle mura di età medio-repubblicano, in particolare basato sulla lettura di Livio, si è interessato Christian Winkle. Ne emerge una lettura complessa e stratificata che dalle analisi poliorcetiche e urbanistiche passa poi a considerazioni più legate a sensi politici e storici. La ricostruzione archeologica della storia di un sito importante come quello di Myra in Licia è stata portata avanti da Isabelle Pimouguet-Pédarros and Nevzat Çevik, che dedicano però grande attenzione anche allo sviluppo storico della regione e alle sequenze delle diverse fasi di sviluppo politico. La collocazione di una storia raccontata dall'archeologia ma non da fonti letterarie e scritte all'interno di un panorama regionale più vasto ha portato nuova consapevolezza nello studio della città di Myra.

La ricostruzione storica attraverso la lettura di strutture importanti come le mura urbiche è alla base dell'analisi di Caterina Parigi sulle fortificazioni di Atene durante il primo secolo avanti Cristo e dello studio condotto da Catharine Hof sulle mura tardo romane di Resafa-Sergiupolis. In entrambi gli studi il rapporto tra storia, fonti scritte e analisi delle architetture costituisce l'impalcatura dell'intervento che offre un'immagine diacronica, soprattutto nel secondo caso, delle trasformazioni del paesaggio urbano e dei suoi significati.

Una quinta parte, introdotta da Sylvain Fachard, si interessa delle fortificazioni regionali. Claire Balandier offre un approccio metodologico per lo studio della difesa di una regione partendo dai casi-modello di Cipro, Palestina e Grecia. Si tratta di un'ampia panoramica che mette a confronto diverse realtà geografiche utili a creare un quadro di riferimento generale. Ciascun caso, tuttavia, deve poi essere sottoposto a verifiche locali che interessano la storia del singolo territorio e i suoi rapporti con le altre aree limitrofe anche nel confronto con il comportamento dei dinasti ellenistici. Matthieu Guintrand ci fa intravedere la complessità di ragioni che si trovano dietro la costruzione di un network fortificato nei territori amministrati da Sparta nel quinto secolo avanti Cristo: necessità di creare un sistema di difesa in concorrenza con quello ateniese, controllo del territorio, gestione militare dei perieci, in accordo con l'ideologia della guerra spartana legata invece alla battaglia campale. Modelli culturali locali si riorganizzano, in questo caso, in relazione alla nuova situazione internazionale che si prospetta negli anni precedenti la Guerra del Peloponneso.

Allo stesso modo il problema di intendere la creazione di network fortificati complessi. La funzione di fortificazioni isolate come parte di un più grande sistema regionale deve essere letta anche a proposito delle peculiarità del territorio, alle necessità di controllo o di difesa, alle caratteristiche delle produzioni e della ricchezza, alla viabilità; non sempre è semplice identificare la ragione o le ragioni primarie di tali apparati. Studi preliminari come quello sulle fortificazioni mitridatiche nell'area del Mar Nero (Emine Sökmen) offrono nuovi approcci alla valutazione storica di intere regioni, anche nelle difficoltà e nelle indeterminatezze cronologiche che comunque tali studi mantengono soprattutto nelle fasi iniziali. Si tratta tuttavia di comprendere le strategie di azione da parte di Stati complessi all'interno dei singoli territori per quanto riguarda la difesa, ma soprattutto il controllo. Naturalmente la complessità dell'analisi di sistemi fortificati integrati cresce insieme alla stratificazione culturale della propria immagine. In età romana e tardo antica le esperienze passate trovano nuova forza funzionale e simbolica nelle realizzazioni contemporanee sulla base di diverse motivazioni: la difesa, il controllo, le funzioni sociali, simboliche e rappresentative. Questo è il caso dell'analisi condotta da Douglas Underwood sulle fortezze tardo antiche della Linguadoca meridionale, da Josip Višnjič sui Castra Alpium Iuliarium, nel territorio tra Croazia e Slovenia e da Mihailo Milinkovič sulle strutture fortificate dell'Illirico durante il sesto secolo dopo Cristo.

Un sesto gruppo di interventi, introdotto da Silke Müth, riguarda le manifestazioni con un più spiccato carattere regionale. Sono qui raccolte esperienze locali che mostrano peculiarità proprie. Così il caso degli oppida dell'età del ferro del Drôme meridionale in Francia (Stephan G. Smith, Caroline Huguenot e Katrin Kermas), o l'analisi sui metodi di costruzione delle fortificazioni ad Andros e nelle sue colonie (Keven Ouellet), o ancora sul sistema fortificato della città di Pedasa in Caria (Britta Özen-Kleine) o sulle fortificazioni in Sardegna tra Punici e Romani (Chiara Blasetti Fantauzzi).

Una menzione a parte in questa sezione merita lo studio di Poul Pedersen e Ulrich Ruppe sulle fortificazioni di Alicarnasso e Priene nell'abito di un quadro regionale. Le caratteristiche costruttive di entrambi i casi sembrano rientrare all'interno di modalità comuni all'intera regione che si riscontrano in diversi esempi. Uno studio che Pedersen conduce da anni anche su altre tipologie architettoniche a partire dalle decorazioni architettoniche fino ad elementi più tecnici della pratica architettonica come le olivelle per il sollevamento dei blocchi. Ne emerge un quadro molto complesso del rapporto tra dinasta e architettura, sviluppatosi per la prima volta nel Mediterraneo durante il quarto secolo e destinato ad essere uno dei motivi portanti dell'architettura ellenistica. Problemi di rapporti con il potere centrale e con la recezione in uno stato complesso come quello di Roma nella tarda repubblica pongono anche le mura di tipo poligonale (Sophie Helas) in Italia centrale che assumono accanto alle funzioni più prettamente militari anche valori simbolici e politici. Antiochia Hippos e le città della dodecapoli (Michael Eisenberg) e le fortificazioni Kouchanes in Battriana (Pierre Leriche e Ségolène de Pontbriand) rappresentano gli esiti più orientali analizzati nel volume. Nell'ultimo caso si prospetta un'architettura di difesa molto interessante che coniuga un gusto di tradizione orientale ad accorgimenti poliorcetici che oramai sono entrati nei modi costruttivi comuni a un'area vasta e internazionale che non occupa solo il bacino mediterraneo.

L'ultima parte del volume, introdotta da Rune Frederiksen, riguarda le nuove ricerche in Grecia e in particolare ad Atene. Le analisi delle fortificazioni dell'Aspis ad Argo (Anna Philippa-Touchais) e il resoconto della scoperta delle mura arcaiche della città di Corinto (Konstantinos Kissas e Vassilios Tasinos) gettano nuova luce sui sistemi di difesa di età arcaica, così come per la cinta di età arcaica e classica di Palaiomanina in Acarnania (Vassilios Lambrinoudakis e Evangelos Kazolias). In Sicilia, Salvatore De Vincenzo ripercorre le fasi costruttive delle fortificazioni di età classica ed ellenistica di Erice, mentre gli ultimi due contributi, di Isabella Baldini, Elisa Bazzechi e di Nikos Tsoniotis offrono una panoramica delle ultime ricerche sulle mura tardo antiche di Atene.

In generale il volume offre un'ampia panoramica delle ricerche sulle fortificazioni antiche con particolare riguardo al Mediterraneo orientale, come è già specificato dai partecipanti al gruppo di ricerca. La scelta di dividere i vari temi di ricerca in capitoli distinti tuttavia non semplifica la lettura del fenomeno dell'architettura di difesa in quanto si rischia di perdere gli elementi di unità regionale e di evoluzione cronologica delle tecniche, delle funzioni, degli elementi simbolici. In genere non è sempre agile distinguere le varie finalità che strutture complesse e altamente visibili come le fortificazioni possano avere nell'ambito di una città o ancora di un territorio per le quali entrano fattori funzionali, politici, amministrativi, sociali, simbolici e culturali. Tali fattori vanno letti in una realtà locale e poi interpretati alla luce di quelle che sono le istanze internazionali in un ambito più ampio e mediterraneo. In tale ambito bisogna lamentare una certa mancanza delle fortificazioni in occidente che invece sembrano aver dato un notevole impulso nell'arte della guerra tra il quarto e il terzo secolo. I singoli interventi su Roma, su Siracusa, su Erice non danno abbastanza diffusione alla crescita poliorcetica che i regni ellenistici d'Occidente, l'Epiro e la Sicilia, e l'espansione militare di Roma hanno sostenuto. In particolare la Sicilia, tra Fenici, Punici e Greci, sembra essere stato tra la fine del quarto secolo e l'inizio del successivo uno dei più importanti centri di ricerca in questo settore. In un volume così importante per informazioni e per partecipazione forse l'unica pecca è proprio questa mancanza di attenzione alle fasi di sviluppo dei sistemi fortificati secondo un'analisi diacronica che tuttavia da sola giustifica modi e funzioni della guerra e della pratica poliorcetica.

Catania   Luigi Maria Caliò

Evgenia Vikela, **Apollo, Artemis, Leto. Eine Untersuchung zur Typologie, Ikonographie und Hermeneutik der drei Gottheiten auf griechischen Weihreliefs.** Athenaia, volume 7. Publisher Hirmer, Munich 2015. 296 pages, 69 black and white plates with approximately 200 photographs.

Since Apollo and Artemis are among the deities most frequently depicted in Greek votive reliefs, this study is an ambitious and welcome investigation into their iconography. Evgenia Vikela is known for her work on Attic votive reliefs, particularly her 1994 publication of the reliefs from the Pankrates sanctuary on the Ilissos in Athens, her 1997 study of votive reliefs and the cult topography of Attica, her 2005 article on the iconography of Athena in Attic votive reliefs, and her contribution on the worship of Artemis in Attica in the catalogue of the 2008 exhibition ›Worshipping Women. Ritual and Reality in Classical Athens‹. The scope of this study is much broader, ranging chronologically from the Archaic through the late Hellenistic periods and geographically from mainland Greece and the islands to Asia Minor, Macedonia, Albania, Bulgaria, Cyprus, and even Italy. The material is arranged iconographically, treating Apollo, Artemis, and Leto separately and then addressing the iconography of the Apollonian triad, since the deities signify and function differently when depicted alone or in combinations. These chapters are followed by one with general observations on all of the reliefs. The study is supported by a catalogue of a hundred-seventy-nine reliefs, including several unpublished examples, almost all of them illustrated with photographs of good quality. The catalogue entries at the end of the book include find spots, present locations, dates, dimensions, and bibliography. The author does not claim to provide a comprehensive corpus of all known reliefs dedicated to these deities, but rather a selection made for the purposes of providing a representative overview and laying the basis for an investigation of the iconography and meaning of the compositions.

The text of the chapters devoted to Apollo, Artemis, Leto, and the Triad consists largely of descriptions of individual reliefs, arranged first chronologically according to period and then iconographically according to attributes, poses and gestures, each chapter concluding with a (sometimes somewhat repetitious, again describing individual examples) summary of the preceding material. The description and interpretation of each relief take into account figure type, attributes, and dress as they may relate to known or proposed statuary prototypes, the provenance as it may relate to local cults and thus the different aspects or epithets of the deities represented, the composition as it may be related to mythological narrative. Each of these chapters concludes with a summary of the geographical distribution of the reliefs. The last, concluding chapter summarizes and enlarges upon general observations.

After a short introductory chapter outlining the scope and goals of the study, the second chapter focuses on Apollo, outlining his various iconographic types and their geographical distribution, with the largest group coming from Hellenistic Asia Minor, followed by the second largest group from Classical Attica. Apollo appears first as Apollo Kitharodos on Archaic votive reliefs of Paros and Thasos, but the largest number of reliefs depicting him come from the late Classical and Hellenistic periods, in which the Kitharodos type continues to be preferred. When he is shown alone, he is usually quietly standing or seated. In the Classical period he is usually depicted with Artemis and Leto. In several Attic reliefs from the late fifth century Apollo is identified as Pythian Apollo with the addition of Delphic attributes, the tripod and omphalos. In Athens he is also equated with Apollo Patroos, the father of Ion and the patron deity of the Ionians, as particularly demonstrated by several reliefs in which the figure is clearly based upon the statue of Apollo Patroos by Euphranor. Apollo also appears as Daphnephoros in Attic reliefs. The clear preference for the Kitharodos type is seen as partly influenced by cult statues, but also as an expression of his Delphic identity, his musical aspect seen as an expression of harmony and balance. In the fourth century another group of reliefs depicting Apollo Pythias as Kitharodos comes from Thessaly, where there were several sanctuaries dedicated to him. In these he is again shown with Artemis and Leto. In Thessalian reliefs there is also an unusual tradition of depicting Apollo with a bow as Toxophoros or Toxobolos. In the Hellenistic period Apollo is largely absent from Athens, where the production of votive reliefs falls off, but the long-robed Kitharodos type becomes very popular in Asia Minor, particularly in reliefs from Ionia, Mysia, and Bithynia, which together constitute the largest group of votive reliefs depicting Apollo. In these he usually appears alone, and in many the statue of Apollo at Daphne by Bryaxis appears to have exerted an indirect influence.

The third Chapter is devoted to Artemis, who also first appears in the Archaic period only on a few reliefs from Paros and Thasos and then in Attic reliefs of the Classical period, when she appears as a huntress with bow, quiver, and sometimes a spear, or sometimes merely quietly standing or seated with animals. She is also frequently depicted carrying one or two torches, as in the well-known reliefs from her sanctuary in Brauron, where she presides over childbirth and the well-being of women and children and where there may have been a torchbearing statue of her. Unlike Apollo, when she is depicted alone she is frequently active. Reliefs depicting Artemis increase in number in the late Classical period in Attica and Thessaly, where she is depicted with a variety of attributes but now usually as a torchbearer in the triad, with the emphasis shifting away from her identity as a huntress, although she is frequently accompanied by animals. Reliefs representing her increase still further in the Hellenistic period, primarily outside of Attica, in Delos, and in Asia Minor, where she is usually depicted as a torchbearer and associated with childbirth. In some of these reliefs her torch is held upright like a scepter.

In reliefs from Asia Minor she appears with Apollo and Zeus, but in Delos, where most of her reliefs come from her sanctuary on Mount Kynthos, she is alone.

The fourth chapter reviews the scant evidence for the cult of Leto. Although from the archaic period she had an important sanctuary on Delos, the birthplace of her children, she does not appear alone on reliefs from the island nor, with one possible exception, the enigmatic relief from the late fifth century in the Louvre depicting an enthroned figure by a palm tree, does she appear alone elsewhere. She also had sanctuaries on Chios, Crete and in Asia Minor. She is primarily worshipped and depicted in her capacity as the mother of Apollo and Artemis.

The fifth chapter concerns the Apollonian triad of Apollo, Artemis, and Leto, a motif especially popular in Attic votive reliefs of all periods. Although they appear together in the sixth century in vase painting, the triad makes its first appearance in votive reliefs in the late fifth century in Attica, and then they are increasingly found in the fourth century in reliefs from Attica, Thessaly, and Ionia before becoming relatively uncommon in reliefs of the Hellenistic period. In these groups Leto is distinguished as a matronly figure, with her mantle drawn over her head and holding a scepter or pouring a libation. In the beginning Apollo is the central figure in the triad, but later he gives way to Artemis or Leto. The frequent mention of Leto in addition to Apollo and Artemis in the inscribed dedications points to the inseparability of the group. In only two reliefs does she adopt a slightly different identity, as a wife in the presence of Zeus. The significance of the triad is seen as reaching far beyond their familial relationship, to the commonality of their functions in securing political and social order, promoting the family, and maintaining purity, productivity, and morality.

The concluding chapter offers general, summarizing observations on various aspects of the reliefs. There are three main types of them, those depicting the deities alone, those with worshippers, and those with mythological scenes or references, these three types appearing in chronological order. The topics dealt with are the identity of the dedicators, the compositions, the form and frames of the stelai, regional thematic and stylistic differences, and finally, some observations on the form and content of the inscriptions. The author explores very fully but cautiously the evidence for the reliance of the sculptors of the reliefs upon statuary prototypes.

A very useful part of the last chapter for providing an overview of the wealth and diversity of the material presented here is the section on regional distinctions in the reliefs, their thematic, typological and stylistic differences. The two most important and productive centers are Attica and Asia Minor, followed by Thessaly. From Attica come the largest number and at the same time the highest quality reliefs, not only from the point of view of their workmanship but also the originality of their compositions. They appear first in the Early Classical period and dwindle in the Hellenistic period.

Most characteristic of this series are the broad rectangular reliefs with architectural frames, the so-called adoration reliefs depicting the deities with worshippers, a number of which highlight the prominence of women in the worship of Artemis. Vikela designates the few reliefs from Asia Minor that are stylistically related to the Attic series as »Ionic« in order to distinguish them from the characteristic products of the Asia Minor workshops of Mysia and Bithynia. These primarily late Hellenistic reliefs are more »artisanal« (»handwerklich«) in workmanship, the stelai divided into two zones, the upper with the main relief panel, the one below sometimes with a subsidiary scene in lower relief or more often inscribed. The main relief panels are relatively flat and have an almost standard composition featuring deities and worshippers at an altar often set before a tree. The secondary scenes often depict sacrifices or banqueting, interesting for their apparent reference to actual cult activities. On many of the reliefs from Asia Minor, Apollo has a series of epithets that refer to localities or various aspects of his local worship.

The third area with a distinctive type of relief in the fourth century and the Hellenistic period is Thessaly, where the reliefs are either on tall, slender stelai similar in form to funerary Bildfeldstelen, with the relief panel above and the inscription on the plain surface below, or they are almost square reliefs with shallow pedimental tops. Stylistically their figures often display a plasticity that reveals knowledge of Attic examples. Of the other areas exhibiting stylistic and iconographic differences in their approaches to votive reliefs, perhaps the most distinctive is the area of Golgoi on Cyprus, which in the Hellenistic period produced some reliefs so rough as to justify the term ›provincial‹, but at the same time reliefs strikingly ambitious in their iconography. Like many of the Hellenistic reliefs from Asia Minor, they are divided into two zones, but in these cases both zones have narratives given equal emphasis, in one relief a scene of veneration coupled with a scene of banqueting and dancing, in another, unfortunately fragmentary relief a probable veneration scene coupled with a scene from the life of the dedicator, in which he is apparently being saved from a rockslide. Less stylistically and iconographically distinctive groups from Macedonia, the Peloponnese, and the islands are also discussed.

The concluding chapter also explores more fully the reasons for the popularity of the deities, both generally as gods of political and civic consequence, but also as recipients of private votives. While in the public sphere Apollo assumes his oracular role, and together Artemis and Apollo preside over political assembly and counsel, their importance for individual dedicators resides in their complementary roles as initiators of youth in important social transitions and as protectors of the family, with the triad as the exemplar of the family. Apollo is usually depicted unarmed, and, with only a few exceptions, Artemis' bow and her animals are merely attributive, their iconography in the reliefs, with the exceptions of a few mythological depictions, having nothing to do with their capacities for hunting or vengefulness; on the contrary, their demeanors in the reliefs are calm and beneficent, the deities often coming into direct and personal contact with their worshippers and dedicators.

In this last respect, the meaning of the votive reliefs for their dedicators, I wished that the catalogue entries had included the dedicatory inscriptions or at least transcriptions of them (only a few can be read with difficulty from the photographs). Although some of the dedications are mentioned in passing in the text, usually just giving the name of the dedicator, and although the last chapter summarizes the general form and content of the inscriptions, the reader who wishes to deal more specifically with issues of, for example, cult epithets or the prosopography of the dedicators, is forced to rely upon earlier publications of the reliefs. Granted that this is a study of iconography, but as such it is not a study of the iconography of the deities generally, but of depictions of them on a particular type of artifact, votive reliefs, in which the images provide only part of the story. The last chapter includes, for example, a general discussion of several unusual cases in which the stelai functioned simultaneously as votive and honorary stelai, examples which would have benefited greatly from the inclusion of the inscriptions. Nevertheless, this volume provides an excellent starting point for the study of the reliefs as evidence of the beliefs and concerns of their dedicators and more generally as evidence for regional variations in their function as ritual objects.

In conclusion, this review has concentrated on some of Vikela's more important observations about the major groups of votive reliefs dedicated to Apollo, Artemis, and Leto, but as the eccentric examples from Cyprus attest, this well-produced volume also brings together much far-flung and often neglected material that provides a wealth of information about and insight into these complex and many-sided deities. And while it does not claim to be comprehensive, it nevertheless provides a thorough exploration of the significance of these gods and the multifaceted ways in which they were envisioned by their worshippers.

Appleton, Wisconsin   Carol Lawton

Norbert Kunisch, **Milet. Ergebnisse der Ausgrabungen und Untersuchungen, Band V. Funde aus Milet, Teil 3. Die attische Importkeramik.** Mit einem Beitrag von Norbert Ehrhardt. Herausgegeben von Volkmar von Graeve. Verlag Walter de Gruyter, Berlin und Boston 2016. X und 221 Seiten, 15 Beilagen, 130 Tafeln.

Die Veröffentlichung der attischen Keramik aus Milet trifft auf große Erwartungen. Die Stadt, die am Ende des sechsten Jahrhunderts in ihrer Blüte stand, wurde 494 v. Chr. im ionischen Aufstand von den Persern vollständig zerstört, die meisten Männer wurden getötet, Frauen und Kinder verschleppt (Hdt. 6, 18–22). Von den Grabungen in Milet erhofft man, dass sich das historisch gesicherte Datum mit der relativen Chronologie der archaischen attischen Keramik verknüpfen lässt und damit die Kontroversen in Bezug auf die absolute Chronologie entschieden werden können. Zwar wissen wir seit geraumer Zeit, dass sich nirgends ein ungestörter Zerstörungshorizont erhalten hat, denn die Stadt war so gründlich verwüstet, dass vor einer Neubesiedlung der gesamte Schutt abgeräumt und auf dem nahe gelegenen Kalabaktepe angehäuft wurde. Die Menge der Fragmente von dem 1990 entdeckten, außerhalb der Stadt gelegenen Aphroditeheiligtum auf dem Zeytintepe weckt jedoch die Hoffnung auf neue Erkenntnisse.

Der vorliegende Band enthält sämtliche Funde attischer bemalter Keramik, die seit der Wiederaufnahme der Grabung nach dem Zweiten Weltkrieg in Milet zutage gekommen sind. Die Hauptmasse stammt von dem genannten Aphrodite-Heiligtum und wird hier zum ersten Mal veröffentlicht. Die 1632 Katalognummern (1290 schwarzfigurig, 313 rotfigurig, 29 schwarzgefirnisst mit Graffiti) sind in tadellosen Fotos abgebildet, die fast alle von Herrn und Frau Kunisch selbst aufgenommen wurden. Es ist besonders zu begrüßen, dass die vorwiegend kleinen Bruchstücke in natürlicher Größe, gelegentlich in halber (wobei die Notwendigkeit einer Verkleinerung nicht immer einzusehen ist) und ausnahmsweise in Viertelgröße abgebildet sind. Sehr willkommen sind auch die Profilzeichnungen von den besser erhaltenen Bruchstücken.

In der Einleitung erklärt der Autor seine Prinzipien der Katalogisierung, wonach er einen Gesamtkatalog der bemalten attischen Importkeramik vorlegt, den er nach Gefäßformen und innerhalb jeder Form chronologisch ordnet, um auf diese Weise die schwankende Intensität des Imports sowie dessen Verteilung auf die verschiedenen Gefäßformen zu dokumentieren. Die attische Schwarzfirniskeramik bleibt einem weiteren Milet-Band vorbehalten, nur die Fragmente mit Graffiti werden schon jetzt einbezogen. Außerdem beschreibt der Verfasser die unterschiedlichen Voraussetzungen in den drei Grabungsarealen. Dies sind erstens die Nachkriegsgrabungen auf der Suche nach der archaischen Stadt an verschiedenen Stellen des hellenistisch-römischen Siedlungsgebiets, zweitens die Untersuchungen auf dem im Süden Milets gelegenen Kalabaktepe mit der Aufdeckung eines archaischen Wohnviertels am Fuß des Berges und drittens die Ausgrabung des Aphroditeheiligtums auf dem Zeytintepe, wo ausschließlich Keramik gefunden wurde, die dem Heiligtumsbetrieb diente. Kunisch erläutert sehr eingehend mit Literatur und Kommentaren die komplizierten und unsystematischen Inventare im Bereich der hellenistisch-römischen Stadt, wobei er nicht verschweigt, dass sich die Funde wegen der mangelhaften Dokumentation nicht genau verorten lassen und daher »in ihrer Gesamtheit als ›Streufunde‹ einzuordnen sind« (S. 5). Dies änderte sich, nachdem Volkmar von Graeve 1985 ein neu entwickeltes Inventarisierungssystem eingeführt hat, das auf exakt eingemessenen Grabungsquadranten beruht (Beilage 1–3). Die Inventarnummern der Fundobjekte vom Kalabaktepe beginnen mit ›K‹. In der schichtweise ergrabenen Wohnsiedlung am Fuße des Berges wurde leider nur wenig importierte Keramik gefunden, die außerdem größtenteils aus gestörten Bereichen stammt. Alle Inventarnummern, die mit dem Buchstaben ›Z‹ beginnen, stammen von der Grabung auf dem Zeytintepe (1990–2009), deren endgültige Publikation noch aussteht. Es gab dort einen spätarchaischen Tempel, von dem nur die Quaderbettungen und wenige Architekturfragmente erhalten sind und außerdem Anhaltspunkte für einen um 580/570 errichteten Vorgängerbau. Die zu dem älteren Tempel gehörenden Weihgaben wurden vor dem Neubau vollständig abgeräumt und hauptsächlich in dem leeren Steinbruch unter der Westterrasse deponiert. Die wahrscheinlich mehrfach umgelagerten Schuttmengen zeigen keine aussagefähige Stratigraphie.

Im ersten Kapitel werden die Gefäßformen und ihre Verteilung kommentiert. Bei den großen Gefäßen lässt sich die Form anhand der kleinen Bruchstücke oft schwer bestimmen (s. z. B. unten Nr. 6, 36, 124, 148 und 172), gelegentlich könnten mehrere Scherben zu demselben Gefäß gehören (s. u.), und schließlich ist die Datierung der Fragmente oft unsicher. Anders verhält es sich bei den Trinkgefäßen, die sich leichter klassifizieren lassen und von denen große Mengen vor allem auf dem Zeytintepe geborgen wurden. Ihnen hat der Verfasser besondere Sorgfalt zugewandt. Der Import beginnt wie bei anderen kleinasiatischen Fundplätzen um 580/570 mit Komastenschalen, steigert sich mit Sianaschalen und erreicht den Höhepunkt mit Rand- und Bandschalen. Auch Droop- und Kasselschalen sowie Blütenbandschalen sind auffallend häufig vertreten. Den Autor erinnern die vielen Bandschalen mit Tieren und Mischwesen an den ostgriechischen Tierfriesstil: »so ist man [...] geneigt zu vermuten, dass eine gedankliche Fortsetzung der ›alten‹ Vorliebe hinter der Auswahl dieser Bandschalen-Bilder steckt.« (S. 15) Außerdem erwägt er, ob bei der erstaunlichen Menge von Kasselschalen »nicht die farbliche Ähnlichkeit dieser Gattung zu den eigentlich ostgriechisch-archaischen Vasenprodukten, vor allem Fikellura, der Grund für diese Vorliebe sein könnte« (S. 16). Er verweist auch auf das Fragment einer Randschale (Nr. 379) aus attischem Ton mit der Darstellung von Hund und Heuschrecke in ostgriechischer Aussparttechnik. Ich möchte hinzufügen, dass vielleicht auch die beiden Amphoren der Botkin-Klasse (Nr. 9 und 10) mit ihrem Hang zur Buntheit und Zierlichkeit sowie dem Strahlenkranz auf der Lippe, der an Fikellura-Amphoren erinnert, dem ionischen Geschmack entgegenkommen. Die Extravaganz dieser kleinen Amphoren, die bisher nur in acht Beispielen überliefert waren, wurde schon länger auf den Einfluss ostgriechischer Keramik zurückgeführt, während ich mich für ihre Einbindung in die attische Keramik eingesetzt habe (Lit. s. u. zu Nr. 9), denn sie sind offenkundig von den Halsamphoren der E-Gruppe abgeleitet, was die Amphora Nr. 10 mit dem Löwenkampf in dem besonderen Schema der E-Gruppe (s. u. zu Nr. 10) noch bestätigt. Der Fundort Milet (Zeytintepe) von zwei Botkin-Amphoren wirft jetzt ein neues Licht auf diese Klasse. Auch das Graffito ›MI‹ (übereinandergestellt) auf dem Standring von drei Amphoren der Botkin-Klasse (siehe CVA Berlin 14 S. 64) ist in diesem Zusammenhang möglicherweise bedeutsam, denn es stimmt mit dem Stadtmonogramm von Milet überein (siehe Norbert Ehrhardt, hier S. 39 Nr. 1605).

Das zweite Kapitel behandelt die Rolle der Keramik im Heiligtumsbetrieb. Eine spezielle Kultkeramik mit aufgemalten Weihinschriften gibt es zwar in Gestalt der einheimischen Töpferware vom Zeytintepe, die noch nicht endgültig publiziert ist, nicht jedoch bei der attischen Keramik. Die Häufigkeit der Kelchpyxiden ist bei einer weiblichen Gottheit nicht ungewöhnlich. Bemerkenswert ist jedoch die große Zahl von Trinkschalen, die häufig mit eingeritzten Weihungen an Aphrodite versehen sind. Die Vorstellung von feierlichen Banketten, bei denen das verwendete Geschirr anschließend der Gottheit geweiht wurde, wie dies für andere Heiligtümer angenommen wird, ist auf dem Zeytintepe unwahrscheinlich, denn dort wurden fast nur Schalen geweiht, andere Symposionsgefäße fehlen weitgehend (842 Fragmente von Trinkgefäßen gegenüber nur zweiundvierzig Bruchstücken anderer Gefäße). Außerdem fehlen die Räumlichkeiten für solche Bankette. Kunisch nimmt daher an, dass es sich um individuelle Weihungen handle, was durch die Weihinschriften bekräftigt wird.

Im dritten Kapitel zu den Fundmengen werden die Probleme und Einschränkungen bei der Erstellung einer verlässlichen Statistik erörtert. Die Unzulänglichkeiten der Grabungsareale im weiten Stadtgebiet und am Kalabaktepe werden den idealen Voraussetzungen des begrenzten Fundareals auf dem Zeytintepe gegenübergestellt, wo auch die Hauptmasse der attischen Keramik ausgegraben wurde. Die unterschiedliche Fundkonzentration erklärt der Autor mit den besonderen Gegebenheiten des Aphroditeheiligtums, das er als ›Pilgerzentrum‹ charakterisiert. Es folgt die Beschreibung der Fundsituation einzelner Deponierungen von Heiligtumsschutt. Die rotfigurigen Funde stammen hauptsächlich aus dem Stadtgebiet und gehören der Zeit des Wiederaufbaus an, der spätestens nach dem Sieg der Griechen über die Perser an der Mykale, 479 v. Chr., verwirklicht wurde. Die Tabellen zur Fundverteilung sind auf den Seiten 71–74 abgedruckt. Die Statistiken beziehen sich allein auf die inventarisierte Keramik. Das gesamte Fundmaterial mit den gefirnissten, aber sonst unbemalten Fragmenten schätzt der Verfasser auf das Fünfzigfache.

In das vierte Kapitel zu den Inschriften und Graffiti sind alle betroffenen Fragmente aufgenommen worden, auch die von attischer Schwarzfirniskeramik, um das Corpus der milesischen Vaseninschriften zusammenzuhalten. Auf den Fragmenten der Kleinmeisterschalen finden sich unvollständige Töpfersignaturen und Trinksprüche, trotzdem kann man die Namen von Amasis, Hermogenes, Xenokles und Tleson überzeugend rekonstruieren. Die signierte Amasisschale (Nr. 980) trägt außerdem eine Lieblingsinschrift, deren Kalosname mit ›TEI‹ beginnt und nach sechs bis sieben verlorenen Buchstaben mit einem Sigma endet; es ist die einzige in Milet gefundene Lieblingsinschrift des sechsten Jahrhunderts. Außerdem gibt es zahlreiche Inschriftenreste, die sich nicht ergänzen lassen, und solche, die gar nicht lesbar sind beziehungsweise nur aus Punkten bestehen. Dasselbe gilt für die Namensbeischriften, von denen der Name ›Mantes‹ als einziger ganz erhalten ist (Nr. 1168). Fast alle Inschriften gehören ins dritte Viertel des sechsten Jahrhunderts und stammen vom Zeytintepe, nur drei Beispiele von vierundsechzig wurden im Stadtgebiet gefunden. Die Graffiti sind hier nachträglich eingeritzte Inschriften, die sich auf über fünfzig Fragmenten vom Zeytintepe als Weihungen an Aphrodite ergänzen lassen. Sie bestätigen die Herrin des Heiligtums, die auf einer Inschrift als »Aphrodite in Oikus« angesprochen wird. Weitere Graffiti mit Buchstaben, die sich nicht als Weiheformel rekonstruieren lassen, gehören wahrscheinlich zu den Namen von Stiftern; sie sind ein Beleg für die Annahme, dass es sich um individuelle Weihungen handelt. Aus dem Stadtgebiet von Milet stammen nur zwei Graffiti mit Weihungen an Athena.

Es folgt im fünften Kapitel ein namenskundlicher Kommentar von Norbert Ehrhardt zu den Graffiti. Er identifiziert die Weihenden durchgängig als Milesier, da die Graffiti alle in ionisch-milesischem Alphabet geschrieben sind und da kein einziges Ethnikon genannt wird. Außerdem sind die meisten Namen in Milet bezeugt, wenn auch erst in späterer Zeit. Nichtgriechische Namen fehlen bis auf eine Ausnahme, die sich nicht eindeutig zuordnen lässt (Nr. 944).

Das sechste Kapitel enthält eine kurze Übersicht über antike Reparaturen, die, nach den kleinen Bohrlöchern zu schließen, vornehmlich mit Bronzedraht ausgeführt waren, wie dies auch in Etrurien üblich war, während man in Griechenland eher Blei für Reparaturen verwendet hat, da es nicht so leicht korrodiert. Da die Anzahl der Reparaturen auffallend hoch ist, vermutet der Verfasser, dass viele Gefäße schon bei der Überfahrt zerbrochen sind.

Im siebenten Kapitel zur Tonfärbung und -zusammensetzung erklärt Kunisch, weshalb er im Fundkatalog auf Angaben zur Färbung und Konsistenz des Tons verzichtet. In vier Fällen, in denen Zweifel bestanden, ob es sich um attische Keramik handelt, wurden Tonproben mit Hans Mommsens archäometrischer Methode geprüft, die sich alle ins attische Tonmuster fügen.

Einigen herausragenden Funden wird jeweils ein eigenes Kapitel gewidmet. In Kapitel acht sind es die drei Droopschalen des Töpfers Amasis und des Amasismalers (Nr. 980–982), in dessen Werk Droopschalen bisher nicht vertreten waren. Die Nr. 980 ist rein ornamental bemalt und hat unter dem einen Henkel die Töpfersignatur des Amasis, unter dem anderen die schon erwähnte Lieblingsinschrift. Man möchte hinzufügen, dass es nicht nur die einzige archaische Kalosinschrift in Milet, sondern auch eine der ältesten Lieblingsinschriften überhaupt ist und eine Seltenheit im Werk des Amasismalers. Als die frühesten bisher überlieferten Kalosinschriften gelten die für Stesias in der E-Gruppe (vgl. CVA Berlin 14 S. 28 f. zu Taf. 3, 2). Beim Amasismaler kennen wir bisher nur die einzigartige Lieblingsinschrift auf der Dreifußpyxis in Ägina (s. M. Ohly-Dumm in: D. von Bothmer, The Amasis Painter and his World [Malibu 1985] 236–238). Die beiden anderen Droopschalen bilden mit der gleichartigen Dekoration ein Paar. Im Henkelfries ist jeweils auf der einen Seite ein Viergespann in gestrecktem Galopp nach links abgebildet, auf der anderen Seite sprechen die Reste jeweils eines in Aufsicht abgebildeten Wagenrades meines Erachtens für wendende Gespanne wie auf der verschollenen Bandschale, ehemals Berlin F 1795 (Bothmer a. O. 209 Abb. 110), einmal nach rechts und einmal nach links gerichtet.

Im neunten Kapitel geht es um Kelchpyxiden und ›verschleierte Frauen‹. Diese Gefäßform spielte eine besondere Rolle in Milet. Die Fragmente von etwa dreißig Kelchpyxiden und dreizehn nicht zugehörigen Deckeln, die bis auf eine Ausnahme alle vom Aphroditeheiligtum auf dem Zeytintepe stammen, bilden den größten Komplex von Kelchpyxiden, der jemals in einer einzelnen Grabung gefunden wurde. Bei den anderen Fundorten handelt es sich auch vorwiegend um Heiligtümer weiblicher Gottheiten; die einzige Weihinschrift auf der Nr. 183 stammt allerdings von einem ›Hekateios‹. Kunisch diskutiert die Herkunft dieser Gefäßform, der sogenannten Nikosthenischen Pyxiden, an zwei frühen unkanonischen Beispielen, einmal den Fragmenten Nr. 160, deren Bemalung dem C-Maler und dem KX-Maler nahesteht, während sich die Gefäßform eher an die sogenannten Chiotischen Kelche anlehnt, und den Bruchstücken Nr. 161, die zu einem ungewöhnlichen Kelchgefäß gehören, das der Verfasser Lydos zuweist und zu dessen Form er Entsprechungen bei lakonischen Kelchgefäßen aus dem Artemisheiligtum von Samos gefunden hat. Er deutet daher die Kelchgefäße Nr. 160 und 161 als mögliche Vorläufer der kanonischen Kelchpyxiden, die wahrscheinlich in der Werkstatt des Nikosthenes ihre endgültige Form erhielten. Auf den ostgriechischen Kelchpyxiden sind besonders häufig beziehungslose Figurenreihen mit Frauen, die ihren Mantel hinter dem Kopf vorziehen und ›Frauen unter einem gemeinsamen Mantel‹ dargestellt. Der Autor deutet diese Bildfiguren als »exemplarische Vertreterinnen weiblichen Verhaltens im sozialen Gefüge des Gemeinwesens« und »als Teil einer feierlich tuenden Atmosphäre, einer mythosfernen, allgemeinen, unverbindlichen Wirklichkeit, die grundsätzlich außerhalb eines jeden Ereigniszusammenhangs steht« (S. 54).

Im zehnten Kapitel erweist sich der Verfasser als erfolgreicher Detektiv. Das wertvolle rotfigurige Fragment Nr. 1292 mit dem Kopf einer schlangenbewehrten Mänade, das beim Umzug des Museums in einer Kiste mit Vasenfragmenten aufgetaucht war, hatte weder eine Fundnummer noch erscheint es in einem der Grabungsberichte. Als Kunisch seine Zuschreibung an den Altamuramaler im Beazleyarchiv absichern wollte, entdeckte er ein Foto von diesem Fragment und einem weiteren, inzwischen verschollenen Fragment (Nr. 1293) mit Kopf und Oberkörper eines Gottes. Auf beiden Fotos war sowohl ihre Herkunft aus Milet als auch ihre Zuschreibung an den Altamuramaler in Beazleys Handschrift notiert, er hat sie jedoch beide nicht in seine Listen aufgenommen. Der Autor nimmt an, dass die beiden Fragmente zu demselben Gefäß, einer Halsamphora, gehören, die auf beiden Seiten mit jeweils zwei Figuren bemalt war, und dass der Gott auf Nr. 1293 der jugendliche Dionysos ist, wie er beim Altamuramaler mehrfach vorkommt.

Im elften Kapitel untersucht der Verfasser, welche Faktoren im Zusammenhang der historischen Ereignisse in Kleinasien und Athen den Import attischer Keramik nach Milet beeinflussten – eine aufschlussreiche Zusammenfassung, bei der er immer wieder Vergleiche mit anderen Fundplätzen zieht und eine umfangreiche Literatur verarbeitet. Die absolut häufigste Importware in Milet ist die korinthische Keramik, attische Vasen tauchen erst im frühen sechsten Jahrhundert auf – anfangs nur auf dem Zeytintepe –, setzen sich aber seit der Mitte des sechsten Jahrhunderts durch, wobei die Politik des Peisistratos in Athen oder die lydische Vorherrschaft in Kleinasien eine Rolle gespielt haben könnten. Nach dem Sieg des Kyros über Kroisos (546 v. Chr.) entwickelte sich Milet zur reichsten und mächtigsten Stadt in Kleinasien und importierte große Mengen attischer Vasen, teilweise von gehobener Qualität (Lydos, Amasis). Erst im letzten Viertel des sechsten Jahrhunderts überwiegt die Massenware, was aber auch mit der Konzentration von Trinkgefäßen im Aphroditeheiligtum auf dem Zeytintepe zusammenhängt (S. 72 Tabelle 3). Rotfigurige Keramik ist in dieser Zeit noch selten. Nach dem Sieg der Perser 494 v. Chr. und der vollständigen Zerstörung und Entvölkerung von Milet gab es auf dem Zeytintepe nur noch ärmliche Reste eines Heiligtumsbetriebes. Auf dem Kalabaktepe wurde der gesamte Schutt der zerstörten Stadt deponiert, vermutlich auf Veranlassung der Perser von den versklavten Einwohnern selbst. Dieser Perserschutt enthält nur Material der Zeit vor 494 v. Chr. Nach der Seeschlacht an der Mykale, 479 v. Chr., wurde die Stadt wieder aufgebaut. Nach 452 verstärkte sich der attische Einfluss, und der Import attischer Vasen nahm wieder zu, die am meisten vertretene Gefäßform ist der Krater, insbesondere der Glockenkrater. In der ersten Hälfte des vierten Jahrhunderts versiegten die Funde attischer Keramik in Milet endgültig.

In dem spannenden Abschlusskapitel zu Datierungsfragen werden zunächst nochmal die Einschränkungen der Möglichkeiten zur Zeitbestimmung durch die fehlende Stratigraphie im Stadtgebiet, den Mangel an attischer Keramik in baulichen Zusammenhängen am Kalabaktepe und die Umlagerungen des Heiligtumsschutts am Zeytintepe besprochen. Aussagefähig sei nur die ›Große Scherbenschüttung‹ unter der Westterrasse des Zeytintepe, die die Einebnung des Steinbruchs und damit den Bau des spätarchaischen Aphroditetempels frühestens ins vorletzte Jahrzehnt des sechsten Jahrhunderts datiert.

Für die ›absolute Chronologie‹ muss man in Milet auf die Fundmengenanalyse zurückgreifen, wofür sich vor allem die reichen Funde vom Aphroditeheiligtum eignen. Betrachtet man die Gesamtheit der attischen Keramik vom Zeytintepe, zeigt sich eine deutliche Unterbrechung in der Zeit, in der der Tempel durch die Perser zerstört wurde. Nicht nur importierte Vasen, sondern auch andere Weihgaben fehlen in dieser Zeit. Das plötzliche Ende des Heiligtumsbetriebs bedeutet, dass alle attischen Fragmente dieser Zeit, die spätschwarzfigurigen und die archaisch rotfigurigen, das Zerstörungsjahr 494 v. Chr. als Terminus ante quem haben. Eine vergleichbare Beziehung zwischen dem attischen Vasenimport und dem Zerstörungsjahr 494 v. Chr. lässt sich auch in Klazomenai beobachten. Noch offenkundiger ist die Unterbrechung bei den rotfigurigen Vasen. Die neunundzwanzig frühen Fragmente gehören fast alle zu Trinkschalen, sieben davon schreibt Kunisch dem Maler Oltos zu und datiert sie in das Jahrzehnt 520–510 v. Chr. Andere Fragmente reichen bis 500 v. Chr. Die zweite Phase rotfiguriger Keramik setzt erst im Abstand von dreißig bis fünfunddreißig Jahren ein und besteht hauptsächlich aus Fragmenten von Krateren. Der Beginn der Unterbrechung steht in beiden Fällen fest und bestätigt mit aller Deutlichkeit die Übereinstimmung mit der herkömmlichen Chronologie. Dieses Ergebnis erfüllt alle Erwartungen und ist von weitreichender Bedeutung für die Forschung.

Dem Verfasser gebührt große Anerkennung, dass er die unzähligen Fragmente in guten Abbildungen mit Beschreibungen und Datierungen geordnet und zugänglich gemacht hat. Etwas fehlt dieser Veröffentlichung allerdings, und das ist die letzte fachmännische Kontrolle aller Angaben. Zahlreiche Verwechslungen bei den Katalognummern im Text und Irrtümer bei den Zitaten erschweren die Lektüre. Im Folgenden notiere ich, was mir bei der Durchsicht des Katalogs und der Tafeln aufgefallen ist.

Unter den vielen kleinen Bruchstücken hat der Autor zahlreiche Anpassungen gefunden und viele Fragmentgruppen zusammengestellt, die zu demselben Gefäß gehören. Nicht selten sind jedoch Fragmente, die allem Anschein nach zueinander gehören, gelegentlich sogar anpassen (Nr. 17 und 37; Nr. 171 und 183; Nr. 1157 und 1158; Nr. 1169 und 1170), mit verschiedenen Nummern versehen und im Katalog nicht aufeinander bezogen, zum Beispiel Nr. 15–16, 25–26, 163–164, 186–188, 190–191, 235–237, 338–340, 363–364, 540–541, 552–553, 591–592, 1220–1221. An Hand der originalen Bruchstücke hätte man die Frage nach der Zusammengehörigkeit (Rückseiten, Tonbeschaffenheit, Farbe und Krümmungsradius) eher beantworten können als an den Abbildungen, so dass viele mögliche Verbindungen offen bleiben.

Anmerkungen. (Nr. 6) Es handelt sich um eine Hydria (seitliche Bildfeldrahmung) von der Hand des Malers von Vatikan 342 (zu diesem s. H. Mommsen, Antike

Kunst 32, 1989, 122–126). – (Nr. 9) Die Fragmente sind nicht in einheitlichem Maßstab abgebildet, zwei sind doppelt abgebildet, aufrecht und auf dem Kopf. Die Palmette gehört senkrecht in einen der oberen Volutenzwickel, die Schulterwölbung ist deutlich erkennbar, und rechts neben dem Henkel ist der Rest einer solchen Palmette erhalten. Die Amphora ist das bisher einzige Beispiel in der Botkin-Klasse, bei dem die Voluten nicht waagerecht in zwei Reihen angeordnet sind (vgl. H. Mommsen in: A. Tsingarida [Hrsg.], Shapes and Uses of Greek Vases [Brüssel 2009] 31–46). – (Nr. 10) Von demselben Maler wie das Berliner Amphorenpaar F 1713 und F 1714 (siehe CVA 14, S. 64 zu Taf. 27). Der Kampf des Herakles mit dem Löwen war hier im Schema der E-Gruppe abgebildet (›Stehkampf: Seite an Seite‹ siehe B. Kaeser in: R. Wünsche [Hrsg.], Herakles Herkules. Ausst. München [2003] 72); links von der Kampfgruppe steht Athena im langen Peplos und hinter ihr Zeus mit dem Blitzbündel. – (Nr. 17) Halsamphora; Nr. 37 passt Bruch an Bruch. – (Nr. 21) Zweifellos vom Schaukelmaler selbst (vgl. CVA Amsterdam 5 Taf. 225–226). – (Nr. 23) Die Schweife der beiden Pferde sind vor dem Mantelmann erkennbar; um 530 v. Chr. – (Nr. 27) Die Figur trägt keine Beinschienen. – (Nr. 29) Das Fragment ist schief abgebildet; es zeigt Reste von zwei Pferdehinterbeinen und von zwei Schweifen. – (Nr. 36) Bauchamphora. – (Nr. 37) Siehe Nr. 17. – (Nr. 43) Das Fragment muss um einen Viertelkreis nach links gedreht werden, denn es zeigt die waagerecht vorgestreckten Vorderbeine eines nach rechts galoppierenden Gespanns. – (Nr. 54) Eine Sphinx kommt nicht in Frage, denn sie hätte lange Haare. – (Nr. 62) Der undeutliche Rest im unteren Fries gehört zu einem aufgerollten Flügel. – (Nr. 67) Maler von Louvre F 6 (vgl. CVA Rhodos 1, Griechenland 10, Taf. 47). – (Nr. 76) Es ist einer der seltenen Dinoi ohne mythischen Fries auf der Schulter und war zweifellos wie jene unter dem Tierfries schwarz gefirnisst (s. A. Blair Brownlee, Antike Kunst 31, 1988, 104–106; dort ist auch der von Kunisch verglichene Dinos im Louvre Cp 12243 abgebildet [Taf. 25]; zu der falschen Inv.-Nr. »Camp 11243« siehe ebenda Anm. 7). – (Nr. 82) Ausfahrtszene, Gespann nach rechts, Deichselende mit der Verspannung zur Antyx des Wagens und Pferdemähne in der rechten unteren Ecke erkennbar. Athena n. li., ihr gegenüber Apoll, von dessen Kithara ein Arm erkennbar ist (vgl. z. B. H. A. Shapiro, Art and Cult under the Tyrants in Athens [Mainz 1989] Taf. 24 a. b). – (Nr. 86) Das Fragment müsste nach Ausweis der Drehrillen nach links gekippt werden. Dargestellt ist ein Zweikampf, bei dem der unterlegene Krieger, von dem nur der Rand des Helmbusches erhalten ist, schon in die Knie gesunken ist. Der Andere sticht mit seiner Lanze auf ihn ein; er hat einen roten Schild mit einer plastischen Schlange als Zeichen, der Griff seines Schwertes ragt über den Schildrand (vgl. z. B. die rechte Kampfgruppe auf dem Kolonettenkrater des Lydos in Cambridge, s. Bothmer, Amasis Painter a. a. O. 164 Abb. 97). – (Nr. 95) Tanzender Satyr mit hoch erhobenem Knie nach rechts vor dem Stamm eines Weinstocks. – (Nr. 111–112) Die Abbildungen stehen auf dem Kopf. – (Nr. 115) Ringkämpfer zwischen Mantelmännern (vgl. z. B. CVA Berlin 14 Taf. 27, 1). – (Nr. 121) Zum stehenden Lotosknospenfries siehe H. Mommsen, Der Affecter (Mainz 1975) 36. – (Nr. 124) Das Fragment stammt eher von einer Halsamphora und muss um 540 datiert werden. Zu Athena mit Kappenhelm siehe M. Bentz, Panathenäische Preisamphoren, Antike Kunst 18. Beih. (Basel 1998) 47. – (Nr. 142) Ist das nicht Dionysos mit Trinkhorn und eine tanzende Mänade und um 550/540 entstanden? (vgl. CVA Basel 5 Taf. 8, 3). – (Nr. 148) Wenn das Fragment innen gefirnisst ist, kann es nicht zu einer Lekythos gehören. – (Nr. 160) Keine Kampfhandlung, eher Achill bei der Waffenübergabe. – (Nr. 161) Die Fragmente sind nicht in einheitlichem Maßstab abgebildet. Das Fragment vom Mündungsrand wurde aufgrund der übereinstimmenden Ornamente hinzugefügt (S. 49). Mit der gleichen Begründung könnten auch der Deckel Nr. 20 und das Fragment Nr. 166 dazugehören. – (Nr. 171) Die beiden Fragmente gehören nicht zusammen, das rechte gehört zu Nr. 183 und ist dort auch schon eingefügt. – (Nr. 172) Dies sind Bruchstücke von dem Dinos Nr. 76 (falschherum abgebildet). – (Nr. 176) Ist das Fragment nicht von einer Droopschale? Vgl. Nr. 985–988. – (Nr. 229) Dargestellt ist im Hintergrund die Körpermitte eines zusammenbrechenden Kriegers, im Vordergrund die Beine eines vorstürmenden Kriegers mit roter Beinschiene. – (Nr. 360) Die zusammengehörigen Fragmente sind für das Foto willkürlich zusammengelegt; vgl. unten das Detail mit dem Schwan und dessen Schwanzspitze. – (Nr. 365) Die drei Fragmente passen Bruch an Bruch zusammen. Der junge Reiter sitzt auf dem Pferd, sein linker Unterschenkel ist vor dem Schild zu sehen. – (Nr. 540) Die eine Seite der Schale ist zweimal in unterschiedlicher Vollständigkeit abgebildet; zu welcher Seite das Friesende in der untersten Abbildung gehört, ist fraglich. – (Nr. 541) Gehört wahrscheinlich zu der Schale Nr. 540. – (Nr. 661) Ist identisch mit Nr. 660 plus einem zusätzlichen Fragment. Das beigesellte Schalenbruchstück kann jedoch nicht zu derselben Schale gehören, wenn beide Teile in gleichem Maßstab abgebildet sind, denn der Radius des tongrundigen Streifens ist kleiner. – (Nr. 766) Zur Sirene auf der Ranke siehe D. von Bothmer, Antike Kunst 30, 1987, 63 mit Anm. 17. – (Nr. 1158) Lässt sich meines Erachtens in die Schale Nr. 1157 einfügen. – (Nr. 1169) Passt Bruch an Bruch mit Nr. 1170 zusammen. – (Nr. 1220) Drei der Fragmente passen Bruch an Bruch aneinander und zeigen die bewegten Beine des Herakles mit Löwenfell. Das vierte Fragment zeigt den Oberkörper und linken Unterarm eines Zechers, der sich auf ein Kissen aufstützt wie bei Nr. 1221. Nr. 1220 und 1221 sind von demselben Maler und gehören vermutlich zu derselben Schale. – (Nr. 1221) Gelagerter Herakles, der seinen linken Ellenbogen auf ein Kissen stützt. In der Rechten hält er seine Keule, sein Kopf war nach rechts gewandt (vgl. z. B. S. R. Wolf, Herakles beim Gelage [Köln 1993] Abb. 96). – (Nr. 1222) Tritonkampf nach rechts. Rechtes Knie und Unterschenkel von Herakles' linkem Bein;

links seine Hüfte. – (Nr. 1223) Tritonkampf nach rechts; links Knie einer von links herbeieilenden Figur; gehört sicher nicht mit Nr. 1222 zusammen. – (Nr. 1600) Rüstungsszene vgl. z. B. E. Simon, Die griechischen Vasen (München 1981) Abb. 112. – (Nr. 1605) Zum Graffito vgl. CVA Berlin 14 S. 64 zu Taf. 55, 2 und 5).

Die aufgezählten Korrekturen und Ergänzungen beeinträchtigen nicht das Ergebnis dieser wichtigen Publikation und stehen in keinem Verhältnis zu dem, was Norbert Kunisch geleistet hat.

Stuttgart   Heide Mommsen

Helmut Kyrieleis, **Hellenistische Herrscherporträts auf Siegelabdrücken aus Paphos.** Paphos IV B. Archäologische Forschungen, Band 34. Verlag Dr. Ludwig Reichert, Wiesbaden 2015. 140 Seiten und 80 Tafeln mit 956 schwarzweißen Abbildungen.

Bei den von Kyriakos und Ino Nicolaou in den sechziger und siebziger Jahren geleiteten Ausgrabungen in Paphos wurden unter den römischen Mosaikböden im »Haus des Dionysos« etwa elftausend Siegelabdrücke gefunden, die dort sekundär als Füllerde verwendet worden waren. Unter ihnen sind über tausend Abdrücke mit Porträts ptolemäischer Herrscher, die von sechshundertachtzig verschiedenen Siegeln stammen. Die 1977 begonnene Bearbeitung dieses Komplexes durch Helmut Kyrieleis war als Teil der Publikation der übrigen Abdrücke durch Ino Nicolaou geplant. Da diese Veröffentlichung vorerst nicht zustande kommt, werden die Herrscherporträts unter Beibehaltung des vorgesehenen Titels ›Paphos IV‹ als Untertitel gesondert publiziert. Teilergebnisse seiner Forschungen hat der Verfasser in verschiedenen Artikeln veröffentlicht, die auch im Folgenden nochmals genannt werden, weil sie wesentliche Grundlagen der vorliegenden abschließenden Publikation enthalten.

Die ersten drei Kapitel sind mit »Einleitung«, »Erhaltungszustand« und »Form und Stil« überschrieben. Zypern war seit der Zeit Ptolemaios' I. Teil des Ptolemäerreiches und im zweiten vorchristlichen Jahrhundert eine Art Nebenkönigreich, da verschiedene Könige hier zeitweise im Exil lebten. Die Insel wurde 58 v. Chr. von Rom annektiert, kam 47 v. Chr. als Geschenk Cäsars an Kleopatra nochmals unter ptolemäische Herrschaft, die nach der Schlacht von Aktium endete. Das Archiv und die in ihm aufbewahrten Papyrusurkunden gingen in einer Brandkatastrophe unter, die Tonbullen wurden durch das Feuer gehärtet. Ihre Rückseiten zeigen häufig noch Papyrusabdrücke. Der Zeitpunkt des Brandes lässt sich nicht genau bestimmen. Der Autor hielt zunächst seinen Ausbruch bei den Unruhen nach der Schlacht von Aktium für wahrscheinlich, neigt jetzt nach einem Vorschlag von Franz Georg Maier zu der Meinung, dass das Ereignis im Zusammenhang mit einem Erdbeben im Jahre 15 v. Chr. steht. Jede Tonbulle trägt nur ein Siegel mit Herrscherbild. Es handelte sich also nicht um Doppelurkunden, die von mehreren Zeugen gesiegelt wurden, sondern um »einfach gerollte oder gefaltete Briefe mit amtlichem Inhalt« (S. 18). Die Bullen sind sehr klein, meist nicht größer als 1,4 auf 1,0 Zentimeter, selten ist das ganze Siegel auf ihnen abgedrückt. Nahezu alle Abdrücke sind oval, stammen also von Siegelringen. In wenigen Fällen ist die Ringfassung mit abgedrückt, was darauf schließen lässt, dass das Siegel ein in einen Ring gefasster Intaglio war. In der Regel zeigt der Tonabdruck nicht, ob das Siegel eine metallene Ringplatte oder eine Gemme war. Angeregt durch die Beobachtung von Dietrich Willers, dass es Gussrepliken von bronzenen Siegelringen mit Königporträts gab, hält es Kyrieleis für möglich, dass die meisten Abdrücke von solchen Bronzesiegeln stammen. Durch die Nachbearbeitung mit der Kaltnadel können sich auch bei Ringen aus der gleichen Form Abweichungen in Details ergeben (D. Willers, Ant. Kunst 50, 2007, 76–91). Eine Besonderheit sind relativ häufig vorkommende Einstiche im oder bei dem Ohr des Porträts, die unmittelbar nach der Siegelung, etwa mit einem Schreibgriffel, vorgenommen wurden; es sind offenbar absichtliche Markierungen, deren Bedeutung allerdings dunkel bleibt. Die künstlerische Qualität der Porträtsiegel ist bis auf wenige Ausnahmen sehr gut, in manchen Fällen hervorragend.

Das »Attribute und Symbole« überschriebene vierte Kapitel ist von zentraler Bedeutung nicht nur für diese Siegelabdrücke, sondern für die Porträts der Ptolemäer überhaupt. Das Vorkommen von Götterattributen bedeutet nicht, dass der Herrscher mit einem Gott identifiziert wurde. Das wird schon durch die Porträtzüge und die Tatsache ausgeschlossen, dass ein Herrscher mit den Attributen verschiedener Götter geschmückt sein kann. Vielmehr wird der König als »sichtbarer Gott« mit den durch die Attribute symbolisierten Eigenschaften der Götter ausgestattet. Im Einzelnen werden besprochen: Strahlen und Sterne (ausführlich H. Kyrieleis in: K. Braun / A. Furtwängler [Hrsg.], Studien zur Klassischen Archäologie. Festschr. Friedrich Hiller [Saarbrücken 1986] 55–72), Kerykeion, Ägis, Ammonshorn, Flügel, Elefantenexuvie, Löwenfell, Kausia und ägyptische Attribute. Es sind dies: die ägyptische Doppelkrone, die Atef-Krone, die Hm-hm-Krone, die seitlich herabfallende »Horuslocke« und als griechische Entsprechung der lange, auf dem Scheitel liegende, im Nacken herabhängende, meist zur Schlaufe hochgebundene Scheitelzopf, der nur auf Siegelbildern aus dem ptolemäischen Ägypten vorkommt; ferner die Krone der Isis, der Mutter des Horus, welche die ptolemäische Königin als Mutter des Pharao, der irdischen Verkörperung des Horus, mit der Göttin gleichsetzt (vgl. H. Kyrieleis in: P. C. Bol / G. Kaminski / C. Maderna [Hrsg.], Fremdheit – Eigenheit. Ägypten, Griechenland und Rom. Austausch und Verständnis. Städel-Jahrb. N. f. 19 [Frankfurt a. M. 2004] 109–116).

Das fünfte Kapitel ›Unterscheidung und Identifikation‹ setzt sich mit den speziellen methodischen Problemen auseinander, die der Fundkomplex bietet. Von wenigen nicht eindeutigen Ausnahmen abgesehen, handelt es sich um Porträts ptolemäischer Herrscher. Der Verfasser folgt zur Vermeidung von Verwechslungen ihrer traditionellen Zählung und gibt Hinweise (S. 29 Anm. 74) zur Diskussion um die von Michel Chauveau begründete These der Tilgung von Ptolemaios VII. Neos Philopator aus der Geschichte (Bull. Inst. Français Arch. Orient. 90, 1990, 135–168; 91, 1991, 129–134).

Die ersten vier durch Münzbildnisse gut bekannten Ptolemäer und ihre Gemahlinnen sind nicht vertreten. Außer dem frühesten unter den Porträts, dem des Ptolemaios V., tragen alle Herrscher das für die späten Ptolemäer typische breite Diadem. Das Archiv existierte zwar schon vor dem zweiten vorchristlichen Jahrhundert, der Umstand, dass Herrscherbilder erst seit dem zweiten vorchristlichen Jahrhundert vorkommen, lässt sich jedoch damit in Verbindung bringen, dass in dieser Zeit der Sitz der ptolemäischen Verwaltung von Salamis nach Paphos verlegt wurde (S. 29 f.). Unter den späten Ptolemäern sind nur Ptolemaios VIII. Euergetes II., Ptolemaios XII. Auletes und Kleopatra VII. von Münzbildern bekannt.

Eine weitere Schwierigkeit bildet gerade die große Zahl der Siegelabdrücke. Es gibt so viele unterschiedliche Abdrücke, dass man auf eine größere Zahl von Herrschern schließen könnte, als historisch überliefert ist. Der Ausweg, in einigen Porträts solche von Prinzen zu erkennen, ist nicht gangbar, da das Diadem den regierenden Herrscher bezeichnet (S. 30 Anm. 78). Andererseits sind wieder viele Stücke einander so ähnlich, dass man sie einem einzigen Herrscher zuordnen könnte. Zur Lösung dieses Problems hat der Verfasser eine besondere Methode entwickelt, nämlich die Bildung von Gruppen oder ›Clustern‹ besonders charakteristischer Bildnisse, an die sich dann andere anschließen lassen (zur Methode s. a. H. Kyrieleis in: M.-F. Boussac / A. Invernizzi [Hrsg.], Archives et Sceaux du Monde hellénistique, Bull. Corr. Hellénique suppl. 29 [Paris 1996] 315–320). Wenn auch die Sicherheit, die der Vergleich mit Münzbildern bietet, fehlt, so zeigt sich doch im Folgenden, dass die Beobachtung verschiedener Indizien wie physiognomische Ähnlichkeit, Lebensalter, Regierungsdauer, Alter bei Regierungsantritt und Attribute mit hoher Sicherheit zur Identifizierung fast aller spätptolemäischen Herrscher führt. Die Zahl der Siegelabdrücke in den einzelnen Gruppen ist unterschiedlich und unabhängig von der Dauer der Regierung des jeweiligen Herrschers. Dies dürfte damit zusammenhängen, dass die Siegelabdrücke nicht am Ort des verbrannten Archivs blieben, sondern rund zweieinhalb Jahrhunderte nach dem Brand an anderer Stelle als Füllerde verwendet wurden. Auch können sich weitere Siegelabdrücke in dem nur bei Restaurierung einiger Mosaiken untersuchten Untergrund des ›Hauses des Dionysos‹ verbergen. Die vorhandenen Abdrücke stellen also, trotz ihrer großen Zahl, nur einen Teil eines viel größeren Bestandes dar (S. 31).

Ein weiteres Problem ist das der Familienähnlichkeit. Es stellt sich, wie das Folgende zeigt, vor allem bei der Unterscheidung von Ptolemaios VIII. Euergetes II. mit seinem jüngeren Sohn Ptolemaios X. Alexandros I., die beide aufgrund ihrer Korpulenz den Spottnamen ›Physkon‹ trugen. Zu beachten gilt auch, dass das Porträt des Siegels je nach Grad der Sorgfalt oder des Druckwinkels sehr exakt, aber auch verformt abgedrückt sein kann. Bei den zahlreichen Kinder- und Jugendbildnissen reichen ikonographische Züge naturgemäß nicht für eine Identifizierung aus (S. 32 f.). Unter diesen Voraussetzungen werden in den folgenden Kapiteln einzelne Gruppen von Siegelbildnissen benannt.

Das sechste Kapitel behandelt die Herrscherbildnisse. Vier Siegelabdrücke (Gruppe A 1–4) lassen sich durch den Vergleich mit Münzbildnissen als Ptolemaios V. Epiphanes (204–180 v. Chr.) identifizieren. Der Autor bespricht in einer langen Anmerkung (S. 34 Anm. 85) die seit seiner Behandlung der Münzen geführte Diskussion (H. Kyrieleis, Jahrb. DAI 88, 1973, 213–246; ders., Bildnisse der Ptolemäer [Berlin 1975] 52 Taf. 40).

Ptolemaios VI. Philometor (180–145 v. Chr.), dessen Porträt von Münzen und zwei goldenen Siegelringen bekannt ist, lässt sich in Abdruck B 1 wiedererkennen. Die physiognomische Ähnlichkeit ist auf B 2/3 weniger klar, aber der König trägt als singulären Kopfschmuck die Isiskrone über der Krone von Unterägypten. Da diese Krone nicht zu den Attributen eines männlichen Herrschers gehören kann, wird sie einleuchtend auf die Vormundschaft seiner Mutter Kleopatra I. (180–176 v. Chr.) bezogen.

Auf Ptolemaios VIII. Euergetes II. mit dem Spottnamen ›Physkon‹ (geb. um 180, reg. 170–116 v. Chr.), dessen Porträt auf seltenen Silberdidrachmen überliefert ist, wird die Gruppe C 1–83 bezogen. Hier bewährt sich die Methode, ausgehend von Bildnissen, die dem Münzbild nahestehen, Gruppen zu bilden, woraus sich eine Reihe ergibt, die den König in verschiedenen Altersstufen zeigt. Hinzu kommt, dass ein in mehreren Abdrücken überliefertes Siegel (C 43–45) im Nacken des Königs ein N aufweist, das sinnvoll nur als Zahl Fünfzig gedeutet und auf die Regierungsjahre des Königs bezogen werden kann. Unter den Ptolemäern hat nur Ptolemaios VIII. das fünfzigste Regierungsjahr (121/120 v. Chr.) erreicht. Ein anderes Siegel (C 29–31) zeigt über dem Diadem einen größeren, zwischen den Strahlen am Hinterkopf zwei kleinere Sterne. Gestützt auf seine frühere Untersuchung zur Sternsymbolik (s. o.) bezieht sie Kyrieleis auf die zeitweise gemeinsame Regierung von Ptolemaios VIII. mit seiner Schwester Kleopatra II. und seiner Stieftochter Kleopatra III. (124–116 v. Chr.). Wichtig ist die Beobachtung, dass die gelegentliche Punktierung der Wange keinen Bart, sondern Rasur darstellt (im Katalog als »Stoppelbart« bezeichnet, S. 57).

Gruppe D 1–50 zeigt das Porträt eines Herrschers mit auffälligem, flockigem Kehlbart. Die Siegel lassen eine Altersentwicklung von einem etwa Dreißigjährigen zu einem älteren Mann vom Physkon-Typus erkennen. Der Verfasser verwirft daher seinen früher erwogenen Benennungsvorschlag des Herrschers, der auch auf den Siegeln von Edfu vertreten ist, als Ptolemaios XI.

Alexandros II., der nur neunzehn Tage lang König von Ägypten war, und stimmt Klaus Parlascas Identifizierung mit Ptolemaios IX. Soter II. zu (geb. 143/142, reg. 116–107 v. Chr. mit seiner Mutter Kleopatra III. in Alexandria, 106–88 v. Chr. in Zypern, 88–80 v. Chr. in Alexandria). Diese Identifizierung sichert nun die gleiche, ebenfalls von Parlasca vorgeschlagene Benennung von rundplastischen Köpfen mit Kehlbart, unter denen der Kolossalkopf in Boston (zweite Fassung) hervorragt (Jahrb. DAI 82, 1967, 167–194).

Ptolemaios X. Alexandros I. (geb. um 140, 110 v. Chr. Mitregent von Ägypten, 110/09–107/06 v. Chr. König von Zypern, 107–101 Samtherrschaft mit seiner Mutter Kleopatra III. und 101–88 mit seiner Gemahlin Kleopatra Berenike in Ägypten) wird mit einem Porträt identifiziert, das dem des Vaters, Ptolemaios VIII., sehr ähnlich sieht (Gruppe E 1–109). Auch er trug den Beinamen ›Physkon‹. Die Unterscheidung vom Porträt seines Vaters wird durch die Ähnlichkeit der Gesichtszüge sowie die Tatsache erschwert, dass Ptolemaios X. in etwa das gleiche Lebensalter wie sein Vater erreichte und ebenfalls eine relativ lange Regierungszeit hatte. Den Kern der Serie bildet eine Gruppe von Porträts, die sich durch physiognomische Merkmale deutlich von Gruppe C unterscheiden (E 69–98). Diese individuellen Kennzeichen sind eine fast gerade, gefurchte Stirn, eine am Ansatz stark eingezogene Nase und Geheimratsecken. Gestützt wird die Benennung durch ein Siegelbild desselben Herrschers aus Edfu mit Ägis, Lanze und einem Helm, der dem Alexanders des Großen gleicht. Auch Bildnisse eines Herrschers in jüngerem Lebensalter sind auf diesen König zu beziehen, da eines von ihnen (E 24) das Isissymbol auf der Kausia und zwei Sterne darüber zeigt, was auf die gemeinsame Regierung mit seiner Mutter Kleopatra III. hinweist. Die Profillinie der mit Ptolemaios X. identifizierten Erstfassung des Kolossalkopfes in Boston bestätigt die Benennung der Siegelgruppe. In Gruppe F 1–44 sind teilweise beschädigte oder undeutliche Abdrücke zusammengestellt, die entweder Ptolemaios VIII. oder Ptolemaios X. darstellen.

Ptolemaios XII. Auletes (80–58 und 55–51 v. Chr.) lässt sich anhand des Vergleichs mit dem Münzbildnis auf fünf Siegelabdrücken erkennen (G 1–5). Eines von ihnen (G 4) verbindet das Profil des Königs nach Art einer Kopfkombination mit der Maske eines Silen, »deren kahle Stirn nach oben in eine hohe helmartige ›Kopfbedeckung‹ ausläuft« (S. 79). Diese innerhalb der Herrscherikonographie singuläre Kombination bringt der Autor in Verbindung mit der Begeisterung des Königs für dionysische Feiern und seinem Kultnamen ›Neos Dionysos‹ (vgl. Chiron 30, 2000, 577–584). Die »Kopfbedeckung« ist undeutlich: Da der obere Rand des Siegels erhalten und kein Helmbusch zu sehen ist, handelt es sich wahrscheinlich um eine zweite kahlköpfige Maske.

Die spätesten Ptolemäerkönige waren Kinder oder Jugendliche (Kapitel VII). Die Bildnisse der Gruppen H, I, J und K zeigen Könige im Kindes- bis Jugendalter. Unter ihnen sollten sich Ptolemaios XIII. und Ptolemaios XIV. finden, die Söhne Ptolemaios' XII. Auletes und der Kleopatra Tryphaina. »Kleopatra VII.« (S. 40) dürfte hier ein einfacher Druckfehler sein, da Kyrieleis, wie meist üblich, die letzte Ptolemäer-Königin als Kleopatra VII. bezeichnet. Kleopatra Tryphaina wird unter verschiedenen Ordnungszahlen geführt: Kleopatra V. (RE XI 1 [1921] 748–750 s. v. Kleopatra Nr. 18 [F. Stähelin]; RE XXII 2 [1959] 1749; 1754 s. v. Ptolemaios Nr. 33 [H. Volkmann]); Kleopatra VI. (G. Hölbl, Geschichte des Ptolemäerreiches [Darmstadt 1994] 195 f.; L. Llewellyn-Jones in: R. S. Bagnall et al., The Encyclopedia of Ancient History III [Malden, MA, 2013] 1568 f.); Kleopatra VII. (W. Huß, Ägypten in hellenistischer Zeit 332–30 v. Chr. [München 2001] 11; 674 f. u. passim).

Ptolemaios XIII. (geb. 61, Mitreg. 51–47 v. Chr.) und Ptolemaios XIV. (geb. 59, Mitreg. 47–44 v. Chr.) regierten im Alter von zehn bis sechzehn beziehungsweise zwölf bis fünfzehn Jahren jeweils in Samtherrschaft mit ihrer älteren Schwester Kleopatra VII. Ihrer Altersentwicklung könnten die Serien H, I und K entsprechen. Die letztere (K 1–7) zeigt einen jungen König mit »zugespitztem Profil«, der höchstwahrscheinlich auch auf den Siegelabdrücken von Edfu vorkommt und schon vermutungsweise als Ptolemaios XIII. bezeichnet wurde (S. 40; die Beziehung auf einen ephemeren König aus einer anderen Dynastie wird S. 32 f. erwogen).

Bei der großen Gruppe L 1–279 führt die Methode der Reihenbildung und der Ausschluss von Königen, die wegen des Alters bei Regierungsantritt oder kürzerer Regierungszeit nicht in Frage kommen, zur Entdeckung des Bildnisses von Ptolemaios XV. Kaisarion, des Sohnes von Cäsar und Kleopatra (vgl. H. Kyrieleis in: Akten des XIII. Kongresses für Klassische Archäologie Berlin 1988 [Mainz 1990] 456 f. Taf. 67; ders. in: Boussac/Invernizzi a. a. O. 318 Taf. 54–56). Es lässt sich die Entwicklung vom kleinen Jungen über einen Knaben mit stärker ausgeprägten Zügen, einen Jüngling mit Bartflaum und einem kleinen Schnurrbart zu einem jungen Mann mit kräftigem Schnurrbart und längerem Nackenhaar verfolgen. Die Grundzüge der Physiognomie bleiben gleich, die Kette ist an keiner Stelle unterbrochen. Das Profil unterscheidet sich überdies von jenem der späten Ptolemäer. Statt der gebogenen Nase bei diesen und der hängenden Unterlippe sehen wir hier einen geraden Nasenrücken und eine etwas vortretende Oberlippe. Ferner hat Kaisarion als einziger unter den jugendlichen Ptolemäerkönigen so lange regiert (geb. 47, reg. 44–30 v. Chr.), nämlich von seinem vierten bis zum siebzehnten Lebensjahr mit seiner Mutter Kleopatra VII. Sein Porträt ist auch auf einem der wenigen Doppelbildnisse unter den Abdrücken von Paphos zu erkennen (R 2), das weibliche Bildnis im Hintergrund muss also Kleopatra VII. darstellen, obwohl ihre charakteristischen Porträtzüge hier fehlen. Aufgrund der Siegel lässt sich nun der prachtvolle Kopf in Alexandria aus Marsa Matruh (dem antiken Paraitonion), in dem Antje Krug einen Ptolemäer erkannt hatte (in: H. Maehler / V. M. Strocka [Hrsg.], Das ptolemäische Ägypten. Kongr. Berlin 1976 [Mainz 1978] 9–22, bes. 18 Abb. 29–33; vgl.

S. 37 Anm. 103; S. 42 Anm. 124), als Kaisarion deuten. Das charakteristische Merkmal des Schnurrbarts unterscheidet ihn von allen anderen Ptolemäern.

Historische Nachrichten führen zu einem trotz des vorsichtigen Fragezeichens einleuchtenden Identifizierungsvorschlag für die Söhne der Kleopatra und des Mark Anton, den mit seiner Zwillingsschwester Kleopatra Selene 40 v. Chr. geborenen Alexander Helios und den 36 v. Chr. geborenen Ptolemaios Philadelphos. Cassius Dio (49, 41) und Plutarch (Ant. 54, 3–6) berichten, dass Antonius 34 v. Chr. Kaisarion im Gymnasion von Alexandria als Mitregenten von Kleopatra bestätigte und seine Kinder zu Königen ernannte. Der erst zweijährige Ptolemaios Philadelphos trug als Herrscher über westliche Reiche Stiefel, Chlamys und die makedonischen Kausia mit Diadem, der sechsjährige Alexander Helios als Herrscher über östliche Gebiete war in medische Tracht mit »Tiara und Kidaris« gekleidet (die Beschreibung der Kopfbedeckung ist offenbar eine unpräzise Tautologie, s. S. 43 Anm. 126; 131). Kleopatra Selene erhielt die Kyrenaika.

Der Siegelabdruck J 1 zeigt einen Knaben in diademumwundener medischer beziehungsweise persischer ›weicher‹ Tiara mit überfallender Spitze. Im Zusammenhang der Siegel von Paphos muss dies der sechsjährige Alexander Helios sein. Weitere in der Gruppe J zusammengestellte Bildnisse können auf ihn bezogen werden. Sie zeichnen sich durch Attribute aus, die auf Helios (langes, lockiges Haupthaar, Strahlen) und Alexander den Großen (langes Haupthaar, Anastole, Ägis, Ammonshorn) verweisen. Das Ammonshorn kommt nur in dieser Gruppe vor, die übrigen Attribute treten auch sonst auf, ihre Häufung spricht jedoch für die vorgeschlagene Identifizierung. Die genannten Attribute kommen mit knabenhaften Bildnissen ab J 8 vor. J 2–6 sind Büsten eines kindlichen Herrschers als Harpokrates mit Scheitelzopf und zum Mund erhobenem Finger, J 7 ist die Büste eines Königs als kleinkindhafter Eros. Es fragt sich, ob diese Bildnisse den sechsjährigen Alexander Helios darstellen können oder nicht eher auf seinen bei der Investitur zweijährigen Bruder Ptolemaios Philadelphos bezogen werden sollten. Vermutungsweise werden die Bildnisse »eines sehr jungen Knaben mit diademgeschmückter Kausia« auf Abdrücken zweier Siegel (I 7–12) auf Ptolemaios Philadelphos bezogen.

Nur kurz im Text erwähnt werden die Gruppen M 1–25, jugendlicher Herrscher, Kaisarion (?); N 1–58, jugendliche Könige, die nicht eindeutig einer der vorhergehenden Gruppen zugeordnet werden können, und O 1–7, bärtige Könige, die sich von den Gruppen D und L unterscheiden, wohl verschiedene (nicht-ptolemäische?) Herrscher darstellen (S. 32; 42).

Gruppe P 1–92 sind Köpfe ohne Diadem mit Götterattributen (Kapitel VIII). Individuelle Merkmale der Physiognomie sprechen dafür, dass zumindest ein Teil von ihnen ptolemäische Könige darstellt. Sicher benennbar ist nur die Rückenbüste des Mark Anton mit den Herakles-Attributen Löwenfell und Keule (P 90 und P 91). Er führte sein Geschlecht auf Herakles zurück. Dies sind die ersten sicheren Bildzeugnisse für seine Heraklesimitation (S. 45; 47 f.).

Das nächste Kapitel (IX) behandelt die in Gruppe Q 1–37 zusammengestellten Porträts ptolemäischer Königinnen. Ihre Identifizierung wird durch verschiedene Umstände erschwert. Zum einen existieren außer von Kleopatra VII. keine Münzbildnisse von Ptolemäerinnen des zweiten und ersten Jahrhunderts, zum anderen sind die Königinnen meist als Isis dargestellt und vom Idealbild der Göttin kaum zu unterscheiden. Eine Ausnahme bildet das qualitätvolle Siegelbild Q 18 mit dem Bildnis einer älteren Frau. Da in dem in Frage kommenden Zeitraum nur Kleopatra II. (geb. vor 181, gest. 116/115 v. Chr.) und Kleopatra III. (geb. 160/155, gest. 101 v. Chr.) ein höheres Alter erreichten, dürfte eine dieser beiden Königinnen dargestellt sein (das Geburtsjahr von Kleopatra III. ergänzt nach RE XI 1 [1921] 744–748 Kleopatra Nr. 16 [Stähelin], worauf S. 46 Anm. 135 verwiesen wird).

Die Siegelabdrücke Q 10–15 geben eine diademgeschmückte Königin im Isistypus über einer Mondsichel wieder. Zwei Königinnen führten den Namen Kleopatra Selene, die Gemahlin Ptolemaios' IX. Soter II. (115–107 v. Chr.), Tochter von Ptolemaios VIII., und die Tochter von Mark Anton und Kleopatra VII., Zwillingsschwester von Alexander Helios. Die idealen Züge der Bildnisse lassen keine Entscheidung zu, welche der beiden gemeint sein könnte. In einem Fall allerdings sitzen auf den Spitzen der Mondsichel Horusfalken, welche Kronen zu tragen scheinen (Q 14). Dies könnte ein Hinweis auf die beiden königlichen Brüder der jüngeren Kleopatra Selene sein. Der Kameo in Sankt Petersburg mit einem weiblichen En-face-Bild über der Mondsichel wird erwähnt (S. 46 Anm. 136), mit Verweis auf meine Bemerkungen in ›Antike Gemmen und ihr Nachleben‹ ([Berlin 2007] 65 f. 372 Abb. 230 Taf. 56, 299 [Abb. 299 und 230 vertauscht, s. https://www.degruyter.com/view/supplement/9783111822877_Corrigenda.pdf]) Die dort gegebene, auf individuelle Züge gestützte Deutung als Porträt und die stilistisch begründete Vermutung, dass es sich wahrscheinlich um die jüngere Kleopatra Selene handele, haben den Verfasser nicht überzeugt.

Die Abdrücke Q 35–37 tragen das Porträt von Kleopatra VII., wobei die vom gleichen Siegel stammenden Abdrücke Q 36 und Q 37 sie in singulärer Weise mit einem Löwenskalp als Kopfbedeckung zeigen. In Analogie zu Mark Anton als Herakles ist sie hier als Omphale dargestellt. Wie der Autor ausführt, kann dieser mythologische Vergleich im Umfeld des alexandrinischen Hofes keinesfalls pejorativ im Sinne der augusteischen Propaganda verstanden werden.

Die Männerporträts ohne Diadem (Kapitel XI, Gruppe S 1–51) dürften überwiegend hochrangige Personen des Ptolemäerreiches darstellen, es finden sich jedoch auch Bildnisse von Römern. Gesichert ist ein Porträt des Octavian (S 51 Taf. 80). Drei Abdrücke (am deutlichsten S 47) überliefern einen jugendlichen Kopf, über dessen Haupt ein Stern steht. Dies kann im Zusammenhang des Fundkomplexes nur ein idealisiertes

Bild des vergöttlichten Cäsar sein, wie es ähnlich auch auf Münzen belegt ist. Als Siegelinhaber wird ein Amtsträger der späten Republik vermutet.

Das abschließende Kapitel (XII) gilt der Frage nach den Inhabern der abgedrückten Siegelringe. Es waren sicher nicht persönliche Siegel der Herrscher. Das ptolemäische Staatssiegel war der Adler, wie die Münzen vermuten lassen und ein erhaltener Abdruck an einem Papyrus in Leiden belegt (Taf. 80). Nur zwei Schriftquellen bieten Anhaltspunkte: Zum einen der bei Athenaios (deipn. 5, 212 a–e) überlieferte Bericht des Poseidonios Rhodios über den Sophisten Athenion (FGrHist 87 fr. 36 [48, 49], S. 53 versehentlich »Apollonios Rhodios« genannt). Als Gesandter der Athener zählte er am Hof des Mithridates VI. zum Kreis der »Freunde (φίλοι) des Königs« und trug bei seiner Rückkehr einen Goldring mit dem Porträt des Königs am Finger. Zum anderen die Nachricht, dass Ptolemaios IX. dem von Sulla gesandten Lucius Licinius Lucullus einen goldgefassten Smaragd mit seinem Porträt schenkte (Plut. Luc. 3,1–2). Möglicherweise war die Verleihung eines Siegelringes mit dem Porträt des Königs ein Zeichen der Aufnahme unter die ›Freunde‹. Innerhalb dieses Kreises scheint sich im Ptolemäerreich eine »gewisse höfische Amtshierarchie« (S. 54) herausgebildet zu haben. Siegelabdrücke mit Porträts seleukidischer Herrscher aus Uruk und Seleukia sind durch eingravierte Inschriften als Amtssiegel von Chreophylakes bezeichnet (S. 53 Anm. 165). Ein in das Jahr 127 v. Chr. datierter Papyrus in Heidelberg, der ein jetzt verschollenes Siegel mit dem Porträt eines hellenistischen Herrschers trug, ist ein amtliches Schreiben, das von einem Amphikles, offenbar einem höheren Beamten, ausgestellt wurde. Es darf also auch für die Siegel von Paphos mit königlichen Porträts angenommen werden, dass die Siegelinhaber in einem Treueverhältnis zum König standen, sei es als Anhänger, Beamte oder Offiziere. Analog sind auch die nicht-königlichen Porträtsiegel als Siegel von Freunden oder Anhängern zu deuten.

Es folgt der Katalog mit Einzelbeschreibung der abgebildeten Siegelabdrücke. Wenn mehrere Abdrücke desselben Siegels existieren, sind nur die besten Exemplare abgebildet, die Inventarnummern der übrigen jeweils angeführt. Auf achtzig Tafeln sind die Abdrücke in dreifacher natürlicher Größe in vorzüglichen und adäquat gedruckten Fotos abgebildet. Gösta Hellner, der Fotograf der Abteilung Athen des Deutschen Archäologischen Instituts, hat sie aufgenommen. Sowohl das fotografische Können, mit dem jeweils das Bestmögliche an Information aus den spröden Objekten herausgeholt wurde, wie die große Ausdauer, deren es bedarf, insgesamt zweitausendzweihundert Einzelaufnahmen dieser Art herzustellen, verdienen höchste Anerkennung.

Durch die Siegelabdrücke von Paphos ist die Zahl der erhaltenen Ptolemäerbildnisse auf Siegeln, die bisher nur durch wenige originale Ringe und den kleineren Fund von Edfu bekannt waren, beträchtlich vermehrt worden. Die Vielzahl der Abdrücke des überdies unvoll-

ständigen Fundes gibt eine Vorstellung von der Menge der Siegelringe mit Herrscherporträts, die in Verwendung waren. Die Auswertung der Siegelabdrücke hat die Kenntnis der Ikonographie spätptolemäischer Herrscher in entscheidender Weise erweitert und eine neue Basis für alle weiteren Forschungen auf diesem Gebiet geschaffen. Das Buch ist überdies eine unverzichtbare, aktuelle Ergänzung zu dem grundlegenden Werk des Verfassers über die Bildnisse der Ptolemäer von 1975.

Bonn   Erika Zwierlein-Diehl

Francesco de Angelis, **Miti greci in tombe etrusche. Le urne cinerarie di Chiusi.** Monumenti antichi pubblicati per cura della Accademia Nazionale dei Lincei. Serie monografica, Band 8 (Serie generale, Band 73). Verlag Giorgio Bretschneider, Rom 2015. 455 Seiten, 178 schwarzweiße und 4 farbige Tafeln.

Das vorliegende Werk, hervorgegangen aus einer Dissertation an der Scuola Normale Superiore in Pisa, unternimmt den breit angelegten Versuch der Interpretation der mythologischen Bilder von etruskischen Ascheurnen hellenistischer Zeit aus Chiusiner Produktion. Nach einer Einführung, die über die Forschungsgeschichte zur Methodendiskussion führt, folgt ein Kapitel, das sich mit der Frage der Chronologie Chiusiner Urnen und den möglichen Werkstattzusammenhängen befasst. Darauf baut eine historische Kontextualisierung der Urnenproduktion in der Chiusiner Gesellschaft des dritten und zweiten vorchristlichen Jahrhunderts auf. In den folgenden vier Kapiteln wird eine große Zahl mythologischer Sujets zu umfassenderen thematischen Komplexen zusammengefasst und mit Blick auf ihre Relevanz im etruskischen beziehungsweise Chiusiner Umfeld gedeutet. Der Katalogteil listet fast fünfhundert Urnen – übrigens nicht nur solche mit mythologischen Reliefs, sondern ebenso solche anderer Thematik, und nicht nur Urnenkästen, sondern auch Deckel, insofern sie für das chronologische Gerüst wichtig sind. Jeder Katalogeintrag enthält knappe Angaben zu aktuellen und ehemaligen Aufbewahrungsorten, zu Fundort und -datum (soweit bekannt), zu Maßen, zur Datierung, zum Typus des Deckels und zum Thema des Kastenreliefs, schließlich noch bibliographische Angaben. Da zudem der größte Teil der Stücke auch im vorzüglichen Tafelteil illustriert ist, wird das Buch schon aufgrund der Materialsammlung zu einem unverzichtbaren Arbeitsinstrument der etruskischen Archäologie werden.

Den eigenen Ansatz in der Beschäftigung mit der über lange Strecken der Forschungsgeschichte eher wenig beachteten Denkmälergruppe verdeutlicht Francesco de Angelis bereits in Vorwort und Einführung. Es geht ihm um eine doppelte, visuelle und narrative Funktionsweise der Bilder, deren spezifische Formen und

Ausdrucksmittel er abhängig sieht von der kulturellen Kompetenz und Identität der etruskischen Handwerker und ihres Publikums. Zugleich macht er deutlich, dass er zwar von kulturspezifischen Bildinteressen ausgeht, aber keineswegs von einem bewussten Kontrast zwischen griechischen und etruskischen Auffassungen. Ausschlaggebend für die etruskische Auseinandersetzung mit dem griechischen Mythos sei in erster Linie dessen »ruolo dialettico e communicativo« sowie die ihm eigenen »potenzialità autoriflessive« (S. 61).

Das erste Kapitel dient der Begründung des eigenen Ansatzes in kritischer Würdigung von und in Abgrenzung zu anderen Herangehensweisen. Zunächst einmal wendet sich der Autor gegen ein streng genealogisches Modell, das die Bedeutung eines Mythenbildes an dessen ikonographisches Urbild bzw. den ›Prototyp‹ koppelt, so dass alle Varianten nicht nur als Abweichungen von jenem, sondern auch als Entstellungen des ihm innewohnenden Sinngehalts erscheinen müssen. (Solche Modelle vertreten etwa F.-H. Pairault, Recherches sur quelques séries d'urnes de Volterra à représentations mythologiques [Rom 1972]; L. B. van der Meer, Bull. Ant. Beschaving 50, 1975, 179–186.) Am Beispiel der Darstellungen des Kampfes der Sieben gegen Theben im Giebelrelief von Telamon und in den Urnenreliefs zeigt der Verfasser zunächst die Unmöglichkeit auf, diesen oder jenen eine Priorität, Vorbild- oder Mittlerfunktion zuzuweisen. Das sei aber auch gar nicht der springende Punkt; zu rekonstruieren sei vielmehr der »orizzonte di possibilità« eines Bildes, den die etruskischen Handwerker kontextspezifisch in die eine oder andere Richtung zu entwickeln in der Lage gewesen seien (S. 72 f.). Dieser »orizzonte di possibilità« sei zugleich ein »orizzonte ermeneutico«; seine Entwicklungsmöglichkeiten möchte de Angelis folgerichtig auch als narrative verstanden wissen, als etruskische Auseinandersetzungen mit der inhaltlichen Dimension der Bilder beziehungsweise mit ihrem mythologischen Gehalt, dessen zumindest ungefähre, zuweilen auch profunde Kenntnis bei Ausführenden wie Abnehmern der Bildwerke vorausgesetzt werden dürfe. Abweichungen von tradierten Bildschemata oder (scheinbare) Widersprüche zur sonstigen Überlieferung der Mythen sind demnach als Spuren einer »Arbeit am Mythos« (S. 94, im Original deutsch) aufzufassen, nicht als Abstraktion vom Mythos. (Die in diesem Zusammenhang vorgetragene neue Deutung der gewöhnlich als »Tötung des Myrtilos« interpretierten Urnenreliefs als Szene aus der Argonautensage [Jason tötet Absyrtos] ist bedenkenswert [S. 99–102]; ungeklärt bleibt dabei jedoch die Verbindung zu etruskischen Darstellungen von Oinomaos' Tod, die durch das jeweils zentrale Bildelement des Wagenrades gegeben ist, vgl. S. 281 und z. B. Eno 4 und 5, Taf. 103.)

Hierin sieht der Autor einen wesentlichen Unterschied zu demjenigen Ansatz, den ich selbst in einer von Fragestellung und Material her eng verwandten Arbeit verfolgt habe, wobei er die Unterschiede wohl zu stark betont, so dass der Eindruck entsteht, es existiere ein methodischer Gegensatz. Das vom Verfasser kritisierte ›strukturalistische Modell‹ dient jedoch keineswegs dazu, die narrative Komplexität etruskischer Bildwerke generell in Frage zu stellen und dem Mythos jeweils nur einen »carattere di accessorietà« (S. 82) gegenüber den in bestimmten Bildschemata selbst enthaltenen Bedeutungskernen zuzuweisen oder gar eine »irrelevanza della dimensione narrativo-mitologica« (S. 83) zu behaupten. Vielmehr ist der virtuelle Bedeutungskern eines Bildschemas aus meiner Sicht nur in der Gesamtheit seiner Verwendungen und Variationen, das heißt auch der narrativen Konkretisierungen gegeben (D. Steuernagel, Menschenopfer und Mord am Altar [Wiesbaden 1998] bes. 134–136; 139). Die Motivation, eine von Claude Lévi-Strauss' Mythenanalysen inspirierte zweite, vorderhand nicht narrative Lesart etruskischer Urnenreliefs zu erproben, bestand hauptsächlich darin, motivische Annäherungen zwischen narrativ nicht verbundenen Bildthemen sowie die weite Verbreitung einzelner Motive zu interpretieren und zudem nicht mythologisch ausdeutbare und daher zuvor als völlig banal abgetane Bildschöpfungen für die Rekonstruktion etruskischer Bildinteressen zu erschließen.

Ein solcher Fall wird exemplarisch auch von de Angelis diskutiert (S. 82–96): Es handelt sich um Darstellungen von Orest und Pylades nach den Morden an Klytaimnestra und Aigisthos auf der Flucht vor den Erinyen und solche von Achill und Ajax, die nach der Tötung des Troilos von Trojanern bedrängt werden. Von der griechischen Überlieferung der Mythen her ist erst einmal erklärungsbedürftig, warum Achill beziehungsweise Orest jeweils nicht allein erscheinen. Der Autor kann hierzu plausibel darlegen, dass dies durch andere Bearbeitungen derselben oder verwandter Stoffe in der etruskischen Bildkunst durchaus motiviert und gewissermaßen vorbereitet scheint. Daneben ist aber auffällig, dass die Verfolgten jeweils als Hiketai, als Schutzflehende mit einem Knie auf einen Altar gestützt, wiedergegeben sind – wie auch in einer ganzen Reihe anderer Darstellungen, mythologischen wie nicht oder zumindest nicht sicher mythologischen Charakters.

Zur Erklärung solcher Querverbindungen konstatiert der Verfasser unter anderem rein visuelle, nicht narrative Anknüpfungen (S. 91). Bestimmten Bildern, die die Grundkonstellation wiederholen, ohne selbst mythologisch bestimmbar zu sein, attestiert er einen »›sapore‹ narrativo che induce a immaginare storie a partire dal dato visivo« (S. 85 Anm. 83). Eine solche Operation lässt sich als Form der von mir postulierten ›Aktualisierungen‹ ansonsten oder ursprünglich mythologisch besetzter Bildschemata verstehen (Steuernagel a. a. O. 138). Es besteht also auch insofern kaum ein fundamentaler Widerspruch zwischen den beiden Herangehensweisen.

Das zweite Kapitel widmet sich der Chronologie der Chiusiner Urnen. Basierend auf älteren Untersuchungen werden hier Beobachtungen zur Typologie, zum Reliefstil, zu signifikanten Ornamenten und Einzelmotiven, zu den Urnendeckeln (soweit zuzuordnen), zu Schriftcharakteristika der Inschriften und zu Fundkontexten systematisch zusammengeführt und ausgewertet.

Als Grundlage der chronologischen Ordnung dient eine Gruppierung gemäß unterscheidbarer Handschriften einzelner Handwerker oder Werkstätten, wobei zunächst jeweils eine Kerngruppe (»nucleo«) definiert wird mit Stücken, die bestimmte Merkmale in ihrer deutlichsten Ausprägung tragen, denen dann weitere Stücke zugeordnet werden (»associazioni«), während andere nur in einem losen Zusammenhang mit der Kerngruppe gesehen werden und Querverbindungen zu anderen Gruppen erkennen lassen (»accostamenti«) (bes. S. 109). So werden zeitlich parallele Gruppen ebenso wie stilistische Weiterentwicklungen innerhalb von Gruppen beziehungsweise in der Abfolge unterschiedener Gruppen beschrieben.

Auf diesem Weg gelangt der Autor zu einer insgesamt überzeugenden Gliederung in drei Hauptphasen: einer experimentellen Phase, etwa von der Mitte des dritten Jahrhunderts bis um 230 v. Chr., der Blütezeit im letzten Drittel dieses Jahrhunderts, als die Produktion qualitätvoller Alabasterurnen auch zahlenmäßig ihren Höhepunkt erreicht, und schließlich der Endphase von etwa 200 bis 180 v. Chr., in der neben die seltener werdenden Alabasterexemplare nun immer mehr Travertin- und vor allem Terrakottaurnen treten.

Allerdings sind die genannten absoluten Daten mit weitaus mehr Vorsicht aufzunehmen als die relativchronologische Ordnung, da es an sicheren Anhaltspunkten – von Fixpunkten sollte man besser gar nicht sprechen – deutlich mangelt. Außer einzelnen Grabkontexten können eigentlich nur Berührungspunkte mit anderen, oft ihrerseits nicht sicher datierbaren Denkmälergruppen wie den südetruskischen Sarkophagen oder den Volterraner Urnen sowie zum Beispiel zur hellenistisch-republikanischen Porträtkunst angeführt werden (vgl. bes. S. 106–109; 129 f.). Insofern erscheinen mir Versuche, die Datierung einzelner Stücke oder Werkstattgruppen auf ein Jahrzehnt einzugrenzen (S. 134–146), übertrieben optimistisch. Davon unberührt bleibt, dass mit der Korrektur der besonders in der deutschen Forschung (für die Chiusiner Urnen vor allem in Anschluss an J. Thimme, Stud. Etruschi 23, 1954, 25–147; 35, 1957, 87–160) häufig vertretenen niedrigen Datierungsansätze die notwendigen Schlüsse aus einer Vielzahl von Studien der letzten drei Jahrzehnte gezogen wurden und nunmehr ein auch historisch plausibles Gesamtbild vorliegt.

Nach ihrer zeitlichen Eingrenzung wird die Chiusiner Urnenproduktion dann in den geschichtlichen Kontext eingebettet (S. 148–155). Die antike Historiographie bietet leider wenig an. Die Überlieferungslücke im Werk des Livius lässt nur erkennen, dass Clusium am Ende des dritten Jahrhunderts zu den Verbündeten Roms im Kampf gegen Karthago gehörte. Seit wann dies so war, bleibt unklar, und so kann auch nur hypothetisch geschlossen werden, dass die Etruskerstadt von diesem Bündnis und der Ausschaltung von Konkurrenten im Tibertal wie Falerii und Volsinii durch die Römer direkt profitierte. Das Gesamtbild eines wirtschaftlich prosperierenden Gemeinwesens, an dem auch sozial sich weitende Kreise durch intensive Nutzung des Territoriums einerseits, durch rechtliche Emanzipation andererseits ihren Anteil hatten, ist hingegen glaubhaft und durch Studien zur Siedlungsgeschichte gestützt. Hier liegen wohl die Ursachen für den Aufschwung in der Produktion repräsentativer Grabmonumente im späteren dritten ebenso wie für den Übergang zu einer qualitativ minderen, aber quantitativ ausgeweiteten Serienproduktion im zweiten Jahrhundert.

Mit dem dritten Kapitel setzt die Behandlung von einzelnen thematischen Komplexen ein. Hier geht es zunächst um Sarkophag- und Urnenreliefs mit Darstellungen von Schlachten. Diese sind innerhalb der Chiusiner Produktion, gerade im Vergleich zu den Urnen aus Volterra oder Perugia, ganz besonders zahlreich vertreten. Der Katalog listet zweiundsiebzig, dazu kommen vier Kampfhandlungen an heiligem Ort und zwei Heiligtumsplünderungen.

Einen begrenzten, aber bemerkenswerten Anteil an der Gesamtzahl haben die Keltomachien (mindestens vierzehn). Zwei solche Darstellungen stehen chronologisch am Anfang der Chiusiner Schlachtenbilder, sie beziehen sich höchstwahrscheinlich auf die Überlieferung der versuchten Plünderung des Heiligtums von Delphi durch die Galater 279 v. Chr. Die betreffenden Bilder finden sich auf Sarkophagkästen und geben das Geschehen als Aneinanderreihung von Kampfszenen ohne erkennbares kompositorisches oder dramaturgisches Zentrum wieder. Die wenig später einsetzenden Urnenreliefs sind hingegen nicht selten achsensymmetrisch aufgebaut. Der Verfasser betrachtet sie als Exzerpte aus umfangreicheren, friesartigen Kompositionen wie den vorgenannten, doch lassen sich Letztere andersherum auch als Kompilationen stereotyper Kampfgruppen verstehen (z. B. S. 158).

Einzelmotive wie Zusammenstellungen finden sich außerdem bei historisch oder mythologisch unbestimmten Darstellungen, ferner in früheren Phasen und anderen Landschaften der etruskischen Kunst ebenso wie etwa in der frühhellenistischen Kunst Großgriechenlands (Ipogeo Palmieri in Lecce; S. 162). Die Suche nach individuellen ikonographischen Vorbildern wird vom Autor deswegen zu Recht als fruchtlos fallen gelassen.

Interessanter sind seine Überlegungen zur Funktion der Schlachtenbilder. In Anbetracht von Abwehrkämpfen gegen vordringende Kelten, bei denen zum Beispiel 225 v. Chr. bei Telamon (und den voraufgehenden Treffen) Etrusker als Bundesgenossen an der Seite der Römer standen, glaubt der Autor, die Beliebtheit der Motivik auch von einem zeithistorischen Hintergrund aus erklären zu können. Allerdings gibt er zu bedenken, dass erstens nur ein kleinerer Teil der Bilder sich auf Gallierschlachten bezieht (die als quasi intensivierte Fassungen der anderen Kampfbilder aufzufassen seien, s. z. B. S. 166; 170), zweitens bei weitem nicht alle Bilder biographisch beziehungsweise als Ausdruck der eigenen Rolle des jeweiligen Grabinhabers interpretiert werden dürfen, handelt es sich bei einigen doch nachweislich um Frauen (S. 187–189). Vielmehr transportierten, nach de Angelis, die Bilder in erster Linie ein Gefühl der Verunsicherung, das unter anderem durch die tatsächliche zeitgenössische Bedrohungslage provoziert oder verstärkt worden sei (S. 182), das aber letztlich in der Konfrontation mit der Todeserfahrung gründe. Deswegen seien Sieger wie Unterliegende oft in einem kompositorischen Gleichgewicht gezeigt, deswegen etwa werde auch der scheinbar sichere Sieg eines Reiters durch den Streich des bereits niedergeworfenen Gegners gegen das Pferd in Frage gestellt (bes. S. 189–191). Ohne diese Deutungsmöglichkeit grundsätzlich zu bezweifeln, lässt sich doch fragen, ob nicht die tendenzielle Ablehnung der ›biographischen‹ Interpretation auf eine falsche Fährte geführt hat und das Postulat der ›Allgemeingültigkeit‹ der Bilder zu stark auf die krisenhafte Erfahrung des Todes abgestellt ist. Vor allem werden manche Hinweise auf historische Kontextualisierungen beziehungsweise Konkretisierungen der Darstellungen nicht verfolgt. (So bei der Urne Batt 60 mit ihren merkwürdigen, sicher auf eine spezifische Geschichte abzielenden Seitenreliefs. Vgl. dazu G. Körte, I rilievi delle urne etrusche III [Berlin 1916] 158 f.; M. I. Davies in: C. Bérard [Hrsg.], Bronzes hellénistiques et romains. Tradition et renouveau. Kongr. Lausanne 1978 [Paris 1979] 127–132.)

Das anschließende vierte Kapitel ist dem thematischen Komplex der Konflikte zwischen Brüdern beziehungsweise der brüderlichen Freundschaft gewidmet. Unter dieser Überschrift werden zum einen die Darstellungen des gegenseitigen Brudermordes von Eteokles und Polyneikes besprochen, zum anderen die oben schon erwähnten Bilder, die Orest und Pylades beziehungsweise Achill und Ajax als äußerlich weitgehend gleiche, brüderliche Verbündete bei Mordtaten und deren Folgen zeigen. Wie der Autor klar herausarbeitet, bestand seitens der Hersteller und Betrachter von Chiusiner Urnen offenbar kein Interesse an einer Unterscheidung von Eteokles und Polyneikes oder an der Frage der Schuld am tödlichen Konflikt. In der ältesten Serie von Reliefs, aus dem dritten Viertel des dritten Jahrhunderts, werden vielmehr beide Brüder als sterbend und im Grunde völlig gleich dargestellt. Ein Akzent wird hier mit der Hinzufügung von Helferfiguren gesetzt, so dass »il tema della sodalità« zwischen Kriegskameraden hervortrete (S. 212).

Konsequent im Sinne dieser Deutung, aber letztlich doch wenig überzeugend ist die Ausgliederung von kompositorisch und motivisch sehr nahe verwandten Reliefs, in denen ein Kontrahent von einem Blitz statt von der Waffe des anderen niedergestreckt wird, womit eine Bestrafung durch höhere, hier unterweltliche Mächte angedeutet ist (S. 213–215). Nicht nur bleibt die konkrete Deutung dieser Gruppe dann notgedrungen unbestimmt, sondern es widerspricht auch das Argument, wonach die die Sterbenden flankierenden, Angriffshaltungen einnehmenden Krieger auf ein vom thebanischen Mythos abweichendes Geschehen hindeuten, der Bewertung ähnlicher Figuren bei einer anderen Gruppe von Reliefs, wo sie nur dazu gedient haben sollen, »la natura violenta e cruenta« des Geschehens zu verdeutlichen und den »carattere guerresco« zu unterstreichen (S. 217).

Den Bruch eines brüderlichen Zusammenhaltes zu brandmarken dienten de Angelis folgend auch die erst später einsetzenden Bilder vom Akt der gegenseitigen Tötung; die »implicazioni etico-morali« seien nicht zuletzt in der regelhaft auftretenden Figur der Vanth als Repräsentantin der Unterweltsmächte zum Teil der Bilder selbst geworden (bes. S. 219 f.). Eine gewissermaßen negative Spannung unterliegt nach dem Verfasser ebenfalls den Bildern von Achill und Ajax beziehungsweise Orest und Pylades als von trojanischen Kriegern beziehungsweise Rachegeistern am Altar bedrängte Gefährten. Zwar könne man die Szenen durchaus als Bewährungsproben einer brüderlichen Freundschaft lesen, doch gingen dem dargestellten Geschehen jeweils gemeinschaftlich verübte Mordtaten, also ein Missbrauch des Wertes der Kameradschaft voraus. Daraus, und nicht aus der drohenden Verletzung der sakralen Stätte, bezögen die Bilder letztlich ihre Dramatik und ihre Aussagekraft (bes. S. 225; 228).

Das alle drei Sujets verbindende Grundthema ist nach de Angelis in den Banden von Brüderschaft und brüderlicher Kameradschaft zu suchen beziehungsweise in Risiken und Spannungen, die solchen Zusammenhalt im Angesicht des Todes bedrohen, womit wiederum ein spezifischer Zusammenhang mit dem sepulkralen Verwendungskontext herzustellen sei. Diese inhaltliche Klammer kann allerdings wohl nur dann erkannt worden sein, wenn den Betrachtern der Bilder von Eteokles und Polyneikes bewusst war, dass es sich um verfeindete Brüder, also Blutsverwandte handelte – ein Faktum, das die Bilder nach der Lesart des Autors jedoch tendenziell herunterspielen. Das heißt, es liegt gewissermaßen eine Kollision zwischen mythologisch-narrativen Traditionen einerseits und deren visueller Umsetzung und Umformung in den Urnenreliefs andererseits vor, die letztlich ungedeutet bleibt beziehungsweise argumentativ lediglich umgangen, jedoch nicht wirklich aufgelöst werden kann.

Das dahinterstehende grundsätzliche Problem wird von de Angelis durchaus erkannt und im fünften Kapitel weiter verfolgt. Zu den dort unter der Überschrift »La giovinezza a rischio« zusammengestellten, zumindest auf den ersten Blick sehr heterogenen Bildthemen (Orest und Pylades in Tauris, Wiedererkennung des Paris, Bedrohung des Cacu, Tod des Troilos, Tod des Hippolytos) heißt es abschließend, sie ließen sich nicht in einfache interpretative Muster fügen. Auch seien chronologische und soziale Verschiebungen zu berücksichtigen: Während die älteren unter den Bildern die Grabmonumente der sozialen Elite schmückten und in verschiedener Form die Überwindung von gefährlichen Schwellensituationen der Jugend thematisierten, seien die jüngeren in weiteren Kreisen rezipiert und zum Ausdruck von Ängsten bezüglich des Übergangs vom Diesseits ins Jenseits verwendet worden (S. 267 f.).

Um aber die unterschiedlichen Sujets überhaupt auf den gemeinsamen thematischen Nenner der Jugend bringen zu können, sind einige freilich etwas forciert wirkende Festlegungen notwendig. So wird die Nacktheit der Iphigenie in den Bildern des taurischen Mythos als Betonung jugendlicher Schönheit gedeutet, die ikonographische Annäherung an Figuren von Lasen oder aphrodisischen weiblichen Dämonen hingegen nicht kommentiert (S. 237). Die Parisepisode wird auf ›Risiken der Athletik‹ bezogen, obwohl doch der Sieg des (noch unerkannten) Königssohnes beim Agon nur der Punkt ist, an dem fundamentale Konflikte innerhalb der Königsfamilie offen hervorbrechen (wie der Autor selbst einräumt, S. 244). Die Ausgestaltung von Troilos- und Hippolytosbildern als ausführlichere Kampfesschilderungen trägt ebenfalls zu einer Akzentverschiebung, tendenziell weg vom Mors-immatura-Motiv bei (S. 258 f. 264; 266).

Es scheint aber keineswegs so zu sein, dass der Aspekt der Jugend erst nach und nach in den Hintergrund trat. Vielmehr zählen die taurischen Darstellungen ja durchaus zu den früheren unter den Urnenreliefs. Eher ist davon auszugehen, dass ein allgemeines, schon in der tarquiniensischen Grabmalerei des späteren fünften und vierten Jahrhunderts greifbares Interesse an einer Visualisierung von Gefahren in liminalen Situationen nur in bestimmten Fällen mit dem Thema der Jugend beziehungsweise dem des Todes im jugendlichen Alter verknüpft wurde (Vgl. D. Steuernagel in: A. Merkt [Hrsg.], Metamorphosen des Todes. Totengedenken, Bestattungskulturen und Jenseitsvorstellungen im Wandel der Zeit [Regensburg 2016] 23–43).

Dass auch die glückliche Überwindung der Schwelle des Todes thematisiert wurde, würde ich entgegen der vom Verfasser vertretenen Deutung weiterhin unter anderem an der Urne Tro II 6 (Taf. 167) festmachen wollen: Der rechte der beiden auf dem Altar knienden Krieger ist vor allem wegen der dem linken vollständig entsprechenden Rüstung und der Frisur sicher als Achill oder Ajax anzusprechen, der Kranz in seiner Hand erweist ihn als Teilnehmer einer sakralen Handlung; der oberhalb des Altars und des ›Ersatzopfers‹ (eine Hirschkuh wie in Bildern der Opferung der Iphigenie) erscheinende Jüngling ist demnach Troilos, der offenbar vor dem Tode errettet wurde.

Dass die Urnenreliefs oft auch, anders als von de Angelis vorgeschlagen, thematisch zu gruppieren wären, zeigt sich exemplarisch bei einem Vergleich der Darstellungen der Hippolytosgeschichte und denen des Oinomaosmythos: Dieser ist im sechsten, jener im fünften Kapitel behandelt (S. 278–285). Gleichwohl weisen die Bilder sowohl vom Aufbau her, der jeweils durch das havarierte Gespann im Zentrum und die auseinanderstiebenden Pferde geprägt wird, wie von einigen Einzelmotiven her (aktiv eingreifende weibliche Dämonen, Krieger in Angriffshaltung) enge Parallelen auf (Taf. 102–104; 129–133). In beiden Fällen, eben keineswegs nur in dem gewaltsamen Einbruch in die dynastische Nachfolge des Oinomaos, wird durch die mit den Bildern verknüpften Mythen eine Störung des innerfamiliären Gleichgewichts thematisiert, durch die wiederum die Legitimität einer Herrschaft gefährdet erscheint.

Was die Zusammenstellung im sechsten Kapitel betrifft, ließe sich generell fragen: Geht es mehr um Familie oder mehr um Herrschaft (beide Komplexe sind in der Kapitelüberschrift angesprochen) oder lässt sich das eine vom anderen schlicht nicht trennen? Das Problem liegt bei der Analyse der Bilder von der Ermordung der Klytaimnestra und des Aigisthos offen zutage. Nach Meinung des Autors wird in ihnen insbesondere der Riss engster Verwandtschaftsbande thematisiert, eben in Form des Muttermords; doch wird der in der griechischen Bildkunst durchaus präsente Appell Klytaimnestras an die Mutterliebe des Sohnes, das Entblößen der Brust, in den Chiusiner Reliefs nicht wiedergegeben (S. 273–275). Stattdessen wird die Mordsequenz oft zur Kampfszene mit einer Mehrzahl von Akteuren ausgeweitet, damit das Chaos der Machtübernahme unterstrichen und zumindest in einer ganzen Reihe von Bildern (S. 276–278) auch die Missachtung der sakralen Fundamente weltlicher Macht.

Andere im sechsten Kapitel behandelte Sujets sind allenfalls lose mit dem besagten Themenkomplex verbunden und insofern eher unter »altri temi« zu subsummieren. Die in der letzten Phase der Chiusiner Urnenproduktion stark vertretenen Bilder der Kampfszene mit dem ›Heros mit der Pflugschar‹ als Protagonisten lassen sich sehr wahrscheinlich auf Konflikte um Ackerland und Grundbesitz und somit auf eine Störung sozialer Ordnung beziehen (S. 292; 298). Es muss sich, wie schon häufiger bemerkt wurde, wohl um ein etruskisches Sujet handeln; da Bezüge zur griechischen Mythologie und auch zum Echetlos der Marathonlegende fehlen, kann man diese Bilder nicht weitergehend inhaltlich ausdeuten.

Während diese Darstellungen sich ganz überwiegend auf Terrakottaurnen finden, ist ein weiteres eher spät in das Repertoire aufgenommenes Thema auf zehn Chiusiner Alabasterurnen belegt. Nicht zuletzt deswegen interpretiert der Verfasser die Bilder der Jagd auf den kalydonischen Eber als Ausdruck traditioneller aristokratischer Werte, nämlich das Zusammenwirken der sozialen Elite bei der Jagd und die Bewährungsprobe für die Jugend. Spezifischere Elemente des Mythos wie die Liebesbeziehung zwischen Meleager und Atalante treten dagegen nach seiner Ansicht eher zurück. Dass dies einen mehr als graduellen Unterschied zu den Volterraner und Peruginer Urnenreliefs mit Darstellungen desselben Sujets markiere (S. 290 f.), will jedoch nicht recht einleuchten, zeigen doch auch die Chiusiner Exemplare die beiden als wichtigste Akteure zuseiten des Ebers. Hingegen ist die Ausgestaltung mit zusätzlichen Figuren plausibel als Betonung der kollektiven Handlung und als tendenzielle Annäherung an Kampfszenen verstanden (S. 288 f.).

Das kurze Schlusskapitel (S. 299–305) fasst die wichtigsten in den ikonographischen Betrachtungen der Kapitel 3 bis 6 erarbeiteten Thesen zur Interpretation Chiusiner Urnenreliefs mit mythologischem Inhalt nochmals zusammen. Dabei werden Zusammenhänge mit nichtmythologischen Bildthemen (z. B. Jenseitsreise) angedeutet. Wichtig ist auch die Beobachtung, dass bestimmte in den Mythenbildern formulierte Werte, insbesondere der familiäre Zusammenhalt, ebenso durch die Monumente als Ganzes (mit ihren Deckelfiguren und den Inschriften) und ihre Zusammenstellung im Grabkontext ausgedrückt sind. Dennoch wird den Bildern eine besondere Rolle zuerkannt (S. 302): Sie brächten Pathos, Gefühle und Empfindungen zum Ausdruck, wobei die Gefühle insbesondere durch tumultartige Kampfsituationen, durch Störungen der Ordnung hervorgerufen würden. Während die Deckelfiguren heitere Ruhe spiegelten, neigten die Reliefbilder zum Gegenteil, erlaubten dadurch eine Reflexion über Sorgen und Ängste – Ängste, die besonders durch die Naherfahrung des Todes provoziert worden seien.

Zusammenfassend ist die hier besprochene Publikation ungeachtet der zu verschiedenen Stellen formulierten Kritik als ausgesprochen wichtiger Beitrag zur Erschließung einer bisher oft gering geschätzten und in vielen Punkten noch unverstandenen Denkmälergattung zu werten. Verdienstvoll scheint mir insbesondere, dass Francesco de Angelis nicht einen bestimmten Kreis von mythischen Themen auswählt, sondern versucht, anhand der Gesamtproduktion einer bestimmten Bildgattung aus einem Herstellungszentrum die übergreifenden Bildinteressen und das Funktionieren des Mythos in einer konkreten Gesellschaft zu bestimmen. Dass sich nicht alle Fäden am Ende vernähen ließen, ist bei einem solchen Unterfangen fast unausweichlich und daher kein Manko. Allerdings gelingt auch keine radikale Neubestimmung des so komplexen Verhältnisses von narrativer Tradition beziehungsweise mythologischem Gehalt einerseits, deren visuellen Um- und Überformungen andererseits. Die Diskussion geht weiter.

Regensburg   Dirk Steuernagel

Rom und die Provinzen

Elise A. Friedland, Melanie Grunow Sobocinski und Elaine K. Gazda (Herausgeber), **The Oxford Handbook of Roman Sculpture.** Oxford Handbooks in Archaeology. Oxford University Press, Oxford und New York 2015. 713 Seiten mit 154 Abbildungen.

Dieses umfangreiche Handbuch richtet sich an Wissenschaftler und fortgeschrittene Studenten der Archäologie, Kunstgeschichte, Philologie und verwandter Fachgebiete, die sich mit römischer Plastik befassen. Es ist in sechs Teile gegliedert und enthält einundvierzig Abhandlungen von Wissenschaftlern unterschiedlicher Generationen.

Die Zielsetzung des Werks definieren die Herausgeber in der Einleitung: »to synthesize current approaches to studying this central medium of Roman art and to situate Roman sculpture within the larger fields of art history, classical archaeology and Roman studies«. Während sich traditionelle Handbücher zur römischen Kunst auf die Methoden stilistischer und ikonographischer Analyse konzentrieren, sind moderne Studien theoriefreudiger und betrachten etwa auch geschlechtsspezifische Sichtweisen, ›Agency‹, Erinnerungskultur und Rezeption.

In der Klassischen Archäologie werden viele Erkenntnisse zur antiken Kunst in immer mächtigeren Museumskatalogen publiziert, die vielfach zu akademischen Handbüchern werden. Viele solcher Forschungen zur römischen Plastik in verschiedenen Sprachen des Faches – zum Beispiel die fünf Bände der Reihe ›I Giorni di Roma‹, Musei Capitolini 2010–2014 – werden im hier besprochenen Buch einheitlich in englischer Sprache gebündelt.

Der erste Teil ›Collecting, Conservation and Display‹ beginnt mit den gegenwärtig in Museen ausgestellten Plastiken. Wie und wann wurden sie gesammelt und nach welchen Kriterien ausgestellt? Wann wurden sie restauriert und wie – und vielleicht kürzlich erneut konservatorisch behandelt? Ein Abschnitt zu amerikanischen Kollektionen befasst sich mit Gipsabgusssammlungen sowie dem Bildungsgehalt römischer Skulpturen. Die Neuausrichtung vieler Museen seit den neunziger Jahren brachte viele neue Ansätze zur modernen Präsentation: Antike Marmorstatuen werden in einer Industrieanlage wie dem Kraftwerk Montemartini aufgestellt, Kontexte aus dem Altertum und Zusammenhänge in späteren Sammlungen wie der Sammlung Ludovisi (Palazzo Altemps) werden zum Thema gemacht, das wiedereröffnete Getty-Museum in Malibu bietet der antiken Kunst ein Ambiente ähnlich dem einer römischen Villa und so weiter. Eine Tendenz ist, das Idealbild römischer Skulptur von dem der griechischen getrennt zu betrachten, eine andere, römische Plastik in Zusammenhang mit anderen römischen Werken aufzustellen. Man kann den Museumsbesucher auch anleiten, Unterschiede und Ähnlichkeiten zu erkennen, indem man zwei ähnliche Stücke nebeneinanderstellt und so etwa Kopien und Repliken sichtbar macht. Die Rückführung von Antiken in die Herkunftsländer ist in den letzten Jahren ein Thema, und es wird immer wichtiger, die ursprünglichen Fundumstände von Bildwerken aus älteren Sammlungen zu ermitteln.

Die Möglichkeiten neuer Techniken wie Scannen und dreidimensionale Rekonstruktion sind ebenfalls ein Thema: Eine nuanciertere Sicht auf das Problem von Kopie und Original führt vielleicht zu dreidimensionalen Kopien im Zusammenhang mit neuartigen Restaurierungsansätzen, zu neuer Farbgebung und sogar zur Wiederbelebung von Gipsabgusssammlungen.

Der zweite Teil des Buches behandelt ›Production and Distribution‹. Die Erforschung von Marmorsteinbrüchen mit naturwissenschaftlichen Analysen ist in den letzten zwanzig Jahren in Hinblick auf die Kartierung der Steinbrüche und die Identifizierung neuer Abbaustellen weit vorangekommen und die Herkunft des Marmors kann besser bestimmt werden. Besonders die Entdeckung der großen Brüche bei Göktepe in der Türkei hat unser Wissen über Plastiken aus Graumarmor korrigiert und ebenso über Skulpturenmaterial, das zuvor als Carraramarmor galt.

Die jüngste Forschung zu Bildhauertechniken beschäftigte sich intensiv mit der Erkenntnis, dass vom griechischen Altertum bis in die Spätantike die Marmoroberfläche bemalt oder vergoldet war, sogar im Inkarnat. Die Vorstellung, römische Bildwerke seien in großen halbindustriellen Werkstätten wie denen des achtzehnten Jahrhunderts hergestellt worden, wurde verworfen. Römische Bildhauer arbeiteten in kleinen Gruppen, oft an Ort und Stelle. In Rom und wenigen anderen Orten war der Bedarf so groß, dass dauerhafte Betriebe eine bestimmte Kundschaft mit speziellen Produkten versorgten. Überarbeitung und Neuverwertung von Steinarbeiten, insbesondere Porträts, waren viel verbreiteter als bisher angenommen. Gerade nach dem Bau der Aurelianischen Mauer und den folgenden urbanistischen Veränderungen wurde eine große Anzahl an Bildwerken frei für die Wiederverwendung.

Behandelt wird im Buch auch die Herstellung und die Gusstechnik von Bronzestandbildern, die in der antiken Plastik vorherrschten, aber von denen nur wenige erhalten sind. Terrakotta wurde hauptsächlich für kleine Formate verwendet; solche Stücke konnten leicht und preisgünstig vervielfältigt werden. Die attraktiven großen Terrakotten vom Palatin werden in diesem Abschnitt nicht erwähnt, sondern nur in Abschnitt 3.6, wo ihre Ähnlichkeit mit Bronzearbeiten hervorgehoben ist.

Der nächste Abschnitt behandelt die Polychromie antiker Statuen aus Marmor oder Bronze, ein Arbeitsgebiet, aus dem in den letzten zehn Jahren viele Ausstellungen hervorgegangen sind. Schon die Vorstellung war revolutionär, dass die Oberfläche aller antiken Bildwerke farblich gefasst war. Im Schlusskapitel dieses Teils geht es um Wege und Mittel für Transport und Verteilung von Statuen über das ganze Imperium.

Im dritten Teil ›Styles and Genres‹ begegnen wir einer sehr problematischen, aber wichtigen Charakteristik römischer Bildwerke, nämlich der bewussten Anwendung bestimmter Stillagen. Die römischen Künstler adaptierten bekanntlich in hohem Maße fremde Kunsttraditionen, sei es von den Etruskern, den Ägyptern oder natürlich den Griechen. Die Römer vermischten diese Elemente eklektizistisch und archaisierend in Arbeiten zu anderen Zwecken als ursprünglich intendiert. Hinsichtlich der unterschiedlichen Auffassungen römischer Bildhauerstile wird betont, dass »the interpretation of styles in Roman sculpture is not the same matter as in the study of Greek sculpture and that the organizational structure that works for the latter is insufficient for the former.«

Der etruskische Einfluss auf die frühe römische Skulptur ist zu erkennen in der Wirkung etruskischer Tempelbilder auf monumentale Terrakottastatuen, im Erscheinungsbild der Togastatuen, in den Bildern mit Prozessionen auf etruskischen Sarkophagen und Aschenurnen, nicht zuletzt in den veristischen Darstellungen speziell auf Grabreliefs von Liberti. Die engsten Parallelen finden wir in den Peperinskulpturen, die mit derselben Technik geschnitten wurden wie die etruskischen Nenfroplastiken, beide in kräftigem Kontrast zur Glätte des Marmors.

Die negative Wertung des Begriffs ›Kopie‹ beeinflusst den Blick auf das Verhältnis römischer zu griechischer Bildhauerei. Während sich heute zahlreiche Wissenschaftler von der traditionellen Stilbetrachtung der Idealplastik lösen und sie unabhängig vom griechischen Einfluss sehen wollen, scheint doch kein anderer gangbarer Weg vorzuliegen, diese Skulpturen chronologisch festzulegen, als durch Vergleich mit sicher datierten Arbeiten. Nur in wenigen Fällen haben wir das griechische Original und eine Kopie davon, wie etwa bei den Erechtheionkoren, die in römischer Ausführung in Rom, Tivoli und Merida vorliegen und wohl eher das Athen der Zeit von Augustus oder von Hadrian evozieren sollten als die Klassik des fünften Jahrhunderts. Die Replikenserien zeigen, dass die Fertigkeit zur Massenproduktion von Kopien und auf Vorrat gearbeiteten Figuren für die Porträtherstellung im ersten nachchristlichen Jahrhundert aufkam und bis ins vierte weiterbestand.

Das römische Porträt stand viele Jahre lang im Brennpunkt des Forschungsinteresses. Während sich die Typenforschung auf Details wie Haar- oder Bartlocken konzentrierte, richten sich neueste Untersuchungen auf die Beziehung zwischen Betrachter und Bildnis. Bei Frauendarstellungen steht vor allem die Interpretation der Statuentypen im Vordergrund. Auch die Bedeutung des Aufstellungszusammenhangs wird hervorgehoben, so selten solch ein Kontext auch greifbar ist. Wie auch bei anderen Arten von Skulpturen wurden in den letzten Jahrzehnten durch Archivarbeit und Studium alter Ausgrabungsberichte bemerkenswerte Resultate hinsichtlich Rekontextualisierung antiker Porträts erzielt.

Auch im Bereich großer marmorner Architekturreliefs sind neue Teilstücke aufgetaucht, wie die Relieffragmente von Nikopolis aus Anlass des Sieges von Aktium. Andere wurden in Gipsabformungen wieder zusammengeführt, wie im Palazzo Massimo in Rom der sogenannte Dono Hartwig des Nationalmuseums Rom mit Elementen aus dem Kelsey Museum in Ann Arbour.

Der viel zitierte Satz von Plinius, dass die Kunst Mitte des zweiten vorchristlichen Jahrhunderts wiedergeboren worden sei, beleuchtet auch das Auftreten archaistischer Werke in dieser Zeit, die auf die vorklassische Kunst Griechenlands rückverweisen, und eklektischer Figuren, bei denen Elemente mehrerer älterer Stilformen verschmolzen sind. Exponenten dieser Stile sind wenige besonders interessante große Terrakotten vom Palatin in Rom und zahlreiche meist kleinere Marmorplastiken, die einst Villen und Gärten zierten. Die Untersuchung großer römischer Sammlungen zeigt, dass diese archaistischen und eklektischen Stücke eine Minderheit bildeten und meist zusammen mit gängigeren Kopien klassischen und hellenistischen Stils aufgestellt waren. In dieser Periode römischer Kunst wurden originale griechische Marmorwerke nach Rom gebracht und fanden in Tempeln und Gärten neue Verwendung. Einige griechische Bildhauer kamen samt ihren Werkstätten nach Rom, wo sie einerseits die Tradition der Terrakottaskulptur übernahmen und andererseits die Marmorbearbeitung lehrten.

Der ägyptisierende Stil in der römischen Skulptur folgte der Annexion des Landes am Nil und blühte im Kunsthandwerk und in Mosaiken, ebenso in Großplastiken. Statuen von dort wurden importiert und fanden im Westen in Heiligtümern ägyptischer Gottheiten Verwendung, konnten aber auch in eher säkularer Umgebung ausgestellt werden.

Ein Zeitabschnitt römischer Skulptur wurde in den letzten zwanzig Jahren genauer untersucht, nämlich die Spätantike, zu der besonders die Ausgrabungen in Aphrodisias neue Einsichten erbracht haben. Zuvor sah man die spätrömische Epoche nur als Zeit des Niedergangs der Bildhauerei an, nun zeigen neue Studien, dass viele früher dem zweiten Jahrhundert der Kaiserzeit zugeschriebene Werke der Spätantike entstammen. Andere Untersuchungen legen nahe, dass eine größere

Anzahl früherer Stücke in der Spätantike umgearbeitet wurden.

Der vierte Teil ›Spatial and Social Contexts‹ behandelt in acht Abschnitten die unterschiedlichen Arten, antike Bildwerke zu präsentieren, in öffentlicher architektonischer Gestaltung, im religiösen Kontext der Tempel und als Votivgaben in Heiligtümern. Religiöse Statuenweihungen folgen in römischen Heiligtümern oft reichsweit einem volkstümlichen Schema oder dem Ritual des jeweiligen Heiligtums. Zahlreiche Skulpturen aller Größen in Privathäusern und Villen werden unter dem Gesichtspunkt des Sammelns erforscht, der in den letzten Jahren in den Vordergrund getreten ist. Auf das Thema der Verwendung von Grabdenkmälern als Stellvertreter des Verstorbenen folgt ein Diskurs zu Epigraphik und Patronatentum, der hauptsächlich von den Inschriften an den Sockeln von Porträtfiguren ausgeht, die mit dem Namen des Geehrten und dem des Stifters wertvolle Informationen zu Klientelbeziehungen liefern, auch wenn die Statuen selbst verloren gegangen sind. Das eingehende Studium der Epigraphik liefert Aufschlüsse zu spezifischen Vorgängen und macht dadurch zum Beispiel das Handeln von römischen Euergeten verständlich. Der umfangreiche Online-Datenbestand an lateinischen Inschriften macht es uns heute leichter, diese Daten zu nutzen.

Zu diesem Thema gehört auch die Vermittlung politischer Botschaften zum Lobe der Kaiserherrschaft in zahlreichen Skulpturen reichsweit. Sie wurden auf Anregung seiner Parteigänger errichtet, vor allem aber auch von der lokalen Elite aufgestellt. In diesem Fall drückt ein Monument oft nicht nur die Akklamation zur kaiserlichen Herrschaft aus, sondern rückte den Stifter selbst ins rechte Licht. In Rom selbst wurden die größeren Monumente vom Senat finanziert, die kaiserlichen Foren und die Triumphbögen zur Verkündung der herrscherlichen Taten. In den Provinzen waren die allgegenwärtigen Kaiserdarstellungen und die Gedächtnisfeiern von und für örtliche Würdenträger »customtailoring Imperial messages to their own circumstances«. Patronage fand sich auch im Privaten, in der Elite wie bei Freigelassenen.

Die letzten Beiträge fallen etwas aus dem abgesteckten Rahmen dieses Teils heraus und behandeln Geschlechterbeziehungen. Zum einen werden die typischen Reliefdarstellungen von nicht zur Elite gehörigen Männern und Frauen besprochen, deren Selbstverständnis auf ihrer Arbeit beruhte. Zum anderen geht es um andere Statuentypen für Männer und Frauen nach idealisiertem Schema, wobei dem weiblichen Part als Würdeformel nur die priesterliche Rolle blieb. Auch die Nacktheit wird thematisiert, ebenso Darstellungen von Hermaphroditen.

Der fünfte Teil ›Regions and Provinces‹ kartiert die Ähnlichkeiten und größeren Unterschiede in Verwendung und Verbreitung von Bildwerken in den Nordprovinzen, in Spanien und Südfrankreich, Nordafrika, Griechenland und Kleinasien. In einigen Gebieten, wie Spanien und Kleinasien, erbrachten große Ausgrabungen in den letzten zwanzig Jahren erhebliche Mengen römischer Plastik, die sorgfältig erforscht und veröffentlicht werden; andere Landstriche zeigen nur geringe und weit verstreute Funde, die kaum und nur an wenig prominenter Stelle veröffentlicht sind. In einige Provinzen wurde Bildhauerkunst aus feinstem Marmor importiert, in anderen die Skulptur am Ort hergestellt, je nachdem, wann das Gebiet durch die Römer erobert worden war und ob die Region über eigene bildhauerische Traditionen verfügte sowie je nach der Qualität des lokalen Gesteins. Dieser Teil des Buches ist sehr heterogen, und für viele Regionen bedarf es noch Untersuchungen zu Materialien, Technik und Werkstätten.

Der sechste Teil ›Viewing and Reception‹ liefert in sechs Aufsätzen eine eher theoretische Perspektive. Er beginnt mit den antiken Autoren, zum Beispiel mit Ciceros Anliegen, Skulpturen gehörten in eine bestimmte Umgebung eingepasst. Hingegen behandelt Plinius die Bildhauerei nach den verschiedenen Materialien und listet die bedeutendsten Werke der griechischen Klassik auf. Quintillian schließlich ist als Rhetoriker mehr am Stil interessiert.

Im Aufsatz zur Rezeptionstheorie hören wir von mehreren unterschiedlichen Ansätzen von Theoretikern aus den letzten dreißig Jahren und deren Einflüssen auf die Untersuchungen zur römischen Bildhauerei. Die Forschung der letzten Jahre hat sich, so wird berichtet, speziell mit dem Sammeln von Kunstwerken in der Antike befasst sowie der Art und Weise, wie Bildwerke aufgestellt waren und inwiefern diese Sammlungen Ähnlichkeiten mit modernen Museen zeigen.

Skulpturen, die in der Zeit der römischen Expansion in großen Mengen im Osten geraubt wurden, lieferten römischen Feldherren und Beamten zahlreiche Kunstwerke, die an öffentlichen Plätzen oder auf ihren Latifundien aufgestellt waren und damit Rang und Geltung ihrer Besitzer in der römischen Elite ausdrückten, aber auch Interesse an der Kunst selbst erweckten. Im Aufstellen ungewöhnlicher Objekte an neuem Ort und der Ermunterung an den Betrachter, sich mit ihnen zu befassen, ist ein Ursprung des modernen Museums zu sehen. Neben dreidimensionalen Skulpturen finden wir auch zweidimensionale Abbildungen von Statuen in anderen Gattungen, wie Wandmalerei, Relief, Mosaik und Münzkunst.

Statuen wurden auf der anderen Seite vielfach nicht nur als Kunstwerke betrachtet, sondern ihnen wurden Wesenszüge eigener Art zugeschrieben: Man konnte sie bekleiden, baden, in Prozessionen tragen und ihnen sogar Nahrung vorsetzen. Dies erforderte Personal, das die entsprechende Pflege leistete. Kaiserstatuen mussten besonders respektvoll behandelt werden, denn ein falscher Umgang konnte zum Verdacht auf Hochverrat führen, auch ohne zerstörerische Eingriffe.

Der letzte Beitrag dieses Bandes berücksichtigt zu Recht auch das Ende der Skulptur – nämlich den Ikonoklasmus. Rituelles Bilderstürmen beruhte auf der Vorstellung, dass der Steinkörper ähnlich wie der fleischliche behandelt werden sollte. Das Köpfen einer Statue ist eine der am leichtesten auszuführenden Misshandlungen. Damnatio memoriae, die Vernichtung des Andenkens, wurde nicht nur in Gestalt von Totalzerstörung in Tumult und Revolte vollzogen, sondern oft räumte man Statuen einfach ab und verwendete sie nach längerer oder kürzerer Lagerungszeit in überarbeiteter Gestalt wieder. Die Untersuchung des Ikonoklasmus bildet gegenwärtig eine wesentliche Komponente in der Erforschung der antiken Erinnerungskultur.

Allgemein ist der Band gut gestaltet, der Text verständlich. Das Niveau ist anspruchsvoll, alle Teile des Buches sind auf aktuellem Stand. Die Gestaltung der Anmerkungen, die nicht auf den Seiten fußen, ist meines Erachtens sehr störend, besonders bei Häufung von Quellenangaben. Ein groteskes Beispiel findet sich auf den Seiten 648–649, wo ein ganzer Absatz unlesbar ist, weil er durch neun Zeilen Quellenangaben von der einen zur Folgeseite zerrissen ist.

Ein derart ambitioniertes Projekt kann verständlicherweise nicht lückenlos bebildert sein. Da so viele Neufunde behandelt sind, ist es freilich befremdlich, dass sie in einem solchen Werk nicht abgebildet sind, das als Handbuch gelten soll. Viele der besprochenen Skulpturen finden sich leider nur in schwer zugänglichen Zeitschriften. Manche Illustrationen werden den Objekten nicht gerecht, so hätte Abbildung 6.3.1 des Amazonengiebels im Montemartini in Rom viel größer (und besser) sein müssen. Abbildung 6.4.3 mit dem Altar der Vicomagistri nimmt eine ganze Seite ein, aber genau das besprochene Detail der Statuettenträger ist nicht zu erkennen.

Kopenhagen   Mette Moltesen

Roberto Meneghini, **Die Kaiserforen Roms.** Aus dem Italienischen von Dagmar Penna Miesel. Zaberns Bildbände zur Archäologie. Wissenschaftliche Buchgesellschaft (Verlag Philipp von Zabern), Darmstadt 2015. 112 Seiten mit 133 Farbabbildungen.

Vor zwanzig Jahren wurden nach langer Unterbrechung wieder großflächige Grabungen in den Kaiserfora von Rom aufgenommen. Die beiden federführenden stadtrömischen Soprintendenzen begannen bald, die Öffentlichkeit über Fachkreise hinaus durch breitenwirksame Berichterstattung und Ausstellungsaktivität möglichst orts- und zeitnah am ertragreichen Fortgang der Arbeiten teilhaben zu lassen. Dieser heutzutage sehr notwendigen Lobbyarbeit für die Bewahrung des antiken Erbes der italienischen Hauptstadt ging man bisher allerdings zumeist in der Landessprache nach. Es ist daher zu begrüßen, dass sich nun mit dem langjährigen wissenschaftlichen Leiter dieser Ausgrabungen Roberto Meneghini ein profunder Kenner der stadtrömischen Archäologie die Aufgabe gestellt hat, auch für ein größeres deutschsprachiges Publikum die Funde und Erkenntnisse zusammenzufassen und auf übersichtliche Weise wissenschaftlich korrekt darzustellen, wie er im Vorwort ankündigt. Für die Wissenschaftliche Buchgesellschaft Darmstadt hat er eine monographische Publikation vorgelegt, die parallel in der Reihe ›Zaberns Bildbände zur Archäologie‹ als Hardcover und zugleich als Sonderheft der Zeitschrift ›Antike Welt‹ mit Softcover erschienen ist (2015, H. 1).

Der schmale Bildband trägt dem Reihentitel insofern Rechnung, als mehr als die Hälfte des Buches von zumeist mehrfarbigen Fotografien (Fund-, Befund- und Luftaufnahmen), Plänen und Rekonstruktionszeichnungen eingenommen wird. Auf den verbleibenden Textseiten finden sich sechs weitgehend gleich lange Kapitel zu den fünf Kaiserfora und zur Vorgeschichte des Gebietes, auf dem sie in weniger als zwei Jahrhunderten errichtet wurden, sowie ein kürzeres abschließendes Kapitel zur weiteren Geschichte und Nutzung der Bauten vom Mittelalter bis in die Neuzeit. Ein hilfreiches Glossar, eine chronologische Auflistung der römischen Kaiser sowie ein umfangreicher Literaturanhang zu den einzelnen Kapiteln runden das Buch ab; zu ergänzen wären hier noch wenige neuere Studien (E. La Rocca u. a., Il foro di Nerva. Nuovi dati dagli scavi recenti. Atti della giornata di studi, 31 marzo 2014. Scienze Ant. 21, 3, 2015; L. Abbondanza / E. La Rocca [Hrsg.], La Casa dei Cavalieri di Rodi. Stratigrafia storica di un monumento, Giornate di Studio 2013. Bull. Comm. Arch. Roma 116, 2015, 106–345).

Der Diktator Cäsar und die Kaiser Augustus, Vespasian, Domitian beziehungsweise Nerva und Trajan ließen in der Nachbarschaft zu Forum Romanum und Via Sacra in der zentralen Senke des antiken Stadtgebietes gewaltige, von Säulenhallen wie auch von Tempeln oder Basiliken eingefasste Platzanlagen errichten, die gemeinhin als Kaiserfora bezeichnet werden. Den Neubauten mussten weitflächig ältere Wohnviertel weichen, deren Siedlungsgeschichte sich über die neuen Grabungen im Cäsarforum bis in die späte Bronzezeit zurückverfolgen lässt. Hütten und Häuser, Wege und Straßen zeigen, wie sich hier vom neunten bis zum sechsten vorchristlichen Jahrhundert in der von kleinen Hügeln, Bächen, Sümpfen und Eichenwäldern geprägten Talzone stabile und prosperierende Siedlungsgemeinschaften etablierten. In der Republik entwickelte sich das Gebiet zu einem lebendigen Innenstadtbezirk, der im zweiten und ersten vorchristlichen Jahrhundert durch viele Märkte und eine dichte Wohnbebauung geprägt war. Als erster ließ Cäsar westlich des Argiletum ein ganzes Viertel für sein neues Forum räumen. Dies geschah aus zwei Gründen, wie Meneghini darlegt: Zum einen bot das Forum Romanum angesichts der rasant wachsenden Einwohnerzahl nicht mehr ausreichenden Raum für die Rechtspflege in Rom, zum Zweiten wollte Cäsar dem monumentalen Theaterneubau seines Konkurrenten Pompejus auf dem Marsfeld ein mehr als ebenbürtiges Bauprojekt entgegenstellen, das im Herzen der Stadt seinen Herrschaftsanspruch untermauern sollte. Am nördlichen Kopfende des oblongen Platzes wurde in dem Tempel der Venus

Genetrix eine für Cäsars göttliche Abstammung vereinnahmte Göttin verehrt und in den flankierenden zweischiffigen Hallen Recht gesprochen. Ein monumentales Tor fehlte, stattdessen kommunizierte das nahezu abgeschlossene Forum nur mittels unauffälliger Eingänge mit der Umgebung. In dieser »geschlossenen Anlage« unterschied sich die Kaiserfora nach Meinung des Autors deutlich von der klassischen griechischen Agora, die als offener Platz im Zentrum des städtischen Lebens und der Verkehrsströme gestanden habe (S. 22). Näher läge hier jedoch ein Blick auf zeitnahe spätrepublikanische Fora, bei denen parallel zu hellenistischen Agorai gleiche Tendenzen zu räumlicher Abgrenzung und zu formaler Vereinheitlichung durch umlaufende Hallenfronten zu beobachten sind, und auf gleichzeitige Heiligtümer in Griechenland und Italien, bei denen die achsensymmetrische Anordnung Wege und Blicke auf den von Hallen eng umfassten Tempel lenkt.

Im Jahr 44 v. Chr. hatte der Senat noch Cäsar mit der Wiedererrichtung der Curia am Forum Romanum beauftragt, der Neubau war jedoch in erster Linie ein Werk seines Erben Octavian, der das Senatsgebäude unter dem Namen Curia Iulia 29 v. Chr. einweihte: Die neuen Grabungen zeigen, dass er die Hallen des 46 v. Chr. eingeweihten Cäsarforums um zwanzig Meter nach Süden verlängern und auf Höhe der Südmauer der im Westen angeschlossenen Curia enden ließ. Gleichzeitig entstand im Osten das direkt angrenzende Augustusforum, für das ein noch größeres Wohnviertel niedergelegt wurde. Der Autor behandelt auch hier sowohl die Entstehungsgeschichte, den Platz und die Portiken des Forums sowie den zentralen Tempel im Überblick als auch die neuen Grabungsergebnisse und Funde im Detail. Die aus kostbaren Materialien errichtete Anlage sollte mit ihren mannigfaltigen Bildwerken, insbesondere den Statuengalerien all der Männer, die Rom groß gemacht hatten, in den Portiken die historische Notwendigkeit der neuen Herrschaftsordnung unter dem Prinzeps nachdrücklich vor Augen führen. Zugleich sollte hier das politischadministrative Zentrum des Reiches entstehen, wie der Verfasser betont, der anhand schriftlicher wie archäologischer Quellen eingehend die Rechtspraxis des Praetor urbanus und des Praetor peregrinus in den Portiken und den beiden großen Exedren beleuchtet.

Aus der Beute des jüdischen Krieges errichtete der neue Kaiser Vespasian in den siebziger Jahren ein noch größeres Forum, das der Friedensgöttin Pax gewidmet war. Anders als die anderen Kaiserfora, die dem Autor zufolge mehr oder weniger der Verwaltung oder der Rechtspflege dienten, sollte das in den antiken Quellen zumeist Templum Pacis genannte Forum von den Römern als kulturelles Zentrum genutzt werden, das eine Bibliothek und eine Sammlung griechischer Kunstwerke und jüdischer Beuteobjekte beherbergte. Durch neue Bauaufnahmen und kleinflächige Grabungen konnten viele neue Erkenntnisse zur baulichen Gestalt, Entwicklung und Ausstattung der weiträumigen Hallenanlage gewonnen werden. Es fanden sich weitere Fragmente des monumentalen Marmorplanes der Stadt Rom, der Forma Urbis Romae, der in severischer Zeit an einer Innenwand eines Saales neben dem Tempel der Pax angebracht wurde. Die Strukturen, die der Plan im Hof des Forums verzeichnet, erwiesen sich nunmehr als Reihen untereinander verbundener Wasserbecken, die von Essigrosen (rosae gallicae) flankiert wurden. Zudem unterstrich der offene Erdboden des Hofes den parkähnlichen Charakter des über einen Hektar großen Innenhofes.

Um sein eigenes Forum neben die Platzanlagen seines Vaters und des Augustus setzen zu können, musste Domitian das Argiletum überbauen. Er ließ den neuen Grabungen zufolge die Nordseite des Forum Pacis zurücksetzen, vielleicht auch an der Rückseite des Augustusforums eine kleine Exedra abreißen und an der Westseite ein großes Bauwerk einebnen, das möglicherweise dem Janus geweiht war. Gleichwohl reichte der Platz nicht für umlaufende Säulenhallen. Lediglich je eine Reihe einzeln verkröpfter Säulen mit vielfigurigem Fries und hoher Attika flankierte den Weg auf beiden Seiten durch den schmalen Hof zum Tempel der Minerva. Eingeweiht wurde das Forum von Domitians Nachfolger Nerva.

Das längste Kapitel ist den umwälzenden Untersuchungen im Trajansforum gewidmet, die in der Öffentlichkeit und in der Forschung bisher die größte Resonanz gefunden haben. Es konnte ein Peristylhof mit Zugang zum Augustusforum aufgedeckt, die Gestalt der südlichen Hoffront ermittelt, der Standort des Equus Traiani fixiert und weitere Details des Aufbaues der Basilica Ulpia, der Portiken und der sogenannten Bibliotheken geklärt werden. Auch zur Baugeschichte der Trajanssäule und des zugehörigen Hofes gibt es neue Aufschlüsse. Meneghini führt den Leser abschließend konzise durch das viel umstrittene Terrain der Frage, ob der Tempel des Divus Traianus zusammen mit den drei neu entdeckten Auditoria den Forumskomplex nach Norden abschloss oder an einem anderen Ort stand. Die Grabungen zwischen Piazza Venezia und Palazzo Valentini dauern noch an. Weitere Kaiserfora wurden nicht gebaut. Hadrian und die nachfolgenden Kaiser wandten sich anderen repräsentativen Bauaufgaben zu.

Aufschlussreich ist das abschließende Kapitel zur nachantiken Geschichte der Kaiserfora. Die Bauten wurden nicht nur als Steinbrüche, sondern auch für Handel und Gewerbe genutzt. Häuser und Adelshöfe wurden in und über die Fora gebaut, Gemüse- und Obstgärten breiteten sich aus, teilweise versumpfte und verödete das Tal. Mit dem Aufschwung der Stadt im späten Mittelalter und in der Renaissance entwickelte sich das Areal wieder zu einem dicht besiedelten Stadtviertel, wie einst vor dem Bau der Fora, deren neue Häuser die Reste der alten Tempel und Hallen inkorporierten. Im zwanzigsten Jahrhundert erfolgte die Zerstörung dieses sogenannten Alessandrino-Viertels und die erzwungene Umsiedlung seiner Bewohner, um die alten Kaiserfora freizulegen. Als inszenierte Ruinen wurden diese der Legitimierung des neuen autokratischen Herrschaftssystems dienlich, an deren Spitze Benito Mussolini stand. Kaum weniger spannend als diese zu kurzen Ausführungen zu einer nicht allzu fernen Vergangenheit sind die knappen Bemerkungen zu den politischen Umwälzungen der siebziger Jahre, die unter dem Eindruck der zunehmenden Zerstörung des historischen Stadtraumes durch Verkehr, Luftverschmutzung und andere Faktoren zu den noch heute andauernden Diskussionen und fortlaufenden Projekten, Grabungen und Baumaßnahmen im antiken Zentrum Roms führten. Mit einem Ausblick auf anvisierte Grabungsprojekte in der Via Alessandrina und der Via in Miranda endet das Buch etwas abrupt. Hier hätte man durchaus noch die laufenden Grabungen an der U-Bahn-Linie C erwähnen können, die auch die Kaiserfora betreffen.

Die Lektüre dieses grundsätzlich verdienstvollen Buches gestaltet sich leider etwas mühsam. Dass man häufig vor- und zurückblättern muss, um die für das jeweilige Textverständnis notwendigen und auch zahlreichen Pläne und Fotos zu finden, ist zum Teil dem komplexen Thema geschuldet, aber ein zentraler großformatiger Gesamtplan am Anfang des Buches, der die sichtbaren, ausgegrabenen, sicher rekonstruierbaren und hypothetischen Mauern, Strukturen und Bauten der Fora farblich differenziert und benannt auf dem Hintergrund des modernen Stadtplanes zeigte, wäre sehr hilfreich gewesen. Stattdessen finden sich zwei aktuelle kleinformatige, weitgehend identische Gesamtpläne ohne solche Differenzierungen abgebildet (S. 24) sowie ein weiterer, älterer Plan von der Größe einer Drittelseite (S. 8). Ferner sehen wir auf einer ganzen Doppelseite (S. 10–11) die stimmungsvolle Nachempfindung einer Beerdigungsszene im früheisenzeitlichen Rom, die aber für das Thema des Buches wenig informativ und relevant ist; die weitaus wichtigere, aus der Vogelperspektive gezeichnete Rekonstruktion der Kaiserfora in der hohen Kaiserzeit ist dagegen auf eine Drittelseite gestaucht und lässt Details nur erahnen (S. 21). Andere illustrative, wieder seitenfüllende Zeichnungen wie zum Beispiel diejenige auf Seite 6, die leider nicht, wie genannt, den weitaus interessanteren Stadtplan von Giovanni Battista Nolli von 1748, sondern eine Radierung von Étienne Du Pérac mit einer Ansicht des Nervaforum aus dem sechzehnten Jahrhundert wiedergibt, oder das Bild auf dem Frontispiz werden im Buch dupliziert (S. 88 und 103). Auf der anderen Seite hätte sich das ansprechende Gestaltungskonzept, einzelne Seiten, die nur Bilder enthalten, blau zu unterlegen, noch konsequenter verfolgen lassen.

Mit fortschreitender Lektüre fällt leider die Menge der sachlichen und orthographischen Fehler, Redundanzen, ungelenken Formulierungen und missverständlichen Beschreibungen und Begriffe störend auf, die wohl vor allem auf die stilistisch und begrifflich nicht ganz sichere Übersetzung zurückzuführen ist. Ein gründlicheres Lektorat wäre hier erforderlich gewesen. Um nur einige Beispiele zu nennen: Alexander war kein Mazedonier, sondern ein Makedone (S. 27), Zeus hieß nicht mit Beinamen Amon, sondern Ammon (S. 37), und die Kolossalstatue im Augustusforum war kein Akrolyth, sondern ein Akrolith (S. 43). Augustus brachte die Feldzeichen des Crassus nicht 20, sondern 19 v. Chr. nach Rom zurück (S. 48), die Pirusten waren kein kleinasiatischer, sondern ein illyrischer Stamm (S. 77), und im Trajansforum wurden nicht die Insignien gezeigt, sondern die Signa, die Feldzeichen der Truppen (S. 85). Es geht aber auch um Beschreibungen und Begriffe: Eine Portikus ist nicht von Säulen umgeben (S. 87), sondern sie hat Säulen, und die Portikus, »deren Rahmen mit Wassernasen in Löwenform dekoriert war« (S. 86), trug schlichtweg eine Sima mit Löwenkopfspeiern. Bei den noch in situ stehenden »Colonacce« im Nervaforum handelt es sich nicht um ein »vorspringendes Säulenpaar«, auf deren »Kapitellen ein Gebälk ruht, das dem Verlauf der vorspringenden Säulen und der dahinter liegenden Mauer zwischen den Säulen folgt« und »von einer schlanken Attika überragt« wird (S. 74). Vielmehr gehören die beiden korinthischen Säulen zu der einzeln verkröpften Säulenstellung, die mit ihrer hohen Attika die hofseitigen Wände der Forumsmauer säumt. Auch wie die Portiken im Forum Pacis »ein abfallendes Ziegeldach und Dachpfannen aus Lunensischem Marmor« haben konnten (S. 54), ist nur schwer erklärbar; einfacher gesagt, sie trugen marmorgedeckte Pultdächer. Und wenn es heißt, man habe den Ankauf der Grundstücke für den Bau des Augustusforums »im Geiste der Prinzipien der erneuerten republikanischen Tradition mit äußerster Zurückhaltung durchgeführt«, denn Octavian habe es »mit der Enteignung dieser Wohnhäuser nicht übertreiben« wollen, »weil es sich dabei auf jedem [sic!] Fall um eine Art Zwang handelte« (S. 33), dann ist diese Aussage weder historisch belegt noch glaubhaft – selbst in demokratischen Rechtsstaaten gibt es genügend Möglichkeiten, unwillige Eigentümer zum Verkauf zu drängen – geschweige denn sprachlich akzeptabel, es sei denn, man verstünde diese Passage als süffisanten Kommentar zu den offiziellen Verlautbarungen des augusteischen Regimes. Ferner sollten bei einer Übersetzung die in der jeweiligen Sprache gebräuchlichen Termini Anwendung finden: Dem italienischen Begriff ›Alto Medioevo‹ für das fünfte bis zehnte Jahrhundert entspricht im Deutschen das Frühmittelalter, nicht das »Hochmittelalter« (S. 99), das erst den folgenden Abschnitt bezeichnet. Das italienische ›Basso Medioevo‹ wiederum entspricht nicht dem »Spätmittelalter«, sondern der entsprechende Zeitraum vom zehnten bis fünfzehnten Jahrhundert wird im Deutschen in die Phasen Hochmittelalter und Spätmittelalter gegliedert. Und schließlich endet weder im Deutschen noch im Italienischen die Spätklassik im fünften Jahrhundert (S. 99).

Dessen ungeachtet hat Roberto Meneghini ein erstes, unbestreitbar wichtiges Überblickswerk zum aktuellen Forschungsstand für einen weiten archäologisch interessierten Leserkreis geschrieben. In dieser Richtung kann man sich nur wünschen, dass die stadtrömischen Archäologen bei konsequenterem Lektorat und Layout weitere Bücher zu ihren nicht minder spannenden Forschungen auf und um den Palatin, im Kolosseumstal oder entlang der neuen U-Bahn-Linie von Rom folgen lassen.

Wien

Sven Th. Schipporeit

Salvatore Ortisi, **Militärische Ausrüstung und Pferdegeschirr aus den Vesuvstädten.** Palilia, Band 29. Verlag Dr. Ludwig Reichert, Wiesbaden 2015. 280 Seiten mit 38 schwarzweißen Abbildungen, 90 Tafeln und 3 Verbreitungskarten.

Bis heute beruht der wissenschaftliche Kenntnisstand zur römischen Militärausrüstung der Kaiserzeit im Wesentlichen auf den Grabungsergebnissen und Funden an den römischen Militärstandorten der einstigen Grenzprovinzen im Rhein- und Donauraum sowie in Großbritannien. Mit diesem überwiegend forschungsgeschichtlich bedingten Schwerpunkt, gegenüber dem das Mediterraneum mit den anschließenden Grenzregionen in Nordafrika und dem Vorderen Orient in Fundkartierungen als nahezu frei von Militaria erscheint, geht häufig die Vorstellung einher, dass zumindest während des Prinzipats nicht mit nennenswerter Militärwaffenpräsenz in den Binnenprovinzen des Reiches oder gar im Mutterland Italien gerechnet werden muss. Kleinfundaufarbeitungen, die dieser Einschätzung entgegenzusetzen sind, bilden, von wenigen Ausnahmen abgesehen, bislang ein Desiderat der archäologischen Forschung. Hierin liegt vorab betrachtet der große Wert von Salvatore Ortisis Projekt, die Militaria aus den römischen Städten und Landsiedlungen am Golf von Neapel, die durch den Ausbruch des Vesuvs am 24. August 79 verschüttet wurden, nach modernen wissenschaftlichen Kriterien für die Forschung zu erschließen. Dabei kompensiert der durch die Eruption gegebene exakte Terminus ante quem bis zu einem gewissen Grad die dokumentarischen Unzulänglichkeiten der bis ins achtzehnte Jahrhundert zurückreichenden archäologischen Altgrabungen.

Ortisis Materialvorlage folgt der klassischen Grundgliederung in einen Katalog und einen Auswertungsteil. Letzterem ist ein kurzer und prägnanter Abriss zur antiken Besiedlungstopographie der Region sowie zur Siedlungs- und Erforschungsgeschichte jener Stätten vorgeschaltet, die von der Vulkankatastrophe am schwersten betroffen waren. Die Auswertung selbst gliedert sich in eine antiquarische Analyse der militärischen Kleinfunde, die im Wesentlichen einen Abgleich mit den gut erforschten Militaria der römischen Nordwestprovinzen beinhaltet, und eine Analyse der für die Verwendung der Militärfunde in der Vesuvregion in Frage kommenden Personengruppen. In beide Teile der Auswertung sind Angaben zu den Fundkontexten aussagekräftiger Einzelobjekte oder Objektkonvolute mit eingewoben, soweit diese vom Autor noch recherchiert und rekonstruiert werden konnten.

Die präsentierte antiquarische Analyse ist auf der Höhe des aktuellen Forschungsstandes. Im Folgenden sollen deshalb nur jene Teile kommentiert werden, in denen Objekte in ihrer Form oder der vom Verfasser vermuteten Verwendung aus dem für Militaria üblichen Rahmen herausfallen.

Dies betrifft zunächst die Gruppe der einschneidigen Hiebmesser, deren große Exemplare, solche mit Dolch- bis Schwertlänge, Ortisi zu Recht den Angriffswaffen zuordnet (S. 21–23). Wenngleich fraglich ist, ob man sie als Militaria im engeren Wortsinn auffassen darf, steht außer Frage, dass sie sich in ihrer Scheidengestaltung gelegentlich an zeitgenössischen Militärwaffen orientieren. Dies belegt eindrucksvoll ein vor der Porta di Nola in Pompeji gefundener Mann (S. 22; 80), dessen Bewaffnung aus großem Hiebmesser und kleinem Messer nicht nur in den Scheidenbeschlägen, sondern auch als Analogie zur soldatischen Blankwaffenkombination aus Schwert und Dolch klare Anleihen beim Militär erkennen lässt. Ein weiteres Messer steht durch seinen geschwungenen Scheidenverlauf unter den zwölf sonst geradschneidigen Hiebmesserklingen im Katalog isoliert da. Dass es zwangsläufig als einzelnes »Importstück« und »am Mann« nach Italien gelangt sein soll (S. 23), scheint angesichts der schmalen Materialbasis und weiträumig fehlender Kleinfundpublikationen im Umfeld des Arbeitsgebietes nicht unbedingt zwingend. Doch ist der vom Autor leider nicht näher beleuchtete Fundkontext mancher seiner zumeist zwischen Westgallien und Rätien beobachteten Vergleichsstücke vor dem Hintergrund des Mannes an der Porta di Nola bemerkenswert. So ist auch die bis in die mittlere Kaiserzeit belegte geschwungene Hiebmesserform in verschiedenen Kontexten in Kombination mit Militaria beziehungsweise mit Kurzschwertern und Stangenwaffen anzutreffen (vgl. Jahrb. RGZM 58, 2011, 606–610 [Siedlung]; Bull. Soc. Arch. Limousin 88, 1961, 12–18 [Grab]; H.-U. Nuber in: Die Römer in Schwaben [Augsburg 1985] 52 f. [Grab]). Dies gibt der Überlegung Raum, ob einschneidige Hiebmesser im Rahmen einer gewissermaßen militarisierten Tracht nicht Kennzeichen einer speziellen, überregional präsenten Personengruppe gewesen sind. Neben nicht näher zu definierenden Ordnungskräften wäre hier möglicherweise an Mitglieder bestimmter Kollegien zu denken. Vielleicht war ein solcher Habitus aber auch nur Ausdruck einer allgemein verbreiteten Vorstellung über eine repräsentative Ausstattung zu Jagdzwecken.

Die Verwendung zur Jagd scheint gleichfalls für Lanzenspitzen aus Zivilkontexten der Vesuvregion ein durchaus tragfähiges Erklärungsmodell, das Ortisi zumindest für das größte Fundstück in seinem Katalog auch entsprechend bemüht (S. 26). Warum die leichteren Lanzen- oder Wurflanzenspitzen, die der Verfasser qua Definition nach Eckhard Deschler-Erb (Ad arma! Forsch. August 28 [August 1999] 20 f.) als Speere bezeichnet, demgegenüber eher für »Stadtpolizisten« und »Leibwächter« Verwendung gefunden haben sollten (S. 27 f.), ist unklar bis auf den Umstand, dass sie in Stadthäusern zum Vorschein kamen. Ortisis Vermutung, dass besagte Leibwächter ihren Herren gar mit leichten Lanzen im alltäglichen Gedränge der Straßen Platz verschafft haben könnten, scheint aufgrund bestehender Waffenverbote im öffentlichen Raum (Dig. 48, 6, 3) jedenfalls eher abwegig. Hingegen dürfte selbst für Stadthausbesitzer ab einer bestimmten Gesellschaftsschicht die Jagd als Ausdruck von Virtus ein geläufiges Repräsentationskonzept gewesen sein. Es verträgt sich zudem gut mit Funden repräsentativen Pferdegeschirrs in den Vesuvstädten (S. 40–63).

Als jägerisches Zubehör mag laut Ortisi letztlich sogar manches Schleuderblei gedient haben (S. 26 f.), das man je nach Fundkontext, wie zum Beispiel den kleinen Hort (Beutelinhalt?) im Garten der Praedia der Julia Felix in Pompeji, wohl nicht immer mit Kämpfen während der Bundesgenossenkriege 89 v. Chr. verknüpfen kann.

Eine plausible Verbindung mit der Ausrüstung der spätrepublikanischen Armee stellt der Autor hingegen für einige Montefortino- oder Scheitelknaufhelme her (S. 27 f.), die, in sekundärer Nutzung zu Schöpfern und Trichtern (?) umgebaut, in Pompeji zutage traten. Problematischer ist demgegenüber seine Bewertung (S. 29 f.) einer mit Treibarbeiten verzierten Helmkalotte (oder Überfangkalotte?), deren Grundform den in italischer Tradition stehenden kaiserzeitlichen Infanteriehelmen vom Typus Hagenau folgt. Statt an diesem bislang singulären Objekt einen eigenen Militärhelmtypus ›Pompeji‹ zu definieren, wäre hier sicherlich auch ein Blick auf die Entwicklung und das Typenspektrum der Gladiatorenhelme überlegenswert gewesen (vgl. M. Junkelmann, Das Spiel mit dem Tod [Mainz 2000] 53–68). Wie zum Beispiel die von Provocatores genutzten gladiatorischen Visierhelme vom Typus Weisenau zeigen, gehen viele Gladiatorenhelmtypen auf militärische Gebrauchshelme zurück. Deren Grundform wurde im Zuge der Entwicklung oft durch Treibdekor und Federröhrchen aufgewertet sowie später durch Gesichtsvisiere ergänzt und verfremdet.

Wenig überzeugen mich auch die Schlussfolgerungen, die Ortisi aus der Objekt- und Kontextanalyse zweier als pseudoattisch bezeichneter Buntmetallhelme zieht (S. 28 f.). Sie wurden unter anderem zusammen mit einem üblichen Armeeschwert, zwei Dolchen und einem Rundschild in der provisorischen Caserma dei Gladiatori von Pompeji gefunden. Nachvollziehbar ist dabei die Merkmalanalyse des Verfassers, die die beiden Objekte von den zeitgenössischen Militärhelmen im Fundmaterial der Nordwestprovinzen absetzt und in eine eher mediterran-italische Entwicklungslinie stellt. Seine generelle Abgrenzung gegenüber den im selben Gebäudekomplex geborgenen Gladiatorenwaffen (S. 29 Anm. 171 mit Literatur), die er neben dem Typenunterschied vor allem mit der geringeren Materialstärke und fehlenden Kampfspuren an den pseudoattischen Helmen begründet, führt den Autor dann aber leider schnell zu dem Schluss, dass es sich bei ihnen um den Kopfschutz von Flottensoldaten aus Misenum handeln müsse. Sein in Bezug auf die Problematik historisierender Darstellungen völlig unreflektierter Verweis auf Schiffsszenen in der bildenden Kunst, in denen Flottensoldaten gelegentlich mit attisierenden Helmformen vertreten sind, ist zur Untermauerung dieser These jedenfalls ungeeignet. Auch der Bezug auf Funde von Infanteriehelmen des Typus Weisenau, die mit dem Schlachtengeschehen des Jahres 69 bei Cremona zu verbinden sein könnten, an dem auch einstige Flottensoldaten beteiligt waren, reicht nicht aus. So bleibt, wenn man all jene Merkmale abzieht, die auch für andere römische Infanteriehelme mit partiell italischen Wurzeln kennzeichnend sind, die nachlässige Fertigung der Funde von Cremona, die Thomas Fischer (Kölner Jahrb. 37, 2004, 61–71) der Notwendigkeit einer schnellen, improvisierten Umrüstung misenatischer Flottensoldaten zu Legionaren unter Nero zuschreibt (Tac. hist. 1, 6), letztlich das einzig augenfällige Verbindungselement zu Ortisis pseudoattischen Helmen. Mit der Frage, warum man Letztere als mutmaßlich übliche Flottenhelme ebenfalls nachlässig produziert haben sollte, fällt dann aber auch dieses Merkmal als Zuweisungsargument weg. Ausgehend vom Fundkontext, der geringen Materialstärke und der deutlichen Anlehnung ihrer herausgetriebenen Stirngiebel an ähnliche Treibarbeiten auf Attisch-Böotischen Gladiatorenhelmen könnte es sich bei den beiden pseudoattischen Helmen etwa ebenso gut um eine noch visierlose Helmvariante für die Gladiatorengattung ›Eques‹ handeln, der literarisch unter anderem »kleine goldene Helme und handliche Waffen« zugeschrieben werden (Isid. orig. 18, 53). Zu der in Teilen nur schwer identifizierbaren Ausrüstung dieser Equites gehörte immerhin auch ein kleiner bis mittelgroßer Rundschild. Die angestückelte Nackenpartie und die schlecht versäuberten Kanten könnten die beiden pseudoattischen Helme zudem als das Produkt einer groben Reparatur oder gar eines tief greifenden Umbaus beschädigter älterer Waffen kennzeichnen.

Auch für die beiden aus demselben Kontext stammenden Dolche mit erhaltenen Beingriffen (S. 23 Kat. A23–24) lässt sich bislang eher die gladiatorische Verwendung postulieren als die Nutzung durch reguläres Militär. Dessen Dolchspektrum ist zumindest in den Grenzprovinzen recht gut bekannt. Für eine möglicherweise davon abweichende, als italisch anzusehende Dolchgestaltung ist vorläufig selbst der vom Autor behandelte Dolch eines Soldaten aus Herkulaneum ein ungeeigneter Beleg (S. 25 f. Kat. A25). Seine beinernen, zeitgenössischen Schwertern entsprechenden Griffteile, die hier glücklicherweise noch in montiertem Zustand angetroffen wurden, finden auch im Fundmaterial der Nordwestprovinzen zahlreiche Parallelen. Es wäre somit eher zu überlegen, ob nicht viele der dortigen Militärdolchklingen mit Stabangel ebenfalls mit solchen Griffteilen ausgestattet waren, statt mit metallenen oder deren Form imitierenden beinernen Griffschalen, wie zumeist angenommen.

Der recht eindeutige Fund eines in einer Art Ausgehuniform (nur mit Blankwaffen und Cingula) verschütteten Soldaten (der Flotte?) in Herkulaneum ist zweifellos der wichtigste Dreh- und Angelpunkt für die Bewertung der Ausrüstung aktiver Militärs in der Vesuvregion. Umso betrüblicher ist, dass es Ortisi, unter anderem aufgrund des seinerzeitigen Restaurierungszustandes, nicht möglich war, den Befund und die zugehörigen Funde in einer der Bedeutung angemessenen Weise in seine Publikation zu integrieren.

Immerhin belegen die stark verkrusteten silbernen Gürtelbeschläge des Verschütteten, dass Militärgürtel mit feinem mythologischem Reliefdekor, wie sie auch aus einer Villa in Stabiae bekannt sind, um 79 n. Chr. noch zur zeitgenössischen Soldatentracht gehörten. Die Vorstellung eines auf stilistischer Basis von Ernst Künzl (Jahrb. RGZM 43, 1996, 419) vermuteten Gebrauchs bereits in augusteischer Zeit, die auch der Verfasser referiert, scheint somit fraglich. Wahrscheinlich muss man ihren Umlauf vielmehr mit jenem der im Dekorstil gut vergleichbaren Schwertscheidenbleche vom Typus Pompeji, Variante Pettau parallelisieren, deren Nutzung derzeit etwa zwischen mittel- bis spättiberischer und spätflavischer bis frühtraianischer Zeit anzusetzen ist (Ch. Miks, Studien zur römischen Schwertbewaffnung in der Kaiserzeit [Rahden 2007] 264–269; 276–278). Motivisch verdeutlichen diese Scheidenbleche, dass klassisch mythologische Dekorthemen durchaus auch bei der »Nordarmee« vertreten waren und nicht generell als Indikator für mediterrane Produktschöpfungen gelten können.

Sowohl beim Soldaten in Herkulaneum als auch in der Villa von Stabiae wurden die Militärgürtelteile in Kontexten gefunden, zu denen auch ein zeitgenössischer Gladius vom Typus Pompeji gehörte. Der noch militärische Gebrauch dieser Schwerter scheint hier also gegeben. Zwar kann man auch bei den übrigen Gladii aus den Vesuvstädten (S. 19–21) kaum leugnen, dass es sich um Militaria handelt, doch ist in diesen Fällen unklar, ob es aktive oder ausrangierte Armeewaffen, Veteranenausrüstung oder aber gar Stücke waren, die bereits im Neuzustand in einen vom Militär unabhängigen Gebrauchskontext überführt wurden. Jenseits des Gladiatorenwesens und halböffentlicher Gruppen, wie zum Beispiel bestimmter Collegia, kommt dabei vor allem die Privatnutzung von Waffen in Betracht. Sofern eine solche nicht zu heimischer Waffenhortung führte, war sie für Reisen, Seefahrten und Jagden gesetzlich sanktioniert (Dig. 68, 6, 1).

Mit einigen von ihm als Paradewaffen eingestuften dolchartigen Objekten betritt Ortisi erneut ein schwieriges Feld (S. 37–40; 92–94). Unter Einbeziehung von Feldherren- und Kaiserdarstellungen in der bildenden Kunst, deren Blankwaffen häufig Adler- beziehungsweise Vogelkopfgriffe zeigen, gab es schon in der Vergangenheit Versuche, die literarisch als »parazonia« überlieferten Stabsoffiziersdolche im archäologischen Fundgut zu identifizieren. Dabei erwiesen sich viele der vermeintlichen Offiziersdolchgriffe letztlich als Wagenbeschläge oder Werkzeughandhaben. Auf entsprechende Literatur zu Werkzeugen und Geräten, deren Griffe denen seiner Paradewaffen sehr ähnlich sind (vgl. Archivio Español Arqu. 37, 1964, 3–16), weist der Autor im Anhang einer Fußnote zwar hin (S. 38 Anm. 247), berücksichtigt diese Parallelen bei seiner recht einseitigen Festlegung auf Offiziers- und Ehrenwaffen jedoch nicht weiter.

Dies ist umso erstaunlicher, da Ortisi einerseits die fehlende Funktionalität der von ihm aufgenommenen Fundstücke als Kampfwaffen herausstreicht und andererseits anhand der noch rekonstruierbaren zivilen Fundkontexte in den Vesuvstädten feststellt, dass die vermeintlichen Offiziersdolche mit Adler- oder Pferdekopfgriff offenbar häufig als Teil eines Bündels aus unterschiedlich großen Messerchen oder Skalpellen (Kat. C9 auch mit einer Bügelschere) angetroffen wurden, von denen einige mit vergleichbaren Griffen ausgestattet waren (vgl. Kat. C8 Taf. 28). Der Schlüssel zum funktionalen Verständnis der dolchartigen, von Ortisi mehrfach als »Parazonia« titulierten Exemplare liegt deshalb sicherlich in der richtigen Interpretation dieser Sets. Die Vermutung des Verfassers (S. 39; 94), dass mit der Übergabe des Dolches als Zeichen einer »wohl vom Kaiser verliehenen militärischen Befehlsgewalt« auch die Aushändigung eines ganzen adäquat gestalteten Messersets einherging, das zur Ausübung nicht näher definierter, mit dem »(Offiziers-)Rang oder Amt« verbundener kultischer oder anderer Handlungen benötigt wurde, klingt sehr bemüht. Auch fehlt ihr der für eine gängige Praxis bei der römischen Ämtervergabe vorauszusetzende literarische Quellenbeleg. Nach Ansicht des Rezensenten rücken die angetroffenen Sets sowie das Fehlen jeglicher Hinweise auf Scheidenkonstruktionen, die erst eine repräsentative Zurschaustellung der Dolche und Messerchen gestattet hätten, die mutmaßlichen Offiziers- oder Ehrenwaffen doch eher in den Bereich dekorativ verzierter Werkzeuge, Instrumente oder Geräte jenseits der Militaria.

Das Gebiet jenseits des engeren Kreises von Militaria betritt der Autor dann auch mit der Betrachtung der Pferdegeschirrteile (S. 40–63), für die allgemein schon seit Längerem eine gleichermaßen militärische wie zivile Verwendung vermutet wird. Eine paar klare Einleitungsworte, dass Trensen nicht berücksichtigt werden, weil sie Bestandteil einer gesonderten Publikation sind (C. Simon, Römisches Zaumzeug aus Pompeji, Herculaneum und Stabiae [Oxford 2014]) wären hier sinnvoll gewesen. Ansonsten präsentiert der Autor eine hervorragende und detaillierte Analyse seines an komplexeren Geschirrsätzen reichen Materials. Ein Überblick über das Spektrum mehrheitlich schlichter, teils ebenfalls wohl mit Pferde- beziehungsweise Zugtiergeschirr zu verbindender Schnallen rundet die antiquarische Betrachtung des Kleinfundmaterials schließlich ab (S. 63–69).

Bei gleichbleibend hoher Analysequalität fährt Ortisi mit der archäologisch-historischen Auswertung seines Materials fort (S. 71–109). Unter Einbeziehung von Inschriften, Bau- und Grabmonumenten, historischen Quellen sowie der zahlreichen Altdokumentationen zu den archäologischen Grabungsbefunden, deren Interpretationen er kritisch hinterfragt, entwirft er ein lebendiges Bild möglicher Nutzer militärischer Ausrüstungen und Pferdegeschirrteile in den zivilen Siedlungen seines Arbeitsgebiets. Dabei setzt sich der Verfasser über das lokale Material hinausgehend auch mit grundsätzlichen Fragen zum antiquarisch oft nur schwer fassbaren Erscheinungsbild mancher Gesellschaftsgruppen oder Amtsträger und deren genauer Funktion auseinander, bevor er – meist unter Vorbehalt – bestimmte echte und vermeintliche Militaria seines Katalogs mit ihnen verbindet.

Basierend auf seiner generellen Einschätzung, welche Objekte als Militaria oder militärische Rangsymbole im engeren Sinne zu verstehen sind und wer berechtigt oder befähigt war, entsprechende Waffen zu führen, scheint Ortisi manchmal etwas zu sehr darauf fixiert, die Fundstücke Personen bestimmten Ranges oder öffentlichen Amtsinhabern, aktiven Soldaten und Veteranen (u. a. in Leibwächterfunktion) sowie möglichen lokalen Ordnungskräften zuzuschreiben. Dies zeigt sich besonders bei seinen sogenannten Paradeschwertern sowie den regulären Gladii oder auch in der Interpretation des vor der Porta di Nola gefundenen Waffenträgers. Der Aspekt der unter dem gesetzlich erlaubten Deckmantel von Jagd- und Reisezwecken (Selbstverteidigung) wahrscheinlich nicht unerheblich bewaffneten Zivilgesellschaft mit teils bewussten Anlehnungen an einen militärisch-martialischen Habitus kommt trotz gelegentlicher Anklänge demgegenüber leider etwas zu kurz.

In einem abschließenden Kapitel (S. 107–109) stellt der Autor Überlegungen zu Produktionsorten der in der Vesuvregion gefundenen Militaria und Pferdegeschirre an. Wenngleich hierbei außer Frage steht, dass man im Umfeld der traditionell hoch entwickelten kampanischen Buntmetallmanufakturen auch Betriebe gefunden haben sollte, die hochwertige militärische Beschlägesätze fertigen konnten, so bleiben solche Lokalisierungsversuche doch müßig, solange nicht weitere Militariabestände aus anderen italischen Städten und Regionen aufgearbeitet vorliegen und sich dadurch vielleicht ein aussagekräftiges Materialverbreitungsbild ergibt.

Für alle diesbezüglichen Vorhaben hat Salvatore Ortisis Pionierarbeit nun allerdings sehr hohe Qualitätsmaßstäbe gesetzt. An ihnen werden wohl auch andere Publikationen römischer Militaria aus dem Mediterraneum lange gemessen werden. Für die Militariaforschung insgesamt liefert Ortisis Material mit seinem präzisen Terminus ante quem eine wichtige chronologische Eichmarke und aufgrund seiner besonderen Deponierungsumstände auch eine einmalige Grundlage für künftige Diskussionen zum Vorkommen und der Interpretation römischer Militaria in zivilen Kontexten. Die kritischen Anmerkungen des Rezensenten mögen andeuten, wie viel Klärungsbedarf hier noch vorhanden ist. Der Qualität der vorliegenden Publikation tun sie keinerlei Abbruch.

Mainz   Christian Miks

Jennifer Schamper, **Studien zu Paraderüstungsteilen und anderen verzierten Waffen der römischen Kaiserzeit.** Kölner Studien zur Archäologie der römischen Provinzen, Band 12. Verlag Marie Leidorf, Rahden 2015. 247 Seiten mit 30 Textabbildungen, davon 1 farbig, und 74 Tafeln.

Als ich die vorliegende Arbeit, eine Dissertation, zur Rezension angeboten bekam, war ich sehr erfreut, denn hier werden alle bis etwa 2014 bekannten Paraderüstungsteile (ungefähr 530) vorgestellt, also ein Pfund für diejenigen, die sich mit dem Material beschäftigen wollen, aus welchen Gründen auch immer. Friedrich Drexel hat sich zum ersten Male wissenschaftlich mit solchen Funden auseinandergesetzt und beurteilt sie aufgrund der geringen Materialstärke als für militärische Nutzung im Kampfe nicht geeignet (in: M. Abramić / V. Hoffiller, Strena Buliciana. Festschr. Francisco Bulić [Zagreb 1924]). Er führte daher den Begriff ›Römische Paraderüstung‹ für Fundstücke dieser Art ein, eine Benennung, die bis heute genutzt wird. Jochen Garbsch setzt sich in seiner Publikation von 1968 intensiv mit dieser Fundgruppe auseinander, jedoch ist seit dieser Zeit die Zahl der Funde erheblich angestiegen, so dass die Neubearbeitung durchaus gerechtfertigt ist.

Das Fundmaterial gliedert sich im Wesentlichen in Helme, Beinschienen, Panzerverschlussbleche, Rossstirnen, Augenschutzkörbe und Schildbuckel. Hinzu kommen einige Einzelstücke wie eine Drachenstandarte. Bei den Helmen handelt es sich in der Regel um Gesichtshelme, die normalerweise aus zwei Teilen bestehen, der eigentlichen Kalotte, die per Scharnier mit einer Gesichtsmaske verbunden ist. Im Laufe der Zeit wurden diese Helme zunehmend reich dekoriert. Ein besonders schönes Beispiel verzierter Maskenhelme stellt das Stück von Ribchester in England dar (Tafel 9, 1), das in das erste bis zweite Jahrhundert zu datieren ist. Verzierte Beinschienen kommen so selten nicht vor und sind bisweilen sehr reich geschmückt. Sie werden der Kavallerieausrüstung zugerechnet. Panzerverschlussbleche finden sich häufig bei Kettenpanzern und wurden langfristig genutzt, wie eines aus dem Kastell Pfünz nahelegt, welches Inschriften mehrerer Einheiten sowie von Soldaten trägt.

Schildbuckel beziehungsweise Medaillons und sogenannte Rossstirnen sind ebenfalls Schutzwaffen, die von der Kavallerie genutzt und häufig verziert wurden. Bei den Schildbuckeln wird bis heute gemutmaßt, dass es sich um reine Paraderüstungselemente handelt und nicht um Kriegswaffen.

Frau Schamper hat sich der Aufgabe gewidmet, die hier genannten Waffenstücke erneut und möglichst vollständig zusammenzutragen und damit die Forschung dazu ein gutes Stück weiterzubringen. Dem Vorwort des Herausgebers der Kölner Studien, Thomas Fischer, dem Doktorvater von Schamper, ist unter anderem folgende Einschätzung zu entnehmen: »Man muss keine übermäßig prophetischen Gaben besitzen, um zu erkennen, dass hier der Forschung ein neues internationales Standardwerk zur Verfügung gestellt wurde.« Dem ist im Grunde zuzustimmen, jedoch ist zu prüfen, ob dies, besonders im Hinblick auf die Arbeiten von Garbsch und anderen (Anm. 9–22), gelungen ist oder nicht. Um es vorweg zu sagen, es ist nicht besonders gut gelungen. Bei Garbsch sind die Abbildungen klar und deutlich, was wichtig für eventuelle Vergleichsfunde ist, da man die Einzelheiten mit dem Zirkel abgreifen kann. Die Funde auf den Tafeln sind bei Schamper nicht maßstäblich und zum Teil so schlecht abgebildet, dass man bei einigen Teilen wenig bis nichts erkennen kann (so

Taf. 32, 3 oder Taf. 34, 3). Bedauerlich ist weiterhin, dass es keine Tafelunterschriften gibt, so dass man blättern muss, um herauszufinden, woher welches der abgebildeten Stücke stammt (S. 244 ff.), was sehr umständlich ist. Für den Tafelbereich kann man meines Erachtens kaum von Standardwerk reden, was einfach schade ist bei rund fünfhundertdreißig Stücken, die an Zahl diejenigen bei Garbsch doch erheblich übertreffen.

Ich habe diesen Bereich von Schampers Dissertation an den Beginn meiner Betrachtungen gestellt, um nun auf die zahlreichen positiven Dinge zu sprechen zu kommen. Ihre Arbeit beginnt mit den überlieferten Quellen schriftlicher und bildlicher Natur (S. 21 ff.), wobei diese nicht, wie allgemein bekannt, besonders reichlich fließen. Vornehmlich handelt es sich um die Tactica des Arrian, die aber wenig Wesentliches enthält, und um eine Stelle bei Ammianus, in welcher Kataphraktarier erwähnt werden, die Gesichtshelme und Panzer tragen.

In Kapitel 3 (S. 31 ff.) stellt Schamper die einzelnen Ausrüstungstypen vor, ohne dass sich hier große Neuerungen ergeben, abgesehen von dem Umstand, dass nicht alle Paraderüstungsteile auch solche waren, sondern viele auch zur normalen Kampfausrüstung der römischen Soldaten gehören konnten. Kurz, die Verfasserin beleuchtet die sogenannte Paraderüstung in bekannter Weise von allen Seiten mit hier und da neuen Ansätzen. Einen wesentlichen Teil der Arbeit stellt die Auseinandersetzung mit den Motiven der Verzierungen dar (S. 92–157), die Stück für Stück beschrieben werden. Dies ist gut so, allerdings mit dem schon erwähnten Nachteil verbunden, dass man etliche der beschriebenen Motive auf den Tafeln nur schwer bis gar nicht erkennen kann.

Zusammenfassend ist zu sagen, dass Jennifer Schamper eine ganz passable Leistung gelungen ist, da nahezu sämtliche bekannten Teile der sogenannten Paraderüstung von ihr erfasst und besprochen wurden. Dies stellt eine beachtliche Leistung dar, die allerdings durch die teilweise sehr mäßigen Abbildungen eingeschränkt wird. Es wäre hilfreich gewesen, die einzelnen Motive noch einmal zeichnerisch auf drei bis fünf Tafeln darzustellen, damit wäre viel geholfen gewesen.

Mainz-Kostheim   Jürgen Oldenstein

Manuel Flecker, **Römische Gladiatorenbilder. Studien zu den Gladiatorenreliefs der späten Republik und der Kaiserzeit aus Italien.** Studien zur antiken Stadt, Band 15. Verlag Dr. Ludwig Reichert, Wiesbaden 2015. 312 Seiten mit 50 Abbildungen im Text sowie 169 Abbildungen im Katalog, 44 Strichzeichnungen und 3 Beilagen.

Haben im römischen Kolosseum einst Tausende begeisterter Zuschauer die dargebotenen Gladiatorenkämpfe verfolgt, wundert es unter der Prämisse historischer Kontinuität nicht, wenn das Thema Gladiatoren und Gladiatur bis heute seine Anziehungskraft nicht verloren, ja nachgerade Konjunktur hat. Mythen, aber auch Klischees ranken sich um jene ›starken Männer‹ der Römerzeit, die ›hordearii‹, die diesen Beinamen ihrem Hauptnahrungsmittel verdanken, dem nährenden Gerstenbrei.

Folgerichtig und erwartungsgemäß sind zum Thema unzählige, meist allerdings populär ausgerichtete Bücher erschienen, die unterschiedlichste Aspekte des Themas behandeln und eine hauptsächlich breitere Leserschaft mit entsprechenden Bildwerken vertraut machen (etwa K. Nossov, Gladiator. The complete guide to ancient Rome's bloody fighters [Guilford 2009], erweiterte englische Fassung der russischen Ausgabe von 2005). Freilich sollte die Feststellung von Friedrich Drexel »Das ganze Gebiet … [also Kostüm und Bewaffnung der Gladiatoren] bedarf einer von Grund auf neuen Bearbeitung« lange Zeit ihre Gültigkeit behalten (Kostüm und Bewaffnung der Gladiatoren. in: L. Friedländer, Darstellungen aus der Sittengeschichte Roms IV [9. und 10. Aufl. Leipzig 1921, Ndr. Aalen 1979] 258–267, nicht im Abkürzungsverzeichnis S. 9–25). So charakterisiert dann Manuel Flecker, Autor des hier vorzustellenden Buches, die von ihm untersuchten ›Römischen Gladiatorenbilder‹ einleitend als »herausragende, aber bisher in ihrer Gesamtheit kaum wahrgenommene Denkmälergattung« (S. 27), wobei bislang auch keine »Systematischen Untersuchungen zur Chronologie der Gladiatorenreliefs aus Italien« existieren (S. 35).

Es ist daher außerordentlich zu begrüßen, dass Flecker jetzt eine grundlegende Untersuchung zu den mittelitalischen beziehungsweise aus dem nördlichen Süditalien stammenden ›Reliefs mit der Darstellung von Gladiatorenkämpfen‹, einer sowohl räumlich als auch chronologisch (vom Sujet ganz zu schweigen) »weitgehend kohärenten Denkmälergruppe« der mittelitalischen Grabkunst der späten Republik und der frühen Kaiserzeit präsentiert (S. 27).

Wie aus dem Vorwort (S. 7) ersichtlich, handelt es sich beim vorliegenden, im Dezember 2015 erschienenen Buch um die ›leicht überarbeitete‹ Druckfassung einer 2009 abgeschlossenen, bei Valentin Kockel in Augsburg gefertigten Dissertation. Dies bestätigt sich bei der Durchsicht der Aufstellung der verwendeten Literatur (›Abkürzungsverzeichnis‹ S. 9–25), in das zwischenzeitlich erschienene und von Flecker eingearbeitete Fachliteratur noch aufgenommen wurde. Seine Genese ist dem großformatigen Hardcover-Band nach Struktur und Aufbau mit über zwölfhundert Anmerkungen und dem umfangreichen ›Abkürzungsverzeichnis‹ auch optisch abzulesen. Ungeachtet der sich hier unbestritten manifestierenden Sorgfalt sind dennoch Ergänzungen anzubringen.

Unberücksichtigt sind jedenfalls – neben dem bereits erwähnten Friedrich Drexel – der deutsche Nestor der Erforscher der Gladiatorendarstellungen, Paul Jonas Meier (De gladiatura Romana quaestiones selectae [Diss. Bonn 1881]; Gladiatorendarstellungen auf rheinischen Monumenten. Westdt. Zeitschr. Gesch. u. Kunst 1, 1882, 153–177), Roland Auguet (Cruauté et civilisation. Les jeux romains [Paris 2012]); Gian Luca Gregori (Ludi e munera. 25 anni di ricerche sugli spettacoli d'età romana [Rom 2011] bes. 41–48 [Kapitel zur Onomastik, dem rechtlichen Status und den Lebensbedingungen der Gladiatoren]) sowie althistorische Werke zur munizipalen Mittelschicht (E. Forbis, Municipal Virtues in the Roman Empire. Beitr. Alt.kde. 79 [Stuttgart 1996] und bes. A. Abramenko, Die munizipale Mittelschicht im kaiserzeitlichen Italien. Zu einem neuen Verständnis von Sevirat und Augustalität [Frankfurt 1993]).

Das Buch besteht aus sieben, abhängig von der Zielrichtung des Autors naturgemäß unterschiedlich gewichteten Kapiteln (zuzüglich zweier Exkurse zum fünften Kapitel: ›Gladiatur und Eros‹; S. 110–113, ›Auf Leben und Tod. Die Ikonographie des Urteils‹; S. 117–126 bzw. ›Der Einsatz von Gewalt als Bildmotiv im Kontext der Gladiatorenbilder‹; S. 147–149), Beilagen (S. 175–180), einem ›Katalog Reliefs‹ (dem der Grabbau-Reliefs; S. 185–282) sowie einem ›Katalog Lampen‹ (S. 283–300). Es endet mit einem Registerapparat, bestehend aus Abbildungsnachweis sowie einem Personen- und einem Ortsregister. Die diesem vorangestellte, sicherlich hilfreiche ›Nennung der Katalognummern im Text‹ soll einen Sachindex ersetzen, kann aber diese Funktion nicht erfüllen, wodurch eine gezielte Schnellinformation unter inhaltlichem Aspekt erschwert ist.

Die kurze Einleitung skizziert die Materialgrundlage der Arbeit, begründet die diesbezüglichen Auswahlkriterien und liefert einen Überblick zur Forschungsgeschichte der Munera gladiatoria (S. 27–29).

Wie der Autor im folgenden Kapitel ›Der architektonische Kontext‹ (S. 31–34) ausführt, lassen sich die relevanten Darstellungen »fast ausschließlich« »langen Friesen« von »Grabbauten führender Männer der munizipalen Oberschicht« Italiens zuweisen (S. 33). Da die Monumente oft weder in situ gefunden wurden noch eine hinreichende Dokumentation ihres archäologischen Befundes verfügbar ist, lässt sich der ursprüngliche Zusammenhang meist nicht erschließen (S. 31). Überzeugend betont er die Bedeutsamkeit eben jenes architektonischen Kontextes: der Zugehörigkeit der Reliefs zu teilweise durchaus »exzeptionellen« Grabbauten, in der Regel zweigeschossigen Rechteckmonumenten, die nur in seltenen Fällen vollständig erhalten sind.

Im Kapitel ›Grundlagen der Chronologie‹ (S. 35–48) entwickelt Flecker auf der Basis von Ausrüstung, Bekleidung (vor allem Subligaculum und Tunika) sowie von Schutz- und Verteidigungs- beziehungsweise Angriffswaffen (Schilden und Schwertern) der dargestellten Gladiatoren die Richtschnur einer relativen Chronologie. Weiterführend und an zahlreichen Beispielen ausgeführt, wenn auch nicht unbedingt neu (vgl. M. Junkelmann, Das Spiel mit dem Tod [Mainz 2000] 93 mit Hinweis auf S. von Schnurbein, Eine hölzerne sica aus dem Römerlager Oberaden. Germania 57, 1979, 117–134), seine Beobachtung zur chronologischen Einordnung der Sica der Thraces, ursprünglich einer Waffe der thrakisch-illyrischen Stämme, also aus römischer Sicht einer Feindwaffe, vom leicht gebogenen zum deutlich abgeknickten Krummschwert. Auf der Basis dieser Antiquaria (»Realien«) bestimmt und differenziert er dann im nachfolgenden Kapitel ›Die Ikonographie und Bedeutung der armaturae‹ (S. 49–72) zehn verschiedene Gladiatorengattungen (armaturae bzw. »Kampfklassen«). Im Zusammenhang mit der »samnitisch-gallischen Problemgruppe« (Junkelmann), den frühesten Armaturae, weist er auf ursprüngliche Darstellungen der miteinander kämpfenden Feinde Roms hin – einschließlich des auf diese Weise den Betrachtern vermittelten Gefühls »ethisch-moralischer Überlegenheit« (S. 68). Er greift die Junkelmannsche Klassifikation auf, kommentiert, spezifiziert (z. B. Contraretiarius und Secutor als Herausbildung von Murmillo und Essidarius, S. 60) und ergänzt Schriftquellen. Weniger scharf zu umreißende, weil kaum dargestellte Gattungen beziehungsweise Kampfweisen wie die Dimachaeri und die Pontiarii lässt er an dieser Stelle unberücksichtigt, desgleichen den auf italischen Gladiatorenbildern nicht vertretenen Scissor, eine wohl ausschließlich auf entsprechenden Darstellungen aus dem Osten verbreitete Armatura.

Angefügt findet sich der Abschnitt ›Der Gladiator. Kämpfer zwischen verachtetem Feindbild und verehrtem Heros‹ (S. 65–72). Angesichts der Überschrift steht zunächst zu vermuten, dass hier das Freund- und Feindbild der Gladiatoren bei Anhängern beziehungsweise Gegnern, wie es sich zum Beispiel in den Schriftquellen findet, reflektiert würde. Der Autor umreißt aber vielmehr den Weg der einzelnen Armaturae (Kampfklassen) von der anfänglichen Verkörperung alter Feindbilder hin zu sich neu herauskristallisierenden, unabhängig von real existierenden Feinden benannten Gladiatorengattungen.

Auf diesen Grundlagen basiert sein Fokuskapitel ›Zu Ikonographie, Bildersprache und Erzählweise der Gladiatorenreliefs der späten Republik und frühen Kaiserzeit‹ (S. 73–152), das zusammen mit der im Katalogteil präsentierten Materialsammlung den inhaltlichen Schwerpunkt des Werkes darstellt und sich mit gut einem Viertel des Buchumfangs (79 von 309 Seiten) auch optisch als Zentrum der Untersuchung erweist.

Der Verfasser skizziert die Entwicklung des Themas Gladiatur von ihren Ursprüngen im Zusammenhang mit den Leichenspielen zu Ehren eines verstorbenen Senators in Rom im Jahre 264 v. Chr. hin zu den kaiserlichen Vorschriften, aufgrund derer sich diese Leichenspiele von Bestandteilen des Totenkultes zu regelmäßigen jährlichen Ereignissen und Verpflichtungen (Munera) nicht nur der lokalen Beamten im römischen Italien weiterentwickelten.

Innerhalb dieses Kapitels deckt er in zwei Exkursen die landläufig auch mit dem Thema Gladiatur in Verbindung gebrachten Bereiche Sex and Crime ab. In ›Gladiatur und Eros‹ (S. 110–113) behandelt er an zwei Beispielen (Lampe in Genf und Statuengruppe in Tuffstein mit Hoplomachus und Priapus in Pompeji) die eher launig-humoristische Übertragung der Metapher des

Kampfes in der Arena, »jenes konstitutiven Elements römischen Lebens« (Christa Landwehr und Augusta Hönle) in die sexuelle Sphäre. Gladiatorenbilder werden hier gleicherweise zu Fruchtbarkeits- und Glückssymbolen, die bei Gastmahlen und Ähnlichem auch eine vergnügte Atmosphäre beim Gelage zu evozieren vermochten. Der zweite Exkurs: ›Der Einsatz von Gewalt als Bildmotiv im Kontext der Gladiatorenbilder‹ (S. 147–149) thematisiert die Frage nach der bildlichen Wiedergabe der Gewalt als kulturellem Phänomen im Kontext der Gladiatorenbilder und streift damit den aktuellen Forschungsdialog über Gewaltdarstellungen. Richtig will sie der Autor im Kontext der von ihm behandelten Darstellungen nicht als Reflex realer Erfahrungen, sondern als gezielt eingesetztes Bildmotiv gewertet wissen (S. 147). Verbirgt sich hierin nicht ein Widerspruch mit der sonstigen Deutung der Gladiatorenbilder als Wiedergabe real stattgefundener Ereignisse, quasi als steinerner Programmhefte von veranstalteten Munera? Ein Widerspruch, der näher zu erklären wäre.

Im Kapitel ›Die Grabreliefs im sozial-historischen Kontext‹ (S. 153–165) untersucht der Autor auf der Basis der zuvor erarbeiteten Kriterien die chronologische und geographische Verbreitung der Reliefs, die Frage der Auftraggeber und ihres sozialen Status. Besonderes Augenmerk legt er auf die Differenzierung des Beginns noch in der Zeit des zweiten Triumvirats oder bereits in augusteischer Zeit sowie auf die Frage nach dem Zeitpunkt der »Verstaatlichung« (Ernst Baltrusch) der Gladiatorenkämpfe, das heißt der Aufnahme ihrer Stiftung in die Reihe magistratischer Verpflichtungen, sowie das Thema der Munera-Verpflichtungen munizipaler Amtsträger.

Der früheste Nachweis für Gladiatoren in Rom weist auf 264 v. Chr. hin, die frühesten mittelitalischen Gladiatorenreliefs finden sich im späten zweiten vorchristlichen Jahrhundert, die meisten stammen aus augusteischer Zeit. In der zweiten Hälfte des ersten nachchristlichen Jahrhunderts sinkt ihre Zahl allerdings wieder (S. 154), was Flecker in Anlehnung an Henrik Mouritsen auf eine Art Sepulchral turn zurückführt, die Tatsache geänderter Bestattungsbräuche der lokalen Eliten. Das Bedürfnis nach der Wiedergabe des Ruhms als Spielgeber, ehemals mit der Funktion einer neuen, aufsehenerregenden und eindruckversprechenden Statussymbolik verbunden, verlor im Zusammenhang mit den kaiserlichen beziehungsweise staatlichen Reglementierungen und öffentlicher Förderung diesen hohen Stellenwert (S. 163 f.), mutierte von der Kür zu einer Pflichtleistung.

Flecker argumentiert dahingehend, dass die meisten der detailliert-illustrativen Gladiatorenreliefs Munera zeigen, die von den Verstorbenen im Rahmen ihres Aufgabenspektrums veranstaltet wurden und dann, als entscheidender Moment im Leben, auch Eingang in die jeweilige Repräsentation am Grabe gefunden haben. Damit sind die Gladiatorenbilder weitgehend Teil einer privaten Bildwelt, gehören aber mithin als vornehmlich von Beamten in Auftrag gegebene Bildwerke zu den öffentlichen Denkmalen und finden in Form von Graffiti als Street art und Teil einer Art Subkultur Eingang in den öffentlichen Raum.

Diese Argumentation scheint überzeugend, wohingegen Fleckers im Folgenden kurz skizzierte These vom Übergang der Inhaber von Grabbauten mit Gladiatorenszenen beziehungsweise deren längerwährende Nutzung nachzuprüfen wäre: In spätrepublikanischer und augusteischer Zeit seien dies Duumviri gewesen, im späteren ersten nachchristlichen Jahrhundert wurden diese dann von Augustalen abgelöst, es habe also ein Auftraggeberwechsel von magistratischen hin zu pseudo-magistralen (sic!) Kaiserkult-Pflegern, also Ersatzmagistraten (Duthoy) (S. 164), stattgefunden. Dies dürfte sich insofern als schwierig erweisen, als uns der Name des Grabinhabers beziehungsweise Spielgebers nur in fünf Fällen, also äußerst selten überliefert ist. Dazu gehören das Grabdenkmal des Gaius Lusius Storax, Freigelassener und Sevir aus Chieti, auf das sich die Argumentation des Autors wohl vornehmlich stützt, das sich gleichfalls in diese Argumentationskette fügende Grabrelief eines unbekannten Tresvir augustalis aus Amiternum aus der zweiten Hälfte des ersten nachchristlichen Jahrhunderts (Kat. A 6) und das Grabrelief des Publius Pollius Celsus in Paternopolis in Kampanien (Kat. A 51) . Als Türschwelle wiederverwendet, kann dessen materieller wie epigraphischer Informationsgrad nur als dürftig eingeschätzt werden. Als in diesen Punkten informativer erweisen sich nur die von einem Angehörigen des Ritterstandes zu Ehren seines Vaters Lucius Egnatius Inventus, eines Spielgebers, 170 n. Chr. errichtete Statuenbasis in Avella in Kampanien (Kat. A 8) beziehungsweise das (nur noch in Umzeichnungen überlieferte) Stuckrelief in Pompeji, das Munera des Grabinhaber Naevius Festius Ampliatus (Kat. A 56) erwähnt.

Einen weiteren Schwerpunkt der Arbeit bildet die Untersuchung der Ikonographie, Komposition und Erzählweise der Reliefs. In ihnen schlägt sich eine schnell lesbare, gleichzeitig aber auch stimulierende Bildsprache nieder, gerade hinsichtlich der Kombination ungleichzeitiger Handlungen (»das polychrone Phänomen des Kompilierens ungleichzeitiger Motive«; S. 90), die – folgt man der von Fleckner skizzierten Typenübersicht (S. 77 Abb. 14) – sieben (teilweise auch modifizierte) Bewegungsschemata »als grundlegendes Vokabular für die Bilderzählung« nutzt. Hier wirkt sich der »Präsentative Stil« (Tonio Hölscher) im Sinne eines auf Erkennbarkeit und deutliche Lesbarkeit abzielenden medialen Kommunikationssystems mit redundant wiederkehrendem Repertoire an typologisch stark gebundenen Figuren (Typenübersicht: Bewegungsschemata S. 77) aus, die der Autor überzeugend teilweise von griechischen (klassisch-hellenistischen) oder wie beim Kniefallschema (Bewegungsschema 4) von ägyptisch-orientalischen Vorbildern herleitet. Die verfertigenden Handwerker gingen dabei eklektisch vor und stellen traditionelle Figurentypen in neue Zusammenhänge.

Alles in allem wird man Fleckers Argumentation folgen wollen, dass Grabreliefs mit Gladiatorenbildern überwiegend real stattgefundene Ereignisse, also individuelle Veranstaltungen wiedergeben (S. 88). Es handelt sich um die »›Rekonstruktion‹ konkreter Veranstaltungen« im Sinne spezifischer, zusätzlich durch eventuell beigegebene Inschriften kontextualisierte Bilder (S. 89). Diese dürfen allerdings nicht allein als bloßes Abbild vormaliger Realität gesehen werden, gleichfalls zu berücksichtigen sind die mit ihnen verbundenen Wertvorstellungen, sozio-kulturellen und mentalitätsgeschichtlichen Bedingtheiten als ergänzende Hilfsmittel zur Erkundung antiker Lebenswirklichkeit und ihren Wertvorstellungen.

Nach meiner Ansicht erwähnenswert und deshalb kurz an dieser Stelle genannt seien die wenigen exzeptionellen, den Rahmen der Grabbauten sprengenden Gladiatorenreliefs: Als solche subsumiert der Autor (S. 200 f.) das farbig gefasste Terrakottarelief in Brüssel aus der Sammlung Ravenstein (Kat. A 20) sowie das Fragment einer etruskischen Urne in Perugia (Kat. A 54). Zur Kenntnis zu nehmen hat man deren Spätdatierung in früh- bis mittelaugusteische Zeit (bisher meist in die zweite Hälfte des dritten vorchristlichen Jahrhunderts gesetzt), ein chronologischer Neuansatz, der ausgehend von den Antiquaria (Subligacula, Manicae und Helme) gelingt. Ferner die Rundara mit Basis aus Cittanova bei Oderzo (Kat. A 28), deren spätrepublikanische Datierung der Verfasser durch »das ganz unbeholfene« Bewegungsschema und das Parium Thraex gegen Hoplomachus gesichert sieht. Es wundert, dass er nicht seine eigenen Datierungskriterien anwendet, zumindest ließe sich die lange, leicht gekrümmte Klinge als bestätigender Hinweis auf die Frühdatierung anführen. An dieser Stelle dürfte der Aufmerksamkeit des Autors entgangen sein, dass hier Kat. A 8 (S. 192 ff.), die vorerwähnte konsuldatierte (170 n. Chr.) Statuenbasis zu Ehren von Lucius Egnatius Inventus, einzufügen ist. Man wird Flecker zustimmen, der hierin den einzigen Beleg für die Ehrung eines Editor muneris durch Gladiatorendarstellungen noch im zweiten nachchristlichen Jahrhundert sieht.

Zum Aufbau des in vier Abschnitte unterteilten Katalogs (S. 185–300): Nicht unbedingt nachvollziehbar, aber nach Flecker begründet (S. 185), wurde der Katalog bewusst alphabetisch nach Fund- oder Aufbewahrungsorten der Gladiatorenreliefs aufgebaut, also weder chronologisch noch typologisch, da eine solche Vorgehensweise (S. 185) bereits »eine wissenschaftliche Auswertung« impliziere und »im Vorhinein« bereits zu einer »unerwünschten bzw. latent wertenden Gewichtung« führen und unter Umständen eine »möglichst objektive Konfrontation mit dem Material« erschweren würde. Damit mag sich der Autor zwar – zumindest im Hinblick auf den Katalog – möglichen Zuordnungsproblemen entziehen, erschwert dem Leser aber auf diese Weise einen schnellen Zugriff unter ikonographisch-thematischem Aspekt.

Rückgrat des in vier Abschnitte gegliederten ›Katalog Reliefs‹ bilden die neunundsiebzig aus der Urbs und italischen Provinzen stammenden Gladiatorenreliefs der späten Republik und der frühen Kaiserzeit, Abschnitt B enthält acht relevante, außerhalb Italiens zu lokalisierende Beispiele, Abschnitt C vier ausgewählte Monumente aus dem Übergang zwischen später Kaiserzeit und Spätantike. Abschnitt L berücksichtigt frühe, das heißt spätrepublikanische bis frühkaiserzeitliche Lampen mit Gladiatorendarstellungen. An dieser Stelle wird das generelle beziehungsweise spezielle Kriterium für die Einbeziehung der Lampen zu hinterfragen sein: Warum wurden überhaupt Lampen in die Untersuchung aufgenommen und warum fiel die Wahl auf die im Katalog angeführten? Meines Erachtens war hierfür ausschlaggebend, dass die auf ihnen abgebildeten Gladiatorentypen und Bewegungsschemata denjenigen der Statuen des sogenannten Kleinen Attalischen Weihgeschenks auf der Athener Akropolis folgten. Dies bestätigt sich auch angesichts der Typenübersicht (Abb. 14 auf S. 77; s. ebenso S. 67): Unverkennbar bilden die Kleinen Gallier auch deren Vorlagenreservoir.

Zwangsläufig resultiert aus dem Katalogaufbau eine eher sperrige, ebenso wenig griffige wie lese- und zitationsfreudige Nomenklatur aus Großbuchstaben und Zahlen – bis hin zu Bildunterschriften wie »B 1 A. B« (zur Benennung der beiden, wohl von einem Rundbau stammenden Fragmente in Belgrad aus Dyrrhachium, S. 266 f.).

Abschließend bleibt festzuhalten, dass der Autor dem auf den ersten Blick oft gleichförmig-spröden, künstlerisch wenig befriedigenden (»mindere handwerklich-stilistische Qualität«, S. 29), inhaltlich aber umso aufschlussreicheren Material eine Reihe von Erkenntnissen abzugewinnen vermochte. Dies gilt besonders für den Bereich der antiquarischen und ikonographischen Themen, die kenntnisreich-fundiert begründet und gut nachvollziehbar abgehandelt werden. Die ›Gladiatorenbilder‹ können uns dank ihrer kommunikativen Funktion als Memorialdarstellungen dabei helfen, unser Wissen um die Gladiatur, aber auch um die Auftraggeber entscheidend zu erweitern.

Ein weiteres unzweifelhaftes Verdienst des Buches liegt in seinem ausgezeichneten dokumentarischen Teil mit den qualitätvollen Abbildungen, der es zu einer Art Kompendium des »Präsentativen Stils im System der römischen Kunst« (Tonio Hölscher) der späten Republik und der frühen Kaiserzeit werden lässt. Dies wird vornehmlich den bereits erwähnten qualitätvollen Abbildungen verdankt; im Katalogteil werden nahezu alle behandelten Reliefs wiedergegeben. In Fällen, in denen Zweifel oder alternative Lösungen angebracht sind, betreffen diese meist antiquarische, ikonographische oder chronologische Einzelfragen; über seltene – und wenn geringfügige – Unzulänglichkeiten sowie Fehlstellen im Literaturverzeichnis wird man hinwegsehen wollen.

Die Chance einer zusammenfassenden Bewertung der Gladiatur, nämlich deren soziokultureller beziehungsweise mentalitätsgeschichtlicher Bewertung auf einer – worauf noch hinzuweisen wäre – breiteren Materialbasis, einschließlich solcher informationsträchtigen Gattungen wie Mosaik, Wandmalerei und Graffiti, wird nicht genutzt; diesbezügliche Kommentare erfolgen auch nicht insgesamt, sondern vielmehr innerhalb der verschiedenen Kapitel. Das ist einsehbar, erschwert dem Leser aber möglicherweise einen schnellen Zugriff.

Dank seiner Gliederung eignet sich das Werk zwar durchaus zur Lektüre jeweils einzelner Kapitel oder Abschnitte, eine solche Form selektiven Gebrauchs wäre allerdings außerordentlich bedauerlich.

Nachdem nun das ikonographisch-antiquarische Rüstzeug zumindest der italischen, spätrepublikanisch-frühkaiserzeitlichen Gladiatorenbilder – aber nicht nur dieser – und deren Gestaltungsprinzipien erhellt sind, könnten hier weitere Arbeiten zur Semantik von Gladiatorenbildern und zur Gladiatur im gesamten Imperium, aber auch in einzelnen Provinzen ansetzen.

Die von Flecker präsentierte, längst überfällige Monographie ›Römische Gladiatorenbilder‹ regt zu Fragen an, eben weil sie eine ausführliche Objektvorlage mit einer historischen Einordnung, einer Einschätzung als historischer Quelle und einer kritischen Betrachtung verbindet. Fernerhin gilt es, neue Erkenntnisse zu verinnerlichen, etwa auch zur augusteischen Reform (S. 164 f.). Ferner dienten die gladiatorischen Figurenschemata als »Experimentierfeld für eine neue Bildersprache«, die von »der frühen Kaiserzeit bis in das frühe 2. Jh. n. Chr. beibehalten wurde«. Die einfachere spätrepublikanisch-frühkaiserzeitliche Ikonographie dauerte fort und wurde vom zweiten nachchristlichen Jahrhundert an auch von den Oberschichten als Dekor ihrer Wohnstätten genutzt. Schließlich bleibt noch die enge Beziehung zwischen Gladiatur und Armee zu nennen, also die Möglichkeit, anhand der Gladiatorenreliefs die Ausrüstung der Armee in spätrepublikanischer Zeit zu analysieren. An dieser Stelle schließt sich, wie der Autor feststellt, der Kreis von einer deutlich in griechisch-hellenistischer Tradition stehenden Bewaffnung hin zu Bewegungsschemata, die auf einem entsprechenden zeitlichen Ursprung beruhen.

Wie aufgezeigt, stellen die herausgearbeiteten Grundzüge ungeachtet der vorgebrachten Einwände tatsächlich das »Fundament […] für die Geschichte der Gladiatorendarstellung für die gesamte Kaiserzeit« dar (S. 29), liefern verschiedene Anregungen und bieten künftigen Forschungen die Möglichkeit, hier anzuknüpfen. Angesprochen seien in diesem Zusammenhang nur der Bereich der Gladiatorenbilder beziehungsweise die Gladiatorenpräsentation in Wandmalerei, Mosaik und Kleinkunst auch – und zumal – in den Provinzen samt der ihnen eigenen kommunikativen Funktion, aber auch der durch Auftraggeber beziehungsweise Dargestellte zum Ausdruck gebrachten Selbstsicht.

Esslingen   Jutta Ronke

Philippe Della Casa und Eckhard Deschler-Erb (Herausgeber), **Rome's Internal Frontiers. Proceedings of the 2016 RAC Session in Rome.** Zurich Studies in Archaeology, Band 11. Verlag Chronos, Zürich 2016. 103 Seiten mit zahlreichen Abbildungen.

Im Rahmen der zwölften Roman Archaeology Conference in Rom vom 16. bis 19. März 2016 wurden Ergebnisse des trinationalen Forschungsprojektes »Limites inter provincias. Rome's Internal Frontiers« beziehungsweise »Roms Innere Grenzen. Eine Annäherung« vorgestellt, an dem die Universitäten Zürich, Freiburg im Breisgau und Innsbruck beteiligt sind. Fragen, an welchen Landschaftskriterien sich die Provinzgrenzen orientierten, ob die inneren Grenzen des Imperiums von den Zeitgenossen überhaupt als solche wahrgenommen wurden oder auch Auswirkungen auf das tägliche Leben der Provinzbevölkerung hatten, wurden bisher in der Provinzialarchäologie weitgehend vernachlässigt. Nur einzelne Studien widmeten sich der Frage nach dem Verlauf von Binnengrenzen (so B. Steidl, Bayer. Vorgeschbl. 76, 2011, 157–176). Diese Forschungslücke versucht der hier vorgestellte Kongressband mit vier unterschiedlichen methodischen Ansätzen zu lösen: Neben einer althistorisch-epigraphischen Analyse (Beitrag Kolb und Zingg) besitzen Bedeutung besonders die GIS-unterstützte Landschaftsarchäologie (Beitrag Schröer), die Analyse einzelner Fundgruppen, insbesondere Fibeln (Beitrag Blasinger und Grabherr) und Keramik (Beiträge Heising, Irovec und Rabitsch, Melko sowie Jauch), sowie die Archäobiologie. Der Band bietet in sehr kompakter Form eine Fülle wertvoller Anregungen, die im Folgenden nur exemplarisch diskutiert werden können.

Anne Kolb und Lukas Zingg (S. 11–16) können, gestützt auf althistorische Quellen, belegen, dass Provinzgrenzen im Imperium durchaus wahrgenommen und auch markiert wurden, entweder durch Inschriften, wie im Vinxtbachtal, an der Grenze zwischen Ober- und Niedergermanien, oder auch durch architektonische Monumente: So nennt die Inschrift CIL II 4721 beispielsweise einen Bogen zwischen den Provinzen Baetica und Tarraconensis. Verwaltungsgrenzen konnten tatsächlich zum Scheitern wichtiger provinzübergreifender Infrastrukturprojekte führen: Der Bericht des Tacitus (ann. 13, 53) über einen nicht realisierten Kanalbau zwischen Mosel und Saône 55 n. Chr., der an einem Streit zwischen dem Provinzstatthalter der Gallia Belgica und dem Befehlshaber des Militärdistrikts Obergermanien darüber scheiterte, ob die eigenen Legionen auch in der angrenzenden Provinz für Baumaßnahmen eingesetzt werden könnten, belegt zumindest das hohe Selbstbewusstsein der politischen und militärischen Entscheidungsträger in »ihrer« Provinz. Eine weitere wichtige Quelle zur Rekonstruktion von Verwaltungsgebieten stellen Meilensteine dar, welche von Kolb und Zingg nicht nur als Dokumente des Infrastrukturausbaus und der politischen Selbstdarstellung, sondern auch als ›Grenzsteine‹ herangezogen werden, wie zum Beispiel Formulierungen wie »a finibus Syriae usque ad mare rubrum« nahelegen.

Alexander Heising geht in seinem Beitrag (S. 25–34) am Beispiel der Grenze zwischen Obergermanien und Rätien der Frage nach, ob Provinzgrenzen auch mit Kulturgrenzen gleichzusetzen sind. Beide Provinzen sind demnach deutlich in einen ›Nordkreis‹ (nördliche Germania Superior und norddanubisch-rätisches Limesgebiet) und einen ›Südkreis‹ getrennt, der die südliche Germania Superior und Südrätien umfasst. Für dieses überraschend deutliche Bild spielen sicher auch unterschiedliche Distributionsstrukturen des Handels entlang von Rhein beziehungsweise Donau eine Rolle. Der »Kulturgegensatz zwischen den militärisch geprägten Grenzzonen und dem Hinterland der Provinz« (S. 28) könnte, ergänzend zu den Beobachtungen Heisings, zumindest bei den im Limesgebiet verstärkt auftretenden Pfeilergrabmalen (S. 30 Abb. 7), meines Erachtens auch teilweise auf die Rolle des Militärs als Kulturträger und die finanzielle Potenz der Grenztruppen für derartig aufwendige Sepulkraldenkmäler zurückzuführen sein. Die Verbreitungsbilder unterschiedlicher Keramik- und Kleinfundgattungen sowie archäologischer Befunde entsprechen sich, wie am Beispiel der Rahmenscheibenfibeln mit Pressblechauflage (S. 31 Abb. 9) deutlich wird, welche, wie die Pfeilergrabmale, auf die Limeszone beschränkt sind. Im Resultat kommt Heising zum Schluss, dass die »Unterschiede im kulturellen Habitus der jeweiligen Limeszone und dem Hinterland einer Provinz stärker als die kulturellen Unterschiede zwischen den Provinzen« waren.

Der methodisch grundlegende Beitrag von Sandra Schröer (S. 37–45) setzt sich zum Ziel, mit GIS-gestützten Siedlungsmuster- und Raumanalysen Indizien für den Verlauf der nördlichen Binnengrenze zwischen Rätien und Obergermanien namhaft zu machen. Dabei geht sie von zwei Grundannahmen aus, nämlich dass sich eine Grenze im Kartenbild als siedlungsleerer Streifen abzeichne und dass sich ferner die Besiedlung zu einem Zentrum hin orientiere (S. 38). Zusätzliche Faktoren, die das Siedlungsmuster beeinflussen, sind die naturräumliche Gliederung, die Bodenqualität sowie die heutige Landnutzung, welche beispielsweise Holzgebäude bisweilen nur schwer in Surveys erkennbar macht, sowie der stark unterschiedliche Forschungsstand.

Entscheidend ist der Ansatz (S. 42 f.), die Anbindung an das Straßennetz und die Anbindung an lokale und regionale Zentren, die unter Annahme eines »least-cost-Ansatzes« für den Transportweg als Absatzmärkte für lokal produzierte Waren dienen konnten, rechnerisch zu modellieren. Die ländlichen Siedlungsfundstellen liegen nicht mehr als drei Stunden vom nächsten Vicus, während die einzelnen Vici wiederum nicht weiter als ein bis zwei Tagesreisen vom nächsten regionalen Zentrum (etwa einem Civitas-Hauptort) entfernt sind.

Ein Blick auf die möglichen Einzugsgebiete der regionalen Zentren innerhalb des Arbeitsgebietes (S. 43 Abb. 7) zeigt, dass im bereits obergermanischen Gebiet südwestlich von Schwäbisch Gmünd, wo die Binnengrenze zwischen Obergermanien und Rätien im Rotenbachtal sicher nachweisbar ist, eine Siedlungsstellenkonzentration feststellbar ist, die nicht näher interpretiert wird. Ihre Distanz von acht Stunden zu den jeweils nächsten regionalen Zentren (Bad Cannstatt im Westen sowie Heidenheim im Osten) erscheint zu groß. Hier wäre deshalb meines Erachtens eher an ländliche Siedlungsstellen zur Versorgung der Limeskastelle am Schnittpunkt zwischen Obergermanien und Rätien zu denken. Da dieser Aspekt nicht im Zentrum ihrer Fragestellungen steht, geht die Autorin auf die Frage der landwirtschaftlichen Militärversorgung im Arbeitsgebiet nicht weiter ein (vgl. Ch. Flügel / J. Valenta, Der Limes 11, 2016, H. 2, 25–29): Die schüttere Streuung von Siedlungsstellen zwischen der wichtigen Westostverbindung von Bad Cannstatt über Köngen nach Heidenheim an der Brenz und der Limeslinie spiegelt sicher die in diesem Gebiet nur schlechten bis geringen Bodenertragswerte, möglicherweise aber auch militärische Belieferungsstrukturen unabhängig von Lokalversorgern aus der Region wider.

Zurück zu den Ausführungen von Frau Schröer: Sie kommt zum Schluss (S. 44), dass sich südlich der vermuteten Provinzgrenze ein nahezu siedlungsleerer Streifen abzeichne, der durch seine periphere Lage zu Zentralorten und ungünstige landwirtschaftliche Bodenbedingungen charakterisiert sei. Dies lässt vermuten, dass die eigentliche Binnengrenze unter der Annahme, dass das Siedlungssystem deren Verlauf beeinflusste, weiter südlich verlief als bisher angenommen.

Inwiefern sich Fibeln als Indikator für regionale Identitäten und den Verlauf von Provinzgrenzen eignen, untersuchen Katharina Blasinger und Gerald Grabherr (S. 47–60). Gerade Gewandschließen als schnell wechselnde Modeaccessoires sind, wie Stefanie Hoss (S. 19) zu Recht herausstellt, zunächst primär als Quellen für interregionale Mobilität zu werten, unabhängig von politischen Verwaltungsgrenzen. So zeigen diejenigen vom Typus Sontheim (S. 50 Abb. 4) ein eng beschränktes Verbreitungsgebiet in Flachland-Rätien, das im Falle der Form 2 einen Raum mit einem Radius von lediglich fünfzig Kilometern zwischen Weißenburg und Günzburg aufweist, so dass hier vermutlich tatsächlich das Verkaufsgebiet einer lokalen Werkstätte sichtbar wird. Neben der Analyse ausgewählter Typen ist besonders der provinzübergreifende Vergleich kompletter Fibelspektren ein wichtiger Ansatz. Da Rätien aber im Schnittbereich verschiedener Fibelkreise liegt, können zwar, wie erwähnt, vereinzelte lokale Gruppen lokalisiert werden, insgesamt aber vermittelt diese Provinz das Bild einer durch grenzüberschreitende Mobilität geprägten Fibelsitte (S. 56). Ob sich diese Befunde am Schnittpunkt anderer Provinzen wiederholen, wäre zu untersuchen, beispielsweise durch den Vergleich der Spektren im rätischen Künzing (Museum Quintana, Künzing; unpubl.) und den westnorischen Fundorten von Enns (Lauriacum) und Wels (Ovilava).

Von den zahlreichen keramologischen Beiträgen dieses Sammelbandes seien stellvertretend die Ausführungen von Nadja Melko (S. 79–88) und Verena Jauch (S. 91–97) erwähnt. Die Frage, ob sich Provinzgrenzen durch unterschiedliche Keramikformen und deren Verbreitung fassen lassen können, lässt sich nicht eindeutig beantworten, da hier verschiedene Faktoren zu berücksichtigen sind: Die im obergermanischen Vicus von Kempraten (Schweiz) produzierte Keramik ist, wenn man allein die Formen betrachtet, auch im angrenzenden Rätien nachweisbar (S. 81). Allerdings verweist Melko auf zwei Ausnahmen, Becher mit Décor oculé (S. 84 Abb. 6) sowie konische Näpfe mit verdicktem einziehenden Rand, welche eine komplexe Herstellungstechnik erfordern (S. 84), die im Wesentlichen auf die Westschweiz beschränkt und nur vereinzelt in Rätien belegt sind. Der kontrastierende Befund, provinzübergreifende Keramikformen einerseits und lokal beschränkte Dekor- beziehungsweise Herstellungstechniken andererseits, lässt sich am besten mit lokalen, also provinzspezifischen Handwerkstraditionen erklären. Im Falle der Décor-oculé-Becher ist das ungewöhnlich häufige Vorkommen im rätischen Chur, also am Rande des Verbreitungsgebietes, auf die verkehrsgeographisch günstige Lage von Curia zurückzuführen. Bei der Interpretation keramischer Verbreitungsbilder sind also lokale technische Überlieferungen, Verkehrswege und Handelsstrukturen zu berücksichtigen.

Andererseits konnten Handwerkstraditionen auch provinzübergreifend weitergegeben werden, wie die von Jauch bearbeiteten streifenbemalten rätischen Mortaria belegen, die sich als ursprünglich nordrätische Form nach Obergermanien, Pannonien und Britannien verbreiteten und in verschiedenen Werkstätten in unterschiedlichen Form- und Dekorvarianten hergestellt wurden (S. 95 f.). Dazu kommt als weiterer Interpretationsfilter der ursprüngliche Verwendungszweck: Wie Jauch am Beispiel der gestempelten Attilius-Lavez-Imitationen belegen kann (S. 93), war bei diesen Gefäßen, die nicht zum Kochservice, sondern zum Transportgeschirr gehören, der verhandelte Inhalt und nicht die Form entscheidend. Der Bodenstempel des Attilius garantierte hier die Qualität dieser lokalen Spezialität (Gänseleber?).

Als einziges Manko des sorgfältig redigierten Bandes bleibt festzustellen, dass aus der Fülle der gut dokumentierten Beobachtungen der einzelnen Beiträge kein abschließendes Fazit zur Frage der römischen Binnengrenzen gezogen wird, was wohl dem Charakter als Kongressband geschuldet ist. So bleibt es dem Leser überlassen, sich selbst ein Bild zu formen, welche Faktoren für die Grenzziehung entscheidend waren. Tendenziell entwickelt sich ein komplexes Bild: Provinzgrenzen, die auch unterschiedliche Zollbezirke markieren können, sind nicht unbedingt mit den im archäologischen Material fassbaren Kulturgrenzen identisch. Allen Autoren und den verantwortlichen Koordinatoren dieses Forschungsprojektes, Eckhard Deschler-Erb in Köln, Alexander Heising in Freiburg im Breisgau und Gerald Grabherr in Innsbruck, ist für diese Einblicke zu danken. Es bleibt zu hoffen, dass dieser Band weitere Forschungen initiiert und den lange Zeit nur auf die Außengrenzen und deren militärische Sicherung gerichteten Blick auf die Binnengrenzen des Imperiums lenkt. Das schmale Buch sollte in keiner provinzialrömischen Bibliothek fehlen.

München   Christof Flügel

Holger Schaaff, **Antike Tuffbergwerke am Laacher See - Vulkan.** Mit einem Beitrag von Lutz Grunwald. Monographien des Römisch-Germanischen Zentralmuseums, volume 107. Vulkanpark-Forschungen. Untersuchungen zur Landschafts- und Kulturgeschichte, volume 11. Publisher of the Römisch-Germanisches Zentralmuseum, Mayence 2015. 243 pages, 193 illustrations, 5 additional plates.

This detailed, well-documented, and accessible study deserves to be read by all archaeologists, stone specialists, and in fact everyone with a large interest in provincial Roman archaeology, engineering, and architecture north of the Alps.

As a study laying stress on a regional subject with a broad impact on Northwestern provincial Roman Archaeology the ›Forschungsbereich Vulkanologie, Archäologie und Technikgeschichte (Außenstelle Mayence)‹ of the ›Römisch-Germanisches Zentralmuseum Mainz‹ once again proves that regional research topics can be of great relevance for research elsewhere or for studies with a broader scope.

The first reports on ancient tuff exploitations date back to the middle of the nineteenth century, soon followed by their publications. A lot of discoveries are strongly connected to Jakob Meurin, who owned a big quarry in the Kruft Valley. It took more or less one century before new intense research was carried out in the region, with Josef Röder. Since then, the number of sites in Kruft, Kretz, Nickenich, and Plaidt has steadily increased, with their highest concentration in the ›Trasswerke Meurin‹. The ›Bergwerke Meurin 1 to 6‹ offered a good opportunity for modern and detailed excavation, starting with Meurin 1 in 1997, succeeded by an intense collaboration between the federal state Rhineland-Palatinate, the administrative district Mayen-Koblenz, the municipality Kretz, the ›Trasswerke Meurin‹ and the ›Generaldirektion Kulturelles Erbe Rheinland-Pfalz‹. The roofed-over site Meurin 2, known as ›Römerbergwerk Meurin‹ since the year 2000, has even become one of the best accessible archaeological sites for visitors north of the Alps, having won twice the ›Europa Nostra Award‹, in 2003 and 2010.

It is surprising to learn that the Romans from the very first moment they put foot on the left river banks of the Rhine, in the period of Augustus, began exploiting the tuffs, and that this process is still continuing. Apparently they had an excellent knowledge of the geological conditions of the area, which is also proven by the early use of, for instance, Norroy limestone from the Lorraine region. The proximity of both the Rhine and the port of Andernach made the tuff exploitation a success story. Volcanic tuff was transported down to the Rhine delta and was used in the Roman settlements as far as Zeeland (e.g. in the Nehalennia sanctuary of Colijnsplaat, Netherlands). The big advantage of volcanic tuff is that, once brought to the surface, it loses weight, but stays solid. From this point of view, it has something in common with our modern cinder blocks.

The first chapter, dealing with the history of research, covers the different stages of the discoveries, beginning with Karcher's documents on the Kruft Valley in 1855. Much attention is given to unpublished material, including sketches of underground networks, structures, and cross sections. Usually unpublished photographic documents, dating from the beginning of the twentieth century, highlight the different activities of the mining companies as well as the conditions in which a lot of »Altmänner« (former mining corridors) were found, and describe the problems of interpreting this kind of documentation. As most of these exploitation areas have disappeared, a lot of information in this chapter, like the discovery of Roman opencast mining, engravings, altars, and inscriptions in the quarry of Idylle near Kruft (1912–1927) remain the only place where one can find a good overview of the antique mining activities. With Röder's central personality, a first phase of thorough and systematic research started in the nineteen-fifties, resulting in many publications. But first in 1997 well-structured, modern, and multidisciplinary research began.

The next chapter deals with the geological characteristics of volcanic tuffs and the geometrical features of the exploitation areas. The volcanic ash layers and their consolidated product, the volcanic tuffs, originated about thirty thousand years ago, from pyroclastic flows of the Laacher See Volcano that were deposited in the Kruft and Brohl Valleys. The author uses the descriptive term »Trass« according to Röder, to designate specific consolidated volcanic rocks, more precisely volcanic tuffs. However, the name of »Trass« is used in the construction industry to designate grinded volcanic tuff, a powder showing good hydraulic properties when mixed with lime or cement (and water). The best outcrops of volcanic tuffs are still the former quarry walls of the Meurin Trassworks near Kretz and Nickenich.

The best geological sections hereto published also concern these areas. The author refers to an »ideal« lithological log already published by Röder in 1957, and to the so-called »Trass-section« by Josef Frechen (1976) showing the following lithological subdivision (from top to bottom): Bims – Römertuff – Tauch – lower Tuff or Laacher Bims with ash-rocks-ash – rocks – ash – rocks. The »basic« threefold subdivision into ›consolidated Römertuff‹, ›unconsolidated Tauch‹ and ›consolidated lower Tuff‹ can be observed in other sections of the actual quarry of Meurin and in several boreholes carried out on the property of the Meurin Trassworks. However, good outcrops are no longer visible or accessible, because of modern excavation activities that have destroyed the former quarry walls. Already during Röder's time, quarrying activity was rather restricted, resulting in the lack of new and good additional geological sections. The reader who is not familiar with the Eifel volcanic deposits might miss a brief macroscopic description (colour, texture, grain size, etc.) of the different volcanic rock types mentioned above, and some hint as to how to distinguish them.

For the geologically more experienced reader, a more detailed lithostratigraphical section, relating the local succession of volcanic strata to the standard regional stratigraphical scale, would have been most useful as well. Furthermore, since Römer Tuff (main target of the antique quarry activity) was a very important building stone during Roman and post-Roman times (encompassing a major part of Western Europe). A short discussion of the main mineralogical and physical characteristics of this particular building stone would also have been helpful.

The author continues with a very detailed description of the lithological successions at different spots in neighbouring quarries and in different boreholes, demonstrating the variation in thickness of the individual geological layers, also using historical documentation such as black-and-white photographs. Although Röder had already complained about the loss of witnesses of antique quarrying techniques due to modern excavation, he managed to draw an »ideal« cross section (block diagram) of the tuff deposits, their exploitation methods and geometrical features in the Brohl Valley, based on his own observations over the years and on several interviews with quarry workmen. The chapter ends with a detailed description of the antique excavation areas within the Kruft and Brohl Valleys. Particular »veins« and mushroom-like consolidated parts within the tuff are geological phenomena that still deserve some more explanation.

A detailed report of the fifty-nine mining complexes constitutes the next and major chapter of the publication (pp. 29–131; appended detailed maps also refer to this chapter). The chronology of a lot of these complexes remains problematic, as shown by the exhaustive study by Lutz Grunwald. A lot of fillings seem to contain shards from the eleventh up to the fourteenth century. More than fifty complexes are located in the Krufter Bachtal (Kruft, Kretz, Nickenich, Plaidt, and others), whilst only five complexes are located in the Brohltal and the Tönissteiner Tal. For each complex, the reader gets, besides a brief evaluation of the extraction site, information on the chronology, the quarry dimensions, possibly the extracted volumes, as well as the extraction techniques used and, wherever possible, good photographs and plans.

Of course, the most recent excavations offer more insights than the old ones. Nevertheless, a site like »Fundstelle 18, Grube Idylle« (Kruft and Kretz), although dating from 1912–1925, provides us with so much information that one is amazed about the stories a single complex can tell, and about its historical relevance. The latter extraction site, already mentioned by Schaaffhausen (1885), became the study object of Hans Lehner at the beginning of the twentieth century. It is the only site where open air quarrying is more or less well documented. The study of the material of the fillings shows that it dates from Trajan's period. Epigraphic documents prove the presence of the Roman army at several spots, as well as altars for Minerva, Hercules, and especially Hercules Saxanus. Furthermore, it is the only site where figurative engravings are attested – in this case by a Roman quarry-worker, probably a soldier. Later on, the quarry of Idylle was exhaustively described and published by Röder in 1957.

Modern and more detailed twenty-first century research offers the best conditions for digging deeper into the subject. The most important site described here is Meurin. Site 31, known as Meurin 2, is the best-known example, and has almost become a type locality for studying and presenting tuff exploitation during Roman times. This publication also highlights all the efforts Röder took at the spot in 1956. The entrance of the complex was only rediscovered in 1996 by the RGZM, and it became the signal for starting a new and more extensive research. Site Meurin 2 also represents the largest known quarrying complex. It contains at least forty-four different chambers and offers a lot of opportunities for studying the chronology of the different corridors, besides the other relevant scientific and technical aspects.

The chapter about mining and opencast mining leads into the question of the methods of exploitation. In 1957, Röder already pays a lot of attention to these particular aspects. His detailed research on a broader area like that of Meurin 2 (2300 square meters) offers a good idea of the way mining was done. The Romans applied the so-called »Pfeiler-Kammer-Bau« (room and pillar mining technique or retreat mining) with »einzelne Kammer« (individual room) and »Stützpfeiler« (supporting pillars) as their standard excavation method. The dimensions of the pillars and rooms depended on the thickness of the volcanic tuffs and of the stone quality. Schaaff treats the chronology of the mining complexes and the way of studying these (again, for a great deal based on the Meurin 2 site) in a very clear and detailed way. The same can be said about his description of the exploitation technology. Some tuff blocks found had dimensions up to three by nearly two meters. Steps and shafts served for transport and ventilation. The exact way of lighting, although a few lamps were found, remains somewhat unclear. This is in sharp contrast with our knowledge about the tools, of which dozens were found during the years of excavation. In this chapter, Schaaff finally treats the scanty traces (at the sites of Idylle, Koblenz, Zerwas) of opencast mining.

In 1878–79, Eugen de Witt discovered an underground workshop in Kretz, a unique discovery up to now. One must imagine that this kind of workshop was probably mobile, serving to dressing the larger blocks into smaller ones or into sarcophagi, in order to facilitate their transport. The work was finished on the surface in daylight. Excavations in the Kruft site ›Im Kendel‹ (1988–1994) brought to light the existence of several so-called ›Streifenhäuser‹ or strip houses, probably the sole witness of worker's houses connected to mining centres.

Freudenburg (1862) already mentions inscriptions indicating the existence of sanctuaries. In the Brohl Valley, some forty-four inscriptions are known, mostly from altars; thirty-one of them are military ones, most of them devoted to Hercules or Hercules Saxanus. Seven legions and four cohorts and alae are mentioned. Most of them date from the Claudian-Neronic up to the Flavian-Tra-ianic period. In the ›Domkaul‹, niches sculptured directly in the tuff and inscriptions of the sixth and tenth centuries as well as of modern times, together with an inscription mentioning Quintus Acutius Nerva (dating the complex between 101–104 A.D.) have been found. All together, more than ten sanctuaries are proven: they show a more or less regular dispersion, possibly indicating that each mining area had its own small sanctuary. As already stated, the ›Grube Idylle‹ in Krufter Bach (Kretz) is another important complex.

In evaluating the duration of quarrying, Schaaff states that for the quarry of the site Idylle epigraphic material is of the greatest importance. The Sixth legion began tuff exploitation soon after 100 A.D. in order to build the Colonia Ulpia Traiana (Xanten). Probably the Twenty-second legion as well as the First legion were involved in this process, and it is quite possible that they also quarried for their own home base, Bonn. They were replaced by the Thirtieth legion around 130 A.D., but soon after that, exploitation stopped. In Meurin 1, the ceramics prove that the exploitation took place in Roman as well as in medieval times. Another well-documented area is, of course, Meurin 2: here, exploitation started around 300, at about the same time as the building of the Castellum at Divitia (Köln-Deutz), in which probably the Twenty-second legion was involved.

For an outsider, or for those involved in provincial Roman archaeology, the last two chapters (put aside the study of the ceramics) are the most enlightening ones. When trying to calculate the extent of exploitation, the intense medieval and post-medieval utilization features real barriers. If we consider the Kruft Valley area, the excavations at Meurin 2 are most helpful in elaborating a method for calculating the exploitation extent. Schaaff concludes that in an area of 158 hectares at least 1.400.000 tons of tuff were exploited, for which, in average, at least sixty-five to one hundred quarrymen (excluding engineers, transporters, blacksmiths, etc.) were needed in the mining zones on a more or less daily base. The exploitation in the Brohl Valley covers an area of only 8,9 hectars and was less important than, for instance, the millstone quarrying at the Bellerberg-Vulcano near Mayen.

For a comparison of the different mining areas and the chronology of their quarrying activities, the mineralogical research (by Jutta Geisweid), together with the ceramological one (by Lutz Grunwald), and epigraphic studies are of crucial importance. In fact, in combination with the results from different research projects located along the Lower Rhine, for example in larger sites like Cologne and Xanten, and those of the research projects in the mining areas, one obtains a rich and vivid image of the chronologies and of whom was involved. For instance, the ›Ubiermonument‹ in Cologne (according to dendrochronological data erected in 4–5 A.D.) was mainly built from volcanic tuff blocks originating from the Kruft Valley, and, to a far smaller degree, from the Brohl Valley, as proved by Geisweid's results.

The fact that both mining areas started quite early, is an indication of a huge demand from the beginning. It also means that, from the onset, engineers, architects, and specialized craftsmen had come from Rome and were supported by native craftsmen who already had some expertise from the quern-industry, which had existed much earlier. The Praetorium of Cologne was built during the first decennia (Phase A), using volcanic tuff, together with trachyte, basalt and greywacke (lithic-arenitic sandstone). But starting in the period of Nero, volcanic tuff was almost exclusively used during Phase C.

Different military units worked in the mining areas, exploiting volcanic tuffs for several military camps. Probably, the Classis Germanica was also involved in the building of the City walls of Cologne (88/89 A.D.) and in the quarrying of volcanic tuffs for this end in the Kruft Valley. The interconnection between the official activities in which the army was involved and quarrying is also to be assumed for the building of the walls of the Colonia Ulpia Traiana near Xanten in 101–104 A.D. At about that time, mining activities in the Brohl Valley came to an end, but in the Kruft Valley mining activities still continued.

Most certainly, from the first century onward, private persons were also engaged in quarrying, as shown by Elena Kostner. In private houses in Cologne and Xanten, volcanic tuff was used as a building material. Moreover, as the ceramics show, the site of Meurin 2 was certainly in use around 300 A.D., the period in which several military camps like Köln-Deutz and Andernach were built. During the fourth century, the picture become a bit blurry, but the production of sarcophagi for private purposes was still flourishing till the middle of the fifth century. During the reign of Valentinianus I, volcanic tuff was needed for building military camps. This seems to be the last period during Roman times when volcanic tuff was in huge demand.

The study of Holger Schaaff is very detailed and profound, both from an archaeological and an architectural point of view, but there is more in it. By involving specialists like Lutz Grunwald (Ceramics – RGZM-Mayence) and Jutta Geisweid (account of petrographical and geochemical analysis, study of zeolitization – Johannes-Gutenberg-University of Mayence), the chronology of the exploitation as well as the exact origin of the tuffs, that were used as architectural elements in the Limes frontier zone and in more remote regions like the civitas Tungrorum, have now become clearer. The same can be said for the epigraphic material. The author has indeed consulted a broad range of local unpublished and oral sources, a phenomenon that is almost tangible throughout the book. Especially because of the fact that a lot of ancient mines have completely disappeared up to modern times, we can only admire such efforts.

The book is really fresh looking and an easy to read volume, with only a few minor drawbacks: the general location map (p. 1 fig. 1) is too sketchy and makes it rather difficult to locate the different mining sites and to infer the relation with the overall region, certainly, if you want to dig a bit deeper into the subject. A larger map using colour symbols and an inset locating the study area in a wider-scale view would certainly benefit to the reader. Moreover, the reader would have appreciated the presence of more geological, stratigraphical, and mineralogical data on the different volcanic products and more especially on the Römer Tuff and its enveloping volcanic deposits. On the other hand, the detailed description of the different mining areas, the use of hundreds of illustrations, maps, and drawings, as well as the detailed maps of the different mining units deserve our admiration. This publication has an enduring value for everyone who wants to go further into the subject of Roman volcanic tuff mining, and in fact, for everyone who is studying the Rhine frontier zone.

Tongeren   Guido Creemers and Roland Dreesen

Thomas Hufschmid (Redaktion), **Theaterbauten als Teil monumentaler Heiligtümer in den nordwestlichen Provinzen des Imperium Romanum: Architektur – Organisation – Nutzung.** Internationales Kolloquium in Augusta Raurica, 18.–21. September 2013. Forschungen in Augst, Band 50. Verlag Museum Augusta Raurica, Augst 2016. 260 Seiten mit 145 zum Teil farbigen Abbildungen und 4 Tabellen.

Römische Theater gehören zu den uns aus der Antike überlieferten Objekten, deren Charakter durch die heutige Verwendung ihrer Bezeichnung scheinbar leicht verständlich ist, tatsächlich aber eher durch zeitgeistgeprägte Vorstellungen in unseren Köpfen verschleiert wird. So denken wir bei Theatern naheliegend an anspruchsvolle Unterhaltung, schlecht bezahlte Schauspieler in öffentlichen, chronisch unterfinanzierten Einrichtungen, und man mag noch persönliche Wertungen zwischen spannend und langweilig anbringen. Folglich hätten in griechischen Freilufttheatern sauertöpfische Griechen öde Tragödien gespielt, dekadente Römer selbstredend burleske Schwänke und Komödien (je provinzieller, desto derber), womit die Funktion antiker Theater als Schauspielhäuser auch schon hinreichend geklärt wäre. Bei näherer Betrachtung verstören ein paar Umstände: Cäsar wurde im Senat und ebenso im Theater ermordet, weil jener im Pompejustheater tagte. Im ländlichen Raum fällt die häufige Verbindung mit Heiligtümern auf, in Städten gibt es oft Bezüge zu anderen Großbauten, oft ebenfalls Tempeln. Wie die Villa rustica nur bedingt mit gründerzeitlicher Selbstdarstellung etwas gemein hat, ist das Verständnis antiker Theater und ihrer Verbindung mit Heiligtümern von Missverständnissen bedroht. Grund genug, sich der Thematik 2013 in einem Kolloquium zu widmen, dessen Beiträge 2016 vorgelegt wurden. Ort der Veranstaltung war nicht zufällig Augst, ist doch gerade dort ein Paradebeispiel eines Theaters mit Tempelbezug erhalten.

In insgesamt sechzehn Einzelbeiträgen zuzüglich einer Synthese werden alle relevanten Seiten des Themas betrachtet, wobei in einer gelungenen Mischung mediterrane und althistorische Befunde den Blick auf Gallien beziehungsweise die Nordwestprovinzen schärfen. Das Wort »monumental« im Titel des Sammelbandes trifft zum Glück nicht ganz zu, da durchaus auch kleinere Anlagen (etwa das nur anhand einer Stifterinschrift bekannte Theater von Belginum) Gegenstand der Betrachtung werden, wenngleich natürlich monumentale Befunde eher erhalten und uns bekannt sind.

Einleitend werden in einem evolutionistischen Modell religiöse Ursprünge der römischen Spiele erläutert (Jean-Paul Thuillier), die zu kaiserzeitlichen Sportveranstaltungen mutierten, um schließlich wieder in frühchristlichem Kontext als pagan-religiös zu gelten. An diesem Ansatz ist sicherlich wenig Neues, zumal die Quellen eine derartige Interpretation nahelegen: Vorrömische Spiele sind uns überwiegend aus Grabkontexten und daher zwangsläufig religiös konnotiert überliefert. Andererseits werden sicher Initiationsriten und Imponierverhalten früh das Ihre beigetragen haben, um schon deren Sieger nicht als besonders fromm, sondern als besonders stark und vital erscheinen zu lassen.

Thomas Hufschmid stellt den Forschungsstand vor, der besonders von der Kenntnis verschiedener Facetten der Nutzung des Theaters als gebautem Raum geprägt ist. Der Begriff ›Multifunktionalität‹ beschreibt den Kenntnisstand recht gut. Im Einzelfall kann natürlich zu Recht hinterfragt werden – und wird es bisweilen auch! –, ob sich zeitlich oder räumlich entfernte Überlieferungen aus dem mediterranen Raum auf die Nordwestprovinzen übertragen und damit Überlieferungslücken – besonders der Mangel an antiken Schriftquellen – schließen lassen. Oder läuft man auf diese Weise Gefahr, schwer erkennbare gallische Eigenheiten zu verdecken? Quellen aus dem griechischen Osten des Imperiums belegen Teile des Kaiserkultes in Theatern, die offensichtlich identitätsstiftend für die lokale Gemeinschaft waren und die zum Beispiel gerade für die Christen der mittleren Kaiserzeit entscheidend gewesen sein dürften – auch am Niederrhein? Derartige Fragen lassen sich ohne entsprechende archäologische oder epigraphische Befunde kaum beantworten. Jedenfalls erscheinen nicht nur Theater multifunktional, dort durchgeführte Handlungen können theoretisch auch multilokal sein!

Logisch korrekt folgt nun der Beitrag des Althistorikers Wolfgang Spickermann, der mit Stiftungs- und Weihinschriften aus Gallien und Germanien den Motiven der Theatererrichtung so nahe wie möglich kommt: Epigraphisch manifestierte Gedanken sind für schlüssige Modelle zum Zweck öffentlicher Bauten enorm wichtig, selbst wenn sie über spätere Nutzungsänderungen keine Auskunft geben.

Zwei weitere Beiträge befassen sich mit den Aspekten des in Theatern verorteten Kaiserkultes (Marco Cavalieri, David L. Bomgardner) und geben damit wichtige Interpretationsansätze. Inge Nielsen sucht in ihrer Betrachtung die Ursprünge gallisch-römischer Kulttheater.

Ihre Prämisse der Schauspielstätte als Kulttheater – samt Überlegungen zur Aufführungspraxis – birgt allerdings die Gefahr von Zirkelschlüssen; wenn etwa zwischen religiöser und profaner Nutzung von Theatern innerhalb eines Sakralbezirks unterschieden wird: Politische Versammlungen zum Beispiel in einem Heiligtum waren per se und zwangsläufig nicht profan – auch das Wort ›profan‹ gehört zu den Begriffen, die im heutigen Sprachgebrauch eine andere Bedeutung als in der Antike haben –, selbst außerhalb waren sie sanctus. Ob Kult und Theater also wirklich so eng verknüpft sind, dass primär religiöse Motive die Bauform Kulttheater bedingen, darf mit dem folgenden Beitrag bezweifelt werden: Matthieu Poux bringt eine Funktion als Versammlungsort ins Spiel. Beides muss nicht im Widerspruch zueinander stehen, aber es könnte. Unser Wissen über das Geschehen in gallorömischen Heiligtümern ist so stark von Analogieschlüssen geprägt, dass methodisch saubere Analysen wohl immer ein Ergebnis im Konjunktiv haben. Wichtig war wohl immer die (ritualisierte) Handlung, gleich ob politisch oder religiös. Der gebaute oder auch nur gestaltete Raum gab dabei zwar dem Ganzen einen stabilisierenden Rahmen, diese Funktion war aber wahrscheinlich in vielen Fällen auch möglich, wenn der Raum primär zu einem anderen Zweck gebaut und dreihundertsechzig Tage im Jahr ganz anders genutzt wurde. Andererseits ist an dieser Stelle anzumerken, dass die recht gut bekannten mithrischen Aufführungen noch nicht einmal den Raum einer modernen Kleinkunstbühne benötigten und, soweit wir wissen, eben nicht in Theatern stattfanden.

Mehrere Beiträge vertiefen die Kenntnis um die baulichen und städteplanerischen Charakteristika der gallorömischen Theater (Françoise Dumasy, Filipe Ferreira, Michel E. Fuchs, Philippe Bridel). Thomas Hufschmid schließt neue Erkenntnisse und Überlegungen zu Augst und Avenches an, wirklich interessant ist dabei die These der gegenseitigen Beeinflussung, ja einer gewissen Rivalität zwischen den Bauprojekten beider Städte. Wenn man auch einwenden möchte, dass solch ein Modell nur dann passt, wenn nicht ein drittes Vorbild (etwa Rom) oder überregionale Mode ins Spiel kommen: Es ist sehr griffig und regt zum Weiterdenken an. Neues lesen wir auch zu Beispielen aus Frankreich (Drevant; Carmen Palermo, Mandeure; Séverine Blin und Jean-Yves Marc), Luxemburg (Dalheim; Peter Henrich) und England. Tony Wilmott weist am Beispiel Verulamium auf die funktionalen Ambivalenzen von Bühnen- und Amphitheater hin, die generell in diesem Kolloquiumsband etwas zu kurz kommen.

Man merkt beim Lesen aller Beiträge durchaus Widersprüche in den Auffassungen der verschiedenen Autoren. So wird der Begriff ›Kulttheater‹ mal bewusst verwendet (Nielsen, Poux), mal tendenziell abgelehnt (Hufschmid). Auch fallen die deutlich unterschiedlichen Schwerpunkte der Betrachtung auf. Hierin spiegeln sich offenbar die heterogenen Forschungsschwerpunkte der einzelnen Autoren wie auch die fruchtbaren Diskussionen des Kolloquiums, und wir dürfen der Redaktion des Bandes danken, dass sich diese Unterschiede bis in die Synthese verfolgen lassen. Um es nicht falsch zu verstehen: Die Beschreibung der Multifunktionalität antiker Theater ist das wichtige Ergebnis, das, was beim Leser hängen bleibt. Sie ist kein Kompromiss, um es allen Beteiligten recht zu machen. Multifunktionalität ist dabei grundsätzlich eine Herausforderung für unsere subjektive Erkenntnisgewinnung. An einer antiken Straßenkreuzung konnte man eben bei einem Garküchenbetreiber neben einer Latrine Bratwürstchen kaufen und doch auch Wegegöttern Opfer bringen. Antike Wohnhäuser sind ein Tummelplatz Heiliger Orte samt zugehörigen Ritualen – und dennoch hat man in ihnen auch gelebt mit allen Facetten der menschlichen Natur. Vielleicht ist der Moment, wenn wir sagen, jetzt wissen wir, was ein galloromisches Theater ist, der Zeitpunkt, an dem wir unwissenschaftlich werden, weil wir uns aus den unterschiedlichen Möglichkeiten antiker Auffassung zur Verwendung eines Mehrzweckbaus ohne Not eine als die wahre herauspicken. Insofern ist Thomas Hufschmid dafür zu loben, zwar viele Möglichkeiten zu benennen und auch manche zu favorisieren, aber trotzdem den weiter bestehenden Forschungsbedarf zu betonen.

Die Gestaltung des Buches ist durchdacht und ausgesprochen gelungen, zudem gewinnt die Zusammenstellung der Beiträge an Kohärenz durch den Umstand, dass die wissenschaftliche Durchführung des Kolloquiums und die Redaktion des Sammelbands in einer Hand lagen (Thomas Hufschmid). Damit wurde ein klassischer Kolloquiumsband vorgelegt – der aktuelle Forschungsstand zu einem eng gefassten Thema. Alle Beiträge haben Zusammenfassungen in vier Sprachen, wofür wir der mehrsprachigen Schweiz danken dürfen. Die Synthese wird neben deutscher auch ungekürzt in französischer Sprache geboten. Die Abbildungen sind sehr gut, vielfach in Farbe.

Einziger Wermutstropfen ist der recht hohe Preis von einhundert Euro, der manche Bibliothekare angesichts des sehr speziell klingenden Titels abschrecken könnte. Für Letztere als Kaufargument die Empfehlung des Rezensenten: Die Investition lohnt sich, Leser mit Interessensgebieten in den Bereichen antikes Theater, Städtebau, Heiligtümer, Öffentliches Leben in den römischen Provinzen und Alte Geschichte generell werden das Buch zu schätzen wissen.

Mainz   Peter Haupt

Alfred Schäfer, **Götter, Gaben, Heiligtümer. Römische Religion in Köln.** Verlag Philipp von Zabern, Darmstadt 2016. 128 Seiten mit 70 farbigen Abbildungen.

Das hier vorzulegende Buch über die römische Religion der niedergermanischen Provinzhauptstadt Colonia Claudia Ara Agrippinensium, das heutige Köln, ist an eine breite Leserschaft gerichtet, was sowohl dezidiert Laien als auch das Fachpublikum einbezieht. Die sich daraus ergebende inhaltliche Breite, der lange hier beschriebene Zeitraum und das facettenreiche und umfängliche Material bilden Herausforderungen, denen Alfred Schäfer meisterhaft zu begegnen vermag. Dem Band gelingt es, neueste religionshistorische und archäologische Erkenntnisse einem breiten Publikum zu vermitteln, ohne dabei an fachlicher Exaktheit einzubüßen. Allgemeinplätze zur römischen Religion, wie sie so häufig in ähnlichen Werken zu lesen sind, findet man hier nicht; stattdessen differenzierte Ausführungen zu Charakter und spezifischer Ausformung provinzialrömischer Religion auf Kölner Boden. Schäfer erhebt ausdrücklich keinen Anspruch einer historischen Gesamtdarstellung, sondern verweist auf Werner Ecks ›Köln in römischer Zeit‹ von 2004. Vielmehr konzentriert sich das Buch auf die archäologischen Zeugnisse in einer diachronen, räumlich ausgerichteten Perspektive (S. 9 f.). Dennoch beginnt Schäfer nicht religionsspezifisch, sondern mit einem kurzen Abriss der Augusteischen Stadtgründung (S. 2–15), nimmt dann jedoch die Ara Ubiorum in den Blick und geht so über zur Frage des Herrscherkultes (S. 16–20). Eingefügt in den Text sind Infokästen, welche mit einzelnen Objekten, wie dem im Gürzenich-Quartier gefundenen überlebensgroßen Marmordaumen (S. 18), aber auch mit größeren Themenblöcken, wie etwa einer Einführung in ›Religionsgeschichtliche Quellen‹ (S. 32 f.), das Narrativ ergänzen, wobei zum Teil die Gefahr besteht, dass man über dem Lesen der grau hervorgehobenen Texte leicht den Faden verliert.

Nach der Behandlung des frühen Kaiserkultes widmet sich das Buch der frühen Bevölkerungsstruktur. Hier zeigt sich wieder, wie gekonnt Schäfer neue Debatten und Erkenntnisse zusammenfasst und einem größeren Publikum nahebringt. Die »dünn besiedelte Kulturlandschaft um Köln« (S. 21), welche durch keltische wie germanische Gruppen geprägt war, wurde im frühen Prinzipat durch Dislokationen der Ubier ergänzt. Dies geschah weitgehend gleichzeitig mit dem Aufbau reichsrömischer Zivilstrukturen wie auch der Ansiedlung von Angehörigen des Militärs aus italischen und gallischen Gebieten. Mit der Erhebung zur Kolonie 50 n. Chr. erfolgte zudem die Ansiedlung größerer Gruppen von Veteranen, deren Herkunft Schäfer in großen Teilen in Südfrankreich und Spanien verortet. Er resümiert: »Ob die Ubier tatsächlich den dominanten Bevölkerungsanteil in der Frühzeit stellten, wie es in der Forschung angenommen wird, muss zumindest für das Zentrum des römischen Köln hinterfragt werden« (S. 23). Hier wäre ein kurzer Verweis auf den entsprechenden Forschungsdiskurs auch für den Laien interessant gewesen, was jedoch unterbleibt. Das Literaturverzeichnis zu diesem Kapitel enthält lediglich das bereits genannte Werk von Werner Eck.

Von den Aussagen zur Bevölkerungsstruktur geht der Band zu frühen Götterdenkmälern (S. 28–33) und Heiligtümern (S. 34 f.) über, was angesichts der schmalen Quellenlage für das ersten Jahrhundert recht kurz ausfällt, wie der Autor selbst mehrfach bemerkt. Neben dem 1976 in Köln-Deutz gefundenen Fragment einer Minervastatuette wird kurz auf eine Statue eines thronenden Jupiter aus der Mitte des ersten nachchristlichen Jahrhunderts eingegangen, die in sehr qualitätvollen Bildern vorgelegt wird. Ferner wird auf die erste Ausbauphase der Siedlung (vor der Koloniegründung) eingegangen und hierbei auf den vermuteten Kapitolstempel sowie auf die bei Tacitus erwähnte Ara Ubiorum (Tac. Ann. 1, 57, 2) und das bei Sueton genannte Delubrum Martis (Suet. Vit. 8), in welchem noch 69 n. Chr. Cäsars Schwert aufbewahrt wurde. In einem den ersten chronologischen Block abschließenden Kapitel (S. 36–38) behandelt der Autor die Koloniegründung 50 n. Chr., bevor er sich generellen religionshistorischen Themen, der Votivreligion (S. 39–44), ortsansässigen Gottheiten – hier besonders den Matronen (S. 45–52) und den ihnen gewidmeten Monumenten, auch den Jupitersäulen (S. 53–59) – sowie dem Grabkult zuwendet. Misslich ist jedoch, dass weder Wolfgang Spickermanns Standardwerk zur Religionsgeschichte der Germania inferior von 2008 noch Frank Billers Dissertation zum Matronenkult von 2010 in der Literatur angeführt werden. Ebenso fließen zwar die Ergebnisse des von der Deutschen Forschungsgemeinschaft geförderten Schwerpunktprogramms 1080: »Römische Reichsreligion und Provinzialreligion. Globalisierungs- und Regionalisierungsprozesse in der antiken Religionsgeschichte«, an welchem der Autor selbst als wissenschaftlicher Mitarbeiter beteiligt war, inhaltlich ein, bleiben letzten Endes aber in der Gesamtschau weitgehend unberücksichtigt. Hier wäre die Verknüpfung von Wissenschaft und Öffentlichkeit schön gewesen.

Nach diesem generell die provinzialrömische Religion der Nordwestprovinzen betreffenden Einschub erfolgt ein archäologisch geprägter Abschnitt. Hier werden die zentralen Neu- und Umbauten der Repräsentations- und Kultgebäude der Kolonie vorgestellt, der am Ende des ersten Jahrhunderts neu errichtete Kapitolstempel (S. 63–68), der Rundtempel am Rheinufer (S. 69–71), das Terrassenheiligtum im Gürzenichquartier (S. 72–76), das Forum (S. 78–82) und der Statthalterpalast beziehungsweise die dort aufgestellten Weihesteine (S. 80–82). Ein kurzer Zwischenabschnitt zu »Städtische[n] Festräume[n]« (S. 76 f.) erweist sich als wenig ergiebig und hätte allenfalls zu einer vertieften Betrachtung von Stadtprospekten und deren Wahrnehmung in der römischen Kaiserzeit führen können, was jedoch dem Ansatz und Ausrichtung des Buches nicht entsprochen hätte. So verbleibt dieses sehr knappe Kapitel solitär und unvermittelt, ohne dass dies den Gesamteindruck des Buches minderte.

An diesem Punkt verliert ›Götter, Gaben, Heiligtümer‹ ein wenig den zuvor sehr stringent gespannten Faden, da nun einzelne, wenn auch ausgewählte Funde und Befunde des römischen Köln vorgestellt werden, darunter das Dionysosmosaik (S. 83 f.), die Mithrasheiligtümer (S. 85–89) sowie kleinere Kultlokale innerhalb der Stadtmauern (S. 93–96). Stünde ein einführendes Kapitel zu Klein- und Kleinstheiligtümern mit dem Titel ›Eine dicht besetzte Sakraltopographie‹ am Anfang, würde möglicherweise die religiöse Struktur des römischen Köln noch klarer. Die Fundschau wird wiederum unterbrochen von generellen Betrachtungen zu sogenannten orientalischen Kulten (S. 90–92) und nochmals zu Jupitergiganenreitern (S. 97–99). Die Aussagen zum Beispiel zu »Götter[n], die aus dem Osten kommen« vermitteln prägnant auf den Punkt gebracht neueste Ergebnisse zum Orient als religiöser Projektionsfläche für exotische Moden. Allerdings wäre immer auch zu hinterfragen gewesen, inwiefern ein Mosaik mit mythologischen Darstellungen in einem reichen Privathaus wirklich im kultisch-religiösen Kontext zu verorten ist.

Nach der Vorstellung der Sakraltopographie Kölns greift der folgende Abschnitt über die Mauern der Stadt hinaus und betrachtet ›Heiligtümer vor der Stadtmauer‹ (S. 99–103), religiöse Zeugnisse aus dem gut drei Kilometer entfernten Kastell Alteburg (S. 104–107) sowie den Gräberfeldern (S. 108 f.).

Das Buch endet abermals mit einem chronologischen Abschnitt, welcher ›Krise und Niedergang der Provinzialreligion‹ (S. 110–115), ›Frühes Christentum‹ (S. 116 f.) und ›Das Ende der paganen Erinnerungskultur‹ (S. 118–102) thematisiert. Auch hier werden überkommene Ansichten, wie Vermutung eines plötzlichen Untergangs der römischen Religion im dritten Jahrhundert oder die Vorstellung von der Zerstörung der heidnischen Kultbilder einzig durch christliche Eiferer, relativiert und auf das Aussagbare reduziert. Für den Fachmann mögen derartige Aussagen nichts revolutionär Neues sein, aber die Vermittlung für den Laien macht nicht unwesentlich den Wert dieses kurz gehaltenen sowie facettenreichen und großzügig bebilderten Buches aus.

Zusammenfassend ist ›Götter, Gaben, Heiligtümer. Römische Religion in Köln‹ für die angestrebte Leserschaft und das Ziel, neueste Forschung einem breiteren Publikum zu vermitteln, ein durch und durch geglücktes Buch. Einzig ein großer Plan des römischen Köln sowie eine moderne Karte mit den Fundstellen wären noch wünschenswert gewesen.

Graz   Leif Scheuermann

Julien Boislève, Alexandra Dardenay und Florence Monier (Herausgeber), **Peintures murales et stucs d'époque romaine. Une archéologie du décor.** Actes du 27e colloque de l'AFPMA, Toulouse, 21 et 22 novembre 2014, Pictor 5. Collection de l'AFPMA. Verlag Ausonius, Bordeaux 2016. 435 Seiten mit zahlreichen Abbildungen.

Bei Pictor 5 handelt es sich um den fünften Band der 2013 von der Association Française pour la Peinture Murale Antique (AFPMA) begründeten Reihe, die speziell der französischen Forschung zur antiken Wandmalerei gewidmet ist und vor allem der Veröffentlichung der alljährlich in Frankreich stattfindenden Kolloquien der AFPMA dient, bei welchen neueste Forschungen zu den Wandmalereifunden in Gallien vorgestellt werden. So wurden in Pictor 1 (vgl. Rezension Bonner Jahrb. 214, 2014, 387–391) die Kolloquien von 2010 und 2011 in Narbonne und Bordeaux publiziert, in Pictor 3 das Kolloquium von 2012 in Straßburg und in vorliegendem fünften Band das Kolloquium, das 2014 in Toulouse stattgefunden hat. Pictor 2 dagegen stellt die Ergebnisse eines ›runden Tisches‹ zum Anteil der deutschen Wissenschaft an der Forschungsgeschichte zur antiken Wandmalerei vor, Pictor 4 beinhaltet eine Monographie der Wandmalerei- und Stuckfunde des ersten bis dritten Jahrhunderts aus Metz.

Die Vorträge des Kolloquiums in Toulouse sind in vier Themenbereiche untergliedert, beginnend mit teils bilanzierenden Vorträgen zu älteren Funden, teils solchen zu Neufunden in Südgallien. Es folgt eine Gruppe von Beiträgen zu aktuellen Forschungen beziehungsweise Neufunden in anderen Regionen von Frankreich, aber auch in Italien. Ein dritter Bereich umfasst ikonographische Untersuchungen, während im vierten Kapitel technische und methodische Fragen behandelt werden.

Alexandra Dardenay, Carole Acquaviva und Philippe Gardes stellen in ihrem Beitrag dank Nachgrabungen auf dem Gelände der Villa von Roquelaure - La Sioutat neue Erkenntnisse zur Rekonstruktion und Datierung der hochqualitätvollen Wanddekorationen mit Bossensäulen vor zinnoberrotem Grund und mit einer eindrucksvollen Megalographie vor. Die bereits 1962 zutage getretenen Malereien waren seinerzeit ohne große Sachkenntnis mehr oder weniger willkürlich für die Präsentation im Museum von Auch zu fünf ästhetisch ansprechenden Tableaus montiert und von Alix Barbet 1983 mit einer Datierung in frühaugusteische Zeit publiziert worden (Gallia 41, 1983, 111–165). Diese Datierung ließ sich mit einzelnen Elementen der Dekoration nicht vereinbaren, die für eine claudische Entstehungszeit sprechen (S. 20 – R. Thomas, Die Dekorationssysteme der römischen Wandmalerei von augusteischer bis in trajanische Zeit [Mainz 1995] 201–209; neue Datierung von A. Barbet, La Peinture murale en Gaule romaine [Paris 2008] 91 Anm. 89; R. Thomas, Gnomon 82, 2010, 735–745, bes. 738 f.). Wie jetzt die Nachuntersuchungen gezeigt haben, wurden offensichtlich Fragmente von Dekorationen unterschiedlicher Zeitstellung miteinander kombiniert. Bei den neueren Grabungen wurden weitere zugehörige Putzstücke geborgen und untersucht, wobei sich zeigte, dass sie verschiedene Mörtelsorten aufweisen. Um zu klären, welche der montierten Fragmente tatsächlich zusammengehören, sollen die Tableaus auseinandergenommen und korrekt ergänzt werden. Aus der Erbauungsphase der Villa um 20 oder 15 v. Chr. könnten die zinnoberroten Felder und die Scheinarchitekturen sowie die wahrscheinlich ursprünglich breitere und mehrfigurige Megalographie stammen. Diese augusteischen Malereien sind in Gallien singulär, und ihre Qualität wird von Dardenay mit der im Haus des Augustus auf dem Palatin und der Villa Farnesina in Rom verglichen. Sie vermutet, dass sie von einer aus Italien stammenden Werkstatt ausgeführt wurden und dass der Villenbesitzer zur römischen Nobilität gehörte.

Auf eine zusammenfassende Darstellung der Wanddekorationen aus Bordeaux folgt die Präsentation des ersten Wandmalereikomplexes aus Die (Drôme) in der Gallia Narbonensis durch Julien Boislève und Christine Ronco. Die Fundstelle bei der Kathedrale erfasste ein reiches, in der zweiten Hälfte des ersten nachchristlichen Jahrhunderts erbautes Wohnhaus der römischen Siedlung Dea Augusta Vocontiorum, die zwischen dem Ende des ersten und dem Ende des zweiten Jahrhunderts zum zweiten Hauptort der Civitas der Vocontier und nach 245 n. Chr. zur Kolonie erhoben wird.

Die aufwendige rotschwarze Schirmkandelaberdekoration, die sich an einer der Wände im Bereich der Sockelzone noch in situ erhalten hatte, war aufgrund der großen Wandputzflächen in Sturzlage nahezu vollständig mit allen Maßen und Proportionsverhältnissen zu rekonstruieren und offenbarte dabei einige außergewöhnliche Details. Die Gesamthöhe der Wand lässt sich mit 3,80 Metern sicher ergänzen. Die in Italien beobachteten Felderproportionen, wobei die Höhe anderthalbmal der Breite entspricht, die von Barbet auch für Gallien in Anspruch genommen werden, stimmen hier nur für die schmale Südwand, während an den beiden Längswänden die Felder an die Raummaße angepasst schmaler sind. Die roten Felder haben einen Innenrahmen aus einem blauen, weiß konturierten Band, von dem oben jeweils mittig eine Maske oder ein Panskopf sowie eine bogenförmige Girlande herabhängt. An den drei Feldern der Längswände sind die Girlanden jeweils in den Ecken des blauen Rahmens befestigt. Damit die Girlanden an der Schmalwand mit den beiden breiteren Feldern in derselben Bogentiefe durchhängen wie an den Längswänden, sind hier die Girlandenenden zur Mitte versetzt aufgehängt. Auffallende Besonderheiten weisen auch die figürlichen Einzelheiten der reich mit toreutischen und vegetabilen Elementen sowie Delfinen und verschiedenen hockenden oder fliegenden Vögeln ausgestatteten Kandelaber auf den schwarzen Trennstreifen auf, deren traditionelle Schirme mit großen geöffneten Blüten wechseln, die sich in ähnlicher Form auch an der bekannten Globuswand in Vienne finden. Bekrönt werden die Kandelaber von einer hockenden Sphinx, die ungewöhnlich frontal gesetzt ist, einen kugelförmigen Körper hat und deren Vorderläufe nicht zu sehen sind. Boislève datiert die Dekoration überzeugend stilistisch um 85 n. Chr. und sieht in der Gestaltung von Einzelformen Parallelen zu den Malereien in Vienne und St.-Romain-en-Gal, weshalb er vermutet, dass es sich um dieselbe Werkstatt handeln könnte.

Der nächste Beitrag stellt die Wandmalereibefunde aus mehreren Bauphasen von Wohnhäusern einer Insula des Camelot-Viertels in Fréjus vor. Aus der frühen Phase im ersten Drittel des ersten nachchristlichen Jahrhunderts stammt eine weißgrundige Dekoration mit einer linearen roten Feldereinteilung und einfachen schwarzen Stangenkandelabern auf Kugelfüßen. In der zweiten Phase um 40 n. Chr. wird diese Bemalung gepickt und durch eine Dekoration mit marmorierten Feldern im Sockel und einer einfarbig rotgrundigen Hauptzone ersetzt, die erneut durch Stangenkandelaber unterteilt wird, die jetzt von großen, unnatürlich weißen Vögeln bekrönt werden. Stratigraphisch ins Ende des ersten bis ins frühe zweite Jahrhundert zu datieren sind rotschwarze Felder-Lisenen-Dekorationen in einem benachbarten Haus, die teilweise mit Sockelzonen in Opus-sectile-Nachahmung ausgestattet waren.

Bemerkenswert sind vor allem Fragmente einer Lehmschicht, auf welche eine gelbe Malschicht mit roten Spritzern aufgetragen wurde, ohne Mörtellage dazwischen (S. 67 f.). Ein ähnliches Phänomen wurde bereits an Befunden in Narbonne und Nîmes beobachtet. Die Fragmente könnten zu einer Decke gehört haben. In demselben Kontext wurden jedoch außerdem Reste von Kalkputzstücken mit Rutengeflechtabdrücken auf der Rückseite geborgen, die sicher von einer Decke stammen und vielleicht von einer Erneuerung zeugen.

Auch aus Arles waren bis zu dem im Folgenden von Julien Boislève, Marie-Pierre Rothé und Alain Genot vorgestellten Komplex im Bereich La Verrerie keine römischen Wandmalereifunde bekannt. Die bis ins sechste vorchristliche Jahrhundert zurückgehende Siedlung auf der linken Rhoneseite wird bereits 49 v. Chr. als Verbündeter Cäsars gegen Marseille genannt. Auf Betreiben von Veteranen der Sechsten Legion erhielt sie zwischen 46 und 45 v. Chr. den Status einer Colonia Iulia Paterna Arelate Sextanorum, wobei der Stadtplan wohl erst um 30 v. Chr. unter Augustus realisiert wurde (S. 77). Im Bereich der auf der rechten Rhoneseite liegenden Fundstelle La Verrerie waren bisher Siedlungsspuren seit augusteischer Zeit bekannt, so dass man hier einen Vicus und ein Sacellum der Ministri Laribus vermutete. Die neueren Ausgrabungen 2014 erbrachten nun den Nachweis älterer, spätrepublikanischer Bebauung, die nach einem Brand um die Mitte des ersten vorchristlichen Jahrhunderts aufgegeben und mit einer 1,40 Meter dicken Bauschuttschicht aufgefüllt wurde. Ein Neubau erfolgte erst nach 70 n. Chr. Von dem republikanischen Bau war in dem 4,60 auf 3,40 Meter großen Raum VIII b die Bemalung der Wände noch hüfthoch erhalten. Ein Wechsel in der Dekoration lässt auf die Unterteilung des Raumes in Anticamera und Alkoven schließen. Die Trennung zwischen den beiden Bereichen wird durch einen illusionistisch gemalten vorspringenden Sockel markiert, über dem eine plastische Stucksäule saß. Die Anticamera zeigt einen marmorierten Sockel, der durch Volutenstiele in Felder unterteilt wird. Die Hauptzone ist als geschlossene ockerfarbene Wand mit Orthostaten und Lisenen aufgefasst, vor welche Scheinsäulen gestellt sind.

Im Alkoven hingegen ist die Sockelzone durch breite Diagonalstreifen in gelb, rot und grün marmoriert, über welche ein rotes Raster aus einander überschneidenden Kreisrosetten gelegt ist. Auch hier sind durch Volutenstiele Felder abgeteilt. Durch einen breiten grünen Streifen getrennt folgt darüber die Hauptzone mit zinnoberroten Lisenen und unterschiedlich marmorierten Orthostaten. Von der Deckenbemalung haben sich größere Flächen erhalten, bei denen die Farben teilweise direkt auf den graugelben Lehm aufgetragen sind. In etwas höheren Lagen der Bauschuttschicht fanden sich Reste von figürlichen Friesen, von Scheinarchitekturen und großen Figuren, die zur Ausmalung des Obergeschosses gehört haben müssen.

Die Autoren betonen die stilistische Nähe zu den republikanischen Architekturmalereien im Oppidum von Glanum, wo auch die Volutenstiele im Sockel auftreten und für die Barbet eine stilistische Abhängigkeit von den Malereien in Bilbilis in der Tarraconensis erkannte und einen Werkstattzusammenhang vermutete. Diese Beziehung zur Tarraconensis können die Autoren im Falle von Arles jedoch nicht bestätigen (S. 91). Für die Verbindung von Marmorierung und Rosettenrapport lassen sich bisher weder in Italien noch in Gallien Parallelen finden. Die großen Figurenmalereien in Arles zeugen in jedem Falle von einer auf höchstem Niveau arbeitenden Malerwerkstatt, die zwischen 80 und 30 v. Chr. im Rhonetal tätig war.

Ein wichtiges Zeugnis für die spätere Entwicklung der gallischen Wandmalerei stellen die von Raymond Sabrié vorgestellten Malereireste aus der letzten Phase eines römischen Hauses in Marseille, Rue Leca, dar, die um die Mitte des dritten nachchristlichen Jahrhunderts datiert werden. Es handelt sich um weißgrundige Malereien, die aus einem Deckengewölbe und vom oberen Wandregister stammen und unter anderem Bildfelder mit Vögeln sowie Pflanzen- und Blütenornamente zeigen. Außerdem sind Fragmente von qualitätvollen Gesichtern erhalten, von denen sich eines zu einer Büste in einem Medaillon ergänzen lässt, das einem Quadrat einbeschrieben ist. Die Büste könnte in der Mitte des Gewölbes oder an einer Ecke gesessen haben. Ungewöhnlich ist eine geschwungene Folge von Kreisbögen aus hellblauen Bändern und roten Linien sowie Bordüren mit roten und schwarzen Punkten, die als äußerer kreisförmiger Rahmen um ein Mittelmotiv gedient haben könnten. Für die Wände sind durch wenige kleine Fragmente rote und schwarze Zonen gesichert.

Das folgende, neuen Forschungen gewidmete Kapitel beginnt mit der gewichtigen Zusammenfassung ihrer Dissertation von Mathilde Carrive. Ziel der Arbeit mit dem Titel ›Habiter le décor. Peinture murale et architecture domestique en Italie centrale et septentrionale de la fin du Ier à la fin du IIIe s. p. C.‹ ist es, Entwicklung der Wandmalerei im Kontext der Architektur und der übrigen Wohnausstattung zu untersuchen, um dadurch zu neuen Datierungen und Erkenntnissen zu gelangen. Die Autorin unterscheidet zwei große Stilzonen, die jeweils Gemeinsamkeiten aufweisen, den Bereich um Rom bis Bolsena und Oberitalien zwischen Rimini und Alba. In dem Bereich um Rom herrsche in dem Untersuchungszeitraum architektonisches Vokabular vor, während in der Stilzone zwischen Rimini und Alba der

Formenschatz eher vegetabil und ornamental sei und Architektur und figürliche Bilder fehlten.

Für das von Rom beeinflusste Ostia konstatiert Carrive im gesamten zweiten Jahrhundert zwei Arten von Dekorationssystemen, solche mit weiß- oder gelbgrundigen Wänden, die paratakisch durch Ädikulen gegliedert werden und zur Ausstattung von Nebenräumen dienen, und Kompositionen mit mehrfarbigem Hintergrund und komplexen Architekturkonstruktionen, die den Haupträumen vorbehalten bleiben. Seit dem Ende des zweiten Jahrhunderts habe sich ein linearerer Stil entwickelt und Marmorimitationen seien bevorzugt worden.

Während in Rom die Entwicklung der Wandmalerei vorangetrieben wurde und sich als dynamisch und innovativ erwies, habe sich in Ostia, das sich mehr und mehr zum Wirtschaftsstandort entwickelte, im Unterschied dazu die Malerei eher standardisiert. Hierfür fänden sich in Italien sonst keine Parallelen; nach dem heutigen Forschungsstand böten die Hanghäuser von Ephesos bisher die einzigen überzeugenden Vergleiche (S. 112).

Nach meiner Meinung ist dies eine zu stark verallgemeinernde Aussage, die nicht die verschiedenen traditionellen, retrospektiven oder fortschrittlichen Dekorationssysteme berücksichtigt, die im gesamten zweiten Jahrhundert nebeneinander bestanden und je nach der Raumfunktion und den finanziellen Möglichkeiten der Auftraggeber Anwendung fanden. Auf einer größeren Materialbasis wäre zu erkennen, dass durchaus reichsweit verbindende Stiltendenzen zu bemerken sind, die in der Entwicklung der römischen Wandmalerei in allen Provinzen zu vergleichbaren Stilformen geführt haben und nicht nur in Ostia und in Kleinasien. Ein minutiöser linearer Stil findet sich darüber hinaus vor allem an den trajanischen Malereien auf dem Aventin in Rom.

Da in Oberitalien Architektur und figürliche Bilder fehlen, schließt Carrive, dass sich Haupträume nur durch reicheren ornamentalen Dekor oder durch andere Ausstattungselemente wie aufwendige Böden oder Brunnen aufwerten ließen. Parallelen für diese Vorliebe vegetabiler Ornamente sieht sie eher in Narbonne und Obergermanien als in Mittelitalien. So vergleicht sie die vegetabile, Felder trennende Säule in Desenzano mit einem Beispiel in Narbonne (S. 113).

Im Folgenden versucht die Verfasserin eine Erklärung dafür zu finden, dass die römische Wandmalerei über die vier pompejanischen Stile hinaus keine weiteren innovativen Stile hervorgebracht hat. Sie erkennt einen Bruch im Ausstattungsluxus, der mit Nero und Domitian beginnt. Orientiert an der Pracht der hellenistischen Paläste verlagere sich das Interesse der Auftraggeber von der malerischen Ausstattung auf die Verkleidung der Wände mit Marmorplatten. Diese Tendenz werde von den Kaisern im zweiten Jahrhundert fortgesetzt, wie es in der Villa Trajans in Arcinazzo Romano und der Villa Hadriana in Tivoli zu erkennen sei. Dieser Wandel in der Bedeutung der römischen Wandmalerei wirke sich, von den kaiserlichen Palästen im Zentrum ausgehend, auf die Wandmalerei-Entwicklung in ganz Italien aus.

Aus dem Rückgang der kaiserlichen Aufträge resultierte in der Folgezeit die fehlende Erneuerung der Formen, was zur Gleichförmigkeit im Formenrepertoire führte. Es seien keine neuen Motive erschaffen, sondern nur die älteren wieder aufgenommen worden (S. 116). Diese relative Kontinuität habe mindestens bis zur Mitte des dritten Jahrhunderts bestanden. Wie es sich im weiteren Verlauf des dritten Jahrhunderts verhalten habe, ließe sich aufgrund des wenigen Materials nicht beurteilen. Es stelle sich die Frage, ob dieser Prozess als allmählicher Niedergang der Malerei nach dem Ende des ersten Jahrhunderts gedeutet werden muss oder ob dahinter eine bewusste Anlehnung an die Vergangenheit stehe. Einen gewissen Niedergang sieht die Autorin vor allem in der nachlassenden Qualität der Malereien. Sie vermutet, dass die Oberschicht ihr Interesse an aufwendigen Malereien verliert und dass damit Impulse fehlen. Die Stagnation im Bildrepertoire und die Wiederverwendung älterer Dekorationssysteme und Muster hätten nach Carrive dazu geführt, dass diese im zweiten und dritten Jahrhundert in unterschiedlichen Zusammenhängen verwendet wurden und ihren Bezug zum Hauskontext und zur Wandgröße verloren hätten.

Dies ist eine bemerkenswerte Überlegung, die in der weiteren Forschung auch in den übrigen Regionen des römischen Kaiserreiches in Betracht gezogen und an dem dortigen Material überprüft werden sollte.

Im Folgenden wird von Marjorie Leperlier und Éric Bertrand ein außergewöhnlicher Befund aus Lyon (Hôtel-Dieu) vorgestellt. Die im letzten Drittel des ersten Jahrhunderts entstandene Schirmkandelaberdekoration zeichnet sich durch eine besonders reiche Ausstattung mit figürlichen Elementen aus. Im Sockel sind Blattbüschel und Reiher wiedergegeben. Auf schwarzem Untergrund sitzen in der Hauptzone rote, von weißen Bändern gerahmte Felder und mindestens ein weißes, rot gerahmtes Feld, die von kleinen Säulen gestützt und einem Gebälk abgeschlossen werden. Sowohl in der Predellazone unter den Feldern als auch auf dem Gebälk darüber sind Jagdfriese oder Eroten bei der Weinernte dargestellt. Darüber hinaus sitzen auf den Feldereacken zinnoberrote volutenförmige Akrotere, aus denen diagonal Weinranken mit Vögeln aufsteigen. Über dem weißen Feld sitzt mittig ein vegetabiler Groteskenkopf, aus dem Ranken herauswachsen, die in stilisierte Delphine übergehen, welche an Schleifen aufgehängte Masken tragen. Über dem Groteskenkopf befindet sich ein mit roten Voluten verzierter grüner Rahmen mit einem Vogel darin. Auf den Trennstreifen sind teilweise Schirmkandelaber, teilweise Zierständer mit sich überkreuzenden Stielen dargestellt. Bekrönt werden die Zierständer von stehenden Figuren, unter anderem einer Mänade und einer Sphinx.

Eher unspektakulär ist eine rotschwarze Felderdekoration aus der zweiten Hälfte des ersten Jahrhunderts, die in Feurs, dem antiken Forum Segusiavorum, Rue de la Varenne, zutage trat. Sie trägt jedoch eine große Anzahl unterschiedlicher Graffiti, die teilweise aus Schreibübungen, aber auch erotischen Inschriften und Skizzen von Schiffen bestehen.

Im Jahr 2014 wurden in Lyon, Place Abbé-Larue, teilweise noch bis in mittlere Höhe der Hauptzone in situ erhaltene Wandmalereireste in einem Bau beobachtet, der von außen gegen die augusteische Stadtmauer gesetzt ist und, nach der Keramik in der Abbruchschicht zu schließen, um 50–70 n. Chr. aufgegeben wurde. Es handelt es sich um die Ausmalung von zwei Räumen, die um die Mitte des ersten Jahrhunderts entstanden sein wird. Raum 1 zeigt eine rotschwarze Dekoration mit einer breiten rotgrundigen Mittelädikula, die durch vegetabile Zierständer und schwarze Kandelaberfelder gegliedert wird. Das hellblaue Mittelbild trug offenbar ein Stillleben mit Meerestieren. In dem schwarzen Sockel sind Blattbüschel und Reiher wiedergegeben. Einfacher ist Raum 2 ausgestattet, der über einem roten Sockel mit Büschen eine einfarbig schwarze Wand mit schlichten Stangenkandelabern aufweist. Weitere Wandmalereifragmente aus der Abbruchschicht zeugen von weiß gerahmten schwarzen Feldern auf schwarzem und einer Voluntenranke auf ockerfarbenem Grund.

Aus einer Villa suburbana in Mey, Rue des Jardins, stammt eine weißgrundige Dekoration mit springenden Huftieren im Sockel und ädikulaartig gerahmten Feldern mit fünfzehn verschiedenen Bordüreninnenrahmen in der Hauptzone, die sich nicht genauer als ins zweite bis dritte Jahrhundert datieren lässt. Auf dem die Felder abschließenden Gebälk sind Voluntenranken und aufgehängte Oscilla wiedergegeben. Zwischen den Ädikulen wechseln mit Tieren bevölkerte, um Stangen gewundene Ranken mit Ornamentbändern aus einander überschneidenden Kreisen, für die sich Parallelen in Sankt Ulrich und in Vallois finden lassen. Singulär ist hingegen eine Bordüre aus liegenden ›S‹ im Wechsel mit Halbkreisen. Das qualitative Niveau der in der Regel sehr fein gemalten Ornamente ist unterschiedlich. Einige Details sind auch sehr grob ausgeführt. Magali Mondy und Nathalie Froeliger schließen deshalb auf verschiedene Maler, die sich von den geläufigen Vorbildern haben inspirieren lassen und diese teilweise neu interpretierten.

Von besonderer Bedeutung sind die Wandmalerei- und Stuckfunde aus den Empfangsräumen 1 und 8 mit Exedra 9 einer extra muros gelegenen Villa in Grand, Domus de la Fontainotte, die aus einer Umbau- und Erweiterungsphase um 200 n. Chr. stammen. Raum 1 trug eine farbige Stuckdekoration in Opus-sectile-Malerei mit erhabenen Spiegelquadern und Rahmen in Nachahmung von Giallo antico, Porphyr und anderem sowie plastischen Gesimsen. Die weißgrundige Exedra 9 trug an der Rückwand eine Megalographie mit einer mythologischen Szene, die einen Mann im Hüftmantel, einen Hund, einen Eros sowie eine weibliche Figur erkennen lässt, für die Froeliger, Mondy und Morgane Thorel mehrere Deutungen diskutieren, ohne sich auf eine Lösung festzulegen. Die Anwesenheit des an der männlichen Figur hochspringenden Hundes spricht jedoch meines Erachtens am ehesten für eine Darstellung von Aktaion, der von Diana in einen Hirsch verwandelt und von den eigenen Jagdhunden zerfleischt wird. Die Megalographie sitzt in einer ädikulaartig auf dem Sockel aufstehenden Rahmendekoration aus mehrfachen Bändern und Linien in Rot, Orange und Ocker, die mit schematischen Basen versehen ist. An den Seitenwänden gibt es an der Stelle des Bildfeldes arkadenförmige Fenster oder Nischen. Den oberen Wandabschluss bildet ein Scheingesims mit Bändern in Ägyptischblau und Ocker. Die Reste der Ausmalung von Raum 8 sind zu fragmentarisch, so dass die Autorinnen keine Gesamtrekonstruktion vorstellen. Die Dekoration ist ebenfalls weißgrundig und enthielt verschiedene Scheingesimse unter anderem mit einem Fries von jagenden Eroten darüber, außerdem aufgehängte Girlanden.

Unter den stilistischen Vergleichen für die Erotenjagd wird auch die Ausmalung des sogenannten Freskenraums von Nida-Heddernheim zitiert (S. 183), die jedoch nicht um 130 n. Chr. zu datieren ist, sondern zu diesem Zeitpunkt abgeschlagen wurde, also älter sein muss.

In dem folgenden Beitrag zu der Villa von Sankt Ulrich korrigiert und ergänzt Dominique Heckenbenner einige ältere Rekonstruktionsvorschläge und stellt Fragmente einer gelbgrundigen Dekoration mit schematischen Schirmkandelabern vor.

Einige ungewöhnliche figürliche Details enthält die von Clotilde Allonsius präsentierte rotschwarze Felderdekoration aus Reims, Boulevard de la Paix. In eines der mit Säulen gerahmten und einem Gebälk abschließenden roten Felder war im oberen Drittel ein Bildfeld eingelassen. Auf dem Gebälk sind Reste von weiteren figürlichen Darstellungen erhalten. Auf den Trennstreifen zwischen den Ädikulafeldern waren auf unterschiedlicher Höhe Figuren angeordnet. Den oberen Abschluss eines dieser Trennstreifen bildet die Darstellung einer im Profil gesehenen Frau mit Diadem und entblößter rechter Schulter, die den Zeigefinger ans Kinn hält und für die Allonsius keine Deutung hat. Über ihr hängt ein überproportional großes Trinkhorn.

Nach meiner Meinung könnte es sich hierbei um die Muse Polyhymnia handeln, die bisweilen mit einem Finger am Mund dargestellt wird (vgl. z. B. LIMC VII, 1020 Nr. 71 [Pompeji II 3 Praedia Julia Felix Raum 97]; 1044 Nr. 164 [Sarkophagfragment Vatikan, Mus. Gregoriano Profano]). Zu einer Muse würde auch das Diadem passen (vgl. LIMC VII, 1017 Nr. 18 [Mosaik in El Jem]), und die entblößte rechte Schulter wäre nicht ungewöhnlich (vgl. LIMC VII, 992 Nr. 162; 997 Nr. 210 [hellenistische Gemmen]; 1014 Nr. 3 [Mosaik aus Baccano, Rom, Mus. Naz.]).

Mindestens eine weitere weibliche Figur, von der die Stirnpartie und das Haar mit einem Blütenkranz sowie der Ansatz eines darüber aufgehängten Gegenstands erhalten sind, ist auf einem weiteren Trennstreifen zu ergänzen. Auch hier könnte eine Muse dargestellt sein.

Einzelne Fragmente scheinen darauf hinzuweisen, dass auch unten in den Trennfeldern auf dem Sockelband aufstehend Figuren dargestellt waren. Es fanden sich hingegen keine Spuren eines Kandelaberschaftes.

Zu den von der Verfasserin genannten Parallelen für die säulengerahmten Felder wäre als eines der frühesten

Vergleichsbeispiele die flavische Schirmkandelaberdekoration aus Raum 1434 im Kölner Domviertel zu ergänzen, die zudem ebenfalls Figuren enthält, die an Stelle des Kandelaberschaftes eingesetzt sind (R. Thomas, Römische Wandmalerei in Köln [Mainz 1993] 183 Abb. 67, 189).

Unter den von der Autorin genannten Beispielen für am Fuß des Kandelaberfeldes stehende Figuren ist die Dekoration aus Insula 19 in Xanten (S. 205) entgegen der Meinung der Verfasserin nicht in den Anfang des zweiten Jahrhunderts zu datieren, sondern in flavische Zeit. (Siehe M. Zelle in: B. Jansen / Ch. Schreiter / M. Zelle, Die römischen Wandmalereien aus dem Stadtgebiet der Colonia Ulpia Traiana, Xantener Berichte 11, 2001, 134. Die Fragmente gelangten in den ersten Jahrzehnten des zweiten Jahrhunderts in die Erde, weshalb die Malereien der ersten Bauphase des Hauses zuzuordnen sind und deshalb im letzten Drittel des ersten Jahrhunderts entstanden sein werden.) Vollkommen unverständlich ist die Ansicht der Autorin, dass dieser Typus des Kandelabers einer Entwicklungsstufe entspricht, die in der Gallia Belgica und in Germanien in antoninischer Zeit zu beobachten sei (S. 205).

Im nächsten Bericht stellt Sabine Groetembril einen Wandmalereifund aus Tongeren in Belgien vor, der zu einer aufwendigen Domus gehört, von der Teile unter dem Musée Gallo-romain freigelegt wurden. Die Wandmalereireste stammen aus zwei Phasen des Hauses und lassen sich zwei Wänden zuordnen, die sich an den Außenseiten einer an eine Galerie anschließenden rechteckigen Exedra befanden, welche wohl überdacht war, da sich die Malereien sonst nicht so gut erhalten hätten. Während die erste Malschicht an der Seitenwand weiße und an der Rückwand rote marmorierte Felder aufwies, die zur Aufnahme der zweiten Malschicht gepickt wurden, zeigt die zweite Malschicht an der Seitenwand wie in Grand eine Megalographie des frühen dritten Jahrhunderts und in einem von einer Weinranke begrenzten Kreisausschnitt Dionysos auf einem Panther reitend. Für das Motiv lassen sich vor allem auf Mosaiken Parallelen finden. Da das Wandbild auf einem vorspringenden Sockel ruht, vermutet Groetembril, dass es möglicherweise kultische Bedeutung hatte.

Einen Befund aus der sogenannten Villa ›Mare aux Canards‹ in Noyon, bei der es sich um eine der größten Axialhofanlagen (»pavillons multiples alignés«) in den westlichen Provinzen Galliens mit etwa fünfzehn Nebengebäuden handelt, nutzen Marjolaine de Muylder und Sabine Groetembril, um der Frage nach der Verbreitung von grüngrundigen Wanddekorationen nachzugehen. Die durchgehend grüngrundigen Felder-Lisenen-Malereien mit gelben Schirmkandelabern über einem rosafarbenen gesprenkelten Sockel stammen aus dem im Nordflügel der Pars rustica gelegenen Bau 8 und gehören zu einer späteren Erweiterung des Gebäudes. Die grüne Farbe, die hier als Seladonit bestimmt wurde, ist, wie aus der Verbreitungskarte der Autoren hervorgeht, in der großflächigen Verwendung relativ selten und kommt auch in den Vesuvstädten nur sehr vereinzelt vor, was damit zusammenhängen könnte, dass die Farbe schlecht haftet und es schwierig ist, sie auf größeren Flächen aufzutragen. Bisher lässt sich keine Präferenz für eine bestimmte Zeitspanne oder eine bestimmte Gegend erkennen.

Die beiden letzten Beiträge in dieser Sektion sind Forschungsprojekten in Italien gewidmet. In dem ersten stellen Studentinnen der Universität Padua Fragmente von Wandmalereiresten aus Aquileja mit ersten Rekonstruktionsvorschlägen vor. Der zweite stammt von Dorothée Neymes, Doktorandin an den Universitäten in Aix-Marseille und Neapel, die die Ergebnisse der jüngsten Ausgrabungen in der römischen Nekropole von Cumae vorführt. Die aus dem letzten Drittel des ersten nachchristlichen Jahrhunderts stammende rotgrundige Bemalung der Sockelzone in Grab A 42 mit im Wechsel schmalen, arkadenförmig überwölbten Feldern mit fliegenden Schwänen sowie längsrechteckigen mit Blattbüscheln lässt zwar Parallelen zu einzelnen Gräbern erkennen, entspricht aber typologisch vor allem den in Wohnhäusern anzutreffenden Wanddekorationen in den Vesuvstädten und in Oberitalien.

Im nächsten Kapitel sind einzelne Beiträge zu ikonographischen Themen versammelt. Myriam Tessariol interpretiert überzeugend Fragmente einer figürlichen Szene aus dem Bereich des Auditoriums in Bordeaux als Darstellung des von Ovid überlieferten Mythos von Hero und Leander, für die sich Parallelen in Pompeji aufzeigen lassen, die in Gallien jedoch singulär ist. Baptiste Augris widmet sich noch einmal einer Rekonstruktion des Iliasfrieses in der Casa del Criptoportico in Pompeji und vergleicht die Szenen mit der literarischen Vorlage.

Éric Morvillez stellt in einer vergleichenden Studie die Gartenmalereien in den römischen Katakomben zusammen und kommt zu dem Ergebnis, dass Zäune, die an reale Grabgärten erinnern, vor allem in der Spätantike als Symbol für den Garten selbst eingesetzt wurden. Bei christlichen Gräbern sollen sie den Paradiesgarten assoziieren. Sonderformen des Gartenzaunes mit doppelten Diagonalleisten erklärt er als Nachahmungen von Metallzäunen.

In einer ausführlichen Untersuchung widmet sich Claude Vibert-Guigue den historischen Dokumentationen von Wandmalereifunden in Gallien im neunzehnten Jahrhundert.

Verblüffend ist die Präsentation einer Reihe von Fälschungen römischer Wandmalereifragmente mit dionysischen Szenen, die um 1860 entstanden sind und die teilweise heute noch im Kunsthandel in Umlauf sind. Meist verwendete der Fälscher echte einfarbig rote römische Freskostücke als Untergrund für die neuen, an antiken Vorlagen orientierten Malereien. Diese sind heute leicht an der stilistischen Handschrift des Fälschers, vor allem aber an der enkaustischen Technik der Malereien zu erkennen.

Einen vielversprechenden neuen Weg beschreitet Emanuela Murgia, die der Frage nachgeht, ob es für die Marmorimitationen gemeinsame Vorlagen für Mosaiken und Wandmalerei gibt und welcher Gattung die Vorreiterfunktion zukommt. Frühe Beispiele von nachgeahmtem Marmor treten bereits auf Rahmenbändern an hellenistischen Mosaiken in Kaulonia auf. Es hat den Anschein, dass die Nachahmung von Opus-sectile-Einlagen auf Mosaiken und in der Wandmalerei etwa zur gleichen Zeit in republikanischer Zeit aufkommt und später nachlässt. In derselben Epoche, in welcher in der Malerei wieder reale Opus-sectile-Einlagen auf den Wänden beliebt werden, seit der zweiten Hälfte des dritten Jahrhunderts, kommen auf den Mosaiken erneut Nachahmungen von opus sectile vor. Die Verfasserin bemerkt bei den nachgeahmten Steinsorten vom zweiten Jahrhundert an eine klare Präferenz für numidischen Marmor und Cipollino, die häufig zusammen abgebildet werden und symbolisch für die Pars occidentalis und die Pars graeca des Römischen Reiches stehen könnten. Dabei sei zur Zeit noch nicht zu beantworten, ob die Mosaizisten und die Wandmaler die gleichen Musterbücher für die Marmornachahmung benutzten und wo diese herkamen.

Bei der erneuten Sichtung der Altfunde an Wandmalereifragmenten aus Augst konnte Yves Dubois zwei Fragmente zu einer Venatio-Szene ergänzen, die zu dem Komplex an weißgrundigen Wandmalereifragmenten gehören, die unter anderem ein Medaillon mit einer Biga zeigen. Sie stammen eventuell von derselben Wanddekoration, von der noch zwei weitere Medaillons erhalten sind, die auf der Wandmitte gesessen haben könnten, während die Venatio-Szene sich in der Oberzone rekonstruieren ließe. Zugehörig sein könnte außerdem noch ein Fragment, das einen Kopf mit dem Helm eines Wagenlenkers erkennen lässt.

Die letzte Sektion ist der Methodik, Technik und Restaurierung vorbehalten. Es wird der Versuch vorgeführt, in der überlieferten Technik eine antike Freskomalerei nachzubilden. Gefolgt von einem Beitrag mit technischen Analysen der auf Lehmputz aufgetragenen Fresken von der Fundstelle Chartres, Cinéma. Es stellte sich heraus, dass dem Lehm als Stabilisatoren Kalk, Ziegelmehl, Muscheln, Knochen und metallische Elemente zugefügt wurden, außerdem Asche und organische Bindemittel wie Gummi, Öle und pflanzliche Harze, um die Kohäsion zu sichern. Bei der aus dem dritten Jahrhundert stammenden Dekoration 33 waren die Malereien nicht in Freskotechnik ausgeführt, bei der aus der zweiten Hälfte des zweiten Jahrhunderts stammenden Dekoration 53 wurde Freskomalerei als erste Malschicht festgestellt, auf welche der Lehmputz mit der neuen Malschicht Dekor 52 aufgetragen wurde.

Es folgen eine Vorstellung der an der Universität Padua erarbeiteten Datenbank TECT zur Erschließung der Wandmalereifunde in Oberitalien sowie ein Vorschlag für ein gemeinsames Glossar in Italienisch und Französisch für die Terminologie bei der Beschreibung römischer Wanddekorationen und ihrer Motive und anschließend ein Arbeitsbericht über die Bergung und Festigung eines stark fragmentierten Wandmalereibefundes in der Schweiz, in Lyssery-Villars.

Den Abschluss bildet das Schlusswort von Yves Dubois mit einer Zusammenfassung der Ergebnisse der Tagung.

Insgesamt gesehen handelt es sich bei vorliegendem Kongressbericht um einen wichtigen Beitrag zur Wandmalereiforschung in allen römischen Provinzen, der nicht nur bemerkenswerte Neufunde vorstellt, sondern auch ein Forum bietet für die Präsentation neuer impulsgebender Forschungen, wie zum Beispiel denen von Mathilde Carrive, die die bisherige Vorstellung von der Entwicklung der römischen Wandmalerei in Oberitalien in einem neuen Licht erscheinen lässt.

Köln   Renate Thomas

Werner Zanier, **Der Spätlatène- und frühkaiserzeitliche Opferplatz auf dem Döttenbichl südlich von Oberammergau.** Münchner Beiträge zur Vor- und Frühgeschichte, Band 62. Drei Bände. Verlag C. H. Beck, München 2016. 1076 Seiten mit zahlreichen Abbildungen und Tabellen, 106 Tafeln, 5 Beilagen mit Karten und Profilzeichnungen.

Der Döttenbichl ist eine über den einschlägig tätigen Kollegenkreis hinaus bekannte Fundstelle zwischen Garmisch-Partenkirchen und Oberammergau, die offenbar reale Spuren des Alpenfeldzugs von 15 v. Chr. aufweist. In der Verknüpfbarkeit archäologischer Funde mit historischer Überlieferung, die vor allem durch die inschriftlich belegte Anwesenheit von Soldaten der Neunzehnten Legion möglich ist, liegt ein auch für die interessierte Öffentlichkeit leichter Zugang zum wissenschaftlichen Erkenntnisgewinn begründet, der sich denn auch in entsprechenden Publikationen und Ausstellungen niedergeschlagen hat. Die bildreiche Landesausstellung ›Die Römer zwischen Alpen und Nordmeer‹ im Jahr 2000 mit gleichnamigem Begleitband informierte uns über den Döttenbichl, den historischen Rahmen des Alpenfeldzugs und die Interpretation des Befundes: Auf dem Döttenbichl gab es ein Heiligtum, in dem Einheimische nach einem andernorts geführten Kampf mit römischem Militär aufgesammelte Waffen dargebracht haben. Diese These Werner Zaniers bestand in den Folgejahren gewissermaßen den wissenschaftlichen Plausibilitätstest – sie klang glaubwürdig und wurde meist in der Fachwelt entsprechend zitiert. Wie man das halt so macht. Nun aber geschah etwas, was bedauernswert selten geschieht. Der Ausgräber hat mit einer umfassenden Vorlage der Funde und Befunde sowie der Fundumstände und angewandten Methoden samt naturwissenschaftlichen Untersuchungen gleichsam die Karten auf den Tisch gelegt, so dass es nicht mehr darum geht, ihm auf Basis unserer subjektiven Wahrnehmung und dem fachinternen Zeitgeist zu glauben oder nicht zu glauben, sondern nun ein viel besseres

Nachvollziehen seiner Theorien möglich wird. Chapeau! Weil es selten genug vorkommt, und weil es das Thema verdient.

Der Döttenbichl ist ein Hügel in topographischer Schlüsselposition. Er sperrt den ohnehin schon engen Durchbruch des Ammertals quasi am echten Nordrand der Alpen. Vorher (südlich davon) folgen die Verkehrswege den Vorgaben von Tälern und Pässen; sie umgehen die Berge. Nachher (im nördlich anschließenden Voralpenland) trifft man auf ein Wegenetz, welches auch Bergüberquerungen nutzen kann. Das Toponym ›Döttenbichl‹ wird schlüssig von einem Personennamen plus ›Bühl‹ hergeleitet; dass der älteste Beleg erst 1816 datiert, erklärt sich aus der bis ins Spätmittelalter zurückreichenden Zugehörigkeit zum Kloster Ettal und der damit reduzierten Wahrscheinlichkeit urkundlicher Erwähnung, etwa bei Besitzwechseln.

Die Beschreibung der Fundumstände ist beeindruckend ehrlich. Im Jahr 1990 wurde die Fundstelle als solche von einem Sondengänger entdeckt, was letztlich die Grabungen auch vor dem Hintergrund der Bedrohung durch Unberufene initiierte. Dennoch – oder seien wir realistisch – vielleicht gerade deswegen waren parallel dazu immer wieder Sondengänger auf dem Döttenbichl und in dessen Umgebung aktiv. Die verworrene Aufzählung, wer wann was gefunden hat, gefunden haben soll oder gefunden haben will, kann naturgemäß keine erhellende Klärung der tatsächlichen Umtriebe geben. Vielmehr wird unterstrichen, dass die archäologischen Forschungen auf dem Döttenbichl auch vom Gedanken einer Rettungsaktion geprägt waren. Angesichts der Differenzen zwischen den Zielen des Sondengängers (Schätze, selbst wenn deren Materialwert gering ist) und denen des Archäologen (Erkenntnisgewinne, selbst wenn er sich dabei ebenfalls eines Metallsuchgeräts bedient) zeigt sich einmal mehr, dass eine Zusammenarbeit zwar möglich ist, vertrauensvolle Kooperation aber den Wechsel der Ziele auf Seiten des Sondengängers nötig macht – oder eine fahrlässig naive Grundeinstellung auf Seiten des Wissenschaftlers. Zaniers Schilderungen geben diesbezüglich interessante Denkanstöße. Das gilt auch für das eigentliche Primat des öffentlichen Interesses an solch wichtigen Teilen unseres Kulturerbes, das offensichtlich der Freistaat Bayern nur unzureichend zu wahren wusste. Als juristischer Laie bin ich mir zudem nicht sicher, ob der erwähnte Erwerb eines bei unerlaubter Suche gefundenen Objektes durch die Archäologische Staatssammlung (S. 77) nicht die Eigentumsrechte des Grundeigentümers an solchen herrenlosen Funden (S. 156 f.) verletzt. Der Leser mag die Gedanken des Rezensenten als Beleg für die Wirkung der Worte des Autors sehen.

Wenden wir uns nun einer ganz großen Stärke des Verfassers zu, der Fundvorlage und -bearbeitung. Die Funde, darunter immerhin ein bedeutendes Spektrum augusteischer Militaria unmittelbar vor dem zeitlichen Horizont der Rheinlager, werden in Zeichnungen und, wo angebracht, in Farbfotos gezeigt. Dankenswerterweise werden uns auch neuzeitliche bis moderne Objekte nicht vorenthalten – vielleicht werden zukünftige Forschungen ja hier die als neuzeitlich angesprochenen Zeltheringe in die Römerzeit datieren. In diesem (unwahrscheinlichen) Fall müsste man nicht in Kisten suchen, was es vom Döttenbichl gibt. Umgekehrt ist vielleicht ein römischer Schuhnagel doch aus dem neunzehnten Jahrhundert und im Jahr 2084 alles nur eine Frage unscheinbarer Details. Die Originale sind dann vielleicht konservatorisch untergegangen, aber die qualitätvollen Fotos im Katalog noch vorhanden. Zudem sind natürlich auch archäologische Spuren von jugendlicher Freizeitgestaltung im Dritten Reich historische Quellen, die einerseits historische Erkenntnis bedeuten, andererseits auch für die Überlieferungsgeschichte der antiken Befunde relevant sein könnten.

Diese umfassende und sozusagen ›ehrliche‹ Darstellungsart (einschließlich Erläuterung missglückter Radiokarbondatierungen!) offeriert dem Betrachter die Möglichkeiten der Diskussion, des Mitdenkens und Nachvollziehens; ein Umstand, der gerade bei Objekten aus unklaren Befunden bedeutend ist. Da auf dem Döttenbichl neben Grabungsschnitten vor allem mit Metallsuchgeräten gearbeitet wurde, viele Funde also aus nicht eindeutigen Kontexten stammen, ist die umfassende Vorlage umso wichtiger.

Neben der Erfassung in einem Fundkatalog (Band 3) werden die Funde ausführlich besprochen (Bände 1 und 2). Für die Ansprache des Platzes sehr wichtig sind Kartierungen, die passend bei den jeweiligen Fundgattungen angebracht sind und somit langes Blättern ersparen. Zusätzlich finden sich die wichtigsten Kartierungen auch noch als Beilagen in sehr ähnlichem Maßstab. Generell ist der Maßstab der Kartierungen vergleichsweise klein (etwa 1:2300, die meist zwei Millimeter großen Kartensymbole decken also einen Bereich von etwa fünfundzwanzig Quadratmetern realem Gelände ab). Dies wird jedoch dem Umstand gerecht, dass zum einen die Lagegenauigkeit der Funde eigener Prospektionen und der in Mitteilungen von Sondengängern divergiert (etwa S. 68), zum anderen die Verbindung zu Befunden schwer ist. Heterogene Fundumstände, beispielsweise oberflächennahe Funde des Detektoreinsatzes und tiefere aus Grabungsschnitten werden in der Erläuterung der Kartierung besprochen (so Nadeln, Pfrieme und Ähnliches S. 254–256).

Bei der Kartierung der Pfeilspitzen erinnert man sich ad hoc an das 2008 entdeckte römische Schlachtfeld am Harzhorn, wo anhand der Orientierung der Geschosse Ausgangspunkt und Ziel des Beschusses rekonstruiert werden können. Diese aussagekräftige Methode der Schlachtfeldarchäologie kann am Döttenbichl nur stark eingeschränkt angewandt werden, da hier die uneinheitliche Dokumentationsqualität im Wege steht. Immerhin sind Aussagen über die Verteilung der Waffen möglich, die spezifisch bestimmten Kontrahenten zuzuweisen sind (S. 552–559). Wie am Little Bighorn (USA, 1876) oder bei Lauenburg an der Elbe (1813), kann auch am Döttenbichl ein Geschehen rekonstruiert werden: Römisches Legionsmilitär mit Bogenschützen kämpfte gegen einheimische Krieger (›Räter‹), die sich auf dem Hügel befanden. Römische Soldaten wählten offenbar die leichter zugängliche Westseite für ihren Angriff (oder Gegenangriff). Dem entspräche auch die Verteilung der Schuhnägel, für deren eingehende Betrachtung dem Verfasser zu danken ist. Übrigens sollte das Terrain es eigentlich ermöglicht haben, vor den römischen Fernwaffen zurückzuweichen. Möglicherweise kam es in der Folge noch zu einer bedeutenderen Schlacht, deren Ort erst noch gefunden werden muss.

Würde nun also ein unvoreingenommener Leser, der nie vorher etwas vom Döttenbichl gehört hätte, allein die Funde und Befunde gemäß dieser mustergültigen Vorlage betrachten, so käme er wohl zwanglos zu dem Schluss, es hier in erster Linie mit einem Kampfplatz der frühen Kaiserzeit zu tun zu haben. Die eine oder andere Anomalie (wenige deutlich ältere und viele jüngere Objekte, sogar eine jüngere Bestattung am Rande des Döttenbichls, unterschiedliche Erhaltung der Objekte) würde er schulterzuckend hinnehmen: So ist das eben mit dem Wirken von Menschen in Raum und Zeit.

Zaniers bevorzugtes Interpretationsmodell (S. 573) sieht so aus: Einheimische Räter (S. 534) hatten sich vor anrückenden Römern in ihr auf dem Döttenbichl gelegenes Heiligtum zurückgezogen, wurden dort angegriffen und geschlagen. Die Relikte der Schlacht wurden später rituell behandelt, um die Niederlage zu kompensieren und das Heiligtum zu reinigen. Dabei spielten Brandopfer eine wesentliche Rolle. Hinsichtlich der Genese dieses Modells ist wichtig zu wissen, dass der Ausgräber in der ersten Dekade nach Entdeckung der Fundstelle das Modell eines Heiligtums mit Waffenweihungen und Brandopfern, aber ohne dort stattgefundene Schlacht favorisierte (etwa W. Zanier in: RGA XXI [2002] 464 f., s. v. Oberammergau). Und eben dieses Heiligtum wird der Autor jetzt nicht mehr los.

Um es frei heraus zu sagen: Es fällt schwer, ein Heiligtum von vor 15 v. Chr. zu erkennen. Objekte, deren Herstellung voraugusteisch datiert, sind kaum vorhanden (sehr gute Visualisierung der Datierungen S. 474 f. – widersprechend S. 553: »während die übrigen 380 Metallfunde […] sich auf eine etwa 150 Jahre dauernde Opfertätigkeit verteilen«). Die wenigen, ich zähle zwei Münzen, zwei Fibeln und einen Lanzenschuh, wären als Altstücke im Inventar der Sachkultur einer augusteischen Gruppe vollkommen unauffällig. Dass einige chronologisch noch unempfindlichere Stücke mit Datierungsspannen über Mittel- und Spätlatènezeit die Nutzung des Opferplatzes (sic!) bereits im dritten oder zweiten vorchristlichen Jahrhundert denkbar erscheinen lassen (so S. 476 – gegenteilig S. 737), ist auf dieser Grundlage eine agnostische These. Es bleibt der Platz eines Gefechts im Rahmen des Alpenfeldzugs, der nachfolgend verschiedentlich genutzt wurde – in den Jahrzehnten danach durchaus plausibel als Heiliger Ort betrachtet und Schauplatz entsprechender Rituale. Dass zu diesen Ritualen auch das Verbrennen von im Kampfgetümmel verlorenen Römersandalen und das folgende Deponieren einzelner, aus der Asche gelesener Schuhnägel gehört habe (S. 377) oder das Verbiegen und Durchglühen von Pfeilspitzen (S. 341 f.), erscheint mir nicht ausreichend begründet und auch nicht von vergleichbaren Fundorten hinreichend mit Parallelbefunden gesichert.

Was spricht für ein Heiligtum beziehungsweise geht über einen ritualisierten Umgang mit einem Schlachtfeld hinaus? Dreh- und Angelpunkt solcher Thesen ist die anhand einer einzigen untersuchten Pfeilspitze belegte Brandpatina, die bei über ein bis vier Stunden herrschenden Temperaturen zwischen siebenhundert und achthundertfünfzig Grad und folgendem raschen Abkühlen entstanden sein dürfte (S. 751). Etwa zwei Drittel aller Bronzeobjekte außerhalb der Brandbestattung weisen allerdings keine Brandspuren auf, nur ein gutes Viertel der eisernen Objekte sei sicher verbrannt worden – wobei der Autor (S. 483) den Brand aus der guten bis sehr guten Erhaltung folgert, die für ihn zwingend mit einer Brandpatina verbunden ist und diese wiederum von einem Opferfeuer herrührt.

Warum muss eine vor Rost schützende, artifizielle Patina so nötig von Opferfeuern stammen? Die zudem noch stundenlang gebrannt haben sollen? In denen die Besiegten die Waffen der Sieger opferten? Arthur Conan Doyle alias Sherlock Holmes würde sagen: »Wenn man das Unmögliche ausgeschlossen hat, muss das, was übrig bleibt, die Wahrheit sein, so unwahrscheinlich es auch klingen mag«. Theoretisch gilt das auch für die Archäologie, doch in der Praxis können zu viele Möglichkeiten der Befunderklärung nie ausgeschlossen werden. Mit Karl Popper sollte eine wissenschaftliche Theorie daher falsifizierbar sein, und wenn die Falsifizierung nicht gelingt, ist die Theorie wahrscheinlich zutreffend. Ist es logisch unmöglich, eine Theorie zu falsifizieren, ist sie nicht wahr, sondern nur schlecht.

Zaniers eigene Aufgabenstellung »Obwohl man über Spekulationen und vage Vermutungen nicht hinauskommt, soll dennoch versucht werden, ein ungefähres Bild zu zeichnen, wie man sich die religiös-kultischen Inhalte und Handlungen vorstellen kann« (S. 544) steht exemplarisch für ein Grundproblem des archäologischen Erkenntnisgewinns aus Hinterlassenschaften schriftloser Kulturen: Das Unmögliche wird immer wieder mit großem Erfolg versucht. Ob man sich hierbei einer konsensfähigen Phantasie bemüht, Parallelen in eigenen Verhaltensmustern sieht oder sich der Theorien anderer Disziplinen bedient – im Ergebnis entsteht ein in sich schlüssiges Gesamtbild, dessen Verknüpfung mit der Realität jedoch weder beweisbar noch widerlegbar ist. In solche Bilder lassen sich Unklarheiten mit Spekulationen einfügen; die Plausibilitätsprüfung erfolgt dann anhand des konstruierten Gesamtbildes als Bezugsrahmen. Beispielsweise kann eine defekte Fibel gewiss absichtlich und geplant zerstört worden sein, sie kann aber auch aus Versehen und unbeabsichtigt zu Schaden gekommen sein. In beiden Fällen ist wiederum eine ritualisierte weitere Verwendung möglich, als Opfergabe oder Reliquie einer Schlacht. Es eröffnen sich schon aus dieser knappen Überlegung mindestens vier mögliche

Schicksale für das Objekt. Ohne Gesamtbild würde man sich wohl kaum auf eines festlegen wollen.

Nun ist nicht mehr funktionsfähiges Sachgut bekanntlich kennzeichnend für Siedlungen und auch für Schlachtfelder (ein solches postuliert der Autor mit guten Gründen). Verbogene Pfeilspitzen, defekte Fibeln, Sensen mit abgebrochener Spitze (S. 479 f.) – selbst wenn wir uns auf eine absichtliche Unbrauchbarmachung einlassen: Warum muss die Intention bei der Zerstörung so auf die Opferung festgelegt werden? Warum werden Kampfgetümmel oder nachgefechtliche Praktiken ohne Verbindung zu Opferhandlungen praktisch nicht in Erwägung gezogen?

Das liebgewordene Modell »alpiner Brandopferplatz« steht bei der hier vorgelegten Interpretation des Döttenbichls wirkmächtig Pate, über lang andauernde Opferfeuer (S. 550), Brandaltar (S. 545) bis zum Vorschlag einer »Festwiese« (S. 495) sowie den mutmaßlichen religiösen Hintergründen. Fast möchte man folgern, ein römisches Detachement hätte sich mit Gewalt und ohne Rücksicht auf die religiösen Belange der Eingeborenen deren Brandopferplatzes bemächtigt, obwohl Zanier nur von Heiligem Hain (S. 573), Naturheiligtum (S. 541) und Opferplatz (S. 541 f.) spricht. »Weil Feuerstellen oder Brandschichten auf dem Döttenbichl fehlen, sind keinerlei Spuren pflanzlicher Opfergaben vorhanden[,] obwohl solche unbedingt vorauszusetzen sind. Hingegen ist das nahezu vollständige Fehlen von Tierknochen, vor allem der für die alpinen Brandopferplätze typischen kalzinierten Knochen aussagekräftiger und spricht gegen blutige Tieropfer auf dem Döttenbichl« (S. 542). Also eben kein Brandopferplatz im herkömmlichen Sinne des Begriffs.

Die Möglichkeit von Tieropfern ohne Produktion kalzinierter Knochen wird gar nicht in Erwägung gezogen; offenbar können Tieropfer im Alpenraum wohl nur auf Brandopferplätzen dargebracht worden sein. Einen solchen gibt es auf dem Döttenbichl aber nicht – obwohl man hier Waffen und Schuhe verbrannt haben soll. Pflanzliche Opfer, von denen es keinerlei Spuren gibt (selbst Keramikgefäße als eventuelle Transportbehälter sind kaum belegt), werden dagegen als Selbstverständlichkeit betrachtet. Diese Verknüpfung der Interpretation mit dem Modell »alpiner Brandopferplatz« ist nicht sehr glücklich und zwingt dem Autor Gedankengänge auf, die in Zirkelschlüssen enden.

Die Materialuntersuchungen an zwei eisernen Pfeilspitzen sind frei von einem Erklärungsmodell, die vegetationsgeschichtlichen Untersuchungen durch Martin Kleiner lassen selbigen auf eine Brandrodung in zeitlicher Nähe des Alpenfeldzugs schließen (S. 727 f.). Selbst wenn angemerkt werden muss, dass Radiokarbondatierungen nicht so scharf sein können, wie es scheint, eine solche Rodung also auch erst beispielsweise in claudischer Zeit stattgefunden haben könnte – der Erklärungsansatz hat Gewicht. Wenn Relikte eines Gefechts, ganz spekulativ, auf einem hölzernen Gerüst präsentiert worden wären, und dieses bei einer aus dem Ruder laufenden Brandrodung in Flammen aufgegangen wäre, hätte das nicht auch Brandpatina erzeugen können? Ohne hinreichende Kenntnisse um die Gesamthäufigkeit von Brandpatina auf römischen Geschossen ist es zudem schwer, das Besondere der Funde vom Döttenbichl hervorzuheben. Da die Verarbeitung von Eisen unter Berücksichtigung von Anlauf- und Glühfarben zur Erzielung bestimmter Eigenschaften wohl so alt ist wie das Handwerk des Eisenschmieds selbst – man denke an Swen Rinmanns zahlreiche Anleitungen zu Rostschutz, Härte und Elastizität des Werkstoffs Eisen aus dem achtzehnten Jahrhundert –, könnte eine Brandpatina auch Produkt eines gewollten oder ungewollten profanen Prozesses sein. Das Auktionshaus Hermann Historica bot am 25. Oktober 2016 (Pos. 2478) übrigens ein römisches Geschossbolzenfragment der »mittleren Kaiserzeit« an, welches ebenfalls »Brandpatina« aufwies.

Werner Zanier hat seine Forschungen am Döttenbichl sauber vorgelegt; widersprüchliche Befunde und sogar Fehler werden nicht verschwiegen, Interpretationen sind von Fund- und Befundbeschreibungen konsequent getrennt. Dem Fachpublikum wird es möglich, eigene Schlussfolgerungen zu ziehen, die sogar von denen des Autors abweichen können. Das dreibändige Werk, prinzipiell farbig, von hervorragender technischer und gestalterischer Qualität, verdient unbedingt Beachtung!

Mainz   Peter Haupt

Andreas Hensen (Herausgeber), **Das große Forum von Lopodunum.** Mit Beiträgen von Johannes Eingartner, Jürgen Süß, Eva-Maria Lackner, Christian Witschel und Brigitte Gräf. Lares. Ladenburger Reihe zur Stadtgeschichte, Band 1. Edition Ralf Fetzer, Edingen-Neckarhausen 2016. 172 Seiten mit 91 Abbildungen.

Die neue Reihe Lares (Ladenburger Reihe zur Stadtgeschichte) soll zukünftig in unregelmäßigen Abständen die Aktivitäten des Lobdengau-Museums den Museumsbesuchern vermitteln und den interessierten Laien den aktuellen Forschungsstand zu Themen rund um die Geschichte Ladenburgs und der Region zwischen Rhein und Neckar näherbringen.

Im Mittelpunkt des ersten Bandes stehen das Forum und die Basilika von Ladenburg sowie deren 3D-Rekonstruktion. Die Siedlung gehört zu den am besten aufgearbeiteten Vici in den Nordwestprovinzen, und daher verwundert es nicht, dass die Kapitel auf bereits publizierten beziehungsweise in Vorbereitung befindlichen Ergebnissen der Autoren basieren. Für interessierte Laien ist hier die gängige Forschungsmeinung wiedergegeben. Die Intention der Buchreihe besteht nämlich nicht in der kritischen Auseinandersetzung mit aktuellen Forschungsmeinungen und -diskursen, sondern vielmehr darin, auch dem Laien den aktuellen Wissensstand näherzubringen. Viele Fachbegriffe erschließt ihm ein Glossar am Schluss des Buches. Die nach Themenbereichen gegliederten Literaturangaben mit aktuellen Veröffentlichungen am Ende jedes Beitrags erlauben es jedoch, dass sich Interessierte leicht tiefere Einblicke in die Materie verschaffen und weitere Aspekte der Forschung kennenlernen.

Der Herausgeber Andreas Hensen stellt zunächst die Entwicklung der Ansiedlung im Bereich des heutigen Ladenburg von der Spätlatènezeit bis hin zur Spätantike vor. Bei der chronologischen Übersicht über die einzelnen Besiedlungsphasen beschreibt er knapp die archäologisch erfassten Baureste. Ein eigenes Unterkapitel erhält dabei der Schatzfund, der für die Annahme eines Prunkportales herangezogen wird (so E. Künzl in: Imperium Romanum. Roms Provinzen an Neckar, Rhein und Donau [Stuttgart 2005] 181–185). Einzig der Übergang vom dritten Jahrhundert zur Spätantike, also vom Ende der Blütezeit Ladenburgs und der Aufgabe des urbanen Nutzens des Vicus zur erneuten Besetzung mittels eines fortifikatorischen Großbaus im dritten Drittel des vierten Jahrhunderts weist in der Beschreibung einen Sprung auf. Hier fehlt leider eine zumindest kurze Erläuterung, wann und warum Lopodunum im dritten Jahrhundert an Bedeutung verlor. Dem Leser wird sowohl die Geschichte als auch ein Teil des römischen Alltagslebens aufgezeigt, etwa durch die Schilderung der religiösen Elemente in einem Vicus.

Es folgt das Kapitel zur Basilika und zum Forum des römischen Ladenburg von Johannes Eingartner. Der Verfasser beginnt damit, wie sich das ehemalige Forum im heutigen Stadtbild abbildet und weist auf die Möglichkeit hin, sich in zwei Bereichen die Überreste der konservierten Mauern anzuschauen (Metzgerstraße und bei St. Gallus). Allgemeinen Aussagen zur Anlage von Forum und Basilika sowie zu Lopodunum generell folgt eine kurze, lückenhafte Wiedergabe der Forschungsgeschichte, beginnend mit den 1911 ausgeführten Grabungen unter Leitung von Hermann Gropengießer und anschließend den archäologischen Untersuchungen mit Schwerpunkten in der Nordwestecke des Forums sowie der Basilika im Bereich südlich der St.-Gallus-Kirche unter Leitung von C. Sebastian Sommer 1984 und 1987. Die Grabungen 1935 und 1994–1996 fehlen. Es folgt in einem weiteren Unterkapitel eine kurze, trockene Beschreibung der Basilika und deren Mauern. Das Forum wird ebenfalls knapp behandelt und die archäologischen Ergebnisse in einen baulichen Kontext gesetzt. Im letzten Unterkapitel ›Datierung und Rekonstruktion der Basilika und des Forums‹ kommt der Autor auf Grundlage der geborgenen Keramik zu dem Schluss, dass beide Anlagen im ersten Drittel des zweiten Jahrhunderts entstanden sind.

Ausführlicher erfolgt die Rekonstruktion der aufgehenden Teile der Basilika: Herangezogen wird hierfür das Fragment einer attischen Basis, welche auf eine Säulenarchitektur hindeutet. Anhand dieser wird plausibel Zweigeschossigkeit mit einer Höhe von etwa neunzehn Metern vorgeschlagen. Auch zum Aussehen des Forums lassen sich einige Aussagen treffen. So wurde hier eine tuskanische Basis gefunden, welche wohl zu einer Portikus im Hof gehörte. Der Durchmesser dieser Basis lässt analog zu den für die Berechnung der Höhe der Basilika angewendeten Kriterien auf eine Portikushöhe von 7,20 Metern schließen. Dementsprechend geht Eingartner von einer Mindesthöhe der Raumfluchten von zwölf Metern aus. Wie am Ende des Unterkapitels zur Forschungsgeschichte von Eingartner angegeben, basiert der Beitrag auf Eingartners eigenen, bereits vorgelegten Ergebnissen (J. Eingartner, Lopodunum V. Die Basilika und das Forum des römischen Ladenburg. Forschungen und Berichte zur Vor- und Frühgeschichte in Baden-Württemberg 124 [Stuttgart 2011], nicht näher berücksichtigt ist die Kritik von C. S. Sommer, Bonner Jahrb. 212, 2012, 71–81). Hier sind seine Resultate zusammengefasst. Während die Beschreibung der Mauern des Basilika-Forum-Komplexes (besonders des Basilika-Bereiches) etwas trocken übermittelt wird, ist besonders die Rekonstruktion des Aufgehenden durch die bereits 2011 publizierten Aufrisse (Abb. 12–14) dem Leser überaus gut veranschaulicht. Zudem ist dem Leser in verständlicher Weise aufgezeigt, mit welchen Methoden die Archäologie zu ihren Rekonstruktionsvorschlägen gelangt.

Jürgen Süß steuert das Kapitel zu ›Aussehen und Funktion des Forums von Lopodunum‹ bei. Bereits Hensen geht auf den Zweck eines Forums für eine römische Stadt ein (S. 17). Süß zeigt nun jedoch nach verschiedenen Aspekten die Bedeutung dieses Bautyps für das antike Ladenburg. Hierbei unterteilt er in die Bereiche urbanistisch, architektonisch, funktional und symbolisch. Der anschließende Rundgang durch das Forum beginnt im Eingangsbereich an der Hauptstraße im Westen der Anlage und führt von der Eingangshalle in den großen Innenhof. Hierbei wird geschildert, wie man sich das Aufgehende vorstellen kann, während gleichzeitig die Beschreibung des Grundrisses erfolgt. Nicht nur die einzelnen Bauteile werden beschrieben, sondern auch deren Funktion. Gelegentlich gibt es Wiederholungen zum vorhergehenden Kapitel, welche durch die Intention des Beitrages bedingt sind. Veranschaulicht wird der Rundgang durch verschiedene Impressionen der 3D-Rekonstruktion, die Eindrücke von den Dimensionen vermitteln.

Eva-Maria Lackner bietet folgend einen Exkurs zu republikanischen Fora in Italien. Dieser basiert auf ihrer 2008 erschienenen Dissertation (Republikanische Fora [München 2008]). Sie geht nach einleitenden Äußerungen zu Fora und zur frühen Geschichte Roms chronologisch vor, beginnend mit der römischen Republik. Zunächst wird für die einzelnen Phasen eine Zeittafel gezeigt und ein geschichtlicher Überblick gegeben. Es folgt eine komprimierte und verständliche Beschreibung der politischen und rechtlichen Verhältnisse der jeweiligen Zeitabschnitte und abschließend die Beschreibung von Fora in römischen Kolonien. Hierbei wird die Entwicklung solcher öffentlichen Räume deutlich. Während Bürgerkolonien in der frühen Republik keine eigenständigen Fora benötigten, da sie politisch Rom untergeordnet waren, hatten latinische Kolonien bereits von Anfang an eine zentrale Platzanlage. Erst mit Angleichung des Status der Bürgerkolonien wurden auch dort im dritten und vor allem im zweiten vorchristlichen Jahrhundert Forumsanlagen eingerichtet. Im Laufe der späten Republik erhielten die Fora schließlich ihre bis in die Kaiserzeit reichende Ausgestaltung mit zentralem freien Raum, Basilika, Portiken und Tabernae. In einer abschließenden Zusammenfassung bietet die Autorin zudem einen Ausblick auf die Kaiserzeit. Weitestgehend schafft es die Verfasserin, dieses komplexe Thema von der Entwicklung der Forumsanlagen im Zusammenspiel mit den vielschichtigen politischen Veränderungen dem Leser verständlich nahezubringen.

Im Beitrag von Christian Witschel wird die epigraphische und statuarische Ausstattung von Fora analysiert und dabei der bisher eingehaltene Rahmen eines referierenden Sachbuchs durch neue Überlegungen gesprengt. Bereits 2014 verfasste der Autor einen Artikel zu epigraphischen Monumenten im öffentlichen Raum (in: W. Eck / P. Funke, Öffentlichkeit – Monument – Text [Berlin 2014] 105–127). Ebenso wie dort werden die Fora der Städte Segobriga und Thamugadi vorgestellt. Doch verfolgt der Artikel von 2014 die Frage nach der Wahrnehmung der antiken Betrachter solcher teilweise üppig mit Statuen ausgestatteten Fora. Im hier vorliegenden Beitrag geht der Verfasser auf das Erscheinungsbild eines Forums im Mittelmeerraum ein und zeigt die andersartige Ausprägung in den Nordwestprovinzen. Dabei konzentriert er sich schließlich auf Obergermanien und stellt Diskrepanzen zwischen Nord- und Südobergermanien fest. Diese Abweichungen im Rahmen der Repräsentation einer bestimmten Person oder Personengruppe versucht er zu klären und diskutiert Erklärungsversuche zu diesem Problem. Bei der Beschreibung der unterschiedlichen Platzanlagen werden sowohl wirklich erhaltene Statuen beziehungsweise deren Fragmente als auch epigraphische Zeugnisse herangezogen. Für die späte Nutzungszeit von Fora erfasst der Autor eine wichtige Wandlung: Die statuarische Repräsentation bedeutender Persönlichkeiten auf Forumsanlagen fiel allmählich weg und wurde durch Nennung andernorts abgelöst, zum Beispiel auf Meilensteinen. Detailliert werden die unterschiedlichen Ausprägungen in der statuarischen und epigraphischen Forumsausstattung behandelt, auch wenn die Überlieferung lückenhaft ist. Rechtsstatus und geographische Lage, soziale Strukturen und alternative Formen von Repräsentation sowie unterschiedliche Wertigkeiten des öffentlichen Raumes bilden die Ansatzpunkte der Erklärung. Insgesamt wäre für diesen langen Beitrag, besonders für das zweite Unterkapitel, eine weitere Untergliederung sicherlich hilfreich für den Leser. Dennoch ist das Kapitel gut und flüssig lesbar. Das Dargestellte zeigt mit den vielen beschriebenen Beispielen aus den Nordwestprovinzen auf, dass nicht überall die Ausgestaltung der zentralen Platzanlagen in gleicher Weise und gleicher Quantität ausgeführt war.

Im letzten Kapitel beschreibt Brigitte Gräf kurz die verschiedenen Probleme bei der Erstellung der neuen dreidimensionalen Rekonstruktion, die den Anstoß für die Entstehung dieses Bandes gegeben hat. Die Verfasserin gibt hier einen ersten Einblick in die Problematik von Rekonstruktionen und verspricht eine detailliertere Publikation zum Thema. Ungesichert ist zum Beispiel die Ausgestaltung der Fenster, die vorgeschlagene Lösung stützt sich auf vergleichbare Befunde und Überlegungen zu Witterungsbedingungen und Lichteinfall, die nicht erhaltene Wandbemalung ist im Ladenburger Forumsbereich nur in engen Bereichen rekonstruiert, ganz Hypothetisches schließlich ist transparent dargestellt, so Statuen und andere Ausstattungsgegenstände.

Die nicht immer in einen inhaltlichen Zusammenhang gesetzten Beiträge fügen sich insgesamt dennoch zu einem runden Bild der Forum-Basilika-Anlage von Ladenburg, wobei inhaltliche Wiederholungen unvermeidbar sind. Der unterschiedliche Duktus der Beiträge wirkt sich nicht auf die gute Lesbarkeit des Buches aus. Einzig die in der Mitte des Bandes von Süß vorgetragene präzise und verständliche Definition der Bedeutung des Forums für eine römische Stadt wäre bereits zu einem früheren Zeitpunkt wünschenswert gewesen, um dem Zielpublikum der interessierten Laien die Wichtigkeit solcher Platzanlagen deutlich zu machen.

Insgesamt gibt der erste Band der neuen Reihe ›Lares‹ wichtige Einblicke in die Erforschung dieser und anderer Platzanlagen. Die Auswahl der Beiträge erfasst dabei ein nicht nur auf Ladenburg beschränktes Spektrum an Fragen.

München   Elisabeth Krieger

Sylvia Fünfschilling, **Die römischen Gläser aus Augst und Kaiseraugst. Kommentierter Formenkatalog und ausgewählte Neufunde 1981–2010 aus Augusta Raurica.** Mit Beiträgen von Peter Cosyns, Florence Cattin, Patrick Degryse, Andreas Fischer und Bernard Gratuze. Band 1: Text und Formenkatalog; Band 2: Fundkatalog und Tafeln. Forschungen in Augst, Band 51. Verlag Schwabe, Basel 2015. 714 Seiten mit 644 Abbildungen, 98 Tafeln und 5 Falttafeln.

Das vorliegende Werk von Sylvia Fünfschilling knüpft an Beat Rütti und dessen 1991 erschienene Vorlage der Gläser aus Augusta Raurica über die Funde bis 1980 an (Die römischen Gläser aus Augst und Kaiseraugst. Forsch. Augst 13 [Augst 1991]). Seitdem sind durch intensivierte Ausgrabungstätigkeit und verfeinerte Ausgrabungsmethoden zwanzigtausend neue Glasfragmente gefunden worden. Die Verfasserin publiziert in diesem Band allerdings nicht alle neueren Glasfunde aus Augusta Raurica, wie der Untertitel schon erwähnt: Es handelt sich bei der getroffenen Auswahl einerseits um neue Typen, anderseits um aussagekräftige Funde aus datierten Fundzusammenhängen. Die Vorlage betrifft weit überwiegend Gefäßglas, am Rande aber auch Glasobjekte sowie Fensterglas. Nicht behandelt werden hier die Glasfunde aus dem 1991 und 1992 ausgegrabenen Gräberfeld ›Im Sager‹, da diese in einem laufenden Dissertationsprojekt (zuletzt geprüft am 18. April 2017) an der Universität Basel durch Sandra Amman separat vorgelegt werden.

Die erste Hälfte des ersten Bandes widmet sich zahlreichen Aspekten archäologischen Glases. Zunächst legt Fünfschilling in mehreren knappen Kapiteln ihre Vorgehensweise dar: archäologische Gegebenheiten in Augst, Formeneinteilung, Begrenztheit statistischer Aussagemöglichkeiten und Literaturauswahl. Letzteres ist zugleich eine Bewertung des Forschungsstandes in Nordwesteuropa. Das Kapitel ›Zur Produktion von Glas‹ erläutert die Herstellung von Glas und die Geschichte der Glasherstellung. In ›Herstellungstechnische Aspekte und optische Anhaltspunkte‹ werden unter anderem unterschiedliche Farben römischer Gläser beschrieben und die Frage behandelt, welche Merkmale an den Objekten auf Werkspuren hinweisen. Diese erlauben Rückschlüsse auf den Herstellungsprozess und zeigen zum Beispiel an, ob es sich um formgeblasene oder frei geblasene Gefäße handelt. Es folgen ›Beobachtungen zu Formdetails bei geblasenen Gefäßen‹, wo verschiedene Rand-, Henkel und Bodenformen dargestellt werden.

Das Kapitel ›Verzierungen‹ (S. 59–103) ist deutlich umfangreicher als die vorigen, gilt es doch, alle Verzierungsmöglichkeiten von Mosaikglas über Diatretglas bis zu unterschiedlichen Schliffdekoren mit Text und Bildern ausführlich zu erläutern.

Ein weiterer Schwerpunkt sind die chronologische und typologische Entwicklung verschiedener Formen und Formengruppen mit dem Kapitel ›Bemerkungen zu Gefässformen und Formengruppen‹ (S. 104–169). Der letzte Abschnitt ist hierbei denjenigen Formen gewidmet, die bislang in Augst noch nicht belegt sind.

Im nächsten Kapitel stellt Fünfschilling importierte Glasgefäße vor. Da unsicher ist, welche Formen in Augst hergestellt wurden, ist die Liste der eindeutigen Importe recht kurz. Nur kurz ist auch das Kapitel ›Zur Funktion von Glasgeschirr‹, das auf zwei Seiten ausschließlich die technischen Funktionen auflistet (Trinkgeschirr, Essgeschirr, Vorratsbehälter, Lampe). Es folgen einige Beobachtungen zu Wechselwirkungen zwischen Glas- und Metall- und Keramikgeschirr und stellt dabei einige immer wieder angenommene Abhängigkeiten vor allem zwischen Keramik- und Glasformen aufgrund chronologischer Abweichungen in Frage. Es folgt eine Zusammenfassung zu Glasgefäßen mit erhaltenem Inhalt und Möglichkeiten sie zu transportieren und zu verschließen. Im Kapitel ›Recycling. Zur Wiederverwendung von Glas‹ listet die Verfasserin den Stand der Forschung zu diesem Thema auf. Zudem zeigt sie einige Beispiele anderweitiger Wiederverwendung von zu Bruch gegangenen Gefäßen: Zum Beispiel konnten Standringe sekundär bearbeitet und als Deckel genutzt werden.

Das folgende Kapitel ›Zur Datierung der Gläser‹ setzt sich überwiegend mit Kontexten augusteischer Stücke kritisch auseinander. In dieser Zeit sind zwar kleine Fläschchen bereits gängig, geblasene Becher, Schalen und Teller bilden jedoch Ausnahmen. Entsprechende Frühdatierungen andernorts werden kritisch beleuchtet. Exemplarisch werden datierbare Befundkomplexe unterschiedlicher Zeitstufen mit Glasfunden aus Augusta Raurica im folgenden Kapitel vorgestellt. Wie auch andernorts sind augusteische Stücke, also solche aus der Frühzeit der Kolonie, kaum vertreten. Die meisten entsprechenden Funde stammen aus Planierschichten. Anschließend werden kurz Flachglas und Glasobjekte behandelt, das heißt Perlen, Fingerringe, Medaillons und anderes. Abschließend und zusammenfassend folgen eine grafische Übersicht über chronologische Leitformen aus Augusta Raurica (Abb. 294) und ein Ausblick auf Gefäßglas aus der römischen Schweiz.

Ergänzt wird die Publikation durch einen Essay zur Produktion und zum Konsum schwarzen Glases von Peter Cosyns sowie einen kurzen Beitrag durch die Autorin gemeinsam mit Florence Cattin, Patrick Degryse, Andreas Fischer und Bernard Gratuze zur Analyse der chemischen Zusammensetzung von sechsundzwanzig Glasproben aus Augst.

Zusammenfassungen finden sich in Deutsch, Englisch, Französisch und Italienisch.

Die zweite Hälfte des ersten Bandes nimmt der umfangreiche kommentierte Formenkatalog ein (S. 260–456). Konsequent fängt Fünfschillings Katalog mit der Nr. 5122 an, da derjenige Rüttis mit Nr. 5121 endet. Wie im Titel angekündigt, beinhaltet der vorliegende Band Funde bis 2010, in Ausnahmen jedoch sogar bis 2013. Die Benennung der Formen durch Rütti wird beibehalten. Neue Formen werden ab der Nr. 181 – Rüttis Katalog umfasst AR (für ›Augusta Raurica‹) 1 bis AR 180 – fortlaufend benannt, aber an der passenden Stelle in den Formenkatalog eingeschoben. Beispielsweise wird AR 181 zwischen AR 1 und AR 2 besprochen. Varianten zu Formen werden mit einem Punkt von der Hauptform unterschieden, etwa AR 3.3. Damit deutlich wird, dass es sich um eine in Rüttis Formenkatalog noch nicht benannte Form handelt, sind neue Formen mit einem Asterisken versehen.

Im Formenkatalog werden neben der Augster Bezeichnung mit ›AR‹ noch weitere gängige Bezeichnungen (z. B. ›Isings‹ und ›Trier‹) der besseren Vergleichbarkeit halber genannt. Außerdem bildet Fünfschilling, da das von ihr vorgelegte Material weit überwiegend stark zerscherbt ist, vollständig erhaltene Vergleichsfunde ab. Es folgt eine kurze Charakterisierung und technische Details. Die Datierung enthält die Kategorien »Datierung«, »Datierung nach Rütti 1991«, »Datierung in Augusta Raurica« und »Datierung an anderen Fundorten«. Dabei bedeutet »Datierung in Augusta Raurica« eine anhand von Begleitfunden in geschlossenen Fundkomplexen gewonnene Datierung der Funde aus der Zeit nach 1980 (S. 15). Die eigentliche Datierung ist dann die Essenz aus den drei anderen chronologischen Ansätzen. Sie kann dabei dank zeitlich eng eingrenzbarer Neufunde und neuer Vergleichsliteratur die 1991 durch Beat Rütti publizierten Vorschläge in einigen Fällen konkretisieren und berichtigen.

Anschließend wird die Verbreitung textlich angegeben und Literatur zur jeweiligen Form genannt. Es folgt ein Kommentar. Vergleiche und Verbreitungen werden hierzu vorwiegend aus den nördlichen und westlichen Provinzen des Römischen Reichs herangezogen, in manchen Fällen aber auch aus dem östlichen Mittelmeerraum, da sich die Geschichte der Glasproduktion dieser Gebiete unterscheidet (S. 12). Am Ende jedes Steckbriefs werden die Katalognummern der Glasfunde aus Augusta Raurica aufgelistet, die sich in Band 2 wiederfinden. Der Rand der Seiten ist hier grau hinterlegt, so dass man den Beginn des Formenkatalogs leichter aufblättern kann, hier finden sich auch die Tafelverweise.

Band 2 enthält den Katalog ausgewählter Neufunde aus der Zeit von 1981 bis 2010, die Tafeln 1–98, Konkordanzen, Datierungstabellen und fünf faltbare Formentafeln. Der Katalog ist nach den im Band 1 ausführlich besprochenen Formen gegliedert. Wie in Band 1 ist der Katalog durch graue Seitenränder vom Tafelteil abgesetzt. Wenn bereits bei Rütti 1991 zahlreiche Vertreter einer Form vorliegen, werden die Neufunde bis auf einen oder mehrere typische Vertreter nicht aufgenommen. Die Konkordanzen am Ende des Bandes betreffen erstens Inventarnummer, Fundkomplexnummer, Grabungsnummer und Katalognummer (S. 643–660); zweitens Fundkomplexnummer, Inventarnummer und Katalognummer (S. 660–672); drittens bereits publizierte Objekte und Katalognummern (S. 672 f.); viertens Formenbezeichnungen AR, Isings, Trier, Aventicum, Fontaine, Gellep und andere (S. 673–676); fünftens (irrtümlich mit der Nummer 4 versehen) Isings und AR (S. 677). Weitere vier Konkordanzen betreffen die Formen aus Trier, Aventicum, Gellep und Cosyns zu AR (S. 677–681). Es folgen Datierungstabellen und die entsprechenden Formentafeln.

Die Bände enthalten zahlreiche Abbildungen – Fotos und von der Autorin selbst angefertigte Zeichnungen – in durchgehend sehr guter Qualität. Viele der Abbildungen in Band 1 zeigen Vergleiche außerhalb von Augst. Unter den 644 Abbildungen sind zwar auch die Tabellen geführt, doch dafür bestehen die meisten aus mehreren Einzeldarstellungen, so dass von einer wirklich üppigen Bebilderung gesprochen werden kann. Die Fotos sind fast alle farbig. Dies ist bei Glas besonders wichtig, um die unterschiedlichen Farben oder Schattierungen genauso wie die Brillanz des Fundmaterials darstellen zu können. Nicht nur die attraktiven Stücke werden abgebildet, sondern alles bis hin zu sekundär Verschmolzenem, Amorphem oder stark Verwittertem, um das Spektrum der Erscheinungsformen zu zeigen.

Sehr schön und übersichtlich ist, dass die Datierungstabellen am Ende von Band 2 direkt mit den Formentafeln korrespondieren, so dass linksseitig die Tabelle als Balkendiagramm der Produktionszeit gedruckt ist, rechts die entsprechende Gefäßform auf einer ausklappbaren Tafel.

Neben der Vorlage dieser wichtigen Fundgruppe ist es das erklärte Ziel der Autorin, zu versuchen, »allen Kolleginnen und Kollegen, die sich bisher noch nicht mit dem Fundmaterial ›römisches Glas‹ auseinandergesetzt haben, das Thema näherzubringen« (S. 11). Dies gelingt ihr vorzüglich. Die Erklärungen sind so gehalten, dass sie auch für Einsteiger in das Thema verständlich sind. Durch die zahlreichen Abbildungen werden auch schwierige Sachverhalte anschaulich gemacht. Die sehr ausführlichen Bildunterschriften sind in Deutsch und in Englisch verfasst, so dass englischsprachige Leser vermutlich allein anhand dieser Beschriftungen gut mit dem Band arbeiten können.

Fünfschilling wiederholt an verschiedenen Stellen ihre Arbeitsgrundlagen, beispielsweise die Datierungsgrundlagen (S. 15 im Kapitel archäologische Grundlagen, S. 260 in der Formenkatalogvorbemerkung, S. 465 in der Katalogvorbemerkung, S. 683 vorangestellt den Datierungstabellen). Dadurch wird die Vorgehensweise gut nachvollziehbar, und das Querlesen und Arbeiten mit den Bänden wird erleichtert. Andererseits werden dadurch auch Abschnitte redundant. So gibt es ein Kapitel ›Zur Datierung der Gläser‹, in dem lediglich allgemeine Anmerkungen wiederholt werden, die so bereits auf Seite 15 zu lesen waren. Eigentlich müsste das Kapitel ›Anmerkungen zu augusteischem Glas‹ überschrieben sein, denn darum geht es hier weit überwiegend. Auch in anderen Abschnitten der ersten Hälfte des ersten Bandes ist der Aufbau nicht ganz stringent. So gibt es ein Kapitel zu dem Inhalt von Glasgefäßen. Dieses wäre gut mit dem ebenfalls nur knappen Abschnitt zur Funktion von Glasgefäßen kombinierbar gewesen. Auch ist ein – wiederum sehr knappes – Kapitel zu Formen des Transports sowie zum Verschließen von Glasgefäßen in der Vorlage der Gläser aus Augusta Raurica nicht nötig, da das Augster Material hier keinerlei Nachweise beisteuert. Da die Autorin jedoch mit ihrem Werk möglichst umfassende Aspekte zu römischem Glas abdecken will, geht das Buch weit über die Vorlage der Augster Gläser hinaus.

Entsprechend ihrem Ziel eines Kompendiums mit der möglichst umfassenden Darstellung archäologischen Glases behandelt die Autorin diverse Aspekte. Diese betreffen jedoch ausschließlich technische, formenkundliche und chronologische Themen. Wer Aussagen darüber hinaus, beispielsweise zu wirtschafts- und sozialgeschichtlichen Aspekten erwartet, wird in diesem Werk nicht fündig. Zwar gibt es, wie eben erwähnt, ein Kapitel »zur Funktion«, doch damit ist die rein physische Verwendung gemeint. Welche Funktionen darüber hinaus Glasgefäße haben konnten, etwa um Status oder Wohlstand zu markieren, wird nicht angesprochen. Lediglich einmal streift Fünfschilling Glas als Quelle soziologischer Fragestellungen: in einer Begründung, warum auf Verbreitungskarten der Funde über das Stadtgebiet von Augusta Raurica verzichtet wird. Die stark durch Ausgrabungsintensität verzerrte Fundverbreitung ließe hier keinerlei Aussagen zu. Das mag für Verbreitungskarten über das gesamte Stadtgebiet richtig sein. Doch wäre zu überlegen, ob nicht mikroräumliche Untersuchungen, beispielsweise innerhalb einer Insula, oder auch vergleichend über zwei ähnlich gut untersuchte Areale nicht doch aussagekräftig wären, wie Daniel Keller dies für Ephesos vorführt (in: J. Bayley / I. Freestone / C. Jackson, Glass of the Roman World [Oxford 2015] 124–137). Diese Untersuchung hatte freilich einen besonderen Befund zum Ziel, ein erdbebenzerstörtes Haus, welches eine besondere Quellengattung darstellt. Wie dem auch sei, eine derartige Untersuchung hätte sicherlich den Rahmen des bereits umfangreichen Werks gesprengt.

Insgesamt erklärt Fünfschilling sehr gut verständlich die Grundlagen der Arbeit mit archäologischem Glas, so dass das Werk als Einführung zu diesem Thema jedem ans Herz gelegt werden kann. Die Verfasserin zeigt zum Beispiel, wie man auch anhand kleiner Scherben noch die Form bestimmen kann. Dank ihres fundierten Wissens zu zahlreichen technischen und formenkundlichen Aspekten ist der Band aber auch für Fachleute gewinnbringend. Die wissenschaftliche Qualität und die Ausstattung der beiden Bücher machen den recht hohen Preis erträglich.

Darüber hinaus ist die fundierte Vorlage der Formen als Referenz und Nachschlagewerk äußerst hilfreich. Da Parallelen aus den gesamten Nordwestprovinzen und bisweilen auch darüber hinaus angeführt sind, dürfte das Werk auch weit über die Schweiz hinaus Bedeutung erlangen. »Man darf sagen, dass der Bestand an Gefäßglas aus Augusta Raurica für die Nordwestschweiz und Nordschweiz, das südliche Deutschland und das südliche Elsass eine gute Referenz darstellt, aber auch den übrigen Landesteilen der heutigen Schweiz von Nutzen sein kann« (S. 216). Dem ist nur hinzuzufügen, dass Sylvia Fünfschillings Werk weit über diesen Raum eine gute Referenz ist und von Nutzen sein dürfte.

Xanten   Marion Brüggler

Christoph Hinker, **Ein Brandhorizont aus der Zeit der Markomannenkriege im südostnorischen Munizipium Flavia Solva.** Mit Beiträgen von Günter Christandl und Ursula Schachinger. Zentraleuropäische Archäologie, Band 4. Österreichisches Archäologisches Institut, Wien 2014. 341 Seiten mit 43 Tafeln, 9 Fototafeln, 1 Typentafel, 38 Abbildungen und 21 Tabellen.

Bei der vorliegenden Monographie handelt es sich um eine dezidierte Fallstudie im Spannungsfeld zwischen der Interpretation eines lokalen Brandbefunds und dessen historischer Einordnung in die Reichsgeschichte, die aus einem Postdoc-Projekt am Österreichischen Archäologischen Institut hervorgegangen ist. Den Ausgangspunkt bilden mehrere abgebrannte Häuser einer Insula am westlichen Stadtrand des südostnorischen Munizipiums von Flavia Solva (Wagna) in der Steiermark, deren Grunddaten bereits 1996 in der Dissertation von Stefan Groh erfasst wurden (Die Insula XLI von Flavia Solva. Ergebnisse der Grabungen 1959 und 1989 bis 1992 [Wien 1996]). Demnach endet die Bauperiode ›II/II+‹ in einem Brand, der durch Münzen vergleichsweise genau auf die Jahre um 170 n. Chr. datiert werden kann. Dieses Datum lässt natürlich alle, die sich mit der römischen Geschichte der Donauprovinzen beschäftigen, hellhörig werden: Auf den ersten Blick mag es naheliegen, den lokalen Brand in einen kausalen Zusammenhang mit den Markomannenkriegen unter Mark Aurel zu bringen. In der älteren Lokalforschung vor Groh und Hinker gab es auch kaum einen Zweifel, dass das Munizipium Flavia Solva mehr oder weniger großflächig während jenes massiven Einfalls von Markomannen und Quaden über die Julischen Alpen nach Oberitalien zerstört worden sei, in dessen weiterem Verlauf auch Opitergium (Oderzo) fiel und Aquileja über mehrere Monate belagert, aber nicht eingenommen wurde. Mögliche Zerstörungshorizonte in weiteren südostnorischen Siedlungen sollten gar die Vormarschroute der Invasoren nachzeichnen.

Vordergründig geht es Hinker darum, diese Verknüpfung von lokalem Brandbefund und reichsweiter Ereignisgeschichte auf den Prüfstand zu stellen. Aus seiner detailreichen Bearbeitung der Funde und Befunde ergibt sich zugleich aber auch eine kulturhistorische Skizze, die weit über die Primärfrage hinausgeht, ob der Brand durch ein historisches Ereignis ausgelöst wurde oder nicht. Die Gliederung des Buchs spiegelt beides wider: Geht es am Beginn und am Schluss sehr stark um die Frage, ob und inwieweit die Einordnung in den historischen Befund gerechtfertigt ist und welche Methoden der Auswertung hier zielführend sein könnten, wird in den zentralen Kapiteln der Fundauswertung inklusive Archäozoologie und -botanik das Lebensbild einer sozial eher niederen Schicht von Handwerkern und ihren Familien am Stadtrand von Flavia Solva in all seinen (nachweisbaren) Facetten gezeichnet. Provokant könnte man sagen, Hinker hat hier der »ereignishistorischen Meistererzählung« eine »kulturhistorische Meistererzählung« gegenübergestellt, die sich mit archäologischen Methoden besser fassen lässt.

Nach einer knappen Einführung in die Topographie von Flavia Solva bespricht Hinker kritisch den historischen Kontext, der durch zwei Pole gekennzeichnet ist: die Markomannenkriege, im Fall von Flavia Solva speziell der germanische Einfall nach Oberitalien, sowie die antoninische Pest. Für beides geht Hinker ad fontes, also sprichwörtlich an die Quellen, um die schüttere Basis für unsere Geschichtsrekonstruktion noch einmal deutlich zu machen. Die kritische Wertung ist dabei keineswegs neu, man lese nur entsprechende Beiträge von althistorischer Seite, zum Beispiel von Karl Strobel oder Peter Kehne. Trotzdem ist ein solches Kapitel von Wert, weil historiographische Quellen in der Archäologie immer noch gerne als Tatsachenberichte gelesen und als bloße Illustration zum ausgegrabenen Befund missverstanden werden.

In zwei kurzen Kapiteln werden die Forschungsgeschichte der Grabungen auf der Insula XLI sowie die bisherigen Forschungsmeinungen zu einer möglichen Zerstörung des gesamten Munizipiums skizziert. Hier wird deutlich, dass die jüngere Forschung, allen voran Stefan Groh, bereits abgerückt war von der These, die Stadt sei in den Markomannenkriegen flächendeckend brandzerstört worden; der Krieg als Ursache des Brandes in Insula XLI galt Groh zwar noch als »sehr wahrscheinlich«, aber eben auch als archäologisch nicht eindeutig beweisbar.

Es folgen die zentralen Kapitel, die der Befund- und Fundauswertung gewidmet sind. Nach einigen quellenkritischen Bemerkungen zu den Grabungsumständen und den oft nicht näher umrissenen Termini »Brandschicht«, »Brandschuttschicht« oder »Brandhorizont« folgen Abschnitte zur Architektur, zur Taphonomie und zur Definition von Aktivitätszonen. Auch wenn dies eigentlich Standards bei jeder guten Befundanalyse sein sollten, so systematisch wie hier werden gerade die Formationsprozesse, die zum Fundbild beitragen, selten aufgeschlüsselt. So entsteht das konzise Bild einer durch Feuer zerstörten Holzarchitektur. In situ verbrannte Fachwerkwände und zerscherbte, aber sonst weitgehend intakte Gefäße belegen zumindest an den gut erhaltenen Stellen ein plötzliches Zerstörungsereignis. Der Brandhorizont zieht sich über mehrere Hausparzellen, ein anschließendes Durchsuchen des Schutts nach Verwertbarem ist ziemlich wahrscheinlich, was auch Brandschuttdepots in wenigen Gruben und das Fehlen größerer Metallgegenstände erklären könnte. Von einer »Versiegelung« der Schichten im Sinne der vielzitierten »Pompeji-Prämisse«, wonach vollständige Hausinventare verschüttet und auch später unberührt geblieben sind, kann daher keine Rede sein. Dazu sei angemerkt, zumindest im Sinne einer eigentlich falsch verstandenen »Pompeji-Prämisse«, denn auch in der 69 n. Chr. durch den Vesuv verschütteten Kleinstadt gibt es zahlreiche Hinweise auf ein späteres Durchsuchen nach wiederverwendbarem Material.

Hinker stellt viele Fragen an den Befund, die sich zum Teil nach der Ausgrabung natürlich nicht mehr sicher beantworten lassen, die aber hilfreich sind für zukünftige Feldarbeiten. Was er erstaunlicherweise nicht erwähnt, ist die Methode der Mikromorphologie, die meines Erachtens gut geeignet wäre, um zum Beispiel die zentrale Frage zu klären, ob es sich um eine intakte In-situ-Brandschicht oder um einplanierten Brandschutt handelt.

Recht anregend sind auch die Gedanken zur Ermittlung von sogenannten Aktivitätszonen, die – von wenigen Herdstellen abgesehen – weitgehend auf den Fundinventaren der einzelnen Raumeinheiten beruhen. Dafür werden alle in Frage kommenden Funde nach Raumeinheiten unterteilt abgebildet, zusätzlich zu den nach Materialgattungen getrennten Fundtafeln am Ende des Buchs. Die konkreten Funde im Blick, kann die Leserschaft nachvollziehen, wie schwierig es ist, Aktivitätszonen und die dort verrichteten Tätigkeiten sicher zu bestimmen, weshalb auch die von Hinker vorgeschlagenen Deutungen nicht immer restlos überzeugen. So zeigt etwa das Beispiel der Firmalampe Katalog 325, von der Hinker annimmt, dass sie der Beleuchtung von Raum X/1 diente (S. 74), wie schwer es ist, sich von dem gängigen Interpretationsmuster »wo ein Fund liegt, dort wurde er auch benutzt« zu lösen – immerhin ist von der Firmalampe nur eine kleine Scherbe erhalten. Es gibt eben zahlreiche limitierende Faktoren für eine sichere Bestimmung von Nutzungskontexten, wie zum Beispiel unterschiedliche Gewohnheiten bei der Abfalldeponierung und -entsorgung, ganz abgesehen von dem viel grundsätzlicheren Problem, dass antike Räume selten nur eine Funktion hatten, sondern multifunktional waren – und dies auch noch situativ, das heißt, dass ein Raum im Tagesablauf unterschiedliche Funktionen haben konnte.

Das mit Abstand umfangreichste Kapitel ist eine gründliche Fundauswertung, die sich nur wenig von herkömmlichen Arbeiten unterscheidet, wenn man von einigen methodischen Einschüben wie zum Beispiel dem zur typologischen Methode absieht. Im zugehörigen Fundkatalog fällt ein gewisser Formalismus auf, der vermutlich einer methodenbasierten Vorgehensweise geschuldet ist, die darauf bedacht ist, auch wirklich alle Informationen zu erfassen. Es ist aber fraglich, ob Informationen wie »herstellungstechnische Details: scheibengedreht; Oberfläche: Engobe; Dekor: Relief« bei jeder Relief-Terra-Sigillata-Scherbe wirklich notwendig sind. Meines Erachtens ist dies ein typisches Merkmal eines Druckkataloges, der aus einer Datenbank abgeleitet wurde. Durchdacht ist aber die Anordnung des Kataloges, an dessen Ende auch »Fundstücke von geringerer Signifikanz« aufgeführt werden, so dass der Dokumentationspflicht auch ohne entsprechende Abbildungen Genüge getan ist. Der zugehörige Tafelteil ist von höchstem Niveau, viele Farbfotos vermitteln einen guten Eindruck von den Brandspuren einzelner Funde.

In separaten Beiträgen behandelt werden die Fundmünzen (durch Ursula Schachinger) und die archäozoologischen Reste (Tierknochenbestimmung durch Günter Christandl). Die Münzauswertung ist insofern methodisch interessant, weil sie über die reine Bestimmung des Terminus post quem hinausgeht und stattdessen ein Zirkulationsvolumen zu ermitteln versucht. Wissenswert ist zudem die Beobachtung, dass Brandspuren an Münzen nach der Restaurierung oft nicht mehr zu erkennen sind, eine gute Dokumentation des Erhaltungszustands vor der Reinigung daher umso wichtiger ist. Die Münzen liefern auch die entscheidenden Argumente für die Datierung des Brandes um 170 n. Chr.; das Spektrum der Terra Sigillata entspricht weitgehend dem Bild, das sich die Forschung von zeitgenössischen Fundensembles im rätisch-norischen Raum macht: Bei der glatten Ware überwiegen Teller der Form Dragendorff 18/31, Teller der Form Dragendorff 32 lassen sich nicht nachweisen. Bei der Relief-Terra-Sigillata dominiert die mittelgallische Ware gegenüber der Frühgruppe aus Rheinzabern (Bernhard Ia), die Gruppe Bernhard IIa ist durch ein sicheres Stück vertreten (S. 154 Anm. 906).

Ausgehend von der gründlichen Befund- und Fundaufnahme entwickelt Hinker das schon angesprochene kulturgeschichtliche Bild eines einfachen Handwerkerviertels mit seiner typischen Kombination von Handwerk und Wohnen auf einer Parzelle. Nachweisbar sind Handwerkstätigkeiten im Rahmen der Bein- und der Buntmetallverarbeitung. Das fassbare Fundspektrum beurteilt er insgesamt als »bescheiden bis gewöhnlich«, was dem sozialen Status einer Unter- oder Mittelschicht des Munizipiums entsprechen dürfte. »Diese Arbeitsweise der kulturgeschichtlichen Auslegung« setzt nach Hinker »ein gewisses, den Bereich der positivistischen Faktendarstellung überschreitendes Maß an Interpretation voraus« (S. 168). Nun dürfte das für viele Befundauswertungen zutreffen: Implizit wird oft so vorgegangen, allerdings meist, ohne sich der methodischen Grundlagen gewahr zu werden. Insofern sind weniger die Inhalte in Hinkers Darstellung neu oder überraschend, sondern eher der Grad der Reflexion, der sich durch die gesamte Methodenstudie zieht.

Dies gilt auch für die abschließenden Kapitel, in denen es um das Verhältnis von Brandbefund und historischem Kontext im speziellen Fall von Flavia Solva, aber auch um die allgemeine »Frage der Historizität in der provinzialrömischen Archäologie« geht. Hinker richtet sich hier deutlich gegen das traditionelle Forschungsbild mit seinen über Fachgrenzen hinweg sich aufschaukelnden Zirkelschlüssen von archäologisch nachweisbaren Brandbefunden und historisch dokumentierten Kriegsereignissen. Um dieser seiner Meinung nach »methodisch unsauberen Verkettung von Interpretationen« zu entkommen, entwickelt der Verfasser einen Kriterienkatalog, »ein Werkzeug, das es erlaubt, mögliche Optionen einer historischen Interpretation zu erwägen und diese abzuschätzen« (S. 187). Abgefragt werden dabei unter anderem der Erhaltungsgrad des Fundmaterials, das Vorkommen oder Fehlen von Militaria und Menschenknochen, die als Spuren von Kampfhandlungen gedeutet werden können, sowie weiterer Brandbefunde im Umfeld. Dieser Fragenkatalog ist im Grunde nichts Neues und sollte bei jeder gründlichen Auswertung »mitgedacht« werden, trotzdem ist es gut, wenn dieses meist implizierte Vorgehen einmal verschriftlicht und damit systematisiert wird. Allerdings sollte man sich vor einem allzu formelhaften Schema hüten, im Glauben, man müsse dies nur noch abarbeiten, um zu historisch belegbaren Schlüssen zu kommen.

Im konkreten Fall neigt sich die Waage eher zu einem Schadenfeuer als zu einer durch kriegerische Ereignisse ausgelösten Brandzerstörung. So gibt es in der brandanfälligen Holzarchitektur zahlreiche offene Feuerstellen als mögliche Quellen für Schadensfeuer, und es lassen sich weder Militaria noch Menschenknochen von potentiellen Opfern nachweisen – auch wenn dieser Schluss ex silentio natürlich nicht unproblematisch ist. Geänderte Grundstücksgrenzen beim anschließenden Wiederaufbau könnten immerhin gewisse Diskontinuitäten in den Besitzverhältnissen anzeigen, die vielleicht durch Flucht oder Tod der ehemaligen Besitzer ausgelöst wurden. Trotzdem lautet das Fazit von Hinker zu dem Brandereignis in Flavia Solva: »Die vorliegenden Funde belegen einen Brand, aber nicht dessen Ursache« (S. 183) und »ein Bezug auf die Markomannenkriege lässt sich also lediglich rein zeitlich, nicht jedoch ursächlich herstellen« (S. 184). Festzuhalten bleibt aber auch: Im Falle des Brandbefundes von Flavia Solva Insula XLI widersprechen archäologische Quellen und historischer Befund einander zumindest nicht, so dass das völlige Negieren eines Zusammenhangs hieße, das Kind mit dem Bade auszuschütten. Die Frage, ob man immer den »rauchenden Colt« als letztgültigen Beweis für eine Kriegszerstörung benötigt, und inwieweit man hier Plausibilitäten gelten lässt, führt schon fast auf das Feld der erkenntnistheoretisch-philosophischen Theorie. Dies klingt in einigen Bemerkungen und Fußnoten auch deutlich an (so S. 188 mit Überlegungen zur Relation zwischen Ereignis und Ursache).

Am Ende wird Hinker noch einmal grundsätzlich: Obwohl die Provinzialrömische Archäologie aufgrund der reichen schriftlichen Parallelüberlieferung eigentlich geradezu dazu prädestiniert erscheint, Methoden der Interpretation im Verhältnis von Schriftquellen zu archäologischen Quellen zu entwickeln, fehlt es im Fach an entsprechenden systematischen Ansätzen. Das ist aber nicht so einfach umzusetzen. Auf eine grundsätzliche Schwierigkeit macht Hinker auch selbst aufmerksam, und das sind die unterschiedlichen Skalenebenen der Daten gleich in zweifacher Hinsicht: zum einen behandeln die Schriftquellen fast ausschließlich Reichsgeschichte, während die archäologischen Daten vor allem die lokale, periphere Ebene erfassen. Und zum anderen leistet die Archäologie primär Beiträge zur Strukturgeschichte, die Schriftquellen verhandeln jedoch vorzugsweise die Ereignisgeschichte. Die unkritische Verknüpfung von Germaneneinfall und Brandhorizont bedeutet da recht schnell, den konkreten archäologischen Befund zu überstrapazieren. Ein Ausweg aus dem strukturell immanenten Dilemma sieht auch Hinker nicht. Daher plädiert er für »eine Änderung des Fokus, weg von einer asymmetrischen Geschichtsauffassung, deren Schwerpunkt auf der Erfassung von Ereignissen reichsgeschichtlicher Tragweite liegt, hin zu einem breiteren, auch archäologischen Quellen der Alltagsgeschichte berücksichtigenden Geschichtsverständnis«. Dies »eröffnet die Möglichkeit, das Ungleichgewicht etwas auszugleichen und durch kulturgeschichtlich verwertbare Daten zu ergänzen«, in diesem Fall zum Beispiel durch die Skizze der Lebensbedingungen von einfachen Handwerkerfamilien am Stadtrand von Flavia Solva (S. 191).

Insgesamt legt Hinker ein Buch vor, das einen theoretisch-methodischen Anspruch erhebt, der weit über das hinausgeht, was der Titel vermuten lässt. Der strenge Formalismus und das kleinteilige Vorgehen mit einer entsprechenden Kapitelaufteilung führen dabei zu gewissen Wiederholungen, die sich im Sinne eines Methodenexempels wohl kaum vermeiden lassen. Der Autor macht der Leserschaft den Zugang allerdings nicht leicht: Seine Sprache mit einem ausgeprägten Nominativstil, vielen Genetivkonstruktionen und langen Sätzen ist etwas gewöhnungsbedürftig. Nichtsdestotrotz ist es eine insgesamt anregende Studie auf einem Feld, das viel zu lange durch implizites Wissen und Vorgehen geprägt war.

Freiburg im Breisgau   Alexander Heising

Nicole Albrecht, **Römerzeitliche Brunnen und Brunnenfunde im rechtsrheinischen Obergermanien und Rätien.** Studia Archaeologica Palatina, Band 1. Verlag Franz Philipp Rutzen, Mainz und Ruhpolding 2015. 182 Seiten mit 80 Abbildungen.

Die vorliegende Publikation beschäftigt sich in fünf Kapiteln räumlich begrenzt auf das rechtsrheinische Obergermanien und Rätien mit einem wichtigen Thema der antiken Wasserversorgung, den Brunnen. Darunter versteht Nicole Albrecht ausschließlich Tiefbrunnen. Ein weiterer Aspekt der Arbeit betrifft die Brunnenfunde und ihre Aussage zu unterschiedlichen Lebensbereichen.

Das erste Kapitel, die Einleitung (S. 7 f.), gibt eine Zusammenfassung zur Bedeutung des Wassers und blickt auf die Anfänge des Brunnenbaus zurück. Einen kurzen Blick wirft die Verfasserin dabei auf die Forschungsgeschichte. So stellt sie fest, dass Thermen, Wasserleitungen und Aquädukte stets im Vordergrund der Betrachtungen gestanden hätten und vor allem als Zeugnis antiker Architektur gesehen worden seien; deren Funktion selbst habe jedoch selten Beachtung gefunden. Erst nach dem Zweiten Weltkrieg gebe es zunehmend interdisziplinäre Untersuchungen, die sich etwa mit der Konstruktion, den Materialien und der Art des Wasserhebens, aber auch mit den Brunneninhalten beschäftigen. Mit dieser Aussage wird eine Brücke zu den Brunnenfunden geschlagen.

Das zweite Kapitel besteht aus einem sehr knappen historischen Abriss (S. 9) zur Geschichte der Romanisierung der Provinzen Obergermanien und Rätien, dem Untersuchungsgebiet, auf das Albrecht sich aufgrund der Materialmenge zu Recht beschränken will. Dies schließt aber einen Blick über dessen Grenzen nicht aus. Bei ihren einleitenden Überlegungen stellt die Autorin die Rolle des römischen Militärs bei der Verbreitung von Brunnen heraus. Dies ist durchaus nachvollziehbar, weil großer Wasserbedarf in den Lagern bestand, der zudem aus autarken Quellen gedeckt werden musste.

Waren die ersten beiden Kapitel eher allgemein gehalten, so bietet das dritte (S. 11–52) einen tiefen Einblick in die Technik. Die von Frau Albrecht vorgegebene Gliederung in drei größere Abschnitte, die ihrerseits Unterpunkte aufweisen, erlaubt einen schnellen Zugriff auf die unterschiedlichen baulichen Aspekte.

Zunächst (S. 11 f.) definiert die Verfasserin den Begriff ›Brunnen‹, der in der Forschung häufig für sehr unterschiedliche Anlagen (Brunnen, Zisternen, Quellfassungen) gebraucht werde. Nach ihrer Begriffsbestimmung werden Brunnen als solche bezeichnet, wenn es sich um abgeteufte Schächte handelt, die Wasser führende Schichten erschließen. Legt man die römische Terminologie zugrunde, so handelt es sich um einen ›puteus‹ (vgl. W. Letzner, Römische Brunnen und Nymphaea in der westlichen Reichshälfte [zweite Auflage, Münster 1999] 93 f.). Erwähnt wird hingegen nur der ›putearius‹, der Brunnenbauer. Der folgende Abschnitt (S. 12–21) behandelt den Brunnenbau, beginnend mit der Auffindung von Wasser sowie der Ausgestaltung der Sohle, der Begehbarkeit, den Brunnenformen, den Methoden der Wasserförderung und schließlich der Abdeckung. Die wichtigste Quelle in diesem Kontext sind die Ausführungen Vitruvs, die auf Erfahrungswerten gründen. Albrecht schreibt dessen Informationen zum Brunnenbau fort und stellt sie auf die Basis heutiger naturwissenschaftlicher Kenntnisse. Nicht nur für die Theorie, sondern auch mit hohem Nutzen für die Praxis ist eine Übersicht der Brunnenformen (S. 21–34). Hier wird eine Typologie vorgestellt, die vom Baumaterial und der Bauausführung her bestimmt ist. Dabei richtet Albrecht ihr besonderes Augenmerk auf die Holzbrunnen und in größerem Maße auf die Kastenbrunnen mit der Beschreibung der Holzverarbeitung.

Ein weiterer Teil (S. 34–49) setzt sich mit den Methoden der Wasserförderung auseinander. Das beginnt mit dem freien Schöpfen und reicht bis zu aufwendigen Doppelkolbendruckpumpen, die vom hohen Standard römischer Technik zeugen. Ein anderer wichtiger Aspekt betrifft die Abdeckung beziehungsweise Überdachung eines Brunnens (S. 49–52), der schließlich vor Verschmutzung zu schützen ist. Außerdem musste der Schacht gesichert werden.

Unterstützt werden die Ausführungen durch zahlreiche Abbildungen, die zu einem Großteil von der Autorin selbst in sehr guter Qualität gefertigt wurden. Umso bedauerlicher sind dann einige grob gerasterte Reproduktionen aus älteren Publikationen, deren schlechte Qualität man mit einfachen technischen Mitteln hätte vermeiden können.

Das vierte Kapitel (S. 53–106) setzt sich mit den Funden auseinander. Zunächst werden die mit den Funden verbundenen Fragestellungen angeschnitten. In der Betrachtung werden die Funde in zwei Hauptgruppen aufgeteilt, die anorganischen und die organischen Funde. So finden sich in der ersten Gruppe (S. 54–76) Objekte aus Glas, aus Keramik beziehungsweise Ton, aus Stein oder Metall sowie Münzen, während in der zweiten (S. 77–103) etwa Pflanzenreste, Holz, Früchte, Samen und Pollen, Kultur- und Nutzpflanzen aufgelistet werden. Ihnen kommt eine besondere Rolle zu, weil die Fundsituation zu guten Erhaltungsbedingungen beigetragen hat. Diese Funde bilden das Leben und die Umwelt der damaligen Zeit ab. Außerdem gewähren sie Einblicke in die Wirtschaftsgeschichte. Nicht explizit hingewiesen werden muss auf die Bedeutung der Brunnenfunde für Datierungsfragen. Allerdings sollte daran gedacht werden, dass Brunnen im Laufe ihrer Nutzung gereinigt wurden und daher in den Funden nur ein begrenzter Zeitabschnitt belegt ist.

Ein besonderes Augenmerk richtet die Verfasserin auf die Steinmaterialien (S. 58–67). Dabei geht es vorrangig um aus Brunnen stammende Reste von Skulpturen, Architekturteile und epigraphisches Material. Sie führt eine Reihe von entsprechenden Befunden an, die Einblicke in das religiöse Leben gewähren. In diesem Kontext beschäftigt sie sich ausführlicher mit Matronen, der Göttin Epona oder mit den Jupiter-Giganten-Säulen. Weil davon auszugehen ist, dass dieses schwere Material nicht über weite Strecken transportiert wurde, lassen sich lokale Bezüge ermitteln.

Neben den religiösen Aspekten geht Albrecht auf das epigraphische Material ein. Hier finden sich unter anderem Aspekte zur Topographie; in den Brunnen gefundene Meilensteine bieten einmal die Möglichkeit, bereits bekannte Siedlungen mit ihrem antiken Namen zu versehen, zum anderen Hinweise auf neue zu geben. Sie beleuchten somit die regionale Siedlungsgeschichte.

In der Schlussbetrachtung, dem fünften Kapitel, fasst die Autorin ihre Ergebnisse in einer zum Teil bildreichen, aber dadurch auch einprägsamen Sprache zusammen. Dabei spiegeln sich in der Betrachtung ihre Intentionen nochmals deutlich wider. Relativ knapp geht sie dabei auf die technische Seite, ihre Fundgruppen und ihren Aussagewert ein (S. 107 f.).

Eine umfassendere Betrachtung (S. 108–117) widmet Albrecht der Frage, wie religiöse Denkmäler – etwa Jupiter-Giganten-Säulen – in Brunnen gelangt seien und welche Motivation zugrunde gelegen haben könnte. Gängige Erklärungsversuche – etwa Zerstörungen religiöser Denkmäler und deren Entsorgung durch Alamannen oder durch den Bildersturm früher Christen – werden noch einmal aufgenommen.

Neben normalerweise zu erwartenden Funden steht die Frage von Skelettfunden von Tieren und Menschen (S. 114–116). Die Verfasserin vermutet, bei verschiedenen Befunden von einer Bestattung oder einem Begräbnis sprechen zu dürfen. Sie führt in diesem Kontext den Begriff ›Sonderbestattung‹ ein und begründet ihre Aussage damit, dass etwa die Reste mehrerer menschlicher Individuen in einem Brunnen oder die Funde, die exemplarisch erwähnt werden, auf diese hindeuten. Durchaus richtig ist die Feststellung, in der Antike habe man einen anderen Umgang mit dem Tod und den Toten gepflegt, die Beisetzung in bereits vorhandenen Gruben oder Ähnlichem sei also nicht abwegig. Eine gewisse Vorsicht bei dieser Deutung bleibt aber bestehen, da es durch das Einbringen von Leichen oder Tierkadavern in einen Brunnen zu einer Vergiftung des Wassers kommt und er damit seine eigentliche Funktion verliert.

Dem Katalog vorangestellt ist ein ausführliches Quellen- und Literaturverzeichnis (S. 119–129). Es wäre sicherlich wünschenswert gewesen, wenn die Formalien einheitlich gehandhabt worden wären. Dazu gehören etwa die Seitenangaben, die einmal mit »ff.« angegeben werden, einmal mit der Zahlenstrecke.

Im Bereich der Quellen sind sicherlich ergänzend zu der Frontinusausgabe von Hodge die Ausgabe von Fanny del Chicca (Frontino De Aqvae Dvctv Vrbis Romae, Introduzione, testo critico, traduzione e commento [Rom 2004]) und die Neuausgabe der Frontinus-Gesellschaft (Die Wasserversorgung im antiken Rom, Geschichte der Wasserversorgung I [München 2013]) anzugeben. Zudem könnte auch der Beitrag von Tünde Kaszab-Olschewski (in: R. Kreiner / W. Letzner [Bearb.], SPA Sanita Per Aquam. Internationales Frontinus-Symposium zur Technik- und Kulturgeschichte der antiken Thermen, Aachen 2009, Bull. Ant. Beschaving Suppl. 21 [Löwen 2012] 153–158) von Interesse sein.

Der Katalog selbst (S. 130–172) umfasst 492 Einträge in tabellarischer Form. Er gewährleistet einen schnellen Überblick über das Material. Vervollständigt wird die Publikation durch mehrere Indizes (S. 173–181): dem Verzeichnis der Pflanzen- und Tierbefunde, einem Sach- und Personenregister und schließlich dem Ortsregister.

Ein Verdienst der hier vorgestellten Publikation liegt darin, dass ein schwieriges Thema und die daraus resultierenden Möglichkeiten zur Beantwortung von Fragen zum Leben in römischer Zeit aufgegriffen wurden. In mancherlei Hinsicht schließt die Arbeit Lücken. Darüber hinaus bietet das vorgestellte Material einen Anreiz, sich weiterhin mit diesem Thema auseinanderzusetzen.

Hamm   Wolfram Letzner

Eleni Papagianni, **Attische Sarkophage mit Eroten und Girlanden.** Sarkophag-Studien, Band 9. Verlag Franz Philipp Rutzen, Ruhpolding 2016. 195 Seiten mit 64 Tafeln.

Mit dem zu besprechenden Werk sind nun auch die attischen Erotensarkophage vorgelegt, nachdem die drei Bände über die stadtrömischen Erotensarkophage bereits in den neunziger Jahren erschienen sind. Kästen mit verschiedenen Erotenthemen und mit Girlanden bilden die größte Gruppe, die Girlandensarkophage stellen die früheste Gruppe der attischen Sarkophage überhaupt dar. Das Buch ist abweichend von den anderen großformatigen Bänden über die attischen Sarkophage (S. Rogge, Die antiken Sarkophagreliefs IX 1, 1 [1995]; J. Oakley, dass. XI 1, 3 [2011]; C. Kintrup, dass. IX 1, 2 [2016]) in dem bescheidenen Format der Sarkophag-Studien gedruckt. Es ist aus der 2007 an der Universität von Saloniki eingereichten und von Theodosia Stephanidou-Tiveriou betreuten Doktorarbeit hervorgegangen. Der Text ist dankenswerterweise von Derk W. von Moock aus dem Griechischen übersetzt und so einem größeren Leserkreis zugänglich gemacht worden.

Nach einer kurzen allgemeinen Einführung (Kapitel I) widmet die Autorin sich allen relevanten Fragen, die hinsichtlich der Erforschung von Sarkophagen zu stellen sind. Neben der Erstellung einer Chronologie dieser Stücke war insbesondere auch ihrer Verbreitung im Römischen Reich und ihrem Einfluss auf andere Werkstätten nachzugehen.

Den größten Raum nehmen jedoch – entsprechend der Fülle der verschiedenen Motive – die ikonographischen Untersuchungen ein (Kapitel II). Zunächst werden die eklektischen Szenen des Eroten-Komos behandelt, wobei die Zweiergruppe von Dionysos und Satyr als Vorbild für die entsprechende Erotengruppe (Typus A) erkannt wird (S. 5). Insgesamt werden vier verschiedene Zweiergruppen von Eroten (Typen A bis D) unterschieden, deren allgemeine Charakteristika jeweils nicht auf alle Beispiele zutreffen. Die einzelnen Typen entwickeln zahlreiche Varianten, die sich zum Teil weit vom ursprünglich definierten Typus entfernt haben. Zum Personal des Komos gehören auch Eroten mit diversen Musikinstrumenten, die sich größtenteils auf ältere Vorbilder zurückführen lassen. Der Eros mit der Kithara scheint jedoch eine genuine Schöpfung der attischen Sarkophagwerkstatt zu sein (S. 8). Der Eros mit dem Doppelaulos adaptiert Darstellungen von Satyrn mit solchen Flöten, und das Bild des Eros mit dem Tympanon ist aus dem Typus der Mänade mit einem solchen Schallbecken entstanden, so wie sich auch die Vorbilder für ekstatisch tanzende Eroten unter den Mänadendarstellungen finden (S. 14).

In Abschnitt 1.1.7 zur Bildkomposition werden die Verteilungsmöglichkeiten der verschiedenen Figurentypen des Eroten-Komos auf die Relieffläche analysiert. Trotz des überschaubaren Repertoires gleicht keine Darstellung der anderen, und es ist nach Papagianni davon auszugehen, dass es keinen Sarkophag gegeben hat, der als Prototypus mehrfach kopiert worden ist (S. 25; 28). Die einzelnen Figurentypen werden aus ihrem ursprünglichen Zusammenhang herausgelöst und neu arrangiert. Sie werden so miteinander kombiniert, dass sich keine inhaltlich zusammenhängende Darstellung ergibt (S. 27). Die frühen Sarkophage weisen tendenziell eher symmetrische Kompositionen auf, beschränken sich auf eine geringere Typenauswahl und haben insgesamt einen dekorativen Charakter. Mit fortschreitender Entwicklung wird der Typenschatz erweitert und die Figuren werden häufiger inhaltlich aufeinander bezogen, ohne jedoch die eklektische Vorgehensweise aufzugeben. So bietet auch die Reliefkomposition ein Kriterium für eine chronologische Festlegung.

In Kapitel 1.2 ›Eroten bei der Weinlese‹, kommt die Autorin zu dem Schluss, dass die attischen Sarkophage deutlich mehr dem mythologischen Bereich verhaftet sind als die stadtrömischen, in deren Darstellungen teilweise Alltagsszenen einfließen und die auch in einen jahreszeitlichen Kontext gestellt werden können.

In Kapitel 1.3 ›Eroten im Festzug‹, geht es im Unterschied zum Eroten-Komos, der den Heimweg von Eroten nach einem Gelage thematisiert, um einen dionysischen Umzug, in dem Eroten in die Rolle des Dionysos und seines Gefolges schlüpfen.

Die Darstellungen der ›Eroten auf dem Wagen‹ (Kapitel 1.4) sind im Band ›Die antiken Sarkophagreliefs V 2, 3‹ über die stadtrömischen Erotensarkophage mit Zirkusrennen einbezogen worden. Die von Löwen oder Panthern gezogenen Bigen sind symmetrisch beiderseits eines Mittelmotives angeordnet, das einen Verweis auf den Austragungsort des Rennens beinhalten kann, indem die Meta des römischen Zirkus das Zentrum der Darstellung markiert. Interessant ist die Beobachtung der Autorin, dass gerade die Darstellungen mit dem bildlichen Hinweis auf den realen Austragungsort im Westen des Römischen Reiches gefunden worden sind und daraus klar wird, dass bei diesen Exportstücken auf die Wünsche der Auftraggeber eingegangen wurde (S. 41).

Bei den verschiedenen Darstellungen, die unter Kapitel 1.5 »Eroten bei der Jagd« zusammengefasst werden, fallen Unschärfen bei der Definition der einzelnen Typen auf. Die beiden Figuren, die auf Katalog 54 (Tafel 22, 1) mit der Lanze gegen ein Wildtier angehen, werden dem Typus A zugerechnet, obwohl der eine in Vorderansicht und der andere in Rückansicht wiedergegeben ist. Andererseits wird für den Eros mit Schwert auf Katalog M 19 Tafel 26, 2 ein eigener Typus angenommen, es handelt sich jedoch um eine Figur in derselben Körperhaltung wie der linke Eros mit Lanze auf Tafel 22, 1, allein die Attribute sind ausgetauscht. Auch von einem »Typus des Eroten mit Speer« (S. 43) kann keine Rede sein. Der kleine Knabe, der vor dem Eber davonläuft (Kat. M 9 Taf. 25, 3), hat wenig mit den anderen Figuren des Typus gemein; es handelt sich nicht einmal um das gleiche Motiv. Zudem ist darauf hinzuweisen, dass manchmal aufgrund des schlechten Erhaltungszustandes beziehungsweise des kleinen Formates auf den Abbildungen kaum etwas zu erkennen ist (z. B. Taf. 25, 7; 26, 5). Dies ist allerdings der Tatsache geschuldet, dass die Eroten-Jagd auf den attischen Sarkophagen selten als Hauptthema wie bei Katalog 54 vorkommt, sondern meist in untergeordneter Position auf den Nebenseiten der Deckel von Klinensarkophagen oder als Miniaturfries zwischen den Sockelprofilen auftritt.

Auch das Thema der Eroten in der Palästra Kapitel 1.6, die sich in verschiedenen sportlichen Disziplinen (Pankration, Ringkampf, Faustkampf, Diskuswerfen) betätigen, kommt auf attischen Sarkophagen vornehmlich in kleinformatigen Darstellungen‹ vor.

Die Girlandensarkophage in einem Band mit Erotensarkophagen zu behandeln, hat im Wesentlichen seinen Grund darin, dass Eroten eine tragende Funktion übernehmen, indem sie die Girlande abstützen, und Erotenfriese auch mit Girlanden kombiniert werden. Da die attischen Sarkophage üblicherweise auf allen Seiten dekoriert sind, werden Girlanden, insbesondere im späteren zweiten und im dritten Jahrhundert, mit anderen Themen verbunden und als sekundäres Motiv auf die Rückseite und die Schmalseiten zurückgedrängt. Man kann von einem Standardtypus der attischen Girlandensarkophage sprechen, der sich von demjenigen anderer Werkstätten unterscheidet. Er hat ausnahmslos zwei Bögen auf den Langseiten und einen Bogen auf den Schmalseiten. Die seitlichen Festonträger haben meist die Form von Stierköpfen, die mit unterschiedlichen Stützfiguren in der Mitte kombiniert werden. Am häufigsten erscheint zentral ein Eros, dann treten noch Adler oder Bukranien in Trägerfunktion auf. Bukranien, Bukephalien oder Eroten sind auch an Girlandensarkophagen aus anderen Werkstätten in dieser Funktion geläufig, der Adler ist hingegen typisch für Stücke aus Attika, und der schwebende Eros als mittlerer Girlandenträger scheint eine Erfindung der dortigen Werkstätten zu sein (S. 64). Die auf kleinasiatischen Sarkophagen so verbreiteten Festons stützenden Niken kommen nur im Einzelfall vor (S. 65). Charakteristisch für die attischen Girlandensarkophage sind Löwenköpfe als Lünettenmotiv, auch sie treten woanders kaum auf. Daneben finden sich die üblichen Gorgoneia und Satyrköpfe sowie auch Sphingen und Greifen, die auch von stadtrömischen und kleinasiatischen Kästen bekannt sind. Dort wo die Girlanden auf der Rückseite von mythologischen Sarkophagen erscheinen, sind die Trägerfiguren besonders abwechslungsreich, und es kommen auch Herakles- und Attisfiguren vor (S. 65).

Die Girlanden auf den attischen Sarkophagen sind grundsätzlich Fruchtgirlanden und keine Blattgirlanden, wie sie in anderen Werkstätten gelegentlich vorkommen. Außer den genannten »Früchten, wie Granatäpfeln, Weintrauben, Äpfeln, Pinienzapfen, Eicheln, Ähren« (S. 63) wären noch Nüsse, Korymben und Mohnkapseln erwähnenswert gewesen, die auf einer Detailaufnahme (Taf. 44, 4) zu sehen sind. Auf die einzelnen Bestandteile der Girlanden wird nicht eingegangen, ebenso nicht nach ihrem Ursprung oder ihrer Bedeutung gefragt. Es geht vielmehr um die Ikonographie der gesamten Fruchtgirlande, für welche die Vorläufer besonders auf Grabaltären zu suchen sind.

Es ist ausdrücklich hervorzuheben, dass jedem Einzelthema in den ikonographischen Untersuchungen erschöpfend nachgegangen wird und für die meisten Motive Vorläufer aus den verschiedensten Denkmälergattungen nachgewiesen werden können.

Im dritten Kapitel geht es um die architektonische Form der attischen Sarkophage. Die Entwicklungslinien von deren Tektonik und Ornamentik sind zwar bekannt, jedoch war es nötig, im Rahmen dieser Untersuchung darauf einzugehen, um die Friessarkophage mit Eroten und die Girlandensarkophage in dieses Schema einzugliedern, zumal der architektonischen Gestalt der Kästen als wesentlichem Kriterium der relativen Chronologie eine besondere Bedeutung zukommt. Eine schnelle Übersicht über die Formentwicklung der Basen und oberen Abschlüsse der Girlandensarkophage des zweiten Jahrhunderts liefern die Abbildungen 1 bis 4 und für die Friessarkophage mit Eroten des zweiten Jahrhunderts die Abbildungen 5 bis 7. Die Feststellung, dass der Girlandendekor ohne Einfluss auf die Tektonik der Sarkophage bleibt (S. 78), gilt für die Sarkophage, die auf allen vier Seiten mit Girlanden verziert sind. Stehende Eroten als Trägerfiguren an den Ecken werden ebenso wie der schwebende Eros in der Mitte auf separate Geländestreifen gestellt, so dass die Form der Basen der Sarkophage nicht beeinflusst wird. Sofern aber die Girlanden auf der Rückseite von Friessarkophagen auftreten, wird die Form der Basen an diejenige der Vorderseite angepasst. In diesem Kapitel fallen einige eigenwillige Termini auf. Von einem »ungegliederten Astragal« (S. 75) zu sprechen, scheint mir eine unglückliche Wortwahl. Gemeint ist der glatte Stab, der bei den späteren Sarkophagen zu einem Astragal ausgearbeitet ist. Auch die Verwendung des Begriffs ›Tänie‹ für eine glatte Leiste ist in der Sarkophagforschung unüblich und gerade im Zusammenhang mit Girlanden leicht missverständlich, weil die Umwicklungen der Girlanden aus Stoff als Tänien bezeichnet werden. Unüblich ist auch die Auffassung eines Sarkophages als »Monument« (S. 75 ff.).

Im vierten Kapitel zur Chronologie wird noch einmal das Bewusstsein dafür geschärft, dass es bei den attischen Sarkophagen kaum Möglichkeiten einer festen Datierung mit Hilfe von Porträts, Inschriften oder Grabkontexten gibt und man daher auf eine relative Zeitbestimmung auf Grundlage der architektonischen Gestalt, der Form der Darstellung, der Komposition der ikonographischen Typen und der Kombination von Themen (S. 85) angewiesen ist, wie sie im Wesentlichen von Hans Wiegartz entwickelt wurde. Die Tatsache, dass das Aufkommen von Klinendeckeln in der älteren Forschung um 180 n. Chr. angesetzt wurde, sich inzwischen aber um etwa fünfzehn Jahre auf etwa 165 n. Chr. verschoben hat, mag die Bewegung in der Forschung und die Labilität des chronologischen Gerüsts andeuten. Stilanalysen von Körpern, Gewändern und Haargestaltung haben für die Datierungsfrage attischer Sarkophage bisher kaum eine Rolle gespielt (S. 87). Dies holt die Autorin gründlich nach und kommt zu neuen und überzeugenden Ergebnissen, etwa für den Erotensarkophag Katalog 60 zu einer zehn Jahre früheren Datierung in die Zeit 130 bis 140 n. Chr. Auch für einige Girlandensarkophage (Kat. 61, 62, 77 und 114) kann die Verfasserin eine ähnlich frühe Datierung wahrscheinlich machen. Diese wird außerdem durch den inschriftlich fest datierten lokalen Sarkophag der Annia Tryphaena in Saloniki in das Jahr 134/135 n. Chr. bestätigt. Letzterer rekurriert auf attische Vorbilder, setzt also ein früheres Entstehen der attischen Girlandensarkophage voraus. Damit kann deren Beginn um ein Jahrzehnt nach vorne, also auf etwa 130 n. Chr. verschoben werden. In frühantoninischer Zeit nahm die Produktion von Eroten- und Girlandensarkophagen zu und im Jahrzehnt 150 bis 160 war sie besonders intensiv. Zugleich lassen sich in dieser Zeit viele verschiedene Formen für die Basis und den oberen Abschluss beobachten, weshalb von einer Experimentierphase (S. 91) gesprochen wird. Nur wenige Friessarkophage mit Eroten gehören in das dritte Jahrhundert; die Girlandensarkophage konzentrieren sich auf die erste Hälfte des zweiten Jahrhunderts und kommen im dritten gar nicht mehr vor. Ein wichtiges Ergebnis der Untersuchung ist die Priorität der attischen Eroten-Komos-Sarkophage gegenüber den stadtrömischen, die bisher noch in Frage stand. Zusammenfassend enthält das Kapitel über die Datierungen zahlreiche gute Beobachtungen. Überzeugend werden fortschrittliche Züge von Rückgriffen unterschieden, und in einigen Fällen können auch Beispiele aus anderen Denkmälergattungen gewinnbringend herangezogen werden (z. B. S. 90).

Das fünfte Kapitel über die Bedeutung der Eroten auf den Sarkophagen ist knapp gehalten, was nachvollziehbar ist, weil zu diesem Thema relativ viel Literatur vorliegt. Wichtigste Erkenntnis ist, dass die attischen Erotensarkophage – anders als die meisten stadtrömischen – große Dimensionen aufweisen und für Erwachsene genutzt wurden. Die Erotensarkophage sind trotzdem mit Kindern verbunden, denn es gibt Hinweise darauf, dass die großformatigen Sarkophage zwar als Familiengrabstätte dienten (S. 100), aber zunächst früh verstorbene Kinder darin beigesetzt wurden.

Attische Sarkophage erfreuen sich in der antiken Welt besonderer Wertschätzung und sind in den gesamten Mittelmeerraum exportiert worden. Auch dort, wo es eigene große Werkstätten gab, wie zum Beispiel in Rom, Arles, Norditalien, Ephesos und andernorts, sind attische Produkte nachzuweisen (s. S. 104 Abb. 8). Gelegentlich ist der Export nicht mehr an Funden attischer Sarkophage vor Ort festzumachen, sondern lässt sich daraus erschließen, dass sich Produkte finden, die attische Sarkophage mehr oder weniger getreu nachahmen. Ehemals waren also attische Vorbilder zur Hand. Die profunde Kenntnis des Materials erlaubt es der Autorin, attische Originale von ihren manchmal täuschend ähnlichen Imitationen zu unterscheiden. Nach eingehender Information über alle Charakteristika der attischen Eroten- und Girlandensarkophage fällt es dem Leser leicht, der Autorin bei der Beurteilung attischer Imitationen und solcher, die nur unter attischem Einfluss entstanden sind, zu folgen (zur Unterscheidung S. 103). Meistens sind es mehrere Kriterien, die eine nichtattische Herkunft wahrscheinlich machen. Zu berücksichtigen sind das Material, die Ornamentik und Tektonik, die Ikonographie der Figuren und der Reliefstil. Am Beispiel eines Sarkophages in Saloniki (Taf. 61, 1–4), der häufig für eine attische Arbeit gehalten wurde, lässt sich dies gut nachvollziehen (S. 110f.). Der obere Abschluss mit dem schrägen Profil ist auf attischen Originalen nicht zu finden, und die tanzenden Eroten rahmen die Darstellung, ohne ihre tektonische Funktion zu erfüllen, nämlich die Verbindung von Sockel und oberem Abschluss. Der spröde Reliefstil mit der kantigen Faltenführung sowie die Konzentration der Figuren auf die Vorderfläche deuten auf eine Kopie. Das Beispiel eines Girlandensarkophages in Saloniki (Taf. 62,1) zeigt ebenfalls enge Anlehnungen an attische Originale. Die dreifache Umwicklung der Girlande mit einer Tänie findet sich dort jedoch sonst nicht, das Zungenornament am Sockel ist ungewöhnlich, und die vermuteten undekorierten Nebenseiten sind es ebenfalls.

Der Katalog enthält 181 Nummern und listet auch elf Sarkophage auf, die nach Ansicht der Autorin nicht attisch sind. Auch bietet der Katalog zwei Exemplare (Kat. 115, 117), bei denen es sich um Fragmente handelt, die »höchstwahrscheinlich nicht von Sarkophagen stammen«, wie man aus dem Text Seite 6 erfährt. Hinzu kommen einundzwanzig Katalognummern von Sarkophagen, auf denen die Erotendarstellungen eine untergeordnete Position einnehmen. Die Auswahl derjenigen Stücke, die in den Katalog aufgenommen werden, ist sicher nicht einfach gewesen, aber im Sinne einer klareren Systematik hätte man auch den oben erwähnten Komos-Sarkophag (Taf. 62, 1–4) katalogisieren müssen, wenn zum Beispiel Katalog 109 als ein eng an attische Vorbilder angelehnter Komos-Sarkophag eine eigene Katalognummer erhält. Der Girlandensarkophag auf Tafel 61, 1–4 hätte mit der gleichen Berechtigung in den Katalog gehört wie Katalog 173 Tafel 62, 2. Auch wäre der Aufbau des Kataloges etwas benutzerfreundlicher, wenn direkt hinter der Nummer angegeben wäre, worum es sich handelt: beispielsweise »K.m.D.« für »Kasten mit Deckel«. Dies erleichtert die Übersicht erheblich und ist bisher immer so gehandhabt worden. Leider sind sehr viele – etwa die Hälfte – der im Katalog aufgeführten Sarkophage nicht abgebildet. Dies ist besonders dann bedauerlich, wenn auf diese Stücke im Text ausführlich eingegangen wird (so Kat. 86, 99, 110, 131, 133, 143 und 148) oder wenn sie bisher noch nirgendwo publiziert worden sind, selbst wenn es sich nur um Fragmente handelt (so Kat. 22, 23, 27–33, 35–41 und 44–48). Manche Abbildungen mögen verzichtbar sein (so 2, 3, 10, 13, 17, 34 und 71), wären aber im Sinne des Corpus-Gedankens, der diesem Unternehmen ursprünglich zugrunde lag, wünschenswert gewesen.

Abschließend einige kurze Bemerkungen. – Seite 24: Gelegentlich kommt es zu sprachlichen Kuriosa, etwa »Von besonderem Interesse sind die Eckeroten des Sarkophages Kat. 140 (Taf. 14, 1–3), die als Amazonen […] dargestellt sind.« Eine ähnliche Formulierung findet sich auf Seite 82. Der Deckel des kleinen Kastens Katalog 62 wird als »rechtwinkliges Parallelepiped« beschrieben (S. 78); im Katalog (S. 137) wird dasselbe Stück wenig präzise als Deckel »in Attikaform« bezeichnet. Auf Seite 92 ist von »weiblichen Eroten« die Rede. – Seite 59: Die als paratakisch eingestufte Gruppe von Eros und Psyche Katalog 72 Tafel 29, 3 sieht für mich eher so aus, als wäre Psyche mit einer Figur zu ihrer Rechten und Eros mit einer Figur zu seiner Linken zu denken. – Seite 64: Es irritiert, dass an dieser Stelle auf die Besonderheiten des Girlandensarkophages Katalog 136 eingegangen wird. Die Andersartigkeit ist doch gerade ein Kennzeichen dafür, dass er nicht attisch ist. – Seite 66: Das hier als singulär angeführte Beispiel eines Schildes in den Lünetten hat Parallelen auf ephesischen Sarkophagen (z. B. F. Işık, Girlandensarkophage aus Aphrodisias, Sarkophag-Studien 5 [Mainz 2007] Taf. 109, 2). – Seite 73: Hier ist von einem »Idealporträt« die Rede. Dieser

Begriff ist ein Widerspruch in sich, denn ideale Gesichter haben keine individuelle Physiognomie und sind daher keine Porträts. – Seite 83: Ich möchte an meiner ausführlich begründeten Beurteilung der Ansichtsseiten des Klinensarkophages von S. Lorenzo (Kat. 141 Taf. 17, 1) festhalten, dass es sich bei der hier abgebildeten Ansicht um die Vorderseite des Sarkophages handelt (S. 83 f.). Gleichzeitig bin ich dankbar für die Richtigstellung, dass es sich bei dem Fragment Katalog 98 nicht um ein attisches Werk, sondern um das Produkt einer lokalen Werkstatt Norditaliens handelt (S. 35). – Seite 157 zu Katalog 129 und 130: Hier möchte ich mich dem Verdacht anschließen, dass es sich bei diesen beiden Stücken um moderne Arbeiten handelt. – Seite 169: Hier hätte man der Frage nachgehen müssen, ob Katalog 164 und 165 von demselben Sarkophag stammen. – Tafel 50, 6: Das Foto hätte gedreht und das Girlandensarkophagfragment freigestellt werden müssen.

Der Band über die Eroten- und Girlanden-Sarkophage ist der einzige der attischen Serie, für den das kleinere Format der Sarkophag-Studien gewählt wurde. Für einen Druck im Corpus ›Die antiken Sarkophagreliefs‹ wäre allerdings eine möglichst vollständige fotografische Dokumentation der Sarkophage notwendig gewesen. Dass diese nicht vorliegt, ist ein bedauerliches Versäumnis. Die Untersuchungen der Autorin sind unabhängig davon ein wichtiger Beitrag zur Erforschung der attischen Skulptur der römischen Kaiserzeit und werden zukünftiger Beschäftigung mit dem Thema dienlich sein.

Marburg   Doris Bielefeld

Alte Geschichte

Patrick Sänger, **Minderheiten und Migration in der griechisch-römischen Welt. Politische, rechtliche, religiöse und kulturelle Aspekte.** Studien zur Historischen Migrationsforschung, Band 31. Verlag Ferdinand Schöningh, Paderborn 2016. 242 Seiten.

Der Sammelband enthält zehn in dieser Form noch nicht publizierte Beiträge eines Symposiums, das im Juli 2011 im Internationalen Wissenschaftsforum Heidelberg stattfand. Ziel war es, das aktuell vieldiskutierte Thema ›Minderheiten und Migration‹ mit Blick auf die Antike zu beleuchten und damit aus der Perspektive der Altertumswissenschaften einen Beitrag zu einem epochenübergreifenden fachlichen Austausch zu leisten. In der Einführung hebt der Herausgeber den interdisziplinären Ansatz und die Vielfalt der berücksichtigten Methoden und Quellen hervor.

Die Beiträge sind auf drei Rubriken verteilt. Die erste ist dem Thema ›Minderheiten und Migration als Politikum‹ gewidmet. Der Herausgeber Patrick Sänger liefert hier in Gestalt der im ptolemäischen Ägypten verbreiteten Politeumata (›Die politeumata in der hellenistischen Staatenwelt. Eine Organisationsform zur Systemintegration von Minderheiten‹, S. 25–45) ein historisches Beispiel für eine vom politischen System gewünschte und geförderte Integration. Diese ethnischen Verbände vornehmlich griechisch-anatolischer Provenienz übernahmen wichtige staatliche Funktionen wie den Dienst als Söldner und wurden von der Administration entsprechend privilegiert.

Ernst Baltrusch vermittelt in seiner Studie ›Romanos mores inficere. Zu den Problemen der jüdischen Gemeinde in Rom in der späten Republik und frühen Kaiserzeit‹ (S. 47–58) hingegen das Exemplum der nur partiell gelungenen Integration. Zwar versuchten sich die stadtrömischen Juden vor allem sprachlich an die Kultur der aufnehmenden Gesellschaft anzupassen, doch wurden sie als stigmatisierte Randgruppe wiederholt für krisenhafte Zustände und Ereignisse verantwortlich gemacht und ausgewiesen. Kerstin Sänger Böhm betrachtet die Situation der Juden aus einer anderen Perspektive. Unter der Überschrift ›Weibliche Diplomatie zwischen Gesandtschaften und Erziehung‹ beschreibt und analysiert sie die Kontakte zwischen Juden und römischen Kaiserinnen (S. 59–72). Gute persönliche Beziehungen von Angehörigen der jüdischen Oberschicht zu politisch einflussreichen Frauen wie Livia und Poppaea waren demnach vor allem im diplomatischen Verkehr von Nutzen.

In der zweiten Rubrik geht es um ›Rechtliche Normen und Grauzonen im Kontext von Minderheiten und Migration‹. Elizabeth Irwin beschäftigt sich in diesem Rahmen mit dem athenischen Bürgerrechtsgesetz des Perikles von 451 beziehungsweise 450 v. Chr. und seinen Auswirkungen (›The Nothoi Come of Age? Illegitimate Sons and Political Unrest in Late Fifth-Century Athens‹, S. 75–121). Dieses Gesetz, welches das athenische Bürgerrecht nur denjenigen Personen gewährte, deren beide Elternteile im Besitz des Bürgerrechts waren, produzierte eine als »Nothoi« (= »Bastarde«) titulierte diskriminierte Randgruppe, die von jeglicher politischer Partizipation ausgeschlossen blieb, keine soziale Akzeptanz fand und, an den Rand der Gesellschaft gedrängt, ihren Unmut in politischer Agitation und Unruhen ventilierte.

Die juristische Situation von Juden im hellenistischen Ägypten erörtert Robert Kugler anhand des Eherechts, wie es sich in den in dieser Hinsicht sehr aussagekräftigen Papyri der Stadt Herakleopolis präsentiert (›Judean Marriage Custom and Law in Second-Century BCE Egypt. A Case of Migrating Ideas and a Fixed Ethnic Minority‹, S. 123–139). Anhand der Untersuchung von Petitionen kommt der Autor zu dem Ergebnis, dass die Juden in Ägypten zu dieser Zeit keine sich selbst isolierende Gruppe bildeten, sondern sich für die Ideen und Impulse anderer Ethnien offen zeigten.

Rechtliche Aspekte stehen auch in dem Beitrag von Nadine Grotkamp im Mittelpunkt (›Migranten vor Gericht. Die Debatte um antikes Kollisionsrecht aus dem Blickwinkel von Internationalem Privatrecht und europäischer Privatrechtsvereinheitlichung‹, S. 141–152). Sie eröffnet ihre Darlegungen mit einem modernen Richterspruch in Frankfurt, bei dem in einem Scheidungsprozess zwischen einer Deutschen marokkanischer Herkunft und einem Marokkaner Regelungen der Scharia herangezogen wurden. Wie es sich mit der Anwendung fremder Rechtssätze in der Antike verhielt, untersucht sie am Beispiel von Papyri aus dem hellenistischen Ägypten und kann dabei keine einheitlichen Verfahrensweisen feststellen. Jedoch ist einem Papyrus aus dem Jahr 118 v. Chr. (Pap. Tebt. I 5, Z. 207–229) zu entnehmen, dass bei Streitfragen von Angehörigen verschiedener Nationalitäten die Auswahl des zuständigen Gerichts von der Nationalität der Parteien und der Sprache des Vertrags abhängig gemacht wurde.

Im letzten Beitrag dieser Rubrik stellt Ralph W. Mathisen (›Barbarian Immigration and Integration in the Late Roman Empire. The Case of Barbarian Citizenship‹, S. 153–164) das späte Römische Kaiserreich als Modellfall für gelungene Integration vor. Nach der Constitutio Antoniniana des Kaisers Caracalla von 212 n. Chr., die fast allen freien Bewohnern des Reiches das römische Bürgerrecht übertrug, konnten freie, zugewanderte ›Barbaren‹ ebenfalls dieses Recht in Anspruch nehmen. Die Römer schufen auf diese Weise »the closest thing ever known to a ›citizenship of the world‹« (S. 164).

Die dritte Rubrik vereint unter der Überschrift ›Religiöse und kulturelle Aspekte‹ drei Beiträge. Hans Förster befasst sich mit ›Religion und Mobilität bei den frühen Christen nach dem Zeugnis der Apostelgeschichte‹ (S. 167–184), konstatiert ein hohes Maß an individueller und kollektiver Migration und erklärt diese intensive Reisetätigkeit mit religiösen Gründen wie der Mission und der Kontaktpflege zwischen den Gemeinden sowie mit den Verfolgungen und der damit verbundenen Zwangsmigration vieler Christen. Seit dem vierten Jahrhundert kamen die Pilgerreisen hinzu. Julia Lougovaya interpretiert eine 2004 publizierte griechische Inschrift aus Kandahar (Paul Bernard / Georges-Jean Pinault / Georges Rougemont, Journal des savants 2, 2004, 227 ff.). Die Versinschrift, von der Autorin ans Ende des ersten vorchristlichen oder den Anfang des ersten nachchristlichen Jahrhunderts datiert, beschreibt die Migrationsgeschichte eines offenbar aus Indien stammenden Händlers (›Greek Poetry in a Post-Greek Milieu. The Epigram for Sophytos from Kandahar Contextualized‹, S. 185–201). Den Abschluss bildet ein Beitrag von Roland Prien, der sich mit dem Phänomen der germanischen Völkerwanderung befasst und dabei die Ostgoten in den Fokus nimmt (»Dominante Immigranten‹? Germanische Eliten in den völkerwanderungszeitlichen Königreichen im Spiegel der archäologischen Forschung. Das Beispiel der Ostgoten‹, S. 203–220). Aus der Erkenntnis heraus, dass sich schriftliche Quellen und archäologische Evidenz in Bezug auf einzelne Ethnien nicht in Einklang bringen lassen, plädiert der Autor dafür, dass sich die Archäologie ganz auf ihre Funde konzentrieren solle, ohne sich zunächst von den historischen Quellen beeinflussen zu lassen. Am Ende dieses Verfahrens könne der zumindest temporäre Verzicht auf vertraute Begriffe wie ›germanisch‹ oder ›romanisch‹ stehen.

Abgerundet wird der Band durch ein Autorenverzeichnis, ein Quellenregister (Antike Autoren, Altes und Neues Testament sowie apokryphe Schriften, Rechtsquellen, Inschriften, Papyri, Münzen) und ein Sachregister (Personen, Geographisches und Gruppenbezeichnungen, Poltisches-Rechtliches-Religiöses, Kulturelles).

Die Beiträge dieses Sammelbandes beeindrucken durch die kompetente, detaillierte Untersuchung verschiedener Sujets aus dem Bereich der historischen Migrationsforschung. Besonders in der zweiten und dritten Gruppe gibt es eine Reihe von Ansätzen, die geeignet sind, weiteren Forschungen wichtige Impulse zu verleihen (Irwin, Kugler, Prien). Der Band profitiert in seiner Qualität auch von der Vielfalt der vertretenen altertumswissenschaftlichen Disziplinen, Quellen und Methoden.

Positiv zu vermerken ist auch der selbstbewusste Anspruch des Herausgebers, Erfahrungspotentiale der Alten Geschichte (und der Geschichte generell) als relevant für die Bewertung und Bewältigung von Konstellationen und Entwicklungen der Gegenwart zu reklamieren.

Etwas überraschend ist, dass sich in dem Band keine Definition der zentralen Begriffe ›Minderheiten‹ und ›Migration‹ findet. Nicht jede Wanderung und nicht jede Reise lässt sich unter dem Namen ›Migration‹ subsumieren. Da wäre der allgemeinere Begriff ›Mobilität‹ vorzuziehen. ›Migration‹ verlangt als eine wichtige Komponente Dauerhaftigkeit bei der Wahl eines neuen Aufenthaltsortes. Problematisch ist auch der Begriff der ›Minderheit‹, wenn er nicht differenziert betrachtet wird: Wird damit von außen eine bestimmte Gruppe bezeichnet? Ist das Bewusstsein, zu einer Minderheit zu gehören, Teil der Identität einer Gruppe? Sich einleitend mit solchen Problemen zu befassen, wäre sicher hilfreich gewesen. Immerhin haben einige Autoren, ohne darüber explizit zu reflektieren, ansatzweise Aspekte dieser Art in ihre Darstellungen mit einfließen lassen.

Nicht alle Leser werden womöglich mit der Auswahl der teils sehr speziellen Themen einverstanden sein. Andere werden ›Klassiker‹ wie die Große Kolonisation der Griechen oder das Babylonische Exil der Juden vermissen. Doch wie Veranstalter von Tagungen wissen, ist das fachlich Wünschenswerte manchmal auch vom organisatorisch Machbaren abhängig.

Stuttgart   Holger Sonnabend

John D. Grainger, **The Rise of the Seleukid Empire (323–223 BC). Seleukos I to Seleukos III.** Verlag Pen and Sword, Barnsley 2014. 242 Seiten mit 3 Karten und 2 Stammbäumen.

Das hier vorzustellende Buch bildet den Auftakt zu einer auf drei Bände angelegten Geschichte der Seleukiden vom Tode Alexanders des Großen bis zur Auflösung ihres Reiches durch Pompejus im Winter 64/63 v. Chr. (S. XIV). Der erste Band gliedert sich in fünfzehn Kapitel, die überschrieben sind mit The Collapse of Alexander's Empire, Ptolemy's Commander, Seleukos and Babylon, Seleukos' First Kingdom, Expedition to the East, Grand Alliance, New Enmities, New Cities, Antiochos and the East, Seleukos in the West, Antiochos I and the Galatians, The New State Creeping Imperialism Antiochos II, War, Collapse, and Fragmentation und Failure. Wie daran schon erkennbar, bietet John Grainger eine traditionelle, auf die Könige Seleukos I., Antiochos I. und II. konzentrierte, in die Koordinaten von Aufstieg und Niedergang eingebettete Darstellung, die von einigen systematischen Kapiteln flankiert wird.

Die Erzählung beginnt denn auch gleich mit der Rolle Seleukos' I. bei der Reichsordnung von Babylon nach Alexanders Tod am 10. Juni 323 v. Chr. (S. 1 ff.), seiner Übernahme der babylonischen Satrapie (S. 3), den Kämpfen mit Antigonos Monophthalmos gegen Eumenes von Kardia (S. 6 ff.), der Flucht zu Ptolemaios I. im Jahr 315 v. Chr. (S. 13 ff.) und führt vom Sieg über Demetrios Poliorketes bei Gaza 312 v. Chr. (S. 23 ff.) zur Rückkehr nach Babylon (S. 28 ff.) und dem Aufbruch in die Oberen Satrapien (S. 41 ff.).

In dem den Städten gewidmeten Kapitel (New Enmities, New Cities, S. 82 ff.) betont der Verfasser, dass Seleukos I. »begun in Syria with a blank sheet« (S. 92). Nördlich des Eleutheros, dem Grenzfluss zum Ptolemäerreich, gründete er vier Städte nach einem einheitlichen architektonischen Schema: Antiocheia, Apameia, Laodikeia und Seleukeia in Pierien, Letztere um 300 v. Chr. wohl als »main city of the region« (S. 94). Dieses Seleukeia war nicht nur sozusagen das westliche Pendant zum östlichen Seleukeia am Tigris, sondern mit seinem Hafen auch Tor zum Mittelmeerraum, besonders nach Zypern und Kilikien. Neben den genannten Städten gab es eine ganze Reihe kleinerer Poleis, die mit makedonischen und griechischen Namen versehen wurden, etwa Beroia, Kyrrhos, Chalikis, Europos, Amphipolis, Larisa und Arethousa (S. 95 f.). Der Autor wirft die Frage auf, wie groß diese Städte gewesen sein mögen. Die kleineren Poleis werden, so Grainger, um die siebzig bis einhundert Hektar, die mittleren Städte, wie Apameia und Laodikeia, etwa dreihundert Hektar und die Großstädte Antiocheia und Seleukeia um die sechshundert Hektar umfasst haben. Für das frühkaiserzeitliche Apameia ist außerdem eine Bevölkerungszahl von 117.000 Menschen überliefert (CIL III 6687); hierbei sind die Bewohner der Chora mitgezählt. Fraglich aber bleibt, ob sich die Angabe allein auf die Männer bezieht (S. 96). Für die Seleukidenzeit berechnet Grainger die Einwohnerzahl von Antiocheia auf 150.000, für Apameia auf fünfzig- bis achtzigtausend Menschen (S. 98).

Im Schlüsseljahr 294 v. Chr. ernannte Seleukos I. seinen Sohn von Apama, Antiochos I., zum »joint-king« (zum ›mar sarri‹ in Babylon) und vertraute ihm die Oberen Satrapien an, das heißt die Provinzen Medien, Parthien und Baktrien (S. 100). Antiochos I. führte zwar den Königstitel, doch bleiben gewisse Unsicherheiten bezüglich seiner exakten Stellung. Wie der Verfasser schlagend argumentiert, gab Seleukos I. seine eigene junge Gemahlin Stratonike dem Antiochos zur Frau, um potentiellen Konflikten vorzubeugen, da die Gefahr bestand, dass Stratonike von Seleukos einen Sohn bekommen könnte, was eine klare Bedrohung der dynastischen Position des Antiochos bedeutet hätte. So leicht wird die nette Episode vom »liebeskranken Königssohn« (App. Syr. 59–61; Plut. Demetr. 38; Lukian Syr. Dea. 17–18; Val. Max. 5, 7; Plin. n. h. 7, 37; 29, 3; Iul. Misop. 237–238) dekonstruiert. Nach dem Tod des Seleukos übernahm Antiochos die Herrschaft über das Gesamtreich. Wie eine Inschrift überliefert (OGIS 219), kam es in dieser schwierigen Übergangssituation zu einem Aufstand in der Syria Seleukis. Wir werden wohl nie etwas über die Hintergründe erfahren, das heißt, warum es zu dem Abfall kam und welche Kräfte rebellierten. Angesichts der späteren Entwicklungen scheint es jedoch gut möglich, dass die ptolemäische Regierung diesen Herrscherwechsel für ihre Zwecke ausnutzen wollte (vgl. Historia 52, 2003, 300–336). Der ptolemäische Einfluss auf die Politik der Seleukiden wird immer wieder unterschätzt (so zuletzt wieder B. Chrubasik, Kings and Usurpers in the Seleukid Empire. The Men who would be King [Oxford 2016]). Zwar haben wir, wie der Autor richtig anmerkt, hinsichtlich des Aufstandes von 280 v. Chr. keinen Quellenbeleg dafür, dass die Ptolemäer involviert waren, doch könnte dieser auch einen ptolemäischen Hintergrund gehabt haben. Dies ist jedenfalls meines Erachtens um einiges wahrscheinlicher als die Vermutung Graingers, es sei die indigene Bevölkerung gewesen, die rebelliert habe (S. 129; 134 f.); warum aber nicht die griechischen Neusiedler?

In einem eigenen Kapitel werden die seleukidische Administration und die ethnische Herkunft der Stadtbewohner behandelt (The New State, S. 142 ff.). Ein entscheidendes Instrument der seleukidischen Herrschaftsabsicherung nach innen war die Kontrolle der Städte durch einen Epistates (S. 152 ff.). Sinn und Zweck des simpel gegliederten Herrschaftsapparates waren die Durchsetzung und Aufrechterhaltung von Ruhe und Ordnung und das Eintreiben von Steuern (S. 156). Was die ethnische Herkunft der neuen Stadtbewohner anbelangt, meint der Verfasser, diese kämen »largely from Greece« (S. 149). Auf die Rolle der jüdischen Bewohner geht er nicht ein; diese waren vielleicht schon unter Seleukos I. politisch als recht eigenständiger Verband organisiert (Ios. ant. Iud. 12, 119), aber wohl nicht als πολίτευμα, denn das hätte Josephus sicher erwähnt.

In Kleinasien war Antiochos I. seit 279 v. Chr. mit dem Keltenproblem konfrontiert (S. 137 ff.). Bis 274 v. Chr. operierte er von seiner Basis Sardeis als Residenzstadt aus (S. 139). Der Autor setzt die berühmte Elefantenschlacht nach der traditionellen Datierung ins Jahr 275 (S. 141); so zuletzt auch Altey Coşkun (in: K. G. Erickson / G. Ramsey [Hrsg.], Seleucid Dissolution. The Sinking of the Anchor. Philippika 50 [Wiesbaden 2011] 92: 276 oder 275 v. Chr.). Der Vorschlag von Michael Wörrle (Chiron 5, 1975, 59–87), eine Umdatierung auf 269 oder 268 v. Chr. vorzunehmen, den immerhin Stephen Mitchell aufgenommen hat (Anatolia. Land, Men, and Gods in Asia Minor I. The Celts and the Impact of Roman Rule [Oxford 1993] 17 f.), wird ohne größere Diskussion beiseitegeschoben. Nach Ende des Ersten Syrischen Krieges 271 v. Chr. wendete sich Antiochos I. dem Ausbau seiner Machtposition in Kleinasien zu (S. 158 ff.). Grainger charakterisiert dessen Vorgehensweise treffend mit den Worten: »Antiochos I's policy in Asia Minor had plenty of subtle aggressiveness within it, even if it appears defensive« (S. 167). Sie diente der Abgrenzung insbesondere gegenüber den Ptolemäern, aber auch Galatern, Philetairos von Pergamon und Mithradates I. von Pontos. Von der Bedeutung der Königsstraße ausgehend stellt der Verfasser die kleinasiatischen Städtegründungen der Seleukiden vor (S. 163 ff.).

Das Buch klingt mit dem Machtantritt Seleukos' III. im 87. Jahr der Seleukidenära (= 225/224 v. Chr.) aus. Den Beinamen des dritten Seleukos, Keraunos, hat der Autor allerdings gründlich missverstanden (S. 212). Mit dem Blitz haben sich einige hellenistische Könige assoziiert (Agathokles, Pyrrhos oder Ptolemaios V.); das Epitheton steht für das blitzartige Erscheinen des Königs auf dem Schlachtfeld. Mit dem Satz »The Seleukid kingdom appeared in 222 to be as complete a political failure as Alexander's« senkt sich dann der Theatervorhang.

Insgesamt muss man leider festhalten, dass der Verfasser hinter seinen Möglichkeiten zurückbleibt. Negativ fällt auf, dass die Diskussion der Quellen nicht stattfindet. Gerade dabei hätten sich die Probleme aufzeigen lassen, vor denen der moderne Althistoriker steht, wenn er sich mit der Geschichte der Seleukiden beschäftigt. Die literarische Überlieferung fließt in der Regel dann, wenn sich die Seleukiden im Krieg befanden, und so erschöpft sich eine moderne Geschichtsdarstellung nicht selten in der Nacherzählung von Kriegshandlungen. Gerade deshalb aber kommt es einerseits darauf an, zwischen den Zeilen zu lesen, und andererseits alle verfügbaren Zeugnisse heranzuziehen. Das geschieht leider nicht. So werden die numismatischen Quellen nicht beachtet (S. 196) beziehungsweise fehlt es an einer historischen Einordnung und Interpretation wichtiger Münzzeugnisse, die inzwischen durch das Corpus von Arthur Houghton und Catherine Lorber vorzüglich aufbereitet vorliegen. Nicht wenig verblüfft auch, dass der Autor, der immerhin eine umfangreiche Prosopographie zum Seleukidenreich vorgelegt hat, das Personal um den König herum, das heißt Rollen und Aufgaben der Philoi, so gut wie nicht beleuchtet (ein paar Zeilen S. 155f.). Das Seleukidenreich scheint aus nur einer agierenden Person zu bestehen: dem Basileus. Dass dies aber nicht der Fall war, belegt die Inschrift OGIS 219. Schließlich muss wieder einmal festgestellt werden, dass Arbeiten in französischer, italienischer und deutscher Sprache von der amerikanischen Forschung nicht verarbeitet werden. Zum ›Abfall der östlichen Satrapien‹ etwa wird nicht ein einziger (französisch verfasster) Aufsatz von Josef Wolski herangezogen. Dass aber selbst neuere englischsprachige Publikationen fehlen – erinnert sei an Bücher von Jeffrey D. Lerner (The Impact of Seleucid Decline on the Eastern Iranian Plateau. Historia Einzelschr. 123 [Stuttgart 1999]) oder Paul J. Kosmin (The Land of the Elephant Kings. Space, Territory, and Ideology in the Seleucid Empire [Cambridge Mass. und London 2014]) – zeigt, dass es sich bei dem Buch von John Grainger offenbar um ein seinerseits abschließend gedachtes Alterswerk handelt. So bleibt der Leser mit etwas gemischten Gefühlen zurück. Jeder Seleukidenhistoriker wird das Buch einsehen und nutzen; in die letzten Arcana weiht es allerdings nicht ein. Immer deutlicher zeichnet sich die Notwendigkeit eines echten Handbuches ab, unter umfassender Berücksichtigung aller Quellen und auf dem Stand der internationalen Forschung.

München   Kay Ehling

Jonathan Master, **Provincial Soldiers and Imperial Instability in the Histories of Tacitus.** University of Michigan Press, Ann Arbor 2016. IX und 238 Seiten.

Die Deutung der Darstellung des Bataveraufstandes in den Historien des Tacitus lässt kein einheitliches Urteil der Forschung erkennen: Handelt es sich bei dieser Revolte eines germanischen Stammes und den Bemühungen Roms, den Aufstand niederzuschlagen, allein um ein bestimmtes Kapitel im Bürgerkrieg des Vierkaiserjahres? Oder nimmt ihr Anführer Julius Civilis, der mit römischem Bürgerrecht ausgestattete Repräsentant einer batavischen Fürstenfamilie, die Gelegenheit des Kampfes verschiedener Prätendenten um die Alleinherrschaft im Römischen Reich nach dem Tode Neros wahr, um seinen Stamm in die Unabhängigkeit von Rom zu führen? Oder entwickelt sich vielmehr der Bataveraufstand zunächst aus dem Bürgerkrieg heraus und mündet in einer Bewegung, die für diesen Stamm und andere die Unabhängigkeit von Rom sucht?

Jonathan Master sieht das der Deutung des Bataveraufstandes in den taciteischen Historien während der Wirren des Vierkaiserjahres 69/70 n. Chr. zugrunde liegende Denken in Alternativen zwischen innerem und auswärtigem Krieg beziehungsweise die Vorstellung einer Fortentwicklung der Aufstandsbewegung von der Beteiligung am Bürgerkrieg auf Seiten der flavischen Partei zum veritablen auswärtigen Krieg gegen Rom als eine zu einseitige Betrachtung komplizierter Zusammenhänge an. Stattdessen entwickelt der Verfasser eine neue Deutung dieser bei Tacitus als »internum simul externumque bellum« (hist. 2, 69, 1) bezeichneten Geschehenszusammenhänge, die den desolaten Zustand des Römischen Reiches, wie er im sogenannten Vierkaiserjahr zutage tritt, auf eine tiefe Identitätskrise der Römer und zugleich der nichtrömischen Reichsangehörigen zurückführt. Dies gelingt ihm durch eine neue ganzheitliche Interpretation des erhaltenen Teils der Historien, die auf philologischer Grundlage (Narratologie, Intertextualität) zu Ergebnissen von hoher Relevanz für die Auswertung der von Tacitus dargestellten Ereignisse des Vierkaiserjahres kommt, welche die im Text äußerlich feststellbaren Dichotomien weitgehend aufhebt und den Bataveraufstand in übergeordnete Themen einreiht, die die überlieferten Bücher der Historien insgesamt bestimmen.

Der Autor richtet seinen Blick auf die Gründe für die Wirren des Vierkaiserjahres und besonders auf »provincial soldiers«, also vornehmlich die Angehörigen der Hilfstruppen und ihre Rolle in diesem Spiel. Dabei stellt er die didaktische Funktion der antiken Geschichtsschreibung und zugleich die Bedeutung des Lesers als Kommunikationspartner des Autors beziehungsweise Erzählers in den Vordergrund. In diesem Zusammenhang richtet er sich gegen die in der Altertumswissenschaft weitverbreitete Anschauung, unter Verweis auf die Bedeutung der Rhetorik für die Historiographie Plausibilitätserwägungen der Geschichtsschreiber bei der Darstellung von Ereignisfolgen für gravierender als ihr Bemühen um Wahrhaftigkeit zu halten. Auf diese

Prämisse ist Master für seinen Untersuchungsgang angewiesen, in dessen Verlauf er eine bestimmte Botschaft der Historien an die Leserschaft dieses Werkes herausarbeitet, das sich laut Master in viele Einzelheiten verästelt, zugleich aber einem großen Gesamtziel dient.

Die mit den Ereignissen des Vierkaiserjahres und nicht zuletzt mit dem Bataveraufstand einhergehende Destabilisierung des Römischen Reiches ist es, die der Verfasser als das zentrale Anliegen ansieht, das Tacitus seinen Lesern nahebringen will. Als wesentlicher Faktor für das Verständnis der mit diesem politischen Umbruch einhergehenden »imperial instability« dient ihm die Frage nach der »ethnic identity« (S. 27): Dieses Problem habe in der vom Bürgerkrieg geprägten Übergangsphase von der julisch-claudischen zur flavischen Dynastie für politische Unbeständigkeit gesorgt und sich vor allem bei den Rom dienenden, aber nicht von Geburt an römisch sozialisierten Auxiliarsoldaten konzentriert, aber letzten Endes keineswegs nur sie, sondern auch die Römer selbst betroffen. Gerade die nichtrömischen Untertanen Roms in ihrer Funktion als Soldaten hätten zu der prekären Einschätzung kommen müssen, dass sie, gemessen an ihrem Einsatz, nicht gebührend entlohnt wurden. Daher sei die bereits gewissen Veränderungen unterworfene ethnische Identität der Auxiliarsoldaten ungeklärt und zweideutig geblieben: Sie sei hin- und hergerissen worden zwischen der den Militärangehörigen auferlegten und gegebenenfalls verinnerlichten Loyalität gegenüber Rom einerseits und ihrer Herkunft aus romfremden ethnischen Zusammenhängen andererseits.

Das erste Kapitel widmet sich der Frage nach der Verlässlichkeit der Auxiliareinheiten angesichts des von batavischer Seite an die Römer gerichteten Vorwurfs, sie entlohnten ihre Leistung nicht angemessen. Die an dem Verhalten der Bataver exemplifizierte Instabilität des Römischen Reiches habe sich daher aus den Herausforderungen ergeben, mit denen die Römer beim Umgang mit den Soldaten, die sie für die Beherrschung ihres großen Reiches benötigten, konfrontiert gewesen seien und denen sie nicht angemessen nachzukommen gewusst hätten. Seine – zunächst philologische – Kompetenz entfaltet der Autor nicht zuletzt bei der Integration der von Tacitus wichtigen Protagonisten in den Mund gelegten Reden in die Aussageabsichten, die er vor dem Hintergrund intertextueller Vergleiche, beispielsweise mit Hilfe von Passagen aus Ciceros Rede ›Pro Balbo‹, gut herauszuarbeiten versteht. So stellt er die Rede des Civilis (hist. 4, 17), in der dieser die Bedeutung der batavischen Auxiliarsoldaten für die Aufrechterhaltung der römischen Herrschaft in Gallien und die Gefahren für Rom angesichts ihrer Loslösung vom Imperium hervorhebt, der Ansprache des Petillius Cerialis an die Treverer und Lingonen (hist. 4, 73–74) gegenüber, in der der niedergermanische Statthalter den römischen Altruismus bei der Befriedung Galliens betont. In ihren unterschiedlichen Sichtweisen römischer Herrschaftsausübung reden beide Seiten aneinander vorbei. Auch wenn der Erzähler der Historien ebenso wie Cerialis die verborgenen Motive des Civilis benennen mag (vgl. S. 54), so plädiert das taciteische Geschichtswerk, über die Diagnose des Erzählers hinausgehend, Master zufolge doch nachhaltig für die vollständige Integration der – tüchtigen – Soldaten aus den Provinzen (vgl. S. 56), damit der Zusammenhalt des Imperiums gewährleistet sei; denn »soldiers of provincial origin [...] are a driving force behind the Vitellian and Flavian efforts« (S. 59). Hierzu führt der Verfasser die ethnische Heterogenität der beteiligten Bürgerkriegsarmeen an, die auf der Suche nach Anerkennung ihrer Leistungen in der Krisensituation mit der Instabilität des Römischen Reiches kalkulieren, um ihre berechtigten Interessen durchzusetzen.

In den nächsten beiden Kapiteln blickt der Autor mit der Erfassung des geographischen Raumes römischer Herrschaft in den taciteischen Historien und mit deren annalistischer Struktur auf allgemeinere Zusammenhänge, um zu zeigen, dass der Bataveraufstand keinen Einzelfall darstellt, vielmehr in eine über das Beispiel hinausweisende Gesamtintention integriert ist. Der sich nach geographischen, nicht chronologischen Kriterien richtende Exkurs über den Zustand des Imperium Romanum (hist. 1, 4–11) bietet einen selektiven Überblick über das römische Herrschaftsgebiet und die ihm aus unterschiedlichen Gründen und aus unterschiedlichen Regionen drohenden Gefahren angesichts der Feststellung »posse principem alibi quam Romae fieri« (hist. 1, 4, 2). Diese Gefahren gewinnen bei Master an Gewicht vor dem Hintergrund der Raumerfassung in Cäsars Berichten über den Gallischen Krieg und vor allem in dem Tatenbericht des Augustus, der den Orbis terrarum als römisches Herrschaftsgebiet glaubhaft zu machen versteht. Demgegenüber stellen die Historien jetzt beinahe überall die fehlende Kontrolle Roms bloß. Damit zeigen sie einen Paradigmenwechsel an: Der Kaiser wird außerhalb Roms erhoben, die Soldaten, die das zu verantworten haben, sind keine Römer, stammen vielmehr aus den Provinzen, die Stadt Rom und Italien verlieren also ihre herausgehobene Stellung.

Diese Spannungen veranschaulicht der Verfasser nicht nur am Umgang mit den römischen Raumkonzeptionen in den Historien, sondern auch an der annalistischen Struktur, deren Grundgedanke mit der Realität der Monarchie und des Bürgerkriegs nicht in Einklang zu bringen sei, so dass die Diskrepanz zwischen Form und Inhalt den Verlust an römischer Identität und damit »the perversion of the Roman state« (S. 120) illustriere. Dies wird besonders daran deutlich, dass Außenpolitik nach Tacitus nicht die Beachtung erfährt, die sie verdient. Darüber hinaus, so Master, funktioniere die annalistische Unterscheidung zwischen Res internae und Res externae nicht mehr richtig, seien innere und äußere Angelegenheiten vielmehr nicht länger zu unterscheiden und durchdrängen stattdessen einander, wie es gerade an den Batavern und deren Identität exemplifiziert wird: eine ungelöste Frage, die zugleich ein durch und durch römisches Problem sei. Für Tacitus wird römische Politik auf den Kopf gestellt, wenn von der Peripherie des Reiches der Angriff auf das Reichszentrum erfolgt und die im Bellum civile dienenden Soldaten eben keine römischen Cives zu sein scheinen.

Vor diesem Hintergrund kehrt der Autor im vierten Abschnitt zum Bataveraufstand und zu den im ersten Kapitel vorgestellten Ergebnissen der Reden des Julius Civilis und des Petillius Cerialis zurück, indem er die Ansicht des Erzählers der Historien zu diesen gegensätzlichen Anschauungen herausstellt. An geeigneten Beispielen wird so gezeigt, dass die Gegenüberstellung von Zwangsmaßnahmen Roms auf der einen und von Freiheitswillen barbarischer Stämme auf der anderen Seite in ihrer Ausschließlichkeit angesichts der inzwischen eingetretenen sichtbaren Veränderungen im Römischen Reich der Prinzipatszeit nicht mehr in die Zeit passten: Das alleinige Prinzip von Befehl und Gehorsam zur Beschreibung des Verhältnisses der offenkundigen Kontrahenten im Umgang miteinander wirke ebenso unangemessen wie die Unabhängigkeit der Provinzialen von Rom. Zur Veranschaulichung des den taciteischen Historien zugrunde liegenden Gedankens der »inseparability of provincial from Roman« (S. 141) bemüht Master auf überzeugende Weise den Gedanken einer »hybrid identity« (etwa S. 144 und 162) bei Batavern und anderen Provinzialen: Diese seien so sehr römisch beeinflusst gewesen, dass sie sich eine von dem römischen Vorbild abweichende politische Ordnung gar nicht hätten vorstellen können. Das werde an der Idee des Imperium Galliarum oder den Identitätsvorstellungen der Einwohner von Köln ebenso klar wie an den Bemühungen des Civilis, »to perform his ›Batavianness‹ by growing his hair long and dyeing it red« (S. 149). Besonders klar vermag der Verfasser diese Gedanken am Vergleich des Civilis mit Sertorius und dessen separatistischen Bemühungen in Spanien herauszustellen. Für den Autor weisen die Historien im Hinblick auf die politische Lage Roms im Vierkaiserjahr darauf hin, »that the Roman Empire cannot simply be reduced to Roman and provincial Other« (S. 163). Vielmehr habe man einem zeitgemäßen Umgang mit Identitätsverschiebungen bei der Bevölkerung im Römischen Reich Rechnung tragen müssen, um Verwerfungen wie im Bürgerkrieg künftig zu vermeiden und ein auskömmliches Miteinander in einem prosperierenden Reich zu garantieren.

Neben dieser Diagnose eröffnen die Historien nämlich auch Lösungen. Ihnen widmet Master das letzte Kapitel und rundet so seinen Gedankengang ab. Damit kommt er auf das zu Beginn angesprochene didaktische Anliegen der Historien zurück, das das Werk in Form einer »prescription for stabilizing the provinces« (S. 166) als Lösungsvorschlag nahelege. Zum besseren Verständnis arbeitet der Verfasser für das von Tacitus an den Batavern exemplifizierte römische Problem die in den Historien indirekt »the process of identity transformation« (S. 174) ansprechenden Vergleiche heraus. Als besonders signifikant werden die eine umgekehrte, nichtrömische Richtung andeutenden Beispiele des beim Marsch der Truppen des Vitellius durch Italien in Hosen auftretenden Caecina Alienus (vgl. hist. 2, 20, 1) und des den Beinamen Germanicus annehmenden Kaisers Vitellius (vgl. hist. 2, 64, 2) herausgestellt. Das erste Exemplum rufe die römische Akkulturation der Gallia cisalpina in Erinnerung, beim zweiten Beispiel zeigten sich die Ergebnisse des Bundesgenossenkrieges in dem ursprünglich oskische Herkunft verratenden Namen ›Vitellius‹. Die Historien legten durch die Erinnerung an die inneritalische Einigung und die damit einhergehende Konsolidierung des Reiches nahe, wofür der Bataveraufstand des Jahres 69/70 n. Chr. stehe und wie eine Einigung aussehen könne, in deren Folge das Reich gestärkt werde: »The solution […] is incorporation into the citizenship and the state« (S. 189).

Diese Lösung werde keineswegs direkt angesprochen, vielmehr erwarte Tacitus die tätige Mitarbeit des Lesers, dem die Aufgabe zufalle, aufgrund seines Vorwissens das Berichtete in dieser nahegelegten Hinsicht zu dekodieren. Ob dabei die Differenzierung zwischen einem Erzähler, der in negativer Manier stereotype Urteile fälle, und einem Generalanliegen der Historien, positive Lösungswege aufzuzeigen, wirklich dazu dienen kann, »to reconnect historiography and history« (S. 208), mag dahingestellt sein.

Ohne dass hier ein endgültiges Urteil zu fällen wäre, arbeitet der Autor mehr als Philologe denn als Historiker, liefert diesem jedoch wertvolle Anregungen, wie Philologie und Alte Geschichte im Interesse einer ganzheitlichen Deutung der Historien des Tacitus einander ergänzen können. Gleichwohl dürfte auch mit Masters Ergebnissen das letzte Wort über den Stellenwert der Rhetorik in der taciteischen Historiographie noch nicht gesprochen sein.

Der Verfasser verfolgt mit der Studie seine Fragestellung in ihren einzelnen Verästelungen bei Tacitus und in ihren Grundlagen im römischen Denken, ohne das Ziel aus den Augen zu verlieren. So präsentiert er auf überschaubarem Raum einen geschlossenen Gedankengang, der zu respektablen Ergebnissen führt. Dies gelingt, indem der Bataveraufstand an einem schon immer virulenten innerrömischen Problem gemessen wird, nämlich dem Umgang mit »shifting ethnic identity« (S. 27) und »hybrid identity« (S. 144 u. ö.). Angesichts früherer Integrationsleistungen der Römer im wohlverstandenen Interesse der Durchsetzung ihres Herrschaftsanspruchs empfehlen die Historien, wie der Autor herausarbeitet, die Römer sollten sich zur Vermeidung offenkundiger Risiken auch in der Gegenwart an überkommenen Mustern orientieren, wie sie die Beendigung des Bundesgenossenkrieges und deren positive Folgen nahelegten. Wegen der inzwischen erreichten Größe des Reiches und der Beteiligung von Nichtrömern an der Etablierung von Kaisern sei eine Lösung der Identitätsfrage im gesamtrömischen Interesse dringlicher denn je. Indem Master auf diese Weise das zwiespältig erscheinende – und von der Forschung bislang nicht widerspruchsfrei erklärte – Verhalten der Bataver und ihres Anführers Julius Civilis mit dem didaktischen Anliegen des Historiographen Tacitus in Zusammenhang bringt, gelingt ihm eine auf anderer, übergeordneter Ebene liegende homogene Deutung der Wiedergabe des Geschehens in den Historien.

Geschickt führt der Verfasser den Leser durch seine zwar voraussetzungsreichen, doch durchweg bedenkenswerten Ausführungen. Die intertextuellen Beispiele machen Umwege im Gedankengang nötig, erbringen aber immer einen Mehrwert an Erkenntnis und führen so zum gedanklichen Ausgangspunkt zurück. Als durchaus hilfreich erscheinen die leider nur im dritten Kapitel eingefügten Zwischenüberschriften. Wichtige deutschsprachige Literatur ist eingearbeitet. Hohe Anerkennung zollt der Autor Dieter Timpe für seinen Aufsatz »Tacitus und der Bataveraufstand« (in: T. Schmitt / W. Schmitz / A. Winterling [Hrsg.], Gegenwärtige Antike – antike Gegenwarten. Kolloquium zum 60. Geburtstag von Rolf Rilinger [München 2005] 151–187) aufgrund der seinem eigenen Anliegen entgegenkommenden Tendenz, diese Revolte mangels Parallelüberlieferung aus dem Narrativ der Historien selbst zu verstehen. Gerade das leistet Jonathan Master besonders gründlich, und zwar in luziden Einzelinterpretationen, die sich in ein geschlossenes Gesamtbild fügen.

Koblenz   Ulrich Lambrecht

François Bérard, **L'armée romaine à Lyon.** Bibliothèque des Écoles Françaises d'Athènes et de Rome, Band 370. École Française de Rome, Rom 2015. VIII und 620 Seiten mit zahlreichen Abbildungen und 7 farbigen Tafeln.

Die hier zu besprechende umfangreiche Studie thematisiert nicht nur wichtige Aspekte der Geschichte des römischen Lyon, sondern darüber hinausgreifend der gallischen Provinzen insgesamt sowie nicht zuletzt der allgemeinen Dislokations- und Strukturgeschichte des römischen Heeres. Die große politische und wirtschaftliche Bedeutung von Lugdunum (auch in der Form ›Lugudunum‹ überliefert) als Hauptstadt der Provinz Gallia Lugdunensis (Lugudunensis) mit der über längere Zeiten betriebenen wichtigen Münzprägestätte Roms war Sitz des Prokurators dieser und der benachbarten Provinz Aquitanien in der Hohen Kaiserzeit und Ort des Provinziallandtags der Tres Galliae sowie kultischer Mittelpunkt Galliens mit dem dort errichteten Altar für die Dea Roma und Augustus. Dies waren wichtige Gründe für Rom, in dieser Metropole zum Schutz und zur beständigen Kontrolle besondere militärische Formationen zu stationieren.

Die auf seine Habilitationsschrift des Jahres 2000 an der Sorbonne zurückgehende aktualisierte Arbeit von François Bérard unternimmt den Versuch, in erster Linie anhand einer vollständigen Sammlung und Interpretation der erhaltenen Inschriften militärischen Charakters – durchweg Grabinschriften – unter möglichst genauer Berücksichtigung der Chronologie Funktion und Bedeutung der römischen Truppen in und für die Stadt, aber auch derselben zu untersuchen. Über mehrere Jahrhunderte hinweg waren an diesem Ort verschiedene militärische Formationen unterschiedlicher Art stationiert, eine Besonderheit, welche Lugdunum mit Karthago teilte.

Bereits in der Vergangenheit hatte sich der Autor in mehreren Publikationen zu verschiedenen mit dem Generalthema verbundenen Detailproblemen geäußert und sich dabei nicht nur als methodisch versierter Interpret des Quellenbestandes erwiesen, sondern auch als kenntnisreicher Experte der römischen Heeresgeschichte in ihren vielfältigen Facetten. Grundlage seiner Untersuchung bildet zwar das Corpus von siebenundachtzig im »Catalogue des épitaphes militaires Lyonnaises« (S. 457–568) zusammengestellten und neu edierten Inschriften, doch wird im Zuge der Deutung das gesamte reichsweit überlieferte einschlägige Quellenmaterial ebenso berücksichtigt wie die breit streuende Forschungsliteratur (vgl. dazu die unter verschiedenen sachlichen Gesichtspunkten gegliederte Bibliographie S. 569–589). Der Katalog als solcher basiert auf vorbereitenden Arbeiten zu einem Corpus aller Inschriften aus Lyon. Die mit Abbildung und Übersetzung präsentierten epigraphischen Zeugnisse werden vom Verfasser eingehend hinsichtlich Fundstelle, Träger und Textrekonstruktion besprochen und mit einem Kommentar versehen, der sich auf chronologische, onomastische und militärgeschichtliche Fragen beschränkt, jedoch auf diesen Feldern keine Wünsche offen lässt. Dass bei der Interpretation der einzelnen Quellenzeugnisse in diesem Teil der Arbeit ebenso wie im auswertenden Teil das gesamte Spektrum an Inschriften aus Lyon und weit darüber hinaus Berücksichtigung findet, zeigt allein schon der Quellenindex (S. 607–613). Weitere, bewusst selektiv gehaltene Indizes erfassen Namen sowie wichtige geographische und sachliche Termini, wobei Letztere vor allem die Verwaltung und das Militär betreffen (S. 593–607).

Seit der Untersuchung von Philippe Fabia von 1918 zu »La garnison romaine de Lyon« ist das Thema nicht mehr eingehend behandelt worden. Bérards Studie bietet allerdings mehr als eine bloße Aktualisierung. Verschieden interessante und aufschlussreiche Neufunde von Inschriften aufgrund von Grabungen der jüngeren Vergangenheit, aber auch Korrekturen an der Lesung und sachlichen Einordnung einer Reihe bereits länger bekannter Texte machen den Katalog zu einer soliden neuen Grundlage für die darauf aufbauenden Erörterungen. Aufgrund seiner umfassenden Kenntnis des gesamten einschlägigen Bestandes, nicht zuletzt auch an Neufunden jenseits der Zeugnisse aus Lyon, ferner der aktuellen Forschungslage zum gesamten Militärwesen der römischen Kaiserzeit, die der Autor bei seinen verschiedenen Analysen auch im Detail umsichtig berücksichtigt, leistet die Studie einen wichtigen Beitrag nicht nur zur Rekonstruktion der Geschichte des römischen Gallien, sondern darüber hinaus auch zur Verwaltungs- und Heeresgeschichte des Römischen Reiches insgesamt. Auf die spezifisch archäologischen Erkenntnisse zur römischen Armee in Lyon wie etwa die Grabungsergebnisse der älteren und jüngeren Vergangenheit geht Bérard nur am Rande ein.

Insgesamt folgt die Arbeit bewährter Methodik vergleichbarer epigraphischer Untersuchungen. Nach einer Einführung zu Zielsetzung und sachlicher Abgrenzung des Untersuchungsgegenstandes (S. 1–9) befasst sich der erste Teil mit den seit der julisch-claudischen Zeit in Lyon stationierten Truppeneinheiten (S. 11–140). Einen Hauptaspekt bilden dabei die verschiedenen Kohorten (c. urbanae), ihr Charakter und die Reihenfolge ihrer Stationierung besonders im frühen ersten Jahrhundert. Die am Ende des zweiten Jahrhunderts in Lugdunum nachzuweisende Cohors XIII urbana wurde bekanntlich nach dem von Septimius Severus 197 n. Chr. unterdrückten Aufstand des Clodius Albinus aufgelöst und für die Folgezeit durch Detachements der rheinischen Legionen ersetzt. Wie lange diese dort bis um die Mitte des dritten Jahrhunderts oder auch noch einige Zeit danach im Einsatz waren, entzieht sich mangels entsprechender Zeugnisse unserer Kenntnis (vgl. dazu bes. S. 132–136).

Von besonderem Interesse sind die Überlegungen des Autors zu den Truppen in Lyon in der frühen Kaiserzeit. Dabei werden die traditionellen Annahmen auch zur Abfolge der überlieferten Kohorten, welche nicht zuletzt von den Ansichten Theodor Mommsens bestimmt waren, vom Verfasser in verschiedenen Hinsichten hinterfragt. Dies betrifft nicht zuletzt die Identifikation einer nicht näher benannten Kohorte in Lyon bei Tacitus (ann. 3, 41) zum Jahr 21 n. Chr. im Kampf gegen die Andevaces als Cohors XIII urbana. Es könnte sich bei dieser Truppe auch um eine Auxiliareinheit oder eine Bürgerkohorte gehandelt haben. Grundsätzlich hält Bérard es trotz der dürftigen Quellenlage für möglich, wenn nicht sogar wahrscheinlich, dass die Cohortes XIV, XVII und XVIII mit ihrem Bestand von jeweils fünfhundert Mann zwar entsprechend nummeriert waren und als Cohortes urbanae anzusehen sind, jedoch nicht vor der flavischen Zeit diesen charakterisierenden Beinamen führten, der erst durch die Cohors I Flavia urbana inschriftlich nachzuweisen ist. Ein weiteres Problem betrifft die Zeit der Stationierung der Cohors XVII Lugduniensis ad monetam in Lyon, und noch komplexer wird das Problem durch den – nicht ganz gesicherten, aber doch plausiblen – Nachweis einer Cohors XIV in dieser Stadt in der ersten Hälfte des ersten nachchristlichen Jahrhunderts. Der Verfasser hält es für denkbar, dass nicht die Cohors XIII urbana, deren erster inschriftlicher Nachweis ohnehin erst aus dem zweiten Jahrhundert stammt, sondern die Cohors XIV die früheste in Lyon stationierte Einheit war, gefolgt von der Cohors XVII, die ihrerseits nach der Mitte des ersten Jahrhunderts in Richtung Ostia abgezogen und in Lyon von der Cohors XVIII ersetzt wurde.

Letztere ist dort jedenfalls 69 n. Chr. durch Tacitus (hist. 1, 64, 3) nachgewiesen. Auffallend ist jedenfalls der rasche Wechsel der Einheiten in julisch-claudischer Zeit. Von der frühflavischen Zeit an dürfte dann zunächst die Cohors I Flavia urbana in Lyon ihr Lager gehabt haben, bis sie gleichsam im Tausch (nicht zwingend in einem Zug) mit der in Karthago gelegenen Cohors XIII urbana von dieser abgelöst wurde (S. 17–80). Besonders anhand der letztgenannten, am besten dokumentierten Einheit lassen sich Befehlsstruktur und Rangordnung innerhalb derselben bis zu den Principales ermitteln.

Ähnlichen Fragestellungen geht auch die folgende Analyse der Legionsdetachements nach (S. 81–140). In diesem Zusammenhang wird insbesondere auch der Charakter derselben genauer überprüft, die nicht als Vexillationes erscheinen und auch nicht so benannt werden sollten. Ein Einzelproblem betrifft Lesung und sachgerechte Einordnung einer nur handschriftlich und dazu fragmentarisch überlieferten Inschrift, die Bérard plausibel, aber ohne letzte Gewissheit auf einen Eques duplicarius in der Ala I Noricorum bezieht (Kat. 76). Dies wäre die bislang einzig bekannte Inschrift aus Lyon mit Nennung eines Soldaten in einer Auxiliartruppe. Vielleicht kann man in ihm einen Eques singularis vermuten. Diese hier nur in Kurzform wiedergegebenen Schlussfolgerungen – verwiesen sei vor allem auf die verschiedenen ›Conclusions‹ – vermögen nur bedingt die sehr differenzierten und stets mit den nötigen Vorbehalten versehenen Argumentationen des Autors nachzuzeichnen.

Der zweite Teil der Untersuchung gilt den Soldaten und ist über weite Strecken eine onomastische Studie (S. 143–316). Die umfangreichen Analysen dienen einmal als vorbereitende Überlegungen zur Ermittlung der Rekrutierung von Soldaten, wollen aber auch einen Beitrag zur galloromischen Namengebung liefern und nicht zuletzt die Beziehungen zwischen Zivilbevölkerung und Militär thematisieren. Unter den Referenzwerken (vgl. die bibliographischen Angaben S. 573–576) fehlen merkwürdigerweise die Corpora von Andreas Kakoschke; möglicherweise waren sie bei Abfassung der entsprechenden Analysen noch nicht erschienen. Was die Herkunft der den vier germanischen Legionen entnommenen Soldaten in den Schutztruppen des antiken Lyon betrifft, entspricht ihre Rekrutierung den Usancen jener Zeit, insofern sie mehrheitlich in den germanischen Provinzen und in der angrenzenden Provinz Belgica ausgehoben wurden. Direkte Rekrutierung in die Officia ist nicht nachzuweisen.

Grundsätzlich bezeugen die generell mehrfach auf Inschriften belegten Thraker nach Ansicht von Bérard nicht exzeptionelle Aushebungen in die Legionen aus Anlass militärischer Kampagnen in den Orient, sondern spiegeln wohl eher reguläre Rekrutierungspraxis im dritten Jahrhundert wider (vgl. dazu zusammenfassend S. 312–316). Was das Verhältnis zwischen Armee und Zivilbevölkerung betrifft, so lassen sich für mehrere Urbanicani Herkunft aus Lugdunum oder familiäre Beziehungen dorthin nachweisen; zwei Veteranen der Cohors XIII wurden sogar in den Senat der Kolonie gewählt. Im Übrigen ist offenbar eine beachtliche Zahl von Angehörigen des Militärs, insbesondere auch der Legionen, nach dem Ausscheiden aus dem Dienst mit ihren Familien auf Dauer in Lugdunum beziehungsweise der näheren Umgebung wohnhaft geblieben.

Der dritte Teil der Publikation ist den Officia gewidmet (S. 319–438). Nacheinander behandelt werden das Officium des senatorischen Statthalters im Rang eines Prätors der ›zivilen‹ Provinz Lugdunensis (S. 323–397), des gleichzeitig vor allem für die Finanzverwaltung der beiden Provinzen Gallia Lugdunensis und Aquitanien zuständigen ritterlichen Prokurators (S. 399–411) sowie die Officia des Tribunus cohortis urbanae (S. 413–418) und der Legati beziehungsweise des Tribunus legionis (S. 419–434). Beachtenswert sind auch die Überlegungen in der »Introduction« zu diesem Kapitel (S. 319–322). Abgeschlossen werden die Analysen durch eine Zusammenfassung mit den wichtigsten Ergebnissen (S. 435–438). Relativ gut durch entsprechende Inschriften dokumentiert ist das Personal in den Officia des Legatus pro praetore Augusti und des hochrangigen Procurator ducenarius, dagegen sind nur wenige Officiales der Truppenformationen bekannt. Nach derzeitigem Wissensstand wurden die Officiales im Verwaltungsstab des Legaten und Prokurators ausschließlich den in Lyon stationierten Einheiten entnommen, was ja auch für andere Provinzen gilt. Seit severischer Zeit stellten dann Angehörige der rheinischen Legionen das notwendige Personal.

In der abschließenden »Conclusion générale« (S. 439–444) fasst der Autor noch einmal die wichtigsten Ergebnisse der Studie zusammen. An dieser Stelle nimmt er auch noch einmal kritisch Stellung zu dem »Sechsperiodenschema«, welches Amable Audin und Yvette Brunaud (Rev. Études Anciennes 61, 1959, 320–352) für die Datierung der Grabinschriften aus Lyon aufgestellt haben, und modifiziert deren Auffassungen zur chronologischen Einordnung in mehreren wichtigen Punkten. Die darauf noch folgenden Anhänge bieten vorwiegend tabellarische, zeitlich und sachlich gegliederte Übersichten über die inschriftlich belegten Truppen, Soldaten und Officiales (S. 445–456).

Die thematisch strikt begrenzte, aber im gewählten Rahmen umfassende Untersuchung schließt nicht nur eine konkrete Forschungslücke, sondern bereichert in manchen grundlegenden wie speziellen Fragen unser Wissen sowohl über die Militärgeschichte des römischen Lyon als auch darüber hinausgehend über nicht wenige grundlegende Aspekte der römischen Militärgeschichte. Dabei werden wichtige weiterführende Diskussionen unter Berücksichtigung der aktuellen Forschung im Rahmen der Erörterung von einzelnen Aspekten geführt, ohne dass der Wissensertrag auch für weitere Fragen der Militär- und Verwaltungsgeschichte auf den ersten Blick zu erkennen wäre, da die diesbezüglichen Probleme nur indirekt oder am Rande mit der römischen Armee in Lyon in Verbindung zu stehen scheinen. Die stets zurückhaltend und angesichts der in mancher Hinsicht spärlichen Quellenlage mit den nötigen Vorbehalten formulierten Überlegungen und Ansichten des Autors überzeugen durchweg durch die umsichtige Auswertung der Quellen, insbesondere der Inschriften, die frei von unnötigen Hypothesen und Spekulationen erfolgt, sowie ferner durch sachkundige Analysen auf der Basis einer umfassenden und kritischen Auswertung der gesamten Forschungsliteratur. Man darf gespannt sein, ob in absehbarer Zeit aus der Feder von François Bérard, einem der derzeit wohl besten Kenner der Überlieferung zum römischen Lyon, auch eine sachlich ergänzende Untersuchung zur zivilen Colonia Claudia Augusta Lugdunum erscheinen wird.

Buchenbach   Rainer Wiegels

Christian Bachhiesl und Markus Handy (Herausgeber), **Kriminalität, Kriminologie und Altertum.** Antike Kultur und Geschichte, Band 17. Verlag LIT, Wien 2015. 308 Seiten mit 20 Abbildungen und 2 Tabellen.

Das Interesse an der wissenschaftlichen interdisziplinären Erforschung der Kriminalität in der Antike nimmt zu. Fragestellungen und methodisches Vorgehen zur Untersuchung wie Bekämpfung der Kriminalität im Altertum sprechen ein breites Publikum an, von spezialisierten Fachwissenschaftlern bis hin zur breiten Öffentlichkeit. Kriminalität unterschiedlichster Art ist ein zeit- und raumübergreifendes und jeden Einzelnen betreffendes Thema, das Faszination und Missbehagen gleichermaßen auslöst.

Der vorliegende Band ›Kriminalität, Kriminologie und Altertum‹, der im Anschluss an die gleichnamige Tagung an der Karl-Franzens-Universität in Graz am 7. November 2014 entstand, behandelt das weitläufige Thema nach einer ausführlichen Einleitung der Herausgeber in insgesamt elf Beiträgen, die in zwei Schwerpunktgruppen gegliedert sind, ›Kriminalität im Altertum‹ sowie ›Methodische und epistemologische Aspekte‹.

Der einleitende Artikel von Christian Bachhiesl und Markus Handy (S. 7–16) spiegelt das große aktuelle Interesse am Thema der Kriminalität in der Antike wider. Die dort vorgenommene »doppelte Schwerpunktsetzung« (S. 9) wurde für die Publikation übernommen: Der erste, sechs sehr unterschiedliche Beiträge umfassende Themenbereich ›Kriminalität und Altertum‹ beschäftigt sich mit kriminellen Betätigungsfeldern, Phantasien und Verhaltensweisen sowie den daraus resultierenden Reaktionen, während in der zweiten Schwerpunktgruppe ›Methodische und epistemologische Aspekte‹ diskutiert werden, die ebenfalls sehr unterschiedliche Themen behandeln. Jeder Beitrag wird in der Einleitung kurz zusammengefasst.

Den Anfang zu ›Kriminalität im Altertum‹ und zugleich den Auftakt des Bandes bildet die eingehende Analyse des Mordes an Kaiser Domitian und die Strategien zu dessen Rechtfertigung, die etwa auf den »historisch-politisch und ethisch bedingten Tyrannenmord« (S. 49) zurückgeführt werden. Markus Handy (S. 19–52) seziert die entsprechenden Textstellen bei Tacitus und Plinius und bindet diese – unter Berücksichtigung der propagandistischen Darstellung des Trajan – in den überlieferten historischen Hintergrund ein. Dadurch entsteht überzeugend das Bild eines rhetorisch geführten Feldzuges, der kontrastierend die Persönlichkeit des Domitian negativ und diejenige des Trajan positiv zeigt.

Tanja Wurm (S. 53–75) legt anhand von juristischen Texten, Gesetzen und literarischen Quellen die gesellschaftliche und strafrechtliche Stellung von Frauen im antiken Rom dar, die sozial-medizinischen Tätigkeiten nachgingen – unter besonderer Berücksichtigung ihres fortgeschrittenen Lebensalters. ›Medicae‹ und ›obstetrices‹ sowie ›nutrices‹, deren Tätigkeiten und Alter eher negativ konnotiert waren, waren in einer von Männern dominierten Welt positioniert. Es werden etwa ärztliche Haftungsfragen sowie zivil- und strafrechtliche Konsequenzen vorgestellt oder der Fall geschildert, dass laut Codex Theodosianus (S. 68) einer dem ›raptus‹ – der Entführung eines Mädchens gegen den Willen ihrer Eltern – Beihilfe leistenden Amme als Strafe Blei eingeflößt werden solle.

Anhand ausgewählter, einem größeren Zeitraum entnommener Beispiele unterschiedlicher Quellengattungen oder – wie Homer sie nennt – »hässlicher Lieder« (S. 78) beleuchtet Ursula Lagger (S. 77–123) literarische und historische Frauengestalten und ihre Taten, die vom antiken Ideal der treuen und liebenden Ehefrau abweichen. Sie handeln aktiv und überschreiten somit »von der Gesellschaft auferlegte Grenzen« (S. 92). Es sind Frauen, die aus vielerlei Motiven als Einzelperson oder in der Gruppe morden, durch sich selbst oder andere getrieben, etwa aus Eifersucht, Zurückweisung, Liebe, Gier, Habsucht, Rache und Racheverpflichtung. Probates Mittel zur Beseitigung unliebsamer Männer scheint ihnen Gift gewesen zu sein, auch in Kombination mit magischen Praktiken. Stets sind dabei die Aussageintentionen der durchwegs männlichen Autoren zu berücksichtigen.

Peter Mauritsch (S. 125–142) widmet sich in seinem Beitrag der Prostitution im antiken Griechenland, vornehmlich in Athen. Anhand der Erzählung des Aristophanes von den Kugelmenschen in Platons Symposion führt der Verfasser narrativ in die erotischen und sexuellen Begehrlichkeiten des Menschen und die gesellschaftlichen Konsequenzen durch normative Reglements ein. Prostitution galt im antiken Athen nicht als gesetzwidrig; die Einrichtung von Bordellen konnte sogar als »Intervention« zur Entspannung von physisch und kulturell bedingten (sexuellen) »Konfliktsituationen« (S. 132) verstanden werden. Prostituierte und Kunden konnten dennoch Täter und Opfer sein.

Zahlreiche unterschiedliche Beispiele von der spätrepublikanischen Periode bis in die hohe Kaiserzeit dienen Gernot Krapinger (S. 143–162) der Demonstration »krimineller Phantasie[n]« (Titel S. 143), die sich in Deklamationen – dem Rhetorikunterricht entstammenden Musterreden – wiederfinden. Dabei ist eine kurze Fallskizze (›argumentum‹ oder ›thema‹) sowie das anzuwendende Gesetz (›lex‹) vorgegeben, das real oder fiktiv ist. Die mitunter skurrilen, intentioniert vertrackten und zuweilen unlösbaren Fälle zeugen nicht nur von ausgeprägter krimineller Vorstellungskraft, sondern spiegeln durchaus realitätsnahe Sachverhalte wider, die bis in die Gegenwart Gültigkeit haben können.

Im Fokus des Beitrages von Susanne Lamm (S. 163–186) steht das Thema Grabraub mit zahlreichen Beispielen aus sehr unterschiedlichen Zeiten: Chronologisch führt der Aufsatz vom pharaonischen Ägypten, der Bronzezeit Mittel- und Nordeuropas, der Hallstatt- und Römerzeit über die mittelalterlichen Epochen hin zu den für anatomische Studien geraubten Leichen oder eigens ermordeten Personen der sogenannten Bodysnatchers des neunzehnten Jahrhunderts bis in die Gegenwart. Auch Filmcharaktere wie Indiana Jones oder Lara Croft sind aus juristischer Sicht Grabräuber, während sie in Filmen heldenhaft verklärt werden und ungestraft davonkommen. Für jede Zeit und Region gibt es unterschiedliche Motivationen, die stets in ihrem kulturhistorischen Kontext zu betrachten sind, etwa Platz zu schaffen für neue Bestattungen, Bereicherung, heldenhafte Mutprobe, Umbettung, politisch motivierte Beschädigung oder Metallverknappung. Der letzte Abschnitt ist dem Thema Raubgräberei gewidmet, das unser kulturelles Erbe bedroht und dem zu Recht entgegengewirkt werden muss.

Eingangs der zweiten Schwerpunktgruppe ›Methodische und epistemologische Aspekte‹ beleuchtet Johann Leitner (S. 189–203) anhand verschiedener fiktiver Ereignisse in den Erzählungen aus Tausendundeiner Nacht die juristische Situation in der patriarchalischen Gesellschaft des islamischen Orient. Der sassanidische König Schehrijâr etwa, Herrscher über Indien und China, verhängt wegen seiner ehebrecherischen Gemahlin eine willkürliche »Kollektivstrafe« (S. 194) über elfhundert Jungfrauen, indem er drei Jahre lang jede Nacht eine von ihnen zu sich nahm und anschließend köpfen lässt. Es wird aber auch von willkürlicher Amtsvergabe und Verfolgung berichtet; nur selten kommt in Tausendundeiner Nacht die Scharia als Rechtsmittel zum Einsatz. Im Gegenteil: Die Erzählungen sprechen eher von »despotischer Willkür und exzessiver Gewalt« (S. 194), so dass die Scharia im Verhältnis dazu durchaus Rechtssicherheit bieten kann.

Im Zentrum der Untersuchung von Gudrun Kroißenbrunner (S. 205–220) steht der antike Arzt Galen, der großen Wert auf praktische medizinische Erfahrungen legte. Neben Sektionen an Tieren und Menschen übte er sich auch in der Vivisektion, der Sektion Lebender – ebenfalls von Tier und Mensch. Die entsprechenden Fertigkeiten waren ihm sicher bei seiner Tätigkeit als Gladiatorenarzt dienlich, wo er sich auch mit dem Omentum maius – dem großen Bauchfell – eines Gladiators theoretisch und praktisch auseinandersetzte. Kroißenbrunner zeigt, dass in der Kombination historischer Schriftquellen mit medizinischen, anthropologischen und archäologischen Überlegungen neue Erkenntnisse über antike Sachverhalte und Verhaltensweisen gewonnen werden können. So ist es wahrscheinlich, dass es sich bei dem von Galen »omentumresezierten Patienten um einen retiarius, einen Netzkämpfer handelt« (S. 217).

Ingo Mirsch, Maria Mandl und Silvia Renhart (S. 221–262) untersuchen als interdisziplinäres Team Richtstätten, die als »materielle [...] Quellen der Rechtsarchäologie« (S. 221) zu verstehen sind. Eindrücklich wird gezeigt, dass die Analyse archivalischer, rechtshistorischer und volkskundlicher Quellen in Kombination mit archäologischen und anthropologischen Untersuchungen zu dichten und belastbaren wissenschaftlichen Ergebnissen führen. Für die ehemalige Richtstätte des Landgerichtes Offenburg-Reifenstein im Birkachwald konnte auf diesem Weg ein breiter kulturhistorischer Einblick in die neuzeitliche juristische Strafvollzugspraxis und den zeitgenössischen gesellschaftlichen Umgang damit gewonnen werden. Zu Recht wird der Schutz der Richtstätten mittels Inventarisierung als Boden- und Rechtsdenkmal und deren adäquate Behandlung gefordert.

Der forensischen Archäologie widmet sich Thomas Pototschnig (S. 263–278). Er erläutert die Position dieser jungen Teildisziplin der Archäologie, die methodischen Grundlagen und Tätigkeitsfelder. Betont wird die Wichtigkeit der Zusammenarbeit und des methodischen Austauschs sowie der Weiterentwicklung der verschiedenen wissenschaftlichen und nichtwissenschaftlichen Disziplinen. So etwa bei dem Umgang mit menschlichen Überresten und materiellen Hinterlassenschaften der Kriegsverbrechen während der Jugoslawienkriege oder der Massengräber des Zweiten Weltkrieges.

Der Band schließt mit dem Beitrag von Christian Bachhiesl (S. 279–306), der sich dem Nutzen und Nachteil interdisziplinärer Zusammenarbeit von Archäologie und Kriminalwissenschaft widmet. Der Verfasser weist auf die Problematik der Anwendung naturwissenschaftlicher Methoden auf Fragestellungen zu den Grundlagen menschlichen Verhaltens (menschliche Emotionen, Intentionen, Motive) in beiden Disziplinen hin, die zu einer »Skepsisvergessenheit« (S. 288) führen kann. Am Beispiel des ›Tatortes Eulau‹, der Publikation eines in Sachsen-Anhalt gelegenen Bestattungsplatzes von dreizehn zum Teil durch Gewalteinwirkung zu Tode gekommenen Personen der prähistorischen Schnurkeramikkultur, wird die Anwendung und Kooperation der Disziplinen Archäologie, Natur- und Kriminalwissenschaften zu Recht kritisch demonstriert.

Es ist zu begrüßen, dass das Thema in dieser Bandbreite interdisziplinär gebündelt betrachtet und diskutiert wird. Erfreulich und beachtenswert ist auch, welche und wie viele unterschiedliche Fachkompetenzen und welches wissenschaftliche Potential sich in engem Radius nur einer Universität befinden und sich in einem Kolloquium zusammenbringen lassen. Ein gelungener Band mit einem breiten thematischen und methodischen Spektrum. In zukünftige wissenschaftliche Vorhaben sollten jedoch auch auf internationaler Ebene Fachkollegen einbezogen und auf Grundlage der gewonnenen Erkenntnisse die Themenbereiche enger fokussiert werden.

Heidelberg   Romina Schiavone

Babett Edelmann-Singer, **Koina und Concilia. Genese, Organisation und sozioökonomische Funktion der Provinziallandtage im römischen Reich.** Heidelberger Althistorische Beiträge und Epigraphische Studien, Band 57. Verlag Franz Steiner, Stuttgart 2015. 363 Seiten.

Fünfzig Jahre nach Erscheinen von Jürgen Deiningers grundlegendem Werk über die sogenannten Provinziallandtage des Römischen Reiches (Die Provinziallandtage der Römischen Kaiserzeit von Augustus bis zum Ende des dritten Jahrhunderts n. Chr. [München und Berlin 1965]) hat Babett Edelmann-Singer es unternommen, den Forschungsstand zum Thema in einer Monographie zu aktualisieren und die Thesen Deiningers kritisch zu überprüfen. Dabei war keine umfassende Neubehandlung der Provinziallandtage angestrebt, sondern eher eine Art kritischer Kommentar zur bisherigen Forschung mit vertiefenden Schwerpunktlegungen zu den Fragen, bei deren Beantwortung die Verfasserin zu grundlegend neuen Ergebnissen kommt. Diese Anlage der Arbeit hat beispielsweise zur Folge, dass die Landtage als Delegiertenversammlung der Lokalstaaten einer Provinz oder Teilprovinz in der Darstellung nur sehr selten in Erscheinung treten; tatsächlich werden diese Versammlungen zum ersten Mal auf Seite 184 angesprochen (im Zusammenhang mit dem Koinon der Provinz Asia), regelrecht thematisiert werden sie gar nicht. Häufig bezieht sich die Autorin, wenn sie von Maßnahmen der Koina oder Concilia schreibt, auf Akte des permanent amtierenden Stammpersonals (wie den Archiereis), ohne dass diskutiert wird, wie sie sich das Zusammenspiel der institutionellen Ebenen vorstellen.

Die Lektüre des Buches lohnt sich folglich in der Hauptsache für Spezialisten der Thematik, die unter anderem mit Deiningers Werk gut vertraut sind. Im Folgenden soll ein Überblick über die Ergebnisse der Studie gegeben werden, insofern die betreffenden Resultate beziehungsweise Thesen als neu zu bewerten sind beziehungsweise auf Quellen basieren, die zur Zeit des Erscheinens von Deiningers Monographie noch nicht bekannt waren. Wie Teile der bisherigen Forschungen ist Edelmann-Singer übrigens mit dem aus dem preußischen Staatsorganisationsrecht entlehnten Terminus »Provinziallandtag« nicht glücklich und bevorzugt die korrekteren (allerdings institutionengeschichtlich mehrdeutigen Begriffe) ›Koina‹ beziehungsweise ›Concilia‹, verwendet allerdings auch den eingebürgerten Landtagsbegriff weiterhin.

Das Kapitel II ist der »Vorgeschichte und Entstehung der Provinziallandtage« gewidmet. Im zweiten Abschnitt (›Die Koina in vorrömischer Zeit‹) ist sie nicht allzu weit von Deininger entfernt, der vor allem in dem im Laufe des zweiten vorchristlichen Jahrhunderts auf kultische Verehrung des pergamenischen Herrscherhauses beschränkten ionischen Koinon (das anfangs wohl noch nicht so bezeichnet wurde) das Vorbild der ersten unter Augustus eingerichteten Provinziallandtage sah. Die Verfasserin stimmt dieser These zu (S. 40), betont aber, dass auch frühere, politisch selbständige

Koina bestimmte strukturelle Analogien zu den römerzeitlichen Provinzkoina aufwiesen: »Sowohl hellenistische als auch kaiserzeitliche Koina besaßen beispielsweise Heiligtümer mit überregionaler Bedeutung als politische Zentren, prägten Münzen und finanzierten sich durch Beiträge der Mitgliedsstädte« (S. 37). Auch der Abschnitt über ›Das ionische Koinon. Eine Organisation mit Integrationspotential‹ liegt mit Deininger im Wesentlichen auf einer Linie, führt allerdings neue beziehungsweise zusätzliche Inschriftenpublikationen an, die vor allem personelle Kontinuitätsmomente über die Brüche von 133/129 v. Chr. und 29 v. Chr. hinweg illustrieren sollen. Bezüglich dieses Aspekts ist von besonderem Interesse die von Peter Herrmann publizierte Ehrung des Gaius Julius Epikrates (Mitt. DAI Istanbul 44, 1994, 203–236), der sowohl in dem alten ›ionischen‹ Koinon (der republikzeitlichen Provinz Asia) als auch in dessen Nachfolgeinstitution, dem unter Augustus eingerichteten asianischen Koinon, die Funktion des Archiereus ausfüllte (S. 43).

In dem Abschnitt ›Die Rolle der Koina im hellenistischen Herrscherkult und ihre Bedeutung bei der Installation prorömischer Feste‹ geht die Verfasserin zunächst der Frage nach, warum die im hellenistischen Herrscherkult profilierte Funktion des »Oberpriesters« (Archiereus) für etwa hundert Jahre aus der Überlieferung verschwindet, um dann den Namen für die am meisten in der Öffentlichkeit stehende Funktion der von Augustus genehmigten »reformierten« Landtage von Asia (und Bithynia) zu geben (S. 44f.). Sie geht davon aus, dass die Konzeption und die aus der Tradition abgeleitete, das kultische Moment betonende Bezeichnung auf provinziale Initiative zurückgehen und von Augustus akzeptiert wurden. Sodann fragt sie nach Kontinuitätsmomenten zwischen hellenistischem Herrscherkult und dem später durch den Provinziallandtag ausgeübten Kaiserkult und findet (mit Friedrich Münzer, Helmut Halfmann und Ronald Mellor) eine wichtige Brückenfunktion (oder »Transmitterfunktion«) in dem Thea-Roma-Kult in Verbindung mit der kultischen Verehrung römischer Statthalter (S. 51; vgl. auch F. Kirbihler / L. Zabrana, Jahresh. Österr. Arch Inst. 83, 2014, 101–131 [Ephesos]). Im Fazit zu diesem Abschnitt über die vorrömische Zeit (S. 54f.) konstatiert die Autorin, dass es »[e]ntgegen der communis opinio [...] weitreichende Kontinuitäten [gab], die allerdings am ehesten als eklektizistisches Konglomerat zu verstehen sind und weniger als bewusste Übernahme einer konkreten Funktion oder Institution«.

Der Abschnitt ›Rom und die Koina in republikanischer Zeit‹ ist zunächst der Frage nach den Entstehungskontexten der ersten Provinziallandtage gewidmet. Edelmann-Singer attestiert der bisherigen Forschung und namentlich Jürgen Deininger, es sich »allzu leicht« gemacht zu haben, wenn sie sich auf den Quellennotstand beriefen und sich zurückhaltend in der Thesenbildung zeigten. In den folgenden Unterabschnitten geht sie die einzelnen republikzeitlichen Provinzen noch einmal durch, aus denen Hinweise auf die Existenz von Koina vorliegen.

Den Auftakt bilden Sizilien und das ›commune Siciliae‹, dessen Behandlung im Wesentlichen das von Deininger vorgelegte Material und dessen Interpretation wieder aufnimmt (vgl. S. 56 Anm. 148). Hinzugefügt wird die Münzlegende ΣΙΚΕΛΙΩΤΑΝ, die offenbar von den griechischen Poleis Siziliens im Verbund zur Zeit Hierons II. geprägt wurden. Der resümierende Kommentar des Befundes ist eher zurückhaltend: »Deutlicher als bislang in der Forschung angenommen, lassen sich die hellenistischen Traditionen von Städtebund und Herrscherverehrung in Sizilien in ihrem Weiterbestehen in die römische Zeit hinein erahnen« (S. 57).

In dem Abschnitt über Macedonia tritt die Autorin dafür ein, das von Miltiades Hatzopoulos nachgewiesene hellenistische Koinon und die vier 167 v. Chr. eingerichteten Concilia als Vorformen des kaiserzeitlichen Koinon zu betrachten; sie diskutiert die (postulierte) Finanzhoheit und die (vermutete) Verwaltungstätigkeit dieser Institutionen und bringt tentativ eine »kontinuierlich existierende Koinon-Struktur vom Hellenismus bis in die Kaiserzeit« ins Spiel.

In dem Abschnitt über Asia ist besonders die im Jahr 2000 publizierte Ehrung für Menodoros von Pergamon als neue Quelle zu nennen (Suppl. Epigr. Graecum 50, 2000, 1211). Menodoros erscheint im Text als Mitglied des nach der römischen Gesetzgebung geschaffenen Rates (ἐν τῶι κατὰ τὴν Ῥωμαικὴν νομοθεσίαν βουλευτηρίωι [Z. 13–14]). Sie wertet (plausibel und mit der Forschung) diese Phrase als Hinweis auf die 132/129 v. Chr. formulierte Lex provinciae Asiae, die demnach schon einen Passus über das Provinzkoinon enthalten habe, das lediglich (noch) nicht mit diesem Terminus bezeichnet wurde. Die Verfasserin nimmt an, dass das Koinon beziehungsweise Buleuterion (ähnlich wie die makedonischen Concilia) ursprünglich als Verhandlungspartner der Siegermacht konstituiert beziehungsweise fortgeführt wurde.

Ein weiterer einschlägiger Neufund (vgl. S. 64; 68) ist ein Dekret des Koinon der Hellenen aus dem Jahr 71 v. Chr., das dieses hier erstmalig unter der Bezeichnung ›Koinon‹ belegte Gremium als beschlussfähige Versammlung mit eigenem, fest zugeordnetem Personal wie Prohedroi und Grammateis dokumentiert (Th. Drew-Bear, Bull. Corr. Hellénique 96, 1972, 435–471). Als Octavian sich 30 v. Chr. nach Kleinasien begab, um dort ordnungspolitisch tätig zu werden, war, wie Deininger schreibt (Provinziallandtage a. a. O. 16 f.) »das asiatische Koinon [...] bereits eine feste Organisation mit einem Synhedrion, mit Festspielen und vermutlich mit einem Asiarchen an seiner Spitze« (vgl. S. 69). Im Wesentlichen werden Deiningers Thesen durch die Neufunde demnach bestätigt.

Der Abschnitt über Bithynia-Pontus bringt nichts wesentlich Neues. Gegen Deininger betont Edelmann-Singer den Quellenwert der ›Griechischen Briefe‹ des Brutus, darunter fünf Briefe an das bithynische Koinon samt Antworten, die selbst als Pseudepigraphen »in jedem Fall auf historischen Fakten« beruhten (S. 73). Für Zypern und Kreta ergeben sich keine wesentlichen neuen Befunde. Auch für Lykien ist das römisch-lykische Foedus aus dem Jahr 46 v. Chr. (Suppl. Epigr. Graecum 55, 2005, 1452 = Année Epigr. 2005, 1487) als wichtiger Neufund zu registrieren, der das lykische Koinon als außenpolitische Vertretung der Lykier und als vertragschließendes Gremium bezeugt (S. 82).

Die Einrichtungsgeschichte des asianischen Koinon wird als Muster für die nach Auffassung der Verfasserin weitgehend frühkaiserzeitliche, nämlich augusteische und claudische Durchsetzungsgeschichte der Koina beziehungsweise Concilia neuen Typs entwickelt. Die von vollständiger Entmündigung (siehe das warnende Beispiel Ägyptens) bedrohte Provinzialbevölkerung erkaufte sich demnach um »den Preis der religiös-kultischen Unterwerfung« »ein kleines Stück politischer Repräsentation« (S. 89). Ausführlich argumentiert die Autorin, dass der anfänglich (29 v. Chr.: Cass. Dio 51, 20, 6–7) den »Romani in Asia consistentes« verordnete separate Divus-Cäsar-Kult bald erlosch beziehungsweise im Roma-und-Augustus-Kult des reformierten Koinon aufging (S. 89–93). Das für Asia gewählte Kultkonzept (Roma et Augustus) gewann eine ausschlaggebende Vorbildfunktion für die Einrichtung ähnlich (aber nicht genau gleichartig) konstruierter Institutionen im Osten und bald auch im Westen des Imperiums. Bezüglich Galatias optiert sie für 4 v. Chr. als Datum der Inaugurierung des Koinon als Träger des Herrscherkults (S. 98). Für Syrien ist die Installation eines analogen Koinon mittlerweile sicher für die augusteische Zeit belegt (vgl. Suppl. Epigr. Graecum 52, 2002, 1553). Für Lykien zeigt der Stadiasmus Patarensis gegen Deininger (Provinziallandtage a. a. O. 71), dass die Betrauung des lykischen Koinons mit dem Kaiserkult bereits unter Claudius und nicht erst unter Vespasian stattfand (S. 102 f.). Zudem ist durch die von Burak Takmer (Gephyra 4, 2007, 165–188) in Gestalt eines »Vorberichts« publizierte sogenannte Lex portorii provinciae Lyciae (zum ersten Mal in dieser Form) die zentrale Rolle der Bundesinstitutionen der Provinz Lykiens bei der Zollerhebung bezeugt (S. 104). Aller Wahrscheinlichkeit nach handelt es sich um eine Sonderregelung, die anlässlich der besonderen Umstände, unter denen Lykien provinzialisiert worden war, von Claudius konzediert wurde.

Nach den positiven Erfahrungen der Zentralregierung mit dem neuen Institut der (entweder neu begründeten oder zu Organen des provinzialen Kaiserkults umgewidmeten) Koina im Osten sei eine baldige und systematischer als bisher angenommen durchgeführte Übertragung der Einrichtung auf westliche Provinzen im Wesentlichen bereits unter Augustus beziehungsweise unter Claudius erfolgt. Beispiele sind die Tres Galliae (S. 107–109), Germanien (S. 109 f., wohl angesichts der bekannten Rückschläge nur temporär), die Hispaniae (S. 110–113), die Gallia Narbonensis (S. 113–126). Bei deren Behandlung steht eine grundsätzliche Neubewertung der Lex de flamonio Provinciae Narbonensis (CIL XIII, 6038; Année Epigr. 1987, 749) im Mittelpunkt. Die Urkunde ist bisher in der Regel als ein von der römischen Zentralregierung formuliertes Stiftungsdokument angesehen worden, das die Einrichtung typischer Landtagsinstitutionen für die Provinz Gallia Narbonensis bezeuge. Flankiert wurde diese Deutung von Tituli honorarii, die einen Trebellius Rufus in domitianischer Zeit als »ersten« (πρῶτος) Archiereus der Narbonensis bezeugen. Die Autorin weist demgegenüber nach, dass ›πρῶτος‹ ohne Schwierigkeiten als Ehrenbezeichnung (und nicht chronologisch) verstanden werden kann, und tritt überdies mit guten Gründen dafür ein, die Lex de flamonio nicht als Text aus der kaiserlichen Zentrale, sondern als eine Selbstregulierung des bereits bestehenden narbonensischen Koinon zu verstehen. Akzeptiert man diese Neuinterpretation, steht einer Frühdatierung des narbonensischen Koinons, jedenfalls e silentio, nichts mehr im Wege.

Belege für die Einrichtung von Koina in julisch-claudischer Zeit existieren ferner für Britannien und Mauretanien (S. 126). Für die Alpenprovinzen, Pannonien, Thrakien, Rätien, Noricum und Dalmatien ist eine Frühdatierung möglich, aber nicht gesichert (S. 126–128). Die Africa proconsularis erhielt sicher erst unter Vespasian einen Provinziallandtag (S. 128). Das kilikische Koinon datiert wohl erst in hadrianische Zeit (S. 129); Ägypten bekam nie ein Koinon (S. 134–137); für die übrigen Provinzen liegen nur späte oder nur unsicher datierbare Zeugnisse vor. Resümierend wendet die Verfasserin sich gegen die These Deiningers, im Westen des Imperiums seien flächendeckend und systematisch erst unter Vespasian Provinziallandtage eingerichtet worden, und plädiert dafür, in der Einrichtung von Koina des asianischen Basistypus (29 v. Chr.) einen Grundzug augusteischer Politik zu sehen, die von den Nachfolgern weiterverfolgt wurde. Damit wäre auch die sogenannte Lex Krascheninnikoff hinfällig, der zufolge die Einrichtung von Provinziallandtagen als Gradmesser der Romanisierung einer Provinz dienen könne (S. 130). Die Autorin deutet die Koinapolitik als Implementierung eines »erfolgreichen bilateralen Kommunikationsmodells« (S. 131), wozu allerdings anzumerken ist, dass die eine Seite gewissermaßen mit dem Schwert an der Kehle kommunizierte.

Das Kapitel III ist dem »Rechtsstatus, Spitzenpersonal und Identifikationspotential der Provinziallandtage« gewidmet. Bezüglich des Rechtsstatus folgt Edelmann-Singer mit einer gewissen Zurückhaltung der These von Peter Herz, die Koina seien »auf der Basis des römischen Vereinsrechts organisiert gewesen« (S. 144). Für diese These lässt sich allenfalls ein Indizienbeweis führen, gegen den sich wiederum Indizien anführen lassen. Wie die Autorin selbst bemerkt, führten beispielsweise freigelassene Sklaven von Koina zuweilen den Gentilnamen ›Publicius‹ (vgl. S. 152), wie Freigelassene von öffentlichen Körperschaften. Im Fazit plädiert die Autorin etwas vage für die Annahme eines gemischten Status der Koina, irgendwo zwischen lizenzierten Vereinen und Körperschaften öffentlichen Rechts (S. 152 f.).

Der Abschnitt über die »Spitzenfunktionäre der Provinziallandtage« kann auf eine breite Literaturbasis zurückgreifen; die ausführlich erörterten Details wie etwa

Prosopographica können hier nicht besprochen werden. Die Verfasserin verwendet den Kunstbegriff der »Koinarchie« (vgl. S. 161), um das zentrale Lenkungsamt der Landtage zu bezeichnen. (In den Quellen begegnen nur die Konkretisierungen wie Asiarch, Makedoniarch und Ähnliches.) Edelmann-Singer schließt sich der Communis opinio an, die von einer Identität von Archierosyne und Koinarchie ausgeht (S. 162). Große Bedeutung misst sie dem Befund bei, dass in der Mehrzahl der griechisch geprägten Provinzen, für die ausreichend Belege existieren, die kultische Bezeichnung ›Archiereus‹ gegenüber der politischen etwa seit dem Ende des ersten nachchristlichen Jahrhunderts quantitativ deutlich zurücktritt. Sie sieht in der Bevorzugung des politischen, das Ethnikon betonenden Titels den Ausdruck eines gewachsenen Bewusstseins für eine griechische und zugleich »kollektive provinziale Identität« (S. 182). Dabei betrachtet sie die Provinziallandtage als regelrechte »Identitätsstifter« (S. 182–187). Diese These wird nochmals unterfüttert durch den Rekurs auf die Legenden mancher Landtagsprägungen, die das Ethnikon der betreffenden Provinz nennen (illustrierendes Beispiel ist Makedonien; S. 188–191). Als Quellen können allerdings nur Minimalaussagen wie Titulaturen und Münzlegenden angeführt werden; eine Abstützung durch narrative Quellen ist nicht möglich.

In Kapitel IV ›Die wirtschaftliche und finanzielle Dimension der Provinziallandtage‹ ist eine grundsätzliche Neubewertung des Aufgabenspektrums der Landtage angestrebt. Die Argumentation richtet sich ausdrücklich gegen die Thesen Deiningers, der die Aufgaben der Landtage auf die Ausrichtung des Kaiserkults einschließlich der Abhaltung von Festspielen, die Interessenvertretung der Provinzialen gegenüber römischen Funktionsträgern und die Selbstverwaltung der Koina begrenzt sah. Die Beweisführung der Verfasserin detailliert nachzuzeichnen, fehlt hier der Raum, so dass die Argumentationsstrategie an Beispielen illustriert werden muss. Die umfangreichen Kapitel (S. 193–249) über die laufenden Kosten des Landtagsbetriebs, vor allem für Personal, Ausrichtung von Spielen, Gesandtschaften und anderes, legen nahe, dass die Kostenbelastung der Landtage nicht geringfügig war, so dass der getriebene Aufwand im dritten Jahrhundert stark zusammengekürzt werden musste. Dennoch bleibt das von der Autorin dokumentierte Leitungspersonal, das sich von Provinz zu Provinz in seiner Zusammensetzung unterschied, bezüglich der Größenordnung im Rahmen der Selbstverwaltung der Landtage, so für Asia ein Ekdikos, ein Syndikos, ein Grammateus, ein οἰκονόμος τῆς Ἀσίας und ein ἀργυροταμίας τῆς Ἀσίας (S. 198–205).

Die eigentlich finanzpolitischen Momente stehen im Folgenden im Mittelpunkt (S. 253–269). Der Ankerpunkt der Argumentation ist, dass Personen, die als Leitungspersonal des Landtags belegt sind, anderweitig relativ häufig in kommerziellen Berufen oder der staatlichen Finanzadministration nachweisbar sind. Paradebeispiel sind die Tres Galliae, wo für vier (ehemalige) Mitarbeiter der Finanzverwaltung des Landtags belegt ist, dass sie auch »hohe Funktionäre der lokalen Flussschiffergesellschaften« waren (S. 254). Da insgesamt elf Ehrungen für Kassenfunktionäre des gallischen Landtags überliefert sind, kann die Autorin eine Quote von vierzig Prozent Überschneidung von zeitweise tätigen Mitarbeitern der Landtagskasse und Kollegienfunktionären registrieren. Aufgrund solcher Beobachtungen (die genannte ist zugleich die aussagekräftigste) spricht sie die Landtage als »sozioökonomische Netzwerke« an. Einige ihrer Tätigkeiten darüber hinaus als »Wirtschaftslobbyismus« zu bezeichnen, läuft nicht selten auf die Umetikettierung der von Deininger unter der Rubrik »Interessenvertretung der Provinzialen« behandelten Aspekte hinaus, so die Eingabe der Provinz Baetica gegen Viehdiebe (S. 259 f., bei Deininger, Provinziallandtage a.a.O. 129). Prinzipiell ist die darüber hinausgehende These, die Landtage hätten informell der Kontaktaufnahme von ökonomischen Akteuren und zur Ausbildung sozioökonomischer Netzwerke gedient, die in den Quellen so gut wie keine konkreten Spuren hinterlassen haben, plausibel und wohl auch konsensfähig. Aber diese Funktion bleibt ein Nebenprodukt, das – hätte es etwa keine Landtage gegeben – genauso gut auch von periodischen Sportveranstaltungen oder traditionellen Festen hervorgebracht werden konnte und wurde.

In dem Abschnitt über ›Provinziallandtag und Steuererhebung‹ kommt die Verfasserin auf die These Theodor Mommsens zurück, dass die Landtage bei der »Repartition« der Provinzialsteuern eingebunden waren. Ganz allgemein gesprochen ist dies denkbar, je nachdem, was man unter »Einbindung« versteht, aber die Konkretion der These stößt auf unüberwindbare Schwierigkeiten. Zentrales Belegstück ist ein Titulus honorarius aus Tarraco (CIL II, 4248; CIL II²/14, 1194), in dem ein Ritter wegen seiner pflichtgemäßen Durchführung der Überprüfung des Provinzialarchivs gelobt wird (ob curam tabulari censualis fideliter administratam). Die Autorin erklärt die Ehrung damit, dass der Honorierte seine Aufgabe »im Sinne oder sogar im Auftrag des Landtags ausgeführt« habe (S. 262). Nur die erste Möglichkeit ist plausibel, so dass dieser Beleg für fiskalpolitische Initiativrechte des Landtags entfällt. Ansonsten gibt es eindeutige Belege nur aus Lycia, das, wie oben schon vermerkt, einen Sonderfall darstellt, weil Claudius dem bestehenden Koinon teilweise die Weiterführung seiner administrativen Funktionen nach der Provinzialisierung von 43 n. Chr. einräumte.

Als weiteres wirtschaftliches Kompetenzfeld der Landtage wird schließlich die ›Münzprägung der Provinziallandtage‹ behandelt. In der Summe lässt sich hier über Bekanntes kaum hinauskommen. Die Emissionsquantitäten der Koina (nur die östlichen Landtage gaben Münzen aus) waren abhängig von der Höhe der Mitgliedsbeiträge der den Landtag beschickenden Poleis und bewegten sich etwa in der Größenordnung einer größeren Polis der Kaiserzeit (S. 271). Prägeanlässe waren aller Wahrscheinlichkeit dieselben, die auch auf Polisebene galten (Ausrichtung von Festen, Kaiserbesuche, Durchzug von Heeren). Mit Recht stellt die

Autorin daher fest (S. 291), dass die Koinonmünzen »sich nicht entscheidend von städtischen Prägungen abheben«. Es verhält sich also in den Provinzen, die emittierende Landtage hatten, etwa so, als ob noch eine zusätzliche Polis bei besonderen Anlässen Kupfergeld für die zeitweise erhöhte Transaktionstätigkeit auf den Markt brächte. Dass die Landtage eine zusätzliche »finanzielle Ressource« für die Reichsregierung darstellten, ist zwar bedingt richtig, bedeutete aber auf der anderen Seite für die Poliskassen, die den Landtag ja finanzierten, nur eine zusätzliche Ausgabe. Ohne Landtage hätten die Poleis eben den erhöhten Beitrag unmittelbar ausgegeben. Die Aussage: »Auch die Landtage selbst profitierten von diesem System, da sie so ihre Einkommensseite aufbessern konnten« (S. 301), bezieht sich wohl auf die Wechselgebühren, die beim Eintausch von Fremdmünzen gegen die Koinonprägungen fällig wurden (vgl. S. 276). Dabei geht es allerdings nur um einen gewissen Zusatzprofit: Nicht zu vergessen ist, dass der Landtag in seiner Gesamtheit Kostgänger der Poleis beziehungsweise Civitates war und es schon von daher nicht schlecht um seine Einkommensseite bestellt war. Nur geht es bei all dem nicht um »Wirtschaftspolitik« (S. 308), sondern um die Finanzierung einer öffentlichen Institution durch andere nach festen Regeln. Die anschließende Überlegung, die Landtage seien die Emittenten für die nicht prägenden Poleis ihrer Provinz gewesen, bleibt reine und nicht gerade wahrscheinliche Spekulation.

Schließlich fragt die Verfasserin nach dem ›Beitrag der Provinziallandtage zur römischen Provinzialverwaltung‹. Sie verweist in diesem Zusammenhang auf Meilensteine, »auf denen als verantwortliche administrative Einheit die Provinz genannt wird« (S. 303), und schließt aus diesem Befund darauf, dass die Landtage bei der Planung und dem Bau von Straßen mitgewirkt hätten. Bei näherem Hinsehen zeigt sich jedoch, dass in den zitierten Beispieltexten die Provinciae nicht als administrative, sondern als geographische Größe gemeint sind (so CIL VIII, 22009, wo zudem ein Großteil des angeführten Texts ergänzt ist: [… Karthagine usque] ad fines [Numidiae pro]vinciae longa i[ncuria] corruptam a[tque di]labsam resti[tuerunt]). Bei den schließlich angeführten Großspenden einiger asianischer Archiereis für öffentliche Baumaßnahmen (S. 304 f.) handelt es sich um privaten Euergetismus, der ἐν τῷ καιρῷ τῆς ἀρχιερωσύνης praktiziert wurde. Zur offiziellen Aufgabenbeschreibung des Kaiserpriesters oder gar des Koinon gehörten solche Spenden natürlich nicht, auch wenn zu konzedieren ist, dass ein einschlägiger Erwartungsdruck auf den Amtsinhabern lastete, aber das gilt für die meisten hohen Ämter der römischen Antike.

Ob daher, wie die Autorin schreibt, als »zentrales Ergebnis« festgehalten werden kann, dass die Landtage »auch Wirtschaftspolitik betrieben«, ist eher zweifelhaft. Da die Landtage über »einen deutlich größeren und differenzierteren Stab an freien und unfreien Mitarbeitern verfügten, als bisher angenommen«, hätten sie »große Bauprojekte« finanzieren, »religiöse wie weltliche Infrastruktur« unterhalten und die »Münzprägung« mitgestalten können (S. 311). Sofern damit euergetische Stiftungen von Kaiserpriestern oder die Ausgabe von Kupfermünzen anlässlich von Kaiserfesten gemeint sind, war dies auch schon vorher bekannt. Da Edelmann-Singer aber davon ausgeht, dass Infrastruktur- und »Wirtschaftspolitik« zu den Kernaufgaben der Landtage gehörte, sind manche Bedenken angebracht. Der Rezensent bleibt jedenfalls vorerst näher bei der deiningerschen These, dass das im Grunde gar nicht so zahlreiche eigentliche Verwaltungspersonal der Landtage wie Kassenwarte, Justiziare und Grammateis im Wesentlichen dazu diente, die Koina selbst zu verwalten.

Unter dem Strich hat Babett Edelmann-Singer ein interessantes Buch geschrieben. Vor allem ist ihr zugute zu halten, dass sie erkannt hat, dass die Koina und Concilia des Imperium Romanum nach fünfzig Jahren eine monographische Bestandsaufnahme verdienten. Ihre Thesen sind sehr ehrgeizig und, so fürchte ich, verlangen den Quellen mitunter mehr ab, als diese herzugeben bereit sind.

Wuppertal   Armin Eich

Spätantike, frühes Mittelalter und Mittelalter

R[oland] R. R. Smith und Brian Ward-Perkins (Herausgeber), **The Last Statues of Antiquity**. Oxford University Press, Oxford 2016. 448 Seiten mit 184 Schwarzweißabbildungen.

Der hier vorzulegende Sammelband stellt die Abschlusspublikation eines dreijährigen Forschungsprojektes an der Universität Oxford dar. Die dort entwickelte umfassende Datenbank wurde schon vor Veröffentlichung des Buches im Internet frei zugänglich gemacht (http://laststatues.classics.ox.ac.uk). Sie stellt das Herzstück des Forschungsprojekts dar und liefert die Grundlage für die Mehrzahl der Kapitel des Sammelbands, daher seien einige Worte zu ihr erlaubt: Sie enthält die derzeit umfassendste Sammlung an Quellen, die eine neue Statuenstiftung oder eine Wiederaufstellung einer älteren Ehrenstatue in der Spätantike bezeugen. Der zeitliche Rahmen umfasst die Zeit von 284, dem Beginn der Regierungszeit Diokletians, bis zum Jahr 608, dem Zeitpunkt der Errichtung der Phokassäule als Endpunkt antiker Statuenstiftungen. Aufgeführt sind mehr als 870 Porträts beziehungsweise Statuen inklusive Fragmenten davon sowie über 1630 Statueninschriften und zweihundert literarische Belege. Ein Großteil der Einträge wird durch Fotos ergänzt. Sie erlauben leider wegen der fehlenden Vergrößerungsmöglichkeit nur selten eine Beurteilung der bildhauerischen Qualität einzelner Porträts oder gar deren stilistische Einordnung. Leider wurde auch die Möglichkeit versäumt, die Objekte mit anderen epigraphischen Datenbanken oder Bilddatenbanken zu verknüpfen.

Das Buch selbst ist in drei Hauptteile gegliedert, die sich mit spätantiken Statuenstiftungen in unterschiedlichen Regionen (Kapitel 3 bis 9) beziehungsweise in ausgewählten Städten (Kapitel 10 bis 17) und Fragen nach ›Chronology, Honorand, Style‹ (Kapitel 18 bis 23) auseinandersetzen. Das erste Kapitel ›Statue Practice in the Late Roman Empire. Numbers, Costumes, and Style‹ von Roland Smith und das zweite ›Statues at the End of Antiquity. The evidence of the inscribed bases‹ von Brian Ward-Perkins geben einen Überblick über reichsweite Tendenzen. Danach war die Errichtung von Ehrenstatuen im vierten Jahrhundert noch relativ weit verbreitet. Im fünften sei aber ein regelrechter Einbruch dieser Praxis zu verzeichnen (von über eintausendsechshundert auf unter vierhundert Statuen und Basen, S. 3 Abb. 1.2), die mit wenigen Ausnahmen (besonders in Konstantinopel) im sechsten Jahrhundert völlig zum Erliegen komme.

Hier bestätigen sich nun auf umfassender Materialgrundlage Beobachtungen, die nicht zuletzt durch Smiths eigene Forschungen seit Längerem bekannt sind (Journal Roman Stud. 75, 1985, bes. 218 Abb. 1). Diese Materialbasis ermöglicht es aber auch, allgemeine Aussagen zur Gruppe der Stifter und der Geehrten, zur Auswahl des Statuentyps, zu regionalen und chronologischen Entwicklungen, zum Phänomen der Wiederverwendung und zum Stil zu treffen.

Dabei weist Smith zu Recht die Annahme zurück, die Frontalität sei ein Charakteristikum dieser Zeit gewesen, da sie tatsächlich nur an den wenigen Stücken anzutreffen ist. Auch sei die Betonung der Augenpartie kein Ausdruck besonderer Spiritualität der Dargestellten, sondern habe je nach dessen Rolle eine gesonderte Bedeutung: »Local notables see the common good; governors see wrong doing; holy men see gods or god; philosophers see the truth; and emperors see everything.« (S. 25) In der Tat schränkte der Begriff der Spiritualität das Bedeutungsspektrum spätantiker Porträts unnötig ein. Smiths Alternativen sind verlockend, nur hätte man sich gewünscht zu erfahren, auf welcher Quellengrundlage diese Interpretationen beruhen. Ein Hinweis auf andere Medien, beispielsweise auf Münzen, auf denen die kaiserliche Tugend der Providentia durchaus eine Rolle spielt, böte sich an. Auch die zugehörigen Statuenbasen liefern in ihren teils ausführlichen Inschriften Informationen über die Intentionen der Stifter und die den Geehrten zugeschriebenen Eigenschaften, wie Ward-Perkins im darauf folgenden Kapitel unter anderem darlegt: »Emperors […] are described as ›forever Augustus‹ and praised as pious, invincible, and triumphant, while governors are lauded for their wisdom, incorruptibility, and justice.« (S. 32) Er betont darin die deutlichen regionalen Unterschiede: So zeichneten sich Italien, Nordafrika und der Ägäisraum durch das Fortleben der antiken Praxis von Statuenaufstellung aus, wohingegen man auf der iberischen Halbinsel, in Südfrankreich, auf dem nördlichen Balkan, in Ägypten und dem Vorderen Orient schneller davon abkam (S. 37).

Die große Mehrheit der Statueninschriften (etwa achthundert der etwa 1350) wurde zu Ehren von Kaisern und Mitgliedern der kaiserlichen Familie errichtet, gefolgt von Stiftungen für kaiserliche Amtsträger (knapp dreihundertachtzig Inschriften). Statuen für Vertreter einer lokalen Oberschicht rangieren mit rund einhundertdreißig Inschriften auf dem letzten Platz. Als Stifter treten vornehmlich Angehörige der Ordines dignitatum oder der Ordo beziehungsweise die Boule einer Stadt auf.

Im Vergleich zur hohen Kaiserzeit war die Ehrenstatue in der Spätantike also ein mehrfach eingeschränktes Medium: hinsichtlich des Kreises der Geehrten und der Stifter sowie hinsichtlich ihrer regionalen Verteilung. So stammen aus Rom und Italien die meisten Zeugnisse des Fortlebens der Ehrenstatue in der Spätantike, wie Carlos Machado im dritten Kapitel ›Italy‹ aufzeigen kann. Verglichen mit anderen Regionen lässt sich eine relativ hohe Anzahl von Stiftungen zu Ehren von Statthaltern (19,5 Prozent), anderen hohen Amtsträgern (11,4 Prozent) und Mitgliedern der lokalen Elite (15,6 Prozent) feststellen. Doch sind auch hier deutliche regionale Unterschiede zu verzeichnen: Die Anzahl der Statuenmonumente aus Rom und Kampanien als den Stammgebieten der stadtrömischen Aristokratie übertrifft die der übrigen Provinzen bei Weitem. Dass es sich um einen aristokratischen Stifterkreis handelt, erklärt auch in Teilen, warum sich aus den Städten Norditaliens, die sich durch Fortbestehen, teilweise sogar durch Ausbau der urbanen Strukturen auszeichnen, in der absoluten Summe weniger Statuen nachweisen lassen als im Süden. Dafür haben sich im Norden verhältnismäßig häufiger Ehrungen für die Kaiser und seine Familie erhalten als im Süden. Dies sei bedingt durch die Nähe zu den kaiserlichen Residenzen Mailand und Ravenna, aus denen selbst aber überraschend wenige Statuenmonumente überliefert sind.

Die tetrarchische Zeit hat in Italien wie auch in Nordafrika, dessen Ehrenstatuen im vierten Kapitel ›North Africa‹ von Gabriel de Bruyn und Carlos Machado besprochen werden, die meisten Monumente im Untersuchungszeitraum hervorgebracht. Nordafrika zählt mit 359 Basen und zweiundvierzig skulpturalen Zeugnissen zu den an Statuenmonumenten reichsten Regionen des spätrömischen Reichs. Nach einem Rückgang der Denkmäler im Laufe des vierten Jahrhunderts stieg ihre Zahl in valentinianischer Zeit erneut an, ein Umstand, der mit gleichzeitig durchgeführten öffentlichen Bauprojekten in Verbindung stehen mag. Auch hier muss man regional differenzieren: So stammen neun Zehntel der Monumente aus den Provinzen Africa Proconsularis, Tripolitania und Numidia. Dabei wird das Bild durch den Forschungsstand beeinträchtigt: Das großflächig ergrabene Leptis Magna steht mit zweiundneunzig dokumentierten Ehrenstatuen dem archäologisch weit schlechter untersuchten Karthago mit nur zwanzig Zeugnissen gegenüber. Ein Blick auf die Stifter nicht-kaiserlicher Statuen lässt für die Africa Proconsularis eine hohe Beteiligung lokaler Stifter erkennen, wohingegen andernorts kaiserliche Amtsträger verantwortlich zeichneten. Dies erklären die Autoren mit einer stärkeren Sorge der Lokaleliten um ihre »cultural heritage and identity« (S. 67). Warum diese in der fraglichen Provinz so stark ausgeprägt sei, lassen sie aber offen. Das Verschwinden statuarischer Ehrung zu Beginn des fünften Jahrhunderts ist erklärungsbedürftig, wie de Bruyn und Machado einräumen.

Im fünften Kapitel ›Hispania, Gallia, and Raetia‹ liefert Christian Witschel einen Einblick in den »statuary habit« (S. 69) dreier sehr disparater Regionen, nämlich der Iberischen Halbinsel, Galliens und Rätiens. Gegenüber der teilweise sehr geringen Materialbasis von lediglich sechsundfünfzig Statuenbasen für den Untersuchungszeitraum von zweihundert Jahren äußert sich Witschel kritischer als die übrigen Autoren. Dennoch kommt er für Gallien zu dem Schluss, »that the limited evidence of statue bases from late antique Gaul cannot be totally misleading« (S. 77). Die von ihm genannten Fälle von Axima in Nordgallien oder Singili Barba in der Baetica, auf dessen Forum vor Kurzem gleich mehrere spätantike Ehrenstatuen nachgewiesen wurden, mahnen aber dennoch zur Vorsicht. Zu leicht können Neufunde das derzeitig lückenhafte Bild verändern. Die geringe Anzahl an Monumenten begründet Witschel mit einem Bedeutungsverlust der Ehrenstatue als politischem Medium. Eine Erklärung, warum man in der Spätantike anderen Repräsentationsformen den Vorzug gewährte, erhält der Leser nicht.

Das sechste Kapitel ›Danube Provinces and North Balkans‹ nimmt nicht zuletzt wegen der sehr geringen Anzahl statuarischer Denkmäler aus dem Untersuchungsgebiet nur wenige Seiten ein. Gemessen an der Bedeutung des Balkanraumes als Herkunftsgebiet mehrerer Kaiser des späten dritten und vierten Jahrhunderts verblüfft dieser Befund, allerdings war die Praxis der Errichtung von Ehrenstandbildern auch in der hohen Kaiserzeit hier nicht sehr ausgeprägt. Unter den wenigen identifizierbaren Statuenstiftungen sind kaiserliche Monumente in der Mehrheit. Entsprechende Ehrungen für lokale Honoratioren fehlen dagegen völlig. Das Auseinanderklaffen zwischen verhältnismäßig zahlreich erhaltenen rundplastischen Porträts (sechzehn) und wenigen Statuenbasen (neun) in tetrarchischer Zeit erklären Ulrich Gehn und Brian Ward-Perkins durch eine mögliche Aufstellung im privaten Raum. Die Porträts gehörten demnach zu Büsten, die nur selten eine Inschrift trugen.

Dem im anschließenden siebten Kapitel ›Greek Mainland and Islands‹ besprochenen griechischen Festland sowie der Inselwelt der Ägäis einschließlich Kretas bescheinigt Gehn eine traditionell hohe Zahl an Ehrenstatuen, die aus der bis in die Spätantike blühenden Poliskultur resultiere. Dieser »civic conservatism« (S. 94) drücke sich ferner in vergleichsweise vielen Himationstatuen aus. Neben den Provinzhauptstädten Korinth und Gortyn stechen Athen und die Provinz Achaia mit zahlreichen statuarischen Denkmälern heraus. Die statuarischen und epigraphischen Zeugnisse kontrastieren dabei auffallend. So sprechen die Inschriften für ein Verschwinden der Ehrenstatuen im späten fünften Jahrhundert. Dem steht zum Beispiel eine Gruppe Chlamysstatuen aus Korinth gegenüber, die anhand stilistischer Kriterien in justinianische Zeit datiert wird. Hier ist Gehns kritische Haltung gegenüber der Datierung anhand des Stils zu begrüßen; umso mehr verwundert es, dass er sich im Fall einer Büste aus Athen (LSA 142) zu einer präzisen Datierung um 400 hinreißen lässt. Das Stück liefert für eine so genaue zeitliche Einordnung keine ausreichenden Anhaltspunkte und ist grob in das fünfte Jahrhundert einzuordnen (M. Kovacs, Kaiser, Senatoren und Gelehrte. Untersuchungen zum spätantiken männlichen Privatporträt [Wiesbaden 2014] 177 f.).

Aus Kleinasien sind mehr spätantike Statuen und Basen erhalten als aus den übrigen Reichsteilen. Diese Monumente werden im achten Kapitel ›Asia Minor‹ von Julia Lenaghan mit einem Schwerpunkt auf der erhaltenen Skulptur vorgestellt. Leider kommt die Autorin kaum über eine Bestandsaufnahme hinaus, so dass bei wichtigen Beobachtungen, wie der Vorliebe für stilisierte Porträts im theodosianischen Ephesos, die Interpretation dem Leser überlassen bleibt. Qualität und Quantität der Statuenmonumente aus dem spätantiken Kleinasien betont Lenaghan mehrfach; eine statistische und chronologische Auswertung bleibt leider aus.

Die Regionalstudien enden mit dem neunten Kapitel ›Egypt, the Near East, and Cyprus‹, das ungefähr das Gebiet der antiken Diözese Oriens umfasst und schon in der hohen Kaiserzeit – gemessen an der Blüte seiner urbanen Zentren – wenige Ehrenstatuen hervorgebracht hat. Dies ändert sich auch in der Spätantike nicht, einer »period […] of general prosperity in Oriens« (S. 109). Die Mehrzahl spätantiker Ehrenstatuen wurde hier auch nicht von Polisorganen, sondern von kaiserlichen Amtsträgern, und zwar vornehmlich in tetrarchischer Zeit zu Ehren des Kaiserhauses gestiftet. In Ägypten machen sie mehr als zwei Drittel aus, die meisten davon in Porphyr (S. 113 f.). Die geringe Anzahl, die eine statistische Auswertung erschwert, nutzen Ward-Perkins und Gehn, um schließlich Fallbeispiele etwas ausführlicher zu besprechen, wie die durch ihren militärischen Kontext außergewöhnlichen kaiserlichen Ehrenstatuen aus dem Lager in Theben.

An die Regionalstudien schließen sich Beiträge zu den Städten Rom, Konstantinopel, Aphrodisias, Ephesus, Korinth, Athen, Leptis Magna und Gortyn an, auf die hier nur kursorisch eingegangen werden kann. In den sieben Kapiteln erhält der Leser einen Überblick zum lokalen »statue habit« der Städte. Einzig das siebzehnte Kapitel fällt hier aus der Reihe, denn Francesca Bigi und Ignazio Tantillo besprechen darin letztlich nur die Statuen aus dem Prätorium in Gortyn. Die untersuchten Städte unterschieden sich teils stark in der Anzahl und in der Qualität der Zeugnisse: So sind aus Konstantinopel mehrheitlich literarische Nachweise von spätantiken Statuenmonumenten erhalten, wohingegen Aphrodisias mit an die sechzig Statuen ganz andere Fragestellungen erlaubt. Für den spätantiken Besucher der Städte, so das Urteil mehrerer Autoren, war der Rückgang der Bildnismonumente weit weniger deutlich, da ältere Monumente lediglich neue Porträts erhielten oder wie in Aphrodisias Neuschöpfungen neben älteren Statuen das traditionelle Bild des sog. öffentlichen Raumes weiter prägten. Im vierzehnten Kapitel ›Corinth‹ vermisst man die Angabe absoluter Zahlen zu den dort gefundenen Monumenten, ferner zeigt LSA 73 einen Mann mit gepicktem Bart, nicht wie angegeben »cleanshaven« (S. 183). (Auch LSA 1081 [nicht aus Korinth] ist keineswegs bartlos: Der Porträtierte trägt lange Koteletten und einen Oberlippenbart.)

Das achtzehnte Kapitel ›Third Century, from Alexander Severus to Carinus‹ präsentiert in Auszügen die Ergebnisse der Dissertation der Autorin Silja K. M. Spranger; es ist chronologisch dem eigentlichen Untersuchungszeitraum vorgelagert und bindet deshalb und aufgrund des Schwerpunkts auf kaiserliche Ehrenstatuen weniger gut in die Struktur des Sammelbands ein. Die Einzelbeobachtungen, wie etwa das sehr schnelle Reagieren auf Regierungswechsel durch Statuenaufstellungen in den Provinzen (S. 235), machen gespannt auf die Publikation der Doktorarbeit.

Auch wenn das neunzehnte Kapitel ›Provincial Governors and Senatorial Officeholders‹ weitgehend Ergebnisse eines älteren Beitrags von Marietta Horster (Antiqu. tardive 6, 1998, 37 ff.) aufgreift, hat es seine Berechtigung. So nimmt es stärker als es in den übrigen Kapiteln möglich ist, die Aussagekraft der Inschriftentexte in den Blick und liefert so Beweggründe für die Errichtung von Statuen, stellt die Frage nach dem Aufstellungsort, den Geldgebern und dem Prozess der Statuenstiftung.

Das zwanzigste Kapitel ›Women‹ widmet sich dem Frauenporträt am Ausgang der Antike, das bis zur Mitte des fünften Jahrhunderts weiterhin für Privatpersonen und Mitglieder des Kaiserhauses geschaffen wurde. Das Verhältnis der beiden Gruppen zueinander thematisiert Kathrin Schade hinsichtlich der Bildnisbotschaft. Besonders das Privatporträt blieb lange Zeit traditionellen weiblichen Tugenden verhaftet. Das Bildnis der Kaiserin wurde aber in Tracht und Attributen dem des Kaisers angeglichen (S. 256). Seit dem Konzil von Ephesos war das weibliche Idealbild zusehends vom Bild der Gottesmutter geprägt. Leider blieb eine statistische Auswertung der Geehrten und der Stifter aus.

Der kleinen Gruppe von Porträts zeitgenössischer und historischer Philosophen, Dichter, Redner und Schriftsteller widmet sich Julia Lenaghan im einundzwanzigsten Kapitel ›Cultural Heroes‹. Demnach waren Intellektuellenbildnisse in der Spätantike wie zuvor vorrangig im privaten Kontext anzutreffen. Den bekannten Porträttypen wie dem des Menander folgten sie nur noch in groben Zügen. Daneben entstanden auch Neuschöpfungen, deren Benennung unmöglich ist.

Das nächste Kapitel ›Re-use in 4th-c. Portrait Statues‹ liefert eine katalogartige Zusammenstellung von siebzehn anhand äußerer Kriterien datierbaren Ehrenstatuen, teilweise mit erhaltenen Köpfen. Die Liste überrascht angesichts des Kapiteltitels, da in ihr auch die beiden theodosianischen Kaiserstatuen aus Aphrodisias aufgenommen wurden, die – worauf Lenaghan selbst hinweist – spätantike Neuschöpfungen sind. Sie markieren das Aufkommen von Bildnissen in spätantiker Togatracht beziehungsweise Chlamys im fünften Jahrhundert, wohingegen im vierten die traditionelle Togaform, das Himation und die Panzerstatue weiterhin den

Geschmack der Zeit trafen. Die Fallbeispiele bestätigen die spätantike Praxis der Wiederverwendung älterer Standbilder und erklären so die hohe Anzahl spätantiker Porträts ohne zeitgenössischen Statuenkörper oder entsprechende Büste. Der spannende Aspekt der Wiederverwendung älteren Skulpturenschmucks, zum Beispiel von Nymphäen, wurde durch den Schwerpunkt auf Ehrenstatuen leider ausgeklammert (vgl. T. M. Kristensen / L. Stirling [Hrsg.], The Afterlife of Greek and Roman Sculpture. Late Antique Responses and Practices [Ann Arbor 2016]).

Schließlich erhält der Leser im dreiundzwanzigsten Kapitel ›Portrait Styles‹ eine gut lesbare Einführung zur stilistischen Entwicklung des spätantiken Porträts und die damit verbundenen (besonders chronologischen) Schwierigkeiten. Dem Fehlen eines Zeitgesichts und dem Umstand, dass Kaiserdarstellung und Privatporträt in der Spätantike zwei unabhängige Bildkategorien darstellen, begegnen Marianne Bergmann und Martin Kovacs, indem sie die Bildnisse seit theodosianischer Zeit, soweit möglich, ikonographischen Gruppen zuordnen. Diese werden anschließend auf allgemeine, also nicht regionale Eigenheiten wiedergebende Charakteristika untersucht, mittels derer eine Vorstellung vom verlorenen Konstantinopolitaner Repertoire zu erahnen sei. Die Darstellung endet mit einer herausstechenden Gruppe von Köpfen aus Athen, die sich nicht durch ihren Typus, sondern rein stilistisch verbinden lassen.

Im vierundzwanzigsten Kapitel ›The End of the Statue Habit, AD 284–620‹ versucht Ward-Perkins, die bis heute nicht befriedigend beantwortete Frage nach den Gründen für das Verschwinden der Ehrenstatue vor dem Hintergrund des vorgelegten Materials erneut zu lösen. Diese sieht er besonders im politischen Bedeutungsverlust der Städte; daneben mag auch das Christentum mit seiner eher ablehnenden Haltung gegenüber rundplastischen Bildnissen den Rückgang ebenso befördert haben wie die restriktive kaiserliche Gesetzgebung. Letztere schränkte jedoch, wie der Autor anmerkt, ausschließlich die Stiftung von Statuen für Privatpersonen ein. Auch ein Verlust an handwerklichem Können mag eine freilich untergeordnete Rolle im Rückgang der Statuenstiftungen gespielt haben. Einzig im Falle Unteritaliens lasse sich der Untergang mit einem konkreten historischen Ereignis in Verbindung bringen, dem Eindringen der Westgoten unter Alarich. Insgesamt überrascht, dass auf eine Verlagerung der Selbstdarstellung in andere Medien, die sonst in diesem Zusammenhang häufig und zu Recht angeführt wird, so gut wie nicht eingegangen wird.

Es schließt sich eine Konkordanztabelle an, ein ausführlicher Index erleichtert den Zugang zusätzlich. Die Tabelle nennt zu allen Einträgen der Datenbank die Art des Objekts, Name oder Kategorie des Geehrten, Aufstellungs-, Fund- und Aufbewahrungsort, Datierung und die maßgebliche Publikation. In den meisten Kapiteln bieten zahlreiche Diagramme einen schnellen statistischen Überblick, hätten aber noch vereinheitlicht werden können. Einzig das fünfte Kapitel unterscheidet sich darin, dass hier bedingt durch die geringe Anzahl von Denkmälern Tabellen mit absoluten Zahlen der Vorzug gegeben wurde. Diese Form der Visualisierung wäre sicher auch für andere Regionen mit ähnlich geringer Stückzahl sinnvoll gewesen. Mitunter vermisst man eine kritischere Position gegenüber der Aussagekraft derartiger Statistiken, wie sie Christian Witschel in seinem Beitrag formuliert (S. 75).

Der Band erweist sich als sorgfältig redigiert. Lediglich auf dem Plan von Ephesos (S. 167), der die Aufstellungsorte von Statuen anzeigt, wurden die Scholastikiathermen versehentlich nicht grau eingefärbt. Zahllose Abbildungen, deren Qualität im Einzelfall den Porträtspezialisten sicher nicht zufriedenstellen wird, erleichtern die Lektüre. Hierzu sollte auch die Datenbank herangezogen werden, da auf bibliographische Angaben zu einzelnen Stücken in den Fußnoten leider verzichtet wurde. Im Netz finden sich immerhin die wichtigsten unter »main reference« aufgeführt.

Die vorgebrachten marginalen Kritikpunkte schmälern keineswegs den enormen wissenschaftlichen Wert des Sammelbandes, der auf lange Zeit eines der wichtigsten Standardwerke für jeden bleiben dürfte, der sich in Zukunft mit spätantiken Ehrenstatuen auseinandersetzen wird.

Regensburg   Markus Löx

Stephan Westphalen, Nuşin Asgari, Akif M. Işın, Önder Öztürk, Beate Böhlendorf-Arslan, F. Arzu Demirel et Jürgen J. Rasch, **Die Basilika am Kalekapı in Herakleia Perinthos.** Bericht über die Ausgrabungen von 1992 [bis] 2010 in Marmara Ereğlisi. Istanbuler Forschungen, tome 55. Éditeur Ernst Wasmuth, Tübingen 2016. VII et 245 pages, 335 figures, 4 planches.

Dans le rapport qui m'a été demandé sur l'état et les perspectives de recherche dans le domaine de l'archéologie byzantine au Congrès international d'études byzantines de Belgrade, je regrettais que seulement un petit nombre de basiliques paléochrétiennes aient reçu une publication définitive. C'est avec d'autant plus de plaisir que je rends compte de ce livre, fruit d'une coopération germano-turque et qui est bien une publication définitive, bien qu'il se présente sous la forme d'un rapport. L'avant-propos rend clair que ce titre indique que, dans l'esprit des auteurs, la fouille du secteur n'est pas terminée, mais la publication de la basilique elle-même peut être considérée comme définitive, même si la fouille n'a guère pu progresser sous le niveau du sol de la basilique pour des raisons sans doute contraignantes, mais qui ne sont pas explicitées. Reste inconnu l'Ouest de l'atrium qui est s'étend sous une rue importante. Il faut néanmoins se féliciter qu'une fouille aussi étendue d'un monument paléochrétien ait pu être menée dans un contexte urbain. Cette basilique se trouve à Ereğli, l'ancienne Herakleia

Perinthos (même si les lecteurs spécialistes auront situé cette ville sans hésitation, une carte à petite échelle montrant explicitement sa proximité avec Constantinople aurait été la bienvenue; ajoutons un autre petit détail: les niveaux des murs, etc., sont indiqués avec l'abréviation NN, certainement familière aux lecteurs allemands, mais peut-être pas aux autres, et qui est utilisée ici pour indiquer le niveau de la mer).

Le livre, bien illustré, en particulier avec des plans très précis sous forme de dépliants, est structuré de manière à la fois classique et claire. Un premier chapitre est consacré aux fouilles proprement dites. Il rappelle le déroulement des campagnes, une première phase en 1992–1993 et une deuxième de 2006 à 2010 et donne un bref rappel des conclusions chronologiques auxquelles les fouilleurs sont arrivés. Comme il n'y a eu guère de sondage en profondeur, l'évolution de la zone a été suivie depuis la construction de la basilique au cinquième siècle, puis sa destruction sans doute vers la fin du sixième siècle qu'il ne faut pas nécessairement mettre en relation avec le raid avar de 591, dont il n'est pas établi qu'il ait entraîné des destructions intra muros. Son emplacement a ensuite été utilisé comme cimetière, utilisation accompagnée de la construction d'une chapelle au sud-ouest. Cette situation se prolonge jusqu'au treizième siècle; la zone est ensuite abandonnée et ne connaît une réoccupation par des constructions qu'à une époque très récente.

Un second chapitre est consacré à ce qui, de l'environnement de la basilique est déjà fouillé ou connu, d'abord le rempart, qui n'a pas encore été étudié dans son ensemble. Les observations sur le segment au Nord de la basilique suggèrent une construction au cinquième siècle, essentiellement en raison de l'appareil très proche de celui des remparts de Constantinople. Plus étonnante est la présence d'un petit portique, dans une partie de l'espace assez étroit (guère plus de six mètres, semble-t-il, à l'emplacement du portique) entre la basilique et le rempart. Sa construction est postérieure à celle de la basilique, mais antérieure à sa destruction.

Un long chapitre est ensuite consacré à la basilique elle-même, une basilique classique à trois nefs avec une abside demi-circulaire, proche de monuments constantinopolitains, en particulier de Saint-Jean-Stoudios. Il commence par une étude métrologique, due à Jürgen Rasch (p. 26–32) et qui repose sur des mesures très précises faites sur le terrain, mais qui, en particulier en raison des conditions de conservation, n'ont pas pu être exhaustives. L'auteur parle d'importantes inexactitudes dans l'exécution sur le terrain par rapport aux dimensions théoriques attendues. Mais il note, sur la longueur des nefs latérales, une variation de 26 centimètres, ce qui est même inférieur à l'écart de 46 centimètres entre les colonnades Nord et Sud mesuré à Saint-Démétrius de Thessalonique et ne doit sans doute pas être considéré comme exceptionnel. L'auteur en conclut à un pied byzantin de 0,3175 mètres qui lui semble grand par rapport au pied le plus souvent reconnu dont la plus grande taille semble être de 0,315. J'avoue être un peu sceptique sur cette comparaison et ne crois guère qu'une différence de 2,5 millimètres puisse être considérée comme significative, d'autant plus qu'un pied de 32 centimètres est aussi bien attesté. Il propose une équivalence en pieds des dimensions relevées, qui donne quatre-vingt pieds pour la longueur des nefs, 164 pour la longueur totale de l'édifice, quinze de largeur pour chaque nef latérale. Il propose aussi une restitution de la colonnade dans la nef centrale en proposant d'y placer sept colonnes séparées par un entrecolonnement de dix pieds et un quart (réduit à neuf pieds et un quart pour l'espace entre respectivement la première et la dernière colonne et les antes qui leur font face). En fait, cette solution est dictée par l'emplacement des colonnes à Saint-Jean Stoudios, rapprochement qui effectivement semble s'imposer, compte-tenu des ressemblances entre les deux basiliques. Ce qui me paraît manquer dans ces propositions est l'élément intermédiaire qui permettrait facilement la mise en place pratique de ces éléments et qui est évidemment supérieur à un pied. J'avais introduit, en étudiant Saint-Démétrius de Thessalonique, la notion de module qui permettait de rendre compte, avec un module de huit pieds, correspondant à l'entrecolonnement, de ses principales dimensions. Il me semble qu'une réflexion dans cette direction pourrait être faite, mais que, contrairement à l'exemple de Saint-Démétrius, ce n'est pas l'entrecolonnement qui paraît donner cet élément.

La suite de ce chapitre est une description très classique et très précise des vestiges trouvés, fondations et murs où sont soulignées les ressemblances constantinopolitaines déjà évoquées, les briques estampées dont la provenance précise n'est pas toujours assurée et qui sont comparées à celles recensées par Jonathan Bardill pour Constantinople. Vient ensuite une proposition de restitution de l'atrium à quatre portiques, avec des plaques de chancel entre les colonnes. En fait le portique Est est considéré comme étant le narthex malgré sa large ouverture vers l'atrium. Il est effectivement bien plus ouvert vers l'atrium que vers le naos. Celui-ci est rapidement décrit: aussi bien son pavement de marbre que les stylobates ont disparu.

Le décor architectural est pauvrement conservé, quelques bases, quelques chapiteaux, corinthiens et ioniques, des impostes, souvent dans un état très fragmentaire. Aussi bien la pauvreté des fragments que les provenances incertaines ont dissuadé les auteurs de proposer des attributions. On peut sans doute regretter que la présence de tribunes, qui peut être déduite de celle de chapiteaux ioniques à imposte ne soit mentionnée que très fugitivement dans le chapitre de conclusion sur la basilique (p. 113). Les aménagements liturgiques sont encore plus pauvrement conservés. Un fragment d'ambon avec un décor de paon donne quand même une indication importante. On trouve (p. 57–77) un catalogue de ces fragments. Le décor pariétal est, comme il faut s'y attendre, très pauvrement conservé, mais ses vestiges (p. 78–86) permettent d'en voir la richesse et la variété: revêtements de marbre, frises de marbre et de stuc peint, mosaïques pariétales en tout cas au-dessus des colonnades bordant la nef centrale, peintures.

Mais le décor le mieux conservé, en particulier dans les nefs latérales, est constitué par des mosaïques de pavement qui s'étendaient primitivement sur 540 mètres carrés et dont quatre cents mètres carrés sont conservés (p. 86–220). Cette découverte est particulièrement importante, compte tenu de l'absence de pavements constantinopolitains comparables. Elles sont bien décrites et illustrées. Les auteurs notent (p. 110), que la richesse et la variété des motifs fait penser à une datation au sixième siècle, mais que le contexte général suppose plutôt une date dans la seconde moitié du cinquième siècle. Notons quand-même que les indices en faveur du cinquième siècle sont relativement ténus, essentiellement la proximité du parement du rempart avec celui de Constantinople et la ressemblance avec Saint-Jean Stoudios. Un indice supplémentaire pourrait être l'absence de tout fragment de chapiteaux caractéristiques du sixième siècle. On attire aussi à juste titre l'attention sur les différences avec Saint-Jean: l'abside semi-circulaire et la présence dans la nef comme dans l'atrium d'arcades et non d'une architrave comme dans la basilique constantinopolitaine. Un petit doute sur la datation me semble donc possible.

Une courte partie (p. 116–122) est ensuite consacrée à la chapelle construite à l'emplacement du portique sud de l'atrium après la destruction de la basilique, dont la cause reste inconnue, et en relation avec le cimetière qui va se développer sur l'emplacement de la basilique. On notera en particulier qu'au dixième ou au onzième siècle, cette chapelle reçoit un nouveau pavement caractéristique de cette période.

Aux résultats de la fouille du cimetière sont consacrées quelques pages (p. 123–144). Après une présentation de la typologie des tombes – les ensevelissements semblent avoir commencé rapidement après la destruction de la basilique et durent jusqu'au onzième ou douzième siècles – ce sont surtout les vestiges humains qui sont analysés de manière très précise par F. Arzu Demirel (p. 130–144). Quelques conclusions peuvent en être tirées: une grande proportion d'individus décédés entre vingt et trente-quatre ans, fait qui semble confirmé sur d'autres sites, un régime alimentaire avec, apparemment, quelques périodes de malnutrition. Mais il est clair que les cinquante-six tombes fouillées réparties sur plus de cinq siècles ne permettent pas de considérer que cette population forme un ensemble homogène.

Enfin, un dernier et long chapitre, dû à Beate Böhlendorf-Arslan, publie le matériel trouvé dans la fouille, céramique essentiellement (p. 146–193). Celle-ci est décrite avec beaucoup de détails et de précision et illustrée, pour la céramique glaçurée, par des photographies en couleur, ce qui est essentiel pour ce type de production. Avec quelques exceptions, il s'agit de petits fragments de pieds ou de bord, allant de l'antiquité tardive au treizième siècle et correspondant pour l'essentiel à des productions bien connues. Par ailleurs on trouve, dans ce catalogue de petits objets métalliques, du verre, des bijoux (essentiellement des bagues en verre), des croix et cinq monnaies seulement, très corrodées. La mieux conservée est un follis de Romain I (920–944), une autre, peut-être un follis de Constantin x (1059–1067); une dernière pourrait être un follis d'Isaac I Comnène (1057-1059).

En conclusion, il convient de féliciter les auteurs pour cette publication qui, par certains aspects, se présentait comme ingrate. Elle permet la connaissance précise d'une basilique dans une zone où la documentation sur les monuments paléochrétiens est rare. De ce point de vue le remarquable pavement de mosaïques a une grande importance et sera certainement souvent cité. On notera aussi le caractère très complet de la publication grâce à la riche documentation sur toutes les trouvailles faites durant cette fouille.

Fribourg (Suisse)   Jean-Michel Spieser

Dietrich Willers and Bettina Niekamp, **Der Dionysosbehang der Abegg-Stiftung**. Riggisberger Berichte, volume 20. Abegg-Stiftung, Riggisberg 2015. 269 pages, 12 line-drawings (as text figures), 188 text figures in colour, 32 colour plates.

No classical archaeologist visiting the Abegg-Stiftung in Riggisberg, Bern, for the first time and coming unexpectedly upon the Dionysus Hanging can fail to be astounded: not only is its scale monumental, but it is Roman art in a completely unfamiliar form and context. Measuring over eight metres long and two metres high, the ›Dionysosbehang‹ is the largest wall-hanging to survive from antiquity. Mounted vertically in the exhibition it has enormous visual impact.

The many fragments large and small that make up the hanging were acquired by the Abegg-Stiftung on the German art-market in 1986 at the instigation of Mechthild Flury-Lemberg, the Foundation's redoubtable head of conservation, who recognised the fragments' significance, led the team that conserved them, and in 1988 published the first interim report on the hanging with an initial attempt to reassemble the pieces in their original order for exhibition purposes. Sabine Schrenk published a longer account of the hanging in 2004 in her catalogue of the ancient textiles in the Abegg-Stiftung's collection.

The volume under review, based on two decades of research, is intended to be a definitive, all-embracing account of the Dionysus Hanging written by an art-historian, a conservator and a textile analyst. It falls into three sections: the iconography of the hanging and its interpretation by Dietrich Willers, its restoration and conservation by Mechthild Flury-Lemberg (with additions by Bettina Niekamp), and a textile-technical report by Bettina Niekamp. The order of treatment is deliberate, following the house-style of Abegg-Stiftung publications: it reflects what might be expected to be the primary focus of the general reader, narrowing to the particular interests of the specialist. The sections are largely independent of one another, but the approach of the art-historian and the art-collector sets the tone throughout. A textile archaeologist might wish to read the book in the reverse order. He or she would certainly observe regretfully that while there are scales on some of the line-drawings, there are none on any of the plates, nor are any dimensions given in the captions.

As an archaeological textile, the Dionysus Hanging may be characterised as follows: the warp was of S-spun flax yarn, at a count of twenty-four to twenty-five threads per centimetre, originally over eight metres in length. The tabby ground weft, also of S-spun flax yarn, has a count of ten to fourteen threads per centimetre, self-bands in specific circumstances, and a length of about two metres. No original edges are preserved. The decoration is of (Gobelin) tapestry inserts within the linen ground weave, woven in many colours, blends of colour and subtle combinations of S-spun wool yarn (twenty-eight to forty-eight per centimetre) supplemented occasionally by weft threads in flax. Two types of warp crossing (croisage, Kettfadenverkreuzung) are present in the tapestry decoration, accompanied by some floating warp on the reverse of the textile. ›Flying thread‹ in flax and wool is used sparingly for surface enhancement. The tapestry figures and columns were woven horizontally from the weavers' perspective. Damaged areas in the cloth had been repaired in antiquity. A radiocarbon date of cal. AD 260–530 (95,4 percent probability) was obtained in 2014 (p. 243), while stylistic criteria suggest a Constantinian date for manufacture.

Consideration of the interpretation and significance of the Dionysosbehang as a work of art (»Bild und Deutung«) was entrusted to Dietrich Willers, an eminent historian of ancient art who has long been concerned with the hanging. His discussion is at once comprehensive and authoritative, resting on an impressive grasp of the multifarious relevant sources. Here, and throughout the volume, copious footnotes support and streamline the main narrative. His quotation and reproduction of so many images of comparanda is particularly welcome.

Willers' prefatory remarks (pp. 7–13) draw attention inter alia to the exceptional scale of the hanging (but the actual dimensions are not quoted until p. 149!) and to representations of wall hangings in classical art, principally in wall paintings and relief sculpture. The focus then shifts to what the Dionysus Hanging depicts, a series of eight (arguably once nine) standing figures within an arcade constructed of columns linked by arches, both variously ornamented.

The first attempt to work out the original arrangement of the many surviving textile fragments began under Mechthild Flury-Lemberg, and several revised schemes have been proposed since. It is agreed that the hanging shows Dionysus and his followers (his thiasos), a well-known theme in classical art since the sixth century B. C. and particularly popular in late antiquity in the form shown on the Abegg-Stiftung's hanging. Dionysus occupies the central position, flanked on his right by his companion Ariadne and on his left by a satyr, each with their characteristic attributes. Here, and as the discussion unfolds, the reader will need constant recourse to plate 1, a helpful outline drawing of the ensemble (with columns and figures individually lettered for reference), plate 2, a photographic reproduction of the same spread, and the individual plates that follow.

The last surviving figure on the viewer's right, next to the satyr, is a maenad – and beyond her a truncated vault from which the figure is missing. The three figures at the far left of the hanging, however, are singled out by Willers for special treatment. The ›monosandalos‹ (›girl with one sandal‹, Dionysus' childhood nurse) posed next to Pan looks odd: the placing of her bare right leg outside her ankle-length tunic defies logic, an echo perhaps of a much earlier misunderstood image.

The clothing of the outermost figure, identified as Silenus, is likewise problematic. The broad dark band running centrally down the front of his body garment does not logically follow the folds of the cloth. Willers thinks that it was meant to show the Persian sleeved riding coat, which has a frontal opening; but the riding coat was usually longer, rarely worn girt, and lacked the tapestry patch and narrow band (clavus) visible on Silenus' garment. Besides, Silenus already carries a cloak on his left shoulder and arm. The curious bicolour rendering of Silenus' long trousers, when compared with those of the Silenus of a second hanging fragment in the Abegg-Stiftung (inv. 5438), may be a garbled attempt to show the tapestry-woven bands on Partho-Persian trousers – as at Palmyra – and could lead to the suggestion that the ›riding coat‹ might in fact be the Palmyrene style of tunic with wide vertical frontal band (as Sabine Schrenk noted in her 2004 catalogue). But that, too, did not have the Roman-style shoulder tapestry decoration! No blame should attach to the weaver for these ›misunderstandings‹; transmission of an unfamiliar image over time brings increasing obscurity. The impression of a generically oriental costume is achieved notwithstanding.

The third enigmatic figure is an apparent intruder into the thiasos: a mortal woman clad in a dalmatic with wide purple-and-gold clavi, by common consent seen as a symbolic initiate into the Dionysiac mysteries. Thoughts that she might be a real person are – sadly, but rightly – dismissed by Willers.

Willers considers some of the broader questions which the hanging raises. In addition to the Dionysosbehang, the Abegg-Stiftung possesses parts of two more hangings – a Silenus (inv. 5438) and an ornamental fragment showing a column (inv. 5422), which may be claimed as ›replicas‹, copies of a common archetype, which (as Bettina Niekamp points out later) share common technical as well as iconographic features. Their role as wall-hangings is accepted without query; but the evidence in favour of that assumption is only advanced in Bettina Niekamp's discussion (pp. 174 s.) of the floating threads which mark the reverse of the textile.

Where was the Dionysus Hanging displayed? In what kind of private or public building? Willers favours its exhibition in a space dedicated to the Dionysiac cult. (There might be a Christian parallel: the wall-painting – a wall-hanging substitute? – showing an arcade peopled with orantes in oriental tunics that adorned the fourth-century Christian house-chapel at Lullingstone in Kent.)

Three further topics remain to be addressed: Where was the Dionysus Hanging found? Where was it made? When was it made?

The extensive pillaging for the art and curiosities market of the Christian cemeteries around the town of Achmim (Panopolis) in Middle Egypt (1880–1894) to supply the art and curiosities market makes ›Achmim‹ an obvious dealers' choice of label for otherwise unprovenanced ›Coptic‹ textiles. But Willers, by reference to comparable hanging fragments with better attested origins in other collections, makes an attractive case for Achmim being the actual findspot of the Dionysus Hanging. Niekamp notes that the rarely attested combination of Type IV and Type VII warp crossing in the Dionysus Hanging is paralleled in textiles ›from Achmim‹ now in Vienna (p. 172). A tiny scrap of weft-faced compound twill (the so-called Marienseide) was discovered during conservation in the Abegg-Stiftung still adhering to the hanging. Assuming that the silk was the residue of the clothing of the deceased and the hanging the outer wrapping, a funerary findspot seems assured.

The search for a production centre for the hanging leads discussion up several culs-de-sac, and Willers, sensibly, leaves the question open. He notes that the cramped urban weaver's workshops revealed by the papyri are quite inappropriate. Given the distribution of findspots of textiles with the same or similar characteristics to the Dionysus Hanging in Egypt, however, there is no reason to seek a source beyond Egypt's borders.

The generous timespan of A.D. 260 to 530 offered by the 2014 radiocarbon determination for the harvesting of the fibres making up the Dionysus Hanging may be narrowed (Willers believes) by reference to iconographic criteria which point to a date in the second quarter of the fourth century. The associated fragment of silk, however, is stylistically dated to the second half of the fourth century or first half of the fifth. This suggests that the hanging could have been on display during the mid to latter part of the fourth century at least.

The direct link between the ›Marienseide‹ fragment with the Dionysus Hanging provokes Willers into examining the position of pagan art in an increasingly Christian world and revisiting the poetry of Nonnos of Panopolis for (not much) enlightenment. Willers muses that the wealthy pagan Gesios of Panopolis, the bête noir of the rabid and voluble Christian monk Shenute, may have been just the kind of prominent figure to have owned and housed the Dionysosbehang. It is a very attractive scenario!

Between the art-historical appraisal and the textile-technical report on the hanging is a short section on its conservation, largely reproducing Mechthild Flury-Lemberg's published account of 1988, but with a supplement from Bettina Niekamp. It documents, not so much the conservation methodology, as Flury-Lemberg's struggle to arrange the extant fragments in a meaningful order for exhibition. Mounted behind glass, her arrangement as seen today can unfortunately not be revised to reflect the revisions of Schrenk and Willers without risking harm.

In 2004 the Abegg-Stiftung purchased a fragment depicting an ornamental column (inv. 5422, see above) and in 2005 pieces of a cloth with Silenus in an architectural framework (inv. 5438) in the belief that as possible replicas they belonged to the same workshop milieu as the Dionysus Hanging, a hypothesis not challenged by the radiocarbon dates obtained. Bettina Niekamp presents here the first technical report on them.

Description and discussion of the archaeology of the Dionysus Hanging hold centre stage for the first time in Niekamp's two following chapters, entitled respectively ›Textile Technical Observations‹ and ›Notes on the Production Process and Formation‹. Her work is outstanding, exploring new avenues of research as well as following familiar ones. Her footnotes reveal the breadth of her reading, the extent of her fieldwork, and the fruitful personal contacts she has made with the experts on specific technical matters. In a short compass it is impossible to do justice to all the observations she makes, and the reviewer has to be content with commenting on a few of the core themes.

Given a (presumably uninterrupted) warp length of at least eight metres and weft length of 197 centimetres, weaving the Dionysus Hanging was an unusually demanding task for a team of highly experienced weavers. Niekamp posits the use of a two-beam vertical loom with a facility for storing bare warp under tension, perhaps along the lines documented in early modern Iran; but she does not mention the problem of storing an even greater quantity of freshly woven cloth. Wisely she refrains from pressing the issue of loom structure any further.

To enable the weaver to beat up the weft in a tapestry insert as densely as possible for optimal colour impact, the number of working units of warp had to be reduced. For this purpose, when the point of insertion was reached, the even-numbered and odd-numbered warp threads were divided into two separate warp sheets, and the warps in each warp sheet were gathered into a series of bundles. At the point of division between the warp sheets, crossing of adjacent warp threads took place. Weavers developed a variety of ways of reducing the number of crossed warp threads and pushed much of the excess warp to the back, to float loose behind the inserted tapestry weft. Regina Knaller identified ten types of warp crossing in 2004, but the weavers of the Dionysus Hanging employed only two of them (Types IV and VII) – which was an uncommon combination. Thanks to the warp grouping and prompted by De Jonghe's 1983 analyses, Niekamp was able to demonstrate the direction in which the tapestry weavers worked (pp. 180 s.). Once the shed for the tapestry insert has been opened, the first few weft shots are of multiple, followed by a few single, linen threads before the first wool weft is inserted. The corresponding ›shadow‹ at the other side of the tapestry, just before the pattern rod is withdrawn, was only of single linen threads. (For clarification a schematic drawing to illustrate this feature would have been helpful.)

In wall-painting it was not technically difficult to achieve finely nuanced colour gradation, for example to render three-dimensional flesh surfaces. For the mosaicist it was more of a challenge. The tapestry weaver faced a similar task. Shading in tapestry involved the simple insertion of wedges of yarns in one colour into areas of another, while in what Niekamp calls ›false shading‹ two yarns of two different colours were passed into the same shed for a more finely graded transition. The most sophisticated approach, however, was for the weaver to work with yarns already incorporating wool fibres of more than one colour (melierte Garne).

Niekamp's study of the ›melierte Garne‹ in the Dionysus Hanging is arguably her most innovative technical contribution to this volume. The use of those materials, she observes, was a much more widespread phenomenon than hitherto recognised. Aided by some excellent micro-photographs (e. g. p. 198 figg. 153–154; p. 202 figg. 161–165), she draws a distinction between ›melierte Garne‹ which can be classified conventionally as ›woollen yarns‹ (Streichgarne), with many fibre ends visible on the yarn surface, and those classifiable as ›worsted yarns‹ (Kammgarne), with parallel fibres and few if any projecting fibre ends. In craft practice today the shorter dyed fibres would be blended on hand-cards ready to be spun into ›woollen‹ yarn, while the longer dyed fibres would be mixed together on wool-combs to make ›worsted‹ yarn. Roman iron wool-combs are well attested across the Empire; but for the existence of hand-cards set with short teeth there is no clear archaeological evidence for the Roman period. Indeed, most textile archaeologists have accepted Marta Hoffmann's argument that hand-cards were an early medieval invention.

Niekamp approaches the problem with fresh eyes. (The references which she quotes to carding in the papyri, however, are in reality references to combing with a wool-comb.) She initiated experiments by a modern wool-worker in the creation of ›melierte Garne‹ by combing (on a fixed wool-comb) and ›carding‹ (placing the fibre mass on a card, furnished with teeth without hooks, and brushing it). The experiments were both successful. The only obstacle to assuming that more or less the same methodology was applied in antiquity is the lack of archaeological evidence for a toothed card equivalent. But the fuller's card (aena), set with hedgehog skin, is very close to what was needed, as Niekamp suggests. Perhaps the »lanarii carminatores« of the Po Valley were after all wool-carders, working alongside the »lanarii pectinarii«, wool-combers. The whole subject deserves to be re-examined.

Niekamp returns (Localisation of the Workshop, p. 206) to a question first raised by Willers about where the Dionysus Hanging might have been woven. She emphasises the value of detailed structural analysis as a tool for identifying features common to a number of textiles that might reveal common origins. The Dionysus Hanging, the Silenus fragment and the length of ornamental column, all now in the Abegg-Stiftung, are a case in point. Willers rightly doubted the relevance of the picture of weavers' workshops in Roman Egypt conveyed by the papyri. Yet, there is another, albeit distant, possibility that the Dionysus Hanging was woven on the premises of the magnate who commissioned it. Wall-painters and mosaicists worked on the spot: according to Diocletian's Prices Edict they were provided with food on top of their daily wages. The same applied to some weavers, too, but ›plumarii‹, tapestry-weavers, were paid piece-rates for work on specific types of garment. Did the weaving team migrate with their equipment and raw materials to their client's house for the duration of their task?

When in 2008 Annemarie Stauffer published her corpus of Musterblätter, small ›pattern sheets‹ on papyrus from Roman Egypt, she fuelled the debate about how patterns were recorded and transmitted between artists in the ancient world. The enigma crops up repeatedly in this volume, and it is targeted by Niekamp from every possible angle. Her painstaking metric analysis of design components of the Dionysus Hanging, from architectural to facial details, reveals both limited commonality and also limited diversity. She argues that there was no overall cartoon to be copied at one-to-one by the weavers, as would be the case today. Stauffer's ›Musterblätter‹ could have served for guidance on particular motifs, but were not rigidly adhered to. Nonetheless, Niekamp believes that there was some sort of overall scheme for the hanging's design drawn on a portable medium, but credits the individual weaver with both a good memory and the opportunity to exercise personal initiative. One might go further and note that many artists today, not just in sub-literate societies, have an astonishing ability to retain a huge repertoire of complex patterns in their minds: the Roman tapestry-weavers must have been their equals.

Niekamp rounds off her technical report with a concise summing-up of her various lines of enquiry and their outcomes as she sees them. But there is no corresponding chapter presenting the final conclusions, and achievements, of the whole research programme, art-historical and textile-technical, on which this volume reports. This is both surprising and regrettable.

The superb photographs of Christoph von Viràg – all else aside – make this book a delight to handle. They range from a magnificent fold-out illustration of the complete hanging to images of textile details in high resolution that are a vital accompaniment to the technical discussions.

The Dionysus Hanging is an exceptional textile artefact, which has now been accorded the exceptional scholarly attention which it so richly deserves. All concerned with its study and publication are to be warmly congratulated.

Stockport   John Peter Wild

Kunibert Bering, **Transformationen der antiken Ästhetik im frühen Christentum. Spätantike und frühmittelalterliche Positionen zu Bildbegriff und Kunstverständnis.** Artificium. Schriften zu Kunst und Kunstvermittlung, Band 59. Verlag Athena, Oberhausen 2016. 198 Seiten mit 65 meist farbigen Abbildungen.

Der Leser ist gespannt darauf zu erfahren, wie und ob der Titel dieses Buches eingelöst wird, der verkündet, dass sich die antike Ästhetik im frühen Christentum verändert habe. Im Untertitel werden moderne Vokabeln wie »Bildbegriff« und »Kunstverständnis« der Spätantike und des frühen Mittelalters ins Spiel gebracht. Der Autor führt den Leser mittels acht Kapiteln durch eine Vielzahl von Themen, die zwischen Plato und Scotus Erigena angesiedelt sind.

Der Akzent des Buches liegt auf den schriftlichen Quellen, nicht auf den Bildern. Nicht nur die deutschen Übersetzungen der frühchristlichen Autoren, die größtenteils der Bibliothek der Kirchenväter (BKV) entnommen sind, sondern auch die meisten Quellenzitate nach griechisch-römischen Autoren werden meistens ohne einen Hinweis auf die entsprechende Spezialliteratur angeführt, der sie wohl entnommen sind. Dazu ist allerdings zu sagen, dass sämtliche zitierten Texte seit dem neunzehnten Jahrhundert bekannt sind und dutzende Male kommentiert wurden, aber die Kommentare kümmern den Verfasser wenig.

In der Vorbemerkung meint der Verfasser, die Überzeugung sei weit verbreitet »es habe in der ersten Zeit des Christentums ein Bilderverbot gegeben«. Will er damit sagen, dass es kein Bilderverbot gab? Daher kam es, so meint er weiter, zu einer »Reduzierung des Bilddiskurses der Apologeten auf diese Aspekte«. Wenn es angeblich kein Bilderverbot gab, weshalb soll sich der Bilddiskurs der Apologeten darauf (sprich: auf das Nichtvorhandensein eines Bilderverbots) beschränkt haben? Mangel an Logik oder an Sorgfalt der Formulierung? Bisher seien »lebensweltliche Kontexte« vernachlässigt worden. Die Forschung habe bisher nur das »postulierte« Bilderverbot und die »Entwicklung hin zum Ikonoklasmus« fokussiert, was zu einer »folgenreichen Ausblendung relevanter sozialer und historischer Zusammenhänge« geführt habe. Dieser Vorwurf kommt schon ziemlich pauschal und überheblich daher.

Von einem Gegensatz ›christlich – pagan‹ könne nicht gesprochen werden. Das jedoch klingt schon fast wie ein Frontalangriff auf das gesamte Autorenteam des Reallexikons für Antike und Christentum, das man in der Bibliographie in der Tat kaum antrifft. Mag sein, dass der Verfasser die Schriften der RAC-Autoren nicht kennt. Angesichts der Flut der Publikationen ist es nicht ganz leicht, sich zurechtzufinden. Wer allerdings das Bilderverbot negiert, müsste zum mindesten eine neue Interpretation der entsprechenden Bibelstellen (etwa Ex 20, 4; Deut 27, 15) bieten. Danach hält man vergeblich Ausschau. Der Autor scheint auch keinerlei Mühe mit der Nichtberücksichtigung eines großen Teils der einschlägigen Literatur zum Thema der Bilderfrage zu haben.

Weiter wird man belehrt, dass sich im frühen Christentum »die Kunstbegriffe Europas herausbildeten«. Das hat so noch niemand gesagt, und der Leser ist gespannt, mit welcher Art Argumenten Bering den Beweis zu dieser These antreten wird. Recht vollmundig erklärt er schließlich: »Die Debatten der Apologeten umfassen daher« … »umfassende ästhetische Urteile, dazu die Rolle des Künstlers, vor allem in der Gemeinde, sowie theologische und anthropologische Fragen nach der Bedeutung des Menschen als Abbild Gottes, verbunden mit der Suche nach den Anfängen der Kunst und der Bilder. Außerdem stehen Ahnenbilder und Heiligenverehrung zur Debatte wie auch die Ausstattung der christlichen Kirchen sowie der Kunstbetrieb und das Ausstellungswesen« (sic!). Das Kunterbunt dieser Themen, die im fünften Kapitel kursorisch abgehandelt werden, spricht für sich selbst. Nicht beachtet worden sei bisher die herausragende Rolle der Farbe in den apologetischen Texten. Kurzum: nicht ganz alles, aber doch manches Wichtige wird hier aufgezählt.

Das erste Kapitel ist dem frühchristlichen Bildverständnis gewidmet. Weil auf einem Sarkophagdeckel die drei Jünglinge vor Nebukadnezar dessen Porträt nicht verehren wollen, sei hier »das Bild als Bild« thematisiert, und es würden so »Aspekte des zeitgenössischen Bildverständnisses aus christlicher Sicht reflektiert«. Es geht aber in erster Linie um die Verweigerung der Anbetung des Herrscherbildnisses seitens der drei Jünglinge; worin das »zeitgenössische Bildverständnis aus christlicher Sicht« eigentlich besteht, verrät der Autor nicht. Im zweiten Kapitel wird nochmals die Verweigerung der Anbetung von Kaiserbildnissen und Götterstatuen durch die Christen thematisiert. Ob und auf welche Weise die Christen außerhalb dieser Verweigerungshaltung ein »Bildverständnis aus christlicher Sicht« entwickelten, bleibt ohne verbindliche Antwort, auch wenn sich der Autor im Klappentext anpreist, »erstmals die von den Kirchenvätern vorgenommenen umfassenden Neubewertungen der Kunst« untersucht zu haben. Kein Apologet und kein Kirchenvater hat je eine einschlägige Erklärung über die Rolle einer christlichen Kunst abgegeben, denn sie erblickten ihre Aufgabe in der Verteidigung des christlichen Glaubens gegenüber dem Heidentum mit Hilfe der Theologie. Sie lehnten das Gottesbild unter Berufung auf das alttestamentliche Bilderverbot (Deut. 27, 15) und auf die Geistigkeit und Undarstellbarkeit Gottes ab; sie haben sich nicht generell gegen Bilder ausgesprochen.

Das vierte Kapitel ›Differenzierungen des frühchristlichen Bildbegriffs‹ rennt offene Türen ein. Es ist ein heikles Unterfangen, anhand der defensiven Haltung der Apologeten und Kirchenväter generell einem christlichen Bildbegriff und Kunstverständnis das Wort reden zu wollen. Wer das »Bildverständnis aus christlicher Sicht« erforschen möchte, kommt nicht um eine umfassende Analyse der spätantiken Denkmäler herum; aber gerade das lag nicht in der Absicht des Verfassers; die christliche Kunst interessierte ihn nur marginal.

Das fünfte Kapitel »Konstanten frühchristlicher Bild- und Kunstbegriffe« enthält »ein breites Spektrum von Problemen«, die um »Materialität und Wirkung der Bilder, Wahrnehmung, Sehen und Täuschung, um Kunst und Erkenntnis, um Farbe und Moral sowie zwischen einer Diskussion über die Anfänge der Kunst und Erörterungen zur Ahnenverehrung« »oszillieren« (S. 44–157). Über die von Augustinus zerstörten Tempel und Götterbilder in England ist so wenig bekannt wie über die von Benedikt zerstörten Tempel in Montecassino. Dass der Verfasser in diesem Zusammenhang germanische Bronze-und Tonfigürchen von vier bis fünf Zentimetern Größe ins Spiel bringt, wirkt eher verwirrend. Ich kann mir schwer vorstellen, dass derart kleine Figürchen das Interesse irgendeines Tempelzerstörers entfacht haben sollen.

In dem Paragraphen »memoria« verweist Bering auf Makarius den Ägypter (Hom. 5, 2), der den Brudermord als »Typus, ein Bild« bezeichnet haben soll. Der vom Verfasser verwendete Text der Übersetzung aber spricht davon, dass das Wort Gottes ein Typus und Bild sei, er lautet nämlich: »Das Wort, das vom Schöpfer zu Kain gesprochen war, das offen verkündete Urteil: ›Du wirst seufzen und zittern und umhergetrieben werden auf Erden‹, ist ein Typus und Bild aller Sünder, das sie in ihrem Innern haben. So trägt denn das ganze Adamsgeschlecht, seitdem es durch Übertretung des Gebotes der Sünde verfallen, jenes Bild in sich verborgen; von unsteten Gedanken des Schreckens und der Furcht und der Verwirrung aller Art« (BKV Makarius, Übersetzung Stiefenhofer p. 42; PG 34, 496). Der Verfassser meint dazu: »Diese Vorstellung grundiert offenbar die Kompositionen zeitgenössischer Sarkophagreliefs mit Darstellungen Kains und Abels« (S. 70), »denn ein Ereignis aus der Vergangenheit dominiert die Erinnerung«. Worin liegt der Erkenntnisgewinn dieser ungefähren Assoziationen?

Im Paragraphen »Πάθος und ἀπαθεία« werden Denkmäler, wie etwa Marsyas, die rasende Mänade, Kreusa und der Schlachtensarkophag Ludovisi herangezogen, deren Darstellung »seelischer Befindlichkeiten« der Autor als »eine nicht zu unterschätzende Herausforderung für die Apologeten« bezeichnet. Weshalb sollen ausgerechnet die Apologeten von diesen Darstellungsformen betroffen gewesen sein?

Ich breche hier meine Besprechung ab. Es tut mir leid, sagen zu müssen, dass die Suche nach frühchristlichem Bildbegriff und Kunstverständnis ergebnislos verlief. Die Übertragung moderner Begriffe ins Altertum führt in eine Sackgasse.

Basel   Beat Brenk

Averil Cameron, **Dialog und Debatte in der Spätantike.** Verlag Franz Steiner, Stuttgart 2014. 121 Seiten. (Parallel auf Englisch erschienen: Dialoguing in Late Antiquity, Hellenic Studies, Band 65. Selbstverlag des Center for Hellenic Studies, Washington D. C. 2014. 98 Seiten, 2 Schwarzweißabbildungen.)

Der vorliegende Band basiert auf drei Vorträgen, die Averil Cameron im Juni 2011 im Rahmen der Heidelberger Margarete-Häcker-Vorlesung gehalten hat, und soll eine Präsentation von »Ideen über christliche Dialoge im Frühstadium meiner [sc. Camerons] Forschungen« (S. 9) bieten. Zunächst benennt die Verfasserin eine Reihe von Desideraten: Christliche Dialoge der Antike seien bisher weder im Sinne eines Korpus gesammelt noch mit der Dialogliteratur bis zum Ende der byzantinischen Epoche in Verbindung gebracht worden. Auch fehlten deskriptive Arbeiten über die Geschichte der griechischen christlichen Dialoge, um eine literarische und intellektuelle Analyse dieser Werke zu erarbeiten. Im vorliegenden Band will die Autorin sich auf die Spätantike beschränken, diese Arbeit aber in Zukunft auf eine größere zeitliche Perspektive ausweiten.

Eine vorläufige Untersuchung brachte mehr als zweihundert Prosadialoge aus der Zeit zwischen dem zweiten nachchristlichen Jahrhundert bis zum Ende von Byzanz zutage, die teils noch gar nicht publiziert oder ohne kritische Edition seien (S. 14). Anders als Vittorio Hösle (Der philosophische Dialog. Eine Poetik und Hermeneutik [München 2006]) nähert die Verfasserin sich diesen Schriften nicht mit vornehmlich philosophiehistorischem Interesse und macht sich auch die Frage nach der Historizität des Gesagten mangels unabhängiger Zeugnisse nicht zu eigen (S. 14–16), vielmehr soll eine »strenge literaturwissenschaftliche Analyse der einschlägigen Texte« (S. 42) durchgeführt werden, um die jeweils angewendete rhetorische Strategie zu verstehen. Neben den theologischen Inhalten seien auch Literarität und Intertextualität der christlichen Dialoge zu betrachten, zumal die Werke der antiken Autoren selbst keine Regeln für diese Textsorte böten (S. 18).

Im ersten Vortrag mit der Überschrift ›Konnten Christen ›Dialoge führen‹?‹ (S. 21–48) setzt sich die Autorin von Positionen Simon Goldhills (The End of Dialogue in Antiquity [Cambridge 2009]) ab, relativiert aber auch ihre eigenen Forschungsergebnisse, so ihre frühere These vom »totalizing discourse« (S. 24–26) und kündigt ein breiter angelegtes Forschungsprojekt an. Leitfragen dieses Vorhabens betreffen ein Korpus von Dialogen, deren Verhältnis zu anderen Literaturgattungen, die Frage nach einem ›offenen Ende‹, verwendete Techniken und das Verhältnis zu tatsächlich geführten Debatten sowie die Zielrichtung der Dialoge im Sinne von Harmonie oder Konfrontation und den historischen Ertrag der Dialogliteratur für die religiöse Kommunikation im Imperium Romanum. Zunächst sei das Korpus jedoch grundständig im Sinne einer Auflistung zu erheben (S. 30). Platon entfaltete nach Cameron nur in einigen Fällen Wirkung auf christliche Dialoge. Stärker sei vor allem in späteren Werken der aristotelische Einfluss gewesen, der in der gesamten byzantinischen Zeit bestanden habe (S. 32 f.). Der christliche Dialog habe seit seiner Entstehung die Kontroverse gesucht und zielte, wie die Verfasserin aus Beiträgen von Richard Miles und Jacques Fontaine entnahm, auf Wahrheit, nicht auf Konversation oder Zerstreuung (S. 34). Seine literarische Form sollte helfen, christliche Überlegenheit zu etablieren (S. 38), so dass besonders die antijüdischen Dialoge oft stereotyp und einseitig wirken.

Im Bereich der christlichen Spätantike reiche das Spektrum des angedachten Kanons »von antijüdischen Texten (Adversus Iudaeos) ‹,› über apologetische Werke wie dem lateinischen Octavius des Minucius Felix ‹,› bis zu der scheinbaren Scholastik in Theodorets Eranistes aus dem fünften Jahrhundert«. Die Autorin plädiert dafür, die Genres im Zusammenhang miteinander zu untersuchen und auch philosophische, politische und poetische Dialoge nicht auszusparen (S. 42 f.). Ebenso wirke syrisches Gedankengut in griechische Zusammenhänge hinein, platonisch geprägte Texte stünden neben solchen, die ganz anderen Grundgedanken verpflichtet seien. Auch Gattungsgrenzen gerieten durch das übergeordnete Thema der Dialogik in Fluss, so gehörten Briefe, vor allem aus der byzantinischen Literatur, mit in das Korpus der Dialoge hinein, »weil sie Debatten, Auseinandersetzungen und verschiedene Ansichten zum Ausdruck bringen« (S. 45). Camerons Hauptinteresse solle aber »Zusammenstellungen von ›Fragen und Antworten‹, den eratopokriseis« gelten (S. 45).

Im für den kleinen Band namensgebenden zweiten Vortrag (S. 49–70) stellt die Verfasserin anhand zahlreicher Beispiele heraus, wie präsent und einflussreich Debatten als Mittel einer öffentlichen Vergleichskultur religiöser und philosophischer Optionen in spätantiken Gesellschaften waren (S. 49 f.). Gleichzeitig wirft sie die Frage nach dem Beitrag einer religiösen Debattierkultur, deren Rhetorik ausgesprochen aggressiv sein konnte, zur Entstehung religiös motivierter Abgrenzungshandlungen und Gewalttätigkeiten auf und fragt nach dem Anteil einer solchen Streitkultur an der religiösen Meinungsbildung und christlichen Intoleranz des vierten und der folgenden Jahrhunderte (bes. S. 65–69).

Unter der Überschrift ›Wie man Dialoge schreibt‹ behandelt der dritte Vortrag (S. 71–96) drei ganz unterschiedliche Beispiele, die jedoch weniger im Hinblick auf ihre Genese als auf ihre inhaltliche Ausgestaltung, ihre Form und ihren Kontext im Leben und Werk der jeweiligen Autoren betrachtet werden. Das im dritten und vierten Jahrhundert entstandene ›Symposion‹ des Methodius aus dem lykischen Olympos bezeichnet sie als »mutig« (S. 76), weil ausschließlich weibliche Gestalten zu Wort kommen, thematisiert aber nicht, ob es sich bei den Frauen mit Namen wie Arete (Tugend, die Gastgeberin), Theophilia oder auch Thekla, die das Symposion schließlich gewinnt, um Personifikationen beziehungsweise Symbolgestalten für bestimmte theologische Anliegen handeln könnte. Theodorets keineswegs ergebnisoffener Dialog ›Eranistes‹ wird gewöhnlich auf zirka 447 datiert (S. 80) und bezieht sich direkt auf die christologischen Kontroversen des fünften Jahrhunderts. Hinter Eranistes wird Eutyches erkennbar (S. 83). Bemerkenswert findet die Autorin die Form des Dialogs, denn Theodoret, den sie in die christliche Platonrezeption beziehungsweise einen Platontransfer für christliche Zwecke einordnet, habe nicht nur die platonische Dialogform wegen der besseren Lesbarkeit vereinfacht, sondern ihn auch mit Florilegien von Beweistexten aus Väterzitaten und dem »dialektischen Syllogismus« (S. 85, mit Hinweis auf Adam Schor) verbunden. Damit markiere der Dialog »einen wichtigen Schritt für die Formalisierung der antihäretischen Literatur« (S. 89). Camerons drittes Beispiel ist ein fiktiver Dialog zwischen Bischof Gregentios und einem Juden im südarabischen Königreich Himyar im Rahmen einer märchenartigen Erzählung über die glückliche Christianisierung dieses Königreiches im sechsten Jahrhundert. Dramaturgischer Höhepunkt ist eine Erscheinung des auferstandenen Christus in einer purpurfarbenen Wolke (S. 94 f.). Leider geht die Autorin nicht weiter auf die »faszinierende[n] Fragen nach der Datierung und Herkunft« (S. 93) dieses Textes ein. Die Schlussfolgerung aus diesen drei, wie die Verfasserin selbst betont, sehr kontrastreichen Beispielen wirkt ein wenig lapidar: Es gebe weder einen typischen Dialog noch »einen griechischen Standardbegriff für solche Texte« (S. 96).

Im Schlusswort (S. 97–100) resümiert Cameron das Anliegen der drei Vorträge, nämlich auf die christlichen Dialoge der Spätantike und folgenden Zeit als ein interessantes Forschungsfeld hinzuweisen, das über Vergleiche mit sokratischen und ciceronischen Formen weit hinausführe und anhand einer Reihe von Bedingungen näher zu bestimmen sei. Christliche Dialoge spielten hier eine wichtige Rolle in der Meinungsbildung, boten Platz, um Unbestimmtheiten zu charakterisieren und bildeten die Dynamik und Vielfalt des Christentums in Spätantike und byzantinischer Zeit ab (S. 98). Entsprechend bezeichnet die Autorin das fünfte Jahrhundert nicht als Ende des christlichen Dialogs, sondern als Beginn seiner Blütezeit: »Christen verweigerten nicht den Dialog, sondern machten ihn sich zunutze« (S. 99). Abschließend warnt die Verfasserin davor, angesichts einer heutigen, auf Konsensfindung ausgerichteten Dialogkultur den antiken christlichen Dialog wegen seiner Zielrichtung und seines teils repressiven Tones zu marginalisieren. Die Spätantike sei das »Zeitalter des Dialogs und des Streitgesprächs par excellence« (S. 100) gewesen.

Mit dem vorliegenden Versuch nimmt die Autorin nichts Geringeres in den Blick als eine »übergreifende und vollständigere Analyse einer Gattung, die tatsächlich zu den beständigsten und elementarsten des literarischen Genres gehört« (S. 14). Damit handelt sie sich neben den üblichen Problemen, die ein solches Unterfangen vor allem für antike Werke zu bewältigen hat, eine Reihe von Abgrenzungsschwierigkeiten ein. In der angedeuteten Breite bietet Averil Camerons Ansatz Material und Forschungsfragen für eine Vielzahl von Projekten. Ob er auch belastbare Ergebnisse liefern wird, können aber nur die bereits angekündigten weiteren Untersuchungen (S. 30 f. und 48) zeigen. Gelesen als Plädoyer für eine grundsätzliche Horizonterweiterung bietet der kleine, auch in der deutschen Übersetzung sehr gut lesbare Band jedoch eine frische vielversprechende Perspektive, die einzunehmen sich lohnen dürfte, und der großen Verbreitung und zahlreiche Leserschaft zu wünschen ist.

Berlin   Vera von der Osten-Sacken

Mischa Meier und Steffen Patzold (Herausgeber), **Chlodwigs Welt. Organisation von Herrschaft um 500**. Roma Aeterna, Band 3. Verlag Franz Steiner, Stuttgart 2014. 622 Seiten mit 11 Schwarzweißabbildungen.

Der hier anzuzeigende, beeindruckende Tagungsband beschäftigt sich in einem sehr weiten Rahmen mit der Organisation von Herrschaft um 500. Ausgangspunkt ist dabei der Frankenherrscher Chlodwig, bei dem sich die Frage besonders aufdrängt, wie die Herrschaft zu Beginn des Frankenreichs eigentlich organisiert wurde. Seiner Person sind deshalb auch zwei Beiträge gewidmet, um die es gleich am Anfang geht.

Matthias Becher nutzt seine biographische Skizze zum fränkischen Reichsgründer, um die Problematik der Quellen sichtbar zu machen. Er mahnt, den an sich hohen Quellenwert der Schrift Gregors von Tours mit einer ausgefeilten Methodik zu erschließen. Dieser Forderung kommt Stefanie Dick nach, die in einer detaillierten Analyse der Libri Historiarum Decem dieses Autors und den Funden im Grab Childerichs nach den Ursprüngen des fränkischen Königtums und den konkreten Möglichkeiten der Herrschaftsausübung um 500 fragt. Trotzdem bleiben die Entwicklungslinien unscharf, da sich die Frage nicht beantworten lässt, wie Childerich in seine Position kam. Zudem unterbleibt die kritische Auseinandersetzung mit dem problematischen Text des von Bischof Remigius von Reims an Chlodwig gerichteten Gratulationsschreibens. Aber auch die Interpretation anderer Quellen zum König bedarf einer ausgefeilten Methodik, wie Uta Heil zeigt. Ausgehend von einem Vergleich des berühmten Briefs des Bischofs Avitus von Vienne an den Herrscher mit der von Ambrosius von Mailand verfassten Gedenkrede auf Kaiser Theodosius (395) verdeutlicht sie, dass es Avitus vor allem darum ging, Chlodwigs Stellung und Aufgaben als christlicher König zu verdeutlichen. Der Brief verrät letztlich viel mehr über den Bischof als über den König.

Bernhard Jussen nimmt das Umfeld des Herrschers in den Blick und geht davon aus, dass sich die galloromischen Magnaten um Chlodwig bemüht hätten, um ihre eigenen Interessen durchzusetzen. Der König, dessen Vater Childerich bereits in demselben geographischen Raum Macht ausübte, sei gut in ein System integriert gewesen, das von den galloromischen Magnaten und nicht von den Franken entwickelt worden sei. Die Frage, die sich hier allerdings stellt, ist, warum sich die galloromischen Magnaten eigentlich um Chlodwig und nicht um einen der anderen fränkischen Anführer bemühten.

Eine Antwort darauf könnte der Beitrag von Stefan Esders geben. Er geht von dem Phänomen aus, dass die Bevölkerung in Nordwestgallien in der Spätantike durch die zunehmende Aushebung von Soldaten immer stärker militarisiert wurde. Das stellte Chlodwig vor die Herausforderung, die noch vorhandenen römischen sowie die ›poströmischen‹ Truppen durch Vertragsschlüsse und die Zusicherung weitgehender Autonomie zu integrieren. Diese offenbar erfolgreiche Integration militärischer Kräfte könnte Chlodwig für die galloromischen Magnaten in besonderer Weise interessant gemacht haben. Ausserdem weist Esders auch auf die sich grundlegend verändernden Rahmenbedingungen für die Ausübung von Herrschaft hin. Die Aufgabe der Provinzordnung und die Regionalisierung des Steuer- und Militärwesens führten zu einer Verschmelzung der unterschiedlichen Verwaltungsbereiche in der Hand des Comes. Die Ausgliederung der Pagi aus der Zuständigkeit der Civitates deutet daneben auf Strukturen hin, die nicht aus der Fortführung der spätrömischen Provinzialverwaltung, sondern aus der Aufnahme lokaler Strukturen resultieren.

Die Bedeutung militärischer Strukturen als Voraussetzung für die Genese des Frankenreichs ist schon früher betont worden, weshalb auch die Lex Salica als Militärrecht gedeutet wurde. Auf diese Interpretation sowie auf die Struktur und Funktion dieses Stammesrechtes geht Karl Ubl in seinem grundlegenden Beitrag ein. Er weist die Interpretation als Militärrecht ebenso überzeugend zurück wie die These, das Gesetzeswerk sei aus einem – von der Forschung bisher nicht einheitlich definierten – römischen Vulgarrecht entstanden. Die auffällig hohen Strafzahlungen (Wergeld) in der Lex Salica, die sich im Gegensatz zum römischen Recht auf den ›Wert‹ einer Person beziehen, deutet Ubl überzeugend nicht nur als Wiedergutmachung, sondern als Instrument, um ein öffentliches Strafrecht mit einem rationalen Strafzweck einzuführen. Die Systematisierung der Geldbußen sieht er als Werk des Königs an.

Unabhängig davon, ob man die Entstehung der Lex Salica in die Zeit Childerichs setzt oder diejenige Chlodwigs, fällt sie auf jeden Fall in eine Zeit des Umbruchs, die offensichtlich neuen Regelungsbedarf schuf. Das wird auch im Beitrag von Sebastian Schmidt-Hofner deutlich, der nach der Entstehung des Notabelnregiments und der Rolle des Defensor civitatis fragt. In seiner vor allem auf einen Vergleich zwischen Italien und Gallien angelegten Studie zeigt sich, dass es in beiden Regionen zu einer neuen Integration der im vierten Jahrhundert heterogen gewordenen lokalen Eliten kam, die nun insgesamt an wichtigen Aushandlungsprozessen in der Stadt beteiligt wurden. Im ostgotischen Italien gehörte dazu auch die Wahl des Defensor, der nach Möglichkeit die gesamte städtische Elite repräsentieren und vertreten sollte. Im römischen und dann auch im fränkischen Gallien spielte der Defensor hingegen keine Rolle als Repräsentant der Eliten. Das dürfte damit zusammenhängen, dass er zur machtvollen Ausübung seines Amtes den imperialen Bezugsrahmen brauchte, aus dem er seine Legitimation und seine Durchsetzungskraft gewann. Dieser Bezugsrahmen mit einer funktionierenden römischen Verwaltung und Ämterhierarchie war aber in Gallien im Gegensatz zum ostgotischen Italien nicht mehr gegeben.

Gerade in der Auflösung dieses Bezugsrahmens aber hat man bisher den Grund dafür gesehen, dass sich Mitglieder der galloromischen Reichsaristokratie vielfach um das Bischofsamt bemühten. Es hätte im fünften Jahrhundert in Gallien also einen Wechsel von Herrschaftsräumen gegeben, weil die Aristokraten in ihrer Herrschaftsorganisation von einem Großraum, vom Imperium, auf die lokale Ebene der einzelnen Civitates wechselten. Diese These hat allerdings nur Bestand, wenn wirklich der Großteil der Bischöfe aus der Reichsaristokratie stammte. Steffen Patzold zeigt jedoch, dass man tatsächlich meist nur sehr wenig über deren Herkunft weiß und auf jeden Fall damit zu rechnen ist, dass sie vielfach nicht aus der Reichsaristokratie stammten.

Die sich ändernden gesellschaftlichen Voraussetzungen und die Regionalisierung von Herrschaftsstrukturen hat man vielfach auch für die Erklärung der Bestattungen lokaler Herren um 500 herangezogen, indem für einzelne kleine Regionen die durch ihre Beigaben auffälligen Gräber hervorgehoben wurden. Klare und vergleichbare Kriterien wurden für die Befundinterpretation jedoch nicht entwickelt. Sebastian Brather kritisiert die bisher geübte Praxis, bei Reihengräbern auffällige Bestattungsorte und Grabbeigaben als wesentliche Kriterien heranzuziehen, da sich Datierung und Gründungskontext der umgebenden Gräber oft nicht eindeutig erschließen lassen. Gräber in Kirchen lassen sich hingegen besser als Demonstration einer besonderen sozialen Stellung interpretieren. Aber auch hier bereitet die Datierung oft Probleme, und die Interpretation der jeweiligen Grabbeigaben muss sehr differenziert durchgeführt werden, um zu tragfähigen Aussagen zu kommen. Brather plädiert dafür, stets die historischen Situationen, in denen einzelne Personen agierten, über komplexe Kontextanalysen und überregionale Vergleiche in die archäologische Interpretation mit einzubeziehen.

Die Beiträge von Ian Wood und Sabine Panzram beschäftigen sich mit der königlichen Herrschaftslegitimation im Burgunderreich und bei den Westgoten. Wood zeigt, dass der Königstitel mit Bezug auf die burgundischen Anführer aus der Familie der Gibichungen in den zeitgenössischen Quellen nicht häufig erscheint. Vielmehr definierten die Herrscher sich spätestens seit 463 anhand der vom Kaiser verliehenen Titel Patricius und Magister militum, eine Beobachtung, die ähnlich auch schon der hier nicht zitierte Reinhold Kaiser gemacht hat (Die Burgunder 2004, S. 119 f.). Die Armee, welche die Gibichungen in ihrer Eigenschaft als Magister militum anführten, war vermutlich eine Art multiethnische Privatarmee, der auch Romanen angehörten.

Sabine Panzram geht dem Verhältnis von Eliten und Königtum im Westgotenreich nach. Die führenden Kreise hätten nach der westgotischen Eroberung Spaniens zunächst ihre traditionellen Handlungsspielräume behalten, wodurch das Königtum jedoch geschwächt worden sei. Erst König Leovigild (569–586) sei gegen den lokalen und regionalen Adel vorgegangen, um seine Herrschaft abzusichern. Zudem habe er sein Königtum nach römischem Vorbild umgestaltet. Durch die Konversion Rekkareds zum katholischen Glauben hätten die Eliten auch mit Hilfe des Bischofsamtes Anteil an der politischen Macht erlangt.

Zentral für die Frage nach der Auffassung von Herrschaft ist der Beitrag von Mischa Meier. Nach ihm kam es mit dem Ende des Weströmischen Reichs 476 zu einem neuen Nachdenken über Herrschaft, weil sich, wie in den schon behandelten Beiträgen sichtbar geworden ist, die Bedingungen für deren Ausübung änderten. Einen wichtigen Beitrag zum Verständnis lieferte Aurelius Augustinus, der die irdische Herrschaft in seiner Schrift ›De civitate Dei‹ entwertete und als nachgeordnetes Gut auffasste. Dieses Argument machten sich die Päpste im Ringen mit der weltlichen Herrschaft zu eigen. Die Zweigewaltenlehre des Papstes Gelasius ist somit als Reflektion über Herrschaft aufzufassen. Da im Osten aber ein anderes Amtsverständnis bestand, reagierten die Kaiser darauf mit Unverständnis. Tatsächlich etablierten sich im fünften und sechsten Jahrhundert in West und Ost unterschiedliche Denktraditionen hinsichtlich der Bedeutung von Herrschaft.

Hanns-Christoph Brennecke schließt an diese Überlegungen an und fragt nach den Beziehungen der Päpste zu den gentilen Herrschaftsbildungen auf dem Boden des Weströmischen Reichs. Der Beitrag bietet allerdings wenig Neues und negiert seltsamerweise jeden Einfluss des Papsttums auf das fränkische Reich im sechsten und siebten Jahrhundert unter Hinweis auf die Historiographie. Ein Blick in die Kanones der fränkischen Synoden und in die Papstbriefe hätte ein ganz anderes Bild erzeugt. Eine Rolle spielen die Päpste auch bei Hans Ulrich Wiemer, der das politische Handeln Odoakers und Theoderichs gegenüber Kaiser, Heer, Senat und katholischer Kirche einer vergleichenden Untersuchung unterzieht. Dabei ergibt sich eine Reihe von Unterschieden. So verfügten beide Anführer über Heere mit unterschiedlichen Strukturen und unterschiedlichen Formen der Bindung an den Anführer. Beide suchten zwar die Kooperation mit den Senatoren, doch Theoderich gewann aufgrund der längeren Herrschaftsdauer einen größeren Handlungsspielraum gegenüber diesem Stand. Auch um ein gutes Verhältnis zum Papst bemühten sich beide, doch zwang das Schisma zwischen Laurentius und Symmachus Theoderich zu einer stärkeren Einmischung. Zudem gelang es Odoaker im Gegensatz zu Theoderich nie, die Anerkennung des Kaisers zu gewinnen.

Damit ist bereits der Bogen zur Herrschaft im Osten des Römischen Reichs geschlagen, wo es ebenfalls zu deutlichen Veränderungen von Herrschaftsstrukturen kam, obwohl das Kaisertum intakt blieb. Aber dessen Wahrnehmung war durchaus heterogen, wie Hartmut

Leppin am Beispiel der Panegyriker Prokopios und Priscian von Caesarea zeigt. In den beiden Texten wird ein ganz unterschiedliches Reichsbewusstsein sowie ein differenziertes Verhältnis zum Christentum sichtbar. Auch die Bedingungen, unter denen die Kaiser Herrschaft ausüben konnten, änderten sich. Wie Rene Pfeilschifter zeigt, nahm die Bedeutung von Konstantinopel als Reichshauptstadt im fünften Jahrhundert immens zu, und es kam zu einer immer engeren Beziehung zwischen Kaiser und Hauptstadt. Dies führte schließlich so weit, dass sich der Kaiser nicht mehr längere Zeit von der Hauptstadt entfernen konnte, ohne seine Machtbasis zu gefährden. Zugleich wuchs mit der Bedeutung Konstantinopels auch der Einfluss der hauptstädtischen Eliten. Vor diesem Hintergrund scheinen die Überlegungen von Wolfram Brandes, die er ausdrücklich als hypothetisch bezeichnet, gar nicht abwegig. Brandes geht der Frage nach, wie Justinian die umfangreichen Mittel für den Neubau der Hagia Sophia und andere kostenintensive Bauprogramme überhaupt aufbringen konnte. Ausgehend von der These Mischa Meiers, Justinian habe den Nika-Aufstand selbst veranlasst, nimmt Brandes an, dass Vermögenskonfiszierungen bei den zur Elite gehörenden Aufständischen die nötigen Geldreserven schufen.

Die Bindung an die Hauptstadt nahm dem Kaiser jedoch keineswegs die Möglichkeit, außerhalb der Stadt einzugreifen. Dies wird im Beitrag von Anne Poguntke deutlich. Zwar verfügten ihr zufolge die Heermeister um 500 grundsätzlich über weite Handlungsspielräume, deren Ausgestaltung aber von der Herkunft der Heermeister, ihrer sozialen Stellung sowie ihren Verbindungen zu den Eliten abhängig war. Auch konnten die Handlungsspielräume durch den Zugriff des Kaisers eingeschränkt werden.

Nicht nur innerhalb von Konstantinopel veränderte sich die Stellung der Eliten. Avshalom Laniado geht der Zusammensetzung des ›Notabelnregiments‹ nach, das sich seit dem fünften Jahrhundert in Byzanz etablierte. Er zeigt, dass sich das Bedeutungsspektrum bestimmter Begriffe in den Quellen veränderte. So wurden etwa Ktetores im Zusammenhang mit der Munizipaladministration nicht mehr als Privatpersonen wahrgenommen, sondern als Teil der lokalen Elite, die wichtige Funktionen in der Administration übernahm. In der veränderten Wortbedeutung wird der Bedeutungsverlust der Kurien sichtbar, deren Funktion nun von den lokalen Eliten übernommen wurde.

Wie sehr die römische Herrschaft auch die Herrschaft der Nachbarn beeinflussen konnte, macht Julia Hoffmann-Salz sichtbar. Sie geht auf die Einbeziehung arabischer Stämme in die römische Grenzsicherung gegenüber dem Sassanidenreich ein. Attraktiv wurde das Bündnis mit den Römern für die arabischen Stammesführer deshalb, weil sie durch die politische Anerkennung Roms ihre Stellung gegenüber anderen Stammesmitgliedern und Stämmen verbessern konnten.

Zürich   Sebastian Scholz

Katarina Papajanni und Judith Ley (Herausgeber), **Karolingerzeitliche Mauertechnik in Deutschland und in der Schweiz.** Verlag Schnell und Steiner, Regensburg 2016. 384 Seiten mit 531 Illustrationen, nämlich 86 schwarzweißen und 80 farbigen Grafiken sowie 87 schwarzweißen und 287 farbigen Fotos.

Die Bauforschung ist ein Kind der Architekturgeschichte. Wo Schriftzeugnisse, Stil- und Typengeschichte keine tragfähigen Auskünfte liefern, vermittelt die Autopsie eines Bauwerks in der Regel ein verlässliches Bild über seine Entstehung und über die nachfolgenden Veränderungen in chronologischer Reihenfolge. Entwickelt von der klassischen Archäologie ist die historische Bauforschung heute zu einem unverzichtbaren Instrument der Architekturgeschichte wie auch der praktischen Denkmalpflege geworden. Ihr Instrumentarium, die zeichnerische Bauaufnahme, die Stratigraphie im Verein mit datierbaren Funden und die Untersuchung des Baukörpers selbst, hat sich im Verlauf der letzten fünfzig Jahre enorm verfeinert. Hinzu kommen naturwissenschaftliche Hilfen wie die Dendrochronologie zur Gewinnung exakter Daten und die Radiokarbondatierung.

Bauten aus der Frühzeit des Mittelalters eindeutig zu bestimmen, ist aber immer noch schwierig, oft sogar unmöglich. Weil es in den sich neu formierenden germanischen Territorien die Bauweise in Stein und ein ausgebildetes Bauhandwerk nicht mehr gab, bauten Ungelernte. Deren Mauertechnik war primitiv; deshalb sind Objekte dieser Zeit sehr uneinheitlich. Und da der Kontext nicht immer eindeutig ist, sind auch datierbare Begleitfunde oft nur bedingt aussagefähig. Die jüngere Forschung bezieht deshalb zunehmend auch die handwerkliche Ausführung in ihre Beurteilung ein (so F. Oswald u. a., Vorromanische Kirchenbauten [München 1966–1991]; H. R. Sennhauser u. a., Frühe Kirchen im östlichen Alpengebiet [München 2002]). Seit der Jahrhundertwende läuft zudem ein Projekt, das, angelehnt an die Erkenntnisse der Paläographie, das Zeittypische der handwerklichen Ausführung zu isolieren und für die Feststellung der Bauzeit und der historischen Veränderungen zu nutzen sucht.

Der hier zu besprechende Band soll helfen, die unübersichtliche Architektur der Zeit Karls des Großen genauer zu bestimmen. Schon zwei Monate nach dem Erscheinen kann der Verlag das Buch, nicht zuletzt wegen des unerwartet hohen Verkaufserfolges, als Standardwerk der Architekturforschung feiern. Herausgegeben von Katarina Papajanni und Judith Ley und unter dem Patronat von Manfred Schuller, dem Inhaber des renommierten Lehrstuhls für Baugeschichte, historische Bauforschung und Denkmalpflege an der Technischen Universität München stellen sechsunddreißig teils namhafte Autoren aus Architektur, Kunstgeschichte, Bauforschung und Mittelalterarchäologie neununddreißig Gebäude von der Mitte des achten bis zum Beginn des zehnten Jahrhunderts vor.

Eindrucksvoll in Wort und Bild zeigen die Autoren des Kapitels: ›Lorsch, Klostermauer‹ (S. 195) wie hilfreich das Zeittypische handwerklicher Arbeit als Kriterium für die Einordnung eines Bauteils in eine bestimmte Epoche sein kann. Die präparierte Südpartie der Mauer demonstriert überzeugend, wie klar und unverwechselbar sich Mauerverbände aus drei mittelalterlichen Bauperioden selbst bei nicht konfektioniertem Material – hier Geröll – unterscheiden lassen. Weitere fünfzehn Kapitel des Buches erweitern unsere Kenntnis von der Baukunst dieser Zeit. Dazu zählen in erster Linie die guten, wenn auch durchaus noch diskussionswürdigen Kapitel über die Torhalle von Lorsch (S. 177) und St. Johann in Müstair (S. 342) sowie einige weitere Objekte in Deutschland (S. 17, 30, 59, 97, 143, 165, 177 und 233) und in der Schweiz (S. 315, 325, 333, 361 und 362).

Indes halten nicht alle Beiträge kritischer Betrachtung stand. Dreizehn lesen sich wie kurze Grabungsberichte (so S. 92, 93, 284). Von diesen gehen einige auf das eigentliche Thema der Mauertechnik gar nicht erst ein, und bei denjenigen, die sich tatsächlich der Fragestellung annehmen, erschwert die individuelle Terminologie und die Art der Darstellung den Vergleich. Der Benutzer muss sich seinen eigenen Leitfaden schaffen, um die Daten vergleichen zu können.

Unverständlich ist mir, warum Beiträge wie diejenigen zu den Pfalzen in Ingelheim (S. 109) und Frankfurt (S. 137), zu den Reichenauer Kirchen (S. 306 und 309) sowie zum Alten Dom in Mainz (S. 123) aufgenommen wurden. In diesen Kapiteln ist nur aus älteren, den neuesten Stand der Forschung nicht mehr repräsentierenden Grabungsberichten exzerpiert. Bei anderen (S. 203, 217 und 319) hätten die Angaben unbedingt noch einmal kritisch überprüft werden müssen. Und nicht nur der undeutlich argumentierenden Autorin des Kapitels zu St. Johannis in Mainz war es unmöglich, ihre Beobachtungen richtig zu interpretieren. Berichte wie dieser oder derjenige zur Pfalz in Frankfurt, zu den Reichenauer Kirchen oder zu einigen der Oberpfälzer Objekte können deshalb auch nicht kommentiert werden. Ohne zum Beispiel die Johanniskirche zu kennen, würde der Rezensent die mit Phase I bezeichneten Bauteile nach den beschriebenen Charakteristika und gestützt auf die Abbildungen klar in das frühe elfte Jahrhundert rücken und die der Phase III zugerechneten überhaupt erst in das späte Mittelalter. Unklar bleibt, was hier durch Radiokarbondaten bestimmt werden konnte. Durchaus umstritten ist nämlich die Behauptung der Herausgeber (S. 7 und 9), die Radiokarbon-Messmethode erlaube heute jahrgenaue Daten. Zumindest Physiker der Technischen Universität München stellen den von der University of Arizona publizierten Forschungsstand wegen der schwankenden C14-Produktion durch Sonnenwinde, Vulkanausbrüche und anderes in historischer Zeit in Frage (Brief von Prof. Fritz Wagner, München, vom 17. Februar 2017).

Die fokussierte Betrachtung eines einzigen Aspekts des Baugeschehens einer fest umrissenen Epoche würde eigentlich erfordern, deren wesentliche Charakteristika nach einheitlichen Kriterien darzustellen. Aber alle Autoren, die Herausgeberinnen eingeschlossen, haben das Thema karolingische Mauertechnik in ›karolingische Bautechnik‹ umgedeutet. Dabei wäre eine Untersuchung des Sujets ›Mauergefüge‹, das sich aus der Mauertechnik ableitet, in der Tat das Desiderat der Forschung gewesen. Denn es sind die zeittypischen Gefügebilder, die Versatzmuster gemauerter Wände, deren Analyse helfen kann, wenn Gebautes weder durch Schriftquellen noch durch stilistisch Datierbares oder naturwissenschaftliche Methoden bestimmt werden kann. Wie gut sich Mauerverbände von jüngeren oder älteren unterscheiden lassen, zeigt das Beispiel der Klostermauer in Lorsch. Allein diese Muster sind definitiv aussagefähig (und heute durch Algorithmen eindeutig zu identifizieren). Materialien und Bearbeitung spielen eine eher marginale Rolle. Um Gefügebilder richtig lesen zu können, sind verunklärende jüngere Reparaturen oder Umbauten selbstverständlich auszuschließen. Und natürlich sind auch überformte ältere Strukturen zu berücksichtigen.

Das Buch ist sichtlich unter Zeitdruck entstanden. Das ist unter anderem daraus abzulesen, dass die Redaktion anscheinend jeden sich bietenden Beitrag ohne Ansehen seiner Eignung aufnahm. Werden von den Autoren so deutliche Unterschiede der Bautechnik oder des Materialgebrauchs wie in den Kapiteln zur Mainzer Johanniskirche (s. o.), zu St. Michael in Fulda (S. 159) oder zu St. Emmeram in Regensburg (S. 241) nicht erkannt, sind Fehlinterpretationen zwangsläufig. Als wahres Danaergeschenk für die Frühmittelalterforschung werden sich jedoch die Berichte zu jenen Objekten erweisen, die zu den Inkunabeln profaner karolingischer Architektur gehören, den Pfalzen in Aachen (S. 49), Ingelheim (S. 109), und Frankfurt (S. 137). Da der zur Verfügung stehende Platz eine detaillierte Kritik auch der zwölf anderen, sehr problematischen Kapitel nicht erlaubt, mögen hier zwei Anmerkungen exemplarisch genügen:

Die Königshalle in Aachen (S. 49–57). Die Autorin weist zwar auf Unterschiede in Material und Mauertechnik zwischen der Aula regia (Rathaus) und dem Granusturm hin, beschreibt beide aber einheitlich als karolingisch. Die auffälligen Unterschiede bei Material, Mörtel, vor allem aber bei der Verarbeitung – allein schon im Granusturm – traten für sie hinter dem vermeintlichen Wissen um die Entstehungszeit zurück (J. Ley, Geschichte wird entblättert, in: M. Krücken [Hrsg.], Offensichtlich verborgen. Die Aachener Pfalz im Fokus der Forschung [Aachen 2016] 132). Ähnlich die Analyse ihrer eigenen präzisen Bauaufnahme des Fensters F4 (S. 52 Abb. 6): Die fast mörtellos gefügten (sekundär allerdings grob überflächten) Großquader der unteren Gewände und die primitiv in reichlich Mörtel versetzten Ziegel und Lesesteine der abschließenden Wölbung gehören unmöglich zu einer einheitlichen Bauphase. Derart gegensätzliche Bauweisen finden sich überall in den vier unteren Geschossen des Granusturms, innen wie außen. Sie sind nur durch zwei zeitlich auseinanderliegende Bauphasen zu erklären (K. Endemann, Quo vadis - Zur Architektur um 800 – Fragen an die Forschung, in: Kunstchronik 12, 2016, 584–592).

Auch die Erklärungen der Autorin für Hohlräume im Mauerwerk, die sie als Spuren eines Hilfsgerüstes »als Raster für die Ausrichtung der Fenster« ab dem dritten Geschoss sowie als Erdbebenprophylaxe deutet, überzeugen nicht. Sie erwähnt nicht, dass in einem Wandabschnitt hier mit homogenem Kalkmörtel, gleich daneben aber mit einem Ziegelsplittmörtel gemauert wurde (s. o.). Da sich ihre Datierung nur auf eine beschränkte Quellenauswahl stützt, für die am Bau keine Bestätigungen zu finden waren, überzeugen ihre Bestimmungen, was karolingisch sei, nicht. (Der Rezensent hält den Granusturm für eine römische Ruine, die in karolingischer Zeit revitalisiert wurde.) Die Autorin erkennt in der Aula und im Granusturm trotz eingeräumter Qualitätsunterschiede »herausragende Beispiele karolingischer Architektur und Bautechnik« (S. 57). Und ohne vergleichende Gegenüberstellungen erscheinen dem Rezensenten Schlussfolgerungen wie: »in Aachen seien antike Bautechniken erneut angewandt und an die Erfordernisse der karolingischen Architektur mit den vorhandenen Mitteln angepasst« worden, aus der Luft gegriffen. Zu untermauern wäre auch die Behauptung, ein Vergleich der Bauten zeige »durchdachte Logistik«. Mit bereits publizierten Darstellungen, die andere Lesarten zuließen, setzt sie sich nicht auseinander.

Die Pfalz in Ingelheim (S. 109–121). Die Autorin zitiert zwar die ältere Literatur, hat sie aber kaum zur Kenntnis genommen. Besonders die genauen Beobachtungen Paul Clemens und Christian Rauchs sind durch die zahlreichen jüngeren Publikationen noch keineswegs obsolet. Weil die Autorin eklatante Unterschiede in der Bautechnik der einzelnen Komplexe übersieht, stellen sich Zweifel an allen mitgeteilten Ergebnissen ein. Sie registriert nicht, dass die Fundamente für die Exedra im Süden als breite Sockel bis zu zwei Meter tief in den gewachsenen Boden mit Kalkmörtel gemauert wurden, während der Nordflügel ohne Fundamentgräben in Lehmbindung auf die Hangkante der natürlichen Terrasse gesetzt ist. Sie stellt einfach fest, dass Fundamente hier gemauert, dort in Gräben geschüttet seien (S. 109). Und Mauerwerk ist für sie einfach Mauerwerk. Sie erkennt den Unterschied zwischen der aus Lesesteinen, Flussgeröll und wiederverwendeten römischen Werkstücken systemlos gemauerten Apsis der karolingischen Aula zu dem »wie an der Schnur« gesetzten römischen Schalenmauerwerk aus einheitlichen Mergelplatten am Heidesheimer Tor nicht. Von der Verkleidung aus farbigen Steinplatten nimmt sie keine Notiz (S. 111). Verallgemeinernde Übertragungen einzelner Beobachtungen auf den ganzen Komplex ohne Angabe, aus welchem Zusammenhang der Befund stammt, ist irreführend und unwissenschaftlich. In zweifelsfrei Römischem sieht sie nur die »bewusste Aneignung römischer Technik durch die karolingischen Bauleute« (S. 116).

Manche der im vorliegenden Band mehr oder weniger ausführlichen Angaben, zum Beispiel zu Bautyp, Typengenese, Raumstruktur, den statischen Hilfskonstruktionen (Anker) oder zur Farbigkeit hätten beim hier zu behandelnden Thema entfallen oder gestrafft sein können. Wichtiger sind dagegen die hier und da mitgeteilten Angaben zu den geologischen Gegebenheiten des Ortes und zum Baugrund (S. 131, 342 oder 361).

Neben vielen missverständlichen Darstellungen liegt das größte Manko des Buches aber in den zahlreichen falschen Interpretationen. Nur wenige der Autoren verfügen über die Seherfahrung, die sie befähigte, die Verbesserungen der Mauertechnik im Verlauf der eineinhalb Jahrhunderte von 750 bis 900 wahrzunehmen und die Entwicklung in der Handwerkstechnik zu erkennen. Tragfähige Mauern zu errichten, setzt Kenntnisse und Erfahrung voraus, die sich in der technischen Qualität manifestieren. Andererseits deuten die in der Frühzeit oft zu beobachtenden Misserfolge auf fehlende Kenntnisse und mangelnde Erfahrung. Nur die wenigsten der frühen Steinbauten haben die ersten hundert Jahre überstanden. Die dürftige Bauweise der meisten Gebäude der Zeit hat etwas Improvisiertes und ist von der Routine antiken Bauhandwerks weit entfernt. Inwieweit ungeschulte Arbeiter für die primitive Baupraxis sogar in den Zentren der Macht verantwortlich sind, die, wie Notker der Stammler berichtet, »aus allen Gebieten diesseits des Meeres« herbeibefohlen wurden, wäre Aufgabe der Sachforschung. Ein Brief Bischof Frothars von Toul (um 829) über Bauten, die in der Pfalz Aachen zu errichten seien, scheint das zu bestätigen. Er schreibt, Ludwig der Fromme habe ihm befohlen, Leute zu schicken, um »in der Pfalz zu arbeiten und dort bei der Ausführung von Arbeiten zu schwitzen«. Das mag erklären, warum es den meisten Autoren nicht möglich war, das Zeittypische der Gefügebilder von individueller Handschrift zu unterscheiden.

In ihrer Einleitung sprechen die Herausgeber die Erwartung aus, das Buch werde die Forschung beflügeln. Nun ist die vorgestellte Auswahl keinesfalls repräsentativ für karolingisches Bauen, zumal auch wichtige Objekte des Einzugsgebietes ausgespart blieben und vor allem die Architektur der karolingischen Kernlande der Benelux-Länder und Frankreichs nicht einmal zu Vergleichen herangezogen wird. Trotzdem lassen sich schon bei dieser Auswahl bestimmte Topoi der Frühmittelalterforschung, die noch im Vorwort und in der Einleitung als Charakteristika karolingischen Bauens bezeichnet werden, in das Reich der Fabeln verweisen.

(1) Ziegelmehl als hydraulischer Faktor. Nur bei fünf der vorgestellten Objekte ist zerstoßener Ziegel im Versatzmörtel beobachtet worden. Aber nur bei dreien, zweien in Aachen, einem in Köln, kann man davon ausgehen, dass der hydraulische Effekt beabsichtigt war. Bei zwei weiteren (S. 364 und 368) sprechen die Autoren ausdrücklich von Magerungszuschlag. Da liegt die Annahme nahe, in Aachen sei das Wissen um diesen technischen Vorteil von den byzantinischen Werkleuten der Pfalzkapelle auf die benachbarte Baustelle der Pfalz vermittelt worden. Bei weiteren zwölf Beispielen, denen der Rezensent noch zwei weitere hinzufügen kann, diente Ziegelmehl zur Färbung. (Gefärbter Fugenmörtel findet sich in der Krypta der Kathedrale von Blois, an den Fassaden der Einhardbasilika in Steinbach sowie in der

Krypta von St.-Étienne in Auxerre, gefärbter Innenputz in S. Salvatore in Sirmione.)

(2) Trichterförmige Fensterlaibungen als karolingisches Charakteristikum. Von den sechzehn Objekten, bei denen Fenster- und Türlaibungen beschrieben sind, zeigen elf in der Tat leicht (Petersberg) oder stark (Corvey) geschrägte Laibungen. In Meschede sind die Laibungen sowohl nach innen wie nach außen geschrägt und in drei Fällen sind sie gerade eingeschnitten.

(3) Gezähnte Werkzeuge. Nur in sieben Fällen wird von Spuren gezähnter Werkzeuge berichtet. Vier davon werden von den Autoren als römisch oder vermutlich römisch bezeichnet. Bei den drei restlichen in Hoechst, Lorsch und Petersberg hält der Rezensent nach eigenen Beobachtungen eine kritische Überprüfung dieser Feststellungen für erforderlich.

(4) Die von der jüngeren Architekturgeschichte vertretene, im vorliegenden Band eingangs noch behauptete »Übertragung technischen Knowhows aus der Antike in das Frühmittelalter« (S. 7 und 11 f.) scheint dem Rezensenten durch die vorgestellten Beispiele eher widerlegt. Deutlich wird hingegen, wie sehr die Aachener Marienkirche in allen relevanten Aspekten von Konzeption, Statik, Bautechnik, Materialverwendung und Werksteinbehandlung aus dem Rahmen karolingischer Möglichkeiten herausfällt. In diesem Kontext zeigt sich dieser spektakuläre Bau mehr noch als bisher schon angenommen als byzantinischer Import.

Als Ergebnis ist der erkennbare Fortschritt in der Bautechnik in den anderthalb Jahrhunderten zwischen 750 und der Frühzeit des zehnten Jahrhunderts zu vermerken, dies bleibt aber unerwähnt. Dieser Zugewinn an statischer Erfahrung und vermitteltem bautechnischem Wissen hätte dargestellt werden können. Und noch ein für den Rezensenten überraschendes Ergebnis zeigt der Vergleich: Die Bautechnik scheint sich in Gebieten, in denen nicht bequem auf vorhandene römische Substanz zurückgegriffen werden konnte, schneller und effektiver entwickelt zu haben.

Die empfehlenswerten Beiträge machen den Band für Fachleute nützlich. Problematisch ist der Gebrauch durch den zu erwartenden Streueffekt von Halbwissen und nachweislich Falschem für weniger Sachkundige. Der Rezensent befürchtet, dass die angebotenen, vermeintlich gesicherten Fakten die künftige Forschung mehr irritieren als fördern werden.

München   Klaus Endemann

Nachleben und Forschungsgeschichte

Julien Trapp. **L'archéologie à Metz. Des antiquaires à l'archéologie préventive (1750–2008).** Presses Universitaires de Rennes, Rennes 2015. 178 Seiten, 104 schwarzweiße Abbildungen, 12 Farbtafeln.

Die Entwicklung der archäologischen Erforschung eines Ortes wird zusammenfassend meist nur kursorisch in einleitenden Kapiteln zur Forschungsgeschichte dargestellt, etwa im Rahmen von Grabungspublikationen. Im vorliegenden Band, der im Jahr 2012 an der Universität Metz als Dissertation eingereicht wurde, versucht Julien Trapp nun für den weitgespannten Zeitraum von über zweihundertfünfzig Jahren am Beispiel der Stadt Metz aufzuzeigen, »comment nous sommes passés d'une archéologie de collectionneurs […] à une archéologie préventive« (S. 13). Da große Teile Lothringens im Lauf dieser Epoche mal zu Deutschland und mal zu Frankreich gehörten, bildet Metz im Spannungsfeld französischer und deutscher Altertumsforschung ein besonders interessantes Untersuchungsgebiet.

Ein solches Vorhaben anhand einer an archäologischen Zeugnissen so reichen Stadt kann nur in verkürzter Übersicht über ganze Zeitepochen geschehen und damit den Anstoß für die weitere Auswertung von Archivalien geben. Zudem darf die Altertumsforschung in Metz nicht getrennt von derjenigen in Lothringen betrachtet werden, denn der Museumsleiter von Metz war von 1870 bis 1918 und 1940 bis 1944 auch für Ausgrabungen und Funde in dem damals zum Deutschen Reich gehörenden Teil Lothringens zuständig. In Metz wurden die Objekte verwahrt und ausgestellt. Trapp kommt somit um den Einbezug dieser Region nicht herum, was freilich vergleichsweise knapp ausfallen muss. Eine Kartierung mit Erläuterungen zu den im Text erwähnten Fundorten in Metz und im Departement Moselle sucht man leider meist vergebens. Erinnert sei nur an die Entdeckung des Mithräums von Saarburg (S. 38 f.) oder der Jupitersäule von Merten, ein Fund, durch den es erstmals gelang, diese Denkmälergattung zu definieren und die zahlreichen bisher bekannten Säulenteile zu identifizieren (S. 32 f. mit Abb. 17; 18, vgl. hierzu auch A. Reis, Rev. Arch. Est et Centre Est 61, 2012, 359 ff.). Ein Abriss der Siedlungsgeschichte von Metz und seiner Umgebung zum besseren Verständnis der vorgestellten archäologischen Untersuchungen wäre als einleitendes Kapitel geeignet gewesen. Zusammen mit Karten zur Lokalisierung vieler der erwähnten Örtlichkeiten und einem Überblick zur antiken Topografie finden sich derartige Informationen jedoch erst im abschließenden zusammenfassenden Teil (S. 152 ff.). Erst dort wird auch verständlich, dass in den vorgestellten Grabungen hauptsächlich antike Befunde dokumentiert wurden, denn bis zu den achtziger Jahren des zwanzigsten Jahrhunderts wurde keine nennenswerte Mittelalterarchäologie in Metz praktiziert (S. 154; 156). Nur kurz erwähnt Trapp »l'archéologie du bâti«, also die Dokumentationen, die beim Abbruch mittelalterlicher Gebäude vorgenommen wurden (S. 113), oder eine drei Meter starke Schicht schwarzer Erde – »terres noirs« – in der Grabung »4, rue de la Pierre-Hardi« (S. 141). Leider wird auch in der oben genannten Zusammenfassung zur Siedlungsgeschichte das Mittelalter nicht berücksichtigt (S. 152 ff.).

Trapp gliedert die Archäologie in Metz, entgegen der Angabe im Buchtitel mit dem sechzehnten Jahrhundert beginnend, in vier Abschnitte, welche gleichzeitig zur Unterteilung des Buchs in Kapitel dienen. Die ersten Belege intensiver Beschäftigung mit der antiken Vergangenheit stammen wie so oft bereits aus der Renaissancezeit, das heißt für Metz aus dem Jahr 1513 (S. 17). Die drei übrigen Kapitel sind jahrgenau eingeteilt: von 1896 bis 1918, von 1918 bis 1976 und schließlich von 1976 bis 2008. Abschließend folgt auf zwölf Seiten eine zusammenfassende Auswertung, die mit einem Ausblick auf künftige Aufgaben der Bodendenkmalpflege und einer Zusammenstellung von Forschungsdesideraten endet, wie etwa ein digitales archäologisches Stadtkataster oder ein Überblick zur Mittelalterarchäologie in Metz (S. 147 ff.). Die bereits in den Kapiteleinteilungen erkennbare unterschiedliche Gewichtung der Epochen lässt auch die Würdigung der genannten Zeiträume ungleich ausführlich ausfallen. So füllt die Darstellung des sechzehnten, siebzehnten und achtzehnten Jahrhunderts nur drei Seiten (S. 17 ff.). Anderseits informiert der Autor im Folgenden detailliert über die Anzahl und den beruflichen Hintergrund der Mitglieder der lothringischen Gesellschaften für Archäologie und Altertumskunde (S. 23 mit Abb. 8–10; S. 35 mit Abb. 20), die Höhe der Mitgliedsbeiträge (S. 24; 34 f.), die Auflagenhöhe, den Verkaufspreis und die Verkaufszahlen des ersten Museumsführers (S. 31; 33), die Kostenvoranschläge für Museumserweiterungen (S. 33) oder die Eintrittsgelder und die Öffnungszeiten des Museums (S. 65), um nur einige Beispiele der meist nicht weiter ausgewerteten Daten zu nennen. Dem Wirken von Johann Baptist Keune, Altphilologe aus Trier und Museumsdirektor in den Jahren von 1896 bis 1918, wird sogar ein ganzes Kapitel gewidmet (S. 41 ff.). Leider sind deutsche Begriffe – ebenso wie im Abschnitt über die Zeit des Zweiten Weltkriegs – häufig orthographisch falsch wiedergegeben (S. 28; 49; 63; 69; 80; 82–85; 87); ein Originalzitat (S. 106 Anm. 9) wird unvollständig angeführt. Die große Fülle des Quellenmaterials aus dem zwanzigsten Jahrhundert stellt Trapp abschnittsweise fast wie eine jahrgenaue Chronik vor, etwa wenn er angibt, wann die Medien über Grabungen informierten (S. 121). Essentielles läuft dadurch Gefahr, überlagert zu werden. So wird die Vorgehensweise bei der archäologischen Begleitung des Bauvorhabens für das Centre Pompidou-Metz in den Jahren von 2006 bis 2007 auf vier Seiten erläutert (S. 141 ff.). Viele dieser Informationen, zum Beispiel über Schaufelgröße der Bagger, Gewicht der Lastwagen (S. 95), Arbeitsstunden von Grabungshelfern (S. 99), Grabungsausrüstung (S. 112) oder Art und Anzahl von Publikationen zur Archäologie von Metz (S. 132 f.) hätten zugunsten eines Vergleichs mit den Entwicklungen in angrenzenden Regionen Frankreichs oder Deutschlands und einer umfassenderen Auswertung wegfallen können.

Das Fehlen einer ausführlicheren Darlegung der Entwicklung bis zum achtzehnten Jahrhundert ist umso misslicher, zeigt sich doch schon in Trapps dürrer Darstellung, wie intensiv sich die Menschen seit der Renaissancezeit auch in Metz mit den offenbar damals noch gut erhaltenen archäologischen Denkmälern beschäftigt haben. Bereits im Hochmittelalter werden die Ruinen des Aquädukts detailliert beschrieben und Anfang des siebzehnten Jahrhunderts stach Claude de Chastillon Ansichten des kleinen Amphitheaters mit einem Teil der spätantiken Stadtmauer, der »Maison quarrée« sowie der sogenannten »thermes du Carmel« (vgl. L. Clemens, Tempore Romanorum constructa [Stuttgart 2003] 23 ff. mit Abb. 3), und aus dem Jahr 1737 stammt ein schematischer Plan des Amphitheaters (S. 18 Abb. 2). Baubefunde und Funde, darunter die noch sechzehn Meter hoch erhaltenen Mauern der »Maison quarrée« – vielleicht Reste eines Forumstempels (Clemens a. a. O. 26) –, wurden im Jahr 1769 von den Benediktinern Nicolas Tabouillot und Jean François in ihrer ›Histoire de Metz‹ publiziert (S. 17 f. mit Abb. 1; 4; 5). Die Académie des sciences et des arts dokumentierte im Jahr 1763 den Baubestand des Aquädukts (S. 21 Abb. 6) und nahm Grabungen vor, um den Verlauf der antiken Wasserleitung nach Metz zu erforschen, Untersuchungen, wie sie – was Trapp unterstreicht – in dieser Form in Frankreich erst wieder im zweiten Drittel des neunzehnten Jahrhunderts stattfanden (S. 19).

Bis Ende des neunzehnten Jahrhunderts gab es in den Grabungs- und Auswertungsmethoden erhebliche Fortschritte (S. 39). Die Entstehung von Geschichtsvereinen, aus deren Sammlungen viele bedeutende kulturgeschichtliche Museen wie dasjenige in Metz hervorgingen, fällt in diese Zeit (S. 38). Diese Entwicklung stellt der Autor dar anhand der Société d'archéologie et d'histoire de la Moselle und der Gesellschaft für lothringische Geschichte und Altertumskunde. Im Rahmen des damaligen Wissensstands sind ihre Tätigkeiten im Bereich der Archäologie nicht hoch genug zu bewerten, so dass die Bezeichnung des Kapitels als »la préhistoire de l'archéologie messine« etwas zu streng ausfällt. Richtig bezeichnet Trapp die Gesellschaft für lothringische Geschichte und Altertumskunde als »le principal moteur de l'archéologie lorraine« (S. 36). Leider werden dem Leser die zahlreichen nicht unbedeutenden Entdeckungen des neunzehnten Jahrhunderts lediglich anhand weniger zeitgenössischer Fotografien vorgestellt. Immerhin verzeichnet der 1897 erschienene Museumskatalog schon 97 griechisch-etruskische und 284 provinzialrömische Objekte (S. 31). Diese ungünstige Gewichtung der Bildauswahl zeigt sich in der gesamten Publikation, indem etlichen wenig aussagekräftigen Abbildungen viel Platz eingeräumt wird, etwa den offenbar in Originalgröße reproduzierten Seiten mit Beschreibungen und Skizzen aus Grabungsdokumentationen (S. 44 f. 59; 139). Die Fotos von einem mit Ausstellungsbesuchern gefüllten Raum (S. 120 Abb. 92), dem Titelbild einer Broschüre (S. 128 Abb. 94), dem Oberbodenabtrag mit dem Bagger (S. 131 Abb. 96) oder dem Dienstgebäude der Stadtarchäologie von Metz (S. 145 Abb. 100) sind zusätzlich in einem größeren Format im Farbtafelteil zu sehen. Interessant wäre ein Vergleich mit der Entwicklung der archäologischen Forschung im nicht zum Deutschen Reich gehörenden Teil Lothringens gewesen, denn große Teile des Metzer Bildungsbürgertums siedelten nach Nancy um – Trapp spricht von »la germanisation« der Archäologie in den zum Reich gehörenden Gebieten (S. 34).

Dass die Zeit von 1896 bis 1918 in einem eigenen Kapitel behandelt wird, liegt wohl auch an dem seit dieser Zeit erhaltenen umfangreichen Quellenmaterial, denn um die Jahrhundertwende sah Metz große städtebauliche Veränderungen. Bahnlinien wurden gebaut, und ganze Stadtquartiere entstanden, etwa um den ebenfalls zu dieser Zeit errichteten Hauptbahnhof. Schließlich bildete Metz den Endpunkt der Bahnverbindung nach Berlin, die im Konfliktfall mit Frankreich rasche Truppenbewegungen nach Westen ermöglichen sollte (S. 56). Aus heutiger denkmalpflegerischer Sicht ist es problematisch, diese Epoche als »un premier âge d'or pour l'archéologie messine« zu bezeichnen (S. 69 f.), denn mit den Baumaßnahmen ging die unwiederbringliche Zerstörung des Bodenarchivs einher, in der Regel ohne ausreichende Dokumentation. Durch den Abbruch der Stadtbefestigungen des Mittelalters und des achtzehnten Jahrhunderts wurden besonders in den Jahren von 1900 bis 1906 umfangreiche archäologische Untersuchungen möglich. Große Teile der spätantiken Stadtmauer und des Amphitheaters kamen ans Licht (S. 53 ff.). Etwas zu weitschweifend wirkt Trapps Ansatz, die Einflüsse auf die Archäologie in Metz zu zeigen. Die Notwendigkeit einer ausführlichen Vorstellung von Keunes Museumsreisen in Frankreich und Deutschland, den Kongressbesuchen, sogar von seiner Korrespondenz mit französischen und deutschen Kollegen (S. 47 ff.), erschließt sich dem Leser nicht, auch weil schon damals der wissenschaftliche Austausch zur gängigen Arbeitsweise des Fachs gehörte. Zudem nimmt die Vorstellung von Keunes Publikationen vergleichsweise viel Raum ein, nur um darzulegen, dass das Jahrbuch der Gesellschaft für lothringische Geschichte und Altertumskunde ein wichtiges Publikationsorgan für Berichte zur Archäologie aus Metz war (S. 66 ff.).

Die Würdigung des Wirkens weiterer Personen wie Paul Tornow, zuständig vor allem für die neogotische Ergänzung der Kathedrale, oder Erwin Schramm, Ausgräber des Amphitheaters, kommt dagegen zu kurz. Im biografischen Index am Ende des Bandes beschreibt Trapp lediglich sieben Persönlichkeiten, die zudem in den entsprechenden Kapiteln bereits mehr oder weniger ausführlich vorgestellt werden (S. 171 f.).

Die gewissermaßen erstmals als bauvorgreifende Rettungsgrabung durchgeführten Untersuchungen im Bereich des Amphitheaters stellt Trapp als Ergebnis des Einflusses deutscher Archäologie heraus (S. 53 ff.). Während der Grabung einfließendes Grundwasser wurde mittels eines modernen mechanischen Pumpensystems abgeleitet (S. 54). Wilhelm II. genehmigte die Untersuchungen und besuchte im Mai 1903 die Grabung. Besonders versuchte er, die Erforschung der Spuren deutscher Vergangenheit in den von Frankreich zum Deutschen Reich hinzugekommenen Gebieten zu fördern. In der Kirche Saint-Pierre-aux-Nonnains fanden sich große Teile einer reich verzierten merowingischen Chorschranke. Die Grabungskosten trug die kaiserliche Verwaltung (S. 57). Für Lothringen wurde sogar das Amt eines Restaurators der geschichtlichen Denkmäler geschaffen, welches Paul Tornow innehatte (S. 60). Tornow war auch im Bereich der Bodendenkmalpflege tätig. Er sorgte beispielsweise für den Transport und die Aufstellung der Säule von Merten im Museum von Metz (Reis a. a. O. 364), setzte sich für die Konservierung des Amphitheaters ein und ließ Grabungsschnitte durch die Kathedrale anlegen (S. 55; 60 mit Abb. 46; 47). Dank dieser damals innovativen Methode wurden die Baustrukturen im Profil bis zum anstehenden Boden hinab dokumentiert.

Während des Ersten Weltkriegs wurde Keune zur Sicherung gefährdeter Kunstwerke an die Front geschickt. Zusammen mit archäologischen Funden, die bei Schanzarbeiten entdeckt wurden, brachte er sie nach Metz (S. 69 f.). Nach dem Waffenstillstand von 1918 wurde er deswegen des Diebstahls beschuldigt und war 1919 gezwungen, Metz zu verlassen: ein beredtes Beispiel für die Repressalien gegen deutsche Beamte nach dem Krieg. Ausführlich schildert der Autor Keunes Bemühungen, vor seinem Weggang noch seinen Nachfolger Roger Clément einzuarbeiten (S. 71 ff.). Interessant ist der Vergleich mit der Situation im Elsass, wo Robert Forrer als Museumsdirektor weiterarbeitete und günstigere Strukturen für die regionale Denkmalpflege vorhanden waren (S. 78 f.).

Dass die Jahrzehnte zwischen den beiden Weltkriegen als Rückschritt für die Archäologie in Metz und Umgebung bezeichnet werden (S. 77), mag die Zeit in ein allzu negatives Licht stellen. Immerhin wurden wie bisher Befunde im Rahmen von Bauvorhaben dokumentiert, Funde gerettet und die Sigillata-Töpfereien von Chémery entdeckt. Das Museum konnte Clément sogar dank eines Vermächtnisses durch einen Neubau erweitern. Teile der dabei entdeckten »thermes du Carmel« konservierte man in situ und integrierte sie in die Ausstellungsräume (S. 75 ff.).

Die Zeit der Annexion Lothringens zwischen 1940 und 1944 brachte die Einrichtung eines Landesdenkmalamts mit sich, womit die Bodendenkmalpflege in der Region erstmals eine staatliche Organisationsform und eine professionelle Betreuung erhielt. Die in diesem Zusammenhang herausgegebene Verordnung betreffs des Schutzes von Bodendenkmälern (S. 83) zitiert der Verfasser vollständig. Die stellenweise gleichlautenden Anordnungen des Leiters der Abteilung für Vor- und Frühgeschichte, Paul-Hans Stemmermann, müssen daher nicht notwendig im Wortlaut wiedergegeben werden (S. 83). Oft führt Trapp die ideologische Vorgabe des Denkmalamts an, dass primär die deutsche Abstammung der Bevölkerung Lothringens zu belegen ist (S. 81; 84; 89). Trapp konzentriert sich auf die Vorstellung der archäologischen Projekte, wie die Ausgrabungen in Saint-Pierre-aux-Nonnains und die Errichtung eines Archäologiemuseums daneben. Eine tiefergehende kritische Auseinandersetzung mit der nationalsozialistischen Ideologie bezüglich der Archäologie in Lothringen wäre sicher wünschenswert gewesen, doch weit über den Rahmen der Arbeit hinausgegangen. Etwas deutlicher hätte das 1943 eröffnete sogenannte Festungsmuseum behandelt werden können (S. 88 f.) bei Verzicht auf einige Informationen, etwa die Nennung der damals verwendeten Bestimmungswerke für Fundmünzen (S. 87), denn der Autor weist im Text auf Fotos der Einrichtung des Museums hin.

Die deutschen und französischen Geschichtsabschnitte der Archäologie in Metz wurden in ihrem Verhältnis zueinander in nicht unerheblichem Maße von den deutschen Versuchen geprägt, das Gebiet Lothringens kulturell und damit auch auf dem Wege über die archäologische Forschung in das Reich zu integrieren. Wilhelm II. besuchte zwischen 1889 und 1914 immerhin sechzehn Mal Metz (S. 55) und förderte Forschungsgrabungen, die Belege für die Verbundenheit mit der deutschen Vergangenheit liefern sollten (S. 57). Inwieweit Trapps Beurteilung zutrifft, dass die archäologische Arbeit in Metz gegenüber der französischen vorteilhafter war, weil gründlicher und fortschrittlicher (z. B. S. 149), könnte etwa ein Vergleich mit der Situation im französischen Teil Lothringens klären. Auch dort bestand seit Mitte des neunzehnten Jahrhunderts mit dem Aufbau des Musée Lorrain in Nancy besonders durch Lucien und René Wiener eine sicher ebenso fortschrittliche Einrichtung zur Dokumentation und Konservierung des archäologischen Erbes in Lothringen.

Nach dem Krieg wurde die Bodenmalpflege in Frankreich neu organisiert: Das Land wurde in Bezirke eingeteilt, die je ein Archäologe betreute. Der Direktor des Bezirks Elsass und Moselle, Jean-Jacques Hatt, führte in Metz größere Notgrabungen durch, denn ähnlich wie andernorts zu dieser Zeit wurden in Metz von 1957 bis 1974 mehr als fünfundzwanzig Hektar der Altstadt für Neubebauung abgerissen (S. 102). Dabei musste gleichzeitig eine Archäologie der Gebäude praktiziert werden. So sicherte der Museumsleiter Gérald Collot Architekturteile und bemalte Decken aus den mittelalterlichen Häusern (S. 100). Was neben den bekannten Verlusten, wie zum Beispiel von Teilen eines römischen Hauses mit Wandmalereien (S. 99) oder einer Thermenanlage (S. 102 ff.), noch an wichtiger archäologischer Substanz zu dieser Zeit verlorenging, lässt sich nur erahnen. Es fehlten Arbeitskräfte für archäologische Untersuchungen, und die von der Stadt bereitgestellten Mittel ermöglichten nur wenige Dokumentationen, meist von Profilen. Sehr treffend bezeichnet der Autor diese Vorgänge als eine Politik der Zerstörung (S. 98). Von den fünfziger Jahren bis zum Beginn der neunziger Jahre stützte sich die Arbeit der Archäologen in Metz großenteils auf freiwillige Helfer. Seit den sechziger Jahren erfolgte die Gründung ehrenamtlicher Helfergruppen, die auch Grabungen durchführen (S. 101; 110). Mit der Entstehung der »groupe universitaire messin de recherche archéologique« (GUMRA) im Jahr 1979 fand diese Entwicklung ihren Höhepunkt und Abschluss. So war zumindest eine bauüberwachende Archäologie möglich (S. 112). Die Arbeit, welche vor diesem Hintergrund von der Gruppe geleistet wurde, ist enorm und spielte eine entscheidende Rolle bei der Installation einer professionellen Bodendenkmalpflege in Metz (S. 121; 124). Trapp führt anschaulich ihre Aktivitäten vor Augen, besonders am Beispiel der Grabung ›Hauts-de-Sainte-Croix‹ im Bereich des vorrömischen eisenzeitlichen Siedlungshorizonts (S. 122 ff.).

Im Jahr 1991 kam es zu einer Reform der Strukturen der Bodendenkmalpflege auf nationaler Ebene, die den Weg für eine effektive praktische Bodendenkmalpflege bereitete (S. 137 f.). Das Institut national de recherches archéologiques préventives (Inrap), eine öffentliche Institution zur Durchführung bauvorgreifender Sondagen und Grabungen, wurde 2001 gegründet (S. 141). Sechs Jahre später gelang es schließlich der Stadt Metz, den »pôle d'archéologie préventive« einzurichten, ein professionelles Zentrum für die Stadtarchäologie (S. 144 f.). Dem letzten Kapitel des Buchs wäre eine stärkere Zusammenfassung im Sinne einer Beurteilung der aufgezeigten Entwicklungen zuträglich gewesen, denn die recht ausführliche Vorstellung der zahlreichen Verwaltungsakte sowie der beteiligten Protagonisten auf dem Weg zur Stadtarchäologie in Metz erschwert gelegentlich die Lektüre.

Alles in allem stellt die Arbeit von Julien Trapp einen wertvollen Überblick über die Archäologie in Metz vom sechzehnten bis zum einundzwanzigsten Jahrhundert dar. Sie gibt hoffentlich weitere Impulse für die intensivere Beschäftigung mit der Entwicklung der archäologischen Erforschung von Städten und Regionen.

Frankfurt am Main   Alexander Reis

Ioannis Andreas Panteleon, **Eine Archäologie der Direktoren. Die Erforschung Milets im Namen der Berliner Museen 1899–1914.** Mittelmeerstudien, Band 5. Verlag Wilhelm Fink, Paderborn 2015. 343 Seiten, 37 Tafeln, 9 Tabellen.

Mit seiner hier vorgelegten Arbeit, die 2011 an der Ruhr-Universität Bochum als Dissertation eingereicht wurde, hat Ioannis Panteleon es unternommen, die frühe Phase der Miletgrabung historisch aufzuarbeiten. Ausgangspunkt ist die Beobachtung, dass die Unternehmungen der Berliner Museen während des Kaiserreiches in Griechenland und vor allem in Kleinasien in der kulturhistorischen Forschung als nationalstolze beziehungsweise imperialistisch motivierte Projekte interpretiert werden. Dieser Wahrnehmung setzt der Autor seine Studie entgegen, in deren Ergebnis schließlich die übernationale, wissenschaftliche Perspektive der Ausgräber betont wird. Zugleich legt er mit seiner mikrohistorischen Untersuchung zum ersten Mal eine systematische Analyse der Projektarchitektur eines archäologischen Feldforschungsvorhabens vor: von der wissenschaftlichen Strategie- und Projektentwicklung, den Entscheidungsprozessen und dem ›Stakeholdermanagement‹ über das konkrete Forschungsdesign und die Umsetzung hin bis zur Art und Weise der Kommunikation, mit der die Präsentation der Ergebnisse in den Dienst der Fortführung weiterer Feldforschungen gestellt wird, werden alle Aspekte thematisiert. Dabei ist das vorliegende Buch durch die nachvollziehbare Gliederung, die klare Sprache, umfassende Fußnoten sowie durch einen Personen- und einen Ortsindex gut erschlossen.

Die Arbeit gliedert sich in einen Hauptteil aus drei Kapiteln, eingerahmt von der Einleitung, die im Wesentlichen die Darlegung der oben nur verkürzt angedeuteten Themenstellung leistet, und einem abschließenden, zusammenfassenden Kapitel. Sie wird ergänzt durch einen umfangreichen Anhang, in dem neben einem vorläufigen Schriftenverzeichnis Theodor Wiegands eine Reihe verschiedener Primärquellen vorgelegt werden.

Im ersten Hauptabschnitt (Kapitel 2), der dem breiteren fachhistorischen Kontext der Miletgrabung gewidmet ist, ermöglicht die historische Perspektive die Wahrnehmung dreier grundlegender Punkte in sehr anschaulicher Weise:

Der erste Punkt betrifft die Genese der wissenschaftlichen Ansätze in der archäologischen Feldforschung der zweiten Hälfte des neunzehnten Jahrhunderts, die als Vorgeschichte derjenigen Konzeption zu lesen ist, die schließlich der Miletgrabung zugrunde gelegt wurde. Hinsichtlich dessen, was von archäologischen Untersuchungen im Felde inhaltlich zu erwarten sei, zeichnet Panteleon den Wandel von einer primär fundorientierten zu einer interdisziplinär angelegten Perspektive nach, die neben Kleinfunden zunehmend auch Kontexte in den Blick nahm. Als zwei Momente werden hierbei das Aufkommen der ›Vasenarchäologie‹ sowie die ›Inselforschungen‹ in Thera, Kos, Ägina und Samos geschildert. Im Falle der Unternehmung Friedrich Hiller von Gaertringens in Thera erscheint die interdisziplinäre Verknüpfung epigraphischer Untersuchungen mit einer genauen geographisch-topographischen Aufnahme und klimatologischen Erkundung sowie mit der systematischen Ausgrabung von Nekropolen als wesentliche Neuerung der Inselforschung. Damit war ein Beispiel dafür gegeben, wie lebensweltliche Zusammenhänge archäologisch erschlossen werden können. Ein drittes, für die Ausgrabungen in Milet bedeutsames Moment ist schließlich die Entstehung der ›Stadtforschung‹ in Pergamon als eine auf die Erkenntnis der Stadttopographie in ihrer Gesamtheit gerichteten Konzeption, die Carl Humann zu seinem Engagement in Magnesia am Mäander, in Priene und schließlich auch in Milet führt.

Der zweite Punkt, der auf organisatorische Aspekte abzielt, verdeutlicht die entscheidende Bedeutung der administrativen Verankerung des deutschen Engagements in der Türkei. Der Umstand, dass das archäologische Engagement nicht von Seiten des Archäologischen Instituts des Deutschen Reiches als einer dem Auswärtigen Amt zugeordneten Einrichtung ausging, sondern von den Berliner Museen als dem preußischen Kultusministerium untergeordnete Bildungseinrichtung, habe es, so der Verfasser, den deutschen Archäologen ermöglicht, von Osman Hamdi Bey, dem Leiter der osmanischen Antikenverwaltung und Gründer des Antikenmuseums in Konstantinopel, auf Augenhöhe wahrgenommen zu werden und nicht als verlängerter Arm der deutschen Außenpolitik. Auf den Leiter der Antikenverwaltung geht Panteleon in einem eigenen Abschnitt ein, zeigt dessen verzerrte Wahrnehmung in der Geschichtstradition der deutschen Klassischen Archäologie auf und würdigt ihn als erfolgreichen Feldforscher, mit dem Humann sich bestens verstand. Als ein weiterer, für das Engagement der Berliner Museen in Kleinasien relevanter administrativer Faktor sind die rechtlichen Rahmenbedingungen in der Türkei anzuführen, denn der Gewinn von Antiken aus den Grabungsaktivitäten war nach wie vor eine entscheidende Erwartung von Seiten der Institution, die die Ausgrabungen unternahm. Die allgemeine rechtliche Situation und die konkreten Absprachen zur Fundaufteilung sind von Panteleon in einem eigenen Unterabschnitt ebenfalls aufgearbeitet.

Der dritte Punkt betrifft schließlich die Wahl Milets als Objekt des aufwendigen wissenschaftlichen, vor allem aber des ökonomischen Engagements von Seiten der Berliner Museen. Dass diese Wahl mit einem der Ruinenstätte innewohnenden selbsterklärlichen Erkenntnispotential allein nicht verstanden werden kann, sondern als das Ergebnis widerstreitender Interessen und persönlicher Vorlieben zu erkennen ist, mag vielleicht als der erhellendste Teil der insgesamt an Beobachtungen reichen Arbeit gelten. Die Entscheidung für Milet beruht nicht zuletzt auch auf dem typischen Fall des Prinzipal-Agenten-Problems, das zwischen dem Direktor der Berliner Antikensammlung (Reinhard Kekulé von Stradonitz) als ›Prinzipal‹ und dem nachgeordneten Museumsdirektor vor Ort (Carl Humann) als einem aus seiner Perspektive heraus geschickt und glücklich handelnden Agenten bestand. Kekulé von Stradonitz und Humann, später auch dessen Nachfolger Theodor Wiegand, sind in erster Linie diejenigen Direktoren, die im Titel des Buches angesprochen sind.

Während der alternde Ingenieur-Archäologe Humann von den Möglichkeiten der Stadtforschung überzeugt war und zugleich einen seiner körperlichen Verfassung entgegenkommenden Grabungsort bevorzugt haben mag, war dem Leiter der Antikensammlung Kekulé von Stradonitz daran gelegen, in Didyma ein überschaubareres, kalkulierbares Unternehmen zu verfolgen. Für die Form der Rationalität, die den Entscheidungen der Berliner Museen für ihre Engagements in Magnesia, Priene und Milet zugrunde lag, ist der vom Autor lediglich adjektivisch verwendete Begriff der »Grabungsökonomie« (S. 85) eigentlich sehr passend gewählt. Humann konnte seine Interessen an der systematischen Erforschung einer antiken Stadt jedoch gut mit den Interessen führender Philologen verbinden, die sich von Milet ausgehend neue Erkenntnisse über das archaische Ionien versprachen. Auch wird deutlich, wie sich Humann in Tralleis, in Magnesia und in Ephesos aus taktischen Gründen engagierte, um seinen Vorstellungen einer Stadtgrabung zum Durchbruch zu verhelfen. Die Ausgrabung in Priene, die derjenigen von Milet unmittelbar voranging, ist so vor allem als ein erster, ›grabungsökonomisch‹ möglicher Schritt in Richtung Stadtgrabung zu verstehen. Der Weg dorthin lässt sich in der Darstellung Panteleons wie ein – allerdings auf Fakten basierender – Kriminalroman im wissenschaftlichen Gewand lesen.

Im zweiten, nun der Grabungsunternehmung selbst gewidmeten Hauptteil der Arbeit (Kapitel 3) geht der Autor auf die organisatorische Struktur, die konzeptionellen Grundlagen sowie die konkrete Durchführung ein. An dieser Stelle erläutert er, warum Milet als Sehnsuchtsort der Altertumswissenschaften zu verstehen ist. Hier ist zuerst das Interesse führender Altphilologen an der Geschichte Ioniens als Wiege der griechischen Philosophie anzuführen. Sodann beschreibt er methodische, praktische, organisatorische und perspektivische Aspekte der Feldarbeit.

Im Hinblick auf die Methodik geht der Verfasser auch auf Fragen der Dokumentation ein, wobei er den Tagebüchern einen eigenen Unterpunkt widmet. Dass er in diesem Zusammenhang die Autoren der verschiedenen Tagebücher identifiziert, ist als ein erfreuliches Teilergebnis seiner Arbeit zu würdigen. Was die Kritik späterer Generationen an der rücksichtslosen Beseitigung jüngerer Schichten zugunsten von solchen Strata betrifft, die im Fokus des Grabungsinteresses standen, so unternimmt es der Autor, die Altgrabung mit Verweis auf die Entscheidungs-, Dokumentations- und Konservierungspraktiken zumindest partiell zu rehabilitieren (S. 129–134). Er weist auch darauf hin, dass nahezu die gesamte offizielle Dokumentation zentral gehalten wurde, im Archiv der Berliner Museen auch heute noch weitgehend erhalten und eben nicht – wie lange Zeit vermutet – verloren ist. Als tatsächliche Verluste nennt er allein eine Reihe von Plänen, die Eugen Pernice von seinen Grabungen zwischen Kalabaktepe und Stadtmauer angefertigt habe. Verloren ist aber auch – so muss hier hinzugefügt werden – nahezu das gesamte Planmaterial zu den Thermen und Palästren, das dem Bearbeiter Fritz Krischen in den zwanziger Jahren des zwanzigsten Jahrhunderts nach Danzig geschickt wurde, von dort aber offenbar niemals zurückgesandt wurde. Als einen weiteren Punkt spricht er den Umgang mit den Funden an, die nicht nach Berlin oder Konstantinopel verbracht wurden, sondern am Ort verblieben. Hierfür hatte Wiegand gleich eine Reihe kleinerer, gattungsbezogener Museen am Grabungsplatz eingerichtet und die Kleinfunde aus den Nekropolen in fortschrittlicher Weise kontextbezogen aufgestellt. Mit der Einrichtung von Museen am Grabungsplatz sei Wiegand schließlich auch den Interessen Osman Hamdi Beys entgegengekommen, dem an der Einrichtung mehrerer archäologischer Museen im ganzen Land gelegen war.

Im Hinblick auf die Konzeption der Miletgrabung führt Panteleon die Kombination von Nekropolenuntersuchung und Stadterforschung als zentralen Ausgangspunkt an, der hier erstmals zum Tragen gekommen sei und der das Projekt in Milet grundlegend charakterisiere. Während die Nekropolengrabung mit Blick auf neue Erkenntnisse zur archaischen Zeit die Suche nach geschlossenen Fundkomplexen verfolgt habe, verweise das Konzept der Stadterforschung auf einen alle Zeitstufen gleichberechtigt umfassenden Horizont sowie auf das Bedürfnis, die Topographie des Ortes ganzheitlich in den Griff zu bekommen. Die Bedeutsamkeit dieses Ansatzes lag darin, dass die Unternehmung zum einen umweltorientierte Forschungen (etwa zur Wasserversorgung) verfolgen konnte und zum anderen anschlussfähig war für all diejenigen Bauten hellenistischer, römischer, byzantinischer und islamischer Zeit, die anstelle des archaischen Milet vorzufinden waren. Wie der Verfasser herausstellt, gelangen der Miletgrabung in prominenter Weise nicht zuletzt wichtige Ergebnisse, die das Interesse an der Entwicklung baulicher Typen bedienten, wie Rathaus, Stadtmauer, Thermen und Palästren, Theater und Brunnenanlage. In dieser Hinsicht deutet der Autor zum Beispiel auch das Engagement an den Faustinathermen als ein quasi natürliches, von vornherein mit einkalkuliertes, am Verstehen des Vorgefundenen orientiertes Interesse. Dabei ließe sich gerade am Fall dieser Badeanlage auch eine anders geartete, weniger zielgerichtete Vorgehensweise vermuten. Denn es stellt sich die Frage, ob an einer Stelle wie Milet, das nun nicht wegen seiner römischen Hinterlassenschaften als Sehnsuchtsort der Altertumswissenschaften geschildert wurde, der massive Einsatz der Ressourcen in einem solchen Ausmaße, wie sie für die Freilegung der Thermen zwischen 1904 und 1910 investiert wurden, ohne Weiteres mit rein bautypologischem Interesse zu rechtfertigen war. Sicherlich nicht rein zufällig beginnt die Freilegung, nachdem in einem Suchgraben im nördlichen Bereich der Thermen zwei Gewandstatuen gefunden worden waren. Auch korreliert der Beginn der Freilegung mit dem erzwungenen Ende der Arbeiten am Delphinion, die wegen der Grundwassersituation nicht weiterverfolgt werden konnten. Vor diesem Hintergrund erscheint die Ausgrabung der Faustinathermen weniger als ein logisches Teilziel der Miletgrabung, sondern als eine Verlegenheitslösung, mit dem Defizite sowohl im Hinblick auf das archaische Programm als auch mit Rücksicht auf die Erwerbsinteressen der Berliner Museen zu kompensieren waren.

Im Weiteren schildert Panteleon die von Wiegand verfolgte Strategie der Grabung, um dem eigentlichen Ziel des Erkenntnisgewinns zum archaischen Milet näherzukommen. Als einen weiteren strategischen Aspekt der Grabung würdigt er schließlich das Ausgreifen wissenschaftlicher Aktivitäten von Milet aus ins Umland (Milesische Halbinsel, Myus, Mykale, Iasos, Nysa). Auch hierbei ging es nicht um den eigentlichen Legitimationskern der Miletgrabung und auch nicht um das von Humann verfolgte und von Wiegand übernommene Konzept der Stadtgrabung, sondern um die Idee, die mit Etablierung der Grabung einmal erreichte Präsenz vor Ort als Ausgangspunkt für weitere Erkundungen zu nutzen. De facto verfolgte das in Bezug auf die konkrete Zielsetzung, die Frage nach dem archaischen Milet, begründete und finanzierte Unternehmen auch hier ein radikal offenes, diachrones und auf verschiedene topographische Ebenen ausgreifendes Programm, dessen Ergebnisse schließlich Anknüpfungspunkte für Forschungen ganz unterschiedlicher Interessen liefern konnten.

Vor diesem Hintergrund ist es bedauerlich, dass die von Wiegand verfolgten Aufklärungsarbeiten (die topographische Karte von Karl Lyncker) sowie die Forschungen zur Stadtmauer von Herakleia und zu den christlichen Monumenten im Latmosgebirge im fraglichen Kapitel keine Würdigung erfahren. Denn gerade hieran ließe sich der Erfolg des offenen Konzepts besonders deutlich veranschaulichen: zum einen in Bezug auf die Entstehung und Fortentwicklung der Stadtmauerforschung ausgehend von Krischens Dissertation zur Befestigung von Herakleia und zum anderen im Verweis auf das Interesse deutscher Theologen an der Erschließung neuer archäologischer Quellen. In diesem Zusammenhang erscheint dann gerade auch die Berücksichtigung der christlichen Denkmäler, die – ebenso wie die islamischen – auf der Grundlage des offenen Konzepts aufgenommen wurden, vor allem unter ›grabungsökonomischen‹ Gesichtspunkten bedeutsam, als sie dazu beitragen konnten, die Legitimationsbasis für das Unternehmen zu verbreitern. Welche Bedeutung Wiegand nun über die Klassischen Archäologen und die Althistoriker hinaus den Theologen als einflussreiche ›Stakeholdergruppe‹ für die Miletgrabung beimaß und in welchem Umfang deren Einfluss tatsächlich wirksam gewesen sein mag, muss insoweit offen bleiben.

Dass Wiegand in Kategorien der heute als ›Stakeholdermanagement‹ bezeichneten Ausrichtung an Interessengruppen dachte und entsprechend handelte, wird auch aus dem anschließenden Kapitel über den wissenschaftlichen Ertrag der Grabung deutlich, in dem die Arbeit sowohl auf Publikationen als auch auf den

Verbleib der Funde eingeht. Was den Umgang mit den Funden betrifft, so beschränkt Panteleon das Thema nicht allein auf die Aufstellung von Originalen in den Museen, sondern bezieht den Austausch von Gipsen zwischen der Berliner Antikensammlung und dem Antikenmuseum in Konstantinopel als eine Form des intermusealen Transfers ein. Neben der offiziellen Fundteilung spart der Autor aber auch die Frage nach solchen Fundverbringungen nach Deutschland nicht aus, die nicht auf offiziellen Teilungsvereinbarungen beruhten.

Die Darstellung der Publikationen wiederum berücksichtigt neben den Vorberichten und Endpublikationen als klassischen Formaten der Befundvorlage auch sonstige Veröffentlichungen und publikationsstrategische Überlegungen. Dabei ist zu erkennen, wie Wiegand die Veröffentlichung als Mittel der ›Promotion‹ der Miletgrabung verstanden und entsprechend konfiguriert hat. Zu den wissenschaftlichen Publikationsformen zählen vor allem Wiegands Akademieberichte sowie die Reihe »Milet. Ergebnisse der Ausgrabungen und Untersuchungen seit dem Jahre 1899«, von denen bis zum Ende des Ersten Weltkrieges fünf Bände erschienen. Der Zusammenhang von Ergebnisvorlage und der Gewährung einer Sonderfinanzierung wird am Beispiel des dritten Bandes zum Latmos sichtbar.

In seine Untersuchung der Kommunikationsformen bezieht der Verfasser schließlich auch Wiegands Vorträge und Reden ein, bei denen er zum Teil auf moderne Verfahren wie die Verwendung von Lichtbildern und Zeichnungen zurückgriff oder die Präsentation der Ergebnisse von anderen Wissenschaftlern vornehmen ließ. Während sich Panteleon in seiner Untersuchung der Öffentlichkeitsarbeit weitgehend auf die wissenschaftsinterne Kommunikation gegenüber dem fachlich gebildeten Publikum beschränkt, ließe sich in weiteren Detailstudien sicher auch Wiegands Umgang mit der allgemeinen Öffentlichkeit weiter beleuchten, etwa im Hinblick auf das Verhältnis zu Journalisten oder zu Reichstagsabgeordneten. In Wiegands Nachlass befinden sich sowohl Zeitungsausschnitte von mindestens einer Reportage über Milet sowie Dokumentationen der Parlamentsverhandlungen, in denen es um die Bewilligung von Geldern ging. Beides belegt, dass Wiegand all das zumindest sehr aufmerksam verfolgte. Keine Erwähnung findet hier das Verhältnis zwischen Wiegand und Wilhelm II., dem er zuerst 1898 persönlich in Konstantinopel begegnete und der den Kronprinzen Eitel Friedrich später auch zum Besuch der Grabung in Milet veranlasst haben dürfte. Die Ausblendung dieser Ebenen der öffentlichen Kommunikation unterstreicht, dass es dem Autor im Kern um die streng wissenschaftliche Würdigung des Miletprojekts geht und nicht primär um eine vertiefende Analyse der allgemeinen Strategien zur Absicherung externer Unterstützung.

Der vierte Abschnitt des zweiten Hauptteils ist dann den Akteuren der Miletgrabung gewidmet. Unter diesem Aspekt werden neben den Wissenschaftlern zuerst die Arbeiter und die Vorarbeiter in ihrer Bedeutung für den Erfolg der Grabung gewürdigt. Die Darstellung der wissenschaftlichen Akteure konzentriert sich auf Theodor Wiegand als Leiter, Hubert Knackfuß als Bauforscher und Arnold von Salis als Archäologen. Unberücksichtigt bleiben sowohl Besucher als auch Stipendiaten und junge Mitarbeiter, die für die Wirkungsgeschichte der Miletgrabung, die bei Panteleon jedoch nicht im Zentrum seines Interesses steht, von Bedeutung sein dürften. Mit einem eigenen Abschnitt zum Alltagsleben und den Lebensumständen der Grabungsmitarbeiter schließt der Hauptteil. Im Zusammenhang mit seinen Ausführungen zum Alltagsleben der Grabung und über Hubert Knackfuß werden gesundheitliche Aspekte, der Alltag im Winter (Winterschlaf) mit Weihnachten und Silvester als besonderen Momenten, Kinobesuche in Smyrna, Räuber und Abenteuer sowie Erlebnisse mit Tieren angeführt. Georg Kaweraus Gedichte (s. u.) gehören in diesen Kontext, aber auch spontane und bisweilen wilde Gelage, die jedoch keine Erwähnung finden. Die Bedeutung des Grabungserlebens für die Prägung der jungen Nachwuchswissenschafter und für die Formung von später tragenden Netzwerken wird so zwar nicht wirklich erkennbar, ist aber auch nicht der Kern von Panteleons Interesse.

Im dritten Hauptteil (Kapitel 5) wendet der Verfasser sich schließlich der Frage zu, inwiefern es gerechtfertigt erscheint, mit Andreas Rumpf von der deutschen Kaiserzeit als einer »Zeit der Großen Ausgrabungen« zu sprechen und damit die Grabungsunternehmen der Berliner Museen als nationale Großtaten zu entrücken. Nachdem er mehrfach im Verlauf der Arbeit auf den internationalen Horizont der Archäologie in dieser Zeit hingewiesen hat, kann der Autor die Bedeutung imperialistischer und nationalistischer Motive auf Seiten der Wissenschaftler klar verneinen und vorschlagen, stattdessen fürderhin von einer »Großen Zeit der Ausgrabungen« zu sprechen.

Die Arbeit schließt ab mit einem umfangreichen Anhang, der neben dem erwähnten Schriftenverzeichnis Wiegands als ersten Teil eine Reihe von Briefen aus den Korrespondenzen Humanns, Salis', Kekulés, Wiegands und Knackfuß' sowie Tagebucheinträge zu wichtigen Grabungsereignissen und Fundkomplexen enthält. Als zweiter Anhang sind Fotoalben (»Arbeitsalben«) aus dem Nachlass von Knackfuß beigegeben, die dessen Zeit in Milet umfassen, und die Panteleon im Kasseler Stadtmuseum aufgefunden und mit einem Katalog erschlossen hat. Für die Grabungsgeschichte ist damit ein bislang gänzlich übersehener Quellenbestand vermittelt. In gleicher Weise ist der Abdruck von Gedichten Kaweraus zu werten, die in Teilen posthum von Theodor Wiegand privat herausgegeben und an Freunde verteilt wurden. Die Einleitung zur Edition der Gedichte dient dem Verfasser zu einer knappen biographischen Würdigung auf der Grundlage der in dem von Wiegand herausgegebenen Gedichtband mit abgedruckten Angaben. Die Anhänge beschließt eine Reihe verschiedener Listen mit einer Übersicht über die ›großen Ausgrabungen‹, über die Kampagnen in Milet sowie über die Autoren der Tagebücher. Eine sinnvolle Ergänzung hätte eine weitere Liste derer bedeutet, die an den einzelnen Kampagnen mitgewirkt haben, solange Martin Millers Zusammenstellung aller Teilnehmer der Berliner Museumsunternehmungen nicht veröffentlicht ist (vgl. Lage und Geschichte des antiken Milet. Grabungen der Berliner Museen 1899–1914 [verfasst 1999]; Ausgrabungen der Berliner Museen [verfasst 1999]). Eine solche Erweiterung hätte zudem die Beschränkung ausgeglichen, die Pantaleon im Kapitel zu den Akteuren der Miletgrabung mit der Konzentration auf führende Arbeiter und Wissenschaftler vorgenommen hat.

In der Zusammenfassung der Ergebnisse schreibt der Autor (S. 260), dass sich Milet »für Bauforschung und Epigraphik als ein sehr gewinnbringender Ort erwiesen« habe und »die Miletgrabung durch eine größere Freiheit für die Stipendiaten auch als ein Lehr- und Experimentierort für wissenschaftliche Methoden« fungierte. Beides, der wissenschaftliche Ertrag auf der einen Seite und die Lernsituation auf der anderen Seite, macht die Arbeit in Milet auch noch in einer anderen Weise bedeutsam, wie es bei Pantaleon jedoch, bedingt durch seine anders gerichtete Themenstellung, nicht eigens thematisiert wird: im Hinblick auf die Formierung von Netzwerken, die die wissenschaftliche Landschaft in Deutschland – mindestens in Bezug auf die Bauforschung und die Baugeschichte als architekturtheoretisch relevantes Fach an den Technischen Hochschulen – bis in die Gegenwart hinein entscheidend geprägt haben. Auch in dieser Hinsicht, im Hinblick auf die Ausformung der baugeschichtlichen Institutionen in Deutschland, verdienten sowohl die Grabungen in der »großen Zeit der Ausgrabungen« als auch der Wissenschaftsmanager Theodor Wiegand als Netzwerker eine eingehendere Würdigung.

Ioannis Panteleons Verdienst, erstmalig die Geschichte einer Grabungsunternehmung unter systematischen Gesichtspunkten aufgearbeitet zu haben, bleibt davon aber natürlich gleichermaßen unbenommen wie die uneingeschränkte Anerkennung seiner ebenso detailreichen wie klaren Darstellung.

Cottbus   Peter I. Schneider

Gunnar Brands und Martin Maischberger (Herausgeber), **Lebensbilder. Klassische Archäologen und der Nationalsozialismus, Band II.** Menschen – Kulturen – Traditionen. Forschungscluster 5, Geschichte des Deutschen Archäologischen Instituts im 20. Jahrhundert. Verlag Marie Leidorf, Rahden 2016. XII und 436 Seiten mit 155 Abbildungen.

Auch der zweite Band von ›Lebensbilder – Klassische Archäologen und der Nationalsozialismus‹ der Reihe ›Menschen – Kulturen – Traditionen‹ ist unter der Herausgeberschaft von Gunnar Brands und Martin Maischberger erschienen. In neunzehn Beiträgen werden die Biographien klassischer Archäologen des neunzehnten und vor allem des zwanzigsten Jahrhunderts von vierundzwanzig unterschiedlichen Autoren vorgestellt. Die Publikation schließt sich in Form und Darstellung eng an den Vorgängerband an, der bereits 2012 fünfzehn Forscherpersönlichkeiten der Klassischen Archäologie unter dem Aspekt ihres Wirkens zur NS-Zeit porträtierte. Von den Biografen des ersten Bandes sind Frederick Jagust, Michael Krumme, Martina Pesditschek und Marie Vigener auch in diesem zweiten Band mit Beiträgen beteiligt.

Das Wirken und oftmals auch das Leiden unter der nationalsozialistischen Herrschaft ist das Leitmotiv der Darstellungen und zugleich Basis für die getroffene Auswahl des untersuchten Personenkreises.

In ihrem Vorwort nehmen die Herausgeber hierzu ausführlich Stellung, denn in der Kritik des ersten Bandes wurde eine gewisse Willkür bei der Auswahl bemängelt. Ein wesentliches Kriterium, zumindest für diesen Folgeband, war die Verfügbarkeit ausreichenden Quellenmaterials, was naturgemäß zu einer gewissen Zufälligkeit führt. Andererseits sind zufriedenstellende Ergebnisse und weiterführende Einsichten in die Arbeit der Zunft im sogenannten Dritten Reich nur auf Basis ausreichenden Quellenmaterials möglich. Es sei vorweggenommen, dass die biografischen Beiträge dieses Bandes diesen Ansatz durchaus rechtfertigen.

Die Herausgeber werfen in ihrem Vorwort selbst die Frage nach der Geschlechterverteilung der behandelten Persönlichkeiten auf. Im ersten Band wurden ausschließlich Männer besprochen, in diesem Band sind es immerhin zwei Forscherinnen, deren Leben vorgestellt wird. Zur Verwunderung der Herausgeber hatte nach Erscheinen des ersten Bandes niemand hieran Anstoß genommen. Umso bemerkenswerter ist es, dass zwei weitere Archäologinnen, deren Biografien in diesen Band aufgenommen werden sollten, stattdessen an anderer Stelle umfassend gewürdigt werden (S. VII–IX, hier S. VIII).

Die Beiträge wurden in der Regel in der Muttersprache ihrer Verfasser veröffentlicht, so dass sich eine französischsprachige Biografie sowie zwei auf Italienisch und zwei auf Englisch in dem Band finden. Hier wäre allerdings eine deutsche Zusammenfassung am Ende jedes Beitrags eine willkommene Ergänzung gewesen.

Ein Personen- sowie ein Sachregister erschließen den Band und ergänzen zusammen mit Kurzbiografien der Autoren und Herausgeber die üblichen Anhänge.

Die Biografien sind in der Reihenfolge der Geburtsjahre gegliedert. Das hat auch inhaltliche Auswirkungen, denn naturgemäß sind es die ältesten Persönlichkeiten, die in den dreißiger und vierziger Jahren des zwanzigsten Jahrhunderts den Höhepunkt ihres beruflichen Wirkens erlebten und die höchsten Stellen im Wissenschaftsbetrieb ihrer Zeit einnahmen.

Es würde den Umfang dieser Rezension sprengen, sollten alle einzelnen Beiträge ausführlich besprochen werden. Sie zu lesen ist uneingeschränkt empfehlenswert. Ich möchte an einigen Beispielen kurz ihr Potential im Blick auf die übergreifende Fragestellung nach dem Verhältnis der Forscherpersönlichkeiten zum Nationalsozialismus ansprechen.

Der umfangreichste Beitrag, zugleich der erste, behandelt Theodor Wiegand. Gleich drei Autoren haben sich mit dem Leben dieses Mannes befasst: Johannes Althoff, Frederick Jagust und Stefan Altekamp (S. 1–37). Während die ersten beiden den Schwerpunkt ihres gemeinsamen Aufsatzes auf die Lebensgeschichte Wiegands legen, behandelt Altekamp in einem gesonderten Abschnitt die Beziehung des Forschers zur Grabungsarchäologie. Gleich am Beispiel dieser ersten Vita wird deutlich, was auch für einige andere in diesem Band in den Blick genommene Persönlichkeiten der deutschen klassischen Archäologie gilt. Ihre nationalistisch-vaterländische Gesinnung, die sich aus der Ideenwelt des neunzehnten Jahrhunderts speiste, ließ eine praktische Nähe zum nationalsozialistischen Deutschland zu, ohne sich vollständig mit der Staatsideologie zu identifizieren. Wenn Althoff und Jagust zu dem Fazit gelangen, Theodor Wiegand war »letzten Endes Vertreter eines selbstbewussten, der aufklärerischen Vernunft verpflichteten und in humanistischer Tradition stehenden deutschen Bürgertums, dessen Wurzeln in der Emanzipation des dritten Standes und im nationalen Aufbruch während der antinapoleonischen Kriege lagen und das im wilhelminischen Deutschland zur höchsten Entfaltung gelangte. In diesem Sinne blieb er ein Mann des Kaiserreichs, der Wacht am Rhein, der Loreley« (S. 28), dann unterschätzen sie allerdings die Bedeutung, die diese gestandenen und gesellschaftlich höchst angesehenen Persönlichkeiten für die Akzeptanz der nationalsozialistischen Herrschaft gerade in bürgerlichen Kreisen besaßen. Es ist die Tragik des deutschnationalen Bildungsbürgertums, dass es sich zwar intellektuell von der nationalsozialistischen Bewegung distanzierte, sich aber in der Praxis mit großem Wohlwollen des vermeintlichen Erfolgs der nationalen 'dee erfreute und sich mit den Verantwortlichen in Politik und Verwaltung gut arrangierte. So suchte und fand Wiegand, wie Althoff und Jagust richtig darstellen, zusammen mit Persönlichkeiten wie Wilhelm Furtwängler und Ferndinand Sauerbruch die Nähe zu Hitler und wurde nach »anfänglichem Zögern in Bezug auf die Frage eines Umgangs mit den neuen Machthabern […] mit der für ihn [Wiegand] charakteristischen Entschlossenheit aktiv« (S. 25). Der »Mann des Kaiserreichs« hatte eben keine Probleme, im Deutschland der Nationalsozialisten im Rahmen seiner fachlichen Ausrichtung zu wirken. Die daraus resultierenden Belobigungen – er erhielt beispielsweise den Titel eines Preußischen Staatsrats und den Orden »Adlerschild des Deutschen Reiches« – nahm er dankbar entgegen, zumal sie ihm direkte Begegnungen mit Adolf Hitler verschafften. Seine Stellung nutzte er in den innerfachlichen Auseinandersetzungen seiner Zeit mit dem Prähistoriker Hans Reinerth und dem Amt Rosenberg, ohne aber eine wirkliche Distanz zum Nationalsozialismus und dessen Wissenschaftsideologie zu entwickeln.

Dieser innere Widerspruch des deutschnationalen Bürgertums in seiner Haltung zum Nationalsozialismus kommt auch bei der zweiten Persönlichkeit, Otto Rubensohn, zum Ausdruck. Er wird von Katja Lembke und Aubrey Pomerance vorgestellt (S. 39–54). Sie widmen sich ausführlich seinem Lebenswerk und der Darstellung seiner wissenschaftlichen Leistungen. Man sollte meinen, dass Rubensohn schon wegen seiner jüdischen Abstammung große Distanz, ja tiefgehende Ablehnung des nationalsozialistischen Staates und seiner Institutionen gehegt habe. Allerdings führte auch bei ihm seine zutiefst konservativ-nationalistische Gesinnung, die er noch in der Zeit des Kaiserreichs entwickelt hatte, 1933 zu einer gewissen Sympathie für die neue politische Führung. Rubensohn war Mitbegründer des rechtskonservativen »Verbands nationaldeutscher Juden e. V.«. Daher verblieb er in Deutschland (anders als seine Tochter, die in die Schweiz emigrierte) und widmete sich verstärkt (er war 1932 in den Ruhestand getreten) seinen wissenschaftlichen Publikationen. Erst nach und nach machte ihm dies der offene Antisemitismus unmöglich. Noch 1937 erklärt Rubensohn, dass eine Auswanderung aus Deutschland »in vollem Widerspruch zu meiner ganzen Einstellung steht« (S. 50). Erst 1939, als nicht nur seine Arbeitsbedingungen, sondern seine gesamte Existenz in Deutschland zunehmend in Frage gestellt wurden, entschloss er sich, zusammen mit seiner Frau Deutschland zu verlassen und zu seiner Tochter in die Schweiz zu ziehen. Auch nach dem Krieg blieb er in Basel wohnen. Obwohl er 1956 die deutsche Staatsbürgerschaft, die ihm zwischenzeitlich aberkannt worden war, wieder annahm, bestand er darauf, dass man sie ihm von deutscher Seite antrüge: »Deutschland hat mich ja verstoßen, nicht ich Deutschland« (S. 53). Selbst hier wird noch das Spannungsfeld deutschnationaler Gesinnung zum nationalsozialistischen Deutschland greifbar.

Georg Heinrich Karo, von Astrid Lindenlauf porträtiert, ist ein drittes Beispiel dieser inneren Spannung (S. 55–78). Seine Arbeit als Wissenschaftler hatte stark politische Züge und war geprägt von einem »ausgeprägten Nationalgefühl« (S. 55). Er engagierte sich während der Weimarer Republik im Deutschnationalen Dozentenbund. Seine ebenfalls jüdische Abstammung hinderte ihn nicht daran, eine sehr positive Einstellung zur nationalsozialistischen Bewegung zu entwickeln. Eine Ausnahmeregelung im Beamtengesetz vom 7. April 1933 ermöglichte ihm, die Leitung des Deutschen Archäologischen Instituts in Athen auch als ›Nichtarier‹ beizubehalten. Zunächst hegte er die Hoffnung, aufgrund seiner guten persönlichen Kontakte, die bis zu Hermann Göring reichten, das Reichsbürgerrecht verliehen zu bekommen, und er engagierte sich im Sinne der nationalsozialistischen Bewegung, wenn er in Griechenland aktiv für den NS-Staat warb und darauf achtete, dass seine Mitarbeiter in der Athener NSDAP-Gliederung aktiv waren. Obwohl selbst Jude, lehnte er nichtarische Mitarbeiter an seinem Institut ab. Erst im Laufe der Jahre, als ihm bewusst wurde, dass sein Antrag auf Arisierung nicht angenommen werden würde, und er alle noch verbliebenen Vorteile gegenüber anderen jüdischen Mitbürgern verlor, begann er sich mit dem Gedanken der Auswanderung zu beschäftigen. Dennoch pries er im Oktober 1938 Adolf Hitler als den Vollender des Kampfes gegen das »Diktat von Versailles« (S. 68). Sein deutscher Nationalismus blieb ungebrochen. Auch in seiner Exilzeit in den USA weckte er den Verdacht, ein Nazi-Sympathisant zu sein. Er musste sich 1942 in Cleveland vor einer Kammer gegen diesbezügliche Anschuldigungen und den Verdacht der Bereitschaft verteidigen, gegebenenfalls für den nationalsozialistischen Staat subversiv zu arbeiten. Er blieb unter Beobachtung, und seine Anträge auf Verleihung der amerikanischen Staatsbürgerschaft wurden auch nach dem Krieg abgelehnt. Auch nach seiner Rückkehr in die Bundesrepublik blieb sein Denken »stark von den Werten des, wie er es nannte, ›alten Reiches‹ geprägt« (S. 76). Der »Vertreter des besten alten Deutschtums«, wie er noch in einem Schreiben von 1951 von seiner Frau Helene charakterisiert worden war, stand in der inneren Spannung, einerseits die NS-Ideologie in vielem Grundsätzlichen zu bejahen und sich dafür zu engagieren, andererseits aber diejenigen NS-Werte zu missbilligen, die seinem Kaiserreichs-Ideal widersprachen, vor allem die kriegerische Aggressivität, mangelnder Schutz des Kulturerbes der besetzten Länder und die generelle Missachtung von Wissenschaft und Kunst.

Ludwig Curtius, dessen Leben von Sylvia Diebner und Christian Jansen dargestellt wird, war Katholik mit ausgesprochen deutschnationaler Gesinnung (S. 79–111). Öffentlich warb er für die Ideen Mussolinis. Nach der Machtübernahme Hitlers zeigt er die hinlänglich bekannte ambivalente Haltung des deutschen, national gesinnten Intellektuellen: fasziniert von der Ideologie und abgestoßen von der mangelnden Intellektualität der Nationalsozialisten zugleich. Die Verfasser charakterisieren seine politische Haltung: »Curtius war immer ein politischer Gelehrter: elitär, nationalistisch, militärfreundlich, aber zugleich lateinisch-katholisch und deshalb weit mehr faschistisch als nationalsozialistisch« (S. 111). Diese Geisteshaltung hat er auch nach dem Krieg beibehalten und in seiner auflagenstarken Autobiografie kundgetan (Deutsche und antike Welt [Stuttgart 1952]).

Die Biografien dieser vier Forscherpersönlichkeiten zeigen bei allen Unterschiedlichkeiten (jüdische, katholische und protestantische Herkunft) doch erstaunliche Gemeinsamkeiten, die es ihnen ermöglichten, bei aller Kritik am Nationalsozialismus doch eine positive Einstellung zu entwickeln und in diesem System zum Wohle ihrer wissenschaftlichen Institute und ihrer selbst zu handeln. Die ihnen gemeinsame nationalistisch-konservative, antidemokratische Geisteshaltung war offenbar die Grundvoraussetzung, im nationalsozialistischen Deutschland trotz aller Vorbehalte im Einzelnen ihren Platz zu finden.

Im Gegensatz zu diesen Lebensläufen stehen andere Biografien, die den Spannungsbogen und damit den Reiz dieses Sammelbandes ausmachen.

Wie eingangs erwähnt, wurden im Unterschied zum ersten Band diesmal auch zwei Frauen berücksichtigt, eine von ihnen, Semni Karousou, wird zusammen mit ihrem Ehemann Christos Karousos, vorgestellt von Phaedra Koutsoukou (327–342). Als griechische Klassische Archäologen erlebten sie, wie der Nationalsozialismus als Eroberer und Besatzungsmacht in ihrem Heimatland wütete, und unterscheiden sich schon darin von ihren deutschen Fachkollegen. Politisch im linksliberalen Lager angesiedelt, hatten sie schon in den dreißiger Jahren im Konflikt mit der nationalistischen Regierung Griechenlands gestanden, was sich auch in ihrer beruflichen Entwicklung negativ niederschlug. Auch sollten die wenigen Frauen im Archäologischen Dienst Griechenlands von dort entfernt werden.

Im Zweiten Weltkrieg machte sich das Ehepaar um die Sicherung der Kunstwerke in diversen griechischen Museen vor Kriegshandlungen verdient. Einen Einschnitt bedeutete der Einmarsch der deutschen Wehrmacht in Athen am 27. April 1941. Unmittelbar danach reichten Semni und Christos ihren Austritt aus dem Deutschen Archäologischen Institut ein. Es war ein mutiger Protest, dessen Besonderheit schon darin zum Ausdruck kommt, dass außer ihnen weltweit nur sechzehn (!) weitere Fachkollegen in dieser Zeit aus politischem Protest ihre Mitgliedschaft niederlegten (S. 322). »Diese Haltung war Ausdruck ihrer Charakterstärke: zeitlebens haben sie ihre Meinung unnachgiebig vertreten und die Konsequenzen getragen«, beschreibt die Verfasserin die Haltung des Ehepaars (S. 333).

In der Tat mussten sie sich, anders als ihre deutschen Fachkollegen, auch nach dem Zweiten Weltkrieg mit faschistisch orientierten Regierungen auseinandersetzen. So wurde Semni unter der Militärdiktatur 1967 bis 1974 ihrer Arbeitsmöglichkeiten beraubt. Umso bemerkenswerter ist die Versöhnungsbereitschaft des Ehepaars im Blick auf das Deutsche Archäologische Institut, dem sie 1952/53 wieder beitraten. Sie wurden auch Mitglied in deutschen Wissenschaftlichen Akademien, die nicht ausgeprägt archäologischen Charakters sind, was aber in dem Beitrag unerwähnt bleibt: Christos wurde 1955 zum korrespondierenden Mitglied der Bayerischen Akademie der Wissenschaften berufen, Semni 1961 zum korrespondierenden Mitglied der Göttinger Akademie der Wissenschaften gewählt.

Als letzte Forscherpersönlichkeit sei Gerda Bruns erwähnt, die zweite Frau in diesem Kreis, deren Werdegang von Irma Wehgartner beschrieben wird (S. 391–404). Ist es Zufall, dass die Lebensbeschreibungen der beiden Frauen ebenfalls von Frauen bearbeitet wurden?

Gerda Bruns ist die jüngstgeborene und damit in der Reihenfolge letzte Archäologin, die in dem Band vorgestellt wird. Sie gehörte zu den Vertriebenen des Ersten Weltkriegs, stammte ihre Familie doch aus Elsass-Lothringen. Ihr Vater wurde als Reichsdeutscher ausgewiesen, und die Familie musste unter Zurücklassung eines großen Teils ihres Besitzes nach Deutschland umsiedeln. Nach Abitur und Studium, unter anderem der Klassischen Archäologie, der Ägyptologie und der Alten Sprachen gewann sie erste praktische Grabungserfahrungen und die Anerkennung ihrer Leistung durch Theodor Wiegand. Schon 1932 verhinderte ihr Geschlecht die

Leitung der Unternehmung in Pergamon, ihr blieb die praktische Ausgrabungsleitung vor Ort. Eine schwere Erkrankung machte 1933 zunächst weiteren beruflichen Aufstieg unmöglich. Nach ihrer Genesung war es die frauenfeindliche Einstellung der nationalsozialistischen Ideologie, die ihr eine angemessene berufliche Tätigkeit bei Wiegand am Archäologischen Institut des Deutschen Reiches verwehrte. Trotz Wiegands Wohlwollen verhinderten NS-Verantwortliche immer wieder ihre Anstellung beziehungsweise die Vergabe von Werkverträgen.

Gerda Bruns ist nicht in die NSDAP eingetreten. Zwar war sie zu Beginn der zwanziger Jahre Mitglied eines völkischen Jugendbundes, hat aber offenbar nie eine Nähe zum Nationalsozialismus entwickelt. Umgekehrt hat sie sich allerdings auch nie davon distanziert. Irma Wehgartner fasst diese Haltung zusammen: »Gerda Bruns kann man daher wohl der Kategorie ›Zuschauer‹ beziehungsweise der ›schweigenden Mehrheit‹ zurechnen, da sie trotz innerer Ablehnung versuchte, innerhalb des Systems ihren Platz in der archäologischen Wissenschaft zu finden, wohl in der Hoffnung auf bessere Zeiten und berufliche Perspektiven.« (S. 395). Erst nach dem Krieg erlangte sie den beruflichen Aufstieg, der ihren Leistungen gemäß war. Sie wurde Kustodin im Berliner Museum und wechselte 1947 als Referentin zum Deutschen Archäologischen Institut. Im Jahr 1953 frisch habilitiert, wurde sie Wissenschaftliche Oberrätin und später außerplanmäßige Professorin. Dass sie nie eine ordentliche Professur erhielt, hat nach Wehgartner auch seinen Grund in der in der Bundesrepublik fortbestehenden Ablehnung der Berufstätigkeit von Frauen.

Der zweite Band der »Lebensbilder« stellt eine Fülle an Biografien Klassischer Archäologen bereit, die einen Einblick in die Arbeit dieser Disziplin in Deutschland und Europa während der NS-Herrschaft bietet. Jede Biografie ist Ausdruck ganz individueller Werdegänge, die allerdings bedeutende strukturelle Gemeinsamkeiten aufweisen. So stehen die Beiträge nicht nur für sich selbst, sondern fordern zu einer vergleichenden Schau der Lebensläufe heraus. Sie bieten hierfür eine Fülle an Material. Dies in nunmehr zwei Bänden ausgebreitet zu haben, ist das Verdienst der Herausgeber Gunnar Brands und Martin Maischberger. Allerdings hätte man sich auch im zweiten Band einen Überblicksaufsatz gewünscht, wie er von Gunnar Brands im ersten Band vorgelegt wurde (dort S. 1–34). Er hat darin einen Interpretationsansatz geliefert, der hilft, die typischen Entwicklungslinien in den einzelnen Lebensläufen zu verstehen und einzuordnen. Ein solcher integrierender Beitrag hätte auch dem zweiten Band gut getan, um dem interessierten Leser eine gedankliche Gliederungshilfe zu geben und die Verbindung zum ersten Band noch deutlicher herauszustellen. Allein schon die im zweiten Band neu berücksichtigten Aspekte ausländischer und weiblicher Forscherbiografien hätten eine Erweiterung der Überlegungen Brands nötig gemacht. Die geradezu verblüffende Feststellung, dass auch jüdische Gelehrte eine unverhohlene Nähe und Sympathie für die nationalsozialistische Ideologie entwickeln konnten, bedarf weiterer Untersuchung. Auch die Einordnung der anderen Biografien in die Gesamtschau wäre eine wünschenswerte Ergänzung des zweiten Bandes gewesen.

Im Überblick über beide Bände kann man aber festhalten, dass die große Zahl an Forscherviten einen gelungenen biografischen Zugang zur Frage nach der Verbindung von Klassischer Archäologie und Nationalsozialismus darstellt, der seinerseits Grundlage weiterer vertiefender Forschungsarbeit sein kann und hoffentlich sein wird.

Oberhausen   Stefan Kraus

Anhang

Abkürzungen

Kürzel werden nach den Regeln der Römisch-Germanischen Kommission benutzt, siehe das Impressum dieses Bandes. Daher finden sich Abkürzungen nur in Fußnoten, Katalogen, Listen, Tabellen oder ähnlichem, nicht im Fließtext. In den Bonner Jahrbüchern können auch die folgenden Siglen verwendet werden.

ABR	LVR - Amt für Bodendenkmalpflege im Rheinland
AE	Bronze (bei Münzen)
APX	LVR - Archäologischer Park Xanten
AR	Silber (bei Münzen)
AV	Gold (bei Münzen)
Ausst. (Exhibit., Exposition, Mostra)	Ausstellungskatalog. Die Stadt als Ausstellungsort wird immer genannt, sofern sie nicht aus dem Buchtitel hervorgeht, sie wird nicht als Erscheinungsort des Buches wiederholt, wenn beides identisch ist. Das Austragungsjahr wird nicht angeführt, wenn es mit dem Erscheinungsjahr übereinstimmt. Der genaue Veranstaltungsort kann ausnahmsweise nützlich sein, taggenaue Daten sollten meist entfallen.
Au	Aureus (Münze)
Av	Avers, Münzvorderseite
Beschr.	Beschreibung
Bdm.	Durchmesser eines Gefäßbodens oder Standrings
BD	Bodendenkmal
BS	Bodenscherbe
CUT	Colonia Ulpia Traiana
D	Denar (Münze)
Dat.	Datierung
Dp	Dupondius (Münze)
Drag.	Bestimmung von Terra sigillata nach H. Dragendorff, Bonner Jahrb. 96/97, 1895/96, 18–155.
erh.	erhalten
Festschr.	Festschrift. Sofern im Titel nicht der Name des Geehrten steht, wird er einschließlich ausgeschriebenem Vornamen ergänzend angeführt. Die Nennung von Herausgebern kann in der Regel entfallen.
Fl.	Fläche
FR	Frimmersdorf, Braunkohlentagebaugebiet, Aktivitätsnummer
Frg., Frg.te	Fragment(e)
HA	Hambach, Braunkohlentagebaugebiet, Aktivitätsnummer
Kongr. (Congr.)	Kongress, Konferenz, Kolloquium, Tagung etc. Es gelten die Regeln wie für ›Ausst.‹
li.	links

LMB	LVR - Landesmuseum Bonn
LTUR	Lexicon Topographicum Urbis Romae
max.	maximal (z. B. ›Dm. max.‹)
NI	Aktivitätsnummer der Außenstelle Niederrhein des ABR (Xanten)
n. li.	nach links
n. re.	nach rechts
ns	nordsüdlich
Ns.	Nebenseite
NW	Aktivitätsnummer der Außenstelle Nideggen-Wollersheim des ABR, bei Angabe von Himmelsrichtungen ›Nordwesten‹
Ofl.	Oberfläche
Ok.	Oberkante
OV	Aktivitätsnummer der Außenstelle Overath des ABR
Os.	Oberseite
PLRE	The Prosopography of the Later Roman Empire (Cambridge 1971–1992)
PR	Prospektionsmaßnahme
PS	Profilscherbe
Q	Quinar (Münze)
Rdm.	Durchmesser eines Gefäßrandes
re.	rechts
RGM	Römisch-Germanisches Museum Köln
RMX	LVR - Römermuseum Xanten
RS	Randscherbe
Rs.	Rückseite
Rv	Revers, Münzrückseite
S	Sesterz (Münze)
St	Stater (Münze)
St.	›Stärke‹ bei Maßangaben bzw. ›Stelle‹ als Bezeichnung für Befund oder Arbeitsbereich nach dem Rheinischen Stellkartensystem
TN	Terra nigra
TR	Terra rubra
TS	Terra sigillata
ü. NN	Höhe über Normalnull
Uk.	Unterkante
unbek.	unbekannt
unbest.	unbestimmt
Us.	Unterseite
Vs.	Vorderseite
wö	westöstlich
WS	Wandscherbe
WW	Weisweiler, Braunkohlentagebaugebiet, Aktivitätsnummer